GRUPOS EMPRESARIAIS E SOCIETÁRIOS.
INCIDÊNCIAS LABORAIS

MARIA DO ROSÁRIO PALMA RAMALHO

Professora Associada da Faculdade de Direito de Lisboa
Doutora em Direito

GRUPOS EMPRESARIAIS E SOCIETÁRIOS.
INCIDÊNCIAS LABORAIS

GRUPOS EMPRESARIAIS E SOCIETÁRIOS. INCIDÊNCIAS LABORAIS

AUTOR
MARIA DO ROSÁRIO PALMA RAMALHO

EDITOR
EDIÇÕES ALMEDINA, SA
Av. Fernão Magalhães, n.° 584, 5.° Andar
3000-174 Coimbra
Tel.: 239 851 904
Fax: 239 851 901
www.almedina.net
editora@almedina.net

PRÉ-IMPRESSÃO | IMPRESSÃO | ACABAMENTO
G.C. – GRÁFICA DE COIMBRA, LDA.
Palheira – Assafarge
3001-453 Coimbra
producao@graficadecoimbra.pt

Julho, 2008

DEPÓSITO LEGAL
279764/08

Os dados e as opiniões inseridos na presente publicação
são da exclusiva responsabilidade do(s) seu(s) autor(es).

Toda a reprodução desta obra, por fotocópia ou outro qualquer
processo, sem prévia autorização escrita do Editor, é ilícita
e passível de procedimento judicial contra o infractor.

Biblioteca Nacional de Portugal – Catalogação na Publicação

RAMALHO, Maria do Rosário Palma

Grupos de sociedades : incidências laborais / Maria
do Rosário Palma Ramalho
ISBN 978-972-40-3555-0

CDU 349
     331
     347

Ao António, sempre

*Às nossas filhas
Maria Inês e Maria Leonor*

ABREVIATURAS E OUTRAS INDICAÇÕES DE LEITURA

a) Abreviaturas

AA/VV	– Autores vários
Ac.	– Acórdão
ACE	– Agrupamento Complementar de Empresas
AcP	– Archiv für die civilistische Praxis
AEIE	– Agrupamento Europeu de Interesse Económico
AktG	– Aktiengesetz (Alemanha)
AL	– Actualidad Laboral
ArbR	– Arbeitsrecht – Zeitschrift für das gesamte Dienstrecht der Arbeiter, Angestellten und Beamten
ArbuR	– Arbeit und Recht. Zs. f. Arbeitsrechtspraxis
AuA	– Arbeit und Arbeitsrecht. Monatszeitschrift für die betriebliche Praxis
AÜG	– Arbeitnehmerüberlassungsgesetz (Alemanha)
BAG	– Bundesarbeitsgericht
BB	– Der Betriebs-Berater. Zs. f. Recht u. Wirtschaft
BetrVG	– Betriebsverfassungsgesetz (Alemanha)
BFDUC	– Boletim da Faculdade de Direito da Universidade de Coimbra
BGB	– Bürgerliches Gesetzbuch (Alemanha)
BIT	– Bureau International du Travail
BMJ	– Boletim do Ministério da Justiça
Cass.	– Cour de cassation
CC	– Código Civil
CCom	– Código Comercial
CDP	– Cadernos de Direito Privado
CE	– Comunidades Europeias
CEE/EEC	– Comunidades Económicas Europeias / Economic European Communities
CIRC	– Código do Imposto sobre Rendimentos das Pessoas Colectivas

CIRE	– Código da Insolvência e da Recuperação de Empresas
Ch. soc.	– Chambre sociale (Cour de cassation)
Civitas	– Civitas, Revista Española de Derecho del Trabajo
CJ	– Colectânea de Jurisprudência
CJ(STJ)	– Colectânea de Jurisprudência / Acórdãos do Supremo Tribunal de Justiça
CLT	– Consolidação das Leis do Trabalho (Brasil)
CMLR	– Common Market Law Review
CMVM	– Comissão do Mercado de Valores Mobiliários
COM	– Comissão Europeia
Conv.	– Convenção Internacional
CPC	– Código de Processo Civil
CRP	– Constituição da República Portuguesa
CSC	– Código das Sociedades Comerciais
CT	– Código do Trabalho
CVM	– Código dos Valores Mobiliários
DAR	– Deutsches Arbeitsrecht
DB	– Der Betrieb. Wochenschrift für Betriebswirtschaft, Steuerrecht, Wirtschaftrecht, Arbeitsrecht.
Dec.	– Decisão Comunitária
Dir.	– Directiva Comunitária
Dir.	– Revista O Direito
Dir.RI	– Diritto delle relazioni industriali
DJ	– Direito e Justiça
DL	– Decreto-Lei
DLav.	– Il Diritto del Lavoro. Rivista di dottrina e di giurisprudenza
DLRI	– Giornale di diritto del lavoro e delle relazioni industriale
DR	– Diário da República
DRdA	– Das Recht der Arbeit
Dr.ouv.	– Le Droit Ouvrier
DS	– Droit Social
EBF	– Estatuto dos Benefícios Fiscais
ECFR	– European Company and Financial Law Review
ESC	– Estudos Sociais e Corporativos
ET	– Estatuto de los Trabajadores (Espanha)
ETT	– Empresa de trabalho temporário
Ex aequo	– Ex aequo – Revista da Associação Portuguesa de Estudos sobre as Mulheres
FDL	– Faculdade de Direito de Lisboa
Fest.	– Festschrift
Festg.	– Festgabe

GmbHG	– Gesetz über Gesellschaften mit beschränkter Haftung (Áustria)
Hrsg.	– coordenação/direcção
ILR	– International Labour Review – *vd* RIT
IRC	– Imposto sobre o rendimento das pessoas colectivas
IRS	– Imposto sobre o rendimento das pessoas singulares
JC	– Jurisprudência Constitucional
JCP	– Jurisclasseur périodique
JO	– Jornal Oficial das Comunidades Europeias
JuS	– Juristische Schulung. Zs. für Studium u. Ausbildung
KSchG	– Kündigungsschutz Gesetz (Alemanha)
KJ	– Kritische Justiz
L	– Lei
LAP	– Regime Jurídico das Associações Patronais
Lav.80	– Lavoro 80
Lav.Dir.	– Lavoro e diritto
LCCG	– Regime Jurídico das Cláusulas Contratuais Gerais
LCCT	– Regime Jurídico da Cessação do Contrato de Trabalho e do Trabalho a Termo
LComT	– Regime Jurídico das Comissões de Trabalhadores
LCT	– Regime Jurídico do Contrato de Trabalho
LFFF	– Regime Jurídico das Férias, Feriados e Faltas
LG	– Lei da Greve
LRCT	– Regime Jurídico das Relações Colectivas de Trabalho
LS	– Regime Jurídico das Associações Sindicais
LSA	– Lei das Sociedades Anónimas (Brasil)
LSCT	– Regime Jurídico da Redução e da Suspensão do Contrato de Trabalho
LTT	– Regime Jurídico do Trabalho Temporário
MitbestG	– Mitbestimmunsgesetz (Alemanha)
Noviss.DI	– Novissimo Digesto Italiano
NZA	– Neue Zeitschrift für Arbeitsrecht
OIT	– Organização Internacional do Trabalho
Par.PGR	– Parecer da Procuradoria-Geral da República
POC	– Plano Oficial de Contabilidade
QL	– Questões Laborais
RC	– Tribunal da Relação de Coimbra
RCT	– Regulamentação do Código do Trabalho
RdA	– Recht der Arbeit. Zs. f. die Wissenschaft u. Praxis des gesamten Arbeitsrechts
RDE	– Revista de Direito e Economia

RDES	– Revista de Direito e Estudos Sociais
Rec.	– Recomendação
Reg.	– Regulamento
Rel.Lab.	– Relaciones Laborales. Revista Critica de Teoria e Pratica
REv.	– Tribunal da Relação de Évora
Rev.AAFDL	– Revista Jurídica da Associação Académica da Faculdade de Direito de Lisboa
Rev.Banca	– Revista da Banca
Rev.Not.	– Revista do Notariado
Rev.soc.	– Revue des sociétés
Rev.Trab.	– Revista de Trabajo
Rev.Trim.DCDE	– Revue trimestrielle de droit commercial et de droit économique
RFDUL	– Revista da Faculdade de Direito da Universidade de Lisboa
RFDUP	– Revista da Faculdade de Direito da Universidade do Porto
RGIC	– Regime Geral das Instituições de Crédito e das Sociedades Financeiras
RIDL	– Rivista italiana di diritto del lavoro
RIT	– Revue internationale du travail – *vd* ILR
Riv.dir.civ.	– Rivista di diritto civile
Riv.soc.	– Rivista delle società
RivDL	– Rivista di diritto del lavoro
RivGL	– Rivista giuridica del lavoro
RLx	– Tribunal da Relação de Lisboa
RMP	– Revista do Ministério Público
ROA	– Revista da Ordem dos Advogados
ROC	– Revisor oficial de contas
RP	– Tribunal da Relação do Porto
RTDPC	– Rivista Trimmestriale di diritto e procedura civile
RTSS	– Revista de Trabajo y Seguridad Social
SA	– Sociedade Anónima
SCE	– Sociedade Cooperativa Europeia
SE	– Sociedade Anónima Europeia
SECA	– Sociedade em Comandita por Acções
SIv	– Scientia Ivridica
Soc.	– Arrêt de la Chambre sociale de la Cour de Cassation
SPQ	– Sociedade Por Quotas
STJ	– Supremo Tribunal de Justiça
TC	– Tribunal Constitucional
TCA	– Tribunal Central Administrativo
TCE	– Tratado das Comunidades Europeias

TJ	– Tribunal de Justiça das Comunidades Europeias
TLab.	– Temas Laborales
TUE	– Tratado da União Europeia
TVG	– Tarifvertragsgesetz (Alemanha)
WSI-Mitt	– WSI – Mitteillung.Monatszeitschriften des Wirtschafts- und Sozialwissenschaftlichen Instituts in der Hans-Böckler-Stiftung
ZfA	– Zeitschrift für Arbeitsrecht
ZGR	– Zeitschrift für Unternehmens- und Gesellschaftsrecht
ZHR	– Zeitschrift für das gesamte Handelsrecht und Wirtschaftsrecht
ZIAS	– Zeitschrift für ausländisches und internationales Arbeits – und Sozialrecht
ZIP	– Zeitschrift für Wirtschaftsrecht
ZRP	– Zeitschrift für Rechtspolitik

b) Outras indicações de leitura

- Sempre que uma disposição legal é referida sem indicação da fonte, deve entender-se que ela se reporta ao Código do Trabalho, a não ser que outra conclusão se deva retirar do contexto da referência.

- Sempre que referirmos abreviadamente as expressões Código e Regulamentação, tais referências são de reportar ao Código do Trabalho e à Regulamentação do Código do Trabalho, respectivamente, a não ser que outro significado se retire do contexto.

- Na primeira citação, as obras são identificadas pelo nome completo do autor, título integral (e, quando se trate de contributo para obra colectiva ou para publicação periódica, autor coordenador, quando exista, e título da obra colectiva ou abreviatura da publicação em questão), volume, edição, local de publicação, data e, tratando-se de escrito inserido em obra colectiva ou publicação periódica, a primeira e última páginas; nas citações seguintes, as obras são referidas pelo nome abreviado do autor e pela primeira ou primeiras palavras do título, quer se trate de monografas, manuais e comentários, artigos em publicações periódicas ou contributos para obras colectivas.

- Excepto nos casos em que se generalizaram outros critérios de citação, na referência de publicações periódicas são indicados, sucessivamente, o ano, o número e as páginas.

- De acordo com o critério que julgamos mais adequado, a citação a partir de fontes da Internet limita-se a referências jurisprudenciais, sendo sempre devidamente indicado o sítio.

- De acordo com o critério que consideramos mais adequado em obras desta natureza, as transcrições são sempre feitas na língua original.

- A utilização de itálicos em texto não se limita às palavras noutras línguas e a latinismos, mas pode servir também para destacar uma ideia ou expressão.

- As remissões para outros pontos do texto, feitas em nota de rodapé, indicam sucessivamente o parágrafo, o número arábico, o número romano e, sendo o caso, o número da nota que se pretende.

- Tomámos em consideração neste trabalho a doutrina, a jurisprudência e outra documentação publicadas ou acessíveis até Março de 2008.

PLANO GERAL DA OBRA

INTRODUÇÃO

§ 1.º – Delimitação do problema
§ 2.º – Prevenções metodológicas e sequência do estudo

PARTE I
DELIMITAÇÃO GERAL E RELEVO JURÍDICO
DO FENÓMENO DOS GRUPOS EMPRESARIAIS E SOCIETÁRIOS

I
DELIMITAÇÃO E TIPOLOGIA DOS GRUPOS SOCIETÁRIOS

§ 3.º – Os fenómenos de colaboração inter-societária; aproximação geral
§ 4.º – Os grupos societários e outros fenómenos de coligação societária

II
A ORDEM JURÍDICA E OS GRUPOS EMPRESARIAIS E SOCIETÁRIOS

§ 5.º – A recepção jurídica do fenómeno dos grupos societários e empresariais: breve panorama comparado; direito comunitário
§ 6.º – O direito nacional e os grupos societários e empresariais
§ 7.º – Síntese geral: a rebeldia do fenómeno dos grupos societários e empresariais à regulação jurídica e o carácter multifacetado deste fenómeno

PARTE II
INCIDÊNCIAS LABORAIS
DOS GRUPOS EMPRESARIAIS E SOCIETÁRIOS

I
DOGMÁTICA GERAL

§ 8.º – Sequência
§ 9.º – Quadro das incidências laborais do fenómeno dos grupos
§ 10.º – A ordem juslaboral e o fenómeno dos grupos societários e empresariais
§ 11.º – Pressupostos da apreciação dogmática das incidências laborais do fenómeno dos grupos

II
INCIDÊNCIAS DOS GRUPOS EMPRESARIAIS E SOCIETÁRIOS NA SITUAÇÃO JUSLABORAL INDIVIDUAL

SECÇÃO I
A determinação do empregador nos grupos societários e empresariais

§ 12.º – O problema da determinação do empregador nos grupos societários e empresariais: propostas tradicionais de solução e respectiva apreciação crítica
§ 13.º – Posição adoptada

SECÇÃO II
O estatuto jurídico dos trabalhadores de uma sociedade ou empresa inserida num grupo

§ 14.º – O princípio geral da independência dos vínculos laborais em contexto de grupo e a sua limitação pela componente organizacional do contrato de trabalho
§ 15.º – Algumas situações em especial
§ 16.º – A situação jurídica do trabalhador com contrato de trabalho com pluralidade de empregadores e nos casos de levantamento da personalidade colectiva

SECÇÃO III
A mobilidade dos trabalhadores no seio do grupo

§ 17.º – Quadro geral das situações de mobilidade dos trabalhadores no seio dos grupos societários e empresariais
§ 18.º – A mobilidade estrutural: o trabalhador móvel no seio do grupo
§ 19.º – Mobilidade do trabalhador nos grupos societários e empresariais com suspensão do contrato de trabalho
§ 20.º – Mobilidade do trabalhador nos grupos societários e empresariais a título definitivo ou envolvendo a cessação do contrato de trabalho

SECÇÃO IV
A posição do trabalhador perante as vicissitudes societárias no seio do grupo

§ 21.º – Aspectos gerais. Sequência
§ 22.º – Implicações da constituição e da modelação do grupo societário ou empresarial nos contratos de trabalho vigentes
§ 23.º – Implicações laborais das vicissitudes económicas da empresa inserida num grupo societário ou empresarial

SECÇÃO V
A tutela dos créditos laborais nos grupos societários e empresariais

§ 24.º – Aspectos gerais. Sequência
§ 25.º – O regime de responsabilidade solidária pelos créditos laborais em contexto de grupo
§ 26.º – Outras especificidades do regime de tutela dos créditos laborais em contexto de grupo

III
INCIDÊNCIAS DOS GRUPOS EMPRESARIAIS E SOCIETÁRIOS NAS SITUAÇÕES LABORAIS COLECTIVAS

§ 27.º – Sequência

SECÇÃO I
A representação colectiva dos trabalhadores e dos empregadores no contexto dos grupos societários e empresariais

§ 28.º – Aspectos gerais
§ 29.º – Quadro institucional da representação colectiva dos trabalhadores e dos empregadores em contexto de grupo
§ 30.º – A actividade das estruturas representativas dos trabalhadores em contexto de grupo

SECÇÃO II
A negociação colectiva no seio dos grupos

§ 31.º – Admissibilidade da negociação e da contratação colectiva ao nível do grupo: posicionamento do problema e posição adoptada
§ 32.º – A negociação colectiva de grupo no quadro do sistema jurídico nacional
§ 33.º – A negociação e a contratação colectiva no âmbito dos grupos internacionais

SECÇÃO III
Os conflitos colectivos no seio dos grupos

§ 34.º – Aspectos gerais
§ 35.º – A greve no seio dos grupos: alguns problemas em especial

INTRODUÇÃO

§ 1.º Delimitação do problema

1. A figura da empresa como referente comum ao direito do trabalho e ao direito comercial

I. Entre os seus vários pontos de contacto, o direito comercial e o direito do trabalho têm em comum o relevo que reconhecem a uma das realidades sociais e económicas de mais difícil enquadramento pela ordem jurídica: a empresa.

Com efeito, o desenvolvimento destas áreas jurídicas nos dois últimos séculos – mais rápido e consensual no caso do direito comercial, mais lento e sinuoso no caso do direito do trabalho[1] – evidencia um referente

---

[1] Neste sentido refere W. HRODMAKA, *Arbeitsordnung und Arbeitsverfassung*, ZfA, 1979, 203-218 (214 s.) que, embora tanto os fenómenos comerciais como o fenómeno do trabalho subordinado tivessem conhecido a sua maior expansão a partir do início do processo de industrialização, o século XIX pode ser considerado como o século dos trabalhadores independentes e da consolidação do direito comercial moderno, e apenas o século XX se afirmou como o século dos trabalhadores subordinados e da consolidação do direito do trabalho como área jurídica. A consonância do ideário mercantil com os valores do individualismo liberal explica o rápido desenvolvimento normativo do direito comercial no século XIX, enquanto a tradicional debilidade negocial e económica do operariado ajuda a compreender as dificuldades de imposição do direito do trabalho nessa mesma época, mau grado o número sempre crescente de vínculos laborais. No princípio do século XX, autores como PERREAU ou POTHOFF já assinalam o contrato de trabalho como o contrato mais frequente e importante da sua época e lamentam a falta de interesse dos sistemas jurídicos pela figura (C. PERREAU, prefaciando a obra de A. MARTINI, *La notion du contrat de travail – Étude jurisprudentielle, doctrinale et législative*, Paris, 1912, I; H. POTHOFF, *Probleme des Arbeitsrechts,* Jena, 1912, 62), mas a verdade é que entre as consolidadas concepções individualistas liberais e as emergentes preocupações de índole

comum ligado à figura da empresa, por ter sido através do recurso a esta figura que ambas as áreas jurídicas se autonomizaram do seu berço civil comum e foram consolidando o seu lugar no universo jurídico.

II. É reconhecido que o direito comercial se estribou originariamente na figura do comerciante individual[2] – ou seja, no léxico moderno, o empresário singular[3] – mas, com o desenvolvimento da moderna sociedade industrial, rapidamente evoluiu deste paradigma individual para um paradigma colectivo. Este paradigma colectivo traduziu-se, em primeiro lugar, na categoria objectiva dos actos de comércio (enunciados no art. 632.º daquele que foi o primeiro código comercial – o *Code de Commerce* francês de 1807[4]) e, logo depois, na figura da empresa colectiva, que veio a encontrar a sua expressão jurídica na categoria da sociedade comercial[5].

---

social, os sistemas jurídicos permanecem arreigados às primeiras até ao século XX, como refere G. RADBRUCH, *Introducción a la Ciencia del Derecho* (trad. espanhola da 1ª ed.), Madrid, 1930, 92 ss. E, nesta medida, ganham também sentido as palavras de M. ALONSO OLEA, *La abstencción normativa en las orígenes del Derecho del Trabajo moderno*, in *Estudios de Derecho del Trabajo en memoria del Professor Gaspar BAYON CHACÓN*, Madrid, 1980, 13-38 (14), considerando que a desatenção dos sistemas jurídicos em relação ao vínculo laboral, durante o liberalismo, é um caso de abstenção normativa voluntária.

[2] Neste sentido, quanto ao apoio inicial do direito comercial na figura dos comerciantes individuais e nas respectivas corporações, e situando o surgimento da área jurídica, enquanto corpo normativo autónomo, na Idade Média, justamente com base nesta figura essencial, entre outros, A. FERRER CORREIA, *Lições de Direito Comercial*, I (1973), II (1968) e III (1975), Lisboa (*reprint* 1994), 12 s., PAULO SENDIN, *Lições de Direito Comercial e de Direito da Economia*, I, Lisboa, 1979/80, 7, L. BRITO CORREIA, *Direito Comercial*, I, Lisboa, 1987 (*reprint* 1990), 9, J. OLIVEIRA ASCENSÃO, *Direito Comercial, I – Institutos gerais*, Lisboa, 1998/99, 10 ss., J. M. COUTINHO DE ABREU, *Curso de Direito Comercial*, I, 6ª ed., Coimbra, 2006, 1 s., ou A. MENEZES CORDEIRO, *Manual de Direito Comercial*, 2ª ed., Coimbra, 2007, 46 ss., este último assinalando, todavia, a existência de regras especiais do comércio mesmo no direito romano (*idem*, 44 ss.).

[3] Neste sentido, pode considerar-se o nosso Código Comercial como um diploma percursor, ao referir-se (em 1988) expressamente às *empresas singulares ou colectivas*, no art. 230.º.

[4] Sobre a influência profunda que o *Code de Commerce* veio a ter na produção normativa comercial posterior, em diversos países, *vd*, por todos, MENEZES CORDEIRO, *Manual de Direito Comercial cit.*, 53 ss.; e especificamente quanto à evolução do sistema nacional nesta área, *idem*, 66 ss.

[5] Sobre esta evolução e sobre as concepções subjectivista e objectivista do direito comercial que a este propósito se desenvolveram no plano doutrinal, por todos, FERRER CORREIA, *Lições de Direito Comercial cit.*, 13 ss. Não cabendo no âmbito do presente

§ 1.º *Delimitação do problema* 17

Ora, embora a sociedade comercial tenha as suas raízes num contrato de direito privado (o contrato de sociedade) e seja formalmente uma modalidade da categoria mais genérica da sociedade[6], foi como ente jurídico unitário e autónomo[7] que se transformou na figura central do direito comercial; e foi a importância central da figura da sociedade comercial que justificou o pujante desenvolvimento normativo em matéria de sociedades que hoje conhecemos (e que, no caso português, corresponde à disciplina específica e abrangente do Código das Sociedades Comerciais, aprovado pelo DL n.º 262/86, de 2 de Setembro), levando os autores a reconhecer o direito das sociedades comerciais como uma área nuclear do direito comercial[8] ou mesmo como um subramo jurídico autónomo no seio do próprio direito comercial[9].

III. Por seu turno, no domínio laboral, o fenómeno do trabalho subordinado livre começou por ser enquadrado por contratos de direito privado – o contrato de prestação de serviço ou o contrato de locação, consoante as tradições dos vários sistemas jurídicos na reconstrução dogmática moderna da categoria romana da *locatio conductio*[10] – mas pratica-

---

estudo tomar posição em favor de uma ou de outra concepção, limitamo-nos a realçar o valor eminente que sempre tem tido a categoria da empresa no direito comercial, independentemente da posição adoptada quanto a este problema.

[6] Ainda FERRER CORREIA, *Lições de Direito Comercial* cit., 207, e também OLIVEIRA ASCENSÃO, *Direito Comercial*, IV – *Sociedades Comerciais. Parte Geral*, Lisboa, 2000, 12.

[7] Neste sentido J. H. PINTO FURTADO, *Curso de Direito das Sociedades*, 5ª ed., Coimbra, 2004, 51, refere-se à natureza bidimensional da figura da sociedade: o Código Civil encara-a como um contrato, mas ela perdura com uma natureza institucional para lá do seu acto formativo.

[8] COUTINHO DE ABREU, *Direito Comercial* cit., I, 34 e nota [90].

[9] Assinalando esta evolução no sentido da autonomização do direito das sociedades comerciais como subramo autónomo do direito comercial, não só no sistema português, mas ainda em países como a Alemanha, a França ou a Itália, MENEZES CORDEIRO, *Manual de Direito Comercial* cit., 145, e ainda *Manual de Direito das Sociedades,* I (*Das Sociedades em Geral*), 2ª ed., Coimbra, 2007, 45 s.

[10] A tradição francesa foi no sentido da recondução do fenómeno do trabalho subordinado à figura da locação, referindo-se o *Code Civil de Napoléon* ao *louage de gens de travail*, como modalidade do *louage de services* (arts. 1780.º e 1781.º); e, em sentido semelhante, o *Codice civile* italiano de 1865 veio a considerar a prestação subordinada de trabalho como modalidade da locação de obra (art. 1570.º). Diferentemente, o nosso Código de Seabra tratou o *serviço salariado* e o *serviço doméstico* como modalidades do contrato de prestação de serviço (respectivamente, arts. 1391.º a 1395.º e arts. 1370.º a 1390.º). O en-

mente desde os primórdios da autonomização da figura do contrato de trabalho entre os seus congéneres contratos civis, nos primeiros anos do século XX, este contrato ganhou uma dimensão organizacional a par da sua dimensão obrigacional, no sentido em que parte significativa do seu regime atende ao contexto em que se desenvolve o vínculo laboral[11].

quadramento do fenómeno do trabalho subordinado com recurso à figura da prestação de serviços corresponde também à tradição germânica, tendo-se traduzido na figura do *Dienstvertrag* (§§ 611 ss. do BGB). Como é sabido, as duas figuras contratuais remontam à figura romana da *locatio conductio*, que, no nosso sistema jurídico, enquadrou o trabalho subordinado ainda nas Ordenações Filipinas (contrato de locação-condução, previsto no Livro IV, Títulos 23 a 35 e 45). Quanto ao tratamento desta matéria no Código Civil francês, *vd*, entre outros, M. TROPLONG, *De l'échange et du louage, in Le droit civil expliqué. Commentaire des Titres VII et VIII du livre III du Code Napoléon*, 3ª ed., II, Paris, 1859, 223 e passim, C. AUBRY / C. RAU, *Cours de droit civil français*, IV, 4ª ed., Paris, 1871, 512 ss., A. M. DEMANTE, *Cours analytique de Code civil*, 2ª ed., VII, Paris, 1887, 226 ss. e 334 ss., G. BAUDRY-LACANTINERIE / A. WAHL, *Traité théorique et pratique de droit civil – Du contrat de louage*, 3ª ed., II (*Première Partie*), Paris, 1907, *passim*, ou ainda M. PLANIOL, *Traité élémentaire de droit civil*, 6ª ed., II, Paris, 1912, 588 ss; sobre este ponto no sistema jurídico italiano, por todos, L. ABELLO, *Della locazione*, II (*Locazione di opere*), Parte II, 2ª impr., Napoli – Torino, 1910, 8 ss.; quanto ao sistema do BGB, por todos, B. WINDSCHEID / T. KIPP, *Lehrbuch des Pandettenrechts, 9 Auflage unter vergleichender Darstellung des deutschen bürgerlicher Rechts*, II, Frankfurt, 1906 (*reprint* 1963), 719; e especificamente sobre o enquadramento do fenómeno do trabalho subordinado no período anterior à codificação em Portugal, M. A. COELHO DA ROCHA, *Instituições de Direito Civil Portuguez*, 4ª ed., II, Coimbra, 1857, 666 ss., e J. PINTO LOUREIRO, *Tratado da Locação*, I, Coimbra, 1946, 42 s.

[11] A referência a uma componente organizacional ou empresarial do vínculo laboral encontra-se precocemente nas reflexões da doutrina sobre a construção dogmática do contrato de trabalho (por exemplo, em autores como E. MOLITOR, *Das Wesen des Arbeitsvertrages*, Leipzig, 1925, e *Arbeitnehmer und Betrieb – zugleich ein Beitrag zur einheitlichen Grundlegung des Arbeitsrechts*, Marburg, 1929), mas evoluiu posteriormente para uma construção comunitário-pessoal do vínculo laboral, que constituiu um alicerce tradicional do direito do trabalho e foi defendida, quer numa perspectiva contratualista quer numa perspectiva institucionalista, ao longo de todo o século XX. Para mais desenvolvimentos sobre estas concepções do vínculo laboral, *vd* M. R. PALMA RAMALHO, *Da Autonomia Dogmática do Direito de Trabalho,* Coimbra, 2001, 291 e ss., obra na qual ensaiamos uma reconstrução do contrato de trabalho, com uma nova perspectiva sobre o seu elemento organizacional (*idem*, 711 ss., e 716 ss.). Especificamente sobre esta concepção do contrato de trabalho, *vd* ainda os nossos *Relação de trabalho e relação de emprego – contributos para a construção dogmática do contrato de trabalho, in Estudos em Homenagem ao Professor Doutor Inocêncio Galvão Telles*, I, Coimbra, 2002, 651-681 (republicado *in* M. R. PALMA RAMALHO, *Estudos de Direito do Trabalho*, I, Coimbra, 2003, 125-156) e ainda *Direito do Trabalho. Parte I – Dogmática Geral,* Coimbra, 2005, 394 ss.

Ora, esse contexto é, na esmagadora maioria dos casos, um contexto empresarial.

Na verdade, pode dizer-se que a empresa constituiu sempre o referente paradigmático do sistema normativo laboral, entre nós como na maioria dos países, de uma de duas formas: de uma forma explícita, nos sistemas que assumem a distinção entre o trabalho empresarial e não empresarial e regulam separadamente as duas modalidades – foi a solução consagrada no direito italiano (*Codice civile* de 1942, arts. 2082.° ss. e 2239.° ss., respectivamente) e prevista, entre nós, no Projecto de GALVÃO TELLES para a LCT de 1969[12], que não chegou a ser adoptado; de uma forma implícita, para os sistemas que perspectivam o contrato de trabalho como a moldura jurídica genérica e unitária para todas as formas de trabalho subordinado privado, já que, mesmo nestes sistemas, muitas normas laborais carecem de uma profunda adaptação ou, pura e simplesmente, não têm aplicação aos vínculos laborais sem escopo empresarial – é o que sucede na maioria dos sistemas juslaborais, *y compris* no sistema nacional[13-14].

---

[12] I. GALVÃO TELLES, *Parecer n.° 45/VII à Câmara Corporativa – Regime do Contrato de Trabalho (Projecto de Proposta de L. n.° 517)*, in *Pareceres da Câmara Corporativa (VII legislatura)*, 1961, II, Lisboa, 1962, 515-560. Na esteira do sistema do *Codice civile* italiano e desenvolvendo a orientação que o autor já sustentara para a matéria no seu Projecto para o título de contratos em especial do Código Civil de 1966 (I. GALVÃO TELLES, *Contratos Civis (Projecto completo de um título do futuro Código Civil Português e respectiva Exposição de Motivos)*, BMJ, 1959, 83, 113-283), o Projecto para a LCT distinguia e regulava separadamente o trabalho subordinado prestado dentro e fora do âmbito empresarial (respectivamente Secções II e III do Projecto).

[13] A influência marcante da figura da empresa na configuração dos regimes laborais, independentemente da perspectiva adoptada pelos sistemas normativos na regulação do fenómeno do trabalho subordinado, decorre de traços dos próprios sistemas normativos e é reconhecida pela maioria dos autores. Assim, para além do sistema italiano, em que as normas do *Statuto dei Lavoratori (L. 20 maggio 1970, n. 300)*, desenvolvendo o Código Civil, pressupõem a existência de uma empresa, também no sistema francês a importância da empresa é patente em inúmeras normas do *Code du travail* e na *Loi n.° 82.689 du 4 août 1982, relative aux libertés des travailleurs dans l'entreprise*, em matérias como o regulamento interno, o poder disciplinar e o direito de expressão dos trabalhadores; também no direito espanhol, as normas do *Estatuto de los Trabajadores (Real Decreto Legislativo 1/1995, de 24 de Marzo)* sobre categoria profissional e promoções, por exemplo, pressupõem a inserção empresarial do trabalhador; mas é talvez o sistema laboral germânico que, de uma forma mais global, toma a empresa como referente dos regimes laborais, não só no que se refere ao contrato de trabalho, mas também porque desenvolveu uma regulamentação laboral específica em matéria de trabalho na empresa (o regime da «constituição da empresa» ou *Betriebsverfassung – BetrVG vom 23. Dezember 1988*), em matéria de coges-

Em suma, o desenvolvimento normativo do direito comercial e do direito do trabalho teve como paradigma comum a referência à empresa, tendo sido tal referência que facilitou a emancipação destas áreas jurídicas dos quadros dogmáticos do direito civil.

---

tão (*MitbestG vom 4. Mai 1976, geändert durch Gesetz vom 28. Oktober 1994*), e que envolve activamente as comissões de trabalhadores. Em consonância com o reconhecimento mais ou menos explícito da importância da empresa pelos sistemas normativos, a doutrina reconhece a inaplicabilidade de muitos regimes laborais fora do contexto empresarial (assim, classicamente, L. BARASSI, *Elementi di diritto del lavoro*, 7ª ed., Milano, 1957, 30 s.), e os conceitos ligados à empresa nos diversos sistemas jurídicos são exaustivamente tratados pelos autores. Assim, no direito germânico, os conceitos de *Betrieb* e de *Unternehmen* foram tratados por autores como E. JACOBI, *Betrieb und Unternehmer als Rechtsbegriffe*, Leipzig, 1926, MOLITOR, *Arbeitnehmer und Betrieb* cit., HESSEL, *Zum Begriff des Betriebs*, RdA, 1951, 12, 450-452, K. HAX, *Betriebswirtschaftliche Deutung der Begriffe «Betrieb» und «Unternehmung»*, in K. BALLERSTEDT / E. FRIESENHAHN / O. V. NELL-BREUNING (Hrsg.), *Recht und Rechtsleben in der sozialen Demokratie, Festg. für Otto KUNZE zum 65. Geburtstag*, Berlin, 1969, 109-126, F. GAMILLSCHEG, *«Betrieb» und «Bargaining unit» – Versuch des Vergleichs zweier Grundbegriffe*, ZfA, 1975, 357-400, ou *Betrieb und Unternehmen – Zwei Grundbegriffe des Arbeitsrechts*, ArbuR, 1989, 2, 33-37, D. JOOST, *Betrieb und Unternehmen als Grundbegriffe im Arbeitsrecht*, München, 1988, ou F. MEHRHOFF, *Die Veränderung des Arbeitgeberbegriffs*, Berlin, 1984; os conceitos de *impresa* e *azienda* têm também merecido a atenção da doutrina italiana em autores como G. ROBERTI, *Il rapporto di lavoro e l'azienda*, DLav., 1940, I, 33-37, F. SANTORO-PASSARELLI, *Soggetività dell'impresa*, in *Scritti in Memoria di Alessandro GRAZIANI*, V – *Impresa e società*, Napoli, 1968, 1767-1773, ou L. SPAGNUOLO VIGORITA, *Impresa, rapporto di lavoro, continuità*, Riv.dir.civ., 1969, I, 545-578; e as doutrinas francesa e belga têm também valorizado os conceitos de *entreprise* e de *interêt de l'entreprise* em autores como J. BRÈTHE DE LA GRESSAYE, *Les transformations juridiques de l'entreprise patronale*, DS, 1939, 1, 2-6, J. SAVATIER, *Le groupe de societés et la notion d'entreprise en droit du travail*, in *Études de droit du travail offertes à André BRUN*, Paris, 1974, 527-546, M. MAGREZ, *L'entreprise en droit social ou l'efflorescence d'une institution*, in *Liber Amicorum Frédéric DUMON*, Antwerpen, 1983, 581-586, ou N. ALIPRANTIS, *L'entreprise en tant qu'ordre juridique*, in *Le Droit collectif du travail – Études en hommage à Madame le Professeur Hélène Sinay*, Frankfurt, 1994, 185-206.

[14] O sistema português é um exemplo paradigmático da influência do referente empresarial na configuração dos regimes laborais, apesar da perspectiva unitária do legislador nacional sobre o contrato de trabalho acima referida. Já tendo dado conta da importância deste referente por reporte aos regimes normativos anteriores ao Código do Trabalho (ROSÁRIO PALMA RAMALHO, *Da Autonomia Dogmática...cit.*, 393 s.), cabe salientar que a mesma influência se observa no Código do Trabalho, em aspectos tão diversos como a classificação das empresas de acordo com o número de trabalhadores subordinados de que dispõem (art. 91.º), a fundamentação do recurso ao trabalho a termo (art. 129.º), a justificação de vários institutos laborais e prerrogativas patronais no requisito do interesse da

§ 1.º Delimitação do problema 21

IV. Retomando uma noção que já desenvolvemos anteriormente, numa perspectiva jurídica a empresa corresponde a uma aglomeração, duradoura e organizada, de factores humanos e económicos que prossegue um objectivo produtivo com relevo para o direito[15-16]. Esta noção ampla e assumidamente formal não obscurece, no entanto, as dificuldades de delimitar rigorosamente a empresa para efeitos jurídicos, que são referidas recorrentemente na doutrina nacional e estrangeira da especialidade[17] e

---

empresa – assim, quanto à mudança de categoria (art. 313.º), à mobilidade funcional (art. 314.º) e à mobilidade geográfica (arts. 314.º a 316.º), mas também quanto ao fundamento da exigência de trabalho suplementar (art. 199.º n.º 1) – o regime de diversas vicissitudes contratuais, como a transmissão da empresa ou do estabelecimento (arts. 318.º ss.), a cedência ocasional de trabalhadores (arts. 322.º ss.), as situações de redução ou suspensão dos contratos de trabalho em situação de crise empresarial (art. 330.º n.º 2 a) e arts. 335.º ss.), e as motivações do despedimento por razões objectivas (art. 397.º, quanto ao despedimento colectivo, e art. 402.º quanto ao despedimento por extinção do posto de trabalho); por outro lado, institutos e regimes típicos da área regulativa colectiva do direito do trabalho, como o associativismo sindical, as comissões de trabalhadores, a própria negociação colectiva e o direito de greve têm subjacente um contexto empresarial.

[15] M. R. PALMA RAMALHO, *Do Fundamento do Poder Disciplinar Laboral,* Coimbra, 1993, 358 (retomámos esta mesma concepção in *Da Autonomia Dogmática...cit.*, 315, e *Direito do Trabalho, cit.*, I, 315). Ainda sobre o conceito de empresa, na doutrina nacional, podem ver-se, entre outros, PAULO SENDIM, *Lições de Direito Comercial...cit.,* 219 ss. e *passim,* A. MENEZES CORDEIRO, *Direito da Economia,* Lisboa, 1986, 234, *Manual de Direito do Trabalho,* Coimbra, 1991, 117, *Da Responsabilidade Civil dos Administradores das Sociedades Comerciais,* Coimbra, 1997, 498 ss. e 516, e ainda *Manual de Direito Comercial cit.*, I, 232 ss., L. LIMA PINHEIRO, *Joint Venture. Contrato de Empreendimento Comum em Direito Internacional Privado,* Lisboa, 1998, 30, P. OLAVO CUNHA, *Direito das Sociedades Comerciais,* 3ª ed., Coimbra, 2007, 6 s, L. D. SILVA MORAIS, *Empresas Comuns. Joint Ventures no Direito Comunitário da Concorrência,* Coimbra, 2006, 147 s. e 156 s. e, em especial, COUTINHO DE ABREU, *Direito Comercial cit.*, I, 202 ss.

[16] A noção de empresa que vimos sustentando vai hoje de encontro à noção também muito ampla de empresa que foi estabelecida no CIRE (Código da Insolvência e da Recuperação de Empresas, aprovado pelo DL n.º 35/2004, de 18 de Março, com as alterações introduzidas pelo DL n.º 200/2004, de 18 de Agosto, e pelo DL n.º 282/2007, de 7 de Agosto), cujo art. 5.º considera, para efeitos do Código, como empresa «toda a organização de capital e de trabalho destinada ao exercício de qualquer actividade económica».

[17] Para alguns autores, estas dificuldades decorrem da circunstância de, juridicamente, a realidade da empresa ter estado latente sob o instituto clássico da propriedade – neste sentido, especificamente, G. RIPERT, *Aspects juridiques du capitalisme moderne,* 2ª ed., Paris, 1951, 268, e também sobre as ligações entre a realidade empresarial e o instituto da propriedade, entre nós, J. OLIVEIRA ASCENSÃO, *A empresa e a propriedade,* Brotéria,

que conduziram ao reconhecimento do carácter multifacetado do fenómeno empresarial. Este carácter multifacetado levou os autores a atribuir diferentes acepções ao termo *empresa* para efeitos jurídicos[18], enquanto, noutros sectores, as evidentes dificuldades operativas da figura justificaram a conclusão no sentido da irrelevância jurídica desta categoria e a

---

1970, 591-607 (591 ss.). Também assinalando as dificuldades de delimitação da empresa em termos jurídicos e a fluidez e imprecisão do conceito de empresa, N. CATALA, *L'entreprise*, in G.H. CAMERLYNCK (dir.), *Traité de droit du travail*, IV, Paris, 1980, VI, M. MAGREZ, *L'entreprise en droit social...cit.*, 585, J. SAVATIER, *Le groupe de societés et la notion d'entreprise...cit.* 527, G. LYON-CAEN, *Le droit du travail. Une technique réversible*, Paris, 1995, 14, e MENEZES CORDEIRO, *Da Responsabilidade Civil dos Administradores... cit.* 498 ss. e 516, e *Manual de Direito Comercial cit.*, 283 ss. Lapidarmente, observa a este respeito A. SUPIOT, *Groupe de societés et paradigme de l'entreprise*, Rev.Trimm.DCDE, 1985, 4, 621-644 (623) que «...*la notion d'entreprise est l'une des plus irritantes qui soient pour un juriste, car elle est à la fois inssaisisable et incountornable*».

[18] Sobre a multiplicidade de acepções jurídicas do termo empresa, entre outros, ORLANDO DE CARVALHO, *Critério e Estrutura do Estabelecimento Comercial, I – O Problema da Empresa como Objecto de Negócios*, Coimbra, 1967, 5 ss. e nota [3] e 293 ss., FERNANDO OLAVO, *Direito Comercial*, I, 2ª ed. (*reprint*), Lisboa, 1974, 250 ss., BRITO CORREIA, *Direito Comercial cit.*, I, 214 ss., OLIVEIRA ASCENSÃO, *Direito Comercial cit.*, I, 141 ss., J. M. COUTINHO DE ABREU, *Da Empresarialidade (As Empresas no Direito)*, Coimbra, 1996, 4 ss., 207 ss., MENEZES CORDEIRO, *Da Responsabilidade Civil dos Administradores...cit.*, 498 ss. e 516, e *Manual de Direito Comercial cit.*, 281 s., ou LIMA PINHEIRO, *Joint Venture... cit.*, 27 e nota [1], e 29 ss. No panorama comparado, a multiplicidade de sentidos jurídicos da empresa é assinalada, na doutrina germânica, em apreciação das realidades de «*Unternehmen*» e «*Betrieb*» por autores como GAMILLSCHEG, «*Betrieb» und «Bargaining unit» cit., passim,* HESSEL, *Zum Begriff des Betrieb cit,* HAX, *Betriebswirtschaftliche Deutung der Begriffe «Betrieb» und «Unternehmung» cit.*, 109 ss., ou JOOST, *Betrieb und Unternehmen als Grundbegriffe im Arbeitsrecht cit., maxime* 3 ss., 171 ss., 337 ss. e 395 ss.; na doutrina italiana, os conceitos de «*impresa*» e «*azienda*» são recorrentemente tratados por autores A. GRECO, *Il contratto di lavoro*, in F. VASSALLI, *Trattato di diritto del lavoro*, VII (Tomo III), Torino, 1939, 59 s, G. ARDAU, *Corso di diritto del lavoro*, Milano, 1947, 78 ss., L. MENGONI, *Contratto e rapporto di lavoro nella recente dottrina italiana*, Riv.soc., 1965, 674-688 (679 ss.) ou F. SANTORO-PASSARELLI, *Soggetività dell'impresa cit.*, 1772, e, na doutrina francófona, por NICOLE CATALA, *L'entreprise cit.*, VI, SAVATIER, *Le groupe de societés... cit.*, 528, ou SUPIOT, *Groupe de societés et paradigme de l'entreprise cit.*, 623 ss. Para indicações doutrinais mais desenvolvidas sobre as três acepções jurídicas de empresa mais divulgadas (o sentido subjectivo de empresa, que a identifica com a ideia criadora do empresário, o sentido objectivo de empresa, que a reconduz ao acervo patrimonial que ela constituiu, e o sentido institucional, que a identifica com uma realidade juridicamente autonomizada da pessoa do empresário), *vd* ROSÁRIO PALMA RAMALHO, *Direito do Trabalho cit.*, I, 316 ss.

§ 1.º Delimitação do problema 23

opção no sentido da sua remissão para o domínio da economia[19]. Especificamente no âmbito do direito comercial, as dificuldades de tratamento do conceito de empresa conduziram alguns sectores da doutrina a recusar as concepções «empresariais» sobre a área jurídica[20]; já no domínio laboral, estas mesmas dificuldades levaram alguns autores a defender a identificação das categorias de empregador e de empresa[21].

O presente estudo não pretende contribuir para a elucidação dos problemas do conceito e do relevo jurídico da categoria da empresa, problemas estes, aliás, já tratados entre nós[22], nem sequer desenvolver a questão do relevo laboral desta categoria, que já tivemos ocasião de sustentar[23]. O que se pretende realçar é a importância da figura da empresa, quer no direito comercial quer no direito do trabalho, importância esta que, naturalmente, transcende as dificuldades de delimitação jurídica da própria figura e mesmo as dúvidas sobre o seu relevo no mundo no direito. Dito de outro modo, seja como categoria jurídica (unitária ou multifacetada),

---

[19] MENEZES CORDEIRO, *Manual de Direito do Trabalho cit.*, 117, *Manual de Direito Comercial cit.*., 200, e *Manual de Direito Bancário*, 3ª ed., Coimbra, 2006, 785. Mas contra, sustentando a viabilidade de um conceito jurídico geral de empresa, a partir da dogmática juscomercial e conjugando, em especial, o elemento institucional e o elemento da actividade neste conceito, LUÍS MORAIS, *Empresas Comuns...cit.*, 147 s. e 154 ss. Deve, no entanto, notar-se, que o conceito *jurídico* de empresa apresentado por este autor apresenta (*idem*, 156 s.), uma feição marcadamente económica.

[20] Entre outros, FERRER CORREIA, *Lições de Direito Comercial cit.*, 22 ss., BRITO CORREIA, *Direito Comercial cit.*, I, 14 ss., ou COUTINHO DE ABREU, *Curso de Direito Comercial cit.*, I, 16 ss.

[21] Neste sentido, entre outros, P. ROMANO MARTINEZ, *Direito do Trabalho*, 4ª ed., Coimbra, 2007, 141. Não perfilhamos este entendimento, pelas razões acima expostas.

[22] Destacamos, naturalmente, entre esses estudos, a obra de ORLANDO DE CARVALHO, *Critério e Estrutura do Estabelecimento Comercial*, I (*O Problema da Empresa como Objecto de Negócios cit.*), de 1967, e a obra de COUTINHO DE ABREU, *Da Empresarialidade (As Empresas no Direito)*, de 1996.

[23] ROSÁRIO PALMA RAMALHO, *Direito do Trabalho cit.*, I, 318 ss. Vimos defendendo o relevo laboral específico da categoria da empresa, na sua acepção orgânica, não só pela inequívoca importância da realidade empresarial no direito do trabalho, mas também pela utilidade da distinção entre empresa e empregador laboral. De facto, só esta distinção permite situar os contratos de trabalho com e sem escopo empresarial, ao mesmo tempo que é essencial para compreender os efeitos quotidianos da organização empresarial no contrato de trabalho (i.e., o elemento organizacional do contrato), quer numa fase de execução normal, quer por ocasião da ocorrência de vicissitudes que afectam a própria organização e têm reflexos laborais.

seja como categoria económica, seja apenas como pressuposto de facto da aplicação de normas jurídicas, a figura da empresa tem sido um referente essencial das normas de direito laboral e das normas de direito societário[24].

Reconhecida a figura da empresa como um dos referentes do desenvolvimento normativo do direito comercial e do direito do trabalho, pode ir-se mais longe na sua delimitação. Com efeito, se atentarmos na evolução das duas áreas jurídicas a partir do advento da sociedade industrial, verificamos que, na base de muitos institutos e regimes comerciais e laborais, está não apenas a realidade da empresa mas um certo modelo de empresa.

V. No caso do direito comercial moderno, o modelo paradigmático de empresa é a empresa colectiva ou societária, que, a partir da industrialização, foi ganhando primazia sobre o modelo da empresa singular, que a ordem jurídica enquadrara através da figura do comerciante individual[25].

Juridicamente, a empresa colectiva corresponde à categoria da sociedade comercial, destacando-se, entre as várias modalidades que esta sociedade pode revestir, a importância das sociedades de capitais, *maxime* da sociedade anónima[26]. Com efeito, é a sociedade anónima que melhor res-

---

[24] Também reconhecendo a empresa como um paradigma jurídico de referência do direito do trabalho e do direito societário, SUPIOT, *Groupe de sociétés et paradigme de l'entreprise* cit., 525 e *passim*.

[25] Como observa PINTO FURTADO, *Curso de Direito das Sociedades* cit., 14, o fenómeno societário tem hoje uma magnitude incontornável, tanto pela frequência da sua utilização económica (que tornou cada vez mais raro o empreendorismo individual), como pela dimensão dos capitais que as sociedades movimentam. Ainda quanto à evolução da empresa individual para a empresa colectiva societária ao longo da história do direito comercial, J. ENGRÁCIA ANTUNES, *Os Grupos de Sociedades. Estrutura e Organização Jurídica da Empresa Plurissocietária*, 2ª ed., Coimbra, 2002, 34, *O problema da responsabilidade nos grupos de sociedades, in* A. M. HERNANDEZ / I. VALERA (ed.), *Derecho de Grupos de Sociedades. Academia de Ciências Políticas y Sociales,* Caracas, 2005, 539-587 (542 s.), e, ainda deste autor, *Estrutura e responsabilidade da empresa: o moderno paradoxo regulatório, in* A. SANTOS CUNHA (coord.), *O Direito da Empresa e das Obrigações e o Novo Código Civil Brasileiro,* S. Paulo, 2006, 18-64 (19 ss.).

[26] Ainda PINTO FURTADO, *Curso de Direito das Sociedades* cit., 16. Também realçando a importância nuclear da figura da sociedade anónima no direito das sociedades comerciais, A. MENEZES CORDEIRO, *Manual de Direito das Sociedades Comerciais,* II (*Das Sociedades em Especial*), 2ª ed., Coimbra, 2007, 480, refere que esta modalidade de sociedade ocupa «o coração do Código [das Sociedades Comerciais]».

ponde aos desafios da moderna economia capitalista, na medida em que assegura as maiores concentrações de capital, o mais elevado grau de autonomia do ente societário em relação aos seus associados e a mais eficaz circunscrição do risco do empreendimento, através do sistema de limitação da responsabilidade societária[27].

Noutra perspectiva, a conjugação mais perfeita dos princípios da autonomia societária e da limitação da responsabilidade societária encontra-se no modelo unitário de sociedade comercial – i.e., uma sociedade que constitui um ente jurídico *a se*, perfeitamente distinto das pessoas dos seus associados, que actua em prossecução do seu interesse social e cujo património é capaz de responder, por si só, aos compromissos assumidos em prossecução do objecto social que definiu[28].

Assim, pode dizer-se que o moderno direito das sociedades comerciais assentou tradicionalmente no modelo da empresa unitária e que, do ponto de vista dos princípios fundamentais da área jurídica, este modelo encontra a sua expressão mais aperfeiçoada na figura da sociedade anónima.

VI. Também o desenvolvimento sistemático do direito do trabalho assentou, em larga medida, na realidade da empresa, mas, mais especificamente, num certo modelo de empresa: a empresa do sector industrial, de média ou grande dimensão[29].

---

[27] J. ENGRÁCIA ANTUNES, *Le Groupe de Sociétés. La crise du modèle classique de la Société Anonyme*, EUI Working Paper LAW No 92/94, Florence, 1992, 1 s.

[28] ENGRÁCIA ANTUNES, *O problema da responsabilidade nos grupos de sociedades* cit., 547 ss.

[29] A doutrina laboral é unânime no reconhecimento das médias e grandes unidades industriais como paradigma empresarial subjacente ao desenvolvimento normativo dos modernos sistemas laborais. Neste sentido, entre muitos outros, G. VENETO, *Nuova società industriale e strumenti di adeguamento del diritto del lavoro*, in Prospettive del diritto del lavoro per gli anni'80 – Atti del VII Congresso di Diritto del lavoro, Bari, 23-25 Aprile 1982, Milano, 1983, 168-175 (168), T. LE ROY, *Droit du travail ou droit du chômage?*, DS, 1980, 6, 299-301 (301), P. TOSI, *Le nuove tendenze del diritto del lavoro nel terziario*, DLRI, 1991, 4, 613-632 (613), J. LEITE, *Direito do trabalho na crise (relatório geral)*, in *Temas de Direito do Trabalho. Direito do Trabalho na Crise. Poder Empresarial. Greves Atípicas – IV Jornadas Luso-Hispano-Brasileiras de Direito do Trabalho*, Coimbra, 1990, 21-49 (23), e A. NUNES DE CARVALHO, *Ainda sobre a crise do direito do trabalho*, in A. MOREIRA (coord.), *II Congresso Nacional de Direito do Trabalho. Memórias*, Coimbra, 1999, 49-79. Foi este também o entendimento que sustentámos *in Direito do Trabalho* cit., I, 57, e, com mais desenvolvimentos, *in Da Autonomia Dogmática...cit.*, 541.

Com efeito, sendo a massificação do trabalho subordinado livre um produto da Revolução Industrial e favorecendo a produção industrial determinados modelos de organização do trabalho (que vieram a ser conhecidos como o modelo *fordista* e o modelo *taylorista*[30]), a disciplina jurídica da actividade laboral[31] teve, naturalmente, em conta o perfil das empresas onde tal actividade era prestada de forma predominante.

Na caracterização da empresa industrial são habitualmente identificados os seguintes traços: do ponto de vista estrutural, é uma empresa de média ou grande dimensão, com uma organização interna vertical e muito estratificada, a que corresponde uma acentuada compartimentação de funções, uma hierarquia rígida e um controlo apertado da actividade laboral[32]; do ponto de vista económico, a empresa industrial tende a ser uma unidade auto-suficiente, no sentido em que desenvolve progressivamente todas as áreas de competência necessárias ou convenientes à prossecução do seu negócio; por fim, do ponto de vista jurídico, a empresa industrial corresponde, na esmagadora maioria dos casos, a uma entidade colectiva, que, com frequência, assume a forma societária e apresenta uma estrutura unitária.

Na perspectiva estritamente laboral, à empresa industrial corresponde um modelo típico de trabalhador subordinado e um modelo típico de vínculo laboral, que são identificados pela doutrina: o trabalhador subordinado típico é um trabalhador homem, sem grandes habilitações, com responsabilidades familiares e economicamente dependente do salário; a relação de trabalho típica é uma relação duradoura (que pode mesmo che-

---

[30] Por todos, sobre os modelos fordista e taylorista de organização das empresas, B. SOUSA SANTOS / J. REIS / M. M. LEITÃO MARQUES, *O Estado e as transformações recentes da relação salarial – a transição para um novo modelo de regulação da economia*, in *Temas de Direito do Trabalho. Direito do Trabalho na Crise. Poder Empresarial. Greves Atípicas – IV Jornadas Luso-Hispano-Brasileiras de Direito do Trabalho,* Coimbra, 1990, 139-179 (142 e 144 ss.).

[31] Empregamos o termo *actividade laboral* no sentido técnico que já lhe atribuímos, como conceito operatório nuclear do direito do trabalho, que identifica a actividade humana produtiva, desenvolvida de forma livre, para satisfação de necessidades de outrem, de forma onerosa, com subordinação do prestador às directrizes do credor e num contexto privado. Cfr., ROSÁRIO PALMA RAMALHO, *Direito do Trabalho cit.*, I, 13 ss., *maxime* 24 ss.

[32] Sobre esta configuração estrutural das grandes unidades fabris, entre outros, BIT, *Les nouvelles formes d'organisation du travail*, I e II, Genève, 1979, *maxime* I, 1 ss., ou H. KERN, *Cambiamenti nel lavoro e nell'organizzazione delle imprese*, in *Il futuro della società e del lavoro*, Milano, 1992, 63-72 (63).

gar a cobrir toda a carreira profissional do trabalhador[33]), cujas partes são facilmente identificáveis, que assenta numa integração global do trabalhador na organização e que apresenta um conteúdo relativamente rígido, envolvendo um certo nível de tutela do trabalhador nos aspectos da função, do tempo e do local de trabalho, da remuneração e outras vantagens patrimoniais, da cessação do contrato e da protecção social[34].

---

[33] Neste sentido, a doutrina chega a dizer que se trata de um vínculo «tendencialmente perpétuo» – B. G. LOBO XAVIER, *A crise e alguns institutos de direito do trabalho*, RDES, 1986, 4, 517-569 (521), e *O direito do trabalho na crise (Portugal), in Temas de Direito do Trabalho. Direito do Trabalho na Crise. Poder Empresarial. Greves Atípicas – IV Jornadas Luso-Hispano-Brasileiras de Direito do Trabalho*, Coimbra, 1990, 101-138 (103).

[34] O perfil do trabalhador subordinado típico e as características da relação de trabalho típica foram amplamente trabalhados pela doutrina nacional e estrangeira. Entre muitos outros, sobre o ponto, na doutrina germânica e austríaca, V. G. BOSCH, *Hat das Normalarbeitsverhältnis eine Zukunft?*, WSI-Mitt., 1986, 3, 163-176 (165), U. ZACHERT, *Die Zerstörung des Normalarbeitsverhältnisses*, ArbuR, 1988, 5, 129-137 (129), W. DÄUBLER, *Deregolazione e flessibilizzazione nel diritto del lavoro, in* M. PEDRAZZOLI (dir.), *Lavoro subordinato e dintorni – Comparazioni e prospettive*, Bologna, 1989, 171-182 (173 s.), U. MÜCKENBERGER, *Regolamentazione statale e autoregolamentazione nel sistema dei rapporti di lavoro, in Il Futuro della società e del lavoro*, Milano, 1992, 11-40 (16 s.), R. WANK, *Atypische Arbeitsverhältnisse*, RdA, 1992, 2, 103-113 (103), ou K. FIRLEI, *Hat das Arbeitsrecht überhaupt ein Zukunft?, in* F. BYDLINSKI / T. MAYER-MALY (Hrsg.), *Die Arbeit: ihre Ordnung – ihre Zukunft – ihr Sinn*, Wien, 1995, 69-109 (75 s.); na doutrina italiana, M. GRANDI, *La subordinazione tra esperienza e sistema dei rapporti di lavoro, in* M. PEDRAZZOLI (dir.), *Lavoro subordinato e dintorni – comparazioni e prospettive*, Bologna, 1989, 77-91 (78 e 82), R. PESSI, *I rapporti di lavoro c.d. atipici tra autonomia e subordinazione nella prospettiva dell'integrazione europea*, RIDL, 1992, I, 133-151 (137), G. GIUGNI, *Il diritto del lavoro negli anni '80*, DLRI, 1982, 373-409 (386), M. BIAGI, *Il futuro del contratto individuale di lavoro in Italia*, Lav.Dir., 1992, 2, 325-346 (326), M. L. CRISTOFARO, *La disocupazione: modo cruciale del diritto del lavoro negli anni'80, in Prospettive del diritto del lavoro per gli anni'80 – Atti del VII Congresso di diritto del lavoro*, Bari, 23-25 Aprile 1982, Milano, 1983, 175-181 (176); na doutrina francesa sobre o tema, por exemplo, P. SAINT-JEVIN, *Existe-t-il un droit commun du contrat de travail*, DS, 1981, 7/8, 514-518 (514), ou J. PÉLISSIER, *La relation de travail atypique*, DS, 1985, 7, 531-539 (531), bem como A. JEAMMAUD / M. LE FRIANT, *Contratto di lavoro, figure intermedie e lavoro autonomo nell'ordinamento francese, in* M. PEDRAZZOLI (dir.), *Lavoro subordinato e dintorni – comparazioni e prospettive*, Bologna, 1989, 255-273 (261), LE ROY, *Droit du travail... cit.*, 301; na doutrina latino-americana, entre outros, L. DE PINHO PEDREIRA, *O direito do trabalho na crise (Brasil), in Temas de Direito do Trabalho. Direito do Trabalho na Crise. Poder Empresarial. Greves Atípicas – IV Jornadas Luso-Hispano-Brasileiras de Direito do Trabalho*, Coimbra, 1990, 51-79 (61), e E. CORDOVA, *Las relaciones de trabajo atípicas (I y II)*, Rel. Lab., 1986, I, 239-283 (241). E, entre nós, JORGE LEITE, *Direito do*

Foi o modelo de empresa descrito que influenciou a configuração dos principais regimes e institutos laborais, quer na área do direito das situações laborais individuais, quer no domínio do direito das situações laborais colectivas, e tanto no sistema nacional como na maioria dos países. Assim, regimes como o regime das carreiras e categorias profissionais, o regime da remuneração, o regime disciplinar ou o regime dos despedimentos por motivos objectivos ligados à empresa são particularmente adaptados ao modelo de organização do trabalho típico das empresas industriais; e foi também em atenção a este modelo de empresa que foram concebidos os regimes de representação colectiva dos trabalhadores (tanto a representação de classe, exercida pelas associações sindicais, como a representação interna à empresa, protagonizada pelas comissões de trabalhadores), bem como o regime da negociação colectiva[35].

Por outro lado, tendo este modelo de empresa favorecido o perfil de trabalhador subordinado acima descrito, pode dizer-se que tal modelo justificou também, indirectamente, a índole protectiva tradicional do direito do trabalho[36], uma vez que a tutela laboral se justifica na dependência jurí-

---

trabalho na crise cit., 23 e nota [5], BERNARDO XAVIER, *A crise e alguns institutos... cit.*, 521, e *O direito do trabalho na crise (Portugal) cit.*, 103, NUNES DE CARVALHO, *Ainda sobre a crise...cit.*, 60, bem como M. R. PALMA RAMALHO, *Ainda a crise do direito laboral: a erosão da relação de trabalho «típica» e o futuro do direito do trabalho*, in A. MOREIRA (coord.), *III Congresso de Direito do Trabalho. Memórias*, Coimbra, 2001, 253-266, republicado in *Estudos do Direito do Trabalho*, I, Coimbra, 2003, 107-121 (110 ss.), *Direito do Trabalho cit.*, I, 59 s., e, com maior desenvolvimento, *Da Autonomia Dogmática...cit.*, 542 ss. e notas [262] a [264]. Para uma perspectiva comparada sobre a caracterização do trabalhador subordinado típico e da relação laboral típica, no contexto europeu, vd ainda o Relatório para a Comissão Europeia sobre as transformações do trabalho e o futuro do direito do trabalho elaborado sob a direcção de SUPIOT – A. SUPIOT (dir.), *Au-delà de l'emploi. Transformations du travail et devenir du droit du travail en Europe – Rapport pour la Commission des Communautés Européennes avec la collaboration de l'Université Carlos III de Madrid*, Paris, 1999, 53 s. e 94 s. (cujas conclusões podem ainda ser confrontadas in A. SUPIOT, *Transformation du travail et devenir du droit du travail en Europe. Conclusions du Rapport Supiot*, DS, 1999, 5, 431-437).

[35] Para mais desenvolvimentos sobre esta influência, com enfoque no sistema juslaboral nacional, vd o nosso *Da Autonomia Dogmática...cit.*, 545 ss. Embora as referências fossem então feitas com reporte ao sistema normativo anterior ao Código do Trabalho, a mesma influência é patente perante o actual quadro normativo.

[36] A índole protectiva tradicional do direito do trabalho é genericamente reconhecida, não carecendo de especial justificação: embora revista hoje uma natureza compromissória, o direito do trabalho surgiu para proteger o trabalhador, exactamente por força da

dica e económica[37] do trabalhador perante o empregador, e estes dois níveis de dependência são particularmente evidentes naquele modelo de trabalhador.

VII. Chegados a este ponto, podemos retirar uma primeira conclusão, relevante para a tarefa de delimitação do problema que elegemos como objecto das nossas reflexões: a figura da empresa esteve subjacente ao desenvolvimento do direito comercial e do direito do trabalho, mas tal figura foi ponderada pelas duas áreas jurídicas de forma diferente.

---

incapacidade do direito civil para cumprir tal desígnio (cabalmente demonstrada pela denominada «questão social»), e o seu desenvolvimento normativo norteou-se pelo princípio da protecção do trabalhador, que, durante largas décadas, foi considerado o princípio fundamentante geral da área jurídica. Especificamente sobre a questão social como origem do moderno direito do trabalho vd., por todos, F. EMYGDIO DA SILVA, *O Operariado Portuguez na Questão Social*, Coimbra, 1905; e sobre a vocação protectiva originária do direito do trabalho e o princípio da protecção do trabalhador como princípio fundamentante geral tradicional da área jurídica, podem ver-se, entre muitos outros, MELSBACH, *Deutsches Arbeitsrecht – zu seiner Neuordnung*, Berlin-Leipzig, 1923, 13, R. LUKES, *Vom Arbeitnehmerschutz zum Verbraucherschutz*, RdA, 1969, 7/8, 220-223 (220), W. HERSCHEL, *Vom Arbeitersschutz zum Arbeitsrecht, in Hundert Jahre Deutsches Rechtsleben, Fest. zum Hundertjährigen Bestehen des Deutschen Juristentages, 1860-1960*, I, Karlsruhe, 1960, 305-315, e *Zur Dogmatik des Arbeitsschutzrechts*, RdA, 1978, 2, 69-74 (69), W. DÄUBLER, *Individuum und Kollektiv im Arbeisrecht, in Mélanges Alexandre BERENSTEIN – Le Droit social à l'aube du XXI siècle*, Lausanne, 1989, 235-265 (256), U. PREIS, *Perspektiven der Arbeitsrechtswissenchaft*, RdA, 1955, 6, 333-343 (333), B. RÜTHERS, *35 Jahre Arbeistrecht in Deutschland*, RdA, 1995, 326-333 (328), W. GAST, *Arbeitsrecht und Abhängigkeit*, BB, 1993, 1, 66-69 (67), G. MAZZONI, *Contiene il diritto del lavoro principi generali propri?, in Scritti giuridici in onore della CEDAM nel cinquantenario della sua fondazione*, Padova, 1953, 525-533 (528), F. SANTORO-PASSARELLI, *Specialità del diritto del lavoro, in Studi in memoria di Tulio ASCARELLI*, IV, Milano, 1969, 1975-1994 (1987), M. GRANDI, *Diritto del lavoro e società industriale*, Riv.DL, 1977, I, 3-23 (4), G. LYON-CAEN, *Grundlagen des Arbeitsrechts und Grundprinzipien im Arbeitsrecht*, RdA, 1989, 4/5, 228-233 (233), e, entre nós, por todos, A. L. MONTEIRO FERNANDES, *Direito do Trabalho*, 13ª ed., Coimbra, 2006, 26 s. Para mais desenvolvimentos sobre este ponto, ROSÁRIO PALMA RAMALHO, *Da Autonomia Dogmática... cit.*, 196 ss. e 405 ss.

[37] Especificamente sobre este incontornável substrato económico do princípio da protecção do trabalhador e, genericamente, de todo o sistema juslaboral, M. R. PALMA RAMALHO, *Direito do Trabalho e Economia. Breve Apontamento, in Estudos Jurídicos e Económicos em Homenagem ao Professor Doutor António de Sousa Franco*, III, Coimbra, 2006, 33-46 (35 s.).

No âmbito do direito comercial, a figura da empresa parece relevar essencialmente para legitimar uma nova forma de actuação no mundo do direito, e daí a importância da sua tradução jurídica nas categorias do comerciante em nome individual (empresa singular), e da sociedade comercial (empresa colectiva), sendo esta última tratada, em termos dogmáticos, como um ente jurídico *a se*, porque lhe é reconhecida personalidade jurídica. Como ente juridicamente autónomo, a sociedade comercial foi objecto de uma disciplina própria, que assentou nos princípios gerais da autonomia e da responsabilidade societárias e que constitui o moderno direito das sociedades comerciais.

Em suma, é na sua tradução jurídica nas categorias do comerciante individual e da sociedade comercial que o fenómeno da empresa é relevante para o direito comercial.

Já no domínio do direito do trabalho, como decorre do exposto, a empresa releva directamente enquanto fenómeno económico, ou seja, enquanto organização humana produtiva inserida num dos sectores da actividade económica.

O relevo do fenómeno da empresa-unidade económica para o direito do trabalho é tão evidente que a própria noção de *empresa laboral*, que se encontra em alguns autores, a identifica, em moldes puramente descritivos, como a unidade económica produtiva que recorre a trabalhadores subordinados[38]. E é também a empresa como entidade económica que subjaz a muitos institutos laborais e perpassa nas múltiplas referências das leis laborais à «empresa» e ao denominado «interesse da empresa», correspondendo, aliás, este último, tipicamente, a um interesse de gestão[39].

---

[38] Foi a noção sustentada entre nós por J. M. COUTINHO DE ABREU, *A Empresa e o Empregador em Direito do Trabalho*, Coimbra, 1982, e que subscrevemos em tese geral nos nossos *Do Fundamento...cit.*, 359, e *Direito do Trabalho cit.*, I, 321. De certo modo, o Código do Trabalho veio confirmar esta noção de empresa, ao classificar as empresas para efeitos da aplicação das regras laborais simplesmente por referência ao número de trabalhadores que detêm (art. 91.º do CT).

[39] Com efeito, as referências legais explícitas ao interesse da empresa em regimes laborais como a mudança de categoria (art. 313.º do CT), a mobilidade funcional (art. 314.º do CT), a mobilidade geográfica (arts. 314.º a 316.º do CT), ou o trabalho suplementar (art. 199.º n.º 1 do CT) e ainda o reporte implícito de muitos outros regimes laborais ao contexto empresarial, têm sido interpretados, tanto pela doutrina como pela jurisprudência, no sentido de exigirem que a prerrogativa patronal em questão se justifique num motivo económico ou de gestão relevante – neste sentido, e apenas a título exemplificativo, quanto aos

§ 1.º *Delimitação do problema* 31

A razão pela qual a empresa releva directamente como fenómeno económico no âmbito do direito do trabalho é porque é nessa qualidade que se mostra mais útil para a prossecução dos objectivos específicos desta área jurídica. Na verdade, para efeitos estritamente jusnegociais, o direito do trabalho recorre antes à categoria do *empregador,* contraparte natural do trabalhador no contrato de trabalho, com base na qual estabelece a titularidade das situações juslaborais individuais e colectivas; e, naturalmente, o empregador pode corresponder a uma pessoa singular (que, por hipótese, mas não necessariamente, é um comerciante) ou a uma pessoa colectiva (que também por hipótese, mas não necessariamente, é uma sociedade comercial).

Contudo, uma vez estabelecidos os parâmetros estritamente obrigacionais das situações juslaborais (*verbi gratia*, do contrato de trabalho), com recurso às figuras do trabalhador subordinado e do empregador, as referências das normas laborais à empresa-unidade económica de produção são úteis exactamente porque é esta valência económica que permite modelar o conteúdo dos vínculos laborais de um modo diferente dos outros contratos obrigacionais envolvendo a prestação de um serviço. Dito de outra forma, a referência à empresa-unidade económica permite valorizar a componente organizacional do contrato de trabalho, a par do seu nexo obrigacional trabalho-remuneração[40], e, nessa medida, contribui para

---

requisitos do *jus variandi* e acentuando o carácter objectivo do requisito do interesse da empresa podem ver-se, o Ac. RC de 19/03/1992, CJ, 1992, III, 92, o Ac. RC de 6/01/1993, CJ, 1993, I, 75, o Ac. RP de 24/05/1993, CJ, 1993, III, 269, o Ac. RLx. de 1/04/1998, CJ, 1998, II, 175, ou o Ac. STJ de 23/02/2005, CJ (STJ), 2005, I, 245. Para uma justificação mais desenvolvida deste ponto, M. R. PALMA RAMALHO, *Direito do Trabalho. Parte II – Situações Laborais Individuais,* Coimbra, 2006, 382, 395, 414, 473 e *passim.*

[40] Como já sustentámos noutros escritos, a complexidade do vínculo laboral justifica o reconhecimento, no seu seio, de um duplo nexo: um nexo obrigacional, que tem a ver com a troca das prestações principais das partes (é o que denominámos de *binómio trabalho-remuneração*) e um nexo organizacional e pessoal, que se reporta à posição subjectiva das partes no contrato (é o *binómio subordinação jurídica-poderes laborais*) e que permite dar o devido enquadramento jurídico à inserção do trabalhador na organização do empregador-credor. Naturalmente, a organização empresarial subjacente ao vínculo laboral releva no segundo binómio apontado. Para mais desenvolvimentos sobre esta construção dogmática do contrato de trabalho, que, naturalmente, extravasa o âmbito deste estudo, ROSÁRIO PALMA RAMALHO, *Da Autonomia Dogmática...cit.*, 711 ss., *Relação de trabalho e relação de emprego – contributos para a construção dogmática do contrato de trabalho* cit., e *Direito do Trabalho* cit., I, 394 ss.

explicar as especificidades dogmáticas deste contrato em relação aos seus congéneres vínculos de serviços, bem como outros fenómenos singulares do direito do trabalho[41].

Em suma, para o direito do trabalho, a empresa releva enquanto fenómeno económico e independentemente da sua tradução nas categorias jurídicas do comerciante ou da sociedade comercial.

VIII. A razão porque salientamos a diferença de perspectiva do direito do trabalho e do direito comercial perante o fenómeno da empresa é para retirar uma outra conclusão, relevante para a delimitação do problema que nos vai ocupar. Esta conclusão é a da estreiteza de cada uma destas perspectivas perante a evolução do próprio paradigma empresarial de referência.

Com efeito, ao valorizar essencialmente a tradução jurídica da empresa na figura da sociedade comercial, o direito das sociedades comerciais parte do princípio que a configuração da sociedade comercial que idealiza corresponde à configuração da empresa-unidade económica que lhe está subjacente. Por seu turno, ao valorizar a empresa como fenómeno económico, o direito do trabalho pressupõe que esta empresa corresponde à figura do empregador, ente jurídico individual ou colectivo que é titular das situações juslaborais.

Na origem, esta coincidência entre os quadros jurídicos de cada uma das áreas referidas e a empresa-unidade económica subjacente não suscitou dúvidas. Contudo, como veremos de imediato, os paradigmas empresariais de referência em cada uma das áreas evoluíram ao longo do tempo e vieram a pôr em causa aquele equilíbrio. O resultado desta evolução foi uma crescente desadequação dos regimes normativos edificados com base naqueles paradigmas às novas realidades.

Um dos casos em que tal desadequação é mais evidente é o do problema que constitui o centro das nossas reflexões.

---

[41] O ponto extravasa as nossas reflexões. Para mais desenvolvimentos sobre a singularidade dos principais institutos laborais (como o contrato de trabalho, a convenção colectiva ou o direito de greve), que determina, na nossa perspectiva, a irredutibilidade do direito do trabalho aos quadros dogmáticos do direito civil e constitui um dos alicerces da autonomia dogmática desta área jurídica, vd o nosso *Da Autonomia Dogmática...cit.*, 711 ss. e *passim*.

2. A evolução do paradigma da empresa-sociedade comercial unitária e a resposta do direito das sociedades comerciais

I. Recordado o modelo de empresa que constituiu historicamente o paradigma do desenvolvimento do direito das sociedades comerciais, importa dar conta da evolução deste paradigma empresarial, a partir de certo momento, e da resposta dada por esta área jurídica aos problemas colocados por aquela evolução.

A alteração do paradigma da empresa-sociedade comercial unitária, que constituiu o pressuposto geral do regime jurídico das sociedades comerciais, é referenciada na literatura da especialidade a partir da década de cinquenta do século findo[42].

Se, até aos anos cinquenta, o modelo da sociedade comercial unitária era o modelo predominante de organização das empresas comerciais – *verbi gratia*, sob a forma de sociedade anónima – e o crescimento das empresas se fazia essencialmente através de operações de redimensionamento interno das sociedades (com destaque para as fusões e para os aumentos de capital), a partir dessa época passaram a difundir-se práticas de colaboração entre sociedades e de controlo inter-societário. Estas práticas viabilizam a expansão económica das empresas em novos moldes, que não passam pelo redimensionamento de cada sociedade (ou seja, por um crescimento interno), mas pela congregação de vários entes societários para o mesmo objectivo económico sem que nenhum deles perca a sua identidade e autonomia jurídicas (i.e., por um processo de crescimento externo)[43].

A difusão dos fenómenos da colaboração e do controlo inter-societários não tem cessado de aumentar e, na actualidade, estes fenómenos apresentam uma grande diversidade de configurações. Assim, quanto ao modo de constituição, as relações de colaboração societária podem ter origem

---

[42] ENGRÁCIA ANTUNES, *Os Grupos de Sociedades... cit.*, 39 ss., *Le Groupe de Sociétés... cit.*, 4 ss., e *O problema da responsabilidade nos grupos de sociedades cit.*, 542 ss., M. HENRIQUE MESQUITA, *Os grupos de sociedades*, in AA/VV, *Colóquio «Os Quinze Anos de Vigência do Código das Sociedades Comerciais»*, Coimbra, 2003, 233-247 (233 s.).

[43] ENGRÁCIA ANTUNES, *Os Grupos de Sociedades...cit.*, 39 ss., *O problema da responsabilidade... cit.*, 550 ss., e *Le groupe de sociétés...cit.*, 4 ss., e ainda PINTO FURTADO, *Curso...cit.*, 16 ss., ligando especificamente este tipo de crescimento externo à internacionalização do comércio e às sociedades multinacionais.

em práticas contratuais (como os contratos de subordinação e os contratos de grupo paritário, mas também os acordos parassociais), ou podem decorrer de uma aquisição de participações de capital noutra sociedade, com menor ou maior envergadura; quanto à intensidade das relações intersocietárias, elas podem ir desde uma colaboração episódica ou temporária, em prossecução de um objectivo económico determinado, até uma coligação estável e envolvendo toda a actividade das sociedades intervenientes, ou porque uma domina a outra ou porque ambas integram um mesmo grupo; por fim, quanto à estrutura interna da coligação societária, ela pode corresponder a uma configuração vertical (integrando uma sociedade dominante e uma ou mais sociedades dominadas) ou a uma configuração horizontal ou estelar (que pode ou não estar encimada por uma sociedade *holding*)[44].

Na actualidade, o desenvolvimento dos fenómenos de colaboração e controlo societário parece imparável e irreversível, a ponto de os podermos situar no centro do direito das sociedades comerciais[45], e o grupo societário é o instrumento jurídico privilegiado de concentração empresarial[46]. Em expressão, atribuída a RODIÈRE[47], que é hoje um lugar comum na matéria, os fenómenos do controlo societário e dos grupos de socieda-

---

[44] Teremos ocasião de apresentar, com desenvolvimento, todas estas formas de concentração societária – *infra*, § 3.º, ponto 5.III. Por ora, pretende-se apenas proceder ao posicionamento do problema que vai ocupar o centro das nossas reflexões.

[45] Para um confronto da dimensão e da importância económica destes fenómenos no panorama económico mundial actual, vd os dados fornecidos por ENGRÁCIA ANTUNES, *Os Grupos de Sociedades... cit.*, 43 s. Perante estes dados, o autor conclui que «... o átomo cedeu progressivamente o seu lugar à molécula, tendo a fisionomia da prática empresarial contemporânea deixado de ser fielmente retratada pela sociedade individual e isolada (empresa unissocietária) para passar e rever-se essencialmente na emergência de grupos societários (empresa plurissocietária).» (*idem*, 43 s., e no mesmo sentido e do mesmo Autor, *O problema da responsabilidade... cit.*, 552). Na mesma linha, F. S. AMARAL NETO, *Os grupos de sociedades*, ROA, 1987, 589-613 (590 s.), reconhece que o capitalismo dos grupos representa hoje uma nova fase do desenvolvimento económico do mundo ocidental, enquanto HENRIQUE MESQUITA, *Os grupos de sociedades cit.*, 235, observa que as sociedades unitárias estão hoje confinadas às actividades económicas de menor relevo.

[46] ENGRÁCIA ANTUNES, *Os Grupos de Sociedades...cit.*, 51.

[47] Neste sentido, R. VENTURA, *Grupos de sociedades – Uma introdução comparativa a propósito de um Projecto Preliminar de Directiva da C.E.E.*, ROA, 1981 (Ano 41), I, 23-81, e II, 305-362 (37).

des demonstram a passagem da «era atómica» para a «era molecular» das sociedades comerciais[48].

II. Descrita sumariamente a evolução do paradigma empresarial subjacente ao desenvolvimento do direito das sociedades comerciais, importa avaliar como é que esta área jurídica reagiu a tal evolução.

À ampla difusão dos fenómenos de coligação societária não tem correspondido um enquadramento jurídico sistemático dos mesmos. Com efeito, a maioria dos sistemas oscila até hoje entre um assumido não reconhecimento jurídico dos fenómenos da colaboração inter-societária (continuando, por isso, a sujeitar as sociedades intervenientes às regras comuns do direito das sociedades comerciais) e a sua regulamentação fragmentada e parcelar[49]. Neste segundo caso, a regulamentação situa-se geralmente na área do direito financeiro (para efeitos de consolidação de contas), no domínio do direito fiscal (quase sempre para evitar práticas de evasão fiscal), no âmbito do direito da concorrência (para enfrentar os perigos para as regras da liberdade de concorrência que podem decorrer da concentração empresarial) e, no que ao direito societário se refere, apenas em matérias pontuais (em geral, trata-se de regras sobre limites às participações accionistas), aplicando-se em tudo o mais o regime comum das sociedades comerciais[50].

Apenas em poucos países foi aprovado um regime mais abrangente para os fenómenos da colaboração societária, com um carácter assumidamente diferente do regime comum das sociedades comerciais, designadamente no que toca às regras da responsabilidade societária e ao grau de independência das sociedades intervenientes nos fenómenos de colaboração. Portugal integra, como se sabe, este reduzido grupo de países (tratando a matéria, sob a epígrafe, não muito clara, de «Sociedades Coligadas», nos arts. 481.º a 508.º do Código das Sociedades Comerciais, aprovado pelo DL n.º 262/86, de 2 de Setembro)[51], seguindo o exemplo de países como

---

[48] Ainda ENGRÁCIA ANTUNES, *Os Grupos de Sociedades... cit.*, 44, que imputa a expressão a RENÉ RODIÈRE, e do mesmo autor, *Le groupe de societés... cit.*, 4 ss.

[49] ENGRÁCIA ANTUNES, *Os Grupos de Sociedades... cit.*, 165 ss.

[50] Teremos ocasião, mais à frente, de analisar estas tendências, que nos limitamos, por ora, a deixar enunciadas – *infra*, § 5.º, ponto 10.

[51] Este regime jurídico das coligações de sociedades remonta à versão originária do Código das Sociedades Comerciais, de 1986, e a alteração deste diploma, feita pelo DL n.º

a Alemanha (país pioneiro desta regulamentação de índole global, na *Aktiengesetz* de 1965[52]) e o Brasil (que regulou a matéria na Lei das Sociedades Anónimas de 1976[53]), e tendo sido também influenciado pela importância entretanto reconhecida a estes fenómenos pelo direito comunitário[54]. Já depois da aprovação do nosso Código das Sociedades Comerciais, outros países regularam também separadamente os fenómenos da colaboração societária[55], mas, no panorama comparado, continua a ser largamente dominante a orientação de não regulação sistematizada da matéria.

Teremos ocasião de nos debruçar com mais detalhe sobre o regime dos fenómenos de colaboração societária em Portugal[56], mas cabem desde

---

76-A/2006, de 29 de Março, no quadro da reforma do direito das sociedades comerciais, não introduziu alterações neste regime, excepto em matéria de forma dos actos societários relativos à constituição de situações de coligação societária, em consonância com o intuito geral de simplificação das regras de forma no âmbito do direito societário.

[52] AktG, de 6 de Setembro de 1965, §§ 15-22 e 291-328. Contudo, na Alemanha o fenómeno dos grupos societários (*Konzern*) é mais antigo, tendo os conceitos de sociedade de grupo (*Konzerngesellschaft*), sociedade dependente (*abhängige Gesellschaft*) e empresa dependente (*Abhängiges Unternehmen*) sido introduzidos precocemente pela *Aktienrechtverordnung (Notverordnung)* de 1931; o conceito de grupo (*Konzern*) e o conceito de empresa de grupo (*Konzernunternehmen*) foram desenvolvidos na AktG de 1937 (§ 15), e a AktG de 1965 regulou genericamente a matéria. Neste contexto, compreende-se que, num texto de 1968, W. ZÖLLNER, *Einführung in des Konzernrechts,* JuS, 1968, 7, 297-304 (297 e nota 1), se refira ao conceito de *Konzern* como um conceito já amplamente consolidado na doutrina e na jurisprudência germânicas. Sobre o sistema germânico nesta matéria, *infra,* § 5.°, ponto 11.II.

[53] L. n.° 6404, de 15 de Dezembro de 1976, Capítulos XX-XXIII. Voltaremos a referir o sistema brasileiro nesta matéria, *infra,* § 5.°, ponto 11.III.

[54] O direito comunitário tem-se preocupado, de forma recorrente, com a temática dos grupos societários, através da apresentação de sucessivas propostas para uma directiva sobre a matéria (que, todavia, não têm ido avante) e ainda regulando algumas implicações do fenómeno dos grupos em áreas fora do âmbito do direito das sociedades comerciais. Teremos ocasião de aprofundar este ponto, *infra,* § 5.°, ponto 12.

[55] Segundo indicações de ENGRÁCIA ANTUNES, *Os Grupos de sociedades...cit.*, 44, a matéria foi, entretanto, objecto de uma disciplina específica abrangente na Hungria (em 1988), na Croácia (em 1993), na Rússia (em 1995), na República Checa (em 1996) e em Taiwan (em 1997). Em França regista-se também uma proposta de regulamentação desta matéria em 1970 (a *Proposition de Loi sur les Groupes de Sociétés et la Protection des Actionnaires, du Personnel et des Tiers,* de 19 de Fevereiro de 1970 – *Proposition Cousté*), que foi revista em 1978, mas não veio a ter sequência.

[56] *Infra,* § 6.°, ponto 13.

já, sobre ele, algumas observações, que são úteis para a delimitação do problema objecto do nosso estudo.

Em primeiro lugar, cabe referir que, embora estes fenómenos tenham suscitado a atenção do legislador nacional precocemente, o regime para eles disposto no Código das Sociedades Comerciais não abrange todas as modalidades de colaboração societária. A lei centra-se, sobretudo, nos grupos de sociedades constituídos por via negocial e nas situações de domínio total, sujeitando-se as restantes formas de colaboração societária às regras gerais do direito das sociedades comerciais, designadamente ao princípio da unidade patrimonial, económica e jurídica de cada sociedade comercial. Não se trata, pois, de um regime jurídico abrangente, nem sequer do ponto de vista do direito comercial[57].

Por outro lado, constituem traços essenciais deste regime o facto de ele admitir e legitimar o controlo de uma sociedade por outra, no âmbito de uma relação de grupo constituída por contrato de subordinação ou por domínio total, através do reconhecimento de um poder de direcção à sociedade directora ou dominante (no caso português, arts. 503.º e 491.º do CSC), mas, em contrapartida, atribuir àquela sociedade a responsabilidade pelas dívidas da sociedade dominada, bem como o dever de a compensar pelas perdas anuais sofridas durante a situação de domínio (arts. 501.º, 502.º e 491.º do CSC). Estas grandes orientações regulativas têm óbvias implicações dogmáticas.

Por fim, resulta globalmente deste regime do Código das Sociedades Comerciais que apenas são contempladas as valências estritamente comerciais dos fenómenos de colaboração societária, não sendo tidas em conta as implicações destes fenómenos noutras áreas jurídicas – *verbi gratia,* as implicações laborais.

III. Independentemente da perspectiva dos vários sistemas jurídicos sobre os fenómenos de colaboração societária, é inevitável concluir que estes fenómenos colocam desafios dogmáticos de fundo ao direito das sociedades comerciais.

---

[57] Também salientando o carácter incompleto do regime da matéria no Código das Sociedades Comerciais, HENRIQUE MESQUITA, *Os grupos de sociedades cit.,* 236 ss. Considerando que se trata de um regime artificial, porque «pré-fabricado» e desfasado da realidade, M. GRAÇA TRIGO, *Grupos de Sociedades,* Dir., 1991, I, 41-114 (42 e 54).

Como decorre do exposto, estas novas formas de crescimento empresarial vêm alterar o modelo típico da empresa-sociedade comercial unitária. De facto, com a difusão dos fenómenos de colaboração e controlo entre sociedades, aquele modelo típico, que revelava a coincidência de princípio entre a empresa-unidade económica e a categoria jurídica da sociedade comercial autónoma e unitária, nos termos oportunamente expostos, vai cedendo lugar a um novo modelo de empresa: a «empresa plurissocietária»[58], que se caracteriza pelo facto de a unidade económica empresarial integrar uma pluralidade de sociedades comerciais, que se mantêm juridicamente independentes entre si.

Ora, tendo o regime comum das sociedades comerciais sido edificado com base no modelo da sociedade comercial unitária, como acima se recordou, os fenómenos de colaboração societária vêm lançar a dúvida sobre a aptidão dos quadros dogmáticos gerais do direito societário para dar resposta aos problemas por eles colocados.

Como referem alguns sectores, o regime jurídico societário comum não está adaptado a estes fenómenos, porque assenta na autonomia plena do ente jurídico societário, sendo nesta autonomia que, por seu turno, se alicerça o sistema de responsabilidade limitada das sociedades de capitais[59]. Ora, a realidade da empresa plurissocietária, constituída por um conjunto de sociedades juridicamente independentes, mas unidas na prossecução do mesmo objectivo económico e cuja actuação pode ser controlada activamente a partir do exterior (através das participações societárias ou de mecanismos negociais de controlo), parece pôr à prova aquele princípio de autonomia plena da sociedade-ente jurídico, em que assenta todo o regime societário, com os inerentes reflexos negativos do ponto de vista da condução da própria sociedade e da configuração do interesse social.

Nos sistemas que regulam os fenómenos de coligação societária separadamente e que admitem, designadamente, o poder de direcção da sociedade directora ou dominante no âmbito do grupo (como é o caso por-

---

[58] A designação é de ENGRÁCIA ANTUNES, *Os Grupos de Sociedades. Estrutura e Organização Jurídica da Empresa Plurissocietária cit.*, passim, e faz apelo ao sentido económico de empresa: enquanto unidade económica, a empresa integra, no caso dos grupos ou de outras situações de coligação societária, uma pluralidade de sociedades.

[59] J. ENGRÁCIA ANTUNES, *The law of Affiliated Companies in Portugal*, in P. BALZARINI / G. CARCANO / G. MUCCIARELLI (dir.), *I gruppi di Società*, I, Milano, 1996, 355-388 (359).

§ 1.º Delimitação do problema

tuguês, nos termos do art. 503.º do CSC, aplicável aos grupos constituídos por contrato de subordinação e, *ex vi* art. 491.º do mesmo diploma, aos grupos constituídos por domínio total), está comprovada explicitamente esta perda de autonomia do ente societário dirigido ou dominado. Mas, mesmo nos países que não regulam separadamente estes fenómenos, a perda de autonomia das sociedades que participam em fenómenos deste tipo está implicitamente admitida, na medida em que não são proibidas as práticas de controlo societário externo que a ela conduzem.

Assim, de uma forma ou de outra, o dogma da autonomia plena dos entes jurídicos societários, que constituiu um dos alicerces do direito das sociedades comerciais, está comprometido.

Por outro lado, a perda da autonomia da sociedade dominada ou dirigida tem óbvios reflexos negativos no sistema de responsabilidade limitada das sociedades de capitais, perante os sócios e perante terceiros, sendo, de novo, esses reflexos comuns aos países que regulam especificamente a matéria e aos que não a regulam.

Assim, aqueles países que disciplinam separadamente os problemas da coligação societária, prevendo a responsabilidade ilimitada da sociedade-mãe pelas dívidas da sociedade-filha (como é o caso de Portugal, por força do art. 501.º do CSC, aplicável aos grupos constituídos por contrato de subordinação e, *ex vi* art. 491.º do CSC, aos grupos constituídos por domínio total), assumem o desvio ao princípio da responsabilidade limitada das sociedades comerciais de capitais. Mas, naqueles países que não regulam a matéria, não deixa de haver uma distorção das regras da responsabilidade societária, porque o carácter limitado desta responsabilidade assenta na suficiência do património social e na vocação de lucro de cada sociedade, sendo que uma e outra podem ser postas em causa com a inserção da sociedade devedora num contexto de grupo ou numa relação de domínio.

Em suma, de uma forma ou de outra, o alicerce da responsabilidade limitada, em que assenta o direito das sociedades comerciais, está abalado.

IV. Em face do exposto, parece óbvio que o modelo tradicional da empresa-sociedade comercial unitária está cada vez mais afastado da realidade, por força da proliferação dos fenómenos de colaboração societária. Mas parece também óbvio que os caminhos escolhidos pelos sistemas jurídicos para lidar com este desfasamento da realidade têm tido resultados paradoxais do ponto de vista dos princípios fundamentais do direito das sociedades comerciais: assim, a opção por uma regulamentação diferenciada dos fenómenos de coligação societária assume que aqueles princípios não têm validade geral; em compensação, a opção pela não regulamentação diferenciada daqueles fenómenos, em nome da prevalência dos princípios e das regras gerais do direito das sociedades comerciais, desatende a realidade empresarial subjacente e não acautela os interesses jurídicos em jogo.

Em suma, os fenómenos de coligação societária põem à prova os dois alicerces dogmáticos tradicionais do direito das sociedades comerciais: o dogma da autonomia plena da sociedade comercial, enquanto ente jurídico *a se*; e o princípio geral da responsabilidade limitada das sociedades de capitais. Para alguns autores, esta conjugação de factores evidencia um paradoxo fundamental do moderno direito das sociedades comerciais, que reside no facto de esta área jurídica continuar a assentar na autonomia do ente societário, mas, ao mesmo tempo, admitir formas de controlo de uma sociedade por outra, em termos que podem destruir essa autonomia – e assim sendo, parece inevitável concluir que o direito das sociedades comerciais enfrenta hoje uma crise de valores[60].

V. O estudo que nos propomos fazer não se destina a tomar posição sobre a difícil encruzilhada em que se encontra actualmente o direito das sociedades comerciais, perante a irrupção dos fenómenos de colaboração societária, mas apenas a apreciar uma das áreas de incidência destes fenómenos, que tem sido, aliás, praticamente ignorada pela doutrina juscomercial, com raríssimas excepções: as incidências laborais destes fenómenos.

---

[60] É o entendimento de ENGRÁCIA ANTUNES, por exemplo in *O problema da responsabilidade... cit.*, em que considera que o surgimento dos grupos abre «*...uma crise sem precedentes nos quadros jurídicos societários tradicionais*, dado que o postulado de referência em que estes assentam o estatuto «ideal» (*Gesetztypus*) da sociedade isolada e autónoma está em total oposição com aquele que constitui afinal o traço distintivo daquela nova forma de organização empresarial – o estatuto «real» (*Lebentypus*) da sociedade coligada e controlada» (*sic,* 554, itálicos no original). Segundo o autor, esta situação cria uma discrepância entre o quadro normativo e a realidade (*idem,* 554). O autor pronuncia-se no mesmo sentido noutros escritos, como *Liability of Corporate Groups. Autonomy and Control in Parent-Subsidiary Relationships in US, German and EU Law. An International and Comparative Perspective*, Deventer-Boston, 1994, *passim, Enterprise forms and Enterprise Liability: is there a paradox in modern corporation law,* RFDUP, 2005 (Ano II), 187- -225, e ainda *Le Groupe de Sociétes... cit.,* 51.

Não obstante o enfoque predominantemente laboral do nosso estudo, devemos, contudo, ter em conta a situação de incerteza dogmática que tais fenómenos provocam no próprio âmago do direito das sociedades comerciais, porque esta incerteza tem reflexos directos na questão que constitui o objecto das nossas reflexões.

3. A evolução do paradigma da empresa industrial e a resposta do direito do trabalho

I. No domínio laboral, também o paradigma empresarial de referência do sistema normativo se tem vindo a alterar, em tendência que é reconhecida desde a década de sessenta do século XX e cuja irreversibilidade não suscita dúvidas.

A partir dos anos sessenta, a par das empresas industriais de médio e grande porte, que inspiraram a maior parte dos regimes laborais, desenvolveram-se muitas empresas laborais[61] no sector dos serviços e no sector das novas tecnologias. Com uma dimensão mais reduzida e concentradas no *core* do seu negócio, estas empresas têm uma organização interna menos verticalizada e mais ágil, o que se reflecte na gestão dos seus recursos humanos.

De um modo geral, as empresas dos sectores terciário e quaternário[62] da economia desenvolvem modelos de gestão mais flexíveis em termos de funções, tempo de trabalho, local de trabalho ou remuneração, embora sem perda de eficiência, porque se apoiam nas novas tecnologias, que asseguram uma grande proximidade entre os trabalhadores e os empregadores e um controlo apertado dos primeiros pelos segundos[63]. De outra

---

[61] Adoptamos a locução «empresa laboral» no sentido que lhe é habitualmente conferido pela doutrina laboral e que acima perfilhámos, i.e., como empresa que recorre ao trabalho subordinado.

[62] A expressão encontra-se, por exemplo, em J.-E. RAY, *Du Germinal à Internet. Une nécessaire évolution du critère du contrat de travail*, DS, 1995, 7/8, 634-637 (634), para designar o sector económico da moderna sociedade da informação.

[63] É sabido que a evolução (ou revolução!) tecnológica é um dos grandes suportes da alteração das empresas e da gestão dos vínculos laborais no seu seio, não apenas porque torna dispensáveis alguns postos de trabalho, mas porque influencia a configuração geral dos vínculos laborais. Assim, a tecnologia impulsiona a celebração de contratos de trabalho à distância, como o teletrabalho ou outras formas de trabalho no domicílio, liberta tra-

parte, porque apostam, sobretudo, nos aspectos nucleares do seu negócio, estas empresas tendem a reduzir a sua dimensão[64], ao mesmo tempo que difundem práticas de *outsourcing* para o desempenho de funções acessórias, recebendo assim «trabalhadores externos» para o exercício daquelas funções[65], seja ainda em moldes subordinados, mas recorrendo a formas de contratação anteriormente marginais (como o trabalho temporário), seja através do recurso à prestação de serviços[66]. Por fim, porque são mais

---

balhadores e empregadores dos constrangimentos tradicionais em matéria de local e de tempo de trabalho, uma vez que torna dispensável o controlo presencial dos trabalhadores, e fomenta a qualificação dos trabalhadores, ao mesmo tempo que é responsável pelo desemprego daqueles que não conseguem acompanhar o desenvolvimento tecnológico. Sobre os reflexos laborais da evolução tecnológica, entre muitos outros, B. RÜTHERS, *Das Arbeitsrecht im Wandel der Industriegesellschaft, in Aktuelle Fragen des Arbeitsrechts*, Paderborn, 1972, 7-22 (13), e ainda *Funktionswandel im Arbeitsrecht*, ZfA, 1988, 3, 257-265 (257 s.), W. DÄUBLER, *Nuove tecnologie: un nuovo diritto del lavoro?*, DLRI, 1985, I, 65-83, W. ADLERSTEIN, *Neue Technologien – Neue Wege im Arbeitsrecht*, ArbuR, 1987, 3, 101-104, B. VENEZIANI, *Nuove tecnologie e contratto di lavoro: profili di diritto comparato*, DLRI, 1987, 1, 1-60, VENETO, *Nuova società industriale... cit.*, 170, F. CARINCI, *Rivoluzione tecnologica e diritto del lavoro: il rapporto individuale*, DLRI, 1985, 26, 203-241, G. DELLA ROCCA, *Le trasformazioni nell'organizzazione dell'impresa e del lavoro, in Il futuro della società e del lavoro*, Milano, 1992, 41-59 (43 ss.), C. PISANI, *Rapporto di lavoro e nouve tecnologie*, DLRI, 1988, 2, 293-340, J.-E. RAY, *Nouvelles technologies et nouvelles formes de subordination*, DS, 1992, 6, 525-537, *Du Germinal à Internet cit.*, 634 ss., e *Le droit du travail à l'épreuve du télétravail: le statut du télétravailleur*, DS, 1996, 2, 121-127, ou A. ROUDIL, *Le droit du travail au regard de l'informatisation*, DS, 1981, 4, 307-319. Para indicações bibliográficas mais desenvolvidas sobre as várias incidências laborais da evolução tecnológica, *vd* o nosso *Da Autonomia Dogmática... cit.*, 558.

[64] U. ROMAGNOLI, *Egualizanze e differenze nel diritto del lavoro*, DLRI, 1994, 3, 545-565 (545). Também neste sentido, G. MELIADÒ, *Il rapporto di lavoro nei gruppi di società. Subordinazione e imprese a struttura complessa*, Milano, 1991 (15), refere-se às modernas tendências de miniaturização da actividade económica e das empresas, enquanto G. LYON-CAEN, *La crise du droit du travail, in In Memoriam Sir Otto Kahn-Freund*, München, 1980, 517-523 (523), admite que, no limite, se possa chegar à empresa virtual.

[65] Neste sentido, expressamente, BIAGI, *Il futuro... cit.*, 333.

[66] A este propósito, a doutrina refere que os empregadores tendem a procurar molduras alternativas ao clássico contrato de trabalho por tempo indeterminado. Estas medidas passam pelo incremento de vínculos laborais menos estáveis (como o contrato a termo), menos pesados financeiramente (como o contrato a tempo parcial) ou externos (como o contrato de trabalho temporário), e ainda pelo recurso à prestação de serviços, cuja importância tende a crescer – realçando, entre estas tendências evolutivas, o recuo do modelo tradicional do contrato de trabalho por tempo indeterminado perante outros modelos de contratação laboral, A. OJEDA AVILÉS, *El final de un «principio» (la estabilidad en el empleo),*

ágeis e mais avançadas em termos tecnológicos, estas empresas criam facilmente laços com outras unidades produtivas, da mesma ou de outra empresa, para a prossecução de determinados objectivos, e promovem a circulação de trabalhadores entre elas.

Paralelamente a esta evolução das empresas laborais observa-se também uma alteração no perfil do trabalhador subordinado, com o surgimento, a par do trabalhador subordinado típico, acima descrito, de outras categorias de trabalhadores, como as mulheres, os jovens e os trabalhadores imigrantes[67]. Além disso, as novas formas de organização das empresas favorecem a proliferação das categorias de trabalhadores que melhor se adequam a essas organizações, como os trabalhadores altamente qualificados e os trabalhadores dirigentes[68], mas também os trabalhadores a termo, os trabalhadores temporários (que vão sendo colocados sucessiva-

---

in *Estudios de Derecho del Trabajo en Memoria del Professor Gaspar BAYÓN-CHACÓN*, Madrid, 1980, 467-485, M. C. ORTIZ LALLANA, *Lineas de tendencias y problemas fundamentales del sector juridico-laboral en las sociedades industriales: el caso español*, Rev.Trab., 1986, II, 93-123 (100 e *passim*), DÄUBLER, *Nuove tecnologie...cit.*, 73; e realçando o ressurgimento da prestação de serviços em áreas de actividade tradicionalmente cobertas pela contratação laboral, quer em moldes lícitos, quer em moldes ilícitos, porque o trabalho prestado ao abrigo destes contratos é apenas falsamente independente, entre outros, H.-J. BAUSCHKE, *Auf dem Weg zu einem neuen Arbeitnehmerbegriff*, RdA, 1994, 4, 205-215 (209 e 211), H.-J. EINEM, *Abhängige Selbständigkeit – Handlungsbedarf für den Gesetzgeber?*, BB, 1994, 1, 60-64 (60 ss.), M. RODRIGUEZ-PIÑERO, *La huida del Derecho del Trabajo*, Rel.Lab., 1992, I, 85-92 91, CORDOVA, *Las relaciones de trabajo atípicas cit.*, 242 e 246 s., E. GHERA, *La flessibilità: variazioni sul tema*, Riv.GL, 1996, 2, 123-136 (123 e 127), R. DELOROZOY, *Le travail clandestin*, DS, 1981, 7/8, 580-596, H. RAULINE, *Le travail illégal*, DS, 1994, 2, 123-126, F. DORY, *La vérité sur le faux travail indépendant*, DS, 1995, 7/8, 638-641, C. ASSANTI, *L'economia sommersa: i problemi giuridici del secondo mercato del lavoro*, Riv.GL, 1980, I, 179-211, e, entre nós, P. FURTADO MARTINS, *A crise do contrato de trabalho*, RDES, 1997, 4, 335-368 (341 e 356 s.), bem como ROSÁRIO PALMA RAMALHO, *Ainda a crise do direito laboral: a erosão da relação de trabalho «típica» ...cit.*, 113 ss., e *Da Autonomia Dogmática... cit.*, 555 ss., com indicações bibliográficas mais desenvolvidas.

[67] Assinalando a importância crescente destas novas categorias de trabalhadores e, designadamente, das mulheres, por determinarem o surgimento de novas preocupações e de novas medidas protectivas, por exemplo, na área da maternidade e da conciliação entre a vida profissional, A. THILL, *Flexibilisierung des Arbeitsrechts (Luxemburg), in Flexibilisierung des Arbeitsrechts – eine europäische Herausforderung*, ZIAS, 1987, 315-328. É uma constatação que também subscrevemos, por exemplo, em *Ainda a crise do direito laboral... cit.*, 114.

[68] Neste sentido, DELLA ROCCA, *Le trasformazioni...cit.*, 51 e 57.

mente em diversas empresas como «trabalhadores externos») e os trabalhadores à distância, viabilizados pelos avanços tecnológicos.

Nos dias de hoje, esta evolução está consumada: a pesada e rígida empresa do sector industrial deixou de ser dominante e prolifera uma multiplicidade de modelos empresariais para os vários sectores da economia; de outra parte, o modelo típico de relação de trabalho sofreu um amplo processo de erosão[69], ganhando saliência novos modelos de contratação laboral, aos quais correspondem também novas categorias de trabalhadores subordinados.

II. O direito do trabalho tem procurado responder aos desafios colocados pela evolução da economia e pelas alterações do paradigma da empresa e do perfil dos trabalhadores, acima indicados, através de uma nova tendência regulativa, que é conhecida, de uma forma tão expressiva como pouco rigorosa, como a tendência de «flexibilização»[70]. Esta tendência regulativa – que começou por ser considerada como um conjunto de medidas de emergência, para enfrentar uma conjuntura menos favorável do mercado de emprego na Europa, mas rapidamente ganhou um significado estrutural[71] – tem vindo a impor-se na generalidade dos sistemas

---

[69] Neste sentido, por todos, U. ZACHERT, *Die Zerstörung des Normalarbeitsverhältnisses cit.*, 129 ss., e o nosso *Ainda a crise do direito laboral...cit.*, 110 ss.

[70] Sobre as diversas utilizações do termo «flexibilização» e ainda sobre as referências à «desregulamentação» do direito do trabalho, que também têm sido utilizadas neste mesmo contexto, ROSÁRIO PALMA RAMALHO, *Da Autonomia Dogmática...cit.*, 581 ss.

[71] Inicialmente, as medidas de flexibilização do direito do trabalho foram reconhecidas como medidas conjunturais ou de emergência para enfrentar os problemas de desemprego decorrentes dos choques petrolíferos da década de setenta – neste sentido, por exemplo, A. LYON-CAEN, *Le tendenze del diritto del lavoro nell'Ocidente – Intervento*, Lav.Dir., 1987, 1, 125-137 (126 s.), ou DÄUBLER, *Nuove tecnologie...cit.*, 70, referindo-se, neste contexto, ao surgimento de um «direito laboral das situações de emergência» *ein Notstandsarbeitsrecht*). Contudo, a importância e a disseminação destas medidas rapidamente demonstraram que elas correspondem a uma tendência estrutural, evidenciando uma alteração das grandes preocupações da área jurídica – neste sentido, entre outros, FIRLEI, *Hat das Arbeitsrecht überhaupt... cit.*, 71 e 72 s., T. BLANKE, *Flexibilisierung und Deregulierung: Modernisierung ohne Alternative?*, in W. DÄUBLER / M. BOBKE / K. KEHRMANN (Hrsg.), *Arbeit und Recht, Fest. für A. GNADE*, Köln, 1992, 25-38 (25), M. D'ANTONA, *Politiche di flessibilità e mutamenti del diritto del lavoro: Italia e Spagna*, in M. D'ANTONA (dir.), *Politiche di flessibilità e mutamenti del diritto del lavoro. Italia e Spagna*, Napoli, 1990, 9-25 (11), e M. RODRIGUEZ-PIÑERO, *Flexibilidad: un debate interesante o un debate interesado?*, Rel.Lab., 1987, I, 14-18 (14), M. E. CASAS BAAMONDE / F. VALDÉS DAL RÉ,

laborais, desde a década de oitenta do século XX, nos países mais industrializados da Europa e, um pouco mais tarde, nos países menos industrializados, como é o caso de Portugal[72]. Como é sabido, tal tendência cor-

---

Diversidad y precariedad de la contratación laboral en España, Rel.Lab., 1989, I, 240-258 (257) e, entre nós, J. JOÃO ABRANTES, *Direito do Trabalho. Ensaios,* Lisboa, 1995, 31; em suma, tais tendências correspondem a uma verdadeira «contra-reforma» no seio do direito do trabalho, na expressão de U. ZACHERT, *Hintergrund und Perspektiven der "Gegenreform im Arbeitsrecht",* KJ, 1984, 17, 187-201, e de BLANKE, *Flexibilisierung und Deregulierung... cit.,* 25. A comprovar que o tema de flexibilização ocupa hoje o centro das reflexões do direito do trabalho estão os colóquios e outras iniciativas científicas sobre a matéria, que ciclicamente têm tido lugar, em diversos fóruns, e ainda recentemente, as referências a esta temática no *Livro Verde da Comissão das Comunidades Europeias Modernizar o direito do trabalho para enfrentar os desafios do século XXI* (COM, 2006, 708, de 22.11.2006) evidenciam o relevo do tema na actualidade.

[72] A riqueza e a diversidade das perspectivas sobre a temática da flexibilização do direito do trabalho, nos últimos vinte anos, tornam necessariamente incompletas quaisquer indicações doutrinais sobre o tema. Assim, e a título meramente exemplificativo, sobre esta temática, com referência aos sistemas germânico e austríaco, R. BIRK, *Einführung, in Flexibilisierung des Arbeitsrechts – eine europäische Herausforderung,* ZIAS, 1987, 222-228, W. ZÖLLNER, *Flexibilisierung des Arbeitsrechts,* ZfA, 1988, 3, 265-291, ou BLANKE, *Flexibilisierung und Deregulierung... cit.*; com referência ao sistema italiano, G. GIUGNI, *Giuridificazione e deregolazione nel diritto del lavoro italiano,* DLRI, 1986, 317-341 (328), ou G. PERA, *Intervento, in Prospettive del diritto del lavoro per gli anni '80 – Atti del VII Congresso Nazionale di Diritto del lavoro, Bari, 23-25 Aprile 1982,* Milano, 1983, 49-56 (54); com referência ao sistema francês, G. LYON-CAEN, *La bataille truquée de la flexibilité,* DS, 1985, 12, 801-810 (802 s. e 810), ou J.-M. BÉRAUD, *Die Flexibilisierung im französischen Arbeitsrecht, in Flexibilisierung des Arbeitsrecht – eine europäische Herausforderung,* ZIAS, 1987, 258-275; com referência à Bélgica, O. VANACHTER, *Flexibility and Labour Law: the Belgian Case, in Flexibilisierung des Arbeitsrechts – eine europäische Herausforderung,* ZIAS, 1987, 229-238, e na Holanda, L. J. M. de LEEDE, *Flexibilisierung des Arbeitsrechts (Niederlande), in Flexibilisierung des Arbeitsrechts – eine europäische Herausforderung,* ZIAS, 1987, 338-345; com referência ao sistema jurídico espanhol, M. RODRIGUEZ-PIÑERO, *La flessibilità e il diritto del lavoro spagnolo, in* M. D'ANTONA (dir.), *Politiche di flessibilità e mutamenti del diritto del lavoro. Italia e Spagna,* Napoli, 1990, 205-227, V. C. MARTÍN DE HIJAS, *Autonomia individual: alternativa de desarrollo,* Rel.Lab., 1990, I, 355-381 (367 s.), ou J. A. SAGARDOY BENGOECHEA, *Flexibilität des Arbeitsrecht, in Flexibilisierung des Arbeitsrechts – eine europäische Herausforderung,* ZIAS, 1987, 354-370; com referência ao Reino Unido, O. KAHN-FREUND, *Labour Relations. Heritage and Adjustment,* Oxford, 1970, 63 e 71, e, na Irlanda, M. REDMOND, *Flexibility / Labour Law in Ireland, in Flexibilisierung des Arbeitsrechts – eine europäische Herausforderung,* ZIAS, 1987, 289-290; relativamente à Grécia, A. KARAKATSANIS, *Flexibilisierung des Arbeitsrechts in Griechenland, in Flexibilisierung des Arbeitsrechts – eine europäische Herausforderung,* ZIAS, 1987, 276-279 (276); relativamente à Dinamarca, P. JACOBSEN,

responde a um dos temas mais candentes do direito do trabalho da actualidade.

Como já tivemos ocasião de referir noutra sede[73], a flexibilização do direito do trabalho tem sido desenvolvida em duas vias paralelas: a via interna, que incide sobre o regime do vínculo juslaboral; e a via externa, que aposta na diversificação dos vínculos laborais.

Por um lado, a flexibilização é prosseguida através da introdução de alguma maleabilidade no regime do contrato de trabalho, em matérias como a retribuição (preconizando-se a adopção de modelos retributivos variáveis e a maleabilização do regime retributivo em instrumento de regulamentação colectiva do trabalho)[74], a delimitação da função, do local e do tempo de trabalho (são as temáticas da mobilidade funcional[75], da

---

Aspects of Flexibility in Labour Law (Dänemark), in Flexibilisierung des Arbeitsrechts – eine europäische Herausforderung, ZIAS, 1987, 250-257 (250 s.); com referência ao sistema brasileiro, C. MESQUITA BARROS, *A insegurança do emprego: causas, instrumentos e políticas legislativas*, in A. MOREIRA (coord.), *X Jornadas Luso-Hispano-Brasileiras de Direito do Trabalho – Anais*, Coimbra, 1999, 49-68 (55 ss.); e com referência ao caso português, M. F. C. PINTO, *Die Flexibilisierung des Arbeitsrechts – eine europäische Herausforderung? (Portugal)*, in *Flexibilisierung des Arbeitsrechts – eine europäische Herausforderung*, ZIAS, 1987, 346-353, e ROSÁRIO PALMA RAMALHO, *Da Autonomia Dogmática... cit.*, 581 ss. e 630 ss.

[73] ROSÁRIO PALMA RAMALHO, *Da Autonomia Dogmática... cit.*, 590 ss. O recente *Livro Verde da Comissão das Comunidades Europeias Modernizar o direito do trabalho para enfrentar os desafios do século XXI cit.*, 5 s., recorre também a esta classificação das tendências de flexibilização.

[74] Sobre a flexibilização a este nível, por exemplo, H. MENGEL, *Tarifautonomie und Tarifpolitik*, in D. BOEWER / B. GAUL (Hrsg.) *Fest. Dieter GAUL*, Berlin, 1992, 407-427 (426 s.), S. GONZÁLEZ ORTEGA, *La difícil coyuntura del Derecho del Trabajo*, Rel.Lab., 1987, II, 257-279 (271), R. PESSI, *Riflessioni sul diritto del lavoro negli anni' 80*, in *Prospettive del Diritto del lavoro per gli anni' 80 – Atti del VII Congresso Nazionale di Diritto del lavoro, Bari, 23-25 Aprile 1982*, Milano, 1983, 59-78 (66 s.), ou G. MAZZONI, *Costo del lavoro: un accordo neo-corporativo*, in V. PANUCCIO (coord. e dir.), *Studi in memoria di Domenico Napoletano*, Milano, 1986, 267-275, e, para um panorama comparado destas tendências nos países europeus, ainda T. TREU, *Labour flexibility in Europe*, ILR, 1992, 4/5, 497-512 (507 ss.).

[75] Sobre a mobilidade funcional, entre outros, R. BIRK, *Competitividade das empresas e flexibilização do direito do trabalho*, RDES, 1987, 3, 281-307 (299 s.), M. GRANDI, *La mobilità interna*, in *Strumenti della flessibilità dell'organizzazione aziendale*, Milano, 1986, 251-294 (252), I. DAUGAREILH, *Le contrat de travail à l'épreuve des mobilités*, DS, 1996, 2, 128-140, ou ORTIZ LALLANA, *Líneas de tendencias... cit.*, 112, e para um panorama geral sobre estas tendências nos sistemas jurídicos europeus, ainda TREU, *Labour Flexibility... cit.*, 506.

mobilidade geográfica[76] e da mobilidade temporal[77] do trabalhador), a cessação do contrato de trabalho (com o alargamento das causas de cessação do contrato[78], o aligeiramento dos processos de cessação[79] e a diminuição do valor das compensações pelo fim do contrato[80]) ou os reflexos laborais das vicissitudes económicas das empresas (com a admissibilidade de regimes de suspensão do contrato de trabalho e de redução do tempo de trabalho em situações de crise empresarial[81], ou a admissibilidade de cessação do contrato por motivos económicos[82]) – é a tendência que denominámos de *flexibilização interna* do vínculo laboral[83].

Por outro lado, o objectivo de flexibilização é prosseguido através da admissibilidade e da regulação de novos modelos de contratação laboral, a par do contrato de trabalho típico, como o trabalho a termo, o trabalho temporário ou o trabalho a tempo parcial, o teletrabalho e o trabalho no domicílio, o trabalho em comissão de serviço, o trabalho partilhado (*job*

---

[76] Sobre a necessidade de incremento da mobilidade geográfica dos trabalhadores, entre outros, DÄUBLER, *Una riforma...cit.*, 540, PÉLISSIER, *La relation de travail atypique cit.*, 534, ou PESSI, *Riflessioni...cit.*, 68 s.

[77] Sobre a flexibilização do regime do tempo de trabalho, entre outros, BÉRAUD, *Die Flexibilisierung...cit.*, 268 s., BIRK, *Competitividade... cit.*, 295 s., ZACHERT, *Die Zerstörung... cit.*, 133, ou J. ULBER, *Arbeitszeitrecht im Wandel*, WSI-Mitt, 1987, 745-752, e, entre nós, MÁRIO F. C. PINTO, *L'assouplissement du temps de travail*, DJ, 1992, VI, 125-148; para uma perspectiva comparada sobre as tendências de flexibilização do tempo de trabalho nos vários sistemas europeus, ainda SUPIOT, *Au-delà de l'emploi...cit.*, 123 ss.

[78] Por exemplo, BIRK, *Competitividade...cit.*, 301.

[79] Por exemplo, VANACHTER, *Flexibility... cit.*, 231, ou K. GRILLBERGER, *Hauptprobleme des Individualarbeitsrechts*, in F. BYDLINSKI / T. MAYER-MALY (Hrsg.), *Die Arbeit: ihre Ordnung – ihre Zukunft – ihr Sinn*, Wien, 1995, 35-39 (38 s.), ou DAL-RÉ, *Le tendenze...cit.*, 157 s.

[80] Ainda BIRK, *Competitividade... cit.*, 301, bem como GONZÁLEZ ORTEGA, *La difícil coyuntura...cit.*, 271.

[81] Por exemplo, TREU, *Labour Flexibility...cit.*, 500.

[82] Sobre o tema, neste sentido, entre nós, M. F. C. PINTO, *Garantia de emprego e crise económica. Contributo ensaístico para um novo conceito*, DJ, 1987/88, III, 141-162 (146, 145 s. e 157), mas também PESSI, *Riflessioni... cit.*, 69, e ainda W. ZÖLLNER, *Arbeitsrecht und Marktwirtschaft*, in F. BYDLINSKI / T. MAYER-MALY (Hrsg.), *Die Arbeit: ihre Ordnung – ihre Zukunft – ihr Sinn*, Wien, 1995, 51-67 (63), e, do mesmo autor, *Flexibilisierung des Arbeitsrechts cit.*, 288 s., todos chamando a atenção para a necessidade de reavaliação do princípio tradicional da estabilidade do emprego em função das condicionantes económicas.

[83] ROSÁRIO PALMA RAMALHO, *Da Autonomia Dogmática... cit.*, 598 ss.

sharing), o trabalho intermitente ou sob chamada (*Arbeit auf Abruf*)[84] – é a tendência que denominámos de *flexibilização externa* do vínculo laboral[85], que se analisa numa progressiva diferenciação dos modelos de contratação[86-87].

---

[84] Especificamente sobre esta modalidade de contrato de trabalho, P. HANAU, *Befristung und Abrufarbeit nach dem Beschäftigunsgforderungsgesetz 1985*, RdA, 1987, 1, 25-29.

[85] ROSÁRIO PALMA RAMALHO, *Da Autonomia Dogmática... cit.*, 591 ss.

[86] BÉRAUD, *Die Flexibilisierung... cit.*, 265 s.

[87] Em alguns países, houve uma abertura generalizada a todas estas novas formas de contratação laboral, com o objectivo de promoção do emprego – foi o caso da Alemanha, com a aprovação da «lei da promoção do emprego» (*Beschäftigungsforderungsgesetz*, de 1985); sobre este diploma, entre outros, W. DÄUBLER, *Una riforma del diritto del lavoro tedesco? – prime osservazioni sul Beschäftigungsforderungsgesetz 26 Aprile 1985*, RIDL, 1985, 528-546, e ainda deste autor com M. LE FRIANT, *Un récent exemple de fléxibilisation législative: la loi allemande pour la promotion de l'emploi du 26 avril 1985*, DS, 1986, 9/10, 715-720, bem como HANAU, *Befristung und Abrufarbeit... cit.*, 25 ss., ou U. MÜCKENBERGER, *Deregulierendes Arbeitsrecht. Die Arbeitsrechtsinitiativen des Regierungskoaliation*, KJ, 1985, 18, 255-270. Noutros países europeus, foram difundidas algumas destas modalidades de contratação laboral, mas outras são objecto de um regime restritivo. Assim, quanto à situação italiana, entre outros, M. BIAGI, *Le tendenze del diritto del lavoro nell'Ocidente – Presentazione*, Lav.Dir., 1987, 1, 97-107, GHERA, *La flessibilità... cit.*, 130 s., J. MALAGUGINI, *Le attuali tendenze del diritto del lavoro: flessibilità contrattata o liberalizzazione nei rapporti nei rapporti di lavoro?*, in Lav.'80, 1986, II, 685-696 (689 ss.), A. D'HARMANT FRANÇOIS, *La delegificazione del diritto del lavoro: alcune riflessioni*, DLav., 1993, I, 165--199 (170), ou M. D'ANTONA, *Contrattazione collettiva e autonomia individuale nei rapporti di lavoro atipici*, DLRI, 1990, 529-565 (531 ss.). Quanto à difusão destas novas modalidades de contrato de trabalho no sistema espanhol, por exemplo, M. RODRIGUEZ-PIÑERO, *Contratación temporal y nuevas formas de empleo*, Rel.Lab., 1989, I, 49-55, J. L. TORTUERO PLAZA, *A insegurança do emprego: causas, instrumentos e políticas legislativas*, in A. MOREIRA (coord.), *X Jornadas Luso-Hispano-Brasileiras de Direito do Trabalho – Anais*, Coimbra, 1999, 69-90 (72), e F. VALDÉS DAL-RÉ, *Le tendenze del diritto del lavoro nell'Ocidente – Intervento*, Lav.Dir., 1987, 1, 149-161, e ainda deste último autor com CASAS BAAMONDE, *Diversidad y precariedad... cit.*, 243 ss. No direito francês, quanto a este tema, por exemplo, JEAMMAUD / LE FRIANT, *Contratto di lavoro... cit.*, 261 ss., P. SÉGUIN, *L'adaptation du droit du travail*, DS, 1986, 12, 828-833 (829), BÉRAUD, *Die Flexibilisierung... cit.*, 261 s., F. FAVENNEC-HÉRY, *Le travail à temps partiel*, DS, 1994, 2, 165-175, ou G. BÉLIER, *Le contrat de travail à durée indéterminée intermitent*, DS, 1987, 9/10, 696-70, e, na doutrina belga, por todos, P. DENIS, *Droit du travail*, Bruxelles, 1992, 15 s., Como referem GONZÁLEZ ORTEGA, *La dificil coyuntura...cit.*, 276, e T. TREU, *Labour flexibility in Europe cit.*, 497 ss., o actual direito do trabalho oscila entre a proibição de algumas destas novas formas de prestação de trabalho subordinado e a admissibilidade das restantes, com um regime de maior ou menor flexibilidade para cada uma delas. Para mais desenvolvimentos sobre este ponto, *vd* o nosso *Da Autonomia Dogmática...cit.*, 591 ss.

O nosso país vem acompanhando a tendência flexibilizadora dos outros sistemas juslaborais (designadamente no contexto europeu), desde há algum tempo, ainda que com avanços e recuos, que evidenciam a falta de uma estratégia consequente e de longo prazo sobre a matéria, designadamente em relação a algumas categorias ou institutos fundamentais do sistema juslaboral[88]. O Código do Trabalho, aprovado pela L. n.º 99/2003, de 27 de Agosto, assumiu, aliás, expressamente este intuito flexibilizador[89].

III. Tanto na valência externa como na valência interna, as tendências de flexibilização tiveram implicações dogmáticas profundas no direito do trabalho.

Como decorre do exposto, a flexibilização põe à prova a construção dogmática tradicional do direito laboral baseada no princípio da protecção do trabalhador, porque, na maioria dos casos, as medidas de flexibilização passam pela diminuição do nível de tutela dos trabalhadores. Não faltam, por isso, as vozes que reconhecem a existência de uma crise dogmática do direito do trabalho, considerando tal crise decisiva[90].

---

[88] Sobre as incidências do processo de flexibilização no sistema juslaboral nacional, ainda o nosso *Da Autonomia Dogmática...cit.*, 630 ss. Deve salientar-se, ainda assim, a rigidez do regime jurídico de institutos laborais tão vitais como o despedimento e a falta de uma estratégia regulativa clara quanto a outras figuras, como é o caso do contrato a termo. Especificamente sobre este ponto, M. R. PALMA RAMALHO, *Insegurança ou diminuição do emprego? A rigidez do sistema jurídico português em matéria de cessação do contrato de trabalho e de trabalho atípico*, in A. MOREIRA (coord.), *X Jornadas Luso-Hispano-Brasileiras de Direito do Trabalho – Anais*, Coimbra, 1999, 91-102 (republicado *in Estudos do Direito do Trabalho*, I, Coimbra, 2003, 95-105).

[89] A *Exposição de Motivos da Proposta de Lei que Aprova o Código do Trabalho* referia expressamente o intuito de adaptação da legislação laboral vigente às «novas necessidades da organização do trabalho e ao reforço da produtividade e da competitividade da economia nacional», a par do objectivo de compilação e sistematização das normas laborais em vigor. Tivemos oportunidade de exprimir o nosso entendimento sobre o modo como o Código do Trabalho prosseguiu, na prática, este intuito flexibilizador no nosso *O novo Código do Trabalho. Reflexões sobre a Proposta de Lei relativa ao novo Código do Trabalho*, in *Estudos de Direito do Trabalho* cit., I, 15-67 (26 ss. e 50 ss.).

[90] B. COSSU, *Verso il tramonto del diritto del lavoro?*, in *Prospettive del Diritto del lavoro per gli anni '80 – Atti del VII Congresso di Diritto del lavoro*, Bari, 23-25 Aprile 1982, Milano, 1983, 152-156 (153 e 155 s.), e B. BOUBLI, *À propos de la flexibilité de l'emploi: vers la fin du droit du travail?*, DS, 1985, 4, 239-240, ambos vaticinando o fim do direito do trabalho por reintegração no direito civil, com fundamento no facto de ele ter exaurido a sua finalidade protectiva. Ainda que de um modo menos radical, outros autores

Tivemos já oportunidade de exprimir o nosso entendimento sobre este problema[91]. Perante a flexibilização, entrou efectivamente em crise a perspectiva dogmática tradicional do direito do trabalho e, designadamente, a ideia da omnipotência e da suficiência do princípio da protecção do trabalhador como princípio fundamentante geral desta área jurídica. Mas, de outra parte, foi justamente a flexibilização que permitiu a renovação dogmática do direito laboral, através do desenvolvimento de outros princípios fundamentantes gerais, como o princípio do colectivo e o princípio da auto-tutela[92], e através da reconstrução do princípio da protecção em moldes mais equilibrados e compromissórios, que atendem não apenas às necessidades de tutela do trabalhador (que ainda se mantêm), como também aos interesses de gestão do empregador, quando se imponha a respectiva prevalência[93].

Por outras palavras, a propalada crise dogmática do direito do trabalho não é uma crise geral da área jurídica, mas sim um processo de reconstrução de alguns dos seus valores, com destaque para o valor da protecção do trabalhador. Esta reconstrução permite ao direito laboral enfrentar os desafios que se lhe colocam no novo século.

IV. Este entendimento de princípio sobre a pujança dogmática do direito do trabalho na actualidade não colide, no entanto, com o reconhe-

---

consideram que o direito do trabalho está perante uma crise de valores, porque a assunção pelo direito civil do princípio da protecção (do trabalhador) como um princípio geral de tutela (do contraente débil) retira singularidade àquele princípio enquanto alicerce dogmático essencial do direito do trabalho – é o entendimento sustentado, entre nós, por A. MENEZES CORDEIRO, *Da situação jurídica laboral: perspectivas dogmáticas do direito do trabalho*, ROA, 1982, 89-149 (146 ss.), e *Manual de Direito do Trabalho cit.*, 101 ss., mas também presente em autores como F. BYDLINSKI, *Arbeitsrechtskodifikation und allgemeines Zivilrecht*, Wien-New York, 1969, 18, ou L. MENGONI, *L'influenza del diritto del lavoro sul diritto civile, diritto processuale civile, diritto amministrativo e diritto civile*, DLRI, 1990, 45, I, 5-23 (9), entre outros.

[91] ROSÁRIO PALMA RAMALHO, *Da Autonomia Dogmática... cit.*, 961 ss., e *Direito do Trabalho cit.*, I, 463 ss.

[92] Especificamente sobre o princípio do colectivo e o princípio da auto-tutela, ainda os nossos *Da Autonomia Dogmática... cit.*, 982 ss. e 991 ss, e *Direito do Trabalho cit.*, I, 501 ss. e 507 ss.

[93] Especificamente sobre a reconstrução do princípio da protecção do trabalhador nos moldes compromissórios que propomos, *vd* ainda os nossos *Da Autonomia Dogmática... cit.*, 970 ss., e *Direito do Trabalho cit.*, I, 489 ss.

cimento de que as tendências de flexibilização colocam hoje novos problemas a esta área jurídica.

Assim, à homogeneidade da figura do trabalhador subordinado e ao regime unitário do vínculo laboral sucedem-se a multiplicidade de categorias de trabalhadores e de regimes laborais, o que faz surgir níveis diferenciados de tutela laboral, com os inerentes problemas de compatibilidade dos regimes jurídicos e de justiça geral do sistema laboral. Por outro lado, esta multiplicidade de categorias de trabalhadores faz emergir novas fontes de conflito (designadamente, entre os trabalhadores típicos e os trabalhadores atípicos, que, sugestivamente, ICHINO denomina de *insiders* e *outsiders* do sistema laboral, porque beneficiam de níveis diferentes de tutela[94]), a par da tradicional conflitualidade entre trabalhadores e empregadores. Por fim, esta evolução reflecte-se no domínio dos vínculos laborais colectivos, em fenómenos como a menor representatividade sindical e a proliferação de formas atípicas de negociação colectiva.

4. O problema: as incidências laborais dos fenómenos de coligação societária

I. Uma vez recordado, neste brevíssimo esquisso, o modo como o direito do trabalho e o direito das sociedades comerciais têm perspectivado juridicamente o fenómeno da empresa e têm reagido à evolução dos modelos económicos empresariais, estamos aptos a delimitar o problema que vai ocupar o centro das nossas reflexões.

Este problema situa-se exactamente na confluência das linhas evolutivas das duas áreas jurídicas sobre esta matéria, que acima descrevemos.

II. Como decorre do exposto, qualquer que seja a forma de perspectivar os fenómenos de controlo e de colaboração inter-societária pelos sistemas jurídicos (não regulação, regulação parcelar e fragmentária em várias áreas jurídicas ou reconhecimento da especificidade do fenómeno e

---

[94] A. ICHINO / P. ICHINO, *A chi serve il diritto del lavoro?*, RIDL, 1994, I, 469-503 (495). Também utilizando esta designação e reconhecendo a oposição de interesses entre estes dois grupos, J.-B. FOUCAULD, *Une citoyenneté pour les chômeurs*, DS, 1992, 7/8, 653--660 (655), bem como o *Livro Verde da Comissão das Comunidades Europeias Modernizar o Direito do Trabalho para enfrentar os desafios do século XXI* cit., 3.

sua disciplina autónoma no âmbito do direito das sociedades comerciais), estes fenómenos colocam interessantíssimos desafios no domínio do direito do trabalho, por porem à prova o quadro material de referência do corpo normativo laboral e o seu correspondente jurídico – i.e., como acima se indicou, a empresa-unidade económica, a que corresponde a figura jurídica do empregador, que, por seu turno, pode ser um ente societário.

Por outras palavras, para além da sua dimensão comercial, os fenómenos de controlo e de colaboração inter-societária têm inevitáveis incidências na configuração e na disciplina jurídica dos vínculos laborais desenvolvidos no seio das entidades empregadoras societárias que intervêm naqueles fenómenos. São estas incidências que constituem o objecto do presente estudo.

Para apresentar um enunciado exemplificativo dos problemas laborais decorrentes dos fenómenos de colaboração inter-societária, socorremo--nos da clássica divisão do direito do trabalho nas áreas regulativas das situações juslaborais individuais e das situações juslaborais colectivas[95].

No âmbito do direito das situações juslaborais individuais, os fenómenos de colaboração societária podem suscitar problemas ao nível da formação do contrato de trabalho, no que se refere à sua execução e ainda no que toca à cessação do vínculo. Na área das situações juslaborais colectivas, os fenómenos de colaboração societária podem ter reflexos ao nível da representação colectiva dos trabalhadores, na determinação do regime colectivo aplicável aos trabalhadores, e, por último, no plano dos conflitos colectivos de trabalho.

Para melhor delimitarmos o nosso tema de investigação, cabe uma apresentação mais detalhada destas duas áreas problemáticas.

III. No âmbito do direito das situações juslaborais individuais, os problemas surgem logo na fase da formação do contrato de trabalho, quando o empregador é uma sociedade comercial que está envolvida num fenómeno de colaboração societária – por exemplo, a sociedade emprega-

---

[95] Para uma justificação desta repartição da área jurídica e das respectivas designações, que privilegiam o conceito operativo de situação jurídica sobre o conceito mais limitado de relação jurídica, totalmente inadequado a muitas situações juslaborais, ROSÁRIO PALMA RAMALHO, *Direito do Trabalho cit.*, I, 30 ss. e 127 s., e, para mais desenvolvimentos, *Da Autonomia Dogmática... cit.*, 110 ss.

§ 1.º *Delimitação do problema* 53

dora que está integrada num grupo de sociedades ou que, por outra via, se sujeita ao domínio de uma outra sociedade.

Nestes casos, podem, desde logo, surgir dificuldades na identificação do empregador, uma vez que a sociedade que se apresenta como empregador formal (i.e., o ente jurídico que outorga o contrato de trabalho) pode não ser o verdadeiro titular dos poderes laborais, sendo certo que é a titularidade destes poderes (e a correspondente posição de subordinação do trabalhador) que constitui o critério decisivo para o reconhecimento da existência de um vínculo laboral e dos respectivos parceiros negociais.

Por outro lado, ainda em sede de formação do contrato, os fenómenos de colaboração inter-societária podem dar lugar a configurações menos comuns do contrato de trabalho, cujo objectivo é envolver, formal ou substancialmente, no vínculo laboral as várias sociedades intervenientes na coligação. Assim, o contrato de trabalho pode ser celebrado com mais do que um empregador (situação que o nosso Código do Trabalho contempla, no art. 92.º, sob a designação de «contrato de trabalho com pluralidade de empregadores»), ou pode ser celebrado com um único empregador, mas prevendo, desde logo, mecanismos de circulação do trabalhador entre as várias sociedades.

A importância dos problemas que podem surgir na fase da consolidação do contrato de trabalho – designadamente no que se refere à determinação do empregador – não carece de ser sublinhada. É que, como se sabe, a determinação do empregador e da unidade empresarial que lhe está subjacente constitui o pressuposto da aplicação da maioria dos regimes laborais. Assim, as dúvidas sobre a identidade do empregador ou sobre o quadro empresarial de referência do contrato de trabalho suscitam relevantes incertezas sobre a situação jurídica do trabalhador e sobre o regime que lhe deve ser aplicado.

Os reflexos laborais dos fenómenos de colaboração societária durante a execução do contrato de trabalho são também particularmente significativos.

Por um lado, o facto de a sociedade empregadora actuar no contexto de um grupo societário ou ser objecto do controlo de outra sociedade pode dificultar a delimitação dos direitos e deveres das partes no contrato de trabalho, com destaque para a questão da titularidade e do exercício dos poderes laborais pelo empregador e, correspondentemente, para o problema da extensão dos deveres de obediência e de lealdade do trabalhador.

Estes problemas deixam-se enunciar em termos interrogativos: se uma sociedade for dominada por outra, pode esta última dar instruções ao trabalhador e deve este trabalhador obediência e lealdade à sociedade dominante?[96]

Por outro lado, da inserção da sociedade empregadora num grupo societário ou do seu domínio de facto por outra sociedade decorre uma dificuldade acrescida na determinação do regime aplicável aos seus trabalhadores: o regime a aplicar deve ser o regime laboral vigente na sociedade dominada ou antes o regime vigente na sociedade dominante? E, designadamente, a inserção da sociedade empregadora num fenómeno de coligação societária pode ou não colocar problemas de igualdade de tratamento relativamente aos trabalhadores das outras sociedades intervenientes?

Por fim, ainda com referência à execução do contrato de trabalho num contexto de colaboração societária, diversos institutos relativos às vicissitudes do contrato podem carecer de adaptação, porque foram concebidos com base no pressuposto tradicional da empresa-entidade económica unitária – pensamos em regimes como o *jus variandi* (art. 314.º do CT), a transferência do local de trabalho (arts. 315.º a 317.º do CT), ou a transferência do estabelecimento (arts. 318.º ss. do CT), bem como nos regimes da suspensão do contrato de trabalho e da redução do tempo de trabalho em razão de crise empresarial (arts. 330.º ss. do CT). Por outro lado, também com referência às vicissitudes do contrato de trabalho, deve ter-se em conta que o direito do trabalho já desenvolveu instrumentos normativos de circulação dos trabalhadores exactamente no contexto dos fenómenos de colaboração e controlo inter-societário, admitindo assim a especificidade deste tipo de fenómenos do ponto de vista laboral – é o caso da figura da cedência ocasional de trabalhadores, regulada nos arts. 322.º ss. do CT.

Ainda no âmbito das situações juslaborais individuais, destacam-se, finalmente, as implicações do contexto de colaboração societária em que o empregador se insere na matéria da cessação do contrato de trabalho.

Em primeiro lugar, cabe aferir do fundamento da cessação do contrato neste contexto. Assim, no caso do despedimento disciplinar, importa

---

[96] O problema da extensão dos deveres laborais coloca-se, naturalmente, em relação a todos os deveres do trabalhador. A referência aos deveres de obediência e de lealdade tem um objectivo meramente demonstrativo.

saber se relevam, como infracção disciplinar integrativa do conceito de justa causa (nos termos e para os efeitos do art. 396.º do CT), comportamentos do trabalhador não directamente atinentes à sociedade empregadora mas relativos ao grupo ou a outra sociedade interveniente no fenómeno de colaboração (por exemplo, o desrespeito de uma instrução emanada de outra sociedade do grupo empresarial ou uma actuação do trabalhador contrária ao interesse do grupo). Do mesmo modo, para a fundamentação de um despedimento por motivos económicos (como o despedimento colectivo e o despedimento por extinção do posto de trabalho), importa averiguar se os respectivos requisitos se têm que verificar ao nível de cada sociedade do grupo ou ao nível do próprio grupo, considerado como um todo, uma vez que é o grupo que constitui uma empresa em sentido económico (i.e., como acima vimos, uma empresa plurissocietária), e é à empresa--unidade económica que o normativo laboral parece reportar os requisitos destas modalidades de despedimento (arts. 397.º e 402.º do CT).

Por outro lado, no que toca aos procedimentos conducentes à cessação do contrato de trabalho, diversos problemas podem decorrer do facto de a sociedade empregadora se inserir num contexto de coligação. Assim, quando releve a dimensão da empresa na escolha do procedimento a adoptar (o que sucede, entre nós, por exemplo, no caso do despedimento disciplinar – art. 418.º do CT) e a sociedade empregadora esteja incluída num grupo societário, cabe verificar se tal dimensão deve ser reportada a essa sociedade ou deve antes ser aferida ao grupo, uma vez que é o conjunto das entidades societárias que o integram que corresponde a uma empresa em sentido económico; e a mesma dúvida sobre o modo de determinação da dimensão da empresa se pode colocar relativamente à possibilidade que assiste ao empregador de recusar a reintegração do trabalhador ilicitamente despedido nas micro-empresas (nos termos do art. 438.º n.º 2 do CT). Na mesma linha, caso se consubstancie um direito de preferência do trabalhador no acesso a outros postos de trabalho ou a possibilidade de reclassificação profissional em alternativa à cessação do vínculo – por exemplo, quando o seu contrato a termo cessa por caducidade e, bem assim, no caso de despedimento colectivo, de despedimento por extinção do posto de trabalho ou de despedimento por inadaptação (respectivamente, arts. 135.º, 420.º n.º 1 c), 425.º n.º 1 b) e 426.º n.º c) do CT) – fica a dúvida de saber se esse direito de reocupação alternativa do trabalhador é extensível a postos de trabalho que estejam disponíveis noutras sociedades do grupo empresarial. E, da mesma forma, se os contratos de trabalho cessarem no âmbito de um processo de insolvência de uma sociedade inserida num grupo empresarial, suscita-se a questão de saber se os trabalhadores podem invocar a possibilidade da sua transferência para outra sociedade do mesmo grupo, para obstar à aplicação do regime da caducidade dos respectivos contratos, por extinção da entidade empregadora, fazendo apelo à aplicação conjugada dos regimes da caducidade do contrato de trabalho por extinção da entidade empregadora e da transmissão do estabelecimento (arts. 318.°, 391.° e 390.° n.ᵒˢ 2 e 3 do CT).

Noutra linha, a cessação do contrato de trabalho num contexto de coligação societária pode suscitar problemas relativamente a alguns efeitos acessórios dessa cessação. Assim, se o trabalhador estiver vinculado por uma cláusula de não concorrência, dotada de pós-eficácia (situação prevista no art. 146.° do CT), coloca-se a questão de saber se o dever de não concorrência pode ser reportado ao grupo empresarial ou se é limitado à sociedade empregadora. De outra parte, por ocasião da cessação do contrato, coloca-se o problema da extensão da responsabilidade do empregador pelos créditos laborais do trabalhador a outras sociedades integradas no fenómeno de coligação – problema sobre o qual o Código do Trabalho tomou posição, pela primeira vez na nossa ordem juslaboral, estabelecendo um regime de responsabilidade solidária pelos créditos laborais, que é específico dos fenómenos de coligação societária (art. 378.°).

IV. No âmbito do direito das situações juslaborais colectivas, as incidências dos fenómenos de colaboração societária não são menos relevantes.

Em primeiro lugar, as empresas plurissocietárias colocam dificuldades óbvias à representação colectiva dos trabalhadores, porque essa representação foi concebida com base no arquétipo da empresa-entidade económica unitária, a que inere uma coincidência entre o interesse da empresa e a configuração jurídica do empregador. Ora, como nos fenómenos de coligação societária passa a relevar o interesse do grupo, as estruturas típicas de representação dos trabalhadores (as comissões de trabalhadores e as delegações sindicais), organizadas com base nas unidades do estabelecimento e da empresa unitária, vêem, naturalmente, reduzida a sua capacidade de intervenção ao nível do grupo. Por outro lado, a configuração grupal das empresas pode influenciar a dimensão de cada uma delas, o que não é isento de repercussões na constituição das próprias estruturas representativas no seio de cada empresa (por exemplo, na determinação do número de delegados sindicais que beneficiam do crédito de horas), aliás, como em relação a todos os regimes cuja aplicação esteja dependente da dimensão da entidade empregadora.

A preocupação com esta matéria já justificou a intervenção do direito comunitário, no sentido da criação de uma estrutura representativa específica dos trabalhadores subordinados de empresas inseridas em grupos de dimensão comunitária – são os conselhos de empresa europeus, instituídos pela Dir. n.º 94/45/CE, do Conselho, de 22 de Setembro[97]. Contudo, uma vez que estas normas só se aplicam aos grupos de dimensão comunitária, permanecem em aberto os problemas da representação colectiva dos trabalhadores na esmagadora maioria das situações.

Noutra linha, os fenómenos de colaboração societária colocam dúvidas sobre o regime colectivo aplicável aos trabalhadores e, designadamente, sobre a questão fundamental de optar por um regime convencional colectivo unitário ou plural no âmbito da coligação.

Como verificaremos, ambas as soluções suscitam problemas: no caso de se propender para um regime convencional unitário, abrangendo todos os trabalhadores do grupo ou coligação empresarial, há dificuldades atinentes à escolha dos parceiros negociais e ao estabelecimento da sua legitimidade, para além da determinação do modelo de convenção colectiva de trabalho mais adequado; mas, por seu turno, a subsistência de uma pluralidade de convenções colectivas de trabalho num contexto de colaboração societária pode colocar problemas de discriminação entre os trabalhadores das várias entidades, para além de suscitar inconvenientes de gestão.

Por último, os fenómenos de colaboração societária colocam problemas na articulação da matéria dos conflitos colectivos de trabalho, com destaque para a greve.

Por um lado, suscita-se a questão da admissibilidade de greves para prosseguir interesses não específicos da sociedade empregadora mas atinentes ao grupo, bem como de greves de solidariedade com trabalhadores de outras sociedades do grupo; e ainda no tocante aos limites do direito de greve, cabe avaliar o âmbito de eficácia de cláusulas de paz social inseri-

---

[97] Esta Directiva foi transposta para a nossa ordem jurídica pela L. n.º 40/99, de 9 de Junho, constando actualmente a disciplina desta matéria dos arts. 471.º ss. do CT e dos arts. 365.º ss. da RCT.

das em instrumentos de regulamentação colectiva do trabalho de nível grupal, perante as unidades empresariais que compõem o grupo e os respectivos trabalhadores.

Por outro lado, podem suscitar-se dúvidas quanto ao modo de determinar o grau de representatividade sindical, para efeitos da admissibilidade de uma greve não sindical (ou seja, no caso português, para os efeitos do art. 592.° n.ºs 2 e 3 do CT), respondendo, designadamente, à questão de saber se tal representatividade é de aferir em relação ao conjunto das sociedades do grupo ou em relação a cada uma delas.

Finalmente, podem levantar-se problemas no processamento da greve, designadamente em matéria piquetes de greve (cabendo resolver a questão da composição destes piquetes e do seu acesso a outras empresas do grupo) e em matéria de substituição de trabalhadores grevistas (matéria tratada, no nosso sistema, pelo art. 596.° do CT), por força do conceito de empresa plurissocietária – neste caso, a questão está na qualificação dos trabalhadores das restantes sociedades do grupo, para efeitos de saber se podem «substituir» os trabalhadores grevistas ou se o serviço por estes desempenhado pode ser atribuído a outra sociedade do mesmo grupo empresarial.

V. O enunciado descrito é, em si mesmo, revelador da importância das incidências laborais dos fenómenos de colaboração societária. Contudo, o enquadramento jurídico desta problemática tem-se relevado tão difícil como o tratamento dos fenómenos de coligação ao nível do próprio direito societário.

Efectivamente, no plano normativo, encontramos escassas referências aos trabalhadores na regulamentação geral das sociedades comerciais no Código das Sociedades Comerciais[98] e nenhumas referências em sede do regime jurídico dos grupos societários no mesmo diploma.

---

[98] Assim, o Código das Sociedades Comerciais refere-se aos trabalhadores a propósito da delimitação do conceito de interesse social no art. 64.° n.° 1 b). Já no regime jurídico da insolvência e recuperação de empresas, aprovado pelo CIRE (DL n.° 35/2004, de 18 de Março, com as alterações introduzidas pelo DL n.° 200/2004, de 18 de Agosto), encontramos várias referências aos trabalhadores, a propósito da insolvência do trabalhador (art. 113.°), a propósito da participação e representação dos trabalhadores no processo de decretação da insolvência do empregador (arts. 37.° n.° 7, 66.° n.° 3, 72.° n.° 6, 75.° n.° 3 e 156.° n.° 1) e a propósito da possibilidade de contratação de novos trabalhadores pelo administrador judicial da insolvência durante o processo (art. 55.° n.° 4). Para mais desen-

§ 1.º Delimitação do problema 59

Mas também ao nível do direito do trabalho, as incidências laborais do fenómeno dos grupos não têm concitado a atenção do legislador numa perspectiva sistemática, mas apenas esporadicamente e com referência a aspectos pontuais. Assim, o direito comunitário estabeleceu regras específicas em matéria de representação dos trabalhadores nos grupos de dimensão europeia (Dir. n.º 94/45/CE, do Conselho, de 22 de Setembro, que instituiu os conselhos de empresa europeus para as empresas e grupos de dimensão europeia, Dir. 2001/86/CE, do Conselho, de 8 e Outubro de 2001, sobre o envolvimento dos trabalhadores na sociedade europeia, e ainda Dir. 2003/72/CE, do Conselho, de 22 de Junho de 1003, sobre o envolvimento dos trabalhadores na sociedade cooperativa europeia), e sobre a mobilidade internacional dos trabalhadores (Dir. n.º 96/71/CE, do Parlamento Europeu e do Conselho, de 16 de Dezembro, relativa ao destacamento de trabalhadores no âmbito de uma prestação de serviços). Já no plano nacional e no quadro anterior ao Código do Trabalho, o legislador laboral ocupou-se também das matérias já tratadas pelo direito comunitário, em sede de transposição destas directivas[99], e ocupou-se especificamente do problema da circulação dos trabalhadores no seio dos grupos de empresas estabelecendo, para esse efeito, o regime da cedência ocasio-

---

volvimentos sobre esta matéria, L. MENEZES LEITÃO, *As repercussões da insolvência no contrato de trabalho, in Estudos em Memória do Professor Doutor José Dias Marques*, Coimbra, 2007, 871-884, e M. R. PALMA RAMALHO, *Aspectos laborais da insolvência. Notas breves sobre as implicações laborais do regime do Código da Insolvência e da Recuperação de Empresas, in Estudos em Memória do Professor Doutor José Dias Marques*, Coimbra, 2007, 687-705 (também publicado em QL, 2005, 26, 145-163).

[99] Assim, a Dir. 96/71/CE, do Parlamento Europeu e do Conselho, de 16 de Dezembro, relativa ao destacamento de trabalhadores no âmbito de uma prestação de serviços, foi transposta para o direito nacional pela L. n.º 9/2000, de 2 de Julho, sendo a matéria actualmente regulada nos arts. 7.º a 9.º do CT e 11.º a 13.º da RCT; e, como acima referimos, a Dir. 94/45/CE, do Conselho, de 22 de Setembro, que instituiu os conselhos de empresa europeus, foi transposta para o direito nacional pela L. n.º 40/99, de 9 de Junho, sendo esta matéria actualmente regulada nos arts. 471.º ss. do CT e 365.º ss. da RCT. Especificamente sobre esta matéria, entre nós, D. MOURA VICENTE, *Destacamento Internacional de Trabalhadores, in Direito Internacional Privado – Ensaios*, I, Coimbra, 2002, 85-106. Já após a aprovação do Código do Trabalho, foram transpostas as duas directivas comunitárias sobre o envolvimento dos trabalhadores na sociedade anónima europeia e na sociedade cooperativa europeia, respectivamente pelo DL n.º 215/2005, de 13 de Dezembro, e pela L. n.º 8/2008, de 18 de Fevereiro.

nal de trabalhadores[100]. Contudo, os demais reflexos laborais dos fenómenos de colaboração societária não mereceram a atenção da lei.

Ao nível jurisprudencial, o quadro é já diferente, devendo salientar-se a abundância de decisões judiciais sobre os grupos, na perspectiva das incidências laborais destes fenómenos, sobretudo em países como a Itália ou a Espanha[101], onde os problemas da colaboração societária não são objecto de um regime legal diferenciado, nem no plano comercial nem ao nível laboral. Em Portugal, no entanto, a jurisprudência em matéria de grupos societários é escassa, quer no que toca aos problemas do foro comercial[102], quer no que toca às incidências laborais dos fenómenos de colaboração societária, excepto, quanto a este segundo caso, no que respeita à matéria da cedência ocasional de trabalhadores, desde que a figura foi prevista da lei[103].

Em suma, o tema das incidências laborais dos fenómenos de colaboração societária tem sido um tema pouco desenvolvido ao nível das fontes[104], tanto no nosso sistema como noutros sistemas jurídicos.

VI. No quadro nacional, o Código do Trabalho veio, entretanto, alterar o «estado da arte» na matéria das incidências laborais dos fenómenos

---

[100] Este regime foi integrado no diploma que instituiu o regime do trabalho temporário (DL n.º 358/89, de 17 de Outubro, arts. 26.º a 30.º), integração esta que era manifestamente inadequada, pela substancial diferença entre o fenómeno da cedência e o fenómeno do trabalho temporário. O regime da cedência ocasional é agora adequadamente previsto, a propósito das vicissitudes do contrato de trabalho, nos arts. 322.º a 329.º do CT, que revogou as disposições correspondentes da LTT (art. 21.º n.º 1 n) do Diploma Preambular ao Código do Trabalho).

[101] Este desenvolvimento jurisprudencial será referenciado no lugar próprio, pelo que nos limitamos agora a deixar esta nota geral.

[102] Na pesquisa efectuada, apenas se encontrou um número reduzido de acórdãos sobre a matéria dos grupos, limitados a um leque ainda mais reduzido de questões. Na exposição que segue, teremos ocasião de os referir, no contexto adequado.

[103] Para além da matéria relativa à cedência ocasional de trabalhadores, encontram-se, na verdade, escassas referências a outros problemas laborais suscitados pelos grupos, designadamente à questão da determinação do empregador e, mais recentemente, ao tema da pluralidade de empregadores, aos efeitos dos fenómenos de concentração empresarial externa nos vínculos laborais e ainda ao tema da responsabilidade de outras empresas do grupos pelas dívidas laborais do empregador. Esta jurisprudência será referenciada no lugar próprio.

[104] Empregamos o termo «fontes» em sentido amplo, para englobar a jurisprudência.

de colaboração societária, quer porque se ocupa de alguns reflexos laborais dos grupos de sociedades, que, até agora, não eram contemplados na lei, quer porque procede à reconfiguração de regimes já previstos na legislação laboral anterior, com incidência nestes fenómenos.

Assim, com referência à segunda categoria de situações, o Código do Trabalho mantém os regimes dos conselhos de empresa europeus (arts. 471.º a 474.º do CT, completados pelos arts. 365.º a 395.º da RCT) e do destacamento internacional de trabalhadores (arts. 7.º a 9.º do CT, completados pelos arts. 11.º a 13.º da RCT), mas introduziu algumas alterações no regime da cedência ocasional de trabalhadores (arts. 322.º a 329.º do CT). Além disso, o Código instituiu quatro novos regimes ou figuras, que têm uma ampla aplicação no âmbito dos fenómenos de colaboração societária: o regime da pluralidade de empregadores (art. 92.º); o regime da responsabilidade solidária por créditos laborais no caso dos grupos de sociedades (art. 378.º); a previsão da figura da comissão de trabalhadores com funções de coordenação no âmbito dos grupos de empresas (art. 461.º n.º 3) e a previsão, como nova modalidade de negociação colectiva, da negociação colectiva articulada (art. 563.º n.º 2), que, todavia, não é desenvolvida. Por outro lado, já posteriormente à entrada em vigor do Código do Trabalho, foram aprovados, por transposição das correspondentes directivas comunitárias, os diplomas relativos à representação colectiva dos trabalhadores na sociedade anónima europeia e na sociedade cooperativa europeia, que também podem organizar-se sob forma grupal (DL n.º 215/2005, de 13 de Dezembro, e L. n.º 8/2008, de 18 de Fevereiro, respectivamente).

Embora o conjunto destas normas esteja ainda longe de corresponder a uma regulamentação abrangente, tendo em conta a extensão e a diversidade dos problemas laborais colocados pelos fenómenos de colaboração societária, que acima apenas deixámos esboçada, a sua previsão pelo Código do Trabalho revela, no mínimo, a sensibilidade do legislador em relação a estes problemas, e constitui uma base mais ampla para o tratamento dogmático daqueles fenómenos, na perspectiva laboral.

É o que nos propomos fazer neste estudo.

VII. Uma vez delimitado substancialmente o objecto da investigação, cabe uma palavra para justificar a perspectiva de abordagem da matéria e a índole a imprimir ao trabalho.

O tratamento juscientífico dos fenómenos de colaboração e controlo intersocietários, como fenómenos comerciais, é um desafio aliciante, uma vez que estes fenómenos se encontram hoje no âmago do direito das sociedades comerciais e põem à prova a configuração tradicional da empresa societária e, com ela, os alicerces fundamentais do direito societário – tanto bastaria para justificar uma reflexão dogmática sobre eles, numa perspectiva juscomercial. Entende-se, todavia, que estes fenómenos podem e devem ser analisados também de uma outra perspectiva, que tenha em conta as suas projecções laborais, acima enunciadas. É esta perspectiva de análise, que procura conjugar as valências societária e laboral dos fenómenos de colaboração societária, que vamos privilegiar neste estudo.

Nesta perspectiva integrada, os fenómenos da colaboração societária justificam um tratamento dogmático, por duas razões essenciais: uma razão estrutural, que tem a ver com a qualidade de empregador; e uma razão teleológica, que tem a ver com o facto destes fenómenos também porem à prova os quadros dogmáticos de referência do próprio direito do trabalho. A par destas razões, entendemos que a reflexão sobre esta matéria se justifica por um motivo de oportunidade.

Em termos estruturais, justifica-se uma reflexão dogmática sobre os fenómenos da colaboração societária pela ligação umbilical entre o direito do trabalho e o direito comercial, que decorre da referência comum à categoria da empresa, nos termos acima explicitados. Traduzindo-se juridicamente a realidade económica da empresa nas categorias do comerciante ou da sociedade comercial, e correspondendo, com frequência, tais figuras a um empregador laboral, estudar os fenómenos da colaboração societária envolve também uma indagação pela qualidade de empregador e pelas especificidades da figura do empregador nestas situações.

Mas é por um motivo teleológico que o estudo destes fenómenos mais se impõe, na perspectiva indicada: é que tais fenómenos não colidem apenas com os princípios fundamentais do direito das sociedades comerciais, mas põem também à prova os quadros dogmáticos do direito do trabalho.

Com efeito, os objectivos económicos prosseguidos pelos fenómenos de colaboração societária (i.e., essencialmente, o crescimento económico das empresas com um menor investimento financeiro, uma maior diversificação do risco de actividade e uma gestão mais flexível dos activos societários[105]) têm consequências na gestão dos recursos humanos das

---

[105] Estes objectivos dos fenómenos de coligação societária e as vantagens que tais

empresas, de que o direito do trabalho não se pode alhear. Assim, por um lado, às operações de concentração empresarial por esta via inere, quase sempre, a procura de soluções de gestão mais flexível dos trabalhadores, aos mais variados níveis, a que compete dar o devido enquadramento. Por outro lado, na prossecução dos seus objectivos económicos, as coligações societárias passam, muitas vezes, por operações de reconfiguração das entidades participantes, quer em termos de negócio (através da alteração das áreas de actividade ou da reorganização estrutural das sociedades intervenientes), quer em termos de dimensão (com a transmissão de participações sociais, com a constituição de novas sociedade ou com a dissolução de sociedades existentes), que podem facilmente pôr em causa os princípios clássicos da estabilidade dos vínculos laborais e da protecção do trabalhador. Numa palavra, a dinâmica económica e exclusivamente jus-comercial dos fenómenos de colaboração societária colide, em certa medida, com a índole protectiva tradicional do direito do trabalho, a que fizemos, oportunamente, referência.

É certo que, por força das tendências de flexibilização acima recordadas, o direito laboral já ultrapassou definitivamente o dogma da suficiência do princípio da protecção do trabalhador, como seu princípio fundamentante geral. Contudo, na evolução do seu próprio processo de flexibilização, a área jurídica terá que ponderar até que ponto deve ter uma atitude permissiva ou até incentivadora deste tipo de fenómenos, através da previsão de institutos que legitimem as especificidades dos regimes laborais quando o empregador esteja envolvido numa coligação societária, ou, pelo contrário, em que medida se justifica uma atitude defensiva em relação aos efeitos laborais daqueles fenómenos, reforçando a tutela dos trabalhadores em alguns aspectos.

Em suma, os fenómenos de coligação societária colocam questões estruturais e teleológicas ao direito do trabalho e lançam desafios interessantes ao próprio processo de flexibilização em curso nesta área jurídica. Aquelas questões e estes desafios constituíram a motivação essencial para o estudo que vamos empreender e justificam a perspectiva de análise escolhida.

---

fenómenos evidenciam perante as outras formas de concentração e crescimento das empresas são postos em evidência pela doutrina da especialidade – neste sentido, entre muitos outros, ENGRÁCIA ANTUNES, *Os Grupos de Sociedades... cit.*, 42, AMARAL NETO, *Os grupos de sociedades cit.*, 592, ou GRAÇA TRIGO, *Grupos de sociedades cit.*, 44.

Para além das razões de natureza estrutural e teleológica acima indicadas, o presente estudo justifica-se ainda por uma razão de oportunidade, que se prende, obviamente, com a sensibilidade do Código do Trabalho a esta matéria.

Como acima se referiu, o Código do Trabalho regulou, pela primeira vez no nosso sistema jurídico, diversos aspectos desta temática, e esta regulamentação tem um conteúdo substancialmente inovador. Ora, embora o conjunto das disposições do Código sobre a matéria esteja ainda longe de não corresponder a um quadro normativo abrangente, tais disposições confirmam a importância desta problemática, na perspectiva integrada que privilegiamos, e convidam ao diálogo científico sobre estas matérias, para o qual pretendemos contribuir.

§ 2.º Prevenções metodológicas e sequência do estudo

I. Apresentado e justificado o objecto do estudo, importa deixar algumas considerações metodológicas, bem como as indicações de sequência da investigação.

II. As considerações metodológicas referem-se às opções assumidas de limitar a incidência do estudo aos quadros do direito nacional e de lhe atribuir índole ensaística. Ambas as opções encontram a sua justificação na diversidade das incidências laborais dos fenómenos de colaboração societária e no facto destes fenómenos terem ocupado a atenção do legislador laboral recentemente.

A investigação que vamos empreender reveste natureza dogmática e, como tal, estriba-se necessariamente no acervo normativo e jurisprudencial sobre a problemática escolhida. Assim sendo, e tendo em conta a especificidade do tratamento desta matéria nos diversos países e, por outro lado, a riqueza das referências do Código do Trabalho a este tema, este estudo assume-se como um estudo de direito português. Desta circunscrição do âmbito do estudo ao nosso sistema jurídico decorre que as referências a normas legais, à jurisprudência ou à doutrina de outros países, que formos fazendo, têm apenas como objectivo ajudar à colocação dos problemas e à apreciação das várias possibilidades de tratamento dos mesmos no quadro jurídico nacional.

Por outro lado, a multiplicidade de questões laborais suscitadas pelos fenómenos de colaboração societária justifica a natureza ensaística do presente estudo. É certo que qualquer das questões que deixámos enunciadas justificaria, por si só, um estudo monográfico aprofundado – e este tipo de estudos já vem, aliás, sendo feito, na doutrina nacional e estrangeira, quer numa perspectiva geral, quer em relação a problemas como a determinação do empregador, a mobilidade dos trabalhadores no seio dos grupos de empresas ou, mais especificamente, o problema da cedência ocasional de trabalhadores[106]. Contudo, perante a previsão de novas figuras e a alteração de regimes com incidência nesta matéria no Código do Trabalho, afigura-se que uma abordagem do tema em termos gerais e na perspectiva integrada preconizada é a mais útil, ainda que em detrimento da apreciação exaustiva de cada um dos problemas em que a temática se desdobra. Em consonância com este objectivo de apresentação panorâmica da problemática escolhida, este trabalho assume a natureza de um ensaio.

III. Indicado o tema objecto das nossas reflexões, e justificada a perspectiva de abordagem do mesmo, resta deixar algumas indicações relativamente ao percurso investigatório que vamos adoptar.

O estudo que segue comporta duas partes: a primeira parte destina-se à delimitação e ao enquadramento geral do fenómeno dos grupos de sociedades; a segunda destina-se à apreciação das incidências laborais deste fenómeno.

A primeira parte do estudo que vamos empreender é dividida em dois capítulos.

No primeiro capítulo, procederemos à delimitação do fenómeno dos grupos societários, reflectindo sobre o desenvolvimento desse fenómeno,

---

[106] A este propósito destacamos, na doutrina nacional, no que toca às incidências juscomerciais do fenómeno dos grupos económicos, a monografia decisiva de ENGRÁCIA ANTUNES, *Os Grupos de Sociedades...cit.*, e ainda a monografia de M. AUGUSTA FRANÇA, *A Estrutura da Sociedade Anónima em Relação de Grupo*, Lisboa, 1990; e, com incidência específica nas incidências laborais deste fenómenos, as monografias de A. C. SEQUEIRA FERREIRA, *Grupos de Empresas e Direito do Trabalho*, Lisboa (inédito, copiogr., FDL), 1997, e de C. N. OLIVEIRA CARVALHO, *Da Mobilidade dos Trabalhadores no âmbito dos Grupos de Empresas Nacionais,* Porto, 2001. No panorama comparado e limitando-nos às obras que tratam as incidências laborais do fenómeno dos grupos, destacamos, entre outros, na doutrina germânica, a obra fundamental de C. WINDBICHLER, *Arbeitsrecht im Konzern,* München, 1989, mas também as monografias de M. HENSSLER, *Der Arbeitsvertrag im Konzern,* Berlin, 1983, e de F. FABRICIUS, *Rechtsprobleme gespaltener Arbeitsverhältnisse im Konzern,* Luchterland, 1982; em Itália, destaca-se, para além do clássico de G. BRANCA, *La prestazione di lavoro in società collegate*, Milano, 1965, a obra de G. MELIADÒ, *Il rapporto di lavoro nei gruppi di società. Subordinazione e imprese a struttura complessa cit.* (de 1991), mas também as obras de E. CALABRÒ, *Lavoro, Impresa di Gruppo ed Effettività della Tutela,* Milano, 1991, e de G. DE SIMONE, *Titolarità dei rapporti di lavoro e regole di trasparenza. Interposizione, impresa di gruppo, lavoro interinale,* Milano, 1995; em Espanha, deve reter-se, por exemplo, a monografia de L. M. CAMPS RUIZ, *La Problemática Jurídico-Laboral de los Grupos de Sociedades*, Madrid, 1986.

§ 2.º Prevenções metodológicas e sequência do estudo 67

sobre a sua distinção de fenómenos próximos e, por fim, sobre o conceito e a tipologia destes grupos.

No segundo capítulo, apreciaremos o modo como o fenómeno dos grupos tem sido enquadrado pela ordem jurídica, começando por proceder a uma breve apreciação de direito comparado e do direito comunitário nesta matéria. Posto isto, concentraremos o essencial da nossa análise no sistema jurídico nacional em matéria de grupos, destacando, sobretudo, o regime jussocietário dos grupos, mas fazendo também uma breve referência ao enquadramento deste fenómeno por outras áreas jurídicas, como o direito da concorrência, o direito fiscal e o direito contabilístico, e ainda o direito bancário.

Apresentado o fenómeno dos grupos de sociedades em moldes gerais e apreciado o seu tratamento em várias áreas do direito, estaremos aptos a entrar no estudo das incidências laborais deste fenómeno. É a análise destas incidências que ocupará a segunda parte do estudo. Desenvolveremos a apreciação desta matéria em três capítulos, o primeiro dos quais se destina a estabelecer as bases dogmáticas da apreciação subsequente e os dois seguintes a desenvolver os problemas identificados.

No primeiro capítulo, começaremos por estabelecer um quadro geral das incidências laborais do fenómeno dos grupos, a partir da divisão clássica das áreas regulativas do direito do trabalho no direito das situações juslaborais individuais e no direito das situações juslaborais colectivas. Percorreremos, de seguida os sistemas juslaborais mais próximos do nosso, para avaliar como vêm tratando esta problemática, traçaremos o quadro do direito comunitário nesta matéria e faremos uma referência de enquadramento relativa ao direito nacional. Por fim, estabeleceremos os pressupostos dogmáticos da análise das incidências laborais do fenómeno dos grupos, que se referem ao relevo juslaboral dos grupos e ao conceito de grupo adoptado para efeitos da análise subsequente.

Em desenvolvimento do critério de aproximação às incidências laborais dos grupos que privilegiámos, apreciaremos, no segundo capítulo desta parte do nosso estudo, as incidências dos grupos de sociedades na situação juslaboral individual. Neste âmbito, serão tratados sucessivamente os seguintes problemas: o problema da determinação do empregador nos grupos societários; os problemas relativos ao estatuto jurídico dos trabalhadores de uma sociedade inserida num grupo; os problemas relativos à mobilidade dos trabalhadores no seio do grupo; os problemas relativos à posição dos trabalhadores perante as vicissitudes societárias que ocorram no seio do grupo, tanto as que decorrem da constituição e modelação interna do próprio grupo, como as que afectam as empresas inseridas no grupo e tenham reflexos na situação jurídica dos respectivos trabalhadores; e, por fim, os problemas relativos à tutela dos créditos laborais no âmbito dos grupos.

O terceiro e último capítulo do nosso ensaio destina-se a avaliar as incidências dos grupos de sociedades nas situações juslaborais colectivas. Neste âmbito, apreciaremos os problema suscitados pela representação colectiva dos trabalhadores em contexto de grupo, os problemas relativos à negociação colectiva e à contratação colectiva neste mesmo contexto e ainda as questões que pode suscitar uma greve numa empresa inserida num grupo.

PARTE I

DELIMITAÇÃO GERAL E RELEVO JURÍDICO DO FENÓMENO DOS GRUPOS EMPRESARIAIS E SOCIETÁRIOS

CAPÍTULO I
Delimitação e Tipologia dos Grupos Societários

§ 3.º Os fenómenos de colaboração inter-societária; aproximação geral

5. As dificuldades de delimitação dos fenómenos de colaboração inter-societária

I. A primeira dificuldade que se nos depara na aproximação aos fenómenos de colaboração societária[107] reside na sua delimitação. Esta dificuldade de delimitação fica a dever-se a razões extra-jurídicas atinentes ao surgimento destes fenómenos, à sua heterogeneidade e à diversidade de funções por eles prosseguidos.

II. A delimitação dos fenómenos de colaboração inter-societária é dificultada, em primeiro lugar, pelo facto destes fenómenos se terem difundido como práticas económicas (e, neste sentido, *a latere* da ordem jurídica) a um ritmo muito acelerado. Esta rapidez de desenvolvimento,

---

[107] Utilizamos a locução «colaboração inter-societária» por ser a mais ampla. O nosso Código das Sociedades Comerciais recorre à expressão «coligação societária», que tem um sentido mais restrito e, entre as várias formas de coligação societária que enuncia (art. 482.º), concentra, sobretudo, a atenção na figura dos grupos de sociedades, que constitui a figura-chave nesta matéria. Contudo, deve ficar claro que na nossa utilização do termo «colaboração» não vai implícita qualquer restrição a fenómenos de cooperação voluntária entre sociedades, uma vez que queremos abarcar também fenómenos de participação societária sem qualquer *animus* colaborativo ou intervenção da sociedade participada e mesmo fenómenos de controlo inter-societário aos quais a sociedade controlada pode mesmo ser hostil. É pois com estas prevenções que devem ser compreendidas as refe-rências ao termo *colaboração societária,* que fazemos em texto.

que se fica a dever à evolução da economia no sentido da globalização e às correspondentes exigências de crescimento das empresas em moldes mais rápidos e diversificados, nas últimas décadas, contribuiu para o dinamismo destes fenómenos, enquanto fenómenos económicos, mas dificultou a sua apreensão pelos vários sistemas jurídicos até hoje.

III. O segundo factor responsável pelas dificuldades de delimitação jurídica dos fenómenos de colaboração inter-societária reside na heterogeneidade desses fenómenos, que traduz o seu dinamismo enquanto práticas económicas. Na verdade, na designação ampla e vaga de «colaboração inter-societária» está compreendida uma miríade de situações, que não parecem redutíveis a um conceito unitário[108].

Assim, correspondem a uma colaboração inter-societária fenómenos de participação accionista de uma sociedade noutra sociedade (participação simples ou unilateral) ou de ambas uma na outra (participação recíproca)[109], podendo essa participação ser minoritária ou dominante, e, neste último caso, podendo tratar-se de um domínio por maioria ou de um domínio total (situações que correspondem, no nosso sistema jurídico, respectivamente, à relação de domínio e ao grupo constituído por domínio total[110]). Também corresponde a uma situação de colaboração inter-societária a conjugação de duas ou mais sociedades independentes para um mesmo objectivo económico, com fundamento num negócio jurídico específico, nos termos do qual uma delas se subordina à direcção da outra (é,

---

[108] Acentuando a diversidade dos fenómenos de colaboração inter-societária, entre outros, WINDBICHLER, *Arbeitsrecht im Konzern cit.*, 7 ss. A autora integra no âmbito destes fenómenos as situações de domínio maioritário de outra empresa, as relações de participação minoritária, simples ou recíproca, entre duas sociedades e as situações de colaboração jurídica (no sentido em que têm uma base negocial) e de colaboração de facto entre sociedades. Também acentuando a diversidade dos fenómenos de coligação societária e dos grupos de sociedades, entre outros, L. BRITO CORREIA, *Grupos de sociedades, in Novas Perspectivas de Direito Comercial*, Coimbra, 1988, 377-399 (381), ou CAMPS RUIZ, *La Problemática jurídico-laboral...cit.*, 11 e 16 ss.

[109] Seguimos, por uma razão de simplicidade, a terminologia do Código das Sociedades Comerciais na identificação destas figuras: arts. 482.º a) e 483.º do CSC («sociedades em relação de simples participação»), e arts. 482.º b) e 485.º do CSC («sociedades em relação de participações recíprocas»).

[110] Ainda de acordo com a terminologia do Código das Sociedades Comerciais, arts. 482.º c) e 486.º («sociedades em relação de domínio») e arts. 482.º d) e 488.º ss. («grupos constituídos por domínio total»).

§ 3.° Os fenómenos de colaboração inter-societária; aproximação geral 73

no nosso sistema jurídico, o grupo constituído por «contrato de subordinação»[111]) ou ambas cooperam em moldes igualitários na realização de um objectivo económico comum (é o grupo constituído por «contrato de grupo paritário»[112]). Por outro lado, também se reconduzem a um fenómeno de colaboração inter-societária os casos em que uma sociedade adquire uma influência dominante sobre outra, por força de um acordo parassocial relativo à designação dos membros do órgão social dirigente, ou através da detenção de acções privilegiadas, ainda que não maioritárias, da outra sociedade (situação que, no nosso sistema jurídico, também pode corresponder a uma relação de domínio[7]). Por fim, podem ser reconduzidas a casos de colaboração inter-societária, pelo menos em sentido amplo, outras práticas comerciais de colaboração entre sociedades para prossecução de objectivos económicos comuns, de maior ou menor porte mas com alguma estabilidade, e que são enquadradas por contratos diversos, como os contratos de consórcio e associação em participação[113], o *franchising*[114], os

---

[111] Arts. 482.° d) e 493.° ss. do CSC. Especificamente sobre o contrato de subordinação, R. VENTURA, *Contrato de subordinação entre sociedades*, Rev.Banca, 1993, 25, 35-54, republicado sob o título *Contrato de subordinação, in* R. VENTURA, *Novos Estudos sobre Sociedades Anónimas e Sociedades em Nome Colectivo. Comentário ao Código das Sociedades Comerciais* (*reprint*), Coimbra, 2003, 89-127.

[112] Arts. 482.° d) e 492.° do CSC.

[113] Art. 486.° n.° 2 b) e c) do CSC.

[114] Regulados, no nosso sistema jurídico, pelo DL n.° 231/81, de 28 de Julho, os contratos de consórcio e de associação em participação destinam-se a enquadrar relações de colaboração pontual entre empresas (respectivamente, arts. 1.° ss. e 21.° ss. do DL n.° 231/81, de 28 de Julho) – por todos, em geral sobre estes contratos, OLIVEIRA ASCENSÃO, *Direito Comercial cit.*, I, 439 ss. e 457 ss. Assinalando a afinidade entre estes contratos e os grupos de sociedades, por exemplo, BRITO CORREIA, *Grupos de sociedades cit.*, 381 e 384, bem como ENGRÁCIA ANTUNES, *Os Grupos de Sociedades...cit.*, 94 s., este último acentuando, todavia, que os «grupos» instituídos por estes contratos se diferenciam dos grupos em sentido próprio porque têm um processo privativo e obrigatório de constituição (ao contrário dos grupos, que podem constituir-se por diversas vias) e porque correspondem a um desígnio de colaboração pontual e não estável. Para a distinção entre estas figuras e os grupos em sentido estrito, GRAÇA TRIGO, *Grupos de Sociedades cit.*, 48, faz também apelo ao facto de estes contratos enquadrarem relações de colaboração temporárias ou pouco estáveis, ao passo que PINTO FURTADO, *Curso de Direito das Sociedades cit.*, 376, salienta o facto de os consórcios operarem no plano do objecto social das sociedades envolvidas, enquanto as coligações societárias operam ao nível do capital ou da gerência destas sociedades. Na jurisprudência, atente-se, contudo, no Ac. RLx. de 16/01/1992 (Proc. n.° 0051592), www.dgsi.pt, considerando que o contrato de consórcio pode ser um instrumento adequado para a criação de um grupo de empresas. Naturalmente, perante o regime

acordos entre empresas com objectivos de intervenção no mercado[115] ou a *joint venture*[116], bem como as formas de colaboração que passam pela

---

legal dos grupos de sociedades, o grupo constituído por esta via apenas poderá ser qualificado como um grupo de facto.

[114] Sobre o contrato de *franchising*, entre outros, LIMA PINHEIRO, *Joint Venture... cit.*, 124 ss. e *maxime* 132 ss., M. PEREIRA BARROCAS, *O Contrato de Franchising*, ROA, 1989, 49, 127-166, L. M. PESTANA DE VASCONCELOS, *O Contrato de Franquia (Franchising)*, Coimbra, 2000, M. F. RIBEIRO, *O Contrato de Franquia. Franchising. Noção, Natureza Jurídica e Aspectos Fundamentais de Regime*, Coimbra, 2001, e *O Contrato de Franquia (Franchising)*, DJ, 2005, XIX, 77-127, bem como A. P. RIBEIRO, *O Contrato de Franquia (Franchising) no Direito Interno e no Direito Internacional*, Lisboa, s.d.

[115] Previstos no art. 2.° do DL n.° 371/93, de 29 de Outubro, que estabeleceu o regime geral de defesa e promoção da concorrência, estes acordos incluem todo o tipo de práticas entre empresas, jurídica e economicamente autónomas que prevejam actuações concertadas, com o objectivo de afectar a concorrência no segmento de mercado respectivo, sendo tais práticas proibidas por este diploma. O DL n.° 371/93 foi, entretanto, revogado pela L. n.° 18/2003, de 6 de Novembro, que aprovou o regime jurídico da concorrência, mas o art. 4.° deste diploma continua a prever e a proibir este tipo de acordos e práticas entre empresas, desde que afectem sensivelmente a concorrência no mercado.

[116] Utilizamos o termo *joint venture* em sentido estrito, para o diferenciar de outras modalidades de acordos de cooperação inter-empresarial, e não no sentido amplo em que é, com frequência, utilizado, para referenciar todo o tipo de acordos destinados à realização de um empreendimento comum às empresas envolvidas. No significado mais amplo, a *joint venture* inclui a própria realidade dos grupos de empresas; no sentido mais restritivo, assente na distinção entre relações de cooperação inter-empresarial em sentido próprio e relações de concentração empresarial, a *joint venture* corresponde à primeira categoria de relações, ao passo que os grupos empresariais se reconduzem a uma modalidade de operação de concentração. A apreciação que fazemos é, naturalmente, simplista, não tendo em conta a fluidez da figura das *joint ventures*, a multiplicidade das suas manifestações e as diferentes tradições da sua utilização nos sistemas de *common law* e nos sistemas continentais, factores que, reconhecidamente, têm dificultado o seu tratamento jurídico e, em especial, a sua tipificação legal. Por todos, sobre a figura da *joint venture*, LIMA PINHEIRO, *Joint Venture... cit.*, 63 ss. e *passim*, e LUÍS MORAIS, *Empresas Comuns... cit.*, 171 ss., 219 ss. *e passim*, ambos com amplos desenvolvimentos sobre a delimitação da figura e os vários critérios para a sua classificação, mas divergindo quanto à possibilidade de reconduzir os contratos de constituição de uma *joint venture* a um novo tipo contratual (no sentido afirmativo, LUÍS MORAIS, *Empresas Comuns* cit., 174 s. e *passim*, que se refere, neste contexto, ao «*contrato de empresa comum*», mas em sentido negativo relativamente ao que designa como «*contrato de empreendimento comum*», LIMA PINHEIRO, *op. cit.*, 37, e 96). Quanto à delimitação da figura da *joint venture* no panorama anglo-saxónico, *vd*, por todos, J. D. COX / T. LEE HAZEN, *Cox & Hazen on Corporations*, 2ªed., I, II, III, New York, 2003, I, 30.

constituição de um *trust*[117], de uma sociedade *holding*[118], de um agrupamento complementar de empresas (ACE) ou de um agrupamento europeu de interesse económico (AEIE)[119-120].

---

[117] Sobre o conceito e as funções do *trust*, ainda ENGRÁCIA ANTUNES, *Os Grupos de Sociedades... cit.*, 100 s.

[118] O conceito de *holding* vem sendo utilizado para designar uma sociedade cujo objecto é a gestão de participações no capital de outras sociedades, em exclusivo (*holding* pura) ou conjuntamente com o desenvolvimento de uma outra actividade económica (*holding* mista). Esta figura corresponde, no nosso sistema jurídico, às sociedades gestoras de participações sociais, reguladas pelo DL n.º 495/88, de 30 de Dezembro, com as alterações introduzidas pelo DL n.º 318/94, de 24 de Dezembro, pelo DL n.º 378/98, de 27 de Novembro, e pela L. n.º 109-B/2001, de 27 de Dezembro. No contexto de um grupo de sociedades, a *holding* pode corresponder à sociedade-mãe do grupo, como observa ENGRÁCIA ANTUNES, *Os Grupos de Sociedades...cit.*, 90.

[119] O Agrupamento Complementar de Empresas (ACE) é uma figura instituída pela L. n.º 4/73, de 4 de Junho (com as alterações introduzidas pelo DL n.º 157/81, de 11 de Junho, e pelo DL n.º 36/2000, de 14 de Março, este último alterado, por seu turno, pelo DL n.º 76-A/2006, de 29 de Março) e regulada pelo DL n.º 430/73, de 25 de Agosto (também alterado pelo DL n.º 36/2000, de 14 de Março), para enquadrar relações de colaboração entre empresas, através da instituição de uma entidade dotada de personalidade jurídica (L. n.º 4/73, de 4 de Junho, Base I e IV). O Agrupamento Europeu de Interesse Económico (AEIE) é o equivalente europeu do ACE e é regulado pelo Reg. CEE n.º 2137/85, de 25 de Julho. Em geral e por todos sobre a figura do ACE, *vd* J. A. PINTO RIBEIRO/R. PINTO DUARTE, *Dos Agrupamentos Complementares de Empresas*, Cadernos de Ciência e Técnica Fiscal (118), Lisboa, 1980, e ainda sobre as figuras do ACE e do AEIE, OLIVEIRA ASCENSÃO, *Direito Comercial cit.*, I, 431 ss. e 449 ss.; por todos, sobre o sentido geral e a regulamentação comunitária do AEIE, A. MENEZES CORDEIRO, *Direito Europeu das Sociedades*, Coimbra, 2005, 825 ss. Assinalando a afinidade entre os ACE e os grupos de sociedades, por exemplo, BRITO CORREIA, *Grupos de sociedades cit.*, 381 e 384, ABEL FERREIRA, *Grupos de Empresas... cit.*, 118 ss., e ENGRÁCIA ANTUNES, *Os Grupos de Sociedades... cit.*, 92 s., este último acentuando, todavia, a fundamental diferença jurídica entre as duas realidades, que decorre do facto de os ACE terem personalidade jurídica, ao passo que o traço característico dos grupos é, justamente, a falta dessa personalidade (no mesmo sentido, GRAÇA TRIGO, *Grupos de sociedades cit.*, 47 s.).

[120] Como decorre do exposto, limitamos este enunciado às situações de colaboração entre sociedades comerciais. Naturalmente, o enunciado poderia ser completado com a indicação de outras situações, uma vez que se podem descortinar fenómenos idênticos entre sociedades não comerciais ou entre entidades públicas, como as empresas públicas e as entidades públicas empresariais, discutindo a doutrina sobre a aplicabilidade do regime dos grupos de sociedades, previsto no Código das Sociedades Comerciais, a estas situações – a este propósito, por exemplo COUTINHO DE ABREU, *Da Empresarialidade...cit.*, 251 ss., coloca a questão da aplicabilidade deste regime às situações de colaboração que envolvem empresas públicas, concluindo em sentido negativo.

O ponto comum a estas situações reside no facto de todas elas envolverem uma colaboração mais ou menos estável entre as entidades intervenientes. Contudo, como facilmente se depreende deste enunciado, estas situações são estruturalmente diferentes quanto à intensidade e à extensão dos laços de colaboração entre as sociedades, bem como quanto aos interesses em jogo, já que em alguns casos cada entidade envolvida continua afecta exclusivamente ao seu próprio interesse social, ao passo que noutros casos ganha relevo um interesse comum (o interesse do grupo). É, justamente, esta heterogeneidade que dificulta a conceptualização e o enquadramento jurídico destes fenómenos colaborativos.

IV. O último factor que contribui para dificultar a redução jurídica dos fenómenos de colaboração inter-empresarial é a diversidade dos fins que estes fenómenos podem prosseguir[121].

Assim, se em alguns casos a colaboração entre as sociedades prossegue um objectivo de associação comercial mais ou menos estável (por exemplo, um contrato de associação em participação ou de *franchising* ou um contrato de consórcio), noutros casos estes fenómenos prosseguem, sobretudo, objectivos de racionalização da gestão (é o que sucede, em geral, com os agrupamentos complementares de empresas); noutros casos ainda os fenómenos de colaboração inter-societária são o resultado de uma estratégia de investimento financeiro (é o que se passa com as participações minoritárias no capital de outras sociedades, sem influência dominante); e noutras situações estes fenómenos correspondem a uma verdadeira estratégia de controlo económico de outras sociedades (é o que sucede com as relações de domínio, com os grupos constituídos por domínio total ou por contrato de subordinação ou de grupo paritário e é ainda o caso dos grupos coordenados por sociedades *holding*).

Esta diversidade de objectivos económicos dos fenómenos de colaboração inter-societária dificulta o seu enquadramento jurídico e pode justificar um tratamento diferenciado.

---

[121] Acentuando a diversidade de objectivos dos grupos de sociedades, entre outros, CAMPS RUIZ, *La Problemática jurídico-laboral... cit.*, 18 ss. Entre nós, e com referência à figura da *joint venture* em sentido amplo (ou seja, envolvendo as mais diversas formas e operações de colaboração inter-empresarial), LIMA PINHEIRO, *Joint Venture... cit.*, 54 ss., e LUÍS MORAIS, *Empresas Comuns... cit.*, 181 ss., assinalam a diversidade de objectivos que elas podem prosseguir.

6. Traços essenciais e tipologia dos fenómenos de colaboração inter-societária

I. Apesar da sua multiplicidade e heterogeneidade, é possível descortinar um elemento comum aos vários fenómenos de colaboração inter-societária enunciados: todos eles correspondem a uma estratégia de crescimento empresarial (prosseguida embora por vias diversas), mas essa estratégia passa sempre pela preservação da identidade e autonomia jurídicas das entidades intervenientes[122], ao contrário do que sucede com as estratégias de crescimento empresarial mais tradicionais, que envolvem operações de redimensionamento interno das sociedades (classicamente, as aquisições de novas unidades e as fusões e, mais modernamente, as operações de aumento de capital).

Este elemento constitui o denominador comum dos fenómenos de colaboração inter-societária.

II. Assente este denominador comum, a diversidade dos fenómenos de colaboração inter-societária não impede a sua classificação, que é importante para efeitos da sua eventual sujeição a regras diversas. Para operar a classificação destes fenómenos propomos a conjugação de dois critérios: um critério teleológico, que atende aos objectivos da relação colaborativa; e um critério quantitativo, que atende à intensidade da relação de colaboração.

---

[122] Neste sentido, WINDBICHLER, *Arbeitsrecht im Konzern* cit., 12, chamando especificamente a atenção para o facto de a autonomia das sociedades envolvidas nos fenómenos de *Konzern* ser uma autonomia jurídica, mas não económica. Também nesta linha, J. M. EMBID IRUJO, *Introducción al Derecho de los Grupos de Sociedades*, Granada, 2003, 3, qualifica os grupos como uma forma de integração empresarial sem personificação específica, no sentido em que não passam por uma refundação das sociedades envolvidas; embora o autor se refira especificamente aos grupos, a observação é válida para a generalidade dos fenómenos de colaboração inter-societária. No mesmo sentido, ainda no plano comparado, entre muitos outros, GUYON, *Droit des affaires* cit., 610 s., referindo-se, nesta perspectiva, aos grupos como uma *«situation de fait»*, justamente porque as sociedades que os compõem mantêm, cada uma delas, a sua personalidade jurídica própria e o grupo não tem personalidade jurídica, e ainda M. T. MAZZINI, *Riflessi del collegamento societario sulla continuità del rapporto di lavoro*, Riv.DL, 1979, XXXI, 456-521 (461), ou J. L. MONEREO PÉREZ, *Aspectos laborales de los grupos de empresas*, Civitas, 1985, 21, 83-119 (85); no panorama nacional, no mesmo sentido, ENGRÁCIA ANTUNES, *Os grupos de sociedades... cit.*, 53 s., ou BRITO CORREIA, *Grupos de sociedades* cit., 383, entre outros.

Pelo critério teleológico, podemos dividir os fenómenos de colaboração inter-societária em três categorias, de acordo com o fim que prosseguem: os fenómenos de colaboração com um objectivo comercial ou de mercado (é o caso dos contratos de *franchising*, de associação em participação ou de consórcio, bem como dos acordos entre empresas e das *joint ventures*); os fenómenos de colaboração com um objectivo de investimento financeiro (é o caso das participações minoritárias de capital, quer simples quer recíprocas); e os fenómenos de colaboração com um objectivo de controlo de outras sociedades (é o caso das participações de capital maioritárias e de outras situações que possibilitam a influência dominante de uma sociedade sobre outra, e é também o caso dos grupos de sociedades, quer os que são constituídos através da aquisição do domínio total de uma sociedade por outra sociedade, quer os constituídos por via negocial, através de um contrato de subordinação ou de um contrato de grupo paritário).

Por seu turno, se tivermos em conta o critério da intensidade das relações de colaboração inter-societária, podemos separar estes fenómenos em dois grandes grupos: as relações de colaboração em que cada uma das entidades mantém não apenas a sua identidade mas também a sua autonomia jurídica e económica, no sentido em que continua afecta, em exclusivo, à prossecução do seu interesse social, ainda que haja um interesse económico comum; e as relações de colaboração em que, apesar da manutenção da identidade jurídica e da autonomia formal de cada uma das entidades intervenientes, essas entidades se sujeitam a uma direcção económica unitária, que pode ser exercida por uma delas ou por uma terceira. No primeiro grupo de situações (exemplificadas com os contratos de *franchising* e de associação em participação, e com os acordos entre empresas ou as *joint ventures*), pode dizer-se que a relação de colaboração societária é ainda um meio de prossecução do interesse social de cada sociedade envolvida; já no segundo grupo de situações (que abrange as situações de domínio de facto de uma sociedade por outra, os grupos societários constituídos por via negocial, quer através de contrato de subordinação, quer através de contrato de grupo paritário, e ainda a constituição de agrupamentos complementares de empresas ou de sociedades *holding*), a relação de colaboração faz emergir, a par do interesse social de cada uma das sociedades envolvidas, um interesse comum ao conjunto das sociedades, ou interesse de grupo, que pode ser dominante.

III. Chegados a este ponto, podemos estabelecer algumas conclusões nesta primeira aproximação aos fenómenos de colaboração inter-societária.

Em primeiro lugar, resulta do exposto que o elemento unificador destes fenómenos reside no facto de todos corresponderem a uma forma de crescimento das empresas, que passa pela manutenção da identidade e autonomia jurídicas de cada uma das entidades envolvidas. Este elemento comum permite distinguir estes fenómenos de outras formas de crescimento empresarial e «de concentração de capital»[123], como as fusões ou as operações de aumento do capital.

Em segundo lugar e numa perspectiva finalista, observa-se a heterogeneidade destes fenómenos, por força dos diferentes objectivos que prosseguem. Estes objectivos podem ser meramente comerciais, financeiros ou de controlo inter-societário, mas não se excluem mutuamente.

Por último, no que se refere ao *modus operandi* destes fenómenos, observa-se que, apesar da subsistência da autonomia jurídica de cada um dos entes envolvidos, alguns destes fenómenos passam pela sujeição destas entidades a uma direcção económica unitária, em prossecução do objectivo comum, enquanto noutros casos isso não sucede.

IV. Apresentados os traços gerais dos fenómenos de colaboração inter-societária, importa destacar, no seu âmbito, aqueles que mais desafios vêm colocando ao direito das sociedades comerciais e que podem também suscitar problemas laborais: trata-se, evidentemente, daqueles fenómenos de colaboração inter-societária em que, não obstante a manutenção da autonomia jurídica de cada uma das sociedades envolvidas (i.e., do traço comum às várias operações de colaboração inter-societária), estas sociedades se sujeitam a uma direcção económica unitária (que pode ser exercida através do domínio de uma sociedade por outra, ou pela

---

[123] A expressão encontra-se, por exemplo, em G. LYON-CAEN, *La concentration du capital et le droit du travail*, DS, 1983, 5, 287-303 (287 s.), enunciando o autor como fenómenos típicos desta concentração os fenómenos que envolvem a modificação da personalidade colectiva das sociedades (nos quais inclui cisões, fusões, grupos de sociedades e constituição de *holdings*) e outros fenómenos de colaboração entre sociedades com origem contratual (contratos de compra e venda ou de cessão de exploração, ou acordos de participação ou de cooperação). Este artigo tem uma versão em língua alemã sob o título *Arbeitsrecht und Unternehmenskonzentration, in* R. BIRK (Hrsg.), *Arbeitsrechtliche Probleme der Unternehmenskonzentration,* Frankfurt am M., 1986, 57-98.

sujeição de várias sociedades a uma direcção comum)[124] ou, no mínimo, aquelas situações de colaboração em que se observa a possibilidade de intervenção relevante duma sociedade noutra sociedade.

São estes fenómenos de colaboração societária, ou, pelo menos, de domínio societário, que são identificados, nos vários sistemas jurídicos, como fenómenos de «*Konzern*» ou «*Verbundene Unternehmen*», «*gruppi di imprese*» ou «*gruppi di società*»[125], «*groupes de societés*», «*groups of companies*» ou «*corporate groups*»[126]. No nosso sistema jurídico, o conjunto destes fenómenos é contemplado pelo Código das Sociedades Comerciais sob a designação neutra e, por isso, pouco esclarecedora, de «Sociedades Coligadas» (arts. 481.º ss.)[127], e no âmbito desta figura, a lei inclui as relações de participação social minoritária, simples ou recíproca, as relações de domínio societário e as relações de grupo, sendo que estas últimas compreendem várias modalidades e merecem um especial destaque regulativo (arts. 488.º ss.).

São estes fenómenos que cabe caracterizar de seguida.

---

[124] Neste sentido, WINDBICHLER, *Arbeitsrecht im Konzern cit.*, 12.

[125] Como se verá, a designação «*gruppi di società*» ou «*gruppi de imprese*» não é indiferente, uma vez que a referência a *empresa* é mais ampla do que a referência a *sociedade*, discutindo-se, para vários efeitos, se pode relevar juridicamente o agrupamento de entidades económicas não societárias. Porque o problema se coloca em especial quanto às incidências laborais do fenómeno dos grupos societários, tratá-lo-emos a esse propósito.

[126] Como observa ENGRÁCIA ANTUNES, *Os Grupos de Sociedades... cit.*, 56 s., a terminologia para a designação destes fenómenos é muito variada.

[127] Deve ter-se em conta que o Código das Sociedades Comerciais se abstém de dar uma noção de grupo ou sequer de coligação societária, preferindo, simplesmente, enunciar as várias modalidades de coligação societária. Também considerando esta designação do CSC equívoca, F. CASTRO SILVA, *Das relações inter-societárias (sociedades coligadas)*, Rev.Not. (Sep.), 1986, 489-538 (502).

§ 4.º Os grupos societários e outros fenómenos de coligação societária

7. Desenvolvimento e relevo actual dos grupos societários

I. Como acima se referiu, a estratégia tradicional de crescimento das empresas, no âmbito do sistema económico capitalista moderno, foi essencialmente uma estratégia de expansão interna (de acordo com a designação da literatura da especialidade[128]), no sentido em que passa pelo aumento da dimensão das unidades empresariais, através da aquisição de novas unidades seguida da respectiva fusão (seja a fusão de ambas as unidades numa terceira e nova unidade, seja a fusão por incorporação da unidade adquirida na sociedade adquirente).

Este modelo de concentração empresarial, ainda tipicamente assente no instituto da propriedade, à maneira liberal, foi o modelo dominante até à década de cinquenta do século findo. A sua base jurídica foi a figura das sociedades comerciais, *verbi gratia,* na modalidade da sociedade anónima, cuja estrutura de divisão do capital social (com base em acções) torna mais fácil a transmissão da propriedade do que noutros tipos de sociedade comercial. O resultado prático deste modelo foi a dimensão crescente das empresas, tendendo-se para aquilo que a doutrina apelida de «gigantismo empresarial»[129].

---

[128] ENGRÁCIA ANTUNES, *Os Grupos de Sociedades...cit.*, 41, que, contudo, também refere esta forma de crescimento e de concentração empresarial como «concentração primária», para acentuar o facto de este modelo de crescimento assentar no aumento do valor das sociedades à custa da integração de novas unidades (*idem,* 48 s.). Ainda sobre esta forma clássica de concentração empresarial, BRITO CORREIA, *Grupos de sociedades cit.,* 383.

[129] Por exemplo, ENGRÁCIA ANTUNES, *Os Grupos de Sociedades...cit.,* 49, mas também HENRIQUE MESQUITA, *Os grupos de sociedades cit.,* 233 s.

No entanto, a partir de um certo nível de crescimento, o modelo de expansão empresarial centrado nas grandes empresas unitárias e traduzido juridicamente na figura da sociedade anónima começou a evidenciar algumas limitações. Estas limitações observam-se quer no plano económico e de mercado, quer nos planos financeiro e fiscal, quer ainda ao nível da gestão e organização internas das unidades produtivas[130].

Em primeiro lugar, este modelo de expansão empresarial tem limitações económicas e de mercado. Assim, o crescimento por aquisição de novas unidades, seguida de fusão por incorporação, fica necessariamente confinado às áreas de actividade que sejam compatíveis com o objecto social previamente definido, o que dificulta a diversificação da actividade económica das empresas, bem como a sua internacionalização[131]. Mas, de outra parte, o crescimento no âmbito da mesma área de actividade facilita o surgimento de situações de monopólio, o que pode revelar-se incompatível com as normas nacionais e comunitárias de defesa da concorrência, que são cada vez mais exigentes e restritivas[132].

Em segundo lugar, este modelo de crescimento empresarial tem relevantes inconvenientes financeiros e fiscais. Do ponto de vista financeiro, esta estratégia de crescimento é onerosa, porque envolve a aquisição de novas unidades, o que exige mais recursos; mas neste modelo é também mais difícil proceder à movimentação de activos ou à sua transmissão parcelar, em caso de necessidade, uma vez que tais activos se integram no todo empresarial. Por outro lado, do ponto de vista fiscal, este modelo é também especialmente oneroso porque as operações de fusão ou transformação de sociedades são sujeitas a imposto[133].

---

[130] Assinalando a este modelo de crescimento e concentração empresarial desvantagens financeiras, administrativas e legais, ENGRÁCIA ANTUNES, *Os Grupos de Sociedades... cit.*, 49 s.

[131] Salientando estas limitações do crescimento societário com base na sociedade unitária, HENRIQUE MESQUITA, *Os grupos de sociedades cit.*, 233 s.

[132] Salientando este inconveniente, por exemplo, CATARINA CARVALHO, *Da Mobilidade dos Trabalhadores... cit.*, 19.

[133] Ainda assim, pelo menos no nosso sistema jurídico, a lei prevê isenções fiscais para este tipo de operações, que contribuem para ultrapassar os custos tributários a elas associados. A matéria foi contemplada pelo DL n.º 404/90, de 21 de Dezembro, que aprovou o regime da sisa das empresas que procedam a actos de concentração (art. 1.º); na alteração a este diploma introduzida pela Lei do Orçamento do Estado para 2005 (L. n.º 55-B/2004, de 30 de Dezembro, art. 33.º-A, n.º 11), foi mantido o regime de isenção do imposto municipal sobre as transmissões onerosas de imóveis, do imposto de selo e dos

§ 4.º *Os grupos societários e outros fenómenos de coligação societária*   83

Por fim, do ponto de vista da gestão interna, a grande dimensão das empresas, a que conduz esta estratégia de crescimento, pode depor contra a agilidade das organizações produtivas, logo, contra a sua eficiência económica[134]. E, no que se refere especificamente à gestão dos recursos humanos, as grandes empresas típicas deste modelo caracterizam-se, como já referimos oportunamente[135], por propiciarem modelos laborais rígidos e uniformes para um elevado número de trabalhadores, com os inconvenientes inerentes do ponto de vista da mobilidade funcional, temporal e geográfica, do estatuto remuneratório ou da cessação do contrato de trabalho, que já pusemos em evidência.

II. A inversão deste modelo de crescimento empresarial, com base na empresa-sociedade anónima unitária, é referenciada pela doutrina da especialidade a partir da década de cinquenta do século XX[136], divulgando-se, desde então e em tendência que não tem cessado de se intensificar, a estratégia de crescimento de que nos ocupamos neste estudo: o crescimento empresarial por expansão externa[137], i.e., através da intervenção ou do controlo de uma sociedade por outra sociedade.

---

emolumentos devidos pela prática dos actos inseridos nos processos de concentração, sendo as operações de concentração delimitadas em termos muito amplos, que abrangem tanto as modalidades de concentração na unidade como as formas de concentração na pluralidade (arts. 1.º e 2.º do referido DL n.º 404/90, na redacção dada pela L. n.º 55--B/2004). Mais recentemente, a Lei do Orçamento do Estado para 2007 (L. n.º 53-A/2006, de 29 de Dezembro) alterou o Estatuto dos Benefícios Fiscais, aprovado pelo DL n.º 215/89, de 1 de Julho, no sentido de passar a incluir aquelas isenções (art. 56.º-B do EBF).

[134] Também neste sentido, CATARINA CARVALHO, *Da Mobilidade dos Trabalhadores... cit.*, 19. Na mesma linha, C. CHAMPAUD, *Le pouvoir de concentration de la société par actions,* Paris, 1962, 198, assinala os limites do crescimento contínuo da dimensão das empresas, para concluir que os grupos de empresas se formam a partir do desmembramento de empresas gigantes.

[135] Cfr. *supra*, § 1.º, ponto 1.VI.

[136] Entre outros, quanto a esta expansão, ENGRÁCIA ANTUNES, *Os Grupos de Sociedades... cit.,* 39 ss., *Le Groupe de Sociétés... cit.,* 4 ss., e *O problema da responsabilidade nos grupos de sociedades cit.,* 542 ss., bem como HENRIQUE MESQUITA, *Os grupos de sociedades cit.,* 233 s.

[137] Realçando o facto de se tratar de uma «concentração na pluralidade», designadamente por contraposição à «concentração na unidade» típica da fusão, R. VENTURA, *Grupos de sociedades – Uma introdução comparativa... cit.,* 25, ENGRÁCIA ANTUNES, *Os Grupos de Sociedades... cit.,* 49 s., que se refere a este modelo de crescimento das empresas como «concentração secundária», com o mesmo sentido, BRITO CORREIA, *Grupos*

Este controlo inter-societário é exercido quer mediante o domínio accionista de facto sobre a outra sociedade, quer mediante a constituição de um grupo societário, por domínio total ou por via negocial, mas o traço comum e verdadeiramente delimitador destas estratégias de controlo inter-societário é sempre a preservação da identidade e da autonomia jurídica das sociedades intervenientes nesta relação. É este elemento essencial que permite distinguir estes fenómenos da forma tradicional de concentração empresarial, que é a fusão (art. 97.° ss. do CSC)[138], bem como da cisão de sociedades (uma vez que esta também envolve uma modificação estrutural da sociedade originária – arts. 118.° ss. do CSC), embora, quanto a esta segunda figura, nada impeça que ela seja o gérmen da constituição de um grupo societário ou de outra situação de colaboração inter-societária[139].

Aos inconvenientes e às limitações da estratégia de crescimento interno das empresas, acima enunciados, contrapõe este novo modelo de crescimento empresarial vantagens relevantes nas mesmas áreas.

Assim, do ponto de vista económico e de mercado, o modelo de expansão externa facilita o crescimento das empresas em vários sectores de actividade, porque não tem as limitações inerentes ao objecto social de cada sociedade, sendo também mais adequado para facilitar a internacio-

---

de sociedades cit., 383, ELISEU FIGUEIRA, *Disciplina jurídica dos grupos de sociedades – Breves notas sobre o papel e a função do grupo de empresas e sua disciplina jurídica*, CJ, 1990, IV, 35-59 (41), e ainda GRAÇA TRIGO, *Grupos de sociedades cit.*, 50.

[138] Como observa ENGRÁCIA ANTUNES, *Os Grupos de Sociedades... cit.*, 84 ss., enquanto forma de concentração societária, a fusão envolve necessariamente o desaparecimento de pelo menos uma das sociedades em causa (no caso de fusão por absorção da entidade adquirida na adquirente) ou mesmo das duas (com a criação de uma terceira e nova sociedade decorrente da «junção» das duas sociedades preexistentes). Por outras palavras, na fusão a empresa mantém (ou volta a adquirir no final do processo) uma estrutura unissocietária, ao passo que nos fenómenos de colaboração inter-societária a empresa ganha uma estrutura plurissocietária. No mesmo sentido, BRITO CORREIA, *Grupos de sociedades cit.*, 383, e ainda J. L. MONEREO PÉREZ, *Las relaciones de trabajo en la fusión y escisión de sociedades (I) y (II)*, Rel.Lab., 1987, 175-194 e 195-217 (175 s.).

[139] No caso da cisão, verifica-se uma alteração estrutural de uma empresa unitária, que se divide em várias empresas também unitárias. Contudo, como observa ENGRÁCIA ANTUNES, *Os Grupos de Sociedades... cit.*, 88, a operação de cisão é, em si mesma, neutra, nada indicando sobre o tipo de relações que se virão a estabelecer entre as sociedades que dela resultem. Estas relações podem envolver a constituição de um grupo de sociedades ou outros fenómenos de colaboração inter-societária.

§ 4.º Os grupos societários e outros fenómenos de coligação societária   85

nalização das sociedades, para promover a competitividade[140], e até, no contexto da União Europeia, para facilitar a integração económica europeia[141]. Por outro lado, mesmo quando o crescimento se processa no mesmo sector de actividade, ultrapassam-se com mais facilidade através deste modelo os entraves ao surgimento de situações de monopólio, que decorrem das regras nacionais e internacionais de protecção da liberdade de concorrência[142].

Do ponto de vista financeiro e fiscal, este modelo de expansão empresarial apresenta também a vantagem de ser menos oneroso, porque as operações de crescimento movimentam menos capital, logo, não só são mais fáceis de realizar[143] como têm uma menor base de incidência fiscal, o que tem um grande relevo num sistema de impostos progressivo[144]. Por

---

[140] Assinalando as vantagens económicas e de mercado do modelo de concentração societária externa, ZÖLLNER, *Einführung in des Konzernrecht cit.*, 302 s., ENGRÁCIA ANTUNES, *Os Grupos de Sociedades...cit.*, 42 e 63 ss., ou AMARAL NETO, *Os grupos de sociedades cit.*, 592. Realçando, em especial, as vantagens de diversificação dos produtos e de concorrência deste modelo de concentração, ELISEU FIGUEIRA, *Disciplina jurídica dos grupos de sociedades... cit.*, 38. Salientando, em especial, a importância dos grupos de sociedades no processo de internacionalização das empresas, PINTO FURTADO, *Curso... cit.*, 16 ss., ou CHAMPAUD, *Le pouvoir de concentration... cit.*, 209.

[141] Neste sentido, ENGRÁCIA ANTUNES, *Os Grupos de Sociedades... cit.*, 71 e nota [98], dando conta de um documento oficial da Comissão Europeia, que se refere aos grupos de sociedades como um mecanismo essencial para a criação de unidades económicas mais competitivas e de dimensão europeia.

[142] Assinalando esta vantagem, entre outros, CATARINA CARVALHO, *Da Mobilidade dos Trabalhadores... cit.*, 21 s.

[143] Neste sentido, ZÖLLNER, *Einführung in des Konzernrecht cit.*, 302 s., G. MELIADÒ, *Il rapporto di lavoro nell'impresa di gruppo*, Riv.GL, 1980, I, 607-656 (609 s.), e ENGRÁCIA ANTUNES, *Os grupos de sociedades... cit.*, 66 s., observam que o controlo accionista e a direcção económica da outra sociedade pode ser assegurado com um reduzido investimento inicial de capital; também acentuando as vantagens do modelo ao nível dos custos de investimento, ELISEU FIGUEIRA, *Disciplina jurídica dos grupos de sociedades... cit.*, 38, M. AUGUSTA FRANÇA, *A Estrutura da Sociedade Anónima... cit.*, 7 s., CATARINA CARVALHO, *Da Mobilidade dos Trabalhadores... cit.*, 21 s., AMARAL NETO, *Os grupos de sociedades cit.*, 592, ou MONEREO PÉREZ, *Aspectos laborales de los grupos de empresas cit.*, 84.

[144] Assinalando estas vantagens fiscais, ENGRÁCIA ANTUNES, *Os Grupos de Sociedades... cit.*, 68 ss., dando conta, quanto ao nosso sistema, do regime de IRC mais favorável aos grupos societários do que a outros fenómenos de concentração (*op. e loc. cits.* nota [92]). Também no sistema germânico, as vantagens fiscais são apontadas como factores que favorecem este modelo de concentração empresarial, por autores como ZÖLLNER,

outro lado, em termos de responsabilidade societária, este modelo é mais atractivo, porque permite repartir o risco do empreendimento pelas várias unidades do grupo, com a inerente limitação da responsabilidade social de cada uma delas[145].

Já do ponto de vista da gestão interna das unidades produtivas, este modelo é tão eficaz como o modelo de crescimento interno, porque as decisões de gestão podem ser controladas pela sociedade dominante ou directora, mas, ao nível da gestão global do conjunto, pode ser muito mais flexível e ágil, porque assenta na autonomia de cada uma das unidades do grupo, o que facilita a disponibilização de cada uma delas em caso de necessidade[146].

Por fim, especificamente no que toca à gestão dos recursos humanos, este modelo facilita a heterogeneidade dos regimes laborais, uma vez que estes regimes são estabelecidos ao nível de cada sociedade empregadora, podendo assim manter-se diferenciados, com as vantagens inerentes. Neste sentido, observam expressamente alguns sectores que os grupos de sociedades podem representar uma mais valia do ponto de vista jurídico-laboral, seja porque desenvolvem mecanismos de circulação dos trabalhadores entre as sociedades intervenientes, que promovem a flexibilidade do contrato de trabalho, seja porque mais facilmente (e nem sempre licitamente) permitem contornar normas de tutela laboral[147].

Einführung in des Konzernrecht cit., 302 s., e o mesmo sucede no sistema francês (Y. GUYON, *Droit des affaires*, 6ª ed., Paris, 1990, 576).

[145] Indicando a vantagem da repartição do risco pelas várias unidades do grupo, ELISEU FIGUEIRA, *Disciplina jurídica dos grupos de sociedades... cit.*, 38, M. AUGUSTA FRANÇA, *A Estrutura da Sociedade Anónima... cit.*, 7 s., MELIADÒ, *Il rapporto di lavoro... cit.*, 609, MONEREO PÉREZ, *Aspectos laborales de los grupos de empresas cit.*, 84, ou GUYON, *Droit des affaires cit.*, 575.

[146] Acentuando as vantagens da flexibilidade organizacional no seio dos grupos, ainda ENGRÁCIA ANTUNES, *Os Grupos de Sociedades... cit.*, 42 e 64 s., ELISEU FIGUEIRA, *Disciplina jurídica dos grupos de sociedades... cit.*, 38, ou CATARINA CARVALHO, *Da Mobilidade dos Trabalhadores... cit.*, 21 s., entre outros, e ainda CHAMPAUD, *Le pouvoir de concentration... cit.*, 207, e GUYON, *Droit des affaires cit.*, 576.

[147] Neste sentido, ENGRÁCIA ANTUNES, *Os Grupos de Sociedades... cit.*, 70 s.; também realçando a importância dos grupos como instrumento de flexibilização das relações de trabalho, DE SIMONE, *Titolarità dei rapporti di lavoro... cit.*, 216 ss.; e reconhecendo a finalidade elusiva de alguns grupos em relação às normas de tutela laboral, designadamente através da organização das diversas unidades empresarias de modo a evitar a constituição de estruturas de representação colectiva dos trabalhadores, ainda GUYON, *Droit des affaires cit.*, 576.

§ 4.º Os grupos societários e outros fenómenos de coligação societária

III. O resultado da implementação das modernas estratégias de crescimento externo das empresas, na segunda metade do século XX, é conhecido: as situações de colaboração inter-societária têm actualmente uma importância enorme no mundo económico[148]; e, entre as várias situações de colaboração, têm um especial peso os grupos económicos, já que são eles que, por excelência, permitem assegurar o controlo de uma sociedade sobre outra ou outras sociedades e são também o meio mais adequado para prosseguir os objectivos de internacionalização das empresas, cada vez mais prementes numa economia globalizada. Por outras palavras, o crescimento das empresas pela via externa das coligações societárias é hoje a via privilegiada para operar a concentração empresarial, designadamente com dimensão internacional, e a constituição de um grupo de sociedades, *de jure* ou de facto, é o instrumento económico por excelência para a efectivar.

Assumida a importância dos grupos societários neste processo, cabe proceder à sua delimitação mais rigorosa.

8. Conceito e tipologia dos grupos societários; distinção de outros fenómenos de coligação societária

8.1. Elementos essenciais do conceito de grupo de sociedades

I. Instrumento, por excelência, de concentração e controlo empresarial nos nossos dias, nos termos expostos, a figura dos grupos societários

---

[148] Para mais aprofundamentos sobre a importância estatística dos grupos na actualidade, por todos, ENGRÁCIA ANTUNES, *Os Grupos de Sociedades… cit.*, 43 e 58 ss., referindo o peso económico destes fenómenos na Alemanha, em França, no Reino Unido, nos Estados Unidos e no Japão, bem como o seu impacto no plano internacional, através das empresas multinacionais, que assumem, na maior parte dos casos, uma estrutura de grupo (*idem,* 61). Também para realçar o relevo do fenómeno dos grupos, K.-P. MARTENS, *Das Konzernrecht nach dem Referentenentwurf einnes GmbH-Gesetzes (I) und (II)*, DB, 1970, 18, 813-818, e 19, 865-869 (813), refere expressamente que a importância do *Konzern* na actualidade é equivalente à importância das sociedades unitárias no início da industrialização, sendo um factor essencial para o progresso económico e para a garantia da concorrência no mercado internacional. Neste mesmo sentido, OLIVEIRA ASCENSÃO, *Direito Comercial cit.*, IV, 571, refere expressamente que, ainda que as sociedades unitárias possam continuar a ser a «figura mais frequente», «as entidades que dominam a vida económica apresentam-se como grupos de sociedades».

é uma figura de contornos fluidos e de difícil delimitação, porque se situa na fronteira entre a economia e o direito[149]. Na verdade, tendo as práticas de concentração empresarial, através da constituição de grupos, sido desenvolvidas como práticas económicas, elas puderam processar-se, durante largo tempo, à margem da ordem jurídica – e na verdade, assim continuam, no todo ou em parte, nos sistemas jurídicos que não regulam a matéria ou apenas o fazem incidentalmente, o que, como vimos, corresponde, até hoje, à situação dominante[150] – uma vez que, no plano jurídico, elas não colocam formalmente em causa a categoria da sociedade comer-

[149] Acentuando a «incerteza» do conceito de *Konzern*, WINDBICHLER, *Arbeitsrecht im Konzern cit.*, 12 s. Também ENGRÁCIA ANTUNES, *Os Grupos de Sociedades...cit.*, 51, justifica a dificuldade de encontrar uma noção unitária para o fenómeno dos grupos societários no facto de tais fenómenos constituírem «...uma dessas realidades de charneira entre o mundo jurídico e o mundo económico...»; na mesma linha, G. MELIADÒ, *L'impresa di gruppo fra diritto commerciale e diritto del lavoro*, DLRI, 1991, 2, 73-80 (73), considera que o conceito de grupo é um conceito juridicamente novo e que o ordenamento jurídico não está preparado para enquadrar o fenómeno dos grupos, enquanto B. TEYSSIÈ, *Sur le groupe de sociétés et le droit du travail*, in B. TEYSSIÉ (dir.), *Les groupes de sociétés et le droit du travail*, Paris, 199, 5-10 (5), reconhece que o grupo de sociedades «...est peu ou mal appréhendé par le droit...»*, facto que imputa à grande diversidade dos laços que unem os seus membros, à complexidade interna do próprio grupo e ao seu grau de mobilidade. Também denunciando estas dificuldades de delimitação do conceito de grupo, outros autores consideram que, ainda hoje, a categoria do grupo corresponde a uma realidade mais económica do que jurídica (neste sentido, OLAVO CUNHA, *Direito das Sociedades Comerciais cit.*, 783), ao passo que outros ainda realçam as diferenças entre a perspectiva jurídica e a perspectiva económica sobre o fenómeno do grupo, a primeira partindo da necessidade (e da dificuldade) de regulação de um fenómeno de dependência económica, e a segunda procurando conjugar a unidade económica com a independência jurídica das entidades do grupo – neste sentido, observa judiciosamente C. KIRCHNER, *Ökonomische Überlegung zum Konzernrecht*, ZGR, 1985, 2, 214-234 (217): «*Für den* juristen *ist also die wirtschaftliche Abhängigkeit der Konzernteile des* Regelungsproblem, *für der Ökonomen die* juristische Seblbständigkeit *dieser Konzernteile des* Organisationsproblem» (itálicos no original); na mesma linha, DE SIMONE, *Titolarità dei rapporti di lavoro...cit.*, 206, observa que, para o direito, o grupo é um instrumento de organização da actividade económica, e, para a economia, os grupos são modalidades de organização da actividade empresarial, de reestruturação do poder económico e de distribuição dos recursos. Já J. CRUZ VILLALÓN, *Notas acerca del régimen contractual laboral en los grupos de empresa*, TLab., 1996, 38, 31-73 (32 s.), considera que os grupos são refractários ao seu próprio reconhecimento pelo direito, porque tal reconhecimento redunda no controlo da sua actuação, o que se pode reflectir negativamente na flexibilidade da sua organização, que constitui o seu principal atractivo.

[150] Cfr., *supra*, § 1.°, ponto 2.II.

cial de responsabilidade limitada, como centro autónomo de imputação de normas jurídicas, i.e., como pessoa jurídica colectiva.

Concorre ainda para dificultar a delimitação da figura dos grupos de sociedades o facto de estes grupos apresentarem uma grande diversidade, tanto quanto à sua configuração interna, como quanto ao seu facto originário, quanto aos seus objectivos e ainda quanto aos seus reflexos jurídicos.

Por fim, contribui para dificultar a delimitação do fenómeno dos grupos societários o facto de a ordem jurídica ter sobre eles uma visão fragmentada, que resulta da relevância do fenómeno em várias áreas e para efeitos diferentes, como tivemos ocasião de assinalar oportunamente[151]. Deste facto decorre que não só a noção económica de grupo pode não coincidir com o seu conceito jurídico, como a própria configuração jurídica do fenómeno dos grupos é diversa consoante os domínios jurídicos em que é aplicada – assim, como observam alguns autores, a noção de grupo operativa no âmbito do direito das sociedades comerciais pode não coincidir com a noção relevante para efeitos fiscais e financeiros, para efeitos do direito da concorrência ou para efeitos laborais[152].

II. Apesar destas dificuldades, a doutrina costuma isolar dois elementos essenciais na caracterização do fenómeno dos grupos de sociedades: a pluralidade e a independência dos entes jurídicos que integram o grupo; e a direcção económica unitária no seio do grupo[153].

---

[151] Cfr., *supra*, § 1.º, ponto 2.II. Num momento mais adiantado deste estudo, teremos ocasião de comprovar, com mais desenvolvimento, este aspecto, que se deixa por ora assinalado apenas em termos gerais.

[152] Acentuando a falta de clareza do conceito de *Konzern*, por força do seu diferente relevo nas diferentes áreas do direito, entre outros, HENSSLER, *Der Arbeitsvertrag im Konzern cit.*, 23 ss. Teremos ocasião, na parte subsequente do nosso trabalho, de nos pronunciar sobre a validade de uma noção geral de grupo no plano laboral.

[153] WINDBICHLER, *Arbeitsrecht im Konzern cit.*, 12, refere, neste sentido, que é a coexistência deste dois factores que singulariza o fenómeno do *Konzern* – «*Kernstück des Konzernbegriffs ist die Zusammenfassung rechtlich selbständiger Unternehmen unter einheitlicher Leitung*» (no mesmo sentido, entre outros, ZÖLLNER, *Einführung in des Konzernrecht cit.*, 297 e 299 s., T. RAISER / R. VEIL, *Recht der Kapitalgesellschaften,* 4ª ed., München, 2006, 730, KARSTEN SCHMIDT, *Handelsrecht*, 5ª ed., Köln-Berlin-Bonn-München, 1999, 74 s., e G. TEUBNER, *O Direito como Sistema Autopoiético* (trad. port. de J. ENGRÁCIA ANTUNES), Lisboa, 1989, 245 e 260, que retira da coexistência destes dois factores a designação dos grupos como uma *unitas multiplex*, justamente por neles avultar

O primeiro elemento essencial à delimitação da figura dos grupos de sociedades é a pluralidade das sociedades que integram o grupo e a preservação da autonomia jurídica dessas mesmas sociedades. Como decorre do anteriormente exposto, este elemento é comum às outras situações de colaboração inter-societária, uma vez que é da essência destes fenómenos que as relações de colaboração sejam externas, no sentido em que não alteram a identidade nem a configuração de cada entidade interveniente.

O segundo elemento delimitador da categoria dos grupos de sociedades é o elemento da direcção económica unitária. As sociedades do grupo estão sujeitas a uma direcção económica unitária, no sentido em que, apesar da sua autonomia jurídico-formal, aceitam que umas delas (a sociedade dominante ou a sociedade directora, consoante a modalidade de grupo societário) interfira na sua administração, em nome do interesse do grupo. Esta direcção unitária tem, *prima facie*, natureza económica, mas, pelo menos em algumas modalidades de grupos societários, pode ser

---

uma relação de «tensão entre unidade e diversidade». Na noção proposta por ENGRÁCIA ANTUNES, *Os Grupos de Sociedades... cit.*, 42, o grupo é o conglomerado de sociedades que, mantendo a sua autonomia jurídica, é subordinado a uma direcção económica unitária, exercida por outra sociedade e orientada para o interesse do conjunto (e, para um melhor recorte dos dois elementos indicados, neste autor, *idem*, 52 e 54 ss.). Também realçando estes dois elementos essenciais do conceito de grupo de sociedades, entre outros, F. M. PEREIRA COELHO, *Grupos de sociedades. Anotação preliminar aos arts. 488.º a 508.º do Código das Sociedades Comerciais*, BFDUC, 1988 (LXIV), 297-353 (302 s.), BRITO CORREIA, *Grupos de sociedades cit.*, 384, M. AUGUSTA FRANÇA, *A Estrutura da Sociedade Anónima... cit.*, 7, ou GRAÇA TRIGO, *Grupos de sociedades cit.*, 55 s. e 102 ss. Numa noção mais ampla, por exemplo, ELISEU FIGUEIRA, *Disciplina jurídica dos grupos de sociedades... cit.*, 43, identifica o grupo como «...o conjunto de empresas, com autonomia jurídica, dirigidas unitariamente por um sujeito económico comum (a empresa dominante) que sobre elas exerce controlo directo ou indirecto, para a realização de finalidades comuns». Noutros contextos doutrinais, ainda identificando estes dois elementos essenciais dos grupos de sociedades, entre muitos outros, MELIADÒ, *Il rapporto di lavoro...cit.*, 609 (reconhecendo, na conjugação destes dois elementos, a duplicidade intrínseca dos grupos), DE SIMONE, *Titolarità dei rapporti di lavoro...cit.*, 176, 185 e 189, EMBID IRUJO, *Introducción al Derecho de los Grupos de Sociedades cit.*, 3, 8 ss. e 12 s., MONEREO PÉREZ, *Aspectos laborales de los grupos de empresas cit.*, 88, A. PLA RODRÍGUEZ, *Los grupos de empresas*, Civitas, 1981, 187-192 (187), CAMPS RUIZ, *La Problemática jurídico-laboral... cit.*, 22, AMARAL NETO, *Os grupos de sociedades cit.*, 594 (com reporte ao problema no sistema brasileiro), GUYON, *Droit des affaires cit.*, 574, ou I. VACARIE, *Groupes de sociétés et relations individuelles de travail*, DS, 1975, 1, 23-32 (23).

legitimada pela ordem jurídica – é o que sucede no sistema nacional, com os grupos de sociedades regulados no Código das Sociedades Comerciais, através do reconhecimento legal expresso de um poder de direcção da sociedade directora ou dominante sobre as restantes sociedades do grupo (art. 503.º do CSC, aplicável aos grupos constituídos por contrato de subordinação e, por força do art. 491.º do mesmo diploma, aos grupos constituídos por domínio total). Quando assim sucede, torna-se juridicamente relevante um interesse do grupo, a par do interesse social de cada sociedade interveniente, podendo chegar a admitir-se a prevalência do primeiro interesse sobre o segundo – é ainda o caso do sistema jurídico nacional, conforme resulta do art. 503.º n.os 2 e 3 e do art. 504.º n.º 3 do CSC[154].

III. Como decorre do exposto, é o segundo elemento indicado que permite distinguir o fenómeno dos grupos societários dos restantes fenómenos de colaboração inter-societária.

Assim, os grupos de sociedades distinguem-se das operações de colaboração inter-societária com um objectivo meramente comercial porque correspondem a uma estratégia de concentração empresarial para prossecução de um objectivo económico comum e sob uma direcção económica unitária, que não existe naquelas outras parcerias.

Por outro lado, o elemento da direcção económica unitária também permite distinguir os grupos de sociedades dos fenómenos de colaboração inter-societária que envolvem uma participação societária minoritária, simples ou recíproca, e que o nosso Código das Sociedades Comerciais também qualifica como situações de coligação societária. É que, nestes casos, o carácter minoritário da participação, desde que não acompanhada de outros factores que permitam a influência dominante na sociedade participada, impede, na prática, a fixação de uma direcção unitária. Como oportunamente referimos, estes fenómenos correspondem tipicamente a operações de investimento financeiro mas não de integração económica; pelo contrário, característico dos grupos de sociedades em sentido próprio

---

[154] A este propósito, refere M. AUGUSTA FRANÇA, *A Estrutura da Sociedade Anónima...cit.*, 8 s., como efeitos da integração da empresa no grupo, que a empresa perde a capacidade de subsistência autónoma e pode sujeitar-se a alterações patrimoniais em função do interesse do grupo, que prevalece assim sobre os seus próprios objectivos.

é o facto de terem como objectivo a integração económica das sociedades membros, efectivada através do controlo inter-societário e mantendo embora a autonomia jurídica de cada sociedade[155].

A importância prática desta distinção entre os grupos e outras situações de coligação societária – que leva alguns autores a reconhecer um conceito estrito e um conceito amplo de grupos societários[156] – deve ser enfatizada porque justifica a sujeição destas categorias de situações a regras substancialmente diversas.

IV. Isolados os elementos essenciais da figura dos grupos de sociedades, que permitem operar a sua distinção relativamente a outros fenómenos de colaboração inter-societária, cabe ainda proceder a uma análise tipificadora da figura, dada a diversidade de manifestações que pode assumir.

É a esta análise que procederemos de imediato.

---

[155] Não acompanhamos, por isso, a distinção proposta por EMBID IRUJO, *Introducción al Derecho de los Grupos de Sociedades cit.*, 8 ss., entre direcção unitária e controlo, considerando a primeira como o instrumento típico dos grupos, e o segundo como instrumento típico das participações de capital. É que, das duas uma: ou a participação é minoritária e desacompanhada de um factor suplementar de influência dominante sobre a sociedade participada, e, nesse caso, não permite o respectivo controlo; ou a participação é total, maioritária, ou minoritária mas com influência dominante, e, nesse caso, permite o controlo de facto da sociedade participada e, por essa via, o estabelecimento de uma direcção unitária, pelo menos de facto. Esta conclusão não obsta, evidentemente, ao reconhecimento de que a direcção unitária pode ter uma intensidade muito diversa, no caso concreto – como observa DE SIMONE, *Titolarità dei rapporti di lavoro... cit.*, 190 ss., o conceito de direcção unitária não tem um sentido unívoco, podendo significar unidade de gestão, coordenação das actividades económicas ou apenas controlo da actividade da outra empresa. Já a distinção, proposta por MELIADÒ, *Il rapporto di lavoro... cit.*, 609, entre controlo interno (o que decorre das participações de capital) e controlo externo (o que decorre do contrato de subordinação) faz sentido.

[156] Neste sentido, ENGRÁCIA ANTUNES, *Os Grupos de Sociedades... cit.*, 52 s., refere-se a uma acepção ampla e a uma acepção estrita do conceito de grupo societário: em sentido estrito ou próprio, o grupo caracteriza-se como um conjunto de sociedades juridicamente independentes mas sujeitas a uma direcção económica unitária; em sentido amplo, também são de qualificar como grupos as restantes relações de coligação societária. No mesmo sentido, GRAÇA TRIGO, *Grupos de sociedades cit.*, 54 e 57. Ainda entre nós sobre a distinção entre grupos societários e outros fenómenos de cooperação inter-empresarial, LIMA PINHEIRO, *Joint Venture... cit.*, 185 ss.

8.2. Tipologia dos grupos societários

I. Os grupos de sociedades apresentam uma grande diversidade, o que torna útil a sua classificação. Esta classificação tem sido feita pela doutrina da especialidade, que recorre, para o efeito, aos seguintes critérios: o critério do acto constitutivo da situação de grupo; o critério da previsão normativa dos grupos; e o critério do tipo de relação que estabelecem entre si as sociedades intervenientes no grupo[157].

---

[157] Os critérios de distinção que indicamos são, a nosso ver, os mais relevantes para completar a delimitação da categoria jurídica do grupo societário, mas alguns autores desenvolvem outros critérios de classificação dos grupos. Assim, ENGRÁCIA ANTUNES, *Os Grupos de Sociedades... cit.*, 76 ss. e 82 ss., desenvolve ainda o critério da base subjacente à constituição do grupo e o critério do objectivo do grupo. O primeiro critério permite distinguir entre *grupos de base societária* (assentes na aquisição de participações de outras sociedades), *grupos de base contratual* (que assentam em vínculos negociais, de natureza comercial ou de natureza civil, como os contratos de empresa, os contratos relativos à distribuição de lucros, ou os contratos de franquia, de cessão da exploração ou de concessão comercial, entre outros) e *grupos de base pessoal* (que decorrem da identidade das administrações das sociedades do grupo); o segundo critério permite distinguir os *grupos financeiros*, os *grupos industriais* e os *grupos mistos*, consoante o objectivo e a actuação do grupo se situe na área financeira, na área industrial ou comercial ou em ambas as áreas de actividade (também desenvolvendo este último critério de distinção, pode ver-se ainda ELISEU FIGUEIRA, *Disciplina jurídica dos grupos de sociedades... cit.*, 43). Por outro lado, alguns sistemas jurídicos desenvolveram outros critérios de distinção para efeitos diversos – é o caso do direito italiano, no seio do qual a jurisprudência e a doutrina têm aprofundado a distinção entre *grupos em sentido próprio* e *grupos em sentido impróprio* ou *pseudo-grupos*, consoante prossigam fins económicos legítimos ou simplesmente adoptem a forma «grupo» com objectivos de fraude à lei (a propósito desta distinção, que aprofundaremos oportunamente, pelas suas implicações laborais, *vd*, entre outros, M. RUDAN, *La giurisprudenza lavoristica sui gruppi di imprese, in* P. ZANELLI (dir.), *Gruppi di imprese e nuove regole (in ricordi di Gaetano Vardaro),* Milano, 1991, 117-125 (118 s.), com indicações de jurisprudência, M. G. MATTAROLO, *Gruppi di imprese e diritto del lavoro,* Riv.GL, 1990, I, 495-529 (495 s.), U. RUFFOLO, *Introduzzione, in* AA/VV, *Tavola Rotonda «Gruppi di società, imprese collegate e rapporti di lavoro,* Riv.GL, 1979, I, 385-426 (385-398) (386), mas, sobretudo, G. DE SIMONE, por exemplo em *Tutela dei lavoratori e gruppi di imprese, in* AA/VV, *Collegamento di società e rapporti di lavoro. Atti del Convegno organizzato della Sezione Ligure del Centro, tenutosi a Genova 28-29 Novembre 1986,* Milano, 1988, 43-56 (49), e ainda em *La gestione dei rapporti di lavoro nelle imprese a struttura complessa,* DLRI, 1991, 2, 81-93 (81 s.), onde, aliás, critica a distinção por entender que ela transmite uma carga persecutória em relação ao fenómeno dos grupos que não tem correspondência com a realidade. Já na doutrina francesa é habitual a distinção entre grupos industriais, grupos financeiros e grupos pessoais (por todos, quanto a estas

II. Por aplicação do critério da natureza do acto constitutivo da situação de grupo, é clássica a distinção, com origem na dogmática germânica, entre grupos de facto (*faktischer Konzerne*) e grupos de direito ou negociais (*Vertragskonzerne*)[158].

Os grupos de facto correspondem às situações de domínio duma sociedade sobre outra ou outras sociedades por força de uma das seguintes ocorrências: detenção maioritária do capital da sociedade dominada (domínio simples); detenção da totalidade do capital da sociedade dominada, seja inicialmente, seja por aquisição posterior (domínio total inicial ou superveniente); e outras situações de domínio assentes em participações minoritárias de capital, mas às quais esteja associado um factor susceptível de permitir o exercício de uma influência dominante sobre a outra sociedade (como direitos especiais de voto ou a possibilidade de designação dos membros do órgão dirigente da outra sociedade).

Por seu turno, os grupos de direito são aqueles que assentam num acto constitutivo negocial especificamente previsto para esse efeito – o

---

classificações CHAMPAUD, *Le pouvoir de concentration...cit.*, 210, 211 ss., 220 ss., e 229 ss., e GUYON, *Droit des affaires cit.*, 577 ss. e 585 ss.).

[158] Este critério distintivo tem origem no sistema jurídico alemão, que, tendo sido pioneiro na regulamentação autónoma dos fenómenos de *Konzern*, no âmbito do direito das sociedades comerciais, estabeleceu figuras negociais vocacionadas especificamente para a constituição dos grupos societários. Este regime viabilizou a distinção entre os *grupos negociais* (i.e., com origem num dos negócios jurídicos especialmente dispostos para aquele efeito) e *grupos não negociais ou de facto*, que decorrem da operações de concentração material do capital por aquisição de participações sociais ou com base num negócio jurídico diferente dos previstos na lei para aquele efeito. Sobre estas duas modalidades de grupo, no sistema alemão, entre outros, WINDBICHLER, *Arbeitsrecht im Konzern cit.*, 16 s., ZÖLLNER, *Einführung in des Konzernrecht cit.*, 299 s., ou MARTENS, *Das Konzernrecht nach dem Referentenentwurf... cit.*, 813 ss. e 865 ss., este último, aliás, criticando a distinção e aconselhando a simbiose das duas categorias (*idem*, 868 s.). Também no âmbito do sistema brasileiro, se desenvolveu este critério de distinção, com base na regulamentação legal da matéria (por todos, AMARAL NETO, *Os grupos de sociedades cit.*, 598 ss.). Quanto à doutrina nacional, utilizam este critério distintivo, com o sentido indicado, por exemplo, ENGRÁCIA ANTUNES, *Os Grupos de Sociedades... cit.*, 73 ss., GRAÇA TRIGO, *Grupos de sociedades cit.*, 58 e 106, ou PEREIRA COELHO, *Grupos de sociedades...cit.*, 304 ss. e 308 ss., este último referindo-se, com o mesmo sentido, a grupos decorrentes de participação financeira (decorrente da detenção da maioria do capital, da maioria dos votos, ou do domínio pela via de acordos parassociais), e grupos decorrentes de contrato (de subordinação ou de grupo paritário), não deixando, ainda assim, de sublinhar a dificuldade de delimitação da primeira categoria (*idem*, 330).

que justifica a designação germânica de «grupos negociais» (*Vertragskonzern*) – do qual decorre a sujeição a um regime especial. No caso português, a lei prevê, em elenco que a doutrina considera taxativo, como negócios especificamente destinados à constituição de um grupo societário, o contrato de subordinação (correspondente ao *Beherrschungsvertrag* da lei alemã, e à *convenção de grupo* do direito brasileiro[159]) e o contrato de grupo paritário (correspondente à figura germânica do *Gleichordnungskonzern*[160]), regulando estes negócios, respectivamente, nos arts. 493.º e 492.º do CSC.

Naturalmente, este critério de distinção só é aplicável nos (poucos) sistemas jurídicos em que a lei prevê mecanismos negociais específicos para a constituição de grupos societários, como é o caso do sistema alemão e do sistema português. Por outro lado, sendo estes tipos contratuais considerados taxativos[161], inere à disposição legal que os enuncia que qualquer outro negócio jurídico mediante o qual duas sociedades instituam uma estratégia económica comum, que pode até passar por uma direcção unitária, não corresponde juridicamente a um grupo (negocial) de sociedades, mas apenas a um grupo de facto, pelo que as sociedades intervenientes não ficam sujeitas ao regime jurídico especial que a lei estabeleceu para os grupos negociais[162].

III. Contudo, com base no segundo critério classificativo enunciado (i.e., o critério da previsão legal de certas categorias como «grupos»), pode falar-se também em grupos de facto e de direito com um significado diferente: neste sentido, grupos de direito são os que, como tal, sejam especificamente previstos pela lei, beneficiando de um regime próprio; os grupos de facto serão todos os outros.

---

[159] Respectivamente, § 18.º, I da AktG, e art. 265.º da LSA brasileira. Reconhecendo expressamente a inspiração directa do nosso contrato de subordinação na figura germânica do *Beherrschungsvertrag*, RAÚL VENTURA, *Contrato de subordinação entre sociedades cit.*, 37, e *Contrato de subordinação cit.*, 103.

[160] § 18.º II da AktG.

[161] ENGRÁCIA ANTUNES, *Os Grupos de Sociedades... cit.*, 73.

[162] Alguns autores criticam esta distinção pela sua artificialidade e assinalam categorias intermédias ou substitutivas de grupos. Neste sentido, EMBID IRUJO, *Introducción al Derecho de los Grupos de Sociedades cit.*, 17 ss., refere-se ao «grupo de facto qualificado», categoria que considera abranger tanto grupos de facto como grupos de direito.

No caso português, este critério não coincide com o critério anterior de delimitação da figura dos grupos, sendo simultaneamente mais amplo e mais restrito: num certo sentido, trata-se de um critério mais amplo, na medida em que a lei reconhece formalmente como grupos de sociedades não só os grupos constituídos por via negocial (através do contrato de subordinação e do contrato de grupo paritário), mas também os denominados grupos constituídos por domínio total (art. 482.º d) e arts. 488.º ss. do CSC[163]); mas, noutro sentido, é um critério menos amplo do que o anterior, porque a lei não reconduz formalmente a um grupo as outras situações de domínio societário de facto que não o domínio total, apesar de serem estas situações que correspondem, na prática, à grande maioria das empresas plurissocietárias, e porque basta que a colaboração entre as sociedades seja titulada por um negócio jurídico diferente dos dois contratos previstos pela lei para o efeito para que tal relação fique automaticamente subtraída à categoria legal de «grupo», não se sujeitando, assim, ao respectivo regime jurídico, apesar de corresponder substancialmente à mesma realidade.

IV. Por fim, os grupos societários podem ser distinguidos de acordo com o tipo de relações que se estabelecem entre as sociedades que os integram. Neste sentido, a doutrina classifica os grupos como grupos verticais, de subordinação ou hierárquicos (*Unterordnungskonzern*), e grupos horizontais, paritários ou de coordenação (*Gleichordnungskonzern*)[164].

---

[163] Com efeito, o art. 482.º do CSC enuncia, como situações de coligação societária, as relações de participação societária simples e recíproca, as relações de domínio societário e as relações de grupo; e, no âmbito das relações de grupo, trata, sucessivamente, os grupos constituídos por domínio total (arts. 488.º ss.), os grupos constituídos por contrato de grupo paritário (art. 492.º), e os grupos constituídos por contrato de subordinação (arts. 493.º ss.). Ora, nestas três situações de grupo apenas as duas últimas têm origem negocial, enquanto a primeira decorre de um domínio de facto, no sentido do primeiro critério de distinção utilizado. Por esta razão, GRAÇA TRIGO, *Grupos de sociedades cit.*, 57 ss. e 106, critica a distinção entre grupos de direito e grupos de facto, na sua aplicação ao sistema português, por não estar completamente vertida na lei.

[164] Esta classificação é muito difundida no sistema germânico, uma vez que a AktG contempla as duas modalidades (§§ 18.º n. 1 e 2) – por todos, a propósito desta distinção no direito germânico, WINDBICHLER, *Arbeitsrecht im Konzern cit.*, 14 s., e ZÖLLNER, *Einführung in des Konzernrecht cit.*, 299 s. Quanto à incidência desta distinção noutros sistemas, *vd,* quanto ao direito italiano, por exemplo, O. MAZZOTTA, *Rapporto di lavoro, società collegate e statuto dei lavoratori*, RTDPC, 1973, XXVII, 751-804 (754 s.), ou

Os grupos verticais caracterizam-se pelo facto de terem uma sociedade dominante ou directora (também designada como «sociedade-mãe» ou «*Muttersgesellschaft*»), a cuja direcção se sujeita a sociedade dependente, dominada ou dirigida (também referenciada como «sociedade-filha» ou «*Tochtersgesellschaft*», «filial» ou «sociedade subsidiária»). A relação vertical é pois uma relação hierárquica e pode ser simples se envolve apenas duas sociedades, ou em cascata, o que sucede quando haja mais do que duas sociedades na cadeia vertical. No nosso sistema jurídico, o contrato de subordinação (art. 593.º do CSC) é o negócio jurídico que enquadra tipicamente este tipo de grupos, mas este relacionamento vertical é também típico das situações de domínio societário de facto.

Os grupos horizontais caracterizam-se pelo facto de as sociedades intervenientes estabelecerem relações igualitárias entre si, não obstante se sujeitarem a uma direcção económica comum, exercida por uma entidade coordenadora de todas as sociedades do grupo (por exemplo, uma sociedade *holding*). Quando têm origem negocial, os grupos que pretendam ter este tipo de relacionamento recorrem ao contrato de grupo paritário (disciplinado, entre nós, no art. 592.º do CSC), mas, na verdade, nada impede que estas relações sejam tituladas por outro tipo de acordos entre as sociedades que integram um grupo de facto, nem mesmo que resultem de práticas informais de gestão das empresas intervenientes[165].

Na prática, os grupos verticais têm maior importância relativa e são também estes grupos que colocam mais dificuldades à dogmática geral do direito das sociedades comerciais e que podem ter mais implicações laborais.

V. As classificações feitas ajudam a compreender a essência da figura dos grupos de sociedades e a distingui-los dos restantes fenómenos de colaboração inter-societária, ao mesmo tempo que confirmam a grande importância prática e dogmática desta figura na actualidade, que resulta,

---

E. SCAROINA, *Societas delinquere potest. Il problema del gruppo di imprese,* Milano, 2006, 10 s.; quanto ao sistema espanhol, por exemplo, CRUZ VILLALÓN, *Notas acerca del régimen...cit.,* 34 s.; e, relativamente ao nosso sistema jurídico, por todos, ENGRÁCIA ANTUNES, *Os Grupos de Sociedades... cit.,* 80 ss. Já preconizando uma classificação tripartida dos grupos societários, que distingue entre grupo piramidal, grupo radial e grupo circular, por exemplo, PINTO FURTADO, *Curso de Direito das Sociedades cit.,* 386 s.

[165] Pensamos em acordos parassociais para diversos efeitos, ou na nomeação de membros do órgão de administração que sejam comuns às várias sociedades, por exemplo.

naturalmente, do seu elemento delimitador fundamental – i.e., a possibilidade de controlo duma sociedade por outra sociedade. Contudo, também decorre do exposto que este elemento fundamental do controlo intersocietário pode ter ou não uma dimensão jurídica ou pode ganhar tal dimensão apenas em alguns casos – é o que sucede no sistema português, aliás como noutros sistemas jurídicos.

Por outro lado, como se referiu oportunamente[166], os diversos sistemas jurídicos não têm uma perspectiva unitária sobre o fenómeno dos grupos, nem sequer sobre os restantes fenómenos de coligação societária, fazendo relevar aquele e estes de modo diferente consoante as áreas jurídicas. Assim, da perspectiva do problema nuclear do nosso estudo – i.e., a apreciação das incidências laborais do fenómeno dos grupos de sociedades – será ainda necessário apreciar o modo como a ordem jurídica tem acolhido e regulado esta figura (em especial, no que toca ao sistema nacional e, mais especificamente, no domínio societário), para verificar depois se a figura tem os mesmos contornos no domínio laboral.

É a esta análise que dedicaremos o capítulo seguinte do nosso trabalho.

---

[166] *Supra*, § 1.°, ponto 2.II.

CAPÍTULO II
A Ordem Jurídica e os Grupos Empresariais e Societários

§ 5.º A recepção jurídica do fenómeno dos grupos societários e empresariais: breve panorama comparado; direito comunitário

9. Aspectos gerais. Sequência

I. Apesar da sua pujança como práticas económicas e de gestão, a partir da segunda metade do século XX, como se referiu oportunamente[167], os fenómenos de coligação societária e, mais especificamente, o fenómeno dos grupos societários, suscitaram a atenção dos sistemas jurídicos apenas tardiamente[168] e, ainda assim, de uma forma parcelar, na maioria dos países. Esta «desatenção» da ordem jurídica a um fenómeno tão relevante do ponto de vista económico e com projecções jurídicas evidentes observa-se quer na área de origem deste fenómeno (o direito das sociedades comerciais), quer noutras áreas jurídicas em que ele se projecta, como é o caso do direito laboral.

Assim, no domínio do direito societário, a maioria dos sistemas oscila, até hoje, entre a desvalorização dos fenómenos de coligação societária e previsões normativas pontuais com incidência na matéria, num

---

[167] Cfr, *supra*, § 1.º, ponto 2.I.

[168] A afirmação do carácter tardio da recepção jurídica do fenómeno dos grupos societários é uma constante na doutrina da especialidade, mesmo no âmbito dos sistemas que mais cedo os regularam, como é o caso alemão – neste sentido, por exemplo, ZÖLLNER, *Einführung in des Konzernrecht cit.*, 297 (texto que data de 1968), considera que a previsão da matéria na AktG de 1965 apenas vem reconhecer uma prática há muito conhecida da doutrina e da jurisprudência. Também afirmando o carácter tardio do reconhecimento jurídico do fenómeno dos grupos, na maioria dos sistemas, ENGRÁCIA ANTUNES, *Os Grupos de Sociedades... cit.*, 44.

entendimento a que inere a sujeição das sociedades neles intervenientes às normas gerais do direito das sociedades comerciais, como regra geral. Excepção a esta perspectiva de regulamentação parcial e fragmentária do fenómeno dos grupos, no âmbito do direito societário, são os países que reconheceram a especificidade deste fenómeno (como a Alemanha, o Brasil ou Portugal, entre outros) e para ele estabeleceram uma regulamentação própria e assumidamente desviante das regras gerais do direito das sociedades comerciais[169].

Noutras áreas do direito, o fenómeno dos grupos de sociedades continua a ser valorizado em prossecução de objectivos pontuais bem definidos e é tratado exclusivamente nessa óptica, sem preocupações de se construir uma dogmática geral ou sequer um conceito unitário de grupo – assim sucede em matéria de direito da concorrência e de direito fiscal e contabilístico, cujas regras sobre os grupos são pontuais e, muitas delas, aliás, adoptadas por imperativo comunitário. Esta tendência de aproximação parcelar ao fenómeno dos grupos observa-se também no domínio laboral, já que a maioria dos países apenas trata as incidências laborais deste fenómeno incidentalmente ou para efeitos pontuais, como sejam as situações de fraude à lei na determinação do empregador, designadamente para iludir as normas de tutela laboral, a circulação dos trabalhadores entre as unidades do grupo ou a sua representação colectiva ao nível do grupo[170].

Também no plano do direito comunitário o fenómeno dos grupos tem merecido alguma atenção, mas tal atenção não corresponde, de novo, a uma aproximação estratégica e unitária à figura.

---

[169] Procurando classificar estas tendências de recepção jurídica do fenómeno dos grupos nos vários países, alguns autores distinguem, a este propósito, entre os «modelos de regulação parcial» e os «modelos de regulação global», acentuando a predominância dos primeiros sobre os segundos – neste sentido, por exemplo, ENGRÁCIA ANTUNES, *Os Grupos de Sociedades... cit.*, 165 ss.

[170] Teremos ocasião de desenvolver estes temas na parte subsequente do nosso estudo, pelo que nos limitamos, por ora, a enunciá-los. Acentua-se, contudo, desde já, que a atenção conferida a estes temas nos vários sistemas é muito diversa: assim, enquanto o problema da determinação do empregador e dos efeitos laborais fraudulentos da constituição de um grupo é um tema muito desenvolvido no seio da doutrina e da jurisprudência italiana e espanhola, as questões relativas às incidências dos grupos no direito laboral colectivo são mais trabalhadas pela doutrina francesa e pelos autores alemães.

A este nível, observa-se, em primeiro lugar, a aprovação de diversos instrumentos normativos comunitários em matérias com incidência directa ou indirecta no fenómeno dos grupos, não só no contexto da harmonização dos sistemas jurídicos societários dos Estados Membros, como também noutras áreas. Por outro lado, tem sido recorrente nas instâncias comunitárias, nos últimos trinta anos, a discussão sobre a adopção de uma directiva vocacionada para regular *ex professo* o fenómeno dos grupos, mas esta iniciativa parece agora posta de lado.

De qualquer modo, um e outro desenvolvimentos têm levado os Estados Membros a aprovar instrumentos normativos reportados, directa ou indirectamente, ao fenómeno dos grupos, em vários domínios, contribuindo, assim, para o seu tratamento ao nível nacional.

II. Nos parágrafos que seguem, procuraremos dar conta destas grandes linhas de orientação no tratamento jurídico do fenómeno dos grupos, quer ao nível comparado, quer no plano do direito comunitário, para depois nos debruçarmos sobre o sistema português nesta matéria. Duas prevenções devem, contudo, ser feitas, antes de iniciarmos esta apresentação: a primeira tem a ver com a índole geral que ela vai assumir; a segunda com as áreas privilegiadas de análise.

Por um lado, deve ficar claro que a apreciação a empreender prossegue apenas um objectivo de aproximação panorâmica ao enquadramento jurídico-comparado do fenómeno, uma vez que este é um estudo de direito português. Assim, as observações que formos fazendo devem ser consideradas exemplificativas e destinadas a situar melhor o sistema nacional perante as tendências gerais que ressaltem da apreciação comparada.

Por outro lado, vamos privilegiar na nossa apreciação o tratamento do fenómeno dos grupos de sociedades na óptica juscomercial, não apenas porque é nessa óptica que ele reveste mais interesse dogmático, na perspectiva de direito privado em que se situa este estudo, mas também porque é por reporte aos grupos como fenómeno juscomercial que faz sentido apreciar o problema das suas incidências laborais, que elegemos como tema nuclear da investigação. Esta opção de fundo justifica o carácter meramente incidental e exemplificativo das referências que formos fazendo às projecções normativas do fenómeno dos grupos noutras áreas jurídicas.

10. A tendência de aproximação fragmentária ao fenómeno dos grupos societários na maioria dos sistemas jurídicos

I. Como acima se referiu, a maioria dos sistemas jurídicos não trata, até hoje, os fenómenos de coligação societária, e, em especial, o fenómeno dos grupos societários, numa perspectiva unitária e globalmente diferenciada em relação ao regime comum das sociedades comerciais, mas sim numa perspectiva parcelar e fragmentária, disciplinando apenas alguns aspectos desta fenomenologia[171].

---

[171] Neste sentido, por exemplo com referência ao sistema jurídico italiano, ELISA SCAROINA, *Societas delinquere potest... cit.*, 1 s. (estudo de 2006), lamenta o facto de os grupos de empresas não terem sequer merecido uma referência na lei sobre a responsabilidade dos entes colectivos (*D.Lgs. n. 231, de 2001, e L. delega n. 300, de 2000*), numa orientação que qualifica de anacrónica, tendo em conta a importância vital dos grupos de empresas na economia moderna. Como refere esta autora, em matéria de regulamentação juscomercial da figura dos grupos, o direito italiano limita-se a reconhecer o conceito de controlo e de coligação no *Codice civile* (art. 2359.°), e a referir o conceito de direcção unitária, a propósito do regime da administração extraordinária das empresas em crise (art. 90.° da *L. del 3/04/ 1979, n. 95*, modificada pelo *DLgs del 8/7/1999, n. 270*) (*idem*, 15 ss., e 21 s.) e, apenas no que toca ao regime das sociedades de capitais, a reforma de 2003 (aprovada pelo *DLgs. del 17/01/2003, n. 6*), embora continue a não definir os grupos, estabelece regras específicas sobre eles (arts. 2497 a 2497 *septies* do *Codice civile*) no tocante à responsabilidade da sociedade-mãe e dos respectivos administradores perante os sócios livres e os credores da sociedade controlada (*ibidem*, 25 ss.). Também referindo a falta de atenção do sistema italiano ao fenómeno dos grupos, M. BIN, *Gruppi di imprese e diritto commerciale, in* P. ZANELLI (dir.), *Gruppi di imprese e nuove regole (in ricordi di Gaetano Vardaro)*, Milano, 1991, 59-74 (60 ss.), RUFFOLLO, *Introduzione cit.*, 393 ss., que salienta a necessidade de tal regulamentação, designadamente no que toca aos grupos internacionais de sociedades, e G. MINERVINI, *Intervento in AA/VV, Tavola Rotonda «Gruppi di società, imprese collegate e rapporti di lavoro*, Riv.GL, 1979, I, 385-426 (398-403) (398 ss.), este último chamando ainda a atenção para a índole oscilante da jurisprudência italiana nesta matéria (*idem*, 402 s.). Entre nós, em apreciação da alteração do *Codice civile* italiano nesta matéria, A. PERESTRELO DE OLIVEIRA, *A Responsabilidade Civil dos Administradores nas Sociedades em Relação de Grupo*, Coimbra, 2007, 43, conclui que o direito italiano em matéria de grupos se resume ao problema da responsabilidade.

Com referência ao sistema jurídico austríaco, que, nesta matéria, se afasta do sistema germânico, *vd*, por todos, P. JABORNEGG, *Arbeitsvertragsrecht im Konzern*, I e II, DRdA, 2002, 1, 3-14, e DRdA, 2002, 2, 118-130 (7), dando conta de que as regras sobre *Konzern* (definido no § 15.° da AktG e no § 115 Abs. I da GmbHG austríaca) são reduzidas ao mínimo. Ainda assim, o autor chama a atenção para o reforço das regras de responsabilidade civil no contexto dos grupos, designadamente através da previsão da responsabilidade da sociedade dominante pelas dívidas da sociedade filha para com os credores (*idem*, 8).

No que toca ao sistema espanhol, a doutrina sublinha a importância do papel da jurisprudência em matéria de grupos societários, dado que a regulamentação societária é dispersa e estritamente ligada à necessidade de implementação das normas comunitárias nesta área. Ainda assim, são referidas normas relativas à determinação da situação de controlo de uma sociedade sobre outra sociedade (art. 42.º do Código Comercial e art. 10.º da LSRL – Lei das Sociedades de Responsabilidade Limitada), e outras referências dispersas na Lei das Sociedades Anónimas (art. 105.º n.º 2), Perante o carácter disperso e fragmentário do direito societário dos grupos, os autores concluem que o regime jussocietário espanhol se continua a centrar na figura da sociedade unitária e que da inserção desta sociedade num grupo não decorre a prevalência do interesse do grupo sobre o interesse de cada sociedade – neste sentido, por exemplo, EMBID IRUJO, *Introducción... cit.*, 22 s. e 36 ss. O quadro descrito pode, todavia, vir a ser alterado, se vier a ser aprovado o Projecto de Código das Sociedades Comerciais, de 16 de Maio de 2002, que tem um título expressamente dedicado à matéria das dos grupos de sociedades.

A mesma orientação é assinalada pela doutrina, com referência ao sistema francês, apesar da tentativa de aprovação de um regime jussocietário nesta matéria (que ficou conhecido como Proposta Cousté), que apreciaremos um pouco mais à frente (*infra*, ponto seguinte). Neste sentido, em obras clássicas sobre a matéria dos grupos, como a de CHAMPAUD, *Le pouvoir de concentration...cit.*, 237 (obra de 1968), o regime dos grupos era referenciado como um «*droit en formation*», mas a mesma situação é assinalada em escritos mais recentes (assim, por exemplo, GUYON, *Droit des affaires cit.*, 619 *e passim*, que dá nota da aproximação fragmentária a esta realidade, no domínio fiscal e no âmbito das operações de controlo inter-societário em bolsa, mas considera inoportuna uma regulamentação imperativa e geral da figura dos grupos),

Também no sistema inglês, não há uma regulamentação sistemática dos grupos – admitidos sob a forma de *take over* e de *joint venture* e distinguidos claramente das operações de concentração empresarial interna, designadamente por via das fusões por absorção (*merger*) ou através da constituição de uma terceira entidade na qual se dissolvem as anteriores (*consolidation*) – apesar de ser reconhecida a sua grande importância económica. Destaca-se apenas a regulamentação legal dos grupos para efeitos contabilísticos, prevendo o *Companies Act 2006* a consolidação de contas (*Group accounts*) e deveres de informação no âmbito da prestação anual de contas pelos grupos (§§ 403 ss.). Nesta mesma linha, a literatura inglesa da especialidade também raramente se refere a esta problemática, excepto no que toca ao regime das contas consolidadas (por todos, quanto a esta orientação, P. L. DAVIES, *Gower and Davies' Principles of Modern Company Law*, 7ª ed., London, 2003, 542 s., e G. MORSE, *Charlesworth's Company Law*, 17ª ed., London, 2005, 444 ss.) e relativamente às matérias da concorrência, para salientar a sujeição genérica das práticas de concentração empresarial ao *Fair Trading Act* de 1973, com o objectivo de assegurar a

As matérias relativamente às quais se vai reconhecendo a especificidade jurídica do fenómeno dos grupos e, consequentemente, a necessidade de um tratamento jurídico diferenciado, são difíceis de determinar, não só porque variam profusamente de sistema para sistema, mas também porque, nuns casos, são fruto do labor jurisprudencial[172], ao passo que noutros casos decorrem de iniciativas legais que apresentam um carácter muito disperso.

Ainda assim, seguindo de perto a análise da literatura da especialidade[173], podemos concluir que as preocupações dos vários sistemas jurídicos quanto a esta matéria, na óptica do direito das sociedades comerciais, se repartem por três direcções fundamentais: de uma parte, encontram-se medidas de reforço ou de garantia da autonomia jurídica e patrimonial das sociedades envolvidas num grupo societário – nesta linha se incluem regras sobre o abuso das maiorias e sobre a necessária sujeição das sociedades do grupo ao interesse social respectivo; de outra parte, detectam-se

---

sua compatibilidade com os princípios da livre concorrência – neste sentido, P. DAVIES, *Arbeitsrechtliche Auswirkungen der Unternehmenskonzentration, in* R. BIRK (Hrsg.), *Arbeitsrechtliche Probleme des Unternehmenskonzentration*, Frankfurt am M., 1986, 8-56 (13 ss.). Ainda assim, com um desenvolvimento mais amplo da matéria dos grupos, pode ver-se R. E. PENNINGTON, *Company Law*, 8ª ed., London – Edinburgh, 2001, 892 ss., que trata, em especial, as diversas formas de controlo inter-societario (894 ss.), a matéria da consolidação de contas no âmbito dos grupos (903 ss.) e ainda os deveres especiais de informação no seio dos grupos (912 ss.), bem como J. THORNE (ed.) / PRENTICE, D. (cons. ed.), *Butterworths Company Law Guide*, 4ª ed., London – Edinburgh, 2002, que para além do tema da consolidação de contas (484 s.), tratam, ainda que sucintamente, matérias como a dos deveres dos gestores das empresas do grupo e do relevo dos interesses do grupo (210), e o tema da desconsideração da personalidade colectiva de uma das empresas do grupo em casos de fraude (6). Ainda assim, mesmo estes autores consideram que o fenómeno dos grupos tem ainda uma dimensão jurídica incipiente uma vez que apenas em situações excepcionais (designadamente, em situações de fraude) é ultrapassada a fronteira da personalidade jurídica das empresas membros do grupo (neste sentido, por todos, PENNINGTON, *Company Law cit.*, 914 s.).

O panorama é idêntico nos Estados Unidos da América, como se retira, por exemplo, das escassas referências ao fenómeno em M. ARON EISENBERG, *Corporations and Other Business Organizations. Cases and Materials*, 8ª ed., New York, 2000, 748 ss., e em COX / HAZEN, *Cox & Hazen on Corporations cit.*, III, 1330 ss.

[172] Nesta linha, por exemplo, EMBID IRUJO, *Introducción...cit.*, 17 ss., considera que o direito dos grupos é um direito de formação eminentemente jurisprudencial, sendo, aliás, através da jurisprudência que se tem conseguido ultrapassar a rigidez da distinção germânica entre grupos de facto e de direito.

[173] Com amplas indicações de direito comparado nesta matéria, ENGRÁCIA ANTUNES, *Os Grupos de Sociedades... cit.*, 166 s.

medidas de tutela das sociedades e dos sócios contra os excessos de ingerência de outras sociedades – para este desiderato contribuem as regras de limitação do valor ou da actuação das participações inter-societárias e outras regras de protecção dos interesses dos denominados «sócios livres» das sociedades participadas, bem como dos respectivos credores[174]; por fim, apuram-se técnicas destinadas a descortinar a sociedade real ou oculta por detrás de um grupo ou de uma sociedade aparente, designadamente quando tal se mostra necessário para efectivar a responsabilidade social perante os credores – para este objectivo contribuem práticas jurisprudenciais de desconsideração da personalidade colectiva, designadamente com recurso ao abuso do direito, mas também com recurso a figuras civis gerais como a simulação.

II. Como decorre do exposto, esta perspectiva regulativa é uma perspectiva eminentemente defensiva em relação aos fenómenos de controlo inter-societário. Sem deixar de os admitir (uma vez que não são proibidas as operações de concentração empresarial pela via da aquisição de participações societárias, nem os acordos parassociais com o mesmo objectivo), os sistemas procuram, através deste tipo de medidas, prevenir ou reduzir ao mínimo os efeitos potencialmente nocivos destes fenómenos para cada sociedade envolvida, do ponto de vista da sua autonomia jurídica e da sua responsabilidade pelas dívidas sociais – ou seja, ainda em prossecução dos princípios tradicionais do direito societário.

Subjacente a esta perspectiva está, obviamente, a convicção de que a figura da sociedade unitária continua a ser o modelo de referência do direito societário, independentemente da circunstância de estar integrada num grupo ou de ser alvo de uma participação relevante de outra sociedade. Assim, não só as sociedades envolvidas em fenómenos de grupo ou noutras situações de coligação societária continuam globalmente sujeitas

---

[174] É um desenvolvimento de que dão conta ELISA SCIARRA, *Societas delinquere potest... cit.*, 25 ss., e BIN, *Gruppi di imprese e diritto commerciale cit.*, 69 s., relativamente ao regime das sociedades de capitais em Itália (*DLgs del 17/01/2003, n. 6*, que alterou o *Codice Civile* nesta matéria), que veio estabelecer a responsabilidade directa da sociedade mãe perante os sócios livres e os credores da sociedade controlada por dano causado ao património desta sociedade, prevendo ainda a extensão solidária desta responsabilidade aos próprios administradores da sociedade controladora se tiverem tirado benefício do acto danoso (arts. 2497 a 2497 *septies* do *Codice civile*); na mesma linha, quanto ao direito austríaco, JABORNEGG, *Arbeitsvertragsrecht im Konzern*, I, 8.

às regras gerais do direito societário (designadamente, ao princípio geral de sujeição ao interesse social, que deverá formalmente prevalecer sobre quaisquer interesses do grupo), como apenas se admite a ultrapassagem da personalidade jurídica de cada sociedade em casos excepcionais, perante a utilização abusiva dessa personalidade, e, ainda assim, apenas para prossecução de outros interesses societários fundamentais, como o interesse da plena e efectiva responsabilização dos entes societários pelas dívidas sociais – é a justificação das soluções de levantamento da personalidade colectiva, que encontramos na maioria dos sistemas e que a literatura anglo-saxónica da especialidade trata sob a designação de *Entity law theory*[175].

---

[175] Por todos, quanto a esta perspectiva regulativa da matéria da responsabilidade no âmbito dos grupos societários, ENGRÁCIA ANTUNES, nos vários estudos em que exaustivamente debateu esta matéria – entre outros, *The Liability of Polycorporate Enterprises*, Connecticut Journal of International Law, 1999, 2, 197-231 (215 ss.), *Neue Wege im Konzernhaftungsrecht – Nochmals: Der «Almoco Cadiz» Fall*, in U. SCHNEIDER / P. HOMMELHOFF / K. SCHMIDT / W. TIMM / B. GRUNEWALD / T. DRIGALA (Hrsg.), *Festschrift für Marcus LUTTER zum 70. Geburstag. Deutsches und europäisches Gesellschaft-, Konzern- und Kapitalmarktrecht*, Köln, 2000, 995-1009 (1000 ss.), e ainda *Liability of Corporate Groups... cit.*, 231 ss., *O Problema da responsabilidade nos grupos de sociedades cit.*, 558 ss., e *Estrutura e responsabilidade da empresa: o moderno paradoxo regulatório cit.*, 39 ss. Na sua apreciação comparada desta matéria, o autor distingue três grandes modelos de responsabilidade no contexto dos grupos de sociedades: o modelo da *«Entity law theory»*, que teve origem anglo-saxónica e que continua a assentar o sistema de responsabilidade na empresa unitária, apenas admitindo a responsabilidade da sociedade mãe por dívidas da sociedade filha em casos excepcionais e através do recurso à técnica da desconsideração da personalidade colectiva (*lifting the corporate veil*, segundo a expressão inglesa, ou *piercing the corporate veil*, segundo a expressão norte-americana) – por todos, na literatura anglo-americana, sobre esta matéria, THORNE / PRENTICE, *Butterworths Company Law Guide cit.*, 6, e PENNINGTON, *Company Law cit.*, 50 s., e 914 s.; o modelo europeu-comunitário (*«Enterprise theory»*), com origem nos Projectos de Directiva comunitária sobre os grupos, que admitem a responsabilização sistemática da sociedade mãe pelas dívidas da sociedade filha, desde que ambas constituam uma unidade económica (*infra*, neste parágrafo, ponto 12); e o modelo dualista, com origem no sistema alemão e na sua distinção entre grupos de facto e grupos de direito, que apenas admite a responsabilidade da sociedade mãe pelas dívidas da sociedade filha no âmbito dos grupos de direito (*infra*, ponto seguinte). Ora, como decorre do exposto em texto, embora o modelo da *Entity law theory* tenha origem nos Estados Unidos da América e no Reino Unido, ele é ainda o modelo de responsabilidade prevalecente nos países que não disciplinam sistematicamente o fenómeno dos grupos na Europa continental.

III. Com referência às projecções do fenómeno dos grupos noutras áreas do direito, é também maioritária a perspectiva de aproximação parcelar e fragmentária ao fenómeno, encontrando-se regulamentação na área do direito da concorrência, do direito fiscal e do direito contabilístico, designadamente em cumprimento de imperativos regulativos comunitários[176].

O desenvolvimento deste ponto extravasa, naturalmente, o âmbito do nosso estudo, pelo que lhe faremos apenas uma referência breve.

11. As excepções: a regulamentação sistematizada do fenómeno dos grupos societários em alguns sistemas

I. Contrariamente à tendência dominante, acima referida, alguns sistemas jurídicos optaram por reconhecer a especificidade dos fenómenos de coligação societária e, em especial, dos grupos de sociedades, para eles estabelecendo um conjunto de regras próprias, com maior ou menor abrangência, mas distintas das regras gerais do direito societário. O mais clássico exemplo desta tendência foi o sistema germânico, a que se seguiram os sistemas brasileiro e português. Ainda nesta orientação é de referir o sistema francês, que emitiu uma proposta normativa sobre a matéria, que, todavia, acabou por não ser adoptada.

Deixando de lado, por ora, o sistema nacional, cabem algumas referências aos três sistemas acima mencionados[177].

---

[176] A este propósito, quanto ao sistema jurídico italiano, ELISA SCAROINA, *Societas delinquere potest...cit.*, 18 ss., refere a instituição do regime do balanço consolidado para as sociedades que controlam outras sociedades, pelo *DLgs del 9 Aprile 1991, n. 127*. Quanto ao sistema espanhol, EMBID IRUJO, *Introducción...cit.*, 25, refere o desenvolvimento de um conceito de grupo hierárquico para efeitos fiscais (art. 81.º n.º 1 da Lei do Imposto sobre Sociedades), que claramente o perspectiva em moldes unitários, ao contrário do que sucede no domínio do direito das sociedades comerciais (*idem*, 38 ss.). No sistema francês, GUYON, *Droit des affaires cit.*, 614, dá conta da tendência de reconhecimento do grupo como sujeito unitário, para efeitos fiscais. No sistema inglês, é referida neste contexto a sujeição das operações de concentração económica, *y compris*, a concentração externa, ao *Fair Trading Act*, com o objectivo de controlar os efeitos destas operações nas regras de concorrência – DAVIES, *Arbeitsrechtliche Auswirkungen... cit.*, 15 s.

[177] Mais recentemente, outros países têm vindo a regular esta matéria de forma autónoma e com maior ou menor abrangência, no âmbito societário – segundo indicações de ENGRÁCIA ANTUNES, *Os Grupos de Sociedades... cit.*, 168, é o caso de vários países da

II. O primeiro país a assumir a especificidade do fenómeno dos grupos no âmbito do direito societário e a estabelecer uma regulamentação autónoma e abrangente para este fenómeno, foi a Alemanha, na *Aktiengesetz*, de 6 de Setembro de 1965[178].

Europa do Leste, como a Croácia, a Eslovénia, a Rússia ou a República Checa. Limitaremos as nossas observações aos países acima referidos, por terem sido percursores nesta matéria.

[178] Sendo, de todo em todo, impossível proceder a uma indicação minimamente abrangente sobre a riquíssima doutrina germânica em matéria de grupos societários, *vd*, a título meramente indicativo, V. EMMERICH / J. SONNENSCHEIN, *Konzernrecht*, 5ª ed., München, 1993, e ainda V. EMMERICH / W. GANSFELD, *Die Problematik der Gemeinschaftsunternehmen – BGHZ 62, 193*, JuS, 1975, 5, 294-299, WIEDEMANN, *Die Unternehmensgruppe im Privatrecht. Methodische und sachliche Probleme des deutschen Konzernrechts*, Tübingen, 1988, 38 ss., W. MARTENS, *Das Konzernrecht nach dem Referentenentwurf... cit.*, 813 ss., WINDBICHLER, *Arbeitsrecht im Konzern cit.*, 12 ss., e ainda *Arbeitsrecht und Konzernrecht*, RdA, 1999, 1/2, 146-152 (147), M. LUTTER, *Konzernrecht. Schutzrecht oder Organisationsrecht*, in K. REICHERT, u.a. (Hrsg.), *Liber Amicorum für R. VOLHARD*, Baden-Baden, 1996, bem como *Il gruppo di imprese (Konzern) nel diritto tedesco e nel futuro del diritto europeo*, Riv.soc., 1974, I, 1-24, e ainda deste autor, *Dieci anni di diritto tedesco dei gruppi: valutazione di un'esperienza*, Riv.soc., 1975, II, 1250--1311, e, nas obras gerais, HOFFMANN-BECKING (Hrsg.), *Münchener Handbuch des Gesellschaftsrechts*, Band 4 – *Aktiengesellschaft*, 2ª ed., München, 1999, 897 ss., H.-G. KOPPENSTEINER, *Kölner Kommentar zum Aktiengesetz*, Band 6 – §§ *15-22 und* §§ *291-328 AktG*, 3ª ed., Köln-Berlin-München, 2004, *passim*, RAISER / VEIL, *Recht der Kapitalgesellschaften cit.*, 713 ss., KARSTEN SCHMIDT, *Gesellschaftsrecht*, 4ª ed., München, 2002, 486 ss., ou J. WILHELM, *Kapitalgesellschaftsrecht*, 2ª ed., Berlin, 2005, 351 ss., bem como, numa perspectiva metajurídica, TEUBNER, *O Direito como Sistema Autopoiético cit.*, 245 ss. Em termos gerais, pode referir-se que a maioria da doutrina germânica sufraga uma perspectiva tradicional sobre o sentido geral do regime jurídico dos grupos, que está mais em consonância com o regime legal do mesmo (i.e., a visão de que o tratamento legal do fenómeno dos grupos se deve orientar no sentido da protecção dos interesses da sociedade dependente e dos respectivos sócios e credores), mas autores como LUTTER salientam a necessidade de ponderação legal dos interesses da própria sociedade mãe e respectivos accionistas, e autores como TEUBNER sublinham a estreiteza de ambas as perspectivas anteriores, considerando que o sistema jurídico deveria centrar-se no elemento da própria organização grupal, considerando-a como um centro autónomo de imputação de interesses e criando as estruturas protectivas necessárias exactamente a este nível (por todos, sobre a querela doutrinal relativa aos objectivos essenciais do regime jurídico dos grupos na Alemanha, KARSTEN SCHMIDT, *Gesellschaftsrecht cit.*, 491 ss., com amplas indicações bibliográficas). Entre nós, em apreciação do modelo regulativo germânico dos grupos societários, podem ver-se RAÚL VENTURA, *Grupos de sociedades – uma introdução comparativa... cit.*, 38 ss., MARIA AUGUSTA FRANÇA, *A Estrutura das Sociedades Anónimas... cit*, 11 ss., ENGRÁCIA ANTUNES, *Os Grupos de Sociedades cit.*, 170 ss., e AMARAL NETO, *Os grupos de sociedades cit.*, 596 ss.

Num modelo que veio a inspirar toda a regulamentação subsequente nesta matéria[179], o regime germânico dos grupos societários assenta na distinção, oportunamente esboçada[180], entre grupos de facto (*Faktischkonzern*) e grupos de direito ou negociais (*Vertragskonzern*), tendo esta distinção como base o critério da origem do grupo num negócio jurídico especificamente criado para o efeito (grupos de direito ou negociais) ou noutra operação que possibilite o controlo de uma sociedade por outra sociedade (grupos de facto).

Os negócios que a lei predispõe especificamente para a instituição dos grupos societários (e que justificam a designação doutrinal deste modelo regulativo como «modelo contratual»[181]) são a declaração formal de integração societária ou *incorporação* (*Eingliederung*), prevista nos §§ 319 a 327 da AktG[182], e o *contrato de domínio* (*Beherrschungsvertrag*), regulado no § 291, Abs. I, e nos §§ 293 a 308 da AktG[183-184].

Desta distinção fundamental entre grupos de facto e grupos de direito decorrem os aspectos mais salientes do regime jurídico germânico nesta matéria. É que só os grupos de direito ou contratuais são qualificados como grupos em sentido próprio, sendo inerente a essa qualificação (que decorre, assim, da vontade manifesta das partes) a sujeição a um regime assumidamente diferente do regime societário comum. Os traços essen-

---

[179] Todavia, alguns autores consideram que este modelo está ainda em consolidação, apesar de regulamentado há bastantes anos – neste sentido, entre outros, H. WIEDEMANN, *Die Unternehmensgruppe im Privatrecht... cit.*, 1.

[180] Cfr., *supra*, § 4.º, ponto 8.2.II.

[181] É a designação que encontramos, por exemplo, em ENGRÁCIA ANTUNES, *Os Grupos de Sociedades... cit.*, 170.

[182] Para mais desenvolvimentos sobre a figura da *Eingliederung* no sistema germânico, podem ver-se KOPPENSTEINER, *Kölner Kommentar zum Aktiengesetz cit.*, 1198 ss., WILHELM, *Kapitalgesellschaftsrecht cit.*, 360 ss., mas, sobretudo, RAISER / VEIL, *Recht der Kapitalgesellschaften cit.*, 809 ss.

[183] Para mais desenvolvimentos sobre a figura do *Beherrschungsvertrag* no sistema germânico, ainda KOPPENSTEINER, *Kölner Kommentar zum Aktiengesetz cit.*, 478 ss., WILHELM, *Kapitalgesellschaftsrecht cit.*, 352 ss., e RAISER / VEIL, *Recht der Kapitalgesellschaften cit.*, 768 ss.

[184] Para além destes mecanismos negociais especialmente previstos para a constituição dos grupos contratuais, pode constituir-se também um grupo não vertical mas paritário, de base negocial (através do *Gleichordnungsvertrag*, que se filia na figura do contrato de sociedade) ou com base meramente fáctica – neste sentido, RAISER / VEIL, *Recht der Kapitalgesellschaften cit.*, 815 ss., e ainda sobre os grupos paritários, KARSTEN SCHMIDT, *Gesellschaftsrecht cit.*, 503 ss., com amplas indicações doutrinais.

ciais deste regime especial são dois: a sujeição da sociedade filha (*Tochtergesellschaft*) à vontade e ao interesse social da sociedade mãe (*Muttersgesellschaft*), através do reconhecimento a esta segunda sociedade de um poder de direcção sobre a primeira sociedade (§§ 291, 308 e 323 da AktG)[185]; e a previsão de medidas compensatórias da perda de autonomia da sociedade filha perante a sociedade mãe, em consequência do reconhecimento do poder de direcção, e cujo objectivo é a protecção dos interesses da sociedade filha (§§ 300, 302 e 324 da AktG), a tutela dos interesses dos sócios (§§ 304 a 307 da AktG) e a tutela dos interesses dos credores sociais (§§ 303, 321 e 322 da AktG)[186].

Os grupos de facto, que abrangem todas as situações de domínio inter-societário que não têm origem nos vínculos contratuais acima referidos, não são qualificados como grupos em sentido próprio, ainda que integrem a noção ampla de grupo (*Konzern*) prevista pela lei (§ 18, Abs I da AktG)[187], e sujeitam-se às regras predispostas para as relações de

---

[185] Para mais desenvolvimentos sobre o poder de direcção da sociedade mãe no sistema germânico, entre outros, HOFFMANN-BECKING (Hrsg.), *Münchener Handbuch des Gesellschaftsrechts* cit., 963 ss., KOPPENSTEINER, *Kölner Kommentar zum Aktiengesetz* cit., 889 ss., ou WILHELM, *Kapitalgesellschaftsrecht* cit., 353 s.

[186] Assinalando a garantia do poder de direcção da sociedade mãe e a tutela dos interesses dos accionistas e dos credores da sociedade filha como objectivos fundamentais do regime germânico do *Konzern*, também reconhecidos pela jurisprudência, entre muitos outros, WINDBICHLER, *Arbeitsrecht und Konzernrecht* cit., 147, K.-P. MARTENS, *Grundlagen des Konzernarbeitsrecht*, ZGR, 1984, 3, 417-459 (424). Realçando como interesse fundamental do regime jurídico alemão do *Konzern*, a protecção da sociedade dominada e a tutela dos credores sociais e dos sócios livres, ZÖLLNER, *Einführung in des Konzernrecht* cit., 299. Em sentido divergente, por exemplo, TEUBNER, *O Direito... cit.*, 253 e 296 s., valorizando o facto de o grupo constituir uma rede (*Netzwerk*) de articulação de centros decisórios semi-autónomos (e, neste sentido uma *unitas multiplex*); aplicando ao fenómeno dos grupos a sua concepção autopoiética do direito, este autor entende que, na regulação deste fenómeno, o sistema jurídico deveria valorizar essencialmente a própria organização grupal, reconhecendo o grupo como um centro autónomo de imputação normativa e estabelecendo os mecanismos de tutela necessários ao nível do grupo (o que já considera, até certo ponto, contemplado com a instituição da representatividade colectiva dos trabalhadores ao nível do grupo, através do *Konzernbetriebsrat*, e que pode ser incrementado através da negociação colectiva de grupo). Embora com um significado diferente, também RAISER / VEIL, *Recht der Kapitalgesellschaften* cit., 717 s., consideram que o objectivo essencial do regime jussocietário do *Konzern* é organizar juridicamente a actividade das empresas organizadas numa estrutura grupal.

[187] Com efeito, esta noção identifica o grupo apenas pela ideia de direcção económica unitária, que existe quer nos grupos de facto quer nos grupos de direito. O que acresce no

domínio e dependência (*Abhängigkeitsverhältnisse*), no § 17 e nos §§ 311 a 317 da AktG. Estas regras actuam na presença de uma influência intersocietária dominante e, contrariamente às regras que disciplinam os grupos de direito, destinam-se a preservar a aplicação do direito societário comum a este tipo de situações, assegurando que a sociedade dominada (de facto) se mantenha juridicamente independente e sujeita em exclusivo ao seu interesse social. Entre estas medidas destacam-se a proibição de exercício da influência dominante contra o interesse social da outra sociedade e o dever de compensar esta sociedade em caso de violação daquela proibição, deveres de publicitação dos negócios realizados entre as duas sociedades, em assembleia geral, e o direito de fiscalização dos mesmos por revisor oficial de contas, bem como regras de responsabilidade solidária dos administradores das duas sociedades pelos prejuízos causados pela relação de dependência (§§ 311 a 318 da AktG)[188].

III. Como se referiu, o modelo germânico influenciou os outros sistemas jurídicos que dispuseram sobre esta matéria, em moldes sistemáticos, com destaque para o Brasil, para Portugal, e para a França, embora neste último caso, a proposta de instrumento normativo sobre a matéria não tivesse chegado a ser adoptada.

Deixando para um momento ulterior a apreciação do sistema português, vale a pena chamar a atenção para o tratamento da matéria nos dois outros países.

O Brasil trata esta matéria nos arts. 243.º a 277.º da Lei das Sociedades Anónimas (LSA – L. n.º 6004, de 15 de Dezembro de 1976)[189], para

---

caso dos segundos, para além do diferente acto constitutivo, é que a direcção da sociedade mãe tem também uma dimensão jurídica – a que lhe é conferida pelo poder de direcção, previsto no § 308 da AktG.

[188] Para mais desenvolvimentos sobre estas regras tutelares no sistema germânico e, em geral sobre os grupos de facto, podem ver-se, entre outros, HOFFMANN-BECKING (Hrsg.), *Münchener Handbuch des Gesellschaftsrechts cit.*, 980 ss., WILHELM, *Kapitalgesellschaftsrecht cit.*, 356 ss., ou RAISER / VEIL, *Recht der Kapitalgesellschaften cit.*, 747 ss. E ainda, em especial, sobre o regime de responsabilidade civil no âmbito dos grupos societários, M. LUTTER, *Die zivilrechtliche Haftung in der Unternehmensgruppe*, ZGR, 1982, 2, 244-275.

[189] Para uma descrição desenvolvida do sistema brasileiro de coligação societária, AMARAL NETO, *Os grupos de sociedades cit.*, 598 ss., bem como O. BUENO MAGANO, *Los grupos de empresas en el Derecho del Trabajo*, Civitas, 1981, 171-185 (172), e, entre nós, MARIA AUGUSTA FRANÇA, *A Estrutura das Sociedades Anónimas... cit*, 17 ss.

além das disposições gerais que o Código Civil[190] dispõe sobre esta matéria, nos arts. 1097.° a 1101.°, sob a epígrafe «Sociedades Coligadas»[191]. Tal como o sistema alemão, o sistema brasileiro assenta na distinção entre grupos de facto e grupos de direito, com base no critério do acto de constituição do grupo, e prevê, como negócios típicos constitutivos de um grupo, a constituição de uma «*sociedade subsidiária integral*» (arts. 251.° a 253.° da LSA)[192] e a «*convenção de grupo*» (arts. 265.° a 277.° da LSA).

Os grupos de direito, constituídos com base nestes instrumentos negociais, sujeitam-se à disciplina específica para eles estabelecida na Lei das Sociedades Anónimas, que, tal como no caso germânico, prevê um poder de direcção da sociedade mãe sobre a sociedade filha (art. 272.° s. da LSA), e a compensação dos efeitos deste poder por medidas de protecção desta última sociedade.

Fora destes casos, a lei admite as *sociedades coligadas* (que surgem quando uma sociedade detém mais de 10% do capital de outra sociedade, mas não a controla) e ainda as «*relações de controle*», que surgem quando uma sociedade (a sociedade controladora) exerce uma influência dominante sobre outra sociedade (a sociedade controlada), que não seja titulada por nenhum daqueles mecanismos contratuais (arts. 116.° e 243.° da LSA). Na regulamentação dos grupos de facto, é reforçada a sujeição das sociedades envolvidas aos princípios gerais do direito societário, através de medidas tendentes a garantir a subsistência da sua autonomia, designadamente através da limitação do modo de exercício da influência dominante pelos sócios controladores (art. 116.° s. da LSA) e de regras de tutela da sociedade dependente, dos seus sócios e dos credores sociais (art. 245.° da LSA).

---

[190] Trata-se do Código Civil de 2002, aprovado pela L. n.° 10.406, de 10/01/2002.

[191] O Capítulo sobre «Sociedades Coligadas» insere-se no Titulo do Código dedicado à matéria das sociedades, que, por sua vez, integra o Livro II do Código sobre o «*Direito de Empresa*». Em matéria de sociedades coligadas, o Código estabelece as categorias de sociedades coligadas (as sociedades controladas, filiadas e de simples participação) e define cada uma dessas categorias. Contudo, especificamente em relação às sociedades anónimas, o art. 1089.° do Código Civil remete para legislação especial (que, no caso, é a LSA), pelo que prevalecem as disposições desta lei.

[192] A subsidiária integral é, todavia, uma figura comum aos grupos de facto e aos grupos de direito, podendo ser constituída *ab initio* ou supervenientemente – AMARAL NETO, *Os grupos de sociedades cit.*, 603.

Por fim, cabe mencionar a Proposta de Lei francesa sobre os Grupos de Sociedades (*Proposition de Loi n. 1055, sur les Groupes de Sociétés et le Protection des Actionnaires, du Personnel et des Tiers*, de 19 de Fevereiro de 1970, conhecida como «Proposta Cousté», por ter sido apresentada pelo deputado Cousté)[193].

Com uma primeira versão de 1970, mas mais conhecida na versão revista de 1978, a Proposta Cousté assentou também na distinção entre grupos de direito e grupos de facto, e criou dois instrumentos negociais especificamente vocacionados para a constituição dos grupos de direito: a «*intégration*» e o «*contrat d'affiliation*», regulados, respectivamente, nos arts. 47.º a 56.º e nos arts. 7.º a 33.º da Proposta.

Aos grupos constituídos por qualquer uma destas vias é aplicado o regime especial dos grupos. Este regime prevê a sujeição da sociedade integrada ou filiada ao interesse da sociedade mãe (arts. 27.º a 33.º da Proposta), que tem sobre aquela um poder de direcção, mas estabelecem-se também medidas de protecção dos interesses da sociedade filha, dos seus credores e dos accionistas livres (art. 32.º, art. 24.º e arts. 13.º a 23.º da Proposta, respectivamente).

Fora destes casos, as situações de controlo inter-societário são qualificadas como grupos de facto se uma das sociedades puder exercer uma influência dominante, directa ou indirecta, sobre outra sociedade (*relations entre société dominante et société dépendante hors d'un contrat d'affiliation* – arts. 34.º a 37.º da Proposta), mas as sociedades envolvidas nestas relações continuam a sujeitar-se ao regime societário comum, sendo previstas medidas de salvaguarda dos respectivos princípios. Assim, o exercício da influência dominante não pode pôr em causa o interesse social da sociedade dominada (art. 34.º da Proposta), os negócios entre as sociedades envolvidas devem ser publicitados na assembleia geral da sociedade dominada (art. 41.º da Proposta) e é prevista a responsabilidade solidária dos administradores das duas sociedades envolvidas pelos prejuízos que a situação de domínio tenha causado à sociedade dependente (art. 36.º da Proposta).

IV. Este quadro panorâmico da regulamentação da matéria dos grupos societários, no sistema germânico e no sistema brasileiro, bem

---

[193] Sobre o modelo de regulação dos grupos de sociedades, constante da Proposta Cousté, RAÚL VENTURA, *Grupos de sociedades – uma introdução comparativa... cit.*, 44 s.

como na Proposta de Lei francesa, permite retirar algumas conclusões gerais sobre a perspectiva de abordagem desta matéria nos países que a regulam em moldes sistemáticos, bem como sobre as preocupações fundamentais dessa regulamentação.

No que toca à perspectiva geral sobre a matéria, observa-se que todos estes sistemas reconhecem a especificidade do fenómeno dos grupos societários em sentido amplo (i.e., uma especificidade partilhada pelos grupos de facto e pelos grupos de direito), mas não lhe associam sempre a mesma consequência ao nível regimental. É por esta razão que o regime predisposto para esta matéria, nos vários sistemas apreciados, apresenta aquilo que a doutrina vem designando como uma estrutura dualista e voluntarista[194].

O tratamento da matéria é feito em moldes dualistas porque assenta numa divisão clara entre duas categorias de grupos societários, a que inerem regimes radicalmente diferentes: a categoria dos grupos de direito, cujo regime assume a especificidade do fenómeno dos grupos, enquanto fenómeno de controlo societário, e inclui um conjunto de regras que procuram conciliar a efectividade desse controlo (*verbi gratia*, o poder de direcção) com outros interesses socialmente relevantes (com destaque para os interesses da sociedade dominada, dos seus accionistas e dos seus credores); e a categoria dos grupos de facto, cujo regime assenta no reconhecimento de situações de controlo inter-societário ao nível económico mas procura limitar as projecções jurídicas destas situações através da preservação dos princípios societários tradicionais.

Por outro lado, estes regimes têm um perfil voluntarista[195], na medida em que fazem depender de uma manifestação de vontade das partes, expressa nos negócios para tal destinados, a constituição de um grupo em sentido estrito e, por consequência, a sujeição das sociedades membros ao regime excepcional do controlo societário para eles disposto. Se as partes não manifestarem expressamente a vontade de se subtrair ao regime societário comum, este continua a aplicar-se, com as normas de reforço dos respectivos princípios orientadores, acima enunciadas.

---

[194] Neste sentido, expressamente, ENGRÁCIA ANTUNES, *Os Grupos de Sociedades... cit.*, 174 ss.

[195] Ou, na designação de ENGRÁCIA ANTUNES, *Os Grupos de Sociedades... cit.*, 175, um regime «dispositivo».

Uma vez circunscrito o âmbito de aplicação do regime específico dos grupos societários, pelo método negocial referido, o *Leitmotiv* deste regime não é também difícil de descortinar, sendo comum aos sistemas analisados: o regime especial dos grupos societários de direito (ou contratuais) tem como objectivo fundamental reconhecer e balizar juridicamente o controlo inter-societário (nomeadamente através da afirmação da prevalência do interesse da sociedade dominante sobre o interesse da sociedade dominada e da outorga à primeira de um poder (jurídico) de direcção sobre a segunda), mas também compatibilizar esse controlo inter-societário com os interesses relevantes numa estrutura societária unitária tradicional, i.e., os interesses da sociedade dominada, os interesses dos seus sócios e os interesses dos credores sociais[196]. Por outras palavras, trata-se de admitir uma situação que contraria o princípio geral da autonomia societária (a situação de controlo inter-societário), embora necessariamente circunscrita aos casos em que as partes a quiseram, mas procurando preservar as consequências mais nocivas que decorrem do desvio àquele princípio geral para as sociedades envolvidas, através das medidas de tutela dos interesses da sociedade dominada, dos seus sócios e credores sociais.

12. A aproximação do direito comunitário ao fenómeno dos grupos societários e empresariais

I. Como fenómenos de grande relevo económico, os fenómenos de concentração económica e, em especial, o fenómeno dos grupos societários, não têm passado despercebidos às instâncias comunitárias.

O direito comunitário tem-se debruçado sobre estes fenómenos a três níveis: directamente, através de projectos de actos normativos vocacionados especificamente para regular esta matéria; indirectamente, mas ainda no plano societário, através de alguns dos instrumentos normativos de harmonização do direito societário dos Estados Membros; por fim, em intervenções normativas noutras áreas, que têm reflexos ao nível dos

---

[196] Por esta razão, autores como ENGRÁCIA ANTUNES, *Os Grupos de Sociedades...* cit., 169, consideram que estes regimes têm como escopo essencial a protecção das sociedades dependentes, dos seus sócios e dos credores sociais. A nosso ver, o escopo destes regimes é, essencialmente, operar a conciliação entre os interesses referidos e os interesses de controlo inter-societário.

grupos, com destaque para a área fiscal e contabilística e para o direito da concorrência[197].

II. Com incidência directa no tema dos grupos societários, cabe referir, em primeiro lugar, o *Projecto Preliminar de 9ª Directiva em matéria de harmonização do direito societário, relativa às coligações e aos grupos de sociedades*, que foi apresentado em 1974/75[198], e revisto sucessivamente em 1977 e em 1984.

Objecto da oposição sistemática de vários Estados Membros, tanto na versão originária como nas versões revistas, este Projecto acabou por não ser adoptado e parece estar hoje definitivamente ultrapassado[199]. Apesar de não ter tido seguimento, o Projecto merece uma referência nesta reflexão panorâmica por duas razões: genericamente, porque ele traduz uma diferente perspectiva de abordagem à fenomenologia dos grupos, que encontra eco na jurisprudência de alguns países, designadamente a propósito das projecções laborais deste fenómeno; por outro lado, porque este Projecto influenciou alguns Estados Membros no tratamento jurídico do fenómeno dos grupos, entre os quais se conta o nosso país[200].

---

[197] Para além destas áreas, assinala-se a intervenção normativa comunitária na área laboral, com incidência no tema dos grupos, designadamente com o objectivo de assegurar a representação colectiva dos trabalhadores nas empresas pertencentes a um grupo. A incidência laboral directa destas intervenções normativa justifica que sejam referidas na parte subsequente do estudo, razão pela qual não as apresentamos desde já. Em geral sobre a intervenção normativa comunitária com incidência nos grupos de sociedades, EMBID IRUJO, *Introducción...cit.*, 207 ss. e 213 ss.

[198] EEC Doc. XI/328/74-E e EEC Doc. XV/593/75-E.

[199] É a conclusão que se retira da *Comunicação da Comissão Europeia sobre as linhas estratégicas da harmonização do direito societário dos Estados Membros*, apresentada em 2003 (COM (2003) 284), que considera que o Projecto não deve ser reaberto, ainda não deixe de referir a possibilidade de aprovação de outras medidas sobre grupos societários no futuro.

[200] A este propósito e tendo em conta o insucesso do Projecto de Directiva, A. MENEZES CORDEIRO, *Evolução do direito europeu das sociedades,* ROA, 2006, I, 87-118 (108), considera que o regime das sociedades coligadas, que foi vertido no Código das Sociedades Comerciais, em boa parte por influência deste Projecto, é um exemplo de transposição «excessiva» de textos comunitários. Em termos mais amplos, *vd* ainda R. PINTO DUARTE, *Prefácio* à obra *Direito Europeu das Sociedades. Colectânea de Legislação* (org. de M. JORGE C. CASTELA), Porto, 2005, 11-24 (11 s.), salientando o facto de o direito português em matéria de sociedades ser globalmente marcado pela influência do direito comunitário, mesmo antes da entrada de Portugal nas Comunidades.

A grande originalidade do Projecto de 9ª Directiva tem a ver com o critério de identificação dos grupos societários. Diferentemente do que sucede no sistema alemão, a identificação do grupo assenta não num critério negocial mas num critério de facto, reconhecendo-se a existência de um grupo sempre que um conjunto de sociedades se sujeite a uma direcção económica unitária e independentemente do facto constitutivo dessa situação. Uma vez reconhecida a existência do grupo, o Projecto já coincide com a orientação do sistema germânico na previsão de um regime assumidamente diferente para os grupos, que prossegue, a um tempo, os interesses da sociedade dominante (através do reconhecimento do seu poder de direcção sobre a sociedade dominada – art. 49.º) e a necessidade de tutela dos interesses da sociedade dominada, bem como dos interesses dos seus sócios e credores (arts. 36.º a 47.º)[201].

Como decorre do exposto, este modelo de regulação assenta num conceito amplo e unitário de grupo (e não numa concepção dualista, baseada na distinção entre grupos de direito e grupos de facto), que não tem uma base voluntária, porque a recondução do fenómeno de concentração societária a um grupo e a consequente aplicação do regime especial disposto para os grupos decorrem de pressupostos de facto e não da vontade expressa das partes nesse sentido. Por esta razão, a doutrina designa este modelo regulativo como «modelo orgânico» e salienta o seu carácter imperativo e não dispositivo[202].

Como teremos ocasião de verificar mais à frente neste ensaio, a perspectiva pragmática ou realista de aproximação ao fenómeno dos

---

[201] Tomamos em conta, para efeitos da análise desta Directiva, a sua versão originária. Na versão posterior deste Projecto (a versão de 1984), o texto aproxima-se mais do modelo contratual alemão, tendo chegado, por isso, a ser considerado como uma tentativa de transposição do sistema germânico do *Konzern* para o espaço comunitário (MENEZES CORDEIRO, *Direito Europeu das Sociedades cit.*, 772). Para uma apreciação desenvolvida do modelo originário do Projecto de 9ª Directiva, RAÚL VENTURA, *Grupos de sociedades – uma introdução comparativa... cit.*, 45 ss., e quanto à versão de 1984, com desenvolvimentos, MENEZES CORDEIRO, *Direito Europeu das Sociedades cit.*, 773 ss.

[202] Neste sentido, ENGRÁCIA ANTUNES, *Os Grupos de Sociedades... cit.*, 177 e 179, assinalando a este modelo uma vantagem e um inconveniente: a vantagem é impedir que as empresas evitem sujeitar-se ao regime especial dos grupos, quando, de facto, têm uma estrutura grupal, através do expediente simples de não recorrerem a um dos instrumentos negociais previstos pela lei para a constituição do grupo; os inconvenientes são a imperatividade e a rigidez do regime, para além das dificuldades de determinação prática dos indícios de influência dominante (*idem,* 179).

grupos, que se retira do Projecto de 9ª Directiva, é semelhante à perspectiva de abordagem das incidências laborais dos grupos em alguma jurisprudência.

III. Num segundo nível de intervenção, os grupos societários são indirectamente tocados por alguns dos instrumentos normativos aprovados pela Comunidade Europeia, com o objectivo de proceder à harmonização dos sistemas jurídicos dos Estados Membros em matéria societária, em prossecução dos princípios comunitários fundamentais da liberdade de estabelecimento e da livre concorrência[203].

Como é sabido, a intervenção do direito comunitário em matéria societária, sobretudo, ao nível do direito derivado, através da aprovação de directivas e de regulamentos, tem sido muito ampla e abrange matérias muito diversificadas[204], embora, como observam alguns autores, as fontes

---

[203] Neste sentido, FAUSTO DE QUADROS, *Direito europeu das sociedades*, in AA/VV, *Estruturas Jurídicas das Empresas*, Lisboa, 1989, 151-181 (155 s.), observa que a intervenção comunitária em matéria de sociedades prossegue as denominadas Quatro Liberdades do Tratado de Roma.

[204] Assim, com base nas normas do Tratado de Roma e, actualmente, do TCE sobre liberdade de concorrência e de estabelecimento, foram aprovadas no domínio societário, directivas sobre as garantias dos sócios e a constituição de sociedades (Dir. 68/151/CEE, do Conselho, de 9 de Março de 1968 ou 1ª Directiva, sobre as garantias exigidas aos Estados Membros em matéria de constituição de sociedades, com o objectivo de proceder à respectiva equiparação, e Dir. 77/91/CEE, do Conselho, de 13 de Dezembro de 1976, ou 2ª Directiva, especificamente quanto às garantias do capital social nas sociedades anónimas), sobre fusões e cisões de sociedades anónimas (Dir. 78/855/CEE, do Conselho, de 9 de Outubro de 1978, ou 3ª Directiva, e Dir. 82/901/CEE, do Conselho, de 17 de Dezembro de 1982, ou 6ª Directiva, respectivamente, e ainda, quanto às fusões transfronteiriças das sociedades de responsabilidade limitada, a Dir. 2005/56/CE, do Parlamento e do Conselho, de 26/10/2005, ou 10ª Directiva), sobre contas anuais, contas consolidadas e fiscalização dos documentos contabilísticos (Dir. 78/660/CEE, do Conselho, de 25 de Julho de 1978, ou 4ª Directiva, Dir. 83/349/CEE, do Conselho, de 13 de Junho de 1983, ou 7ª Directiva, e Dir. 84/253/CEE, do Conselho, de 10 de Abril de 1982, ou 8ª Directiva, respectivamente, tendo esta última directiva sido, entretanto, substituída pela Dir. 2006/43/CE, de 17 de Maio de 2006), sobre a publicidade das sucursais duma sociedade de um Estado Membro noutro Estado Membro (Dir. 89/666/CE, do Conselho, de 21 de Dezembro de 1989, ou 11ª Directiva), sobre a sociedade unipessoal de responsabilidade limitada (Dir. 89/667/CEE, do Conselho, de 21 de Dezembro de 1989, ou 12ª Directiva), e sobre ofertas públicas de aquisição (Dir. 2004/25/CE, do Parlamento e do Conselho, de 21 de Abril de 2004, ou 13ª Directiva). Ficaram pelo caminho, por não terem chegado a ser adoptadas, o Projecto de 5ª Directiva, sobre a estrutura orgânica das sociedades anónimas, e o Projecto de

§ 5.º *A recepção jurídica dos grupos societários e empresariais* 119

normativas nesta área sejam, em alguns casos, incipientes[205]. Ora, o entrelaçamento do fenómeno dos grupos com algumas destas matérias torna os instrumentos normativos, que se lhes referem, directa ou indirectamente relevantes para a matéria dos grupos – é o que sucede com a matéria das fusões e das cisões de sociedades, tratadas pelas 3ª, 6ª e 10ª Directivas, uma vez que estas operações podem estar relacionadas com a constituição de um grupo societário; é o que ocorre com a figura da sociedade unipessoal de responsabilidade limitada, regulada pela 12ª Directiva, uma vez que os grupos podem surgir da constituição de uma sociedade totalmente dominada por outra sociedade; é o caso da matéria das contas societárias, tratada na 4ª e na 7ª Directivas, por razões financeiras e fiscais; e pode ainda ser o caso da figura da sociedade anónima europeia, regida pelo Reg. CE n.º 2157/2001, de 8 de Outubro de 2001, na medida em que se admite que esta sociedade seja uma *holding* (art. 2.º n.º 2 e arts. 32.º ss. do Regulamento) e a constituição de uma sociedade *holding* é justamente uma das formas de surgimento e de organização de grupos societários[206].

9ª Directiva, sobre os grupos de sociedades, a que nos referimos em texto. Para além das directivas referidas, foram ainda aprovados três regulamentos em matérias societária: o Reg. CEE n.º 2137/85, do Conselho, de 25 de Julho de 1985, relativo ao Agrupamento Europeu de Interesse Económico (AEIE), o Reg. CE n.º 2157/2001, do Conselho, de 8 de Outubro de 2001, relativo à sociedade europeia (SE), e o Reg. CE n.º 1435/2003, do Conselho, de 22 de Julho de 2003, relativo à sociedade cooperativa europeia (SCE). Por todos, quanto à produção normativa comunitária de direito societário, nas matérias referidas, MENEZES CORDEIRO, *Direito Europeu das Sociedades cit.*, 127 ss., e *Manual de Direito das Sociedades cit.*, I, 169 ss., e, para um panorama ordenado dos instrumentos normativos comunitários nesta matéria, ainda M. JORGE CASTELA (org.), *Direito Europeu das Sociedades*, Porto, 2005.

[205] MENEZES CORDEIRO, *Evolução do direito europeu das sociedades cit.*, 89 s., e FAUSTO DE QUADROS, *Direito europeu das sociedades cit.*, 179 s.

[206] A figura da sociedade anónima europeia reveste, aliás, um grande interesse para reconstituir a história do tratamento da matéria dos grupos pelas fontes comunitárias, porque uma das versões do Projecto de Regulamento dos Estatutos da Sociedade Anónima Europeia (a versão de 1975) chegou a disciplinar o fenómeno dos grupos de sociedades em termos consonantes com o Projecto de 9ª Directiva. Designadamente, este Projecto admitia a existência de um grupo na presença de uma influência dominante duma sociedade sobre outra sociedade, decorrente de participações de capital, de contratos ou de uma situação de união pessoal (art. 233.º), e previa um processo judicial para a declaração da existência de um grupo (art. 225.º); uma vez reconhecida a existência do grupo societário, este Projecto admitia o poder de direcção da sociedade mãe (art. 240.º) e estabelecia medidas de tutela da sociedade dependente, dos seus accionistas e credores sociais (arts. 228.º a 239.º). Con-

IV. Por fim, o direito comunitário em matéria de concorrência, em matéria contabilística e em matéria fiscal tem projecções no fenómeno dos grupos societários, em aspectos pontuais.

Como é sabido, as regras comunitárias em matéria de concorrência reconduzem-se a limitações às operações de concentração empresarial, exigindo o controlo prévio destas operações para avaliar os respectivos efeitos sobre o mercado e, por outro lado, pugnando pela manutenção da livre concorrência enquanto durar a situação de concentração (Reg. CE n.º 139/2004, de 20 de Janeiro de 2004, relativo ao controlo das concentrações de empresas de dimensão comunitária, ou «Regulamento das concentrações comunitárias», cuja base primária são os arts. 83.º e 308.º do TCE[207], e ainda o Reg. CE n.º 802/2004, de 7 de Abril de 2004[208]). Ora, podendo

tudo, na legislação comunitária que veio a aprovar o regime jurídico da sociedade europeia (o Reg. CE n.º 2157/2001, do Conselho, de 8 de Outubro de 2001, relativo à Sociedade Europeia – SE), não são contempladas as normas daquele Projecto relativas aos grupos societários. Este Regulamento prevê a emissão de legislação complementar para assegurar a sua efectivação (art. 68.º), dever a que Portugal deu cumprimento com a publicação do DL n.º 2/2005, de 4 de Janeiro, que também prevê a constituição de SE por meio de fusão ou através da constituição de uma sociedade gestora de participações sociais (respectivamente arts. 5.º ss. e 11.º ss.). Em apreciação desta matéria, embora no contexto do anterior Projecto normativo sobre o regime da sociedade europeia, W. SCHILLING, *Bemerkungen zum Europäischen Konzernrecht*, ZGR, 1978, 415-423, punha justamente em evidência esta diferença de perspectiva sobre o fenómeno dos grupos entre o sistema europeu e o sistema germânico, este de matriz contratual e aquele de matriz organizacional e com maior amplitude, designadamente no que tocava à concepção sobre a sociedade europeia. Ainda sobre a sociedade anónima europeia, FAUSTO DE QUADROS, *Direito europeu das sociedades* cit., 175 ss., e, já com reporte ao regime de 2001, MENEZES CORDEIRO, *Direito Europeu das Sociedades* cit., 855 ss., e *Manual de Direito das Sociedades* cit., II, 531 s., bem como R. PINTO DUARTE, *A sociedade (anónima) europeia – uma apresentação*, CDP, 2004, 6, 3-15, e *Prefácio* cit., 16 ss.

[207] Ao tempo em que terminamos o presente estudo, foi já aprovado o Tratado de Lisboa, que virá substituir o TCE e o TUE, pelo Conselho Europeu de Lisboa de 18 e 19 de Outubro de 2007, tendo o referido Tratado sido assinado a 17/12/2007 e publicado no JO C-306, de 17/12/2007. Contudo, como este Tratado aguarda ainda que se complete o processo a ratificação dos Estados Membros para entrar em vigor, abstemo-nos de fazer referência às normas que nele correspondem aos preceitos do TCE, actualmente em vigor e que referimos em texto. Esta observação vale, naturalmente, para as demais referências que formos fazendo ao TCE, ao longo do trabalho.

[208] O Reg. CE n.º 139/2004 revogou o Reg. CEE n.º 4064/89, de 21 de Dezembro de 1989, e o Reg. CE n.º 1310/97, que regiam anteriormente esta matéria. Sobre a evolução histórica da regulamentação comunitária nesta matéria e sobre o regime comunitário actualmente em vigor, *vd*, por todos, LUÍS MORAIS, *Empresas Comuns... cit.*, 720 ss.

§ 5.º A recepção jurídica dos grupos societários e empresariais   121

as operações de concentração empresarial ser feitas através da constituição de grupos, estas regras têm implicações relevantes nesta matéria.

Entre as regras de direito da concorrência com incidência nesta matéria, destacam-se os deveres de comunicação da intenção de proceder a operações de concentração, por parte das empresas envolvidas (art. 4.º n.º 1 do Reg. CE n.º 139/2004), mas salienta-se a incidência alargada desta regra, já que as empresas envolvidas podem não revestir a forma de sociedade comercial (art. 3.º n.ºˢ 1 a 4 do Reg. CE n.º 139/2004). Assim, deve concluir-se que o conceito de grupo é mais amplo para efeitos do direito da concorrência do que para efeitos jussocietários.

Por outro lado, são consideradas, para efeitos da situação de concorrência, como operações de concentração empresarial, as operações que envolvam o controlo de uma empresa sobre outra empresa, sendo a situação de controlo reconhecida a partir de indícios de influência dominante, que a lei apresenta exemplificativamente – estes indícios incluem a aquisição de participações societárias, totalitárias, maioritárias ou mesmo minoritárias, a aquisição de direitos reais sobre os activos da outra empresa e ainda a celebração de negócios parassociais que viabilizem o exercício de uma influência dominante sobre a outra empresa (art. 3.º n.ºˢ 2 e 3 do Reg. CE n.º 139/2004). Neste ponto é, pois, forçoso concluir que, para efeitos das regras de concorrência, o conceito de influência dominante tem um conteúdo especialmente amplo[209].

Por último, as normas comunitárias de defesa da concorrência, que proíbem os acordos e práticas concertadas (art. 81.º do TCE), bem como o abuso de posição dominante (art. 82.º do TCE), podem dirigir-se aos grupos societários, se se entender que, enquanto unidade económica, os grupos constituem uma unidade empresarial para efeitos destas normas[210-211].

---

[209] Sob o conceito de influência determinante e os respectivos indícios, veja-se, de novo e por todos, a análise de LUÍS MORAIS, *Empresas Comuns... cit.*, 720 ss., com amplíssimas ilustrações jurisprudenciais. Uma vez que este regime se entrecruza com o regime nacional em matéria de concorrência, voltaremos ao tema, *infra*, § 6.º, ponto 14.1.II.

[210] Uma vez que este regime se entrelaça também directamente com o regime nacional em matéria de concorrência, que trataremos no parágrafo subsequente do estudo (§ 6.º, ponto 14.1.) a ele voltaremos nesse momento, com mais desenvolvimentos, deixando-se, por ora, apenas o quadro geral.

[211] Ainda no âmbito das regras de preservação da livre concorrência, é de assinalar o processo normativo em curso relativo à elaboração de estatísticas sobre a estrutura e a actividade das empresas estrangeiras em relação de grupo. A Proposta de Regulamento do Parlamento Europeu e do Conselho (COM (2005) 88 final, de 15 de Março de 2005) sobre

No plano contabilístico, tem uma incidência directa no tema dos grupos societárias a 7ª Directiva em matéria societária, sobre consolidação de contas (Dir. n.º 83/349/CEE, do Conselho, de 13 de Junho de 1983), que regula o sistema contabilístico do conjunto de empresas pertencentes ao mesmo grupo. Como decorre do texto comunitário, o grupo é, para este efeito, encarado como uma unidade económica, independentemente da autonomia jurídica de cada uma das empresas que o integram.

Por fim, a mesma perspectiva económica sobre o fenómeno dos grupos é patente nas regras fiscais nesta matéria. Neste domínio, o direito comunitário ocupa-se, em especial, do regime fiscal aplicável às sociedades de um grupo internacional, em que a sociedade mãe e a sociedade filha estejam situadas em Estados Membros diferentes (Dir. n.º 90/435/CEE, de 23 de Julho de 1990). Em todo o caso, também neste domínio é patente a «personificação» do grupo para os efeitos pretendidos, já que ele é tomado directamente como sujeito passivo da obrigação de imposto[212].

V. Esta análise panorâmica do tratamento do fenómeno dos grupos ao nível do direito comunitário justifica algumas conclusões gerais.

A primeira conclusão tem a ver com a renitência do direito comunitário em aprovar um regime societário diferenciado para os grupos, com carácter genérico, contrariando a orientação seguida por alguns Estados Membros. Esta renitência – patente nas vicissitudes do Projecto de 9ª Directiva e aparentemente consolidada na *Comunicação da Comissão Europeia sobre o futuro do processo de harmonização do direito societário*, de 2003 (COM (2003) 284) – tem como efeito a sujeição genérica das sociedades membros de grupos ao regime comum do direito societário e, designadamente, a sua sujeição aos instrumentos normativos comunitários gerais em matéria societária. Por outras palavras, embora reconheçam a

---

esta matéria estabelece um regime comum para a produção de estatísticas sobre empresas em relação de grupo e, a esse propósito, define a «empresa estrangeira em relação de grupo» pela ideia do controlo por uma unidade institucional de outro país (art. 2.º a) da Proposta), considerando, para este efeito, como «controlo» o poder de determinar a política geral de uma empresa, *verbi gratia*, escolhendo os seus administradores ou controlando mais de metade dos votos ou mais de metade das acções (art. 2.º b) da Proposta). Os conceitos de empresa, de unidade local e de unidade institucional para este efeito são mais amplos do que o conceito de sociedade.

[212] Para mais desenvolvimentos sobre estes pontos, ENGRÁCIA ANTUNES, *Os Grupos de Sociedades... cit.*, 195 ss. Voltaremos a esta matéria na perspectiva do direito nacional, *infra*, § 6.º, ponto 14.2.

importância económica dos grupos, as instâncias comunitárias não parecem considerar necessário o seu tratamento jurídico diferenciado no quadro do direito societário[213].

Contudo, a esta primeira conclusão, de âmbito geral, vem juntar-se uma outra, de sinal contrário: é que, quer para efeitos societários específicos (como é o caso da consolidação de contas ou da sociedade anónima europeia), quer em prossecução de princípios comunitários noutras áreas (*verbi gratia*, o princípio da livre concorrência), o direito comunitário não tem hesitado em aprovar regulamentação com incidência nos grupos. Acresce que, nesta regulamentação, o fenómeno dos grupos parece ser concebido em moldes amplos, tanto do ponto de vista objectivo como do ponto de vista subjectivo: do ponto de vista objectivo, porque o grupo é reconhecido como uma unidade dotada de relevo jurídico (embora apenas para os efeitos prosseguidos, em concreto, por cada instrumento normativo), desde que se verifiquem os factores objectivos de influência dominante previstos e independentemente da vontade das empresas intervenientes (ou seja, em consonância com o preconizado no Projecto de 9ª Directiva e contrariamente à tradição germânica); e do ponto de vista subjectivo, porque a qualificação de uma concentração empresarial como grupo, para efeitos jurídicos, pode não ser limitada pelo carácter societário das empresas intervenientes.

As duas conclusões explicitadas viabilizam uma ilação geral: a de que não é, pelo menos até hoje, reconhecido valor jurídico ao fenómeno dos grupos societários em termos gerais mas apenas para efeitos parcelares, mas que, nesta aproximação parcelar ao fenómeno, o conceito de grupo é fluído, amplo e de base económica[214]. Esta ilação geral pode ter relevância para o enquadramento das incidências laborais dos grupos, de que nos ocuparemos na parte subsequente do nosso estudo.

---

[213] Neste sentido se compreende a observação de EMBID IRUJO, *Introducción... cit.*, 208, sobre o cepticismo do direito comunitário em relação à matéria dos grupos, após o fracasso das tentativas de regulamentação geral dessa matéria.

[214] Neste contexto, não surpreende a observação de G. MELIADÒ, *L'impresa di grupo... cit.*, 76 s., considerando que a regulamentação europeia sobre os grupos apresenta um carácter oscilante entre um regime que favorece a centralização da empresa colectiva (na linha do regime alemão) e a preservação da autonomia das sociedades do grupo, mostrando dificuldades em conciliar os interesses em presença – o interesse do grupo e o interesse social de cada um dos seus membros, e ainda os interesses dos respectivos accionistas e dos credores sociais.

§ 6.º O direito nacional e os grupos societários e empresariais

13. O regime comercial dos grupos societários; apreciação geral

13.1. Sequência

I. Para completar o quadro relativo à recepção jurídica do fenómeno dos grupos societários resta proceder à apreciação do direito nacional nesta matéria. Nesta apreciação, concentraremos a nossa atenção no regime jurídico-societário dos grupos, previsto no Código das Sociedades Comerciais, mas, para termos uma visão de conjunto do tratamento jurídico do fenómeno grupal no nosso ordenamento – que consideramos essencial para balizar a apreciação das valências laborais deste mesmo fenómeno – evocaremos ainda brevemente as referências dispersas à matéria dos grupos noutras áreas jurídicas em que o fenómeno tem sido ponderado: o direito da concorrência, o direito fiscal, o direito contabilístico e o direito bancário.

Fora desta digressão panorâmica pelo sistema jurídico nacional no tema dos grupos societários ficam, naturalmente, as referências às projecções laborais do fenómeno, uma vez que delas nos ocuparemos, *in specie*, na parte subsequente do estudo.

II. Como se referiu oportunamente, Portugal integra o reduzido número de países que prevêem um regime específico para as coligações societárias. Este regime foi introduzido pelo diploma que aprovou o Código das Sociedades Comerciais (DL n.º 262/86, de 2 de Setembro)[215],

---

[215] Trata-se de um caso de regulamentação por antecipação, no sentido em que foi prévio relativamente ao surgimento de problemas práticos na matéria. De facto, embora tenha sido amplamente inspirada noutros modelos regulativos (*maxime*, no modelo germânico, mas também, quanto a algumas soluções, no Projecto de 9ª Directiva Comunitária),

correspondendo ao título VI do Código (sob a designação de «Sociedades Coligadas»). Este título compreende quatro capítulos, onde se tratam, sucessivamente, os aspectos gerais desta problemática, o regime das relações de participação e de domínio societário, o regime das relações de grupo, e, por último, o regime das contas consolidadas. À excepção da matéria relativa à consolidação de contas, que foi introduzida posteriormente, este regime transitou do Projecto do Código para o texto final do diploma sem sobressalto[216] e apenas foi objecto de alterações pontuais com a Reforma do Código das Sociedades, introduzida pelo DL n.º 76-A/2006, de 29 de Março, que, por sua vez, foi já objecto de alterações pelo DL n.º 8/2007, de 17 de Janeiro[217].

---

a escassa jurisprudência nacional na matéria ao tempo do surgimento da regulamentação (situação que, aliás, se mantém até hoje) comprova esta afirmação – também salientando a escassa atenção dos nossos tribunais a esta matéria, ENGRÁCIA ANTUNES, *Os Grupos de Sociedades...cit.*, 270 e nota [547].

[216] Sobre o tema no Projecto do Código das Sociedades Comerciais e no texto final do diploma, BRITO CORREIA, *Grupos de Sociedades cit.*, 381 ss., referindo a inspiração do regime nacional nos sistemas alemão e brasileiro, no Projecto de 9ª Directiva e na Proposta Cousté.

[217] Por força do DL n.º 76-A/2006, de 29 de Março (entretanto rectificado pela Declaração de Rectificação n.º 28-A/2006, de 26 de Maio), foram alteradas, em matéria de coligação de sociedades, as seguintes normas: o art. 481.º n.º 2, corpo e alínea c), quanto ao âmbito de aplicação do regime, o art. 488.º n.º 1, quanto à constituição de um grupo por domínio total inicial, o art. 490.º n.ºs 3 e 4, quanto às formalidades do registo da aquisição de participações sociais tendentes ao domínio total, os arts. 492.º n.º 2 e 498.º, quanto à forma e às formalidades do contrato de grupo paritário e do contrato de subordinação, respectivamente, o art. 505.º, quanto à forma das deliberações de alteração do contrato de subordinação, e o art. 508.º-A, relativo ao regime das contas consolidadas. Como decorre do exposto, e à excepção das alterações aos arts. 481.º e 488.º, as mudanças feitas projectam o intuito de simplificação formal dos actos sociais, que constituiu um dos grandes objectivos da reforma do regime das sociedades comerciais, levada a efeito, entre outros diplomas, pelo DL n.º 76-A/2006, de 29 de Março. No que toca às alterações ao CSC, entretanto introduzidas pelo DL n.º 8/2007, de 17 de Janeiro, elas não tocaram no regime das sociedades coligadas, excepto na matéria das contas consolidadas, tendo sido, de novo, alterado o art. 508.º-A. Por todos, quanto aos objectivos essenciais desta ampla reforma, A. MENEZES CORDEIRO, *A grande reforma das sociedades comerciais,* Dir., 2006, III, 445-453, salientando, aliás, como aspecto positivo da reforma a «desformalização» dos actos societários (453), em entendimento que reitera no seu *Manual de Direito das Sociedades cit.*, I, 207 s.

Não corresponde ao objecto do presente estudo proceder a uma análise detalhada do regime das sociedades coligadas, mas devem salientar-se os traços essenciais desta regulamentação, para melhor podermos situar as incidências laborais do fenómeno dos grupos, na parte subsequente.

Nesta perspectiva de análise assumidamente limitada, porque generalista, cabe salientar os seguintes pontos essenciais: a delimitação das situações de coligação societária, para efeitos da incidência do regime legal; os traços fundamentais do regime das relações de participação e de domínio societário; e os aspectos essenciais do regime dos grupos societários, que constituem a modalidade essencial de coligação entre sociedades no nosso sistema jurídico.

13.2. Delimitação geral das situações de coligação societária

I. O primeiro ponto do regime do jurídico das sociedades coligadas, previsto no Código das Sociedades Comerciais, é, naturalmente, o que se prende com a determinação do âmbito de aplicação do próprio regime.

Para efeitos desta delimitação, o Código das Sociedades Comerciais não se socorre de um critério conceptual (ao contrário do que sucede noutros sistemas jurídicos, não encontramos na lei qualquer definição de sociedade coligada ou de grupo de sociedades[218]), mas de um critério tipificador ou enunciativo, que passa pela identificação de várias categorias de sociedades coligadas (art. 482.° do CSC). A este enunciado a lei associa um conjunto de requisitos exigidos a estas sociedades e que são comuns a todas as situações de coligação (art. 481.°).

II. Começando exactamente pelo segundo critério indicado, observa-se que a lei determina o âmbito de aplicação do regime das sociedades coligadas através da imposição de dois requisitos às sociedades envolvidas no fenómeno de coligação: um requisito relativo ao tipo societário e um requisito relativo à nacionalidade das sociedades envolvidas no fenómeno de coligação.

Assim, nos termos do art. 481.° do CSC, só podem ser estabelecidas relações de coligação societária entre sociedades anónimas, sociedades

---

[218] É o caso do direito alemão, que, como vimos oportunamente, apresenta uma definição geral de *Konzern* no § 18.° da AktG.

por quotas ou sociedades em comandita por acções (n.º 1). Por outro lado, o regime das sociedades coligadas, previsto no Código, só se aplica a sociedades com sede em Portugal, excepto para os efeitos enunciados nas várias alíneas do n.º 2 do art. 481.º do CSC. Estes dois requisitos são comuns a todos os tipos de coligação societária previstos no art. 482.º do CSC.

Como decorre do exposto, o âmbito de aplicação do regime das coligações societárias começa, desde logo, por ser duplamente circunscrito pelo tipo de sociedades envolvido na operação de coligação: de uma parte, porque ficam fora do regime as relações de colaboração societária que envolvam sociedades comerciais de responsabilidade ilimitada, sociedades civis, constituídas sob a forma de sociedade civil ou de sociedade comercial de responsabilidade ilimitada[219], ou outros tipos de empresas, como as empresas públicas que não revistam a forma de sociedade anónima ou por quotas[220], as empresas cooperativas e demais empresas não

---

[219] ENGRÁCIA ANTUNES, *Os Grupos de Sociedades...cit.*, 296 s. Noutro escrito, o autor critica esta auto-limitação do regime legal pelo critério formal do tipo societário, por considerar que ela depõe contra a finalidade protectiva do próprio regime – J. A. DE ENGRÁCIA ANTUNES, *O âmbito de aplicação do sistema das sociedades coligadas, in Estudos em Homenagem à Professora Doutora Isabel de Magalhães Collaço*, II, Coimbra, 2002, 95-116 (97 s.). Também criticando a limitação do regime legal pelo critério do tipo societário e defendendo, designadamente, a extensão do regime às sociedades em nome colectivo, OLAVO CUNHA, *Direito das Sociedades Comerciais cit.*, 62. Ainda criticando o âmbito limitado do regime legal, MARIA AUGUSTA FRANÇA, *A Estrutura das Sociedades Anónimas... cit.*, 26 s., observando a este propósito que este regime é quase de equiparar aos sistemas que discutem os fenómenos de coligação societária sem para eles terem disposto qualquer regime legal, tal o número de situações que ficam fora da sua alçada.

[220] A aplicabilidade do regime do Código das Sociedades Comerciais às empresas públicas é um ponto discutido na doutrina, sustentando alguns autores que o regime é aplicável por analogia a estas empresas, ou, pelo menos, às empresas detidas pelo Estado que revistam a forma de SA (neste sentido, entre outros, ENGRÁCIA ANTUNES, *Os Grupos de Sociedades...cit.*, 297 ss.), mas manifestando-se outros contra esta extensão (por exemplo, COUTINHO DE ABREU, *Da Empresarialidade... cit.*, 251, e BRITO CORREIA, *Grupos de Sociedades cit.*, 388); na jurisprudência, sobre esta possibilidade, *vd.* por exemplo, o Ac. RLx. de 26/04/1990, CJ, 1990, II, 161 ss., admitindo a possibilidade de uma empresa pública constituir uma sociedade sob domínio total. A nosso ver, a aplicabilidade deste regime às empresas públicas que se constituam sob forma societária não oferece dificuldades à luz do próprio regime jurídico das empresas públicas (estabelecido pelo DL n.º 558/89, de 17 de Dezembro, com as alterações introduzidas pelo DL n.º 300/2007, de 23 de Agosto), nomeadamente por conjugação dos arts. 3.º e 7.º desse diploma: por um lado, o art. 3.º admite expressamente a existência de relações jurídicas de domínio no

societárias[221]; de outra parte, porque, aparentemente, a lei impõe esta forma societária a todas as sociedades intervenientes na coligação (assim, deve revestir a forma de sociedade anónima, sociedade por quotas ou sociedade em comandita por acções qualquer uma das sociedades em relação de participação e tanto a sociedade dominante ou directora como a sociedade dominada ou subordinada), o que contribui para limitar ainda mais o âmbito de aplicação do regime legal[222-223].

Numa palavra, para o Código das Sociedades Comerciais, as relações de coligação são relações típicas das sociedades comerciais de responsabilidade limitada.

Por outro lado, o regime legal só se aplica às sociedades nacionais (i.e., as sociedades com sede no território nacional), nos termos do n.° 2 do art. 481.° do CSC[224], sendo este requisito exigível a todas as sociedades envolvidas na coligação, excepto nas situações previstas na própria norma[225-226].

---

contexto de empresas públicas e qualifica como empresas públicas as sociedades constituídas nos termos da lei comercial que sejam objecto da influência dominante de uma empresa pública; por outro lado, o art. 7.° determina a sujeição genérica das empresas públicas e das empresas participadas por empresas públicas ao direito privado, *verbi gratia,* ao direito comercial.

[221] Assim, ficam fora deste regime as relações de colaboração que envolvam um ACE, um AEIE, bem como associações, fundações ou cooperativas – neste sentido, por exemplo, ENGRÁCIA ANTUNES, *Os Grupos de Sociedades... cit.,* 295 s.

[222] Apesar de tudo, nada parece impedir que as relações de coligação se estabeleçam entre sociedades de responsabilidade limitada de tipo diferente (por exemplo, entre uma SA e uma SPQ ou uma SECA), excepto nos casos em que a lei disponha diferentemente – é o que sucede com os grupos constituídos por domínio total inicial, para os quais a lei impõe a adopção da forma de sociedade anónima para a sociedade unipessoal dominada constituída para o efeito (art. 488.° n.° 1 do CSC).

[223] Desta limitação decorre a nulidade dos contratos de subordinação ou de grupo paritário para constituição de um grupo societário, que sejam celebrados por entidades que não correspondam ao tipo societário previsto nesta norma. Neste sentido, especificamente quanto ao contrato de subordinação, ENGRÁCIA ANTUNES, *Os Grupos de Sociedades... cit.,* 617.

[224] Está em causa o conceito de sede efectiva e não nominal, i.e., a sede do poder de administração da sociedade, como decorre da conjugação deste preceito com a regra geral do art. 3.° n.° 1 do CSC (ENGRÁCIA ANTUNES, *Os Grupos de Sociedades...cit.,* 304 ss.).

[225] Para uma apreciação mais desenvolvida destas excepções, ENGRÁCIA ANTUNES, *Os Grupos de Sociedades...cit.,* 313 ss.

[226] No caso de grupos constituídos por via negocial (seja por contrato de subordinação, seja por contrato de grupo paritário), o desrespeito pelo requisito da nacionalidade

Este critério tem merecido a crítica da doutrina, não só por reduzir o âmbito de aplicação do regime legal, não se adequando, designadamente, à importância crescente dos grupos internacionais de sociedades[227], como também pelo facto de se traduzir numa situação de tratamento não igualitário das empresas nacionais e estrangeiras. Ora, sendo o regime do Código das Sociedades Comerciais nesta matéria um regime mais restritivo e exigente para as sociedades coligadas do que o regime societário comum, tal desigualdade de tratamento salda-se, afinal, numa posição menos vantajosa (porque mais controlada) das sociedades nacionais[228]. Apesar de tudo, chama-se a atenção para a atenuação desta regra através das extensões do regime previstas nas várias alíneas deste artigo, que têm, ainda assim, algum alcance.

A conjugação dos dois requisitos gerais enunciados permite concluir que o regime especial das sociedades coligadas limitou, voluntária e assumidamente, o seu próprio âmbito de aplicação.

Desta limitação decorre que as relações de colaboração inter-societária, que envolvam sociedades (ou mesmo só uma das sociedades) de

---

determina a nulidade do próprio contrato, nos termos gerais – neste sentido, especificamente quanto ao contrato de subordinação, ENGRÁCIA ANTUNES, *Os Grupos de Sociedades... cit.*, 618.

[227] Por todos, quanto a esta crítica, ENGRÁCIA ANTUNES, *Os Grupos de Sociedades... cit.*, 310 ss., e ainda *O âmbito de aplicação do sistema...cit.*, 105 ss., bem como OLAVO CUNHA, *Direito das Sociedades Comerciais cit.*, 62, e ainda OLIVEIRA ASCENSÃO, *Direito Comercial cit.*, IV, 576 s., este último qualificando esta limitação como «um excesso de prudência legislativa». Outros autores consideram que este requisito geográfico só se aplica hoje às sociedades por quotas mas não às sociedades anónimas, porque vigora, quanto a estas últimas, o regime dos arts. 325.°-A e 325.°-B do CSC, introduzidos pelo DL n.° 328/95, de 9 de Dezembro, que terá derrogado implicitamente o regime do art. 481.° n.° 2 quanto a esta categoria societária – neste sentido, MENEZES CORDEIRO, *Manual de Direito das Sociedades cit.*, I, 989.

[228] ENGRÁCIA ANTUNES, *Os Grupos de Sociedades...cit.*, 312 s., e *O âmbito de aplicação do sistema... cit.*, 110 ss., e ainda *The law of Affiliated Companies in Portugal cit.*, 365, expondo mesmo dúvidas de constitucionalidade do regime, por contrariedade ao princípio da igualdade. Noutra linha crítica, este autor observa que o requisito da nacionalidade abre, em si mesmo, a porta à fuga ao regime legal, uma vez que pode incentivar as sociedades a constituírem-se com sede noutro país, com o objectivo de se subtraírem à aplicação destas normas (ENGRÁCIA ANTUNES, *The law of Affiliated Companies in Portugal cit.*, 364) – quanto nós, não sufragamos esta última afirmação do autor, uma vez que o que releva para efeitos da sujeição ao regime legal é a sede efectiva e não a sede nominal.

outro tipo, bem como aquelas que envolvam sociedades com sede no estrangeiro (excepto para os efeitos previstos na lei), só podem ser consideradas como coligações societárias de facto, qualificação a que inere a sujeição das sociedades nelas intervenientes às regras gerais do direito societário e não ao regime especial das sociedades coligadas.

III. Uma vez clarificados os requisitos gerais exigidos às sociedades envolvidas num fenómeno de coligação societária, a lei procede então à delimitação destes fenómenos, através de um critério enunciativo ou de tipificação.

Em aplicação deste critério, o art. 482.º do CSC admite as seguintes modalidades de sociedades coligadas: as *sociedades em relação de simples participação*; as *sociedades em relação de participação recíproca*; as *sociedades em relação de domínio*; e as *sociedades em relação de grupo em sentido estrito ou próprio*[229]. Por sua vez, em desenvolvimento da categoria das sociedades em relação de grupo, a lei distingue três modalidades de grupo, de acordo com o acto constitutivo: o *grupo constituído por domínio total* (arts. 488.º ss.); o *grupo constituído por contrato de grupo paritário* (art. 492.º); e o *grupo constituído por contrato de subordinação* (arts. 493.º ss.).

Estas modalidades de coligação societária caracterizam-se do modo que segue.

As relações de simples participação são aquelas em que uma sociedade é titular de participações sociais da outra sociedade em montante igual ou superior a 10% do capital desta, desde que não se verifique qualquer outra situação de coligação e podendo a participação ser directa ou indirecta, i.e., exercida através de uma sociedade intermédia (art. 483.º do CSC). Já as relações de participação recíproca são aquelas em que duas sociedades têm uma participação social na outra sociedade, com valor superior a 10% do capital social (art. 485.º do CSC)

Por seu turno, as relações de domínio surgem quando uma sociedade (a sociedade dominante) pode exercer uma influência dominante sobre

---

[229] Esta qualificação decorre do facto de, em sentido amplo, se poder falar em grupos societários também a propósito das coligações societárias de simples participação e de participação recíproca, como se referiu oportunamente. Acolhendo expressamente esta distinção entre grupos em sentido amplo ou restrito, com reporte à nossa lei, MENEZES CORDEIRO, *Manual de Direito das Sociedades cit.*, I, 990.

outra sociedade, directa ou indirectamente, designadamente porque detém uma participação maioritária no respectivo capital, porque dispõe de mais de metade dos votos ou porque pode designar a maioria dos membros do órgão de administração ou do órgão de fiscalização da outra sociedade (art. 486.°).

Por fim, as relações de grupo em sentido estrito são as que decorrem de uma *situação de domínio total* duma sociedade sobre outra, ou através da constituição de uma sociedade cujo capital social seja totalmente detido pela sociedade dominante (*grupo constituído por domínio total inicial* – art. 488.° do CSC), ou através da aquisição da totalidade do capital social de uma sociedade já existente por outra sociedade (*grupo constituído por domínio total superveniente* – art. 489.° do CSC); e incluem ainda as *relações de grupo constituídas por via negocial*, através da celebração de um contrato de grupo paritário (contrato previsto no art. 492.° do CSC, através do qual duas ou mais sociedades independentes entre si e perante terceiros declaram sujeitar-se a uma direcção unitária comum), ou de um *contrato de subordinação* (contrato previsto no art. 493.° do CSC, pelo qual uma sociedade aceita sujeitar a gestão da sua actividade à direcção de outra sociedade, que pode ser sua dominante ou não).

IV. Este critério delimitador das situações de coligação societária permite retirar diversas conclusões, essenciais para a compreensão das ideias chave do sistema normativo português nesta matéria e do modo como este sistema se desenvolve.

A primeira conclusão tem a ver com a índole fechada do sistema normativo. De facto, por força deste critério de delimitação, apenas são havidas como situações de coligação societária, para efeitos da sujeição ao regime específico para elas estabelecido pelo Código das Sociedades Comerciais, as situações de colaboração ou de controlo inter-societário que correspondam a uma das categorias enunciadas – assim, as sociedades envolvidas em quaisquer outras formas de colaboração inter-societária sujeitam-se às regras societárias comuns. Por outras palavras, o regime das sociedades coligadas assenta num princípio de tipicidade ou de *numerus clausus*[230].

---

[230] Neste sentido, expressamente, ENGRÁCIA ANTUNES, *Os Grupos de Sociedades...* cit., 279, e ainda *The Law of Affiliated Companies in Portugal* cit., 357. Também chamando a atenção para a rigidez do sistema nacional nesta matéria, justamente por assentar

A segunda conclusão reporta-se à estrutura da própria tipificação apresentada. Como decorre do exposto, as várias modalidades de sociedades coligadas previstas na lei correspondem a duas grandes categorias: a categoria das relações societárias de participação, simples ou recíproca e das relações de domínio não total[231]; e a categoria das relações societárias de grupo, que podem ter uma base de facto (o grupo constituído por domínio total) ou uma base negocial (o grupo constituído através do contrato de grupo paritário ou do contrato de subordinação). Conclui-se assim que a nossa lei acolheu o sistema dualista germânico, distinguindo os grupos em sentido próprio ou estrito das outras relações de colaboração inter-societária, e, no âmbito dos primeiros, estabelecendo a distinção entre grupos negociais ou de direito (os grupos constituídos por contrato de grupo paritário ou por contrato de subordinação) e grupos não negociais ou de facto (os grupos constituídos por domínio total inicial ou superveniente), tendo em conta o critério do facto constitutivo[232].

A terceira e última conclusão tem a ver com o alcance prático do regime legal previsto para as várias modalidades de coligação societária, que, é, afinal, mais restrito que poderia parecer. Com efeito, apoiando-se na distinção entre relações de participação e de domínio societário, de um lado, e relações de grupo, do outro lado, o Código centra o essencial da sua regulamentação na segunda categoria de situações – designadamente no

---

no estabelecimento de categorias fechadas de coligação societária, que não correspondem à diversidade das formas económicas dos grupos, Eliseu Figueira, *Disciplina jurídica... cit.*, 39.

[231] Na expressão de Oliveira Ascensão, *Direito Comercial cit.*, IV, 574, esta categoria corresponde às relações inter-societárias que se caracterizam por possibilitarem uma «influência qualificada» sobre a outras sociedade, sem que, todavia, tal influência corresponda a uma relação de grupo. Como observa o autor (*idem*, 578), trata-se de uma categoria relativamente vaga, porque as situações de coligação que abrange são bastante diversas (designadamente, no que se refere às relações de domínio, que, embora assentem formalmente num critério relativo à participação societária, são delimitadas pelo critério da influência dominante).

[232] Como já referimos oportunamente, a classificação destas modalidades de grupos como «grupos de facto» e «grupos de direito» atende ao critério do facto constitutivo e não ao critério da regulação jurídica destas categorias, já que se tivermos em conta o critério da sua previsão normativa, os grupos constituídos por domínio total são também grupos de direito. Como observa Castro Silva, *Das relações inter-societárias... cit.*, 516, os grupos de facto não são como tal qualificados por terem um carácter ajurídico, mas apenas porque não têm base contratual.

que se refere ao reconhecimento do poder de direcção da sociedade dominante sobre a sociedade dominada e à consagração da responsabilidade da sociedade dominante pelas dívidas da sociedade dominada (respectivamente, arts. 503.° e 501.° do CSC). Ora, decorrendo dos critérios de tipificação dos grupos, acima enunciados, que eles têm que ter uma base negocial ou, se forem grupos de facto, apenas são como tal qualificados se corresponderem à situação de domínio societário total (i.e., a situação prevista nos arts. 488.° e 489.°), acaba por se concluir que o alcance dos aspectos essenciais do regime legal é diminuto – designadamente, ficam fora do âmbito de aplicação destas regras todas as situações de domínio societário de facto, não sejam de domínio total e que são, na prática, as mais frequentes.

V. As conclusões enunciadas explicam as críticas da literatura da especialidade ao regime dos grupos societários previsto na nossa lei, referindo os autores a sua fraca abrangência, por deixar de fora os grupos de facto[233]. Por outro lado, assentando o essencial do regime jurídico dos grupos na regulamentação do contrato de subordinação, mas não havendo notícias da celebração deste tipo de contratos (nem, aliás, dos contratos de grupo paritário)[234], a doutrina realça também a artificialidade do sistema normativo nesta matéria[235].

Uma apreciação, ainda que panorâmica e sucinta, dos principais aspectos deste regime jurídico permitir-nos-á confirmar a perspectiva crítica sobre o nosso sistema normativo em matéria de coligações societárias, que é subscrita pela maioria da doutrina. É a essa apreciação que procederemos de seguida.

---

[233] ENGRÁCIA ANTUNES, *Os Grupos de Sociedades... cit.*, 282, refere-se, a este propósito, ao «...enorme fosso entre o "*numerus clausus*" legal e a diversidade prática das formas de criação e organização de um grupo...».

[234] Neste sentido, expressamente, ENGRÁCIA ANTUNES, *Os Grupos de Sociedades... cit.*, 278. Por esta razão, P. PAIS DE VASCONCELOS, *Contratos Atípicos*, Coimbra, 1995, 1, aponta o contrato de subordinação como um exemplo da categoria (rara) de contratos tipificados na lei mas não «...tipificado na vida».

[235] Neste sentido, por exemplo, GRAÇA TRIGO, *Grupos de sociedades cit.*, 42.

13.3. As sociedades em relação de simples participação, de participação recíproca e de domínio

13.3.1. Relações societárias de simples participação e de participação recíproca

I. A primeira grande categoria de situações de coligação societária, regulada pelo Código das Sociedades Comerciais, inclui as relações de participação societária simples, as relações de participação recíproca e as relações de domínio não total (Capítulo II do título VI do CSC).

II. No que se refere às denominadas *relações de participação societária*[236], estas situações de coligação distinguem-se pelo critério do valor relativo das participações societárias e da natureza unilateral ou recíproca dessas participações. Assim, as relações de simples participação são aquelas em que uma sociedade é titular de participações sociais da outra sociedade em montante igual ou superior a 10% do capital desta, desde que não se verifique qualquer outra situação de coligação; e as relações de participação recíproca são aquelas em que duas sociedades têm uma participação social na outra sociedade, com valor igual ou superior a 10% do respectivo capital social, desde que não se verifique entre elas qualquer outra situação de coligação (art. 483.° n.° 1 do CSC).

Como decorre do exposto, a lei apenas considera significativas as relações de participação no capital de outra sociedade quando tal participação atinja 10% do valor do capital da sociedade participada[237]. Contudo,

---

[236] Especificamente sobre as relações de participação societária simples e recíproca, podem ver-se, entre outros, ENGRÁCIA ANTUNES, *Os Grupos de Sociedades... cit.*, 328 ss., e 375 ss., e ainda *The law of Affiliated Companies in Portugal cit.*, 368 ss. e 372 ss., BRITO CORREIA, *Grupos de Sociedades cit.*, 388 s., ou OLIVEIRA ASCENSÃO, *Direito Comercial cit.*, IV, 593 ss.; sobre as relações de participação recíproca em especial, *vd* ainda CASTRO SILVA, *Das relações inter-societárias... cit.*, 509, RAÚL VENTURA, *Participações recíprocas de sociedades em sociedades,* SIv, 1978, 27, 359-420, e C. OSÓRIO DE CASTRO, *Sociedades anónimas em relação de participações recíprocas: alguns aspectos de regime legal,* RDES, 1989, 1/2, 109-14, estes últimos autores procedendo também a uma análise comparada do regime das relações de participação societária recíproca em vários ordenamentos jurídicos.

[237] Relativamente ao modo de apuramento do montante da participação no capital social, *vd*, com extensos desenvolvimentos, ENGRÁCIA ANTUNES, *Os Grupos de Socieda-*

este critério geral de delimitação destas situações de coligação societária é ainda complementado por dois critérios de delimitação negativa, que se entrecruzam: por um lado, decorre da parte final do n.º 1 do art. 483.º do CSC que este tipo de coligação societária é residual, no sentido em que é afastado por qualquer outra situação de coligação (assim, para que a situação de coligação seja qualificada como uma relação de participação simples ou recíproca não basta que a sociedade detenha 10% ou mais do capital de outra sociedade, mas é necessário que não exista entre elas uma relação de domínio ou de grupo)[238]; por outro lado, embora a lei não estabeleça expressamente um limite máximo ao valor da participação na outra sociedade, decorre da própria inserção sistemática desta figura que o limite máximo da participação será de 50%, uma vez que, acima desse valor, a situação de coligação se reconduzirá necessariamente a uma relação de domínio, por força do art. 486.º n.º 2 a) do CSC[239]. Por outras palavras, a figura das relações de participação societária, simples ou recíproca, destina-se essencialmente a enquadrar as participações minoritárias duma sociedade no capital de outra sociedade[240].

---

des... cit., 336 ss. Note-se ainda, como observa OLIVEIRA ASCENSÃO, *Direito Comercial* cit., IV, 596 ss., que o limiar dos 10% do capital da outra sociedade, que é estabelecido pelo CSC para o reconhecimento de uma relação societária de participação simples ou recíproca, apenas é válido para efeitos do próprio CSC, já que em relações de participação de sociedades reguladas autonomamente, é reconhecida a existência de uma participação qualificada a partir deste mesmo limiar (assim, relativamente às instituições bancárias e seguradoras). Teremos oportunidade de aprofundar este ponto, a propósito da regulação dos fenómenos de grupo no sector bancário, *infra*, neste parágrafo, ponto 14.3.II.

[238] Neste sentido, ENGRÁCIA ANTUNES, *The law of Affiliated Companies in Portugal* cit., 368, considera que a relação de simples participação corresponde à categoria subsidiária ou residual das situações de coligação societária.

[239] Preconizando também esta conjugação dos dois preceitos, para efeitos da distinção entre as situações de participação societária e as relações de domínio, ENGRÁCIA ANTUNES, *Os Grupos de Sociedades... cit.*, 340.

[240] Na prática, a situação de domínio poderá existir mesmo sem a detenção de mais de metade do capital da sociedade participada, se, por exemplo, as acções detidas pela sociedade participante forem acções privilegiadas, assegurando-lhe o controlo da sociedade participada, ou simplesmente nos casos em que haja uma grande dispersão do capital social, o que viabiliza o controlo societário com a detenção de um número de participações muito abaixo do limiar dos 50% do capital. O que queremos, por ora, salientar, é que, por via de regra, as relações de participação se destinam a enquadrar as participações sociais minoritárias, ainda que com um limite mínimo de relevância, que a lei fixa nos 10% do capital da sociedade participada.

A lei prevê duas modalidades de coligação societária por participação minoritária de capital, quer simples quer recíproca: a relação de participação societária directa, que ocorre quando a titularidade de acções ou quotas da sociedade participada seja da sociedade participante; e a relação de participação societária indirecta, que surge quando as acções ou quotas da sociedade participada sejam detidas por uma sociedade dependente da sociedade participante, por conta desta sociedade, ou ainda por uma sociedade que esteja em relação de grupo com a sociedade participante (art. 483.º n.º 2 do CSC)[241].

Como última nota para a delimitação desta categoria de situações de coligação societária, cabe referir as condicionantes estatutárias das operações de aquisição de participações sociais, que emergem do art. 11.º n.º 5 do CSC. Nos termos desta norma, a aquisição de participações em sociedades com objecto social diferente, em sociedades reguladas em lei especial e em agrupamentos complementares de empresas tem que ser autorizada pelo pacto social, o que constitui, pelo menos teoricamente, um limite a este tipo de operações[242].

III. Uma vez delimitada a categoria das relações de participação societária, simples e recíproca, cabe referir os traços do seu regime. Estes traços são essencialmente dois e têm a ver com a comunicação da aquisição da participação e com a aquisição de novas participações ou o exercício dos correspondentes direitos sociais.

Em primeiro lugar, a lei estabelece o dever de comunicação das operações de aquisição e alienação das participações à outra sociedade,

---

[241] A este propósito, ENGRÁCIA ANTUNES, *Os Grupos de Sociedades... cit.*, 318 s. e 345, observa que a lei adopta um conceito material e não formal de titularidade das partes sociais, ao considerar equivalentes a participação societária directa e a participação societária indirecta. Para mais desenvolvimentos sobre as várias formas de domínio indirecto, *vd* ainda deste autor e nesta mesma obra, 344 ss., bem como OLIVEIRA ASCENSÃO, *Direito Comercial cit.*, IV, 608 ss.

[242] Tal limite é, como se sabe, eminentemente teórico, porque a regra é a inclusão de uma disposição de autorização deste tipo de operações nos estatutos societários, de modo a afastar o condicionamento legal. Contudo, ao exigir-se uma ponderação específica sobre tais operações, que, no caso, deve ficar obrigatoriamente reflectida no pacto social, esta norma revela, no mínimo, o intuito algo «controlador» do legislador sobre as operações de colaboração inter-empresarial, o que reflecte ainda o postulado tradicional da independência dos entes jurídicos societários, que está na base do direito das sociedades comerciais.

desde que situadas acima dos montantes mínimos de participação legalmente estabelecidos. Este dever (que se inspirou no correspondente *Mitteilungspflicht* do sistema germânico) é previsto tanto para as relações de participação simples (incumbindo então à sociedade participante, por força do art. 484.° do CSC) como para as relações de participação recíproca (como decorre implicitamente do art. 485.° n.° 2). A lei impõe a forma escrita para esta comunicação (art. 484.° n.° 1), tratando-se de uma forma qualificada, uma vez que a comunicação deve conter os elementos indicados no art. 486.° n.° 5 do CSC[243-244]. A lei não estabelece, contudo, um prazo para o exercício deste dever de comunicação, nem, sobretudo, qualquer consequência para o seu incumprimento, o que retira eficácia ao regime legal[245].

No caso das relações de participação recíproca decorre deste dever de comunicação um outro dever para a sociedade que mais tardiamente tenha efectuado tal comunicação: nos termos do art. 485.° n.° 2 do CSC, esta

---

[243] Para mais desenvolvimentos sobre o conteúdo deste dever de comunicação, ENGRÁCIA ANTUNES, *Os Grupos de Sociedades... cit.*, 359 ss. Estes deveres de comunicação são reforçados no caso das sociedades abertas, pelo CVM (art. 16.°, na redacção introduzida pelo DL n.° 357-A/2007, de 31 de Outubro) – especificamente sobre este ponto, PINTO FURTADO, *Curso de Direito das Sociedades cit.*, 376 s.

[244] No caso de relações de participação indirecta, a doutrina discute se este dever de comunicação cabe à sociedade que formalmente detém a participação, ou à sociedade mãe desta sociedade ou ainda a ambas as sociedades. Sobre esta discussão, que não nos pode ocupar no âmbito deste estudo, ENGRÁCIA ANTUNES, *Os Grupos de Sociedades... cit.*, 353 ss., sustentando, no contexto do direito nacional, que o dever de comunicação incumbe à sociedade que formalmente detém a participação, por imposição da letra da lei (*idem*, 354 s.).

[245] Neste sentido, ENGRÁCIA ANTUNES, *Os Grupos de Sociedades... cit.*, 368 s., considera que o regime legal das relações de simples participação é inconsequente e que este dever é uma simples «faculdade». Não acompanhamos esta qualificação, mas cremos, de facto, estar perante um ónus, no sentido em que a sociedade terá vantagem em proceder a esta comunicação, para ser a primeira a fazê-la, evitando assim as limitações que decorrem para a segunda sociedade a fazer a comunicação, no caso de vir, também ela, a ser participada pela outra sociedade. Para resolver os problemas colocados pela ausência de sanção para o incumprimento deste dever de comunicação, ENGRÁCIA ANTUNES, *Os Grupos de Sociedades... cit.*, 370 ss., e *The law of Affiliated Companies in Portugal cit.*, 370 s., preconiza a aplicação analógica do regime de paralisação dos direitos sociais inerentes às acções adquiridas, nos termos dos arts. 324.° n.° 1 a) e 325.°-B n.° 1 do CSC, até ao momento que o dever venha a ser cumprido. Ainda para uma apreciação crítica do regime nacional, no que se refere a este dever de comunicação, *vd* OSÓRIO DE CASTRO, *Sociedades anónimas... cit.*, 116 ss.

sociedade fica impedida de adquirir novas quotas ou acções da outra sociedade. Contudo, as consequências associadas ao desrespeito pelo preceito são de reduzido alcance, não só porque são limitadas a uma das sociedades envolvidas, mas, sobretudo, porque a lei não determina a nulidade do negócio de aquisição nem exige a alienação das participações que ultrapassem o limite legal (ao contrário do que sucede noutros países[246]), mas se limita a estabelecer restrições ao exercício dos direitos inerentes à titularidade das acções ou das quotas, na parte em que excedam o limite dos 10% do capital[247], e a determinar a responsabilidade dos administradores da sociedade adquirente pelos prejuízos que possam decorrer dessa situação para a sociedade (art. 485.° n.° 3 do CSC)[248]. Por outro lado, a já apontada ausência de sanções para o incumprimento dos deveres de comunicação pode tornar o regime inaplicável, porque ele assenta justamente naquelas comunicações.

IV. Ao regime jurídico descrito parecem estar subjacentes os seguintes objectivos essenciais: um objectivo de publicidade e de transparência das operações atinentes à concentração empresarial; um objectivo de tutela dos interesses da sociedade participada, dos seus sócios e credores sociais; e um objectivo de contenção do valor das participações inter-societárias dentro de certos limites.

---

[246] É a solução do direito francês: no caso de participações recíprocas, a sociedade que detenha a participação de valor inferior deve aliená-la, no prazo de um ano sobre a comunicação da respectiva aquisição ou, se as participações forem do mesmo valor, ambas as sociedades têm o dever de as alienar até ao limite de 10%. Solução semelhante foi adoptada pela lei italiana e pelo Projecto de 9ª Directiva – para mais desenvolvimentos sobre estes regimes, OSÓRIO DE CASTRO, *Sociedades anónimas... cit.*, 111 ss.

[247] A solução portuguesa aproxima-se, pois, mais da solução germânica, embora o limite estabelecido para este efeito pela AktG seja de 25% (§ 328). Autores como OSÓRIO DE CASTRO, *Sociedades anónimas... cit.*, 132 ss., criticam a solução nacional por entenderem que, uma vez ultrapassado o limite dos 10%, a inibição do exercício dos direitos sociais deveria atingir a totalidade das acções detidas pelo participante e não apenas as acções situadas acima daquele limite. Também OLIVEIRA ASCENSÃO, *Direito Comercial cit.*, IV, 594, considera o regime legal nacional nesta matéria um regime brando.

[248] Neste ponto, deve ainda ter-se em conta o art. 510.° n.° 2 do CSC, que estabelece uma pena de multa para o administrador ou o gerente da sociedade que, em violação da lei, adquira para a sociedade quotas ou acções de outra sociedade que com esta esteja em relação de participações recíprocas.

O objectivo de publicidade e transparência das operações de aquisição de participações sociais emerge claramente dos deveres de comunicação destas operações, consagrados para os dois tipos de relação de participação, e que, no caso das relações de participação simples constituem mesmo a única consequência regimental da figura. Ora, sendo a relação de participação societária simples a forma mais embrionária de concentração empresarial externa (uma vez que a aquisição de partes sociais de outra sociedade é, na maior partes dos casos, o primeiro passo para a constituição de um grupo societário[249]), este regime de publicidade acautela, desde logo, os interessados para a eventualidade de uma situação societária de dependência, com as consequências inerentes de diminuição ou perda da autonomia da sociedade participada. Assim, estas exigências de comunicação servem os interesses da sociedade participada, dos seus sócios e dos credores sociais[250].

Por seu turno, o objectivo de limitar o valor das participações intersocietárias[251] é assegurado pela proibição ou pela ineficácia da aquisição de capital da sociedade participante, acima dos limites fixados no art. 485.° n.° 1 do CSC, pela sociedade participada que mais tardiamente tenha efectuado a comunicação legalmente exigida (nos termos do art. 485.° n.os 2 e 3).

Contudo, a prossecução destes objectivos é, na prática, difícil de assegurar, dada a eficácia reduzida do regime disposto para esta categoria de situações de coligação, pelos motivos acima enunciados. Assim, é forçoso concluir que este regime tem um alcance limitado e dificilmente responde aos problemas colocados por este tipo de situações de coligação, designadamente ao perigo que delas pode decorrer para a intangibilidade do capital social da sociedade participada[252].

---

[249] Neste sentido, ENGRÁCIA ANTUNES, *Os Grupos de Sociedades... cit.*, 328, qualifica a relação de simples participação como a «coligação intersocietária básica».

[250] Reconhecendo este objectivo de publicidade e transparência, em benefício da sociedade participada, dos seus accionistas e dos credores sociais, como o objectivo essencial do regime das relações de participação simples, entre outros, ENGRÁCIA ANTUNES, *Os Grupos de Sociedades... cit.*, 329 ss., e 358.

[251] Este objectivo é reconhecido por autores como BRITO CORREIA, *Grupos de sociedades cit.*, 389, e OSÓRIO DE CASTRO, *Sociedades anónimas... cit.*, 132.

[252] Por esta razão, autores como OSÓRIO DE CASTRO, *Sociedades anónimas...cit.*, 115 s. e 139, acabam por concluir que o regime legal falhou os seus propósitos de tutela da sociedade participada. No mesmo sentido, ainda ENGRÁCIA ANTUNES, *The law of Affiliated Companies in Portugal cit.*, 375.

13.3.2. Relações societárias de domínio

I. Nos termos do art. 486.° n.° 1 do CSC, a *relação societária de domínio*[253] surge nos casos em que uma sociedade (a sociedade dominante) pode exercer uma influência dominante sobre outra sociedade (a sociedade dependente), quer directamente quer por intermédio de outra sociedade (art. 486.° n.° 2)[254].

Para concretizar o conceito juridicamente indeterminado de influência dominante[255] (que se inspira no equivalente conceito germânico de *beherrschende Einfluß*[256]), a lei recorre à técnica das presunções,

---

[253] Especificamente sobre esta forma de coligação societária, ENGRÁCIA ANTUNES, *The law of Affiliated Companies in Portugal cit.*, 376 ss., e ainda *Os Grupos de Sociedades... cit.*, 443 ss. Para uma apreciação panorâmica deste tema antes do surgimento do Código das Sociedades Comerciais, vd RAÚL VENTURA, *Participações dominantes: alguns aspectos do domínio de sociedades por sociedades*, ROA, 1979, I, 5-62, e II, 241-291.

[254] Antes do surgimento do Código das Sociedades Comerciais, o DL n.° 49381, de 15 de Novembro de 1969, já previa a figura das sociedades dominadas, que reconhecia em dois tipos de situações: no caso da detenção, por outra sociedade, de um número de acções que assegurasse a maioria dos votos em assembleia geral; e no caso de a sociedade estar sob a influência dominante de outra sociedade em consequência de especiais vínculos contratuais. O conceito de influência dominante não era, contudo, mais explicitado. Sobre o ponto, RAÚL VENTURA, *Participações dominantes... cit.*, 14.

[255] Também no sentido da qualificação do conceito de influência dominante como um conceito indeterminado, OLIVEIRA ASCENSÃO, *Direito Comercial cit.*, IV, 601, MENEZES CORDEIRO, *Manual de Direito das Sociedades cit*, I, 991 s., e ENGRÁCIA ANTUNES, *Os Grupos de Sociedades... cit.*, 452. Procurando integrar valorativamente este conceito, este último autor enuncia um conjunto de características da situação de influência dominante, que vão desde a índole meramente potencial do domínio (no sentido em que basta a possibilidade de exercício de influência dominante sobre outra sociedade, não se exigindo o exercício efectivo dessa influência), à exigência de uma certa estabilidade na influência dominante (no sentido em não é de qualificar como tal uma influência meramente fortuita sobre outras sociedades), passando pela dispensabilidade de uma duração mínima da influência e da possibilidade do seu exercício imediato, pela possibilidade de a influência ter um âmbito geral ou sectorial (ainda que, no segundo caso, deva atingir os aspectos mais relevantes da actividade da sociedade dominada), e exigindo-se, por fim, o carácter orgânico da influência (no sentido em que é exercida sobre os órgãos da sociedade dominada) – *idem*, 454 ss. O carácter vago e impreciso do conceito de influência dominante é ainda salientado por autores como ELISEU FIGUEIRA, *Disciplina jurídica...cit.*, 47.

[256] O conceito de influência dominante é de origem germânica (§ 17 da AktG), mas foi também utilizado no Projecto de 9ª Directiva (art. 9.° – *influence déterminante*) e na Proposta Cousté (art. 1.°).

estabelecendo as seguintes presunções legais de domínio: a detenção pela sociedade dominante de uma participação maioritária no capital da sociedade dominada[257]; a disposição, por parte da sociedade dominante, de mais de metade dos votos da sociedade dominada[258]; ou a possibilidade de designar mais de metade dos membros do órgão de administração ou de fiscalização da sociedade dominada pela sociedade dominante (art. 486.º n.º 2 a), b) e c) do CSC)[259].

Este critério de delimitação das situações de domínio societário justifica algumas notas complementares.

Em primeiro lugar, trata-se de um critério substancial e não formal de delimitação das situações de domínio, uma vez que a lei reconhece como dominantes situações em que a sociedade dominante não detém a maioria do capital da sociedade dominada, desde que possa actuar como tal – é o que sucede, por exemplo, se a sociedade detiver acções privilegiadas ou se, em resultado de um acordo parassocial ou de uma disposição estatutária especial, puder interferir decisivamente na designação dos membros do órgão de gestão ou de fiscalização da outra sociedade[260].

---

[257] Como observa ENGRÁCIA ANTUNES, *Os Grupos de Sociedades... cit.*, 485, a participação maioritária ou mesmo totalitária de capital é o instrumento de domínio societário mais importante e difundido.

[258] Esta presunção é de especial valia nas situações em que a maioria de capital não coincida com a maioria dos votos, por força de características específicas das participações sociais. Para uma descrição pormenorizada deste tipo de situações, ainda ENGRÁCIA ANTUNES, *Os Grupos de Sociedades... cit.*, 489 ss.

[259] Deve, contudo, atender-se à tendência de interpretação restritiva destas normas feita pela jurisprudência. Neste sentido, *vd* o Ac. STJ de 3/05/2000 (Proc. n.º 99S324), www.stj.pt, não considerando como relação societária de domínio parcial ou total a relação entre duas sociedades comerciais que passa, essencialmente, por um controlo económico de uma sociedade sobre a outra, e recusando, em consequência, a recondução destas situações à categoria dos grupos de sociedades.

[260] Para uma apresentação desenvolvida das situações de domínio, que podem decorrer da celebração de acordos parassociais, bem como de disposições estatutárias especiais, de contratos de direito comum ou simplesmente de maiorias de facto, ENGRÁCIA ANTUNES, *Os Grupos de Sociedades... cit.*, 499 ss., e ainda *Participações Qualificadas e Domínio Conjunto*, Porto, 2000, 32 ss. e 56 ss. Na jurisprudência, sobre uma situação de domínio em que se verifica a acumulação das funções de administrador na sociedade dominante e na sociedade dominada, pronunciou-se o Ac. RC de 19/09/2006 (Proc. n.º 69/04.9TBACN.C1), www.dgsi.pt.

§ 6.° *O direito nacional e os grupos societários e empresariais* 143

Em segundo lugar, estando em causa presunções de influência dominante, nada impede que seja reconhecida uma relação de domínio inter-societário mediante a verificação de outros factores que não os previstos nesta norma. Neste aspecto, o sistema não é fechado, apenas facilitando o reconhecimento da situação de domínio societário se estiver presente um (ou mais) dos factores de influência dominante referidos.

Em terceiro lugar, crê-se que estas presunções são de considerar, nos termos gerais do art. 350.° n.° 2 do CC, como presunções ilídiveis[261]. Assim, a qualificação da relação inter-societária como uma situação de domínio pode ser afastada mediante a prova de que a presunção de domínio existente não corresponde, no caso concreto, a um efectivo domínio de uma sociedade sobre a outra sociedade[262].

Por fim, embora não seja estabelecido expressamente o limite máximo da participação maioritária de capital, retira-se da conjugação desta norma com a disposição relativa ao grupo constituído por domínio total (art. 490.° n.° 1 do CSC) que as relações de domínio societário aqui contempladas, quando tenham na sua base a detenção da maioria do capital da sociedade dominada (i.e., a situação contemplada na alínea a) do n.° 2 do art. 486.°), serão apenas aquelas em que a participação societária se situe entre os 50% e os 90% do capital da sociedade dominada – abaixo dos 50%, e desde que não se verifique nenhuma outra presunção de domínio, a relação é de participação simples ou recíproca; e a partir dos 90% a relação é de grupo constituído por domínio total.

II. Uma vez delimitadas as situações de domínio societário, resta referir o regime que a lei associa a estas situações.

Por um lado, o Código das Sociedades Comerciais obriga à menção, quer pela sociedade dominante, quer pela sociedade dominada, do factor de domínio relevante no caso, sempre que a lei imponha a publicação ou declaração de participações (art. 486.° n.° 3 do CSC). Este dever não se

---

[261] Também subscrevendo esta qualificação, ENGRÁCIA ANTUNES, *Os Grupos de Sociedades... cit.*, 554 e 556 s.

[262] Por exemplo, se se provar que, embora maioritárias, as acções estão oneradas, implicando tal oneração a inibição do exercício dos direitos de voto pelo respectivo titular, o que, não sendo a regra, pode ocorrer nos termos previstos no art. 23.° n.° 4 do CSC, fica afastada a hipótese de um domínio real sobre a outra sociedade, o que ilide a presunção de influência dominante. Para mais desenvolvimentos sobre o tipo de prova exigível para ilidir estas presunções, ainda ENGRÁCIA ANTUNES, *Os Grupos de Sociedades... cit.*, 556 ss.

confunde com o dever de comunicação escrita à outra sociedade dos negócios de aquisição e alienação de partes sociais, que é cominado para as relações de participação simples e de participação recíproca, nos termos acima indicados (arts. 484.º n.º 1 e 485.º n.º 1 do CSC) e que a lei parece não estender às situações de domínio[263].

Por outro lado, a lei estabelece uma proibição geral de a sociedade dominada adquirir, a título oneroso e directa ou indirectamente, quotas ou acções da sociedade dominante (art. 487.º n.º 1)[264], cabendo ainda, no caso de sociedades anónimas, conjugar esta regra com os limites gerais à aquisição de acções próprias, estabelecidos nos arts. 316.º ss. e, em especial, nos arts. 325.º-A e 325.º-B do CSC[265]. Contudo, a consequência da violação desta regra difere consoante a natureza do acto de aquisição: se se tratar de uma aquisição comum, o negócio de aquisição é nulo; em caso de subscrição em bolsa, o negócio é válido, mas é aplicável a inibição do exercício dos direitos inerentes à titularidade das acções, prevista no art. 485.º n.º 3 do CSC, relativamente às acções adquiridas (art. 487.º n.º 2)[266].

III. Da leitura dos preceitos relativos a estas situações de coligação societária resulta, como conclusão geral, o alcance limitado do regime legal nesta matéria, seja na perspectiva da tutela dos interesses da sociedade dominada, dos seus sócios e credores sociais, seja na perspectiva da legitimação da situação de domínio societário.

---

[263] A doutrina critica, com justeza, a não extensão deste dever de comunicação ao caso de detenção da maioria do capital da outra sociedade, porque tal situação configura um regime mais exigente para uma situação de participação minoritária do que para uma situação de participação maioritária de capital. Neste sentido, ENGRÁCIA ANTUNES, *Os Grupos de Sociedades... cit.*, 341.

[264] Como refere ENGRÁCIA ANTUNES, *Os Grupos de Sociedades... cit.*, 441, esta proibição deve estender-se não só à aquisição como também à subscrição de acções.

[265] A este propósito, alguma doutrina considera que, no tocante às sociedades anónimas, o art. 487.º do CSC foi implicitamente derrogado pelos arts. 325.º-A e 325.º-B do mesmo diploma, introduzidos no Código das Sociedades Comerciais pelo DL n.º 328/95, de 9 de Dezembro, pelo que o regime nele disposto apenas se aplica às sociedades por quotas – neste sentido, MENEZES CORDEIRO, *Manual de Direito das Sociedades cit.*, I, 991, e OLIVEIRA ASCENSÃO, *Direito Comercial cit.*, IV, 604.

[266] Aplica-se ainda a esta situação o art. 510.º n.º 2 do CSC, que impõe a sanção de multa ao administrador ou ao gerente da sociedade que, em violação da lei, adquira para a sociedade quotas ou acções de outra sociedade que com esta esteja em relação de domínio.

Com efeito, da comparação deste regime com o regime dos grupos societários em sentido estrito[267] decorre que a lei não quis equiparar estas duas situações de coligação societária, legitimando juridicamente a situação de domínio através do reconhecimento de um poder de direcção à sociedade dominante[268], mas quiz antes associar as situações de domínio societário maioritário à categoria das relações de participação societária minoritária, simples ou recíproca.

Contudo, a verdade é que desta associação não se retira, no regime em apreço, a orientação geral no sentido da protecção da sociedade dominada, dos seus sócios e credores sociais, que se observa nas situações de participação societária minoritárias acima apresentadas. É que os dois aspectos do regime previsto para esta categoria de situações (i.e., o dever de publicitação do factor de domínio relevante e a nulidade ou a ineficácia da aquisição de participações societárias pela sociedade dominada) não asseguram, na prática, a tutela dos interesses da sociedade dominada, dos seus sócios e credores sociais, em nome dos princípios tradicionais da unidade e da autonomia societárias, porque não são suficientes para impedir o domínio de facto de uma sociedade sobre outra sociedade, nem sequer para controlar o modo como tal domínio pode ser exercido[269].

Sendo desprovido de uma lógica valorativa clara, o regime legal nesta matéria passa assim, de certa forma, ao lado dos problemas colocados pela situação de domínio societário maioritário de facto, o que não se compadece com a importância prática desta categoria de coligações intersocietárias. Por esta razão, os autores consideram este regime «insatisfatório» do ponto de vista da tutela dos interesses em presença e criticam o seu carácter «marginal» no conjunto do regime das coligações societá-

---

[267] *Infra,* ponto seguinte.
[268] Especificamente sobre este ponto, OLIVEIRA ASCENSÃO, *Direito Comercial cit.,* IV, 605 ss., reconhecendo contudo, este autor que, embora a lei não confira à sociedade dominante qualquer poder de direcção sobre a sociedade dominada, os gestores desta sociedade devem ponderar o interesse do grupo e prosseguir tal interesse, desde que não sacrifiquem o interesse da sua própria sociedade.
[269] Contrariamente à orientação da lei portuguesa, outros sistemas jurídicos consagram medidas de reforço da autonomia da sociedade dependente e limites à intervenção da sociedade dominante nesta categoria de situações – é o caso do sistema alemão, nos §§ 311 a 317 da AktG.

rias, que se opõe à importância prática deste tipo de situações, comprovada ainda acessoriamente pela falta de recurso aos grupos de fonte negocial[270].

Em resultado do exposto, resta dizer que a relação entre sociedade dominante e sociedade dependente, que corresponda a uma situação jurídica de domínio, se rege, excepto quanto aos pontos específicos acima indicados, pelas normas gerais do direito societário[271], sendo, pois, no âmbito dessas normas que se devem procurar os instrumentos de tutela dos interesses da sociedade dependente, dos seus sócios e credores sociais.

Para este objectivo de tutela contribui, desde logo, a limitação do exercício dos poderes da sociedade dominante sobre a sociedade dependente pela necessidade de respeito pelo interesse social desta última (nos termos gerais do art. 64.º do CSC)[272-273], mas também as regras de

---

[270] As expressões críticas entre aspas são de ENGRÁCIA ANTUNES, *Os Grupos de Sociedades... cit.*, 448 s., que considera inclusivamente que esta insuficiência da regulamentação legal dos denominados grupos de facto contribui para a falta de efectividade de todo o regime jurídico em matéria de grupos, porque desincentiva a constituição dos grupos de direito ou negociais – *idem*, 449 s. Como observa este autor, não existe, na verdade, no nosso sistema, um regime legal específico para as relações entre sociedades dominantes e dominadas, com a consequência inevitável da remissão dos problemas colocados por esta matéria para os tribunais – *idem*, 571 e 573. Também CASTRO SILVA, *Das relações inter-societárias... cit.*, 509 ss., estranha a reduzida importância reconhecida pela nossa lei à categoria das relações societárias de domínio de facto, embora aponte, como ponto positivo, a clarificação legal das situações de influência dominante. Já GRAÇA TRIGO, *Grupos de sociedades cit.*, 72 s., critica o regime legal por considerar que ele ignora a similitude prática que existe entre a situação de domínio societário maioritário e a situação de domínio societário total: do ponto de vista da possibilidade de intervenção duma sociedade noutra sociedade, sendo indiferente, na maioria dos casos, a detenção de mais de 50% do capital (situação que a lei qualifica como domínio simples) ou de mais de 90% (situação que a lei qualifica como grupo por domínio total), não se compreende a diferença dos regimes legais num e noutro caso.

[271] Neste sentido, ENGRÁCIA ANTUNES, *The law of Affiliated Companies in Portugal cit.*, 380, ou ELISEU FIGUEIRA, *Disciplina jurídica...cit.*, 47 s., este último relativamente à generalidade dos grupos de facto.

[272] A limitação da actuação da sociedade dominante sobre a sociedade dependente pela necessidade de respeito pelo interesse social desta última tem levado a doutrina a admitir que valham aqui os instrumentos gerais de impugnação das deliberações sociais abusivas, com recurso ao art. 58.º n.º 1 b) do CSC, que estabelece a anulabilidade das deliberações sociais tomadas com o objectivo de favorecer especificamente um dos sócios em prejuízo da sociedade, bem como o recurso aos impedimentos de voto em assembleia geral da sociedade dependente, quando haja conflito dos interesses desta sociedade e da

responsabilidade dos membros do órgão de administração da sociedade dependente, perante a sociedade, os credores sociais, os sócios e terceiros (nos termos dos arts. 72.º a 80.º do CSC)[274], e ainda a cominação da responsabilidade solidária do sócio da sociedade dependente que detenha o poder de designar os membros da respectiva administração, solidariamente com as pessoas designadas (ou seja, nos termos do art. 83.º do CSC)[275].

---

sociedade dominante, nos termos dos arts. 251.º, 367.º n.º 2, 384.º n.º 6 e 478.º do CSC, para os vários tipos societários, respectivamente. Chamando a atenção para a possibilidade de recurso a estas figuras no contexto das situações de domínio societário de facto, mas salientando igualmente as dificuldades da sua aplicação neste contexto, pela dificuldade de delimitação dos interesses em conflito, ENGRÁCIA ANTUNES, *Os Grupos de Sociedades... cit.*, 575 ss. Também CASTRO SILVA, *Das relações inter-societárias... cit.*, 497, considera que, no caso dos grupos de facto, a influência do grupo ou da sociedade dominante sobre a sociedade dominada pode ser combatida por acções de impugnação das deliberações sociais que prejudiquem os interesses da sociedade dominada, bem como por acções de responsabilização dos respectivos administradores.

[273] Não cabe no âmbito deste estudo dirimir a difícil questão da integração do conteúdo do conceito de interesse social e da interpretação do art. 64.º do CSC, que tem merecido a crítica da doutrina. Referindo-se a este tema, já com reporte à redacção do art. 64.º introduzida pelo DL n.º 76-A/2006, de 29 de Março, podem ver-se, entre outros, COUTINHO DE ABREU, *Curso de Direito Comercial*, II, 2ª ed., Coimbra, 2007, 288 ss., e, *maxime*, 293 ss., e, sobretudo, *Deveres de cuidado e de lealdade dos administradores e interesse social*, in *Reformas do Código das Sociedades,* Colóquios do Instituto de Direito do Trabalho e das Empresas, n.º 3, Coimbra, 2007, 15-47 (31 ss.), P. PAIS DE VASCONCELOS, *A Participação Social nas Sociedades Comerciais*, 2ª ed., Coimbra, 2006, 315 ss., ou MENEZES CORDEIRO, *Manual de Direito das Sociedades cit.*, I, 799 ss. Especificamente no que se reporta às coligações societárias, o problema é, obviamente, acrescido, porque às dificuldades de delimitação do conceito de interesse social de cada sociedade envolvida no fenómeno de coligação vêm somar-se as dificuldades de conciliação deste interesse com o interesse social da sociedade dominante ou directora e com um (eventual) interesse comum ou do grupo.

[274] A este propósito, a doutrina sublinha o facto de a sociedade dominante não poder dar ordens e instruções directas aos membros do órgão de administração da sociedade dependente, por força da independência destes, e a necessária vinculação dos gerentes e administradores da sociedade dependente exclusivamente pelo interesse social desta sociedade, *verbi gratia* quando tal interesse colida com o interesse da sociedade dominante – ENGRÁCIA ANTUNES, *Os Grupos de Sociedades... cit.*, 578 ss. O desrespeito culposo destes deveres determina a responsabilidade do administrador ou do gerente nos termos dos arts. 72.º ss. do CSC, embora seja, na prática, difícil determinar tal conflito de interesses.

[275] Para mais desenvolvimentos sobre a aplicação desta norma no contexto específico das situações de domínio inter-societário, ainda ENGRÁCIA ANTUNES, *Os Grupos de Sociedades... cit.*, 585 ss.

Por outro lado, o instituto da desconsideração da personalidade colectiva poderá ser chamado à colação em situações excepcionais de utilização abusiva ou fraudulenta da personalidade societária pela sociedade dependente (designadamente para escapar à imputação da responsabilidade para com os credores sociais ou para com terceiros), por forma a atingir a sociedade dominante[276].

Por fim, numa linha diversa de tutela, vem sendo apontada por alguns sectores a possibilidade de extensão, por aplicação analógica, da regra especial do art. 501.° do CSC, que comina a responsabilidade da sociedade directora pelas dívidas da sociedade subordinada no caso dos grupos em sentido próprio, a algumas relações de domínio de facto – as denominadas *situações de domínio de facto qualificado*. Esta possibilidade entronca na autonomização (que teve origem na dogmática germânica), no seio das situações de domínio societário, das relações de domínio de facto qualificado (*qualifizierte faktisches Konzerne*)[277]: tais situações seriam de reco-

---

[276] Especificamente sobre a aplicação do instituto da desconsideração da personalidade colectiva no contexto societário, entre outros, COUTINHO DE ABREU, *Da Empresarialidade... cit.*, 198 ss., chamando exactamente a atenção para a natureza excepcional do instituto (*idem*, 209 s.), MENEZES CORDEIRO, *Manual de Direito das Sociedades cit.*, I, 375 ss., e *Do levantamento da personalidade colectiva*, DJ, 1989/90, 147-161, e ainda PEDRO CORDEIRO, *A Desconsideração da Personalidade Jurídica das Sociedades Comerciais*, Lisboa, 1989, 94 ss. Com referência ao problema no âmbito das coligações societárias, CASTRO SILVA, *Das relações inter-societárias... cit.*, 497 s., admite o recurso à técnica da desconsideração da personalidade colectiva, designadamente quando se verifiquem os pressupostos da tutela da confiança (por exemplo, no caso em que a sociedade dominante tenha emitido cartas-conforto), bem como A. MENEZES CORDEIRO, *O Levantamento da Personalidade Colectiva no Direito Civil e Comercial*, Coimbra, 2000, 81 ss., 131 ss., 148 ss. e *passim*; e especificamente sobre a aplicação da técnica da desconsideração da personalidade colectiva nas situações de domínio, ainda ENGRÁCIA ANTUNES, *Os Grupos de Sociedades...cit.*, 597 ss., com amplas indicações de direito comparado. Na jurisprudência, o Ac. RLx. de 3/03/2005 (Proc. n.° 1119/2005-6), www.dgsi.pt, aplicou a técnica da desconsideração da personalidade jurídica colectiva numa situação de domínio societário de facto, por utilização abusiva da personalidade societária com o objectivo de iludir a responsabilidade da sociedade dominada perante os credores.

[277] Entre muitos outros, na doutrina germânica, quanto aos denominados «grupos de facto qualificados», HOFFMANN-BECKING (Hrsg.), *Münchener Handbuch des Gesellschaftsrechts cit.*, 1007 ss., WILHELM, *Kapitalgesellschaftsrecht cit.*, 360, KARSTEN-SCHMIDT, *Gesellschaftsrecht cit.*, 502 s., 964 s., e 1224 ss., RAISER / VEIL, *Recht der Kapitalgesellschaften cit.*, 749 ss., ou LUTTER, *Die zivilrechtliche Haftung... cit.*, 260 ss., e *passim*; e, entre nós, sobre o mesmo tema, MENEZES CORDEIRO, MENEZES CORDEIRO, *O Levantamento da Personalidade Colectiva... cit.*, 137 ss.

nhecer quando a relação de domínio já se concretizou, de facto, em instruções concretas, que, apesar de não corresponderem a nenhum poder jurídico de direcção, resultaram na subordinação da sociedade dominada à sociedade dominante ou a outra sociedade do grupo (de facto), resultado este que justificaria a extensão da regra da responsabilidade da sociedade-directora[278]. Embora este entendimento seja prometedor, *de jure condendo,* temos, todavia, alguma dificuldade em o acompanhar perante o nosso sistema positivo, por duas razões: desde logo, porque o regime de responsabilidade da sociedade directora para com os credores da sociedade filha tem carácter excepcional, o que, por si só, contende com a possibilidade de aplicação analógica das suas regras a outras situações; e também, em argumento *a contrario sensu,* retirado do art. 491.º do CSC, porque, ao circunscrever a extensão das regras especiais de responsabilidade às situações de domínio total, esta norma parece opor-se a outras extensões.

13.4. As sociedades em relação de grupo

13.4.1. Aspectos gerais

I. Apreciadas sumariamente as relações de participação societária, cabe agora apreciar a categoria dos grupos de sociedades em sentido estrito ou próprio, a que correspondem, como se referiu oportunamente, os aspectos mais significativos do regime jurídico nacional em matéria de coligações societárias[279].

No seio da categoria dos grupos de sociedades em sentido estrito (desenvolvida no Capítulo III do Título VI do Código das Sociedades Comerciais, sob a designação «Sociedades em relação de grupo») distin-

---

[278] Esta possibilidade foi aventada, entre nós, pela primeira vez por ENGRÁCIA ANTUNES, *Os Grupos de Sociedades...cit.,* 601, mas foi, mais recentemente, desenvolvida por O. DINIS VOGLER GUINÉ, *A responsabilização solidária nas relações de domínio qualificado – uma primeira noção sobre o seu critério e limites,* ROA, 2006, 295-325 (309 e 318 s.).

[279] Também considerando a categoria dos grupos em sentido estrito como a categoria central do regime jurídico das coligações societárias, no contexto nacional, ENGRÁCIA ANTUNES, *Os Grupos de Sociedades... cit.,* 607.

guem-se, na verdade, dois tipos de grupos, de acordo com o critério do acto institutivo do agrupamento societário: os grupos de origem negocial, que são constituídos com recurso à celebração de um contrato de grupo paritário (art. 492.º) ou de um contrato de subordinação (art. 493.º); e os grupos com origem numa situação de domínio total (de facto) duma sociedade sobre outra sociedade, podendo este domínio ser inicial ou superveniente (arts. 488.º e 489.º).

II. Na apreciação que vamos empreender, passaremos sumariamente em revista cada uma destas modalidades, mas a categoria dos grupos justifica, desde já, duas observações gerais: a primeira reporta-se à sua delimitação no âmbito das relações de coligação societária; a segunda refere-se à orientação geral do regime disposto para esta categoria pelo Código das Sociedades Comerciais.

No que se refere à delimitação geral da categoria dos grupos societários, observa-se que a lei prescindiu de uma definição de grupos, contentando-se em diferenciá-los das restantes relações de colaboração societária através do enunciado das várias formas que podem revestir[280] – por outras palavras, estamos, de novo, perante um critério enunciativo e taxativo de delimitação[281]. Deste critério de delimitação decorre que o regime normativo dos grupos societários é um regime fechado, ao que inere a recusa da qualificação, como grupos em sentido próprio, dos grupos económicos que tenham sido constituídos por outra via que não através dos instrumentos para tal consignados no Código, e, por conse-

---

[280] Em crítica a esta orientação, alguns autores consideram que a nossa lei prescindiu mesmo formalmente da categoria dos grupos, uma vez que apenas se refere a «sociedades em relação de grupo» (art. 482.º d) e titulação do capítulo do CSC dedicado a esta figura), daí retirando a conclusão de que o legislador teria querido antes assimilar a figura dos grupos às relações de participação societária, considerando-os como mais uma categoria de relações de participação – neste sentido, MARIA AUGUSTA FRANÇA, *A Estrutura das Sociedades Anónimas... cit.*, 29 e 31. Não acompanhamos este entendimento, por um lado, porque a tarefa de qualificação não compete, por princípio, à lei, e, por outro lado, porque o regime jurídico dos grupos (ou, na terminologia do Código, das «sociedades em relação de grupo») confirma a distinção clara entre esta categoria de situações de coligação e as situações de coligação assentes na participação societária minoritária e no domínio societário não total.

[281] Neste sentido, também para realçar o carácter fechado do regime legal dos grupos, ENGRÁCIA ANTUNES, *Os Grupos de Sociedades... cit.*, 609 s.

quência, a sujeição das sociedades que integrem tais «grupos» às regras gerais do direito das sociedades comerciais.

No que se refere ao regime jurídico dos grupos *stricto sensu*, podem deixar-se, desde já, duas notas essenciais, sobre a importância relativa das várias categorias de grupos contempladas pela lei e sobre a índole geral do regime legal nesta matéria.

A primeira observação, que resulta globalmente do regime dos grupos societários em sentido estrito, tem a ver com o facto de, apesar de prever três formas de constituição dos grupos, a lei se concentrar essencialmente na figura dos grupos constituídos por contrato de subordinação, regulando esta modalidade de forma detalhada (Secção III, arts. 493.° a 508.° do CSC), ao passo que regula sumariamente e, em parte, por remissão, os grupos constituídos por domínio total (Secção I, arts. 488.° a 491.° do CSC) e apenas prevê a figura dos grupos constituídos por contrato de grupo paritário (Secção II, art. 492.°), mas não estabelece o regime jurídico respectivo. Perante este quadro, impõe-se, pois, reconhecer que a figura dos grupos de subordinação constitui a modalidade central dos grupos em sentido estrito, pelo menos para a lei[282].

A segunda observação tem a ver com a índole geral do regime legal, que evidencia a lógica dualista do nosso sistema em matéria de sociedades coligadas. Esta lógica, de inspiração germânica, assenta numa separação formal entre as relações de participação e domínio, de uma parte, e, de outra parte, as relações de grupo, decorrendo desta separação a sujeição a regimes jurídicos diametralmente opostos: assim, enquanto o regime das relações de participação e de domínio simples continua, com maior ou menor eficácia, a ser orientado pelo objectivo de preservar a independência das sociedades envolvidas, o regime dos grupos societários, constituídos por contrato de subordinação ou por domínio total[283], é, claramente, um regime desviante em relação às regras gerais do direito societário, admitindo, designadamente, a direcção externa da sociedade dependente pela sociedade dominante (ou seja, quebrando o princípio geral da autonomia societária), mas também alargando a responsabilidade da sociedade

---

[282] Neste sentido, também ENGRÁCIA ANTUNES, *Os Grupos de Sociedades... cit.*, 611, e ainda *The Law of Affiliated Companies in Portugal cit.*, 381.

[283] Como acima referimos, a lei absteve-se de prever o regime jurídico dos grupos constituídos por contrato de grupo paritário.

dominante (ou seja, em quebra do princípio da limitação da responsabilidade societária).

Por outro lado, estes dois aspectos essenciais do regime jurídico dos grupos societários em sentido estrito permitem reconhecer dois objectivos essenciais a esse regime: de uma parte, este regime pretende legitimar o controlo duma sociedade sobre outra sociedade; de outra parte, ele procura proteger os sócios minoritários e os credores da segunda sociedade dos prejuízos que para eles possam decorrer da intervenção da primeira sociedade[284-285].

A contemplação sucessiva, ainda que em moldes panorâmicos, das várias modalidades de grupos societários em sentido estrito previstas pela lei permite confirmar estas observações gerais.

13.4.2. Grupos constituídos por contrato de subordinação

I. Os grupos constituídos por contrato de subordinação constituem a modalidade central da categoria dos grupos de sociedades em sentido estrito, tendo paralelo, nos ordenamentos que regulam esta matéria, no *contrato de domínio* germânico (*Beherrschungsvertrag* – §§ 291 a 310 da AktG)[286], na *convenção de grupo* do direito brasileiro (arts. 265.º a 277.º

---

[284] Neste sentido, ainda ENGRÁCIA ANTUNES, *Os Grupos de Sociedades... cit.*, 608.

[285] A perspectiva regulativa adoptada corresponde à visão tradicional do problema dos grupos societários, nos sistemas que a empreenderam, como a Alemanha e o Brasil. Nos últimos anos, a doutrina vem, contudo, desenvolvendo uma outra perspectiva sobre o fenómeno dos grupos, que chama a atenção para a necessidade de tutela dos interesses dos sócios ou accionistas da sociedade dominante perante o fenómeno do grupo e, designadamente, perante o aumento do poder dos administradores da sociedade mãe num contexto de grupo. Estando a apreciar o fenómeno dos grupos na perspectiva das suas incidências laborais, não cabe, naturalmente, no âmbito da nossa análise, qualquer desenvolvimento desta nova tendência de aproximação ao fenómeno dos grupos, pelo que nos limitamos a deixá-la referenciada. Para mais desenvolvimentos sobre este tópico, entre outros, J. ENGRÁCIA ANTUNES, *Os direitos dos sócios da sociedade-mãe na formação e direcção dos grupos societários,* Porto, 1994, *passim*, e, ainda deste autor, *Os poderes nos grupos de sociedades – o papel dos accionistas e dos administradores na formação e na direcção da empresa de grupo, in Problemas de Direito das Sociedades,* Coimbra, 2002, 153-165 (155 ss.).

[286] Reconhecendo a inspiração da figura portuguesa do contrato de subordinação no *Beherrschungsvertrag* regulado nos §§ 291 e ss. da AktG germânica, RAÚL VENTURA, *Contrato de subordinação entre sociedades* cit., 37, e ainda *Contrato de subordinação cit.*, 103.

da LSA) e no *contrat d'affiliation* do Projecto de 9ª Directiva e da Proposta Cousté, em França (respectivamente arts. 13.º a 22.º do Projecto, e arts. 7.º a 33.º da Proposta).

No nosso sistema jurídico, os grupos constituídos por contrato de subordinação são objecto de uma regulamentação minuciosa nos arts. 493.º a 508.º do CSC. Esta regulamentação incide sobre os seguintes aspectos: delimitação desta modalidade de grupo societário (art. 493.º); processo de constituição destes grupos, que passa pela apresentação de um projecto e, posteriormente, pela celebração de um contrato de subordinação (arts. 493.º a 498.º, e, especificamente quanto ao conteúdo do contrato de subordinação, ainda arts. 494.º, 505.º e 508.º); vicissitudes do contrato de subordinação (arts. 506.º e 507.º); relações entre a sociedade directora, os sócios livres da sociedade subordinada e os credores da sociedade subordinada (art. 494.º e arts. 499.º a 501.º); e relações entre a sociedade directora e a sociedade subordinada na pendência do contrato de subordinação (arts. 502.º a 504.º).

Passemos, brevemente, em revista estes pontos do regime jurídico da figura.

II. A figura dos grupos constituídos por contrato de subordinação é prevista no art. 493.º do CSC. Nos termos desta norma, estes grupos assentam num negócio jurídico bilateral, que a lei prevê expressamente para este efeito (o contrato de subordinação), por força do qual uma sociedade (a sociedade subordinada ou sociedade filha) sujeita a sua própria actividade à direcção de outra sociedade (a sociedade directora ou sociedade mãe) – art. 493.º n.º 1[287]. A lei estabelece que a sociedade

---

[287] No que se refere à natureza jurídica do contrato de subordinação, a maioria dos autores tende a qualificá-lo não como um puro contrato obrigacional mas como um contrato de organização. Esta categoria contratual, que, aliás, já foi aplicada ao próprio contrato de sociedade, afasta-se dos contratos puramente obrigacionais, não só pelo facto de as partes não terem uma ampla liberdade de estipulação, mas, sobretudo, porque o contrato se destina a constituir uma nova entidade que prosseguirá um fim comum às partes, não se descortinando interesses opostos de cada uma delas, como na generalidade dos contratos obrigacionais. No sentido desta qualificação, na doutrina nacional, por exemplo, RAÚL VENTURA, *Contrato de subordinação entre sociedades cit.*, 43, e ainda *Contrato de subordinação cit.*, 111, retirando o autor desta qualificação a consequência prática de que a sociedade subordinada não fica obrigada a obedecer às instruções da sociedade directora apenas por efeito do contrato. Ainda no sentido da qualificação do contrato de subordinação como um contrato organizacional, ENGRÁCIA ANTUNES, *Os*

directora forma um grupo com todas as sociedades que sejam por ela dirigidas (por força do contrato de subordinação) e com as sociedades que esta domine integralmente, seja de forma directa seja de forma indirecta (art. 493.º n.º 2).

Desta delimitação geral da figura dos grupos por subordinação decorre, pois, que estes grupos societários se constituem por vontade das sociedades intervenientes (sendo esta vontade manifestada no contrato de subordinação) e que o efeito essencial da constituição deste tipo de grupos é a perda da autonomia da sociedade subordinada perante a sociedade directora, no que toca à prossecução da sua actividade societária[288]. Por outras palavras, da delimitação legal do contrato de subordinação decorre que este contrato dá lugar a um grupo vertical (*Unterordnungskonzern*).

Resulta ainda desta delimitação geral da figura dos grupos de subordinação que não é condição de celebração do contrato de subordinação que a sociedade directora seja dominante da sociedade subordinada (art. 493.º n.º 1 *in fine* do CSC). Assim, podem surgir grupos de subordinação entre sociedades com uma participação minoritária no capital da outra sociedade ou mesmo independentemente de qualquer participação societária na outra sociedade.

III. A constituição dos grupos societários de subordinação passa por um processo, que o Código das Sociedades Comerciais regula com alguma minúcia nos arts. 495.º a 498.º. Este processo envolve as sociedades intervenientes[289] e tem um duplo objectivo: clarificar o conteúdo e alcance da futura relação de subordinação; e preservar a posição dos denominados

---

Grupos de Sociedades... cit., 612 s. O ponto extravasa, naturalmente, o âmbito das nossas reflexões, pelo que nos limitamos a deixá-lo anotado.

[288] Neste sentido, ENGRÁCIA ANTUNES, *Os Grupos de Sociedades... cit.*, 614 ss., chama a atenção para a alteração estrutural profunda que este contrato provoca na sociedade subordinada, em resultado da perda da sua independência, mas também na sociedade directora, pela correlativa extensão do dever de diligência e do âmbito da responsabilidade societária.

[289] Por princípio, o contrato de subordinação é um contrato bilateral e não multilateral, já que a bilateralidade parece ser pressuposta pela própria delimitação legal do contrato e em todo o regime legal desta categoria de grupos. Contudo, nada parece impedir que o contrato seja instituído entre duas sociedades, quando uma delas já está integrada num grupo, estabelecendo-se assim relações plurais verticais. Para mais desenvolvimentos sobre este ponto, ENGRÁCIA ANTUNES, *Os Grupos de Sociedades... cit.*, 623 ss.

sócios livres da sociedade subordinada (i.e, os sócios ou accionistas desta sociedade que estejam à margem do contrato de subordinação e cujos interesses possam ser afectados por esse contrato)[290].

O processo conducente à celebração do contrato de subordinação inicia-se com um projecto de contrato, elaborado em conjunto pelas administrações das sociedades intervenientes (art. 495.° do CSC). Deste projecto devem constar os elementos necessários à identificação da operação, designadamente os indicados nas várias alíneas do art. 495.°, i.e., os elementos identificadores das sociedades intervenientes e as relações já eventualmente existentes entre elas (alíneas b) e c) do art. 495.°), os elementos relativos aos motivos, às condições, aos objectivos e, eventualmente, à duração do contrato de subordinação (alíneas a) e g) do art. 495.°), os elementos necessários à clarificação da futura relação de subordinação entre as sociedades intervenientes (alíneas d), i) e j) do mesmo artigo) e ainda os elementos necessários à clarificação da relação do grupo com os sócios livres (alíneas e), f) e h) desta norma)[291].

Uma vez elaborado o projecto, segue-se uma fase de fiscalização do mesmo pelo órgão de fiscalização de cada uma das sociedades envolvidas e por revisor oficial de contas independente, nos termos previstos para o processo de fusão de sociedades (art. 99.° do CSC), mandado aplicar pelo art. 496.° n.° 1 do CSC. Esta fiscalização é especialmente importante para confirmar a justeza do valor das contrapartidas proporcionadas aos sócios livres da sociedade subordinada, sendo este objectivo que justifica, aliás, o recurso a um revisor independente[292].

Também por remissão do art. 496.° n.° 1 do CSC, segue-se a fase da aprovação do projecto de contrato de subordinação em assembleia geral de cada uma das sociedades envolvidas, sendo os requisitos de convocação

---

[290] A designação «sócios livres» parece ter origem no Projecto Comunitário de 9ª Directiva, mas é criticada por alguns sectores, que salientam, justamente, a pouca liberdade destes sócios no contexto de um grupo societário, designadamente pelo facto de poderem vir a ser forçados a transmitir a sua posição accionista, no caso das aquisições tendentes ao domínio total, previstas no art. 490.° do CSC – neste sentido, por exemplo, COUTINHO DE ABREU, *Da Empresarialidade... cit.*, 247 e nota [639].

[291] A doutrina considera que os elementos referidos no art. 495.° do CSC correspondem ao «conteúdo mínimo obrigatório» do projecto de contrato de subordinação (ENGRÁCIA ANTUNES, *Os Grupos de Sociedades... cit.*, 657). Nada obsta assim a que as partes regulem outros aspectos da relação de subordinação neste contrato.

[292] Também neste sentido, ENGRÁCIA ANTUNES, *Os Grupos de Sociedades... cit.*, 659.

da assembleia, consulta de documentos e funcionamento e deliberação na assembleia os previstos para a fusão de sociedades (arts. 100.º, 101.º e 103.º do CSC)[293]. A aprovação do projecto de contrato de subordinação em assembleia geral deve ser comunicada aos sócios de ambas as sociedades envolvidas, nos termos do art. 496.º n.º 3 do CSC.

Depois da aprovação e da comunicação do projecto de contrato de subordinação decorre um período de 90 dias, durante o qual os sócios livres da sociedade subordinada (identificados no art. 494.º n.º 2 do CSC) se podem opor ao referido contrato (art. 497.º n.º 1)[294]. Esta oposição só pode fundar-se na ilegalidade da operação ou na insuficiência das contrapartidas oferecidas no projecto de contrato (art. 497.º n.º 1 *in fine*) e segue o regime previsto para a oposição de credores à fusão de sociedades, por remissão do art. 497.º n.º 2) – ou seja, nos termos do art. 101.º-A do CSC, é uma oposição por via judicial, que segue os trâmites do processo especial de jurisdição voluntária previsto nos arts. 1488.º e 1489.º do CPC. Nos termos do art. 497.º n.º 3 do CSC, a oposição dos sócios livres ao projecto de contrato de subordinação tem um efeito suspensivo no *iter* de constituição do grupo, que só poderá prosseguir após a decisão daquele processo que fixe a contrapartida da aquisição pela sociedade directora ou o valor dos lucros garantidos por esta sociedade. No caso de não pretenderem deduzir oposição, os sócios livres devem, nesta fase, comunicar por escrito às duas sociedades envolvidas se optam pela garantia dos lucros ou pela alienação das suas quotas ou acções (art. 499.º n.º 1).

Decorrido o prazo de 90 dias para a oposição dos sócios livres, se esta oposição não tiver sido deduzida, ou, tendo havido oposição, na sequência da decisão sobre ela (se, neste caso, a sociedade directora não desistir da celebração do contrato, o que pode fazer ao abrigo do art. 499.º n.º 3 do CSC), o processo de constituição do grupo entra na sua fase final. Nesta

---

[293] Com amplos desenvolvimentos sobre a convocação, o funcionamento e a deliberação da assembleia geral, bem como sobre o dever de informação aos sócios e sobre eventuais vícios da deliberação, *vd*, por todos, ENGRÁCIA ANTUNES, *Os Grupos de Sociedades... cit.*, 659 ss.

[294] Como observa a doutrina, esta oposição pode ser plural ou singular, no sentido em que pode ser deduzida por um único sócio ou por mais do que um sócio. Além disso, a lei não condiciona este direito de oposição à detenção de um valor mínimo de quotas ou acções pelo sócio livre – ENGRÁCIA ANTUNES, *Os Grupos de Sociedades... cit.*, 769. Ainda sobre o direito de oposição dos sócios livres, *vd* RAÚL VENTURA, *Contrato de subordinação cit.*, 121 ss., e CASTRO SILVA, *Das relações inter-societárias... cit.*, 525 ss.

fase, cabe às administrações das sociedades envolvidas celebrar o contrato de subordinação, que deve ser reduzido a escrito, registado por depósito nos serviços de registo comercial e publicado nos termos gerais (art. 498.º do CSC[295]).

IV. Especificamente sobre o conteúdo do contrato de subordinação, depreende-se do regime legal que ele deve corresponder ao projecto de contrato, referido no art. 495.º do CSC, tanto mais que tal projecto foi aprovado em assembleia geral e a deliberação respectiva vincula o órgão de administração de cada sociedade na celebração do contrato.

Para além dos elementos referidos nesta norma ou em concretização desses elementos, o Código prevê especificamente que do contrato de subordinação conste o compromisso da sociedade directora de adquirir as acções ou quotas dos sócios livres, mediante uma contrapartida (que é a fixada no projecto de contrato ou a que resulte de fixação judicial, em caso de oposição dos sócios livres, respectivamente nos termos do art. 495.º d), e) e f) do art. 497.º n.º 4 do CSC), ou o compromisso de assegurar os lucros dos sócios livres da sociedade dominada, nos termos do art. 500.º do CSC (art. 494.º n.º 1)[296].

Ainda quanto ao conteúdo do contrato de subordinação, salienta-se a importância de um elemento eventual deste contrato (que deve ser previsto logo no respectivo projecto – art. 495.º j) do CSC), que é a convenção de atribuição de lucros, regulada no art. 508.º n.º 1 do CSC. Inspirada no ordenamento germânico (onde corresponde ao *Gewinnabführungsvertrag*, previsto no § 291 da AktG), a convenção de atribuição de lucros é um acordo acessório do contrato de subordinação, cujo objectivo é garantir a transferência periódica dos lucros da sociedade dependente para a sociedade directora ou para outra sociedade do grupo. Esta convenção favorece a integração económica das sociedades do grupo e pode ser um instrumento de grande valia em termos de gestão financeira do grupo[297].

---

[295] Esta norma foi alterada com a Reforma do Código das Sociedades Comerciais, aprovada pelo DL n.º 76-A/2006, de 29 de Março. Anteriormente, o contrato de subordinação devia ser celebrado por escritura pública.

[296] Correspondendo estes elementos ao conteúdo essencial do contrato de subordinação, a sua ausência determina a nulidade do contrato – RAÚL VENTURA, *Contrato de subordinação cit.*, 110.

[297] Para mais desenvolvimentos sobre este tipo de convenções, e, designadamente, sobre os limites máximos e mínimos das transferências de lucros, *vd*, por todos, ENGRÁCIA

Relativamente à duração do contrato, embora a sua indicação seja referida como um dos elementos do projecto de contrato (art. 495.° g) do CSC), entende-se que o contrato não tem forçosamente que indicar a respectiva duração, uma vez que a lei prevê a sua denúncia justamente nas situações em que não tenha sido estabelecido um prazo de vigência (art. 506.° n.° 2 d) e n.° 4). Assim, parece que a exigência do art. 495.° g) relativamente a este ponto deve ser interpretada no sentido em que, logo no projecto de contrato, as partes indiquem se o contrato deverá ser sujeito ou não a um prazo de vigência. Por outro lado, a doutrina tende a admitir que o contrato de subordinação com uma duração determinada possa ser renovado automaticamente por períodos idênticos ao da vigência inicial, se as partes assim dispuserem no próprio clausulado[298].

V. Relativamente às vicissitudes do contrato de subordinação, a lei contempla a possibilidade de modificação do contrato e as causas de cessação do mesmo.

A modificação do contrato de subordinação pode ocorrer nos termos do art. 505.° do CSC, carecendo de ser deliberada pelas assembleias gerais das duas sociedades, nos termos exigidos para a celebração do contrato, e devendo ser reduzida a escrito.

A cessação do contrato de subordinação ocorre nas situações previstas nos arts. 506.° e 507.° do CSC. Estas normas permitem identificar as seguintes causas de cessação: revogação por acordo das partes[299], desde que o contrato tenha vigorado por um exercício completo, e cabendo a deliberação neste sentido às assembleias gerais das sociedades envolvidas, com observância dos mesmos requisitos que a lei impõe à celebração do contrato (art. 506.° n.os 1 e 2); denúncia do contrato por uma das sociedades, nos casos em que o contrato não tenha uma duração determinada, mas desde que já tenha vigorado por mais de cinco anos e devendo a

---

ANTUNES, *Os Grupos de Sociedades... cit.*, 649 ss., que é, aliás, bastante crítico em relação a esta figura, advertindo para o facto de ela permitir uma descaracterização total da sociedade dependente – *idem*, 654.

[298] Neste sentido, expressamente, ENGRÁCIA ANTUNES, *Os Grupos de Sociedades... cit.*, 713.

[299] A lei refere-se, neste contexto, à resolução do contrato (art. 506.° n.° 1), mas cremos tratar-se de um caso de revogação, uma vez que a cessação do vínculo assenta no acordo das partes.

deliberação de denúncia ser aprovada pela assembleia geral da sociedade denunciante (com os mesmos requisitos de deliberação que a lei impõe para a celebração do contrato), mas só produzindo efeitos no final do exercício seguinte (art. 506.° n.° 3 d) e n.ᵒˢ 4 e 5); resolução judicial, em acção proposta por qualquer das sociedades com fundamento em justa causa (alínea c) do n.° 3 do art. 506.°)[300]; caducidade, pelo decurso do prazo de duração do contrato (alínea d) do n.° 3 do art. 506.°); cessação por força da dissolução de uma das sociedades intervenientes (alínea a) do n.° 3 do art. 506.°); cessação por superveniência da situação de domínio total da sociedade directora sobre a sociedade subordinada, caso em que passa a aplicar-se o regime respectivo (art. 507.°)[301].

VI. No que toca às relações entre a sociedade directora e os sócios livres da sociedade subordinada, a lei estabelece um conjunto de regras destinadas a salvaguardar a posição destes últimos, quer perante a constituição do grupo, quer durante a vigência do contrato de subordinação.

Em prossecução deste objectivo, é de assinalar, desde logo, a delimitação ampla da categoria dos sócios livres, que é feita pelo art. 493.° n.° 2 do CSC. De acordo com esta norma, os sócios livres constituem a categoria residual de sócios da sociedade subordinada, já que apenas não são

---

[300] A doutrina debate o conceito de justa para este efeito, mas parece mais fácil, de qualquer modo, identificar situações de justa causa atinentes à sociedade directora, que permitam à sociedade subordinada requerer a resolução judicial do contrato, do que situações de justa causa atinentes à sociedade subordinada: assim, constitui justa causa para a sociedade subordinada requerer a resolução judicial do contrato que a sociedade directora não possa cumprir os deveres legais que lhe incumbem em razão do mesmo (por exemplo, o pagamento das contrapartidas aos sócios livres, o dever de cobertura das perdas anuais da sociedade dependente ou as responsabilidades perante os credores sociais desta sociedade – arts. 494.° n.° 1, 502.° e 501.° do CSC) – quanto a estas situações de justa causa, ENGRÁCIA ANTUNES, *Os Grupos de Sociedades... cit.*, 709; no caso da sociedade subordinada, pode constituir justa causa para a resolução judicial do contrato, por iniciativa da sociedade directora, por exemplo, a recusa de cumprimento de instruções legítimas da sociedade directora pela administração da sociedade dirigida ou a não transferência dos lucros convencionados da sociedade dirigida para outra sociedade do grupo.

[301] Para além destas causas de cessação do contrato de subordinação, outras decorrem globalmente do regime dos grupos societários ou das regras gerais do direito das sociedades comerciais – assim, a alteração do tipo de sociedade, pela sua transformação numa sociedade que não possa legalmente integrar um grupo, ou a fusão das sociedades do grupo entre si, ou ainda a deslocação da sede efectiva da sociedade membro de um grupo para o estrangeiro, por exemplo.

como tal qualificados aqueles sócios ou accionistas desta sociedade que integrem uma das categorias mencionadas nas várias alíneas da mesma norma (i.e., a própria sociedade directora, as sociedades dela dependentes ou com ela associadas e os associados destas sociedades que detenham mais de 10% do capital da mesma, bem como a sociedade subordinada e as sociedades dela dependentes)[302].

Uma vez delimitada a categoria dos sócios livres, a lei procura salvaguardar a posição destes sócios perante o grupo, logo na fase da respectiva constituição, nomeadamente admitindo a sua oposição ao projecto de contrato de subordinação, nos termos previstos no art. 497.º do CSC e acima expostos. Por outro lado, quer os sócios livres que não se tenham oposto ao contrato de subordinação, durante o prazo de 90 dias estabelecido para esse efeito, quer aqueles que tenham deduzido oposição, no prazo de três meses sobre o trânsito em julgado das respectivas sentenças, têm o direito de optar pela saída da sociedade, alienando as suas quotas ou acções, ou pela manutenção na sociedade, agora integrada no grupo, com uma garantia de lucros (art. 499.º n.ºs 1 e 2 do CSC)[303].

Consoante a opção dos sócios livres nesta fase, a sociedade directora obriga-se, respectivamente, a adquirir as respectivas participações pelo valor estabelecido no projecto de contrato de subordinação ou fixado judicialmente (no caso de ter sido deduzida oposição, com fundamento na insuficiência da compensação inicialmente proposta)[304], ou a garantir os lucros desta categoria de sócios para o futuro (art. 494.º n.º 1). No último caso, a lei determina que este dever da sociedade directora seja cumprido através do pagamento das importâncias que resultem da fórmula de cálculo dos lucros prevista no art. 500.º n.º 1 do CSC e estabelece o dever de manutenção deste pagamento durante a vigência do contrato de subor-

---

[302] Para mais desenvolvimentos sobre a delimitação da categoria dos sócios livres, ENGRÁCIA ANTUNES, *Os Grupos de Sociedades... cit.*, 763 ss.

[303] A doutrina discute o procedimento a adoptar no caso de o sócio livre não exercer a opção referida nesta norma, considerando que o silêncio do sócio deve, então, ser interpretado no sentido de que pretende manter-se na sociedade com a garantia de lucros, uma vez que essa é a situação mais próxima da situação anterior. Neste sentido, entre outros, ENGRÁCIA ANTUNES, *Os Grupos de Sociedades... cit.*, 772 s.

[304] A este propósito, é de observar que o valor das acções ou quotas fixado judicialmente, em resultado da oposição dos sócios livres, aproveita também àqueles sócios livres que não tenham deduzido oposição, nos termos do art. 497.º n.º 4 do CSC.

dinação e ainda nos cinco exercícios subsequentes ao termo deste contrato (art. 500.º n.º 2)[305].

Como decorre do exposto, a lei procura conciliar o interesse na constituição do grupo societário com os direitos dos accionistas ou sócios não envolvidos no processo, conferindo a estes últimos a opção entre a permanência ou a saída do grupo e assegurando-lhes uma compensação patrimonial imediata, no caso de pretenderem sair, ou, em caso de permanência no grupo, a garantia de um retorno financeiro efectivo, a cargo da sociedade directora, que compense a perda da autonomia da sociedade subordinada na pendência do contrato de subordinação. Evidentemente, o ponto chave para o sucesso deste esquema de conciliação entre os interesses do grupo e os direitos dos sócios livres é a determinação do valor das acções ou quotas, para efeitos do cálculo das compensações patrimoniais devidas, o que confere a maior importância ao incidente de oposição dos sócios livres.

VII. Apreciado o modo de constituição do grupo por subordinação e a relação entre o grupo e os sócios livres da sociedade subordinada, chegamos ao âmago da disciplina jurídica desta categoria de grupos, que se reporta às relações entre a sociedade directora e a sociedade subordinada.
Regem nesta matéria os arts. 501.º a 504.º do CSC, que confirmam o carácter desviante do regime legal dos grupos relativamente aos princípios gerais do direito societário comum, em matéria de autonomia e de responsabilidade dos entes jurídicos societários: o desvio à regra geral da autonomia plena dos entes societários decorre do reconhecimento de um poder jurídico de direcção da sociedade mãe sobre a sociedade subordinada (art. 503.º); o desvio à regra geral da responsabilidade limitada dos entes societários evidencia-se nas regras de responsabilização da sociedade directora perante a sociedade subordinada e perante os credores desta sociedade, dispostas pelos arts. 502.º e 501.º do CSC, respectivamente.

---

[305] Com amplos desenvolvimentos sobre a forma de cumprimento deste dever e as modalidades que pode revestir, ainda ENGRÁCIA ANTUNES, *Os Grupos de Sociedades... cit.*, 776 ss.

Vejamos, sucessivamente, estes dois traços fundamentais das relações entre a sociedade directora e a sociedade subordinada nesta categoria de grupos societários[306].

VIII. O art. 503.° do CSC atribui à sociedade directora um poder de direcção sobre a sociedade subordinada, que se manifesta na possibilidade de dirigir instruções à administração da sociedade subordinada sobre as matérias relativas à gestão e à representação dessa sociedade, a partir da data da publicação do contrato de subordinação (n.° 1). Estas instruções revestem qualquer forma, podendo, designadamente, corresponder a ordens concretas ou a directrizes genéricas[307], são vinculativas[308] (n.° 1) e podem mesmo ser prejudiciais ou desvantajosas para a sociedade subordinada, desde que sirvam os interesses da sociedade directora ou de outras sociedades do grupo (n.° 2)[309]. Para reforçar este poder, a lei prevê ainda que, no caso de instruções respeitantes à prática de actos que exijam o parecer ou o consentimento de outro órgão da sociedade, a falta destes possa ser suprida pelo parecer ou consentimento do órgão correspondente da sociedade directora. (n.° 3), evitando-se, por esta via, que o poder de direcção venha a ser esvaziado no seio da sociedade subordinada.

O Código estabelece apenas um limite geral a este poder directivo, considerando ilícitas as instruções que se dirijam à prática de actos proibidos por lei (art. 503.° n.° 2, *in fine*). Além disso, é especificamente proibida a instrução de transferência de bens do activo da sociedade subordinada para outras sociedades do grupo sem a adequada contrapartida, a não ser para compensação de perdas destas sociedades (art. 503.° n.° 4).

Em complemento da atribuição do poder de direcção, o Código das Sociedades Comerciais reforça o dever de diligência do órgão de

---

[306] Reconhecendo no poder de direcção da sociedade mãe sobre a sociedade subordinada e na correspondente extensão da responsabilidade da primeira sociedade pelas dívidas da segunda sociedade os aspectos mais importantes do regime jurídico dos grupos societários, por exemplo, BRITO CORREIA, *Grupos de Sociedades cit.*, 395 s.

[307] MARIA AUGUSTA FRANÇA, *A Estrutura das Sociedades Anónimas... cit.*, 33.

[308] A este propósito, a doutrina entende que não corresponderá a um contrato de subordinação o acordo inter-societário de mera influência que, por hipótese, permita a uma das sociedades vetar algumas decisões da outra, porque tal influência não corresponde a um poder de direcção vinculativo, tal como é exigido por esta norma (ENGRÁCIA ANTUNES, *Os Grupos de Sociedades... cit.*, 725 s.).

[309] Sobre este ponto, COUTINHO DE ABREU, *Da Empresarialidade... cit.*, 247.

administração da sociedade directora, no art. 504.º n.º 1[310]. Nos termos desta norma, os membros deste órgão não se encontram apenas sujeitos à prossecução do interesse social da sua própria sociedade (em consonância com o princípio geral do art. 64.º do CSC), mas devem adoptar idêntica diligência na prossecução do interesse do grupo[311], o que, obviamente, é determinante quanto ao sentido das instruções dadas à sociedade subordinada.

O regime descrito torna claro o conteúdo essencial da relação de grupo subordinado e a orientação da lei na resolução de eventuais conflitos de interesses entre a sociedade dominante e a sociedade subordinada nesta relação.

Em primeiro lugar, este regime confirma que o poder de direcção da sociedade mãe tem como objecto a actividade de gestão e de representação da sociedade subordinada. Já decorrendo este conteúdo essencial da delimitação do contrato de subordinação[312] (neste sentido, o art. 493.º

---

[310] Sobre este ponto, MARIA AUGUSTA FRANÇA, *A Estrutura das Sociedades Anónimas... cit.*, 48, e PERESTRELO DE OLIVEIRA, *A Responsabilidade dos Administradores... cit.*, 80 ss. Questão diferente é a de saber se este dever de diligência tem implícito ou não um verdadeiro dever de direcção (e não um simples poder de direcção) da sociedade mãe relativamente à sociedade filha, o que tem sido recusado pela doutrina – neste sentido, por exemplo, MARIA AUGUSTA FRANÇA, *A Estrutura das Sociedades Anónimas... cit.*, 68, que, contudo, reconhece um dever de direcção do grupo, a par do dever de direcção da própria sociedade dominante aos seus administradores; e, no mesmo sentido, ENGRÁCIA ANTUNES, *Os Grupos de Sociedades... cit.*, 731, bem como PERESTRELO DE OLIVEIRA, *A Responsabilidade dos Administradores... cit.*, 115. Acompanhamos este entendimento, como regra geral, pela discricionariedade ínsita à noção de poder (que não pode deixar de envolver uma decisão de não exercício do próprio poder), mas com o limite do dever de diligência: uma vez que a lei impõe a este dever um âmbito que extravasa a própria sociedade, o seu cumprimento pode exigir, na prática, um exercício efectivo do poder de direcção.

[311] Fica, naturalmente, a dúvida sobre o conteúdo deste «interesse do grupo», que é, na prática, determinado pela sociedade mãe, mas parece não se confundir com o interesse social da própria sociedade mãe. Com desenvolvimentos sobre este ponto, PERESTRELO DE OLIVEIRA, *A Responsabilidade dos Administradores... cit.*, 92 ss.

[312] Já referindo a subordinação da gestão da actividade da sociedade dependente como o conteúdo essencial do contrato de subordinação, RAÚL VENTURA, *Contrato de subordinação cit.*, 110. Também OLIVEIRA ASCENSÃO, *Direito Comercial cit.*, IV, 589, observa que o poder de direcção que a lei atribui à sociedade directora nestes grupos, produz uma completa subversão do princípio fundamental da independência da gestão societária, uma vez que a sociedade directora passa a ser o órgão de gestão da sociedade subordinada, embora formalmente esta mantenha a sua autonomia.

n.º 1 do CSC refere-se à subordinação da «...gestão da [...] actividade [da sociedade subordinada]»), ele é agora confirmado pelo facto de as instruções serem dirigidas ao órgão de administração da sociedade filha, uma vez que é a este órgão que compete a gestão da sociedade. Deste modo, conclui-se que a sociedade mãe não pode emitir instruções relativamente a matérias da competência da assembleia geral ou do órgão de fiscalização da sociedade subordinada[313].

Em segundo lugar, é patente no regime exposto o conteúdo amplo do poder de direcção da sociedade mãe, nesta categoria de grupos societários, não só porque tal poder é reportado genericamente à actividade de «gestão» da sociedade[314], como também por força da admissibilidade de instruções prejudiciais à sociedade subordinada[315], e ainda pelas reduzidas limitações que a lei impõe a este poder. Entre estas limitações é de referir a decorrente do art. 503.º n.º 2, parte final, do CSC, que proíbe as instruções que possam contrariar normas legais não comerciais (por exemplo, normas laborais, fiscais ou de direito da concorrência)[316], para além de deverem ser consideradas ilícitas as instruções que contrariem os estatutos da sociedade subordinada[317]. Por outro lado, uma vez que lei apenas

---

[313] Neste sentido, MARIA AUGUSTA FRANÇA, *A Estrutura das Sociedades Anónimas... cit.*, 41 s., e ainda ENGRÁCIA ANTUNES, *Os Grupos de Sociedades... cit.*, 635 ss., e 726 ss.

[314] Como observa CASTRO SILVA, *Das relações inter-societárias... cit.*, 516, nos grupos societários o poder da sociedade dominante ou directora permite-lhe «...definir a orientação geral do grupo, para tanto podendo coordenar as plurais actividades económicas desenvolvidas pelas sociedades subordinadas, implementar padrões uniformizados de gestão [...], interferir directamente na gestão de cada uma das unidades empresariais, etc...». O âmbito alargado do poder de direcção fica assim plenamente demonstrado.

[315] Atente-se, contudo, na possibilidade de o próprio contrato de subordinação afastar o direito de emitir estas instruções prejudiciais, nos termos do art. 503.º n.º 2.

[316] Como observa ENGRÁCIA ANTUNES, *Os Grupos de Sociedades... cit.*, 733 ss., a redacção da norma é infeliz porque apenas se refere a instruções contrárias a regras não comerciais, o que permitiria a absurda interpretação de que a sociedade directora pode emitir instruções violadoras das regras do direito das sociedades comerciais. Acompanhamos naturalmente este autor na interpretação restritiva que propõe para esta norma, dela retirando o sentido de que as instruções da sociedade directora apenas podem contrariar as regras gerais do direito das sociedades comerciais que não sejam aplicáveis numa situação de coligação societária. Também se referindo genericamente aos limites legais do poder de direcção da sociedade mãe, RAÚL VENTURA, *Contrato de subordinação cit.*, 116 ss.

[317] Assim, a instrução dirigida à prática de um acto que, estatutariamente, a sociedade subordinada não possa praticar, porque sai fora do seu objecto social, deve ser consi-

§ 6.° *O direito nacional e os grupos societários e empresariais* 165

admite a emissão de instruções desvantajosas para a sociedade subordinada quando tais instruções correspondam ao interesse da sociedade directora ou de outras sociedades do grupo (art. 503.° n.° 2 do CSC), o interesse do grupo constitui, em si mesmo, um limite ao poder directivo; contudo, uma vez que a determinação deste interesse do grupo compete, naturalmente, à sociedade directora e se afigura dificilmente sindicável enquanto interesse de gestão, a limitação do poder de direcção por este critério é, na prática, reduzida[318]. Por fim, parece-nos que o próprio contrato de subordinação pode introduzir limitações ao poder de direcção, com base no princípio da autonomia privada[319].

---

derada ilícita, que mais não seja em decorrência do princípio geral da capacidade das pessoas colectivas constante do art. 160.° do CC e concretizado, quanto às sociedades comerciais, no art. 11.° do CSC. Por outro lado, também constitui uma limitação estatutária a instrução dada à administração da sociedade subordinada para a prática de um acto que, por força dos estatutos, exija a intervenção de um outro órgão da sociedade, ainda que, neste caso, esta limitação possa ser ultrapassada com recurso à solução prevista no n.° 3 do art. 503.° do CSC. Também considerando os estatutos da sociedade subordinada como uma restrição natural ao poder de direcção da sociedade mãe, MARIA AUGUSTA FRANÇA, *A Estrutura das Sociedades Anónimas... cit.*, 45, enquanto RAÚL VENTURA, *Contrato de subordinação cit.*, 118, observa que a sociedade directora não pode alterar a estrutura social da sociedade subordinada.

[318] Procurando, ainda assim, proceder a alguma concretização deste critério de limitação do poder de direcção, a doutrina exige uma relação de causalidade mínima e de proporcionalidade entre o interesse do grupo e o prejuízo para a sociedade subordinada que decorra da instrução, não considerando admissíveis, designadamente, as instruções que ponham em risco a sobrevivência da própria sociedade subordinada, a não ser no caso limite de estar em causa a sobrevivência da própria sociedade mãe – neste sentido, ENGRÁCIA ANTUNES, *Os Grupos de Sociedades... cit.*, 740 ss. Outros autores procuram estabelecer uma distinção entre o interesse do grupo e o interesse da sociedade directora para este efeito, reconduzindo o interesse do grupo ao interesse do conjunto das sociedades que integram o grupo, visto unitariamente – neste sentido, MARIA AUGUSTA FRANÇA, *A Estrutura das Sociedades Anónimas... cit.*, 45.

[319] Este ponto é, contudo, controvertido, e tem dividido a doutrina. Com efeito, se, em alguns sectores se vem admitindo a imposição de limitações ao âmbito deste poder de direcção relativamente a algumas matérias de gestão, por vontade das partes manifestada no próprio contrato de subordinação, estabelecendo-se, por esta via, um contrato de subordinação meramente parcial (*Teilbeherrschungsvertrag*) – neste sentido, parece inclinar-se, entre nós, RAÚL VENTURA, *Contrato de subordinação cit.*, 110, quando refere a possibilidade de uma direcção parcial – outros sectores têm manifestado o entendimento contrário (neste sentido, ENGRÁCIA ANTUNES, *Os Grupos de Sociedades... cit.*, 643 s., e 725 s.). Como decorre do texto, não subscrevemos este entendimento de ENGRÁCIA ANTUNES, mas já acompanhamos a posição deste autor no que se refere à recusa da possibilidade de, no

Em terceiro lugar, do carácter vinculativo das instruções da sociedade mãe, expressamente afirmado pela lei, decorre o surgimento, na esfera dos membros do órgão de administração da sociedade subordinada[320], de um dever de obediência, que é o contraponto lógico do poder de direcção da sociedade mãe. Este dever de obediência está pressuposto nas referências ao dever de acatamento das instruções (art. 503.º n.º 3 do CSC) e à execução de instruções (art. 504.º n.º 3). Por outro lado, é ainda o dever de obediência que justifica a isenção da responsabilidade dos membros do órgão de administração da sociedade subordinada pelos actos ou omissões praticados em cumprimento de instruções da sociedade directora, desde que lícitas, nos termos previstos no art. 504.º n.º 3[321]. Assim, também este

---

contrato de subordinação, as partes excluírem, de todo, o poder de direcção da sociedade dominante (*idem*, 639 s.), uma vez que o poder de direcção é um elemento essencial do próprio contrato de subordinação, que se veria, assim, descaracterizado.

[320] Relativamente aos destinatários do poder de direcção, a doutrina discute se podem ser emitidas instruções directamente pela sociedade mãe a trabalhadores da sociedade filha, sem passar pelo órgão de administração desta sociedade (por exemplo, uma instrução dada directamente a um director da sociedade subordinada). A nosso ver, a resposta deve ser negativa, quer por uma razão societária, quer por uma razão laboral: do ponto de vista societário, porque tal possibilidade colide com o dever de fiscalização da licitude da ordem, que só pode ser exercido pelo órgão de administração da sociedade subordinada (é o motivo invocado por ENGRÁCIA ANTUNES, *Os Grupos de Sociedades...* cit., 753); do ponto de vista laboral, porque o poder de direcção consagrado no Código das Sociedades Comerciais é um poder externo à sociedade destinatária, e, enquanto tal, não vincula os trabalhadores da sociedade a que se dirige, que apenas se sujeitam às ordens e instruções dessa mesma sociedade, uma vez que é esta sociedade que é o seu empregador. Apenas concebendo-se a sociedade mãe ou o grupo societário como empregador (questão que trataremos em lugar próprio deste estudo), este obstáculo laboral poderia ser ultrapassado.

[321] Parece assim decorrer do regime legal que os membros do órgão de administração da sociedade subordinada não devem obediência a instruções dirigidas à prática de actos ilícitos, afirmando mesmo, a este propósito, alguns autores que há um poder-dever de recusa de cumprimento das instruções ilícitas, por interpretação *a contrario sensu* do art. 504.º n.º 3 do CSC (neste sentido, ENGRÁCIA ANTUNES, *Os Grupos de Sociedades...* cit., 754 ss., que, todavia, acaba por concluir no sentido de que tal poder-dever de recusa apenas deve ser admitido em situações de ilicitude manifesta da instrução, para evitar conflitos de competências na gestão do grupo – *idem*, 757). Mas também decorre deste regime que, caso cumpram instruções ilícitas, os membros do órgão de administração da sociedade subordinada mantêm intacta a sua responsabilidade pelas consequências dos actos praticados, não sendo esta responsabilidade afastada pelo facto de terem actuado no cumprimento daquelas instruções. Para mais desenvolvimentos sobre o regime de responsabilidade dos

dever de obediência comprova a perda de autonomia da sociedade dirigida, em claro desvio ao princípio geral da independência dos entes jurídicos societários.

Por fim, o modo como a lei configura o poder de direcção da sociedade mãe nos grupos de subordinação evidencia o relevo de um interesse geral do grupo, a par do interesse social da sociedade dominada (tal interesse sobressai claramente dos arts. 503.º n.º 3 e 504.º n.º 1 do CSC) e aponta decididamente para a prevalência do interesse do grupo sobre o interesse da sociedade subordinada em caso de conflito – esta prevalência decorre da admissibilidade de instruções desvantajosas para a sociedade subordinada, desde que suportadas pelo interesse de outras sociedades do grupo e, genericamente, do dever de obediência da sociedade dirigida (art. 503.º n.º 2 e n.º 1). Assim, apesar de os membros do órgão de administração da sociedade subordinada não deixarem de estar sujeitos à prossecução do interesse social da sua própria sociedade (nos termos do art. 64.º do CSC), cabendo-lhes, aliás, actuar no interesse desta última e não no interesse do grupo em caso de omissão de instruções da sociedade mãe[322], perante um conflito entre o interesse social da sociedade subordinada e o interesse do grupo prevalecerá este último, confirmando-se, também por esta via, a perda da independência da sociedade subordinada.

Perante o exposto, a singularidade do regime legal nesta matéria e a sua oposição ao princípio geral de autonomia e independência dos entes jurídicos societários fica plenamente demonstrada.

IX. O segundo aspecto nuclear do regime das relações entre as sociedades de um grupo de subordinação tem a ver com as regras legais em matéria de responsabilidade da sociedade directora e da sociedade subordinada, quer entre si, quer em relação aos credores da sociedade subordinada.

Relativamente aos credores da sociedade subordinada, o art. 501.º do CSC estabelece a responsabilidade da sociedade directora por todas as dívidas da sociedade subordinada, mesmo que anteriores à celebração do contrato de subordinação, mantendo-se este regime até ao termo daquele

---

membros do órgão directivo da sociedade subordinada, *vd* ainda PERESTRELO DE OLIVEIRA, *A Responsabilidade dos Administradores... cit.*, 162 ss.

[322] Expressamente neste sentido, RAÚL VENTURA, *Contrato de subordinação cit.*, 119 s.

contrato (n.º 1). Trata-se, pois, de um sistema de responsabilidade solidária da sociedade mãe pelas dívidas da sociedade filha, uma vez que a lei não exige a reclamação prévia do crédito perante a sociedade subordinada e, muito menos, a excussão prévia do património desta sociedade, e também porque são elegíveis para este efeito quaisquer créditos, independentemente da data da sua constituição ou do seu valor[323].

A única condição que a lei impõe à reclamação do crédito perante a sociedade directora é que a sociedade subordinada já tenha entrado em mora há mais de 30 dias (art. 501.º n.º 2) – embora não deixe de ser solidária, pelas razões acima indicadas, a responsabilidade da sociedade directora é, assim, uma responsabilidade não imediata mas diferida. Além disso, não é admitida a propositura de acção executiva directamente contra a sociedade directora com base em título executivo contra a sociedade subordinada, nos termos do art. 501.º n.º 3.

---

[323] No sentido da qualificação da responsabilidade da sociedade mãe pelas dívidas da sociedade filha como responsabilidade solidária, entre outros, ENGRÁCIA ANTUNES, *Os Grupos de Sociedades...cit.*, 799 s., argumentando em favor desta qualificação com o facto de este ser o regime comum da responsabilidade por actos de comércio (art. 100.º do CCom.) e com o facto de o crédito poder ser exercido contra a sociedade directora integralmente e sem prévia exigência à sociedade subordinada, tendo a sua satisfação efeito liberatório; como refere este autor, a simples exigência de uma moratória de um mês não altera esta qualificação, mas apenas representa um traço *sui generis* deste regime de responsabilidade (*idem,* 805 s.). Ainda subscrevendo esta qualificação, CASTRO SILVA, *Das relações inter-societárias... cit.*, 529 s., mas já em sentido diferente, considerando que a responsabilidade da sociedade directora pelas dívidas da sociedade dirigida reveste carácter subsidiário, em razão da moratória de 30 dias e da insuficiência do título executivo contra a sociedade subordinada para que se possa accionar a sociedade-mãe, MARIA AUGUSTA FRANÇA, *A Estrutura das Sociedades Anónimas... cit.*, 67; numa posição intermédia coloca-se RAÚL VENTURA, *Contrato de subordinação cit.*, 123, que reconhece que a moratória de 30 dias e a limitação quanto ao título executivo impedem a qualificação desta responsabilidade da sociedade directora como uma responsabilidade totalmente solidária, entendimento que parece ser também partilhado por GRAÇA TRIGO, *Grupos de sociedades cit.*, 93. Na jurisprudência, o Ac. STJ de 31/05/2005 (Proc. n.º 05A1413), www.stj.pt, qualificou a responsabilidade da sociedade mãe perante os credores da sociedade filha como um caso de responsabilidade directa e ilimitada (porque a sociedade mãe responde pessoal e imediatamente perante aqueles credores), legal (porque assenta directamente na lei e não exige a desconsideração da personalidade colectiva da sociedade filha), objectiva (porque independente de culpa no incumprimento perante os credores), solidária (porque o cumprimento das dívidas da sociedade filha pela sociedade-mãe deve ser integral e unitário) e automática (porque não depende da interpelação prévia da sociedade filha).

§ 6.º O direito nacional e os grupos societários e empresariais

De outra parte, esta responsabilidade da sociedade directora é uma responsabilidade ilimitada, porque abrange todas as dívidas da sociedade subordinada, independentemente da sua fonte ou da data da sua constituição – não há pois uma relação entre esta responsabilidade e a relação de grupo ou o exercício do poder de direcção, que pode não ter tido sequer lugar na prática[324-325].

Por seu turno, nas relações entre as sociedades integrantes do grupo de subordinação, encontram-se também algumas regras especiais de responsabilidade.

Desde logo, a lei estabelece a responsabilidade dos membros do órgão de administração da sociedade directora para com a sociedade subordinada, nos termos gerais dos arts. 72.º a 77.º do CSC, podendo a acção ser proposta por qualquer sócio livre da sociedade subordinada em nome desta[326] e não apenas pela própria sociedade subordinada (art. 504.º n.º 2). Trata-se, pois, da extensão aos grupos societários de subordinação das regras de responsabilidade dos titulares do órgão de administração por actos ou omissões praticados com preterição culposa dos seus deveres legais ou contratuais para com a sociedade, prevista no art. 72.º do CSC[327], o que se

---

[324] Por esta razão, autores como ELISEU FIGUEIRA, *Disciplina jurídica dos grupos de sociedades... cit.*, 51, qualificam a responsabilidade da sociedade directora nos grupos de direito como um caso de responsabilidade objectiva, cujo fundamento é o risco do exercício da actividade empresarial, sendo, no caso, esse risco imputado à entidade que detém o poder de gestão. Contudo, esta extensão da responsabilidade é considerada excessiva por outros autores, que consideram que a responsabilidade deveria ser limitada às dívidas da sociedade subordinada que tivessem a sua origem ou a sua causa na relação de subordinação ou, especificamente, no exercício (ou não) do poder de direcção correspondente – neste sentido, ENGRÁCIA ANTUNES, *Os Grupos de Sociedades... cit.*, 803.

[325] O facto de a responsabilidade da sociedade directora ser solidária e ilimitada não impede esta sociedade de opor aos credores os meios de defesa de que a sociedade subordinada se poderia socorrer, nos termos gerais, para além dos seus meios próprios de defesa, designadamente invocando a insubsistência da relação de grupo – ENGRÁCIA ANTUNES, *Os Grupos de Sociedades... cit.*, 812 ss. Por outro lado, uma vez satisfeito o crédito, a sociedade directora terá direito de regresso contra a sociedade subordinada, nos termos gerais.

[326] Consequência do facto dos sócios livres actuarem em nome da sociedade subordinada parece ser a suportação das custas judiciais por esta sociedade – neste sentido, ENGRÁCIA ANTUNES, *Os Grupos de Sociedades... cit.*, 751.

[327] Para uma visão crítica sobre a alteração deste preceito legal, no que se refere ao n.º 2, introduzida pela Reforma do Código das Sociedades Comerciais de 2006, *vd* ME-

compreende como corolário do poder de direcção que a sociedade mãe tem sobre a sociedade subordinada e que é exercido pelo seu órgão de administração[328].

Noutra linha, a lei estabelece a responsabilidade da sociedade directora na compensação da sociedade subordinada pelas perdas anuais que esta sofra enquanto vigorar o contrato de subordinação, desde que tais perdas não sejam compensáveis por reservas constituídas durante esse período (art. 502.º n.º 1 do CSC)[329]. Este regime, que tem equivalentes no direito comparado[330], poderia ter o maior interesse para salvaguardar o património da sociedade subordinada, designadamente nas situações em que o contrato de subordinação é acompanhado de uma convenção de atribuição dos lucros desta sociedade para a sociedade directora, celebrada ao abrigo do art. 508.º do CSC. Contudo, tal regime tem uma eficácia diminuta, porque a compensação pelas perdas só pode ser exigida no final do contrato de subordinação, excepto se, entretanto, a sociedade subordinada for declarada insolvente (n.º 2 deste artigo)[331].

NEZES CORDEIRO, *A grande reforma... cit.*, 450, e, para mais desenvolvimentos, R. COSTA, *A responsabilidade dos administradores e Business Judgment Rule*, in *Reformas do Código das Sociedades,* Colóquios do Instituto de Direito do Trabalho e das Empresas, 3, Coimbra, 2007, 49-86. Em geral sobre o regime legal de responsabilidade dos administradores das sociedades comerciais perante a sociedade e perante os sócios e os credores sociais, *vd,* por todos, MENEZES CORDEIRO, *Manual de Direito das Sociedades cit.*, I , 916 ss., 926 ss. e 934 ss., e, sobretudo, *A Responsabilidade Civil dos Administradores... cit.*, 471 ss.

[328] Com amplos desenvolvimentos sobre a matéria da responsabilidade dos administradores no contexto dos grupos societários, e destacando a construção jurisprudencial desta matéria, designadamente na Alemanha, *vd* MENEZES CORDEIRO, *Da Responsabilidade Civil dos Administradores... cit.*, 171 ss., e PERESTRELO DE OLIVEIRA, *A Responsabilidade dos Administradores... cit.,* 76 ss., 80 ss., e *passim.*

[329] Sobre o conceito de perdas anuais para este efeito, ENGRÁCIA ANTUNES, *Os Grupos de Sociedades... cit.*, 824 ss.

[330] § 302.º da AKktG alemã. A mesma regra era prevista no art. 30.º do Projecto de 9ª Directiva e na Proposta Cousté (art. 47.º).

[331] Sobre a legitimidade para propor a acção de compensação das perdas anuais, vem sendo entendido que tal legitimidade assiste tanto à sociedade dominada como aos seus accionistas livres e ainda aos seus trabalhadores, designadamente através dos seus órgãos representativos, dados os interesses tutelados por este regime – neste sentido, por exemplo, ELISEU FIGUEIRA, *Disciplina jurídica dos grupos de sociedades... cit.*, 52.

Como decorre do exposto, também em matéria de responsabilidade as regras dos grupos por subordinação se desviam significativamente do regime geral do direito societário, designadamente no que toca à responsabilidade solidária ilimitada da sociedade directora pelas dívidas da sociedade filha.

Sendo estas regras de responsabilidade o corolário natural do reconhecimento do poder de direcção da sociedade mãe sobre a sociedade filha, fica patente a brecha profunda que este regime abre no princípio geral da limitação da responsabilidade societária.

13.4.3. Grupos constituídos por contrato de grupo paritário

I. Apresentada a figura dos grupos constituídos por contrato de subordinação, cabe fazer uma referência à outra modalidade de grupos de base negocial, prevista pela lei: os grupos constituídos por contrato de grupo paritário, contemplados no art. 492.º do CSC.

A categoria dos grupos paritários tem inspiração na figura germânica do *Gleichordnungskonzern* ou *Konzern ohne Ahbängigkeit* e também na previsão dos *groupements horizontaux* do Projecto de 9ª Directiva. Esta figura é vocacionada para as relações de coligação societária horizontal, i.e., entre sociedades que não sejam dependentes entre si, nem dependentes de sociedades terceiras, mas que pretendam sujeitar-se a uma direcção unitária, comum a ambas (art. 492.º n.º 1 do CSC).

Esta figura poderia ter interesse para enquadrar negocialmente as situações de colaboração entre várias sociedades sujeitas a uma *holding* ou sociedade de coordenação, que são muito frequentes em resultado de participações societárias maioritárias ou minoritárias. Contudo, a figura reveste um interesse prático muito reduzido, porque o Código das Sociedades Comerciais se limitou a prevê-la como uma das modalidades dos grupos societários em sentido estrito, a instituir através do contrato de grupo paritário, mas não estabeleceu o respectivo regime jurídico[332]. Assim, não só ficam à margem do regime legal os grupos paritários de

---

[332] COUTINHO DE ABREU, *Da Empresarialidade... cit.*, 246 s., considera mesmo a figura dos contratos de grupo paritário deslocada no âmbito do direito dos grupos societários.

facto[333] como são incertas as consequências da constituição de um grupo paritário de direito.

Por outro lado, tal como sucede com os contratos de subordinação, não há notícia da celebração de contratos de grupo paritário, o que confirma a reduzida operacionalidade desta figura.

II. Perante este quadro, cabem apenas algumas observações sobre o contrato de grupo paritário, para verificar como é que este contrato é configurado pela nossa lei.

Do ponto de vista substancial, decorre da delimitação deste contrato, levada a efeito pelo art. 492.º n.º 1 do CSC, que a relação de grupo paritário corresponde a uma coligação inter-societária voluntária (a sujeição das sociedades envolvidas a uma direcção unitária e comum assenta no seu acordo), mas horizontal ou igualitária. O contrato tem, assim, dois elementos fundamentais: a independência das sociedades outorgantes; e a sujeição destas sociedades a uma direcção unitária comum.

O requisito da independência das sociedades intervenientes reporta-se tanto às relações entre elas como aos vínculos com sociedades terceiras. Assim, o contrato só pode ser celebrado entre sociedades que não participem maioritariamente do capital da outra e que sobre ela não exerçam qualquer outro factor de influência dominante, bem como entre sociedades que não sejam, elas próprias, objecto de participação maioritária ou de outro factor da influência dominante de uma terceira sociedade, nos termos dos arts. 486.º n.os 1 e 2 e 483.º n.º 2 do CSC[334]. Ainda para assegurar que a relação inter-societária se manterá em moldes igualitários, a lei determina que o contrato de grupo não pode alterar a estrutura da administração de cada sociedade envolvida e que, no caso de ser instituída uma estrutura de direcção ou de coordenação, todas as sociedades devem participar igualitariamente dessa estrutura (art. 492.º n.º 4 do CSC).

O requisito da sujeição do grupo a uma direcção unitária comum não é concretizado pela lei mas corresponde, como oportunamente se referiu,

---

[333] Neste sentido, ENGRÁCIA ANTUNES, *Os Grupos de Sociedades... cit.*, 912 e nota [1803].

[334] Também preconizando a aplicação do conceito e dos critérios de influência dominante a estas situações, ENGRÁCIA ANTUNES, *Os Grupos de Sociedades... cit.*, 915. Já tendo oportunamente apresentado as presunções legais de influência dominante, para aí se remete – cfr., *supra,* neste parágrafo, ponto 13.3.2.I.

a um dos elementos comuns a todas as situações de coligação societária. Ficam assim em aberto as mais variadas possibilidades relativamente à constituição da estrutura comum de direcção, desde que seja salvaguardado o requisito da participação igualitária de todas as sociedades nessa estrutura, tal como é exigido pelo art. 492.º n.º 4 do CSC[335].

Em termos formais, a lei refere-se apenas sucintamente ao processo de constituição dos grupos paritários, para estabelecer que o contrato de grupo paritário deve ser precedido de deliberações da assembleia geral de todas as sociedades intervenientes, tomadas por maioria qualificada, nos termos exigidos para a fusão, e havendo ainda lugar a pareceres dos respectivos órgãos de fiscalização (art. 492.º n.º 2, parte final do CSC). O contrato deve ser reduzido a escrito, tal como as suas alterações e prorrogações (art. 492.º n.º 2, primeira parte)[336].

Perante a exiguidade das referências legais na matéria (que se torna ainda mais evidente por comparação com o regime detalhado previsto para a constituição dos grupos por subordinação, a que acima fizemos referência), fica a dúvida sobre alguns aspectos relativos à formação destes grupos, como a legitimidade para a outorga do contrato (que nos parece caber aos órgãos de administração das sociedades intervenientes), a necessidade de fazer preceder o contrato de um parecer fiscal independente (que aqui parece ser dispensada, uma vez que a remissão para as regras da fusão tem um alcance mais limitado do que nos grupos por subordinação), ou a exigência de registo do contrato, nos termos gerais (que nos parece de exigir, em qualquer caso).

III. Por outro lado, uma vez que a lei apenas estabelece duas regras sobre o conteúdo do contrato de grupo paritário – a já referida regra de intangibilidade das administrações das sociedades integrantes do grupo e de garantia da sua participação igualitária na estrutura de direcção a constituir (art. 492.º n.º 4 do CSC), e uma regra sobre a duração do contrato, que proíbe a sua constituição por tempo indeterminado mas não impede a sua prorrogação (art. 492.º n.º 3) – ficam em dúvida aspectos

---

[335] Com vários exemplos de direito comparado sobre a organização possível destas estruturas, vd ENGRÁCIA ANTUNES, *Os Grupos de Sociedades... cit.*, 921 s.

[336] A norma foi alterada, na Reforma do Código das Sociedades Comerciais de 2006, sendo anteriormente prevista a escritura pública.

essenciais do regime destes grupos. Assim, não são estabelecidas regras sobre as relações entre as sociedades e os sócios livres, não são esclarecidos os aspectos relativos à gestão interna do grupo (*verbi gratia*, o eventual relevo do interesse do grupo e a sua conjugação com o interesse social de cada sociedade membro, bem como a relação entre cada sociedade do grupo e a estrutura de direcção unitária, e, nomeadamente, o problema da existência ou não de um poder de direcção neste modelo de grupo societário) e ficam também por determinar as regras de responsabilidade do grupo e de cada sociedade membro, designadamente para com os credores.

Nada dispondo a lei em especial sobre estes pontos e sendo vários aspectos do regime jurídico da coligação de sociedades excepcionais, designadamente quando este regime se desvia dos princípios gerais do direito societário em matéria de autonomia e de responsabilidade societárias, parece-nos de resolver estas lacunas com recurso às regras gerais do direito societário[337]. Designadamente no que se refere ao poder de direcção e às regras especiais de responsabilidade depõe ainda neste sentido, na nossa opinião, o facto de a lei as ter previsto especificamente para os grupos contratuais de subordinação e apenas ter determinado a sua extensão aos grupos constituídos por domínio total – o que, ainda por força da excepcionalidade do regime, reforça a conclusão no sentido da não extensão de tais regras à categoria de grupos societários horizontais. Assim, o poder de direcção da estrutura liderante dos grupos paritários não pode, quanto a nós, ser mais do que um poder de facto, e a responsabilidade das sociedades do grupo e dos membros dos seus corpos directivos continua a reger-se pelas regras societárias gerais[338].

Mas, obviamente, esta solução confirma a fraca utilidade prática da figura dos grupos constituídos por contrato de grupo paritário, que referimos no início deste ponto.

---

[337] Também depõe neste sentido o facto de a lei remeter para o regime dos grupos de subordinação apenas em matéria de cessação do contrato de grupo paritário (art. 492.º n.º 5 do CSC), já que se pode retirar desta remissão limitada a intenção do legislador de não estender outras regras dos grupos de subordinação aos grupos paritários.

[338] Contra, expressamente, ENGRÁCIA ANTUNES, *Os Grupos de Sociedades... cit.*, 926 ss., reconhecendo que nestes grupos também há um poder de direcção congénere ao do contrato de subordinação e admitindo, designadamente, a emissão de instruções vinculativas, ainda que não aceite que tais instruções possam ser prejudiciais às sociedades membros do grupo.

13.4.4. Grupos constituídos por domínio total

I. A última modalidade de grupo em sentido estrito prevista pela lei é a dos grupos constituídos por domínio total (arts. 488.° a 491.° do CSC).

Os grupos constituídos por domínio total correspondem à única modalidade de grupo em sentido próprio, cuja base não é negocial mas de facto, uma vez que assentam numa participação total de uma sociedade no capital de outra sociedade. Estes grupos têm estrutura vertical e podem surgir com a constituição, *ab initio*, de uma sociedade de que a sociedade dominante seja a única titular (é a situação de domínio total inicial, prevista no art. 488.° do CSC), ou através da aquisição da totalidade das participações sociais de uma sociedade já constituída por outra sociedade (é a situação de domínio total superveniente, prevista no art. 489.° do CSC).

Cabe referir separadamente estas duas formas de constituição dos grupos por domínio total.

II. Os grupos constituídos por domínio total inicial são previstos no art. 488.° do CSC e decorrem, como acima se referiu, da constituição de uma sociedade de que a sociedade dominante é a única titular – eles assentam, pois, na admissibilidade da figura da sociedade unipessoal[339].

Nestes grupos, a sociedade dependente, constituída por esta via, tem que ser uma sociedade anónima, o que constitui uma restrição suplementar à regra geral sobre a natureza jurídica das sociedades intervenientes em relações de coligação, disposta pelo art. 481.° n.° 1 do CSC, segundo a

---

[339] Depois da longa discussão doutrinal sobre a admissibilidade da figura da sociedade unipessoal, questão que ultrapassa, como é óbvio, o âmbito das nossas reflexões (mas, sobre o tema, por todos, FERRER CORREIA, *Lições de Direito Comercial cit.*, 289 ss., e OLIVEIRA ASCENSÃO, *Direito Comercial cit.*, IV, 114 ss.), a figura da sociedade totalmente dominada *ab initio* foi, na verdade, o primeiro caso de sociedade unipessoal a ser admitido no nosso sistema jurídico, tendo sido necessário esperar dez anos até à admissibilidade legal da figura da sociedade por quotas unipessoal (arts. 270.°-A a 270.°-G do CSC), na sequência da emissão da 12ª Directiva de harmonização do direito das sociedades comerciais dos Estados Membros da União Europeia, que se debruçou sobre esta matéria (Dir. n.° 89/667/CEE, do Conselho, de 21 de Dezembro de 1989). A figura da sociedade unipesssoal tem correspondência, noutros ordenamentos – assim, entre outros, no direito brasileiro, a denominada «subsidiária integral», no sistema germânico a figura da *Einmann--Gesellschaft*, e no direito francês a *entreprise unipersonnelle à responsabilité limitée*.

qual estas relações podem também ser protagonizadas por sociedades por quotas e por sociedades em comandita por acções[340].

A lei estabelece ainda o dever de respeitar, na constituição da sociedade totalmente dominada, todos os requisitos relativos à constituição das sociedades anónimas que não tenham a ver com a pluralidade de sócios (art. 488.º n.º 2 do CSC); e determina que a relação de grupo constituído por domínio total inicial cesse nos termos previstos para o grupo constituído por domínio total superveniente (art. 489.º n.os 4, 5 e 6 do CSC, aplicado *ex vi* art. 488.º n.º 3).

III. Os grupos constituídos por domínio total superveniente são previstos nos arts. 489.º e 490.º do CSC.

Nos termos do art. 489.º n.º 1, esta categoria de grupos surge quando uma sociedade adquire a totalidade do capital de outra sociedade, de uma forma directa ou através de uma outra sociedade que seja dela dependente ou com a qual esteja em relação de grupo (nos termos do art. 483.º n.º 2), deixando assim de haver outros sócios[341]. Como decorre do regime legal (designadamente do art. 489.º n.º 2 b) do CSC) e, contrariamente ao que sucede com o grupo por domínio total inicial, tanto a sociedade dominante como a sociedade dominada podem ter a forma de sociedade anónima, mas também podem ser sociedades por quotas ou sociedades em comandita por acções.

Uma vez verificados os pressupostos da situação de domínio total superveniente, a relação de grupo surge *ope legis* (art. 489.º n.º 1), mas, na prática, esta relação pode ser de curta duração, porque a lei obriga à convocação de uma assembleia geral da sociedade dominante nos seis

---

[340] Já tendo apreciado oportunamente este requisito geral relativo ao tipo societário, para aí se remete – *supra,* neste parágrafo, ponto 13.2.II. Relativamente à situação agora em análise, autores como ENGRÁCIA ANTUNES, *Os Grupos de Sociedades... cit.*, 850, e OLAVO CUNHA, *Direito das Sociedades cit.*, 786, preconizam a extensão da norma às sociedades por quotas, apesar da natureza excepcional do regime. Também OLIVEIRA ASCENSÃO, *Direito Comercial cit.*, IV, 581, critica a opção legal pela escolha da forma da sociedade anónima para a sociedade integralmente dominada, salientando que a complexidade organizacional da sociedade anónima se coaduna mal com a unipessoalidade.

[341] Para mais desenvolvimentos sobre o modo de aquisição da participação totalitária duma sociedade noutra sociedade, ENGRÁCIA ANTUNES, *Os Grupos de Sociedades... cit.*, 860 ss.

meses subsequentes à verificação daqueles pressupostos, com vista a ratificar (ou não) a situação de grupo[342]. Assim, se dessa assembleia resultar uma deliberação no sentido da dissolução da sociedade dominada ou da alienação das suas quotas ou acções (art. 489.º n.º 1, parte final, e n.º 2 a) e b) do CSC), a relação de grupo por domínio total termina, se efectivamente a sociedade dependente vier a ser dissolvida ou no caso de o valor das participações desta sociedade, que tenham sido alienadas, ultrapassar 10% do respectivo capital (alínea c) do n.º 4 do art. 489.º). Pelo contrário, se a deliberação da assembleia geral da sociedade dominante for no sentido da manutenção da situação existente (alínea c) do n.º 2 do art. 489.º), o grupo consolida-se[343] e a sociedade dependente mantém-se enquanto sociedade unipessoal (art. 489.º n.º 3).

A lei indica ainda como causas de cessação da relação de grupo por domínio total superveniente a dissolução da sociedade dominante e a deslocação da sede de qualquer das duas sociedades envolvidas para fora do território nacional (art. 489.º n.º 4 alíneas a) e b) do CSC)[344]. Cabe à administração da sociedade dependente promover o registo do termo da relação de grupo (art. 489.º n.º 6 do CSC).

IV. O aspecto mais complexo da constituição dos grupos por domínio total superveniente tem a ver com a aquisição das acções ou quotas da sociedade dominada pela sociedade dominante, quando a participação desta no capital daquela atinja um certo limiar, mais precisamente quando

---

[342] A lei é equívoca nesta matéria, já que o texto do art. 489.º n.º 1 do CSC permite a interpretação no sentido de que a relação de grupo não chega sequer a surgir no caso de vir a ser decidida a dissolução da sociedade dependente ou a alienação das suas quotas ou acções. Contudo, da conjugação desta norma com as restantes regras constantes deste artigo (designadamente, o n.º 3) retira-se que o surgimento da relação de grupo ocorre, de facto, imediatamente, podendo, todavia, o grupo ser desfeito na sequência da assembleia geral referida no n.º 2 deste artigo. No mesmo sentido, OLIVEIRA ASCENSÃO, *Direito Comercial cit.*, IV, 586.

[343] Como argumento em favor desta ideia de consolidação da relação de grupo, atente-se no facto de a lei impor à administração da sociedade dependente o dever de promover o registo da deliberação da assembleia geral no sentido da manutenção da relação de grupo (art. 489.º n.º 6 do CSC).

[344] Na verdade, a lei não refere expressamente como causa de cessação da relação de grupo a dissolução da sociedade dependente, mas apenas a dissolução da sociedade dominante. Esta causa de cessação decorre, contudo, directamente, do art. 489.º n.º 2 a) do CSC.

esteja próxima do domínio total sobre a outra sociedade – é a denominada «aquisição tendente ao domínio total»[345], que tem paralelo na figura germânica do *Eingliederung* (§§ 320 ss. da AktG) e foi também prevista no Projecto de 9ª Directiva (arts. 33.º a 37.º – *déclaration unilatérale instituant le groupe de subordination*) e na Proposta Cousté (arts. 47.º a 56.º – *intégration*), para além de ter correspondência nas práticas norte-americanas de *freezeouts* e *squeezeouts* e na *compulsory acquisition* do sistema inglês[346].

A lei disciplina esta figura separadamente para a generalidade das sociedades (art. 490.º do CSC) e para as sociedades abertas (arts. 194.º ss. do CVM), estabelecendo um regime que procura conciliar – e, na verdade, faz prevalecer – o interesse na constituição da situação de domínio total com alguma protecção dos sócios minoritários da sociedade dependente, cujo poder de intervenção na sociedade se vê profundamente afectado com o surgimento da situação de domínio. Em desenvolvimento desta orientação, é estabelecido um conjunto de procedimentos tendentes a facilitar à sociedade dominante, que detenha, directa ou indirectamente, as participações correspondentes a 90% ou mais do valor do capital da sociedade dependente, a aquisição do valor remanescente do capital que seja ainda detido pelos sócios livres desta sociedade.

Estes procedimentos passam pela imposição à sociedade dominante de um dever de comunicar a detenção daquele volume de capital à sociedade dominada no prazo de 30 dias sobre a aquisição das participações (art. 490.º n.º 1 do CSC). Nos seis meses subsequentes a esta comunicação, a sociedade dominante pode promover a elaboração de um relatório sobre o valor das quotas ou acções da sociedade dominada por um revisor oficial de contas independente[347], e, com base nesse relatório, fazer uma

---

[345] Especificamente sobre a matéria das aquisições tendentes ao domínio total, J. M. COUTINHO DE ABREU / A. SOVERAL MARTINS, *Grupos de Sociedades. Aquisições Tendentes ao Domínio Total*, Coimbra, 2003.

[346] Para uma apreciação aprofundada no instituto no direito comparado, vd, por todos, J. ENGRÁCIA ANTUNES, *O artigo 490.º do CSC e a Lei Fundamental. «Propriedade corporativa, propriedade privada, igualdade de tratamento*, in Estudos em Comemoração dos Cinco Anos (1995-2000) da Faculdade de Direito da Universidade do Porto, Coimbra, 2001, 147-276 (183 ss.).

[347] Sobre este relatório elaborado pelo revisor oficial de contas, vd o Ac. RLx. de 29/10/2002 (Proc. n.º 7195/2002-7), www.dgsi.pt, considerando que não é posta em causa a independência do ROC pela circunstância de ter elaborado o relatório com base em elementos de contabilidade fornecidos pela administração da empresa.

oferta de aquisição das participações dos sócios livres, mediante uma contrapartida, em dinheiro ou em quotas, acções ou obrigações da própria sociedade dominante (art. 490.° n.° 2). Neste caso, os sócios livres ficam obrigados a transmitir as respectivas quotas ou acções à sociedade dominante (art. 490.° n.° 3)[348], a não ser que considerem insatisfatório o valor da respectiva contrapartida, caso em que dispõem de 30 dias para propor uma acção solicitando a fixação judicial do valor das referidas participações[349], a declaração da sua transmissão à sociedade dominante e a condenação desta no pagamento da quantia apurada (art. 490.° n.° 6).

Sendo a proposta de oferta de aquisição das acções ou quotas dos sócios livres uma faculdade da sociedade dominante, a lei estabelece as consequências da falta de tal oferta. Neste caso, qualquer sócio livre pode exigir, por escrito, à sociedade dominante, que lhe faça uma oferta de aquisição, mediante uma contrapartida, e, se tal oferta não for feita no prazo que para tal fixe (e que não pode ser inferior a 30 dias), pode lançar mão de acção judicial para concretizar a operação (art. 490.° n.os 5 e 6 do CSC).

No caso de sociedades abertas, as aquisições tendentes ao domínio total devem seguir não estes procedimentos mas os procedimentos da oferta ao público previstos no Código dos Valores Mobiliários (arts. 194.° a 197.°)[350].

Como facilmente se compreende, o regime exposto favorece a constituição das situações de domínio total superveniente[351], na medida em que confere à sociedade dominante um verdadeiro direito potestativo de aquisição das participações sociais dos sócios minoritários da sociedade

---

[348] Esta transmissão é sujeita a registo por depósito e a publicação, nos termos do art. 490 n.° 3 do CSC, mas o registo só pode ser promovido quando a sociedade dominante proceda à consignação em depósito da contrapartida pecuniária, ou em acções ou obrigações, nos termos do n.° 4 da mesma norma.

[349] Sobre esta acção judicial, ainda o o Ac. RLx. de 29/10/2002 (Proc. n.° 7195/2002-7), www.dgsi.pt, acima referido.

[350] Para mais desenvolvimentos sobre este ponto, cujo aprofundamento ultrapassa o campo do nosso estudo, pode ver-se PINTO FURTADO, *Curso de Direito das Sociedades cit.*, 377 ss.

[351] Neste sentido, ENGRÁCIA ANTUNES, *Os Grupos de Sociedades... cit.*, 870 e 870, refere-se à figura das aquisições tendentes ao domínio total como um «*mecanismo jurídico instrumental e coadjuvante*» da constituição de grupos societários por domínio total superveniente e da consolidação do controlo societário obtido em ofertas públicas de aquisição.

dominada[352]: no caso de a sociedade dominante querer adquirir tais participações, os sócios livres são obrigados a aceitar, seja extra-judicialmente, seja por via judicial[353] (art. 490.º n.ºs 2 e 3 do CSC, bem como n.º 5 do mesmo artigo, quanto ao desenlace judicial da operação); mas no caso de a sociedade dominante não querer adquirir as participações, os sócios livres podem impor-lhe tal transmissão[354], ainda por via extra-judicial ou, no limite, por via judicial (art. 490.º n.ºs 5 e 6)[355].

Assim, perante uma situação de domínio inter-societário igual ou superior a 90% do valor do capital da sociedade dominada, só não se constituirá uma situação de domínio total, na hipótese, pouco verosímil, de a sociedade dominante não fazer qualquer oferta de aquisição e de, ainda assim, os sócios livres quererem permanecer na sociedade e, por isso, não exigirem à sociedade dominante que faça tal oferta.

O regime descrito suscitou dúvidas de constitucionalidade, justamente por forçar substancialmente à transmissão das participações dos sócios minoritários, o que poderia contrariar os princípios da igualdade e da autonomia privada, bem como o direito fundamental de propriedade privada. Chamado a pronunciar-se sobre esta questão, que dividiu a jurisprudência e a doutrina nacionais[356-357], o Tribunal Constitucional, no Ac.

---

[352] No sentido da qualificação deste direito de aquisição como um direito potestativo, ainda ENGRÁCIA ANTUNES, *Os Grupos de Sociedades... cit.*, 877, mas também R. PINTO DUARTE, *Constitucionalidade da aquisição potestativa de acções tendente ao domínio total. Anotação ao Acórdão do Tribunal Constitucional n.º 491/02*, JC, 2004, 43-49 (43).

[353] Atente-se no facto de a acção judicial não servir aqui o objectivo de permitir a oposição dos sócios livres à transmissão, mas tão somente o objectivo de assegurar o carácter equitativo dessa transmissão, através da correcção do valor dos activos transmitidos.

[354] Nestes casos, pode dizer-se que a sociedade dominante tem não um direito mas um verdadeiro dever de adquirir as participações sociais remanescentes dos sócios livres da sociedade dominada – sufragando esta qualificação, o Ac. RLx. de 3/02/2000 (Proc. n.º 0075758), www.dgsi.pt.

[355] Trata-se, de novo, de um direito potestativo, neste caso, de um direito de alienação das participações societárias – também neste sentido, ENGRÁCIA ANTUNES, *Os Grupos de Sociedades... cit.*, 880.

[356] Do conjunto das decisões judiciais atinentes à temática dos grupos, na óptica juscomercial, a questão da admissibilidade das aquisições tendentes ao domínio total de outra sociedade, e designadamente, a conformidade da norma do art. 490.º n.º 3 do CSC com a Lei Fundamental tem sido a mais trabalhada pela nossa jurisprudência. Embora, numa fase mais precoce, o STJ se tenha pronunciado no sentido da inconstitucionalidade daquela norma, com fundamento na violação dos princípios constitucionais da igualdade,

n.º 491/2002, de 26 de Novembro[358], pronunciou-se no sentido da conformidade da norma do art. 490.º n.º 3 do CSC com a Lei Fundamental, a nosso ver, adequadamente, dada a necessária compreensão do instituto do direito de propriedade no âmbito societário e a sua conjugação, ainda neste âmbito, com o princípio geral da liberdade de associação. Com efeito, do princípio da liberdade de associação decorre que o direito de propriedade sobre participações sociais deve ser exercido em consonância com as regras gerais do direito associativo (que desenvolvem o princípio constitucional da liberdade de associação), entre as quais avulta a regra da decisão orgânica e por maioria. Assim sendo, a solução legal corresponde a uma aplicação do princípio da maioria, segundo o qual, nas decisões que atinjam o ente societário, a vontade da maioria prevalece sobre a vontade das minorias em situações de colisão de interesses, sendo inerente a tal prevalência a possibilidade de afectação dos direitos patrimoniais de cada membro do colectivo societário, considerado isoladamente. Acresce que a

---

da propriedade privada e da livre iniciativa económica (neste sentido, por exemplo, o Ac STJ de 2/10/1997, BMJ 470-619), em decisões mais recentes os tribunais têm considerado que a norma é constitucional – nesta linha, *vd*, entre outros, o Ac. STJ de 10/04/2003 (Proc. n.º 03B798), e o Ac. STJ de 3/05/2005 (Proc. n.º 04B4356), ambos em www.stj.pt, bem como, na jurisprudência dos Tribunais da Relação, o Ac. da RLx. de 29/12/2002 (Proc. n.º 7195/2002-07), o Ac. da RP de 20/04/2004 (Proc. n.º 04209-48), e o Ac. RP de 30/09/2004 (Proc. n.º 0433021), todos em www.dgsi.pt.

[357] Na doutrina, alguns autores pronunciaram-se no sentido da inconstitucionalidade desta norma legal, argumentando neste sentido com a violação do direito fundamental da propriedade privada, conjugado com o princípio da proporcionalidade, e com a violação do princípio da igualdade (neste sentido, por exemplo, J. MENÈRES PIMENTEL, *O artigo 490.º n.º 3 do Código das Sociedades Comerciais será inconstitucional? in Estudos em Homenagem a Cunha Rodrigues*, II, Coimbra, 2001, 515-526 (526 e *passim*); outros autores defenderam a constitucionalidade da solução legal, argumentando, designadamente, com a natureza corporativa da propriedade societária – neste sentido, entre outros, A. MENEZES CORDEIRO, *Da constitucionalidade das aquisições tendentes ao domínio total (artigo 490.º n.º 3 do Código das Sociedades Comerciais)*, BMJ 480 (1998), 5-30 (27 e *passim*), e, ainda deste autor, *Aquisições tendentes ao domínio total: constitucionalidade e efectivação da consignação em depósito (artigo 490.º n.º 3 e 4 do Código das Sociedades Comerciais)*, Dir., 2005, 137, III, 449-463 (462), ENGRÁCIA ANTUNES, *O artigo 490.º do CSC e a Lei Fundamental... cit.*, 271 ss. e *passim*, PINTO DUARTE, *Constitucionalidade da aquisição potestativa... cit.*, 49, bem como PAIS DE VASCONCELOS, *A Participação Social... cit.* 243 s., que assinala ainda o facto deste regime ser, na prática, um regime de tutela dos interesses dos sócios minoritários.

[358] Publicado no DR, II S., de 22/01/2003.

transmissão das participações sociais, ainda que contra a vontade dos seus titulares, é feita mediante a adequada contrapartida, o que lhe retira qualquer carácter expropriativo e permite manter a restrição ao âmbito do direito de propriedade dentro dos limites de proporcionalidade que a Lei Fundamental exige[359].

V. Delimitada a figura dos grupos por domínio total inicial e superveniente resta tecer algumas considerações sobre o seu regime.

Nesta matéria, a lei foi muito sucinta, limitando-se o art. 491.° do CSC a mandar aplicar a esta categoria de grupos societários as normas dispostas para os grupos constituídos por contrato de subordinação, no que diz respeito ao poder de direcção da sociedade totalmente dominante sobre a sociedade dominada (art. 503.° do CSC)[360], à responsabilidade da sociedade dominante pelas dívidas da sociedade dominada (art. 501.°) e pela compensação das perdas anuais da sociedade dominada (art. 502.°), e, bem assim, as regras relativas ao dever de diligência dos membros do órgão de administração da sociedade dominante relativamente à sociedade dependente e à responsabilidade dos membros deste órgão (art. 504.°)[361].

---

[359] Naturalmente, como observa PINTO DUARTE, *Constitucionalidade da aquisição... cit.*, 49, posta a questão nestes termos, o único problema relevante é o da determinação do valor das acções, para efeitos da fixação da contrapartida oferecida aos sócios minoritários. Para efeitos da determinação do valor da participação social, PAIS DE VASCONCELOS, *A Participação Social... cit.*, 245, considera ser de aplicar o critério do art. 105.° n.° 2 do CSC, para protecção do sócio minoritário.

[360] Ainda assim, alguns autores consideram que o poder de direcção da sociedade mãe sobre a sociedade filha é mais explícito nos grupos contratuais de subordinação do que nos grupos constituídos por domínio total – neste sentido, por exemplo, CASTRO SILVA, *Das relações inter-societárias... cit.*, 514. Não acompanhamos este entendimento, porque a lei manda aplicar o regime do poder de direcção previsto para as relações de subordinação aos grupos constituídos por domínio total sem estabelecer particulares limites a esta extensão. Bem pelo contrário, poderá até dar-se o caso de o poder de direcção da sociedade dominante sobre a sociedade dominada ser ainda mais intenso do que o poder da sociedade directora sobre a sociedade dirigida, por força da unipessoalidade da sociedade dominada, e também porque não tem uma base negocial, logo, não admite limitações por essa via, como pode suceder no caso do contrato de subordinação. Por outras palavras, no caso do domínio total a subordinação da sociedade dominada é também total, ao passo que no grupo constituído por contrato de subordinação, pode esta ser parcial se as partes assim o tiverem disposto, nos termos que oportunamente indicámos (*supra*, neste parágrafo, ponto 13.4.2.VIII).

[361] Sobre a extensão do regime dos grupos constituídos por contrato de subordinação

Já tendo apreciado estes aspectos fundamentais de regime, a propósito dos grupos de subordinação, para aí se remete[362]. O que agora nos parece importante salientar é que a norma remissiva constante do art. 491.º do CSC evidencia a intenção legal clara de equiparar os grupos constituídos por contrato de subordinação (que correspondem, por excelência, à figura dos grupos negociais ou de direito verticais) e os grupos constituídos por domínio total (que constituem uma categoria de grupos de facto, também com estrutura vertical), quanto aos aspectos essenciais do regime da própria relação de grupo, regime este que é, como se vem comprovando, um regime claramente desviante do regime societário comum.

Contudo, perante a configuração estrita dos grupos por domínio total na nossa lei (que exige a detenção de, pelo menos, 90% do capital social da sociedade dominada pela dominante, nos termos expostos), é forçoso concluir que esta extensão legal do regime dos grupos de subordinação tem, na prática, um alcance reduzido, porque não abrange a maioria das situações de domínio de facto, que decorrem de uma participação accionista maioritária mas inferior àquele valor. Ainda assim, perante a falta de notícias da celebração de contratos de subordinação no nosso sistema, pode dizer-se que o regime jurídico dos grupos por subordinação acaba por ter mais aplicação nesta sua extensão aos grupos constituídos por domínio total do que no âmbito para o qual foi originariamente concebido.

Em qualquer caso, seja porque não há, entre nós, a tradição de constituição de grupos negociais, seja porque a categoria dos grupos constituídos por domínio total é pouco abrangente, os aspectos mais singulares do regime legal em matéria de grupos acabam por ter aplicação num universo muito reduzido de situações.

13.5. Síntese crítica

I. Completada a apresentação panorâmica do regime da coligação de sociedades, previsto no Código das Sociedades Comerciais, é tempo de proceder a uma brevíssima síntese crítica do mesmo. Na medida em que, na descrição de cada uma das modalidades de coligação societária pre-

---

aos grupos constituídos por domínio total, *vd* o Ac. RLx. de 3/02/2000 (Proc. n.º 0075758), www.dgsi.pt.

[362] *Supra*, neste parágrafo, ponto 13.4.VIII. e IX.

vistas pelo Código das Sociedades Comerciais, já fomos fazendo a respectiva apreciação crítica, esta síntese pode incidir nos pontos, mais gerais, da índole do regime legal nesta matéria, dos objectivos por ele prosseguidos e, sobretudo, dos seus resultados práticos, viabilizando uma conclusão geral sobre o tratamento desta matéria no domínio societário.

Adicionalmente, cabe uma observação sobre os reflexos laborais do quadro normativo societário em matéria de grupos, uma vez que este é o tema central do nosso estudo.

II. No que se refere à índole geral do regime das sociedades coligadas no nosso sistema jurídico, confirma-se que este regime assenta em duas grandes distinções: a distinção entre relações de participação e de domínio societário, de uma parte, e grupos societários em sentido estrito, de outra parte; e, à imagem do sistema germânico, a distinção entre grupos de direito e grupos de facto, de acordo com o critério da natureza negocial ou não negocial do acto constitutivo do grupo.

Uma vez que estas distinções constituem a base da configuração do sistema normativo nesta matéria – da primeira se retirando a sujeição das sociedades intervenientes a um regime diametralmente oposto e a segunda permitindo valorizar o fundamento voluntarista do próprio regime legal[363] – fica confirmado que Portugal integra, nesta matéria, o grupo dos denominados sistemas dualistas, uma vez que reconhece explicitamente na lei a especificidade da categoria dos grupos societários em sentido amplo e prevê um regime diferenciado para esta figura, mas reserva o essencial desse regime jurídico (*verbi gratia*, os aspectos daquele regime que mais se desviam das regras gerais do direito societário) para a categoria dos grupos em sentido estrito, que é, essencialmente, de base negocial.

Assim sendo, o nosso sistema juscomercial está, neste domínio, a meio caminho entre os sistemas que não reconhecem a especificidade do fenómeno dos grupos e continuam a resolver os problemas por ele colocados na perspectiva de cada entidade societária envolvida, apenas admitindo a título excepcional a ultrapassagem da personalidade jurídica desta sociedade para efeitos de responsabilidade, nomeadamente através da técnica da desconsideração da personalidade colectiva (é a *entreprise*

---

[363] Referimos o carácter «voluntarista» do regime legal com o sentido de que as regras especiais predispostas pelo Código das Sociedades Comerciais para esta matéria se aplicam porque as partes assim o quiseram.

approach da denominada *Entity law theory*, de base americana), e o modelo europeu, proposto pelo Projecto de 9ª Directiva, que preconiza o tratamento diferenciado e unitário dos grupos societários a partir do momento em que seja reconhecível o controlo ou a influência dominante de um ente societário sobre outro ente societário e independentemente da origem negocial ou de facto de tal influência ou controlo, dele fazendo decorrer, designadamente, um princípio de responsabilidade ilimitada da sociedade mãe pelas dívidas da sociedade subordinada ou dependente (é a denominada *teoria orgânica* ou *organicista*)[364-365].

III. Assente a índole geral do sistema nacional em matéria de grupos, a análise do respectivo regime, a que acabámos de proceder, confirma também os objectivos essenciais do mesmo, respectivamente no que toca às relações de participação societária e de domínio inter-societário simples (ou não total), e aos grupos de sociedades em sentido estrito.

Nas relações de participação societária e de domínio inter-societário simples, o objectivo do regime legal é a protecção da sociedade participada ou dominada contra as intromissões da sociedade participante ou dominante, em consonância com o princípio geral da independência dos entes jurídicos societários. Para este objectivo concorrem a exigência de comunicação da aquisição de participações societárias acima do limite legal dos 10% e, sobretudo, a proibição de novas aquisições ou a inibição do exercício dos direitos sociais correspondentes a tais participações (arts. 484.º, 485.º e 487.º do CSC).

Já nas relações de grupo em sentido estrito ou próprio, o regime legal procura conciliar dois objectivos opostos. De uma parte, este regime valida juridicamente a situação de controlo inter-societário, através do reconhecimento do poder de direcção da sociedade dominante ou directora em moldes vigorosos (o que é demonstrado em regras como a do carácter

---

[364] Ainda assim, deve reconhecer-se que a integração do nosso sistema jurídico no grupo dos sistemas dualistas não é total, uma vez que o regime especial dos grupos societários em sentido estrito se aplica directamente a uma modalidade de grupos de facto – o grupo constituído por domínio total.

[365] Para um desenvolvimento comparado destas grandes orientações, assentes no modelo anglo-saxónico da *Entity law theory*, no modelo organicista do Projecto de Directiva comunitária e no modelo dualista germânico, ENGRÁCIA ANTUNES, *Estrutura e responsabilidade da empresa... cit.*, 39 ss., e ainda *Liability of Corporate Groups... cit.*, 231 ss., 277 ss., e 313 ss.

vinculativo das instruções ou a da admissibilidade de instruções desvantajosas para a sociedade filha, bem como na cominação do dever de obediência a essas instruções – art. 503.° n.° 1, 2 e 3), e estabelecendo mesmo mecanismos suplementares de consolidação desse controlo intersocietário (como a convenção de atribuição de lucros, no contrato de subordinação, e o regime das aquisições tendentes ao domínio total, nas relações de domínio – respectivamente, arts. 508.° e 490.° do CSC). De outra parte, o regime legal procura salvaguardar os interesses da sociedade dominada ou subordinada e os interesses dos sócios livres e dos credores desta sociedade, que possam ser afectados pela situação de grupo, através de medidas de tutela especiais; no seio destas medidas, destaca-se o direito de oposição dos sócios livres e o direito de opção destes entre a alienação das suas participações ou a garantia de lucros, no caso do contrato de subordinação (arts. 494.° n.° 1, 497, 499.° e 500.° do CSC), bem como o direito de alienação das participações dos sócios minoritários nas aquisições tendentes ao domínio total (art. 490.° do CSC), mas, sobretudo, a extensão do âmbito da responsabilidade da sociedade dominante e dos membros do seu órgão de administração, quer em relação à sociedade dominada ou subordinada, quer em relação aos sócios livres e aos credores desta sociedade, em moldes solidários e ilimitados (arts. 501.°, 502.° e 504.° do CSC)[366-367].

Este regime especial dos grupos em sentido estrito confirma, pois, a profunda brecha nos princípios gerais do direito societário, que a lei

---

[366] A propósito dos objectivos essenciais do regime português nesta matéria, a doutrina tende, de qualquer modo, a atribuir uma importância decisiva ao objectivo de tutela da sociedade dependente, dos seus accionistas ou sócios minoritários e dos respectivos credores sociais – neste sentido, por exemplo, ENGRÁCIA ANTUNES, *The Law of Affiliated Companies in Portugal* cit., 360, que chega mesmo a considerar que o sistema nacional não é, na verdade, um regime do grupo, considerado em si mesmo, mas, essencialmente, um sistema protectivo dos interesses lesados pela existência desse grupo (*idem*, 361). Quanto a nós, o regime legal demonstra que é também particularmente relevante o interesse do grupo e o interesse da sociedade mãe nos grupos em sentido estrito.

[367] Também noutros sistemas jurídicos, a doutrina isola, como interesses essenciais subjacentes ao fenómeno dos grupos e que têm que ser ponderados na resolução dos problemas por ele colocados, no âmbito do direito comercial, o interesse geral do grupo, *verbi gratia*, quando em conflito com o interesse social de cada sociedade membro, e os interesses dos sócios livres e dos credores sociais da sociedade dependente, a par do problema da extensão da responsabilidade da sociedade mãe – neste sentido, quanto ao direito italiano, MARINO BIN, *Gruppi di imprese e diritto commerciale* cit., 64 ss.

admite e valida para esta categoria de situações: a admissibilidade do controlo inter-societário colide com o princípio geral da independência dos entes jurídicos societários; e a extensão da responsabilidade da sociedade mãe pelas dívidas da sociedade filha, perante os credores sociais desta, em moldes solidários e ilimitados, contende com o dogma da responsabilidade limitada dos entes jurídicos societários[368]. Numa palavra, o regime dos grupos societários em sentido estrito comprova a singularidade da figura dos grupos no panorama societário e atesta a relatividade dos princípios mais basilares do direito societário.

IV. Confirmados os objectivos prosseguidos pelo regime jurídico dos grupos, na lógica dualista que ele apresenta no nosso sistema jurídico, chegamos à parte essencial desta apreciação final, que se destina, obviamente, a avaliar os resultados práticos do próprio regime na prossecução dos objectivos delineados.

Ora, é a este nível que sobressaem as debilidades do sistema jurídico nacional nesta matéria. No nosso entender, estas debilidades decorrem essencialmente do âmbito circunscrito de aplicação do regime legal e, especificamente quanto às duas grandes categorias de situações de coligação societária, decorrem ainda da insuficiência das soluções legais preconizadas para prosseguir os objectivos delineados pela lei para cada uma dessas categorias de situações.

Em primeiro lugar, não pode deixar de se apontar, como limite genérico à eficácia do regime nacional nesta matéria, o âmbito limitado deste regime, quer em resultado dos requisitos gerais impostos pelo art. 481.º do CSC às sociedades intervenientes (com destaque para o requisito da sede societária em território nacional), quer por força do critério legal de tipificação dos grupos societários escolhido pela lei, quer ainda em resultado da base eminentemente voluntarista do regime.

Por um lado, o critério geográfico da sede torna o regime inaplicável às coligações internacionais de sociedades, embora, na verdade, se reco-

---

[368] Neste sentido, ENGRÁCIA ANTUNES, «*Law & Economics*». *Perspectives of Portuguese Corporation Law – System and Current Developments,* ECFR, 2005, II, 3, 323-377 (374), considera que este regime dos grupos veio pôr em questão as duas «vacas sagradas» do direito das sociedades comerciais: a autonomia das sociedades comerciais e o princípio da limitação da sua responsabilidade.

nheça que, caso o legislador nacional tivesse adoptado a solução inversa, do ponto de vista prático seria sempre extremamente difícil lograr essa aplicação, dada a diversidade dos ordenamentos jurídicos nesta matéria[369]. Por outro lado, o critério de tipificação das modalidades coligação societária (e, em especial, a tipificação dos grupos em sentido estrito) exclui do âmbito do regime legal todas as restantes e muito variadas formas de concentração empresarial externa, que se vêm desenvolvendo no panorama societário hodierno[370]. Por fim, a base voluntarista do regime fornece às partes um fácil expediente para se subtraírem à aplicação do regime, bastando-lhes, para tal, não cumprir as formalidades legais de comunicação da aquisição de participações à outra sociedade, no caso das relações de participação, ou escolher um instrumento negocial de vinculação diferente dos previstos na lei para a constituição dos grupos negociais em sentido estrito, ou ainda, no caso das situações de domínio, manter a participação societária abaixo do limiar dos 90% do capital da sociedade participada – em todas estas situações, que constituem a grande maioria, estaremos perante um grupo de facto, ao qual não é aplicável o regime dos grupos em sentido próprio, previsto no Código das Sociedades Comerciais.

Em suma, o regime legal nesta matéria é pouco operativo, antes de mais nada porque tem uma abrangência muito limitada, designadamente deixando de fora a grande maioria dos grupos de facto[371]. Perante esta constatação, fica obviamente a dúvida sobre a utilidade efectiva de tal regime.

De outra parte, não pode deixar de se observar que as regras estabelecidas para as duas grandes categorias de coligações societárias não

---

[369] Esta razão de praticabilidade leva-nos a não acompanhar a crítica de ENGRÁCIA ANTUNES, *O âmbito de aplicação do sistema de sociedades coligadas cit.*, 105 ss., quanto a este requisito geográfico, ainda que sejamos sensíveis ao argumento da desigualdade de tratamento entre sociedades nacionais e sociedades estrangeiras que decorre deste regime.

[370] Também criticando o regime legal neste sentido, observa GRAÇA TRIGO, *Grupos de sociedades cit.*, 101, que, ao enunciar taxativamente os grupos de sociedades, a lei deixa de fora as demais realidades grupais, com os inerentes reflexos ao nível do regime aplicável.

[371] Neste sentido, autores como PEREIRA COELHO, *Grupos de sociedades... cit.*, 338 e 351, observam, expressamente, que o nosso sistema jurídico desconsidera genericamente os grupos de facto e não os tutela, de todo em todo, excepto no caso dos grupos constituídos por domínio total. É uma observação que subscrevemos integralmente.

atingem cabalmente os objectivos delineados pelo sistema normativo para cada uma dessas situações, que acima recordámos.

Assim, no que se refere às relações de participação societária simples e recíproca, as regras de comunicação das operações relativas às participações societárias e de inibição do exercício dos direitos correspondentes mostram-se insuficientes para garantir os interesses da sociedade dominada, dos seus sócios e credores, designadamente porque não são previstas consequências para o seu incumprimento; e o mesmo se diga quanto às relações de domínio simples, sobretudo porque as regras previstas para esta situação não permitem exercer qualquer controlo sobre o domínio de facto de uma sociedade por outra sociedade.

Já no que se refere aos grupos em sentido próprio, pode dizer-se que os objectivos da lei foram conseguidos, porque o regime legal revela, de facto, uma conciliação entre os interesses da sociedade dominante na promoção do grupo e na efectividade do controlo inter-societário, e os interesses dos sócios livres e dos credores da sociedade-filha, que possam ver-se afectados pela integração do ente societário na estrutura grupal. Contudo, como oportunamente se referiu, o problema que se coloca aqui é, efectivamente, o da fraca abrangência deste regime, já que não há notícia da constituição de grupos por contrato de subordinação, nem por contrato de grupo paritário, e são também mais frequentes os grupos de domínio maioritário do que os grupos de domínio total, sendo que os primeiros ficam fora do regime legal.

V. Perante o exposto, somos levados a subscrever a posição daqueles autores que consideram o regime jussocietário português em matéria de grupos um regime artificial, no sentido em que é desfasado da realidade e não responde eficazmente aos problemas colocados pelo fenómeno dos grupos aos quadros dogmáticos do direito das sociedades comerciais[372] –

---

[372] Neste sentido, entre outros, ENGRÁCIA ANTUNES, «*Law & Economics*»... *cit.*, 375, que considera que este regime falhou enquanto estratégia regulatória, não só porque deixou de fora os grupos de facto mas também porque ignorou a natureza híbrida dos grupos, que combinam a autonomia e o controlo societário na sua estrutura. Na mesma linha, MARIA AUGUSTA FRANÇA, *A Estrutura das Sociedades Anónimas... cit.*, 26 s., entende que o regime português dos grupos «...não foi muito feliz...», porque deixou de fora muitas situações e, embora tenha reconhecido a especificidade do fenómeno dos grupos, não resolveu eficazmente os problemas por ele colocados. Também GRAÇA TRIGO, *Grupos de sociedades cit.*, 109, conclui que o regime português dos grupos societários «...perdeu em

designadamente, o problema da perda efectiva da independência dos entes societários, por efeito de operações de controlo externo, e, em consequência, o problema da incapacidade destes entes societários para responderem, autónoma e eficazmente, pelos compromissos que assumem perante os credores.

O que se observa é que, colocado perante o princípio societário tradicional da independência e da responsabilidade plena de cada ente societário, o sistema jurídico nacional reconheceu a especificidade do fenómeno dos grupos e a necessidade de os dotar de um regime jurídico próprio, que contraria aquele princípio em favor do reconhecimento da regra (oposta) do controlo inter-societário, assistido da correspondente quebra do princípio da limitação da responsabilidade societária[373]. Contudo, na prática, este regime específico é de pouca valia porque deixa de fora a maioria das situações de controlo inter-societário, cujos problemas terão que ser resolvidos com recurso aos mecanismos gerais (e mais limitados ou de recurso mais difícil) do direito societário comum[374].

Em suma, o regime legal parece não responder aos problemas colocados pelo fenómeno dos grupos, no domínio do próprio direito societário.

VI. Feitas estas observações, na óptica do direito comercial, cabe uma observação adicional sobre este quadro normativo, já na perspectiva das incidências laborais do fenómeno dos grupos, que constituem o objecto essencial do nosso estudo.

Nesta óptica, o que importa saber é se o regime societário dos grupos (entendidos agora em sentido amplo) é ou não neutro relativamente às incidências laborais do fenómeno dos grupos e, de outra parte, se as medidas de tutela que ele consagra têm interesse e podem ser aplicadas

---

adequação às realidades económico-sociais», e constitui uma regulamentação artificial e «pré-fabricada» (*idem*, 42 e 54).

[373] Este é, como refere ENGRÁCIA ANTUNES, *Estrutura e responsabilidade da empresa... cit.*, 56 e 64, o paradoxo geral do moderno direito das sociedades comerciais: perante o dogma tradicional da autonomia societária e a emergência das práticas de controlo inter-societário, os sistemas jurídicos vêm oscilando entre continuar a privilegiar o princípio da autonomia societária ou abrir a porta ao princípio do controlo societário. O regime do nosso Código das Sociedades Comerciais nesta matéria evidencia este pendor oscilante.

[374] Também neste sentido PEREIRA COELHO, *Grupos de sociedades... cit.*, 329 s., ou ELISEU FIGUEIRA, *Disciplina jurídica... cit.*, 47 s.

para resolver alguns dos problemas laborais colocados pelos grupos societários.

Quanto ao primeiro problema, podíamos ser levados a considerar que o regime legal das coligações societárias seria neutro do ponto de vista das incidências laborais do fenómeno dos grupos, uma vez que este regime se orienta em exclusivo por interesses juscomerciais – os interesses das sociedades envolvidas na relação de coligação ou de grupo, os interesses dos respectivos associados e dos credores sociais e ainda, nos grupos em sentido próprio, o interesse do grupo em si mesmo considerado. Por outras palavras, este é um regime de escopo comercial e que não pondera interesses não comerciais, *verbi gratia*, interesses laborais[375].

Esta conclusão não resiste, contudo, a uma apreciação mais atenta do regime legal, designadamente no que se refere às normas aplicáveis aos grupos em sentido estrito e às relações societárias de domínio. Com efeito, nestas categorias de coligação societária, o regime societário não é neutro e pode, bem pelo contrário, ter implicações laborais relevantes e, porventura, gravosas.

No que se refere aos grupos de subordinação e aos grupos de domínio total, estas implicações decorrem da própria disciplina do contrato de subordinação, designadamente na parte em que dispõe sobre as relações entre a sociedade directora ou dominante e a sociedade subordinada ou dependente, e podem repercutir-se nos vínculos laborais vigentes em qualquer uma das sociedades envolvidas.

No que tange à sociedade filha, compreende-se facilmente que a sujeição desta sociedade ao poder de direcção da sociedade mãe pode determinar mudanças de gestão que interfiram nas funções ou na posição

---

[375] A conclusão não é despicienda nem contornável com a afirmação simplista de que não caberia ao Código das Sociedades Comerciais ponderar interesses extra-comerciais no estabelecimento dos seus regimes, uma vez que, a propósito de outras matérias, o Código se mostra sensível a esses interesses – é exemplo paradigmático, para o ponto que nos interessa, a delimitação do conceito de interesse social, feita pelo art. 64.º n.º 1 b) do CSC, que manda ponderar, na fixação desse conceito, entre outros, os «...interesses dos outros sujeitos relevantes para a sustentabilidade da sociedade, tais como os seus *trabalhadores*, clientes e credores...» (itálico nosso). Contudo, no domínio das relações de coligação societária, a lei apenas se refere expressamente à tutela dos sócios livres e dos credores sociais, não autonomizando os trabalhadores nem enquanto credores sociais.

hierárquica dos seus trabalhadores, no seu estatuto remuneratório, ou mesmo no seu posto de trabalho, designadamente em caso de reorganização da actividade ou da área de negócio da sociedade. Dito de outro modo, embora o destinatário do poder de direcção da sociedade mãe seja o órgão de administração da sociedade filha e mesmo que este poder seja exercido nos limites da legalidade, nos termos gerais do art. 503.º n.º 2 do CSC (ou seja, para a matéria que nos interessa, não contrariando normas laborais imperativas), a verdade é que tal poder se pode repercutir nas situações juslaborais vigentes na sociedade filha.

Por outro lado, os mecanismos legais de transferência de lucros da sociedade subordinada para a sociedade directora (designadamente, a convenção de atribuição de lucros do art. 508.º do CSC e a transferência de activos admitida, embora restritivamente, no art. 503.º n.º 4), bem como, genericamente, o sacrifício do interesse social da sociedade filha ao interesse do grupo ou da sociedade mãe, em caso de conflito, podem, na prática, determinar a descapitalização da sociedade filha, tornando-a incapaz de satisfazer os seus compromissos laborais e podendo pôr em perigo os vínculos laborais, conduzir a despedimentos colectivos ou, no limite, levar à cessação dos contratos de trabalho por caducidade, em resultado da insolvência da sociedade filha empregadora.

Finalmente, nem sequer em relação à sociedade dominante ou directora do grupo, se pode dizer que o regime societário dos grupos em sentido estrito seja isento de consequências laborais. É que, por força da extensão da responsabilidade da sociedade dominante ou directora perante a sociedade subordinada e perante os respectivos accionistas e credores sociais, o património daquela sociedade pode ser atingido em moldes susceptíveis de prejudicar a sua capacidade económica para garantir o cumprimento das obrigações que tem para com os seus próprios trabalhadores subordinados.

Perante este quadro, parece incontornável a conclusão de que o regime societário dos grupos, designadamente no que respeita aos grupos em sentido estrito, pode ter pesadas repercussões nos vínculos laborais vigentes na sociedade subordinada ou dependente, bem como – embora, neste caso, em menor grau – no seio da sociedade mãe.

Já no que se refere às relações de domínio societário simples, embora tais relações não envolvam um poder (jurídico) de direcção da sociedade dominante, nos moldes previstos para os grupos verticais em sentido estrito, a verdade é que o controlo accionista ou a influência dominante decorrente de outro factor, que sejam exercidos sobre a sociedade dominada, podem determinar o surgimento de um poder directivo de facto da sociedade dominante sobre a sociedade dominada ou dependente, que muito se aproxima do poder de direcção previsto na lei para os grupos em sentido próprio.

Ora, a existência de um poder directivo de facto que, neste caso, nem sequer é compensado pelas medidas de tutela que a lei estabelece para os grupos em sentido estrito (uma vez que tais medidas não se aplicam às situações de domínio), pode, evidentemente, ter repercussões nos vínculos laborais vigentes na sociedade dominada em termos semelhantes aos dos grupos em sentido próprio.

Uma vez confirmadas as implicações laborais dos fenómenos de coligação societária pelo próprio regime societário, resta responder à segunda questão que colocámos: a questão de saber se aquele regime fornece, ele próprio, alguns mecanismos de defesa dos interesses laborais afectados pelos grupos de sociedades. Cremos que a resposta a esta questão difere, consoante os interesses em jogo tenham carácter exclusivamente patrimonial ou revistam natureza não patrimonial (ou predominantemente não patrimonial), e consoante a situação de coligação societária em concreto.

Desde logo, resulta claramente do regime societário dos grupos que a tutela dos interesses atinentes ao desenvolvimento e à conservação dos vínculos laborais, no seio das sociedades que integram uma situação de coligação societária, não pode ser encontrada a partir do regime juscomercial dessas coligações. A conclusão não espanta, no sentido em que este normativo não teria, em qualquer caso, que ponderar aquele tipo de interesses; mas não se afigura supérfluo reforçá-la para enfatizar o facto de não se poder retirar do regime do Código das Sociedades Comerciais em matéria de grupos societários nenhum argumento em favor de uma solução de personificação do próprio grupo[376], que pudesse sustentar a sua qualificação como empregador e, por esta via, resolver alguns daqueles problemas. Bem pelo contrário, na perspectiva dualista (e não organicista) adoptada pelo Código das Sociedades Comerciais na aproximação ao

---

[376] Como observa CASTRO SILVA, *Das relações inter-societárias... cit.*, 533 ss., a personificação dos grupos poderia ter tido lugar, porque os grupos têm até o necessário substrato de facto; todavia, esta não foi a solução acolhida pela nossa lei.

fenómeno dos grupos fica patente que a lei concebe este fenómeno a partir do reconhecimento de uma pluralidade de entes jurídicos, nunca atribuindo personalidade jurídica ao próprio grupo e apenas prevendo mecanismos de correcção de alguns efeitos da manutenção daquela pluralidade no contexto do grupo[377].

Já no que se refere aos interesses patrimoniais dos trabalhadores afectados pela inserção da sociedade empregadora numa coligação societária, o Código das Sociedades Comerciais dispensa alguma tutela, mas o regime dualista nele previsto obriga a distinguir, também para este efeito, entre os grupos em sentido estrito e as relações societárias de domínio: assim, no caso dos grupos em sentido estrito, sendo os trabalhadores credores da sociedade subordinada, eles seriam abrangidos pelas regras de extensão da responsabilidade da sociedade dominante ou directora, prevista no art. 501.º do CSC; já no caso dos grupos de facto e, designadamente, no caso das situações de domínio societário não total, aquele regime não se aplica, pelo que restaria aos trabalhadores, na qualidade de credores da sociedade dominada, o recurso ao instituto da desconsideração da personalidade colectiva da sociedade empregadora, alegando, designadamente, o desvio desta sociedade do respectivo interesse social, nos termos do art. 64.º do CSC.

Como veremos oportunamente[378], o problema não se coloca na prática porque o Código do Trabalho consagra hoje um regime especial de tutela dos créditos dos trabalhadores cujo empregador esteja integrado numa relação de coligação societária (arts. 378.º e 379.º do CT), que prevalece sobre o regime do Código das Sociedades Comerciais, sendo, aliás, mais abrangente do que este regime. O ponto que, ainda assim, nos parece importante salientar é que, no âmbito do regime juscomercial das coligações de sociedades, os trabalhadores são tratados como quaisquer outros credores societários.

---

[377] Não queremos com esta afirmação antecipar qualquer conclusão sobre um dos principais problemas laborais suscitados pelo fenómeno dos grupos – o problema da determinação do empregador real ou efectivo, no seio do grupo – que será tratado oportunamente (cfr., *infra*, §§ 12.º e 13.º). O que pretendemos deixar claro, nesta fase, é que o regime do Código das Sociedades Comerciais nesta matéria não nos fornece qualquer pista para a resolução deste problema (ao contrário do que sucederia se tivesse reconhecido o grupo como sujeito autónomo de imputação de algumas das suas normas), que terá, assim, que ser encontrada por outra via.

[378] *Infra*, § 25.º.

14. Breves referências ao fenómeno dos grupos noutras áreas do direito

14.1. Referências ao fenómeno dos grupos no domínio do direito da concorrência

I. Para completar a observação panorâmica da figura dos grupos societários no sistema jurídico nacional, resta passar em revista as referências, directas ou indirectas, ao fenómeno dos grupos noutras áreas jurídicas.

Como advertimos oportunamente, estas referências são limitadas às valências do fenómeno nas áreas do direito da concorrência, do direito fiscal e contabilístico e do direito bancário, por ser, sobretudo, no âmbito destas áreas que o fenómeno dos grupos mereceu um reconhecimento jurídico especial[379]. Por outro lado, deve ficar claro que estas referências revestem carácter genérico, não tendo qualquer pretensão de exaustividade, uma vez que se pretende apenas estabelecer o quadro geral da aproximação da ordem jurídica a este fenómeno, para melhor situarmos posteriormente as suas incidências laborais, tema que elegemos como objecto central do estudo.

II. Começando pelas referências ao fenómeno dos grupos no âmbito do direito da concorrência, observa-se que as regras de defesa da livre concorrência podem interferir tanto na formação dos grupos societários como no seu funcionamento. Estas regras decorrem, em grande medida, de imperativos comunitários.

De uma parte, devem ter-se em conta as normas comunitárias e nacionais que estabelecem um controlo prévio das operações de concentração de empresas (de dimensão comunitária e de dimensão nacional),

---

[379] Tendo em conta a índole geral do estudo, deixamos assumidamente fora do âmbito das nossas reflexões outras áreas jurídicas de incidência da fenomenologia dos grupos, nos quais a realidade do grupo não tem sido reconhecida ou tratada *qua tale*, como o direito da economia ou o direito internacional privado, mas esta omissão não envolve, obviamente, qualquer secundarização dos problemas colocados por estes fenómenos naqueles domínios. Quanto às valências da fenomenologia dos grupos e, mais genericamente, das relações de colaboração inter-empresarial no âmbito do direito internacional privado, *vd*, em qualquer caso, a obra fundamental de LIMA PINHEIRO, *Joint Venture...cit.*, *maxime* 283 ss.

com vista a prevenir os efeitos nefastos dessas operações na estrutura da concorrência[380]. Destacam-se, nesta linha, o Reg. CE n.° 139/2004, do Conselho, 20 de Janeiro de 2004, relativo ao controlo das concentrações de empresas de dimensão comunitária («Regulamento das concentrações comunitárias»), fundado nos arts. 83.° e 308.° do TCE, e, em execução deste Regulamento, o Reg. CE n.° 802/2004, da Comissão, de 7 de Abril de 2004[381]; já no que toca às operações de concentração empresarial, que ocorram no território nacional ou nele possam ter efeitos, é aplicável o regime previsto na L. n.° 18/2003, de 11 de Junho[382].

Estas normas impõem às entidades envolvidas na operação de concentração empresarial um dever de comunicação prévia dessa operação à autoridade que tutela a concorrência, ao nível comunitário ou ao nível nacional[383] consoante a operação em questão (art. 4.° n.° 1 do Reg. CE n.° 139/2004, e art. 9.° da L. n.° 18/2003, de 11 de Junho), sendo tal operação ineficaz até decisão desta autoridade (art. 7.° n.° 1 do Reg. CE n.° 139/2004, e art. 11.° n.° 1 da L. n.° 18/2003, de 11 de Junho).

---

[380] Em especial sobre esta matéria, no panorama doutrinal nacional, A. J. S. ROBALO CORDEIRO, *As coligações de empresas e os direitos português e comunitário da concorrência,* RDES, 1987, 1, 81-136, S. OLIVEIRA PAIS, *O Controlo das Concentrações de Empresas no Direito Comunitário da Concorrência,* Coimbra, 1996, 27 ss., ENGRÁCIA ANTUNES, *Os Grupos de Sociedades....cit.,* 184 ss., J. CALVÃO DA SILVA, *Banca, Bolsa e Seguros. Direito Europeu e Seguros,* I *(Parte Geral),* Coimbra, 2005, 273 ss., mas, sobretudo, LUÍS MORAIS, *Empresas Comuns... cit.,* 42 ss., 447 ss., 587 ss., 720 ss., 1018 ss. e *passim.* E, em geral e por todos, sobre o direito comunitário da concorrência, J. DE JESUS FERREIRA ALVES, *Direito da Concorrência nas Comunidades Europeias,* 2ª ed., Coimbra, 1992, 279 ss. e *passim,* LUÍS MORAIS, *Empresas Comuns... cit.,* e A. M. GUERRA MARTINS, *Curso de Direito Constitucional da União Europeia,* Coimbra, 2004, 565 ss.

[381] O Reg. CE n.° 139/2004 revogou o Reg. CEE n.° 4064/89, de 21 de Dezembro de 1989, e o Reg. CE n.° 1310/97, que regiam anteriormente esta matéria (cfr. art. 25.° do Reg. CE n.° 139/2004). Sobre a evolução do direito comunitário na matéria e sobre o regime comunitário actualmente em vigor, *vd,* por todos, LUÍS MORAIS, *Empresas Comuns... cit.,*720 ss.

[382] Este diploma revogou o DL n.° 371/93, de 29 de Outubro, que regulava esta matéria (cfr. art. 59.° n.° 1). Sobre o regime jurídico desta matéria no âmbito do diploma de 1993, *vd,* por todos, S. OLIVEIRA PAIS, *O Controlo das Concentrações de Empresas no Direito Português. Decreto-Lei n.° 371/93, de 29/10,* Porto, 1997, 35 ss.

[383] Esta entidade é a Comissão Europeia, no caso das concentrações de dimensão comunitária, e a Autoridade da Concorrência, no caso das operações de concentração de dimensão nacional (respectivamente, art. 4.° n.° 1 do Reg. CE n.° 139/2004, e arts. 9.° n.° 2 e 14.° ss. da L. n.° 18/2003, de 11 de Junho).

Nos termos da lei, estas regras aplicam-se tanto às operações de concentração tradicional na unidade (i.e., às operações de fusão e de cisão-fusão), como às operações de concentração na pluralidade, que envolvam o controlo inter-societário (i.e., as nossas já conhecidas coligações inter-societárias), e ainda às operações de concentração, unitária ou plural, que envolvam empresas não societárias, que podem ser públicas, privadas ou cooperativas, e podem revestir natureza colectiva ou singular (art. 3.º n.ºs 1 a 4 do Reg. CE n.º 139/2004, e arts. 1.º n.º 1, 3.º e 8.º n.ºs 1, 2 e 3 da L. n.º 18/2003, de 11 de Junho), exigindo-se apenas, em qualquer destes casos, que a operação de concentração viabilize o controlo da outra entidade envolvida e que o negócio atinja uma certa dimensão no mercado comunitário ou nacional, consoante o tipo de operação de concentração em causa (arts. 1.º n.ºs 2 e 3, e 5.º do Reg. CE n.º 139/2004, e arts. 9.º n.º 1, alíneas a) e b), e 10.º da L. n.º 18/2003, de 11 de Junho[384]).

De outra parte, a lei concretiza o conceito de controlo, para efeitos de concorrência, como a possibilidade de exercício de uma «influência determinante» de uma empresa sobre outra empresa. O conceito indeterminado de influência determinante é integrado através de um enunciado exemplificativo de indícios dessa influência, que vão desde a aquisição de participações societárias totalitárias ou dominantes, à aquisição de direitos reais sobre a outra empresa, passando pela celebração de contratos que confiram poderes especiais à entidade controladora nos órgãos sociais da entidade controlada (art. 3.º n.ºs 2 e 3 do Reg. CE n.º 139/2004, e art. 8.º n.º 3 da L. n.º 18/2003, de 11 de Junho)[385]. Assim, como observa a doutrina, o conceito de controlo inter-empresarial, para este efeito, é um conceito material e muito abrangente[386].

---

[384] A dimensão do negócio considerada relevante, para efeitos desta regra, é determinada, em alternativa, por dois critérios: o critério do valor do próprio negócio; e o critério da quota de mercado atingida com a celebração do mesmo.

[385] Para uma apreciação comparada destes indícios de influência determinante com as presunções legais de influência dominante no contexto das coligações societárias, que constam do art. 486.º n.º 2 do CSC, vd ENGRÁCIA ANTUNES, *Os Grupos de Sociedades...* cit., 188 e nota [362]. Embora sejam reportadas ao regime jurídico anteriormente vigente em matéria de concorrência, estas observações mantêm a sua utilidade perante o novo quadro legal. Para mais desenvolvimentos sobre o conceito de influência dominante, LUÍS MORAIS, *Empresas Comuns... cit.*, 1018 ss., com amplas indicações da jurisprudência do Tribunal de Justiça sobre a aplicação deste conceito e sobre os indícios de posição dominante.

[386] Neste sentido, ENGRÁCIA ANTUNES, *Os Grupos de Sociedades... cit.*, 187 s.

§ 6.° *O direito nacional e os grupos societários e empresariais*

Por último, para efeitos da aplicação das regras de concorrência, tanto o direito comunitário como o direito interno tomam como referente a realidade da *empresa*, que definem de um modo muito amplo, como qualquer entidade que exerça uma actividade económica envolvendo a oferta de bens ou serviços para o mercado, independentemente da sua natureza jurídica e do seu modo de funcionamento (art. 81.° n.° 1 do TCE, e, no plano nacional, art. 2.° n.° 1 da L. n.° 18/2003, de 11 de Junho)[387].

Para a matéria que nos interessa, cabe reter dois pontos fundamentais das regras enunciadas: em primeiro lugar, o facto de a empresa (e não a entidade societária, ou, muito menos, uma certa categoria de sociedades) ser o referente da aplicação destas regras de concorrência; em segundo lugar, a delimitação ampla das operações de controlo empresarial que a ordem jurídica nacional adoptou para efeitos de concorrência, em consonância com a tradição comunitária, e que ultrapassa, significativamente, a noção jussocietária de grupos de sociedades e mesmo a delimitação geral das situações de coligação societária.

De facto, como decorre do exposto, para efeitos de sujeição às regras de concorrência, a lei perspectiva em moldes unitários (ou seja, como um grupo em sentido material) quer os grupos de sociedades e as demais situações de coligação societária, quer outras situações de controlo ou coligação inter-empresarial. Por outras palavras, os conceitos-chave para efeitos da aplicação destas regras não são os conceitos de grupo de sociedades, nem sequer de coligação societária, mas os conceitos mais amplos de empresa, concentração empresarial e grupo de empresas.

III. De outra parte, as regras comunitárias e nacionais de defesa da concorrência do mercado podem interferir no próprio funcionamento dos grupos. Estas regras, com origem nos princípios comunitários da livre

---

[387] Por todos, sobre o conceito de empresa sustentado para este efeito no direito comunitário, e com referências à jurisprudência do Tribunal de Justiça sobre este conceito, no sentido da sua interpretação em sentido amplo, ANA GUERRA MARTINS, *Curso... cit.*, 568 e nota [1]. Como observa LUÍS MORAIS, *Empresas Comuns... cit.*, 1697, no direito comunitário da concorrência, mais do que qualquer outro conceito operativo, o conceito de empresa é o conceito essencial. Sobre a aplicabilidade do conceito amplo de empresa do direito comunitário às diversas categorias de empresas, privadas e públicas, singulares e colectivas, societárias ou não societárias, ainda CALVÃO DA SILVA, *Banca, Bolsa e Seguros cit.*, 311 ss.

concorrência (art. 3.º g) e, em especial, arts. 81.º e 82.º do TCE), e previstas, entre nós, nos arts. 4.º ss. da L. n.º 18/2003, de 11 de Junho, proíbem genericamente os acordos e as práticas negociais concertadas entre empresas, que possam afectar ou falsear a livre concorrência (art. 81.º do TCE[388] e, no plano nacional, art. 4.º da L. n.º 18/2003, de 11 de Junho[389]), bem como a exploração indevida da posição dominante das empresas no mercado ou da situação de dependência económica de outras empresas, i.e., o denominado abuso de posição dominante (art. 82.º do TCE e arts. 6.º e 7.º da L. n.º 18/2003, de 11 de Junho)[390].

Ora, como observa a doutrina[391], estas regras podem interferir com os grupos societários ao nível das relações do grupo com o mercado e ao nível das relações entre os membros do próprio grupo. Assim, no plano do comportamento do grupo no mercado, importa saber se as práticas violadoras daquelas regras (designadamente, as práticas de abuso da posição dominante) podem ser imputadas directamente ao grupo ou se só podem ser imputadas a cada sociedade membro, uma vez que o grupo não tem

---

[388] Quanto ao alcance deste preceito, *vd*, por todos, ANA GUERRA MARTINS, *Curso... cit.*, 568 s.., dando nota da interpretação do conceito de práticas concertadas e de decisões de associação, que tem sido feita pela Comissão e pelo Tribunal de Justiça e que vai no sentido de qualificar como tal um conjunto muito diversificado de práticas.

[389] A lei exemplifica um conjunto de práticas deste tipo, que vão desde políticas de cartel na fixação de preços, na limitação ou no controlo da produção e ainda na repartição dos mercados, à celebração de acordos com condições desequilibradas (art. 81.º n.º 1 do TCE, e art. 4.º n.º 1, alíneas a) a g) da L. n.º 18/2003, de 11 de Junho) – especificamente quanto ao enunciado de práticas concertadas constante do art. 81.º n.º 1 do TCE, considerando que ele reveste natureza exemplificativa, por todos, CALVÃO DA SILVA, *Banca, Bolsa e Seguros cit.*, 321 ss., e ANA GUERRA MARTINS, *Curso... cit.*, 571. Estes acordos e negócios são nulos (art. 81.º n.º 2 do TCE, e art. 4.º n.º 2 da L. n.º 18/2003, de 11 de Junho).

[390] De novo, a lei exemplifica um conjunto de práticas que indiciam o abuso de posição dominante, como a imposição de preços, a limitação da produção ou da distribuição e ainda a imposição de condições contratuais desequilibradas aos parceiros negociais (art. 82.º do TCE, e na L. n.º 18/2003, de 11 de Junho, art. 6.º n.º 2 e 3, quanto ao abuso de posição dominante no mercado nacional, e art. 7.º n.os 1 e 2, quanto ao abuso de dependência económica de outra empresa). Sobre o abuso de posição dominante no direito comunitário, ainda CALVÃO DA SILVA, *Banca, Bolsa e Seguros cit.*, 348 ss. e 353 ss., bem como ANA GUERRA MARTINS, *Curso... cit.*, 572 ss., com indicações da jurisprudência do Tribunal de Justiça nesta matéria.

[391] Sobre o ponto em especial, ENGRÁCIA ANTUNES, *Os Grupos de Sociedades... cit.*, 190 ss.

personalidade jurídica. Já no plano das relações entre as sociedades do grupo, importa avaliar se as práticas negociais entre as empresas de um grupo devem ser qualificadas como práticas de concertação, para efeitos das regras de concorrência, e, enquanto tal, restringidas, ou se, ainda por efeito da valorização do grupo em si mesmo, podem ser excepcionadas daquela qualificação.

Não cabendo no âmbito do nosso estudo o desenvolvimento deste problema, limitamo-nos a referir que a tendência geral tem sido no sentido de valorizar a categoria do grupo de empresas (e não apenas a figura dos grupos societários) para os dois efeitos indicados, reconhecendo expressamente o grupo como o centro de imputação das regras de concorrência (entre nós, dispõe neste sentido o art. 2.º n.º 2 da L. n.º 18/2003, de 11 de Junho), logo, atribuindo-lhe personalidade jurídica para este efeito. Assim, é o grupo que responde pela violação das regras de concorrência[392] e, por outro lado, os negócios celebrados entre empresas do grupo, são, tendencialmente, perspectivados como meros negócios de reorganização interna do sujeito económico grupo e não como negócios ou práticas que visem o falseamento das regras de concorrência[393].

Do conjunto deste regime destacamos, pelo seu especial relevo para a matéria que nos ocupa, o facto de a lei atribuir ao fenómeno do grupo um significado mais amplo e diversificado do que o reconhecido às coligações societárias pelo Código das Sociedades Comerciais, reportando a regulamentação à realidade económica do grupo de empresas e reconhecendo efeitos jurídicos a este fenómeno, *verbi gratia*, por força da personificação

---

[392] Em consonância com esta ideia, *vd* ainda as regras processuais relativas ao exercício dos poderes de sancionatórios e de supervisão da Autoridade da Concorrência, que contemplam sempre a par as *empresas* e as *associações de empresas* como destinatários daqueles poderes – arts. 17.º e ss. da L. n.º 18/2003, de 11 de Junho.

[393] Nesta linha, se compreende a regra de cálculo do volume de negócio das empresas para efeitos da determinação do relevo concorrencial da operação de concentração, segundo a qual tal volume é a soma do volume de negócios das empresas envolvidas na operação com o volume de negócios de empresas nas quais as empresas envolvidas na operação disponham, directa ou indirectamente, de uma participação maioritária de capital, de mais de metade dos votos em assembleia geral, da possibilidade de designação da maioria dos membros do órgão de administração ou de fiscalização ou ainda do poder de gerir os negócios da empresa (art. 10.º n.º 1 da L. n.º 18/2003, de 11 de Junho). Como decorre do exposto, em matéria de direito da concorrência, os grupos relevam no seu significado mais amplo, porque não são limitados pela natureza societária dos seus membros, e podem ser meros grupos de facto.

limitada da figura, operada pelo art. 2.º n.º 2 da L. n.º 18/2003, de 11 de Junho.

O carácter multifacetado e o âmbito flutuante do fenómeno dos grupos, consoante as áreas jurídicas, fica assim demonstrado. Resta ver se ele se confirma na aproximação a este fenómeno feita noutros ramos jurídicos, que passaremos de imediato em revista.

14.2. Referências ao fenómeno dos grupos nos domínios fiscal e contabilístico

I. O relevo jurídico do fenómeno dos grupos foi mais facilmente admitido na área do direito fiscal e do direito contabilístico do que noutras áreas do direito, não só pelo pragmatismo típico destes sectores, como também pela necessidade económica de transparência nas contas das empresas que integram um grupo[394], que contribui, por sua vez, para facilitar a respectiva tributação.

O instrumento de reconhecimento, por excelência, da especificidade do fenómeno dos grupos, para efeitos contabilísticos, foi o mecanismo da consolidação de contas, através do qual se permite a junção das contas das várias empresas membros do grupo, somando-se os valores da conta de cada uma delas, mas também eliminando-se os valores que correspondam às transacções internas ao grupo. O mecanismo da consolidação de contas, que foi instituído no direito comunitário (Dir. 83/394/CEE, de 13 de Julho de 1983, ou 7ª Directiva Comunitária em matéria de sociedades[395]) e introduzido, no nosso país, pelo DL n.º 238/91, de 2 de Julho[396], constitui,

---

[394] Para este objectivo de transparência contribuem também os deveres de publicitação das demonstrações financeiras consolidadas (nomeadamente, os resultados consolidados e o balanço consolidado), que são impostas pelos arts. 508.º-A e 508.º-C do CSC.
[395] Esta directiva foi alterada pela Dir. n.º 90/604/CEE, do Conselho, e pela Dir. n.º 90/605/CEE, do Conselho, ambas de 8 de Novembro de 1990, pela Dir. 2003/51/CE do Parlamento Europeu e do Conselho, de 18 de Junho de 2003, e pela Dir. 2006/43/CE, do Parlamento Europeu e do Conselho, de 17 de Maio de 2006.
[396] Este diploma aditou os capítulos 13 e 14 ao Plano Oficial de Contabilidade (POC), aprovado pelo DL n.º 410/89, de 21 de Novembro, e alterou o Código das Sociedades Comerciais, aditando os arts. 508.º-A a 508.º-E. O diploma foi, entretanto, alterado pelo DL n.º 35/2005, de 17 de Fevereiro (quanto aos arts. 1.º, 3.º e 4.º), que transpôs a Dir. n.º 2003/51/CE, do Parlamento e do Conselho, de 18 de Junho de 2003. Ainda com relevo para esta matéria, deve ter-se em conta o Reg. CE n.º 1606/2002, do Parlamento Europeu

pois, uma alternativa ao regime clássico da prestação de contas individuais.

Não cabe, naturalmente, no âmbito deste estudo qualquer apreciação do regime de consolidação de contas[397]. Para o ponto que nos interessa, compete apenas salientar que este regime é especialmente vocacionado para as situações de grupo e que tem como premissa fundamental a ideia de que o grupo pode ser considerado como uma entidade jurídica *a se*, ainda que apenas para efeitos juscontabilísticos[398]. De outra parte, decorre do regime jurídico da consolidação de contas, nos seus vários métodos, que a entidade de referência do conceito de grupo, para este efeito, nem sempre é uma entidade societária, mas pode ter uma outra natureza, o que atesta a maior abrangência do conceito de grupo para efeitos contabilísticos do que para efeitos societários[399].

II. No domínio fiscal, o fenómeno dos grupos foi também reconhecido através da previsão de um regime especial de tributação dos grupos, que consta dos arts. 63.° ss. do CIRC[400-401].

---

e do Conselho, de 19 de Junho de 2002, relativo à aplicação das normas internacionais de contabilidade, e, em desenvolvimento deste Regulamento, o Reg. CE n.° 1725/2003, da Comissão, de 21 de Setembro de 2003.

[397] Para mais desenvolvimentos sobre este ponto, veja-se a descrição dos vários métodos de consolidação de contas (método de consolidação integral, método de consolidação proporcional e método de consolidação por equivalência patrimonial) em ENGRÁCIA ANTUNES, *Os Grupos de Sociedades....* cit., 195 ss.

[398] Neste sentido, expressamente, ENGRÁCIA ANTUNES, *Os Grupos de Sociedades.... cit.*, 195.

[399] Para esta conclusão contribuem as regras sobre o método básico da consolidação de contas (o método da consolidação integral) constantes do POC, que mandam aplicar esta método a sociedades comerciais (e não apenas a sociedades de responsabilidade limitada) e, quanto às empresas filiais, também a sociedades civis, AEIE, ACE ou cooperativas, que não têm, inclusivamente, que ter sede em Portugal. Como observa ENGRÁCIA ANTUNES, *Os Grupos de Sociedades.... cit.*, 197 e nota [382], «...a acepção jurídico-contabilística de grupo é essencialmente diversa e mais ampla do que a sua congénere jurídico-societária».

[400] Neste domínio, cabe também referir as regras comunitárias, que constam, essencialmente, da Dir. n.° 90/434/CEE, do Conselho, relativa ao regime fiscal comum aplicável às fusões, cisões, entradas de activos e permutas de acções entre sociedades de Estados Membros diferentes, da Dir. n.° 90/435/CEE, do Conselho, de 23 de Julho de 1990, relativa ao regime fiscal comum aplicável às sociedades mãe e às sociedades afiliadas de Estados Membros diferentes, alterada pela Dir. n.° 2003/123/CE, do Conselho de 22 de Dezembro de 2003, e da Dir. n.° 2003/49/CE, de 3 de Junho de 2003, relativa a um

Não cabendo no âmbito deste estudo apreciar este regime[402], dele retiramos, como ponto essencial para a nossa matéria, o facto de a lei reconhecer o grupo societário como sujeito tributário autónomo, logo, dotado de personalidade jurídica para efeitos fiscais, independentemente da personalidade de cada sociedade que o integra. Este reconhecimento põe, de novo, em evidência a índole multifacetada do próprio fenómeno dos grupos.

Para além disso, as medidas previstas pela lei para evitar a dupla tributação, que pode decorrer a cumulação do IRC e do IRS devidos pelos lucros distribuídos aos sócios com a tributação sobre os lucros globais da sociedades (como o crédito de imposto ou o privilégio de dedução integral, previstos nos arts. 62.°, 85.° e 46.° do CIRC), podem ser aproveitadas no âmbito dos grupos de sociedades, onde o problema da dupla tributação pode ser especialmente gravoso, por força da organização interna do próprio grupo, que facilmente redundaria na tributação sucessiva das várias sociedades envolvidas e dos respectivos sócios. Também por esta via, a lei fiscal se mostra, pois, sensível, à particular fisionomia dos grupos.

14.3. Referências ao fenómeno dos grupos no domínio do direito bancário

I. Nesta apreciação panorâmica do fenómeno dos grupos no nosso ordenamento jurídico, cabe ainda uma breve referência ao tratamento que lhe é dado no âmbito do direito bancário[403-404].

---

regime fiscal comum de pagamentos de juros e *royalties* efectuados entre sociedades associadas de Estados Membros diferentes (transposta para o direito interno pelo DL n.° 34/2005, de 17 de Fevereiro).

[401] Na jurisprudência, entre muitos outros, sobre o regime especial de tributação pelo lucro consolidado, podem ver-se, por exemplo, o Ac. TCA-Sul de 12/04/2005 (Proc. n.° 00428/03) e o Ac. TCA-Sul de 4/10/2005 (Proc. n.° 04478/00), ambos em www.dgsi.pt.

[402] Para uma apreciação detalhada, *vd* ainda ENGRÁCIA ANTUNES, *Os Grupos de Sociedades.... cit.*, 202 ss.

[403] Socorremo-nos da expressão tradicional *direito bancário* utilizando-a no sentido mais lato, i.e., para englobar a área jurídica que se ocupa da constituição, da disciplina e da actividade das instituições de crédito e das sociedades financeiras – neste sentido, e por todos, MENEZES CORDEIRO, *Manual de Direito Bancário cit.*, 21. É também neste sentido amplo que devem ser entendidas as subsequentes referências à *actividade bancária* e ao *sector bancário*.

[404] Na mesma linha reguladora do fenómeno dos grupos situa-se ainda o direito dos

Tal referência justificar-se-ia, só por si, pela inequívoca importância que o fenómeno dos grupos tem na área financeira, já que, como é sabido, este sector da economia foi, historicamente, um banco de ensaio privilegiado para as técnicas da concentração económica na pluralidade e continua, na actualidade, a organizar-se, todo ele, através de grupos económicos[405]. Mas, na medida em que procuramos ter uma visão de conjunto sobre o modo como o fenómeno dos grupos é tratado pela nossa ordem jurídica, esta referência impõe-se, sobretudo, pelo facto destes fenómenos terem merecido a atenção do principal diploma regulador da actividade bancária – o Regime Geral das Instituições de Crédito e das Sociedades Financeiras (RGIC), aprovado pelo DL n.º 298/92, de 31 de Dezembro[406] – em moldes significativamente diferentes do regime comum dos grupos societários[407].

O tratamento dado ao fenómeno dos grupos pelo RGIC e pelo regime jurídico da actividade seguradora apresenta relevantes especificidades relativamente ao Código das Sociedades Comerciais, tanto no que se refere à delimitação das situações de coligação, como no que reporta ao seu regime, legitimando a conclusão geral de que a regulamentação do fenómeno neste sector prossegue globalmente fins diversos dos que vimos sobressair no regime societário.

---

seguros. Assim, embora foquemos a nossa atenção sobretudo no direito bancário, faremos algumas referências pontuais ao regime desta matéria no tocante às instituições seguradoras.

[405] Salientando a importância vital do fenómeno dos grupos no sector bancário e financeiro, no panorama internacional e também em Portugal, P. CÂMARA, *O governo dos grupos bancários*, in Estudos de Direito Bancário. Faculdade de Direito da Universidade de Lisboa, Coimbra, 1999, 111-205 (116 ss.), e ENGRÁCIA ANTUNES, *Os Grupos de Sociedades cit.*, 228 ss.

[406] Este regime foi, entretanto, alterado pelo DL n.º 246/95, de 14 de Setembro, pelo DL n.º 232/96, de 5 de Dezembro, pelo DL n.º 222/99, de 22 de Julho, pelo DL n.º 259/2000, de 13 de Outubro, pelo DL n.º 285/2001, de 3 de Novembro, pelo DL n.º 319/2002, de 28 de Dezembro, pelo DL n.º 252/2003, de 17 de Outubro, e, mais recentemente, pelo DL n.º 357-A/2007, de 31 de Outubro.

[407] O mesmo sucede no âmbito da actividade seguradora, que regula este fenómeno no DL n.º 94-B/98, de 17 de Abril. Especificamente sobre o regime jurídico dos grupos no âmbito da actividade seguradora, pode ver-se J. ENGRÁCIA ANTUNES, *Participações Qualificadas e Domínio Conjunto…cit.*, 53 ss.

Embora uma apreciação detalhada deste regime esteja absolutamente fora de causa no contexto do nosso trabalho, a conclusão acima indicada deixa-se comprovar por umas referências gerais à matéria. Uma vez que o modo como esta matéria é perspectiva no sector bancário e no sector segurador é semelhante, centraremos estas observações no RGIC, fazendo, quando oportuno, referências ao fenómeno na actividade seguradora.

II. Em primeiro lugar, deve sublinhar-se que o RGIC reconhece expressamente o fenómeno dos grupos em sentido amplo no sector bancário, prevendo no seu art. 13.º as relações de domínio e as sociedades em relação de grupo, e recortando ainda dois outros tipos de situações que têm afinidades com as relações de colaboração societária de que temos vindo a ocupar-nos: as participações qualificadas e as relações de proximidade. Contudo, a leitura deste preceito torna claro que a lei quis delimitar estes fenómenos de forma não coincidente com as situações de coligação societária previstas no Código das Sociedades Comerciais.

Vale a pena determo-nos um pouco sobre este ponto.

A *relação de domínio* protagonizada por instituições de crédito ou por sociedades financeiras é delimitada pelos parágrafos 1.º e 2.º do art. 13.º do RGIC, através da noção de filial (1.º) e do enunciado das situações de domínio (2.º)[408].

Nos termos do parágrafo 1.º é qualificada como *filial* a pessoa colectiva que seja dominada por outra pessoa colectiva («empresa-mãe»), porque dela depende, bem como a filial de uma filial. À imagem do que é admitido pelo Código das Sociedades Comerciais (arts. 483.º n.º 2 e 486.º n.º 1), a relação de domínio protagonizada por uma instituição de crédito ou por uma sociedade financeira pode, pois, ser uma relação de domínio directo ou indirecto[409].

---

[408] A redacção destas duas normas é equívoca, parecendo resultar do texto que apenas o parágrafo 2.º se refere às relações de domínio. Contudo, da leitura conjugada dos dois parágrafos retira-se que a figura da *filial* (definida no parágrafo 1.º) se reporta necessariamente à relação de domínio (trata-se do equivalente bancário da *sociedade dependente* prevista no art. 486.º do CSC); por outro lado, o parágrafo 2.º do art. 13.º do RGIC procede ao enunciado das situações de domínio, à maneira das presunções de dependência que o art. 486.º n.º 2 do CSC estabelece para as sociedades em relação de domínio em geral, embora com relevantes diferenças.

[409] Sobre este conceito de filial, MENEZES CORDEIRO, *Manual de direito Bancário cit.*, 804.

Por seu turno, para concretização do requisito da dependência, o parágrafo 2.° do mesmo artigo considera que surge uma relação de domínio entre uma pessoa singular ou colectiva e uma sociedade sempre que se verifique uma das seguintes situações: quando a pessoa ou instituição detenha, directa ou indirectamente, a maioria dos direitos de voto na outra sociedade (art. 13.°, parágrafo 2.° a) I, e b) I); quando a pessoa ou instituição seja sócia da outra sociedade e possa designar ou destituir mais de metade dos membros do respectivo órgão de administração ou de fiscalização (art. 13.°, parágrafo 2.° a) II, e b) I); quando a pessoa ou instituição seja sócia da outra sociedade e possa exercer influência dominante sobre ela, por força de contrato ou de cláusula dos estatutos dessa instituição (art. 13.°, parágrafo 2.° a) III); quando a pessoa ou instituição seja sócia da outra sociedade e possa controlar directamente a maioria dos votos, por força de acordo com outros sócios da outra sociedade (art. 13.°, parágrafo 2.° a) IV, e b) I); ou quando a pessoa ou instituição detenha uma participação no capital da outra sociedade não inferior a 20%, desde que possa exercer uma influência dominante sobre ela ou que ambas se sujeitem a uma direcção única (art. 13.°, parágrafo 2.° a), V)[410].

Ao contrário do que sucede no regime do Código das Sociedades Comerciais (*verbi gratia*, art. 486.° n.° 2), as situações de domínio aqui enunciadas não parecem revestir a natureza de presunção, susceptível de elisão, nos termos gerais, mas constituem antes um quadro fechado de relações de domínio no sector bancário, que não existe no regime geral dos grupos[411-412].

---

[410] No mesmo sentido, quanto às relações de domínio relativas a instituições seguradoras, dispõe o art. 3.° n.° 1 a) do DL n.° 94-B/98, de 17 de Abril. Recorrendo ao critério da influência dominante, esta norma concretiza o referido critério através da apresentação dos mesmos indícios de situação de domínio que constam do RGIC – a titularidade da maioria dos votos, o poder de eleição e destituição dos órgãos de administração e fiscalização, a possibilidade de exercício de uma influência dominante, o controlo dos direitos de voto através de acordos parassociais, e o exercício efectivo de influência dominante ou de direcção por um sócio minoritário. Sobre o ponto, ainda ENGRÁCIA ANTUNES, *Participações Qualificadas e Domínio Conjunto cit.*, 53.

[411] Para esta conclusão depõem não só um argumento literal de interpretação da norma do RGIC, como, *a contrario sensu*, o facto de a lei ter recorrido à técnica do estabelecimento de presunções apenas a propósito do conceito de participação qualificada, no n.° 7 do mesmo artigo, para determinar o conceito de «influência significativa», o que permite concluir que não o fez voluntariamente no âmbito do parágrafo 2.°. Também qualificando o elenco das situações de domínio como um elenco fechado, PAULO CÂMARA,

No que se refere às *relações de grupo em sentido estrito*, o parágrafo 3.° do art. 13.° do RGIC remete expressamente para as situações como tal previstas pelo Código das Sociedades Comerciais, com uma única especificidade: ficam abrangidas por aquele regime quer as sociedades com sede em Portugal, quer as sociedades com sede no estrangeiro[413].

Assim, ressalvado o requisito territorial que condiciona a aplicabilidade do regime das coligações societárias às sociedades nacionais (nos termos do art. 481.° n.° 2 do Código das Sociedades Comerciais), que não terá aplicação no sector bancário, pode concluir-se que o RGIC admite a existência grupos societários bancários em sentido estrito, constituídos por domínio total inicial ou superveniente, por contrato de subordinação ou por contrato de grupo paritário, nos termos dos arts. 488.°, 489.°, 492.° e 493.° do CSC.

Por fim, o art. 13.° do RGIC prevê duas figuras com relevo nesta matéria, que não são contempladas no Código das Sociedades Comerciais, pelo menos de forma directa[414]: a participação qualificada com influência na gestão e a relação de proximidade.

Nos termos do parágrafo 7.° do art. 13.° do RGIC, a participação qualificada com «influência significativa na gestão»[415] é presumida quando o participante detenha pelo menos 5% do capital ou dos direitos de voto (ou esteja numa das situações equiparadas a estas, enunciadas nas várias

---

O governos dos grupos bancários cit., 143 ss., e OLIVEIRA ASCENSÃO, *Direito Comercial cit.*, IV, 602.

[412] Também quanto às presunções de influência dominante estabelecidas pelo art. 3.° n.° 1 a) do DL n.° 94-B/98, de 17 de Abril, para o sector segurador, autores como OLIVEIRA ASCENSÃO, *Direito Comercial cit.*, IV, 602, e ENGRÁCIA ANTUNES, *Participações Qualificadas e Domínio Conjunto cit.*, 54, sustentam o seu carácter taxativo.

[413] A dispensa do requisito territorial merece aplauso dada a fortíssima internacionalização do sector, o peso actual das fontes internacionais e comunitárias na sua regulação, com amplas regras de harmonização, e ainda a competência de entidades internacionais com poderes de supervisão bancária, com destaque para o Comité de Basileia de Supervisão Bancária – também neste sentido, PAULO CÂMARA, *O governo dos grupos bancários cit.*,127 s.

[414] De forma indirecta, o Código das Sociedades Comerciais também prevê a existência de participações societárias diferenciadas (e, nesse sentido, qualificadas), tendo em conta a percentagem de capital societário detida, e associa a essas participações direitos e deveres especiais de informação – neste sentido dispõe o art. 448.° do CSC.

[415] Por todos sobre as participações bancárias qualificadas, MENEZES CORDEIRO, *Direito Bancário cit.*, 767 e 773 ss.

alíneas deste parágrafo do art. 13.º) na entidade participada, não podendo tal presunção ser ilidida pelo Banco de Portugal sempre que a participação seja igual ou superior a 10% dos votos (art. 13.º parágrafo 7.º, corpo, *in fine*). A relação de participação pode ser directa ou indirecta, uma vez que a lei admite que a percentagem de capital ou de direitos de voto, relevante para este efeito, seja detida por sociedades dominadas pelo participante ou que com ele se encontrem em relação de grupo (art. 13.º parágrafo 7.º c) e d) do RGIC)[416]. Trata-se, pois, de uma situação próxima da categoria juscomercial das sociedades em relação de domínio, por força do elemento da presunção de influência na gestão, com a especificidade de que tal presunção é, em alguns casos, inilidível.

Da detenção de participações qualificadas emerge a *relação de proximidade*. Nos termos do parágrafo 13.º do art. 13.º do RGIC configura-se esta relação quando duas ou mais pessoas singulares ou colectivas estejam ligadas entre si, através de uma relação de participação directa ou indirecta de capital ou dos direitos de voto de valor não inferior a 20% ou através de uma relação de domínio, bem como quando estejam ambas ligadas a uma terceira pessoa através de uma relação de domínio.

III. Como decorre do exposto, o conceito de «grupo» no âmbito do RGIC é mais amplo do que o conceito homólogo da lei comercial, o que resulta num âmbito de aplicação das respectivas regras mais alargado.

Assim, no que se refere às relações de domínio, se cotejarmos a sua delimitação no RGIC com a delimitação das situações de domínio constante do Código das Sociedades Comerciais, observamos que, embora o âmbito da relação de domínio no sector bancário possa, à partida, parecer mais circunscrito do que o regime geral, em função da natureza das sociedades envolvidas – uma vez que as instituições de crédito e as sociedades financeiras têm obrigatoriamente que revestir a forma de sociedade anónima (art. 14.º n.º 1 b) do RGIC)[417] – na prática, a lei trata

---

[416] Sobre estas participações indirectas, ainda MENEZES CORDEIRO, *Direito Bancário* cit., 774 ss.

[417] Como é sabido, na prática, existem, até hoje, instituições bancárias que não revestem a natureza de sociedade anónima. A referência a esta exigência geral do RGIC interessa-nos, contudo, na perspectiva da delimitação do âmbito das situações de coligação inter-societária, permitindo concluir que, no sector bancário, não podem integrar um grupo as sociedades por quotas e as sociedades em comandita por acções, que, nos termos gerais, podem estabelecer relações de coligação (art. 481.º n.º 1 do CSC).

como «instituição» dominante na relação de domínio quer as pessoas colectivas (sem referência ao carácter societário) quer uma pessoa singular. Por outras palavras, ao contrário do que sucede com a situação de coligação societária em sentido próprio, que só pode ocorrer entre duas entidades societárias, no contexto bancário também integram o conceito de relação de domínio as relações entre pessoas colectivas de outro tipo e o caso de domínio pessoal exercido por uma pessoa singular sobre uma sociedade bancária ou financeira.

Por outro lado, no que se refere às participações qualificadas, não só é patente o facto de a lei as qualificar como tal a partir de um limiar de relevância mais baixo do que o da lei comercial (os 5%), como o carácter inilidível da presunção de influência dominante a partir do limiar dos 10% do capital da entidade participada contribui para estender o âmbito de incidência do regime legal. E também quanto a estas participações é de assinalar o tratamento similar dado, para este efeito, a entidades participantes colectivas (*y compris* mas não necessariamente entidades societárias) e a pessoas singulares, revelando a intenção, estranha aos fenómenos de coligação societária em sentido próprio, de admitir pessoas singulares como membros dos grupos bancários[418].

Por fim, mesmo em relação à categoria dos grupos em sentido próprio, embora o RGIC remeta para a respectiva delimitação juscomercial, o âmbito de aplicação do regime legal resulta também mais alargado por força da dispensa do requisito geral da territorialidade.

Ficando assim comprovado o largo espectro das situações de grupo em contexto financeiro, cabe indagar da razão de ser desta diferença fundamental em relação ao regime comum das coligações societárias.

A resposta a esta questão está, naturalmente, na índole geral e nos objectivos da própria regulamentação da actividade bancária. Com efeito, tal como foi reconhecido no relatório que antecedeu a aprovação do RGIC[419], a razão de ser da amplitude atribuída ao fenómeno grupal no sector financeiro reside no facto de o conceito jussocietário de grupo ser excessivamente restritivo para alcançar os objectivos do regime jurídico

---

[418] O mesmo sucede quanto aos grupos constituídos no sector dos seguros – ENGRÁCIA ANTUNES, *Participações Qualificadas e Domínio Conjunto cit.*, 54.
[419] *Livro Branco sobre o Sistema Financeiro: 1992. As Instituições de Crédito*, I (*Relatório Principal*) e II (*Resumo e Conclusões*), Lisboa, 1991.

da actividade bancária e, mais concretamente, para fazer face aos perigos que podem advir da configuração grupal das instituições de crédito e financeiras para a prossecução daqueles objectivos[420] – perigos relacionados com o aumento dos riscos de liquidez e a perda de estabilidade financeira das instituições, e ainda com a facilitação de esquemas de financiamento menos claros entre as instituições, problemas de conflitos de interesses entre as instituições e problemas de concorrência decorrentes do excesso de concentração do poder económico[421].

Por outras palavras, sendo objectivos gerais do RGIC, reconhecidamente, enquadrar juridicamente o exercício da actividade das instituições de crédito e das sociedades financeiras em moldes transparentes e concorrenciais, mas sujeitando tal actividade a uma vigilância pública apertada, por motivos ligados ao controlo do risco e do rácio de solvabilidade das instituições do sector[422], a lei cuidou de adoptar um critério de delimitação das situações de grupo mais adequado a esses objectivos, que não têm paralelo no regime jussocietário comum.

IV. Enunciadas as situações de coligação grupal com relevo no sector bancário, cabe uma brevíssima referência ao respectivo regime, apenas para confirmar a índole geral do mesmo e para ilustrar as eventuais especificidades em relação ao regime geral dos grupos societários.

Em termos gerais, as normas do RGIC em matéria de grupos são norteadas pelo objectivo de evitar ou compensar os riscos que podem emergir das situações de coligação inter-bancária do ponto de vista da transparência da actividade bancária, da preservação da concorrência e da solvabilidade das instituições bancárias e financeiras envolvidas[423] – o que, até certo ponto, corresponde a um desígnio tutelar semelhante ao da

---

[420] *Livro Branco... cit.*, 256 s.

[421] *Livro Branco... cit.*, 251 ss. Especificamente sobre a sujeição do sector bancário às regras comunitárias e nacionais em matéria de concorrência, CALVÃO DA SILVA, *Banca, Bolsa e Seguros cit.* 273 ss. e ainda P. FERREIRA MALAQUIAS, *As regras comunitárias de concorrência e a actividade bancária*, Rev. Banca, 1988, 75-146.

[422] Neste sentido o *Livro Branco... cit.*, 24, refere-se à conciliação de medidas de desenvolvimento e regularização da concorrência no sector, com medidas de regulamentação e supervisão das instituições financeiras e das actividades dos mercados financeiros, como as políticas essenciais subjacentes à intervenção normativa que veio a dar lugar ao surgimento RGIC.

[423] Neste sentido, PAULO CÂMARA, *O governo dos grupos bancários cit.*, 120 ss., e ENGRÁCIA ANTUNES, *Os Grupos de Sociedades cit.*, 230.

lei societária perante o fenómeno dos grupos. Contudo, o modo como este desígnio é prosseguido na lei bancária difere substancialmente do regime juscomercial, porque assenta numa série de medidas prudenciais, impostas às instituições a montante e a juzante das operações de concentração, num conjunto de constrangimentos levantados a essas operações e num apertado controlo do relacionamento entre as instituições do grupo, através de um complexo sistema de supervisão da actividade e das contas das instituições. Mais do que estabelecer um sistema de garantia da responsabilidade em situações de grupo e de tutela dos interesses da sociedade afectada pelo domínio de outra empresa, dos respectivos accionistas e credores, o regime legal dos grupos bancários acompanha, pois, o objectivo fundamental do RGIC de enquadramento global e supervisionado da actividade bancária, enquanto actividade que também prossegue o interesse público e que tem um peso vital na economia. Este objectivo essencial explica as suas especificidades.

Não podendo alongar-nos sobre este ponto, limitamo-nos a ilustrá-lo com alguns exemplos.

Assim, no que toca à constituição das situações de coligação inter--societária, as instituições de crédito e as sociedades financeiras estão sujeitas a uma série de constrangimentos que não se aplicam às sociedades comerciais em geral, e que vão desde a imposição de limites às participações que podem ter em sociedades não bancárias (arts. 100.° e 101.° do RGIC), à imposição de deveres especiais de informação relativos às participações que adquiram ou à estrutura grupal que adoptem (art. 17.° do RGIC), e até à sujeição das aquisições a requisitos de idoneidade (aplicáveis quer a pessoas colectivas quer a pessoas singulares) e à autorização das entidades de supervisão (o Banco de Portugal e, quanto às sociedades cotadas, a Comissão de Mercado de Valores Mobiliários)[424]. Estes limites, justificados por exigências específicas do sector (*verbi gratia*, pelo princípio da exclusividade e pelo requisito da idoneidade no exercício da actividade bancária – arts. 8.° e 103.° do RGIC[425]), não têm paralelo no regime societário comum e constituem um limite substancial de monta à constituição e à estrutura grupal no sector.

---

[424] Em especial, sobre os requisitos de autorização destas operações e sobre o controlo da identidade dos seus protagonistas, R. PINTO DUARTE, *O controlo da identidade dos sócios das instituições de crédito e das sociedades financeiras,* Rev.Banca, 1993, 26, 73-86.
[425] Ambos na redacção dada pelo DL n.° 357-A/2007, de 31 de Outubro.

De outra parte, no que toca à sua dinâmica interna, os grupos bancários seguem regras especiais quanto às transferências financeiras entre as instituições que integram o grupo (por exemplo, os limites do art. 109.º do RGIC), bem como por ocasião da mudança de poderes de controlo (art. 102.º do RGIC) e ainda quanto à resolução de conflitos de interesses entre as instituições. Estas regras, cuja razão de ser é a garantia da transparência na gestão das instituições, a manutenção da sua solvabilidade e a preservação da concorrência, não têm, como vimos, paralelo no regime comercial dos grupos societários.

Por fim, os grupos bancários – como, aliás, qualquer instituição de crédito – sujeitam-se a um apertado sistema de supervisão, exercido por instituições comunitárias (com destaque para o Comité de Basileia sobre Supervisão Bancária e, entre nós, para o Banco de Portugal e, quando de trate de instituições cotadas, para a Comissão do Mercado de Valores Mobiliários), que intervêm tanto na constituição das situações de coligação, como no seu funcionamento e ainda a propósito da apresentação das suas contas. Assim, os grupos bancários sujeitam-se à supervisão geral do Banco de Portugal (arts. 116.º e 117.º do RGIC)[426], estão obrigados a um sistema de consolidação de contas muito exigente, norteado por directiva comunitária (Dir. n.º 93/20/CEE, de 6 de Abril de 1992, e Dir. n.º 2000/12/CE, do Parlamento e do Conselho, de 20 de Março de 2000, e arts. 130.º e 131.º do RGIC)[427], e sujeitam-se ainda a deveres de registo diversos para facilitar o exercício dos poderes de supervisão (arts. 66.º e 111.º do RGIC); e, na mesma linha as entidades que detenham participações qualificadas em sociedades bancárias sujeitam-se a um controlo de idoneidade, exercido pelo Banco de Portugal (art. 103.º do RGIC[428])[429].

---

[426] Em especial, sobre as competências de supervisão do Banco de Portugal, MENEZES CORDEIRO, *Manual de Direito Bancário* cit., 760 ss.

[427] Por todos sobre o sistema de supervisão consolidada no sector bancário, C. OLAVO, *Supervisão com base consolidada,* Rev.Banca, 1995, 25-71, e MENEZES CORDEIRO, *Manual de Direito Bancário* cit., 768 ss.

[428] Na redacção dada pelo DL n.º 357-A/2007, de 31 de Outubro.

[429] Para mais desenvolvimentos sobre estas especificidades da organização e do funcionamento dos grupos bancários em sentido amplo, *vd* ainda PAULO CÂMARA, *O governos dos grupos bancários* cit., *maxime* 147 ss., que distingue entre limites prudenciais, limites comportamentais e limites organizacionais deste tipo de grupos; e ainda ENGRÁCIA ANTUNES, *Os Grupos de Sociedades* cit., 231 ss.

§ 6.° O direito nacional e os grupos societários e empresariais

Nas matérias não reguladas especificamente, poderá aplicar-se o regime societário geral dos grupos como regime complementar, uma vez que, nesta como noutras matérias, o direito bancário é ainda eminentemente direito comercial[430].

V. As referências feitas permitem alicerçar duas conclusões gerais.

A primeira conclusão é de reconhecimento da importância do fenómeno dos grupos no sector financeiro, tal como vimos suceder noutros sectores. O cuidado posto na regulamentação deste fenómeno pelo RGIC apenas comprova essa importância.

A segunda conclusão é de confirmação da fluidez do próprio fenómeno dos grupos. Tal como vimos noutras áreas jurídicas, o fenómeno grupal é admitido e regulado no sector bancário, mas a sua regulamentação confere-lhe, pragmaticamente, os contornos que melhor se adequam às necessidades práticas da área jurídica em que se desenvolve. No caso do direito bancário, como acabamos de ver, os interesses fundamentais subjacentes ao regime legal justificam a adopção de um conceito de grupo muito amplo e não tributário do direito societário (apesar de uma parte do regime societário ser aqui aplicável), bem como a conformação do seu regime jurídico em moldes especialmente limitadores da autonomia privada das instituições de crédito e das sociedades financeiras nesta matéria, mormente por força dos amplos poderes de intervenção das entidades de supervisão bancária.

Por outras palavras, os fenómenos de coligação societária no sector bancário são admitidos, mas têm uma configuração especial, e o seu regime é também pragmaticamente determinado pelas necessidades e específicas do sector.

---

[430] Por todos, quanto à filiação essencial do direito bancário no direito comercial e no direito civil, MENEZES CORDEIRO, *Manual de Direito Bancário cit.*, 107 s.

§ 7.º Síntese geral: a rebeldia do fenómeno dos grupos societários e empresariais à regulação jurídica e o carácter multifacetado deste fenómeno

I. Completada a digressão panorâmica pelo direito nacional e comparado em matéria de grupos, é possível fazer uma reflexão geral sobre o fenómeno, antes de acedermos à análise das suas incidências laborais.

Já tendo procedido a reflexões parcelares, a propósito das várias valências do fenómeno, tanto na perspectiva comparada como na perspectiva do direito pátrio, centraremos esta reflexão geral em três pontos, que, sendo essenciais para a compreensão global deste fenómeno, devem também ser tidos em conta na aproximação às suas valências laborais. O primeiro ponto tem a ver com a rebeldia genética do fenómeno dos grupos económicos ao tratamento pelo direito; o segundo ponto reporta-se à falta de um conceito jurídico unitário de grupo; e o terceiro e último ponto refere-se aos desafios que o fenómeno dos grupos coloca à ordem jurídica e às linhas orientadoras dos vários sistemas na sua regulação.

II. Em primeiro lugar, resulta claramente da análise efectuada que o fenómeno dos grupos é um fenómeno geneticamente rebelde à regulação jurídica.

As dificuldades de regulamentação do fenómeno dos grupos são comprovadas pela recepção tardia deste fenómeno pelos vários sistemas jurídicos, mau grado o seu inequívoco relevo económico. Como pudemos observar, não só alguns países persistem, até hoje, em ignorar a dimensão jurídica do fenómeno dos grupos económicos, como, mesmo naqueles sistemas que o receberam, a regulamentação para ele prevista continua, na maior parte dos casos, a revestir um carácter incidental e disperso, sendo claramente orientada para resolver problemas pontuais colocados por este fenómeno numa ou noutra área. Por outro lado, no plano comunitário, as tentativas, sucessivamente falhadas, de aprovação de um instrumento normativo juscomercial sobre a matéria dos grupos (evidenciadas no percurso acidentado do Projecto de 9ª Directiva sobre sociedades comerciais) demonstram a dificuldade de lidar com o fenómeno também a este nível. Por fim, mesmo nos poucos países que optaram por regular *ex professo* o fenómeno dos grupos no domínio comercial (como o foi o caso da Alemanha e de Portugal), o regime previsto é por muitos considerado insatisfatório para resolver os problemas jurídicos por ele colocados.

Em suma, o fenómeno dos grupos económicos permanece, até hoje, globalmente difícil de apreender pela ordem jurídica. Como veremos, as valências laborais deste fenómeno experimentam a mesma dificuldade de tratamento jurídico.

III. A segunda conclusão, que a análise anterior viabiliza, tem a ver com a conceptualização jurídica do fenómeno dos grupos económicos.

Como decorre do exposto, para além do aspecto nuclear comum a qualquer manifestação do fenómeno grupal – i.e., o facto de os grupos corresponderem a uma estratégia de concentração económica na pluralidade, ou seja, sem perda da identidade dos respectivos membros – não é possível, pelo menos no estádio actual de tratamento deste fenómeno pela ordem jurídica, isolar um conceito unitário juridicamente operativo de grupo. Por conseguinte, a noção jurídica de grupo tende a oscilar consoante os interesses subjacentes às normas que se debruçam sobre ele e os problemas que tais normas procuram resolver, nas várias áreas do direito.

Assim, como vimos, no domínio juscomercial, o fenómeno dos grupos económicos é associado à categoria da sociedade comercial, e, no seio dessa categoria, é mesmo restringido a certos tipos societários (em geral, às sociedades de capitais), para além de ser limitado por requisitos adicionais impostos aos entes societários intervenientes (como sucede, no caso, português, com o requisito da sede social efectiva em território nacional). Por outras palavras, neste domínio, o conceito de grupo é restritivo, reconduzindo-se à categoria das *relações de coligação societária* ou dos *grupos de sociedades (comerciais e de capitais)*.

Já nos outros domínios jurídicos em que o fenómeno dos grupos tem suscitado uma atenção particular (*verbi gratia,* nas áreas do direito da concorrência, do direito contabilístico, do direito fiscal, do direito bancário e do direito dos seguros), o conceito juridicamente operativo de grupos tem um alcance muito mais vasto, porque não é relacionado com a categoria técnico-jurídica da sociedade comercial, mas directamente com o substrato económico da actuação grupal. Neste sentido, os grupos são juridicamente relevantes enquanto reveladores da unidade económica do conjunto dos seus membros, independentemente da natureza jurídica (societária ou não societária, pública ou privada, singular ou colectiva) desses membros. Numa palavra, os grupos são perspectivados pela ordem jurídica, para este efeito, como *concentrações de empresas* ou como *grupos de empresas*.

Por outro lado, no tratamento prático dos problemas suscitados pelos grupos, nas áreas do direito da concorrência e do direito fiscal e contabilístico, a jurisprudência, designadamente ao nível comunitário, tem também adoptado um conceito amplo de grupo, como unidade económica ou concentração de empresas, sempre que tal sentido se mostra mais adequado à prossecução dos interesses que relevem no caso concreto.

A impossibilidade de isolar um conceito jurídico unitário de grupo revela a multiplicidade de valências jurídicas do fenómeno dos grupos e deve ser tida em conta na apreciação das incidências laborais deste fenómeno.

É que, perante esta fluidez do conceito de grupo, não podemos concluir aprioristicamente pelo relevo de um ou outro dos seus sentidos no domínio laboral, sempre havendo que averiguar se, neste plano, o fenómeno grupal deve ser reconduzido ao conceito mais restritivo de grupo societário, se é de reportar ao conceito mais amplo e económico de grupo de empresas, se corresponde a uma realidade intermédia entre aqueles dois conceitos ou mesmo se pode ser entendido em moldes mais amplos ou mais restritos consoante as aplicações laborais em causa.

Em suma, perante a falta de um conceito jurídico unitário de grupo, deve ficar claro que a delimitação deste fenómeno noutras áreas do direito não se impõe no domínio laboral.

IV. A terceira e última conclusão geral a retirar da análise empreendida tem a ver com a importância do fenómeno dos grupos e com os desafios dogmáticos que este fenómeno coloca à ordem jurídica.

As dificuldades de tratamento jurídico dos problemas colocados pelos grupos económicos e a ausência de um conceito jurídico unitário de grupo não legitimam a conclusão fácil de que este fenómeno tem, afinal, pouca relevância jurídica e que continua a ser um fenómeno de âmbito essencialmente económico. Contra esta conclusão sempre deporia, em termos gerais, a ligação umbilical entre direito e economia (particularmente rica de consequências nos domínios da ciência jusprivatística, onde se situam quer o direito comercial quer o direito laboral, em cujas órbitas se situa o tema desta investigação)[431], mas contra ela depõem também, em especial, os incontornáveis desafios dogmáticos que o fenómeno dos grupos vem colocando em vários sectores da ordem jurídica e que ficaram patentes na análise efectuada.

No domínio juscomercial, os desafios dogmáticos suscitados pelo fenómeno dos grupos são de grande porte. Por um lado, como pudemos verificar, o reconhecimento dos grupos societários tem subjacente a admissibilidade do controlo duma sociedade por outra sociedade, o que, só por si, põe à prova o princípio fundamental mais tradicional do direito societário, que é o princípio da autonomia societária. Por outro lado, o corolário natural do princípio do controlo inter-societário em termos de responsabilidade (i.e., a cominação da responsabilidade ilimitada da sociedade-mãe pelas dívidas da sociedade-filha) contradiz o princípio geral da limitação da responsabilidade societária. Perante este quadro, parece indesmentível que a admissibilidade da figura dos grupos societários e o seu regime jurídico põem em causa o modelo clássico da sociedade comercial independente e unitária, o que, para alguns autores, não significa menos do que uma crise geral do direito societário tradicional[432].

Mas também nas outras áreas jurídicas em que o fenómeno dos grupos é expressamente referenciado pela ordem jurídica, como tivemos ocasião de assinalar, os desafios dogmáticos que ele coloca não são de somenos importância. Assim, no domínio do direito da concorrência, a questão jurídica vital suscitada pelos grupos é a do controlo jurídico dos efeitos que emergem das operações de concentração empresarial ou económica para o mercado, pelo que se pode dizer que estes fenómenos inter-

---

[431] Quanto ao direito laboral, sempre temos salientado a sua profunda ligação com o universo económico, que tem sido responsável, em boa medida, pela evolução do sistema juslaboral, desde os primórdios da área jurídica até à actualidade – sobre o ponto, *vd* o nosso *Da Autonomia Dogmática... cit.*, 578 ss., *Direito do Trabalho cit.*, I, 114 s., e, com mais desenvolvimentos, *Direito do Trabalho e Economia... cit.*, 33 ss. Em geral e por todos sobre a importância das relações entre os mundos jurídico e económico, e com especial enfoque na análise económica dos contratos, FERNANDO ARAÚJO, *Teoria Económica do Contrato*, Coimbra, 2007, *passim*.

[432] Neste sentido, ENGRÁCIA ANTUNES, *Os Grupos de Sociedades... cit.*, 167 e *passim*.

ferem directamente com o princípio da livre concorrência, considerado um dos princípios fundamentais dos Tratados comunitários. Já nos domínios do direito contabilístico e do direito fiscal, o fenómeno dos grupos económicos pode pôr em causa a transparência da actividade económica das empresas e das relações entre elas, bem como os princípios da transparência e da verdade fiscal, que são, afinal, um dos fundamentos axiológicos do sistema fiscal. Por fim, nos domínios do direito bancário e do direito dos seguros, a regulamentação deste fenómeno orienta-se para o objectivo geral de assegurar a transparência da actividade bancária e seguradora, mas também o controlo público destas actividades pelas instituições de supervisão.

Em suma, o fenómeno dos grupos está longe de ser um fenómeno de índole eminentemente económica, pela importância dos desafios dogmáticos que coloca em vários sectores da ordem jurídica.

V. Confirmado o relevo jurídico do fenómeno dos grupos, resta fazer uma reflexão de síntese sobre as estratégias que têm sido desenvolvidas, nos vários sectores, para lidar com esta temática. Estas estratégias diferem de área para área, consoante os desafios dogmáticos suscitados, em concreto, por este fenómeno.

Como tivemos ocasião de observar, é nos domínios do direito fiscal e contabilístico e ainda do direito da concorrência que os vários sistemas jurídicos e também o direito comunitário têm adoptado soluções mais radicais na aproximação ao fenómeno dos grupos económicos – aliás, na tradição de maior pragmatismo e de maior influência de preocupações económicas típica destas áreas jurídicas. Assim, sendo necessário atingir a realidade económica do grupo para prosseguir os objectivos desejados nestes domínios (sejam eles a preservação da livre concorrência, a transparência da actividade económica ou a verdade e a justiça fiscal), as soluções adoptadas para atingir este desiderato têm passado pela adopção de um conceito amplo de grupo (não limitado pela natureza jurídica societária dos seus membros) e, eventualmente, pela personificação da realidade grupo para os efeitos pretendidos, a partir do conceito de unidade económica e com base no método indiciário dos factores de influência dominante duma empresa noutra empresa. Por esta via, a par das sociedades ou outros entes jurídicos que o compõem, o grupo económico passou a ser o destinatário das normas de concorrência, ficais e contabilísticas e o titular das obrigações respectivas, assegurando-se, assim, a prossecução dos princípios basilares das áreas jurídicas em questão.

Já no domínio do direito das sociedades comerciais, a análise empreendida demonstra que as estratégias regulativas adoptadas para encarar os problemas dogmáticos colocados pelos grupos económicos diferem de sistema para sistema, não havendo tampouco consenso sobre os caminhos a seguir ao nível comunitário. Apesar de tudo, é possível extrair algumas conclusões gerais da apreciação precedente.

A primeira conclusão viabilizada pela análise anterior é que, no domínio jussocietário, parecem estar, por ora, arredadas soluções de personificação radical dos grupos societários com base em critérios de facto, contrariamente ao que vimos suceder noutras áreas – esta ideia é, aliás, reforçada pelo abandono, aparentemente definitivo, do Projecto de 9ª Directiva comunitária em matéria de sociedades, cuja orientação mais se aproximava daquele tipo de solução.

Posto de lado este caminho, observa-se que os sistemas jurídicos continuam a oscilar entre soluções de não reconhecimento dos grupos como entes juridicamente diferenciados das sociedades que os compõem, apenas mitigadas, em casos extremos, pelo recurso à projecção do abuso do direito na técnica da desconsideração da personalidade colectiva (é ainda a solução preferida pela maioria dos países), e soluções intermédias ou de compromisso, que apenas reconhecem e regulam diferenciadamente o fenómeno dos grupos em algumas situações (é a solução do sistema português e do sistema germânico, entre outros).

Contudo, a verdade é que nenhuma destas soluções parece ser satisfatória. A solução tradicional do não reconhecimento jurídico dos grupos não satisfaz porque obriga a resolver os problemas colocados pelo fenómeno dos grupos com recurso às regras societárias gerais e, em contexto de grupo, estas regras não são suficientes para assegurar a tutela dos interesses juscomerciais em jogo – designadamente, os interesses dos sócios e dos credores sociais das sociedades dependentes ou subordinadas – sendo que o recurso ao instituto da desconsideração da personalidade colectiva também é de operacionalidade difícil. Mas, por seu turno, a solução de regulamentação diferenciada do fenómeno dos grupos também não parece ser satisfatória, porque é de aplicação marginal, já que os critérios restritivos de delimitação do conceito de grupo societário deixam de fora e sem protecção a maioria dos grupos societários – o que, aliás, vem dar razão às críticas que salientam a artificialidade dos regimes legais nesta matéria.

Perante esse quadro, é forçoso concluir que, mau grado a sua importância económica, os grupos societários são, eles sim, «desconsiderados» pelos sistemas jussocietários, ou, quando muito, são considerados como fenómenos marginais no seio do direito das sociedades comerciais. De uma forma ou de outra, parece que o direito das sociedades comerciais não conseguiu resolver, até hoje, os problemas suscitados por estes fenómenos, nem sequer logrou consolidar ideias muito claras e definitivas sobre o seu significado e alcance e, designadamente, sobre a sua compatibilização com os quadros dogmáticos tradicionais desta área jurídica.

VI. Não cabe no âmbito do presente estudo proceder a considerações mais aprofundadas sobre os problemas dogmáticos que o fenómeno dos grupos vem colocando nos vários sectores da ordem jurídica, nem apreciar mais detalhadamente as estratégias seguidas, em cada uma dessas áreas, para a resolução desses problemas. O que nos parece importante salientar, tendo já em vista a centragem da análise nas incidências laborais deste fenómeno, é que esta miríade de problemas e as diferentes estratégias adoptadas para a sua resolução permitem que aquela análise seja feita de uma forma descomprometida e não tributária da perspectiva sobre os grupos perfilhada por outros sectores da ordem jurídica, mas antes orientada pelos vectores axiológicos próprios do direito laboral, ainda que não desligados de outros valores relevantes nesta temática.

É esta orientação que procuraremos seguir na apreciação das incidências laborais dos grupos, na parte subsequente do nosso estudo.

PARTE II

INCIDÊNCIAS LABORAIS DOS GRUPOS EMPRESARIAIS E SOCIETÁRIOS

CAPÍTULO I
Dogmática geral

§ 8.º Sequência

I. Apresentado genericamente o fenómeno dos grupos e apreciadas as suas valências noutros domínios da ordem jurídica, estamos aptos a proceder ao tratamento dogmático das incidências laborais deste fenómeno, que elegemos como tema nuclear deste ensaio. A apreciação desta problemática comporta uma parte geral, destinada a estabelecer o enquadramento dogmático dos problemas em causa, e duas partes especiais, destinadas à apreciação, *in se*, das questões identificadas de acordo com a classificação adoptada.

II. Na parte inicial da nossa análise, cabe, em primeiro lugar, apresentar um quadro geral dos problemas laborais suscitados pelo fenómeno dos grupos. Uma vez que a extensão e diversidade destes problemas tornam útil a respectiva classificação, socorrer-nos-emos, para este efeito, da distinção das áreas regulativas do direito laboral que adoptámos em tese geral[433], classificando aqueles problemas de acordo com a sua incidência predominante no âmbito das situações juslaborais individuais ou no âmbito das situações juslaborais colectivas.

De seguida, faremos uma breve referência ao enquadramento dos problemas laborais dos grupos noutros ordenamentos jurídicos e no quadro do direito comunitário, bem como à evolução do sistema jurídico nacional nesta matéria. Indispensável suporte de qualquer reflexão dogmática, esta visão panorâmica do modo como a ordem juslaboral tem

---

[433] ROSÁRIO PALMA RAMALHO, *Direito do Trabalho cit.*, I, 30 ss.

perspectivado o fenómeno dos grupos contribui para melhor situarmos posteriormente esta problemática no quadro do direito vigente.

Por fim, cabe estabelecer alguns parâmetros dogmáticos de base, que a visão panorâmica anterior já legitima e que servirão de guia orientador na apreciação *in specie* das várias incidências laborais do fenómeno dos grupos. Estes parâmetros dogmáticos decorrem da resposta a dar a duas questões essenciais: a questão da relevância (ou não) da figura dos grupos de sociedades ou dos grupos de empresas para efeitos laborais; e o problema da delimitação do conceito de grupo (grupo de sociedades, grupo de empresas ou uma outra realidade) para efeitos laborais.

Estabelecidos os quadros dogmáticos fundamentais de análise da problemática escolhida, procederemos, na parte subsequente, à apreciação, na especialidade, das questões inventariadas. Seguindo o critério classificatório proposto, serão apreciados, sucessivamente, os problemas laborais colocados pela fenomenologia dos grupos no âmbito das situações juslaborais individuais e os problemas incidentes no âmbito das situações juslaborais colectivas

§ 9.° Quadro das incidências laborais do fenómeno dos grupos

15. O critério de classificação das incidências laborais do fenómeno dos grupos: justificação

I. Como demonstrámos a propósito do posicionamento do problema objecto da nossa investigação, na parte introdutória do estudo[434], as incidências laborais do fenómeno dos grupos são amplas e variadas. Assim, para facilitar o seu tratamento dogmático, é conveniente proceder à respectiva classificação.

A classificação das incidências laborais do fenómeno dos grupos pode ser feita numa perspectiva dinâmica e ainda de índole juscomercial, que parte da própria figura dos grupos, ou numa perspectiva estrutural e de cunho laboral, que aprecia a matéria a partir dos quadros dogmáticos laborais de referência.

Na primeira perspectiva, alguns autores tomam o fenómeno dos grupos (de sociedades ou de empresas) como ponto central de referência e analisam as implicações laborais no processo de constituição, ao longo da existência e por ocasião da dissolução desses mesmos grupos[435]. Na segunda

---

[434] *Supra,* § 1.°, ponto 4.

[435] Adoptando este critério de aproximação aos problemas laborais colocados pelo fenómeno dos grupos de empresas, por exemplo, LYON-CAEN, *La concentration du capital et le droit du travail cit.,* 290 ss., e, na versão deste artigo em língua alemã, *Arbeitsrecht und Unternehmenskonzentration cit.,* 57 ss. considera sucessivamente as questões laborais colocadas no seio dos grupos já constituídos (entre as quais sublinha os problemas ligados à determinação do empregador, à mobilidade dos trabalhadores, aos despedimentos por motivos económicos e à alteração dos postos de trabalho, bem como os problemas ligados à negociação colectiva, aos conflitos colectivos e à representação dos trabalhadores) e as implicações laborais na formação dos grupos, designadamente no seu processo de constituição (entre as quais distingue o problema da aplicabilidade do regime da transmissão do

perspectiva, outros autores partem do vínculo de trabalho, como quadro dogmático fundamental de referência do direito laboral, e avaliam como é que este vínculo pode ser afectado pela estrutura grupal do empregador, desde a sua formação, ao longo da sua execução e até à sua cessação, considerando ainda as incidências laborais colectivas do fenómeno dos grupos[436-437].

II. Como se depreende da apresentação inicial que fizemos desta matéria[438], optamos pelo segundo critério indicado para classificar as incidências laborais do fenómeno dos grupos de sociedades e dos grupos de empresas.

Esta opção justifica-se por uma razão de facilidade expositiva, mas também por um motivo de adequação valorativa: por um lado, a apresentação dos problemas laborais dos grupos na óptica do próprio vínculo laboral conjuga a abrangência de conteúdo com a maior simplicidade na apresentação das matérias; por outro lado, sendo o fenómeno dos grupos, como tivemos ocasião de comprovar na Parte I deste estudo, um fenómeno multifacetado, cujo tratamento jurídico vai tendo em conta os interesses relevantes de cada uma das áreas em que se manifesta, afigura-se mais adequado estudar as suas incidências laborais com base nos quadros ope-

---

estabelecimento às operações de concentração de empresas na pluralidade, o problema do destino das convenções colectivas de trabalho anteriormente vigentes e as questões da representação dos trabalhadores no processo de concentração e do destino das instâncias de representação colectiva previamente existentes).

[436] Adopta este critério, por exemplo, WINDBICHLER, *Arbeitsrecht im Konzern cit.*, 24 ss., 67 ss. e 435 ss., apreciando sucessivamente as implicações do fenómeno dos grupos nas relações individuais e nas relações colectivas de trabalho.

[437] Na aproximação a esta temática, um terceiro grupo de autores procede à apresentação sucessiva dos problemas sem grandes preocupações classificatórias. É o caso de CAMPS RUIZ, *La Problemática Jurídico-Laboral de los Grupos de Sociedades cit.*, 23 ss., que enuncia e trata sucessivamente como questões pertinentes neste âmbito os problemas da determinação do empregador e da determinação das responsabilidades empresariais no seio do grupo, da circulação dos trabalhadores dentro do grupo, da transmissão de empresas do grupo, da reconversão profissional no seio do grupo, do estatuto do pessoal nos grupos e da representação dos trabalhadores no âmbito dos grupos. Na mesma linha eminentemente enunciativa e não classificatória, entre nós, ABEL FERREIRA, *Grupos de Empresas e Direito do Trabalho cit., passim*. Não sufragamos este método de apresentação dos problemas pela sua falta de rigor, tendo em conta que é possível e útil algum esforço classificatório nesta matéria.

[438] *Supra*, § 1.º, ponto 4.II.

rativos do próprio direito do trabalho, porque se tornam assim mais evidentes os problemas axiológicos colocados nesta área jurídica, por aquele fenómeno.

Justificada a perspectiva de análise do problema, deve, contudo, ser, desde já, feita uma prevenção: a riqueza das incidências laborais do fenómeno dos grupos de empresas ou dos grupos de sociedades impede que a sua análise tome como base a figura da relação de trabalho, à maneira tradicional. Já tendo tido a oportunidade de refutar genericamente a adequação da categoria da relação jurídica ao universo laboral e de preconizar a sua substituição pelo conceito, mais amplo e rigoroso, de situação juslaboral[439], cabe apenas dizer, com referência ao tema agora tratado, que as insuficiências do conceito de relação de trabalho são também comprovadas na sua incapacidade para proceder à redução dogmática das projecções laborais do fenómeno dos grupos, uma vez que algumas destas projecções têm a ver com o exercício de direitos potestativos e outras têm incidência no universo das situações juslaborais colectivas, que não admite uma redução dogmática ao conceito de relação jurídica.

Por esta razão, o critério de classificação destas projecções, que adoptamos, assenta no conceito de situação jurídica laboral, e na distinção, no seio deste conceito operativo geral, entre situações juslaborais individuais (uma das quais é, obviamente, a relação de trabalho) e situações juslaborais colectivas[440].

---

[439] ROSÁRIO PALMA RAMALHO, *Da Autonomia Dogmática... cit.*, 110 ss. e 119 ss., e ainda *Direito do Trabalho cit.*, I, 355 ss. e 358 ss.

[440] Para mais desenvolvimentos sobre esta distinção, nos termos em que a propomos, vd ainda o nosso *Direito do Trabalho cit.*, I, 358 ss. Como aí se refere, tomamos como categoria técnico-operativa do direito laboral, alternativa ao conceito de relação de trabalho, o conceito de situação juslaboral nuclear, quer reconduzimos ao binómio «situação jurídica de trabalhador subordinado – situação jurídica de empregador». Esta situação juslaboral nuclear tem diversas projecções (que qualificámos como situações juslaborais derivadas), que, pela sua incidência predominante na posição do empregador e/ou do trabalhador no contrato de trabalho, ou antes, pela sua incidência primordial na posição dos entes laborais colectivos ou dos vínculos colectivos, integram (também predominantemente) a área do direito das situações juslaborais individuais ou a área do direito das situações juslaborais colectivas. É deste critério de delimitação do universo do direito laboral que nos vamos socorrer para a classificação dos problemas laborais colocados pelo fenómeno dos grupos.

III. Justificado o critério de classificação, cabe então proceder ao enunciado das questões suscitadas pelo fenómeno dos grupos em cada uma das áreas de incidência indicadas. Este enunciado pode ser feito em moldes sucintos, atendendo a que já procedemos ao levantamento destas questões na parte introdutória do estudo[441].

16. Desenvolvimento: incidências do fenómeno dos grupos nas situações juslaborais individuais e nas situações juslaborais colectivas

16.1. Incidências do fenómeno dos grupos nas situações juslaborais individuais

I. Com referência às incidências do fenómeno dos grupos nas situações juslaborais individuais, podem isolar-se cinco áreas problemáticas: os problemas ligados à determinação do empregador no seio do grupo; as questões relativas ao estatuto dos trabalhadores de uma empresa ou sociedade inserida num grupo; os problemas relativos à mobilidade dos trabalhadores no seio do grupo; as questões relativas à situação dos trabalhadores perante as vicissitudes societárias que atinjam o grupo; e a questão da tutela dos créditos laborais no contexto dos grupos.

II. A questão da determinação do empregador no seio do grupo é, obviamente, de importância vital, porque tal determinação é essencial para delimitar a subordinação jurídica do trabalhador e, globalmente, para decidir sobre o regime laboral que lhe é aplicável. Naturalmente, está em causa a determinação do denominado «empregador real» (i.e., aquele que exerce efectivamente os poderes laborais e perante o qual o trabalhador está numa posição de subordinação), que, justamente pelo facto de a empresa se inserir num grupo, pode não coincidir com o empregador em sentido formal, ou seja, com a entidade que celebra o contrato de trabalho.

Estreitamente ligados a este primeiro problema, mas não se confundindo com ele, estão os problemas relativos ao estatuto jurídico dos trabalhadores das organizações inseridas num grupo. A este propósito, surgem

---

[441] *Supra*, § 1.º, ponto 4.

questões como o alcance do dever de lealdade do trabalhador em contexto grupal (designadamente, a questão de saber se o dever de sigilo ou o dever de não concorrência se estendem às outras empresas do grupo), o alcance dos direitos de preferência do trabalhador no acesso a postos de trabalho das outras organizações, ou o problema da comunicabilidade disciplinar no seio do grupo, por força de uma eventual relevância laboral do interesse do grupo ou mesmo do interesse de outra empresa do grupo.

Um terceiro grupo de questões refere-se à mobilidade dos trabalhadores dentro dos grupos societários ou empresariais. Neste âmbito, coloca-se também uma miríade de problemas laborais, dada a multiplicidade de formas de mobilidade possíveis (cedência temporária ou transferência definitiva do trabalhador, mas também acumulação de funções em diversas empresas do grupo, por exemplo), com diferentes consequências no contrato de trabalho e às quais compete dar o adequado enquadramento jurídico.

Um quarto grupo de questões tem a ver com o modo como a situação jurídica do trabalhador pode ser afectada pelas vicissitudes societárias ocorridas num contexto de grupo. A este propósito, compete, desde logo, avaliar as implicações laborais da constituição e da modelagem dos grupos empresariais ou societários. Por outro lado, são também variadas e muito significativas as implicações laborais das vicissitudes económicas dos empregadores inseridos num grupo, já que estas podem determinar suspensões dos contratos ou mesmo despedimentos por motivos económicos, que suscitam diversos problemas, justamente por força do contexto grupal. Por fim, cabe aquilatar de eventuais especificidades do regime da insolvência do empregador, quando a empresa se insira num grupo.

O último grupo de problemas a apreciar nesta parte do estudo tem a ver com a tutela dos créditos laborais do trabalhador em contexto de grupo, uma vez que a inserção do empregador numa estrutura grupal pode afectar a sua situação económica em termos de diminuir as garantias dos trabalhadores relativamente aos seus créditos laborais. Naturalmente, no contexto desta problemática tem especial interesse apreciar o regime legal da responsabilidade solidária das empresas de grupo, instituído pelo nosso Código do Trabalho.

16.2. Incidências do fenómeno dos grupos nas situações juslaborais colectivas

I. No domínio das situações juslaborais colectivas, as incidências laborais do fenómeno dos grupos societários ou empresariais não são menos significativas. Os problemas suscitados a este nível espraiam-se por três matérias essenciais: a matéria da representação colectiva dos trabalhadores no contexto dos grupos; a matéria da negociação colectiva em contexto de grupo; e a questão dos conflitos colectivos neste mesmo contexto.

II. De uma parte, colocam-se problemas de articulação dos regimes legais de representação dos trabalhadores, designadamente no que toca à representação na empresa, através das comissões de trabalhadores, sempre que o empregador esteja em contexto de grupo, e quer por ocasião da constituição do mesmo, quer durante a sua existência. Na fase da constituição do grupo, cumpre avaliar se os trabalhadores devem ser consultados no processo de constituição e, em caso afirmativo, como e a que nível se processa essa consulta. Após a constituição do grupo, cabe enquadrar as estruturas de representação dos trabalhadores e a actividade que desenvolvem na vida dos grupos societários.

No que se refere à negociação colectiva, coloca-se, em primeiro lugar, o problema da admissibilidade do seu desenvolvimento não ao nível de cada empresa do grupo mas ao nível do próprio grupo. Mas, se vier a ser admitido este segundo nível de negociação, caberá resolver problemas diversos, como o da aferição da legitimidade negocial das partes outorgantes dos instrumentos de regulamentação colectiva do trabalho de grupo e o da avaliação dos efeitos da convenção colectiva de grupo em cada uma das empresas que o integram.

Por fim, no que se refere aos conflitos colectivos de trabalho, os grupos suscitam questões laborais específicas, designadamente no que se refere à greve. A este propósito, destacaremos os problemas da comunicabilidade das greves entre empresas do grupo, designadamente no que se refere aos motivos da greve e ao âmbito do dever de não substituição dos trabalhadores grevistas, e ainda problemas de processamento do direito de greve.

§ 10.º A ordem juslaboral e o fenómeno dos grupos societários e empresariais

17. Breve panorama comparado sobre o tratamento jurídico das projecções laborais do fenómeno dos grupos

17.1. Apresentação geral

I. Não pretendendo este trabalho constituir um estudo de direito comparado sobre as incidências laborais do fenómeno dos grupos, mas antes um estudo de direito português, nele não cabe uma apreciação exaustiva do modo como outros sistemas laborais têm tratado esta temática, mas apenas uma observação panorâmica, destinada a detectar as áreas de intervenção privilegiadas e a orientação geral dos vários sistemas na aproximação ao fenómeno.

É nesta perspectiva limitada e directamente funcionalizada ao objectivo de melhor alicerçar o tratamento dogmático do problema no quadro do sistema juslaboral nacional que devem ser entendidas as reflexões subsequentes[442].

II. A primeira reflexão suscitada pela observação panorâmica a que procedemos é um aspecto comum aos sistemas jurídicos apreciados: em nenhum deles encontramos um tratamento sistematizado e, muito menos, abrangente das incidências laborais do fenómeno dos grupos, mas, em quase todos, há preceitos legais dispersos, incidentes numa ou noutra projecção laboral daquele fenómeno e a matéria é objecto de alguma atenção da jurisprudência[443]. Além disso, no quadro dos sistemas europeus,

---

[442] Ainda tendo em conta a dimensão panorâmica da nossa análise, as indicações bibliográficas em que apoiamos estas reflexões são meramente exemplificativas.

[443] Assim, por exemplo, quanto ao sistema germânico, autores como WIEDEMANN, *Die Unternehmensgruppe im Privatrecht... cit.*, 91 s., consideram que o direito do trabalho

constitui um ponto em comum a regulamentação das matérias juslaborais atinentes aos grupos que já mereceram a atenção do direito comunitário.

A segunda reflexão que esta análise panorâmica legitima tem a ver com as preocupações dominantes em cada sistema na aproximação às valências laborais do fenómeno dos grupos: estas preocupações diferem significativamente de sistema para sistema, perpassando tais diferenças tanto ao nível normativo e jurisprudencial, como na incidência predominante da literatura juslaboral que se tem debruçado sobre esta fenomenologia.

Esta afirmação pode ser comprovada numa observação breve da evolução desta problemática nos sistemas com mais afinidades com o nosso sistema, em matéria laboral e em matéria societária, mas também quanto aos quadros dogmáticos fundamentais do direito privado em que se situa o nosso tema, e que, por isso, escolhemos para esta análise: o sistema germânico, o sistema italiano, o sistema espanhol e o sistema francês. Para além destes sistemas, faremos ainda uma brevíssima referência ao direito brasileiro, que apresenta algumas particularidades no regime juslaboral que dispôs para esta matéria.

III. No sistema germânico, tem sido francamente privilegiado o tratamento das incidências laborais colectivas do fenómeno dos grupos, designadamente as matérias relativas à representação dos trabalhadores ao nível dos grupos, à sua participação na gestão do grupo e à negociação colectiva de grupo. Neste sentido, a lei prevê a instituição de comissões de trabalhadores ao nível do grupo (*Konzernbetriebsrat* – §§ 54.º ss. BetrVG), cuja actuação regula de modo específico (§ 77 a. BetrVG e § 51 MitbestG) e adopta, para efeitos de cogestão, um conceito específico de grupo, que se identifica apenas com o grupo vertical (*Unterordnungskonzern*) e não com outras modalidades de grupo (§ 5 Abs. 1 MitbestG)[444]. Por outro

---

dos grupos é ainda incipiente, justamente pela escassez de normas legais e de produção jurisprudencial na matéria. Na mesma linha, em Itália, autores como R. SCONAMIGLIO, *Intervento, in* AA/VV, *Tavola Rotonda «Gruppi di società, imprese collegate e rapporti di lavoro*, Riv.GL, 1979, I, 385-426 (404-408) (408), consideram necessária a produção normativa nesta área, e com referência ao sistema espanhol, autores como CRUZ VILLALÓN, *Notas acerca del régimen contractual... cit.*, 38 , referem-se à indiferença da lei laboral perante o fenómeno dos grupos.

[444] Em especial sobre este conceito, KOHTE, *Der Gemeinschaftsbetrieb im Spiegel des Gesellschafts- und Konzernrechts*, RdA, 1992, 5, 302-310.

lado, são indirectamente admitidas as convenções colectivas de trabalho e os acordos de empresa de âmbito grupal (*Konzern einheitliche Tarifverträge* e *Konzern Betriebsvereinbarungen*) ao abrigo do § 55 Abs. 4 BetrVG, sendo então aplicáveis as regras legais relativas à delimitação dos respectivos conteúdos (§ 77 Abs. 3 BetrVG)[445]. Por fim, em consonância com o direito comunitário, é prevista e regulada a figura dos conselhos de empresa europeus (*Europäische Betriebsräte-Gesetz* – EBRG, de 28 de Outubro de 1996), tendo também sido transposta a directiva relativa ao envolvimento dos trabalhadores na sociedade anónima europeia (*SE-Beteiligungsgesetz* – *SEBG*, publicada em 28/12/2004).

Perante este quadro legal, a doutrina discute amplamente as implicações do fenómeno dos grupos nas áreas tradicionais do direito laboral colectivo germânico. Assim, no âmbito do direito da constituição da empresa (*Betriebsverfassungsrecht*) e do direito de cogestão (*Mitbestimmungsrecht*), são debatidas questões como a instituição e a competência das comissões de trabalhadores de grupo[446], o seu relacionamento com as

---

[445] No sistema austríaco, a situação é diferente, em consequência do facto de as regras laborais sobre o fenómeno dos grupos se reduzirem à obrigatoriedade de constituição da comissão de trabalhadores do grupo – JABBORNEG, *Arbeitsvertragsrecht im Konzern cit.*, 3 e 7. Ainda assim, a doutrina trata os problemas que são também primordialmente versados pelos autores alemães, o que justifica a referência conjunta dos dois contextos doutrinais.

[446] WINDBICHLER, *Arbeitsrecht im Konzern cit.*, 451 ss., e *Arbeitsrecht und Konzernrecht cit.*, 151, e, ainda desta autora, *Ist das Gruppenprinzip in der Betriebsverfassung noch aktuell?*, RdA, 1994, 5, 268-272, G. v. HOYNINGEN-HUENE, *Der Konzern im Konzern*, ZGR, 1978, 2, 515-541, A. JUNKER, *Internationales Arbeitsrecht im Konzern*, Tübingen, 1992, 23 ss. Nas obras laborais gerais, sobre o ponto, entre outros, G. RING, *Arbeitsrecht*, Baden-Baden (s.d.), 392, D. GAUL, *Das Arbeitsrecht im Betrieb*, II, 8ª ed., Heidelberg, 1986, 404, W. ZÖLLNER / K.-G. LORITZ, *Arbeitsrecht. Ein Studienbuch*, 5ª ed., München, 1998, 525 e 616 s., A. SÖLLNER, *Grundriß des Arbeitsrecht*, 12ª ed., München, 1998, 27 e 163, M. LÖWISCH, *Arbeitsrecht*, 5ª ed., Dusseldorf, 2000, 140, M. LIEB, *Arbeitsrecht*, 8ª ed., Heidelberg, 2003, 314, W. HRODMAKA / F. MASCHMANN *Arbeitsrecht*, II (*Kollektivarbeitsrecht und Arbeitsstreitigkeiten*), 3ª, ed., Berlin – Heidelberg, 2004, 323, M. WOLLENSCHLÄGER / D. POLLERT / J. LÖCHER / S. SPIERER, *Arbeitsrecht*, 2ª ed., München, 2004, 337, H. BROX / B. RÜTHERS / M. HENSSLER, *Arbeitsrecht*, 16ª ed., Sttugart – Berlin – Köln, 2004, 272, H. REICHOLD, *Arbeitsrecht*, 2ª ed., München, 2006, 331, ou W. DÄUBLER, *Das Arbeitsrecht. Die gemeinsame Wahrung von Interessen im Betrieb*, I, 16ª ed., Hamburg, 2006, 777 ss. e 795; quanto ao panorama austríaco sobre esta matéria, *vd*, por exemplo, T. MAYER MALY / F. MARHOLD, *Österreichisches Arbeitsrecht*, II (F. MARHOLD) – *Kollektives Arbeitsrecht*, Wien – New York, 1991, 129 ss. e 141, ou F. SCHRANK, *Arbeitsrecht. Ein Systematischer Grundriss*, 2ª ed., Wien, 2003, 67.

comissões de trabalhadores de nível empresarial e a possibilidade de integrar disposições sobre os grupos nos acordos de empresa (*Betriebsvereinbarungen*)[447], bem como os direitos de informação dos trabalhadores no contexto dos grupos[448], e ainda o problema da distinção entre as comissões de trabalhadores de grupo e os conselhos de empresa europeus[449]. No domínio do direito de negociação colectiva (*Tarifrecht*), são debatidos problemas como o relacionamento entre as convenções colectivas dos diversos níveis e o âmbito das matérias que podem regular[450], a relação entre as convenções colectivas de trabalho e os acordos de empresa de grupo, a legitimidade negocial para outorgar os instrumentos colectivos de grupo[451], a negociação colectiva no âmbito de grupos internacionais[452] e ainda a possibilidade de representação sindical dos trabalhadores ao nível do grupo através da constituição de sindicatos e de associações patronais de grupo (*Konzerngewerkschaft* e *Konzernarbeitunternehmerverband*)[453].

Já no que toca às projecções do fenómeno dos grupos nas situações juslaborais individuais, o quadro é bastante diferente, desde logo no plano legal, pela escassez de referências a esta a esta matéria – evidenciando alguma falta de interesse do legislador pelo problema – que não é, aliás,

---

[447] Por exemplo, WINDBICHLER, *Arbeitsrecht im Konzern cit.*, 435 s., 451, e 587 s., ou HRODMAKA / MASCHMANN *Arbeitsrecht cit.*, II, 344, entre muitos outros.

[448] Sobre este ponto em especial, F.-J. SÄCKER, *Arbeitsrechtliche Probleme der Unternehmenskonzentration*, in R. BIRK (Hrsg.), *Arbeitsrechtliche Probleme der Unternehmenskonzentration*, Frankfurt am M., 1986, 127-148 (130 ss.).

[449] Sobre este ponto, *vd* em especial C. WINDBICHLER, *Unternehmerisches Zusammenwirken von Arbeigebern als arbeitsrechtliches Problem – Eine Skizze auch vor dem Hintergrund das EG – Richtlinie zum Europäischen Betriebsrat in Unternehmens gruppen*, ZfA, 1996, 1, 1-18, mas também, entre muitos outros, nas obras laborais gerais, ZÖLLNER/ /LORITZ, *Arbeitsrecht cit.*, 525 ss., ou REICHOLD, *Arbeitsrecht cit.*, 29 s.

[450] WINDBICHLER, *Arbeitsrecht im Konzern cit.*, 460 s., 581 s. e 588 s.

[451] Por exemplo, WINDBICHLER, *Arbeitsrecht im Konzern cit.*, 460 s., 478 ss. e 588 s.

[452] Com especial enfoque nos instrumentos colectivos dos grupos internacionais, E.-G. ERDMANN, *Arbeitsrechtliche Aspekte im internationalem Unternehmensverbund*, in M. LUTTER (Hrsg.), *Recht und Steuer der internationalen Unternehmensverbindungen*, Dusselsorf, 1972, 176-19, e F.- J. SÄCKER, *Arbeits – und Sozialrecht im multinationalem Unternehensverbund*, in M. LUTTER (Hrsg.), *Recht und Steuer der internationalen Unternehmensverbindungen*, Dusselsorf, 1972, 191-205 (201 ss.).

[453] WINDBICHLER, *Arbeitsrecht im Konzern cit.*, 472 s. e 478 ss., HRODMAKA / / MASCHMANN *Arbeitsrecht cit.*, II, 465.

§ 10.° *A ordem juslaboral e o fenómeno dos grupos societários e empresariais* 237

colmatada ao nível jurisprudencial[454]. No plano doutrinal, os autores debatem os problemas do conceito de empregador e da sua determinação no âmbito dos grupos[455], as questões relativas à mobilidade dos trabalhadores entre as empresas do grupo[456], a matéria dos deveres e direitos dos trabalhadores e do empregador em contexto de grupo[457], as questões atinentes

---

[454] Autores como WIEDEMANN, *Die Unternehmersgruppe im Privatrecht... cit.*, 91 s., assinalam a escassa jurisprudência na matéria, referindo apenas alguns acórdãos em matéria de despedimento e de prestações sociais.

[455] Sobre o conceito de empregador e o problema da sua determinação no âmbito dos grupos, entre outros, E. ARTMANN, *Arbeitsverhältnisse im Konzern*, DRdA, 2005, 6, 529-531, F. FABRICIUS, *Rechtsprobleme gespaltener Arbeitsverhältnisse im Konzern cit.*, 25 ss., e *passim*, e, em recensão a esta obra de FABRICIUS, ainda W. ZÖLLNER, *Betriebs- und unternehmensverfassungsrechtliche Fragen bei konzernrechtlichen Betriebsführungsverträgen*, ZfA, 1983, 1, 93-106 (96), P. SCHWERDTNER, *Das "einheitliche Arbeitsverhältnis"*, ZIP, 1982, 8, 900-905, WINDBICHLER, *Arbeitsrecht im Konzern cit.*, 68 ss., WIEDEMANN, *Die Unternehmersgruppe im Privatrecht... cit.*, 93, HENSSLER, *Der Arbeitsvertrag im Konzern cit.*, 27 ss., 35 ss., e 148 ss., S. D. KARAMARIAS, *Bundesdeutschen Individualarbeitsrecht im Konzern*, RdA, 1983, 6, 353-364, H. KONZEN, *Arbeitsrechtliche Drittbeziehungen – Gedanken über Grundlagen und Wirkungen der "gespaltenen Arbeitgeberstellung"*, ZfA, 1982, 3, 259-310 (305 ss., e *passim*), K.-P. MARTENS, *Das Arbeitsverhältnis im Konzern*, in F. GAMILLSCHEG / G. HUECK / H. WIEDEMANN (Hrsg.), *Festschrift für 25 Jahre Bundesarbeitsgericht*, München, 1979, 367-392 (367 ss.), JABBORNEG, *Arbeitsvertragsrecht im Konzern cit.*, 9 ss., H. WEINMANN, *Der Konzern im Arbeitsrecht aus der Sicht der Praxis*, ZGR, 1984, 3, 460-464 (461), e, nas obras gerais, entre muitos outros, G. SCHAUB/ / U. KOCH / R. LINCK, *Arbeitsrecht-Handbuch. Systematische Darstellung und Nachschlagewerk für die Praxis*, 11ª ed., München, 2005, 121 s., ou F. GAMILLSCHEG, *Arbeitsrecht*, I – *Arbeitsvertrags- und Arbeitsschutzrecht*, 8ª ed., München, 2000, 192.

[456] Em especial sobre os problemas da mobilidade do trabalhador entre as empresas do grupo, F. MASCHMANN, *Abordnung und Versetzung im Konzern*, RdA, 1996, 1, 24-40, mas também WINDBICHLER, *Arbeitsrechtliche Vertragsgestaltung im Konzern*, Köln, 1990, 11 ss., 21 ss. e 54, e ainda *Arbeitsrecht im Konzern cit.*, 95 ss., HENSSLER, *Der Arbeitsvertrag im Konzern cit.*, 52 ss. e 168 ss., JABBORNEG, *Arbeitsvertragsrecht im Konzern cit.*, 118 ss., JUNKER, *Internationales Arbeitsrecht im Konzern cit.*, 23 ss., WEINMANN, *Der Konzern im Arbeitsrecht... cit.*, 462, e, nas obras gerais, ZÖLLNER / LORITZ, *Arbeitsrecht cit.*, 338.

[457] A este propósito, é debatido o problema do alcance do princípio da igualdade de tratamento entre trabalhadores no contexto de empresas de grupo (K. BEPLER, *Gleichbehandlung im Betrieb, Unternehmen und Konzern*, NZA, 2004, 18, 3-12, WINDBICHLER, *Arbeitsrecht im Konzern cit.*, 418 ss., HENSSLER, *Der Arbeitsvertrag im Konzern cit.*, 107 ss., JUNKER, *Internationales Arbeitsrecht im Konzern cit.*, 23 ss., W. HRODMAKA / F. MASCHMANN *Arbeitsrecht*, I (*Individualarbeitsrecht*), 3ª, ed., Berlin – Heidelberg, 2005, 263, JABBORNEG, *Arbeitsvertragsrecht im Konzern cit.*, 127, KARAMARIAS, *Bundesdeutschen... cit.*, 363, H. KONZEN, *Arbeitsverhältnisse im Konzern*, ZHR, 1987, 566-607 (577 ss.)), o problema da extensão do dever de não concorrência em contexto de grupo (WINDBICHLER,

ao despedimento dos trabalhadores de uma empresa de grupo (e, neste contexto, designadamente, a questão da extensão do dever de recolocação do trabalhador noutro posto de trabalho, como alternativa ao despedimento, previsto no § 1.° Abs 2 da KSchG, a outras empresas do mesmo grupo)[458], o problema dos efeitos das vicissitudes de constituição e de modelação interna do grupo (por exemplo, a transmissão de alguma das suas empresas ou estabelecimentos) na situação juslaboral dos trabalhadores afectados[459], o regime de responsabilidade do empregador pelos créditos laborais, quando esteja inserido num grupo[460], e ainda os efeitos da inserção grupal do empregador nos direitos do trabalhador a prestações sociais[461].

Arbeitsrecht im Konzern cit., 247 ss., e ainda *Arbeitsrechtliche Vertragsgestaltung... cit.*, 48 ss., ou HENSSLER, *Der Arbeitsvertrag im Konzern cit.*, 173 ss..), bem como a questão da extensão do dever geral de assistência do empregador à sociedade mãe do grupo (neste sentido, HENSSLER, *Der Arbeitsvertrag im Konzern cit.*, 74 ss., ou H. KONZEN, *Arbeitnehmerschutz im Konzern,* RdA, 1984, 2, 65-88 (73 s.)) e ainda a questão da comunicabilidade e da centralizaação das bases de dados dos trabalhadores de empresas do grupo (por exemplo, D. HUMMEL, *Übermittlung von Arbeitnehmerdaten im Konzernverbund im Rahmen eines konzerneinheitlichen Datenverarbeitungssystems*, AuR, 2005, 6, 207-210).

[458] Sobre os problemas do despedimento no âmbito dos grupos, WINDBICHLER, *Arbeitsrecht im Konzern cit.*, 137 ss., 251 ss., *Arbeitsrecht und Konzernrecht cit.*, 149, e ainda *Arbeitsrechtliche Vertragsgestaltung... cit.*, 37 ss. HENSSLER, *Der Arbeitsvertrag im Konzern cit.*, 116 ss., HRODMAKA / F. MASCHMANN *Arbeitsrecht cit.*, I, 412, JABBORNEG, *Arbeitsvertragsrecht im Konzern cit.*, 128 s., KARAMARIAS, *Bundesdeutschen... cit.*, 358 ss., KONZEN, *Arbeitnehmerschutz im Konzern cit.*, 74, bem como *Arbeitsrechtliche Drittbeziehungen... cit.*, 306 s., e, ainda deste autor, *Arbeitsverhältnisse im Konzern cit.*, 573 ss. e 594 s., MARTENS, *Grundlagen des Konzernarbeitsrecht cit.*, 452 ss., e ainda *Das Arbeitsverhältnis im Konzern cit.*, 372 ss., bem como, nas obras gerais, SCHAUB / KOCH / LINCK, *Arbeitsrecht-Handbuch cit.*, 122, ou ZÖLLNER / LORITZ, *Arbeitsrecht cit.*, 299 s.

[459] Sobre o ponto, entre outros, SÄCKER, *Arbeitsrechtliche Probleme... cit.*, 144 ss., mas, sobretudo, R. BIRK, *Arbeitsrechtliche Probleme der Betriebsaufspaltung,* BB, 1976, 26, 1227-1232, e, ainda deste autor, *Betriebsaufspaltung und Änderung der Konzernorganisation*, ZGR, 1984, 1, 23-70.

[460] Sobre as questões da responsabilidade, por exemplo, HENSSLER, *Der Arbeitsvertrag im Konzern cit.*, 153 ss., JABBORNEG, *Arbeitsvertragsrecht im Konzern cit.*, 8, WIEDEMANN, *Die Unternehmersgruppe im Privatrecht... cit.*, 113 s. e, nas obras gerais, entre muitos outros, SCHAUB / KOCH / LINCK, *Arbeitsrecht-Handbuch cit.*, 235 e 737.

[461] Sobre as repercussões do fenómeno dos grupos nos direitos sociais dos trabalhadores, por exemplo, M. HENSSLER, *Die Betriebsaufspaltung – konzernrechtliche Durchgriffshaftung im Gleichordnungskonzern?*, ZGR, 2000, 3, 479-502, e, ainda deste autor, *Der Arbeitsvertrag im Konzern cit.*, 98 ss., WINDBICHLER, *Arbeitsrecht und Konzernrecht cit.*, 150, JUNKER, *Internationales Arbeitsrecht im Konzern cit.*, 23 ss., JABBORNEG, *Arbeitsvertragsrecht im Konzern cit.*, 130, KONZEN, *Arbeitsverhältnisse im Konzern cit.*,

§ *10.° A ordem juslaboral e o fenómeno dos grupos societários e empresariais* 239

Contudo, mesmo reconhecendo os especiais riscos que podem decorrer para o trabalhador da inserção grupal do seu empregador[462], a orientação doutrinal dominante continua a ser no sentido de secundarizar ou mesmo de negar o relevo autónomo do grupo para efeitos da situação juslaboral individual do trabalhador, preconizando-se a resolução daqueles problemas em sede do contrato de trabalho, tendo sempre em conta a dimensão tradicional do empregador (ou seja, a unidade empresarial – *Betrieb*)[463], e, quando muito, admitindo-se o recurso a institutos civis gerais, como o instituto da responsabilidade civil, o princípio da igualdade de tratamento ou o princípio da tutela da confiança, para compensar o

---

575 ss., R. WEYER, *Die Zugehörigkeit eines Arbeitnehmers zu einem Konzern als Rechtsproblem des BetrAVG*, Köln, 1984, 238 e *passim*, ou WIEDEMANN, *Die Unternehmersgruppe im Privatrecht... cit.*, 114 ss.

[462] Neste sentido, por exemplo, KONZEN, *Arbeitsverhältnisse im Konzern cit.*, 572, enuncia os riscos específicos que decorrem da inserção do seu empregador num grupo empresarial (tanto enquanto credor, como na qualidade de trabalhador propriamente dita e ainda no plano colectivo), mas, em apreciação do sistema germânico dos grupos, conclui que este sistema continua a ser, eminentemente, um sistema de índole juscomercial, para quem os trabalhadores são tomados apenas como credores e «filhos enteados» (nas palavras do Autor: «*Das Konzernrecht ist weithin Konzerngesellschaftsrecht [...]. Dagegen ist in Doktrin und Praxis der Arbeitnehmer außerhalb seiner Stellung als Gesellschaftsgläubiger trotz eigener Ansätze eher ein* Stiefkind *der Konzernrechtsentwicklung* (*sic*, 567) (itálicos no original).

[463] Neste sentido, autores como WINDBICHLER, *Arbeitsrecht im Konzern cit.*, 583 ss. e *passim*, que valorizam significativamente as incidências laborais colectivas do fenómeno do *Konzern*, consideram que este fenómeno não tem, por princípio, implicações no contrato de trabalho, negam que o grupo possa ser qualificado como empregador, por falta de personalidade jurídica, e recusam a admissibilidade de uma relação de trabalho unitária no contexto do grupo, bem como a divisão dos poderes laborais por diferentes entidades empregadoras – assim, observa a autora que «*...auch das Individualarbeitsrecht als arbeitsrechtlich überlagertes Vertragsrecht keine "Konzerndimension" zu erlangen braucht*» (*idem*, 581). Na mesma linha, por exemplo, KARAMARIAS, *Bundesdeutschen... cit.*, 364, U. PREIS, *Arbeitsrecht. Praxis-Lehrbuch zum Individualarbeitsrecht*, Köln, 1999, 94 ss., SCHWERDTNER, *Das "einheitliche Arbeitsverhältnis" cit.*, 905 (que, a propósito da questão da determinação do empregador num contexto de grupo, considera que a admissibilidade de uma relação de trabalho unitária é algo que pertence ao «reino das fábulas») e ainda, embora de forma mais mitigada, MARTENS, *Das Arbeitsverhältnis im Konzern cit.*, 367 s. e 372 ss. Ainda assim, em sentido contrário, a importância das projecções do fenómeno dos grupos nas matérias do denominado direito individual do trabalho é realçada por autores como HENSSLER, *Der Arbeitsvertrag im Konzern cit.*, 20 ss. e *passim*.

trabalhador pelos prejuízos excessivos que possam decorrer da inserção grupal da sua empresa[464].

Como se compreende, a maior facilidade de reconhecimento e de valorização das implicações laborais colectivas do fenómeno dos grupos do que das projecções desse fenómeno na situação juslaboral de cada trabalhador, tanto ao nível da lei como no plano doutrinal, fica a dever-se, sobretudo, à forte tradição germânica em matéria de cogestão, que não tem, aliás, paralelo noutros ordenamentos continentais[465]. Diferentemente, no que tange às situações juslaborais individuais, a dogmática germânica continua solidamente ancorada à categoria do contrato de trabalho, e, na medida em que tende a conceber este contrato como um contrato de índole puramente obrigacional[466], tem, naturalmente, mais dificuldades em reco-

---

[464] Nesta linha, por exemplo, MARTENS, *Grundlagen des Konzernarbeitsrecht cit.*, 437 ss., salientando a possibilidade de aplicação das regras da responsabilidade civil, na modalidade da responsabilidade do terceiro, como via para a resolução dos problemas patrimoniais em empresas integradas em grupos de subordinação, advogando o recurso ao princípio geral da tutela da confiança para avaliar, por exemplo, os motivos de um despedimento com fundamento num interesse do grupo, e reconhecendo uma dimensão de grupo ao princípio da igualdade.

[465] É certo que, entretanto, também foram desenvolvidas regras sobre as incidências laborais colectivas do fenómeno dos grupos, no plano comunitário, o que obrigou a afinar os regimes legais dos Estados Membros. Contudo, se este factor foi decisivo para outros sistemas jurídicos, no caso do sistema germânico não teve o mesmo peso, pelo tradicional desenvolvimento das matérias da cogestão neste sistema. Pelo contrário, pode dizer-se que o sistema germânico foi, até certo ponto, o inspirador de alguma regulamentação comunitária nesta matéria (designadamente, no que se refere às Directivas sobre a representação dos trabalhadores no contexto dos grupos internacionais de dimensão comunitária, na sociedade anónima europeia e na sociedade cooperativa europeia), o que não deixa, aliás, de explicar, as dificuldades experimentadas por outros sistemas europeus na transposição da legislação comunitária em matéria de representação dos trabalhadores.

[466] Como é sabido, nem sempre foi assim, tendo predominado durante décadas a denominada concepção comunitário-pessoal do vínculo laboral, com uma fundamentação contratualista e com uma fundamentação institucionalista – ora, nesta concepção, o vínculo de trabalho não tinha carácter obrigacional (mesmo na visão contratualista, era reconhecido que o negócio jurídico base da relação de trabalho era um contrato de natureza pessoal), mas correspondia a um vínculo pessoal e comunitário, sendo essas características que permitiam explicar as particularidades do seu regime, *verbi gratia,* os pontos em que se afasta dos seus congéneres contratos obrigacionais. Contudo, como é sabido, estas concepções comunitário-pessoais do vínculo de trabalho foram, entretanto, ultrapassadas e a doutrina dominante inclina-se para uma reconstrução dogmática do contrato de trabalho em moldes obrigacionais. Não sendo esta a sede própria para nos referirmos a esta evo-

§ 10.º *A ordem juslaboral e o fenómeno dos grupos societários e empresariais* 241

nhecer qualquer dimensão de grupo ao vínculo laboral e em admitir e explicar a «interferência» do universo grupal nas situações juslaborais individuais[467].

IV. Diferentemente, noutros sistemas jurídicos, são as projecções do fenómeno dos grupos nas situações juslaborais individuais que mais ocupam a lei, a jurisprudência e a doutrina, como é exemplarmente demonstrado pelo caso italiano e pelo caso espanhol.

Tal como outros, o sistema jurídico italiano é parco em referências legais ao fenómeno dos grupos, no plano laboral (tal como ao nível jussocietário, como se referiu oportunamente[468]), o que é, aliás, objecto de crítica da doutrina[469]. Ainda assim, devem ter-se em conta, para além da regra geral de proibição da interposição da interposição fictícia ou fraudulenta de pessoas na contratação laboral, instituída pela L. n.º 1369/1960, de 23 de Outubro, que constituiu a única referência legal com relevo para esta matéria durante décadas, algumas regras mais recentes com relevo directo para o nosso problema, como a regra da contagem da antiguidade em caso de mobilidade do trabalhador entre empresas controladas ou consorciadas do mesmo sector de actividade (L. n.º 608/1996, art. 4.º n.º 11), as regras em matéria de cedência temporária de trabalhadores (DLgs. n.º 276/2003,

---

lução e nos debruçarmos sobre esta concepção (sobre esta matéria e para mais desenvolvimentos, *vd* Rosário Palma Ramalho, *Da Autonomia Dogmática... cit.*, 279 ss., 291 ss., 465 ss. e *passim*, com indicações bibliográficas), cabe apenas referir que ela tem implicações no contexto do problema que agora nos ocupa.

[467] Diferentemente, uma concepção menos rígida do contrato de trabalho, como a que sufragamos, permite explicar mais facilmente estes fenómenos. Este ponto será retomado oportunamente.

[468] *Supra*, § 5.º, ponto 10.I. e notas.

[469] Por todos, salientando a falta de atenção da lei italiana às projecções laborais dos grupos, B. Veneziani, *Gruppi di imprese e diritto del lavoro, in* P. Zanelli (dir.), *Gruppi di imprese e nuove regole (in ricordi di Gaetano Vardaro)*, Milano, 1991, 75-111 (79). Por esta razão, alguns sectores consideram necessária e útil a instituição de uma disciplina jurídica específica das relações de trabalho no seio dos grupos – é o entendimento de Sconamiglio, *Intervento... cit.*, 408, e também de G. de Simone, *Nuove regole per nuova imprese? in* P. Zanelli dir.), *Gruppi di imprese e nuove regole (in ricordi de Gaetano Vardaro)*, Milano, 1991, 199-209 (208 s.), esta última autora indicando como matérias que deviam ser objecto de desenvolvimento normativo no âmbito dos grupos as matérias do despedimento e das transferências e ainda a questão do recurso à contratação «de grupo» nas pequenas empresas e nas empresas artesanais, pelo facto de estas empresas serem, com frequência, empresas satélite de outras empresas de maior dimensão.

art. 30.º, alterado pelo DLgs. n.º 251/2004), a regra da responsabilização da sociedade mãe relativamente às sociedades controladas de um grupo, em matéria previdencial (art. 31.º do DLgs. n.º 276/2003), e ainda os regimes adoptados em transposição das directivas comunitárias directamente relevantes em matéria de grupos, como o regime do destacamento internacional de trabalhadores (DLgs. n.º 72/2000), e o regime do envolvimento dos trabalhadores na sociedade anónima europeia (DLgs. n.º 188/2005, de 19 Agosto de 2005). Além disso, como conceitos operativos desta temática, devem ter-se em conta o conceito de sociedades coligadas e concertadas, constante do art. 2359.º do *Codice civile*, e a noção de empresas coligadas e controladas, introduzida pela L. n.º 74/2002.

A circunstância de, por mais de três décadas, a lei apenas ter perspectivado os grupos em moldes patológicos, como fontes de possível fraude na contratação laboral – estabelecendo a regra da proibição de interposição fictícia de pessoas na celebração de contratos de trabalho, na L. n.º 1369/1960[470] – teve uma importância decisiva no tratamento da matéria pela jurisprudência laboral e pela doutrina italianas. Este facto justificou, designadamente, que, desde então e até hoje, os problemas mais debatidos nesta matéria sejam a questão da noção de grupo relevante para efeitos laborais e a questão inerente da determinação do empregador no seio do grupo.

Em primeiro lugar, os autores discutem a noção de grupo relevante para efeitos laborais, que não é habitualmente identificada com a noção juscomercial de coligação de sociedades, tendo em conta que o empregador pode não ser um ente societário ou pode nem ter personalidade jurídica colectiva – assim, para a maioria da doutrina, o fenómeno «grupo», no domínio laboral, é de reportar à realidade da empresa e não à categoria da sociedade comercial[471]. Ainda neste contexto, enquanto alguns autores

---

[470] Por todos, quanto ao alcance do regime da proibição de interposição fictícia de pessoas na contratação laboral, G. NICOLINI, *Manuale di diritto del lavoro*, 3ª ed., Milano, 2000, 71 ss.

[471] Neste sentido, entre muitos outros, C. BELFIORE, *Impresa di gruppo e rapporto di lavoro*, in AA/VV, *Collegamento di società e rapporti di lavoro. Atti del Convegno organizzato della Sezione Ligura del Centro, tenutosi a Genova, 28-29 Novembre 1986*, Milano, 1988, 25-42 (26 s., 29 e 39 ss.), L. GUAGLIONE, *L'individuazione della nozione di gruppo nella giurisprudenza lavoristica*, DLRI, 1991, 2, 105-115, ou DE SIMONE, *Titolarità dei rapporti... cit.*, 185. Contudo, autores como VENEZIANI, *Gruppi di imprese e diritto del*

§ 10.º *A ordem juslaboral e o fenómeno dos grupos societários e empresariais*   243

retiram consequências laborais da distinção entre grupos jurídicos e grupos económicos[472], a maioria da doutrina e da jurisprudência dá um grande relevo à distinção entre grupos em sentido próprio e grupos em sentido impróprio ou pseudo-grupos, ao passo que outros autores preconizam o reconhecimento, para efeitos laborais, de uma categoria empresarial especificamente vocacionada para enquadrar os vínculos de trabalho, que seria a categoria da empresa de grupo ou empresa complexa[473].

O problema da determinação do empregador no âmbito dos grupos está estreitamente ligado à questão anterior, e a leitura das fontes doutrinais e jurisprudenciais[474] permite identificar três grandes linhas orientadoras na sua resolução[475]. Com apoio directo na L. n.º 1369/1960, começou

---

lavoro cit. (na obra de P. ZANELLI), 83 e 91, chama a atenção para a heterogeneidade da figura dos grupos de empresas e para a consequente dificuldade de os delimitar para efeitos laborais, enquanto autores como MELIÀDO, *L'impresa di gruppo... cit.*, 80, recusam uma noção laboral diferenciada de grupo, considerando que a *fattispecie* «grupo» é idêntica no direito comercial e no direito civil.

[472] Nesta linha, autores como P. SANDULLI, *Arbeitsrechtliche Folgen der Unternehmenskonzentrazion, in* R. BIRK (Hrsg.), *Arbeitsrechtliche Probleme der Unternehmenkonzentrazion*, Frankfurt am M., 1986, 99-126 (109 ss. e 125 s.), só consideram que há um grupo em sentido jurídico quando se altera a estrutura societária (por exemplo, por efeito da fusão ou da transmissão de património ou do estabelecimento), pelo que apenas nestes casos se pode reconhecer uma mudança de empregador; nos restantes casos, o fenómeno é tido como um fenómeno meramente económico, que não tem efeitos nas relações de trabalho, pelo que é irrelevante do ponto de vista laboral.

[473] Nesta linha, DE SIMONE, *Nuove regole per nuova imprese cit.*, 204, *La "forma gruppo" nel diritto del lavoro*, DLRI, 1991, 69-106 (98 ss.), *La gestione dei rapporti di lavoro... cit.*, 83, mas, sobretudo, *Titolarità dei rapporti... cit.*, 245 ss.

[474] Para uma visão mais aprofundada da evolução da jurisprudência italiana nesta matéria, podem ver-se, entre outros, SCONAMIGLIO, *Intervento cit.*, 404 ss., RUDAN, *La giurisprudenza lavorística... cit.*, 117 ss., mas, sobretudo, L. GUAGLIONE, *L'individuazione della nozione di gruppo... cit.*, 105 ss., este último com amplas ilustrações de decisões correspondentes às várias tendências apontadas, face às quais acaba por concluir pela existência de uma profunda fractura interna da jurisprudência italiana nesta matéria.

[475] Em geral, sobre o tema da determinação do empregador no âmbito dos grupos, E. CALABRÒ, *Lavoro, Impresa di Gruppo... cit.*, 21 ss. e *passim*, GUAGLIONE, *L'individuazione... cit.*, 105 ss., G. GIUGNI, *Una nuova frontera del diritto del lavoro, in* P. ZANELLI (dir.), *Gruppi di imprese e nuove regole (in ricordi di Gaetano Vardaro)*, Milano, 1991, 223-228 (224), L. NOGLER, *Gruppi di imprese e diritto del lavoro*, Lav.Dir., 1992, 2, 291--337 (294 ss.), e nas obras gerais, C. ASSANTI, *Corso di diritto del lavoro*, 2ª ed., Padova, 1993, 337 s., M. BIAGI / M. TIRABOSCHI, *Istituzioni di Diritto del Lavoro*, 3ª ed., Milano, 2004, 401, ou L. GALANTINO, *Diritto del lavoro*, 13ª ed., Torino, 2005, 181 s.

por se desenvolver uma corrente jurisprudencial e doutrinal no sentido da recondução das práticas de contratação laboral no âmbito dos grupos a práticas fraudulentas, o que teve como consequência a sistemática ultrapassagem do empregador formal e a qualificação do próprio grupo como empregador, admitindo-se a existência de uma relação de trabalho unitária, designadamente quando se comprove que as empresas membros do grupo se sujeitam a uma direcção económica comum[476] – esta perspectiva, assente numa personificação do grupo para efeitos laborais[477], corresponde, para alguns autores, a uma perspectiva de «criminalização juslaboral» do fenómeno dos grupos[478], mas é, para outros, a única forma de evitar a erosão dos valores tutelares do direito do trabalho, facilitada pela estrutura grupal. Em posição oposta, alguma jurisprudência e certos sectores da doutrina criticam a visão sistematicamente patológica dos grupos, salientando a necessidade de distinguir entre grupos em sentido próprio, constituídos para prossecução de objectivos económicos e de gestão legítimos, e grupos em sentido impróprio, constituídos com objectivos ilícitos (designadamente, o objectivo de contornar as regras de contratação laboral e os limites legais à movimentação de trabalhadores), e preconizam o tratamento diferenciado das questões laborais decorrentes da inserção grupal do empregador num e no noutro caso: assim, aos grupos em sentido impróprio deve aplicar-se a proibição legal de interposição fictícia de pessoas; mas no caso dos grupos em sentido próprio, é de recusar, por princípio, a sua qualificação como empregador, não só por falta de personalidade jurídica do grupo mas também por força da autonomia jurídica das sociedades ou empresas que o compõem, pelo que os problemas laborais inerentes devem ser resolvidos no contexto do empregador formal, e, subsidiaria-

---

[476] Neste sentido, entre outros, U. CARABELLI, *Impresa di gruppo e diritto del lavoro*, in P. ZANELLI (dir.), *Gruppi di imprese e nuove regole (in ricordi di Gaetano Vardaro)*, Milano, 1991, 191-197 (194 s.), MELIADÒ, *Il rapporto di lavoro... cit.*, 613 e 625 ss., e ainda *I persistenti dilenami del lavoro nelle società collegate*, in AA/VV, *Collegamento di società e rapporti di lavoro. Atti del Convegno organizzato della Sezione Ligura del Centro, tenutosi a Genova, 28-29 Novembre 1986,* Milano, 1988, 57-68 (este autor fazendo apelo ao conceito de empresa e ao critério da subordinação jurídica, para determinar o empregador real no contexto do grupo).

[477] Neste sentido, R. SCONAMIGLIO, *Intervento cit.*, 405, refere-se a uma *personificazione imperfetta* do grupo, a fim de o reconhecer como empregador.

[478] Neste sentido, expressamente, L. GUAGLIONE, *L'individuazione della nozione di gruppo... cit.*, 107, e DE SIMONE, *Titolarità dei rapporti... cit.*, 210.

§ 10.° *A ordem juslaboral e o fenómeno dos grupos societários e empresariais* 245

mente, com recurso a instrumentos e figuras gerais do direito civil[479]. Por fim, numa linha que se pode considerar intermédia, outros autores prescrevem a superação da distinção entre grupos em sentido impróprio e em sentido próprio, considerando que, fora dos casos de fraude à lei, que caem no âmbito da L. n.° 1369/1960, devem ser reconhecidas as especificidades dos vínculos de trabalho no âmbito das empresas de grupo e tais vínculos merecem um tratamento diferenciado, se não de um modo sistemático pelo menos nas situações em que tal se justifique[480].

Da resposta à questão da determinação do empregador – que é sistematicamente apresentada como o problema nuclear desta temática – decorrem propostas de solução diversas para os problemas colocados pelas restantes incidências laborais do fenómeno dos grupos, designadamente ao

---

[479] Nesta linha, que tem, apesar de tudo, algumas matizes, encontramos autores como F. CARINCI, *Tavola Rotonda, in* P. ZANELLI (dir.), *Gruppi di imprese e nuove regole (in ricordi di Gaetano Vardaro)*, Milano, 1991, 160-164 (163 s.), O. MAZZOTTA, *Divide et impera: diritto del lavoro e gruppi di imprese*, Lav.Dir.,1988, 359-373 (365 ss.), bem como *Gruppi di imprese e diritto del lavoro fra organizzazione e contratto*, também *in* P. ZANELLI (dir.), *Gruppi di imprese e nuove regole (in ricordi di Gaetano Vardaro)*, Milano, 1991, 127-130 (129 s.), *Rapporto di lavoro, società collegate... cit.*, 756, s.), e, ainda deste autor, *Diritto del lavoro. Il rapporto di lavoro, in* G. IUDICA / P. ZATTI (dir.), *Trattato di Diritto privato*, 2ª ed., Milano, 2005 (242 ss.), MATTAROLO, *Gruppi di imprese... cit.*, 495 s. e 499 ss., C. CASTELLI, *Rilevanza del collegamento tra imprese nei rapporti di lavoro*, Lav.80, 1981, 600-609 (601 ss.), R. DE LUCA TAMAJO, *Gruppi di imprese e rapporti di lavoro: Spunti preliminari*, Dir.RI, 1991, 2, 67-70 (68), bem como *Metamorfosi dell'impresa e nuova disciplina dell'interposizione*, RIDL, 2003, 2, Parte Prima, 167-188 (172 e 188), ou F. GALGANO, *Unità e pluralità di imprese, in* AA/VV, *Collegamento di società e rapporti di lavoro. Atti del Convegno organizzato della Sezione Ligure del Centro, tenutosi a Genova, 28-29 Novembre 1986*, Milano, 1988, 3-34 (3 ss. e 16 ss.), este último autor admitindo, apesar de tudo, o recurso à técnica do levantamento da personalidade jurídica do empregador formal em situações excepcionais (*idem*, 19 ss.), S. MAGRINI, *La sostituzione soggetiva nel rapporto di lavoro*, Milano, 1980, 69 ss. (este autor apenas admitindo a existência de uma relação de trabalho unitária no caso de o contrato de trabalho ter sido celebrado à partida com vários empregadores, e em certos casos de mobilidade do trabalhador entre as empresas do grupo), B. VENEZIANI, *Gruppi di imprese e diritto del lavoro*, Lav.Dir., 1990, 609-647 (628 s.); nas obras gerais, no sentido indicado, podem ver-se, entre outros, M. PAPALEONI, *Il rapporto di lavoro, in* G. MAZZONI (dir.), *Manuale di diritto del lavoro*, I, 6ª ed., Milano, 1988, 223-1029 (514 ss.), ou G. PERA, *Diritto del lavoro,* 6ª ed., Padova, 2000, 326 ss.

[480] Nesta linha, DE SIMONE, *Tutela dei lavoratori... cit.*, 49 ss. e, da mesma autora, *Nuove regole per nuova imprese cit.*, 202 ss., *La "forma gruppo" nel diritto del lavoro cit.*, 89 ss., e ainda *Titolarità dei rapporti... cit.*, 245 ss.

nível do contrato de trabalho, como os problemas colocados pela mobilidade dos trabalhadores entre as empresas do grupo[481], a questão dos efeitos da vicissitude de transmissão de uma empresa ou estabelecimento do grupo na situação juslaboral dos respectivos trabalhadores[482], o problema da tutela do trabalhador em matéria de despedimento no âmbito do grupo[483], e os problemas atinentes à responsabilidade pelos créditos salariais dos trabalhadores em contexto de grupo[484].

---

[481] Sobre os problemas da mobilidade dos trabalhadores entre as empresas do grupo, P. MAGNO, *Contributo alla teoria della sucessione nel rapporto di lavoro*, DLav., 1970, I, 413-452, e ainda *Prestazione di lavoro in favore di più persone e solidarietà nell'obbligo retributivo*, DLav., 1971, I, 187-194, MAZZOTTA, *Rapporto di lavoro, società collegate... cit.*, 758 ss., CALABRÒ, *Lavoro, Impresa di Gruppo... cit.*, 53 ss. e 93 ss., CASTELLI, *Rilevanza del collegamento... cit.*, 603 ss., MAZZINI, *Riflessi del collegamento societário... cit.*, 465 e 471 ss., MELIADÒ, *Il rapporto di lavoro nei gruppi di società cit.*, 127 ss., e ainda deste autor, *Il rapporto di lavoro nell'impresa di gruppo cit.*, 646 ss., VENEZIANI, *Gruppi di imprese... cit.*, 630 ss., e ainda *Gruppi di imprese e diritto del lavoro cit.* (na obra de P. ZANELLI), 95 ss., DE SIMONE, *Nuove regole per nuova imprese? cit.*, 208 s., *La gestione dei rapporti di lavoro... cit.*, 86 ss.,e ainda *Titolarità dei rapporti... cit.*, 278 ss., T. TREU, *Gruppi di imprese e relazioni industriali. Tendenze europee*, DLRI, 1988, 641-672 (644 ss.), e, nas obras gerais, BIAGI / TIRABOSCHI, *Istituzioni... cit.*, 402 ss., ou MAZZOTTA, *Diritto del lavoro... cit.*, 214 e 241 s. e 245 ss., entre outros.

[482] Sobre o tema das repercussões da transmissão de empresa ou estabelecimento do grupo na situação juslaboral dos trabalhadores, em especial, A. CESSARI, *Il «gruppo» ed i trasferimenti d'imprese*, in A. CESSARI / R. DE LUCA TAMAJO, *Dal Garantismo al Controllo*, 2ª ed., Milano, 1987, 189-196, e M. L. BELLINI, *Trasferimento di azienda nella fusione di società:comunicazione e consultazione sindacale*, DLav., 1997, I, 197-201, e, nas obras gerais, BIAGI / TIRABOSCHI, *Istituzioni... cit.*, 406.

[483] Sobre os problemas do despedimento no contexto dos grupos, CALABRÒ, *Lavoro, Impresa di Gruppo... cit.*, 108 ss., MELIADÒ, *Il rapporto di lavoro nei gruppi di società cit.*, 165 ss., e, ainda deste autor, *Il rapporto di lavoro nell'impresa di gruppo cit.*, 636 ss. e 640 ss., bem como DE SIMONE, *Nuove regole per nuova imprese? cit.*, 208 s., *La gestione dei rapporti di lavoro... cit.*, 90 s., *Titolarità dei rapporti... cit.*, 248 ss. e ainda *Società collegate e tutela del posto di lavoro*, RIDL, 1988, II, 1062-1065, TREU, *Gruppi di imprese... cit.*, 646 ss. bem como VENEZIANI, *Gruppi di imprese e diritto del lavoro cit.* (na obra de P. ZANELLI), 98 ss.

[484] Sobre as questões ligadas à tutela dos créditos salariais e à responsabilidade do empregador no âmbito dos grupos, A. PALERMO, *Lavoro a favore di terzi, interposizione e rapporti indiretti di lavoro*, DLav, 1967, I, 283-326 (325 s.), CALABRÒ, *Lavoro, Impresa di Gruppo... cit.*, 124 ss., MELIADÒ, *Il rapporto di lavoro nei gruppi di società cit.*, 172 ss., e, deste mesmo autor, *Il rapporto di lavoro nell'impresa di gruppo cit.*, 652 ss., e ainda *L'impresa di gruppo... cit.*, 78 s., bem como DE SIMONE, *Tutela dei lavoratori... cit.*, 52 ss.

§ 10.º *A ordem juslaboral e o fenómeno dos grupos societários e empresariais* 247

Como acima se referiu, as questões suscitadas pelas incidências laborais colectivas do fenómeno dos grupos não concitam tanto a atenção da doutrina italiana. Ainda assim, são brevemente referidas as matérias relativas ao direito de informação dos representantes dos trabalhadores relativamente à orientação económica do próprio grupo[485] e, em geral, os problemas da representação colectiva dos trabalhadores no âmbito dos grupos[486], são salientados os problemas colocados pelo fenómeno dos grupos no domínio sindical[487], é assinalada a existência de convenções colectivas de trabalho de grupo e são debatidos os problemas por elas colocados[488] e são discutidas algumas questões relativas à greve no contexto dos grupos, como a admissibilidade de greves de solidariedade para com outra empresa do grupo[489] ou mesmo de greves contra a própria constituição do grupo[490].

V. O sistema jurídico espanhol apresenta vincadas semelhanças com o sistema italiano, quer no plano legal, quer quanto às projecções laborais do fenómeno dos grupos mais valorizadas pela doutrina, quer, sobretudo, quanto ao relevante papel da jurisprudência na resolução dos problemas laborais colocados por aquele fenómeno.

No plano legal, as referências às projecções laborais do fenómeno dos grupos de empresas são dispersas, escassas e incidentes em aspectos

---

[485] CALABRÒ, *Lavoro, Impresa di Gruppo... cit.,*159 ss., VENEZIANI, *Gruppi di imprese e diritto del lavoro cit.* (na obra de P. ZANELLI), 104 s., ou G. PERA, *Trasformazioni, fusioni e incorporazioni nell settore creditizio: profili di diritto del lavoro*, RIDL, 1993, I, 430-448.

[486] Sobre as questões relativas à representação colectiva dos trabalhadores no âmbito dos grupos, e destacando em especial a questão no âmbito dos grupos internacionais NOGLER, *Gruppi di imprese... cit.*, 311 ss. e 326 ss., ou A. R. TINTI, *Oltre la trasparenza: a propósito di gruppi e diritto sindacale*, in P. ZANELLI (dir.), *Gruppi di imprese e nuove regole (in ricordi di Gaetano Vardaro)*, Milano, 1991, 213-219 (218).

[487] Por todos, quanto a estes problemas, P. ZANELLI, *Introduzione. Gruppi di imprese fra vecchie e nuove regole*, in P. ZANELLI (dir.), *Gruppi di imprese e nuove regole (in ricordi di Gaetano Vardaro)*, Milano, 1991, 37-55 (47 s.).

[488] Sobre a negociação colectiva de grupo, CALABRÒ, *Lavoro, Impresa di Gruppo... cit.*, 148 s., P. SANDULLI, *Arbeitsrechtliche Folgen... cit.*, 120, e VENEZIANI, *Gruppi di imprese... cit.*, 643 ss.; mas também NOGLER, *Gruppi di imprese... cit.*, 318 ss. e 323 ss., TREU, *Gruppi di imprese... cit.*, 669 ss., e TINTI, *Oltre la trasparanza... cit.*, 214 s., que se referem ainda especificamente à negociação colectiva no âmbito dos grupos internacionais.

[489] Sobre este ponto, NOGLER, *Gruppi di imprese... cit.*, 320 ss.

[490] Sobre este ponto, P. SANDULLI, *Arbeitsrechtliche Folgen... cit.*, 119.

relativamente secundários, o que leva a doutrina a concluir pela anomia do sistema normativo em relação a esta matéria[491]. Ainda assim, destacam-se as seguintes referências normativas: a introdução de uma noção de grupo para efeitos laborais, assente na ideia de direcção unitária decorrente do controlo inter-empresarial, no diploma que instituiu medidas de fomento do emprego e de protecção no desemprego (*Ley n.° 22/1992, de 30 de julho*, disposição adicional 4ª); a referência aos grupos em sede de despedimento colectivo, a propósito do dever de consulta dos representantes dos trabalhadores no processo de despedimento (art. 51-14 do *Estatuto de los Trabajadores*); a referência à possibilidade de acumulação de funções de direcção em várias empresas do grupo no regime jurídico do contrato de trabalho especial do pessoal de alta direcção, constante do *Real Decreto 1382/1985, de 21 de agosto* – art. 9-1); a previsão de regras especiais para fundos de pensões no contexto dos grupos (art. 16-4 da *Ley n.° 8/1987, de 8 de junio*, relativo aos planos e fundos de pensões); o diploma de transposição da directiva sobre os conselhos de empresa europeus (*Ley n.° 10/1997, de 24 de abril*) e o diploma de transposição das directivas sobre o envolvimento dos trabalhadores na sociedade anónima europeia e na sociedade cooperativa europeia (*Ley n. 31/2006, de 18 de Outubro*); e ainda, no plano processual, a atribuição de legitimidade processual aos grupos para vários efeitos (*Ley de Procedimiento Laboral*, arts. 16-1 e 5, 8-1 b), 82-3 a) e 246)[492].

---

[491] Neste sentido, expressamente, CRUZ VILLALÓN, *Notas acerca del régimen... cit.*, 38. Também M. DE LOS REYES MARTÍNEZ BARROSO, *Análisis jurídico-laboral de los grupos de empresas*, Civitas, 1993, 62, 915-950 (920), e A. MARTÍN VALVERDE / F. RODRIGUEZ-SAÑUDO GUTIÉRREZ / J. GARCIA MURCIA, *Derecho del Trabajo*, 4ª ed., Madrid, 1995, 234, assinalam as insuficiências do regime laboral espanhol em matéria de grupos. Já CAMPS RUIZ, *La Problemática Jurídico-Laboral... cit.*, 137, considera que o tratamento relativamente completo das incidências laborais dos grupos ao nível da jurisprudência e da doutrina permite reconhecer a existência de um direito laboral dos grupos, ainda que não se possa falar de um direito societários dos grupos.

[492] Para além destas referências, cabia ainda ter em conta as regras especiais sobre os efeitos da transmissão do estabelecimento nos contratos de trabalho (previsto no art. 44.° do *Estatuto de los Trabajadores* – ET), para os casos de reestruturações empresariais no âmbito de grupos de empresas. Estas regras foram introduzidas pela *Ley n.° 27/1984, de 16 de Julho*, cujo art. 8.° modificou o regime geral da transmissão do estabelecimento, mas este diploma foi, entretanto, revogado.

§ 10.º *A ordem juslaboral e o fenómeno dos grupos societários e empresariais* 249

À imagem do que vimos suceder no caso italiano, têm merecido atenção especial, na doutrina e, muito especialmente, na jurisprudência, as questões do conceito de grupo para efeitos laborais e da determinação do empregador num vínculo de trabalho em contexto de grupo.

No que se refere à delimitação do grupo para efeitos laborais, a jurisprudência tem sufragado um conceito amplo de grupo, reportado à realidade da empresa e não ao modelo societário[493], posição em que tem sido acompanhada pela maioria da doutrina, salientando mesmo alguns autores que o direito do trabalho se afasta dos parâmetros do direito societário e se aproxima do direito fiscal ao perspectivar o grupo em termos unitários[494], por ser essa perspectiva que melhor permite atender aos interesses tutelares prosseguidos por esta área jurídica e que a estrutura grupal pode colocar em perigo.

No que se reporta ao problema da determinação do empregador, os tribunais oscilaram inicialmente entre uma posição mais tradicionalista, que ia no sentido da negação do relevo juslaboral dos grupos (considerando-os como fenómenos de índole meramente económica), e, consequentemente, negando-lhes a qualificação como empregador, e uma posição intermédia, que já admite a relevância juslaboral dos grupos para efeitos da atribuição da qualidade de empregador, em casos de fraude à lei[495]. Contudo, a tendência mais recente e relativamente consolidada da jurisprudência nesta matéria tem sido no sentido da denominada «teoria realista»[496], axiologicamente sustentada no princípio geral da protecção do trabalha-

---

[493] A este propósito, a doutrina considera que o conceito laboral de grupo é de criação jurisprudencial, uma vez que o conceito legal, constante do diploma de defesa do emprego e de promoção no desemprego, de 1992, indicado em texto, tem um alcance absolutamente marginal – neste sentido, entre outros, Cruz Villalón, *Notas acerca del régimen... cit.*, 38., ou Embid Irujo, *Introducción al Derecho de los Grupos... cit.*, 25 s.

[494] Neste sentido, expressamente, Embid Irujo, *Introducción al Derecho de los Grupos... cit.*, 38 ss. Mas contra um conceito amplo de grupo de empresas para efeitos laborais, por considerar tal conceito inadequado a certos tipos de grupos, por exemplo, E. Terradillos Ormaetxea, *Los "grupos de empresas" ante la jurisprudencia social española*, Valencia, 2000, 106 s. Ainda sobre o conceito de grupo para efeitos laborais, mas com um enfoque especial nos grupos internacionais, pode ver-se P. Juárez Pérez, *Las relaciones laborales en los grupos internacionales de sociedades*, Granada, 2000 (3 ss.).

[495] Nesta linha, encontramos autores como Cruz Villalón, *Notas acerca del régimen... cit.*, 48 ss.

[496] Sobre esta designação, por todos, Martinez Barroso, *Analisis jurídico-laboral... cit.*, 923.

dor, que aceita a qualificação do vínculo laboral como uma relação jurídica unitária e a identificação como empregador do grupo ou do conjunto de empresas do grupo que beneficiaram da actividade do trabalhador. Esta qualificação não assenta na personificação do grupo ou daquele conjunto de empresas, mas na sua recondução à categoria de «comunidades de bens» (que podem revestir a qualidade de empregador, ao abrigo do art. 1-2 do *Estatuto de los Trabajadores*)[497], sendo sustentada, designadamente, quando estejam presentes indícios substanciais de o grupo corresponder a uma empresa unitária, como sejam o funcionamento integrado ou unitário das organizações de trabalho das empresas do grupo, a prestação de trabalho indistintamente para mais do que uma empresa do grupo, de modo simultâneo ou sucessivo (com um único quadro de pessoal ou mediante a mobilidade dos trabalhadores entre as empresas), o objectivo de iludir as responsabilidades laborais, através da configuração grupal artificiosa das empresas, ou a existência de uma relação societária de domínio que envolva uma gestão única ao nível da sociedade-mãe[498]. Em consonância com esta orientação jurisprudencial, a maioria da doutrina tende a reconhecer o grupo ou o conjunto das empresas do grupo que aproveitaram a prestação laboral como empregador, pelo menos em algu-

---

[497] Relativamente à fundamentação da qualidade de empregador no conceito de comunidade de bens do art. 1-2 do ET, levada a cabo pela jurisprudência, MARTINEZ BARROSO, *Analisis jurídico-laboral... cit.*, 922, ou MONEREO PÉREZ, *Aspectos laborales... cit.*, 97 ss.; mas em perspectiva crítica desta fundamentação, por exemplo, CRUZ VILLALÓN, *Notas acerca del régimen... cit.*, 43 s., ou M. APILLUELO MARTIN, *Grupo de empresas e derecho del trabajo*, AL, 1996, 15, 335-352 (335 s.), e, nas obras gerais, por exemplo, M. ALONSO OLEA / M. E. CASAS BAAMONDE, *Derecho del Trabajo,* 19ª ed., Madrid, 2001, 175 s.

[498] Sobre os indícios da existência de um grupo e de uma relação de trabalho unitária, na jurisprudência espanhola, *vd,* entre outros, A. BAYLOS / L. COLLADO, *Introducción. Grupos de empresas y derecho del Trabajo, in* A. BAYLOS / L. COLLADO (ed.), *Grupos de Empresas e Derecho del Trabajo*, Madrid, 1994, 11-21 (15), R. SENRA BIEDMA, *Grupos de empresas y derecho del trabajo. Análisis introductoria de la tecnica jurídica de atribución de la condición de sujeto patronal,* também *in* A. BAYLOS / L. COLLADO (ed.), *Grupos de Empresas e Derecho del Trabajo*, Madrid, 1994, 161- 203 (169 ss.), APILLUELO MARTIN, *Grupo de empresas... cit.,* 339 s., J. M. RAMIREZ MARTINEZ, *Curso de Derecho del Trabajo,* 8ª ed., Valencia, 1999, 256 ss., MARTÍN VALVERDE / RODRIGUEZ-SAÑUDO GUTIÉRREZ/ /GARCIA MURCIA, *Derecho del Trabajo cit.*, 235 s., mas, sobretudo, TERRADILLOS ORMAETXEA, *Los "grupos de empresas"... cit.*, 45 s. e 58 ss., CAMPS RUIZ, *La Problemática Jurídico-Laboral... cit.*, 31 ss., ou K. SANTIAGO REDONDO, *Consideraciones en torno a los grupos de empresas. En especial, las prácticas de circulación de trabajadores,* Rel.Lab., 1991, II, 454-471 (459 ss.).

§ *10.° A ordem juslaboral e o fenómeno dos grupos societários e empresariais* 251

mas situações e, designadamente, quando o critério da subordinação jurídica, enquanto critério geral de qualificação do contrato de trabalho, aferido perante a organização grupal que existe por detrás do próprio contrato, permita concluir substancialmente pela atribuição do poder de direcção a uma entidade diversa do empregador formal, ou quando ocorra algum dos indícios de uma entidade empresarial unitária valorizados pela jurisprudência[499].

Do reconhecimento do grupo ou de algumas das empresas que o compõem como empregador é retirada a solução para os problemas colocados pelas demais incidências laborais da estrutura grupal da empresa, designadamente em matéria de mobilidade do trabalhador entre as empresas do grupo[500], em matéria de responsabilidade solidária das empresas do grupo pelas dívidas laborais[501], ou no que se refere aos efeitos da transmissão da empresa nos contratos de trabalho dos trabalhadores afectados, em contexto de grupo[502].

---

[499] Nesta linha, por exemplo, BAYLOS / COLLADO, *Introducción... cit.*, 15., MONEREO PÉREZ, *Aspectos laborales... cit.*, 97 ss., MARTINEZ BARROSO, *Analisis jurídico-laboral... cit.*, 925 s., CAMPS RUIZ, *La Problemática Jurídico-Laboral... cit.*, 66, PLA RODRIGUEZ, *Los grupos de empresas cit.*, 191 s. APILLUELO MARTIN, *Grupo de empresas... cit.*, 339, SENRA BIEDMA, *Grupos de empresas... cit.*, 176 ss., e, nas obras gerais, por exemplo, A. MONTOYA MELGAR, *Derecho del Trabajo*, 22ª ed., Madrid, 2001, 541.

[500] Sobre os problemas da mobilidade dos trabalhadores entre as empresas do grupo, por exemplo, MARTINEZ BARROSO, *Analisis jurídico-laboral... cit.*, 932 ss., CRUZ VILLALÓN, *Notas acerca del régimen... cit.*, 59 ss., CAMPS RUIZ, *La Problemática Jurídico-Laboral... cit.*, 67 ss.,e ainda deste autor, *Problemática jurídico-laboral del grupo de empresas: puntos críticos*, in A. BAYLOS / L. COLLADO (ed.), *Grupos de Empresas y Derecho del Trabajo*, Madrid, 1994, 87-116 (107 ss.), e ainda MONEREO PÉREZ, *Aspectos laborales... cit.*, 111 ss.

[501] Sobre o tema da responsabilidade das empresas do grupo pelas dívidas laborais, BAYLOS / COLLADO, *Introducción... cit.*, 15, MARTINEZ BARROSO, *Analisis jurídico-laboral... cit.*, 926 ss., TERRADILLOS ORMAETXEA, *Los "grupos de empresas"... cit.*, 45 s., CRUZ VILLALÓN, *Notas acerca del régimen... cit.*, 53 ss., CAMPS RUIZ, *La Problemática Jurídico--Laboral... cit.*, 66, *Problemática jurídico-laboral del grupo de empresas: puntos críticos cit.*, 94 ss., e ainda *Tratamiento laboral de los grupos de sociedades I y II*, AL, 1990, XXXIV, 401-419, e AL, 1990, XXXV, 415-419 (Parte I, 403 ss.), M. A. PEREZ ALONSO, *Algunas cuestiones laborales sobre los grupos de empresas*, RTSS, 1992, 8, 69-90 (84 ss.), ou C. MOLINA NAVARRETE, *La regulación jurídico-laboral de los grupos de sociedades: problemas e soluciones*, Granada, 2000, 98 ss.

[502] Sobre as questões relativas à transmissão da empresa ou do estabelecimento no contexto dos grupos, por exemplo, CRUZ VILLALÓN, *Notas acerca del régimen... cit.*, 66 ss.,

Por fim, embora a matéria relativa às incidências laborais colectivas do fenómeno dos grupos não suscite grande atenção da doutrina, são referenciadas, entre outras, questões atinentes à representação dos trabalhadores no seio dos grupos[503], à negociação colectiva de grupo[504], e aos conflitos colectivos no âmbito dos grupos[505].

VI. Numa posição intermédia entre o sistema germânico e sistemas como o italiano ou o espanhol – o primeiro centrando o essencial da sua

---

CAMPS RUIZ, *La Problemática Jurídico-Laboral... cit.*, 85 ss., e, ainda deste autor, *Tratamiento laboral de los grupos de sociedades... cit.*, Parte II, 416 ss., B. GUTIÉRREZ-SOLAR CALVO, *Sucesión de empresa entre sociedades de un mismo grupo empresarial: primacía de la forma jurídica sobre la realidad económica. Comentario a la STJCE de 2 de diciembre de 1999, Asunto C-234/98, Allen y otros frente a Amalgamated Construction co.ltd.*, AL, 2000, 8, 687-699, MOLINA NAVARRETE, *La regulación jurídico-laboral de los grupos... cit.*, 36 ss., e ainda PEREZ ALONSO, *Algunas cuestiones laborales... cit.*, 70 ss. Também relevante nesta matéria, é o estudo de M. F. FERNÁNDEZ LÓPEZ, *Fusiones y escisiones: aspectos laborales*, in A. BAYLOS / L. COLLADO (ed.), *Grupos de Empresas y Derecho del Trabajo*, Madrid, 1994, 117-160, que aprecia a questão da aplicabilidade do regime legal da transmissão do estabelecimento ou da empresa aos fenómenos da fusão e da cisão de empresas, que podem, como é sabido, ser o gérmen da criação de um grupo empresarial.

[503] Assinalando a diferente dimensão da representação colectiva dos trabalhadores no âmbito dos grupos, entre outros, BAYLOS / COLLADO, *Introducción... cit.*, 15; e admitindo a criação de comités de grupo, por via convencional, MARTINEZ BARROSO, *Analisis jurídico-laboral... cit.*, 938, bem como CAMPS RUIZ, *La Problemática Jurídico-Laboral... cit.*, 127 s.

[504] A propósito da negociação colectiva de grupo, autores como BAYLOS / COLLADO, *Introducción... cit.*, 15 e 17 s., referem os novos conteúdos e formas que a negociação colectiva pode assumir no âmbito dos grupos, considerando que elas mereceriam um enquadramento legal diferenciado, mas autores como J. CRUZ VILLALÓN, *La negociación colectiva en los grupos de empresas*, in A. BAYLOS / L. COLLADO (dir.), *Grupos de Empresas y Derecho del Trabajo*, Madrid, 1994, 273-296 (273 ss.), assinalam a escassa relevância prática das convenções colectivas de grupo em Espanha. Ainda sobre este tema, podem ver-se MARTINEZ BARROSO, *Analisis jurídico-laboral... cit.*, 943 ss., CAMPS RUIZ, *La Problemática Jurídico-Laboral... cit.*, 117 ss., e ainda H. CABERO MORAN, *Negociación colectiva y representación de los trabajadores en los grupos de empresas nacionales y multinacionales*, AL, 1990, 32, 371-380.

[505] A este propósito, MARTINEZ BARROSO, *Analisis jurídico-laboral... cit.*, 949 ss., levanta as questões dos motivos da greve em contexto de grupo, da admissibilidade de greves de solidariedade para com situações ocorridas noutra empresa do grupo e da admissibilidade de substituição dos grevistas por trabalhadores de outras empresas do grupo. Ainda sobre os problemas das greves no seio dos grupos empresariais, *vd* CAMPS RUIZ, *La Problemática Jurídico-Laboral... cit.*, 125.

regulamentação e das preocupações dominantes da jurisprudência e da doutrina nas incidências laborais colectivas do fenómeno dos grupos, e os segundos mais centrados nas projecções deste fenómeno no contrato de trabalho, como acabamos de ver – encontramos o sistema jurídico francês, que tem contemplado ambas as áreas de incidência do fenómeno dos grupos tanto ao nível da lei, como no tratamento da matéria pela jurisprudência e pela doutrina.

No plano normativo, o sistema francês estabeleceu várias regras sobre as projeções laborais colectivas e individuais do fenómeno dos grupos, que se mantêm no novo *Code du travail*, aprovado em 2007 e já parcialmente em vigor[506]. Na área colectiva, destacam-se, em primeiro lugar, as regras relativas à representação colectiva dos trabalhadores no seio dos grupos: assim, a lei estabelece um conceito de grupo vertical ou de subordinação, por remissão para os conceitos societários mas também com a indicação de presunções de influência dominante (art. L. 2331-1 do *Code du travail*[507]); foram precocemente instituídos os *comités de groupe* (actualmente regulados nos arts. L. 2331-1, L. 2332-1, L. 2333-1, L. 2334-1 e L. 2335-1 du *Code du travail*[508]), que têm essencialmente funções informativas em relação ao grupo (L. 2332-1 du *Code du travail*[509]); são regulados os conselhos de empresa europeus (arts. L. 2341-4 a L. 2345-2 do *Code du*

---

[506] No âmbito do processo de reformulação do *Code du travail* de 1973, foi aprovada a parte legislativa do novo *Code du travail*, pela *Ordonnance n. 2007-329, du 12 mars 2007*, publicada a 13 de Março de 2007. Esta *Ordonnance* determinou a revogação das normas do anterior Código e a entrada em vigor do novo Código em várias etapas, pelo que nem todas as disposições do novo diploma estão ainda em vigor, tal como não está em vigor a Regulamentação do novo Código. Perante este quadro, e tendo em conta que na matéria que tratamos, a maioria das normas relevantes do Código já se encontra em vigor, mas ponderando também o facto de a doutrina consultada tomar ainda como base da análise dos problemas laborais dos grupos as disposições do anterior Código, referiremos em texto as disposições do novo Código, mas indicaremos em nota as disposições do Código anterior. Em qualquer caso, deve dizer-se que, apesar das inúmeras alterações formais, o conteúdo das normas legais nesta matéria não sofreu praticamente mudanças.

[507] Esta disposição corresponde substancialmente ao art. L. 439-1 do *Code du travail* anterior.

[508] Estas disposições correspondem substancialmente aos artigos L. 439-1 a L. 439-5 do anterior *Code du travail*, onde foram introduzidas pela *Loi n.º 82-915, du 28 octobre 1982*.

[509] Esta disposição corresponde substancialmente ao art. 439-2 du *Code du travail* anterior.

travail[510]), bem como o regime de participação dos trabalhadores na sociedade anónima europeia (arts. L. 2351-1 a L. 2354-4 do *Code du travail*[511]), que pode revestir uma estrutura grupal; a lei comina diversos direitos de informação, consulta e intervenção das comissões de trabalhadores com incidência nos grupos, como o direito a ser informado sobre a inserção da empresa num grupo (art. L. 2323-7 do *Code du travail*[512]) e os direitos de intervenção destas comissões nas operações de transmissão da empresa ou do estabelecimento (arts. L. 2323-6, 2323-15 e 2323-19 do *Code du travail*[513]); foi consagrada a obrigatoriedade de constituição de comissões de trabalhadores comuns (*comités d'entreprise communs*) quando, por convenção colectiva de trabalho ou por decisão judicial, seja reconhecida a existência de uma *unité économique et sociale*, sendo a esfera de actuação desta comissão esta unidade económica e social (matéria actualmente regulada no art. L. 2322-4 do *Code du travail*[514]), e manteve-se o conceito de *unité économique et sociale*, como conceito de referência das projecções laborais colectivas do fenómeno dos grupos, nomeadamente em matéria de representação colectiva dos trabalhadores (conceito estes que tinha sido ampliado e clarificado pela *Lei n. 2004/391, du 4 mai 2004*). Em matéria de negociação colectiva, a admissibilidade das convenções colectivas de grupo foi sustentada inicialmente com base na previsão geral do art. L. 132-2 do antigo *Code du travail*[515], mas acabou por ser regulada especificamente no Código (constando actualmente dos arts. 2232-30 a 2232-34 do *Code du travail*[516]); por outro lado, a lei prevê a celebração dos denominados acordos de participação dos trabalhadores nos resultados da empresa (*accords*

---

[510] Estas disposições correspondem, no anterior Código, aos arts. L. 439-6 a 439-24, no qual foram introduzidas, em transposição da correspondente directiva comunitária, pela *Loi n.° 96-985, du 12 novembre 1996*.

[511] No anterior Código, estas disposições correspondiam aos arts. L. 439-25 a L. 439-50, tendo sido introduzidas pela *Loi n.° 2005-842, du 26 juillet 2005, art. 12*.

[512] Esta disposição corresponde ao art. L. 432-4 do anterior Código.

[513] Estas normas correspondem ao art. L. 432-1 do Código anterior.

[514] Esta disposição corresponde, no anterior Código, ao art. L. 431-1.

[515] Neste sentido, por todos, G. VACHET, *La négociation collective dans les groupes de sociétés*, in B. TEYSSIÉ (dir.), *Les groupes de sociétés et le droit du travail*, Paris, 1999, 105-123 (105 ss.). Esta disposição geral sobre as convenções colectivas de trabalho corresponde, no novo Código, ao art. 2231-1.

[516] Estas disposições correspondem ao art. L. 132-19-1 do anterior Código, que tinha sido introduzido pela *Loi n. 2004/391, du 4 mai 2004*.

de participation) ao nível do grupo (arts. L. 3323-1, L. 3324-2 e L. 3322-7 do *Code du travail*[517]).

Por seu turno, no que toca às projecções do fenómeno dos grupos na situação juslaboral individual, salientam-se as regras sobre destacamento internacional dos trabalhadores (sublinhando-se, neste âmbito, o estabelecimento do dever de reintegração do trabalhador despedido da empresa filial no estrangeiro, no seio da sociedade mãe – L. 1231-5 do *Code du travail*[518]), e a regra de contagem da antiguidade em caso de modificação da posição jurídica do empregador, incluindo em contexto de grupo, designadamente para efeitos da determinação da indemnização por despedimento (arts. L.1224-1 e L. 3142-107 do *Code du travail*[519])[520].

Perante este quadro legal, a doutrina e a jurisprudência têm debatido as questões do conceito de grupo para efeitos laborais e da determinação do empregador no contexto dos grupos, e têm trabalhado sobre as incidências juslaborais individuais e colectivas do fenómeno dos grupos.

No que se refere ao conceito de grupo, observa-se, desde logo, uma tendência para emancipar o direito do trabalho do conceito juscomercial de grupos societários, apesar de a noção de grupo constante do *Code du travail* (art. L. 439-1), remeter, pelo menos parcialmente, para as regras

---

[517] Estas disposições correspondem aos arts. L. 442-5, L. 442-6 e L. 442-11 do Código anterior.

[518] Esta disposição corresponde ao art. L. 122-14-8 do anterior Código.

[519] Estas disposições correspondiam aos arts. L. 122-12 e L. 122-32-28 do Código anterior.

[520] À margem do tema dos grupos de empresas, que vimos tratando, mas com afinidades com esta realidade, por envolver um conjunto de empresas (em sentido amplo), deve ainda ser referida a figura dos agrupamentos de empregadores (*groupements d'employeurs*), instituída em 1985 (art. 127-1 a 127-9 do *Code du travail*, introduzidos pela *Loi. n.° 85-772 du 25 juillet 1985*, e que correspondem, no novo *Code du travail*, aos arts. L. 1253-1 ss.) para um universo de pequenas empresas. Esta figura permite que as empresas do mesmo sector de actividade e de menor dimensão se agrupem sob a forma de uma associação para, sem objectivo lucrativo, partilharem os serviços dos trabalhadores, que celebram, para esse efeito, um contrato de trabalho com o próprio grupo. Assim, embora o empregador corresponda substancialmente a um grupo, esta figura aproxima-se mais da figura do trabalho temporário, da cedência de mão de obra e do trabalho partilhado, do que propriamente dos grupos de empresas. Sobre esta figura, por todos, P.-Y. VERDINKT, *Groupements d'employeurs et travail à temps partagé après la loi du 2 août 2005 en faveur des petites et moyennes entreprises*, DS, 2005, 12, 1133-1138.

comerciais. Neste sentido, alguns sectores consideram que a noção de grupo do *Code du travail* só é operativa para efeitos da representação colectiva dos trabalhadores, mas não é apta a enquadrar as restantes projecções laborais do fenómeno dos grupos, desde logo porque é confinada aos grupos por subordinação[521]; e, na mesma linha de afastamento do direito laboral em relação aos cânones jussocietários nesta matéria, é realçado o facto de a personificação dos entes societários colectivos ser o esteio fundamental do direito das sociedades, ao passo que o direito laboral atende muito mais à realidade económica da empresa do que à sua moldura jurídica[522].

A partir da constatação do maior relevo da categoria da empresa do que da categoria formal da entidade jurídica que assume as vestes de empregador no domínio laboral, a jurisprudência francesa desenvolveu, a partir da década de sessenta do século XX, um conceito com vocação específica para resolver vários problemas laborais no contexto dos grupos – o conceito de «*unité écnomique e sociale (UES)*». Inicialmente utilizado para resolver problemas de fraude à lei na atribuição da qualidade de empregador, mas, na verdade, de valia geral (como é, aliás, hoje reconhecido pela lei), o conceito de *unité écnomique e sociale* permite identificar a dimensão empresarial relevante no contexto do grupo, que é revelada pelo nível de integração económica e social das empresas que o compõem: o nível de integração económica (i.e., o elemento da *unidade económica*) manifesta-se, por exemplo, no facto de as empresas do grupo terem uma direcção unitária, actividades similares ou complementares, alguma confusão de patrimónios sociais, ou ainda aspectos geográficos comuns, como

---

[521] Neste sentido, TEYSSIÉ, *Sur les groupes de sociétés... cit.*, 7 s., salientando, designadamente, a inadequação do conceito jussocietário de grupo para efeitos do despedimento por motivos económicos.

[522] Neste sentido, TEYSSIÉ, *Sur les groupes de sociétés... cit.*, 9. Também G. LYON--CAEN, *La concentration du capital... cit.*, 287, acentua a conflitualidade genética entre o direito comercial e o direito do trabalho, que decorre do facto de o primeiro assentar na categoria da personalidade jurídica colectiva e o segundo ter como referente fundamental a categoria do contrato e a figura da empresa. Na mesma linha, J. MAGAUD, *L'éclatement juridique de la collectivité de travail,* DS, 1975, 12, 525-530 (526 ss.), chama a atenção para o facto de os grupos reflectirem uma situação de contradição entre a propriedade jurídica e a propriedade real da empresa, entre a unidade social de produção e a sua representação jurídica, dando lugar a uma multiplicação de empregadores jurídicos e obrigando a resolver os problemas laborais fora do contexto do empregador-ente societário.

a mesma sede ou as mesmas instalações; o nível de integração social das empresas do grupo (ou seja, o elemento da *unidade social* ou, na expressão de alguns autores, que faz apelo às concepções comunitárias tradicionais do direito do trabalho, o elemento da *comunidade de pessoas*) manifesta-se, por exemplo, na sujeição dos trabalhadores das empresas ao mesmo regime ou a uma única convenção colectiva de trabalho, na prestação indiferenciada ou sucessiva da actividade laboral para as várias empresas ou na sujeição a ordens emanadas de várias empresas[523]. Assim delimitado, o conceito de *unité économique et sociale* pode corresponder ao conjunto das empresas do grupo ou apenas a algumas dessas empresas, permitindo mesmo reconhecer a existência de um subgrupo, para efeitos laborais[524].

Aplicado à questão da determinação do empregador em contexto de grupo, o conceito de *unité économique et sociale* explica a orientação adoptada pela jurisprudência e subscrita pela maioria da doutrina na resolução daquele problema[525]. Esta orientação sintetiza-se no seguinte: nos casos em que haja alguma integração económica e social entre as

---

[523] Sobre o conceito de *unité ecónomique et sociale*, vd R. DE LESTANG, *La notion d'unité économique et sociale d'entreprises juridiquement distinctes,* DS, 1979, 4, Sp. 5 – Sp. 22, com amplas ilustrações sobre o desenvolvimento deste conceito pela jurisprudência e das várias aplicações do mesmo, J. BARTHÉLÉMY / N. COULON / J. EGAL / H. GUIGOU / M. HARDOUIN / X. DE MELLO / G. PETITEAU / P. SEURAT, *Le droit des groupes de sociétés,* Paris, 1991 (242 s.), J.-C. JAVILLIER, *Droit du travail,* 3ª ed., Paris, 1990, 95 s., A. MAZEAUD, *Droit du travail,* 3ª ed., Paris, 2002, 64 ss., J.-M. VERDIER / A. COEURET / M.-A. SOURIAC, *Droit du travail,* 12ª ed., Paris, 2002, 101 s., e, já no contexto do diploma de 2004, G. BLANC-JOUVAN, *L'unité économique et sociale et la notion d'entreprise,* DS, 2005, 68-79, e J.-E. RAY, *Droit du travail, droit vivant,* 14ª ed., Paris, 2006, 433 s. Ainda sobre este conceito, outros autores acentuam que o grupo que releva para efeitos laborais não é o grupo financeiro mas o grupo económico, i.e., aquele em que as empresas membros prossigam o mesmo objectivo económico, exercendo a mesma actividade ou actividades complementares, uma vez que apenas neste caso se pode reconhecer a existência de uma unidade económica e social (neste sentido, expressamente, VACARIE, *Groupes de sociétés... cit..,* 24); ainda outros autores realçam o facto de a *unité économique et sociale* corresponder a uma reconfiguração institucional do próprio conceito de empresa, para efeitos de resolver os problemas colocados pelo fenómeno dos grupos – neste sentido, por exemplo, SUPIOT, *Groupe de sociétés et paradigme de l'entreprise cit.,* 627 ss.
[524] Neste sentido, BARTHÉLÉMY / COULON / EGAL / GUIGOU / HARDOUIN / DE MELLO / / PETITEAU / SEURAT, *Le droit des groupes de sociétés cit.,* 243.
[525] Sobre esta orientação jurisprudencial, vd G. LYON-CAEN, *La concentration du capital... cit.,* 290, e, nas obras gerais, G. LYON-CAEN / J. PÉLISSIER / A. SUPIOT, *Droit du travail,* 19ª ed., Paris, 1998, 121.

empresas do grupo (i.e., quando se verifique o elemento da *unité économique et sociale*), o grupo é reconhecido como um novo tipo de empresa e qualificado directamente como empregador[526], ou – em posição mais frequente e que permite ultrapassar o óbice da falta de personalidade jurídica do grupo –, é qualificado como empregador o conjunto das empresas do grupo, considerando-se que há um contrato de trabalho plural, com vários empregadores (*co-employeurs*)[527]; já quando se mantém a autonomia entre as empresas do grupo (por falta do requisito da *unité économique et sociale*), o contrato de trabalho mantém um carácter unitário, mas procura-se aferir o critério da subordinação jurídica, enquanto critério geral de qualificação do contrato, no contexto do grupo, sendo reconhecida como empregador a empresa do grupo que efectivamente exerce os poderes laborais sobre o trabalhador[528].

---

[526] A este propósito, autores como M. DESPAX, *Groupes de sociétés et contrat de travail*, DS, 1961, 12, 596-608 (597 ss.), já referenciam precocemente na jurisprudência da *Cour de Cassation* o reconhecimento de uma relação de trabalho unitária neste tipo de situações, ainda sem recurso ao conceito de *unité économique et sociale*, mas com fundamento em argumentos gerais de boa fé, como a tutela da aparência. Especificamente no sentido do reconhecimento do grupo como um novo tipo de empresa para efeitos da sua qualificação como empregador, TEYSSIÉ, *Sur les groupes de sociétés... cit.*, 10, e ainda VERDIER / COEURET / SOURIAC, *Droit du travail cit.*, 100.

[527] Neste sentido, G. LYON-CAEN, *La concentration du capital... cit.*, 290, LESTANG, *La notion... cit.*, 16 s., BARTHÉLÉMY / COULON / EGAL / GUIGOU / HARDOUIN / MELLO / PETITEAU / SEURAT, *Le droit des groupes de sociétés cit.*, 295 s., B. BOUBLI, *La détermination de l'employeur dans les groupes de sociétés*, in B. TEYSSIÉ (dir.), *Les groupes de sociétés et le droit du travail*, Paris, 1999, 23-39 (34 ss.), e, nas obras gerais, G. LYON-CAEN / J. PÉLISSIER / A. SUPIOT, *Droit du travail*, 19ª ed., Paris, 1998, 121.

[528] Ainda neste sentido, G. LYON-CAEN, *La concentration du capital... cit.*, 290, ou ISABELLE VACARIE, *Groupes de sociétés... cit.*, 25 ss., e ainda BARTHÉLÉMY / COULON / / EGAL / GUIGOU / HARDOUIN / MELLO / PETITEAU / SEURAT, *Le droit des groupes de sociétés cit.*, 295 s. Contudo, autores como SAVATIER, *Les groupes de sociétes... cit.*, 532 s., chamam a atenção para o facto de o critério qualificativo da subordinação ser um critério jurídico e não económico, o que também deve relevar no contexto dos grupos. Assim, mesmo que o poder económico esteja noutra sociedade que não a empresa contratante, tal facto não altera, só por si, a titularidade da posição do empregador. Este autor é, aliás, crítico em relação ao reconhecimento de um vínculo de trabalho unitário e à recondução das empresas do grupo a uma empresa unitária, para efeitos da determinação do empregador, considerando que a ideia de empresa unitária no contexto dos grupos tem, sobretudo, utilidade para efeitos colectivos (*idem*, 534 e 537 ss.). Também realçando a importância do carácter unitário do vínculo de trabalho com o empregador formal, não obstante o facto de ele ser membro de um grupo, P.-Y. VERDINKT, *L'éxécution des relations de travail dans les*

§ 10.° *A ordem juslaboral e o fenómeno dos grupos societários e empresariais* 259

Para além da questão da determinação do empregador no âmbito dos grupos, a jurisprudência e a doutrina francesas têm debatido os problemas atinentes às projecções do fenómeno dos grupos na situação juslaboral individual, em matérias como a mobilidade dos trabalhadores entre as empresas do grupo[529], a contagem da antiguidade destes trabalhadores[530], a responsabilidade pela satisfação dos créditos laborais[531], o despedimento[532], ou a possibilidade de alargamento do âmbito do pacto de não concorrência ao âmbito do grupo[533].

groupes de sociétés, in B. TEYSSIÉ (dir.), *Les groupes de sociétés et le droit du travail*, Paris, 1999, 41-63 (45 ss.), salienta que é a unidade e a estabilidade do vínculo de trabalho com um empregador determinado no seio do grupo que permite, por exemplo, salvaguardar o conteúdo originário do vínculo de trabalho em caso de transmissão da empresa, manter o dever remuneratório na titularidade do empregador formal, e mesmo gerir a carreira do trabalhador no seio do grupo, nomeadamente em caso de destacamento para outra sociedade do grupo.

[529] Sobre as questões da mobilidade dos trabalhadores entre as empresas do grupo, entre outros, VACARIE, *Groupes de sociétés... cit.*, 25 ss., BARTHÉLÉMY / COULON / EGAL / / GUIGOU / HARDOUIN / MELLO / PETITEAU / SEURAT, *Le droit des groupes de sociétés cit.*, 299 ss., VERDINKT, *L'éxécution des relations de travail... cit.*, 52 ss., B. DENKIEWICZ, *Contrat de travail et groupes de sociétés, in* J. PÉLISSIER (dir.), *Droit de l'emploi*, Paris, 1998, 237-246, este último autor dando especial atenção às questões relativas ao destacamento internacional de trabalhadores (243 ss.).

[530] Sobre o problema da contagem da antiguidade, BARTHÉLÉMY / COULON / EGAL / / GUIGOU / HARDOUIN / MELLO / PETITEAU / SEURAT, *Le droit des groupes de sociétés cit.*, 300.

[531] Sobre os problemas dos créditos laborais em contexto de grupo, por exemplo, G. LYON-CAEN, *La concentration du capital... cit.*, 290.

[532] Sobre os problemas do despedimento neste contexto, VACARIE, *Groupes de sociétés... cit.*, 28 ss., e ainda desta autora, *Groupes de sociétés. Cour de Cassation (Ch.soc.), 25 février 1988*, Rev.Soc., 1988, 3, 546-555, BARTHÉLÉMY / COULON / EGAL / / GUIGOU / HARDOUIN / MELLO / PETITEAU / SEURAT, *Le droit des groupes de sociétés cit.*, 296, mas, sobretudo, G. COUTURIER, *L'extinction des relations de travail dans les groupes de sociétés, in* B. TEYSSIÉ (dir.), *Les groupes de sociétés et le droit du travail*, Paris, 1999, 75-94, desenvolvendo questões como a da motivação dos despedimentos neste contexto, a do âmbito do dever de reclassificação do trabalhador e questões processuais. Especificamente sobre a questão do despedimento do trabalhador destacado para uma filial no estrangeiro e aí despedido, e sobre o direito à reintegração na sociedade mãe, pode ainda ver-se M.-A. MOREAU, *Licenciement. Groupe de sociétés. Mise à disposition d'une filiale à l'étranger. Licenciement. Loi du lieu d'exécution du contrat. Obligations de la société mère*, DS, 1999, 12, 1110-1112.

[533] Sobre os problemas dos pactos de não concorrência em contexto de grupo, BARTHÉLÉMY / COULON / EGAL / GUIGOU / HARDOUIN / MELLO / PETITEAU / SEURAT, *Le droit des groupes de sociétés cit.*, 298, e VERDINDKT, *L'éxécution des relations de travail... cit.*, 49 s.

No domínio das projecções laborais colectivas dos fenómenos de grupo, têm ainda merecido um amplo desenvolvimento doutrinal problemas atinentes à representação dos trabalhadores no contexto dos grupos, como o relacionamento entre as estruturas representativas dos vários níveis[534], e, em especial a relação entre as estruturas de dimensão nacional e os conselhos de empresa europeus[535], bem como a intervenção destas estruturas nos processos e de reestruturação dos grupos[536], e ainda problemas atinentes à negociação colectiva de grupo[537] – num e noutro âmbito e ainda que com sentidos e aplicações diversas, o conceito de *unité économique et sociale* é uma categoria de recurso frequente para a resolução dos problemas suscitados.

VII. Para encerrar esta digressão panorâmica sobre o modo como as projecções laborais do fenómeno dos grupos têm sido equacionadas noutros sistemas jurídicos, cabe ainda uma breve nota sobre o sistema brasileiro. A justificação para esta nota não é tanto a proximidade deste sistema em relação ao direito nacional, quanto o facto deste país ter sido um dos poucos a disciplinar sistematicamente o fenómeno dos grupos no domínio societário (como tivemos ocasião de verificar oportunamente[538]),

---

[534] Sobre as várias estruturas de representação dos trabalhadores no âmbito dos grupos e os problemas de articulação entre elas, por exemplo, G. LYON-CAEN, *Concentration et institutions représentatives du personnel dans l'entreprise*, Rev.Soc., 1983, 21-29, RAY, *Droit du travail... cit.*, 433 s., BARTHÉLÉMY / COULON / EGAL / GUIGOU / HARDOUIN / MELLO / PETITEAU / SEURAT, *Le droit des groupes de sociétés cit.*, 245 ss., VERDIER/ / COEURET / SOURIAC, *Droit du travail cit.*, 195 s., mas, sobretudo, F. FAVENNEC-HÉRY, *La représentation collective dans les groupes de sociétés*, in B. TEYSSIÉ (dir.), *Les groupes de sociétés et le droit du travail*, Paris, 1999, 125-147

[535] Em especial sobre este ponto, D. BOULMIER, *Destruction des emplois: une nécessaire responsabilisation des groupes par une substitution du groupe réel au groupe virtuel*, DS, 1998, 1, 44-53 (45 s.), mas também FAVENNEC-HÉRY, *La représentation collective... cit.*, 135 ss.

[536] Sobre este ponto, entre outros, BARTHÉLÉMY / COULON / EGAL / GUIGOU / HARDOUIN / MELLO / PETITEAU / SEURAT, *Le droit des groupes de sociétés cit.*, 252 ss., mas, sobretudo, J.-E. RAY, *Avant-propos. Pour des restructurations socialement responsables*, DS, 2006, 3, 249-259

[537] Sobre a negociação colectiva de grupo, RAY, *Droit du travail... cit.*, 433 s., BARTHÉLÉMY / COULON / EGAL / GUIGOU / HARDOUIN / MELLO / PETITEAU / SEURAT, *Le droit des groupes de sociétés cit.*, 251 e 257 ss., mas, sobretudo, VACHET, *La négociation collective dans les groupes... cit.*, 105 ss.

[538] *Supra*, § 5.° ponto 11.III.

§ *10.º A ordem juslaboral e o fenómeno dos grupos societários e empresariais* 261

o que suscita a curiosidade de verificar se e até que ponto deu também atenção às valências laborais daquele fenómeno.

A norma mais relevante em matéria de grupos, no sistema juslaboral brasileiro, é a norma constante do art. 2.º § 2.º da Consolidação das Leis do Trabalho (CLT) que comina expressamente a responsabilidade solidária da «empresa principal» e de cada uma das «empresas subordinadas» de um grupo vertical (que pode ser da área industrial, comercial ou de qualquer outra actividade económica) «para os efeitos da relação de emprego». Na mesma linha, dispõe o art. 3.º § 2.º do Regime Jurídico do Trabalho Rural (L. n.º 5.889, de 8 de Junho de 1973), que, todavia, inclui no âmbito dos grupos rurais não apenas os grupos económicos mas também os grupos meramente financeiros.

O alcance e o vigor da norma do art. 2.º § 2.º da CLT – sem paralelo em qualquer dos outros sistemas apreciados – decorrem da conjugação de vários factores. Em primeiro lugar, mais do que um sistema de responsabilidade solidária pelas dívidas laborais, esta disposição institui um sistema de responsabilidade das empresas do grupo pelo cumprimento do conjunto das obrigações emergentes do contrato de trabalho para qualquer uma das empresas do grupo, uma vez que a responsabilidade é reportada genericamente à «relação de emprego» – na expressão de alguns autores, consagra--se aqui um «princípio legal de solidariedade de empresas» no contexto dos grupos[539], embora seja discutido se esta solidariedade tem um alcance meramente passivo ou também uma dimensão activa[540]. Por outro lado, o conceito de grupo subjacente a este preceito é limitado aos grupos verticais (exigindo-se que a empresa seja controlada, dirigida ou administrada por outra, mas mantendo ambas a sua personalidade jurídica), mas, no âmbito destes grupos, é um conceito de largo espectro, uma vez que abrange grupos que prestem «qualquer actividade económica» – assim, parecem estar aqui incluídas não apenas as coligações societárias, mas outro tipo de coligações empresariais, incluindo sem fins lucrativos[541]. Por fim, a inserção sistemática deste preceito na disposição que delimita a figura do

---

[539] Neste sentido, J. A. RODRIGUES PINTO, *Curso de Direito Individual do Trabalho*, 5ª ed., S. Paulo, 2003, 156.

[540] Por todos, quanto a este debate, A. MASCARO NASCIMENTO, *Curso de Direito do Trabalho*, 20ª ed., S. Paulo, 2005, 630 ss.

[541] Em sentido contrário, BUENO MAGANO, *Los grupos de empresas... cit.*, 174, considerando afastadas desta qualificação as entidades sem fins lucrativos.

empregador legitima a conclusão no sentido do reconhecimento do grupo como empregador laboral.

Em apreciação desta norma, a doutrina considera que o conceito laboral de grupo é mais amplo do que o conceito juscomercial[542] e que, nestas situações, o grupo constitui o empregador real, ultrapassando-se a personalidade jurídica de cada empresa membro[543].

Resta referir que, uma vez qualificado o grupo como empregador real neste tipo de situações, a doutrina e a jurisprudência têm retirado daqui as consequências inerentes para o contrato de trabalho, reconhecendo o carácter unitário do contrato quando o trabalhador presta a sua actividade para mais do que uma empresa do grupo, determinando a contagem da antiguidade do trabalhador pelo tempo de trabalho prestado em todas as empresas do grupo, debatendo as questões da equiparação salarial (designadamente, o problema do direito do trabalhador ao melhor tratamento salarial que vigore noutra empresa do grupo), e reconhecendo ainda as vantagens da organização dos trabalhadores ao nível do grupo e a possibilidade de negociação colectiva de grupo[544].

17.2. Síntese crítica

I. Embora breve, a apreciação que acabamos de fazer permite-nos retirar algumas conclusões gerais, com relevo para o tema que nos ocupa. Estas conclusões referem-se à importância das projecções laborais dos grupos, às dificuldades do seu enquadramento e às diferentes perspectivas adoptadas pelos vários sistemas jurídicos para procederem a esse enquadramento, bem como aos objectivos essenciais que estão subjacentes ao tratamento desta matéria, no domínio laboral.

---

[542] Neste sentido, BUENO MAGANO, *Los grupos de empresas... cit.*, 171, e A. MASCARO NASCIMENTO, *Iniciação ao Direito do Trabalho*, 3ª ed., S. Paulo, 2006, 140.

[543] Ainda neste sentido, BUENO MAGANO, *Los grupos de empresas... cit.*, 172, que fundamenta este entendimento no instituto do levantamento da personalidade jurídica (*idem*, 175).

[544] Por todos, quanto a estes temas, BUENO MAGANO, *Los grupos de empresas... cit.*, 176 ss.

II. Em primeiro lugar, a análise empreendida confirma o reconhecimento da importância das projecções laborais do fenómeno dos grupos nos vários sistemas jurídicos.

À imagem do que vimos suceder noutras áreas do direito, os grupos parecem também impor-se de um modo incontornável no domínio laboral, o que resulta na alteração da fisionomia tradicional do empregador e, a partir daí, na introdução de modificações substanciais no contrato de trabalho e nas situações juslaborais colectivas. O acervo de questões que a jurisprudência tem sido chamada a resolver no âmbito desta temática e o levantamento doutrinal dos problemas colocados pelos grupos, de que apenas deixámos algumas ilustrações, comprovam amplamente a importância das projecções laborais do fenómeno dos grupos.

III. A segunda conclusão que esta análise legitima é a da dificuldade de enquadramento das projecções laborais do fenómeno dos grupos pelos sistemas juslaborais.

Esta dificuldade – compartilhada com as outras áreas jurídicas em que o fenómeno tem sido tratado, como verificámos oportunamente – evidencia-se no carácter fragmentário das disposições legais que se ocupam desta matéria nos vários países e também na intervenção da jurisprudência, uma vez que tanto esta como aquelas parecem, quase sempre, vocacionadas para a resolução dos problemas laborais concretamente suscitados por este fenómeno. Por outro lado, deve ter-se em causa que a ausência de uma disciplina juslaboral sistematizada dos grupos ocorre não apenas naqueles países que não dispõem de um regime jussocietário especialmente vocacionado para este fenómeno como também naqueles países que dispõem de tal regime, como vimos ser o caso da Alemanha e do Brasil.

Em suma, a resposta da ordem jurídica aos problemas laborais colocados pela fenomenologia dos grupos parece ser estar ainda numa fase de desenvolvimento incipiente.

IV. A terceira conclusão, que a análise antecedente permitiu consolidar, tem a ver com as diferentes orientações dos vários sistemas juslaborais na aproximação ao fenómeno dos grupos e com os objectivos subjacentes a essas orientações.

Por um lado, a análise empreendida confirma a afirmação que fizemos no início deste ponto sobre as diferenças entre os vários sistemas jurídicos, no que toca às projecções laborais do fenómeno dos grupos mais valorizadas. Estas diferenças ficam, naturalmente, a dever-se às tradições específicas de cada país: assim, enquanto na Alemanha a maior valorização das projecções laborais colectivas da fenomenologia dos grupos, através do reforço da actuação colectiva dos trabalhadores em contexto de grupo, se deixa explicar pela grande tradição da cogestão, em países como a Itália e a Espanha a falta dessa tradição e o alicerce de todo o regime da relação de trabalho na figura do contrato de trabalho, como contrato dogmaticamente autónomo, explica o maior relevo das projecções juslaborais individuais do fenómeno dos grupos, e, designadamente, a importância decisiva que, nestes sistemas, tem tido o problema da determinação do empregador no contexto de grupo; por fim, mesmo em França, onde ambas as áreas temáticas têm sido trabalhadas pelas fontes e se observa uma maior amplitude das previsões legais de incidência colectiva, o problema da determinação do empregador continua a ser o problema mais discutido na literatura da especialidade.

Contudo – e esta é a conclusão fundamental que, a nosso ver, se retira da análise anterior – às prescrições legais, e, bem assim, ao tratamento jurisprudencial e doutrinal desta matéria subjaz, de uma forma relativamente cristalina, um ponto de partida comum aos vários sistemas jurídicos na aproximação à fenomenologia dos grupos e um objectivo similar na regulação das suas projecções laborais: o ponto de partida comum parece ser a consciência dos perigos que podem decorrer da organização grupal das empresas para valores fundamentais do direito do trabalho, com destaque para o princípio da protecção do trabalhador; o objectivo comum aos vários sistemas, na intervenção normativa a propósito destes problemas, é, sem dúvida, o objectivo de prevenir ou de compensar os eventuais efeitos nocivos da organização grupal do empregador do ponto de vista da tutela do trabalhador.

Com efeito, se atentarmos quer nos regimes legais dispostos sobre esta matéria, quer nas soluções dadas pela jurisprudência e aventadas pela doutrina para os problemas laborais colocados pelo fenómeno dos grupos, observamos que, optando embora por caminhos diferentes (sejam eles o reforço das estruturas e dos instrumentos de intervenção colectiva dos trabalhadores, na Alemanha e em França, ou o reconhecimento da qualidade de empregador ao grupo ou ao conjunto das empresas que o compõem, na Itália, em Espanha ou no Brasil), mais do que elaborar uma disciplina autónoma dos vínculos de trabalho em contexto de grupo, parece ser prosseguido o objectivo defensivo de evitar a erosão da tutela laboral que pode decorrer da organização grupal das empresas.

V. Por último, deve atentar-se num certo pragmatismo das fontes no tratamento dos problemas juslaborais colocados pelo fenómeno dos grupos e mesmo na modelagem da figura dos grupos, o que também se explica pelo objectivo tutelar subjacente às soluções laborais nesta matéria.

Este pragmatismo evidencia-se, desde logo, na delimitação do conceito de grupo para efeitos laborais, questão em que as fontes tendem a privilegiar o referente mais comum do direito laboral (i.e., o conceito de empresa) e a afastar-se do referente dos grupos societários, mesmo nos países em que há uma noção legal de grupos para efeitos societários, como é o caso da Alemanha e do Brasil. Idêntico pragmatismo na prossecução do objectivo de tutela do trabalhador em contexto de grupo ressalta do vigor com que, em países como a Itália, foram combatidas as situações de interposição fictícia de pessoas na contratação laboral. E o mesmo pragmatismo é patente nas várias soluções propostas para o problema da determinação do empregador real, como as soluções de personificação limitada do grupo (no Brasil, por determinação legal, em Espanha pela via jurisprudencial, e em França, para certos efeitos, através do conceito de *unité économique et sociale*), as soluções de desconsideração da personalidade colectiva (propostas, a título excepcional, na Alemanha, mas também admitidas em Itália), ou ainda as soluções da pluralidade de empregadores (solução mais debatida em França).

Em suma, embora se possa considerar que o tratamento dos problemas laborais suscitados pelo fenómeno dos grupos se encontra ainda num estádio relativamente incipiente na generalidade dos sistemas – como, aliás, sucede com o tratamento dos problemas jussocietários colocados por este fenómeno, na maioria dos sistemas jurídicos, como tivemos oportunidade de verificar – ele parece claramente orientado pelos vectores axiológicos próprios do direito do trabalho.

Este ponto deve ser tido em consideração no tratamento da problemática laboral dos grupos à escala nacional, que constitui o centro das nossas reflexões.

18. O direito comunitário e o fenómeno dos grupos na perspectiva laboral

18.1. Quadro geral

I. A visão panorâmica do modo como a ordem juslaboral tem perspectivado o fenómeno dos grupos, inclui, necessariamente, uma breve reflexão sobre o direito comunitário, enquanto fonte do direito do trabalho.

Como vimos oportunamente, o direito comunitário tem-se ocupado do fenómeno dos grupos de empresas enquanto fenómeno económico, na perspectiva da prossecução do princípio fundamental da livre concorrência e aprovando normas com incidência directa ou indirecta na matéria dos grupos em alguns dos instrumentos normativos de harmonização do direito societário dos Estados Membros: no contexto do direito da concorrência, são aplicadas ao fenómeno dos grupos as disposições dos arts. 81.º e ss. do TCE e as operações de concentração empresarial são sujeitas a um Regulamento Comunitário[545]; no domínio societário, tivemos ocasião de referenciar oportunamente como instrumentos normativos mais relevantes para a fenomenologia dos grupos a 3ª, a 6ª e a 10ª Directivas em matéria societária, incidentes na matéria das fusões e das cisões de sociedades[546], a 4ª e a 7ª Directivas, em matéria de contas societárias[547], a 12ª Directiva,

---

[545] Reg. CE n.º 139/2004, 20 de Janeiro de 2004, relativo ao controlo das concentrações de empresas de dimensão comunitária, e ainda Reg. CE n.º 802/2004, da Comissão, de 7 de Abril de 2004. O Reg. CE n.º 139/2004 revogou o Reg. CEE n.º 4064/89, de 21 de Dezembro de 1989, e o Reg. CE n.º 1310/97, que regiam anteriormente esta matéria.

[546] Em matéria de fusões e cisões de sociedades anónimas, a 3ª Directiva em matéria societária é de 1978 (Dir. 78/855/CEE, do Conselho, de 9 de Outubro de 1978), tendo sido seguida pela 6ª Directiva (Dir. 82/901/CEE, do Conselho, de 17 de Dezembro de 1982) e ainda, quanto às fusões transfronteiriças das sociedades de responsabilidade limitada, pela 10ª Directiva (Dir. 2005/56/CE, do Parlamento e do Conselho, de 26/10/2005) e Dir. 84/253/CEE, do Conselho, de 10 de Abril de 1982, ou 8ª Directiva, respectivamente, tendo esta última directiva sido, entretanto, substituída pela Dir. 2006/43/CE, de 17 de Maio de 2006), sobre a publicidade das sucursais duma sociedade de um Estado Membro noutro Estado Membro (Dir. 89/666/CE, do Conselho, de 21 de Dezembro de 1989, ou 11ª Directiva).

[547] Sobre contas anuais, contas consolidadas e fiscalização dos documentos contabilísticos, regem a 4ª Directiva (Dir. 78/660/CEE, do Conselho, de 25 de Julho de 1978), a 7ª Directiva (Dir. 83/349/CEE, do Conselho, de 13 de Junho de 1983), e a 8ª Directiva (Dir. 84/253/CEE, do Conselho, de 10 de Abril de 1982) tendo esta última directiva sido, entretanto, substituída pela Dir. 2006/43/CE, de 17 de Maio de 2006.

§ *10.° A ordem juslaboral e o fenómeno dos grupos societários e empresariais* 267

sobre a figura da sociedade unipessoal de responsabilidade limitada[548], e os Regulamentos sobre a sociedade anónima europeia e sobre a sociedade cooperativa europeia[549], bem como o, até agora, mal sucedido Projecto Preliminar de 9ª Directiva, relativo às coligações e aos grupos de sociedades[550].

Na fase actual do nosso estudo, importa verificar se o fenómeno dos grupos empresariais ou societários mereceu também a atenção do direito europeu, não na perspectiva eminentemente económica que subjaz às regras comunitárias em matéria societária e em matéria de concorrência – corporizando o ideário económico originário das Comunidades Europeias – mas na perspectiva do desenvolvimento das denominadas matérias de incidência social (no seio das quais se incluem as matérias laborais), cujo peso crescente no direito europeu não carece hoje de ser salientado[551].

II. Tendo como base alguns princípios e regras fundamentais dos Tratados – em especial, o princípio da livre circulação de trabalhadores (art. 38.° do TCE), o direito à formação profissional (art. 146.° do TCE), o direito à promoção das condições de vida, de saúde e de trabalho dos trabalhadores (arts. 136.° ss. do TCE), o princípio da igualdade de oportunidades e de tratamento entre trabalhadoras e trabalhadores e o princípio da não discriminação em geral (arts. 141.° e 13.° do TCE, respectivamente) e, por último, o princípio da promoção da negociação colectiva e do

---

[548] A 12ª Directiva, sobre a sociedade unipessoal de responsabilidade limitada, é a Dir. 89/667/CEE, do Conselho, de 21 de Dezembro de 1989.

[549] Reg. CE n.° 2157/2001, de 8 de Outubro de 2001, e Reg. CE n.° 1435/2003, do Conselho, de 22 de Julho de 2003, respectivamente.

[550] *Supra,* quanto a estas referências, § 5.°, ponto 12.II, III e IV.

[551] Sobre a importância crescente do denominado direito comunitário social e, em geral, sobre o papel do direito comunitário como fonte do direito do trabalho, MENEZES CORDEIRO, *Manual de Direito do Trabalho cit.,* 189 ss., BERNARDO XAVIER, *Curso de Direito do Trabalho,* 3ª ed., I, Lisboa, 2004, 470 ss., ROMANO MARTINEZ, *Direito do Trabalho cit.,* 208 ss., MONTEIRO FERNANDES, *Direito do Trabalho cit.,* 76 ss., e ROSÁRIO PALMA RAMALHO, *Direito do Trabalho cit,* I, 167 ss.; em geral, sobre os temas do direito comunitário social, ainda o nosso *Direito do Trabalho cit,* I, 170 ss., mas também ROCELLA / TREU, *Diritto del lavoro della Comunità Europea,* Padova, 1992, G. LYON-CAEN / A. LYON-CAEN, *Droit social international et européen,* 7ª ed., Paris, 1991, ou R. BLANPAIN / / J.-C. JAVILLIER, *Droit du travail communautaire,* 2ª ed., Paris, 1995, e M. LUÍSA DUARTE, *Direito comunitário do trabalho – tópicos de identificação, in Estudos do Instituto de Direito do Trabalho,* I, Coimbra, 2001, 153-188.

diálogo social ao nível europeu (arts. 138.º e 139.º do TCE) – o direito comunitário em matéria social tem-se desenvolvido francamente nas últimas décadas, quer ao nível das fontes primárias, quer através da emissão de normas secundárias e da jurisprudência do Tribunal de Justiça. Este desenvolvimento tem incidido nas seguintes matérias fundamentais: a matéria da circulação dos trabalhadores[552]; a matéria do emprego e da formação profissional[553]; a matéria das condições de trabalho em sentido amplo[554]; as matérias da igualdade de oportunidades e de tratamento entre

---

[552] Sobre a matéria da circulação dos trabalhadores, destacam-se, entre outras, a Dir. 64/221/CEE, de 25 de Fevereiro de 1964, o Reg. 1612/68, de 15 de Outubro de 1968, a Dir. 68/360/CEE, de 15 de Outubro de 1968, o Reg. 1251/70, de 29 de Julho de 1970, a Dir. 73/148/CEE, de 21 de Maio de 1973, e a Dir. 2004/38, de 29 de Abril de 2004, regulando problemas atinentes à circulação dos trabalhadores, às condições da sua permanência e da permanência das suas famílias nos Estados de destino, durante o desenvolvimento da actividade laboral e posteriormente; e a Dir. 96/71/CE, de 16 de Dezembro de 1976, relativa à situação dos trabalhadores destacados no quadro de uma prestação de serviços para o seu empregador. Também justificada indirectamente no princípio da livre circulação de trabalhadores e, mais remotamente, no princípio da livre concorrência, do qual a livre circulação de trabalhadores é uma projecção, é de referir a Dir. 91/533/CEE, de 14 de Outubro de 1991, sobre o dever de informação do empregador ao trabalhador no contrato de trabalho.

[553] Em matéria de formação profissional, é de destacar a criação do Fundo Social Europeu, que promove e financia iniciativas de formação nos Estados Membros (o Fundo é regulado pela Dec. 83/516/CEE, do Conselho, de 17 de Outubro de 1983, pela Dec. 86/673/CEE, da Comissão, de 22 de Dezembro de 1983, e ainda pelos Regulamentos n.º 1262/99 e n.º 1984/199, ambos do Parlamento Europeu e do Conselho, de 21 de Junho de 1999 e de 12 de Julho de 1999, respectivamente). Além disso, dispõem sobre matérias de formação e de habilitação profissional, entre outras, a Dec. 63/266/CEE, de 22 de Abril de 1963, que estabeleceu os princípios gerais para a implementação de uma política comum de formação profissional, e a Dir. 2001/19/CE, de 14 de Maio de 2001 (que modificou a Dir. 89/48/CEE, de 21 de Dezembro de 1989, e a Dir. 92/51/CEE, de 18 de Junho de 1992), relativa ao estabelecimento de um regime geral de reconhecimento das habilitações profissionais. Em matéria de emprego, têm ainda sido aprovadas directivas sobre contratos de trabalho especiais que veremos um pouco mais à frente.

[554] Em matéria de condições de trabalho, destacam-se instrumentos normativos relativos à protecção da saúde dos trabalhadores em geral (a Dir. 89/391, de 12 de Junho de 1989, sobre protecção da saúde em geral, a Dir. 89/654, de 30 de Novembro de 1989, que estabeleceu regras mínimas de segurança e saúde nos locais de trabalho, a Dir. 98/37, de 22 de Junho de 1998, que promoveu a harmonização das legislações nacionais relativas às máquinas, e a Dir. 2001/45, de 27 de Junho, que estabeleceu prescrições mínimas de segurança e saúde para a utilização pelos trabalhadores de equipamentos de trabalho), bem como um conjunto de directivas sobre protecção dos trabalhadores relativamente a riscos

§ *10.° A ordem juslaboral e o fenómeno dos grupos societários e empresariais* 269

trabalhadoras e trabalhadores e da não discriminação em geral[555]; a matéria dos contratos de trabalho especiais e outras situações laborais especiais[556]; a matéria da tutela dos trabalhadores perante vicissitudes do

---

específicos de certo tipo de actividades ou profissões; deve ainda atender-se à Dir. 92/85/CEE, de 19 de Outubro de 1992, relativa à protecção da saúde e das condições de trabalho das trabalhadoras grávidas puérperas e lactantes dependentes e independentes; e, em matéria de tempo de trabalho, relevam a Dir. 93/104/CE, de 23 de Novembro de 1993, a Dir. 2000/34/CE, de 22 de Junho de 2000, e a Dir. 2003/88/CE, de 4 de Novembro de 2003.

[555] Sobre as matérias da igualdade de oportunidades e de tratamento entre trabalhadores e trabalhadoras, destacam-se as seguintes directivas: directiva sobre a igualdade remuneratória entre trabalhadores e trabalhadoras por trabalho igual ou de valor igual (Dir. 117/75, de 10 de Fevereiro de 1975); directiva sobre a igualdade de tratamento no acesso ao emprego, nas condições de trabalho, na carreira e na formação profissional (Dir. 76/207, de 9 de Fevereiro de 1976, modificada e refundida pela Dir. 2002/73, de 23 de Setembro de 2002); directivas sobre a igualdade entre homens e mulheres nos regimes gerais e nos regimes profissionais de segurança social (Dir. 79/7, de 19 de Dezembro de 1978, e Dir. 86/378, de 24 de Julho de 1986); directiva sobre igualdade de tratamento no universo dos trabalhadores independentes e dos trabalhadores da agricultura, incluindo a protecção na maternidade (Dir. 86/613, de 11 de Dezembro de 1986); directiva sobre o ónus da prova dos direitos em matéria de igualdade de género (Dir. 97/80, de 15 de Dezembro de 1997); directivas sobre a protecção da maternidade e da paternidade (Dir. 92/85, de 19 de Outubro de 1985, relativa à tutela das trabalhadoras grávidas, puérperas e lactantes, e Dir. 96/34, de 3 de Junho de 1996, relativa à licença parental); e a directiva de reformulação das regras relativas à aplicação do princípio da igualdade de oportunidades e de tratamento entre homens e mulheres nos domínios do emprego e da actividade profissional (Dir. 2006/54, de 5 de Julho de 2006). Em desenvolvimento do princípio geral da não discriminação, devem destacar-se a Dir. 2000/43, de 29 de Junho de 2000, relativa à implementação do princípio da igualdade de tratamento entre as pessoas sem distinção de raça ou de origem étnica, a Dir. 2000/78, de 27 de Novembro de 2000, que estabeleceu um quadro geral em favor da igualdade de tratamento no trabalho e no emprego, e ainda a Dir. 2004/113/CE, aplicando o princípio geral da igualdade de género à matéria do acesso e do fornecimento de bens e serviços.

[556] Sobre contratos de trabalho especiais e outras situações laborais especiais, *vd*, por exemplo, a Dir. 99/70/CE, de 28 de Junho de 1999, sobre o trabalho a termo, a Dir. 97/81/CE, de 15 de Dezembro de 1997, sobre o trabalho a tempo parcial, a Dir. 94/33/CE, de 22 de Junho de 1994, sobre o trabalho dos jovens, a Rec. n.° 86/379/CEE, de 24 de Julho de 1986, sobre o trabalho de deficientes, os Regulamentos n.° 3820/85, e n.° 3821/85, ambos de 20 de Dezembro de 1985, a Dir. 88/599/CEE, de 23 de Novembro de 1988, sobre o trabalho no sector dos transportes, e a Rec. 97/370/CE de 27 de Maio de 1998, sobre a ratificação da Conv. n.° 177 da OIT relativa ao trabalho no domicílio.

empregador ou da empresa[557]; e a matéria do diálogo social e da representação dos trabalhadores ao nível europeu[558].

III. Como seria de esperar, o direito europeu não dispõe de um quadro normativo especificamente vocacionado para tratar as valências laborais da fenomenologia dos grupos. Por outro lado, as referências que acabamos de fazer confirmam que a produção normativa comunitária em matéria social não é ainda totalmente abrangente e continua a revestir uma índole tópica e um carácter fragmentário.

Não cabendo no âmbito do nosso estudo aprofundar estes desenvolvimentos do direito comunitário em matéria social[559], importa focarmo-nos naqueles instrumentos normativos que podem ter uma incidência directa ou indirecta na fenomenologia dos grupos empresariais ou societários. Estes instrumentos normativos são os seguintes: num primeiro grupo, devem referir-se a directiva sobre os conselhos de empresa europeus (Dir. 94/45/CE, de 22 de Setembro de 1994[560]), as directivas sobre a participação dos trabalhadores na Sociedade Europeia e na Sociedade Cooperativa Europeia (Dir. 2001/86/CE, de 8 de Outubro de 2001, e Dir. 2003/72/CE,

---

[557] Sobre a protecção dos trabalhadores perante vicissitudes do empregador ou da empresa, destacam-se a Directiva sobre insolvência do empregador e protecção dos trabalhadores (Dir. 80/987/CEE, de 20 de Outubro de 1980, alterada pela Dir. 2002/74/CE, de 23 de Setembro de 2002), a Directiva sobre despedimento colectivo (Dir. 98/59/CE, de 20 de Julho de 1998, que substituiu a Dir. 75/129/CEE do Conselho, de 17 de Fevereiro de 1975), e a directiva sobre transmissão do estabelecimento ou da empresa e direitos dos trabalhadores (Dir. 2001/23/CE, de 12 de Março de 2001).

[558] Em matéria de representação dos trabalhadores ao nível europeu e nas empresas de dimensão europeia, destacam-se a Dir. 94/45/CE, de 22 de Setembro de 1994 (modificada pela Dir. 97/74/CE, de 15 de Dezembro de 1997), que instituiu os conselhos de empresa europeus, a Dir. 2001/86/CE, de 8 de Outubro de 2001, sobre a participação dos trabalhadores na Sociedade Europeia, a Dir. 2003/72/CE, de 22 de Julho de 2003, sobre a participação dos trabalhadores na sociedade cooperativa europeia, e a Dir. 2002/1/CE, de 11 de Março de 2002, que estabelece um quadro geral relativo à informação e consulta dos trabalhadores na Comunidade Europeia.

[559] Para mais aprofundamentos sobre o desenvolvimento destas áreas de incidência do direito comunitário, e para ilustrações da jurisprudência comunitária nesta matéria, vd ROSÁRIO PALMA RAMALHO, *Direito do Trabalho cit*, I, 170 ss.

[560] Esta directiva foi objecto de modificação em 1997 e em 2006 (Dir. 97/74/CE, de 15 de Dezembro de 1997, e Dir. 2006/109/CE, de 20 de Novembro de 2006), para possibilitar a sua própria aplicação ao Reino Unido e à Irlanda do Norte, e à Bulgária e à Roménia, respectivamente.

§ 10.º A ordem juslaboral e o fenómeno dos grupos societários e empresariais 271

de 22 de Julho de 2003, respectivamente), e a directiva que estabelece um quadro geral relativo à informação e consulta dos trabalhadores na Comunidade Europeia (Dir. 2002/14/CE, de 11 de Março de 2002); num segundo grupo, destacam-se a directiva sobre a transmissão do estabelecimento ou da empresa (Dir. 2001/23/CE, de 12 de Março de 2001), a directiva sobre o despedimento colectivo (Dir. 98/59/CE, de 20 de Julho de 1998), e a directiva sobre a protecção dos trabalhadores em caso de insolvência do empregador (Dir. 80/987/CEE, de 20 de Outubro de 1980, alterada pela Dir. 2002/74/CE, de 23 de Setembro de 2002); por fim, releva para o nosso tema a directiva sobre o destacamento internacional de trabalhadores no quadro de uma prestação de serviços (Dir. 96/71/CE, de 16 de Dezembro de 1996).

O primeiro grupo de directivas indicado toca directamente na temática dos grupos, designadamente na projecção laboral colectiva deste fenómeno ligada aos direitos de representação e de informação dos trabalhadores nas empresas de estrutura grupal, que, como vimos oportunamente, alguns sistemas jurídicos, têm também desenvolvido. O segundo grupo de directivas indicado releva indirectamente para a matéria dos grupos, porque trata das consequências laborais das vicissitudes das empresas – ora, na medida em que a constituição, a remodelação e a extinção dos grupos empresariais pode envolver operações de transmissão de estabelecimentos ou de empresas, implicar o recurso a despedimentos colectivos ou passar pela declaração de insolvência de uma ou mais empresas, estas directivas devem ser ponderadas na apreciação das projecções laborais dos grupos. Por fim, a directiva sobre o destacamento internacional de trabalhadores pode ter relevo para a nossa matéria, quando o destacamento ocorra no quadro de um grupo internacional de empresas, correspondendo, neste caso, a uma forma de mobilidade inter-empresarial dos trabalhadores.

Justifica-se, assim, uma referência mais detalhada a estes instrumentos normativos comunitários, na perspectiva da avaliação da sua interacção com a problemática laboral dos grupos, bem como uma breve ilustração da jurisprudência comunitária que tem sido produzida a propósito destes instrumentos e que tem mesmo, como é de regra na dinâmica juscomunitária, orientado a evolução legislativa desses mesmos instrumentos. Deve, de qualquer modo, ficar claro que se trata de uma referência geral ao tratamento destas matérias no universo comunitário, uma vez que vamos tratar *in se*, as projecções laborais do fenómeno dos grupos nas quais estas directivas têm implicações, um pouco mais à frente e no quadro do direito nacional – fica assim remetida para esse momento uma apreciação mais aprofundada das regras constantes destes instrumentos normativos, que já tomará, naturalmente, em consideração a sua transposição para o direito nacional.

18.2. As directivas e a jurisprudência comunitárias em matéria de representação dos trabalhadores nos grupos[561]

18.2.1. O regime comunitário dos conselhos de empresa europeus

I. As projecções laborais do fenómeno dos grupos em matéria de representação dos trabalhadores foram tratadas essencialmente pela Dir. 94/45/CE, de 22 de Setembro de 1994, que instituiu os denominados conselhos de empresa europeus[562].

Formalmente assente no Acordo relativo à Política Social anexo ao Tratado da União Europeia, aprovado em Maastricht, e no art. 17.º da Carta Comunitária dos Direitos Sociais Fundamentais dos Trabalhadores, que prevê o incremento da informação, da consulta e da participação dos trabalhadores nas empresas, esta Directiva implementou um sistema de informação e consulta dos trabalhadores nas empresas de dimensão comunitária e nos grupos de empresas de dimensão comunitária, que passa pela criação de um conselho composto por representantes de trabalhadores, especialmente vocacionado para este efeito (o denominado *conselho de empresa europeu*), ou pela instituição de procedimentos alternativos de informação ou consulta dos trabalhadores (art. 1.º).

O primeiro ponto a ter em conta, com relevo para o nosso tema, é o da determinação do âmbito de incidência da directiva, que é feita a partir da delimitação dos conceitos de empresa de dimensão comunitária e de

---

[561] Em geral, sobre estas directivas, ROSÁRIO PALMA RAMALHO, *Direito do Trabalho cit.*, I, 185 s.

[562] Em especial sobre a directiva dos conselhos de empresa europeus, WINDBICHLER, *Unternehmenrisches Zusammenwirken... cit.*, e ss., mas também BOULMIER, *Destruction des emplois... cit.*, 45 ss. (com especial enfoque na transposição da directiva para o direito francês), ou FAVENNEC-HÉRY, *La représentation collective... cit.*, 145 ss.

grupo de empresas de dimensão comunitária, e da noção de empresa controladora. Assim, a directiva qualifica como *empresas de dimensão comunitária* empresas que empreguem um mínimo de 1000 trabalhadores em, pelo menos, dois Estados Membros, ocupando, pelo menos, 150 trabalhadores em cada um deles (art. 2.° n.° 1 a) da directiva), e define como *grupo de empresas de dimensão comunitária* o grupo composto por uma empresa que exerce o controlo e pelas empresas controladas e que empregue pelo menos 1000 trabalhadores nos Estados Membros, possuindo, pelo menos, duas das empresas do grupo em Estados Membros diferentes, com um número mínimo de 150 trabalhadores em cada Estado (art. 2.° n.° 1 b) e c) da directiva).

Para integrar o conceito de grupo, a directiva estabelece a noção de *empresa que exerce o controlo* (art. 3.°) como sendo aquela empresa que exerce sobre outra (a *empresa controlada*) uma influência dominante, podendo essa influência ser directa ou indirecta (art. 3.° n.° 3) e presumindo-se a existência de tal influência nas diversas situações previstas nas alíneas a) a c) do n.° 2 do art. 3.°[563] – i.e., quando a empresa controladora detenha a maioria do capital da empresa controlada, a maioria dos votos ou ainda a possibilidade de designar mais de metade dos membros do órgão de direcção ou de fiscalização da empresa dominada.

Como decorre do exposto, a noção de grupo, para efeitos desta directiva, é recortada em moldes amplos, desde logo porque tem como referente a empresa, independentemente da forma, societária ou não societária, que revista, mas também porque a noção de empresa controladora se apoia nas presunções de influência dominante e estas são bastante amplas[564]. Apesar de ter o cuidado de referir que o conceito de grupo de empresas que estabelece apenas é válido para efeitos da própria directiva (considerando n.° 13), a directiva vai, assim, ao encontro do modo como foram delimitados os conceitos de grupo de empresas e de influência dominante no contexto do direito europeu da concorrência, como tivemos oportunidade de evidenciar oportunamente[565]. Por outro lado, contribui

---

[563] Nos termos do art. 3.° n.° 2, estas presunções de influência dominante têm carácter ilidível.

[564] Ainda assim, como observa BOULMIER, *Destruction des emplois... cit.*, 46, porque assenta no conceito de empresa dominante, esta noção afasta do âmbito do conceito de grupo, para efeitos da directiva, as empresas com participações minoritárias de capital noutras empresas.

[565] *Supra*, § 5.°, ponto 12.IV.

ainda para alargar o âmbito de incidência da directiva o facto de ela ser também aplicável aos grupos de dimensão comunitária cuja direcção central se situe num Estado terceiro – neste caso, o art. 1.º n.º 4 determina a aplicação da directiva em todas as empresas ou estabelecimentos do grupo que se situem em Estados Membros da União.

II. Uma vez estabelecidas as noções de empresa de dimensão comunitária e de grupo de empresas de dimensão comunitária, a directiva concentra o essencial do seu regime no estabelecimento de mecanismos que assegurem a informação, a consulta e a representação dos trabalhadores dessas empresas ou grupos de empresas.

Estes mecanismos passam pela instituição de um conselho de empresa europeu ou de um procedimento alternativo de informação e consulta dos trabalhadores, por acordo entre a direcção central da empresa ou do grupo de empresas e os representantes dos trabalhadores designados para esse efeito (arts. 4.º a 7.º da Directiva), após um procedimento de negociação entre as partes[566]. Este acordo define as regras de execução do dever de informação e consulta dos trabalhadores, a composição e as atribuições do conselho de empresa europeu, bem como os demais aspectos procedimentais e outras matérias que as partes pretendam regular (art. 6.º). A directiva estabelece que o conselho de empresa europeu (ou os representantes dos trabalhadores no procedimento alternativo de consulta e informação que seja instituído) deve funcionar em estreita colaboração com a direcção central da empresa (art. 9.º), determina a especial protecção dos representantes dos trabalhadores que nele participem (art. 10.º), estabelece o dever de sigilo sobre as informações recebidas (art. 8.º n.º 1) e prevê ainda limites ao dever de informação em matérias susceptíveis de afectar gravemente o funcionamento da empresa ou de as prejudicar (art. 8.º n.º 2).

---

[566] A jurisprudência comunitária tem tratado amplamente os problemas da negociação para a constituição dos conselhos de empresa europeus e do âmbito e modo de cumprimento do dever de informação a cargo da direcção central das empresas – sobre o ponto, podem ver-se, entre muitos outros, o Ac. TJ de 29/03/2001 (Proc. C-62/99 – *Betriebsrat der Bofrost* Josef H. Boquoi Deutschland West GmbH & Co. KG v. Bofrost* Josef H. Boquoi Deutschland West GmbH & Co. KG*.), CJ, 2001, I-02579, o Ac. TJ de 13/01/2004 (Proc. C-440/00 – *Gesamtbetriebsrat der Kühne & Nagel AG & Co. KG v. Kühne & Nagel AG & Co. KG*), CJ, 2004, I-00787, ou o Ac. TJ (Sexta Secção) de 15/07/2004 (Proc. C-349/01 – *Betriebsrat der Firma ADS Anker GmbH v. ADS Anker GmbH*), CJ, 2004, I-06803.

Em caso de impasse na celebração do acordo de instituição destes mecanismos de informação e consulta ou por decisão das partes nesse acordo, a directiva prevê um regime supletivo (art. 7.º), que estabelece em Anexo. Este regime passa pela instituição de um conselho de empresa europeu, constituído por representantes dos trabalhadores das empresas ou grupos de empresas (art. 1.º do Anexo), e é a propósito deste regime que ficam melhor delineadas as competências e a área de intervenção dos trabalhadores, em execução do direito à informação e consulta consagrado no art. 1.º da Directiva: assim, nos termos do art. 2.º do Anexo, o conselho de empresa europeu tem direito a ser informado e consultado sobre as questões relativas à actividade da empresa ou do grupo, nomeadamente as matérias relativas à estrutura da empresa, à sua situação económica e financeira, à situação e evolução do emprego, a alterações de fundo na organização, nos métodos de produção ou de trabalho, incluindo processos de fusão, encerramento ou transmissão de estabelecimentos ou de empresas, total ou parcialmente, bem como em matéria de despedimentos colectivos.

Por fim, cabe referir que a garantia da efectividade do sistema previsto pela Directiva é remetida para os Estados Membros, pelo art. 11.º: nos termos desta norma, cabe a cada Estado assegurar a instituição dos mecanismos de representação dos interesses dos trabalhadores aqui previstos e assegurar o recurso aos mecanismos administrativos e jurisdicionais adequados em situações de incumprimento da Directiva.

III. As regras que acabamos de descrever permitem retirar três conclusões essenciais para a matéria que nos ocupa: a primeira tem a ver com a incidência subjectiva do regime comunitário no que tange aos grupos; a segunda reporta-se à incidência objectiva deste mesmo regime; e a terceira refere-se à natureza essencial do envolvimento dos trabalhadores.

A primeira conclusão a retirar do regime exposto reporta-se à noção de grupo de dimensão comunitária: como se viu, o conceito de grupo relevante para efeitos desta directiva vai para além do conceito de grupos societários internacionais, o que confirma a intenção clara do direito comunitário de instituir um sistema de envolvimento dos trabalhadores que cubra a generalidade das situações de colaboração inter-societária de dimensão comunitária.

A segunda conclusão tem a ver com o âmbito das matérias em que é prevista a participação dos trabalhadores, neste regime comunitário. Embora as partes tenham margem para modelar o alcance dos direitos de informação e consulta, no acordo que institua os mecanismos de execução desses direitos, o regime supletivo, constante do Anexo à directiva aponta claramente para um conjunto bastante vasto de matérias sujeitas a deveres de informação e consulta. Por outras palavras, pretende-se um envolvimento dos trabalhadores na actividade global da empresa.

A terceira conclusão refere-se ao alcance substancial deste envolvimento dos trabalhadores. Como resulta do exposto, apenas são garantidos aos trabalhadores direitos de informação e de consulta nas matérias indicadas[567] e não direitos de participação ou de veto nas decisões da empresa ou do grupo – numa palavra, o sistema previsto tem uma fisionomia meramente informativa e consultiva. Com esta fisionomia, o sistema comunitário fica aquém de alguns sistemas nacionais de participação dos trabalhadores na gestão das empresas, nomeadamente o sistema de cogestão germânico, e mesmo de outros regimes comunitários de envolvimento dos trabalhadores, previstos para vicissitudes laborais específicas, como o despedimento colectivo e a transmissão de empresa ou de estabelecimento – este facto explica, aliás, as regras de conjugação desta directiva, estabelecidas no art. 12.º, nos termos das quais o regime nela previsto não prejudica nem a aplicação dos regimes comunitários mais específicos, nem a aplicação de outros regimes nacionais de participação dos trabalhadores.

18.2.2. O regime comunitário de participação dos trabalhadores na sociedade europeia e na sociedade cooperativa europeia

I. Ainda no que toca à matéria da representação dos trabalhadores, devem ter-se em conta duas outras directivas mais específicas, com relevo na matéria dos grupos: a Dir. 2001/86/CE, de 8 de Outubro de 2001, que completa o estatuto da sociedade anónima europeia no que respeita ao envolvimento dos trabalhadores; e a Dir. 2003/72/CE, de 22 de Julho de 2003, que completa o estatuto da sociedade cooperativa europeia, com vista ao envolvimento dos trabalhadores.

---

[567] O art. 2.º n.º 1 f) da Directiva, define a *consulta* como a troca de opiniões ou o diálogo entre a direcção central da empresa e os representantes dos trabalhadores.

II. A Dir. 2001/86/CE, de 8 de Outubro de 2001, deu cumprimento à previsão, no próprio Regulamento que institui a Sociedade Anónima Europeia (SE) – Reg. CE n.º 2157/2001, de 8 de Outubro de 2001, a que nos referimos oportunamente[568] – de um sistema de envolvimento dos trabalhadores nestas sociedades (art. 1.º n.º 4 do Reg. CE n.º 2157/2001), que, quando revistam a forma de uma sociedade *holding* (art. 32.º do 2157/2001), podem dar lugar ao surgimento de um grupo, como vimos oportunamente.

Tal como é previsto na directiva sobre os conselhos de empresa europeus, o regime de envolvimento dos trabalhadores na SE, previsto pela Dir 2001/86, contempla um procedimento de negociação entre a direcção das sociedades participantes no projecto de constituição da SE e os representantes dos trabalhadores daquelas sociedades na própria SE (art. 3.º n.º 1 da directiva), prevê a celebração de um acordo escrito sobre o regime de envolvimento dos trabalhadores na SE (art. 3.º n.º 3, e art. 4.º da directiva) e estabelece ainda um regime supletivo de envolvimento dos trabalhadores, a aplicar na falta do acordo ou por decisão das partes nesse sentido (art. 7.º e Anexo à directiva). A directiva estabelece também deveres de reserva e confidencialidade quanto às informações recebidas (art. 8.º n.º 1), impõe alguns limites ao dever de informar, em caso de informações vitais para a empresa (art. 8.º n.º 2), e garante aos representantes dos trabalhadores o direito a uma protecção especial (art. 10.º).

Contudo, o regime supletivo do envolvimento dos trabalhadores nas SE, estabelecido no Anexo à directiva, é mais amplo do que o regime geral dos conselhos de empresa europeus, acima examinado. Assim, é prevista a constituição de um órgão específico de representação dos trabalhadores na SE (Parte 1 do Anexo), ao qual são atribuídos direitos de informação e de consulta sobre questões respeitantes à SE[569], não só em termos regulares, mas também em circunstâncias excepcionais em que os interesses dos trabalhadores possam ser significativamente afectados por medidas como a mudança de localização, a transferência ou encerramento de empresas ou estabelecimentos, ou a ocorrência de despedimentos colectivos (Parte 2 do Anexo). Mas, nestas situações excepcionais, a consulta dos trabalhadores passa por um procedimento mais exigente, que compreende a emissão de

---

[568] *Supra,* § 5.º, ponto 12.III.
[569] Sobre os conceitos de informação e de consulta, para efeitos desta directiva, *vd* o art. 2.º alíneas i) e j).

um parecer e, caso este não venha a ser adoptado pela direcção da SE, pela promoção de reuniões com o objectivo de chegar a um acordo sobre as medidas a adoptar. Ora, ainda que, em última análise, a decisão final caiba sempre à direcção da SE[570] e que, na prática, as partes possam afastar este regime, a verdade é que ele corresponde a um sistema de envolvimento mais activo do que o regime comum de envolvimento dos trabalhadores, constante da directiva que instituiu os conselhos de empresa europeus.

Por outro lado, o Anexo à directiva prevê a participação dos trabalhadores no órgão de administração ou de fiscalização da SE, quando esta seja constituída por transformação ou através da criação de uma *holding*, sempre que o regime nacional aplicável às sociedades de origem previsse tal participação (Parte 3 do Anexo). Esta participação efectiva-se através da designação de representantes dos trabalhadores para esses órgãos[571], nos termos previstos no próprio Anexo. Assim, neste ponto em especial estamos perante direitos de participação dos trabalhadores na gestão societária, em sentido próprio, o que vai muito para além do regime dos conselhos de empresa europeus e se aproxima dos modelos de cogestão de alguns Estados Membros.

Por esta razão, a Directiva prevê a prevalência do regime que institui sobre o regime geral da Directiva que institui os conselhos de empresa europeus (art. 13.° n.° 1), embora não a prevalência sobre os regimes nacionais de representação dos trabalhadores (art. 13.° n.° 3), excepto quanto à matéria da participação dos trabalhadores nos órgãos das SE, que se rege pela Directiva (art. 13.° n.° 2).

III. Exactamente na linha da Directiva sobre a sociedade anónima europeia, é de referir a Dir. 2003/72/CE, de 22 de Julho de 2003, que completa o estatuto da sociedade cooperativa europeia (SCE), aprovado pelo Reg. CE n.° 1435/2003, do Conselho, de 22 de Julho de 2003, no que respeita ao envolvimento dos trabalhadores.

Tendo em conta que estas sociedades podem dar origem a um grupo, nos termos expostos oportunamente[572], a directiva referida estabelece um

---

[570] Neste sentido, o Anexo é explícito na afirmação de que as reuniões com o órgão de representação dos trabalhadores não podem afectar as prerrogativas de decisão da SE (Parte II c), *in fine,* do Anexo à directiva).

[571] Sobre o conceito de participação, para efeitos da Directiva, *vd* o art. 2.° alínea k).

[572] *Supra,* § 5.°, ponto 12.III.

sistema de envolvimento dos trabalhadores nessas sociedades, que passa pelo reconhecimento de direitos de informação e consulta dos trabalhadores, e, eventualmente, pela sua participação nos órgãos de administração e de fiscalização da SCE, em termos similares aos previstos para a SE e acima indicados – vd o art. 2.°, h), i), j) e j), quanto à definição dos direitos de informação, consulta e participação, o art. 3.°, quanto ao grupo especial de negociação do acordo de envolvimento dos trabalhadores, o art. 4.° e o Anexo à directiva, quanto ao conteúdo do acordo e às regras supletivas a aplicar na sua falta, o art. 10.° sobre os deveres de sigilo e a limitação do dever de informação, o art. 12.°, sobre a protecção especial dos representantes dos trabalhadores na SCE, e o art. 15.°, sobre as regras de prevalência desta directiva sobre outros instrumentos normativos.

Como notas específicas desta directiva, devem ainda apontar-se o facto de prever a aplicação de parte do seu regime às SCE constituídas apenas por pessoas singulares ou por uma única pessoa colectiva e várias pessoas singulares (art. 8.°) e ainda o facto de prever, em certas condições, a participação dos trabalhadores na assembleia geral da SCE (art. 9.°).

IV. Como decorre do exposto, tanto no caso da sociedade anónima europeia como no caso da sociedade cooperativa europeia, o sistema de envolvimento dos trabalhadores é mais amplo e mais intenso do que o regime comunitário comum nesta matéria, porque através dele os representantes dos trabalhadores podem «...influir nas decisões a tomar no âmbito da sociedade» – o que é, aliás, reconhecido expressamente em ambas as directivas[573].

Ora, ainda que o âmbito de aplicação deste regime seja, na prática, relativamente circunscrito, este facto deve ser assinalado, que mais não seja pela tendência de evolução das instâncias comunitárias quanto a esta matéria, que ele revela.

---

[573] A expressão é transcrita do conceito de envolvimento dos trabalhadores, que consta do art. 2.° al. h) da Directiva e que não tem paralelo na Dir. 94/45/CE, de 22 de Setembro de 1994, constando também do art. 2.° al. h) da Dir. 2003/72/CE, de 22 de Julho de 2003, com a diferença de que, nesta última directiva, tal expressão é reportada a uma empresa e não a uma sociedade. Transpomo-la não pela sua expressividade linguística mas pelo seu significado substancial.

18.2.3. O quadro geral de representação colectiva dos trabalhadores no espaço europeu; repercussões nos grupos

I. Ainda com referência à representação colectiva dos trabalhadores no contexto dos grupos, cabe indicar a Dir. 2002/CE, de 11 de Março de 2002, que estabelece o quadro geral relativo à informação e consulta dos trabalhadores na Comunidade Europeia.

Pretendendo reforçar o diálogo social no seio das empresas e promover a informação e a consulta dos trabalhadores, designadamente em matérias que os possam afectar (considerandos 7 e 8 da directiva), esta directiva estabelece, nas empresas com mais de 50 trabalhadores ou que tenham estabelecimentos com mais de 20 de trabalhadores, consoante a opção dos Estados Membros (art. 3.°), o direito dos trabalhadores à informação e consulta nas seguintes matérias (enunciadas no art. 4.° n.° 2): evolução das actividades da empresa ou do estabelecimento e sua situação económica; situação e evolução dos postos de trabalho na empresa; decisões susceptíveis de provocar mudanças substanciais na organização do trabalho ou nos contratos de trabalho.

A directiva prevê ainda a imposição de limites ao dever de informação, relativamente a matérias sensíveis, cuja divulgação possa prejudicar a empresa e impõe o dever de sigilo quanto às informações recebidas (art. 6.°), assegura a protecção especial dos representantes dos trabalhadores (art. 7.°) e estabelece regras sobre a efectividade das disposições da directiva (art. 8.°) e sobre a sua relação com directivas mais específicas em matérias de representação dos trabalhadores, que prevalecem sobre este instrumento normativo geral (art. 9.°).

Por último, a directiva prevê a possibilidade de aplicação das suas regras ao nível nacional através de convenção colectiva de trabalho, caso os Estados Membros assim o determinem (art. 5.°).

II. Sendo de alcance genérico, no sentido em que define o quadro geral nesta matéria e em que é aplicável à generalidade das empresas (definidas, aliás, com grande latitude, no art. 2.° alínea a), como aquelas empresas, situadas no território de um Estado Membro, e com natureza pública ou privada, que exerçam uma actividade económica lucrativa ou não lucrativa), esta directiva aplica-se independentemente da estrutura simples ou grupal das empresas.

§ 10.° A ordem juslaboral e o fenómeno dos grupos societários e empresariais   281

O problema que se pode colocar no âmbito dos grupos decorre apenas do facto de o regime de representação colectiva dos trabalhadores, previsto na directiva, só se aplicar às empresas ou estabelecimentos com mais do que um determinado número de trabalhadores, o que não só suscita a questão do cômputo dos trabalhadores numa estrutura de grupo[574], como pode facilitar a subtracção das empresas que o compõem à aplicação deste regime através de divisões artificiosas em estabelecimentos de dimensão reduzida.

Este problema será retomado a propósito do tema da representação colectiva dos trabalhadores no quadro dos grupos, ao nível do sistema jurídico nacional, que nos ocupará oportunamente[575].

18.3. **As directivas e a jurisprudência comunitárias sobre vicissitudes das empresas: repercussões no contexto dos grupos**

18.3.1. **O regime comunitário de tutela dos trabalhadores em caso de transferência de empresa, estabelecimento ou unidade económica**

I. Um segundo conjunto de directivas comunitárias em matéria social, que pode ter projecções na temática dos grupos, reporta-se a algumas vicissitudes empresariais. Neste conjunto, compete destacar a Dir. 2001/23, CE, de 12 de Março de 2001, relativa aos direitos dos trabalhadores em

---

[574] A jurisprudência comunitária tem tratado a questão do cômputo dos trabalhadores da empresa ou do estabelecimento, para efeitos da sujeição às obrigações de consulta e informação constantes desta directiva. Assim, no Proc. C-385-05 (*Confédération générale du travail (CGT), Confédération française démocratique du travail (CFDT), Confédération française de l'encadrement (CGC), Confédération française des travailleurs chrétiens (CFTC), Confédération générale du travail – Force ouvrière (CGT-FO) v. Premier Ministre, Ministre de l'Emploi, de la Cohésion sociale et du Logement*), in http://curia.europa.eu, as Conclusões do Advogado Geral, apresentadas a 12/09/2006, foram no sentido de que a atribuição aos Estados Membros da tarefa de determinar a forma de cálculo dos limiares de trabalhadores empregados, nos termos do art. 3°, n.° 1, alínea b), da Dir. 2002/14, não pode ser interpretada no sentido de permitir que esses Estados procedam à exclusão temporária de certas categorias de trabalhadores para efeitos da aplicação dos referidos limiares.

[575] *Infra*, § 29.°, ponto 54.1.

caso de transferência de empresa, estabelecimento ou unidade económica, a Dir. 98/59/CE, de 20 de Julho de 1998, relativa à aproximação das legislações dos Estados Membros em matéria de despedimentos colectivos, e a Dir. 80/987/CEE, de 20 de Outubro de 1980, com as alterações introduzidas pela Dir. 2002/74/CE, de 22 de Setembro de 2002, relativa à protecção dos trabalhadores em caso de insolvência do empregador[576].

Começamos a nossa apreciação pela directiva relativa à transmissão das empresas ou dos estabelecimentos.

II. Como é sabido, a Dir. 2001/23/CE, de 12 de Março de 2001, relativa aos direitos dos trabalhadores em caso de transferência de empresa, estabelecimento ou unidade económica[577-578], tem como objectivo harmonizar as legislações dos Estados Membros no que toca ao nível de protecção assegurado aos trabalhadores de empresas ou estabelecimentos objecto de transferência, total ou parcialmente.

A directiva tem um alcance amplo, quer quanto à sua incidência subjectiva (neste sentido, veja-se a delimitação ampla das empresas abrangidas, que consta da alínea c) do n.º 1 do art. 1.º), quer quanto à incidência objectiva (uma vez que se aplica tanto às operações de transferência total do estabelecimento ou da empresa, como às transferências parciais, que

---

[576] Em geral, sobre estas directivas, ROSÁRIO PALMA RAMALHO, *Direito do Trabalho cit.*, I, 184 s.., e II, 672.

[577] Anteriormente, esta matéria era regulada pela Dir. 77/187/CEE, de 14 de Fevereiro de 1977, que foi alterada pela Dir. 98/50/CE, do Conselho, de 29 de Junho.

[578] Para mais desenvolvimentos sobre o direito comunitário nesta matéria, entre outros, J. GOMES, *O conflito entre a jurisprudência nacional e a jurisprudência do TJ das CCEE em matéria de transmissão do estabelecimento no direito do trabalho; o art. 37.º da LCT e a Directiva 77/187*, RDES, 1996, 77-194, e ainda deste autor, *A jurisprudência recente em matéria de empresa, estabelecimento ou parte de estabelecimento – inflexão ou continuidade?*, in P. ROMANO MARTINEZ, *Estudos do Instituto de Direito do Trabalho*, I, Coimbra, 2001, 481-521, F. LIBERAL FERNANDES, *Transmissão do estabelecimento e oposição do trabalhador à transferência do contrato: uma leitura do art. 37.º da LCT conforme ao direito comunitário*, QL, 1999, 14, 213-240, J. SIMÃO, *A transmissão do estabelecimento na jurisprudência do trabalho comunitária e nacional*, QL, 2002, 20, 203-220, CATARINA CARVALHO, *Da Mobilidade dos Trabalhadores... cit.*, 163 ss., *Admissibilidade de um acordo entre transmitente e transmissário no sentido de excluir a transmissão de contratos de trabalho*, QL, 2003, 21, 99-103, e *Algumas questões sobre a empresa e o Direito do Trabalho no novo Código do Trabalho*, in Centro de Estudos Judiciários (coord.), *A Reforma do Código do Trabalho*, Coimbra, 2004, 437-474.

§ 10.º *A ordem juslaboral e o fenómeno dos grupos societários e empresariais* 283

abrangem uma unidade económica autónoma do estabelecimento ou empresa – art. 1.º n.º 1, a) e b), respectivamente).

A tutela dos trabalhadores por ocasião das operações de transmissão é assegurada, nesta directiva, essencialmente por duas regras substanciais e por uma regra procedimental. Do ponto de vista substancial, a directiva assegura a manutenção dos direitos e das condições de trabalho dos trabalhadores do estabelecimento, empresa, ou unidade económica transmitidos na esfera do transmissário (arts. 3.º e 4.º), ao mesmo tempo que estabelece mecanismos de responsabilidade solidária entre transmitente e transmissário em relação aos créditos do trabalhador para com o transmitente (art. 3.º n.ºs 1 e 2). Do ponto de vista procedimental, a directiva obriga ao envolvimento dos trabalhadores na operação de transmissão da empresa, estabelecimento ou unidade económica em causa, estabelecendo um processo de informação e de consulta dos representantes dos trabalhadores afectados por tal operação, que é regulado com minúcia no art. 7.º da directiva.

III. Em interpretação e aplicação do regime constante desta directiva, a jurisprudência comunitária tem desempenhado um importante papel, nomeadamente no que toca à determinação do âmbito de aplicação da directiva, a partir do conceito de unidade económica autónoma[579], e também quanto à própria delimitação do conceito de transmissão para efeitos da directiva[580]. Por outro lado, salienta-se o contributo da jurisprudência

---

[579] A este respeito, refira-se, por exemplo, o Ac. TJ de 14/04/1994 (Proc. C-392/92 – *Christel Schmidt v. Spar- und Leihkasse der Frueheren Aemter Bordesholm, Kiel und Cronshagen*), CJ, 1994, I, 01311, sustentando que o critério decisivo para estabelecer a existência de uma transferência na acepção da directiva é o da manutenção da identidade da entidade económica, que pode ser reconhecida a partir da actividade prestada, independentemente do carácter essencial ou acessório que tenha para a empresa e independentemente do número de trabalhadores que a desempenham (que pode ser até reduzida a um único trabalhador); mas, sobre o mesmo assunto, em sentidos não totalmente coincidentes, *vd* o Ac. TJ de 11/03/1997 (Proc. C-13/95 – *Ayse Süzen v. Zehnacker Gebäudereinigung GmbH Krankenhausservice*), CJ, 1997, I – 0125, e ainda o Ac. TJ de 10/12/1998 – *Processos apensos de Francisco Hernández Vidal SA v. Prudencia Gómez Pérez, María Gómez Pérez e Contratas y Limpiezas SL* (Proc. C-127/96), *de Friedrich Santner v. Hoechst AG* (Proc. C-229/96), e *de Mercedes Gómez Montaña v. Claro Sol SA e Red Nacional de Ferrocarriles Españoles (Renfe)* (Proc. C-74/97), CJ, 1998, I – 08179.

[580] A este propósito, a jurisprudência comunitária sustentou um conceito amplo de transmissão, para efeitos da sujeição ao regime constante da directiva. Neste sentido, *vd,*

na resolução de problemas como a configuração de um direito de posição do trabalhador à manutenção do seu contrato na esfera jurídica do transmissário e as consequências da sua recusa em acompanhar o estabelecimento ou a empresa cedidos[581], bem como quanto à clarificação de outros aspectos do regime comunitário, como a possibilidade de renúncia dos trabalhadores aos direitos nele consagrados[582].

18.3.2. O regime comunitário de tutela dos trabalhadores em matéria de despedimento colectivo

I. A mesma preocupação de tutela dos trabalhadores perante as vicissitudes da empresa domina a Dir. 98/59/CE, de 20 de Julho de 1998, relativa à aproximação das legislações dos Estados Membros em matéria de despedimento colectivo[583].

No caso desta directiva, o escopo protectivo é prosseguido, desde logo, pela delimitação do conceito de despedimento colectivo em termos amplos (art. 1.º n.º 1) e pela fixação de uma incidência subjectiva ampla da directiva, que só não se considera aplicável aos trabalhadores da administração pública, nos termos do art. 1.º n.º 2 b).

---

entre outros, o Ac. TJ de 10/02/1998 (Proc. n.º 334/86 – *Foreningen af Arbedjdsledere I Danmark v. Daddy's Dance Hall A/S*), CJ, 1988, I – 00739, aplicando o conceito a um caso de contrato de locação.

[581] A este propósito, é paradigmático o Ac. TJ de 16/12/1992 (Processos apensos C-132/91, C-138/91 e C-139/91 – *Grigorios Katsikas v. Angelos Konstatinidis e Uwe Skreb e Günther Schroll v. PCO Stauereibebetried Paetz & CO. Nachfolger GMBH*), CJ, 1992 I-06577, considerando que as disposições da directiva relativamente à manutenção dos direitos do trabalhador na esfera do transmissário do estabelecimento ou da empresa não obstam a que um trabalhador empregado pelo cedente à data da transferência da empresa, na acepção do n.º 1 do artigo 1.º da directiva, se oponha à transferência do seu contrato ou da sua relação laboral para o cessionário. Contudo, como a directiva não obriga os Estados Membros a prever que, nesta hipótese, o contrato ou a relação de trabalho se mantêm com o cedente, compete aos Estados Membros determinar o destino reservado ao contrato ou à relação laboral com o cedente.

[582] Esta possibilidade é recusada pelo Ac. TJ de 10/02/1998 (Proc. 324/86), acima referido, que, todavia, não se opõe a uma modificação da relação de trabalho, acordada com o novo empregador, na medida em que o direito nacional aplicável admita essa modificação fora dos casos de transferência de empresas.

[583] Esta matéria era regulada anteriormente pela Dir. 75/129/CEE, de 17 de Fevereiro de 1975, que foi sujeita a várias alterações.

§ 10.º A ordem juslaboral e o fenómeno dos grupos societários e empresariais   285

Para efectivação do seu desígnio tutelar, a directiva prevê essencialmente três medidas: a intervenção dos trabalhadores no procedimento tendente ao despedimento colectivo, tendo os representantes dos trabalhadores o direito a ser informados e consultados sobre o mesmo, com o objectivo de chegar a um acordo com o empregador sobre as medidas a adoptar (art. 2.º); a intervenção das entidades públicas competentes neste procedimento, em diversos momentos e para diversos efeitos (art. 2.º n.º 3 último parágrafo, art. 3.º, e art. 4.º n.ºs 1, 2 e 3); e a sujeição do despedimento a um prazo de aviso prévio (art. 4.º n.º 1).

II. Em interpretação e aplicação das várias versões desta directiva, a jurisprudência do Tribunal de Justiça tem contribuído para clarificar algumas questões, como o conceito de despedimento colectivo, para efeitos da sujeição ao regime de tutela comunitário – sustentando, a este propósito, um conceito amplo de despedimento – e a tipologia das empresas e dos próprios trabalhadores a que se dirige o regime comunitário[584], bem

---

[584] Com efeito, a delimitação do âmbito de incidência da directiva, tanto em termos objectivos (i.e., a partir do conceito de despedimento colectivo) como em termos subjectivos (i.e., a partir do conceito de empresa) tem sido afinada pela jurisprudência comunitária. Sobre o ponto, a título ilustrativo, quanto ao conceito de despedimento, pode ver-se o Ac. TJ de 12/10/2004 (Proc. C-55/02 – *Comissão das Comunidades Europeias contra República Portuguesa*), *in* www.europa.eu.int/eur-lex, que concluiu que o conceito de despedimento colectivo, constante do artigo 1.º, n° 1 a) da Dir. 98/59/CE tem um sentido amplo e não modelável pelos Estados Membros, com a consequente sujeição dos Estados às obrigações impostas pela Directiva em todas as situações de cessação do contrato de trabalho que não sejam motivadas ou queridas pelo trabalhador, independentemente da sua qualificação formal pela lei nacional; na mesma linha, o Ac. TJ de 7/09/2006 (Proc. C-187--05 a C-190-05 – *Georgios Agorastoudis e o.* (C-187/05), *Ioannis Pannou u.a.* (C-188/05), *Kostandinos Kotsabougioukis u.a.* (C-189/05), *Georgios Akritopoulos u.a.* (C-190/05) *contra Goodyear Hellas ABEE*), *in* http://curia.europa.eu, considerou o regime da directiva aplicável aos despedimentos colectivos resultantes da cessação definitiva do funcionamento de uma empresa ou de um estabelecimento, decidida por iniciativa exclusiva do empregador, sem uma decisão judicial prévia, não podendo a derrogação prevista no artigo 1.º, n.º 2, alínea d), da directiva afastar a sua aplicação. Quanto ao conceito de empregador, para efeitos da sujeição a esta Directiva, *vd* o Ac. TJ de 16/10/2003 (Proc. C-32/02 – *Comissão das Comunidades Europeias v. República Italiana*), *in* www.europa.eu.int/eur-lex, considerando que o termo «empregador», na acepção do artigo 1.º, n.º 1, alínea a), da Directiva, também abrange os empregadores que, no âmbito das respectivas actividades, não prosseguem fins lucrativos. Ainda sobre a conjugação do conceito de despedimento colectivo com o conceito de insolvência, para efeitos da sujeição ao regime de tutela desta

como sobre diversos aspectos do procedimento de informação e consulta dos trabalhadores previamente à decisão do despedimento[585].

18.3.3. O regime comunitário de tutela dos trabalhadores perante a insolvência do empregador

I. Neste conjunto de directivas, cabe ainda referir a Dir. 80/987/CEE, de 20 de Outubro de 1980, com as alterações introduzidas pela Dir. 2002/74/CE, de 22 de Setembro de 2002, relativa à protecção dos trabalhadores em caso de insolvência do empregador.

O objectivo essencial destes instrumentos normativos é assegurar a satisfação dos créditos laborais dos trabalhadores cujo empregador esteja em estado de insolvência (art. 1.º n.º 1), sendo considerada como «estado de insolvência» a situação em que já tenha sido requerida a abertura de um processo de insolvência ou o momento em que tenha sido declarado o encerramento do estabelecimento ou da empresa (art. 2.º n.º 1).

Em prossecução deste objectivo, as directivas procedem à delimitação dos créditos abrangidos por esta tutela (arts. 3.º) e determinam uma criação, pelos Estados Membros, de instituições de garantia para o pagamento destes créditos (art. 3.º), regulando depois os aspectos do financiamento destas instituições (art. 5.º).

II. Em interpretação e aplicação do regime constante destas directivas, a jurisprudência comunitária tem, por seu turno, tratado questões como o âmbito e a natureza dos créditos abrangidos pela tutela conferida pelas directivas[586], a determinação da instituição de garantia competente

---

Directiva, *vd* o Ac. TJ de 17/12/1998 (Proc. C-250/97 – *Dansk Metalarbejderforbund, na qualidade de mandatária de John Lauge e o., v. Lønmodtagernes Garantifond*) in http://curia.europa.eu.

[585] Sobre o procedimento de consulta dos representantes dos trabalhadores neste âmbito, pode ver-se o Ac. TJ de 27/01/2005 (Proc. C-188-03 – *Irmtraud Junk v. Wolfgang Kühnel*), *in* http://curia.europa.e., reconhecendo o direito de o empregador proferir a declaração de despedimento no final deste processo.

[586] A jurisprudência comunitária já se pronunciou, a este propósito, sobre a possibilidade de limitação dos créditos laborais a ser satisfeitos pela instituição de garantia – a este propósito, o Ac. TJ de 4/03/2004 (Processos apensos C-19/01, C-50/01 e C-84/01 – *Istituto nazionale della previdenza sociale (INPS) v. Alberto Barsotti u.a.* (C-19/01),

§ 10.° *A ordem juslaboral e o fenómeno dos grupos societários e empresariais* 287

para o pagamento dos créditos, em caso de insolvência envolvendo empresas com sucursais em vários Estados Membros[587], e ainda a possibilidade de sujeição do direito de reclamação destes créditos a prazos de caducidade impostos pela lei nacional[588].

Milena Castellani (C-50/01), e *Anna Maria Venturi* (C-84/01)), *in* http://curia.europa.e, que considerou que os artigos 3.°, n.° 1, e 4.°, n.° 3, primeiro parágrafo da directiva, não autorizam um Estado Membro a limitar a obrigação de pagamento das instituições de garantia a um montante que cubra as necessidades essenciais dos trabalhadores em causa e ao qual sejam deduzidos os pagamentos efectuados pelo empregador no decurso do período abrangido pela garantia; o Ac. TJ de 12/12/2002 (Proc. C-442/00 – *Ángel Rodríguez Caballero v. Fondo de Garantía Salarial (Fogasa)*, *in* http://curia.europa.e, pronunciou-se no sentido de que os créditos que correspondam a salários de tramitação devem ser considerados créditos emergentes de contratos de trabalho ou de relações de trabalho, com natureza remuneratória, sendo abrangidos pela tutela conferida pela Directiva; ainda quanto ao conceito de remuneração, o Ac. TJ de 16/12/2004 (Proc. C-520/03, – *José Vicente Olaso Valero v. Fondo de Garantía Salarial (Fogasa)*, considerou que, cabendo ao juiz nacional determinar se o termo «remuneração», tal como definido pelo direito nacional, inclui as indemnizações por despedimento ilícito, se for feita essa qualificação, as referidas indemnizações estão abrangidas pela Directiva 80/987/CEE, devendo aplicar-se este regime tanto aos créditos correspondentes a indemnizações por despedimento ilícito, reconhecidos por sentença ou decisão administrativa, como aos créditos idênticos, estipulados num processo de conciliação (e ainda sobre este ponto, pode ver-se o Ac. TJ de 7/09/2006 (Proc. C-81/05 – *Anacleto Cordero Alonso v. Fondo de Garantía Salarial (Fogasa))*, *in* http://curia.europa.e; por seu turno, o Ac. TJ de 11/09/2003 (Proc. C-201/01 – *Maria Walcher v. Bundesamt für Soziales und Behindertenwesen Steiermark*), e o Ac. TJ de 18/10/2001 (Proc. C-441/99 – *Riksskatteverket v. Soghra Gharehveran*), ambos *in* http://curia.europa.e, pronunciaram-se sobre a extensão do direito à tutela conferida por esta directiva aos trabalhadores que tenham participação social na sociedade insolvente, desde que tal participação não lhes permita exercer uma influência dominante sobre essa sociedade.

[587] A este propósito, *vd* o Ac. TJ de 16/12/1999 (Proc. C-198/98 – *G. Everson, T.J. Barrass v. Secretary of State for Trade and Industry, Bell Lines Ltd, em liquidação) in* http://curia.europa.e, considerando que a instituição competente, à luz da directiva, para o pagamento dos créditos dos trabalhadores é a do Estado em cujo território eles exerciam a sua actividade.

[588] A este propósito, o Ac. TJ. de 18/09/2003 (Proc. C-125/01 – *Peter Pflücke v. Bundesanstalt für Arbeit*), *in* http://curia.europa.e, considerou que a directiva não se opõe à aplicação de um prazo de caducidade previsto no direito nacional para a apresentação, por um trabalhador assalariado, de um pedido de indemnização destinado a compensar créditos salariais por ocasião da insolvência do empregador, na condição de que esse prazo não seja menos favorável do que os prazos relativos a pedidos similares de natureza interna (princípio da equivalência) e de que não seja adaptado de modo a tornar, na prática, impossível o exercício dos direitos reconhecidos pela ordem jurídica comunitária (princípio da efectividade).

18.3.4. Síntese

I. Como decorre do exposto, os instrumentos normativos referidos têm em comum o objectivo de proteger os trabalhadores afectados por vicissitudes económicas das empresas, em termos substanciais e procedimentais.

Em termos substanciais, as medidas previstas procuram garantir a estabilidade do vínculo de trabalho perante a vicissitude da empresa (é o que sucede no caso da transmissão da empresa ou do estabelecimento), minorar os efeitos da vicissitude empresarial em questão (assim, no caso do despedimento colectivo), ou garantir alguma protecção financeira dos trabalhadores (como sucede no caso da insolvência). Em termos procedimentais, o direito comunitário procura assegurar que os trabalhadores tenham intervenção nos processos de implementação das medidas em causa (quer no caso da transmissão da empresa ou do estabelecimento quer no caso dos despedimentos colectivos), com o objectivo de minorar os efeitos adversos daquelas medidas na sua situação jurídica laboral ou, pelo menos, de fiscalizar as motivações do empregador e de garantir a regularidade dos procedimentos de implementação das medidas.

Revestindo carácter geral, as regras constantes destas directivas são, por via da respectiva transposição para os sistemas jurídicos dos Estados Membros, aplicáveis às vicissitudes das empresas nacionais, independentemente do facto de estas empresas terem uma estrutura unitária ou estarem integradas num grupo de empresas. Além disso, decorre do conceito amplo de empresa, subjacente a estes instrumentos normativos, que a sua aplicação se estende às mais variadas estruturas empresariais, com ou sem forma societária.

II. Contudo, reconhece-se com facilidade que a aplicação destas regras num contexto empresarial de grupo pode colocar alguns problemas específicos.

Assim, por um lado, deve ter-se em conta que a formação e a estruturação interna de um grupo empresarial envolve, com frequência, operações de transmissão de empresas ou estabelecimentos, assim como pode determinar reestruturações internas, que determinem, por exemplo, despedimentos colectivos. Nestes casos, a aplicação das regras comunitárias deve ocorrer, mas podem surgir dúvidas em matérias como a extensão do conceito de transmissão de empresa (por exemplo, a questão de saber se o recurso a estes procedimentos tem lugar quando o grupo seja constituído pela aquisição de participações societárias ou através de operações de fusão ou de cisão) ou o âmbito das medidas alternativas ao despedimento colectivo a negociar com os representantes dos trabalhadores (por exemplo, a questão de saber se tais medidas podem abranger a recolocação dos trabalhadores noutras empresas do grupo), ou ainda o problema simples de saber se, em operações de transmissão de unidades de um grupo ou por ocasião de despedimentos colectivos ocorridos em empresas do grupo, a intervenção dos trabalhadores nos procedi-mentos respectivos deve ocorrer no plano de cada empresa ou ao nível do próprio grupo.

Por outro lado, quer a dinâmica própria do grupo, quer a sua extinção podem envolver a insolvência de uma ou mais empresas que o compõem. Neste caso, a aplicação das regras comunitárias coloca o problema da extensão do regime de solidariedade pelos créditos laborais às demais empresas do grupo.

Estes problemas serão tratados oportunamente e já no quadro do direito nacional, mas devem, desde já, ficar enunciados.

18.4. O regime comunitário do destacamento internacional de trabalhadores

I. A última directiva comunitária a merecer uma referência especial, pelas implicações que pode ter na fenomenologia laboral dos grupos, é a Dir. 96/71/CE, de 16 de Dezembro de 1996, que estabelece o regime do destacamento internacional de trabalhadores no quadro de uma prestação de serviços[589].

Tendo como base primária o princípio da livre circulação de pessoas e da livre prestação de serviços, esta Directiva e aplicável às situações em que um trabalhador de uma empresa de um Estado Membro seja destacado para prestar a sua actividade numa empresa de outro Estado Membro, seja no âmbito de uma relação de prestação de serviços entre a empresa de origem e a empresa de destino, seja no contexto de uma relação de grupo

---

[589] Em geral, sobre esta directiva, ROSÁRIO PALMA RAMALHO, *Direito do Trabalho* cit., I, 173 s., e 282.

entre a empresa de origem e a empresa de destino, seja ainda por intermédio de uma empresa de trabalho temporário (art. 1.º n.º 3).

Delimitadas as situações de destacamento a que se aplica a directiva, o regime por ela estabelecido analisa-se essencialmente na obrigação assumida pelo Estado Membro de acolhimento do trabalhador destacado de lhe assegurar, independentemente da lei aplicável ao seu contrato de trabalho, condições mínimas de trabalho, de remuneração, de descanso diário, semanal e anual, de saúde, segurança e higiene no trabalho, de protecção especial para as trabalhadoras grávidas, puérperas e lactantes e de tratamento igualitário e não discriminatório (art. 3.º).

II. Como decorre do exposto, as situações de destacamento contempladas nesta directiva correspondem a situações de mobilidade inter-empresarial internacional dos trabalhadores. Sendo certo que a directiva contempla expressamente a possibilidade desta mobilidade ocorrer no contexto de um grupo de empresas (alínea b) do n.º 3 do art. 1.º)[590], o seu interesse para a matéria quer nos ocupa não carece de justificação adicional.

19. Os grupos no sistema juslaboral nacional: enquadramento geral

19.1. Situação anterior ao Código do Trabalho

I. Para completar a apreciação do modo como os sistemas jurídicos têm perspectivado as projecções laborais do fenómeno dos grupos, cabe fazer uma referência ao sistema nacional.

Esta referência pode ser feita em termos breves, remetendo-se um maior aprofundamento para o momento em que apreciarmos *per se* as diversas incidências laborais deste fenómeno. Por outro lado, tendo o Código do Trabalho constituído um ponto de viragem no modo de abordar esta temática, faz sentido distinguir a época que o antecedeu e o período do direito vigente na apreciação da evolução do sistema nacional nesta matéria.

---

[590] Deve, contudo, salientar-se que a directiva não contém qualquer noção de grupo de empresas, para os respectivos efeitos, nem tampouco qualquer noção de empresa.

§ *10.° A ordem juslaboral e o fenómeno dos grupos societários e empresariais* 291

II. Na maior parte da sua história, que já conta mais de um século, o sistema juslaboral nacional foi indiferente ao fenómeno dos grupos, à semelhança do que vimos suceder noutros países. Esta indiferença observa-se tanto no plano legal, onde não se encontram referências às projecções laborais da fenomenologia dos grupos durante largos anos, e também ao nível da jurisprudência, que raramente se ocupa destas matérias.

Ao nível doutrinal, o tema dos grupos é também omisso na maioria da literatura juslaboral, com algumas excepções. Assim, ainda muito antes do surgimento do regime jussocietário dos grupos, RAÚL VENTURA[591] admitia a celebração de um único contrato de trabalho com mais do que um empregador, sem, todavia, aprofundar o tipo de relações que podem existir entre os vários empregadores do mesmo trabalhador (que, obviamente, podem não corresponder a relações de grupo), mas daí retirando como consequência a responsabilidade solidária dos vários empregadores no cumprimento das obrigações para com o trabalhador. Já após o surgimento do regime societário dos grupos, são esporadicamente referidas na doutrina algumas projecções laborais do fenómeno dos grupos, como o problema da atribuição da posição de empregador nas empresas inseridas no grupo (e, designadamente, a questão da possibilidade de personificação do grupo para efeitos laborais)[592], e o tema da mobilidade dos trabalha-

---

[591] *Teoria da Relação Jurídica de Trabalho. Estudo de Direito Privado*, I, Porto, 1944, 301. Aplicando neste contexto a sua concepção da empresa como «fundo de trabalho», o autor observa que, desde que o fundo de trabalho no qual o trabalhador se insere, com a celebração do contrato de trabalho, seja detido por mais do que uma pessoa, se configura uma situação de pluralidade de empregadores. Esta situação deve ainda distinguir-se do caso de pluralidade de empregos, que, como o autor esclarece, é também em princípio de admitir e surge sempre que o trabalhador tenha vários vínculos laborais com empregadores diferentes – *idem*, 304 s.

[592] Sobre a questão da determinação do empregador no contexto dos grupos, entre outros, J. M. COUTINHO DE ABREU, *Grupos de sociedades e direito do trabalho*, BFDUC, 1990, LXVI, 124-149 (133 ss.), que se mostra desfavorável à solução da atribuição da qualidade de empregador ao grupo. Ainda sobre este ponto, entre outros, CATARINA CARVALHO, *Da Mobilidade dos Trabalhadores... cit.*, 29 ss., ABEL FERREIRA, *Grupos de Empresas e Direito do Trabalho cit.*, 146 ss., e ainda deste autor, *Grupos de empresas e relações laborais*, in A. MOREIRA (coord.), *I Congresso Nacional de Direito do Trabalho. Memórias*, Coimbra, 1998, 283-292 (289 ss.), M. IRENE GOMES, *Grupos de sociedades e algumas questões laborais*, QL, 1998, 12, 162-204 (167 ss.), ou J. N. ZENHA MARTINS, *A descentralização produtiva e os grupos de empresas ante os novos horizontes laborais*, QL, 2001, 18, 190-235 (220 ss. e *passim*).

dores entre as empresas do grupo – distinguindo-se a este propósito, entre as situações de transferência temporária e de transferência definitiva do trabalhador de uma empresa para outra, e aventando-se, para o primeiro tipo de situações, a possibilidade de ampliação da figura da mudança do local de trabalho (art. 24.º da LCT), e para o segundo tipo de casos, a possibilidade de aplicação da figura da transmissão do estabelecimento ou da empresa, (art. 37.º da LCT), mas também a possibilidade de enquadramento do problema por figuras civis como a cessão da posição contratual (art. 424.º do CC)[593]. Mais raramente, encontram ainda eco na doutrina o problema dos efeitos da cessação do contrato de trabalho por efeito de vicissitudes económicas que atinjam a empresa membro do grupo[594], e as questões da representatividade dos trabalhadores e do exercício dos direitos colectivos dos trabalhadores nas empresas que integram um grupo[595]. Por fim, constata-se a ausência de debate doutrinal sobre a questão da eventual responsabilidade solidária das empresas de um mesmo grupo para efeitos da satisfação dos créditos laborais dos trabalhadores de uma

---

[593] Sobre as questões da mobilidade dos trabalhadores no contexto dos grupos, ainda COUTINHO DE ABREU, *Grupos de sociedades... cit.*, 138 ss., ABEL FERREIRA, *Grupos de Empresas e Direito do Trabalho cit.*, 199 ss., e ainda *Grupos de empresas e relações laborais cit.*, 291 s., IRENE GOMES, *Grupos de sociedades... cit.*, 177 ss., mas, sobretudo, CATARINA CARVALHO, *Da Mobilidade dos Trabalhadores... cit.*, 107 ss.

[594] Sobre o tema dos efeitos das vicissitudes económicas das empresas de um grupo, que redundem na cessação do contrato de trabalho por extinção do empregador ou por despedimento colectivo, ainda COUTINHO DE ABREU, *Grupos de sociedades... cit.*, 143 ss. Também ENGRÁCIA ANTUNES, *Os Grupos de Sociedades... cit.*, 222 ss., refere a matéria da cessação do contrato de trabalho como uma área problemática em contexto de grupo, na medida em que a estabilidade dos vínculos laborais neste contexto passa a depender, em grande parte, de factores externos à própria empresa. E ainda sobre este ponto, CATARINA CARVALHO, *Da Mobilidade dos Trabalhadores... cit.*, 34 ss., e IRENE GOMES, *Grupos de sociedades... cit.*, 195 s.

[595] Sobre o problema da representação colectiva dos trabalhadores em contexto de grupo, de novo COUTINHO DE ABREU, *Grupos de sociedades... cit.*, 147, advogando a possibilidade de constituição de comissões de trabalhadores com funções de coordenação no contexto dos grupos, ao abrigo da autonomia privada dos trabalhadores, tal como IRENE GOMES, *Grupos de sociedades... cit.*, 198. Mais genericamente, ENGRÁCIA ANTUNES, *Os Grupos de Sociedades... cit.*, 225 ss., enuncia os problemas da informação e consulta dos trabalhadores, da sua representação colectiva e dos modelos de negociação colectiva em contexto de grupo, bem como CATARINA CARVALHO, *Da Mobilidade dos Trabalhadores... cit.*, 45 ss., e ABEL FERREIRA, *Grupos de Empresas e Direito do Trabalho cit.*, 239 ss.

§ 10.° *A ordem juslaboral e o fenómeno dos grupos societários e empresariais* 293

delas, mesmo depois da aprovação do regime juscomercial das situações de coligação societária no Código das Sociedades Comerciais.

O quadro evocado confirma, pois, que, tal como a maioria dos outros sistemas laborais, o sistema português se manteve até muito tarde ancorado na figura do empregador singular e enquadrou tradicionalmente o vínculo laboral no âmbito das fronteiras da empresa singular, não valorizando a estrutura grupal em que o empregador, porventura, se integre.

III. A situação descrita é alterada com a aprovação do regime da denominada «cedência ocasional de trabalhadores», inserido no DL n.° 358/89, de 17 de Outubro (LTT), diploma que instituiu o regime jurídico do trabalho temporário[596-597]. No âmbito deste diploma – e de certo modo, desgarrada do conjunto, porque a sua inserção sistemática é inadequada[598]

---

[596] O regime jurídico do trabalho temporário integrou um pacote de medidas legislativas laborais de âmbito relativamente vasto, que veio a ser publicado entre 1989 e 1991, e que demonstram a intenção de abertura do sistema juslaboral nacional às tendências de flexibilização do direito do trabalho, tanto na vertente da denominada flexibilização interna (i.e., reportada ao regime jurídico do contrato de trabalho comum) como na vertente da flexibilização externa (promovida através da abertura a novos modelos de contratação laboral). Em desenvolvimento das tendências de flexibilização interna, podem apontar-se diplomas como o que instituiu o novo regime da cessação do contrato de trabalho (LCCT – DL n.° 64-A/89, de 27 de Fevereiro) ou o que admitiu a figura do despedimento por inadaptação (DL n.° 400/91, de 16 de Outubro); como ilustração das tendências de flexibilização externa, podem apontar-se os diplomas que introduziram a figura do trabalho em comissão de serviço (DL n.° 404/91, de 16 de Outubro), do trabalho no domicílio (DL n.° 440/91, de 14 de Novembro) e o agora referido regime do trabalho temporário. Para mais desenvolvimentos sobre esta tendência evolutiva do direito do trabalho nacional, *vd* ROSÁRIO PALMA RAMALHO, *Direito do Trabalho cit.*, I, 81 s.

[597] O DL n.° 358/89, de 17 de Outubro, foi posteriormente alterado pela L. n.° 39/96, de 31 de Agosto, e pela L. n.° 146/99, de 1 de Setembro, que introduziu diversas modificações no regime da cedência ocasional de trabalhadores. O regime do trabalho temporário consta actualmente da L. n.° 19/2007, de 22 de Maio.

[598] A impropriedade da inserção sistemática do regime da cedência ocasional de trabalhadores no diploma que regulou o trabalho temporário decorre das óbvias diferenças entre as duas figuras, apesar de ambas envolverem uma cedência de trabalhadores. Assim, enquanto no trabalho temporário, a relação de trabalho tem, à partida, uma estrutura triangular, uma vez que a utilização do trabalhador é intermediada necessariamente pela figura da empresa de trabalho temporário (ETT), a cedência ocasional de trabalhadores pressupõe um vínculo de trabalho comum entre um trabalhador e a sua empresa (que não pode ser uma ETT), vínculo este que sofre uma modificação, com a superveniente cedência

– a figura da cedência ocasional de trabalhadores foi prevista nos arts. 26.º a 30.º.

Embora a figura da cedência ocasional de trabalhadores fosse tratada com desconfiança pelo legislador – que, avesso a situações de «mercantilização» da força de trabalho, começou, aliás, por estabelecer um princípio geral de proibição da cedência de trabalhadores a terceiros (art. 26.º n.º 1 da LTT) – e, consequentemente, fosse objecto de um regime muito restritivo, claramente pensado com o objectivo de a manter circunscrita a um universo limitado de situações[599], a sua previsão no Regime Jurídico

---

do trabalhador a uma segunda empresa, mas sem quebra do contrato de trabalho com o empregador originário. Por outro lado, enquanto o contrato de trabalho temporário é, por definição, um vínculo laboral precário (na versão originária da LTT, é mesmo obrigatoriamente um contrato de trabalho a termo – art. 17.º da LTT, na versão de 1989), o vínculo laboral do trabalhador cedido ocasionalmente é, por exigência legal, um vínculo estável, uma vez que só podem ser cedidos trabalhadores com contrato de trabalho por tempo indeterminado (art. 27.º da LTT, na versão em vigor até ao actual regime). Por último, a natureza específica da própria ETT separa as duas figuras, já que esta empresa tem como objecto justamente a cedência de trabalhadores às empresas utilizadoras (art. 3.º da LTT, na versão em vigor até ao actual regime), o que significa que os trabalhadores temporários não desempenham a sua actividade para esta empresa, ainda que ela seja o seu empregador; pelo contrário, nas situações de cedência ocasional, o trabalhador começa por prestar a sua actividade para a empresa empregadora em termos comuns e passa depois a desenvolvê-la para outra empresa nos mesmos termos. Para mais desenvolvimentos sobre a distinção entre as figuras do trabalho temporário e da cedência ocasional de trabalhadores, vd ROSÁRIO PALMA RAMALHO, *Direito do Trabalho cit.*, II, 267 e 688, mas, sobretudo, M. REGINA REDINHA *A Relação Laboral Fragmentada. Estudo sobre o Trabalho Temporário*, Coimbra, 1995, 152 ss.

[599] O carácter restritivo do regime legal da cedência ocasional manifesta-se, desde logo, no facto de a cedência ser admitida como *excepção* a um princípio geral de proibição (enunciado no art. 26.º n.º 1 da LTT), mas evidencia-se também no elenco restritivo de situações em que a figura é admitida: enunciadas no art. 26.º n.º 2 da LTT, na versão do diploma introduzida pela L. n.º 146/99, de 1 de Setembro, que clarificou um pouco o regime legal nesta matéria, estas situações abrangem a cedência no âmbito de acções de formação profissional a ministrar pela entidade terceira, a cedência no quadro de colaboração entre empresas associadas entre si económica ou financeiramente, mas, neste caso, apenas podendo ser cedidos os quadros técnicos para desempenho de funções com elevada componente técnica ou de enquadramento, e outras situações de cedência previstas em instrumento de regulamentação colectiva do trabalho. Por outro lado, a índole restritiva do regime manifesta-se na imposição de requisitos apertados ao acordo de cedência, que têm a ver com a situação do trabalhador cedido, com as relações entre as empresas e com a forma e o conteúdo obrigatório do acordo de cedência (arts. 27.º e 28.º da LTT). Por fim,

§ 10.º *A ordem juslaboral e o fenómeno dos grupos societários e empresariais* 295

do Trabalho Temporário constituiu o primeiro sinal de sensibilização do legislador laboral nacional à realidade da colaboração entre empresas, sendo, no caso, encarada como uma via para facilitar a circulação dos trabalhadores entre diversas entidades empregadoras.

É que, na delimitação das situações em que a cedência podia ocorrer, afastando o princípio geral de proibição, emergia, como situação mais relevante, a cedência para o «exercício de funções de enquadramento ou técnicas, de elevado grau, em empresas entre si associadas ou pertencentes a um mesmo agrupamento de empresas, por parte dos quadros técnicos de qualquer destas ou da sociedade de controlo» (alínea b) do n.º 2 do art. 26.º da LTT, na redacção e numeração dadas pela L. n.º 146/99, de 1 de Setembro); e no estabelecimento das condições de licitude da cedência ocasional, a lei exigia, entre outras condições, que a cedência se verificasse «...no quadro da colaboração entre empresas jurídica ou financeiramente associadas ou economicamente interdependentes» (al. b) do n.º 1 do art. 27.º da LTT). Ora, apesar da imprecisão terminológica destas normas na delimitação das situações de colaboração empresarial a que se referem – suscitando-se, designadamente, muitas dúvidas sobre a conjugação desta realidade com as situações de coligação societária, ao tempo já previstas no Código das Sociedades Comerciais[600], e sobre os conceitos de empresas «financeiramente associadas» e empresas «economicamente interdependentes»[601] – delas resulta que o campo, por excelência, de aplicação da figura da cedência ocasional é o dos grupos de empresas.

---

a lei tutela com vigor a posição do trabalhador cedido, quer durante a cedência (estabelecendo a sua integração na empresa cessionária – art. 29.º da LTT), quer por ocasião do fim da cedência (prevendo o regresso do trabalhador à empresa cedente sem perda de regalias – art. 28.º n.º 3 da LTT), quer em caso de recurso ilícito à cedência (estabelecendo o direito de integração definitiva do trabalhador na entidade cessionária por opção do próprio trabalhador – art. 30.º da LTT).

[600] A este propósito, é ilustrativo da falta de rigor desta norma o facto de ora se referir a «agrupamentos de empresas» ora à «sociedade de controlo», parecendo, com a primeira referência, querer abranger os grupos de empresas (e não, em qualquer caso, reportar-se aos denominados agrupamentos complementares de empresas), independentemente da estrutura societária que possam ou não revestir, mas deixando a dúvida sobre a estrutura necessariamente societária das entidades que compõem o agrupamento, quando se refere à *sociedade* controladora. De outra parte, fica também a dúvida sobre a extensão do regime a grupos horizontais e verticais ou só aos segundos.

[601] Quanto à noção de «empresas financeiramente associadas» a questão que se coloca é de saber se, por exemplo, devem como tal ser qualificadas empresas que tenham

Como é sabido, apesar do seu regime restritivo, a figura da cedência ocasional tem sido, desde o seu surgimento, utilizada frequentemente no contexto dos grupos de empresas, utilização esta que esteve na origem da emissão de jurisprudência sobre esta matéria[602]. Por outro lado, o surgimento do regime jurídico da cedência ocasional motivou amplamente a doutrina juslaboral para o tratamento dos problemas colocados por esta figura[603], ainda que não sejam muito desenvolvidas as questões conexas que decorrem do ambiente de grupo em que a cedência se processa.

Pode, assim, dizer-se que a primeira projecção laboral do fenómeno dos grupos a merecer uma atenção significativa no nosso sistema jurídico foi a matéria da mobilidade inter-empresarial dos trabalhadores, através do regime da cedência ocasional de trabalhadores.

---

uma participação no capital de outra empresa, mesmo que minoritária, já que mesmo uma participação de reduzida importância se pode entender como uma associação financeira. Por seu turno, o conceito de «empresas economicamente interdependentes» é ainda mais vago e potencialmente vasto, apenas parecendo afastar as situações de dependência económica unilateral de uma empresa em relação a outra, mas adequando-se a uma grande variedade de vínculos entre empresas, que vão muito para além das situações de colaboração inter-societária previstas na lei das sociedades comerciais. Também chamando a atenção para o carácter vago e impreciso dos termos utilizados nesta norma para delimitar o âmbito de aplicação da figura da cedência ocasional, COUTINHO DE ABREU, *Grupos de sociedades... cit.*, 138 ss.

[602] Apenas a título ilustrativo, e limitando as referências aos acórdãos mais recentes, ainda que anteriores ao surgimento do Código do Trabalho, a jurisprudência pronunciou-se, entre outros, sobre os seguintes problemas colocados pela figura da cedência ocasional de trabalhadores: delimitação das funções que o trabalhador cedido pode desempenhar na empresa cessionária e direito à manutenção da categoria de origem durante a cedência (Ac. RC de 27/02/1997, CJ, 1997, I, 75), regime da retribuição do trabalhador cedido (Ac. STJ de 18/11/1997, CJ (STJ), 1997, III, 280), e direitos do trabalhador em caso de recurso ilícito à cedência (Ac. RLx. de 20/11/1993, CJ, 1993, IV, 192).

[603] Sobre os problemas da cedência ocasional, no âmbito da doutrina nacional e no contexto do regime anterior ao Código do Trabalho, podem ver-se, entre outros, A. DIAS COIMBRA, *Grupo societário em relação de domínio total e cedência ocasional de trabalhadores. Atribuição de prestação salarial complementar*, RDES, 1990, 115-154, ABEL FERREIRA, *Grupos de Empresas e Direito do Trabalho cit.*, 210 ss., M. REGINA REDINHA, *Da cedência ocasional de trabalhadores*, QL, 1994, 1, 16-23, bem como *A Relação Laboral Fragmentada cit.*, 152 ss., IRENE GOMES, *Grupos de sociedades... cit.*, 177 ss., P. ROMANO MARTINEZ, *Cedência ocasional de trabalhadores: quadro jurídico*, ROA, 1999, III, 859-870, C. AFONSO REIS, *Cedência de Trabalhadores*, Coimbra, 2000, CATARINA CARVALHO, *Da Mobilidade dos Trabalhadores... cit.*, 258 ss., ou J. ZENHA MARTINS, *Cedência de Trabalhador e Grupos de Empresas*, Coimbra, 2002.

IV. Após a aprovação do regime da cedência ocasional de trabalhadores, mas ainda antes do surgimento do Código do Trabalho, cabe referir dois outros diplomas legais que, de uma forma directa ou indirecta, tocam em projecções laborais da temática dos grupos. Ambos foram aprovados em cumprimento do imperativo de transposição de directivas comunitárias.

O primeiro diploma a referir neste contexto é a L. n.° 40/99, de 9 de Junho, que instituiu o regime dos conselhos de empresa europeus[604], transpondo a Dir. 94/45/CE, do Conselho, de 22 de Setembro, sobre a mesma matéria, que tivemos ocasião de apreciar oportunamente[605]. A L. n.° 40/99, de 9 de Junho, reconhece a figura dos grupos de empresas de dimensão comunitária (art. 1.° n.° 1), que define em termos idênticos aos da directiva comunitária, i.e., tendo em conta a presença de empresas do grupo em mais do que um Estado Membro, o número de trabalhadores em cada uma delas, a existência de uma direcção central e de uma situação de controlo por uma das empresas (art. 2.° n.° 2); e, nos mesmos termos da directiva, a lei nacional reconhece a situação de controlo inter-empresarial, para este efeito, a partir do conceito de influência dominante e do estabelecimento de presunções de influência dominante (art. 4.°). Uma vez determinado o âmbito de aplicação do diploma, a partir destas delimitações, a lei estabelece um regime idêntico ao da directiva quanto aos mecanismos de representação dos trabalhadores junto da direcção central do grupo e respectiva instituição, bem como no que se refere ao conteúdo dos deveres de informação e de consulta dos trabalhadores a este nível (arts. 7.° e ss. da L. n.° 40/99, de 9 de Junho).

Sem prejuízo do desenvolvimento oportuno desta matéria, importa, por ora, reter o facto de ser no âmbito deste diploma que se encontra a primeira referência legal expressa aos grupos de empresas para efeitos laborais, embora tal referência seja circunscrita às empresas de dimensão comunitária. A este propósito cabe, naturalmente, salientar que, apesar de Portugal dispor de um regime jussocietário específico para os grupos de sociedades, a delimitação da figura dos grupos de empresas de dimensão comunitária, para efeitos deste diploma, não foi, de todo em todo, tribu-

---

[604] Em geral e por todos, sobre a figura dos conselhos de empresa europeus no contexto deste diploma, JORGE LEITE / J. LEAL AMADO / JOÃO REIS, *Conselhos de Empresa Europeus,* Lisboa, 1996.

[605] *Supra,* neste parágrafo, ponto 18.2.1.

tária da figura dos grupos societários, mas antes da delimitação feita pelo direito comunitário, que faz apelo ao conceito de empresa.

V. O segundo diploma, que cabe referir neste contexto, é a L. n.º 9/2000, de 15 de Junho, que instituiu o regime jurídico do destacamento internacional de trabalhadores, em transposição da Dir. 96/71/CE, de 16 de Dezembro, que já tivemos ocasião de apreciar[606].

Tal como a directiva comunitária, este diploma visa assegurar a tutela dos trabalhadores destacados internacionalmente (no caso, destacados para Portugal), sendo como tal qualificados os trabalhadores que desempenham a sua actividade laboral num Estado diferente do Estado a que pertence o seu empregador, seja no quadro de uma prestação de serviços entre a empresa de origem e a empresa de destino, seja por intermediação de uma empresa de trabalho temporário, seja ainda no âmbito de um estabelecimento do empregador situado noutro Estado Membro ou em empresa do grupo a que pertence o empregador, situada noutro Estado Membro, e desde que os trabalhadores mantenham o seu vínculo laboral com a empresa de origem – art. 2.º n.º 1, alíneas a) c) e b) respectivamente, e n.º 2 da L. n.º 9/2000, de 15 de Junho. Nestes casos, a lei, em cumprimento dos ditames comunitários, estabelece um princípio geral de equiparação do regime de trabalho aplicável aos trabalhadores destacados e aos trabalhadores nacionais, designadamente nas matérias enunciadas no art. 3.º do diploma.

Na medida em que o destacamento internacional de trabalhadores se pode processar no contexto de um grupo de empresas – sendo o trabalhador chamado a prestar a sua actividade para uma empresa do grupo situada noutro Estado – o relevo deste regime para a temática que nos ocupa torna-se evidente. Contudo, a lei não é esclarecedora sobre o conceito de grupo de empresas relevantes para este efeito (parecendo, ainda assim, não se inclinar para um conceito societário), nem sequer sobre a configuração desta forma de circulação dos trabalhadores entre as empresas do grupo, podendo retirar-se apenas da conjugação dos vários preceitos legais que são aqui contempladas as transferências temporárias de trabalhadores no âmbito dos grupos, uma vez que o contrato de trabalho com a entidade empregadora de origem se mantém[607].

---

[606] *Supra,* neste parágrafo, ponto 18.4.

[607] Ficam, nomeadamente, por resolver problemas como o do momento do desta-

VI. O quadro exposto permite retirar duas conclusões gerais quanto ao tratamento da matéria dos grupos pelo nosso sistema juslaboral, no período anterior ao surgimento do Código do Trabalho.

A primeira conclusão a extrair da análise feita é a do relevo meramente incidental da fenomenologia dos grupos, para efeitos laborais, já que, como pudemos verificar, o contexto de grupo em que se insere o empregador apenas é considerado relevante para efeitos de facilitar a mobilidade temporária dos trabalhadores entre as empresas do grupo – mas, ainda aqui, apenas a mobilidade internacional, e, no quadro nacional, o conjunto muito limitado de situações de mobilidade que é viabilizado pelo regime da cedência ocasional – e ainda para os efeitos da representação dos trabalhadores nas empresas de dimensão comunitária, que correspondem, também elas, a um universo muito circunscrito. Os restantes problemas laborais que decorrem da inserção grupal do empregador não encontram, pois, uma resposta específica no ordenamento juslaboral nacional[608].

A segunda conclusão, que a análise anterior viabiliza, tem a ver com a própria delimitação da realidade do grupo para efeitos laborais. Como decorre do exposto, o conceito laboral de grupo não coincide nem se inspira na noção jussocietária de grupo, o que não deixa de ser significativo num país que afinou aquela noção no regime societário específico que dispôs para esta fenomenologia. Apoiando-se na ideia de empresa e não na categoria da sociedade, o conceito laboral de grupo parece, na

---

camento (designadamente o problema de saber se ainda integra esta figura o caso de o trabalhador ser, *ab initio*, contratado para prestar a sua actividade noutra empresa do grupo, situada noutro Estado), a questão da titularidade dos poderes laborais durante o destacamento e os diversos problemas daí decorrentes, os problemas da contagem da antiguidade do trabalhador na empresa de origem durante o destacamento, ou os efeitos de vicissitudes que afectem a empresa de destino ou o trabalhador durante o tempo que aí estiver, no seu vínculo originário.

[608] Também neste sentido, reconhece ZENHA MARTINS, *A descentralização produtiva... cit.*, 212, que a matéria das incidências laborais dos grupos não mereceu um tratamento específico sistematizado no nosso ordenamento jurídico; e, na mesma linha, em paráfrase a um autor francês, J. M. VIEIRA GOMES, *Direito do Trabalho*, I (*Relações Individuais de Trabalho*), Coimbra, 2007, 244, não hesita em afirmar (aliás, em termos gerais e não apenas no quadro jurídico nacional) que, para o direito do trabalho, o grupo continua a ser um «...OJNI (objecto jurídico não identificado...», que suscita muitas dificuldades de regulamentação.

verdade, mais amplo do que o conceito societário de grupo[609]. Mas, para além deste apoio axial na realidade da empresa, é forçoso concluir pela relativa imprecisão do conceito de grupo para os efeitos específicos em que a lei laboral o considerou relevante, ou porque a lei optou por não o definir (como sucedeu no caso da L. n.º 9/2000, de 15 de Junho) ou porque apresentou critérios pouco claros para a sua delimitação (como é exemplarmente demonstrado no regime jurídico da cedência ocasional – arts. 26.º n.º 2 b) e 27.º n.º 1 b) da LTT). Em suma, ressalvado o facto de tomar como referente a realidade da empresa, o conceito de grupo relevante para efeitos laborais está longe de ser claro e consensual.

19.2. As projecções laborais dos grupos no Código do Trabalho: apresentação

19.2.1. Aspectos gerais

I. O Código do Trabalho, aprovado pela L. n.º 99/2003, de 27 de Agosto, e a Regulamentação do Código do Trabalho, aprovada pela L. n.º 35/2004, de 29 de Julho, constituíram um ponto de viragem no modo de perspectivar o fenómeno dos grupos pela ordem juslaboral nacional, não só porque incorporaram as referências a esta matéria que se encontravam até então dispersas por vários diplomas, introduzindo pontuais alterações nos respectivos regimes, mas, sobretudo, porque trataram algumas projecções laborais da fenomenologia dos grupos que não tinham anteriormente merecido a atenção da lei, instituindo novos regimes directamente vocacionados para as empresas de grupo ou, pelo menos, com um campo de aplicação privilegiado neste contexto.

II. Os regimes que transitaram do direito anterior e nos quais o Código e a Regulamentação se limitaram a introduzir alterações são o regime do destacamento internacional de trabalhadores (arts. 7.º e 8.º do CT e 11.º a 13.º da RCT), o regime da cedência ocasional de trabalhadores (arts.

---

[609] Também neste sentido, embora apenas em apreciação do problema no caso da cedência ocasional de trabalhadores, COUTINHO DE ABREU, *Grupos de sociedades... cit.*, 138 s.

322.º a 329.º do CT) e o regime dos conselhos de empresa europeus (arts. 471.º a 474.º do CT e 365.º a 395.º da RCT).

As previsões legais inovadoras com interesse para a temática dos grupos são o contrato de trabalho com pluralidade de empregadores (art. 92.º do CT), a previsão, em sede do dever de informação do empregador, do dever de informar o trabalhador sobre situações de coligação societária envolvendo a sua empresa (art. 98.º n.º 1 a) do CT), o regime de responsabilidade solidária pelos créditos laborais, quando o empregador se encontra inserido numa estrutura de grupo (arts. 378.º e 379.º do CT), a previsão de comissões de trabalhadores coordenadoras no contexto de empresas em relação de domínio ou de grupo (art. 461.º n.º 3 do CT), e a figura da convenção colectiva de trabalho articulada (art. 536.º n.º 2 do CT).

Por fim, deve salientar-se o facto de, na disciplina de todas estas matérias, o Código e a Regulamentação terem feito um esforço de uniformização terminológica, que em muito contribui para a clarificação da figura do grupo que é o referente dos seus regimes – numa matéria em que o primeiro problema é, como vimos verificando, a delimitação do fenómeno a regular, este esforço merece ser salientado.

III. Vale a pena determo-nos um pouco sobre as previsões do Código do Trabalho e da Regulamentação nas várias matérias assinaladas, embora apenas com o objectivo de proceder à sua apresentação panorâmica e de detectar as linhas gerais do Código nesta regulamentação, já que, a propósito da análise dos vários problemas laborais colocados pelos grupos, teremos ocasião de apreciar estes regimes *per se* e com maior desenvolvimento.

19.2.2. O destacamento internacional de trabalhadores

I. No que respeita aos regimes que transitaram do direito anterior, cabe referir, em primeiro lugar, a matéria do destacamento internacional de trabalhadores – arts. 7.º e 8.º do CT e arts. 11.º a 13.º da RCT[610].

---

[610] Para mais desenvolvimentos sobre este regime no Código do Trabalho, vd ROSÁRIO PALMA RAMALHO, *Direito do Trabalho cit.*, II, 333 s., e JÚLIO GOMES, *Direito do Trabalho cit.*, I, 61 ss.

Desenvolveremos o regime actual desta matéria a propósito dos problemas da mobilidade do trabalhador no contexto dos grupos[611]. Contudo, deve ficar desde já expresso que este regime não se afasta significativamente do regime anterior, o que bem se compreende, tendo em conta que aquele regime procedeu à transposição de direito comunitário.

Ainda assim, observam-se algumas diferenças relativamente à L. n.º 9/2000, de 15 de Junho, tanto no que se refere às áreas de tutela dos trabalhadores destacados, que foram alargadas pela lei, como no que respeita à própria incidência do regime tutelar, que sofreu um alargamento e uma restrição.

II. No que se refere às áreas em que a lei assegura ao trabalhador destacado para prestar a sua actividade em Portugal um nível mínimo de tutela, que se consubstancia na aplicação das normas laborais nacionais, observa-se um alargamento. Designadamente, passou a integrar o enunciado destas áreas de protecção mínima do trabalhador destacado, agora constante do art. 8.º do CT, complementado pelo art. 12.º da RCT, a matéria de segurança no emprego, que não constava do art. 3.º n.º 1 da L. n.º 9/2000, o que constitui, obviamente, uma regra de largo alcance.

III. Por outro lado, o âmbito de incidência deste regime de tutela deixou de se circunscrever às situações de destacamento de trabalhadores para empresas situadas em Portugal (situação contemplada na L. n .º 9/2000), sendo alargado às situações de destacamento internacional de trabalhadores de empresas com sede em Portugal para empresas no estrangeiro – art. 9.º do CT. Estes trabalhadores passam pois a beneficiar do nível mínimo de tutela conferido pelo Código do Trabalho, no amplo leque de matérias incluído no art. 8.º do CT[612].

Mas, já no que se refere especificamente à aplicação destas normas ao contexto dos grupos de empresas, o regime legal tem hoje um alcance mais restrito, por força dos novos critérios de que a lei se socorre na delimitação do conceito de grupo de empresas para este efeito. Rege nesta

---

[611] *Infra,* § 19, ponto 40.

[612] Este alargamento coloca, na prática, algumas dificuldades, uma vez que a aplicação do regime do art. 8.º do CT pode conflituar com as regras relativas à determinação do direito aplicável ao contrato de trabalho com conexão com diversos Estados. O aprofundamento deste ponto extravasa, contudo, o âmbito do nosso estudo.

matéria o art. 11.º n.º 2 b) da RCT, que considera aplicável este regime de tutela em caso de destacamento de trabalhador para prestar a sua actividade em território nacional, por empresa estabelecida noutro Estado, quando tal destacamento tenha como destino uma «...empresa de outro empregador com o qual exista uma relação societária de participações recíprocas, de domínio ou de grupo». É pois fácil de verificar que a lei optou por integrar o conceito de grupo de empresas por reporte directo às situações de coligação societária previstas no art. 481.º do CSC, apenas exceptuando as relações de participação simples ou unilateral.

Perante a opção do legislador nacional, parece inevitável a conclusão de que, na sua aplicação ao contexto dos grupos, o regime nacional de tutela dos trabalhadores destacados tem hoje uma abrangência menor, uma vez que só se aplica a empregadores que tenham a natureza de sociedades comerciais. E, perante tal conclusão, não é mesmo de excluir um problema de incompatibilidade do direito nacional com o direito comunitário, uma vez que aquele consubstancia um regime menos favorável do que este.

19.2.3. A cedência ocasional de trabalhadores

I. O segundo regime a transitar do direito anterior para o Código do Trabalho, com relevo para a temática dos grupos, foi o regime da cedência ocasional de trabalhadores[613].

Adequadamente tratada em sede de vicissitudes do contrato de trabalho (arts. 322.º a 329.º do CT), a matéria da cedência ocasional de trabalhadores foi objecto de relevantes alterações no Código. Não cabendo no âmbito do nosso estudo apreciar *in se* esta figura[614], limitamo-nos a referenciar em termos genéricos as alterações introduzidas pelo Código,

---

[613] Como é sabido, apesar de não ter integrado a matéria do trabalho temporário – que continuou a reger-se pelo DL n.º 358/89, de 17 de Outubro, até à aprovação do novo regime nesta matéria, instituído pela L. n.º 19/2007, de 22 de Maio (cujo art. 51.º revogou o diploma de 1989) – a Lei Preambular ao Código do Trabalho (al. n) do n.º 1 do art. 21.º) revogou os arts. 26.º a 30.º desse diploma, relativos ao regime da cedência ocasional de trabalhadores, e inseriu esta matéria no Código.

[614] Para mais desenvolvimentos sobre a figura da cedência ocasional, já no contexto do Código do Trabalho, *vd* ROSÁRIO PALMA RAMALHO, *Direito do Trabalho cit.*, II, 685 ss., ROMANO MARTINEZ / L. M. MONTEIRO / J. VASCONCELOS / P. MADEIRA DE BRITO / G. DRAY/ / L. GONÇALVES DA SILVA, *Código do Trabalho Anotado*, 6ª ed., Coimbra, 2008, 612 ss. (anotação de GUILHERME DRAY), L. T. MENEZES LEITÃO, *Código do Trabalho Anotado*, 2ª ed.,

que se projectam especificamente na aplicação desta figura no contexto dos grupos, e que retomaremos, com maior desenvolvimento, a propósito da temática da mobilidade dos trabalhadores em contexto de grupo, uma vez que a figura da cedência ocasional é um instrumento privilegiado para enquadrar as situações de mobilidade inter-empresarial transitória do trabalhador nesse contexto[615].

II. Por um lado, deve atentar-se no facto de o princípio geral da proibição da cedência ocasional, que dominava o regime anterior (art. 26.º n.º 1 da LTT), ter passado agora a ser referido em sede de garantias dos trabalhadores (art. 122.º g) do CT). De outra parte, embora o regime da cedência continue a ter que se considerar como um regime bastante restritivo, uma vez que apenas se admite a cedência quando prevista em instrumento de regulamentação colectiva do trabalho ou mediante a verificação do conjunto de requisitos previstos nos arts. 324.º e 325.º do CT, que são bastante exigentes (art. 323.º do CT)[616], a lei parece ter abandonado a perspectiva persecutória sobre a figura da cedência ocasional, que o regime anterior evidenciava, manifestando uma maior abertura aos fenómenos de circulação dos trabalhadores para lá das fronteiras da sua própria empresa.

Coimbra, 2004, 249 ss., e ainda deste autor, *Direito do Trabalho*, Coimbra, 2008, 397 ss., ROMANO MARTINEZ, *Direito do Trabalho cit.*, 777 ss., JÚLIO GOMES, *Direito do Trabalho cit.*, I, 836 ss., e J. ZENHA MARTINS, *Definição e condições gerais da cedência ocasional de trabalhadores no Código do Trabalho*, QL, 2005, 25, 77-110. A jurisprudência tem-se também ocupado da figura da cedência ocasional, já no contexto do Código do Trabalho – a este propósito, *vd*, entre outros, o Ac. STJ de 7/12/2005 (Proc. n.º 05S1919), e o Ac. STJ de 2/05/2007 (Proc. n.º 075361), ambos em www.stj.pt, e ainda o Ac. RLx. de 29/09/2004 (Proc. n.º 9012/2004-4), e o Ac. RLx. de 27/06/2007 (Proc. n.º 5822/2006-4), todos em www.dgsi.pt.

[615] Cfr., *infra*, § 19.º, ponto 39.

[616] O regime legal desta matéria parece hoje assentar na distinção entre a cedência ocasional convencional (i.e, a cedência prevista e regulada em instrumento de regulamentação colectiva do trabalho) e a cedência ocasional prevista e regulada na lei (art. 323.º do CT), reservando-se os requisitos legais para a segunda modalidade de cedência, e conferindo-se, portanto, aos instrumentos de regulamentação colectiva do trabalho uma ampla possibilidade de modelação do conteúdo, do regime e dos limites da figura da cedência. Ainda assim, crê-se que a modelação da figura pelos instrumentos de regulamentação colectiva do trabalho sempre terá como limite as características estruturais desta figura (actualmente referidas na respectiva noção legal, constante do art. 322.º do CT), sob pena de descaracterização. Por outro lado, decorre também do regime legal que a figura da cedência não é moldável em contrato de trabalho.

Por outro lado, verifica-se que o Código procedeu a um amplo saneamento dos requisitos substanciais da cedência ocasional, designadamente no que toca ao seu campo privilegiado de aplicação, que é, como vimos oportunamente, o dos grupos empresariais. Com efeito, desapareceram as referências mais ou menos obscuras a empresas financeiramente associadas ou economicamente interdependentes, bem como aos agrupamentos de empresas e a sociedades controladas, passando a cedência de origem legal a ser admitida nos seguintes casos, previstos no art. 324.º b) do CT: no quadro de uma colaboração entre sociedades coligadas, em relação de participações recíprocas, de domínio ou de grupo; e entre empregadores, com ou sem natureza societária, que mantenham «estruturas organizativas comuns».

Como decorre do exposto, o legislador laboral optou por delimitar o conceito de grupo por reporte às situações de coligação societária, previstas no art. 482.º do CSC, apenas exceptuando as relações de participação societária simples – dito de outro modo, o conceito chave para este efeito não é, de novo, o conceito de grupo de empresas, mas o conceito de coligação societária e de grupos de sociedades, o que resulta num estreitamento do âmbito das situações de cedência por comparação com o regime anterior[617].

É certo que a segunda situação em que a cedência pode ocorrer (i.e., a cedência entre empregadores que detenham estruturas organizativas comuns) acaba por compensar a restrição que decorre dos critérios de delimitação da primeira situação – e tal alargamento parece mesmo ser difícil de controlar, uma vez que a lei não esclarece o que entende por «estruturas organizativas comuns». Sendo assim, poderão porventura preencher este critério e, consequentemente, recorrer à figura da cedência ocasional, grupos de empresas não societárias e, obviamente, empregadores singulares. Contudo, para o ponto que nos interessa deve reter-se a ideia fundamental de que o conceito de grupo privilegiado pelo Código do Trabalho é o conceito jussocietário.

III. Por último, cabe referir que a figura da cedência ocasional foi também prevista no contexto dos contratos de trabalho celebrados com a

---

[617] Sobre este ponto, *vd*, contudo, o Ac. RLx. de 29/09/2004 (Proc. n.º 9012/2004-4), www.dgsi.pt., sustentando um conceito amplo de grupo, para efeitos da aplicação do regime da cedência ocasional de trabalhadores, que reporta ao conceito de grupo de empresas e não à noção de grupo societário.

Administração Pública, sendo contemplada no art. 14.º da L. n.º 23/2004, de 22 de Junho[618-619]. Nesta sua aplicação, não só a figura é objecto de um alargamento, prevendo-se mesmo a possibilidade da cedência unilateral (art. 14.º n.º 2), como é adaptada ao contexto específico das pessoas colectivas públicas, na qualidade de empregadores, prescindindo-se de quaisquer referências a um contexto organizacional de grupo, como requisito substancial da cedência, que seria aqui descabido, tendo em conta a fisionomia não empresarial desta categoria de empregadores. Assim, pelo menos quanto a este caso particular, pode concluir-se que a figura da cedência ocasional tem um espectro de aplicação mais alargado e que é justificado funcionalmente pelas necessidades do sector (i.e., as necessidades de colaboração entre serviços públicos e pessoas colectivas públicas – art. 14.º n.os 1 e 2 da L. n.º 23/2004, de 22 de Junho) e não por um contexto empresarial de grupo.

19.2.4. Os conselhos de empresa europeus

I. O último regime com relevo para a temática dos grupos, que transitou do direito anterior, foi o regime dos conselhos de empresa europeus, que consta actualmente dos arts. 471.º a 474.º do CT e dos arts. 365.º a 395.º da RCT[620].

II. Sem prejuízo de voltarmos a esta temática, a propósito da apreciação das incidências do fenómeno dos grupos nas situações laborais colectivas e, em especial, na matéria da representação colectiva dos trabalhadores[621], a apreciação panorâmica destas normas do Código do Traba-

---

[618] Sobre este regime em especial, M. R. PALMA RAMALHO / P. MADEIRA DE BRITO, *Contrato de Trabalho na Administração Pública. Anotação à Lei n.º 23/2004, de 22 de Junho*, 2ª ed, Coimbra, 2005, 73 ss.

[619] Especificamente no que se refere ao regime especial da cedência ocasional de trabalhadores entre pessoas colectivas públicas e no âmbito do contrato de trabalho na Administração Pública, previsto no art. 14.º da L. n.º 23/2004, de 22 de Junho, deve ainda mencionar-se o Ac. TC n.º 155/2004, DR I S-A de 22/04/2004, que apreciou a constitucionalidade desta norma.

[620] Sobre este regime, já no contexto do CT e da RCT, *vd* nosso *Direito do Trabalho cit.*, I, 436 s.

[621] *Infra*, § 29.º, ponto 54.2.4.

lho e da Regulamentação permite concluir, desde já, que o regime da L. n.º 40/99, de 9 de Junho, não foi sujeito a alterações significativas.

Assim, no que toca à definição dos grupos de dimensão comunitária, a lei continua a fazer apelo à categoria de empresa e não de sociedade (art. 471.º n.º 1 do CT) e ao conceito de «empresa que exerce o controlo» (art. 472.º n.º 2 e art. 473.º do CT). Por seu turno, o conceito de empresa de controlo continua a ser integrado com recurso ao critério do exercício de uma «influência dominante» sobre outra empresa, mantendo-se as presunções de influência dominante (por detenção da maioria do capital da outra empresa ou da maioria dos votos em assembleia geral, ou ainda pela possibilidade de designação da maioria dos membros dos órgãos de administração ou de fiscalização) – art. 473.º do CT e arts. 366.º e 367.º da RCT. Uma vez delimitado o âmbito de aplicação do regime, a lei manteve também sem alterações o respectivo conteúdo, que se encontra agora desenvolvido nos arts. 368.º ss. da RCT.

19.2.5. O contrato de trabalho com pluralidade de empregadores

I. Para além de incorporar os regimes provenientes do direito anterior, que apresentavam conexões com a temática dos grupos, o Código do Trabalho introduziu algumas figuras e regimes novos com relevo nesta matéria, como acima se referiu. A primeira figura a referir neste contexto é a do contrato de trabalho com pluralidade de empregadores, anunciado logo a propósito da noção de contrato de trabalho (art. 10.º do CT) e regulado no art. 92.º do CT[622-623].

---

[622] A designação «pluralidade de empregadores», que o Código do Trabalho adoptou, tem origem em RÁUL VENTURA, que a refere, pela primeira vez, na sua *Teoria da Relação Jurídica de Trabalho... cit.*, 299.

[623] Em geral, sobre a figura e o regime da pluralidade de empregadores no Código do Trabalho, podem ver-se CATARINA CARVALHO, *Algumas questões sobre a empresa... cit.*, 438 ss., e ainda *Contrato de trabalho e pluralidade de empregadores*, QL, 2005, 26, 209-239, JOANA VASCONCELOS, *Contrato de trabalho com pluralidade de empregadores*, RDES, 2005, 2/4, 283-299, ROMANO MARTINEZ / L. M. MONTEIRO / J. VASCONCELOS / P. MADEIRA DE BRITO / G. DRAY / L. GONÇALVES DA SILVA, *Código do Trabalho Anotado cit.*, 255 ss. (anotação de LUÍS MIGUEL MONTEIRO), MONTEIRO FERNANDES, *Direito do Trabalho cit.*, 259 ss., JÚLIO GOMES, *Direito do Trabalho cit.*, I, 232 ss., ROMANO MARTINEZ, *Direito do Trabalho cit.*, 414 ss., e ROSÁRIO PALMA RAMALHO, *Direito do Trabalho cit.*, I, 326 ss. A jurisprudência também já se tem debruçado ocasionalmente sobre problemas colocados

Trata-se de uma figura que reveste o maior interesse para a temática que nos ocupa, pelo que apreciaremos, ao longo do estudo, os diversos problemas que ela coloca em contexto de grupo, em matérias como a determinação do empregador em contexto de grupo, a mobilidade interempresarial dos trabalhadores no grupo ou as vicissitudes das empresas do grupo[624]. Por ora, cumpre apenas proceder à apresentação geral da figura.

II. A figura da pluralidade de empregadores assenta na admissibilidade da contitularidade da posição jurídica de empregador por mais do que uma entidade. Não prevista anteriormente pela lei – embora fosse pacificamente admitido pela doutrina que um trabalhador pudesse ter como contraparte no contrato de trabalho mais do que um empregador[625] – esta possibilidade decorre agora explicitamente da noção legal de contrato de trabalho, constante do art. 10.º da LCT, que estabelece que a actividade laboral pode ser prestada para «outra ou outras pessoas, sob a autoridade e direcção destas»[626]. De acordo com o número de entidades investidas na posição jurídica de empregador, pode, pois, falar-se em empregador unitário ou em empregador plural[627].

---

pela figura da pluralidade de empregadores – a este propósito, *vd,* entre outros, o Ac. STJ de 18/05/2006 (Proc. n.º 06S291) www.stj.pt., o Ac. RLx. de 21/09/2005 (Proc. n.º 3275/2005-4), www.dgsi.pt. (também transcrito e comentado por CATARINA CARVALHO, *Contrato de trabalho e pluralidade de empregadores... cit.,* 209 ss.), o Ac. RP de 27/03/2006 (Proc. n.º 0516603), www.dgsi.pt., e o Ac. RC de 14/06/2007 (Proc. n.º 1190/04.9), www.dgsi.pt.

[624] Cfr., *infra*, § 12.º, ponto 24.4.2., e ponto 26.5., § 18.º, ponto 36., § 23.º, ponto 48.2.1., *e passim*.

[625] Ainda RAÚL VENTURA, *Teoria da Relação Jurídica de Trabalho... cit.,* 301.

[626] Deve ter-se em conta que a noção de contrato de trabalho constante do Código Civil (art. 1152.º), que coincidia com a noção da LCT (art. 1.º), não foi ainda alterada em conformidade com o Código do Trabalho. Sendo o Código do Trabalho lei especial em face do Código Civil, prevalece, naturalmente, a noção de contrato de trabalho que dele consta.

[627] Como observam os autores, a constituição de um vínculo de trabalho plural pode ser não só inicial como sucessiva, resultando, neste segundo caso, de uma modificação superveniente de um contrato de trabalho unitário – neste sentido, LUÍS MIGUEL MONTEIRO, *in* ROMANO MARTINEZ / L. M. MONTEIRO / J. VASCONCELOS / P. MADEIRA DE BRITO / G. DRAY / L. GONÇALVES DA SILVA, *Código do Trabalho Anotado cit.,* 257, em anotação ao art. 92.º do CT, e ainda CATARINA CARVALHO, *Algumas questões sobre a empresa... cit.,* 439, e *Contrato de trabalho e pluralidade... cit.,* 238 s. Ponto é que, em ambos os casos, se observem os requisitos de substância e de forma da figura, estabelecidos no art. 92.º do CT, e que, no caso de contitularidade sucessiva da posição de empregador, sejam salva-

No contexto do Código do Trabalho, o contrato de trabalho com pluralidade de empregadores pode ser celebrado em dois tipos de situações: na situação em que os empregadores revistam natureza societária, mantendo entre si uma relação societária de participações recíprocas, de domínio ou de grupo (art. 92.º n.º 1 do CT)[628]; e na situação em que os empregadores, independentemente da sua estrutura societária, mantenham «estruturas organizativas comuns» (art. 92.º n.º 2).

Por outro lado, o diploma que disciplina os contratos de trabalho celebrados no âmbito da Administração Pública (L. n.º 23/2004, de 22 de Junho), estendeu o âmbito de aplicação da figura da pluralidade de empregadores àqueles contratos, para o que introduziu algumas especificidades na delimitação das situações que podem fundamentar o recurso a esta forma de contratação, tendo em conta que as pessoas colectivas públicas, que detêm, neste caso, a posição de empregador, não revestem natureza societária: assim, nos termos do art. 3.º n.º 2 deste diploma, o regime da pluralidade de empregadores pode ser aplicado ao contrato de trabalho com pessoas colectivas públicas, quando estas entidades empregadoras mantenham entre si relações de colaboração ou estruturas organizativas comuns, que envolvam, designadamente, a partilha de serviços públicos[629].

III. Uma vez delimitado o âmbito de aplicação da figura, cabe ainda referir que a licitude do contrato de trabalho com pluralidade de empregadores depende de alguns requisitos formais. Neste sentido, o art. 92.º n.º 1 do CT estabelece a obrigatoriedade de forma escrita para o contrato, tratando-se de uma forma qualificada, uma vez que o documento escrito deve estipular a actividade contratada, o local e o período normal de trabalho e deve identificar todos os empregadores, com indicação daquele que representa os demais no cumprimento dos deveres e no exercício dos direitos emergentes do contrato de trabalho.

Do ponto de vista regimental, a lei apenas trata dois problemas: o problema da responsabilidade pelo cumprimento dos deveres dos

---

guardados na esfera do trabalhador todos os efeitos decorrentes da situação laboral anterior, com destaque para os que decorram da sua antiguidade, conforme chamámos oportunamente a atenção (ROSÁRIO PALMA RAMALHO, *Direito do Trabalho cit.*, I, 329).

[628] Sobre a aplicação da figura da pluralidade de empregadores ao contexto dos grupos de empresas se pronunciou o Ac. STJ de 18/05/2006, acima referido.

[629] Para mais desenvolvimentos sobre este ponto, ROSÁRIO PALMA RAMALHO / MADEIRA DE BRITO, *Contrato de Trabalho na Administração Pública cit.*, 19 ss.

empregadores; e o problema dos vícios do contrato e da cessação superveniente das condições de pluralidade. Quanto ao primeiro problema, a lei estabelece que o trabalhador vinculado por contrato de trabalho com pluralidade de empregadores beneficia de um regime de responsabilidade solidária dos vários empregadores pelo cumprimento das obrigações decorrentes do contrato de trabalho (art. 92.° n.° 3 do CT)[630]. Quanto ao segundo problema, a lei assegura ao trabalhador a vinculação a um dos empregadores, quer no caso de os pressupostos da figura da pluralidade não serem respeitados à partida (art. 92.° n.° 5)[631], quer no caso de virem a desaparecer, salvo acordo em contrário (art. 92.° n.° 4).

IV. Tivemos já ocasião de salientar as dificuldades de aplicação prática da figura da pluralidade de empregadores, que decorrem não apenas do carácter vago do critério das estruturas organizativas comuns para operar a sua delimitação, mas também da indefinição de muitos dos aspectos do seu regime na lei[632].

Com efeito, parece, por um lado, excessivo admitir este modelo de contratação apenas com base na existência de uma «estrutura organizativa comum» aos vários empregadores (art. 92.° n.° 3 do CT), porque, não sendo definida na lei, esta estrutura comum pode incluir as mais diversas e insignificantes formas de colaboração entre os empregadores[633]. Por outro lado, a exiguidade do regime que a lei estabeleceu especificamente para esta figura (apenas centrado na questão da responsabilidade solidária dos vários empregadores pelas dívidas laborais) levanta dificuldades várias na sua aplicação prática, pela indefinição da situação do trabalhador

---

[630] Especificamente sobre este aspecto do regime jurídico da pluralidade de empregadores, pode ver-se o Ac. RP de 27/03/2006, acima indicado.

[631] Sobre este aspecto do regime da pluralidade de empregadores, vd o Ac. RC de 14/06/2007, acima indicado.

[632] ROSÁRIO PALMA RAMALHO, Direito do Trabalho cit., I, 330 ss.

[633] Para balizar o recurso à figura nestes casos, L. M. MONTEIRO, in ROMANO MARTINEZ / L. M. MONTEIRO / J. VASCONCELOS / P. MADEIRA DE BRITO / G. DRAY / L. GONÇALVES DA SILVA, Código do Trabalho Anotado cit., 256, considera que as várias entidades empregadoras não podem apenas partilhar a posição jurídica de credor da prestação, para que se reconheça a existência de uma estrutura organizativa comum, e exige outros elementos para esse efeito, como a partilha do mesmo espaço, do mesmo equipamento, ou dos mesmos recursos no exercício da actividade económica. Contudo, esta exigência não se retira da norma.

em matérias vitais, como o regime convencional colectivo a aplicar, o âmbito do princípio da igualdade, o exercício dos poderes laborais e o âmbito do dever de obediência, a coordenação deste regime com os regimes da mobilidade geográfica e funcional (arts. 314.º a 316.º do CT) e mesmo com o regime da cedência ocasional de trabalhadores (art. 322.º do CT), e ainda as consequências da cessação do seu contrato de trabalho, por caducidade, ou por causas objectivas, como o despedimento colectivo ou a extinção do posto de trabalho[634].

V. Independentemente do desenvolvimento posterior de alguns destes problemas, importa, por ora, reconhecer que a figura da pluralidade de empregadores tem uma aplicação privilegiada e as maiores virtualidades no âmbito dos grupos societários, embora se estenda ainda a outras relações de colaboração material, de âmbito societário ou não societário, através do critério da existência das «estruturas organizativas comuns» aos empregadores.

Mas, na sua aplicação aos grupos, fica também clara a intenção do Código do Trabalho de adoptar as categorias de coligação de sociedades previstas no art. 482.º do CSC, apenas não tendo acolhido as relações de participação unilateral ou simples. Assim, deve concluir-se que o conceito

---

[634] Com referência à regulamentação colectiva aplicável, o problema surge em caso de pluralidade de instrumentos de regulamentação colectiva vigentes nas várias empresas, não fornecendo a lei critérios para a escolha de um deles; também quanto ao princípio da igualdade de tratamento, a lei não esclarece se os níveis remuneratório e de inserção do trabalhador na categoria funcionam entre as várias empresas do grupo ou apenas no âmbito da empresa detida pelo empregador que representa os demais; quanto aos poderes laborais, coloca-se a questão de saber se o facto de um dos empregadores «representar» os restantes restringe também o dever de obediência do trabalhador a esse «representante», ou se ele deve obediência a ordens emanadas das outras empresas, bem como se pode ser sancionado disciplinar-mente pelo não cumprimento dessas ordens; no que se refere às vicissitudes empresariais, colocam-se problemas como o destino dos trabalhadores se uma das empresas desaparecer ou for alienada; por fim, no caso de cessação do contrato, se se tratar de um contrato a termo, coloca-se o problema do direito de preferência do trabalhador na admissão a um posto de trabalho disponível noutra empresa do grupo, em regime de contrato de trabalho por tempo indeterminado, assim como surgem dúvidas sobre o âmbito da negociação de soluções alternativas ao despedimento colectivo e à extinção do posto de trabalho. Para mais desenvolvimentos sobre estes problemas, vd ROSÁRIO PALMA RAMALHO, *O novo Código do Trabalho – Reflexões sobre a proposta de lei relativa ao novo Código do Trabalho*, in *Estudos de Direito do Trabalho* cit., I, 57 ss., e *Direito do Trabalho* cit., I, 331 s.

jussocietário de coligação societária é o referente do Código do Trabalho para efeitos da figura da pluralidade de empregadores, podendo este regime aplicar-se noutros contextos de grupo em sentido amplo, apenas quando ao conjunto dos empregadores correspondam «estruturas organizativas comuns».

19.2.6. O dever de informação do empregador em contexto de grupo

I. A propósito do dever de informação do empregador ao trabalhador por ocasião da celebração do contrato de trabalho – matéria que era anteriormente tratada na L. n.º 5/94, de 11 de Janeiro, em transposição da Dir. 91/533/CEE, de 14 de Outubro de 1991, e que o Código do Trabalho trata agora nos arts. 97.º a 101.º[635] – o Código introduziu também uma novidade quanto às matérias objecto do dever de informação, que tem uma incidência directa na temática dos grupos de empresas.

II. Nos termos do art. 98.º n.º 1 a) do CT, a propósito do dever de identificação do empregador, se este for um ente societário, a lei exige que seja também facultada por escrito ao trabalhador informação sobre eventuais situações de coligação societária em que o empregador possa estar envolvido.

Não sendo a lei mais específica, fica a dúvida de saber se estão aqui abrangidas todas as situações de coligação societária previstas na lei (designadamente, nos arts. 481.º ss. do CSC) ou apenas aquelas que possam ter relevância laboral – o que excluiria, pelo menos, as relações de participação societária simples[636]. Em todo o caso, o que esta exigência claramente manifesta é a intenção da lei em promover a transparência das condições de trabalho oferecidas ao trabalhador, no que toca à situação económica da sociedade empregadora.

---

[635] A L. n.º 5/94, de 11 de Janeiro foi revogada pelo art. 21.º n.º 1 r) da Lei Preambular ao Código do Trabalho.

[636] Não nos parece efectivamente curial que o empregador tenha o dever de comunicar o trabalhador a aquisição de participações societárias noutra sociedade, uma vez que a lei não associa nenhuns efeitos laborais a esta situação. A redacção ampla da norma permite, contudo, a leitura inversa.

Nos termos gerais do art. 99.º n.º 1 do CT, esta informação deve ser prestada por escrito. Por outro lado, este dever de informação não se esgota na fase de formação do contrato de trabalho, cabendo ao empregador comunicar também ao trabalhador as alterações da situação que ocorram posteriormente, no prazo de 30 dias sobre tal ocorrência (art. 101 n.º 1 do CT).

Resta dizer que, apesar da ênfase colocada pela lei nestes deveres de informação, eles têm uma eficácia reduzida, uma vez que apenas se estabelece uma contra-ordenação leve para o respectivo incumprimento (art. 650.º do CT). Obviamente, tratando-se de deveres na formação do contrato de trabalho, os mecanismos gerais de tutela dos interesses das partes na formação dos negócios jurídicos (*verbi gratia*, o art. 227.º do CC, agora com projecção laboral explícita no art. 93.º do CT) têm aqui aplicação, verificados os respectivos pressupostos legais.

19.2.7. A responsabilidade solidária dos empregadores em contexto de grupo

I. A terceira e também a mais significativa inovação introduzida pelo Código do Trabalho, com relevo directo para o tema dos grupos, é o regime de responsabilidade solidária das sociedades em relação de coligação pelos créditos laborais do trabalhador[637].

Vertido no art. 378.º do CT, este regime aplica-se aos montantes pecuniários resultantes dos créditos emergentes do contrato de trabalho, da sua violação ou cessação, pertencentes ao trabalhador, desde que vencidos há mais de três meses. A norma estabelece um sistema de responsabilidade solidária do empregador e das sociedades que com ele se encontrem

---

[637] Sobre este regime, vd R. GARCIA PEREIRA, *A garantia dos créditos laborais no Código do Trabalho: breve nótula sobre o art. 378.º (Responsabilidade solidária das sociedades em relação de domínio ou de grupo)*, QL, 2004, 24, 177-214, ROMANO MARTINEZ / L. M. MONTEIRO / J. VASCONCELOS / P. MADEIRA DE BRITO / G. DRAY / L. GONÇALVES DA SILVA, *Código do Trabalho Anotado cit.*, 684 ss. (anotação de JOANA VASCONCELOS), mas, sobretudo, P. ROMANO MARTINEZ, *Garantia dos créditos laborais. A responsabilidade solidária instituída pelo Código do Trabalho, nos arts. 378.º e 379.º* RDES, 2005, 2/3/4, 195-281 (236 ss.).

em relação de participações recíprocas, em relação de domínio ou em relação de grupo, tal como são definidas pelos arts. 481.° ss. do CSC[638].

Teremos ocasião de apreciar, *in se*, este sistema de responsabilidade pelos créditos laborais, uma vez que se trata de uma das mais importantes projecções laborais do fenómeno dos grupos de empresas[639]. Por agora, devem ficar assentes apenas algumas ideias gerais, relativas, respectivamente, ao âmbito de aplicação do regime, à sua estrutura e às condições de exigibilidade dos créditos.

II. Em primeiro lugar, embora o art. 378.° do CT pareça ter a sua fonte no regime de responsabilidade solidária das sociedades em relação de grupo para com os credores da sociedade subordinada (regime que consta do art. 501.° do CSC, e que também se aplica às relações societárias de domínio total, por força do art. 491.° do CSC[640]), fica patente que ele tem um âmbito de aplicação muito mais vasto do que o regime correspondente do Código das Sociedades Comerciais, uma vez que se aplica não só às relações de grupo em sentido próprio, constituídas por domínio total ou por contrato de subordinação (arts. 501.° e art. 491.° do CSC) mas também às relações societárias de domínio (art. 486.°) e às relações de participação societária recíproca (art. 485.° do CSC). Dito de outro modo, o regime laboral de responsabilidade solidária em contexto de grupo só é afastado no caso das relações de participação simples, e abrange, designadamente, as situações de participação societária recíproca mas minoritária e desacompanhada de presunções de influência dominante, ou seja, desde as participações recíprocas atinjam o limiar mínimo de relevância dos 10% do capital da sociedade participada, de acordo com os critérios fixados pelo próprio Código das Sociedades Comerciais (art. 485.° n.° 1).

Em segundo lugar, este regime é também estruturalmente diferente do regime correspondente do Código das Sociedades Comerciais, porque não é apenas um regime de responsabilidade da sociedade directora ou

---

[638] Parece assim que a lei importa para o domínio laboral as restrições geográficas e estruturais inerentes ao conceito de coligação societária e que apreciámos oportunamente (*supra*, § 6.°, ponto 13.2.). Assim, só haverá recurso a esse sistema de protecção quando o empregador seja uma sociedade por quotas, uma sociedade anónima ou uma sociedade em comandita por acções que tenha a sua sede efectiva em Portugal.

[639] *Infra*, § 25.°.

[640] *Supra*, § 6.°, ponto 13.4.2.IX. e 13.4.4.V.

§ 10.° *A ordem juslaboral e o fenómeno dos grupos societários e empresariais* 315

dominante pelas dívidas da sociedade dirigida ou dominada (tal como é configurado no art. 501.° do CSC), mas é antes um regime de responsabilidade solidária de todas as sociedades em situação de coligação (exceptuada a relação de simples participação) ou de grupo, pelos créditos laborais que possam existir relativamente a qualquer delas[641].

Por fim, este regime afasta-se do regime do Código das Sociedades Comerciais, quanto às condições de exigibilidade dos créditos laborais que estabelece, uma vez que a lei prevê uma moratória de três meses (e não de 30 dias) sobre o vencimento do crédito para a sua exigibilidade (art. 378.° do CT).

19.2.8. As comissões de trabalhadores com funções de coordenação no âmbito do grupo

I. Uma outra novidade introduzida pelo Código do Trabalho, com relevo directo para a temática dos grupos, refere-se às comissões de trabalhadores.

Nos termos do art. 461.° n.° 3 do CT, passou a admitir-se a instituição de comissões de trabalhadores com funções de coordenação (as tradicionalmente denominadas comissões coordenadoras[642]) no contexto de empresas em relação de domínio ou de grupo. De acordo com esta norma, a instituição destas comissões de trabalhadores constitui um direito dos trabalhadores – aliás, como é de regra, no caso de qualquer comissão de trabalhadores (art. 461.° n.° 1 do CT) – e são funções de tais comissões a «intervenção na reestruturação económica»[643] e a articulação das

---

[641] Assim, o empregador pode ser a sociedade dominada e o trabalhador pode reclamar os seus créditos junto da sociedade dominante, mas também pode ser a sociedade dominante e os créditos serem reclamados junto da sociedade dominada, se essa for a opção do trabalhador.

[642] A designação encontra-se já no Regime Jurídico das Comissões de Trabalhadores (LComT), que foi instituído pela L. n.° 46/79, de 12 de Setembro – art. 1.° n.° 2. Este diploma foi incorporado parcialmente no Código do Trabalho (arts. 461.° a 463.°), mas, sobretudo, na Regulamentação do Código do Trabalho (arts. 327.° a 352.°), que desenvolveu os seus aspectos essenciais, mesmo em matérias de cariz estrutural e não regulamentar.

[643] Embora a expressão legal seja equívoca, parece poder depreender-se do preceito que constitui uma área típica de intervenção destas comissões a apreciação dos processos

actividades das comissões de trabalhadores das empresas que integram o grupo ou que se encontram numa relação de domínio[644].

II. Assim, pela primeira vez no nosso ordenamento jurídico, é admitida pela lei uma forma de representação típica dos trabalhadores no contexto dos grupos de empresas. Procederemos oportunamente à apreciação desta figura e dos problemas que ela coloca com mais detalhe[645].

19.2.9. A convenção colectiva de trabalho articulada

I. A última figura que merece referência, no contexto do nosso tema, é a figura da convenção colectiva de trabalho articulada.

Contrariamente aos restantes regimes referidos, a figura da convenção colectiva articulada não é acompanhada de qualquer referência expressa aos grupos de empresas nem, muito menos, às situações de coligação societária, sendo prevista, aliás, com assinalável discrição, apenas a propósito das regras de prevalência dos instrumentos de regulamentação colectiva do trabalho negociais, estabelecidas no art. 536.º do CT. Nos termos do n.º 2 deste artigo, é possível, em sede das próprias convenções colectivas de trabalho, estabelecer cláusulas de articulação entre esses mesmos instrumentos, que passam a ser de diferentes níveis, aplicando-se então todos em simultâneo e afastando, por esta via, as regras gerais de prevalência de um único instrumento de regulamentação colectiva do trabalho sobre os restantes (regras estas que constam do n.º 1 do referido art. 536.º).

II. A norma do art. 536.º n.º 2 do CT não foi objecto de mais desenvolvimentos, nem em sede do Código do Trabalho nem na Regulamen-

---

de reestruturação económica do próprio grupo, que ultrapassam a dimensão de cada empresa que o integra. Apesar de a lei não ser clara quanto a este ponto, cremos que é neste sentido que deve ser interpretado o art. 363.º b) da RCT, que se refere especificamente ao direito de intervenção destas comissões nas operações de reestruturação das empresas.

[644] Como decorre do exposto, o Código do Trabalho veio acolher a solução que alguns autores já preconizavam no âmbito do direito anterior, com fundamento na autonomia privada dos trabalhadores – neste sentido, COUTINHO DE ABREU, *Grupos de sociedades... cit.*, 147.

[645] Cfr., *infra*, § 29.º, ponto 54.2.3.

tação, sendo de assinalar, como único aproveitamento desta abertura da lei à negociação colectiva articulada, as regras de articulação de convenções colectivas de trabalho específicas do regime jurídico do contrato de trabalho celebrado com a Administração Pública, que foram estabelecidas nos arts. 19.º e 20.º da L. n.º 23/2004, de 22 de Junho[646].

A falta de continuidade desta previsão legal, até ao momento, não obsta, no entanto, ao reconhecimento das virtualidades do sistema de negociação colectiva articulada e das convenções colectivas de trabalho articuladas no contexto dos grupos de empresas, uma vez que essa forma de negociação pode ser um mecanismo muito eficaz para assegurar alguma uniformidade nos regimes laborais aplicáveis aos trabalhadores das várias empresas de um mesmo grupo.

Neste sentido, deve ser assinalada a importância do preceito legal indicado para o tema objecto das nossas reflexões e teremos ocasião de explorar as suas virtualidades na aplicação à negociação colectiva em contexto de grupo mais à frente neste ensaio[647].

19.3. Alterações posteriores à entrada em vigor do Código do Trabalho

I. Já depois da entrada em vigor do Código do Trabalho, cabe ainda referenciar a aprovação de dois diplomas com interesse para a nossa temática: o DL n.º 215/2005, de 13 de Dezembro, que procedeu à transposição da Dir. 2001/86/CE, de 8 de Outubro de 2001, que completa o Estatuto da Sociedade Europeia no que respeita ao envolvimento dos trabalhadores; e a L. n.º 8/2008, de 18 de Fevereiro, que transpõe a Dir. 2003/72/CE, de 22 de Julho, que completa o Estatuto da Sociedade Cooperativa Europeia no que respeita ao envolvimento dos trabalhadores.

Porque a disciplina destes dois diplomas é muito semelhante, podemos considerá-los em conjunto.

---

[646] Para mais desenvolvimentos sobre este regime, baseado na lógica de articulação entre convenções colectivas de trabalho de diferentes níveis, aplicáveis em conjunto mas em diferentes matérias, *vd* ROSÁRIO PALMA RAMALHO / MADEIRA DE BRITO, *Contrato de Trabalho na Administração Pública cit.*, 91 ss.

[647] *Infra*, § 32.º, ponto 58.

II. Em consonância com as directivas comunitárias respectivas, que seguem, aliás, em moldes muito estritos, os dois diplomas prevêem o envolvimento dos trabalhadores nas actividades das SE e das SCE.

Sem prejuízo do desenvolvimento oportuno do regime jurídico destes diplomas – que retomaremos a propósito da apreciação das incidências laborais colectivas dos fenómenos de grupo[648] – neles se salientam, desde já, como pontos essenciais, a previsão de que o envolvimento dos trabalhadores seja assegurado através de um «conselho de trabalhadores», de um procedimento de consulta e informação ou de um regime de participação dos trabalhadores (art. 2.º do DL n.º 215/2005, de 13 de Dezembro, e art. 2.º da L. n.º 8/2008, de 18 de Fevereiro), sendo os conceitos de envolvimento dos trabalhadores, consulta e informação, e participação explicitados nos dois diplomas (art. 4.º do DL n.º 215/2005, de 13 de Dezembro, e art. 4.º da L. n.º 8/2008, de 18 de Fevereiro).

Tal como sucede nas Directivas respectivas, este regime de envolvimento dos trabalhadores é mais exigente do que o regime dos conselhos de empresa europeus e prevalece sobre ele (art. 3.º do DL n.º 215/2005, de 13 de Dezembro, e art. 3.º da L. n.º 8/2008, de 18 de Fevereiro).

19.4. Síntese

I. Apresentado o quadro geral da evolução do ordenamento jurídico nacional no que toca à recepção e ao tratamento das projecções laborais do fenómeno dos grupos, é possível extrair sinteticamente algumas conclusões gerais desta apreciação.

II. A primeira conclusão vai no sentido da comprovação da crescente sensibilidade do legislador laboral relativamente ao fenómeno dos grupos. Esta maior sensibilidade é confirmada pelo facto de o Código do Trabalho tratar hoje – ainda que ainda de uma forma tópica e não sistemática – projecções deste fenómeno ao nível dos modelos de contratação laboral (é o caso da figura da pluralidade de empregadores) ao nível da mobilidade dos trabalhadores em contexto de grupo (é o caso dos regimes da cedência ocasional de trabalhadores e do destacamento internacional de trabalhadores) e ainda no que toca à tutela remuneratória em sentido amplo (é o caso

---

[648] *Infra*, § 29.º, ponto 54.2.4.

de regime de solidariedade pelos créditos laborais), para além de ter tomado em consideração o fenómeno dos grupos em aspectos colectivos, como é o caso da matéria da representação dos trabalhadores nos grupos de dimensão comunitária, na Sociedade anónima europeia e na sociedade cooperativa europeia, e como é também o caso das comissões de trabalhadores coordenadoras nos grupos de empresas.

Assim, pode considerar-se que a tradicional postura de indiferença do legislador laboral em face do fenómeno dos grupos empresariais vem paulatinamente cedendo terreno à tomada de consciência sobre a importância das projecções laborais deste fenómeno. O facto de, em parte, as normas laborais com incidência nesta matéria terem resultado do imperativo de transposição das directivas comunitárias não invalida esta conclusão.

Já ao nível jurisprudencial, a análise feita demonstra que as questões atinentes às projecções laborais do fenómeno dos grupos têm ocupado os nossos tribunais essencialmente no que se refere à matéria da cedência ocasional de trabalhadores, e, a partir do surgimento do Código do Trabalho, no que respeita à pluralidade de empregadores, como se indicou nos lugares próprios.

Contudo, merecem referência algumas decisões recentes da jurisprudência sobre outras projecções laborais do fenómeno dos grupos ou sobre situações próximas, como sejam as questões relativas à determinação do empregador real quando não coincida com o empregador formal[649], e, ainda neste contexto, a possibilidade de aplicação da técnica da desconsideração da personalidade colectiva para efeitos de determinação do empregador efectivo[650], a distinção entre a cedência ocasional e a prestação

---

[649] Sobre este problema se pronunciou o Ac. STJ de 4/05/2005 (Proc. n.º 04S1505), www.stj.pt. Embora o Acórdão não faça referência ao contexto de grupo do empregador formal e do empregador real, acentua a necessidade de se atender ao verdadeiro nexo de subordinação jurídica na determinação do empregador e resolve o problema da qualificação considerando o empregador formal como um intermediário e o contrato de trabalho com ele celebrado nulo por contrariedade à lei, nos termos gerais do art. 294.º do CC. O problema da determinação do empregador real, em situações de dúvida, já tinha ocupado os nossos tribunais, entre outros, no Ac. STJ de 28/11/1990, BMJ 401-402, no Ac. STJ de 13/11/1991, BMJ 411-424, ou no Ac. STJ de 2/12/1992, BMJ 422-203.

[650] A este propósito, o Ac. RP de 24/01/2005 (Proc. n.º 0411080), www.dgsi.pt., entendeu não ser suficiente para a qualificação como empregador de um grupo societário

simultânea de actividade laboral para várias empresas de um mesmo grupo[651], o enquadramento da transferência do trabalhador no âmbito de um grupo pela figura da cessão da posição contratual[652], a possibilidade de prestação de trabalho em regime de comissão de serviço para outra empresa do grupo[653], os efeitos da transferência do trabalhador entre empresas de um mesmo grupo, na antiguidade do trabalhador[654], os efeitos da extinção do posto de trabalho em contexto de grupo[655], ou os limites da extensão de instrumentos de regulamentação colectiva do trabalho no contexto de grupos de empresas[656].

(ainda que constituído nos termos do CSC), desconsiderando-se a personalidade jurídica da entidade contratante, excepto em casos de fraude à lei, com prejuízos para terceiros; mas já o Ac. da RLx. de 5/07/2000 (Proc. n.º 0008134), www.dgsi.pt., considerou que um dos casos típicos de desconsideração da personalidade colectiva seria o da transferência de um trabalhador de uma sociedade para outra dentro do mesmo grupo, continuando a desempenhar as mesmas funções e no mesmo local, com o objectivo de a primeira sociedade se furtar ao cumprimento dos seus deveres para com o trabalhador, logo, em violação das regras da boa fé; sobre o mesmo assunto *vd* ainda o Ac. RP de 3/07/1994, CJ, 1995, IV, 242, a propósito da «transferência» de uma trabalhadora com contrato de trabalho por tempo indeterminado para outra empresa, com os mesmos sócios, e desenvolvendo a mesma actividade nas mesmas instalações.

[651] Sobre esta matéria, o Ac. STJ de 7/12/2005 (Proc. n.º 05S1919), www.stj.pt., considerou que não se verifica a cedência ocasional, nem tampouco uma transmissão da posição contratual do empregador, numa situação em que o trabalhador continua a prestar a sua actividade para o empregador originário ao mesmo tempo que desempenha funções para outra empresa do mesmo grupo.

[652] Sobre a aplicação da figura da cessão da posição contratual no contexto dos grupos, *vd*, por exemplo, o Ac. STJ de 13/01/1993 (Proc. n.º 3523), não publicado, e ainda o Ac. RLx. de 15/01/1992, CJ, 1992, I, 191.

[653] A este propósito, o Ac. RLx. de 26/11/2003 (Proc. n.º 7445/2003-4), www.dgsi.pt., admitiu a prestação de trabalho em regime de comissão de serviço não no seio da própria empresa mas sim no seio de uma empresa participada pelo empregador.

[654] A este propósito, o Ac. RLx. de 16/12/2003 (Proc. n.º 7152/2003-4), www.dgsi.pt., admitiu e qualificou como um uso a prática assumida por todas as empresas de um grupo de preservarem os direitos decorrentes da antiguidade nas diversas transferências do trabalhador entre as várias empresas.

[655] A este propósito, o Ac. STJ de 10/01/2007 (Proc. n.º 06S2700), www.stj.pt., considerou que a integração da empresa num contexto de grupo pode determinar a ilicitude do despedimento por extinção do posto de trabalho, por falta de fundamento objectivo, quando o posto de trabalho ocupado pelo trabalhador e extinto não se situa na empresa empregadora.

[656] Sobre este ponto, o Ac. STJ de 30/03/2006 (Proc. n.º 05S2653), www.stj.pt., considerou que a extensão administrativa de convenções colectivas de trabalho está

III. A segunda conclusão, que a análise anterior viabiliza, é a da procura crescente de uma delimitação mais rigorosa do fenómeno dos grupos para efeitos do tratamento das suas projecções laborais. E, nesta matéria, parece ter ganho força no Código do Trabalho uma tendência de aproximação do fenómeno dos grupos de empresas ao conceito jussocietário de grupos (em sentido amplo), tendência esta que não transparecia do direito anterior.

Contudo, a par desta tendência – que, na prática, redunda numa restrição do âmbito de aplicação dos regimes específicos que a lei vai dispondo para algumas das projecções laborais do fenómeno dos grupos – observa-se que a lei prevê soluções de «escapatória» para esta delimitação restritiva do fenómeno dos grupos, que redundam na aplicação extensiva daqueles regimes.

IV. A terceira conclusão geral, que a análise precedente permite alicerçar, é o facto de os regimes estabelecidos para lidar com as projecções laborais do fenómeno dos grupos terem carácter pontual, para além de serem incompletos e geradores de inúmeras dificuldades de interpretação e aplicação – dito de outro modo, à imagem do que vimos suceder com outros sistemas jurídicos, o sistema laboral português está ainda longe de poder responder à miríade de questões laborais colocadas por esta matéria.

Na apreciação, *in se,* destas questões, a que procederemos na parte subsequente do estudo, teremos ocasião de confirmar esta conclusão.

---

limitada pela inserção da entidade objecto da extensão no mesmo sector de actividade e este requisito não é de afastar no caso de a segunda empresa exercer a sua actividade em conjugação e para benefício da empresa que outorgou a convenção colectiva de trabalho.

§ 11.º Pressupostos da apreciação dogmática das incidências laborais do fenómeno dos grupos

20. Sequência

I. Completada a apreciação panorâmica dos vários sistemas jurídicos, incluindo o sistema nacional, para avaliar como têm perspectivado as incidências laborais do fenómeno dos grupos societários e empresariais, estamos aptos a estabelecer os parâmetros dogmáticos necessários à apreciação *in se* daquelas incidências no quadro do direito nacional. Estes parâmetros decorrem da resposta a dois problemas fundamentais, relativos, respectivamente, ao relevo do fenómeno dos grupos no domínio do direito do trabalho e à delimitação definitiva deste fenómeno para efeitos laborais.

O primeiro problema que cumpre resolver é o de saber se deve ser reconhecido relevo juslaboral aos grupos societários e empresariais, ou se, mau grado o seu desenvolvimento noutros domínios, o fenómeno dos grupos continua a não relevar no domínio laboral, porque não altera a fisionomia das situações juslaborais individuais e colectivas, ou ainda se releva apenas para certos efeitos ou apenas no âmbito de uma das áreas regulativas do direito do trabalho.

Em caso de reconhecimento do relevo do fenómeno dos grupos e nos limites desse reconhecimento, o segundo problema a resolver é o da delimitação definitiva do fenómeno dos grupos para efeitos laborais. Neste ponto, a questão que se coloca é a de saber se os grupos relevam no domínio laboral como grupos societários, como grupos de empresas ou numa outra acepção.

II. A análise dos problemas enunciados ocupará as páginas seguintes deste ensaio. Tendo em conta os elementos fornecidos pela apreciação precedente da matéria, é possível proceder a esta análise com brevidade e defender uma posição definitiva sobre ambas as questões.

Naturalmente, sendo este um estudo de direito português e de incidência dogmática, a resposta que daremos a estes problemas é apoiada no nosso próprio ordenamento jurídico e é válida apenas no contexto desse ordenamento.

21. As teses sobre o relevo juslaboral dos grupos de sociedades; posição adoptada

I. Como facilmente se depreende da análise anterior, no contexto dos vários sistemas apreciados, a doutrina e a jurisprudência divergem quanto à questão básica do relevo do fenómeno dos grupos de sociedades ou dos grupos de empresas para efeitos laborais. Opõem-se neste ponto duas teses essenciais: a tese mais tradicional, que se inclina no sentido do não reconhecimento do relevo autónomo dos grupos no domínio laboral; e a tese contrária, que admite o relevo do fenómeno dos grupos para efeitos laborais, com as inerentes consequências ao nível da configuração e do regime das situações juslaborais individuais e colectivas.

Embora, na actualidade, estas teses apresentem diversas cambiantes e sejam, sobretudo, defendidas formulações intermédias ou de reconhecimento do relevo do fenómeno dos grupos apenas para alguns efeitos, permitimo-nos reduzi-las à sua formulação mais simples, porque tanto basta para situarmos o problema no quadro do nosso sistema jurídico, que é o referente essencial deste ensaio.

II. Tradicionalmente, a doutrina e a jurisprudência não foram propensas a reconhecer o relevo laboral do fenómeno dos grupos de sociedades, desde logo pela dificuldade de apreensão e valorização jurídica dos grupos económicos em termos gerais. Sendo este fenómeno, por excelência, um fenómeno evasivo e multiforme e, por isso mesmo, genericamente rebelde à regulação jurídica, como se comprovou oportunamente, as dificuldades de apreensão e de tratamento das suas projecções jurídicas comunicaram-se também ao universo laboral.

Mas, para além deste motivo externo ao próprio direito do trabalho, crê-se que as dificuldades em admitir e enquadrar as projecções laborais do fenómeno dos grupos se ficam também a dever a uma razão estritamente laboral, atinente à construção dogmática do contrato de trabalho maioritária na doutrina à época em que se começa a assistir ao desenvolvimento daqueles grupos – ou seja, na segunda metade do séc. XX, mas com maior acuidade nas últimas décadas do século.

Como é sabido, a partir da década de setenta do século XX voltou a ser dominante na doutrina juslaboral uma concepção obrigacional do contrato de trabalho, que o recorta com um negócio de conteúdo essencialmente patrimonial, em homenagem à natureza económica das suas prestações principais (a actividade laboral e a retribuição), ainda que reconhecendo um sentido amplo aos deveres remuneratórios do empregador (é a denominada «teoria da remuneração», ou *Entgelttherie*, que se deve a SCHWERDTNER[657]) e enquadrando os deveres acessórios das partes sem conteúdo patrimonial pelo princípio da boa fé, na sua aplicação à matéria do cumprimento dos contratos (entendimento para o qual foi decisivo o contributo de SÖLLNER[658]). Ora, esta concepção do contrato de trabalho assenta na valorização do trabalhador e do empregador, individualmente considerados (i.e., como pessoas singulares ou, no caso do empregador, quando tenha natureza colectiva, como pessoa colectiva unitária), como partes do vínculo laboral, prescindindo-se assim de qualquer referência à empresa para a construção dogmática do contrato.

Nesta construção, que substituiu as clássicas concepções comunitário-pessoais do vínculo laboral, dominantes nas décadas anteriores[659] – que, essas sim, em qualquer das suas vertentes[660], davam um grande relevo à

---

[657] P. SCHWERDTNER, *Fürsorgetheorie und Entgelttheorie im Recht der Arbeitsbedingungen*, Heidelberg, 1970, e ainda, *Gemeinschaft, Treue, Fürsorge – oder: die Himmelfahrt des Wortes*, ZRP, 1970, 3, 62-67. Não podendo desenvolver aqui esta teoria, que teve um enorme impacto na reconstrução dogmática do vínculo laboral, tanto na Alemanha, como noutros sistemas jurídicos, e também entre nós, pela pena de autores como MENEZES CORDEIRO, *Manual de Direito do Trabalho cit.*, 95 s., mas, sobretudo, *Da situação jurídica laboral... cit.*, 125 e 137 s, limitamo-nos a remeter para a apresentação desenvolvida que dela fizemos no nosso *Da Autonomia Dogmática... cit.*, 471 ss.

[658] *Grundriß des Arbeitsrecht cit.*, 256. Também o entendimento deste autor foi objecto de amplo desenvolvimento, no contexto doutrinal germânico e noutros contextos doutrinais, como se pode ainda cotejar no nosso *Da Autonomia Dogmática... cit.*, 474 ss.

[659] Sobre estas concepções e sobre o respectivo desenvolvimento, cuja apreciação está fora do âmbito deste ensaio, vd ROSÁRIO PALMA RAMALHO, *Da Autonomia Dogmática... cit.*, 273 ss., e, em especial quanto à valorização da empresa nestas concepções, 284 ss. e 304 ss.

[660] Como é sabido, a construção comunitário-pessoal do vínculo laboral desenvolveu-se numa perspectiva contratualista (dominante entre as décadas de trinta e quarenta

integração do trabalhador no universo empresarial –, o papel reconhecido à empresa na configuração do vínculo de trabalho é secundário, sendo a unidade empresarial tida em consideração apenas como o destino normal da actividade laboral, ou seja, colocada *fora* do contrato. É nesta linha que, como vimos oportunamente[661], não poucos autores sustentam mesmo a irrelevância da realidade da empresa para efeitos juslaborais, por se tratar de uma realidade económica, e, no que ao contrato de trabalho se refere, por entenderem que a referência à empresa nada acrescentaria à categoria tradicional do empregador.

A consequência desta (re)construção obrigacional do contrato de trabalho[662] para o problema que nos ocupa é fácil de compreender: se a dimensão empresarial é excluída do negócio laboral, o modo como o empregador organiza a sua empresa e as características específicas do seu empreendimento (*y comprise* a inserção grupal da sua empresa) ultrapassam também o universo laboral, não devendo ser tidos em conta para a resolução dos problemas atinentes ao contrato de trabalho.

Face ao exposto, não surpreende pois que seja, sobretudo, no seio da doutrina germânica que, ainda hoje, muitos autores continuem a sustentar a irrelevância de princípio da organização grupal do empregador no domínio do contrato de trabalho. Como é sabido, por força da tradição do BGB, que, até hoje, não autonomizou o contrato de trabalho relativamente ao contrato de prestação de serviço (*Dienstvertrag* – §§ 611 ss. do BGB) e também por reacção às concepções comunitaristas anteriores sobre o

---

do séc. XX e, de novo, após a década de cinquenta) e numa perspectiva institucionalista (dominante nos anos quarenta e cinquenta), cuja principal diferença reside no facto de a primeira valorizar o contrato de trabalho como fonte do vínculo laboral e a segunda valorizar para esse efeito o acto de incorporação (*Eingliederung*) do trabalhador na empresa. Contudo, mesmo na vertente contratualista, o contrato de trabalho não é perspectivado como um negócio obrigacional, mas como um contrato *sui generis*, com uma dimensão pessoal e comunitária. Para mais desenvolvimentos sobre o ponto, *vd* ainda o nosso *Da Autonomia Dogmática... cit.*, 291 ss. e 367 ss.

[661] *Supra,* na parte introdutória deste estudo, § 1.º, ponto 1.IV.

[662] Trata-se, efectivamente, de uma reconstrução dogmática do vínculo laboral porque não se traduz numa simples recuperação das concepções civilistas originárias sobre este vínculo, que o reconduziam à categoria do contrato de prestação de serviços ou do contrato de locação, mas de uma construção que procura também enquadrar os deveres acessórios das partes no contrato de trabalho em moldes obrigacionais. Para maiores desenvolvimentos sobre este ponto, que ultrapassa, naturalmente, o campo das nossas reflexões, *vd* ROSÁRIO PALMA RAMALHO, *Da Autonomia Dogmática... cit.*, 465 ss.

§ 11.° *Pressupostos dogmáticos das incidências laborais dos grupos*   327

vínculo laboral, foi no âmbito deste sistema que mais se desenvolveu a reconstrução puramente obrigacional do contrato de trabalho[663], sendo também dominante a centragem do direito do trabalho na figura do contrato de trabalho (o *Arbeitsvertragsrecht*)[664] e a inerente recondução desta área jurídica a uma parcela do direito civil.

Perante a construção obrigacional do contrato de trabalho, que acabamos de recordar, a doutrina – sobretudo no contexto germânico, mas também noutros contextos – tende a negar as projecções do fenómeno dos grupos no vínculo laboral, por considerar que a organização grupal do empregador é um factor económico que transcende aquele vínculo, não afectando, em princípio, a sua configuração e execução[665]. Nesta óptica,

---

[663] Na dogmática germânica e austríaca, esta concepção encontra defensores em autores como F. BYDLINSKI, *Arbeitsrechtskodifikation... cit.*, 138 ss. e *passim*, E. WOLF, *Das Arbeitsverhältnis. Personenrechtliches Gemeinschaftsverhältnis oder Schuldverhältnis?* Marburg, 1970, e ainda «*Treu und Glauben*», «*Treu*» und «*Fürsorge*» im Arbeitsverhältnis, DB, 1971, 39, 1863-1868, H. FENN, *Fürsorgetheorie und Entgelttheorie im Recht der Arbeitsbedingungen (Rezenzion über P. Schwerdtner)*, ArbuR, 1971, 11, 321-327, H. BUCHNER, *Fürsorgetheorie und Entgelttheorie im Recht der Arbeitsbedingungen (Rezenzion über P. Schwerdtner)*, RdA, 1970, 6/7, 214-215, W. ZÖLLNER, *Die vorvertragliche und die nachwirkende Treue- und Fürsorgepflicht im Arbeitsverhältnis*, in T. TOMANDL, (Hrsg.), *Treue- und Fürsorgepflicht im Arbeitsrecht*, Wien-Stuttgart, 1975, 91-106, R. RICHARDI, *Entwicklungstendenzen der Treue- und Fürsorgepflicht in Deutschland*, in T. TOMANDL (Hrsg.), *Treue- und Fürsorgepflicht im Arbeitsrecht*, Wien-Stuttgart, 1975, 41-70, T. MAYER-MALY, *Treue- und Fürsorgepflicht in rechtstheoretischer und rechtsdogmatische Sicht*, in T. TOMANDL, (Hrsg.), *Treue- und Fürsorgepflicht im Arbeitsrecht*, Wien-Stuttgart, 1975, 71-90, ou E. BÖTTICHER, *Arbeitsrecht: Bemerkungen zu einigen Grundprinzipien*, ZfA, 1978, 621-644, entre muitos outros. Para um confronto mais desenvolvido, veja-se ainda o nosso *Da Autonomia Dogmática... cit.*, 465 ss.

[664] Nesta linha, a título meramente ilustrativo, R. RICHARDI, *Arbeitsrecht und Zivilrecht*, ZfA, 1974, 1, 3-27, e *Der Arbeitsvertrag im Zivilrechtssystem*, ZfA, 1988, 3, 221-225, BYDLINSKI, *Arbeitsrechtskodifikation... cit.*, 3 s., ou E. WOLF, *Der Begriff Arbeitsrecht*, in F. GAMILLSCHEG (Hrsg.), *25 Jahre Bundesarbeitsgericht*, München, 1979, 709-726.

[665] Neste sentido, e fundamentando expressamente a conclusão da recusa da dimensão de grupo, no direito das situações laborais individuais, no facto de esta área regulativa do direito do trabalho ser essencialmente «direito do contrato» (*Vertragsrecht*), WINDBICHLER, *Arbeitsrecht im Konzern cit.*, 581 e *passim*, e ainda *Arbeitsrecht und Konzernrecht cit.*, 147, bem como PREIS, *Arbeitsrecht... cit.*, 94 s., KARAMARIAS, *Bundesdeutsches Individualarbeitsrecht... cit.*, 364, ou KONZEN, *Arbeitsverhältnisse im Konzern cit.*, 573, este último reconhecendo, contudo, que o trabalhador de uma empresa inserida num grupo tem riscos laborais específicos que não são devidamente tutelados pelo direito societário dos

§ 11.° *Pressupostos dogmáticos das incidências laborais dos grupos*

os autores limitam-se a admitir o recurso a institutos civis gerais, como a boa fé e o abuso do direito (designadamente, aplicando o princípio do abuso do direito à utilização fraudulenta da personalidade colectiva pelo empregador, através da técnica da desconsideração ou do levantamento da personalidade jurídica e fazendo apelo ao princípio geral da tutela da confiança[666], ou apelando directamente ao instituto da fraude à lei[667]), nos casos mais flagrantes de utilização indevida da organização grupal das empresas em prejuízo dos trabalhadores.

Por outras palavras, a estrutura grupal do empregador é, em regra, considerada irrelevante para o contrato de trabalho. Contudo, se, porventura, o negócio laboral vier a ser afectado, de forma grave e substancial, por essa estrutura – o que apenas se admite a título excepcional – considera-se que os recursos gerais do direito civil são suficientes para tutelar os interesses laborais relevantes em caso de abuso do direito ou de manifesta má fé[668], e para enquadrar alterações não patológicas que possam sobrevir no vínculo laboral por força da inserção grupal do empregador[669];

---

grupos (*idem*, 468). Contra este entendimento dominante, vejam-se, ainda assim, autores como WIEDEMANN, *Die Unternehmensgruppe... cit.*, 93 e 97 s., considerando que se deve ponderar a dimensão de grupo no domínio da relação de trabalho porque o conceito de pertença à empresa (*Betriebszugehörigkeit*), tradicional na dogmática laboral, sofre um alargamento se a empresa se inserir num grupo, caso em que se pode justificar o relevo da pertença do trabalhador ao próprio grupo (*Konzernzugehörigkeit*). Fora do contexto germânico, o entendimento no sentido da irrelevância de princípio dos fenómenos de grupo para efeitos laborais, por se considerar que se trata de fenómenos eminentemente económicos e reportados à empresa, sendo que esta transcende também o contrato de trabalho, é sustentado por autores como MAZZOTTA, *Divide e impera... cit.*, 362 s. e 365, GALGANO, *Unità e pluralità di imprese... cit.*, 19 ss., MAGRINI, *La sostituzione soggetiva... cit.*, 69 ss., ou PERA, *Diritto del lavoro cit.*, 330.

[666] Postulando uma aplicação ainda assim relativamente ampla do princípio da boa fé, na matriz da tutela da confiança, para resolver alguns problemas laborais decorrentes dos grupos, pode ver-se MARTENS, *Grundlagen des Konzernarbeitsrechts cit.*, 446 ss.

[667] É o entendimento mais difundido na doutrina italiana, entre os autores que recusam o relevo de princípio do fenómeno dos grupos no domínio laboral, como MAZZOTTA, *Divide e impera... cit.*, 365 ss., GALGANO, *Unità e pluralità di imprese... cit.*, 3 ss., MAGRINI, *La sostituzione soggetiva... cit.*, 69 ss., LUCA TAMAJO, *Metamorfosi dell'impresa... cit.*, 174 e 188, ou PERA, *Diritto del lavoro cit.*, 326 ss. e 330.

[668] Ainda neste sentido, WINDBICHLER, *Arbeitsrecht im Konzern cit.*, 581 e *passim*.

[669] A este propósito, os autores sustentam a aplicação de figuras civis como a cessão da posição contratual ou o contrato a favor de terceiro para enquadrar as situações de mobilidade dos trabalhadores entre várias empresas do grupo – nesta linha, entre outros,

§ *11.° Pressupostos dogmáticos das incidências laborais dos grupos* 329

para além disso, os interesses patrimoniais dos trabalhadores são tuteláveis através dos recursos específicos do direito das sociedades em matéria de responsabilidade societária[670].

Ainda assim, deve referir-se que esta perspectiva menos receptiva da dogmática germânica em relação às projecções laborais do fenómeno dos grupos – que encontra também defensores noutros contextos doutrinais e jurisprudenciais[671] – se limita às situações juslaborais individuais.

Já no âmbito das situações juslaborais colectivas – que, no sistema germânico, inclui o denominado «direito da constituição da empresa» (*Betriebsverfassungsrecht*), o direito da contratação colectiva (*Tarifrecht*)

MAZZOTTA, *Divide e impera... cit.*, 370 s.; mas, em apreciação crítica destas soluções, *vd*, por exemplo, MELIADÒ, *Il rapporto di lavoro nell'impresa di gruppo cit.*, 617 ss., que conclui pela inaptidão genérica dos instrumentos do direito civil para enquadrar os problemas colocados pela prestação cumulativa ou alternativa da actividade laboral para várias empresas do grupo (*idem*, 623).

[670] A este propósito, WINDBICHLER, *Arbeitsrecht und Konzernrecht cit.*, 148, recorda que, na qualidade de credor da empresa, o trabalhador que se considere prejudicado nos seus direitos pela inserção grupal da mesma pode accionar os mecanismos especiais da responsabilidade solidária da sociedade mãe, tal como os restantes credores, desde que estejam preenchidos os respectivos pressupostos. Neste mesmo sentido, argumenta também KONZEN, *Arbeitsverhältnisse im Konzern cit.*, 572, para o caso da insolvência da sociedade empregadora. No contexto do sistema austríaco, ainda sobre a possibilidade de recurso do trabalhador aos mecanismos de responsabilidade da sociedade mãe pelas dívidas da sociedade filha empregadora, pode ainda ver-se JABORNEGG, *Arbeitsvertragsrecht im Konzern cit.*, 8, e, no mesmo sentido, na doutrina italiana, por exemplo, MAZZOTTA, *Divide e impera... cit.*, 372 s.

[671] Nesta mesma linha, podemos encontrar, na doutrina italiana, autores como GALGANO, *Unità e pluralità di imprese... cit.*, 3 ss. e 19 ss., MAZZOTTA, *Divide e impera... cit.*, 365, PERA, *Diritto del lavoro cit.*, 330, SCONAMIGLIO, *Intervento cit.*, 405, LUCA TAMAJO, *Metamorfosi dell'impresa... cit.*, 188, ou MAGRINI, *La sostituzione soggetiva... cit.*, 69 ss., este último admitindo, ainda assim, a existência de uma relação de trabalho unitária no contexto de grupo em casos pontuais, como o destacamento, a cessão da posição contratual do empregador e ainda a pluralidade de empregadores de um mesmo grupo. Na doutrina francesa, embora seja tradicional a valorização da empresa para efeitos laborais, um conjunto de autores considera também que a regra geral em contexto de grupo deve ser a da circunscrição do vínculo laboral ao universo da empresa, independentemente da inserção grupal da mesma, porque de tal inserção só decorre uma deslocação do poder económico dentro do grupo e não a alteração da situação jurídica de cada empregador, enquanto titular dos poderes laborais – neste sentido, por exemplo, SAVATIER, *Les groupes de sociétés... cit.*, 532 s.

e ainda o direito dos conflitos laborais colectivos (*Arbeitskampfrecht*) – a doutrina admite, sem dificuldades, as projecções do fenómeno dos grupos empresariais em matérias como a representação dos trabalhadores ao nível do grupo, o exercício dos direitos de cogestão ao nível do grupo ou a negociação colectiva de grupo[672], aliás, de acordo com as previsões legais nesta matéria, oportunamente referenciadas[673] e com as directivas comunitárias com incidência nesta área, que, também a seu tempo, descrevemos[674].

Por outro lado, os autores consideram que as estruturas representativas dos trabalhadores ao nível do grupo asseguram também a tutela dos mesmos perante as projecções que o fenómeno grupal possa ter nos respectivos contratos de trabalho, uma vez que aquelas estruturas têm também algum poder de intervenção neste domínio, no exercício das suas próprias competências[675].

III. Nos antípodas deste entendimento, situa-se a tese que reconhece o valor dos grupos de empresas ou grupos de sociedades para efeitos laborais, em termos gerais.

Como pudemos verificar na análise panorâmica dos vários sistemas jurídicos, o elemento fulcral para a valorização das projecções laborais do fenómeno dos grupos reside na qualificação como empregador do próprio

---

[672] Admitindo as projecções laborais do fenómeno em todas estas áreas, no contexto germânico, entre outros, WINDBICHLER, *Arbeitsrecht im Konzern cit.*, 435 ss., e 581 ss., e 587 ss., WIEDEMANN, *Die Unternehmensgruppe... cit.*, 97 s. e 122 ss., KONZEN, *Arbeitsverhältnisse im Konzern cit.*, 573, PREIS, *Arbeitsrecht... cit.*, 95, HRODMAKA / MASCHMANN, *Arbeitsrecht cit.*, II, 323 ss., ou HENSSLER, *Der Arbeitsvertrag im Konzern cit.*, 19. Idêntica receptividade às valências laborais colectivas do fenómeno dos grupos se encontra, por exemplo, entre os autores franceses mais renitentes em admitir as projecções do fenómeno dos grupos no contrato de trabalho, como SAVATIER, *Les groupes de sociétés... cit.*, 538 s.

[673] *Supra*, § 10.°, ponto 17.1.III.

[674] *Supra*, § 10.°, ponto 18.2.

[675] Neste sentido, WINDBICHLER, *Arbeitsrecht im Konzern cit.*, 594, e *Arbeitsrecht und Konzernrecht cit.*, 147, dando o exemplo da cogestão e da representação dos trabalhadores pelas comissões de trabalhadores nas situações de crise das empresas, que a autora considera colocar os trabalhadores numa posição de privilégio perante os restantes credores da empresa. Também KARAMARIAS, *Bundesdeutsches Individualarbeitsrecht... cit.*, 364, refere expressamente que os problemas suscitados pela dimensão grupal do empregador na relação individual de trabalho se resolvem com recurso às instâncias laborais de representação colectiva dos trabalhadores.

grupo, ou, pelo menos, do conjunto das empresas do grupo ou de uma parte dessas empresas, em alternativa ao empregador/pessoa singular ou pessoa colectiva unitária. Esta qualificação pode ser apoiada directamente na lei (como sucede no sistema brasileiro[676]), pode decorrer da aplicação doutrinal e jurisprudencial de conceitos legais indeterminados à resolução deste problema (para o efeito, foi desenvolvido o conceito de *comunidades de bienes* no sistema espanhol[677], e, no sistema francês, foi aproveitado o conceito de *unité économique et sociale*[678], como vimos oportunamente), e pode ainda ser fruto do esforço jurisprudencial e doutrinal na aferição do elemento da subordinação jurídica, enquanto elemento tipificador essencial do contrato de trabalho, aos vínculos laborais em contexto de grupo, nomeadamente nas tentativas de reportar a subordinação ao empregador real (orientação seguida na jurisprudência e em alguns sectores das doutrinas francesa e italiana[679]).

Em suma, por uma ou por outra via, a qualificação como empregador do próprio grupo de empresas, ou de uma pluralidade de empresas de um grupo, tem permitido, nos diversos sistemas, reconhecer um conjunto mais ou menos amplo e diversificado de projecções do fenómeno dos grupos e resolver os problemas por elas colocados no domínio das situações juslaborais individuais e colectivas.

Naturalmente, esta metodologia de aproximação ao tema dos grupos favorece a resolução dos problemas laborais, que eles suscitam, por aplicação das regras laborais e fazendo apelo aos parâmetros axiológicos do próprio direito do trabalho, nomeadamente ao princípio geral da protecção do trabalhador.

---

[676] *Supra,* § 10.º, ponto 17.1.VII.
[677] *Supra,* § 10.º, ponto 17.1.V.
[678] *Supra,* § 10.º, ponto 17.1.VI.
[679] Nesta linha, na doutrina italiana, entre outros, ZANELLI, *Introduzione. Gruppi di imprese... cit.*, 43, e, com referência ao trabalho da jurisprudência italiana neste sentido, CALÀBRO, *Lavoro, Impresa di gruppo... cit.*, 25 s. e 28, MELIADÒ, *I persistenti dilenami del lavoro nelle società collegate* cit., 61, e *Il rapporto di lavoro nei gruppi... cit.*, 73 ss., este último chamando a atenção para a necessidade de aferição do critério da subordinação jurídica por critérios materiais no contexto do grupo, i.e., procurando ter em conta a efectiva organização das empresas do grupo; no âmbito da doutrina francesa, fazem apelo ao critério da subordinação jurídica, como critério de determinação do empregador real em contexto de grupo, autores como VACARIE, *Groupes de societés... cit.*, 27 s.

Por esta razão, na maioria dos autores, a justificação da personificação do grupo de empresas, ou de um conjunto de empresas do grupo, como empregador, é directa ou remotamente justificada por aquele princípio, considerando-se tal solução como a única forma de evitar que a estrutura grupal do empregador seja utilizada em prejuízo do regime laboral de tutela do trabalhador[680]. Nesta via de resolução dos problemas laborais colocados pelos fenómenos de grupo torna-se assim desnecessário o recurso aos princípios civis gerais, como a boa fé ou o abuso do direito, ou o apelo ao instrumentário de tutela do direito societário.

IV. Confrontando as teses em presença perante o nosso próprio sistema jurídico, estamos aptos a tomar posição sobre o problema do relevo das projecções laborais do fenómeno dos grupos de empresas ou grupos de sociedades no quadro do direito nacional.

A nosso ver, no contexto do ordenamento jurídico português, está hoje fora de questão recusar, em tese geral, a relevância laboral do fenómeno dos grupos de empresas ou dos grupos de sociedades, devendo, pelo contrário, admitir-se tal relevância. Os motivos em que assenta este entendimento são de ordem sistemática e estrutural.

Em primeiro lugar, como pudemos comprovar na análise do nosso sistema juslaboral nesta matéria[681], é a própria lei que, a diversas instâncias, reconhece a importância da fenomenologia dos grupos no universo laboral. E, como também vimos, este reconhecimento espraia-se por matérias atinentes às situações juslaborais colectivas (designadamente, no âmbito da representação colectiva dos trabalhadores em contexto de grupo, com a previsão das comissões de trabalhadores coordenadoras no âmbito do grupo, dos conselhos de empresa europeus e dos conselhos de trabalhadores, mas também indirectamente, na previsão das convenções colectivas articuladas – arts. 461.º n.º 3, 471.º n.º 1 e 536.º n.º 2 do CT, e ainda DL

---

[680] Neste sentido, a título ilustrativo, BUENO MAGANO, *Los grupos de empresas...* cit., 172. Mas contra esta fundamentação geral do reconhecimento das projecções laborais dos grupos no princípio da protecção do trabalhador, autores como WINDBICHLER, *Arbeitsrecht im Konzern* cit., 51 s., advertem para a necessidade de aquele princípio geral do direito do trabalho não interferir em princípios dominantes das outras áreas jurídicas que são convocadas pelo fenómeno dos grupos – no caso, caberia salvaguardar os princípios jussocietários gerais da autonomia e da limitação da responsabilidade das sociedades comerciais.

[681] *Supra*, § 10, ponto 19.2.

§ 11.° *Pressupostos dogmáticos das incidências laborais dos grupos* 333

n.° 215/2005, de 13 de Dezembro, e L. n.° 8/2008, de 18 e Fevereiro) e por matérias atinentes às situações juslaborais individuais (com a instituição da figura da pluralidade de empregadores, com o estabelecimento do dever de informação ao trabalhador sobre as coligações societárias do empregador, com a contextualização do regime da cedência ocasional de trabalhadores e do regime do destacamento internacional de trabalhadores no âmbito dos grupos, e, por fim, com a previsão do regime da responsabilidade solidária do empregador inserido num contexto de grupo pelos créditos laborais – arts. 92.° n.° 1, 98.° n.° 1 a), 324.° b), 7.° e 378.° do CT). Perante este quadro regulativo, cuja relativa abrangência não é afectada pelo carácter tópico que o tratamento desta problemática continua a apresentar na nossa lei, não se nos afigura dogmaticamente viável recusar, em tese geral, o relevo laboral do fenómeno dos grupos empresariais.

Por outro lado, o facto de as projecções laborais deste fenómeno, valorizadas pela nossa lei, se repercutirem nas duas grandes áreas regulativas do direito do trabalho (a área das situações laborais individuais e a área das situações laborais colectivas) nem sequer consente a subscrição de um entendimento próximo do da doutrina germânica, reconhecendo-se as projecções laborais colectivas do fenómeno dos grupos, mas não as projecções deste fenómeno no contrato de trabalho. Bem pelo contrário, no caso português, ambas as categorias de projecções são de valorizar.

O segundo argumento que nos leva a reconhecer o relevo das projecções laborais do fenómeno dos grupos refere-se especificamente às projecções deste fenómeno nas situações juslaborais individuais e encontra o seu fundamento na estrutura do contrato de trabalho, e, designadamente, no elemento organizacional deste contrato.

Noutra sede, tivemos ocasião de refutar a construção puramente obrigacional do contrato de trabalho – cujo simplismo não se compadece com a riqueza do seu conteúdo nem explica o conjunto dos aspectos do seu regime – e de apresentar uma construção dogmática alternativa, que julgamos capaz de enquadrar este vínculo em toda a sua complexidade[682].

---

[682] ROSÁRIO PALMA RAMALHO, *Da Autonomia Dogmática... cit.*, 485 ss. (quanto à crítica da concepção obrigacional do contrato de trabalho) e 711 ss., quanto à reconstrução proposta. Estando obviamente fora de causa a recolocação deste problema no âmbito do presente estudo, limitamo-nos a deixar aflorados os traços essenciais da construção que elaborámos, focando-nos no contributo dessa construção para explicar o relevo laboral do fenómeno dos grupos, que agora nos ocupa.

Com efeito, o contrato de trabalho apresenta geneticamente uma estrutura complexa, não se deixando reduzir ao binómio obrigacional de troca entre as prestações principais da partes (a actividade laboral e a retribuição) e contando no seu conteúdo com dois outros elementos: um elemento de pessoalidade, atinente ao trabalhador, que resulta do facto de este envolver integralmente a sua personalidade no próprio contrato, uma vez que a actividade que presta é materialmente inseparável da sua própria pessoa e tal actividade é mais relevante em si mesma do que pelo resultado em que se traduz, podendo mesmo relevar enquanto atitude de mera disponibilidade perante o empregador; e um elemento de inserção organizacional, que se evidencia no facto de, com a celebração do contrato, o trabalhador se integrar na organização do empregador, e esta integração se repercutir juridicamente no seu vínculo[683].

Como oportunamente se demonstrou, a importância do reconhecimento deste binómio especificamente laboral no contrato de trabalho, a par do nexo obrigacional relativo às prestações principais das partes, reside no facto de apenas os elementos da pessoalidade e da inserção organizacional permitirem explicar algumas das características do contrato de trabalho que mais o afastam dos seus congéneres contratos obrigacionais, *verbi gratia,* do contrato de prestação de serviço. Com efeito, é o elemento da pessoalidade que explica a especial tutela concedida a interesses do trabalhador que transcendem o contrato (interesses pessoais e familiares ou interesses de valorização profissional) e, sobretudo, o facto de, com alguma normalidade, a lei determinar a prevalência daqueles interesses sobre o acordo contratual, em claro desvio ao princípio geral do cumprimento pontual dos contratos; assim como é o elemento da pessoalidade que permite compreender a essência dominial do vínculo de trabalho, não obstante o seu carácter privado, que se manifesta na posição desigual das partes (com o trabalhador numa posição de subordinação e o empregador detendo os poderes laborais, com destaque para o poder disciplinar)[684]. Por seu turno, é o elemento da inserção organizacional que

---

[683] Quanto a estes elementos do contrato de trabalho, na nossa construção, que aqui nos limitamos a recordar brevemente, *vd* o nosso *Da Autonomia Dogmática... cit.*, 716 ss. e 751 ss. respectivamente.

[684] Sobre a aptidão explicativa do elemento da pessoalidade, na construção dogmática do contrato de trabalho que sustentamos, *vd* ainda *Da Autonomia Dogmática... cit.*, 773 ss.

§ 11.º *Pressupostos dogmáticos das incidências laborais dos grupos*   335

justifica alguns dos mais característicos institutos laborais, que não têm paralelo no direito comum dos contratos (desde o poder disciplinar até aos direitos que assistem ao empregador de fazer variar a prestação laboral, ou as condições de tempo e lugar do seu desenvolvimento sem necessidade do acordo do trabalhador, e ainda, quanto aos direitos dos trabalhadores, o direito de greve), assim como é este elemento que permite compreender a influência regular da organização empresarial na execução de cada um dos contratos de trabalho existentes no seio dessa organização (influência esta detectável não só em situações de crise da empresa, cujas vicissitudes económicas têm repercussões jurídicas nos contratos de trabalho, mas, quotidianamente, na subordinação do acordo contratual às necessidades de gestão do empregador, em matérias como o tempo, o local de trabalho e a própria prestação laboral, e ainda no condicionamento de muitos regimes laborais pela dimensão das empresas); e é ainda o elemento organizacional que explica a comunicabilidade entre os vínculos laborais existentes numa mesma organização (que se manifesta em matérias tão diversas como o direito à igualdade de tratamento e à igualdade remuneratória, os critérios de escolha dos trabalhadores a despedir por extinção do posto de trabalho, que atendem à antiguidade dos trabalhadores, a escolha do procedimento disciplinar aplicável tendo em conta o número de trabalhadores da empresa, e ainda a miríade de situações juslaborais colectivas com projecções no contrato de trabalho, como o relevo de grupos *had hoc* de trabalhadores para determinados efeitos, ou a intervenção das comissões de trabalhadores nos processos para despedimento ou no processo de transmissão do estabelecimento, por exemplo)[685].

Em suma, apenas reconhecendo os elementos de pessoalidade e inserção organizacional como componentes essenciais do contrato de trabalho, a par dos elementos da actividade laboral e da retribuição, ficam explicadas as principais idiossincrasias do contrato de trabalho relativamente a outros negócios envolvendo a prestação de um serviço para satisfação de necessidades de outrem e se pode compreender a lógica diferenciada deste negócio, que passa, com relativa normalidade, pelo sacrifício do acordo contratual ora aos interesses pessoais do trabalhador ora aos interesses de gestão do empregador, o que é, em absoluto, estranho aos princípios gerais do cumprimento dos contratos civis.

---

[685] Para mais desenvolvimentos sobre a aptidão explicativa do elemento organizacional do contrato de trabalho, *vd* o nosso *Da Autonomia Dogmática... cit.*, 742.

Recordada, desta forma breve, a nossa construção dogmática do contrato de trabalho, cabe dela retirar as devidas ilações para a resolução do problema da admissibilidade e do enquadramento das projecções laborais do fenómeno dos grupos societários e empresariais no vínculo laboral.

A nosso ver, o relevo dos grupos de empresas no domínio laboral deixa-se explicar justamente pelo elemento de inserção organizacional do contrato de trabalho. Como acima se referiu, este elemento põe em evidência o facto de, com a celebração do contrato, o trabalhador se integrar numa organização alheia, que passa a influenciar quotidianamente a sua situação juslaboral e a execução do seu contrato – por outras palavras, apesar de estranha ao trabalhador, a organização do empregador é relevante em termos contratuais, porque se projecta em múltiplos regimes laborais.

Ora, sendo genericamente relevante a organização do empregador para o contrato de trabalho, o modo como tal organização se estrutura – o que, obviamente, inclui o facto de a empresa estar integrada numa estrutura de grupo – deve ser tido em conta para avaliar se as repercussões, que decorrem desta estrutura organizativa para as situações juslaborais e, designadamente, para o contrato de trabalho, têm valor jurídico. Dito de outro modo, tal como outros aspectos atinentes à empresa ou organização do empregador se projectam, de modo juridicamente relevante, no contrato de trabalho (é o caso da dimensão da empresa, da sua área de actividade, das operações económicas que envolvem a sua transmissão ou a transmissão de um dos seus estabelecimentos, e ainda das situações de crise económica que a afectem), por força do elemento de inserção organizacional do contrato, também a estrutura unitária ou grupal do empregador pode ter projecções juridicamente relevantes no contrato de trabalho, porque é, indiscutivelmente, um dos aspectos estruturais da organização empresarial do empregador.

Conclui-se pois que as projecções do fenómeno dos grupos no domínio laboral, e, mais especificamente, as projecções deste fenómeno no contrato de trabalho são (mais) uma decorrência do elemento organizacional desse contrato, nos termos expostos[686]. Já tendo, aliás, a nossa lei

---

[686] Também realçando a importância da estrutura organizativa do empregador nos vínculos laborais em contexto de grupo, MELIADÒ, *Il rapporto di lavoro nei gruppi... cit.*, 54 e 60 ss.

admitido expressamente algumas destas projecções, não compete ao intérprete recusá-las mas apenas proceder ao seu enquadramento jurídico. A construção dogmática do contrato de trabalho que vimos sustentando – neste caso, com recurso ao elemento da inserção organizacional – fornece esse enquadramento e, porque constitui uma explicação geral para estas projecções, permitirá ainda avaliar o relevo de outras projecções do mesmo fenómeno no contrato de trabalho, que a lei não contemplou.

V. Perante o exposto, não restam dúvidas sobre o relevo das projecções laborais do fenómeno dos grupos, no quadro do nosso sistema jurídico, considerando-se definitivamente ultrapassada a visão mais céptica sobre o significado juslaboral deste fenómeno, uma vez que tal visão é desmentida pelo sistema normativo e não é axiologicamente consistente com a construção dogmática do contrato de trabalho que julgamos mais adequada.

O reconhecimento, como princípio geral, do relevo da fenomenologia dos grupos de sociedades ou dos grupos de empresas no domínio laboral não significa, contudo, que se aceitem aprioristicamente e sem reservas todas as projecções laborais deste fenómeno, designadamente com base no pressuposto, desenvolvido pela segunda tese indicada, de que a estrutura grupal do empregador actua, sistematicamente, em detrimento da tutela do trabalhador e que o princípio laboral geral da protecção do trabalhador impõe uma estratégia defensiva do direito do trabalho em relação a estes fenómenos. A nosso ver, só perante cada projecção laboral dos grupos societários e empresariais se poderão avaliar os interesses em jogo (que, obviamente, não se esgotam no interesse da tutela do trabalhador, mas envolvem também interesses do empregador) e, perante essa avaliação, concluir quanto à relevância ou irrelevância laboral daquela projecção em concreto e quanto ao regime que lhe deve ser aplicado.

Esta avaliação só poderá ser feita no contexto da análise, *in se*, das diversas projecções do fenómeno dos grupos nas situações juslaborais individuais e nas situações juslaborais colectivas, que nos ocupará na parte subsequente do estudo. Por ora, deixa-se apenas esta prevenção geral quanto ao sentido que atribuímos ao reconhecimento genérico do valor laboral destas projecções.

22. A delimitação do fenómeno dos grupos para efeitos laborais: grupo de sociedades ou grupo de empresas?

I. Como verificámos, na nossa digressão pelas várias áreas da ordem jurídica que se têm ocupado do fenómeno dos grupos empresariais, quer no nosso sistema quer noutros sistemas e ainda no plano do direito comunitário, este fenómeno está longe de se deixar reduzir a um denominador conceptual comum. Assim, enquanto no plano societário a ordem jurídica recorta o conceito de grupo com base na categoria da coligação de sociedades, nela incluindo, aliás, apenas determinados tipos societários, e no seio desta categoria, distinguindo vários tipos de coligação societária (entre nós, as relações de participação societária simples e recíproca, as relações de domínio e os grupos de sociedades em sentido restrito, que podem, por seu turno, corresponder a grupos constituídos pela aquisição de domínio total, por contrato de subordinação ou por contrato de grupo paritário – arts. 482.°, 488.°, 492.° e 493.° do CSC), no plano do direito financeiro e contabilístico e também nos domínios do direito da concorrência, do direito fiscal e do direito bancário, o fenómeno dos grupos é recortado directamente sobre o conceito, juridicamente impreciso mas economicamente expressivo e mais abrangente, de empresa[687].

O facto de o ordenamento jurídico tomar como referente do fenómeno dos grupos realidades e categorias diferentes, nas várias áreas em que dele se tem ocupado, permite retirar duas conclusões: por um lado, este facto comprova a plasticidade do próprio fenómeno dos grupos, mesmo no plano jurídico; por outro lado, ele evidencia a postura eminentemente pragmática do sistema jurídico na aproximação à realidade dos grupos, já que modela essa realidade de acordo com as necessidades regulativas e os valores prosseguidos em cada uma das áreas em que procede ao seu tratamento. Dito de outro modo, as aproximações ao fenómeno dos grupos nos vários sectores do ordenamento jurídico têm sido independentes umas das outras e o tratamento das suas projecções em cada uma dessas áreas tem-se guiado pelos interesses em jogo nessas mesmas áreas.

II. Na tentativa de recorte do conceito laboral de grupo, a doutrina tem-se dividido, sendo de destacar três posições fundamentais sobre este ponto: a primeira inclina-se para a recondução do conceito laboral de grupo

---

[687] *Supra*, § 6.°, pontos 14.1., 14.2. e 14.3.

ao conceito de *coligação de sociedades*; a segunda defende a recondução deste conceito à realidade do *grupo de empresas*; e a terceira postula a ultrapassagem desta dicotomia, através da valorização laboral de um conceito intermédio, que seria o conceito de *empresa de grupo*.

Para um sector da doutrina, o conceito laboral de grupo deve reconduzir-se ao conceito jussocietário de grupo, porque a realidade dos grupos é essencialmente unitária, não fazendo, por isso, sentido recortar o fenómeno em termos diferenciados para efeitos laborais. Por outro lado, no confronto do conceito de grupo de sociedades com o conceito de grupo de empresas, alguns autores invocam, como argumento adicional em favor do primeiro, o facto de o conceito de grupo de empresas partilhar das dificuldades operativas do próprio conceito de empresa no domínio jurídico, dado o seu conteúdo eminentemente económico, ao passo que o conceito de grupo de sociedades é mais rigoroso[688]. Por fim, é invocado em favor desta tese o facto de a empresa não ter personalidade jurídica, o que impediria o grupo de empresas de deter a qualidade de empregador e, genericamente, de funcionar como centro de imputação de regras jurídicas[689].

Este entendimento é defendido, sobretudo, no seio da doutrina germânica[690], mas é também sustentado por um sector da doutrina nacional[691],

---

[688] Neste sentido, entre muitos outros, MAGRINI, *La sostituzione soggetiva... cit.*, 94 ss., e, entre nós, COUTINHO DE ABREU, *Grupos de sociedades... cit.*, 131, e IRENE GOMES, *Grupos de sociedades... cit.*, 167 s.

[689] O argumento mais comum entre os autores que recusam a identificação do grupo de empresas como empregador é, obviamente, o da falta de personalidade jurídica do grupo e da própria empresa – neste sentido, se pronunciaram, por exemplo, KARAMARIAS, *Bundesdeutsches Individualarbeitsrecht... cit.*, 354 s., JABORNEGG, *Arbeitsvertragsrecht im Konzern cit*, 9, e, entre nós, COUTINHO DE ABREU, *Grupos de sociedades... cit.*, 134, e IRENE GOMES, *Grupos de sociedades... cit.*, 167 s.

[690] No sentido da recondução da realidade dos grupos laborais ao conceito jussocietário de grupo, estabelecido no § 18 da AktG, na ausência de uma categoria juslaboral específica de *Konzern*, entre muitos outros, PREIS, *Arbeitsrecht... cit.*, 94, que chama, no entanto, a atenção para o facto de a jurisprudência já ter, entretanto, alargado este conceito. Mas, contra, por exemplo, HENSSLER, *Der Arbeitsvertrag im Konzern cit.*, 23 ss., considerando que o conceito de *Konzern* não é unitário mas difere consoante as áreas jurídicas, o que abre a porta a um conceito específico para o domínio laboral, que é, aliás, diverso, no âmbito das situações juslaborais colectivas e para efeitos das situações juslaborais individuais.

[691] Nesta linha, entre nós, COUTINHO DE ABREU, *Grupos de sociedades... cit.*, 131, que fundamenta esta opção no maior rigor do conceito de grupos de sociedades, apesar de

circunstância a que não é, obviamente, estranho o facto de a Alemanha e Portugal serem dos poucos países a disciplinar sistematicamente os grupos societários e a dispor de um conceito de grupo nesse contexto, que pode, teoricamente, ser operativo também noutras áreas.

Para outro sector da doutrina – que é, aliás, o sector dominante – a acepção de grupo relevante para efeitos laborais é a de grupo de empresas[692].

Em favor deste entendimento é referido, em primeiro lugar, o facto de o conceito de grupo de empresas ser mais amplo do que o de grupo de sociedades, uma vez que permite incluir um número muito maior de empregadores (para além dos empregadores que correspondam às categorias societárias previstas no Código das Sociedades Comerciais para efeito das

---

reconhecer que os grupos de empresas são mais amplos, desde logo por poderem integrar entes não societários. Para ultrapassar as insuficiências do conceito de grupo de sociedades, nomeadamente na sua aplicação ao domínio laboral, este autor advoga o recurso ao instituto da desconsideração da personalidade colectiva quando seja necessário encontrar o empregador real por detrás da sociedade que outorgou formalmente o contrato de trabalho (*idem*, 137), mas reconhece noutra sede (*Da Empresarialidade... cit.*, 277) que este instituto é excepcional e que os meios de tutela comuns são insuficientes para acautelar todos os interesses em presença no seio dos grupos.

[692] Nesta linha, autores como HENSSLER, *Der Arbeitsvertrag im Konzern cit.*, 27 ss., ensaiam a delimitação do conceito de *Konzern* a partir da conjugação da categoria jussocietária dos grupos com as categorias de referência laboral típica (*Betrieb* e *Unternehmen*). No seio da doutrina italiana, sustentando a recondução do conceito laboral de grupo à dimensão empresarial, entre muitos outros, B. VENEZIANI, *Gruppi di imprese e diritto del lavoro cit.* (*in* Lav.Dir.), 613 ss., chamando a atenção para a base jurisprudencial deste conceito; e, no mesmo sentido, quanto ao sistema espanhol, por exemplo, EMBID IRUJO, *Introducción al Derecho de los Grupos... cit.*, 38 ss., RAMIREZ MARTINEZ, *Curso de Derecho del Trabajo cit.*, 255, APPILUELO MARTIN, *Grupo de empresas... cit.*, 335 s., MONEREO PÉREZ, *Aspectos laborales de los grupos... cit.*, 98 ss., ou PLÀ RODRÌGUEZ, *Los grupos de empresas cit.*, 187. Entre nós, sustentam a recondução do conceito laboral de grupo ao conceito de grupo de empresas, ABEL FERREIRA, *Grupos de Empresas... cit.*, 130 s., que o define, de modo algo vago, como o «conjunto de empresas, juridicamente distintas, que obedecem a uma unidade de direcção» (*idem*, 139); também CATARINA CARVALHO, *Da Mobilidade dos Trabalhadores... cit.*, 99 ss., adopta o conceito de grupo de empresas para efeitos laborais, admitindo embora que tal conceito comunga das dificuldades de delimitação do próprio conceito de empresa, e define aquele conceito a partir da ideia de controlo inter-empresarial, por extensão da delimitação legal do fenómeno dos grupos feita para os conselhos de empresa europeus (*idem*, 101).

relações de coligação, o conceito também abrange empregadores com a natureza de sociedades comerciais de responsabilidade limitada, mas que não preencham outros requisitos legais impostos às situações de coligação, empregadores com a natureza de sociedades comerciais de responsabilidade ilimitada, de sociedades civis e de associações, e ainda empresas cooperativas, empre-sas públicas e outras pessoas colectivas públicas e até empresários singula-res), o que confere mais abrangência ao regime de tutela dos trabalhadores em contexto de grupo, indo assim ao encontro do princípio geral de protecção do trabalhador[693].

Por outro lado, os defensores deste entendimento salientam o facto de a realidade da empresa ser uma categoria operacional de referência tradicional no direito do trabalho, sendo para isso indiferente se corresponde ou não juridicamente a uma pessoa colectiva[694].

Por fim, confrontados com o argumento de que a empresa e o grupo de empresas não têm personalidade jurídica e, nessa medida, não podem funcionar como centro de imputação de normas laborais, os subscritores desta posição objectam com um de três argumentos: com a possibilidade de personificação da em-presa apenas para efeitos juslaborais, como já sucede nos outros domínios em que os grupos são valorizados enquanto grupos de empresas (ou seja, reconhecendo-se aqui uma personalidade jurídica rudimentar ou limi-tada)[695]; com a possibilidade de ultrapassar o conceito de personalidade como única fonte de imputação de normas

---

[693] Invocando este argumento para concluir no sentido da inadequação genérica do conceito e das regras societárias em matéria de grupos ao domínio laboral, VENEZIANI, *Gruppi di imprese e diritto del lavoro* (in Lav.Dir.), 613 s., ou RAMIREZ MARTINEZ, *Curso de Derecho del Trabajo* cit., 255, PLÀ RODRÌGUEZ, *Los grupos de empresas* cit., 187, CRUZ VILLALÓN, *Notas acerca del régimen... cit.*, 35 ss., ou BAYLOS / COLLADO, *Introducción. Grupos de empresas... cit.*, 14. Entre nós, CATARINA CARVALHO, *Da Mobilidade dos Trabalhadores... cit.*, 87 s. e 97, considera expressamente que o conceito jussocietário de grupos não tutela eficazmente a posição dos trabalhadores, mesmo enquanto credores, e tem uma incidência limitada, porque deixa de fora as entidades não societárias; na mesma linha se pronunciou ABEL FERREIRA, *Grupos de Empresas... cit.*, 117 e 128.

[694] Neste sentido, entre muitos outros, BELFIORE, *Impresa di gruppo... cit.*, 29.

[695] Refutando neste sentido o argumento da falta de personalidade jurídica da empresa, HENSSLER, *Der Arbeitsvertrag im Konzern* cit., 28 ss., observa que a exigência de personalidade jurídica é uma condição geral mas não inultrapassável, como o provam outras situações, do âmbito do direito do trabalho e do domínio de outras áreas jurídicas, como o direito fiscal ou o direito da concorrência, sendo por isso de admitir que a categoria do *Unternehmen* como empregador seja ultrapassada também em algumas situações pontuais, no contexto de um grupo.

laborais para prosseguir objectivos de tutela relevantes[696], através do recurso a outras técnicas de imputação, como o reconhecimento de um interesse unitário[697] ou do critério da unidade da empresa[698], valorizados acima da subjectividade dos membros do grupo; ou ainda com a recondução à posição de empregador do conjunto das empresas e não do grupo enquanto tal[699].

Numa posição intermédia, um terceiro sector da doutrina, mais difundido em Itália, pela pena de autores como DE SIMONE e BELFIORE[700], mas

---

[696] Neste sentido, VENEZIANI, *Gruppi di imprese... cit.*, 94, aponta a tradicional relatividade do conceito de personalidade jurídica no domínio laboral, quando estejam em causa imperativos tutelares.

[697] É uma solução imputada à jurisprudência italiana, por autores como BELFIORE, *Impresa di gruppo... cit.*, 34, ou VENEZIANI, *Gruppi di imprese... cit.*, 85 s.; mas, em crítica ao relevo dado ao conceito de interesse do grupo, valorizado pela jurisprudência, que considera um conceito *démodé*, vd, por exemplo, MAZZOTTA, *Gruppi di imprese... cit.*, 130.

[698] Neste sentido, por exemplo, CARABELLI, *Impresa di gruppo... cit.*, 194; e quanto à valorização do critério da unidade empresarial para este mesmo efeito, na jurisprudência francesa, pode ver-se DESPAX, *Groupes de sociétés... cit.*, 599. No contexto espanhol, CAMPS RUIZ, *La Problemática Jurídico-Laboral... cit.* 31 ss., e ainda deste autor, *Problemática jurídico-laboral... (puntos críticos) cit.*, 97 ss., RAMIREZ MARTINEZ, *Curso de Derecho del Trabajo cit.*, 256 s., SENRA BIEDMA, *Grupos de empresas... cit.*, 169 ss., APPI-LUELO MARTIN, *Grupo de empresas... cit.*, 339 ss, e TERRADILLOS ORMAETXEA, *Los grupos de empresas ante la jurisprudência social cit.*, 58 ss., chamam a atenção para os vários critérios que a jurisprudência espanhola tem adoptado para superar a personalidade jurídica do empregador formal e qualificar o grupo como empregador, em desenvolvimento da denominada «teoria realista» (entre estes factores, incluem-se o funcionamento integrado das empresas do grupo, a prestação da actividade laboral indistintamente para várias empresas do grupo, a existência de uma relação de domínio societário, ou o objectivo de iludir as normas de tutela laboral através da configuração artificiosa das empresas numa estrutura de grupo).

[699] No sentido da qualificação do conjunto das empresas do grupo como empregadores (numa relação de trabalho unitária), em alternativa ao próprio grupo e como modo de superar o óbice da falta de personalidade jurídica deste, JABORNEGG, *Arbeitsvertragsrecht im Konzern cit*, 9 e 12, VACARIE, *Groupes de sociétés... cit.*, 27 s., ou MONEREO PÉREZ, *Aspectos laborales de los grupos... cit.*, 98 (considerando neste contexto as empresas do grupo que beneficiaram da actividade do trabalhador como empresas em «união de facto» e co-titulares do contrato de trabalho).

[700] DE SIMONE, *Titolarità dei rapporti di lavoro...cit.*, 213 ss., mas também *Nuove regole per nuove imprese? cit.*, 201 ss., *La «forma gruppo» nel diritto del lavoro cit.*, 76 ss., *La gestione dei rapporti di lavoro... cit.*, 82 ss., e ainda *Tutela dei lavoratori... cit.*, 43 ss.; no mesmo sentido, ainda BELFIORE, *Impresa di gruppo... cit.*, 26 ss.

que encontra também eco noutros contextos doutrinais[701], entende que a delimitação do fenómeno dos grupos para efeitos laborais não deve assentar na figura da coligação societária, cujo alcance reduzido é manifestamente inadequado ao universo laboral, mas também não passa pelo reconhecimento automático do grupo como empregador, uma vez que a dimensão de grupo nem sempre se repercute nos vínculos laborais de cada uma das empresas que o compõem[702].

Neste quadro, os defensores deste entendimento entendem que a questão da personificação do grupo não deve ser colocada, porque o grupo é, essencialmente, um instrumento de gestão de vários factores económicos, pretendendo, no que se refere ao factor trabalho, a optimização da circulação e do aproveitamento dos recursos humanos[703]. Para estes autores, as questões juslaborais decorrentes do fenómeno dos grupos devem assim colocar-se não ao nível do grupo mas ao nível das empresas que o compõem, e, perante a riqueza e a diversidade dos fenómenos de coligação empresarial, devem analisar-se as relações existentes entre as empresas do grupo, para verificar até que ponto tais relações se reflectem no seio de

---

[701] Neste sentido, na doutrina espanhola, TERRADILLOS ORMAETXEA, *Los grupos de empresas ante la jurisprudência social cit.*, 109 ss., considerando o conceito de empresa de grupo como uma alternativa ao conceito de grupo de empresas, que tem a vantagem de chamar a atenção para a dualidade do próprio fenómeno dos grupos, decorrente da conjugação da personalidade jurídica do empregador com a inserção da empresa no grupo; nesta linha, o autor defende uma noção funcional de grupo, como universo de permuta de trabalhadores in *Avances recientes en la delimitación del concepto jurídico de grupos de empresas en el Derecho del Trabajo francês*, Rel.Lab., 1998, I, 1095-1107 (1107).

[702] Nesta linha, DE SIMONE, *La gestione dei rapporti di lavoro... cit.*, 82, considera excessiva a postura de alguma jurisprudência italiana, que se manifesta sistematicamente no sentido da personificação dos grupos para efeitos de imputação das normas laborais, em reacção à ideia, errónea, de que os grupos são instrumentos destinados a iludir ou a ultrapassar as normas de tutela laboral. Para a autora (ainda neste escrito, mas também *in Nuove regole per nuove imprese? cit.*, 201 ss., *in La «forma gruppo» nel diritto del lavoro cit.*, 76 ss., e 82 ss., e 98 ss., e, com mais desenvolvimento, *in Titolarità dei rapporti di lavoro... cit.*, 229 ss., e *passim*), caberá distinguir as situações e apenas faz sentido ultrapassar a autonomia de cada empresa que compõe o grupo quando haja um intuito defraudatório das normas laborais na formação do grupo (é o caso dos denominados pesudo--grupos, aos quais é de aplicar o normativo relativo à proibição de interposição fictícia de pessoas na contratação laboral – i.e., a Lei n.º 1369/1960, de 23 de Outubro) ou quando a empresa assuma uma estrutura complexa por força da sua inserção grupal e essa estrutura se reflicta, de facto, nos contratos de trabalho celebrados no seu seio.

[703] DE SIMONE, *Titolarità dei rapporti di lavoro... cit.*, 240 ss.

cada uma dessas empresas. Apenas quando tais reflexos existam – designadamente, porque o grupo se sujeita, de facto, a uma direcção unitária, desaparecendo a autonomia de cada empresa[704] – tendo como resultado, por exemplo, a prestação da actividade laboral do trabalhador a mais do que uma das empresas do grupo, cumulativa ou sucessivamente, se deve reconhecer que, do conjunto dessas empresas, emerge uma nova e única empresa, com uma configuração especial (que reside no facto de corresponder a vários entes jurídicos), e, a partir desse reconhecimento, devem sujeitar-se os vínculos laborais que nela se desenvolvem a um regime especial.

Nesta linha, em lugar de *grupo de empresas*, deve antes falar-se em *empresa de grupo*, realidade a qualificar como um *tertium genus* entre as duas categorias clássicas de pessoas jurídicas (a pessoa física e a pessoa colectiva) para efeitos da atribuição da qualidade de empregador e, consequentemente, da imputação das normas laborais[705].

Como decorre do exposto, o elemento distintivo desta concepção em relação à concepção anterior reside no facto de perspectivar os grupos não como um novo sujeito de direito mas como o âmbito económico de actuação de um novo tipo de empresas (as empresas de grupo), estas sim a qualificar eventualmente como entes jurídicos para efeitos laborais[706]. Nesta concepção, o relevo laboral da categoria dos grupos empresariais não é, pois, admitido de forma automática (i.e., como consequência inerente à formação do grupo económico), mas em função de um critério qualitativo – a direcção unitária. Apenas quando tal direcção exista deve ser reconhecida a existência de uma única entidade empresarial (a empresa de grupo) e qualificado o vínculo de trabalho como uma relação unitária[707].

---

[704] Neste sentido, expressamente, BELFIORE, *Impresa di gruppo... cit.*, 27. Mas criticando o conceito de direcção unitária como critério delimitador das empresas de grupo, por exemplo, GIOVANNA MATTAROLLO, *Gruppi di imprese... cit.*, 506 ss., por considerar este critério um critério puramente económico.

[705] Neste sentido, ainda BELFIORE, *Impresa di gruppo... cit.*, 39 ss., e DE SIMONE, *La «forma gruppo» nel diritto del lavoro cit.*, 98 ss., mas, sobretudo, *Titolarità dei rapporti di lavoro... cit.*, 245 ss.

[706] Ainda DE SIMONE, *Titolarità dei rapporti di lavoro... cit.*, 247.

[707] A este propósito, autores como CALABRÒ, *Lavoro, Impresa di gruppo... cit.*, 68, chamam a atenção para a conveniência de distinguir esta *relação de trabalho unitária* de uma *relação de trabalho única*: esta ocorre, por exemplo, no caso de uma relação de trabalho em que muda o empregador, mantendo-se inalterada no restante conteúdo; aquela verifica-se quando à relação de trabalho subjazem uma pluralidade complexa de interesses, que são conjugados por várias entidades – é a relação laboral típica em contexto de grupo.

III. Recordado o quadro geral nesta matéria e apresentados os principais entendimentos doutrinais, cabe tomar posição sobre o problema no quadro do nosso próprio ordenamento jurídico.

Para este efeito, cumpre, em primeiro lugar, recordar as referências ao fenómeno dos grupos no sistema normativo (no caso, no Código do Trabalho e na respectiva Regulamentação), alicerce indispensável de qualquer construção dogmática. De seguida, cabe avaliar da necessidade de um conceito laboral específico de grupo, na perspectiva dos objectivos prosseguidos pela regulamentação laboral destas matérias, i.e., tendo em conta os parâmetros axiológicos do próprio direito do trabalho.

Como tivemos ocasião de salientar, aquando da apresentação da matéria no quadro do nosso sistema jurídico[708], antes do surgimento do Código do Trabalho, nas poucas referências da lei à fenomenologia dos grupos ou se optava por não definir o fenómeno ou ele parecia reportado à categoria da empresa, referente tradicional do direito laboral. Já no âmbito do Código, observa-se uma lógica dicotómica na delimitação deste fenómeno para efeitos laborais, uma vez que ele é, nuns casos, mais claramente aproximado ao conceito de grupos societários em sentido amplo (i.e., à categoria das sociedades coligadas) do que sucedia anteriormente, mas continua, noutros casos, a ser reportado à categoria da empresa.

A aproximação do conceito laboral de grupos ao conceito jussocietário de sociedades coligadas, no quadro normativo vigente, evidencia-se, desde logo, na preferência da lei pela terminologia «coligação societária» (por exemplo, a propósito do dever de informação do empregador – art. 98.° n.° 1 a) do CT), ou «sociedades coligadas» (por exemplo, a propósito da cedência ocasional de trabalhadores – art. 324.° b), parte inicial, do CT). Mas esta aproximação é, sobretudo, confirmada nas referências legais explícitas às categorias de coligação societária que a lei vai considerando relevantes para vários efeitos laborais: assim, para efeitos da figura da pluralidade de empregadores (art. 92.° n.° 1 do CT), do regime da cedência ocasional (art. 324.° a) do CT), do regime de responsabilidade solidária pelos créditos laborais (art. 378.° do CT), e ainda do regime do destacamento internacional de trabalhadores (art. 11.° n.° 2 b) da RCT), a lei delimita expressamente o âmbito de aplicação dos regimes pelo critério da

---

[708] *Supra*, § 10.°, ponto 19.

existência de uma «relação societária de participações recíprocas, de domínio ou de grupo», e o art. 378.º *in fine* do CT chega mesmo a remeter expressamente para a qualificação destas relações societárias que consta dos arts. 481.º ss. do Código das Sociedades Comerciais.

No entanto, esta tentativa de uniformização terminológica com base no referente jussocietário não só não é abrangente, como não resiste a uma análise mais profunda de algumas das projecções laborais da fenomenologia dos grupos contempladas pela lei. Assim, por um lado, no que se refere à instituição dos conselhos de empresa europeus e dos conselhos de trabalhadores na sociedade anónima europeia e na sociedade cooperativa europeia, a lei continua a referir-se a «grupos de empresas» e a recorrer ao conceito de empresa de controlo e ao enunciado das presunções de influência empresarial dominante para delimitar a realidade grupal relevante para aquele efeito (art. 471.º n.º do CT, e arts. 365.º ss. da RCT, quanto aos conselhos de empresa europeus, e art. 3.º n.º 1 do DL n.º 215/2005, de 13 de Dezembro, e art. 3.º n.º 1 da L. n.º 8/2008, de 18 de Fevereiro, quanto aos conselhos de empresas) – pelo menos nesta matéria, o referente legal não é a categoria das coligações societárias, mas a categoria mais ampla dos grupos de empresas, que aqui tem, como oportunamente referimos, uma base comunitária; e o mesmo sucede na referência às comissões de trabalhadores coordenadoras no contexto dos grupos (art. 461.º n.º 3 do CT), que são também reportadas às «empresas em relação de domínio ou de grupo». Por outro lado, mesmo relativamente a algumas das projecções laborais dos grupos, para as quais o Código do Trabalho subscreve a noção jussocietária de grupos (na acepção ampla de coligação de sociedades e, consoante os casos, excluindo o relevo laboral de alguma ou algumas das modalidades de coligação previstas no Código das Sociedades Comerciais), é também admitida a aplicação dos regimes respectivos a outras realidades, que não se deixam reconduzir à categoria das sociedades coligadas, mas podem facilmente integrar o conceito de grupos de empresas: é o que sucede, na extensão do âmbito de aplicação do contrato de trabalho com pluralidade de empregadores aos empregadores que, independentemente da natureza societária, tenham «estruturas organizativas comuns» (art. 92.º n.º 2 do CT) e às pessoas colectivas públicas empregadoras que partilhem serviços públicos (art. 3.º n.º 2 da L. n.º 23/2004, de 22 de Junho); e é ainda o que sucede no caso da cedência ocasional de trabalhadores, de que também pode lançar mão um empregador não societário, desde que detenha «estruturas organizativas» em comum com a entidade

§ *11.º Pressupostos dogmáticos das incidências laborais dos grupos* 347

cessionária (art. 324.º b) *in fine* do CT), ou, no âmbito de contrato de trabalho com a Administração Pública, se houver um quadro de colaboração entre as pessoas colectivas públicas envolvidas (art. 14.º da L. n.º 23/2004, de 22 de Junho).

Em suma, não se pode retirar do sistema normativo nacional uma valência unitária do fenómeno dos grupos, no domínio laboral, uma vez que estes fenómenos são delimitados ora na acepção de coligação de sociedades ora na acepção de grupo de empresas.

Um segundo elemento a retirar das várias projecções normativas do fenómeno dos grupos, que mereceram a atenção do legislador laboral, e que é importante para a fixação do conceito laboral de grupo, tem a ver com a *ratio* dos regimes legais consagrados.

Sem prejuízo do aprofundamento deste ponto a propósito da apreciação, *per se*, de cada uma destas projecções[709], a apresentação sumária que delas fizemos, em devido tempo, permite estabelecer já algumas conclusões sobre a índole geral dos respectivos regimes. Apreciados no seu conjunto, podemos dizer que estes regimes prosseguem um de dois objectivos essenciais: o objectivo de reforço da tutela do trabalhador perante os perigos que podem decorrer da estrutura de grupo em que se insere o empregador para o desenvolvimento normal do seu contrato de trabalho; ou o objectivo de enquadrar as especificidades das relações de trabalho nas empresas em contexto de grupo, designadamente facilitando a utilização e a circulação dos trabalhadores nesse contexto, mas mantendo a tutela do trabalhador num nível adequado.

Em prossecução do objectivo de reforço da tutela dos trabalhadores em contexto de grupo, podem apontar-se a extensão do dever de informação do empregador ao trabalhador, por ocasião da celebração do contrato de trabalho, no caso de o empregador se inserir numa estrutura de grupo (art. 98.º n.º 1 a) do CT), o regime da responsabilidade solidária das empresas de grupo pelos créditos laborais (art. 378.º do CT), a admissibilidade de comissões de trabalhadores de grupo (art. 461.º n.º 3 do CT) e a instituição dos conselhos de empresa europeus (art. 471.º n.º 1 do CT) e dos conselhos de trabalhadores na sociedade anónima europeia e na

---

[709] A propósito da análise destas várias projecções do fenómeno dos grupos, teremos ocasião de confirmar até que ponto os respectivos regimes de facto correspondem à índole geral subjacente às várias figuras, que agora pretendemos evidenciar.

sociedade cooperativa europeia (DL n.º 215/2005, de 13 de Dezembro, art. 2.º n.º 1, e L. n.º 18/2008, de 18 de Fevereiro, art. 2.º n.º 1).

Em prossecução do objectivo de enquadrar as especificidades do trabalho em grupo, facilitando a circulação inter-empresarial dos trabalhadores nesse contexto, podem apontar-se a figura da pluralidade de empregadores (art. 92.º do CT), e os regimes do destacamento internacional de trabalhadores (arts. 7.º ss. do CT) e da cedência ocasional de trabalhadores (arts. 322.º ss.). Porém, nesta segunda categoria de situações, observa-se que a lei pondera, a par, o interesse do grupo de empresas em optimizar a utilização dos seus recursos humanos e o interesse dos trabalhadores abrangidos em ver salvaguardado o seu regime de tutela.

A observação destas duas linhas de força da lei no enquadramento das projecções laborais dos grupos – que, afinal, não fazem mais do que manifestar a natureza compromissória do direito do trabalho, oscilando entre o valor da protecção dos trabalhadores e a tutela dos interesses de gestão dos empregadores, conforme sempre temos defendido[710] – deve ser ponderada para efeitos da delimitação definitiva do conceito de grupos para efeitos laborais.

IV. As referências anteriores legitimam várias conclusões quanto ao sentido e à delimitação definitiva do fenómeno dos grupos, para efeitos laborais.

O primeiro aspecto a sublinhar, na tarefa de delimitação do conceito laboral de grupo é que este conceito não é tributário da delimitação do fenómeno dos grupos já feita noutras áreas jurídicas. Deve, designadamente, ficar claro que o conceito laboral de grupo não tem necessariamente que se reconduzir ao conceito jusssocietário de grupos de sociedades (seja na acepção mais restrita, de grupos em sentido próprio, seja na acepção mais ampla de sociedades coligadas – art. 482.º do CSC), apenas pelo facto de a regulamentação societária desta matéria ter tido a primazia histórica entre nós e ter delimitado claramente o fenómeno a que se refere.

Esta primeira conclusão apoia-se num argumento retirado do próprio direito societário e em argumentos retirados do sistema normativo laboral e dos valores específicos do direito do trabalho.

---

[710] ROSÁRIO PALMA RAMALHO, *Da Autonomia Dogmática... cit.*, 970 ss., e *Direito do Trabalho cit.*, I, 106 e 490 s.

Em primeiro lugar, o conceito jussocietário de grupo não é, sem mais, exportável, para o domínio laboral, porque o próprio direito societário limitou a abrangência deste conceito ao domínio societário – é o que decorre, sem margem para dúvidas, da referência do art. 482.º do CSC à delimitação das sociedades coligadas «para efeitos deste Código», que, por esta via, se opõe a um qualquer conceito jurídico unitário de grupos empresariais, ou mesmo a um conceito unitário de grupo no âmbito do direito privado. Assim sendo, ainda que se venha a concluir pela validade do conceito de sociedades coligadas no domínio laboral, em termos genéricos ou apenas para algumas aplicações, tal conclusão não pode decorrer da simples «importação» do conceito societário para este domínio, mas terá que encontrar a sua justificação em argumentos laborais.

Em segundo lugar, embora o referente jussocietário do conceito de grupo seja o mais comum nas projecções laborais deste fenómeno acolhidas pela lei – o que, não tendo paralelo no direito anterior, demonstra, no mínimo, uma tendência de aproximação do legislador laboral aos parâmetros societários, que tem valor interpretativo – este referente não é o único, como acima verificámos. Ele não pode assim, ser reconhecido como referente geral e suficiente nesta matéria.

Em terceiro e último lugar, recusa-se a transposição acrítica do conceito de coligação de sociedades como conceito geral de referência das projecções laborais dos grupos por uma razão axiológica, decorrente do âmbito limitado deste conceito, conjugado com os valores subjacentes aos regimes laborais previstos nesta matéria. Como se verificou no lugar próprio[711], o conceito de coligação de sociedades é limitado, pela própria lei societária, a certas categorias de sociedades comerciais (as sociedades anónimas, por quotas ou em comandita por acções, nos termos do art. 481.º n.º 1 do CSC), exigindo-se ainda que estas sociedades tenham a sua sede efectiva em território nacional (art. 481.º n.º 2 do CSC) – este conceito tem, pois, uma abrangência muito limitada, o que se compreende no domínio juscomercial, tendo em conta que o regime disposto nesta matéria apresenta um cariz excepcional, opondo-se, em matérias vitais, aos princípios mais basilares do direito societário[712]. Já no plano laboral, como vimos acima, os regimes que se ocupam do fenómeno dos grupos

---

[711] *Supra*, § 6.º, ponto 13.2.
[712] *Supra*, § 6.º, ponto 13.5. e *passim*.

prosseguem dois dos princípios fundamentais do direito do trabalho – o princípio da protecção do trabalhador, quando reforçam a tutela dos trabalhadores subordinados em ambiente de grupo, e o princípio da prevalência dos interesses de gestão do empregador, quando procuram melhorar a adequação dos regimes laborais aos interesses de gestão dos empregadores em contexto de grupo[713]. Ora, a prossecução destes vectores axiológicos do direito laboral não se compadece com a adopção de um conceito de grupo de âmbito restrito, tanto mais que, nas projecções laborais do fenómeno dos grupos que a lei regula, a necessidade de tutela do trabalhador e a necessidade gestionária de facilitar a circulação dos trabalhadores entre as empresas do grupo são exactamente as mesmas se o empregador estiver numa situação de coligação societária em sentido próprio ou integrado num grupo de empresas sem natureza societária. Em suma, a adopção, pura e simples, do conceito de sociedades coligadas, como referente geral do conceito laboral de grupo, não se coaduna com os valores próprios do direito do trabalho que subjazem aos regimes laborais nesta matéria[714]. Ela deve, assim, ser recusada, também por uma razão axiológica.

V. Se o conceito jussocietário de grupos não parece adequar-se sem mais ao universo laboral, também o conceito mais amplo de grupos de empresas não pode, quanto a nós, ser adoptado como referente geral das projecções laborais dos grupos, no contexto do actual Código do Trabalho e da respectiva Regulamentação.

No quadro normativo anterior ao Código, foi sustentada a adequação do conceito de grupo de empresas ao universo laboral, não só porque as referências legais apontavam nesse sentido, mas em consonância com o facto de a categoria da empresa ser um referente comum das normas laborais – eram os argumentos invocados pela maioria da doutrina nacional que se ocupou desta matéria naquele contexto normativo[715]. Contudo, na sequência da aprovação do Código do Trabalho e da respectiva Regula-

---

[713] Sobre estes princípios fundamentais do direito laboral, *vd* ROSÁRIO PALMA RAMALHO, *Da Autonomia Dogmática... cit.*, 970 ss.

[714] Também invocando este argumento axiológico para recusar a importação do conceito societário de grupos para o domínio laboral, JÚLIO GOMES, *Direito do Trabalho cit.*, I, 253.

[715] Por exemplo, ABEL FERREIRA, *Grupos de Empresas... cit.*, 130 s., e CATARINA CARVALHO, *Da Mobilidade dos Trabalhadores... cit.*, 99 ss.

mentação, apenas restaram, como acima vimos, poucas referências expressas ao conceito de grupo de empresas (a propósito dos conselhos de empresa europeus e das comissões de trabalhadores coordenadoras, e, já posteriormente ao Código, com a regulamentação dos conselhos de trabalhadores na sociedade europeia e na sociedade cooperativa europeia), ao mesmo tempo que foram introduzidas várias referências explícitas à categoria das coligações societárias, como acima verificámos. Por outro lado, ainda que se possam dogmaticamente reconduzir as referências a «empregadores com estruturas organizativas comuns» a grupos de empresas, tendo em conta que o próprio conceito de empresa é, em si mesmo, muito amplo, cremos que esse conjunto de referências não é suficiente para reconhecer o conceito de grupos de empresas como referente geral e unitário das projecções laborais do fenómeno dos grupos.

Em suma, pese embora o facto de a categoria da empresa continuar a ser um referente fundamental dos regimes laborais no Código do Trabalho e o facto de esta categoria permitir um alargamento do âmbito de aplicação dos regimes laborais dispostos em matéria de grupos – o que se coadunaria melhor com os valores que lhes estão subjacentes –, no que toca especificamente ao conceito laboral de grupo, cremos que o sistema normativo não viabiliza dogmaticamente a adopção daquela categoria como referente unitário das projecções laborais dos grupos. E, naturalmente, este argumento de base normativa é decisivo.

VI. Perante as dificuldades em reconduzir o conceito laboral de grupo à categoria da coligação de sociedades ou à categoria do grupo de empresas, poderíamos ser tentados a adoptar a solução intermédia da empresa de grupo como referente geral daquele conceito, nos termos acima indicados, ou seja, reconhecendo a existência de um vínculo de trabalho unitário sempre que no grupo de empresas se verifique uma direcção económica unitária.

Em certa medida, esta solução transpõe para o domínio laboral a construção dogmática dos grupos societários com base na ideia de empresa plurissocietária, que oportunamente apreciámos[716]. Contudo, do nosso ponto de vista, ela também não é satisfatória na sua aplicação laboral, por

---

[716] Como se sabe, esta construção foi especialmente desenvolvida no seio da doutrina nacional por ENGRÁCIA ANTUNES, *Os Grupos de Sociedades... cit.*, *passim*, oportunamente analisada.

três motivos essenciais: em primeiro lugar, trata-se de uma solução mistificadora, porque volta a centrar o problema ao nível da empresa membro do grupo, e não no próprio grupo, quando é da existência deste último que decorrem os problemas laborais nesta matéria; em segundo lugar, porque o conceito de direcção unitária é de natureza económica[717], e, por isso mesmo, de difícil prova pelas partes e insindicável – como critério delimitador, quer do próprio grupo, quer da atribuição da qualidade de empregador no seio do grupo, o critério da direcção unitária é, pois, inadequado[718]; em terceiro lugar, e já com reporte ao nosso sistema jurídico, esta solução colide com o sistema normativo, já que, como vimos, a nossa lei não consente a adopção do conceito de empresa como referente geral para esta matéria.

VII. Não sendo viável a adopção de um referente geral para a delimitação do fenómeno dos grupos no domínio laboral e no quadro do nosso sistema jurídico – seja tal referente baseado no conceito de coligação societária, no conceito de grupo de empresas, ou ainda no conceito de empresa de grupo – temos que voltar ao plano normativo para encontrar uma resposta definitiva para o nosso problema.

No nosso entender, se as múltiplas referências do nosso sistema normativo ao fenómeno dos grupos apontam ora para a acepção de coligação de sociedades ora para a acepção de grupo de empresas, é forçoso concluir que, no plano laboral, o fenómeno dos grupos apresenta uma natureza multiforme e é valorizado de um modo diferente consoante as situações. Sendo assim, crê-se que, no quadro do actual sistema normativo português, não é, infelizmente, possível estabelecer um conceito juslaboral unitário de grupo[719], pelo que se deve renunciar a essa tarefa.

---

[717] Também neste sentido, GIOVANNA MATTAROLLO, *Gruppi di imprese... cit.*, 506 ss.

[718] Também nesta linha, COUTINHO DE ABREU, *Da Empresarialidade... cit.*, 258 ss., critica genericamente o conceito de empresa de grupo, porque partilha das dificuldades de delimitação do próprio conceito de empresa, não só em termos jurídicos mas mesmo em termos económicos, e porque este conceito não é necessário para explicar o tratamento unitário dado ao conjunto das empresas de um grupo para diversos efeitos (incluindo para efeitos laborais).

[719] A esta conclusão chegam também alguns autores nos respectivos contextos normativos – assim, quanto ao sistema italiano, GIOVANNA MATTAROLLO, *Gruppi di imprese... cit.*, 496 s. Entre nós, também sustentando a inviabilidade de uma noção laboral unitária

§ 11.° *Pressupostos dogmáticos das incidências laborais dos grupos* 353

Consequência inevitável desta renúncia é, obviamente, admitir que os regimes laborais sobre a matéria dos grupos têm um âmbito de aplicação diferente consoante os casos e que a prossecução dos valores laborais que lhes subjazem é menos conseguida nuns casos do que noutros.

VIII. Uma vez abandonada a tentativa de estabelecer um referente unitário para a delimitação das incidências laborais do fenómeno dos grupos, resta recordar aquelas incidências para concluirmos sobre a abrangência do fenómeno grupal em cada uma delas e, em consequência, sobre a extensão do regime respectivo.

Num primeiro grupo de situações, incluímos a previsão do dever de informação do empregador ao trabalhador por ocasião da celebração do contrato de trabalho (art. 98.° n.° 1 a) do CT), o regime da responsabilidade solidária das empresas de um grupo (art. 378.°), e ainda o regime do destacamento internacional de trabalhadores (art. 11.° n.° 2 b) da RCT). Nestes casos, a acepção de grupo para que apontam as normas legais é a de coligação de sociedades, mas apenas nas modalidades de relação de participações recíprocas, relação de domínio, e relação de grupo em sentido estrito, que, como é sabido, inclui os grupos constituídos pela aquisição do domínio societário total, pela celebração de contrato de subordinação e ainda pela celebração de contrato de grupo paritário, nos termos do art. 482.° do CSC – não sendo fornecida pela lei laboral outra definição de coligações societárias, para este efeito, as referências legais devem, naturalmente, ser reportadas ao Código das Sociedades Comerciais, que consagra e disciplina estas categorias.

Decorrem ainda destas referências dois outros elementos relevantes para a delimitação do fenómeno dos grupos para efeitos destas projecções laborais. Por um lado, a lei não considera relevantes as relações de participação societária simples, uma vez que as exclui expressamente do enunciado das situações de coligação[720] – fica, pois, claro que as situações

---

de grupo e, por isso, preferindo uma noção funcional, que, perante o escopo de cada norma relativa a esta matéria, determine o sentido em que o fenómeno grupo deve ser perspectivado, JÚLIO GOMES, *Direito do Trabalho cit.*, I, 254 s.

[720] Como acima referimos, esta exclusão expressa só não ocorre no caso do dever de informação (art. 98.° n.° 2 a) do CT), mas consideramo-la aplicável a essa situação, por absoluto absurdo da solução contrária. No caso da responsabilidade solidária das empresas do grupo, a epígrafe do art. 378.° do CT também pode causar equívocos, uma vez que se

de coligação societária com relevância laboral são mais restritivas do que as previstas na lei societária. Por outro lado, a propósito do regime da responsabilidade solidária pelos créditos laborais em contexto de grupo (art. 378.° do CT), a lei remete expressamente para os arts. 481.° ss. do CSC, na delimitação das situações de coligação societária aqui referidas, o que não pode deixar de se entender senão como a sujeição das sociedades empregadoras aqui contempladas aos requisitos gerais das sociedades coligadas previstos na lei societária – ou seja, estas sociedades têm que revestir a forma de sociedade anónima, sociedade por quotas ou sociedade em comandita por acções e têm que ter a sua sede efectiva em território nacional.[721] Além disso, por uma razão de coerência sistemática, parece que estes requisitos gerais relativos à natureza e à sede das sociedades envolvidas são de aplicar às restantes referências da lei à coligação de sociedades, para efeitos de outras projecções laborais.

Perante o exposto, a conclusão que se retira da delimitação do fenómeno dos grupos, no que respeita a estas projecções laborais em concreto, não pode deixar de ser no sentido de que a lei o delimitou em moldes restritos, sendo que a esta delimitação inere uma abrangência fraca do regime de tutela previsto para estas situações[722].

Num segundo grupo de situações, incluímos as projecções laborais do fenómeno dos grupos relativas à representação colectiva dos trabalhadores, ou seja, a previsão da instituição de comissões de trabalhadores com

---

refere apenas a relações de domínio e relações de grupo; contudo, o texto da norma inclui expressamente as relações de participações recíprocas, o que desfaz a dúvida, uma vez que a epígrafe não vincula o intérprete.

[721] Também neste sentido, em interpretação da remissão legal, se pronunciou ROMANO MARTINEZ, *Garantia dos créditos laborais... cit.*, 236 s. e 241, embora admitindo uma interpretação extensiva do requisito da sede em Portugal, para efeitos laborais, bem como JOANA VASCONCELOS, em anotação a esta norma *in* ROMANO MARTINEZ / L. M. MONTEIRO / J. VASCONCELOS / MADEIRA DE BRITO / G. DRAY / GONÇALVES DA SILVA, *Código do Trabalho Anotado cit.*, 692, e *Sobre a garantia dos créditos laborais no Código do Trabalho, in* A. MONTEIRO FERNANDES (coord.), *Estudos de Direito do Trabalho em Homenagem ao Professor Manuel Alonso Olea*, Coimbra, 2004, 321-341 (331), e ainda GARCIA PEREIRA, *A garantia dos créditos laborais... cit.*, 193 s.; ainda quanto a este ponto, *vd* ROSÁRIO PALMA RAMALHO, *Direito do Trabalho cit.*, II, 579.

[722] Este facto é particularmente gravoso no que toca ao regime do destacamento internacional de trabalhadores porque resulta num estreitamento do âmbito da tutela conferida pelo direito comunitário. Voltaremos oportunamente a este ponto.

funções de coordenação no contexto dos grupos (art. 461.° n.° 3 do CT), e as figuras dos conselhos de empresa europeus (art. 471.° do CT) e dos conselhos de trabalhadores na sociedade anónima europeia e na sociedade cooperativa europeia (DL n.° 215/2005, de 13 de Dezembro, e L. n.° 18/2008, de 18 de Fevereiro).

No caso das comissões de trabalhadores em contexto de grupo, a lei delimita o âmbito de aplicação do regime legal com base num critério empresarial (refere-se expressamente a «empresas» e não a sociedades), admitindo a criação destas comissões quando essas empresas estejam «em relação de domínio ou de grupo» (art. 461.° 2 do CT). Ora, embora no contexto do Código, as outras referências a relações de domínio ou de grupo sejam de associar à situação de coligação societária, o facto de, neste caso, o referente ser a empresa e não a coligação de sociedades permite, quanto a nós, afastar esta associação; acresce que a interpretação contrária redundaria na inaplicabilidade deste regime a múltiplas situações, e, designadamente, na impossibilidade da sua extensão aos vínculos de emprego público (aos quais o regime das comissões de trabalhadores, instituído pelo Código e pela Regulamentação, é de aplicação directa, por força do art. 5.° c) da Lei Preambular ao Código), uma vez que as pessoas colectivas públicas não revestem carácter societário, o que não se coadunaria com a tutela constitucional da matéria das comissões de trabalhadores.

Também no que se refere aos conselhos de empresa europeus, a lei faz directamente apelo à categoria dos «grupos de empresas» e delimita esta realidade em termos amplos, em consonância com a tradição comunitária nesta matéria, fazendo apelo ao conceito de empresa controladora e integrando esse conceito com recurso às presunções de influência dominante (arts. 471.° e 473.° do CT e arts. 365.° ss. da RCT). E o mesmo sucede no caso dos conselhos de trabalhadores dos grupos que envolvam uma sociedade anónima europeia ou uma sociedade cooperativa europeia, cujo regime remete, aliás, directamente, para o conceito de «empresa que exerce o controlo, constante dos arts. 473.° do CT e 366.° da RCT (DL n.° 215/2005, de 13 de Dezembro, art. 23.° n.° 1, e L. n.° 18/2008, de 18 de Fevereiro, art. 3.° n.° 1).

O reconhecimento do conceito de grupo de empresas, como referente destas projecções da fenomenologia dos grupos em matéria de representação colectiva dos trabalhadores, não suscita pois grandes dúvidas. Naturalmente, deste referente resulta um âmbito mais alargado de incidência dos respectivos regimes.

Num terceiro grupo de situações encontramos um duplo referente na delimitação do conceito laboral de grupo – é o que sucede nas projecções laborais do fenómeno dos grupos na celebração do contrato de trabalho, através da figura da pluralidade de empregadores (art. 92.º do CT, para a generalidade das situações, e art. 3.º n.º 2 da L. n.º 23/2004, de 22 de Junho, para o contrato de trabalho com pessoas colectivas públicas) e na mobilidade inter-empresarial dos trabalhadores, através da figura da cedência ocasional (arts. 322.º ss. do CT, para a generalidade dos contratos de trabalho, e art. 14.º da L. n.º 23/2004, de 22 de Junho, para o contrato de trabalho com pessoas colectivas públicas).

Com efeito, nestes dois casos, a delimitação do conceito laboral de grupo assenta ainda, primordialmente, no conceito jussocietário de grupo, uma vez que a lei faz apelo a algumas das categorias de sociedades coligadas previstas no Código das Sociedades Comerciais. Contudo, essa delimitação não tem aqui um valor geral, porque a própria lei prevê a aplicação dos mesmos regimes noutras situações, desde que haja «estruturas organizativas comuns» aos intervenientes, ou, no caso do contrato de trabalho com pessoas colectivas públicas, fazendo apelo à ideia de «colaboração» ou de «partilha de serviços» entre as pessoas colectivas públicas intervenientes – ora, se estas situações não se deixam reconduzir a coligações societárias, elas podem facilmente corresponder a grupos de empresas[723].

Relativamente a estas projecções laborais do fenómeno dos grupos, conclui-se pois que elas tomam como referente quer o conceito mais restritivo de sociedades coligadas (aqui também com exclusão da relação de participação societária simples e, por uma razão de coerência sistemática dentro do próprio Código do Trabalho, com sujeição aos critérios gerais das sociedades coligadas, atinentes à sua tipologia e sede), quer o conceito mais amplo de grupos de empresas, delimitado pelo requisito, aliás vago e impreciso, das estruturas organizativas comuns. O referente jussocietário redunda num âmbito restrito de aplicação das figuras em causa; mas o referente empresarial permite, na prática, contornar e ultra-

---

[723] Quanto às pessoas colectivas públicas, deve esclarecer-se que a L. n.º 23/2004, de 22 de Junho, as equipara, para efeitos regimentais, a uma empresa (art. 3.º n.º 1), razão pela qual se poderá também admitir que podem revestir uma estrutura de grupo. O sentido amplíssimo do conceito de empresa, para efeitos laborais, que oportunamente sustentámos – *supra*, § 1.º, ponto 1.IV. – dá cobertura a estas situações.

passar as limitações decorrentes do primeiro referente e estender o âmbito de aplicação das figuras a um conjunto muito mais alargado de situações. O alcance destas projecções laborais do fenómeno dos grupos é, pois, superior ao da primeira categoria de projecções referida.

IX. Perante o quadro exposto, será com a consciência do carácter multiforme das projecções laborais dos grupos – que ficou patente com a confirmação da inviabilidade de reduzirmos tais projecções a um conceito unitário de grupo, para efeitos laborais – que vamos proceder à análise, *per se*, de cada uma destas projecções na parte subsequente deste ensaio.

Neste contexto, cabe ainda um último esclarecimento sobre o referente genérico do fenómeno dos grupos a adoptar, na análise das projecções laborais deste fenómeno que vamos empreender. Em homenagem ao facto de a categoria dos grupos de sociedades ter constituído o ponto de partida da nossa investigação e de termos situado este ensaio na confluência entre o direito societário e o direito laboral e, por outro lado, tendo em conta que o Código do Trabalho parece, apesar de tudo, privilegiar a categoria dos grupos societários nas suas referências à matérias dos grupos, vamos continuar a tomar a categoria dos grupos de sociedades como referente geral na apreciação das projecções do fenómeno dos grupos nas situações juslaborais individuais e colectivas, que se segue. Contudo, deve ficar claro, desde já, que se trata de uma referência meramente genérica, que não é, obviamente, incompatível com a extensão do conceito de grupo a outras valências, relativamente às projecções laborais desta fenomenologia em que tal se justifique.

CAPÍTULO II
Incidências dos grupos empresariais e societários na situação juslaboral individual

SECÇÃO I
A determinação do empregador nos grupos societários e empresariais

§ 12.º O problema da determinação do empregador nos grupos societários e empresariais: propostas tradicionais de solução e respectiva apreciação crítica

23. As dificuldades de determinação do empregador no seio dos grupos

I. O primeiro problema suscitado pelo trabalho subordinado em contexto de grupo é o da determinação do empregador. Problema comum aos grupos de empresas, independentemente do facto de corresponderem ou não a coligações societárias em sentido próprio, este problema decorre de um conjunto de factores atinentes à organização grupal, em si mesma considerada, e ao próprio contrato de trabalho.

II. De uma parte, contribuem para dificultar a identificação do empregador em contexto de grupo factores atinentes à organização grupal das empresas, como o grau de entrosamento entre as empresas que integram o grupo, as estratégias de recrutamento que utilizam e a dinâmica económica do próprio grupo.
Em primeiro lugar, o nível de proximidade ou de sobreposição entre as várias empresas do grupo – que é revelado por factores como o desenvolvimento da mesma actividade ou de actividades complementares pelas várias empresas, a partilha da marca, do equipamento ou das instalações,

ou a circunstância de terem titulares dos órgãos sociais ou dirigentes em comum – pode, na prática, dificultar o reconhecimento do empregador por terceiros e pelo próprio trabalhador[724].

Por outro lado, no desenvolvimento de estratégias de optimização da gestão dos recursos humanos, é habitual no âmbito dos grupos o recurso às mais variadas metodologias de recrutamento de pessoal, o que também contribui para dificultar a identificação do empregador. Para além do recurso clássico à figura do trabalho temporário, estas metodologias podem passar pela contratação do trabalhador por uma das empresas do grupo, mas prevendo-se, à partida, a prestação da sua actividade laboral para outra ou outras instituições do mesmo, podem envolver a celebração do contrato de trabalho com mais do que uma empresa do grupo, ou podem assentar na contratação do trabalhador ou na gestão vínculo laboral por uma empresa do grupo, que é apenas uma entidade de gestão do pessoal, sendo os trabalhadores afectos, de imediato, a uma ou a várias das outras empresas do grupo. Em alguns destes casos, a figura do empregador é difícil de descortinar à partida; noutros casos, a identidade do empregador pode desvanecer-se durante a execução do contrato de trabalho.

Por fim, a própria dinâmica do grupo, enquanto entidade económica, pode dificultar o reconhecimento do empregador nos contratos de trabalho celebrados pelas empresas que o integram. Assim sucede, por ocasião da constituição do grupo, quando uma empresa passa a ser participada ou detida por outra empresa, e o mesmo se passa por ocasião de transformações no seio do grupo, que envolvam a alienação de uma parte das empresas que o integram ou operações de fusão ou integração entre essas empresas, ou, simplesmente, a transmissão de um estabelecimento ou de uma unidade de negócio de uma para outra empresa do grupo. Em qualquer destas situações, o empregador pode alterar-se e essa alteração nem sempre é perceptível pelos trabalhadores.

III. De outra parte, a determinação do empregador em contexto de grupo é dificultada por factores atinentes ao próprio contrato de trabalho: o primeiro factor resulta do carácter não formal do contrato; o segundo

---

[724] Com efeito, o trabalhador de uma instituição inserida num grupo tende a assumir--se como trabalhador do Grupo X, que corresponde comercialmente à marca Y, independentemente do facto de ter sido ter formalmente contratado pela Empresa A e não pela Empresa B, que pertencem ambas ao Grupo X.

§ 12.º O problema da determinação do empregador nos grupos 361

decorre do modo como tradicionalmente é recortado o elemento da subordinação jurídica, enquanto elemento essencial verdadeiramente delimitador do negócio laboral.

O facto de o contrato de trabalho ser um negócio não formal (nos termos do art. 102.º do CT) dificulta, só por si, a identificação do empregador quando a empresa está inserida num grupo, por força da visibilidade económica do próprio grupo, que, não raro, suplanta a visibilidade das empresas que o compõem. Este factor tem, apesar de tudo, um significado reduzido, na medida em que, mesmo quando o empregador é formalmente identificado – ou porque o contrato de trabalho está sujeito a forma escrita, como sucede nos casos previstos no art. 103.º do CT e noutros contratos de trabalho especiais disciplinados em lei avulsa, ou porque o empregador cumpre adequadamente o seu dever de informação ao trabalhador sobre os principais aspectos do contrato, nos termos do art. 98.º n.º 1 do CT – esta identificação não isenta o intérprete do dever de confirmar se a entidade indicada formalmente como empregador o é na realidade, em nome do princípio geral de substancialidade das situações jurídicas.

O segundo e principal óbice à determinação do empregador nos contratos de trabalho em estruturas de grupo tem a ver com a dificuldade de aferir, nestes contratos, o elemento qualificativo, por excelência, do negócio laboral – i.e., o elemento da subordinação jurídica.

No conjunto dos elementos essenciais do contrato de trabalho (a actividade laboral, a retribuição e a subordinação do trabalhador à autoridade e direcção do empregador – arts. 1152.º do CC e 10.º do CT), é, reconhecidamente, o elemento da subordinação jurídica que revela a maior aptidão qualificativa do vínculo laboral, perante as dificuldades de operar a distinção entre o contrato de trabalho e os negócios afins com recurso aos dois outros elementos[725]. E, como é sabido, na delimitação deste

---

[725] Como é sabido, o contrato de trabalho é tradicionalmente distinguido de outros contratos envolvendo a prestação de uma actividade humana produtiva para satisfação de necessidades de outrem (i.e., um «trabalho») – designadamente, o contrato de prestação de serviço (art. 1154.º do CC) – pelo critério da actividade (referindo-se o facto de no contrato de trabalho a actividade de trabalho relevar em si mesma, ao passo que no contrato de prestação de serviço relevaria, sobretudo, o resultado do trabalho) e pelo critério da retribuição (uma vez que o contrato de trabalho é necessariamente oneroso, enquanto o contrato de prestação de serviço pode também ser um negócio gratuito). A falibilidade destes dois critérios distintivos foi, contudo, já amplamente comprovada (o critério da onerosidade

elemento, a doutrina e a jurisprudência tendem a recortar a posição de subordinação do trabalhador como uma situação de sujeição (em sentido próprio ou impróprio[726]) aos poderes laborais do empregador (o poder directivo e o poder disciplinar), mas destacando a importância do poder de direcção, i.e., o poder que assiste ao empregador de orientar o trabalhador quanto ao modo de execução da prestação de trabalho e aspectos conexos[727].

---

versus gratuitidade do contrato não permite, obviamente, distinguir o contrato de trabalho da prestação de serviços remunerada, assim como é difícil avaliar, em qualquer dos contratos, se releva predominantemente a actividade ou o resultado, uma vez que, como nos recorda lapidarmente GALVÃO TELLES, *Contratos civis – Exposição de Motivos... cit.*, 165, «todo o trabalho conduz a algum resultado e este não existe sem aquele»). A falibilidade dos dois critérios distintivos referidos confirma a importância qualificativa do elemento da subordinação jurídica, que é unanimemente reconhecido como o elemento distintivo fundamental do negócio laboral – sobre o ponto, vd ROSÁRIO PALMA RAMALHO, *Direito do Trabalho cit.*, I, 413 ss., e II, 27 ss. (*maxime*, 29 ss.), com amplas indicações bibliográficas nacionais e estrangeiras no mesmo sentido.

[726] Sustentando a recondução da subordinação do trabalhador a um estado de sujeição em sentido técnico, classicamente, U. PROSPERETTI, *La posizione professionale del lavoratore subordinato*, Milano, 1958, e, na doutrina nacional, MENEZES CORDEIRO, *Manual de Direito do Trabalho cit.*, 127. É um entendimento que não subscrevemos, nomeadamente quanto ao dever de obediência, que exige um comportamento activo do trabalhador. Sobre este ponto, com desenvolvimentos, vd o nosso *Direito do Trabalho cit.*, I, 418.

[727] De facto, no recorte da posição de subordinação do trabalhador, a maioria dos autores destaca essencialmente a vertente da sujeição ao poder directivo do empregador. Neste sentido, entre muitos outros, RAÚL VENTURA, *Teoria... cit.* 104 ss., MÁRIO FROTA, *Contrato de Trabalho*, I, Coimbra, 1978, 34, L. BRITO CORREIA, *Direito do Trabalho*, I, Lisboa, 1980/81, 94, J. BARROS MOURA, *Notas para uma Introdução ao Direito do Trabalho*, Lisboa, 1979/80, 26, J. MOREIRA DA SILVA, *Direitos e Deveres dos Sujeitos da Relação Individual de Trabalho*, Coimbra, 1983, 53, MESSIAS DE CARVALHO / V. NUNES DE ALMEIDA, *Direito do Trabalho e Nulidade do Despedimento*, Coimbra, 1984, 5, MENEZES CORDEIRO, *Manual de Direito do Trabalho cit.*, 127, MONTEIRO FERNANDES, *Direito do Trabalho cit.*, 140, e, classicamente noutros contextos doutrinais, NIPPERDEY / MOHNEN / NEUMANN, *Der Dienstvertrag*, Berlin, 1958, 1106, T. TOMANDL, *Wesensmerkmale des Arbeitsvertrages in Rechtsvergleichender und Rechtspolitischer Sicht*, Wien – New York, 1971, 182 ss., R. RICHARDI, *J. von Staudingers Kommentar zum Bürgerlichen Gesetzbuch mit Einführungsgesetz und Nebengesetzen*, 13ª ed., II – *Recht der Schuldverhältnisse (§§ 611-615)*, 13ª ed., Berlin, 1999, II, 49 s., BARASSI, *Elementi... cit.*, 140 s., RIVA SANSEVERINO, *Diritto del lavoro*, 14ª ed., Padova, 1982, 43 e 241 ss., E. REDENTI, *Variazioni sul tema del verbo commandare*, RTDPC, 1959, 777-794 (778), V. CASSÌ, *La subordinazione del lavoratore nel diritto del lavoro*, 2ª ed., Milano, 1961, 149, G. SUPPIEJ, *La struttura del rapporto di*

§ 12.° *O problema da determinação do empregador nos grupos* 363

Na generalidade dos contratos de trabalho, sendo a actividade laboral desenvolvida para a entidade que se apresenta como a contraparte no contrato, é relativamente fácil descortinar o titular dos poderes laborais, *verbi gratia*, o titular do poder de direcção, e, por conseguinte, identificar o empregador. Já quando o contrato de trabalho se desenvolve no contexto de um grupo de empresas, a determinação da titularidade dos poderes laborais pode ser muito difícil, justamente porque, com frequência, o trabalhador presta a sua actividade para uma entidade diferente daquela que é, formalmente, a contraparte do seu contrato – ou porque assim ficou determinado inicialmente (é o que sucede se o trabalhador tiver sido contratado por uma sociedade de gestão de pessoal pertencente a um grupo, ou por uma empresa de trabalho temporário, mas também pode ocorrer em virtude de uma cláusula de mobilidade inter-empresarial integrada no seu contrato, ou mesmo, independentemente de previsão negocial e à margem da figura da pluralidade de empregadores, porque o trabalhador executa indistintamente a sua actividade para várias empresas de um grupo, no âmbito de um único vínculo laboral), ou em consequência de uma alteração superveniente do curso normal do negócio laboral (assim, o trabalhador que passa a desenvolver a sua actividade para outra empresa do grupo, a título provisório, por exemplo ao abrigo do regime da cedência ocasional de trabalhadores, ou a título definitivo, por força de uma transmissão da posição contratual do empregador ou por sucessão de contratos de trabalho com várias empresas do grupo).

Ora, sempre que, no desenvolvimento da sua actividade laboral para outra entidade, o trabalhador seja colocado, de facto, sob a orientação do destinatário real dessa actividade – o que corresponde à esmagadora maioria das situações[728] – há uma deslocação do poder de direcção para

---

lavoro, II, Padova, 1963, 9 ss., C. SMURAGLIA, *La persona del prestatore nel rapporto di lavoro*, Milano, 1967, 279 s., L. ANGIELLO, *Autonomia e subordinazione nella prestazione lavorativa*, Padova, 1974, 44, M. GHIDINI, *Diritto del lavoro*, 6ª ed., Padova, 1976, 344, PAPALEONI, *Il rapporto di lavoro cit.*, 238 e 591, C. CESTER / G. SUPPIEJ, *Lavoro subordinato (contratto e rapporto)* NovissDI, IV (Apendice), 1983, 757-797 (761), M. DESPAX, *L'évolution du lien de subordination*, DS, 1982, 1, 11-19 (13 e 15), D. LOSCHAK, *Le pouvoir hiérarchique dans l'entreprise privée et dans l'administration*, DS, 1982, 1, 22-40 (30 s.), M. JAMOULLE, *Le contrat de travail*, I, Liège, 1982, 12.

[728] Não estamos, obviamente, a considerar aqui aquelas situações que, em execução normal do seu contrato de trabalho, o trabalhador desempenha a sua actividade no âmbito

aquela entidade. Esta deslocação põe, obviamente, em crise, o elemento da subordinação jurídica, enquanto critério qualificativo por excelência do contrato de trabalho, pelo menos no modo como este elemento é tradicionalmente configurado pela doutrina e pela jurisprudência.

Os problemas de deslocação dos poderes laborais – e, designadamente, do poder de direcção – para fora da órbita da entidade que, formalmente, assume a posição de empregador – não são exclusivos do universo dos grupos empresariais, mas estendem-se a outras situações laborais especiais (como o trabalho temporário e o trabalho portuário) e exigem uma reconstrução dogmática do elemento qualificativo da subordinação jurídica, para efeitos da delimitação do contrato de trabalho e, em especial, para efeitos do recorte da posição das partes nesse contrato. Uma vez que já propusemos essa reconstrução noutra sede[729], caberá agora avaliar a sua utilidade para efeitos da resolução do problema da identificação do empregador nos grupos de empresas. É o que faremos, um pouco mais à frente.

24. A resposta da ordem jurídica ao problema da determinação do empregador no âmbito dos grupos: apreciação crítica

24.1. Sequência

I. Como vimos na análise anterior, a jurisprudência e a doutrina consideram a determinação do empregador como o problema laboral fundamental colocado pelo fenómeno dos grupos de empresas, retirando da resolução deste problema consequências para o enquadramento das restantes projecções laborais do fenómeno dos grupos, designadamente no âmbito das situações juslaborais individuais. Por outras palavras, a determinação do empregador tem constituído, para a generalidade dos autores como para a jurisprudência, o nó górdio para a resolução dos problemas decorrentes das projecções do fenómeno dos grupos no contrato de trabalho.

---

de outra entidade, porque isso é um pressuposto das suas próprias funções (por exemplo, um trabalhador que executa serviços de auditoria externa ou um trabalhador de limpezas industriais, um paquete ou um representante comercial). Nestes casos, a subordinação do trabalhador não se altera mas apenas o seu local de trabalho tem alguma especificidade.

[729] *Do Fundamento do Poder Disciplinar...* cit., 189 ss., 252 ss., e 265 ss., e ainda *Direito do Trabalho* cit., I, 413 ss., e II, 45 ss.

II. Tivemos já ocasião de apresentar as propostas de solução do problema da determinação do empregador no âmbito dos grupos, que têm sido defendidas nos vários contextos jurídicos, no parágrafo anterior.

Estas soluções vão desde a desvalorização do grupo para efeitos laborais, continuando a reconhecer-se como empregador a entidade que como tal se apresenta formalmente no contrato de trabalho (excepto em situações evidentes de fraude, nas quais se admite a ultrapassagem do empregador formal, com recurso ao instituto do levantamento da personalidade jurídica), até à personificação do grupo para efeitos laborais, atribuindo-lhe a qualidade de empregador e reconhecendo à relação de trabalho um perfil unitário, passando por soluções intermédias, como a atribuição da qualidade de empregador ao conjunto das empresas do grupo ou àquelas empresas do grupo que beneficiaram da actividade do trabalhador (caso em que o vínculo de trabalho é perspectivado como um vínculo plural).

Já tendo analisado estas propostas de solução nos respectivos contextos doutrinais e jurisprudenciais[730], cabe apenas apreciá-las no contexto do nosso próprio sistema jurídico.

24.2. A solução do reconhecimento do grupo como empregador: refutação

I. Do nosso ponto de vista, a solução de personificação do grupo de empresas, como empregador, em alternativa à entidade referida como tal no contrato de trabalho[731], é uma solução inaceitável no quadro do sistema juslaboral nacional. Contra ela depõem argumentos retirados do próprio sistema normativo laboral, argumentos jurídicos gerais e argumentos de operacionalidade prática.

---

[730] Para o confronto destas orientações nos diversos contextos doutrinais, *vd, supra,* § 10.°, ponto 17.1III., e § 11.°, ponto 21.II (quanto à doutrina germânica), § 10.°, ponto 17.1.IV (quanto ao posicionamento do problema no seio da doutrina italiana), § 10.°, ponto 17.1.V (quanto ao panorama doutrinal espanhol) e § 10.°, ponto 17.1.VI (quanto à doutrina francesa). Já tendo apresentado os argumentos favoráveis a cada uma destas orientações, com as devidas ilustrações bibliográficas e jurisprudenciais, para aí se remete.

[731] Para cotejo dos autores que têm sustentado este entendimento, *vd, supra,* § 11.°, ponto 21.III. e notas bibliográficas respectivas.

II. Em primeiro lugar, a qualificação do grupo de sociedades ou de empresas como empregador não encontra suporte na lei laboral, já que esta reporta explicitamente a posição de empregador à pessoa ou pessoas que sejam a *contraparte* do trabalhador no contrato de trabalho (art. 10.° do CT). Acresce que, no único caso em que a lei admite expressamente uma situação de pluralidade na posição de empregador (i.e., o caso do contrato de trabalho com pluralidade de empregadores, previsto no art. 92.° do CT), se optou ainda por reportar tal pluralidade aos *empregadores* e não às *empresas* (societárias ou não) de que eles sejam titulares[732].

Assim, valorizando a lei o empregador e não a empresa, como titular da posição de autoridade e direcção e contraparte do trabalhador no contrato de trabalho, dificilmente se pode admitir a qualificação como empregador do grupo de empresas ou do grupo societário.

Poderia, ainda assim, argumentar-se em favor do reconhecimento do grupo de empresas ou do grupo de sociedades como empregador com as normas laborais que se referem à categoria das *coligações societárias* (ainda o art. 92.° n.° 1 do CT, relativo à pluralidade de empregadores, mas também o art. 98.° n.° 1 a) do CT, referente ao dever de informação, o art. 324.° b) do CT, relativo à cedência ocasional de trabalhadores, e o art. 378.° do CT, atinente à responsabilidade solidária pelos créditos laborais) e à categoria dos *grupos de empresas* (o art. 461.° n.° 3 do CT, quanto às comissões de trabalhadores com funções de coordenação, e o art. 471.° n.° 1 do CT, quanto aos conselhos de empresa europeus). Se estas normas reconhecem o valor das categorias referidas para os efeitos nelas determinados, poderia considerar-se que elas estão implicitamente a admitir que estas categorias funcionem como centros autónomos de imputação de regras jurídicas, o que abriria a porta ao seu reconhecimento como empregadores, exactamente para os mesmos efeitos de imputação jurídica.

Contudo, o argumento não colhe, porque estas referências normativas à categoria dos grupos de empresas ou dos grupos de sociedades não prosseguem objectivos de imputação (no sentido em que não determinam

---

[732] Criticámos, oportunamente, esta opção do Código do Trabalho, por irrealista, uma vez que o contexto típico da pluralidade não é, de facto, o de grupos de empregadores e sim o de grupos de empresas – cfr. ROSÁRIO PALMA RAMALHO, *O novo Código do Trabalho... cit.*, 57 ss., e ainda *Direito do Trabalho cit.*, I, 331. Não tendo sido, todavia, esta a opção da lei, devem tirar-se as devidas ilações da opção inversa.

o reconhecimento de situações jurídicas activas ou passivas na titularidade destas categorias), mas apenas objectivos instrumentais, como sejam o de fixar as condições ou de definir o contexto adequado para a produção de certos efeitos ou para a aplicação de certos regimes a outras entidades, que, essas sim, funcionam como centros autónomos de imputação de regras juslaborais: assim, o contexto de grupo permite o recurso ao contrato de trabalho com pluralidade de empregadores, deve ser tido em conta no cumprimento do dever de informação pelo empregador, possibilita o recurso à cedência ocasional, determina a sujeição das sociedades do grupo ao regime da responsabilidade solidária pelos créditos laborais ou possibilita a constituição de comissões de trabalhadores coordenadoras ou de conselhos de empresa europeus.

Em suma, o sistema normativo laboral não fornece o necessário suporte dogmático para reconhecer como empregador o grupo de empresas ou o grupo de sociedades, enquanto tais.

III. O segundo argumento que depõe contra a qualificação do grupo como empregador é um argumento jurídico geral: o grupo de empresas, como, aliás, o grupo de sociedades não tem personalidade jurídica, pelo que não pode funcionar como um centro autónomo de imputação de normas laborais – no caso, para efeitos da imputação do regime do contrato de trabalho e de outros regimes laborais.

De facto, como comprovámos amplamente na análise dos grupos societários e empresariais empreendida na Parte I deste estudo, o que caracteriza o fenómeno dos grupos é, precisamente, aquilo que alguma doutrina designa como «o divórcio entre os factos e o direito, entre a realidade e a norma»[733], que decorre da circunstância de o grupo funcionar como uma entidade económica unitária, sem que tal unidade corresponda a um novo ente jurídico. Esta característica dos grupos é, aliás, um dos aspectos que torna o recurso à organização grupal das empresas mais atractivo do ponto de vista económico, porque favorece a sua dinâmica e

---

[733] Neste sentido, se refere PLÁ RODRIGUEZ, *Los grupos de empresas cit.*, 189, a um «...*divorcio entre el hecho y el derecho. Por eso se dice que el conjunto de empresas es una realidadd económica pero no jurídica*»; e, no mesmo sentido, entre muitos outros, MARTINEZ BARROSO, *Analisis jurídico-laboral de los grupos... cit.*, 916, ou MORENEO PÉREZ, *Aspectos laborales... cit.*, 88.

flexibilidade económicas, mas é, obviamente, o aspecto que mais dificulta o tratamento jurídico deste fenómeno.

Ora, se o grupo, enquanto tal, não tem personalidade jurídica, dificilmente pode ser concebido como contraparte no contrato de trabalho ou como titular dos poderes laborais de direcção e disciplina – por outras palavras, o grupo não pode, nessa qualidade, ser empregador.

Contra este entendimento podem esgrimir-se dois argumentos: por um lado, pode dizer-se que, noutras áreas do direito, a falta de personalidade jurídica dos grupos de sociedades ou de empresas não constituiu óbice à valorização destas entidades para vários efeitos jurídicos (como pudemos comprovar quanto ao regime jussocietário dos grupos e também nos domínios do direito contabilístico, do direito fiscal, do direito da concorrência e do direito bancário[734]); por outro lado, pode salientar-se que a realidade dos grupos tem como suporte a categoria da empresa e que, no domínio laboral, esta categoria tem sido um referente sistemático e importantíssimo de muitos regimes legais, sem que seja ponderada a circunstância de não ter personalidade jurídica. Em suma, se a falta de personalidade jurídica não tem sido impedimento para certos efeitos jurídicos, ela também não constituiria um obstáculo intransponível para efeitos do reconhecimento da qualidade de empregador[735].

A nosso ver, estes argumentos não procedem.

Quanto ao argumento do lugar paralelo com outras áreas jurídicas, o que sucede é que a valorização do grupo de empresas, enquanto unidade económica, nessas áreas, tem como objectivo viabilizar a aplicação de determinados regimes ao *conjunto* das entidades (jurídicas) que compõem o grupo – seja, no âmbito jussocietário, os regimes relativos ao relacionamento entre as sociedades membros do grupo ou as regras de protecção dos sócios livres e dos credores sociais, seja, no âmbito do direito da con-

---

[734] *Supra*, § 6.º, ponto 14.

[735] É esta argumentação que tem sido invocada por um sector relevante da doutrina e da jurisprudência espanholas, em desenvolvimento da denominada «teoria realista», como vimos oportunamente – *supra*, § 11.º, ponto 22.III. e notas. Deve, contudo, ter-se em atenção que, no país vizinho, este argumento pode ter apoio no conceito de *«comunidades de bienes»* a que a lei atribui a qualidade de empregador (constante do art. 1-2 do *Estatuto de los Trabajadores*) – ainda, *supra*, § 10.º, ponto 17.1.V. No sistema jurídico nacional, não temos uma norma equivalente a esta.

corrência, as normas que regulam os efeitos das operações de concentração empresarial no mercado, seja ainda, no âmbito tributário, os regimes estabelecidos para evitar a evasão fiscal, e, no domínio do direito bancário, os objectivos de salvaguarda da concorrência e de superintendência da actividade bancária. Dito de outro modo, a realidade do grupo é, efectivamente, tomada em consideração pela ordem jurídica, mas para viabilizar a imposição de regras às entidades (jurídicas) que o integram.

Quanto à importância dada à categoria da empresa no domínio laboral, sendo essa importância inegável e a categoria da empresa indispensável à compreensão do universo juslaboral no seu todo – como temos defendido recorrentemente e voltámos a salientar oportunamente neste ensaio[736] –, certo é também que as referências feitas à empresa neste domínio valorizam esta categoria exactamente enquanto categoria económica (e, até, como vimos[737], valorizam um determinado modelo económico de empresa, que foi dominante numa certa época), ou seja, não como destinatário das normas mas como *pressuposto extra-jurídico* da aplicação de muitos regimes laborais. Assim sendo, não pode retirar-se das referências à categoria da empresa no universo laboral qualquer intuito de personificação da mesma, que possa constituir um alicerce da personificação do grupo de empresas para efeitos laborais.

Deste modo, também por força do argumento geral da falta de personalidade jurídica do grupo de sociedades, do grupo de empresas e da própria empresa é de recusar a solução da atribuição da qualidade de empregador ao grupo, como via para resolver os problemas laborais colocados pelo fenómeno dos grupos, nomeadamente no âmbito do contrato de trabalho.

IV. O terceiro argumento que depõe contra o entendimento do grupo como empregador é um argumento de operacionalidade prática. Com efeito, a atribuição da qualidade de empregador ao grupo societário ou empresarial coloca duas dificuldades práticas de monta: a primeira é a dos critérios desta atribuição; a segunda é a da sua utilidade real para resolver os problemas laborais colocados pelo fenómeno dos grupos.

---

[736] *Supra*, § 1.º, ponto 1.IV. e VII., e, por exemplo, no nosso *Direito do Trabalho cit.*, I, 313 ss.

[737] *Supra*, § 1.º, ponto 1.VI.

Em primeiro lugar, coloca-se a questão de saber se a assunção da posição de empregador pelo grupo deve verificar-se em todos os casos de coligação societária ou até de agrupamentos empresariais (não societários), ou se apenas se justifica a partir de um certo nível de entrosamento das empresas do grupo, uma vez que as situações de coligação empresarial apresentam uma extrema diversidade e as suas projecções laborais são também muito variáveis.

Parece óbvio que a atribuição da qualidade de empregador ao grupo não pode, na verdade, ter um carácter automático, mas deve ficar na dependência de requisitos que comprovem, por um lado, a intensa ligação entre as empresas do grupo, e, por outro lado, as projecções dessa ligação nos vínculos laborais[738], porque só quando essas projecções sejam significativas é que se justificam as consequências gravosas que decorrem da atribuição da qualidade de empregador a uma entidade diversa daquela que outorgou o contrato de trabalho – por exemplo, atribuir os poderes laborais a outra entidade ou responsabilizá-la pela satisfação dos créditos laborais, mas também estender o âmbito dos deveres do trabalhador para fora da órbita do empregador formal, ou admitir como fundamento do despedimento um interesse do grupo e não apenas uma motivação objectiva grave atinente ao empregador formal[739]. Em suma, apenas perante o caso concreto se poderá avaliar a importância do fenómeno grupal do ponto de vista laboral.

Mas, a ser assim, tem que se concluir que a solução de personificação do grupo para efeitos laborais não é um instrumento de valia geral para o

---

[738] Foi neste sentido que a jurisprudência e a doutrina espanholas desenvolveram os indícios de entrosamento entre as empresas do grupo que deram suporte à teoria realista, como o facto de as empresas do grupo funcionarem integradamente, o facto de a prestação laboral ser desenvolvida para várias empresas do grupo, ou o facto de haver uma relação de domínio societário ou ainda de ser detectável o objectivo de iludir as normas de tutela laboral através da configuração artificiosa das empresas numa estrutura de grupo – sobre estes indícios, entre outros, CAMPS RUIZ, *La Problemática Jurídico-Laboral... cit.*, 31 ss., e *Problemática jurídico-laboral...(puntos críticos) cit.*, 97 ss., RAMIREZ MARTINEZ, *Curso de Derecho del Trabajo cit.*, 256 s., SENRA BIEDMA, *Grupos de empresas... cit.*, 169 ss., APPILUELO MARTIN, *Grupo de empresas... cit.*, 339 ss, ou TERRADILLOS ORMAETXEA, *Los grupos de empresas ante la jurisprudência social cit.*, 58 ss.

[739] Como judiciosamente observa COUTINHO DE ABREU, *Grupos de sociedades... cit.*, 137 e nota [40], o reconhecimento do grupo como empregador não traz apenas benefícios para o trabalhador, mas pode trazer-lhe desvantagens porque alarga o âmbito dos seus deveres laborais.

§ 12.º *O problema da determinação do empregador nos grupos* 371

enquadramento dos vínculos de trabalho em contexto de grupo, mas apenas um instrumento de recurso para algumas situações. Acresce que, sendo estas situações de determinação incerta e as suas consequências difíceis de delimitar, esta solução não é também potenciadora da segurança jurídica.

Em segundo lugar, a solução do reconhecimento do grupo como empregador suscita diversos problemas práticos, tanto na gestão quotidiana do vínculo laboral como em situações patológicas.

Na gestão quotidiana do contrato de trabalho, tendo em conta que a determinação do empregador é essencial para a delimitação global da situação jurídica do trabalhador, se a qualidade de empregador for atribuída ao próprio grupo surgem inúmeras dúvidas sobre o exercício dos poderes laborais de direcção e disciplina e sobre o âmbito do dever de obediência do trabalhador, sobre os limites dos restantes deveres laborais e ainda sobre a regulamentação colectiva aplicável, em caso de pluralidade de instrumentos de regulamentação colectiva do trabalho no grupo. Por seu turno, nas situações patológicas que atinjam o vínculo laboral, o facto de o grupo ser o empregador também pode suscitar dificuldades quanto às motivações para a cessação do contrato de trabalho por iniciativa do empregador e ainda dificuldades processuais, designadamente problemas de legitimidade processual do empregador-grupo.

Neste contexto, conclui-se que o reconhecimento do grupo societário ou empresarial como empregador é uma solução de operacionalidade difícil e de utilidade duvidosa para a resolução dos problemas laborais colocados pelo fenómeno dos grupos, para além de não favorecer o valor geral da segurança jurídica. Também por estes motivos práticos, ela é desaconselhável.

V. Nos termos expostos, a solução da atribuição da qualidade de empregador ao grupo societário ou empresarial, como via para resolver os problemas colocados pelas projecções do fenómeno dos grupos nas situações juslaborais individuais, é de recusar em definitivo, porque não tem apoio no ordenamento jurídico laboral, porque é incompatível com a falta de personalidade jurídica do grupo e ainda porque conduz a resultados incertos.

Deve, contudo, ficar claro que a recusa desta solução não tem implícito qualquer juízo de menor relevância do contexto de grupo para o contrato de trabalho – bem pelo contrário, como oportunamente pusemos em evidência[740], a inserção grupal do empregador tem uma grande importância para o contrato de trabalho, enquanto manifestação da componente organizacional do próprio contrato. O que decorre do exposto é apenas que a importância do contexto grupal para o negócio laboral não conduz ao reconhecimento do próprio grupo como empregador.

24.3. A solução da manutenção do empregador singular complementada pelo instituto da desconsideração da personalidade colectiva: apreciação crítica

I. Nos antípodas da solução anterior, situa-se o entendimento mais tradicional nesta matéria, que é, ainda hoje, sufragado por um sector muito significativo da doutrina, designadamente na dogmática germânica, mas também entre nós[741], e por alguma jurisprudência[742]. Assentando no princípio da irrelevância do contexto de grupo no domínio da relação de trabalho, que é justificado na natureza económica do próprio fenómeno dos grupos, este entendimento preconiza a manutenção da qualidade de empregador na entidade jurídica (pessoa singular ou colectiva) que outorga o contrato de trabalho. Nesta perspectiva, o contrato de trabalho

---

[740] *Supra*, § 11.°, ponto 21.IV.

[741] Para cotejo dos autores que têm sustentado este entendimento, *vd, supra,* § 11.°, ponto 21.II. e notas bibliográficas respectivas.

[742] Na nossa jurisprudência, entre os poucos acórdãos sobre a questão da determinação do empregador no âmbito dos grupos empresariais, que se produziram, a maioria tende a qualificar como empregador a sociedade que contratou o trabalhador, em nome do princípio da autonomia societária, e apenas admite a ultrapassagem do empregador formal em casos de abuso na utilização da personalidade colectiva e mediante o recurso ao instituto do levantamento – em ilustração desta orientação, o Ac. RLx. de 5/07/2000 (Proc. n.° 0008134), www.dgsi.pt., admitiu o recurso ao levantamento da personalidade colectiva num caso de transferência do trabalhador de uma para outra sociedade, dentro do mesmo grupo (continuando o trabalhador a desempenhar as mesmas funções e no mesmo local), com o objectivo de libertar a primeira sociedade dos respectivos deveres laborais, mas sem deixar de salientar o carácter excepcional do instituto em causa; no mesmo sentido, o Ac. RP de 24/01/2005 (Proc. n.° 0411080), www.dgsi.pt., admitiu também o recurso à desconsideração da personalidade colectiva perante o intuito abusivo da sociedade empregadora e considerou, como indícios reveladores de tal intuito, factores como a confusão ou a promiscuidade entre os sócios e a sociedade, a subcapitalização social ou as relações de domínio grupal que se saldem em actuações prejudiciais a terceiros.

continua, apesar do contexto de grupo, a ser concebido como um negócio jurídico unitário, com um empregador singular, com as inerentes consequências quanto ao estatuto do trabalhador.

Como vimos oportunamente[743], para além da consideração geral da irrelevância da estrutura grupal do empregador no vínculo laboral, os defensores deste entendimento invocam em seu favor diversos argumentos: o argumento geral da falta de personalidade jurídica do grupo, que impede a imputação de normas laborais ao próprio grupo; um argumento de segurança jurídica, considerando que a deslocação da posição de empregador para o contexto grupal redundaria numa indefinição dos direitos e deveres do trabalhador, que não lhe seria favorável; e dois argumentos societários, considerando-se, por um lado, que a solução da personificação laboral do grupo quebraria o princípio da autonomia dos entes colectivos, e, por outro lado, que, enquanto credor de um empregador societário, o trabalhador tem à sua disposição os mecanismos de tutela dos credores societários (podendo até usá-los com vantagens sobre os demais credores, uma vez que pode actuar através das suas instituições representativas específicas), pelo que não carece da tutela adicional que decorreria da personificação do grupo.

Os resultados radicais deste entendimento são, apesar de tudo, temperados pela admissibilidade do recurso ao instituto do abuso do direito, na manifestação do levantamento da personalidade colectiva. Nesta linha, os autores sustentam que, sempre que se comprove que o recurso ao contexto de grupo teve justamente como objectivo contornar as normas de tutela dos trabalhadores (ou seja, um intuito abusivo ou fraudulento), se justifica ultrapassar a figura do empregador formal e atribuir a qualidade de empregador à entidade (jurídica) para a qual o trabalhador efectivamente desenvolveu a sua actividade, com as inerentes consequências para o estatuto do trabalhador.

II. Recordada esta posição, cabe apreciá-la no contexto do sistema juslaboral nacional. A nosso ver, a solução da irrelevância total do grupo para efeitos da determinação do empregador nos contratos de trabalho celebrados no âmbito das empresas que o integram é de recusar, tanto pelo seu irrealismo como pelos resultados injustos a que conduz.

---

[743] *Supra*, § 11.º, ponto 21.II., parte final.

Por um lado, esta solução é irrealista, porque ignora a componente organizacional do contrato de trabalho. Como já referimos, o facto de o empregador se integrar num grupo de empresas ou num grupo societário é um dos elementos que condiciona (e pode condicionar fortemente) a sua estrutura organizacional e, nessa medida, pode ter reflexos jurídicos nos contratos de trabalho que celebre no âmbito da sua própria empresa. Ignorar esses reflexos é, pois, proceder a uma simplificação artificial do vínculo laboral, que não tem correspondência com a realidade e que é, por isso, de evitar, em nome do princípio da substancialidade geral das situações jurídicas.

Por outro lado, mesmo temperada pela possibilidade de recurso à técnica da desconsideração da personalidade colectiva, esta solução conduz a resultados injustos, porque o mecanismo correctivo da desconsideração apenas é aplicável em situações de ilicitude, e, ainda assim, mediante a prova, sempre difícil, da intenção fraudulenta do empregador no recurso à configuração grupal – por outras palavras, trata-se de uma solução de operacionalidade difícil e de recurso absolutamente excepcional. Além disso, esta solução deixa de fora todas as situações em que, apesar de o grupo não prosseguir qualquer escopo ilegítimo e sim objectivos lícitos de cooperação económica ou de concentração na pluralidade (o que corresponde, aliás, à grande maioria das situações), dele decorrem projecções relevantes nos vínculos laborais em execução no seio das empresas que o integram. Ora, também nestes casos, a dinâmica de grupo não só pode causar uma indefinição material do estatuto do trabalhador que deve ser evitada, como pode pôr em causa valores fundamentais do direito laboral que carecem de ser ponderados e acautelados – e que não o podem ser, neste entendimento.

Por fim, refuta-se a ideia da dispensabilidade da alteração da posição do empregador, quando em contexto de grupo, com base no argumento, desenvolvido por alguns autores[744], segundo o qual o trabalhador já é suficientemente protegido enquanto credor, pelos mecanismos de tutela dos credores societários. É que, como facilmente se compreende, não só estes mecanismos têm a sua aplicação limitada aos empregadores que

---

[744] Por exemplo, WINDBICHLER, *Arbeitsrecht und Konzernrecht cit.*, 148, KONZEN, *Arbeitsverhältnisse im Konzern cit.*, 572, JABORNEGG, *Arbeitsvertragsrecht im Konzern cit*, 8, ou MAZZOTTA, *Divide e impera... cit.*, 372 s.

sejam sociedades comerciais, como, num contexto de grupo, os interesses do trabalhador vão muito para além da sua dimensão de credor, uma vez que é a globalidade da sua situação laboral que pode ser afectada pela inserção grupal do empregador – mais do que apurar as responsabilidades pelos créditos laborais, estão em causa para os trabalhadores, num âmbito grupal, problemas como a deslocação dos poderes laborais e a extensão dos seus deveres para fora da órbita do empregador, os efeitos das vicissitudes da sua empresa no contrato de trabalho e, *maxime*, tais efeitos no seu posto de trabalho. Naturalmente, estas projecções do fenómeno de grupo não são acauteladas pela solução referida.

III. Como solução geral para o problema da determinação do empregador em contexto de grupo, a tese do empregador singular, temperada pela possibilidade de recurso ao princípio da desconsideração da personalidade colectiva, é pois de recusar.

Convém, no entanto, deixar, desde já, claro o alcance desta recusa: ela quer apenas significar que não se aceita esta tese como enquadramento geral para o problema da determinação do empregador, mas não, obviamente, que seja de afastar a admissibilidade de um empregador singular em contexto de grupo nem a possibilidade de recorrer à técnica da desconsideração da personalidade colectiva em algumas situações de trabalho subordinado nesse mesmo contexto. Na nossa reconstrução do problema[745] voltaremos oportunamente a este ponto.

24.4. A solução do empregador plural: o reconhecimento da qualidade de empregador a um conjunto de empresas do grupo e o caso especial da pluralidade de empregadores

24.4.1. Formulação geral

I. Perante as dificuldades de atribuição da qualidade de empregador ao grupo de empresas ou de sociedades, em si mesmo considerado, mas recusando a tese do empregador singular e unitário neste contexto, um sector da doutrina opta por qualificar como empregador o conjunto das entidades que integram o grupo, ou, em alternativa, reconhece como empre-

---

[745] *Infra*, § 13.º.

gador aquelas entidades que, no seio do grupo, beneficiaram, na prática, da actividade do trabalhador ou às quais ele esteve efectivamente ligado[746]. Neste entendimento, o contrato de trabalho em contexto de grupo é pois perspectivado como um contrato plural, no sentido em que a posição jurídica de empregador é ocupada por mais do que uma entidade jurídica[747].

II. Quer na versão que atribui a qualidade de empregador a todas as sociedades do grupo, quer na versão que reconhece como tal apenas as sociedades para as quais o trabalhador desenvolve a sua actividade ou às quais está ligado, este entendimento tem como vantagem sobre a solução do grupo-empregador o facto de ultrapassar o óbice da falta de personalidade jurídica do grupo, sem deixar de atribuir o devido valor a esse mesmo grupo (como sucede na solução do empregador singular). De facto, nesta construção, a qualidade de empregador continua a ser atribuída a entidades dotadas de personalidade jurídica – cada um dos empregadores, pessoas singulares ou colectivas, que sejam membros do grupo, ou, no caso de coligações societárias em sentido próprio, cada uma das sociedades que integram o grupo.

A versão desta teoria que opta pela atribuição da posição de empregador a *todas* as entidades jurídicas que integram o grupo é de rejeitar à partida. Com efeito, ela não resiste à crítica – que já acima endereçámos à solução do grupo-empregador – de não ponderar a natureza e a intensidade dos laços que unem as empresas do grupo, quando é certo que nem em todos os casos os laços existentes são de molde a justificar a ultrapassagem do empregador formal em favor do conjunto das empresas que integram o grupo.

Já a segunda formulação deste entendimento, que passa pelo reconhecimento como empregador daquelas empresas do grupo que beneficiaram efectivamente da actividade do trabalhador, parece mais prometedora

---

[746] Para um cotejo desta orientação e dos autores que a subscrevem nos diversos ordenamentos, *supra*, § 10, ponto 17.1.IV.,V.e VI.

[747] Naturalmente, não se trata de reconhecer a existência de tantos contratos de trabalho quanto o número de empregadores, situação que corresponde ao fenómeno do pluri-emprego, que é também admissível, designadamente no nosso sistema jurídico, com fundamento no princípio constitucional da liberdade de trabalho – art. 58.° n.° 1 da CRP). O que está aqui em causa é um único contrato de trabalho, com diversos empregadores.

§ 12.º *O problema da determinação do empregador nos grupos* 377

e adequada, pelo menos para algumas situações. Ainda assim, esta solução coloca dois problemas: o primeiro é o da determinação das conexões entre as empresas do grupo que devem considerar-se relevantes para efeitos do reconhecimento da contitularidade da posição de empregador; o segundo é o das projecções práticas do reconhecimento de uma relação de trabalho plural (i.e., com vários empregadores) nas várias matérias, que vão desde a configuração dos direitos e deveres do trabalhador neste contexto, à determinação da regulamentação colectiva aplicável ao trabalhador em caso de pluralidade de instrumentos de regulamentação colectiva do trabalho vigentes nas várias empresas, aos critérios de atribuição e repartição dos poderes laborais e dos deveres remuneratórios entre os vários empregadores, à distribuição da responsabilidade pela satisfação dos créditos laborais e ainda à configuração do regime de cessação do contrato de trabalho neste ambiente plural.

III. No quadro nacional, a ideia da contitularidade da posição jurídica de empregador apenas obteve consagração legal no Código do Trabalho – embora, como se referiu em devido tempo, ela fosse admitida anteriormente, tanto pela doutrina como pela jurisprudência[748] – com a instituição da figura da pluralidade de empregadores (art. 92.º do CT).

Cabe assim apreciar esta figura no contexto do problema da determinação do empregador nos grupos de empresas, para avaliar se ela resolve aquele problema.

24.4.2. A figura da pluralidade de empregadores e a determinação do empregador no contexto dos grupos empresariais

I. Como decorre da lei, o contrato de trabalho com pluralidade de empregadores pode ser celebrado em duas situações: ao abrigo do art. 92.º n.º 1 do CT, quando os empregadores estejam numa situação de coligação societária em sentido próprio (sob a forma de relação de participações recíprocas, relação de domínio, ou relação de grupo em sentido estrito, i.e.,

---

[748] Neste sentido, classicamente, RAÚL VENTURA, *Teoria da Relação Jurídica de Trabalho... cit.*, 301; e, na jurisprudência, admitindo a figura do empregador plural no domínio anterior ao Código do Trabalho, por exemplo, o Ac. STJ de 18/05/2006 (Proc. n.º 06S291), www.dgsi.pt.

grupo constituído por domínio societário total, por contrato de subordinação ou por contrato de grupo paritário, nos termos, respectivamente, dos arts. 485.°, 486.°, 488.° e 489.°, 493.° e 492.° do CSC), à excepção da relação de participação societária simples; e ao abrigo do art. 92.° n.° 2 do CT, quando os empregadores, independentemente de revestirem natureza societária, mantenham estruturas organizativas comuns.

Quando procurámos descortinar a categoria operativa de base da figura da pluralidade de empregadores, para efeitos de determinar se as projecções laborais do fenómeno dos grupos eram de reportar ao conceito técnico de coligação societária ou ao conceito económico de grupos de empresas[749], concluímos, a partir da delimitação legal da figura, que, embora ela apontasse primacialmente para a categoria mais restritiva das coligações societárias, na verdade, a abertura às entidades com estruturas organizativas comuns, na segunda categoria de situações, aponta mais amplamente para o conceito de grupos de empresas ou mesmo, fora do âmbito dos grupos societários e empresariais, para o âmbito dos agrupamentos (materiais) de empregadores. De qualquer modo, tendo em conta que o domínio de aplicação, por excelência, da figura da pluralidade de empregadores é o dos grupos de empresas (*y compris* os grupos societários), ela pode contribuir efectivamente para resolver o problema da determinação do empregador em contexto de grupo. Resta avaliar se esta via de resolução do problema é suficiente e satisfatória.

Uma análise cuidada da figura da pluralidade de empregadores permite concluir que, apesar de corresponder a uma solução imaginativa, esta figura tem duas grandes limitações: por um lado, ela não constitui um recurso suficiente para resolver os problemas da determinação do empregador em contexto de grupo, porque apenas é aplicável a um número reduzido de situações; por outro lado, nas poucas hipóteses em que se pode aplicar, esta figura não é uma solução satisfatória, porque deixa diversos problemas por resolver e cria outras tantas dificuldades.

II. Do regime legal da figura da pluralidade de empregadores resulta, em primeiro lugar, o âmbito restrito de aplicação da figura, não tanto pelas situações de grupo em que a ela se pode recorrer, já que estas se reportam ao conceito amplo de grupos de empresas, mas por força dos requisitos

---

[749] *Supra*, § 11.°, ponto 22.III.

§ 12.° *O problema da determinação do empregador nos grupos* 379

formais do contrato de trabalho, designadamente pela exigência de redução do contrato a escrito (art. 92.° n.° 1 al. a) do CT)[750]. Na verdade, os requisitos de forma da figura da pluralidade de empregadores permitem concluir pela sua recondução a um contrato de trabalho especial[751], em que as partes pretenderam *ab initio* que a posição do empregador fosse objecto de contitularidade[752], como tal o devendo expressamente indicar no documento contratual – por outras palavras, esta figura apenas enquadra as situações de pluralidade de empregadores que correspondam a uma manifestação expressa da vontade das partes nesse sentido, adequadamente vertida no acordo negocial[753].

Ora, como é sabido, o universo das dúvidas sobre a determinação do empregador em contexto de grupo não se deixa confinar a estas situações, que são, na verdade, as mais fáceis de resolver. Bem pelo contrário, os

---

[750] Trata-se, na verdade, de uma exigência de forma qualificada, uma vez que a lei estabelece como requisitos cumulativos deste contrato não só a redução a escrito, mas, como menções obrigatórias do documento contratual, a indicação da actividade laboral, do local e do tempo de trabalho, a identificação de todos os empregadores e a indicação do empregador que representa os demais no cumprimento dos deveres e no exercício dos poderes laborais (art. 92.° n.°1 alíneas a),l b) e c) do CT). Nos termos do n.° 5 do mesmo artigo, a falta de qualquer um destes requisitos inquina o contrato, permitindo ao trabalhador optar pelo empregador com o qual pretenda ficar vinculado em moldes unitários.

[751] No caso, a especificidade do contrato decorre justamente do carácter plural do empregador, como contraparte de um único contrato de trabalho, e tem diversos efeitos regimentais. A lei desenvolve apenas os aspectos relativos ao exercício dos poderes laborais e ao regime de responsabilidade solidária pelos créditos laborais (art. 92.° n.° 1 c) e n.° 3 do CT).

[752] Relativamente a este ponto, suscita-se a dúvida de saber se a pluralidade na posição de empregador é de molde a transformar o contrato, por natureza bilateral, num contrato multilateral, caso em que não estaríamos perante um caso de contitularidade em sentido próprio. Inclinamo-nos para considerar que o contrato mantém estrutura bilateral, reconhecendo-se que os vários empregadores correspondem a uma única parte, porque os seus interesses são coincidentes, ao contrário do que sucede noutros vínculos laborais, estes sim de estrutura trilateral, como o trabalho temporário. Neste linha também se pronunciou, entre nós, JÚLIO GOMES, *Direito do Trabalho cit.*, I, 233.

[753] Esta exigência de uma manifestação expressa de vontade das partes no contrato, *ab initio,* não obsta a que uma relação de trabalho unitária se venha a transformar num contrato de trabalho com pluralidade de empregadores – é a denominada pluralidade de empregadores sucessiva. Neste caso, exigem-se, naturalmente, os mesmos requisitos de forma e a indicação expressa de todos os empregadores no acordo de constituição da relação de trabalho plural, que constitui tecnicamente uma novação do contrato de trabalho unitário originário.

maiores problemas colocados pelo trabalho subordinado no contexto dos grupos empresariais, no que tange especificamente à determinação do empregador, ocorrem justamente naqueles casos em que o trabalhador celebrou um contrato de trabalho comum (no sentido de unitário) com (apenas) uma das empresas ou sociedades do grupo, mas, não obstante, desenvolve a sua actividade para outra empresa do grupo, de modo simultâneo ou sucessivo e sem outro enquadramento negocial. Estas situações ficam, obviamente, fora do alcance da figura da pluralidade de empregadores, tal como ela foi gizada pelo Código do Trabalho.

Conclui-se assim que a figura da pluralidade de empregadores apenas é apta a resolver o problema da determinação do empregador, no contexto dos grupos de empresas, num número muito limitado de situações, que são aquelas em que as partes, à partida, pretenderam afastar quaisquer dúvidas sobre a titularidade da posição jurídica de empregador.

Por outro lado, não pode deixar de se observar que a consagração da figura do contrato de trabalho com pluralidade de empregadores no Código do Trabalho, nos moldes escolhidos, teve um efeito perverso adicional nos casos de dúvida sobre a titularidade da posição de empregador nas situações de grupo.

É que, se, anteriormente ao Código, a doutrina e a jurisprudência admitiam pacificamente a contitularidade da posição de empregador por mais do que uma entidade (pessoa física ou pessoa colectiva e tanto em contexto de grupo como fora dele), sempre que, no âmbito de um único contrato, o trabalhador prestava a sua actividade para mais do que um credor ou recebia indistintamente de ambos a retribuição, com a consagração da figura da pluralidade de empregadores no Código tornou-se mais difícil reconhecer esta situação de contitularidade a partir do momento em que ela não seja declarada expressamente no título contratual, nos termos estabelecidos no art. 92.º n.º 1 a), b) e c) do CT, e mesmo nas situações em que, na prática, a contitularidade corresponda à situação de facto existente.

Naturalmente, caberá à jurisprudência corrigir os excessos a que este regime possa conduzir, *verbi gratia,* quando o vício de forma tenha sido causado pelo(s) empregador(es), podendo, nomeadamente, lançar mão do instituto do abuso de direito, na projecção das inalegabilidades formais[754].

---

[754] Em geral e por todos sobre esta projecção do instituto do abuso do direito, A. MENEZES CORDEIRO, *Da Boa Fé no Direito Civil*, II, Coimbra, 1984, 771 ss.

§ 12.° *O problema da determinação do empregador nos grupos* 381

Mas, a verdade é que, mesmo o recurso a uma interpretação correctiva da lei, com apelo aos princípios gerais, em caso de vício de forma, dificilmente resultará no reconhecimento da contitularidade da posição de empregador, porque a consequência que a lei estabelece para a violação de qualquer um dos requisitos enunciados no art. 92.° n.° 1 do CT é apenas o direito de opção do trabalhador pela entidade empregadora a que ficará «unicamente vinculado» (art. 92.° n.° 5)[755] – ou seja, a conversão do contrato de trabalho plural viciado num contrato de trabalho com empregador singular. Não parece assim a lei receptiva a outras situações de contitularidade que não as que decorram de um contrato de trabalho celebrado *ab initio* com esse escopo e com redução a escrito, o que, naturalmente, dificulta a tarefa de (re)qualificação correctiva da jurisprudência.

Perante o exposto, é forçoso reconhecer que os requisitos de forma do contrato, que são habitualmente estabelecidos na lei laboral para favorecimento do trabalhador, obrigando a uma maior ponderação quando esteja em causa a aplicação de regimes menos favoráveis do que o regime comum[756], acabam, neste caso, por ter, paradoxalmente, o efeito inverso, uma vez que reduzem o leque de situações em que a lei reconhece expressamente a pluralidade, com a consequente restrição do âmbito de incidência do regime de tutela previsto para esta modalidade de contrato de trabalho. E, do mesmo modo, a solução legal da conversão do contrato de trabalho plural em contrato de trabalho com um único empregador, que alguns autores já consideraram como um prémio e um incentivo a

---

[755] Esta consequência é particularmente grave pelo facto de a lei tratar indistintamente todos os requisitos do contrato para este efeito. Assim, o contrato fica inquinado definitivamente, quer por falta dos requisitos substanciais (por exemplo, porque o empregador societário não integra uma das situações de coligação previstas para este efeito ou porque não detém estruturas organizativas em comum com os demais empregadores), quer por falta de qualquer um dos requisitos formais, que não têm, obviamente, todos o mesmo grau de importância.

[756] Com efeito, as exigências de forma no domínio laboral e, mais especificamente, no âmbito do contrato de trabalho (que a lei impõe tanto para a celebração de contratos de trabalho especiais, como para o afastamento de normas supletivas e ainda para o afastamento de regimes legais mais favoráveis ao trabalhador) permitem identificar um vector formal no princípio geral da protecção do trabalhador, uma vez que dão ao trabalhador a oportunidade de uma maior ponderação em todas as situações contratuais que podem, pelo menos teoricamente, ser menos vantajosas ou envolver mais risco do que o regime legal – para mais desenvolvimentos sobre este ponto, *vd* ROSÁRIO PALMA RAMALHO, *Direito do Trabalho cit.*, I, 158 ss.

situações de fraude e ao incumprimento dos requisitos legais[757], revela, no mínimo, o carácter contra-producente do regime legal, do ponto de vista dos objectivos de tutela do trabalhador, que, aparentemente prossegue, uma vez que o critério formal resulta na restrição do âmbito de incidência das próprias normas tutelares. Esta incongruência do regime legal parece incontornável.

III. Confirmada a reduzida utilidade da figura da pluralidade de empregadores para a resolução do problema da determinação do empregador no contrato de trabalho em contexto de grupo, pelo número pouco significativo de situações em que se aplica, cabe, ainda assim, avaliar a eficácia da figura nestas aplicações para resolver os problemas laborais colocados pelo trabalho subordinado no contexto dos grupos.

Os aspectos do regime do contrato de trabalho com pluralidade de empregadores, que mereceram a atenção do legislador laboral, foram apenas três: o aspecto relativo ao exercício dos poderes laborais e ao cumprimento dos deveres laborais (art. 92.º n.º 1 c) do CT); o aspecto da responsabilidade pela satisfação dos créditos laborais (art. 92.º n.º 3); e o problema das consequências da violação dos requisitos do contrato (art. 92.º n.º 5) e da cessação dos pressupostos substanciais da situação de pluralidade (art. 92.º n.º 4).

No que se refere ao exercício dos direitos e ao cumprimento dos deveres emergentes do contrato de trabalho para o empregador, o art. 92.º n.º 1 c) do CT estabelece um mecanismo de representação, a fixar no próprio acordo contratual, nos termos do qual os empregadores designam, entre si, aquele que deve representar os demais no exercício dos direitos e no cumprimento dos deveres laborais que lhes assistem.

Este regime tem a vantagem de tornar o vínculo de trabalho mais transparente para as partes, em especial para o trabalhador, que parece assim ver confinado o âmbito dos seus deveres à esfera do empregador representante (também designado, por alguns autores, como «empregador principal»[758]). Contudo, o alcance exacto desta limitação é equívoco, prestando-se a norma a uma interpretação cristalizadora da figura, sustentada

---

[757] Neste sentido, JÚLIO GOMES, *Direito do Trabalho cit.*, I, 233 e nota [625], e CATARINA CARVALHO, *Contrato de trabalho com pluralidade de empregadores... cit.*, 232 ss.
[758] JÚLIO GOMES, *Direito do Trabalho cit.*, I, 234.

por alguns autores, no sentido da qual o vínculo se consolida com o «empregador principal», tanto para efeitos externos (i.e., das relações com terceiros) como para efeitos internos (i.e., designadamente, para efeitos do exercício do poder directivo e do poder disciplinar)[759]. Quanto a nós, pensamos que esta perspectiva rígida sobre o vínculo laboral deve ser evitada e que a norma do art. 92.º n.º 1 c) do CT deve ser interpretada *cum granu salis*, sob pena de a figura da pluralidade de empregadores perder toda a sua utilidade, designadamente como mecanismo de utilização optimizada dos trabalhadores em contexto de grupo (e, no caso, também em sede de agrupamentos de empregadores não societários com estruturas organizativas comuns) e como mecanismo de mobilidade inter-empresarial dos trabalhadores.

Com efeito, a grande vantagem operativa da figura da pluralidade de empregadores é enquadrar a prestação simultânea ou sucessiva da actividade laboral de um só trabalhador para um conjunto de empresas ou de empregadores, o que se justifica pelas conexões entre as próprias empresas (reveladas na situação de coligação societária ou na detenção de estruturas organizativas comuns pelos vários empregadores); e, naturalmente, tal prestação deve ser feita sob a autoridade e direcção do credor da actividade, que pode não coincidir, no todo ou em parte (consoante o trabalhador preste simultânea ou sucessivamente a sua actividade para mais do que uma das empresas do grupo) com o empregador representante[760]. Assim sendo, julga-se que as referências ao empregador representante dos demais, constantes do art. 92.º n.º 1 c) do CT, devem ser interpretadas para efeitos externos ao vínculo (por exemplo, para efeitos da entidade obrigada a contribuir para a segurança social ou a pagar o prémio do seguro de aci-

---

[759] Neste sentido, Júlio Gomes, *Direito do Trabalho cit.*, I, 234, considera mesmo que os poderes laborais só podem ser exercidos pelo empregador principal e que, se este mudar, a identidade do contrato se altera; na mesma linha, Menezes Leitão, *Código do Trabalho Anotado cit.*, 88, observa que não há solidariedade activa neste contrato, porque apenas o empregador representante dos demais pode exercer os poderes laborais.

[760] Assim, se num escritório partilhado por vários advogados não associados entre si, houver um serviço de secretariado comum assegurado por um trabalhador com contrato de trabalho em regime de pluralidade de empregadores, não faz sentido que esse trabalhador não receba ordens de todos os empregadores; assim como, se um trabalhador de uma empresa passar a desenvolver a sua actividade para outra empresa do grupo, que também é seu empregador, ao abrigo de um contrato de trabalho com pluralidade de empregadores, não faz também sentido que continue a ser dirigido pelo primeiro empregador, apenas pelo facto de este ser o empregador representante.

dentes de trabalho), mas não devem constituir um obstáculo à flexibilidade interna do vínculo laboral em contexto de grupo, uma vez que o aumento desta flexibilidade, acompanhada embora das necessárias garantias do trabalhador[761], foi justamente a razão de ser desta figura.

Com esta interpretação da norma, julga-se que a figura da pluralidade de empregadores, nas poucas aplicações que tem no contexto dos grupos societários ou empresariais, pode, de facto, contribuir para enquadrar adequadamente a mobilidade dos trabalhadores entre as empresas ou a sua ocupação simultânea pelas várias empresas do grupo, tornando desnecessário o recurso a outros instrumentos de mobilidade inter-empresarial neste contexto, como, por exemplo, a cedência ocasional de trabalhadores.

O segundo aspecto do regime da pluralidade de empregadores, que mereceu a atenção do legislador do Código, foi o da responsabilidade dos empregadores pelos créditos laborais. A este propósito, o art. 92.º n.º 3 estabelece um regime de responsabilidade solidária entre «os empregadores beneficiários da prestação de trabalho pelo cumprimento das obrigações que decorrem do contrato de trabalho (...) cujo credor seja o trabalhador ou terceiros».

Esta norma carece também de uma interpretação cuidada, porque a lei não esclarece algumas questões relativas à aplicação prática deste regime, bem como à sua articulação com o regime geral da responsabilidade solidária no contextos dos grupos empresariais, que consta do art. 378.º do CT.

Uma das dúvidas suscitadas por este preceito decorre da referência aos empregadores «beneficiários» da prestação de trabalho, o que coloca a questão de saber se este regime de responsabilidade se estende a todos os empregadores plurais ou apenas àqueles para os quais o trabalhador efectivamente prestou a sua actividade laboral. A nosso ver, apesar de a redacção da norma parecer apontar no sentido contrário, o regime de res-

---

[761] Estão aqui em causa não só as garantias em matéria de créditos laborais, que justificaram o regime de responsabilidade solidária do art. 92.º n.º 3 do CT, mas também as garantias gerais de invariabilidade da prestação, de inamovibilidade, de categoria e de tempo de trabalho, cujo respeito implícito decorre, aliás, da exigência de estipulação da função, do local e do tempo de trabalho, no próprio acordo contratual, que é feita pelo art. 92.º n.º 1 a). Naturalmente que, na mobilidade do trabalhador com pluralidade de empregadores entre as várias empresas, estas garantias são aplicáveis.

ponsabilidade constante desta norma é aplicável a todos os empregadores, porque todos eles são contitulares da posição de empregador no contrato de trabalho, independentemente do facto de terem sido, em concreto, os destinatários da prestação laboral. Parece ser esta a interpretação que melhor se coaduna com a *ratio* da própria figura da pluralidade de empregadores, motivo que deve ser valorizado acima de uma leitura exegética do preceito.

No que toca à aplicação prática deste regime, parece decorrer da afirmação do carácter solidário deste sistema de responsabilidade que o trabalhador pode exigir o cumprimento integral dos créditos não só ao empregador representante, mas a qualquer um dos outros empregadores, tendo o pagamento efectuado por qualquer deles efeito liberatório e dando lugar a direito de regresso, nos termos gerais.

Por outro lado, em alguns sectores é sustentada a conveniência da extensão deste regime aos contratos de trabalho com pluralidade de empregadores viciados (e para os quais a lei comina a sanção da conversão em contrato com empregador singular, nos termos do art. 92.° n.° 5 do CT), dada a injustiça da solução de tratamento diferenciado destes trabalhadores, quando estão substancialmente na mesma situação, apenas por falta de requisitos formais[762]. Quanto a nós, não é, todavia, necessário enveredar por esta solução (cuja base legal se afigura, em qualquer caso, difícil de estabelecer), tendo em conta que o regime de solidariedade relativamente aos créditos laborais vencidos antes da invalidação do contrato viciado e da sua subsequente conversão em contrato de trabalho com empregador singular será sempre aplicável ao abrigo da norma geral do art. 115.° do CT, que prevê o tratamento dos contratos de trabalho inválidos mas executados como se fossem válidos, pelo tempo correspondente à execução.

Por fim, o regime constante deste preceito coloca dúvidas de conjugação com o regime geral de responsabilidade solidária pelos créditos laborais, em contexto de grupo, consagrado no art. 378.° do CT. Contudo, uma vez que o esclarecimento destas dúvidas é mais fácil de fazer após a análise daquele regime geral, remete-se para esse momento o cotejo das duas soluções[763].

O último aspecto do regime da pluralidade de empregadores que mereceu a atenção especial da lei é o que tem a ver com as consequências

---

[762] Neste sentido, por exemplo, CATARINA CARVALHO, *Contrato de trabalho com pluralidade de empregadores... cit.*, 231 ss. (*maxime*, 234).

[763] *Infra*, § 25.°, ponto 53.II.

da violação dos requisitos do contrato (art. 92.° n.° 5 do CT) e com as consequências da cessação dos pressupostos substanciais da situação de pluralidade no contrato de trabalho (art. 92.° n.° 4).

Embora a redacção do preceito nesta matéria esteja longe de ser clara (nomeadamente explorando o legislador uma distinção, pouco conseguida, entre *pressupostos* e *requisitos* do contrato), parece resultar da conjugação das duas normas o seguinte regime: no caso de não se verificarem, *ab initio*, os requisitos substanciais que justificam o recurso ao contrato com pluralidade de empregadores (i.e., a existência de uma das situações de coligação societária previstas para o efeito no corpo do n.° 1 do art. 92.°, ou a detenção das estruturas organizativas comuns previstas no n.° 2 da mesma norma pelos empregadores – situações que a lei parece reconhecer como *pressupostos* da figura), ou qualquer um dos requisitos formais desse contrato, que a lei indica nas várias alíneas do n.° 1 do art. 92.°, o contrato tem um vício originário, que determina a sua invalidade e, na sequência desta, converte-se num contrato de trabalho comum[764] entre o trabalhador e o empregador pelo qual o trabalhador venha a optar – é o regime que decorre do art. 92.° n.° 5 do CT; já se o contrato for validamente celebrado, mas os requisitos substanciais que o justificaram vierem a desaparecer posteriormente (por exemplo, porque se desfaz o grupo societário ou porque desaparece a estrutura organizativa comum aos empregadores[765]), o contrato transforma-se em contrato de trabalho comum com o empregador representante dos demais, «salvo acordo em

---

[764] A lei não se refere expressamente à invalidade do contrato, mas tal invalidade – sob a forma de nulidade, uma vez que decorre de contrariedade à lei (art. 294.° do CC) – é um precedente lógico do direito de opção do trabalhador pelo empregador ao qual pretende ficar vinculado. Por outro lado, o exercício deste direito de opção corresponde a uma conversão legal do contrato de trabalho, uma vez que, na sequência da invalidação do contrato, ele é aproveitado para um negócio de tipo e conteúdo diferentes, nos termos gerais do art. 293.° do CC.

[765] A cessação superveniente da situação de pluralidade deve, em qualquer caso, afectar todos os empregadores, não se configurando, por exemplo, se apenas uma das empresas do grupo abandonar esse mesmo grupo ou se um dos empregadores que detenha a estrutura comum dispuser da sua parcela. Nestes casos, parece nada obstar à continuação do vínculo *qua tale* com os restantes empregadores, podendo apenas ser necessário proceder a uma nova indicação do empregador representante, no caso de ter sido este a abandonar o grupo. Este aspecto é da maior importância para as aplicações da figura da pluralidade de empregadores aos grupos empresariais, por força do dinamismo económicp destes grupos que, como é sabido, passa frequentemente pelo seu redimensionamento.

contrário» (que nos parece poder consistir na atribuição da posição de empregador a outro dos empregadores contitulares ou na renúncia à reformulação do contrato nos termos previstos[766]) – é o regime constante do art. 92.º n.º 4 do CT, que corresponde a um caso de novação do contrato (nos termos do art. 858.º do CC).

IV. Como decorre do exposto, diversas implicações da figura do contrato de trabalho com pluralidade de empregadores não foram consideradas pelo legislador laboral, colocando-se dúvidas, designadamente, em matérias como a determinação do instrumento de regulamentação colectiva do trabalho aplicável ao trabalhador quando haja mais do que um instrumento colectivo em vigor nas várias empresas do grupo, na matéria da representação colectiva destes trabalhadores, bem como em questões como a da motivação para a celebração de contratos de trabalho a termo no caso de pluralidade de empregadores (uma vez que tais motivações são de base empresarial – art. 129.º do CT), ou ainda a das motivações objectivas da cessação do contrato de trabalho com pluralidade de empregadores e dos efeitos dessa cessação (cabendo decidir se valem as motivações atinentes a um só dos empregadores ou apenas motivações atinentes ao conjunto dos empregadores, e por outro lado, se os efeitos da cessação se comunicam a todos os empregadores ou não).

Não sendo estes problemas exclusivos do contexto da pluralidade de empregadores, mas relevando também noutras situações de trabalho em contexto de grupo, a eles nos referiremos à medida que formos analisando as projecções laborais da fenomenologia dos grupos que seguem. Para já, retomamos a afirmação que fizemos no início deste ponto e que resulta agora confirmada pela análise precedente: a afirmação de que a figura da pluralidade de empregadores é um instrumento útil para a resolução do problema da determinação do empregador no contexto dos grupos, mas não constitui um recurso suficiente para este efeito, uma vez que é aplicável apenas num número reduzido de situações. Assim, cabe ir mais além na procura da solução para este problema, no quadro do nosso sistema jurídico.

É o que faremos de imediato.

---

[766] Este aspecto pode, contudo, ser gravoso, uma vez que a lei não parece opor-se a que este acordo em contrário seja previsto antecipadamente, *verbi gratia*, em sede do próprio contrato de trabalho.

§ 13.º Posição adoptada

25. As premissas da reconstrução do problema da determinação do empregador em contexto de grupo

I. Passadas em revista as várias hipóteses de resolução do problema da determinação do empregador nos contratos de trabalho no contexto dos grupos societários e empresariais, cabe tomar posição sobre esta questão no quadro do nosso sistema juslaboral.

A reconstrução que propomos para este problema assenta numa ideia central e em duas premissas metodológicas, que se retiram da análise feita até este momento. A ideia central é a de que a grande variabilidade de situações de grupo e de formas de contratação laboral em contexto de grupo inviabiliza uma resposta unitária para o problema da determinação do empregador, aconselhando antes a proceder a uma classificação dos modelos de contratação e de ocupação dos trabalhadores nas empresas integradas em grupos para efeitos da reconstrução daquele problema. As premissas metodológicas desta reconstrução são a necessidade de ela ter em conta as conclusões que decorrem da análise das teses tradicionalmente defendidas sobre esta matéria, e a conveniência de manter, na abordagem deste problema, uma perspectiva descomprometida relativamente a outras áreas jurídicas e baseada nos parâmetros axiológicos específicos do direito do trabalho.

II. Perante a diversidade das situações de grupo e os diferentes graus de entrosamento das empresas que o compõem, e, de outra parte, perante a multiplicidade de formas que pode assumir a contratação laboral e a ocupação dos trabalhadores em empresas de grupo, entende-se que não é possível encontrar uma resposta unitária para o problema da determinação do empregador em contexto de grupo, nem tal resposta seria adequada. Neste quadro, deve-se optar por outra via de resolução deste problema, começando, antes de mais, por proceder à classificação das situações de contratação do trabalhador em contexto de grupo, e, procurando, de seguida, resolver o problema da determinação do empregador com referência a cada uma das categorias de situações encontradas.

Não obstante a sua variedade, as situações de contratação e ocupação do trabalhador em empresas inseridas num grupo podem reconduzir-se às seguintes categorias essenciais: o caso em que o trabalhador é contratado por uma única empresa inserida num grupo (ou que venha a inserir-se numa estrutura grupal posteriormente) e presta a sua actividade apenas para essa empresa; o caso em que o trabalhador é contratado por uma única empresa inserida num grupo e presta a sua actividade no âmbito dessa empresa mas, posteriormente, passa a prestar essa actividade para outra empresa do grupo, a título provisório; o caso em que o trabalhador é contratado por uma única empresa inserida num grupo e presta a sua actividade no âmbito dessa empresa mas, posteriormente, passa a prestar essa actividade para outra empresa do grupo, a título definitivo; o caso em que o trabalhador é contratado por uma única empresa inserida num grupo mas nunca presta a sua actividade para essa empresa, sendo *ab initio* integrado noutra empresa do grupo; o caso em que o trabalhador é contratado por mais do que uma empresa do grupo para prestar a sua actividade simultânea ou sucessivamente a essas empresas; e, por último, o caso em que o trabalhador é contratado por uma empresa do grupo mas desenvolve a sua actividade simultaneamente para essa e para outra(s) empresa(s) do grupo.

Enunciadas as situações de contratação possíveis, resta então colocar o problema da determinação do empregador em relação a cada uma delas. É o que faremos.

III. Uma vez feita a classificação dos modelos de contratação e ocupação dos trabalhadores em contexto de grupo e recolocado o problema da determinação do empregador por referência a cada uma das situações encontradas, devem tomar-se como premissas da apreciação deste problema alguns pontos essenciais. Estes pontos decorrem da análise já feita, referem-se à matriz laboral da (re)construção do problema, que vamos propor, e avaliam o alcance prático deste problema no contexto dos grupos societários e empresariais.

Em primeiro lugar, devem ter-se em conta as conclusões a que, com a devida fundamentação, chegámos nas reflexões precedentes. Estas conclusões reconduzem-se, essencialmente, a três: a primeira é a da recusa da tese do empregador-grupo; a segunda é a da recusa da tese da irrelevância total do grupo para efeitos da determinação do empregador, mantendo-se este sempre como empregador singular; a terceira é a da insuficiência da figura da pluralidade de empregadores para dar resposta a este problema em termos gerais, por via do reconhecimento do empregador plural. Na reconstrução do problema que vamos fazer, estas premissas devem, pois, considerar-se adquiridas.

Em segundo lugar, entende-se que o problema da determinação do empregador em contexto de grupo deve ser equacionado tendo em conta os parâmetros axiológicos próprios do direito do trabalho. No caso vertente, porque, subjacente à determinação do empregador em casos de dúvida, está a delimitação do próprio contrato de trabalho, é particularmente importante não perder de vista o critério da subordinação jurídica como critério decisivo de qualificação do contrato, avaliando até que ponto este critério é ainda operante nos contratos de trabalho em contexto de grupo.

Por fim, tendo ainda presentes os valores do direito laboral, caberá indagar da real utilidade e centralidade do problema da determinação do empregador para resolver os problemas laborais colocados pelo fenómeno dos grupos, com referência a cada uma das categorias de situações de contratação e ocupação do trabalhador em contexto de grupo. De facto, embora a questão da determinação do empregador constitua a preocupação central dos autores que apreciam as projecções laborais do fenómeno dos grupos (à excepção da dogmática germânica, como vimos oportunamente), cremos que esta questão não tem a mesma importância em todos os casos e que perde uma parte do seu relevo se houver mecanismos que assegurem a adequada tutela dos interesses em jogo (nomeadamente, a tutela dos interesses do trabalhador) por uma outra via. Este ponto deve também ser tido em consideração na apreciação do problema no quadro do direito nacional.

26. Modelos de contratação laboral em contexto de grupo e determinação do empregador

26.1. Contratação do trabalhador por uma empresa do grupo e prestação da actividade laboral no seio dessa empresa: a irrelevância do contexto grupal para a determinação do empregador

I. Entre os vários modelos de contratação e ocupação dos trabalhadores em contexto do grupo, a situação mais fácil de resolver é aquela em que o trabalhador é contratado por uma das empresas do grupo e aí presta a sua actividade.

Nesta situação, que continua a ser a mais comum, quer no âmbito dos grupos já constituídos, quer em empresas unitárias que passam, posteriormente, a integrar um grupo societário ou empresarial, não se colocam dúvidas quanto à atribuição da qualidade de empregador: tal qualidade cabe, nos termos gerais, ao ente jurídico que seja a contraparte no contrato de trabalho, uma vez que é essa entidade que, nos termos desse mesmo contrato e da lei (art. 1152.º do CC e art. 10.º do CT), é o beneficiário da actividade laboral e o titular dos poderes laborais de direcção e disciplina – i.e., por aplicação do critério decisivo de qualificação do contrato de trabalho, o titular da posição de domínio no contrato, a que corresponde a posição de subordinação jurídica do trabalhador.

Assim sendo, com referência a esta categoria de situações, pode concluir-se que o contrato de trabalho mantém uma estrutura unitária e que o empregador continua a ser um ente singular (não no sentido de não poder corresponder juridicamente a uma pessoa colectiva, mas no sentido de não corresponder a um ente plural). Mais: entende-se que a qualidade de empregador continua a pertencer à entidade jurídica que, como tal, figura no contrato de trabalho, mesmo que a inserção grupal desta entidade seja particularmente intensa, envolvendo relações muito estreitas com outras empresas do grupo, porque, mesmo nestes casos, não se vislumbram motivos para justificar uma deslocação da posição do empregador para uma entidade à qual o trabalhador não se encontra subordinado.

II. Contra a posição que sustentamos pode ser invocado um argumento de excessivo simplismo ou mesmo de radicalismo, uma vez que esta posição parece ir ao encontro da tese tradicional da irrelevância do contexto de grupo para efeitos laborais, que acima recusámos.

Este argumento não procede. É que da manutenção da qualidade de empregador na entidade que formalmente contratou o trabalhador e que mantém os poderes laborais ao longo da execução do contrato, que subscrevemos para esta categoria de situações, não decorre, para nós, a conclusão da irrelevância do contexto de grupo para outros efeitos laborais (como é defendido pela doutrina que sustenta a tese do empregador singular, nos termos já apreciados), mas tão somente a recusa da valorização desses efeitos por força de uma deslocação da posição de empregador – que, nesta categoria de situações, em que o elemento da subordinação jurídica não se altera, seria, ela sim, artificial.

No nosso entender, a componente organizacional do contrato de trabalho, que oportunamente recordámos neste ensaio[767], obriga, por si só, a reconhecer a relevância do contexto de grupo em que se insere o empregador no contrato de trabalho, sem necessidade de alteração desse empregador, uma vez que esta inserção grupal é, sem margem para dúvidas, um dos elementos estruturais da organização do próprio empregador – ora, na medida em que admitimos que a organização empresarial do empregador tem efeitos jurídicos no vínculo laboral, a estrutura grupal dessa organização não pode deixar de se reflectir igualmente no contrato. Assim, por exemplo, basta a inserção grupal do empregador para fazer surgir questões como a da extensão do dever de lealdade dos trabalhadores da sua empresa para com os interesses globais do grupo, assim como podem estes trabalhadores ser afectados por vicissitudes da sua empresa que têm origem em instruções desvantajosas da sociedade dominante, mesmo que nunca tenham tido contacto com essa sociedade. Em suma, não é apenas pelo facto de o trabalhador ser contratado por uma empresa do grupo e aí se manter ao longo da execução do contrato que a realidade do grupo é neutra e que o contrato fica incólume perante esta realidade.

O que defendemos é que, apesar de a inserção grupal do empregador afectar o vínculo laboral dos trabalhadores de cada empresa, tanto na sua execução normal como em situações patológicas, na categoria de situações agora analisada os parâmetros do contrato de trabalho não se alteram, porque o trabalhador mantém a sua subordinação perante o empregador formal, assim como este mantém intacta a sua posição de domínio no contrato.

---

[767] *Supra,* § 11.º, ponto 21.IV.

Assim, sob pena de artificialismo, deve continuar a qualificar-se como empregador o ente jurídico, singular ou colectivo, que celebrou o contrato de trabalho e que detém os poderes laborais de direcção e disciplina.

III. Justificado o nosso entendimento, cabe responder à questão que ele deixa em aberto: se, nesta categoria de situações, não há uma deslocação da posição de empregador mas se admite, ainda assim, a relevância de princípio de algumas projecções laborais da inserção grupal do empregador, como enquadrar essas projecções?

Este ponto será retomado a propósito da apreciação de cada uma destas projecções, pelo que se remete a resposta completa à questão formulada para esse momento. No entanto, adianta-se, desde já, que tal resposta não deverá ser unitária: algumas projecções laborais do contexto de grupo, nesta categoria de situações, relevam directamente a partir da componente organizacional do contrato sem necessidade de justificação adicional (é o caso da extensão do dever de lealdade), outras relevam a partir de regimes legais previstos para determinadas situações e que não dependem da qualidade de empregador (é o caso do regime da responsabilidade solidária pelos créditos laborais), outras ainda relevam através da intermediação das estruturas representativas dos trabalhadores (é o que sucede com algumas vicissitudes empresariais associadas ao grupo) e, por fim, algumas projecções laborais do fenómeno dos grupos não são, pura e simplesmente, relevantes para esta categoria de trabalhadores.

Em suma, sem prejuízo de aprofundarmos estes pontos oportunamente, a ideia que, por ora, deve ficar clara é que, nesta categoria de situações, o contexto grupal do empregador pode ter projecções laborais relevantes, mas o enquadramento de tais projecções não exige nem decorre de qualquer mudança na posição do empregador.

26.2. Contratação do trabalhador por uma empresa do grupo e prestação da actividade laboral para outra empresa do grupo a título provisório: a necessidade de reconstrução dogmática do critério qualificativo da subordinação jurídica para a determinação do empregador

I. A segunda categoria de situações de contratação e ocupação do trabalhador em contexto de grupo, que pode causar dificuldades na determinação do empregador, tem a ver com o caso em que o trabalhador, inicialmente contratado por uma empresa do grupo (ou que venha posteriormente a integrar um grupo) e desempenhando a sua actividade para essa empresa, é posteriormente integrado noutra empresa do grupo, para aí desenvolver a sua actividade laboral, a título transitório e sob a direcção da segunda empresa, regressando depois à empresa de origem.

Constituindo uma forma eficaz de optimização dos recursos humanos no seio do grupo, este tipo de situações é de recurso frequente. Ela não apresenta, contudo, um carácter homogéneo, porque a circulação dos trabalhadores entre as várias empresas do grupo pode, na prática, ser feita de várias formas: nuns casos, esta circulação é titulada por um instrumento negocial de cedência do trabalhador (que pode decorrer de uma cláusula de cedência integrada, logo à partida, no contrato de trabalho, ou de um acordo de cedência celebrado na vigência do contrato – art. 325.º do CT); noutros casos, o trabalhador é deslocado temporariamente para outra empresa do grupo sem precedência de qualquer título negocial.

A propósito do estudo das questões relativas à mobilidade dos trabalhadores no âmbito dos grupos empresariais[768] teremos ocasião de aprofundar os problemas colocados por estas formas de circulação interempresarial dos trabalhadores. Por ora, interessa-nos apenas avaliar a situação destes trabalhadores para efeitos da questão da determinação da posição de empregador nos respectivos contratos de trabalho.

II. Nesta categoria de situações, a determinação do empregador tem colocado muitas dúvidas à doutrina porque, ao integrar-se na empresa do grupo para a qual passa, temporariamente, a desenvolver a actividade laboral, o trabalhador coloca-se sob a direcção dessa empresa – direcção esta que constitui, aliás, condição *sine qua non* de prestação da própria actividade no quadro de subordinação que caracteriza o vínculo laboral e, no caso concreto, condição de eficácia do mecanismo de circulação do trabalhador, uma vez que interessa à empresa que recebe o trabalhador poder orientá-lo na execução da prestação. Ora, deslocando-se o poder de direcção para outra entidade, o problema que se coloca é o de saber se tal deslocação não implica também a mudança da posição de empregador para esta entidade, ou, em alternativa, o surgimento de uma situação de

---

[768] *Infra*, §§ 17.º a 19.º.

contitularidade da posição de empregador pelas duas empresas envolvidas na operação de circulação do trabalhador.

Na construção tradicional do elemento da subordinação jurídica, enquanto critério qualificativo por excelência do contrato de trabalho, que já recordámos neste ensaio[769], a dúvida tem razão de ser: tendo em conta que, nessa construção, a subordinação do trabalhador é concebida essencialmente como uma sujeição ao poder directivo, neste caso a detenção de tal poder por uma entidade diferente daquela que celebrou o contrato de trabalho aponta, efectivamente, no sentido da qualificação desta entidade como empregador.

Já na reconstrução dogmática do elemento da subordinação jurídica, que preconizamos, esta dúvida não tem razão de ser. Com efeito, como tivemos ocasião de demonstrar noutra sede, há diversas situações de enfraquecimento e de inoperância do poder directivo no contrato de trabalho, bem como casos de desdobramento dos poderes laborais em que o poder directivo sai da esfera jurídica do empregador laboral[770]; e, em paralelo, são reconhecíveis poderes directivos noutros contratos envolvendo a prestação de uma actividade humana para satisfação de necessidades de outrem que retiram singularidade a este poder (é o que sucede, *verbi gratia*, no contrato de prestação de serviço, com o poder instrutório do credor,

---

[769] *Supra,* § 12.°, ponto 23.III.

[770] Demos, noutra sede, inúmeros exemplos destas situações, que, por isso apenas relembramos aqui brevemente. O enfraquecimento do poder directivo é ilustrado com os casos em que o trabalhador tem um elevado grau de autonomia na execução da prestação, ou por força da sua elevada qualificação técnica ou, simplesmente, porque o empregador nele confia ou ainda porque está ausente e não dirige efectivamente o trabalhador. Já a inoperância do poder directivo ocorre em todas as situações em que não é devida a prestação, na pendência do contrato, uma vez que o poder directivo é um poder de concretização dessa prestação (por exemplo, durante o período de descanso diário ou semanal ou durante as férias do trabalhador, ou ainda nas situações em que o contrato de trabalho esteja suspenso). Por último, a dispensabilidade do poder de direcção no contrato de trabalho é demonstrada pelas diversas situações em que ele é, por determinação legal, atribuído a uma entidade diferente do empregador, como é o caso do trabalho temporário (nos termos do art. 2.° a) e c) da LTT, aprovada pela L. n.° 19/2007, de 22 de Maio, o empregador é a empresa de trabalho temporário, mas o titular do poder de direcção é a entidade utilizadora) e o caso da cedência ocasional de trabalhadores (neste caso, por expressa determinação do art. 322.° do CT). Para mais desenvolvimentos sobre este ponto, que ultrapassa o âmbito das nossas reflexões, *vd* ROSÁRIO PALMA RAMALHO, *Do Fundamento do Poder Disciplinar... cit.,* 265 ss.

que, enquanto poder de adequação do comportamento do devedor às necessidades do credor no cumprimento da prestação, se reconduz, substancialmente, a um poder directivo – art. 1161.º a) do CC, relativo ao mandato, mas extensível às outras modalidades de prestação de serviço por força da norma remissiva geral do art. 1156.º do CC)[771]. Ora, estes factores evidenciam a fraca aptidão da componente directiva da posição de domínio do empregador no contrato de trabalho para proceder à delimitação do contrato e, correlativamente, à determinação do empregador.

Como também demonstrámos na nossa reconstrução dogmática deste problema, nas situações de dúvida sobre a delimitação do contrato de trabalho, a componente do elemento de subordinação verdadeiramente decisiva para aquela delimitação é a sujeição do trabalhador ao poder disciplinar do empregador, concebendo-se este como a faculdade que assiste ao empregador de emitir directrizes de disciplina na empresa, que não se reportam ao cumprimento da prestação, e de aplicar sanções disciplinares em caso de incumprimento do trabalhador (são os dois aspectos essenciais do conteúdo do poder disciplinar que denominámos, respectivamente, de conteúdo prescritivo e conteúdo punitivo[772]). Com efeito, uma apreciação cuidada do poder disciplinar no contrato de trabalho demonstra que, contrariamente ao que sucede com o poder directivo, este poder se mantém inalterado na esfera jurídica do empregador ao longo da execução do contrato de trabalho, é um poder independente das vicissitudes contratuais e até da exigibilidade da prestação principal, e, ao mesmo tempo, é uma prerrogativa sem paralelo noutros negócios obrigacionais envolvendo a prestação de um serviço – ou seja, é um poder absolutamente singular no panorama negocial privado. Neste quadro, em situações de dúvida ou de menor valia qualificativa do critério da sujeição ao poder directivo, a sujeição do trabalhador ao poder disciplinar do empregador (tanto na faceta prescritiva como na faceta punitiva) pode ser o factor decisivo para revelar a subordinação do trabalhador e, através dela, para proceder, com segurança, à qualificação do contrato[773].

---

[771] Para mais desenvolvimentos sobre este ponto, ainda o nosso *Do Fundamento do Poder Disciplinar... cit.*, 279 ss.

[772] ROSÁRIO PALMA RAMALHO, *Do Fundamento do Poder Disciplinar... cit.*, 262 ss., e *Direito do Trabalho cit.*, I, 421 ss.

[773] Especificamente sobre a particular aptidão qualificativa do poder disciplinar no contrato de trabalho, no sentido que preconizamos, *vd* ainda os nossos *Do Fundamento do Poder Disciplinar... cit.*, 279 ss., e *Direito do Trabalho cit.*, II, 44 ss.

III. A reconstrução dogmática do elemento da subordinação jurídica para efeitos da delimitação do contrato de trabalho, nos moldes preconizados, é também útil para resolver o problema da determinação do empregador nos contratos de trabalho em contexto de grupo que correspondam à categoria de situações acima assinalada – ou seja, aquelas situações em que o trabalhador desempenha transitoriamente a sua actividade para uma empresa do grupo, que não é aquela que o contratou, sujeitando-se à respectiva direcção.

A nosso ver, nesta categoria de situações continua a manter-se como empregador a entidade que celebrou, nessa qualidade, o contrato de trabalho e à qual o trabalhador regressa no final da cedência, uma vez que é essa entidade que mantém, durante todo o tempo de execução do contrato (incluindo o tempo de cedência do trabalhador), a titularidade do poder disciplinar laboral e este poder é a expressão máxima e a única verdadeiramente singular da subordinação jurídica. Acresce que a manutenção do poder disciplinar na esfera da entidade que outorgou o contrato, não obstante a deslocação temporária do trabalhador, não só não se compadece com a alteração do empregador, como evidencia a estabilidade do vínculo contratual para além daquela vicissitude, o que pode ter efeitos benéficos do ponto de vista da prossecução dos interesses laborais que relevem no caso e, designadamente, do ponto de vista da tutela do trabalhador[774].

Assim, conclui-se que, dogmaticamente reconstruído através da valorização da componente disciplinar, o critério da subordinação jurídica é ainda o critério decisivo para operar a determinação do empregador nesta categoria de contratos de trabalho em contexto de grupo. E, por aplicação deste critério, não se justifica qualquer mudança do empregador nesta categoria de situações.

IV. Justificado o nosso entendimento sobre este problema, resta sublinhar que, tal como no caso precedente, a posição sustentada não tem implícita qualquer desvalorização da dimensão de grupo, nesta categoria

---

[774] Sem prejuízo de aprofundarmos estes efeitos mais à frente, torna-se, desde já, óbvio que esta construção protege mais eficazmente o trabalhador em matérias como a contagem da antiguidade, as causas de cessação do contrato ou, globalmente, na manutenção do seu estatuto laboral na empresa de origem.

de situações, mas apenas recusa a ideia, disseminada em vários sectores, de que as projecções dos fenómenos de grupo no contrato de trabalho só podem ser valorizadas se houver uma alteração na titularidade da posição de empregador. Já tendo, acima, referido as razões pelas quais refutamos esta ideia, limitamo-nos agora a reforçá-la.

Na apreciação de cada umas das projecções laborais desta fenomenologia, que faremos nos parágrafos subsequentes deste ensaio, caberá pois determinar aquelas projecções que são relevantes nesta categoria de situações, com independência em relação à posição de empregador.

26.3. Contratação do trabalhador por uma empresa do grupo e mudança para outra empresa do grupo

26.3.1. Enunciado das situações

I. A terceira categoria de situações em que a determinação do empregador em contexto de grupo pode suscitar dificuldades é aquela em que o trabalhador é contratado por uma das empresas do grupo, onde desenvolve a sua actividade durante um certo tempo, mas transita posteriormente para outra empresa do grupo a título definitivo.

Nesta categoria, encontramos, contudo, um conjunto de situações muito diversas. Nuns casos, a integração do trabalhador na segunda empresa decorre de um factor que atingiu globalmente a empresa originária e se repercute sobre os contratos de trabalho nela vigentes (por exemplo, a transmissão da empresa, do estabelecimento ou de uma unidade económica da empresa – arts. 318.° ss. do CT); noutros casos, trata-se de uma vicissitude que atinge o contrato de um único trabalhador e que pode ser titulada por um instrumento contratual que enquadre a alteração subjectiva do vínculo laboral (por exemplo, um acordo de cessão da posição contratual do empregador, nos termos do art. 424.° do CC), mas pode também passar pela cessação do contrato que o trabalhador tinha com a primeira empresa seguida da celebração de um novo contrato de trabalho com a segunda empresa; por fim, há casos em que o trabalhador passa simplesmente a desenvolver a sua actividade para a segunda empresa, em moldes definitivos mas independentemente de qualquer título negocial ou formalidade.

II. O problema da determinação do empregador não tem o mesmo relevo nem se coloca da mesma forma para todas estas situações, pelo que deve ser considerado separadamente para cada uma delas.

26.3.2. Determinação do empregador no caso de transmissão da empresa, do estabelecimento ou da unidade de negócio em contexto de grupo

I. A situação mais simples, do ponto de vista da determinação do empregador, é a da transmissão da empresa ou de um estabelecimento ou unidade de negócio dessa empresa, que tem associada a transmissão dos contratos dos trabalhadores ao serviço da unidade transmitida, para o respectivo adquirente, nos termos do art. 318.° do CT. Como é sabido, este tipo de situações não se liga necessariamente ao universo dos grupos empresariais, mas porque tem nesse universo um âmbito relevante de aplicação, justifica-se que o consideremos nesta sede.

Nestes casos, não se coloca verdadeiramente qualquer problema de determinação do empregador: até ao momento em que ocorre a transmissão da empresa, do estabelecimento ou da unidade de negócio é empregador a entidade que contratou o trabalhador, para a qual ele desenvolve a sua actividade e à qual está subordinado; com a transmissão da empresa, o adquirente da mesma sucede ao transmitente na posição de empregador, por determinação expressa do art. 318.° n.° 1 do CT, e o trabalhador passa a estar-lhe subordinado[775]. Nestas situações, a aplicação do critério da

---

[775] A doutrina tem hesitado na qualificação jurídica desta operação de transmissão da posição jurídica de empregador, mas a maioria dos autores reconduzem a figura a um caso de subrogação legal na posição do empregador – neste sentido, classicamente e ainda com reporte ao art. 37.° da LCT, C. A. MOTA PINTO, *Cessão da Posição Contratual*, Coimbra, 1982, 84 e 90 ss., bem como COUTINHO DE ABREU, *A empresa e o empregador... cit.*, 298, MENEZES CORDEIRO, *Manual de Direito do Trabalho cit.*, 774 s., e já no âmbito do Código do Trabalho, CATARINA CARVALHO, *Algumas questões sobre a empresa... cit.*, 460; no mesmo sentido, o Ac. STJ de 22/09/2004, CJ (STJ), 2004, III, 254, reconduziu também a figura a um caso de subrogação legal. É o entendimento que também sustentamos (cfr. o nosso *Direito do Trabalho cit.*, II, 684), uma vez que a lei dispensa a anuência do trabalhador para operar o efeito transmissivo. Problema diferente é o de saber se, ainda assim, o trabalhador tem o direito de se opor à transmissão do seu contrato, no caso de não querer mudar de empregador, e quais as consequências de tal oposição – sobre este ponto, que não podemos aqui aprofundar, podem ver-se JÚLIO GOMES, *O conflito... cit.*, 77 ss. e

subordinação jurídica para a determinação do empregador não oferece, pois, dificuldades.

Por outro lado, a lei salvaguarda os direitos do trabalhador emergentes do contrato de trabalho no regime que estabelece para esta matéria: assim, estando em causa apenas uma modificação subjectiva do contrato por alteração de uma das partes, o contrato mantém-se no restante conteúdo, o que assegura a intangibilidade do estatuto do trabalhador no seio da nova empresa; e, adicionalmente, é estabelecido um regime de responsabilidade solidária do transmitente e do transmissário pelas obrigações vencidas até à data da transmissão e pelo período de um ano subsequente a essa transmissão (art. 318.° n.° 2 do CT).

II. Perante este regime de tutela, pode concluir-se que a determinação do empregador nesta categoria de situações, por qualquer outra forma que não a que decorre da aplicação do critério da subordinação jurídica, nos termos gerais, não teria grande utilidade para resolver eventuais problemas que decorram da operação de transmissão da empresa, do estabelecimento ou da unidade de negócio, porque estes problemas já são acautelados por outra via.

Como veremos mais à frente neste estudo, a transmissão da empresa, do estabelecimento ou da unidade de negócio pode colocar outros problemas laborais, quando ocorra em contexto de grupo, por força do próprio conceito de transmissão neste contexto, para efeitos da aplicação do correspondente regime legal – nomeadamente, cabe verificar se o conceito de transmissão abrange fenómenos frequentes em contexto de grupo, como as fusões, cisões, e aquisições de participações financeiras, ao que inere a extensão dos direitos de intervenção das estruturas representativas dos trabalhadores na operação transmissiva. Estes problemas são, contudo, independentes da questão da determinação do empregador, que agora apreciamos, e serão tratados oportunamente[776].

A jurisprudência recente... cit., 481 ss., LIBERAL FERNANDES, *Transmissão do estabelecimento e oposição... cit.* 213 ss., e CATARINA CARVALHO, *Admissibilidade de um acordo... cit.*, 99 ss.

[776] *Infra*, § 22.°, ponto 45, § 23.°, ponto 48.3.1., e § 30.°, ponto 56.2.

26.3.3. Determinação do empregador em caso de cessão da posição contratual entre empresas do mesmo grupo

I. Outras situações de transição do trabalhador de uma para outra empresa do mesmo grupo são aquelas que afectam um único trabalhador, cabendo distinguir aqui três possibilidades: a mudança do trabalhador de uma para outra empresa, mediante um acordo de cessão da posição contratual entre o empregador originário e o empregador superveniente e com a anuência do trabalhador; a mudança do trabalhador de uma para outra empresa operada mediante a cessação do contrato de trabalho com o primeiro empregador (seja por acordo das partes, seja por denúncia do trabalhador) e a celebração de um novo contrato de trabalho com o segundo empregador; e, por fim, as situações de transição material do trabalhador de uma para outra empresa do grupo sem qualquer formalismo.

Apreciemos, sucessivamente, cada uma destas situações

II. A questão da possibilidade de aplicação da figura da cessão da posição contratual (art. 424.º do CC) ao domínio do contrato de trabalho, para enquadrar as situações de mudança do empregador, tem sido discutida no nosso ordenamento – a ela voltaremos com mais detalhe a propósito das situações de mobilidade do trabalhador no seio dos grupos[777]. Por ora, interessa-nos apenas avaliar o relevo desta forma de circulação do trabalhador entre as empresas do grupo do ponto de vista da determinação do empregador.

No nosso entender, caso a figura da cessão da posição contratual seja admitida no domínio do contrato de trabalho, também não se suscitam dúvidas sobre a atribuição da qualidade de empregador, porque o trabalhador desempenha a sua actividade sucessivamente para a entidade cedente e para a entidade cessionária e assume uma posição subordinada, também sucessivamente, perante estas duas entidades – por outras palavras, o critério qualificativo da subordinação jurídica aplica-se também sem dificuldades nesta situação, tendo o trabalhador, sucessivamente, dois empregadores.

Acresce que, correspondendo a cessão da posição contratual a uma modificação meramente subjectiva do vínculo negocial, que não afecta o

---

[777] *Infra*, § 20.º, ponto 43.

conteúdo do negócio[778], a posição do trabalhador não é, em princípio, afectada pela alteração do empregador que dela resulta, uma vez que o complexo de direitos e deveres emergentes do contrato de trabalho se mantém na esfera do segundo empregador. Sendo esta, apesar de tudo, apenas uma constatação de princípio – que só uma análise mais profunda da figura da cessão enquanto instrumento de mobilidade inter-empresarial dos trabalhadores poderá vir a confirmar – ela permite concluir que uma reconstrução da figura do empregador em moldes diferentes daqueles para que aponta o critério da subordinação jurídica, nestas situações, não reveste utilidade para resolver os problemas laborais que possam decorrer desta forma de mobilidade.

26.3.4. Mudança do trabalhador de uma para outra empresa do grupo através da cessação do contrato de trabalho e da readmissão do trabalhador na segunda empresa: o recurso à técnica da desconsideração da personalidade jurídica para a determinação do empregador

I. Um segundo caso a considerar, nesta categoria de situações, é o caso de mudança do trabalhador de uma para outra empresa pertencente ao mesmo grupo que passa pela cessação do contrato de trabalho com o primeiro empregador (seja por acordo das partes, seja por denúncia do trabalhador) e pela celebração de um novo contrato de trabalho com o segundo empregador. Neste caso, cremos que o problema da determinação do empregador se tem que colocar em moldes diferentes.

Nesta situação, podemos estar ainda perante uma sucessão de contratos de trabalho, celebrados pelo mesmo trabalhador com empregadores diferentes, aos quais o trabalhador fica vinculado e juridicamente subordinado em momentos diversos e sem que haja qualquer nexo entre os vínculos contratuais. Contudo, tendo em conta o contexto de grupo das empresas que, sucessivamente, ocupam a posição de empregador, não é, à

---

[778] Neste sentido, por todos, A. MENEZES CORDEIRO, *Direito das Obrigações*, II, Lisboa, 1988, 128, I. M. J. ALMEIDA COSTA, *Direito das Obrigações*, 11ª ed., Coimbra, 2008, 838, GALVÃO TELLES, *Manual dos Contratos em Geral*, 4ª ed., Coimbra, 2002, 455, ou L. MENEZES LEITÃO, *Direito das Obrigações*, 5ª ed., II, Coimbra, 2007, 84.

partida, de excluir a possibilidade de recurso à cessação do contrato e à posterior celebração de um novo contrato de trabalho para prosseguir objectivos ilícitos – estes objectivos podem ser, entre outros, o de prejudicar o trabalhador nos direitos decorrentes da sua antiguidade na primeira empresa, o de contornar as restrições legais impostas aos regimes da cedência ocasional e da mobilidade funcional, o de evitar a conversão de um contrato a termo em contrato por tempo indeterminado no seio da primeira empresa, em razão do decurso do prazo máximo de duração ou da verificação do número máximo de renovações de tal contrato, mas mantendo-se o trabalhador como trabalhador a termo no âmbito da segunda empresa, ou ainda o objectivo de contornar as restrições legais ao despedimento do trabalhador por iniciativa do empregador, quando não estejam reunidas as condições legais para tal na empresa de origem.

Em suma, a proximidade das empresas do grupo, conjugada com a tradicional vulnerabilidade do trabalhador, em matéria de celebração do contrato de trabalho e também no tocante à cessação do mesmo, podem facilitar o recurso a este tipo de expediente no contexto de grupo.

II. Apresentado o problema, cumpre apresentar uma proposta de solução.

A nosso ver, não basta que ocorra a cessação do contrato de trabalho, seguida da contratação do mesmo trabalhador por outra empresa do grupo, para concluirmos pela ilicitude deste procedimento. No entanto, a partir do momento em que, sob essas operações, esteja o intuito de defraudar os direitos do trabalhador emergentes do primeiro contrato, deve lançar-se mão do instituto do levantamento da personalidade jurídica para passar por cima da identidade e autonomia jurídicas do empregador formal (neste caso, a segunda empresa) e considerar como empregadores deste trabalhador, em situação de contitularidade, os titulares das duas empresas envolvidas na sucessão de contratos de trabalho[779]. No caso, e socorrendo-nos directamente das categorias de casos apresentadas entre nós por MENEZES

---

[779] A alternativa seria qualificar como empregador o grupo de empresas, considerado em si mesmo, como é preconizado para este tipo de situações, por um sector da jurisprudência espanhola, em aplicação da já referida teoria realista. Esta solução parece-nos, contudo, de afastar, pelas objecções que já colocámos à teoria do grupo-empregador e que se nos afiguram intransponíveis.

CORDEIRO[780], estaremos perante um caso típico de utilização da personalidade colectiva em abuso e com atentado a direitos de terceiros, que justifica o recurso ao instituto do levantamento.

Deste modo, evita-se que, através do expediente da sucessão de contratos, se venha a consumar o afastamento de normas de tutela do trabalhador, em matérias como a antiguidade e os direitos dela decorrentes, os limites temporais do contrato de trabalho a termo ou outros direitos emergentes do contrato de trabalho. Por outras palavras, este é um caso típico de aplicação do instituto do levantamento da personalidade colectiva, como modo de evitar que a autonomia e independência jurídicas dos «sucessivos» empregadores resultem no prejuízo de direitos de terceiros e, mais genericamente, se traduzam numa utilização abusiva do próprio instituto da personalidade.

À solução que propomos para este problema podem ser dirigidas três críticas fundamentais: por um lado, esta solução parece afastar-se do critério da subordinação jurídica para a determinação do empregador, cuja aplicação ao contexto dos contratos de trabalho em grupos de empresas temos defendido até aqui; em segundo lugar, é uma solução de difícil operacionalidade, porque passa pela sempre arriscada prova do intuito fraudulento dos empregadores no recurso à contratação laboral, sendo particularmente difícil estabelecer a fronteira entre as situações de sucessão lícita de contratos entre empresas de grupo e as situações abusivas; por último, esta solução redunda no reconhecimento de um caso de empregadores plurais à margem do regime legal da pluralidade de empregadores e que não integra os respectivos requisitos legais, o que suscita dúvidas de admissibilidade.

Estas críticas são, em parte, de refutar e têm, em parte, razão de ser, mas não aconselham, em caso algum, o abandono da solução proposta, como se verá de imediato.

---

[780] MENEZES CORDEIRO, *Do levantamento da personalidade colectiva cit.*, 156, mas também *O Levantamento da Personalidade Colectiva no Direito Civil e Comercial cit.*, 122 ss., *Manual de Direito das Sociedades cit.*, I, 384, ou *Tratado de Direito Civil Português*, I (*Parte Geral*), Tomo III (*Pessoas*), 2ª ed., Coimbra, 2007, 687 ss.. Neste tipo de situações fica em evidência o facto de a personalidade colectiva não ser de considerar como um instituto absoluto, mas como um produto do sistema jurídico, que, como tal, se tem que limitar pelos valores fundamentais desse mesmo sistema (ainda MENEZES CORDEIRO, *O Levantamento da Personalidade Colectiva no Direito Civil e Comercial cit.*, 154).

III. No que se refere à preterição do critério da subordinação jurídica em favor da solução do levantamento da personalidade colectiva, para efeitos da determinação do empregador, tal preterição decorreria do facto de se atribuir a qualidade de empregador às duas entidades envolvidas na sucessão de contratos, quando o trabalhador já se encontra a prestar a sua actividade à segunda entidade, estando, assim, aparentemente, subordinado apenas a essa entidade. No entanto, esta conclusão inicial não resiste a uma análise menos formal da situação do trabalhador, que pondere globalmente o elemento da subordinação jurídica e, ao mesmo tempo, a componente organizacional do seu contrato de trabalho, no caso concreto.

De facto, se tivermos em conta o estatuto subordinado do trabalhador na sua integralidade e não apenas focalizado no aspecto, mais valorizado tradicionalmente, da actividade prestada e do poder de direcção, e se conjugarmos este elemento essencial da subordinação com a componente organizacional do contrato de trabalho, tendo aqui a consciência de que a inserção da empresa num grupo é um aspecto particularmente relevante da organização do empregador[781], concluímos que, nesta sucessão de contratos de trabalho, o trabalhador se manteve sempre no seio da mesma organização (a organização do grupo), e, nessa medida, integrado no universo em que se exercitam os poderes laborais em contexto de grupo, ou seja, em situação de subordinação.

Ora, se assim é e se, concomitantemente, concorrerem factores que evidenciam um conluio entre as duas empresas do grupo, subjacente à cessação do contrato por uma delas e à posterior (re)admissão do trabalhador pela outra, com o objectivo de prejudicar o trabalhador nos direitos emergentes do contrato de trabalho ou de iludir normas de tutela laboral, parece que a solução da continuidade do vínculo laboral, concebido como um vínculo de formação plural sucessiva, é a solução que traduz, afinal, a real situação de subordinação do trabalhador ao longo da execução do contrato de trabalho, no contexto de grupo envolvente – numa palavra, trata-se de uma situação de pluralidade de empregadores, na modalidade de pluralidade sucessiva[782].

---

[781] Já tendo demonstrado esta afirmação, *supra*, § 11.º, ponto 21.IV., dispensa-se agora um maior aprofundamento.

[782] A recondução desta situação a um caso de pluralidade de empregadores sucessiva decorre do facto de a segunda empresa apenas assumir a posição de empregador posteriormente.

Perante o exposto, refuta-se a crítica de que esta construção prescinde do elemento da subordinação jurídica, enquanto critério qualificativo decisivo do contrato de trabalho. Bem pelo contrário, o reconhecimento como empregador real das duas empresas envolvidas nestes procedimentos de cessação do contrato e de (re)admissão do trabalhador, com recurso à técnica do levantamento da personalidade jurídica do empregador formal e a partir da valorização do elemento organizacional do contrato de trabalho, na dimensão que, de facto, tem no caso concreto (ou seja, a dimensão de grupo), corresponde a uma aplicação do critério qualificativo da subordinação jurídica em moldes substanciais, ou seja, uma aplicação segundo as regras da boa fé, na vertente da materialidade subjacente.

IV. A segunda crítica a que se sujeita o entendimento proposto é que se trata de uma solução de difícil operacionalidade, porque depende da sempre arriscada prova do intuito fraudulento dos empregadores no recurso a este mecanismo de sucessão na contratação laboral e é difícil estabelecer a fronteira entre as situações de licitude e de abuso na sucessão de contratos entre empresas do mesmo grupo. Aceitando a crítica, já que a prova da intenção de fraude e das situações de ilicitude por abuso do direito é sempre difícil, pode, apesar de tudo, lançar-se mão dos recursos proporcionados pelo próprio direito do trabalho para facilitar a prova das situações de ilicitude nesta categoria de situações.

Nesta linha, alguma jurisprudência tem procurado descortinar indícios reveladores do intuito fraudulento dos empregadores envolvidos na sucessão de contratos de trabalho, destacando, neste contexto, indícios relativos à actividade desenvolvida pelo trabalhador, ao regime que lhe é aplicável e às relações entre as empresas envolvidas. Nesta linha, têm sido valorizados como indícios do objectivo fraudulento dos empregadores o facto de o trabalhador desenvolver a mesma actividade na primeira e na segunda empresa, o facto de os trabalhadores de ambas as empresas se sujeitarem ao mesmo regime jurídico, *verbi gratia*, ao mesmo instrumento de regulamentação colectiva do trabalho ou a regulamentos empresariais idênticos, e, sobretudo, factores indicadores do acentuado entrosamento funcional entre as empresas, como o desenvolvimento da mesma actividade ou de actividades complementares, a partilha das mesmas instalações, dos mesmos recursos e equipamentos ou a identidade de sócios ou de chefias[783].

---

[783] Já confrontámos o desenvolvimento deste método indiciário de reconhecimento

Obviamente que, dada a natureza indiciária deste critério de qualificação, não têm que estar presentes todos estes factores para que se possa concluir pela atribuição da qualidade de empregador às duas entidades envolvidas na sucessão dos contratos de trabalho em questão; e, pelo mesmo motivo, podem os indícios presentes não se revelar, no caso concreto, conclusivos para o reconhecimento de um empregador plural.

Por outro lado, a falibilidade deste critério qualificativo indiciário pode ser francamente diminuída se ele for conjugado com um recurso adicional de qualificação proporcionado pela lei: a presunção legal de contrato de trabalho, consagrada no art. 12.º do CT[784]. Como decorre desta norma, na redacção actual, que resulta da alteração ao Código introduzida pela L. n.º 9/2006, de 20 de Março[785], presume-se a existência de um contrato de trabalho quando o prestador «... esteja na dependência *e inserido na estrutura organizativa do beneficiário da actividade*...» (itálicos nossos). Ora, fazendo esta presunção apelo à estrutura organizativa do credor, cremos que, no caso em apreço, bastará ao trabalhador demonstrar sumaria-

---

de situações de abuso da personalidade colectiva, com projecções laborais, noutros contextos doutrinais e jurisprudenciais, sendo de destacar os indícios desenvolvidos pela jurisprudência espanhola – *supra*, § 10.º, ponto 17.1.V. Quanto à nossa jurisprudência, recordamos o já referido Ac. RLx. de 5/07/2000 (Proc. n.º 0008134), www.dgsi.pt., que admitiu o recurso ao levantamento da personalidade colectiva num caso de transferência do trabalhador para outra sociedade do grupo, na qual continuou a desempenhar as mesmas funções e se manteve no mesmo local, bem como o Ac. RP de 24/01/2005 (Proc. n.º 0411080), www.dgsi.pt., considerando como indícios reveladores do objectivo de utilização abusiva da personalidade colectiva a confusão ou a promiscuidade entre os sócios e a sociedade, a subcapitalização social ou as relações de domínio grupal em prejuízo de terceiros.

[784] Em geral, sobre o significado e alcance desta presunção de contrato de trabalho, que foi uma novidade instituída pelo Código do Trabalho, A. MENDES BAPTISTA, *Qualificação contratual e presunção de laboralidade*, in *Estudos sobre o Código do Trabalho*, Coimbra, 2004, 59-76, e, nas obras gerais, MONTEIRO FERNANDES, *Direito do Trabalho cit.*, 151 s., JÚLIO GOMES, *Direito do Trabalho cit.*, 140 ss, ROMANO MARTINEZ, *Direito do Trabalho cit.*, 319 s., ou ROSÁRIO PALMA RAMALHO, *Direito do Trabalho cit.*, II, 40 ss.

[785] A índole algo acidentada desta norma é revelada não apenas por esta alteração precoce à sua formulação originária no Código do Trabalho, mas também pelo facto de não parecer ainda consolidada. Neste sentido, o *Livro Branco das Relações Laborais* (ed. do Ministério do Trabalho e da Solidariedade Social), Lisboa, 2007, 101 s., publicado em Novembro de 2007, no âmbito do processo de revisão do Código do Trabalho em curso, prevê uma nova (e terceira) redacção para esta norma.

mente que a organização do empregador tem uma componente de grupo e que foi essa estrutura grupal que viabilizou a cessação do seu contrato e a celebração de um novo contrato com a outra empresa, para que possa intervir o mecanismo da desconsideração da personalidade jurídica.

Assim, o contrato de trabalho considerar-se-á celebrado com as duas entidades empresariais envolvidas na operação, a não ser que estas entidades consigam ilidir a presunção, demonstrando que, apesar do contexto de grupo, os dois contratos de trabalho são completamente independentes.

Acresce que a demonstração do relevo da organização grupal, para efeitos da identificação dos empregadores, permite também sujeitar a cessação do contrato seguida da celebração de um novo contrato com outra empresa do grupo, para prossecução de objectivos ilícitos, à garantia geral do art. 122.º j) do CT, que proíbe ao empregador fazer cessar o contrato de trabalho e voltar a readmitir o trabalhador, mesmo com o seu acordo, com o propósito de o prejudicar em direitos ou garantias decorrentes da antiguidade. Tal cessação será, assim, ilícita.

Quanto a esta crítica ao entendimento sustentado, parece-nos pois, em conclusão, que, sem ser um instrumento fácil de utilizar – e, devendo, aliás, manter-se como uma solução de recurso, como é apanágio das figuras da fraude à lei e do abuso do direito – a solução do levantamento da personalidade colectiva poderá ser utilizada utilmente na situação descrita, e a prova dos objectivos ilícitos das partes pode ser facilitada com recurso ao método indiciário conjugado com a presunção legal de contrato de trabalho.

V. A terceira crítica que a nossa proposta de solução do problema da determinação do empregador, no caso apontado, pode suscitar, é a de que a atribuição da qualidade de empregador às duas entidades envolvidas nas operações de cessação do contrato e de readmissão do trabalhador, pelo método exposto, consubstancia um novo caso de pluralidade de empregadores, não previsto na lei e que não obedece aos requisitos da constituição de um vínculo laboral plural, estabelecidos no art. 92.º do CT[786].

---

[786] Sobre estes requisitos, *vd supra*, § 10.º, ponto 19.2.5.III, e § 12.º, ponto 24.4.2.II. No caso, falta o acordo expresso das partes na constituição do vínculo laboral com contitularidade da posição de empregador e faltam ainda os requisitos formais da redução do acordo a escrito e as menções obrigatórias no documento constitutivo (art. 92.º n.º 1

A solução proposta consubstancia, de facto, uma situação de contitularidade na posição jurídica de empregador, que se reconduz materialmente a um caso de pluralidade de empregadores, na modalidade da pluralidade sucessiva e a par das situações previstas no art. 92.º do CT. Contudo, pensamos que o facto de este caso de pluralidade não estar previsto na lei nem obedecer aos requisitos de admissibilidade legalmente previstos para aquela figura não obsta ao seu reconhecimento no caso vertente, porque a figura não tem aqui um escopo negocial e voluntário, mas um escopo judicial e correctivo – o que, só por si, retira sentido à exigência dos requisitos de forma e do requisito substancial do acordo das partes (art. 92.º n.º 1 alíneas a) a c) do CT)[787].

Uma vez admitida a constituição de uma situação de contitularidade da posição de empregador, crê-se que dela são de retirar as devidas consequências, nomeadamente para efeitos da sujeição desta situação ao regime especial de responsabilidade solidária pelos créditos laborais, consagrado no art. 92.º n.º 3 do CT, e que parece poder aqui aplicar-se por analogia. Este ponto será retomado quando tratarmos especificamente do problema da responsabilidade pelos créditos laborais em contexto de grupo[788].

---

alíneas a) a c) do CT). Já o pressuposto material de aplicação da figura da pluralidade de empregadores (i.e., a integração dos empregadores num contexto de grupo) encontra-se preenchido, ou na forma mais restrita da coligação societária (prevista no corpo do n.º 1 do art. 92.º), ou na forma mais ampla do grupo de empresas, revelado pela estrutura organizativa comum (contemplada pelo n.º 2 do artigo).

[787] Tendo em conta a índole restritiva do regime da pluralidade de empregadores, que oportunamente referenciámos, pode, em alternativa à solução que defendemos, considerar-se inadmissível a continuação da contitularidade para o futuro do vínculo laboral em questão. Mas, sendo esta a solução, sempre se teria então que considerar, como consequência do vício de constituição do vínculo plural, que o contrato se consolidava com um único empregador (que, neste caso, deverá ser o segundo empregador), ao abrigo do art. 92.º n.º 5 do Código do Trabalho; e, neste caso, por força da regra geral de salvaguarda dos efeitos dos contratos de trabalho viciados mas executados (art. 115.º do CT), continuaria a tratar-se o vínculo como um vínculo plural com referência ao tempo da respectiva execução que antecedeu a declaração do vício e, designadamente, para efeitos da sujeição ao regime de responsabilidade solidária do art. 92.º n.º 3 do CT. Não sufragamos, contudo, esta solução, porque ela não corresponde à realidade dos factos e porque, como referimos em devido tempo, se trata de uma solução que premeia o empregador infractor.

[788] *Infra*, § 25.º, ponto 53.

26.3.5. Mudança informal do trabalhador de uma para outra empresa do grupo e determinação do empregador

I. O último caso de mudança definitiva do trabalhador de uma para outra empresa de um mesmo grupo, em que se podem suscitar dúvidas sobre a detenção da posição jurídica de empregador no contrato de trabalho é o caso em que o trabalhador passa a prestar a sua actividade, em termos definitivos, para a segunda empresa de modo informal, ou seja, sem que tal transição seja titulada por qualquer instrumento jurídico – seja um título de cessão da posição contratual do empregador ou de cedência do trabalhador, seja um acordo de cessação do contrato com a empresa de origem ou a denúncia deste contrato pelo trabalhador, seja ainda o despedimento do trabalhador pelo primeiro empregador.

O carácter informal da maioria dos vínculos laborais, associado à dinâmica interna dos grupos de empresas, que passa, não raramente, por laços muito estreitos entre elas e os respectivos trabalhadores, pode facilitar o surgimento deste tipo de situações, em que um trabalhador, inserido numa empresa, se vê a prestar a sua actividade para outra empresa do mesmo grupo, de um modo quase insensível, por exemplo porque se foi consolidando uma situação de cedência temporária na segunda empresa, com subordinação aos poderes directivo e disciplinar exercidos nessa empresa e desaparecendo, também progressivamente, a primeira empresa do seu horizonte negocial.

II. No nosso entender, perante este tipo de situação, apenas pode ser adoptada uma de duas soluções: a primeira solução consiste em considerar que o trabalhador foi objecto de um despedimento por iniciativa do primeiro empregador, e este despedimento é ilícito, por falta de fundamentação e de processo; a segunda solução é entender que o contrato de trabalho deste trabalhador se mantém com uma modificação subjectiva na esfera do empregador, que, à semelhança do caso anteriormente considerado, deixou de ser um empregador singular para passar a ser um empregador plural, integrado pelas duas empresas do grupo entre as quais o trabalhador transitou.

A nosso ver, a segunda solução é a que melhor corresponde à realidade dos factos, tendo em conta, designadamente, o contexto de grupo em que se processa a mudança do trabalhador; e é também a solução que melhor acautela os interesses em jogo, nomeadamente porque permite preservar a continuidade do contrato de trabalho, com a inerente garantia da antiguidade do trabalhador e dos direitos daí decorrentes. Por outro lado, crê-se que a solução do despedimento ilícito é de afastar porque provoca uma grande instabilidade para o trabalhador, a não ser que ele pretenda optar pela indemnização no processo de impugnação do despedimento[789].

Para chegar à solução de pluralidade de empregadores, que sufragamos para este caso, não é sequer, do nosso ponto de vista, necessário lançar mão da técnica do levantamento da personalidade jurídica, ao contrário do que sustentámos para o caso anterior.

É que, na ausência de qualquer instrumento jurídico que demonstre a cessação do contrato com o primeiro empregador e tendo em conta que as possibilidades e as formas de cessação do contrato por iniciativa do empregador são vinculadas, o contrato tem que se considerar em vigor e ambas as empresas se mantêm na posição jurídica de empregador. E, por outro lado, também não é obstáculo ao reconhecimento desta contitularidade na posição jurídica de empregador o facto de o trabalhador se ter, entretanto, integrado na segunda empresa, aí se mantendo sob a autoridade e direcção do respectivo titular e, inclusivamente, sendo esta entidade a assegurar o cumprimento dos deveres retributivos, já que o primeiro (e ainda) empregador continua também a deter os poderes laborais e a poder exercê-los.

Em suma, estas situações devem resolver-se através do reconhecimento de um novo caso de empregador plural (sucessivo) por via judicial[790].

III. Ao reconhecimento de uma situação de pluralidade de empregadores, também neste caso, inere a possibilidade de aplicação do regime da responsabilidade solidária de ambos os empregadores pelos créditos laborais, nos termos do art. 92.º n.º 3 do CT, aplicado por analogia. Já

---

[789] De facto, se as duas empresas pertencerem ao mesmo grupo e o trabalhador pretender manter o contrato de trabalho, dificilmente accionará a primeira empresa, para impugnar o despedimento sumário e sem justa causa.

[790] Porque a declaração da qualidade de empregador é judicial, este novo caso de pluralidade de empregadores subtrai-se às exigências de forma do art. 92.º do CT, tal como vimos suceder no caso anterior.

tendo justificado a extensão deste regime no âmbito da situação anteriormente contemplada, basta dizer que, no caso presente, tal extensão se justifica ainda por um argumento de maioria de razão, que é a ausência de qualquer instrumento juridicamente válido de desvinculação contratual do empregador originário.

26.4. **Contratação ou gestão do vínculo laboral por uma única empresa do grupo e integração *ab initio* do trabalhador noutra empresa do grupo: as sociedades gestoras de recursos humanos e a determinação do empregador**

I. Uma terceira categoria de situações em que a determinação do empregador nos vínculos laborais em contexto de grupo pode suscitar dificuldades é típica dos grupos empresariais ou societários com um grau de entrosamento mais intenso, e que, em desenvolvimento de estratégias de redução de custos e de uniformização de procedimentos e de regimes, optam por concentrar as questões relativas à gestão dos recursos humanos numa única empresa do grupo, dedicada a esta actividade.

A centralização da gestão de recursos humanos numa só empresa do grupo pode seguir vários modelos: nuns casos, é a sociedade gestora de pessoal que procede à contratação dos trabalhadores, mas estes não chegam a prestar serviço no âmbito desta empresa, sendo, de imediato, colocados numa das outras unidades do grupo; noutros casos, os trabalhadores são contratados pela empresa do grupo no seio da qual prestam a sua actividade (embora, com frequência, o processo de selecção seja conduzido pela sociedade gestora de pessoal), mas a sociedade gestora de pessoal assume algumas das responsabilidades inerentes à posição de empregador, como a responsabilidade pelo pagamento da retribuição do trabalhador e os demais encargos patrimoniais decorrentes do contrato de trabalho, sendo ainda ela que, muitas vezes encabeça as eventuais modificações que o negócio laboral sofre ao longo da sua execução e que toma a iniciativa da cessação do contrato de trabalho, se for caso disso.

A situação descrita coloca dois tipos de problemas: o primeiro situa-se a montante dos contratos de trabalho e tem a ver com a licitude da actividade da sociedade de gestão de recursos humanos instituída no âmbito do grupo; o segundo tem a ver com a questão da determinação do empregador neste tipo de situações, que vimos tratando.

II. O primeiro problema suscitado por esta categoria de situações é o da licitude da actividade da própria sociedade de gestão de recursos humanos, nos casos em que é esta sociedade que procede à contratação dos trabalhadores para depois os «colocar» noutra empresa do grupo. É que, ao desenvolver tal actividade, esta sociedade apresenta-se materialmente como uma empresa de intermediação de pessoal, o que pode colidir com as restrições legais à actividade de intermediação de trabalhadores, presentes na maioria dos sistemas jurídicos e também no sistema nacional.

Como é sabido, no nosso sistema jurídico, a lei enfrentou o problema da intermediação de trabalhadores no contexto do trabalho temporário, admitindo esta actividade apenas no quadro dos denominados trabalhadores temporários e rodeando o exercício da actividade de colocação destes trabalhadores de um conjunto apertado de requisitos, impostos às próprias empresas de trabalho temporário e à respectiva actividade[791]. Estes requi-

---

[791] Em geral sobre o tema do trabalho temporário e o respectivo regime jurídico, no âmbito do sistema nacional, mas ainda na vigência do diploma de 1989, podem ver-se, entre outros, MENEZES CORDEIRO, *Manual de Direito do Trabalho cit.*, 602 ss., L. MORAIS, *O trabalho temporário, in Dois Estudos*, Lisboa, 1991, 59 ss., P. CAMANHO / M. CUNHA / / S. PAIS / P. VILARINHO, *Trabalho temporário*, RDES, 1992, 1/3, 171-257, A. DIAS COIMBRA, *A mobilidade do trabalhador no âmbito da cedência imprópria e o problema da inexistência de relação contratual laboral entre o trabalhador e o utilizador*, ROA, 1993, III, 815-839, M. REGINA REDINHA, *Empresas de trabalho temporário*, RDE, 1984/85, 137--171, *A Relação Laboral Fragmentada... cit.*, passim, e ainda, e ainda *Trabalho temporário. Apontamento sobre a reforma do seu regime jurídico, in* ROMANO MARTINEZ (coord.), *Estudos do Instituto de Direito do Trabalho*, I, Coimbra, 2001, 443-470, P. FURTADO MARTINS, *Questões sobre trabalho temporário*, RDES, 1999, 1, 51-85, J. M. VIEIRA GOMES, *Algumas observações sobre o contrato de trabalho por tempo indeterminado para cedência temporária*, QL, 2001, 17, 41-86, G. DRAY, *Trabalho temporário, in* ROMANO MARTINEZ (coord.), *Estudos do Instituto de Direito do Trabalho*, IV, Coimbra, 2003, 101-143, bem como C. AFONSO REIS, *Nota sobre o trabalho temporário, in* ROMANO MARTINEZ (coord.), *Estudos do Instituto de Direito do Trabalho*, IV, Coimbra, 2003, 145-185, e, nas obras gerais, JORGE LEITE, *Direito do Trabalho*, II, Coimbra (FDC), 1992/93 (*reprint* 1999), 119 ss., MONTEIRO FERNANDES, *Direito do Trabalho cit.*, 161 ss., ROMANO MARTINEZ, *Direito do Trabalho cit.*, 685 ss. e ROSÁRIO PALMA RAMALHO, *Direito do Trabalho cit.*, II, 263 ss., Na doutrina estrangeira, sobre esta figura, a título meramente ilustrativo, G. BÉLIER / L BERTHONNEAU, *Le droit du travail temporaire*, Paris, 1990, e ainda de G. BÉLIER, *Le contrat de travail à durée indéterminée intermitent cit.*, 696 ss. 1, G. COUTURIER, *Droit du travail*, I, 3ª ed., Paris, 1996, 122 s. e 173 ss., VERDIER / COEURET / SOURIAC, *Droit du travail cit.*, 348 ss., ZÖLLNER / LORITZ, *Arbeitsrecht... cit..* 334 ss., SÖLLNER, *Grundriß... cit.*, 325 ss., R. WANK, *Neuere Entwicklungen im Arbeitnehmerüberlassungsrecht*, RdA,

sitos, que foram previstos logo em sede do primeiro regime legal desta matéria, estabelecido pelo DL n.º 358/89, de 17 de Outubro, e se mantêm no regime actualmente em vigor, aprovado pela L. n.º 19/2007, de 22 de Maio (LTT), passam pela exigência de uma licença administrativa para o funcionamento destas empresas, que depende de uma série de condições substanciais (art. 4.º da LTT), incluindo a demonstração de idoneidade para o exercício da actividade e a prestação de uma caução (art. 6.º da LTT), envolvem a sujeição da empresa a uma fiscalização apertada (art. 11.º da LTT), e analisam-se ainda na tipificação da actividade que estas empresas podem exercer (art. 3.º n.º 1 da LTT) e dos modelos dos contratos de trabalho para a utilização de trabalho temporário que podem realizar (art. 13.º da LTT). Em suma, tanto por via das restrições impostas à constituição e à actividade das empresas de trabalho temporário, como através da circunscrição dos modelos de contrato e ainda por via da delimitação cuidada do relacionamento destas empresas com os trabalhadores e com as entidades utilizadoras deste tipo de mão de obra, pode dizer-se que esta actividade de intermediação de trabalhadores é, no nosso país, admitida apenas em moldes restritos e é objecto de uma regulamentação de pendor igualmente restritivo.

Nada impede, quanto a nós, que, no âmbito de um grupo de empresas, se concentrem as actividades ligadas à gestão dos recursos humanos numa única empresa[792] – a gestão de pessoal é ainda uma actividade económica privada, logo, sujeita ao princípio geral da autonomia privada (art. 405.º do CC), e, no caso, prossegue objectivos de optimização da gestão de recursos, de uniformização de regimes e de racionalização de custos, cuja legitimidade não está em causa. Contudo, se o objecto desta empresa consistir exactamente na contratação de pessoal para posterior colocação ao serviço de outras empresas do grupo, a empresa terá que se constituir sob a forma de empresa de trabalho temporário, preenchendo os respectivos requisitos legais, sujeitando-se ao controlo da sua actividade

---

2003, 1, 1-11, NICOLINI, *Il lavoro temporaneo*, Padova, 1998, e *Manuale di diritto del lavoro* cit., 853 ss., ou SCONAMIGLIO, *Diritto del lavoro*, 5ª ed., Napoli, 2000, 201 ss.

[792] Analisando este tipo de práticas no sistema germânico, levadas a efeito por sociedades de gestão de pessoal constituídas à dimensão dos grupos, por exemplo, BIRK, *Betriebsaufspaltung... cit.*, 58 ss., ou K.-P. MARTENS, *Die Arbeitnehmerüberlassung im Konzern*, DB, 1985, 41, 2144-2150 (2148 s.).

nos termos legalmente previstos, e, sobretudo, limitando essa actividade à esfera do trabalho temporário e ao modo como tal modalidade de trabalho é articulada pela lei (i.e., em moldes tripartidos e mediados por um contrato de trabalho para cedência temporária e por um contrato de utilização, que só podem ser celebrados nas situações excepcionais previstas na lei – arts. 18.º n.º 1 e 25.º n.º 1 da LTT)[793].

Não sendo este o caso, a partir do momento em que a actividade de colocação de trabalhadores levada a efeito por esta empresa não se deixe reconduzir a outras figuras – como o trabalho temporário, nos termos expostos, mas também à figura da cedência ocasional ou à actividade de uma agência de empregos[794] – a empresa funciona, na prática, como uma entidade empregadora de intermediação de pessoal, à margem dos requisitos legalmente impostos a este tipo de actividade, o que não é de admitir[795].

Nesta situação surge, de facto, um problema de determinação do empregador real do trabalhador, para cuja resolução se nos afigura adequado o recurso ao instituto do levantamento da personalidade jurídica,

---

[793] Também no sentido da admissibilidade da constituição de uma empresa de trabalho temporário no âmbito de um grupo empresarial, mas advertindo para a necessidade de uma maior atenção a situações de fraude na contratação de trabalhadores neste âmbito, CATARINA CARVALHO, *Da Mobilidade dos Trabalhadores... cit.*, 125 ss.

[794] Não estamos, neste caso, de facto, perante uma espécie de agência de colocação de trabalhadores, uma vez que a sociedade gestora de pessoal não se limita a pôr em contacto os candidatos a um posto de trabalho noutra empresa do grupo, com a qual vêm depois a celebrar o contrato de trabalho, ou a contratar estes trabalhadores em representação daquela empresa, mas contrata os trabalhadores em nome próprio, assumindo, directa e formalmente, as vestes de empregador – ela exerce assim, materialmente, uma actividade de intermediação. Por outro lado, esta actividade de colocação dos trabalhadores noutra empresa do grupo não pode ser reconduzida a um caso de cedência ocasional, porque o trabalhador não chega a desenvolver qualquer actividade para a sociedade que o contrata e porque não é colocado na outra empresa a título temporário mas definitivo.

[795] Já no contexto germânico, autores como BIRK, *Betriebsaufspaltung... cit.*, 62, ou MARTENS, *Die Arbeitnehmerüberlassung im Konzern... cit.*, 2148 s., parecem admitir que a sociedade de gestão de pessoal seja o empregador dos trabalhadores que contrata, para depois os colocar ao serviço das outras empresas do grupo, assumindo, em consequência, esta sociedade, o conjunto de deveres inerentes à posição jurídica de empregador. É uma solução que não é consentânea com a índole restritiva do nosso sistema juslaboral em matéria de intermediação de trabalhadores, a não ser que esta sociedade se constitua como uma empresa de trabalho temporário, nos termos indicados em texto.

nos moldes propostos anteriormente, e fazendo apelo a uma aplicação substancialista do critério qualificativo da subordinação jurídica, tal como propusemos nos casos anteriores.

Assim, cabe ao trabalhador demonstrar sumariamente a sua integração na organização da entidade para a qual desenvolve a sua actividade, socorrendo-se, designadamente, da presunção do art. 12.º do CT para lograr a ultrapassagem da sociedade de gestão de pessoal como empregador formal e a qualificação daquela entidade como empregador (real)[796]; e compete a esta entidade ilidir a presunção de contrato de trabalho, demonstrando que não detém os poderes laborais e que não é, por isso mesmo, o empregador[797]. Em suma, também neste caso, estamos a aplicar o critério qualificativo da subordinação jurídica para determinar o empregador, embora mediado pelo recurso à técnica do levantamento da personalidade jurídica colectiva (da sociedade gestora de pessoal) e socorrendo-nos, em especial, da componente organizacional do contrato de trabalho.

III. Já no caso de a sociedade gestora de pessoal não celebrar os contratos de trabalho, e ainda no caso de celebrar tais contratos em representação formal da empresa do grupo à qual se destina o trabalhador, limitando-se depois a gerir alguns aspectos do vínculo laboral, por forma a assegurar a uniformização de regimes e de procedimentos (incluindo até

---

[796] Neste sentido, também CATARINA CARVALHO, *Da Mobilidade dos Trabalhadores... cit.*, 130 ss., considera que a sociedade gestora do pessoal, no âmbito de um grupo, não é o empregador real.

[797] Outra hipótese de solução do problema seria considerar que este tipo de operações de contratação e «colocação» de trabalhadores constitui uma cedência ilícita de trabalhadores, decorrendo aqui a ilicitude do facto de a sociedade de gestão de pessoal, que contratou o trabalhador, não se ter constituído regularmente como empresa de trabalho temporário, sujeitando-se ao respectivo procedimento de licenciamento, ou ainda com fundamento no facto de a «colocação» do trabalhador na outra empresa não ser titulada pelos necessários contratos de trabalho temporário e de utilização – são as hipóteses de cedência ilícita previstas no art. 17.º n.º 1 da LTT que poderiam, eventualmente, caber ao caso e que, nos termos da lei (art. 17.º n.os 3 e 5 da LTT), determinam a nulidade do contrato de trabalho e a sua conversão, respectivamente, em contrato de trabalho por tempo indeterminado com a empresa de trabalho temporário (no caso de o vício ser a falta de licença desta empresa) ou em contrato de trabalho por tempo indeterminado com o utilizador (no caso de a irregularidade respeitar não ao licenciamento da empresa mas ao contrato de trabalho temporário ou ao contrato de utilização). Estas soluções não nos parecem, no entanto, adequadas à situação em análise, porque têm como pressuposto a realidade do trabalho temporário, que não ocorre aqui.

os aspectos ligados ao cumprimento dos deveres remuneratórios), a actividade desta sociedade não suscita reservas de licitude.

Mas, neste caso, a determinação do empregador não apresenta também dificuldades: nesta situação, é empregador a entidade para a qual o trabalhador desenvolve a sua actividade e que detém os poderes laborais de direcção e disciplina, nos termos gerais do critério qualificativo da subordinação jurídica.

26.5. **Contratação do trabalhador por mais do que uma empresa do grupo para prestar a sua actividade simultânea ou sucessivamente a ambas as empresas: a figura da pluralidade de empregadores e a possibilidade da sua extensão em contexto de grupo**

I. Uma outra hipótese de contratação de trabalhadores com mobilidade inter-empresarial em contexto de grupo é a da celebração de um contrato de trabalho unitário com mais do que uma empresa do grupo – ou seja, uma situação de contitularidade da posição de empregador ou de empregador plural num único vínculo laboral.

Como já referimos oportunamente, o legislador nacional concebeu a figura da pluralidade de empregadores exactamente para este tipo de situações (art. 92.° do CT), regulando-a como uma modalidade especial de contrato de trabalho (no caso, a especificidade decorre exactamente da dimensão plural do empregador) e disciplinando os aspectos relativos às condições substanciais e formais para a celebração do contrato (art. 92.° n.os 1 e 2) e as matérias relativas à intervenção dos vários empregadores na execução do contrato (art. 92.° n.° 1 c) do CT), à responsabilidade dos empregadores pelo cumprimento das obrigações laborais (art. 92.° n.° 3) e às consequências dos vícios originários do contrato e da alteração superveniente da estrutura de grupo que o viabilizou (art. 92.° n.os 5 e 4, respectivamente). Já tendo apreciado estes aspectos da disciplina legal da figura, remete-se para o que então ficou dito[798].

Por outro lado, também no lugar próprio[799] salientámos o facto de o campo de aplicação, por excelência, da figura da pluralidade de emprega-

---

[798] *Supra*, § 10.°, ponto 19.2.5. e § 12.°, ponto 24.4.2.
[799] *Supra*, § 11.°, ponto 22.3.

dores ser o dos grupos societários em sentido próprio, nos termos do corpo do n.º 1 do art. 92.º do CT, ainda que, por força da sua extensão a outras entidades (societárias ou não societárias) que detenham estruturas organizativas comuns, ao abrigo do n.º 2 do mesmo artigo, se possa concluir que o seu campo de aplicação acaba por se alargar às categorias mais amplas do grupo de empresas ou mesmo do grupo de empregadores. Por ora, basta pois reforçar o facto de o contexto de grupo constituir a área de incidência privilegiada desta figura.

II. No que se refere especificamente ao problema da determinação do empregador, que agora nos ocupa, não se suscitam dificuldades perante o regime legal da figura da pluralidade de empregadores, conjugado com a própria definição legal de contrato de trabalho, tal como é estabelecida no art. 10.º do Código do Trabalho. Admitindo a lei que mais do uma entidade detenha a posição de autoridade e direcção no contrato de trabalho (conforme decorre expressamente do art. 10.º do CT) e referindo-se o art. 92.º n.º 1 do CT a «vários empregadores», são empregadores todas as entidades que outorguem esta modalidade especial de contrato de trabalho.

Por outro lado, uma vez que a lei não impõe limitações ao modo como a actividade laboral vai sendo desenvolvida para os vários empregadores, na execução deste contrato, entende-se que são possíveis os mais variados modelos de ocupação do trabalhador (desde que sejam respeitados os direitos e garantias do trabalhador em matéria de tempo e de local de trabalho e outros limites estabelecidos no próprio título contratual) e que todos os empregadores mantêm essa qualidade em qualquer desses modelos – ou seja, quer o trabalhador preste a sua actividade em simultâneo para todos os empregadores, quer o faça em alternativa para um ou para outro empregador, quer seja ocupado sucessivamente por mais do que um empregador[800].

Assim sendo, a referência ao instituto da representação, no contexto do art. 92.º n.º 1 c) do CT, é de considerar reportada apenas ao plano do exercício e do cumprimento (e não da titularidade) dos direitos e deveres

---

[800] Na prática, as hipóteses são as mais variadas: assim, o trabalhador de secretariado de um centro de escritórios desenvolve simultaneamente a sua actividade para todos os empregadores, mas o trabalhador contratado por um grupo de empresas pode desenvolver a sua actividade para a empresa A de manhã e para a empresa B durante a tarde, ou ainda trabalhar durante um mês para uma das empresas e no mês seguinte para a outra empresa.

emergentes do contrato de trabalho, como, aliás, decorre expressamente do texto da norma. Designadamente, não se pode inferir desta referência à representação a intenção legal de «concentrar» a qualidade de empregador na entidade representante das demais, nem parece sequer adequado distinguir entre *empregador principal* e (presume-se) empregadores secundários ou acessórios, como é propugnado por alguns autores[801], porque todos os empregadores são, por definição, empregadores «principais».

III. Ainda com referência ao tema da determinação do empregador, os problemas mais relevantes que, na nossa opinião, decorrem da figura da pluralidade de empregadores são os seguintes: o problema dos apertados requisitos formais da celebração deste contrato, cuja falta determina, nos termos da lei (art. 92.° n.° 5 do CT), a conversão do contrato com pluralidade de empregadores em contrato de trabalho comum, por tempo indeterminado, com o empregador pelo qual o trabalhador venha a optar; e o problema da possibilidade de aplicação, por analogia, do regime previsto por esta norma a outras situações de pluralidade aqui não previstas.

Já respondemos oportunamente a estes problemas, pelo que apenas recordamos as conclusões a que então chegámos, uma vez que elas viabilizam o alargamento do âmbito de aplicação da figura da pluralidade de empregadores e, por essa via, permitem enfrentar outras situações de dificuldade na determinação do empregador.

Assim, quanto às consequências dos vícios de forma do contrato que sejam da responsabilidade dos empregadores, convém recordar que pode obstar-se aqui à solução da conversão invocando abuso do direito (na manifestação da inalegabilidade formal), para manter o vínculo como plural para o futuro, evitando assim que, por força destas exigências, a lei acabe por premiar o infractor. Por esta via, pode, de facto, estender-se o âmbito de aplicação da figura da pluralidade de empregadores para além da letra do art. 92.° do CT, nomeadamente a situações como as que já exemplificámos ao longo deste parágrafo, em nome do princípio geral da boa fé, que aqui se manifesta quer na matriz da materialidade subjacente, quer na matriz da tutela da confiança[802]. E, naturalmente, perante a

---

[801] JÚLIO GOMES, *Direito do Trabalho cit.*, I, 234.

[802] Por todos, quanto a estas matrizes fundamentais do instituto da boa fé, MENEZES CORDEIRO, *Da Boa Fé... cit.*, II, 1234 e 1252 ss.

admissão de outras situações de pluralidade material na posição de empregador, é de sustentar a aplicação, por analogia, do regime previsto no art. 92.º do CT, *verbi gratia*, o regime de responsabilidade solidária do n.º 3 deste artigo, a estas situações.

Por outro lado, deve ficar claro que, mesmo nas situações em que não venha a ser admitida uma situação atípica de pluralidade de empregadores e, em consequência, se opte pela solução de conversão do contrato de trabalho plural viciado em contrato de trabalho comum com um único empregador, ao abrigo do art. 92.º n.º 5 do CT, por se considerar irremediável a violação dos requisitos de constituição do vínculo plural, tal contrato deve ser tratado como um vínculo plural para todos os efeitos (incluindo para efeitos do regime de responsabilidade do art. 92.º n.º 3 do CT), durante o tempo em que esteve em execução, nos termos da regra geral do art. 115.º do CT.

26.6. Contratação do trabalhador por uma empresa do grupo e prestação da actividade laboral em simultâneo para essa e para outra(s) empresa(s) do grupo

I. A última situação que pode suscitar dúvidas quanto à determinação do empregador no contexto de um grupo societário ou empresarial é a situação em que o trabalhador é formalmente contratado por uma única empresa do grupo, mas presta a sua actividade em simultâneo para essa e para outra ou outras empresas do grupo, com sujeição, em todas elas, a poderes de autoridade e direcção.

Esta situação, que ocorre com alguma frequência, não se confunde com nenhuma das outras que analisámos até aqui: não se trata de um vínculo de trabalho com pluralidade de empregadores em sentido próprio, porque apenas uma das empresas do grupo celebrou o contrato e aparece formalmente como empregador; não se trata de uma sucessão de contratos de trabalho entre empresas do grupo, nem de uma situação de mobilidade transitória, titulada por um acordo de cedência, porque a actividade laboral é desenvolvida em benefício de duas empresas em simultâneo; e não se trata de uma situação em que o trabalhador ao serviço da sua empresa vai desenvolver a sua actividade para a outra empresa, em cumprimento de instruções do seu próprio empregador, porque o trabalhador se sujeita a poderes de autoridade nas duas empresas do grupo às quais presta a sua actividade.

A nosso ver, a hipótese descrita pode configurar uma de duas situações: uma situação de pluralidade de contratos de trabalho, com as várias empresas do grupo, ou seja, um caso de pluriemprego do trabalhador; ou um novo caso atípico de contitularidade da posição de empregador, à margem do art. 92.º do CT.

II. Nada obsta, à partida, a que um trabalhador tenha mais do que um contrato de trabalho com diferentes empregadores[803]. Em princípio, tais contratos são válidos, desde logo em consonância com o princípio constitucional da liberdade de trabalho (art. 58.º n.º 1 da CRP), e ressalvadas as limitações impostas pelo dever de não concorrência (art. 121.º n.º 1 e) do CT), eventuais restrições decorrentes de regras legais de incompatibilidades, e ainda limitações com origem em instrumento de regulamentação colectiva do trabalho ou no próprio contrato de trabalho (com destaque para os pactos de exclusividade ou de limitação da liberdade de trabalho em determinado sector de actividade)[804].

Por outro lado, não pode esquecer-se que o negócio laboral se sujeita à regra geral da liberdade de forma (art. 219.º do CC e art. 102.º do CT). Assim, o facto de o trabalhador também prestar a sua actividade para outra empresa do grupo a que pertence o seu empregador, sujeitando-se aos respectivos poderes laborais, pode indicar que celebrou também um contrato (consensual) de trabalho com esta empresa, na vigência do primeiro, ou seja, que está numa situação de pluriemprego.

A solução do reconhecimento de uma situação de pluriemprego é a nosso ver, a mais adequada, designadamente no caso de o dever retributivo ser cumprido separadamente por ambas as empresas e de o trabalhador ser tratado de forma independente em cada uma delas. Obviamente, neste caso, há dois vínculos laborais autónomos, a que correspondem dois empregadores independentes, mau grado a circunstância de ambos os empregadores se inserirem num grupo empresarial.

---

[803] Em geral sobre a admissibilidade do pluriemprego e os limites a esta situação, P. FURTADO MARTINS, *O pluriemprego no Direito do Trabalho*, in A. MOREIRA (coord.), *II Congresso Nacional de Direito do Trabalho. Memórias*, Coimbra, 1999, 191-210, e ROSÁRIO PALMA RAMALHO, *Direito do Trabalho cit.*, II, 105 ss.

[804] Para mais desenvolvimentos sobre os vários tipos de restrições ao princípio da liberdade de trabalho e ao pluriemprego, ainda o nosso *Direito do Trabalho cit.*, II, 106 ss.

III. Se, pelo contrário, apesar de apenas ter sido contratado por uma das empresas do grupo, o trabalhador desempenhar indistinta e simultaneamente a sua actividade para ambas, auferindo uma retribuição unitária e sujeitando--se às regras disciplinares de ambas as empresas, estaremos, de novo, perante uma situação em que o empregador formal (no caso, a entidade que, como tal, outorgou o contrato) não coincide com o empregador efectivo ou real. Neste quadro, duas soluções são possíveis.

A primeira solução é considerar que estamos perante um caso de contrato de trabalho com pluralidade de empregadores que não observou os requisitos legais, nomeadamente quanto à forma de constituição do vínculo e quanto à determinação do empregador representante dos demais (art. 92.° n.° 1 do CT). Nesta situação, o contrato será nulo, por contrariedade à lei (art. 294.° do CC), mas o trabalhador tem o direito de optar pelo empregador ao qual fica vinculado, com um contrato de trabalho por tempo indeterminado, nos termos do art. 92.° n.° 5 do CT . Além disso, por aplicação do regime do art. 115.° do CT, este contrato deve ser tratado como um vínculo plural, pelo tempo durante o qual esteve e execução e, designadamente, para efeitos de sujeição de ambos os empregadores ao regime de responsabilidade solidária pelos créditos laborais, constante do art. 92.° n.° 3 do CT. Nesta solução, o trabalhador não fica, pois, desprotegido, embora, no final, o seu vínculo se venha a consolidar necessariamente como um vínculo singular ou unitário.

A segunda solução é admitir o recurso à técnica do levantamento da personalidade colectiva para ultrapassar o empregador formal (no caso, a empresa que celebrou o contrato de trabalho) e qualificar como empregador ambas as entidades que detêm os poderes laborais – ou seja, admitir, por esta via, uma nova situação de contitularidade da posição de empregador, cujos vícios de forma originários são ultrapassados com a declaração judicial de pluralidade. Uma vez admitida, por esta via, uma nova situação de contitularidade da posição de empregador, seria aplicável, por analogia, o regime do art. 92.° do CT a este contrato, designadamente o regime especial da responsabilidade solidária pelos créditos laborais. Nesta solução, o trabalhador fica também protegido, mas a grande diferença é que a relação de trabalho pode perdurar como um vínculo plural para o futuro.

Os motivos que já expusemos para os casos anteriores em que defendemos a extensão do âmbito de aplicação da figura da pluralidade de empregadores são extensíveis a esta situação, o que nos leva a optar pela segunda solução apontada.

27. Síntese geral sobre o problema da determinação do empregador nos contratos de trabalho em contexto de grupo

I. Chegados a este ponto, é possível estabelecer algumas conclusões gerais sobre o problema da determinação do empregador nos contratos de trabalho em contexto de grupo: a primeira conclusão tem a ver com o tipo de resposta a dar a este problema; a segunda reporta-se aos critérios de qualificação do contrato de trabalho a privilegiar neste contexto; a terceira refere-se à utilidade real da resolução deste problema para explicar as restantes projecções laborais do fenómeno dos grupos.

II. A primeira conclusão que a análise anterior viabiliza, confirmando o que referimos logo no início do parágrafo, é que o problema da determinação do empregador não pode ter uma resposta unitária.

A recusa de uma resposta unitária para este problema radica em duas ordens de razões: por um lado, ela decorre da multiplicidade de modelos de contratação laboral em contexto de grupo, que torna impossível uma solução global para o problema; por outro lado, ainda que fosse possível, tal resposta unitária não seria adequada, porque não se coaduna com a intensidade variável dos laços que ligam as empresas de um grupo e que, em muitos casos, não são de molde a justificar a alteração do empregador, como pudemos comprovar.

III. A segunda conclusão tem a ver com o princípio geral que, apesar de tudo, nos parece possível estabelecer nesta matéria e com os critérios de qualificação prevalecentes neste domínio.

Não sendo, pelos motivos acima indicados, nem possível nem aconselhável uma resposta unitária para o problema da determinação do empregador, o percurso que fizemos até aqui permite, ainda assim, alicerçar, como princípio geral na matéria, um princípio de independência dos vínculos laborais no contexto de grupo, no que se refere à determinação do empregador. É que, como vimos, na maioria dos modelos de contratação laboral apreciados, a inserção grupal do empregador não é de molde a alterar a sua qualificação como tal e, para lograr essa qualificação, continua, de um modo geral, a ser operativo o critério da subordinação jurídica, designadamente se aplicado em termos globais (no sentido em que não é reportado exclusiva ou primacialmente à componente directiva dos poderes laborais) e tendo especialmente em conta a componente organizacional do contrato de trabalho. Apenas em poucos casos, que são, aliás, sempre de reconduzir a situações de ilicitude ou de abuso do direito – como o caso da mudança do trabalhador para outra empresa do grupo precedida da cessação do contrato de trabalho com a primeira empresa ou sem qualquer título contratual, mas com objectivo fraudulento, e ainda os casos de pluralidade atípica de empregadores – se justifica a ultrapassagem do empregador formal, com recurso à técnica da desconsideração da personalidade colectiva, e a qualificação como empregadores do conjunto das entidades do grupo que beneficiaram da actividade do trabalhador ou no seio das quais ele esteve integrado.

Fica assim confirmado que não é, em qualquer caso, de reconhecer o grupo, em si mesmo considerado, como empregador, e que, na determinação do empregador em contexto de grupo, o critério da subordinação jurídica, reconstruído dogmaticamente e conjugado com a componente organizacional do contrato de trabalho, continua a ser o critério decisivo, temperado, em situações de abuso, pelo recurso ao instituto do levantamento da personalidade colectiva.

Contudo, deve também ficar claro que este princípio geral de independência dos vínculos juslaborais em contexto de grupo vale apenas para efeitos da determinação do empregador e não tem implícita a recusa do relevo das projecções laborais do fenómeno dos grupos no contrato de trabalho. Como vimos dizendo, tais projecções ressaltam directamente da componente organizacional do contrato de trabalho, nos termos expostos, e têm que ser explicadas; o respectivo enquadramento é que não exige, necessariamente e por sistema, a deslocação da qualidade de empregador.

IV. Por fim, a análise feita viabiliza uma conclusão de fundo quanto à utilidade e centralidade do problema da determinação do empregador nos contratos de trabalho celebrados e executados em ambiente de grupo.

A nosso ver, e contrariamente à perspectiva que tem sido dominante na doutrina e na jurisprudência, o problema da determinação do empregador não é um problema central nem a sua resolução é condição *sine qua non* para a resolução de outros problemas colocados pelo contexto grupal do empregador, a não ser nos casos em que considerámos justificado o recurso à técnica da desconsideração da personalidade colectiva, para ultrapassar o empregador formal e atingir o empregador real do trabalhador. Bem pelo contrário, extrai-se da análise precedente que as projecções do fenómeno grupal no contrato de trabalho são, na maior parte dos casos, independentes da questão da titularidade da posição de empregador, surgindo como consequência da componente organizacional do contrato de trabalho mesmo nas situações em que não haja dúvidas sobre a qualidade de empregador.

É o que vamos confirmar na análise subsequente daquelas projecções.

SECÇÃO II
O estatuto jurídico dos trabalhadores de uma sociedade ou empresa inserida num grupo

§ 14.º O princípio geral da independência dos vínculos laborais em contexto de grupo e a sua limitação pela componente organizacional do contrato de trabalho

I. Como comprovámos na secção anterior, a circunstância de o empregador estar inserido num grupo societário ou empresarial não é de molde a alterar a sua posição no contrato de trabalho, ressalvados os casos de utilização abusiva da personalidade colectiva, em que o recurso à organização grupal tem como objectivo iludir as normas de tutela laboral e subtrair o empregador ao cumprimento das obrigações e responsabilidades que para ele decorrem do contrato de trabalho, e ainda os casos típicos e atípicos de pluralidade de empregadores, que tivemos ocasião de identificar. Nas restantes situações – que constituem, ainda assim, a esmagadora maioria – a delimitação do contrato de trabalho e a determinação das respectivas partes (*verbi gratia,* a determinação do empregador) continuam a ser feitas com recurso aos critérios gerais de qualificação do negócio laboral e, designadamente, com recurso ao elemento delimitador da subordinação jurídica, e este elemento continua a apontar para o empregador singular.

Por outras palavras, a inserção grupal da empresa não altera, em regra, a titularidade da posição jurídica de empregador nos contratos de trabalho celebrados nas empresas do grupo, porque o elemento decisivo da subordinação jurídica continua a ser operativo e a identificar o empregador singular como titular da posição de domínio no contrato e dos correspondentes poderes laborais de direcção e disciplina.

II. Esta conclusão, que ficou devidamente alicerçada na parte antecedente do estudo, obriga a colocar uma questão: perante a imutabilidade de princípio da figura do empregador nos contratos de trabalho celebrados em contexto de grupo, podem, apesar de tudo, ter relevância outras projecções do fenómeno dos grupos no vínculo laboral?

Na abordagem tradicional deste problema, que expusemos oportunamente, a resposta a esta questão teria que ser negativa, uma vez que a deslocação da posição de empregador da entidade singular para o grupo, considerado em si mesmo ou no conjunto das empresas que o compõem, é condição *sine qua non* para a valorização das demais projecções da estrutura de grupo no contrato de trabalho – não se verificando aquela deslocação, estas projecções seriam, pois, irrelevantes[805].

Não cremos, no entanto, que este seja o entendimento mais adequado. É que, embora a invariabilidade da posição do empregador nestas situações justifique o reconhecimento de um princípio geral de independência dos vínculos laborais vigentes nas empresas de um grupo relativamente ao próprio grupo, este princípio não é absoluto e é estruturalmente limitado pela componente organizacional do contrato de trabalho.

III. A nosso ver, a imutabilidade de princípio da posição do empregador, ressalvados os casos de ilicitude e fraude à lei e as situações de pluralidade já identificadas, permite reconhecer uma regra geral de independência dos vínculos laborais relativamente ao contexto grupal em que o empregador se insere. Com efeito, se, apesar daquele contexto grupal, continua a ser empregador a pessoa singular ou colectiva autónoma que contrata o trabalhador, porque é esta entidade que beneficia da actividade laboral e em cuja empresa o trabalhador está integrado (embora estes elementos sejam compatíveis com deslocações temporárias do trabalhador

---

[805] De facto, como vimos oportunamente, por força da importância nuclear que a doutrina e a jurisprudência têm atribuído à questão da determinação do empregador, a resolução dos problemas laborais colocados pelo fenómeno dos grupos de empresas depende da resposta dada àquela questão: assim, nos casos em que se conclui pela manutenção da posição de empregador na entidade que celebrou o contrato de trabalho, consideram-se juridicamente irrelevantes as restantes projecções do grupo no vínculo laboral; já nos casos de utilização ilícita ou fraudulenta da personalidade colectiva, em que, com recurso à técnica do levantamento da personalidade colectiva, se ultrapassa o empregador formal para qualificar como empregador o grupo ou todas ou algumas das entidades empresariais que o integram, as projecções laborais do fenómeno grupal no contrato de trabalho passam a ser perspectivadas com referência a este empregador real e ganham relevância nessa medida.

para outras empresas do grupo, nos termos expostos e que teremos ocasião de aprofundar[806]) e, sobretudo, porque é esta entidade que continua a deter os poderes laborais ou, pelo menos, o poder disciplinar (como único poder indisponível e singular no contrato de trabalho), tem que se concluir que o grupo económico a que o empregador pertence está para além do próprio contrato de trabalho – e nesse sentido, pode afirmar-se a independência deste contrato em relação ao contexto de grupo envolvente.

Deste princípio geral de independência devem retirar-se as devidas ilações regimentais, que se analisam, essencialmente, na manutenção da empresa (e não do grupo) como quadro geral de referência do regime do contrato de trabalho em contexto de grupo. Este quadro empresarial de referência releva para efeitos da determinação das normas colectivas e regulamentares aplicáveis ao trabalhador (é aplicável o regime vigente na empresa e não, por exemplo, um regime convencionado para todo o grupo), para efeitos das motivações empresariais para a contratação e para o despedimento (num e noutro caso, relevam motivações da empresa e não interesses do grupo) e, genericamente, para efeitos da delimitação dos deveres e direitos das partes emergentes do contrato de trabalho.

IV. Estabelecido o princípio geral de independência dos vínculos laborais relativamente ao contexto grupal em que se insere o empregador – ressalvadas, repita-se, as situações de pluralidade de empregadores e de utilização abusiva da personalidade jurídica, que trataremos separadamente[807] – e clarificados os efeitos regimentais de tal princípio em tese geral, cabe estabelecer os seus limites. É que, a nosso ver, este princípio não reveste um carácter absoluto nem significa uma irrelevância total do contexto grupal do empregador no desenvolvimento do vínculo laboral.

O carácter não absoluto do princípio geral de independência dos vínculos laborais em contexto de grupo é desmentido, desde logo, pelo facto de a lei laboral reconhecer algumas projecções da estrutura de grupo no contrato de trabalho, que são independentes da configuração do empregador: o regime da cedência ocasional de trabalhadores, previsto nos art. 322.º ss. do CT, como regime de mobilidade inter-empresarial especificamente vocacionado para o contexto dos grupos empresariais, e o regime da

---

[806] *Infra*, secção seguinte.
[807] *Infra*, parágrafo seguinte.

responsabilidade solidária das sociedades coligadas pelos créditos laborais, consagrado no art. 378.° do CT e que reforça a tutela do trabalhador, cuja empresa esteja inserida num grupo económico, em matéria de créditos laborais. Confirmando a sensibilidade do legislador às projecções do fenómeno dos grupos económicos no domínio laboral e, mais especificamente, no âmbito do contrato de trabalho, estes regimes comprovam também que a resolução destes problemas não tem que passar pela deslocação da posição do empregador, uma vez que, em qualquer destes casos, o empregador se mantém inalterado.

Mas, independentemente destes regimes, o princípio da independência dos vínculos laborais das empresas de um grupo em relação ao próprio grupo tem limitações imanentes, que decorrem da componente organizacional do contrato de trabalho, i.e., do facto de o contrato de trabalho implicar necessariamente a integração do trabalhador no seio da organização do empregador. É que, como se observou oportunamente[808], o facto de o empregador se integrar num grupo económico constitui um aspecto preponderante da sua própria organização, que pode reflectir-se nos contratos de trabalho existentes ou que ele venha a celebrar na sua empresa.

Confirmada a importância da componente organizacional do contrato de trabalho, cabe então desenvolver um critério seguro para avaliar os reflexos da estrutura grupal dessa organização no contrato de trabalho, procurando responder à questão de saber se podem ou não configurar-se outras projecções juridicamente relevantes daquela estrutura grupal no contrato, para além daquelas já expressamente contempladas na lei e independentemente da alteração do empregador. A existirem e a serem juridicamente relevantes tais projecções, elas traduzem mais uma limitação ao referido princípio da independência dos vínculos laborais das empresas de grupo em relação ao próprio grupo.

No nosso entender, o critério de relevância do grupo nos contratos de trabalho celebrados no âmbito das empresas que o integram não pode deixar de ser o da influência directa e intensa da estrutura grupal na situação laboral em concreto, em moldes de provocar consequências jurídicas nessa mesma situação ou de pôr em causa interesses dignos de tutela ao nível da empresa a que o trabalhador pertence ou do seu próprio empregador – ape-

---

[808] *Supra*, § 11.°, ponto 21.IV.

nas este critério é apto a justificar a limitação do princípio geral da independência dos vínculos juslaborais em contexto de grupo.

É este critério geral que vamos testar na averiguação da existência e do relevo de outras projecções laborais do contexto grupal do empregador nos contratos de trabalho que existam ou venham a ser celebrados no seio da sua empresa, para além das que são já expressamente consagradas na lei e, designadamente, em algumas matérias atinentes ao estatuto do trabalhador relativamente às quais têm sido suscitados problemas.

Seguidamente, mas em moldes separados, uma vez que não se sujeitam ao princípio geral de independência dos vínculos laborais agora delineado, faremos uma referência ao estatuto daqueles trabalhadores situados em contexto de grupo, que tenham celebrado um contrato de trabalho com pluralidade de empregadores, bem como às situações de pluralidade atípica de empregadores e ainda às situações de desconsideração da personalidade colectiva em ambiente de grupo.

§ 15.º Algumas situações em especial

28. Sequência

I. A questão da eventual influência do grupo na configuração e no desenvolvimento dos contratos de trabalho celebrados no âmbito das empresas que o compõem pode suscitar-se em relação aos seguintes grupos de matérias: matérias relativas à celebração do contrato de trabalho, na perspectiva das motivações subjacentes à contratação; matérias relativas à delimitação dos direitos e deveres das partes no contrato de trabalho, com destaque para o problema do eventual alargamento dos deveres do trabalhador (*verbi gratia*, o dever de obediência e o dever de lealdade), mas também para o problema do alargamento dos poderes laborais de direcção e disciplina, por força do contexto de grupo (colocando-se, em especial, o problema da comunicabilidade disciplinar no seio do grupo); matérias relativas ao princípio da igualdade de tratamento, designadamente o problema da extensão do princípio da igualdade remuneratória a outras empresas do grupo e ainda outros problemas ligados à remuneração, com destaque para o regime de responsabilidade por créditos laborais em contexto de grupo; matérias relativas a vicissitudes do contrato de trabalho, com destaque para as questões da mobilidade do trabalhador entre empresas do grupo; matérias relativas a vicissitudes da própria empresa, como os reflexos da transmissão de empresas, estabelecimentos ou unidades de negócio no âmbito do grupo, os reflexos da insolvência de uma das empresas do grupo nos contratos de trabalho, e o âmbito das motivações do despedimento por motivos económicos quando a empresa está inserida num grupo, bem como as questões de procedimento nesse mesmo contexto; e, por fim, problemas atinentes aos efeitos acessórios da cessação do contrato de trabalho em ambiente de grupo, como a possibilidade de extensão dos pactos de não concorrência *post pactum finitum* a outras empresas do mesmo grupo, ou a extensão do direito de preferência do trabalhador despedido no acesso a novos postos de trabalho situados não na própria empresa mas noutra empresa do grupo.

II. Nas secções seguintes deste ensaio vamos apreciar, separadamente, as questões colocadas pela mobilidade dos trabalhadores entre as empresas do grupo, os problemas relativos à posição dos trabalhadores perante as vicissitudes societárias no seio do grupo e a questão da tutela dos créditos laborais no contexto dos grupos. Esta apreciação separada justifica-se ou pelo facto de estas questões terem merecido a atenção específica do legislador laboral, de forma directa ou indirecta, ou ainda por ser, reconhecidamente, nestas matérias que o contexto grupal do empregador tem uma influência mais significativa nos contratos de trabalho vigentes em cada empresa do grupo.

As restantes questões enunciadas serão tratadas de imediato, seguindo-se o critério da sua incidência na formação do vínculo laboral, na delimitação da posição jurídica das partes nesse vínculo, nos aspectos remuneratórios e nos aspectos da cessação do contrato, respectivamente. Obviamente, a apreciação destes grupos de questões terá em conta o quadro do nosso próprio sistema jurídico, dada a natureza dogmática e a incidência nacional que oportunamente atribuímos a este ensaio[809].

29. A formação do vínculo laboral em contexto de grupo; em especial, as motivações do contrato de trabalho a termo e do contrato de trabalho temporário neste contexto

I. A primeira área de possível influência do contexto de grupo no contrato de trabalho celebrado numa das empresas que o integram é a área da formação do contrato. No contexto do nosso sistema jurídico, coloca-se especificamente nesta matéria o problema do eventual relevo de interesses atinentes ao grupo como motivos justificativos para a celebração do

---

[809] Reforçamos quanto a este ponto a prevenção de que a nossa análise se circunscreve ao quadro nacional, porque o pressuposto da nossa apreciação – i.e., o princípio da independência entre os vínculos laborais em contexto de grupo – assenta, também ele, necessariamente nos parâmetros dogmáticos do nosso sistema jurídico e não é partilhado por outros sistemas. Assim, noutros quadros doutrinais, a resposta a alguns dos problemas que vamos colocar é necessariamente diferente.

contrato de trabalho, quando estes motivos sejam exigidos pela lei – o que, na nossa lei, se verifica em relação aos contratos de trabalho a termo resolutivo e aos contratos de trabalho temporário, uma vez que estas modalidades especiais de contrato de trabalho não são de recurso livre mas se sujeitam a uma motivação objectiva, que é, na maior parte dos casos, uma motivação empresarial.

No que se refere aos contratos de trabalho a termo, dispõe o art. 129.º n.º 1 do CT (directamente aplicável aos contratos a termo certo, mas também aplicável aos contratos a termo incerto, por remissão do art. 143.º n.º 1 do CT[810]) que o contrato só pode ser celebrado «...para a satisfação de necessidades temporárias da *empresa*...» (itálico nosso), enunciando depois o n.º 2 do art. 129.º, em moldes exemplificativos, e, quanto aos contratos a termo incerto, enumerando em termos taxativos o art. 143.º n.º 1 do CT as situações que correspondem, segundo a lei, a necessidades temporárias da empresa para este efeito. Além destas situações, nos termos do art. 129.º n.º 3 a) do CT, pode ainda recorrer-se ao contrato a termo nos casos de «...lançamento de uma nova actividade de duração incerta, bem como início de laboração de uma *empresa* ou estabelecimento» (itálico nosso)[811].

---

[810] Quanto ao sentido e alcance desta remissão, *vd,* por todos, ROSÁRIO PALMA RAMALHO, *Direito do Trabalho cit.*, II, 242.

[811] De acordo com a classificação que julgamos mais adequada para o enunciado legal das «necessidades da empresa», podem distinguir-se no art. 129.º n.º 2 do CT dois tipos de fundamentos empresariais para a celebração de contratos de trabalho a termo: as necessidades de gestão atinentes ao trabalhador (que incluem os diversos casos de contrato a termo para substituição de trabalhadores ausentes ou impedidos), e as necessidades de gestão atinentes à própria actividade empresarial (que incluem as motivações do contrato atinentes às actividades sazonais, a tarefas ocasionais ou ao acréscimo anormal de serviço). Para além destas motivações de gestão empresarial, o contrato de trabalho a termo pode ter uma motivação económica de fundo, como o lançamento de uma nova actividade, ou o arranque da empresa ou do estabelecimento (art. 129.º n.º 3 a) do CT) e ainda motivações sociais, como o enquadramento de desempregados de longa duração ou de trabalhadores à procura do primeiro emprego (art. 129.º n.º 3 b) do CT). Para mais desenvolvimentos sobre estas classificações dos fundamentos objectivos do contrato de trabalho a termo, *vd* ainda o nosso *Direito do Trabalho cit.*, II, 240 ss., e ainda *Contrato de trabalho a termo no sistema juslaboral português – evolução geral e tratamento no Código do Trabalho,* in *Estudos em Honra de Ruy de Albuquerque*, II, Coimbra, 2006, 119-133 (129 s.).

Por seu turno, no que se refere ao contrato de trabalho temporário a termo certo ou incerto, o art. 25.º n.º 1 da LTT limita o recurso a este tipo de contrato às situações objectivas previstas para a celebração de um cotrato de utilização de trabalho temporário, que são fixadas pelo art. 18.º do mesmo diploma e que também se reportam a necessidades de gestão empresarial decorrentes da ausência ou impedimento de trabalhadores da empresa ou da própria actividade empresarial – o regime é pois semelhante ao do contrato a termo, com a diferença de que, no caso do contrato de trabalho temporário, os fundamentos objectivos do contrato têm forçosamente que se reportar a necessidades temporárias da empresa utilizadora e a enumeração legal destes fundamentos reveste carácter taxativo.

Tendo em conta as motivações empresariais e económicas do contrato a termo[812] e as motivações de gestão empresarial do contrato de trabalho temporário, a questão que se coloca, perante a inserção grupal do empregador, é a de saber se continuam a ser relevantes para a contratação apenas motivos atinentes à empresa no âmbito da qual se celebra o contrato ou se também podem constituir uma motivação objectiva para a contratação necessidades temporárias ou novos projectos económicos do grupo, globalmente considerado, tendo em conta que o grupo, enquanto entidade económica unitária, é uma nova forma de empresa – a nossa já conhecida *empresa plurissocietária*[813].

II. A resposta a esta questão deve ser encontrada no conceito de empresa que a lei valoriza para efeitos da fundamentação objectiva dos contratos de trabalho a termo e temporário.

Embora nos pareça que o conceito de empresa para efeitos desta norma deve ser interpretado num sentido amplo, como é tradicional no

---

[812] Apenas não se suscitam problemas no caso de o contrato a termo ter uma motivação social, nos termos indicados na nota anterior. Por isso não consideramos essa situação nesta sede.

[813] Não se pense que se trata de uma questão teórica, por não se justificar a contratação a termo de trabalhadores com fundamento em interesses do grupo, porque a aceitação de tais interesses como fundamento objectivo para estes contratos alargaria o leque das motivações objectivas do contrato em termos que podem ser relevantes, dado o carácter restritivo que aquelas motivações revestem na lei.

domínio laboral[814], porque o tipo de necessidades de gestão e de necessidades económicas que a lei aqui contempla é extensivo aos mais variados tipos de organização empresarial, incluindo organizações muito rudimentares, entendemos que este conceito não é de estender ao grupo de empresas ou de sociedades, ainda que este grupo seja uma entidade económica unitária, e, nesse sentido, se traduza numa nova configuração de empresa. Bem pelo contrário, sustentamos que a motivação dos contratos de trabalho a termo e temporário só pode radicar numa necessidade de gestão empresarial ou económica da empresa membro do grupo no seio da qual é celebrado o contrato, não obstante a inserção grupal do empregador.

Os argumentos em favor deste entendimento são de natureza legal e dogmática.

Por um lado, depõe neste sentido o facto de o contrato de trabalho a termo e de o contrato de trabalho temporário serem, no nosso sistema, objecto de um regime jurídico restritivo, sendo que uma forma de assegurar a índole restritiva do sistema é, justamente, condicionandto os motivos justificativos do contrato – é neste sentido que se compreendem a norma do art. 129.º n.º 1 do CT (e, na mesma linha, a norma do art. 143.º n.º 1 do mesmo diploma), que estabelece o requisito geral de admissibilidade dos contratos a termo e que tem natureza imperativa[815] e, de forma ainda mais evidente, os arts. 25.º n.º 1 e 2 e 18.º n.º 1 da LTT, no que ao contrato de trabalho temporário se refere. Ora, alargar o conceito de empresa subjacente a estas normas à empresa plurissocietária, que corresponde

---

[814] Já tendo oportunamente recordado o conceito relevante de empresa para efeitos laborais neste estudo, para aí se remete – cfr., *supra*, § 1.º, ponto 1.IV.

[815] Nem se diga, em oposição a este entendimento, que o regime legal do contrato a termo já não tem hoje um carácter imperativo mas apenas convénio-dispositivo, tendo em conta que o art. 128.º do CT admite o afastamento das regras do Código em sede de convenção colectiva de trabalho, e esta norma não é uma das normas em que a lei expressamente afasta tal possibilidade de afastamento. Com efeito, como já tivemos ocasião de defender noutra sede (*Direito do Trabalho cit.*, II, 239), esta abertura genérica do regime do contrato a termo à modelação pela negociação colectiva – que é, aliás, de aplaudir, em tese geral – não isenta o intérprete do dever de verificar, perante cada norma em concreto, se ela reveste natureza imperativa ou convénio-dispositiva, por imposição da regra geral em matéria de articulação de fontes, que consta do art. 4.º n.º 1 do CT e que é aqui plenamente aplicável. Ora, o art. 129.º n.º 1, aliás como o art. 143.º n.º 1 do CT, são, claramente e por força da sua própria redacção, normas imperativas.

economicamente ao grupo, tornaria absolutamente insindicável a motivação objectiva do contrato de trabalho, o que vai contra a natureza imperativa destes preceitos em concreto e, globalmente, contra o carácter restritivo do regime legal do contrato a termo e do trabalho temporário.

Por outro lado, depõe contra o alargamento do conceito de empresa à empresa plurissocietária, para este efeito, o princípio geral da independência dos vínculos laborais em contexto de grupo, que oportunamente deixámos alicerçado. É que admitir motivos justificativos atinentes ao grupo, como base para contratos celebrados por um dos empregadores membros desse grupo, implica uma confusão das esferas do empregador, que formalmente outorga o contrato, e do grupo, que substancialmente justifica a contratação. Ora, tal confusão de esferas condena, à partida e sem um motivo ponderoso, aquele princípio geral de independência.

Estas razões levam-nos assim a recusar, em definitivo, o relevo de motivos objectivos atinentes ao grupo como fundamento para a contratação a termo e para o recurso ao trabalho temporário pelas empresas desse grupo. Nesta matéria, deve pois manter-se incólume o princípio geral da independência dos contratos de trabalho celebrados no âmbito de cada uma das sociedades ou empresas que integram o grupo.

30. A posição jurídica das partes no vínculo laboral vigente numa empresa inserida num grupo

30.1. Posicionamento do problema

I. Uma segunda área de eventual influência da estrutura grupal do empregador nos contratos de trabalho em vigor na sua empresa tem a ver com a delimitação da posição jurídica das partes no vínculo laboral. Nesta área, a questão que se coloca é a de saber se, da circunstância de o empregador estar inserido num grupo societário ou empresarial, pode, por si só (ou seja, independentemente de qualquer alteração do empregador), decorrer uma alteração ou uma diferente configuração dos direitos e deveres das partes emergentes do contrato de trabalho, uma vez que a pertença ao grupo é um dos elementos caracterizadores da organização do empregador e a inserção do trabalhador nesta organização é uma componente do negócio laboral, nos termos oportunamente expostos.

Dada a reconhecida complexidade da posição debitória das partes no contrato de trabalho – que integra, a par dos deveres essenciais de desenvolvimento da actividade laboral e de pagamento da retribuição, uma miríade de deveres acessórios, de origem legal, negocial ou convencional colectiva, e que podem estar associados à prestação principal ou ser independentes dessa prestação[816] – o problema deve ser equacionado separadamente para os diversos feixes de deveres das partes. Como veremos, em alguns casos será de manter o princípio geral da independência dos vínculos juslaborais vigentes em cada empresa do grupo relativamente ao próprio grupo, enquanto noutros casos poderá justificar-se uma limitação a este princípio.

II. No elenco dos deveres, direitos e poderes que compõem a posição das partes no contrato de trabalho, podem colocar especiais problemas em contexto de grupo os deveres de obediência e de lealdade do trabalhador, e, da parte do empregador, o dever remuneratório e o poder disciplinar.

---

[816] A complexidade da posição debitória das partes no contrato de trabalho justifica um esforço classificatório do conjunto de deveres que correspondem a cada uma delas, podendo tal classificação ser feita de acordo com o critério do relevo negocial destes deveres (o que permite distinguir entre deveres principais e deveres acessórios) ou segundo o critério da respectiva fonte (o que permite distinguir entre deveres legais, negociais, decorrentes de instrumento de regulamentação colectiva do trabalho e decorrentes de princípios gerais, como a boa fé ou os bons costumes). Seguindo uma classificação tradicional na doutrina germânica, que se fica a dever a W. HERSCHEL, *Haupt- und Nebenpflichten im Arbeitsverhältnis,* BB, 1978, 12, 569-572, e que foi também adoptada na nossa doutrina por MENEZES CORDEIRO (*Concorrência laboral e justa causa de despedimento,* ROA, 1986, 487-526) e desenvolvida por nós in *Do Fundamento do Poder Disciplinar... cit.,* 211 s., sufraga-se a distinção essencial destes deveres entre dever principal e deveres acessórios (sendo dever principal do trabalhador o dever de prestação da actividade laboral e dever principal do empregador o dever retributivo) mas distinguindo ainda, no âmbito dos deveres acessórios do trabalhador, entre deveres acessórios integrantes da prestação principal e deveres acessórios autónomos ou independentes da prestação principal do trabalhador, consoante a exigibilidade destes deveres esteja, por natureza, ligada à exigibilidade da actividade laboral (por exemplo, os deveres de obediência, de assiduidade, de pontualidade ou de produtividade do trabalhador) ou eles sejam exigíveis independentemente da exigibilidade da prestação do trabalho (por exemplo, o dever de respeito e urbanidade, ou o dever de lealdade do trabalhador) – para mais desenvolvimentos sobre esta classificação dos deveres laborais, *vd* o nosso *Direito do Trabalho cit.,* I, 404 ss., e II, 346 ss. e 535 ss.

30.2. Os deveres do trabalhador no contrato de trabalho vigente numa empresa de um grupo: em especial o dever de obediência e o dever de lealdade

I. O primeiro problema que a inserção grupal do empregador pode colocar é o da extensão dos deveres do trabalhador. No conjunto amplo de deveres do trabalhador, podem colocar especiais dificuldades em contexto grupal o dever de obediência (art. 121.º n.º 1 d) e n.º 2 do CT), que é o contraponto do poder de direcção e do poder disciplinar prescritivo do empregador (art. 150.º do CT), e o dever de lealdade (art. 121.º n.º 1 e) do CT).

II. O dever de obediência do trabalhador consubstancia-se na observância das ordens e instruções do empregador relativamente ao modo de cumprimento da prestação laboral, aos aspectos acessórios dessa prestação e às regras de disciplina na empresa predispostas pelo empregador (art. 121.º n.º 2 do CT). Sendo dotado de uma particular extensão, pelo vasto leque de matérias sobre que incidem poderes correspectivos do empregador (i.e., o poder directivo e o poder disciplinar, na vertente prescritiva) e de uma especial intensidade, porque as ordens e instruções tanto podem dimanar directamente do empregador como dos superiores hierárquicos do trabalhador[817], o dever de obediência é um dos deveres acessórios mais relevantes na dinâmica do vínculo laboral e que conforma decisivamente a posição de subordinação do trabalhador nesse vínculo[818].

---

[817] Para mais desenvolvimentos sobre esta especial intensidade e extensão do dever de obediência do trabalhador, vd o nosso *Direito do Trabalho cit.*, II, 350.

[818] Em geral, sobre o dever de obediência do trabalhador, e realçando a sua importância decisiva no conjunto dos deveres do trabalhador, A. MONTEIRO FERNANDES, *Sobre o fundamento do poder disciplinar,* ESC, 1966, 18, 60-83 (61), MOREIRA DA SILVA, *Direitos e Deveres dos Sujeitos... cit.*, 53, RUI ASSIS, *O Poder de Direcção do Empregador*, Coimbra, 2005, 49, e, nas obras laborais gerais, ainda RAÚL VENTURA, *Teoria da Relação Jurídica de Trabalho cit.*, 104 ss., MÁRIO FROTA, *Contrato de Trabalho cit.*, I, 34, BRITO CORREIA, *Direito do Trabalho cit.*, 94, BARROS MOURA, *Notas para uma Introdução... cit.*, 26, MENEZES CORDEIRO, *Manual de Direito do Trabalho cit.*, 127, BERNARDO XAVIER, *Curso de Direito do Trabalho cit.*, I, 325, e *Iniciação ao Direito do Trabalho,* Lisboa – S. Paulo, 1990, 173, ou MONTEIRO FERNANDES, *Direito do Trabalho cit.*, 140. No panorama doutrinal comparado, é também realçada a importância nuclear do dever de obediência, como manifestação da subordinação jurídica, entre outros, entre muitos outros, por autores como BARASSI, *Elementi...cit.*, 140 s., RIVA SANSEVERINO, *Diritto del lavoro cit.*, 43 e 241 ss., REDENTI, *Variazioni sul tema del verbo commandare cit.*, 778, CASSÌ, *La subordinazione*

§ 15.° *Algumas situações em especial* 441

Em contexto de grupo, a questão que se coloca relativamente ao dever de obediência reside em saber se podem ser emitidas ordens ou instruções que tenham como destinatário o trabalhador de uma empresa do grupo, por exemplo, pela sociedade mãe da sociedade empregadora do trabalhador e, correspondentemente, se o dever de obediência deste trabalhador abrange essas ordens ou instruções.

Note-se que o estreito relacionamento económico e de gestão entre as empresas de um grupo, que frequentemente se verifica, aumenta a possibilidade de ocorrência destas situações, pelo que a questão colocada está longe de ser académica. Por outro lado, quando o grupo em que o empregador está inserido corresponde a uma coligação societária e, mais especificamente, a um grupo de sociedades em sentido estrito e vertical (nas modalidades de grupo constituído por contrato de subordinação ou de grupo constituído por domínio total inicial ou superveniente), o facto de a lei societária atribuir à sociedade mãe um poder de direcção sobre a sociedade subordinada ou dominada, nos termos oportunamente explicitados (art. 503.° do CSC, aplicável directamente aos grupos por subordinação e aplicável aos grupos por domínio total, *ex vi* art. 491.° do mesmo Código)[819], pode suscitar dúvidas sobre a extensão e a incidência deste poder e sobre a sua conjugação com o poder de direcção laboral que o Código do Trabalho atribui ao empregador (art. 150.°).

No nosso entender, estas dúvidas não têm razão de ser. Perante um contrato de trabalho celebrado no âmbito de uma das empresas do grupo, a inserção dessa empresa no grupo não é de molde a alterar o poder de direcção, nem o poder disciplinar prescritivo, no sentido da deslocação desses poderes (ou mesmo só do poder directivo) para a sociedade dominante do grupo, nem sequer no sentido da partilha destes poderes entre o empregador e a sociedade mãe do grupo; e, em consequência, o dever de obediência do trabalhador perante o empregador também não sofre qualquer alargamento para além das fronteiras da sua própria empresa e da entidade do seu empregador.

---

del lavoratore... cit., 149, SUPPIEJ, *La struttura del rapporto di lavoro cit.*, II, 9 ss., SMURAGLIA, *La persona del prestatore nel rapporto di lavoro cit.* 279 s., ANGIELLO, *Autonomia e subordinazione... cit.*, 44, A. BRUN / H. GALLAND, *Droit du travail.*, I, 2ª ed., Paris, 1978, 688, DESPAX, *L'évolution du lien de subordination cit.*, 13 e 15, JAMOULLE, *Le contrat de travail cit.*, 12, RICHARDI, *Staudingers Kommentar... cit.*, II, 49 s., ou SÖLLNER, *Grundriß... cit.*, 1 ss.

[819] *Supra*, § 6.°, ponto 13.4.2.VIII. e ponto 13.4.4.V.

Este entendimento alicerça-se num argumento de natureza estrutural, que tem a ver com a própria delimitação do contrato de trabalho, e num argumento funcional, que tem a ver com o conteúdo do poder directivo, no âmbito laboral e no domínio societário.

O argumento estrutural em favor do entendimento defendido é a essencialidade da posição de domínio do empregador no contrato de trabalho (que se analisa na titularidade dos poderes laborais) para a respectiva qualificação, verdadeiro contraponto da subordinação jurídica do trabalhador. Ora, tendo como adquirido que a inserção grupal do empregador não afecta a configuração dos contratos de trabalho que ele celebre na sua empresa, nem a sua própria posição como empregador nesses contratos (ressalvados os casos de abuso da personalidade colectiva e os casos de pluralidade de empregadores), tem que se concluir que a uma tal posição inere necessariamente a titularidade dos poderes laborais, o que não é compatível com a respectiva deslocação ou partilha de titularidade com uma terceira entidade, ao menos sem um título juridicamente adequado para tal[820] – que, obviamente, a mera inserção do empregador numa estrutura de grupo, ainda que seja intermediada por um negócio societário, não confere.

O segundo argumento em favor desta posição tem a ver com a diferente natureza e função do poder directivo laboral, atribuído ao empregador pelo art.150.° do CT[821], e do poder directivo societário, previsto no art. 503.° do CSC para as sociedades em relação de grupo vertical. Na ver-

---

[820] Por exemplo, um instrumento jurídico de cedência do trabalhador.

[821] Em geral sobre a delimitação e a função do poder directivo laboral na doutrina nacional, F. J. COUTINHO DE ALMEIDA, *Os poderes da entidade patronal no direito português*, RDE, 1977, 301-334, e ainda deste autor, *Poder Empresarial: Fundamento, conteúdo e limites (Portugal), in* AA/VV, *Temas de Direito do Trabalho. Direito do Trabalho na Crise. Poder Empresarial. Greves Atípicas – IV Jornadas Luso-Hispano-Brasileiras de Direito do Trabalho,* Coimbra, 1990, 311-332, ROSÁRIO PALMA RAMALHO, *Do Fundamento do Poder Disciplinar Laboral cit.,* 155 ss., RUI ASSIS, *O Poder de Direcção do Empregador cit.,* e nas obras laborais gerais, MENEZES CORDEIRO, *Manual de Direito do Trabalho cit.,* 658 ss., BERNARDO XAVIER, *Curso de Direito do Trabalho cit.,* I, 324 ss., JORGE LEITE, *Direito do Trabalho cit.,* II, 154 ss., ROMANO MARTINEZ / L. M. MONTEIRO / JOANA VASCONCELOS / MADEIRA DE BRITO / GUILHERME DRAY / GONÇALVES DA SILVA, *Código do Trabalho Anotado cit.,* 354 s. (anotação de MADEIRA DE BRITO), ROMANO MARTINEZ, *Direito do Trabalho cit.,* 627 ss., MONTEIRO FERNANDES, *Direito do Trabalho cit.,* 260 ss., MENEZES LEITÃO, *Direito do Trabalho cit.,* 363 s.. e ainda ROSÁRIO PALMA RAMALHO, *Direito do Trabalho cit.,* II, 583 ss. Com referência à literatura estrangeira, especificamente sobre o poder directivo, entre outros, R. BIRK, *Die Arbeitsrechtliche Leistungsmacht,* Köln-Berlin-

§ 15.º *Algumas situações em especial*

dade, embora ambos os poderes se consubstanciem na possibilidade de emitir instruções e estas revistam carácter vinculativo (art. 503.º n.º 1 do CSC, quanto ao poder de direcção da sociedade mãe, e art. 121.º n.º 2 do CT, no recorte do dever de obediência do trabalhador), eles distinguem-se tanto pelos seus destinatários como pelo seu conteúdo e pela sua função[822]. Assim, conforme decorre expressamente do art. 503.º n.º 1 do CSC, a destinatária das instruções da sociedade dominante é a administração da sociedade dominada ou subordinada (o que, obviamente, não abrange os trabalhadores dessa mesma sociedade), ao passo que o destinatário do poder directivo laboral é, naturalmente, o trabalhador. Por outro lado, enquanto o poder directivo do empregador se destina a concretizar a actividade laboral e a adequá-la à satisfação das necessidades do próprio empregador (ou seja, é, eminentemente, um poder de escolha da prestação), o poder de direcção da sociedade mãe sobre a sociedade subordinada ou dominada destina-se, como vimos no lugar próprio, a regular as relações entre estas duas sociedades, assegurando, designadamente, a primazia dos interesses do grupo societário e da sociedade dominante sobre os interesses da sociedade dependente, nos termos permitidos pela lei societária.

Não se confundindo os dois poderes, deve, pois ficar claro que a sociedade dominante não pode emitir instruções cujos destinatários directos sejam os trabalhadores da sociedade dependente e que mesmo as instruções que emita em relação à administração da sociedade dependente não podem ser de índole laboral[823]. E, se assim é em relação aos grupos de

---

-Bonn-München, 1973, G. Diéguez Cuervo, *Poder Empresarial: Fundamento, Contenido y limites (España)*, L. Ferreira Prunes, *Poder Empresarial: Fundamento, conteúdo e limites (Brasil)*, ambos n AA/VV, *Temas de Direito do Trabalho. Direito do Trabalho na Crise. Poder Empresarial. Greves Atípicas – IV Jornadas Luso-Hispano-Brasileiras de Direito do Trabalho*, Coimbra, 1990, respectivamente 333-344 e 345-376, N. Catala, *L'entreprise cit.*, 185 ss., D. Loschak, *Le pouvoir hiérarchique dans l'entreprise privée... cit.*, 22 ss., J. Savatier, *Pouvoir patrimonial e direction des personnes*, DS, 1982, 1, 1-10, A. Jeammaud / A. Lyon-Caen, *Droit et direction du personnel*, DS, 1982, 1, 56-69, ou R. Pessi, *Il potere direttivo dell'imprenditore ed i suoi nuovi limiti dopo la legge 20 maggio 1970, n. 300*, Riv.DL, 1973, 28-105.

[822] Já tendo desenvolvido oportunamente os problemas relativos à configuração e à função do poder de direcção no contexto dos grupos societários, remete-se para o que então foi dito, prescindindo-se agora de maiores aprofundamentos – cfr., *supra*, § 6.º, ponto 13.4.2.VIII.

[823] É certo que não podem evitar-se instruções da sociedade mãe em relação à sociedade filha que, apesar de não terem cunho laboral, podem ter reflexos laborais – por exem

sociedades em sentido próprio, por maioria de razão será de recusar a existência de qualquer poder directivo de incidência laboral no caso dos grupos de facto e nas demais situações de domínio societário não total.

Sustenta-se assim, em conclusão, que o trabalhador cuja empresa esteja integrada num grupo societário ou empresarial não vê, por esse facto, alterado o conteúdo e a extensão do seu dever de obediência, e, de forma correspondente, o respectivo empregador mantém intactos os seus poderes laborais, neste caso com destaque para o poder directivo. O princípio geral da independência dos vínculos laborais vigentes no âmbito de uma empresa de um grupo, que enunciámos no parágrafo anterior, é, pois, ainda plenamente aplicável nesta situação.

Por fim, cabe referir que esta conclusão geral é compatível com as situações de atribuição temporária do exercício do poder directivo do empregador a outra empresa do grupo, à qual o trabalhador seja cedido, ao abrigo do regime da cedência ocasional (arts. 322.° ss. do CT), uma vez que, nestas situações, apenas ocorre uma transferência transitória do poder directivo, que actua, aliás, no plano do exercício e não da titularidade do poder, e porque a posição de domínio negocial do empregador continua a ser assegurada através da detenção do poder disciplinar.

III. O segundo dever do trabalhador que exige uma apreciação mais atenta, quando o empregador está inserido numa estrutura de grupo, é o dever de lealdade.

Como é sabido, o dever de lealdade do trabalhador tem um especial significado, justificando que se lhe reconheça um sentido restrito e um sentido amplo[824]: em sentido estrito, o dever de lealdade projecta-se em dois deveres derivados, que são o dever de sigilo e o dever de não concorrência com o empregador (é a valência do dever de lealdade que está

---

plo, instruções quanto à actividade económica da sociedade dependente, que, por hipótese, redundem na alteração de instalações ou venham a acarretar a redução de trabalhadores, ou determinem a transmissão de um estabelecimento da sociedade dominada. O que se recusa é a possibilidade de, passando por cima do empregador formal e ao abrigo da estrutura de grupo, a sociedade mãe deter um poder directivo laboral sobre os trabalhadores da sociedade filha.

[824] Para mais desenvolvimentos sobre este significado do dever de lealdade, vd o nosso *Direito do Trabalho cit.*, II, 355. Também no sentido do reconhecimento de uma dimensão estrita e ampla a este dever, por exemplo, MENEZES CORDEIRO, *Manual de Direito do Trabalho cit.*, 129.

consagrada no art. 121.º n.º 1 e) do CT); em sentido amplo, o dever de lealdade recorta globalmente o comportamento do trabalhador perante o empregador e, nesse sentido, constitui, a par do dever de obediência, o mais importante dos deveres acessórios do trabalhador[825]. Neste sentido amplo, o dever de lealdade tem uma dimensão obrigacional, na medida em que exige ao trabalhador um comportamento conforme com a boa fé no cumprimento do contrato (é o sentido que decorre do art. 119.º n.º 1 do CT, em consonância com o art. 762.º n.º 2 do CC), mas também um sentido especificamente laboral e uma dimensão empresarial, na medida em que exige que o trabalhador paute o seu comportamento pelos interesses da empresa (por exemplo, contribuindo activamente para a melhoria da respectiva produtividade, nos termos dos arts. 119.º n.º 2 e 121 n.º 1 g) do CT, mas também cooperando com os colegas em diversas matérias e ainda sujeitando-se a algumas alterações unilaterais do programa contratual, em matéria de tempo ou de local de trabalho, ou ainda em relação às suas funções, em nome do interesse da empresa). Por outras palavras, nesta dimen-

---

[825] Como se sabe, nas concepções comunitário-pessoais da relação de trabalho, que foram dominantes na doutrina juslaboral durante décadas, o dever de lealdade do trabalhador chegou a ser qualificado como o dever principal do trabalhador, enquanto o denominado dever de assistência era considerado como o dever principal do empregador – para mais desenvolvimentos sobre este ponto e especificamente sobre o lugar primordial que o dever de lealdade ocupou nestes concepções do vínculo laboral, deve ver-se, em especial, a doutrina germânica, tanto em autores que, no quadro daquelas doutrinas, mais salientaram a centralidade e a importância decisiva do dever de lealdade, como foi o caso paradigmático de A. NIKISCH, *Die Bedeutung der Treupflicht für das Arbeitsverhältnis*, DAR, 1938, 7/8, 182-186, como nos autores mais recentes que criticaram as concepções comunitário-pessoais e propuseram uma reconstrução dogmática do dever de lealdade no contrato de trabalho (nesta segunda linha, entre outros, WOLF, *«Treu und Glauben», «Treu» und «Fürsorge» im Arbeitsverhältnis cit.*, 1863 ss., P. SCHWERDTNER, *Gemeinschaft, Treue, Fürsorge... cit.*, 62 ss., e, ainda deste autor, *Fürsorge- und Treuepflichten... cit.*, 1 ss., MAYER-MALY, *Treue- und Fürsorgepflicht in rechtstheoretischer und rechtsdogmatische Sicht cit.*, 71 ss., RICHARDI, *Entwicklungstendenzen der Treue- und Fürsorgepflicht in Deutschland cit.*, 41 ss., ou W. ZÖLLNER, *Die vorvertragliche und die nachwirkende Treue- und Fürsorgepflicht... cit.*, 91 ss.). Para uma apreciação desenvolvida destas concepções e, designadamente, do papel que nelas desempenhou o dever de lealdade, bem como da respectiva crítica, ROSÁRIO PALMA RAMALHO, *Da Autonomia Dogmática... cit.*, 279 ss., 367 ss., e 468 ss. Sendo certo que as concepções comunitário-pessoais do vínculo laboral estão hoje definitivamente ultrapassadas, devendo o dever de lealdade ser reconduzido a um dever acessório do trabalhador, a sua importância decisiva como padrão geral do comportamento do trabalhador no cumprimento do contrato de trabalho mantém-se.

são ampla e especificamente laboral, cujo plano de desenvolvimento é a empresa, o dever de lealdade do trabalhador evidencia o relevo da componente organizacional do contrato de trabalho[826].

Ora, perante o contexto grupal do empregador, o dever de lealdade deve ser reequacionado, quer no seu sentido estrito, i.e., no que toca às suas projecções nos deveres de sigilo e no dever de não concorrência, quer no seu sentido amplo, como padrão de conduta a adoptar no cumprimento do contrato e em atenção ao interesse da empresa.

IV. Em relação ao dever de sigilo[827], a questão que se coloca é a da interpretação da delimitação legal do conteúdo deste dever, feita pelo art. 121.º n.º 1 e) parte final do CT, que o reporta à não divulgação de «...informações referentes à sua [do empregador] organização, métodos de produção e negócios...». Naturalmente, estando o empregador inserido num grupo, o problema reside em saber se o dever de sigilo se restringe ao universo da entidade empregadora, ou se também se estende a informações de que o trabalhador, na execução do seu contrato, venha a ter conhecimento, mas que se reportam ao grupo em que se insere a sua empresa ou mesmo a outra empresa do mesmo grupo.

Do nosso ponto de vista, apenas uma visão estritamente obrigacional do conteúdo das obrigações de lealdade do trabalhador no contrato de trabalho (i.e., perspectivando o dever de lealdade unicamente como padrão de conduta adequado aos interesses contratuais das partes) permitiria circunscrever o dever de sigilo ao universo estrito do empregador formal, uma vez que o grupo e as restantes empresas que o integram estão, como vimos, para além do contrato de trabalho.

Não é, contudo, este o nosso entendimento sobre o conteúdo do dever de lealdade, no domínio laboral, por força da componente organizacional do contrato de trabalho. De facto, reconhecendo-se ao dever de lealdade do trabalhador uma dimensão não exclusivamente obrigacional, mas também uma dimensão empresarial (no sentido em que este dever exige uma

---

[826] Não sendo possível aprofundar esta construção do dever de lealdade, que tivemos oportunidade de desenvolver noutra sede, vd, sobre o ponto, os nossos *Da Autonomia Dogmática... cit.*, 717 ss., e *Direito do Trabalho cit.*, II, 357 ss.

[827] Para mais desenvolvimentos sobre a projecção do dever de lealdade no dever de sigilo, pode ver-se ROSÁRIO PALMA RAMALHO, *Direito do Trabalho cit.*, II, 355 ss., com indicações doutrinais e de jurisprudência.

conduta do trabalhador adequada aos interesses de gestão do empregador ou aos interesses da empresa, que transcendem o contrato)[828], naturalmente que este conteúdo amplo se repercute no dever de sigilo, conferindo-lhe também uma dimensão organizacional. Acresce que a referência legal à *organização* e aos *negócios* do empregador no contexto do dever de sigilo (art. 121.º n.º 1 e), parte final, do CT) fornece um argumento adicional em favor deste entendimento: tal referência não pode, quanto a nós, ser interpretada senão no sentido de abranger a organização do empregador, tal como ela é, na prática, independentemente da configuração (ainda assim, unitária e singular) do vínculo laboral do trabalhador – ou seja, uma organização de grupo.

Assim, em conclusão, sustentamos que o dever de sigilo do trabalhador, cuja empresa esteja inserida num grupo societário ou empresarial, estende-se, com efeito, a informações de que ele possa ter conhecimento no cumprimento do seu contrato e que respeitem não directamente ao seu empregador mas ao grupo, globalmente considerado, ou mesmo a outras empresas do grupo. A componente organizacional do contrato de trabalho, conjugada com o sentido amplo do dever de lealdade neste contrato, constituem justificação suficiente para o entendimento sufragado, pelo que nem sequer se pode considerar que haja aqui uma quebra do princípio geral de independência do vínculo laboral da empresa membro do grupo em relação ao próprio grupo.

Do reconhecimento deste conteúdo amplo ao dever de sigilo do trabalhador, nos termos indicados, devem retirar-se as devidas consequências. Assim, se o trabalhador revelar informações confidenciais relativas ao grupo ou a outras empresas do grupo, incorre em infracção disciplinar e pode ser sancionado disciplinarmente pelo próprio empregador, nos termos gerais (arts. 365.º ss. do CT).

V. O dever de não concorrência consubstancia-se na proibição imposta ao trabalhador de negociar por conta própria ou alheia na área de actividade do empregador (art. 121.º n.º 1 e), parte inicial, do CT[829].

---

[828] Ainda o nosso *Direito do Trabalho* cit., II, 357 ss.
[829] Para mais desenvolvimentos sobre a projecção do dever de lealdade no dever de não concorrência, pode ver-se ROSÁRIO PALMA RAMALHO, *Direito do Trabalho* cit., II, 355 s., com indicações doutrinais e de jurisprudência.

Como é sabido, esta proibição mantém-se activa durante todo o tempo de execução do contrato de trabalho, constituindo assim um limite legal expresso ao princípio constitucional da liberdade de trabalho (art. 58.º n.º 1 da CRP), mas pode mesmo vir a ter efeitos após a cessação do contrato, com a admissibilidade dos denominados pactos de não concorrência *post pactum finitum* (art. 146.º n.º 2 do CT). Constituindo estes pactos uma consequência acessória da cessação do contrato de trabalho, a eles nos referiremos um pouco mais à frente, focando, por ora, a nossa atenção no relevo do dever de não concorrência na pendência do contrato.

O problema que o dever de não concorrência pode colocar, quando o empregador esteja inserido num grupo societário ou empresarial, é, tal como no caso do dever de sigilo, um problema de extensão do respectivo conteúdo. Este problema deixa-se enunciar facilmente numa questão: perante a inserção grupal da empresa, circunscreve-se o âmbito do dever de não concorrência do trabalhador à área de actividade económica prosseguida pelo seu próprio empregador, ou também se estende à área de actividade das outras empresas do grupo, quando esta área seja diferente?[830].

Na apreciação desta questão, deve, em primeiro lugar, ter-se em conta que o dever de não concorrência constitui um limite a um direito fundamental constitucional (no caso, o princípio da liberdade de trabalho, que se projecta na admissibilidade do pluriemprego – art. 58.º n.º 1 da CRP), pelo que, nos termos gerais do art. 18.º da CRP, as restrições que lhe podem ser introduzidas devem ser reduzidas ao mínimo[831]. Ainda assim, crê-se que o conteúdo deste dever deve acompanhar o âmbito da componente organizacional do contrato de trabalho, pelo que, tendo a organização do empregador uma dimensão grupal, esta dimensão deve ser relevante para aferir o conteúdo deste dever[832]. Naturalmente, tal relevo

---

[830] Por exemplo, num grupo bancário, está obviamente vedado ao trabalhador do banco A ter o seu próprio negócio de concessão de crédito, mas pode ser angariador de seguros da seguradora C em concorrência com a seguradora B, pertencente ao mesmo grupo?

[831] Em especial, sobre a admissibilidade do pluriemprego, em decorrência do princípio constitucional da liberdade de trabalho, *vd* FURTADO MARTINS, *O pluriemprego no Direito do Trabalho cit.*, 191 ss.; para mais desenvolvimentos e com indicações doutrinais, *vd* ROSÁRIO PALMA RAMALHO, *Direito do Trabalho cit.*, II, 105 ss.

[832] A extensão do âmbito do dever de não concorrência do trabalhador ao universo

deve circunscrever-se a matérias susceptíveis de prejudicar efectivamente a organização grupal em que a entidade empregadora está inserida, pelo que não cremos que se estenda a todas as actividades desenvolvidas por todas as empresas que constituem o grupo, mas apenas àquelas actividades com afinidades ou com uma ligação relevante com a actividade laboral que o trabalhador desenvolve no seio da sua própria empresa[833].

Assim, quanto à extensão do dever de não concorrência de um trabalhador de uma empresa inserida num grupo, na pendência do respectivo contrato de trabalho, conclui-se que este dever abrange não só a área de actividade do empregador formal, mas também outras áreas de actividade desenvolvidas por outras empresas do mesmo grupo, desde que tenham um nexo relevante com a actividade laboral do trabalhador no seio da sua empresa.

Do relevo do dever de não concorrência nos termos expostos decorrem as inerentes consequências regimentais, e, nomeadamente, a tutela disciplinar no caso de violação deste dever, nos termos gerais do art. 365.º do CT.

---

do grupo também tem sido admitida no contexto de outros ordenamentos jurídicos, ainda que sem fundamento na componente organizacional do contrato de trabalho, que aqui realçamos – neste sentido, no sistema germânico, HENSSLER, *Der Arbeitsvertrag im Konzern cit.*, 173, ou KONZEN, *Arbeitnehmerschutz im Konzern cit.*, 73, mas contra, excepto no caso em que haja mobilidade do trabalhador entre as empresas do grupo, WINDBICHLER, *Arbeitsrecht im Konzern cit.*, 247 s.; no sistema francês, admitiram esta extensão do dever de não concorrência autores como BARTHÉLÉMY / COULON / EGAL / GUIGOU / HARDOUÍN / MELLO/ / PETITEAU / SEURAT, *Le droit des groupes de sociétés cit.*, 298.

[833] Retomando o exemplo do trabalhador bancário, acima indicado, a concorrência entre a sua actividade bancária e uma eventual actividade na área seguradora decorre do carácter complementar destas duas actividades. A situação que o alargamento do dever de não concorrência, que propomos, permite acautelar é, por hipótese, que, ao conceder crédito, no exercício das suas funções bancárias, o gerente de um banco aconselhe ao cliente a celebração de um contrato de seguro de vida, para garantia do cumprimento das suas obrigações, não com a companhia seguradora que é membro do mesmo grupo, mas com outra seguradora, para a qual ele próprio trabalha como angariador de seguros, auferindo assim uma comissão pela celebração do contrato de seguro. Pelo contrário, já não viola o dever de não concorrência o trabalhador gerente de uma dependência bancária que, paralelamente, tenha um negócio de *catering*, pelo facto de o grupo bancário recorrer a uma empresa instrumental, que também integra o grupo, e que assegura igualmente serviços de *catering* às restantes empresas do grupo.

VI. Por fim, parece-nos importante salientar que o dever de lealdade em sentido amplo, de que o trabalhador é titular, obriga-o a pautar globalmente o seu comportamento, ao longo do desenvolvimento do vínculo laboral, não só pelo interesse do seu empregador como pelo interesse global do grupo em que a sua empresa esteja inserida, em decorrência da componente grupal da organização do próprio empregador – e, por conseguinte, sem necessidade de uma justificação adicional.

30.3. Os deveres do empregador e a estrutura grupal: em especial o dever remuneratório e o princípio da igualdade de tratamento

I. Apreciados os efeitos da inserção grupal do empregador na posição jurídica do trabalhador, cabe avaliar o impacto da estrutura de grupo na posição do empregador nesse mesmo contexto. Destacam-se aqui dois problemas essenciais: o problema da extensão do dever remuneratório do empregador, por força do princípio geral da igualdade de tratamento, nomeadamente na projecção remuneratória deste princípio; e o problema da extensão dos poderes laborais de direcção e disciplina no contexto de grupo.

II. No que toca ao dever remuneratório do empregador, para além da questão da tutela dos créditos laborais do trabalhador em contexto de grupo, que trataremos em separado, por ter merecido a atenção específica da lei laboral[834], tem-se colocado o problema do alcance do princípio da igualdade remuneratória entre os trabalhadores das várias empresas de um mesmo grupo.

Tendo em conta que o grupo constitui, do ponto de vista económico, uma nova forma de empresa, e considerando, por outro lado, que a Constituição, o direito comunitário e a lei laboral consagram o princípio da igualdade remuneratória entre os trabalhadores que desenvolvem um trabalho igual ou de valor igual (respectivamente, art. 59.º n.º 1 a) da CRP, arts. 13.º e 141.º n.º 1 do TCE, art. 28.º n.º 1 do CT e art. 37.º da RCT)[835],

---

[834] *Infra*, §§ 25.º e 26.º.

[835] Como é sabido, na sua consagração nestas várias instâncias jurídicas, o princípio da igualdade remuneratória não tem sempre o mesmo sentido nem o mesmo alcance. Assim,

§ 15.° Algumas situações em especial 451

o problema reside em saber se, perante um trabalho igual ou de valor igual prestado por outro trabalhador para outra empresa do mesmo grupo e retribuído de forma mais favorável, podem os trabalhadores exigir ao seu próprio empregador o tratamento retributivo mais favorável, alegando o princípio da igualdade remuneratória e considerando o grupo como uma empresa unitária para este efeito[836].

A nosso ver, as pretensões de equiparação remuneratória fora do âmbito do empregador formal e reportadas ao grupo ou a outra empresa do

---

no domínio do direito comunitário, é especialmente salientada nos Tratados e desenvolvida pelo direito secundário e pela jurisprudência do Tribunal de Justiça a matriz da igualdade remuneratória entre trabalhadores e trabalhadoras por trabalho igual ou de valor igual (art. 141.° n.° 1 do TCE) e o conceito de remuneração desenvolvido para efeitos da aferição deste princípio é um conceito muito amplo (art. 141.° n.° 2 do TCE, Dir. 75/117/CEE, de 10 de Fevereiro de 1975, relativa à igualdade remuneratória entre trabalhadores e trabalhadoras, e Dir. 2006/54/CE, de 5 de Julho de 2006, relativa à aplicação do princípio da igualdade de oportunidades e igualdade de tratamento entre homens e mulheres em domínios ligados ao emprego e à actividade profissional (reformulação), em especial, art. 4.°), ao passo que, no nosso sistema jurídico, o princípio constitucional da igualdade retributiva (art. 59.° n.° 1 a) da CRP) é menos amplo e assenta no conceito estrito de remuneração (ou seja, na noção de retribuição); o desenvolvimento deste conceito no Código do Trabalho apresenta também esta valência mais restritiva (art. 263.° do CT), embora, pelo menos no que tange à aplicação deste princípio às discriminações de género, seja exigível a ponderação do conceito amplo de remuneração, sob pena de violação das disposições comunitárias. Sobre estes pontos, que ultrapassam o âmbito das nossas reflexões, *vd*, com amplas indicações doutrinais e da jurisprudência comunitária e nacional nesta matéria, os nossos *Direito do Trabalho cit.*, II, 556 ss., *Igualdade de tratamento entre trabalhadores e trabalhadoras em matéria remuneratória: a aplicação da Directiva 75/117/CE em Portugal*, ROA, 1997, 159-181, republicado *in Estudos de Direito do Trabalho*, I, Coimbra, 2003, 227-246, *Garantir a Igualdade Remuneratória Entre Mulheres e Homens na União Europeia* (com tradução em língua inglesa, sob o título *Guaranteeing Equal Pay beetween Women and Men in the European Union*, e em língua francesa, sob o título *Garantir l'égalité de rémunération entre femmes et hommes dans l'Union Européenne*), Lisboa, 2003, bem como *Igualdade de género e direito comunitário – breves notas*, Ex aequo, 2004, 10, 51-60 (52 s.), e ainda M. MANUELA MAIA, *O conceito de retribuição e a garantia retributiva*, in A. J. MOREIRA (coord.), *II Congresso Nacional de Direito do Trabalho. Memórias*, Coimbra, 1999, 259-277. Como estas diferentes acepções do princípio da igualdade remuneratória, nas suas diversas aplicações, não apresentam especificidades no caso dos grupos, não as tomaremos em consideração.

[836] Assim, por exemplo, os motoristas da empresa A do grupo X, verificando que os motoristas da empresa B, do mesmo grupo, que desempenham as mesmas funções, auferem uma retribuição superior, invocam o contexto grupal como fundamento para reclamar o direito ao mesmo tratamento retributivo.

grupo, não têm razão de ser, porque o dever remuneratório corresponde ao dever principal do empregador, que constitui um elemento essencial do seu contrato de trabalho (apesar de constar do enunciado dos deveres do empregador sem qualquer saliência especial – art. 120.° b) do CT), e, como vimos oportunamente, o facto de o empregador se inserir num grupo não determina, por si só, a deslocação ou a partilha da sua posição como empregador pelo grupo ou pelo conjunto das empresas que o compõem. Assim, mantendo-se o empregador inalterado, é de aplicar aqui, sem restrições, o princípio geral da independência jurídica dos vínculos laborais celebrado ou em execução no seio das diversas empresas que integram o grupo[837].

---

[837] Naturalmente, a resposta será diferente nas situações de pluralidade de empregadores e nas situações em que, por aplicação da técnica da desconsideração da personalidade colectiva, se conclua pela contitularidade da posição jurídica de empregador, caso em que fazem todo o sentido as pretensões de equiparação salarial, porque deixa de se aplicar o princípio da independência dos contratos de trabalho nas várias empresas do grupo – trataremos, um pouco mais à frente, estas situações (*infra*, § 16.°). Por outro lado, assentando o nosso entendimento no referido princípio da independência dos vínculos laborais em contexto de grupo, não é de admirar que nos contextos jurídicos onde tal princípio não é sufragado e se admita a qualificação da relação de trabalho de grupo como um vínculo jurídico unitário, a doutrina admite estas pretensões de igualdade salarial – é o que sucede, por exemplo, no sistema brasileiro, conforme nos dá conta BUENO MAGANO, *Los grupos de empresa... cit.*, 179. Já noutros sistemas, é admitido o relevo acessório do contexto de grupo ao nível da remuneração, independentemente da questão da determinação do empregador e da natureza unitária da relação de trabalho – é o que sucede no sistema francês, onde se continuam a tratar as questões da remuneração ao nível de cada empresa do grupo, mas se admitem projecções remuneratórias ao nível do grupo nos denominados *accords de participation* (sobre o ponto, por exemplo, VERDINKT, *L'éxécution des relations de travail... cit.*, 47 s.). Também no contexto da doutrina germânica, o princípio geral da independência dos vínculos laborais em contexto de grupo não tem impedido alguns autores de defenderem a extensão do tradicional dever de assistência do empregador (que tem uma componente remuneratória) à sociedade mãe de um grupo, com fundamento nos poderes de facto que esta sociedade exerce sobre as sociedades dominadas, que justificariam a sua responsabilidade extra-contratual perante os respectivos trabalhadores em nome do princípio da tutela da confiança e da aparência – neste sentido, entre outros, HENSSLER, *Der Arbeitsvertrag im Konzern cit.*, 74 ss. e 87 ss.; já KARAMARIAS, *Bundesdeutschen... cit.*, 358, apenas admite a extensão do dever de assistência do empregador nos casos de cedência de um trabalhador de uma empresa do grupo a outra empresa do mesmo grupo, e WINDBICHLER, *Arbeitsrecht im Konzern cit.*, 205 s., 418 ss. e 585 s., critica extensivamente a concepção de HENSSLER, com fundamento na independência dos vínculos laborais no seio do grupo.

§ 15.º *Algumas situações em especial* 453

Ao entendimento sustentado podem ser dirigida a crítica da injustiça e a crítica do formalismo. Por um lado, esta solução pode ser considerada incoerente e injusta, não só porque, tendo-se admitido o alargamento de alguns dos deveres do trabalhador ao âmbito do grupo, a extensão dos seus direitos, designadamente no aspecto vital da retribuição, seria a solução mais justa do ponto de vista do equilíbrio global do vínculo laboral. Por outro lado, a posição que defendemos pode ser considerada formal, porque assenta na valorização da entidade que formalmente outorgou o contrato de trabalho, quando é certo que a valorização da entidade grupal para este efeito promoveria a uniformização do tratamento dos trabalhadores nas diversas unidades que integram o grupo, em moldes que melhor correspondem à realidade material do próprio grupo.

A nosso ver, estas críticas não procedem.
Assim, o lugar paralelo com o alargamento do âmbito dos deveres de sigilo e de não concorrência do trabalhador, que acima defendemos, não tem razão de ser, porque aquele «alargamento» traduz apenas a valorização de uma componente do vínculo laboral com o empregador formal, que temos por adquirida – a componente organizacional. Por outras palavras, é porque o interesse da organização empresarial vincula o trabalhador, como aspecto comum a qualquer contrato de trabalho, que, quando o contrato tem um ambiente empresarial de grupo, tal ambiente integra aquele interesse e se reflecte nos deveres do trabalhador. Já com referência ao dever remuneratório do empregador, o respectivo conteúdo é recortado independentemente do contexto grupal da empresa e assenta directamente no contrato de trabalho, pelo que não deve ser alterado em função do contexto grupal do empregador.

No que se refere ao argumento da conveniência do tratamento remuneratório uniforme dos trabalhadores nas várias empresas do mesmo grupo, crê-se que esta vantagem carece de ser avaliada em termos de gestão, existindo, se as empresas assim o entenderem, outros meios de prosseguir este objectivo – designadamente, através da negociação colectiva[838]. Coisa diferente é reconhecer que o contexto grupal de uma das partes do contrato é, *per se*, apto a fazer nascer na esfera jurídica dos trabalhadores de entidades jurídicas (e empregadores) diferentes o direito ao

---

[838] É um ponto que vamos tratar mais à frente neste estudo – *infra*, §§ 31.º a 33.º.

tratamento remuneratório mais favorável. Atribuir este alcance tão vasto ao princípio da igualdade remuneratória é, quanto nós, inapropriado e inconsistente perante a construção dogmática do próprio contrato de trabalho e perante a imutabilidade de princípio da posição de empregador neste contrato, apesar da sua própria inserção grupal.

III. Justificada a posição que sustentamos, quanto ao âmbito do dever remuneratório do empregador em contexto de grupo, resta dizer que ela se estende às outras matérias relativamente às quais os trabalhadores aspiram à igualdade de tratamento, e tal igualdade é garantida pela lei (art. 23.º do CT) e desenvolvida pelos instrumentos de regulamentação colectiva do trabalho – o princípio da igualdade de oportunidades no acesso ao emprego e na progressão profissional e o princípio da não discriminação no acesso à formação profissional ou perante situações de risco profissional.

Evidentemente que todos os empregadores estão sujeitos aos ditames legais e convencionais colectivos nestas matérias, mas, em consequência do princípio da independência dos vínculos laborais das várias entidades que compõem um grupo, cuja plena vigência acima confirmámos em matéria de igualdade remuneratória, também quanto às outras projecções do princípio da igualdade de tratamento fica claro que este princípio é aplicável dentro do universo de cada um empregador – assim, nada obsta, por exemplo, a que, em duas empresas do mesmo grupo, os critérios de promoção dos trabalhadores por mérito ou por antiguidade sejam diferentes, por exemplo, desde que, no âmbito de *cada uma delas* tais critérios não sejam discriminatórios[839].

---

[839] No sentido que subscrevemos, por exemplo, BEPLER, *Gleichbehandlung im Betrieb... cit,.*, 10 s. WINDBICHLER, *Arbeitsrecht im Konzern cit.*, 205 s., 418 ss. e 585 s., e ainda *Arbeitsrechtliche Vertragsgestatlung cit.*, 48 ss., HRODMAKA / MASCHMANN, *Arbeitsrecht cit.*, I, 263, ou KARAMARIAS, *Bundesdeutschen... cit.*, 363, PREIS, *Arbeitsrecht... cit.*, 95 e 373, ou KONZEN, *Arbeitsverhältnisse im Konzern cit.*, 577 ss., com fundamento na independência de cada empregador no grupo; mas num sentido diverso, HENSSLER, *Der Arbeitsvertrag im Konzern cit.*, 107 ss., com fundamento na extensão do dever de assistência à sociedade mãe, nos grupos verticais, por força do poder de facto que esta sociedade exerce sobre as sociedades filhas, sustenta a legitimidade de princípio das pretensões de tratamento igualitário dos trabalhadores da sociedade filha em relação a regimes laborais mais favoráveis vigentes na sociedade mãe.

Evidentemente que, também nestas matérias, os interessados podem ultrapassar as desvantagens que eventualmente resultem dos regimes diferenciados de tratamento dos trabalhadores pela via dos instrumentos de regulamentação colectiva do trabalho[840].

Por outro lado, deve ficar claro que o entendimento que sustentamos se reporta à generalidade dos trabalhadores das empresas que se inserem no grupo, mas não tem em conta as situações de mobilidade do trabalhador dentro do próprio grupo, que apreciaremos na secção seguinte deste ensaio. Naturalmente, se o trabalhador vier a ser deslocado, em moldes temporários ou definitivos, para outra empresa do grupo, terá direito ao tratamento mais favorável que vigore nessa empresa, para os trabalhadores que desempenhem funções idênticas. Mas esta é mais uma aplicação do princípio da igualdade de tratamento, nos termos gerais[841].

30.4. Os poderes laborais em contexto de grupo: em especial a questão da comunicabilidade disciplinar no seio do grupo

I. Para completar a apreciação dos eventuais efeitos do contexto grupal do empregador na posição jurídica das partes nos contratos de trabalho celebrados ou em execução numa das empresas do grupo, cabe referir o

---

[840] Neste sentido, MARTENS, *Grundlagen des Konzernarbeitsrechts cit.*, 438 s., considera que, desde que haja uma regulamentação centralizada dos vínculos de trabalho no contexto do grupo, o princípio da igualdade de tratamento passa a ter uma dimensão grupal. Não resultando claramente do pensamento deste autor o que é que entende por regulamentação centralizada (tanto mais que se refere à gestão conjunta de pessoal) sempre diremos que, quanto a nós, tal regulamentação terá que se traduzir num instrumento jurídico, e, neste sentido, poderá passar, preferencialmente, por um instrumento de regulamentação colectiva do trabalho de grupo. No mesmo sentido, vd ainda BEPLER, *Gleichbehandlung im Betrieb... cit,.,* 10 s., que se refere expressamente à existência de um acordo de empresa de grupo, neste contexto.

[841] É neste sentido que se pronunciam KONZEN, *Arbeitsverhältnisse im Konzern cit.*, 590 ss., BEPLER, *Gleichbehandlung im Betrieb... cit,.,* 11 s., ou JABBORNEG, *Arbeitsvertragsrecht im Konzern cit.*, 127, considerando que o princípio da igualdade de tratamento só deve estender-se ao âmbito do grupo nas situações em que o trabalhador tiver circulado entre várias empresas do grupo. Em sentido idêntico, no contexto da cedência ocasional de um trabalhador para outra empresa do grupo, se manifestou também na nossa doutrina, DIAS COIMBRA, *Grupo societário em relação de domínio....cit.*, 145 ss.

problema da extensão dos poderes laborais do empregador – o poder directivo e o poder disciplinar.

II. No que se refere ao poder directivo, remetemos para o que acima se referiu a propósito do dever de obediência do trabalhador neste mesmo contexto[842]. Competindo o poder directivo ao empregador, independentemente da sua inserção num grupo societário ou empresarial, ele não sofre alterações por força da estrutura grupal a que o empregador pertence nem se deixa confundir com o poder (societário) de direcção que assiste, nos grupos em sentido próprio, à sociedade dominante sobre a sociedade subordinada ou dependente (art. 503.° do CSC), já que este último poder não reveste carácter laboral[843].

A mesma inalterabilidade perante a inserção grupal do empregador se verifica quanto ao poder disciplinar prescritivo: esteja ou não inserido num grupo, o empregador apenas pode estabelecer normas de comportamento e disciplina no seio da sua própria empresa e tendo como destinatários os seus trabalhadores; por outro lado, não é, de todo em todo, concebível que a empresa dominante de um grupo estabeleça regras de disciplina e comportamento que possam vincular juridicamente e de forma directa os trabalhadores das restantes empresas desse grupo.

III. No que respeita ao poder disciplinar sancionatório (i.e., à faceta do poder disciplinar laboral que permite ao empregador aplicar sanções disciplinares ao trabalhador, em consequência do incumprimento de qualquer um dos seus deveres laborais), a essencialidade deste poder para a conformação da posição do empregador no contrato de trabalho – que, segundo pensamos, ultrapassa mesmo a importância do poder directivo – determina também a imutabilidade do seu conteúdo perante a inserção grupal do empregador. Assim, se a sociedade dominante ou qualquer outra empresa do grupo, que não seja o empregador, não podem emitir instruções vinculativas para os trabalhadores de outras empresas do grupo, muito menos podem essas outras empresas aplicar sanções disciplinares ao trabalhador.

---

[842] *Supra,* neste parágrafo, ponto 30.2.II.
[843] Também no sentido da intangibilidade de princípio dos poderes laborais do empregador, apesar da estrutura grupal em que se insere a sua empresa, PREIS, *Arbeitsrecht... cit.,* 164, ou VERDINKT, *L'éxécution des relations de travail... cit.,* 56 ss.

No âmbito do poder disciplinar, os problemas que se podem suscitar em contexto de grupo referem-se a uma outra questão: é a questão de saber se o comportamento de um trabalhador fora do âmbito da organização do seu próprio empregador e relacionado com outra empresa do grupo ou com o interesse do grupo, pode ser constitutivo de infracção disciplinar no seio da sua empresa, legitimando, em consequência, o exercício do poder disciplinar pelo seu empregador.

O princípio geral nesta matéria decorre da circunscrição dos deveres do trabalhador à esfera do seu empregador, nos termos assinalados oportunamente. Tal circunscrição determina a irrelevância de princípio dos comportamentos do trabalhador que extravasem o âmbito da sua empresa, ainda que digam respeito ao grupo.

Assente este princípio geral, deve, no entanto, admitir-se que ele comporta limites. Estes limites são de dois tipos: por um lado, há limites decorrentes do recorte específico de alguns deveres do trabalhador (*verbi gratia*, das várias projecções do dever de lealdade), em razão do relevo do interesse do grupo; por outro lado, há limites decorrentes da eventual valorização disciplinar das condutas extra-contratuais do trabalhador que possam atingir o grupo ou uma das empresas que o integram.

De uma parte, tendo em conta que o interesse do grupo é ainda um interesse relevante do empregador formal (porque subjaz à sua própria organização), e que, nessa medida, conforma o dever de lealdade dos respectivos trabalhadores, se o trabalhador tiver um comportamento que atenta contra o interesse do grupo (por exemplo, o trabalhador atenta contra o bom nome do titular da empresa mãe do grupo, divulga informações privilegiadas que detém sobre essa empresa ou negoceia em concorrência com ela, na mesma área de actividade que desenvolve na sua própria empresa), entendemos que ele incorre em infracção disciplinar perante o seu próprio empregador, que pode, em consequência, aplicar-lhe a sanção disciplinar adequada. E, em obediência à mesma lógica, nas situações de deslocação do trabalhador de uma para outra empresa do grupo, que envolvam a suspensão do contrato de trabalho com a empresa de origem, uma vez que tais deslocações apenas determinam uma modificação no poder directivo (que passa a caber à segunda empresa), mas não do poder disciplinar (que se mantém na esfera do empregador)[844], um incumprimento do

---

[844] Teremos ocasião de aprofundar mais este ponto, a propósito do estudos dos pro-

trabalhador no seio da empresa para a qual foi deslocado pode ter relevância disciplinar na esfera do seu próprio empregador, sujeitando-o à competente reacção sancionatória.

De outra parte, entende-se que, na medida em que as condutas extralaborais do trabalhador possam ser relevantes no quadro do seu contrato de trabalho, por terem um nexo funcional relevante com os deveres laborais do trabalhador ou com os interesses contratuais do seu próprio empregador, pondo em causa a relação de confiança entre as partes, o mesmo critério é de aplicar ao comportamento extra-laboral do trabalhador que, embora relacionado com o grupo, seja de molde a minar a relação de confiança subjacente ao seu próprio vínculo laboral (assim, o trabalhador que, numa festa privada, ofenda gravemente o bom nome da sociedade mãe do grupo a que pertence a sua empresa, por exemplo)[845].

De qualquer modo, estando sempre em causa a responsabilidade do trabalhador no âmbito da sua própria empresa e perante o seu empregador, deve ficar claro que o comportamento do trabalhador relativo a um interesse do grupo, ou que teve lugar noutra empresa do grupo e, bem assim, o comportamento extra-laboral do trabalhador atentatório para o grupo e não especificamente para o seu empregador, apenas terá relevo disciplinar se corresponder a uma infracção disciplinar ao abrigo dos critérios para tal valorizados pelo seu próprio empregador, ou, no caso de se tratar de um comportamento extra-laboral, se revelar uma conexão funcional com os deveres do trabalhador perante o seu próprio empregador – assim, se, por exemplo, o interesse do grupo for, no caso concreto, contrário ao interesse da empresa do trabalhador, a conduta do trabalhador que desrespeite aquele interesse não constitui infracção disciplinar.

Em suma, é de admitir a existência de uma certa comunicabilidade disciplinar entre as empresas do grupo, nos termos expostos, que passam necessariamente por uma conexão entre o comportamento do trabalhador atentatório dos interesses do grupo e o seu próprio vínculo laboral. Tal

---

blemas da mobilidade inter-empresarial, na secção seguinte deste estudo. Por ora, pretende-se apenas realçar o alcance das limitações ao princípio da independência dos vínculos laborais no contexto dos grupos de empresas, no domínio disciplinar.

[845] O critério de relevância que sufragamos para este tipo de situações é semelhante ao que é perfilhado, pela generalidade da doutrina e da jurisprudência, no que toca ao relevo disciplinar das condutas extra-laborais do trabalhador. Para mais desenvolvimentos sobre este critério, que ultrapassa o âmbito das nossas reflexões, vd, com indicações doutrinais e jurisprudenciais, ROSÁRIO PALMA RAMALHO, *Direito do Trabalho cit.*, II, 364 ss. e 814 ss.

comunicabilidade disciplinar constitui, assim, uma limitação ao princípio geral da independência jurídica dos vínculos laborais em empresas integradas num grupo, embora apenas com o alcance limitado que propomos.

31. A cessação do vínculo laboral em contexto de grupo: alguns efeitos acessórios

I. O último grupo de projecções que podem decorrer do contexto de grupo do empregador para os contratos de trabalho em execução na sua empresa, que não será objecto de uma referência específica nas secções seguintes e, por isso, cabe referir, desde já, tem a ver com a matéria da cessação do contrato de trabalho, e, em particular, com alguns efeitos acessórios da cessação do contrato em ambiente de grupo.

Nesta matéria, têm sido destacados dois problemas fundamentais: o problema da possível extensão dos pactos de não concorrência *post pactum finitum* a outras empresas do mesmo grupo; e a questão do alargamento do direito de preferência do trabalhador despedido no acesso a novos postos de trabalho situados não na própria empresa mas noutra empresa do grupo.

II. Como se sabe, a regra geral em matéria de dever de não concorrência do trabalhador é a de que tal dever se extingue com a cessação do contrato de trabalho. Contudo, o art. 146.º do CT permite os pactos de não concorrência com efeitos *post pactum finitum*, que limitam a actividade do trabalhador durante um período subsequente ao termo do contrato de trabalho, que tem uma duração máxima limitada a dois ou três anos, consoante as funções do trabalhador (art. 146.º n.º 2, corpo, e n.º 5 do CT). Além de impor esta limitação temporal, a lei condiciona a validade de tais pactos a exigências de forma e substanciais: assim, estes pactos devem revestir forma escrita, a limitação da liberdade profissional do trabalhador deve circunscrever-se a actividades que possam, de facto, ser prejudiciais para o empregador, e deve ser atribuída uma compensação ao trabalhador pela limitação da sua actividade profissional (art. 146.º n.º 2 do CT)[846].

---

[846] Para mais desenvolvimentos sobre a admissibilidade e o regime destes pactos, *vd* o nosso *Direito do Trabalho cit.*, II, 932 ss., com indicações doutrinais.

Num contexto de grupo, a questão que se coloca é a da admissibilidade da extensão da eficácia destes pactos em relação a outras empresas do grupo em que se insere o empregador e às diversas áreas de negócio prosseguidas pelas várias empresas desse grupo.

Em favor da admissibilidade dos pactos de não concorrência com este conteúdo amplo pode apontar-se o facto de eles corresponderem a um negócio jurídico privado, que se sujeita ao princípio geral da liberdade contratual, sendo que a liberdade contratual não carece, neste caso, de especiais salvaguardas no que se refere ao trabalhador porque o pacto tem efeitos já após a cessação do contrato de trabalho, logo, quando o trabalhador já não se encontra numa situação de inferioridade negocial que justifique uma tutela especial[847]. Já no sentido da restrição destes pactos – em termos gerais e, portanto, também no caso em apreço – depõe o facto de eles consubstanciarem uma limitação a um direito constitucional fundamental (no caso, o princípio da liberdade de trabalho – art. 58.º n.º 1 da CRP), devendo, por isso, sofrer o mínimo possível de restrições, sendo certo que, no caso concreto, a atribuição de uma indemnização ao trabalhador compensa-o pela limitação de actividade profissional decorrente do pacto e que, por outro lado, a limitação temporal do próprio pacto assegura a manutenção da restrição à liberdade de trabalho, que dele decorre, dentro de limites de razoabilidade.

A nosso ver, as duas linhas de argumentos indicadas devem ser conciliadas na resolução do problema concreto que aqui nos ocupa.

Por um lado, parece-nos determinante o argumento da autonomia privada para que se aceite, como princípio geral, a liberdade das partes na modelagem do conteúdo dos pactos de não concorrência *post pactum finitum*, tendo em conta o contexto do grupo, e não exclusivamente o empregador formal: é que, sendo a *ratio* subjacente a esta figura a tutela de interesses comerciais e de clientela da empresa, no caso de inserção do empregador num grupo, os interesses comerciais e de clientela do grupo

---

[847] Chama-se, contudo, desde já, a atenção para a falibilidade deste argumento, tendo em conta que a lei admite actualmente que o pacto de não concorrência conste de cláusula do próprio contrato de trabalho (art. 146.º n.º 2 a) do CT) – ou seja, o pacto não tem que ser celebrado por ocasião da cessação do contrato; ora, no momento da celebração do contrato de trabalho, a situação de inferioridade negocial do trabalhador não é, obviamente, de excluir.

podem ser comuns ao empregador, pelo que se justifica aquela extensão. Por outro lado, como acima se referiu, a limitação temporal destes pactos e a compensação devida ao trabalhador asseguram a razoabilidade da limitação profissional que lhe é imposta[848].

Contudo, o facto de estes pactos corresponderem a uma limitação de um direito fundamental do trabalhador obriga a uma cuidada aplicação do requisito normativo relativo ao alcance da limitação da actividade profissional do trabalhador, constante do art. 146.º n.º 2 b) do CT. Assim, em consonância com o entendimento que achamos mais adequado para a generalidade destes pactos[849] e que nos parece também de aplicar ao contexto dos grupos, consideramos que tais pactos só podem limitar o exercício de actividade idêntica ou similar à que o trabalhador vinha desempenhando ao abrigo do contrato de trabalho, e apenas são de admitir no caso de o exercício de tal actividade poder, efectivamente, causar prejuízo ao empregador ou ao grupo. Por outras palavras, estes pactos não podem impor limitações genéricas à actividade profissional do trabalhador numa certa área de actividade, porque não é essa a situação pressuposta pela norma.

Com estas limitações, entendemos que estes pactos são admissíveis com extensão ao âmbito do próprio grupo[850].

III. Por fim, cabe colocar em contexto de grupo a questão do âmbito dos direitos de preferência do trabalhador em processo de cessação do seu contrato de trabalho no acesso a novos postos de trabalho.

Como é sabido, o nosso sistema jurídico concebe um direito de preferência do trabalhador no acesso a um novo posto de trabalho no caso da

---

[848] Ainda assim, deve notar-se quanto ao aspecto da compensação, que a lei prevê a dedução no respectivo montante do valor equivalente a quantias que o trabalhador venha a receber pelo exercício de qualquer actividade profissional, após a cessação do contrato e até ao limite do valor da compensação – art. 146.º n.º 4 do CT. Esta solução, que não constava do regime correspondente desta figura na LCT (art. 36.º) e que tem paralelo noutros regimes previstos pelo Código, em matéria de indemnização por despedimento, é, a nosso ver, absolutamente injustificada, porque constitui uma penalização adicional para o trabalhador e convida à preguiça e à desocupação do mesmo. Para mais desenvolvimentos sobre este ponto, que escapa, naturalmente, às nossas reflexões, vd ROSÁRIO PALMA RAMALHO, *Direito do Trabalho* cit., II, 935 s.

[849] Ainda o nosso *Direito do Trabalho* cit., II, 934.

[850] Também admitindo estes pactos, embora com limites, HENSSLER, *Der Arbeitsvertrag im Konzern* cit., 178, WINDBICHLER, *Arbeitsrecht im Konzern* cit., 249 s., e VERDINKT, *L'éxécution des relations de travail...* cit., 49 s.

cessação do contrato a termo. Neste caso, a lei determina que o trabalhador prefere em relação a outros candidatos, no acesso a um posto de trabalho com conteúdo funcional idêntico ao que detinha, mas em regime de contrato por tempo indeterminado, nos 30 dias subsequentes à cessação do contrato (art. 135.º n.º 1 do CT)[851].

Em contexto de grupo, a questão que se coloca nesta matéria, é, obviamente, a de saber se tal direito de preferência se pode estender a postos de trabalho de conteúdo idêntico que estejam vagos noutras empresas do grupo.

A nosso ver, deve responder-se negativamente a esta questão, considerando o dever do empregador de dar a preferência ao trabalhador na ocupação de um novo posto de trabalho circunscrito ao seu próprio universo empresarial.

É que, se o empregador não se altera, por princípio, apesar da inserção da sua empresa num grupo e se, em consequência, quer a celebração do contrato de trabalho, quer a sua execução se mantêm solidamente ancorados ao nível da sua empresa, então o mesmo deve suceder com a cessação do contrato, sob pena de incoerência total do regime. Na verdade, reconhecer o alargamento do direito de preferência do trabalhador a outras empresas do grupo equivaleria a situar a cessação do seu contrato de trabalho ao nível do próprio grupo, quando é certo que o fundamento desse mesmo contrato e os motivos da respectiva cessação são, por determinação da própria lei, pensados para a dimensão da unidade empresarial e não do grupo.

Conclui-se assim, quanto a esta matéria, pela plena aplicação do princípio da independência jurídica dos vínculos laborais em contexto de grupo, por força da imutabilidade (também de princípio) do empregador laboral, neste contexto.

IV. Para além desta situação, é ainda sabido que o nosso sistema juslaboral prevê também algumas medidas alternativas à cessação do contrato, no contexto dos despedimentos com motivação económica (i.e., no âmbito do despedimento colectivo, do despedimento por extinção do posto de trabalho e do despedimento por inadaptação do trabalhador), que pas-

---

[851] Em geral, sobre este direito de preferência do trabalhador a termo, *vd* o nosso *Direito do Trabalho cit.*, I, 260 s.

sam pela reconversão e reclassificação dos trabalhadores (no caso do despedimento colectivo – art. 420.º n.º 1 c) do CT), ou pela ocupação de um outro posto de trabalho compatível com a categoria do trabalhador (no caso do despedimento por extinção do posto de trabalho e no caso do despedimento por inadaptação – arts. 403.º n.º 3 e 407.º n.º 1 d) do CT, respectivamente).

Ora, em contexto de grupo, estas medidas colocam obviamente a questão de saber se são elegíveis para o efeito apenas postos de trabalho no seio da entidade que contratou o trabalhador ou também postos de trabalho situados noutras empresas do mesmo grupo. No entanto, porque trataremos especificamente o tema das implicações laborais das vicissitudes económicas das empresas inseridas num grupo e estes despedimentos podem, justamente, corresponder a uma dessas implicações, equacionaremos estas medidas alternativas a propósito dessa questão[852].

---

[852] *Infra*, § 23.º, ponto 49.1.

§ 16.° A situação jurídica do trabalhador com contrato de trabalho com pluralidade de empregadores e nos casos de levantamento da personalidade colectiva

I. O princípio geral de independência jurídica dos vínculos laborais celebrados e executados por uma entidade societária ou empresarial inserida num grupo apenas vale, como se depreende facilmente do exposto, para aqueles vínculos em que a inserção grupal não é de molde a alterar a posição do empregador, porque ele continua a ser o titular dos poderes laborais (com destaque para o poder disciplinar) e é perante ele que o trabalhador continua a estar subordinado. No caso dos contratos de trabalho celebrados também em contexto de grupo, mas nos quais a posição de empregador seja configurada de um modo diverso, o referido princípio de independência deixa de fazer sentido, pelo que as reflexões anteriormente expendidas sobre o estatuto do trabalhador no vínculo laboral e as conclusões que elas viabilizaram não são extensíveis a estas situações.

Como vimos no lugar próprio, as situações a que agora nos referimos correspondem a uma de duas categorias. Na primeira categoria de situações, integramos o contrato de trabalho com pluralidade de empregadores, previsto no art. 92.° do CT, em que as partes atribuem, à partida, a qualidade de empregador a um conjunto de entidades[853], as situações que qualificámos como pluralidade atípica de empregadores, que ocorrem quando o trabalhador é contratado apenas por uma empresa, mas, desde o início, presta a sua actividade laboral e está subordinado também a outra empresa[854] e ainda o caso em que ocorre uma mudança do trabalhador de uma para outra empresa do grupo sem qualquer formalismo[855]. A segunda categoria de situações reporta-se aos casos de aparente unicidade da posi-

---

[853] É a situação que tratámos, *supra*, no § 13.°, ponto 26.5.
[854] É a situação que tratámos, *supra*, no § 13.°, ponto 26.5.
[855] É a situação que tratámos, *supra*, no § 13.°, ponto 26.3.5.

ção de empregador, mas que têm subjacente uma real pluralidade de empregadores, à qual se chega através do instituto da desconsideração da personalidade colectiva – é o caso da contratação de trabalhadores por empresas de gestão de pessoal, que depois colocam os trabalhadores noutras empresas do grupo[856], e é também o caso da mudança do trabalhador de uma para outra empresa do grupo, mediante a cessação do contrato de trabalho seguida da readmissão do trabalhador na segunda empresa, com o intuito de prejudicar o trabalhador nos direitos e garantias que para ele decorriam do primeiro contrato[857].

As reflexões que seguem destinam-se a resolver os problemas do estatuto do trabalhador que se encontra numa destas situações.

II. Tanto nas situações de pluralidade de trabalhadores (típica ou atípica), como nos casos em que a aplicação da técnica do levantamento da personalidade colectiva conduza ao reconhecimento de um empregador real diferente do empregador formal, deixa de fazer sentido qualquer princípio de independência dos vínculos laborais, e devem, pelo contrário, retirar-se as devidas consequências regimentais do carácter plural do empregador ou do objectivo de fraude à lei.

Estas consequências reflectem-se no plano da formação do contrato de trabalho, na delimitação dos direitos e deveres das partes, nas vicissitudes do contrato e das próprias entidades empregadoras e, por último, ao nível da cessação do contrato. Tal como fizemos em relação às categorias de situações tratadas no parágrafo anterior, remetemos para uma apreciação separada, nas secções subsequentes do estudo, a análise dos efeitos do contexto de grupo, ao nível destes contratos de trabalho plurais, no que se refere à mobilidade dos trabalhadores, às vicissitudes empresariais, à tutela dos créditos laborais e à cessação do contrato. Cabe assim, por ora, uma referência breve às restantes implicações da estrutura de grupo acima consideradas na situação juslaboral destes trabalhadores.

III. No que respeita à formação do contrato de trabalho, e, designadamente, no que toca à configuração dos motivos objectivos que a lei impõe em modalidades especiais de contrato de trabalho, como o trabalho a termo ou o trabalho temporário, valem as observações que oportuna-

---

[856] É a situação que tratámos, *supra*, no § 13.º, ponto 26.4.
[857] É a situação que tratámos, *supra*, no § 13.º, ponto 26.3.4.

mente fizemos em relação a estas situações, a propósito da generalidade dos contratos de trabalho celebrados no âmbito de empresas de um grupo[858].

Assim, se, a esse propósito, defendemos que as motivações empresariais destes contratos continuavam a ter que se reportar ao universo do empregador, não sendo relevantes para esse efeito motivações atinentes ao grupo, em si mesmo considerado, nos casos agora considerados é de defender, pela mesma ordem de razões (i.e., por um motivo de segurança jurídica, que desaconselha a admissibilidade de uma motivação insindicável e, genericamente, porque o regime restritivo destes contratos depõe contra o alargamento das suas motivações objectivas, em moldes que dificultam a gestão posterior do vínculo negocial), que a motivação dos contratos de trabalho a termo ou dos contratos de trabalho temporários com pluralidade de empregadores tenha que corresponder a uma necessidade empresarial e transitória comum a todos os empregadores, porque é a situação de grupo em sentido amplo que justifica o recurso ao contrato em regime de pluralidade de empregadores – por outras palavras, a simples existência de uma relação de coligação societária entre os empregadores, prevista no art. 92.º do CT, não constitui, por si só, motivo justificativo para a celebração de um contrato de trabalho a termo com pluralidade de empregadores, devendo ainda existir um fundamento que corresponda a uma necessidade objectiva e transitória do conjunto dos empregadores, nos termos do art. 129.º n.º 1 do CT.

Já nas situações de divergência entre o empregador formal e o empregador real do trabalhador e de determinação do empregador real com recurso à técnica do levantamento da personalidade colectiva, deve considerar-se o contrato a termo celebrado com o empregador formal nulo, por ausência do requisito essencial da identificação do empregador (i.e., ao abrigo do art. 131.º n.º a) e n.º 4 do CT), o que tem como consequência a sua conversão automática em contrato de trabalho por tempo indeterminado com a entidade que corresponda ao seu empregador real. No caso de se tratar de contrato de trabalho temporário, embora a lei também exija a indicação dos contraentes no contrato (art. 26.º n.º 1 a) da LTT), não são estabelecidas consequências para a falta ou a incorrecção de tal designação, mas entende-se que o contrato deve, ainda assim, considerar-se con-

---

[858] *Supra*, § 15.º, ponto 29.

solidado com o empregador real, em consequência do levantamento da personalidade colectiva.

IV. No que respeita à delimitação da posição das partes nestes contratos de trabalho, *verbi gratia* no tocante à configuração dos seus deveres principais e dos mais importantes deveres acessórios, a situação é diversa no caso dos contratos de trabalho com pluralidade de empregadores e nos casos de aplicação da técnica do levantamento da personalidade colectiva.

Nos casos de pluralidade de empregadores (típica ou atípica) decorre da própria configuração plural do vínculo laboral que o trabalhador se encontra subordinado a todos os empregadores e que todos são titulares dos poderes laborais de direcção e disciplina – como já tivemos ocasião de referir[859], a previsão legal do instituto da representação neste contexto (exigindo o art. 92.º n.º 1 c) do CT a designação de um empregador que represente os demais no cumprimento dos deveres e no exercício dos direitos decorrentes do contrato) é de reportar ao *exercício* dos direitos e não à titularidade dos mesmos, que é, naturalmente, de todos os empregadores.

Consequência da assunção plural da posição de empregador nestes contratos é também que todos os empregadores estão obrigados ao dever remuneratório (ainda que o respectivo cumprimento seja assegurado pelo empregador representante) e que, enquanto trabalhador de *todos* estes empregadores, o trabalhador poderá fazer valer uma pretensão de tratamento remuneratório mais favorável perante os trabalhadores de qualquer um dos empregadores, que desempenhem um trabalho igual ou de valor igual, nos termos da lei.

De outra parte, no que se refere aos deveres do trabalhador, decorre da estrutura bicéfala do empregador neste contrato, que estes deveres (com destaque para o dever de lealdade, nas suas diversas projecções, e para o dever de obediência, apesar de o poder laboral correspondente ser delegado num dos empregadores) se estendem ao conjunto dos empregadores, com as inerentes consequências disciplinares, em caso de incumprimento destes deveres.

Já nos casos em que se recorre à técnica do levantamento da personalidade colectiva para descortinar o empregador real no âmbito de um

---

[859] *Supra*, § 13.º, pontos 24.4.2.II. e 26.5.II.

grupo societário ou empresarial, entende-se que a posição jurídica das partes no contrato e a configuração dos seus direitos e deveres terá que ser feita em relação ao empregador real.

Assim, uma vez fixado o universo do empregador real como universo relevante para este efeito, aproveitam a esta situação o conjunto de observações que nesta matéria fizemos em relação à generalidade dos contratos de trabalho celebrados no seio de empresas de um grupo.

V. Por último, no que se refere aos problemas colocados pelos efeitos acessórios da cessação do contrato de trabalho, cabe apreciar a questão do âmbito dos pactos de não concorrência com pós-eficácia em relação à cessação do contrato e o problema do âmbito do direito de preferência do trabalhador no acesso a postos de trabalho noutras empresas do grupo, por ocasião da cessação do seu contrato de trabalho a termo.

No que toca à questão da extensão de um eventual pacto de não concorrência, que venha a ser celebrado com o trabalhador, por ocasião da cessação do seu contrato de trabalho, ao abrigo do art. 146.º do CT, entendemos que o âmbito de tal pacto só pode ser o do universo do empregador real, no caso de divergência entre este empregador e o empregador aparente, uma vez que foi naquele universo que a prestação laboral foi executada e que podem ser prejudicados os interesses do empregador que tais pactos acautelam.

Já no caso do contrato de trabalho com pluralidade de empregadores, o âmbito destes pactos pode abranger o universo empresarial do conjunto dos empregadores, mas tal conteúdo nem sequer corresponde a um alargamento do âmbito *empresarial* originário destes pactos (como no caso dos contratos de trabalho celebrados por *um* empregador inserido num grupo), porque, sendo, à partida, o empregador plural, também à partida os interesses a tutelar por este tipo de pactos abrangem o conjunto dos empregadores – dito de outra forma, estes pactos abrangem o universo de todos os empregadores sem que tal signifique qualquer extensão do seu conteúdo originário.

Quanto ao problema do direito de preferência do trabalhador por ocasião da cessação do contrato de trabalho a termo, na verdade, tal problema só se coloca no caso de pluralidade de empregadores, uma vez que, nas situações de divergência entre o empregador formal e o empregador real, o contrato a termo com o empregador formal converte-se em contrato por tempo indeterminado com o empregador real – como acima vimos –, pelo que desaparece aquele direito de preferência.

Já com referência ao contrato com pluralidade de empregadores, a resposta a este problema reside na própria estrutura plural do empregador: sendo todas as entidades contitulares da posição jurídica de empregador, o direito de preferência do trabalhador pode, naturalmente, ser exercido em relação à organização empresarial de qualquer uma delas.

SECÇÃO III
A mobilidade dos trabalhadores no seio do grupo

§ 17.º Quadro geral das situações de mobilidade dos trabalhadores no seio dos grupos societários

32. Sentido geral do termo mobilidade para efeitos deste ponto

I. Uma das projecções mais significativas da dinâmica de grupo nas situações juslaborais individuais tem a ver com a mobilidade dos trabalhadores entre as empresas do grupo, uma vez que tal mobilidade favorece, por um lado, a optimização da gestão dos recursos humanos no contexto do grupo e, por outro lado, aumenta o entrosamento das empresas do grupo e a possibilidade de controlo inter-societário dentro do grupo, com o inerente reforço da coesão interna do próprio grupo – objectivos estes que são, naturalmente, muito valorizados pelos grupos económicos[860].

A deslocação dos trabalhadores no seio do grupo não se deixa, contudo, enquadrar facilmente pelo ordenamento juslaboral, por dois motivos essenciais: por um lado, porque o quadro habitual de referência dos regimes laborais não é, como confirmámos oportunamente, a empresa plurissocietária mas sim a empresa singular e unitária, não sendo tradicionalmente previstas deslocações do trabalhador para fora do âmbito da sua

---

[860] Reforçando a importância da mobilidade dos trabalhadores no seio dos grupos, não apenas como instrumento de optimização da gestão de recursos humanos, mas também como instrumento de flexibilização, o que vai ao encontro de um dos desígnios mais marcantes do direito do trabalho moderno, MELIADÒ, *Il rapporto di lavoro nei gruppi... cit.*, 127. Ainda sobre os objectivos e a importância da mobilidade dos trabalhadores no seio dos grupos, podem ver-se COUTINHO DE ABREU, *Grupos de sociedades... cit.*, e CATARINA CARVALHO, *Da Mobilidade dos Trabalhadores... cit.*, 107 ss.

própria empresa; por outro lado, porque, mesmo no seio da empresa singular, há regras tradicionais de tutela do posto de trabalho e da função do trabalhador (que, no caso português, se reconduzem aos princípios da inamovibilidade e da invariabilidade da prestação, actualmente estabelecidos nos arts. 122.º f) e 151.º n.º 1 do CT, respectivamente[861]), que dificultam a mobilidade do trabalhador, o que, transposto para o plano dos grupos, denuncia, no mínimo, a pouca receptividade do sistema jurídico a novas deslocações do trabalhador neste contexto.

II. É certo que as dificuldades assinaladas são hoje menos relevantes do que no passado, porque a crescente sensibilidade dos sistemas jurídicos às repercussões laborais dos fenómenos de grupo permitiu o surgimento de instrumentos jurídicos que viabilizam a circulação dos trabalhadores entre as empresas do grupo, mas que procuram, ao mesmo tempo, manter tal circulação em moldes controláveis pelas próprias instâncias laborais. Estes novos instrumentos normativos facilitam a deslocação dos trabalhadores no seio dos grupos, ou através da configuração diferenciada do próprio negócio laboral (é o caso do contrato de trabalho com pluralidade de empregadores) ou propondo um enquadramento específico para essas deslocações inter-empresariais do trabalhador em contexto de grupo na vigência de um contrato de trabalho comum (é o caso da cedência ocasional de trabalhadores, no nosso sistema jurídico, e, com suporte no direito comunitário, é também o caso das regras sobre o destacamento internacional de trabalhadores).

Embora facilitem bastante a mobilidade inter-empresarial dos trabalhadores em contexto de grupo, estes instrumentos estão, contudo, longe de esgotar as hipóteses de circulação de trabalhadores entre as empresas de um grupo. Com efeito, que mais não seja porque os vínculos laborais são negócios de direito privado, sujeitando-se ao princípio geral da liberdade de celebração (art. 405.º do CC) e, embora em menor grau, aos princípios da liberdade de estipulação e da liberdade de desvinculação, os empregadores e os trabalhadores têm fomentado a mobilidade dos trabalhadores no âmbito dos grupos societários e empresariais recorrendo a outras vias.

---

[861] Em geral sobre o sentido e o alcance destes princípios no sistema juslaboral português, ROSÁRIO PALMA RAMALHO, *Direito do Trabalho cit.*, II, 379 ss., e 405 ss.

III. A presente secção do nosso ensaio destina-se a apreciar as várias formas de mobilidade dos trabalhadores no âmbito dos grupos societários e empresariais, que se têm desenvolvido tanto ao abrigo dos instrumentos laborais especificamente vocacionados para este efeito como por recurso a outros instrumentos jurídicos gerais, do âmbito do direito dos contratos.

Do exposto retira-se, desde já, que o sentido que atribuímos ao termo *mobilidade* para efeitos desta análise não se reconduz ao sentido laboral comum do termo, que é, como se sabe, reportado às situações de alteração do local de trabalho no seio da mesma empresa (i.e., o sentido comum de mobilidade geográfica, previsto, no caso português, nos arts. 315.º e 316.º do CT), ou relativo à alteração temporária da função do trabalhador no quadro da sua própria empresa (i.e., o conceito de mobilidade funcional, contemplado no art. 314.º do CT). Na análise presente, inclui-se sob a epígrafe *mobilidade* o conjunto de situações que, no espaço geográfico do grupo societário ou empresarial, permitem ao trabalhador transitar entre as empresas que o compõem, a título temporário ou definitivo, com ou sem alteração das funções, prestando a sua actividade para mais do que uma empresa, concomitante ou sucessivamente e com enquadramentos contratuais diversos, que podem passar pela coexistência de vários contratos de trabalho, por um contrato de trabalho com pluralidade de empregadores ou ainda por um contrato de trabalho comum, que pode perdurar para além da situação de mobilidade do trabalhador, ou pode, a partir de certa altura, ser substituído por um novo contrato de trabalho com outra empresa do grupo.

Em suma, o conceito de mobilidade do trabalhador no âmbito dos grupos, para efeitos da análise que se segue, é o mais amplo possível, em consonância com as múltiplas formas de circulação do trabalhador que se têm desenvolvido nesse mesmo contexto.

33. As situações de mobilidade do trabalhador em contexto de grupo: classificação

I. Assente o conceito amplo de mobilidade em que nos apoiamos para apreciar as várias hipóteses de circulação dos trabalhadores entre as empresas do grupo e assumida a diversidade destas situações é, ainda assim, possível proceder à respectiva classificação, com o objectivo de facilitar a análise subsequente.

O critério de classificação que adoptamos para este efeito é o da articulação das diversas hipóteses de circulação do trabalhador com o respectivo contrato de trabalho, conjugado com o tipo de mobilidade pretendido. Em aplicação deste critério, simples mas abrangente, podem distinguir-se as seguintes categorias de situações: as situações de mobilidade estrutural do trabalhador, que ocorrem em execução do próprio contrato de trabalho; as situações de mobilidade temporária do trabalhador que envolvem a suspensão do seu contrato de trabalho; e, por fim, as situações de mobilidade do trabalhador a título definitivo e que podem envolver a cessação do seu contrato de trabalho e a celebração de um novo contrato de trabalho[862].

As situações de mobilidade em execução do contrato de trabalho reportam-se aos trabalhadores que podemos designar como trabalhadores móveis em sentido próprio no contexto do grupo – por isso, nos referimos à mobilidade destes trabalhadores como mobilidade estrutural. Estas situações abrangem os trabalhadores titulares de vários contratos de trabalho com mais do que uma empresa do grupo e que desenvolvem a sua actividade simultaneamente para todas elas, os trabalhadores titulares de um contrato de trabalho unitário com pluralidade de empregadores e, por fim, os trabalhadores titulares de um único contrato de trabalho com uma das empresas do grupo, mas cujo contrato (ou a convenção colectiva de trabalho aplicável) tem uma cláusula de mobilidade para outras empresas do grupo.

As situações de mobilidade temporária do trabalhador que envolvem a suspensão do contrato de trabalho correspondem, no nosso sistema jurídico, aos casos de cedência ocasional de trabalhadores e, pelo menos em algumas situações, ao destacamento internacional de trabalhadores. No âmbito destas situações, deve ainda ser considerado o caso de suspensão do contrato de trabalho com uma empresa do grupo, para que o trabalhador assuma um cargo social noutra empresa do mesmo grupo.

---

[862] Na doutrina, as situações de mobilidade do trabalhador em contexto de grupo são apresentadas de diversas formas. Assim, autores como CATARINA CARVALHO, *Da Mobilidade dos Trabalhadores... cit.*, 141 ss., limitam-se a apresentar as várias modalidades que a movimentação do trabalhador entre as empresas do grupo pode revestir; já autores como COUTINHO DE ABREU, *Grupos de sociedades... cit.*, 138 ss., e IRENE GOMES, *Grupos de sociedades... cit.*, 180 ss., distinguem as situações de mobilidade de acordo com o carácter transitório ou definitivo da movimentação do trabalhador. A classificação que propomos combina o critério do carácter transitório ou definitivo da movimentação do trabalhador com o critério dos efeitos dessa movimentação na sua situação jurídica laboral.

Por fim, as situações de mobilidade definitiva do trabalhador no âmbito do grupo cobrem a transmissão da posição contratual de empregador para outra entidade membro do grupo e ainda a cessação do contrato de trabalho com uma empresa do grupo, seguida da celebração de um novo contrato de trabalho com outra entidade empregadora, que pertence ao mesmo grupo.

II. Como facilmente se compreende, a qualificação da situação de mobilidade inter-empresarial no contexto de grupo tem grande importância para efeitos da determinação da situação jurídica do trabalhador em resultado da sua deslocação para outra empresa do grupo.

Neste aspecto, destacam-se, entre outros, problemas como a contagem da antiguidade do trabalhador deslocado, o direito do trabalhador à manutenção do seu estatuto na empresa de destino e o direito a reocupar o primitivo posto de trabalho na empresa de origem, no final de uma deslocação temporária. Por outro lado, pelo menos em relação a alguns casos, caberá articular estas «deslocações» do trabalhador com as regras laborais gerais em matéria de protecção do local de trabalho e da função do trabalhador. Por fim, subjacente a esta análise deverá sempre estar a ponderação dos objectivos reais do empregador nestas operações de deslocação do trabalhador entre as empresas do grupo, uma vez que, como vimos oportunamente, pelo menos em relação a algumas destas formas de mobilidade, não poderão, à partida, ser excluídos objectivos fraudulentos ou situações de abuso da personalidade jurídica colectiva, que justificam a aplicação de regras diferentes.

Uma vez que as diversas categorias de situações de mobilidade colocam também problemas diferentes, vamos apreciá-las separadamente, seguindo o critério classificatório proposto.

III. Antes de iniciarmos esta apreciação cabe apenas proceder a uma prevenção, exigida pela incidência dogmática deste estudo. É que, tanto a classificação das situações de mobilidade inter-empresarial no seio do grupo, que acabamos de apresentar, como a construção dogmática que vamos propor para cada uma das situações consideradas tem como premissa a conclusão, a que chegámos nas secções anteriores deste ensaio, de que os contratos de trabalho celebrados pelas várias entidades integradas num grupo são, por via de regra, independentes entre si – ressalvadas as situações, oportunamente identificadas, de contitularidade da posição jurídica de empregador e de dissociação entre o empregador formal e o empregador real, revelada pelo recurso à técnica do levantamento da personalidade jurídica dos entes colectivos.

É, pois, com base nesta premissa que vamos proceder à análise das várias situações de mobilidade consideradas e é ao universo laboral nacional que as conclusões dele emergentes destinadas[863].

---

[863] Evidentemente que, no quadro de outros sistemas, as premissas da análise deste problema podem ser diferentes, designadamente quanto ao pressuposto fundamental da independência dos contratos de trabalho no contexto do grupo – o que, obviamente, resulta numa perspectiva diversa de apreciação das situações de mobilidade neste contexto. É o que sucede, por exemplo, em muitos autores italianos, que, na esteira de um sector relevante da jurisprudência, sustentam a qualificação do vínculo de trabalho como uma relação unitária, sempre que se identifique uma direcção unitária das empresas do grupo e independentemente do facto de o grupo não ter personalidade jurídica, ou reconhecendo-o como uma pessoa jurídica apenas para efeitos laborais, e que, por isso, apreciam os problemas da mobilidade do trabalhador como problemas de mobilidade interna. Como referimos, a análise que vamos fazer parte exactamente do pressuposto inverso.

§ 18.º A mobilidade estrutural: o trabalhador móvel no seio do grupo

34. Tipologia das situações de mobilidade estrutural

I. O trabalhador móvel em sentido próprio no âmbito de um grupo é o trabalhador cuja mobilidade é estrutural, no sentido em que tal mobilidade decorre do próprio contrato de trabalho que outorgou.

Esta característica de mobilidade estrutural do trabalhador pode, no entanto, emergir de diferentes modelos contratuais. Assim, nuns casos, a mobilidade do trabalhador entre as empresas do grupo inere ao facto de ter celebrado um contrato de trabalho com cada uma delas – por outras palavras, é uma mobilidade assente na pluralidade de vínculos laborais. Noutros casos, o trabalhador celebrou um contrato de trabalho unitário mas com vários empregadores e é esta pluralidade de empregadores que constitui a instância legitimadora da sua circulação inter-empresarial. Noutros casos ainda, o trabalhador celebrou um contrato de trabalho comum com uma das entidades jurídicas pertencentes do grupo, mas tal contrato ou a convenção colectiva de trabalho aplicável contêm uma cláusula que viabiliza a circulação do trabalhador para outras empresas do mesmo grupo.

II. Embora as hipóteses consideradas se aproximem entre si, pelo facto de corresponderem a trabalhadores que são estruturalmente móveis, na verdade, o significado da mobilidade em cada uma destas situações não é idêntico, e tal mobilidade coloca problemas jurídicos diferentes em cada caso, obrigando a um enquadramento diverso.

Estas situações devem, por isso, ser analisadas separadamente.

35. A «mobilidade» do trabalhador com pluralidade de contratos de trabalho com diferentes sociedades do grupo

I. A primeira situação a considerar é aquela em que o trabalhador celebra vários contratos de trabalho com diversas empresas do mesmo grupo, prestando a sua actividade, de forma simultânea ou alternada, para todas elas, no mesmo ou em vários locais de trabalho e com subordinação jurídica em relação aos vários empregadores. Neste caso, a circulação do trabalhador entre as várias empresas do grupo é algo de inerente aos vários vínculos laborais e pode revestir uma especial dinâmica.

A situação descrita coloca os seguintes problemas: em primeiro lugar, o problema da admissibilidade desta acumulação de contratos de trabalho na titularidade de um só trabalhador; em segundo lugar, a questão da qualificação da «circulação» do trabalhador entre as empresas do grupo neste caso; por último, o problema dos efeitos desta mobilidade do trabalhador na sua situação juslaboral.

II. O primeiro problema suscitado por este tipo de situações é um problema de admissibilidade: pode ou não um único trabalhador celebrar mais do que um contrato de trabalho com diversas entidades empregadoras pertencentes ao mesmo grupo, desenvolvendo a sua actividade em conjunto ou alternadamente para todas elas e com subordinação aos poderes laborais de direcção e disciplina de todos os empregadores?

A resposta a esta questão tem que ser afirmativa. Como já tivemos ocasião de referir[864], uma das principais projecções do princípio constitucional da liberdade de trabalho (art. 58.º n.º 1 da CRP) é a admissibilidade do pluriemprego, i.e. da celebração e coexistência de vários contratos de trabalho entre um mesmo trabalhador e diversas entidades empregadoras, desde que tal situação não ponha em causa os deveres gerais do trabalhador em cada contrato de trabalho, com destaque para o dever de lealdade na manifestação da não concorrência (art. 121.º n.º 1 e) do CT). Ora, uma vez admitida a situação de pluriemprego em tese geral, não se descortinam motivos para a afastar no contexto dos grupos societários ou empresariais, já que neste contexto, ela permite às diversas empresas do grupo partilhar

---

[864] *Supra*, § 13.º, ponto 26.6.II.

os benefícios resultantes da actividade desenvolvida sobre o trabalhador e exercer sobre ele os poderes laborais de direcção e disciplina[865-866].

Contra o entendimento que sustentamos podem levantar-se duas objecções: a primeira é que as situações de pluriemprego têm, elas próprias, limites de admissibilidade, e tais limites podem estar em perigo quando os vários empregadores pertencem ao mesmo grupo societário ou empresarial; a segunda é que, já prevendo a lei um instrumento de pluralidade vocacionado exactamente para o âmbito dos grupos (o contrato de trabalho com pluralidade de empregadores – art. 92.º do CT), não seria adequado recorrer a outros instrumentos para o mesmo objectivo.

No nosso entender, estas objecções não procedem.

No que se refere aos limites gerais de admissibilidade das situações de pluriemprego, parece evidente que, quando situadas num contexto de grupo, as situações de pluriemprego continuam a ter os limites legais e de boa fé que genericamente as oneram e que decorrem da necessária compatibilidade da actividade laboral e das condições de trabalho no âmbito

---

[865] Também admitindo o pluriemprego em contexto de grupo, no sentido que preconizamos, ABEL FERREIRA, *Grupos de empresas e relações laborais cit.*, 290 s.

[866] Autores como NOGLER, *Gruppo di imprese... cit.*, 303 s. e 309, consideram mesmo que a solução da pluralidade de contratos de trabalho, a que corresponde também uma pluralidade de empregadores, aplicada ao contexto dos grupos, é a solução mais adequada aos grupos horizontais ou de coordenação, ao passo que a solução do contrato de trabalho unitário com pluralidade de empregadores é a que mais se adequa aos grupos verticais. Também considerando a solução da pluralidade de contratos de trabalho como solução especialmente adequada à prestação cumulativa de trabalho para várias empresas, MAZZINI, *Riflessi del collegamento societário... cit.*, 501, que argumenta justamente com o facto de cada contrato de trabalho não envolver exclusividade, e ainda VERDINKT, *L'éxécution des relations de travail... cit.*, 51 s., ou VACARIE, *Groupes de sociétés... cit.*, 28 s. Já outros autores sustentaram o recurso à figura do contrato a favor de terceiro para enquadrar o caso em que o trabalhador, que celebrou um contrato de trabalho com uma empresa do grupo, presta a sua actividade ao mesmo tempo para outra empresa ou apenas para outra empresa – foi o entendimento de MAGNO, *Prestazione di lavoro in favore di più persone... cit.*, 189, e de PALERMO, *Lavoro a favore di terzi... cit.*, 283 ss. e 325, mas que foi objecto da crítica, de CALABRÒ, *Lavoro, impresa di gruppo... cit.*, 61 ss.; também no contexto da doutrina austríaca, a hipótese de enquadramento da prestação simultânea de trabalho para mais do que uma empresa do grupo, pelo contrato a favor de terceiro foi considerada por JABBORNEG, *Arbeitsvertragsrecht im Konzern cit.*, 13, que, todavia, a rejeitou por a considerar incompatível com os deveres laborais de lealdade e de assistência.

de cada contrato – assim, a actividade prestada ao abrigo de um dos contratos não pode ser concorrencial com a desenvolvida em execução do outro vínculo, a não ser que ambos os empregadores nisso consintam[867], e o local ou os locais de trabalho têm que ser compatíveis, assim como o tempo de trabalho[868]. Em suma, o que deve ficar claro é que o contexto grupal em que se inserem os empregadores não é de molde nem a aligeirar nem a dificultar os requisitos gerais de admissibilidade do pluriemprego, assim como não é, por si só, apto a, pura e simplesmente, afastar a admissibilidade de recurso a esta solução, que tem, aliás, apoio num princípio constitucional e no princípio geral da liberdade contratual.

No que se refere à compatibilidade da solução de pluralidade de contratos de trabalho em contexto de grupo com a previsão legal do contrato de trabalho com pluralidade de empregadores, cujo âmbito de aplicação é também o contexto dos grupos societários e empresariais (art. 92.º do CT), também não se suscitam dúvidas, quer por um argumento estrutural, quer um motivo axiológico. Assim, do ponto de vista estrutural, as duas figuras não colidem porque têm uma configuração diversa – é que, enquanto o contrato de trabalho com pluralidade de empregadores corresponde ainda a um modelo de contrato de trabalho unitário (já que o elemento da pluralidade se reporta apenas a uma das partes do contrato, mas não atinge o seu conteúdo), no caso em análise há uma pluralidade de vínculos jurídicos que coexistem entre si. Por outro lado, estando-se no domínio do direito privado, o facto de a lei prever um mecanismo típico de aproveitamento do trabalho subordinado por mais do que um empregador em simultâneo não afasta, naturalmente, o direito de os interessados recorrerem a outros mecanismos em prossecução de idênticos objectivos, ao abrigo do princípio geral da autonomia privada (art. 405.º do CC) e ainda, no caso, com apoio no princípio constitucional da liberdade de trabalho (art. 58.º n.º 1 da CRP), desde que se mantenham dentro dos limites gerais da licitude e da boa fé.

A opção pela celebração de vários contratos de trabalho com um mesmo trabalhador em contexto de grupo é, assim, em princípio, um ins-

---

[867] Aplicando o requisito da não concorrência ao contexto dos grupos, nada obsta a que o trabalhador desenvolva inclusivamente a mesma actividade ou uma actividade complementar para as várias empresas do grupo, desde que cada uma delas autorize tal acumulação, ficando afastada, por esta via, qualquer violação do dever de não concorrência.

[868] Assim, são compatíveis os contratos de trabalho com duas empresas do mesmo grupo em que se convenciona, por exemplo, que o trabalhador presta a sua actividade para a empresa A durante a manhã e para a empresa B durante a tarde.

trumento juridicamente válido e também um mecanismo eficaz de gestão dos recursos humanos em contexto grupal, uma vez que permite optimizar o aproveitamento do trabalhador neste contexto.

III. Uma vez aceite esta solução, cabe atentar nos respectivos efeitos para a situação jurídica do trabalhador.

Do ponto de vista jurídico, a pluralidade de contratos de trabalho com diversos empregadores membros do grupo viabiliza a «circulação» do trabalhador entre as respectivas empresas. No entanto, esta circulação do trabalhador não corresponde a um caso de mobilidade em sentido próprio, mas apenas a uma deslocação material, que traduz, aliás, o cumprimento pontual de cada um dos contratos de trabalho em questão. Assim, em termos jurídicos, terá que se concluir que à multiplicidade de contratos de trabalho entre um único trabalhador e mais do que uma empresa do mesmo grupo económico corresponde a absoluta independência das situações juslaborais emergentes daqueles contratos, desde a sua formação, durante a respectiva execução e por ocasião da sua cessação.

No que se refere à formação do contrato de trabalho, a independência dos vários contratos de trabalho celebrados pelo trabalhador faz com que os requisitos eventualmente exigíveis para o negócio (designadamente, a fundamentação objectiva da contratação, no caso de se tratar de um contrato a termo ou de um contrato de trabalho temporário) tenham que ser preenchidos em relação a cada dos contratos separadamente. Por outro lado, a constituição de cada vínculo laboral é independente dos demais.

Designadamente, quanto a este ponto, nada obsta a que um trabalhador originariamente contratado por um empregador membro de um grupo, venha posteriormente a celebrar outro contrato de trabalho, na pendência do primeiro, com outra entidade do mesmo grupo, surgindo então a situação de pluralidade contratual. Por outro lado, também nada parece obstar a que os diversos contratos correspondam a modelos diferentes (por exemplo, o trabalhador é titular de um contrato de trabalho por tempo indeterminado com uma das empresas do grupo e celebra um contrato de trabalho a termo ou a tempo parcial com outra empresa do mesmo grupo[869]), desde que estejam preenchidos os requisitos respectivos.

---

[869] Admitindo expressamente a pluralidade de contratos de trabalho a tempo parcial com várias empresas do grupo, CAMPS RUIZ, *Problemática jurídico-laboral... cit.*, 107,

Quanto aos direitos e deveres das partes, o referido princípio da independência dos vínculos laborais determina que eles sejam aferidos de forma independente em relação a cada uma dos contratos.

Neste aspecto, apenas se salienta a necessidade de assegurar o cumprimento dos deveres que possam eventualmente conflituar no caso concreto, por força da actividade do trabalhador, o que deve ser feito nos próprios títulos contratuais ou por declaração expressa dos empregadores manifestando o seu acordo relativamente à situação de acumulação da actividade laboral.

Por outro lado, a regra geral de independência dos vínculos laborais faz soçobrar qualquer pretensão de tratamento igualitário do trabalhador pelos seus diversos empregadores (designadamente em matéria remuneratória), uma vez que, como vimos em devido tempo[870], não basta a circunstância de os empregadores pertencerem à mesma coligação societária ou ao mesmo grupo de empresas para que estas pretensões tenham vencimento.

Quanto ao regime juslaboral aplicável, também decorre da independência dos vários contratos de trabalho que o trabalhador se sujeita ao instrumento de regulamentação colectiva do trabalho e ao regulamento empresarial vigentes em cada uma das empresas; e, no que se refere à execução dos contratos, subordina-se ao poder de direcção e ao poder disciplinar de cada um dos empregadores, reportando-se estes poderes ao âmbito dos respectivos contratos de trabalho. Apenas pode ser necessário articular os regimes de duração do trabalho ou do local de trabalho, mas esta articulação tem que ser mediada pelo próprio trabalhador, em moldes semelhantes ao de outras situações de pluralidade de contratos de trabalho.

Por fim, entende-se que a cessação dos vários contratos de trabalho é independente e não se repercute nos restantes vínculos laborais vigentes no contexto do grupo, sendo, designadamente, de aferir a causa de cessação por reporte a cada empresa e a cada contrato de trabalho de forma autónoma[871], e devendo contar-se a antiguidade do trabalhador em cada vínculo contratual de modo separado.

MARTÍNEZ BARROSO, *Analisis jurídico-laboral de los grupos... cit.*, 932 ss., ou DENKIEWICZ, *Contrat de travail et groupes de sociétés cit.*, 238.

[870] *Supra*, § 15.º, ponto 30.3.II e III.

[871] Assim, por exemplo, o trabalhador pode ser objecto de um despedimento colec-

Ainda assim, no que toca à fundamentação da cessação do contrato de trabalho por iniciativa do empregador, julga-se que o princípio geral de independência pode ser limitado no caso de a cessação do contrato com uma das empresas se fundamentar na violação grave do dever de lealdade do trabalhador em termos que colidam gravemente com o interesse do próprio grupo. É que, como referimos noutro passo do estudo[872], o interesse do grupo é também um interesse da empresa, à qual o trabalhador se encontra contratualmente adstrito, por força da componente organizacional do contrato de trabalho. Assim sendo, a infracção disciplinar praticada no âmbito de um dos contratos de trabalho, que colida gravemente com o interesse do grupo, justificando o despedimento do trabalhador por justa causa na empresa onde foi cometida, pode eventualmente relevar, para o mesmo efeito, no âmbito de outro contrato de trabalho com outra entidade empregadora do mesmo grupo. Em todo o caso, sempre se dirá que, sendo o comportamento do trabalhador, com referência a este segundo contrato, de qualificar como um comportamento extra-laboral[873], só se configurará a justa causa se o (segundo) empregador conseguir provar que tal comportamento determinou uma quebra irreparável da relação de confiança pressuposta nos deveres laborais do trabalhador, designadamente no dever de lealdade – ou seja, apenas quando prove a existência de um nexo de causalidade entre o comportamento extra-laboral do trabalhador e os seus deveres no contrato de trabalho em vigor naquela empresa, de acordo com o critério comummente adoptado pela jurisprudência para admitir a relevância disciplinar de condutas extra-laborais do trabalhador.

Com as adaptações e os cuidados indicados, confirma-se, pois, agora com uma legitimidade reforçada, que é admissível o pluriemprego no con-

---

tivo que o atinge na empresa A, mas tal cessação não afecta o contrato de trabalho que tem com a empresa B, pertencente ao mesmo grupo; e da mesma forma, a infracção disciplinar que cometa na empresa A e cuja gravidade seja considerada suficiente para a aplicação da sanção do despedimento por motivo imputável ao trabalhador (art. 396.° do CT) não se repercute, em princípio, na empresa B. Realçando a independência dos vários contratos de trabalho concluídos com diversas empresas do grupo, no que toca à respectiva cessação, por exemplo, VACARIE, *Groupes de sociétés... cit.*, 28 s.

[872] *Supra*, § 15.°, ponto 30.4.III.

[873] Naturalmente, uma actuação do trabalhador no âmbito de outra empresa é, para efeitos desta empresa, um comportamento extra-contratual, dada a independência jurídica dos dois contratos de trabalho, nos termos expostos.

texto de um grupo e que a inserção grupal dos vários empregadores não afecta o princípio de independência dos vários contratos de trabalho celebrados pelo trabalhador nesse mesmo contexto.

36. A mobilidade do trabalhador com contrato de trabalho com pluralidade de empregadores

I. A situação legalmente típica de trabalhador estruturalmente móvel no âmbito das coligações societárias e dos grupos de empresas é a do trabalhador que celebra um contrato de trabalho unitário com uma pluralidade de empregadores pertencentes ao mesmo grupo, ao abrigo do art. 92.° do CT. Através deste contrato, o trabalhador obriga-se a prestar a sua actividade, de forma simultânea, alternada ou sucessiva para os vários empregadores pertencentes a uma coligação societária ou a um grupo de sociedades em sentido próprio, ou, fora do contexto societário, obriga-se a prestar a sua actividade no âmbito de uma estrutura organizativa comum aos diversos empregadores (são as hipóteses de pluralidade contempladas, respectivamente, nos n.os 1 e 2 do art. 92.° do CT). Por esta via, fica assim assegurada a mobilidade do trabalhador no seio das organizações dos seus empregadores[874].

Já tendo apreciado a figura da pluralidade de empregadores, como modalidade especial de contrato de trabalho, quer em geral, quer destacando os problemas do âmbito de aplicação desta figura, dos requisitos substanciais e formais de constituição do vínculo laboral e ainda a questão da determinação do empregador[875], focamos agora directamente a nossa atenção nas questões atinentes à mobilidade do trabalhador neste contexto.

---

[874] Como observa NOGLER, *Gruppo di imprese... cit.*, 304 s. e 310, aplicada ao contexto dos grupos, a solução do contrato de trabalho unitário com pluralidade de empregadores é a que mais se adequa aos grupos verticais, porque corresponde melhor à unidade de direcção económica característica desses grupos. Já MAZZOTTA, *Diritto del lavoro cit.*, 250, e *Divide e impere... cit.*, 372, aventa a possibilidade de reconduzir a situação em que o trabalhador desenvolve indistintamente a sua actividade para várias empresas de um mesmo grupo à categoria das obrigações colectivas. Noutros contextos doutrinais, a figura do contrato de trabalho com pluralidade de empregadores tem suscitado maiores dúvidas – é o que sucede no sistema austríaco, em que autores como JABBORNEG, *Arbeitsvertragsrecht im Konzern cit.*, 14, chamam a atenção para a dificuldade de harmonizar as posições dos empregadores entre si.

[875] *Supra*, § 10, ponto 19.2.5., § 12.°, ponto 24.4.2, § 13.°, ponto 26.5. e § 16.°.

II. O primeiro ponto a assinalar quanto a esta matéria tem a ver com o sentido de mobilidade subjacente à situação em que o trabalhador titular de um contrato de trabalho com pluralidade de empregadores é deslocado de uma para outra empresa, no âmbito do mesmo grupo.

Na medida em que o trabalhador tem um vínculo laboral unitário e sendo seus empregadores os titulares daquelas empresas, tem que se concluir que as suas deslocações inter-empresariais se mantêm na esfera dos seus empregadores – por outras palavras, ainda que envolvam mais do que um espaço empresarial, estas deslocações ocorrem ainda dentro do perímetro negocial do contrato de trabalho, atenta a especificidade do próprio contrato, que reside justamente no facto de tal perímetro ser reportado a mais do que um empregador. A nosso ver, a mobilidade do trabalhador neste contexto não envolve, pois, a deslocação para fora do universo do(s) seu(s) empregador(es), ao contrário de outras situações de mobilidade que ocorrem em contexto de grupo e que vamos considerar mais à frente, mas é ainda de qualificar como um caso de *mobilidade interna*.

Contra a caracterização de mobilidade que acabamos de sustentar para a situação em apreço poderia argumentar-se que a exigência legal de que um dos empregadores represente os demais no exercício dos direitos e no cumprimento dos deveres laborais (art. 92.º n.º 1 c) do CT) acarreta uma cristalização da situação do trabalhador na esfera do empregador representante. Sendo assim, a deslocação do trabalhador para fora da órbita do empregador representante, como aliás, qualquer alteração substancial da situação do trabalhador, introduzida posteriormente, já teria que ser tratada de uma forma diferente[876].

Não é este, contudo, o nosso entendimento. Bem pelo contrário, cremos que, ao instituir a figura do empregador representante, o objectivo da lei foi apenas facilitar o relacionamento entre as partes, estabelecendo com clareza o interlocutor do trabalhador no contrato. Não se pretendeu, assim, limitar as virtualidades da figura do contrato com pluralidade de empregadores como instrumento de utilização optimizada do trabalhador em ambiente de grupo, efeito que decorreria de uma interpretação mais rígida da norma do art. 92.º n.º 1 c) do CT.

---

[876] Parece ser este o entendimento de JÚLIO GOMES, *Direito do Trabalho cit.*, I, 234, conforme já referimos anteriormente – *supra*, § 12.º, ponto 24.4.2.III.

Assim, entendemos que o trabalhador titular de um contrato de trabalho com pluralidade de empregadores, que circula entre as sociedades do grupo societário ou empresarial, que sejam seus empregadores, quer porque presta indistinta e simultaneamente a sua actividade laboral para todas elas, quer porque trabalha alternadamente ou mesmo sucessivamente para uma e para outra dessas entidades, se mantém na órbita dos respectivos empregadores e no cumprimento do seu contrato de trabalho, nos termos gerais.

III. Chegados a esta conclusão, que se nos afigura incontornável perante o elemento diferenciador desta modalidade de contrato de trabalho, poderia pensar-se que as deslocações do trabalhador entre as empresas dos seus empregadores seriam livres. Não cremos, todavia, que essa seja a solução mais adequada, nem sequer uma solução admissível, tendo em conta as regras gerais de tutela do trabalhador em matéria de local de trabalho e de função – ou seja, os já anteriormente referidos princípios da inamovibilidade e da invariabilidade da prestação, que o Código do Trabalho consagra, respectivamente, nos arts. 122.° f) e 151 n.° 1.

No nosso entender, no caso de contrato de trabalho com pluralidade de empregadores, o que se passa é que a tutela do trabalhador em matéria de local de trabalho e de função pode e deve ser assegurada, nos termos gerais, pelos referidos princípios da inamovibilidade e da invariabilidade funcional, não apenas quando o trabalhador é chamado a desempenhar uma outra actividade para o mesmo empregador ou a mudar de local de trabalho no âmbito da mesma organização empresarial, mas também quando a variação geográfica ou funcional impliquem a sua deslocação para uma empresa pertencente a um dos seus outros empregadores. Por outras palavras, havendo uma contitularidade da posição de empregador (característica individualizadora do contrato de trabalho com pluralidade de empregadores), as organizações empresariais dos vários empregadores não podem deixar de ser vistas também como uma unidade para os diversos efeitos laborais e, designadamente, para efeitos da mobilidade do trabalhador no seio do grupo – é, no fundo, mais uma consequência do carácter unitário do contrato de trabalho com pluralidade de empregadores, a somar às que já considerámos no parágrafo anterior[877] e que justifica que,

---

[877] *Supra*, § 16.°.

em relação a este contrato, não vigore o princípio geral de independência dos vínculos laborais em ambiente de grupo, que sufragámos para outras situações.

Sendo assim, uma vez determinada a actividade a que o trabalhador se obriga e o local (ou os locais) onde a vai desempenhar – cuja indicação, por expressa exigência legal, deve, aliás, constar do documento contratual, nos termos do art. 92.º n.º 1 a) do CT – ficam consolidados os direitos do trabalhador em matéria de invariabilidade da função e de inamovibilidade. E, uma vez consolidados a função e o local de trabalho, a respectiva modificação só pode ocorrer mediante a verificação dos requisitos da mobilidade funcional (art. 314.º do CT) ou da mobilidade geográfica (arts. 315.º e 316.º do CT), a aplicar quer a mudança envolva apenas um empregador, quer implique mais do que um empregador – assim, nos termos gerais destas normas, a mudança de funções ou de local de trabalho só será possível se for fundada num interesse objectivo da empresa, se não acarretar prejuízo sério ao trabalhador ou modificação substancial da sua posição, consoante os casos, e ainda, no caso de mobilidade funcional, se for a título temporário[878].

Em suma, a salvaguarda dos interesses do trabalhador perante situações de mobilidade entre as organizações dos seus vários empregadores é assegurada pelos mecanismos gerais de tutela da função e do local de trabalho, que são os instrumentos adequados para enquadrar a mobilidade interna dos trabalhadores[879-880].

---

[878] Para mais desenvolvimentos sobre estes requisitos do *jus variandi* e da mudança de local de trabalho, *vd*, por todos, ROSÁRIO PALMA RAMALHO, *Direito do Trabalho cit.*, II, 381 ss. e 411 ss., respectivamente. Não cabendo nesta sede desenvolver este ponto, o que importa deixar claro é a aplicabilidade destes mecanismos de mobilidade à situação analisada.

[879] Situação diferente é a que surge quando uma das empresas do grupo no âmbito do qual o trabalhador circula, em execução do seu contrato de trabalho, sai do grupo ou desaparece – porque é integrada noutra empresa, porque é alienada a uma terceira entidade ou porque é extinta, por exemplo, na sequência de um processo de insolvência. Neste caso, o contrato de trabalho mantém-se em regime de pluralidade com os restantes empregadores, mas cessa a mobilidade do trabalhador para a empresa que deixou de integrar o grupo, mesmo que tal empresa subsista, uma vez que a pertença ao grupo constitui o pressuposto substancial do próprio contrato com pluralidade de empregadores. Ainda assim, pensamos que apenas no caso de o conjunto de empregadores ficar reduzido a um empregador singular é que o contrato passa a subsistir como contrato de trabalho comum, nos termos do art. 92.º n.º 4 do CT, que deve, assim, ser interpretado *cum granu salis*.

[880] Noutros ordenamentos, a resolução dos problemas da mobilidade dos trabalha-

37. A mobilidade do trabalhador no grupo ao abrigo de uma cláusula negocial ou convencional de mobilidade

I. O último caso (mas não o mais incomum) de trabalhador estruturalmente móvel no âmbito de um grupo societário ou empresarial é o do trabalhador titular de um contrato de trabalho comum, celebrado com uma das entidades jurídicas membros do grupo e que, em execução deste contrato, circula pelas outras empresas do grupo.

Estes casos podem corresponder a dois tipos de situações diferentes, que colocam também problemas diversos. Elas devem ser, por isso, consideradas em separado.

II. A primeira situação a considerar é a do *trabalhador itinerante* dentro do grupo. Nesta categoria incluímos o trabalhador que circula pelas várias empresas do grupo a que pertence o respectivo empregador, por força da sua própria função e em cumprimento dessa mesma função – por exemplo, um trabalhador da empresa de auditoria interna de um determinado grupo, que, na sua função de auditor, vai desenvolvendo a sua actividade sucessivamente nas várias empresas do grupo.

---

dores entre as empresas do grupo com recurso aos mecanismos de mobilidade interna do trabalhador, que aqui referimos, é advogada para um maior número de situações, tendo como premissa a qualificação do vínculo laboral como um vínculo unitário, em que o empregador é o próprio grupo, apesar de não ter personalidade jurídica ou de ter apenas personalidade para efeitos juslaborais – é a perspectiva que encontramos, na doutrina italiana, em autores como VENEZIANI, *Gruppi di imprese... cit.* (*in* Lav.Dir.), 630 ss., e ainda deste autor, *Gruppi di imprese... cit.* (*in* P. ZANELLI (dir.), *Gruppi di imprese e nuove regole cit.*), 95 s., ou BELFIORE, *Impresa di grupo... cit.*, 36 ss., MELIADÒ, *Il rapporto di lavoro nell'impresa di gruppo... cit.*, 646 ss., NOGLER, *Gruppo di imprese... cit.* 299, ou MAZZINI, *Riflessi del collegamento societário*, 473 ss., que postulam a extensão a todas as situações de mobilidade temporária do trabalhador entre as empresas do grupo das regras comuns da transferência dos trabalhadores e da mudança do local de trabalho, condicionando-as pelo critério do interesse do grupo; e é também a perspectiva de alguma doutrina espanhola, em aplicação da teoria realista, desenvolvida tradicionalmente pela jurisprudência relativamente à determinação do empregador no contexto dos grupos e que permitiu identificá-lo com o próprio grupo – nesta linha, por exemplo, SANTIAGO REDONDO, *Consideraciones en torno a los grupos de empresas... cit.*, 465 ss. Esta concepção não é transponível para o nosso ordenamento, porque não se compadece com a independência dos vínculos laborais vigentes nas várias empresas do grupo, que, entre nós, constitui o princípio geral nesta matéria, como vimos oportunamente.

Este tipo de situações não suscita problemas, uma vez que a circulação do trabalhador pelas empresas do grupo é feita em cumprimento do seu próprio contrato de trabalho e com sujeição às determinações do seu próprio empregador[881]. A única especificidade do vínculo laboral deste trabalhador reporta-se ao local de trabalho, que, por força da função desempenhada, é de qualificar como um local de trabalho diluído[882] ou, pelo menos, implica um conjunto des deslocações regulares a outras empresas.

III. Situação diferente e mais problemática é aquela em que o trabalhador celebra um contrato de trabalho comum com uma das entidades pertencentes a um grupo societário ou empresarial, mas esse contrato contém uma cláusula de mobilidade, que permite ao empregador deslocar o trabalhador para outras empresas do mesmo grupo, para aí desenvolver a sua actividade em situação de subordinação. Neste segundo grupo de situações, devem ainda ser consideradas as cláusulas de convenções colectivas de trabalho que facilitem a deslocação inter-empresarial dos trabalhadores em contexto de grupo.

As cláusulas contratuais de mobilidade do trabalhador entre as empresas do mesmo grupo societário ou empresarial têm sido admitidas noutros ordenamentos jurídicos, como forma de ultrapassar as dificuldades tradicionalmente impostas pelas normas laborais no que toca à alteração do local de trabalho[883]. Por outro lado, ao nível do direito comunitá-

---

[881] Considerando também este tipo de situações, em contexto de grupo, por exemplo, CAMPS RUIZ, *La problemática jurídico-laboral... cit.*, 67 s. e 83 s., e ainda *Problemática jurídico-laboral...cit.*, 111.

[882] Este tipo de local de trabalho é inerente às funções que, pela sua natureza, não se compadecem com um local fixo. Para mais desenvolvimentos sobre este conceito, vd ROSÁRIO PALMA RAMALHO, *Direito do Trabalho cit.*, II, 267.

[883] Dando conta da existência deste tipo de cláusulas (*Konzernbeschäftigungsklauseln*) no sistema germânico, WINDBICHLER, *Arbeitsrecht im Konzern cit.*, 584 ss., e, ainda desta autora, *Arbeitsrechtliche Vertragsgestaltung cit.*, 54, HENSSLER, *Der Arbeitsvertrag im Konzern cit.*, 168 s., WEINMANN, *Der Konzern im Arbeitsrecht... cit.*, 462, MASCHMANN, *Abordnung und Versetzung im Konzern cit.*, 26 s., e, quanto ao sistema austríaco, JABBORNEG, *Arbeitsvertragsrecht im Konzern cit.*, 123, que assinala, contudo, a necessidade de controlar o respectivo conteúdo, por forma a assegurar que se mantém dentro de limites de razoabilidade (aliás como MASCHMANN, *Abordnung und Versetzung im Konzern cit.*, 40); sobre estas cláusulas no sistema francês, BARTHÉLÉMY / COULON / EGAL / GUIGOU / HARDOUÍN / MELLO / PETITEAU / SEURAT, *Le droit des groupes de sociétés cit.*, 300, ou VERDINKT, *L'éxécution des relations de travail... cit.*, 52 ss.

rio, o regime de tutela dos trabalhadores destacados ao abrigo de uma prestação de serviços (instituído pela Dir. 96/71/CE, de 15 de Dezembro), que foi oportunamente transposto para o nosso sistema pela L. n.º 9/2000, de 15 de Junho, e que consta actualmente dos arts. 7.º a 9.º do CT e dos arts. 11.º a 13.º da RCT, pressupõe a admissibilidade de deslocações de um trabalhador da sua empresa de origem para outra empresa (no caso, situada noutro Estado Membro), que tenha celebrado um contrato de prestação de serviço com o seu empregador ou que tenha uma relação de coligação societária ou de grupo com aquele empregador (art. 11.º n.º 1 da RCT), mas não esclarece a que título pode ocorrer a deslocação do trabalhador, o que, no mínimo, coloca a dúvida de saber se uma cláusula de mobilidade inserida no contrato de trabalho é suficiente e adequada para enquadrar este destacamento.

Perante o nosso ordenamento jurídico, entendemos que as cláusulas de mobilidade inter-empresarial do trabalhador inseridas no contrato de trabalho têm que ser apreciadas em articulação com dois regimes: o regime geral de tutela do local de trabalho, que decorre da conjugação do art. 122.º f) com os arts. 315.º e 316.º do CT; e o regime da cedência ocasional de trabalhadores, consagrado nos arts. 322.º ss. do CT.

A primeira questão que este tipo de cláusulas pode suscitar é a da possibilidade de recondução das deslocações do trabalhador para outra empresa do grupo a um caso de mudança do local de trabalho. Nesta perspectiva, e tendo em conta que as normas legais de tutela do trabalhador em matéria de local de trabalho revestem natureza supletiva, podendo, em consequência, ser afastadas pelas partes no contrato de trabalho, nos termos dos arts. 315.º n.º 3 e 316.º n.º 2 do CT (respectivamente para a mudança do local de trabalho a título definitivo e a título transitório)[884],

---

[884] Já tivemos ocasião de criticar estes preceitos legais do Código do Trabalho, justamente pela possibilidade ampla de afastamento do regime de tutela que conferem às partes, uma vez que, como é sabido, a margem de liberdade do trabalhador no tocante ao estabelecimento das suas condições contratuais é ainda escassa, na maioria dos casos – ora, esta situação teria justificado a manutenção da tutela numa matéria como esta, que é habitualmente, de importância vital para a organização da vida do trabalhador, ou, quando muito, o aligeiramento da tutela apenas pela via das convenções colectivas de trabalho. Não foi, contudo, esta a opção do nosso Código do Trabalho, que optou, nesta matéria, por consagrar a supletividade irrestrita destes regimes. Para mais desenvolvimentos sobre este ponto, que extravasa o âmbito das nossas reflexões, vd ROSÁRIO PALMA RAMALHO, *Direito do Trabalho* cit., II, 416 s.

§ 18.° *Mobilidade estrutural no grupo* 491

uma cláusula negocial de mobilidade do trabalhador entre as empresas do grupo poderia ser considerada uma forma de afastar a aplicação daquele regime legal de tutela, neste caso no sentido do alargamento dos poderes do empregador em matéria de transferência do trabalhador[885]. Não consideramos, contudo, admissível este entendimento, porque a mudança de local de trabalho tem, por definição, que se situar no âmbito do próprio empregador – ora, sendo o contrato de trabalho deste trabalhador celebrado apenas com uma das empresas do grupo, a deslocação do trabalhador para outra empresa do mesmo grupo extravasa o universo do seu próprio empregador e do correspondente poder de direcção, ao abrigo do qual se situaria a ordem de transferência do trabalhador[886].

Não sendo possível reconduzir este tipo de cláusulas de mobilidade a cláusulas de afastamento ou de modelação das regras legais sobre o local de trabalho, resta verificar se elas se podem enquadrar no regime da cedência ocasional de trabalhadores, previsto nos arts. 322.° ss. do CT. De facto, tendo em conta que a figura da cedência é, como veremos no parágrafo imediatamente subsequente, um dos instrumentos jurídicos especialmente vocacionados para enquadrar a mobilidade inter-empresarial dos trabalhadores no contexto dos grupos societários e empresariais, e tendo ainda em conta que o acordo de cedência celebrado entre o empregador (entidade cedente) e a entidade para a qual ele vai ser deslocado (entidade cessionária) só é válido se contiver uma declaração de concordância do trabalhador (nos termos do art. 325.° n.° 2 do CT), poder-se-á admitir que uma cláusula do contrato de trabalho, que admita, à partida, a cedência do trabalhador, valha como declaração de concordância do trabalhador para efeitos da cedência[887]. Contudo, sendo este o caso, sempre se terá que acautelar

---

[885] Apreciando o problema das cláusulas de mobilidade inseridas no contrato de trabalho nesta perspectiva e no contexto dos grupos, embora ainda à luz da LCT, mas ponderando exactamente a natureza supletiva do art. 24.° deste diploma relativo à mudança do local de trabalho, CATARINA CARVALHO, *Da Mobilidade dos Trabalhadores... cit.*, 188 ss.
[886] Apenas numa das situações de destacamento internacional de trabalhadores contempladas na lei estaremos perante um caso que se pode reconduzir tecnicamente a uma mudança de local de trabalho – é o caso, contemplado no art. 11.° n.° 1 b), primeira parte, da RCT, em que o trabalhador é destacado para um estabelecimento da empresa empregadora situado noutro Estado. Não é, contudo, esta a situação que estamos agora a considerar.
[887] Note-se que a lei parece não se opor a que o consentimento do trabalhador ao acto de cedência ocasional seja prestado anteriormente, designadamente por ocasião da cele-

que o consentimento do trabalhador foi dado dentro dos parâmetros de legalidade da própria figura da cedência, que teremos ocasião de avaliar um pouco mais à frente[888].

Conclui-se assim, quanto às cláusulas negociais de mobilidade do trabalhador para outras empresas do grupo a que pertence o seu empregador, que tais cláusulas apenas são admissíveis quando se possam reconduzir à figura da cedência e desde que não contendam com os requisitos desta mesma figura. Fora destes casos, estas cláusulas do contrato de trabalho terão que se considerar nulas, por contrariedade à lei, nos termos gerais do art. 294.º do CC.

IV. Para além destas cláusulas negociais, deve ainda ter-se em consideração a possibilidade de estipulação de cláusulas de mobilidade dos trabalhadores em sede de convenção colectiva de trabalho, sendo esta hipótese particularmente relevante no caso português, porque é hoje admitida uma ampla modelagem da figura da cedência ocasional em sede de contratação colectiva, ao abrigo do art. 323.º do CT.

Uma vez que vamos apreciar, *per se*, a figura da cedência ocasional, remetemos para esse momento uma referência a este tipo de cláusulas[889].

---

bração do negócio laboral – neste sentido, ROMANO MARTINEZ, *Direito do Trabalho cit.*, 780, e ROSÁRIO PALMA RAMALHO, *Direito do Trabalho cit.*, II, 693. Assim, tal consentimento poderia ser dado em sede do próprio contrato de trabalho.

[888] Assim, por exemplo, não será aceitável uma cláusula do contrato de trabalho pela qual o trabalhador consinta aprioristicamente ser cedido sem identificação das possíveis entidades cessionárias, a título regular e não ocasional ou ultrapassando os prazos máximos de duração da cedência que a lei estabelece. Desenvolveremos este ponto a propósito da hipótese de mobilidade do trabalhador ao abrigo da figura da cedência ocasional, *infra*, § 19.º, ponto 39.

[889] *Infra*, § 19, ponto 39.IV.

§ 19.º Mobilidade do trabalhador nos grupos societários e empresariais com suspensão do contrato de trabalho

38. Tipologia das situações de mobilidade com suspensão do contrato de trabalho

I. Fora dos casos de pluralidade de empregadores ou de pluralidade de contratos de trabalho, a mobilidade dos trabalhadores entre as empresas de um grupo opera habitualmente através da introdução de uma modificação no desenvolvimento normal do contrato de trabalho que o trabalhador tem com uma das empresas do grupo, mas o sentido desta modificação depende, naturalmente, dos interesses em jogo. Neste parágrafo, consideramos apenas aquelas situações em que o interesse das partes é deslocar o trabalhador para outra empresa do grupo (o que pode justificar-se pelos mais variados motivos de gestão, ou mesmo em função de um interesse relevante do próprio trabalhador[890]), mas essa deslocação é temporária, porque se pretende preservar o vínculo contratual originário.

Quando se anteveja uma deslocação do trabalhador para outra empresa do grupo, com carácter temporário mas dotada de alguma estabilidade, e se pretenda manter o vínculo laboral originário, a opção tomada pelas partes é, muitas vezes, a de manter latente aquele vínculo pelo tempo que durar a deslocação, finda a qual o contrato de trabalho primitivo

---

[890] Assim, a empresa pode ter interesse em deslocar o trabalhador para outra unidade do mesmo grupo societário ou empresarial para optimizar a utilização das suas aptidões profissionais específicas numa área em desenvolvimento na outra empresa, para lançar uma nova área de negócio ou para exercer um controlo mais apertado sobre uma sociedade dependente; mas a deslocação para outra empresa do grupo pode também ser do interesse do trabalhador para fazer uma nova experiência profissional ou para acompanhar a deslocação de um familiar, por exemplo. Em qualquer destes casos, ao interesse de alterar temporariamente a situação do trabalhador pode acrescer o interesse igualmente legítimo de preservar o vínculo laboral originário, para que possa ser retomado mais tarde.

retoma o seu cumprimento normal – por outras palavras, a mobilidade do trabalhador no seio do grupo passa pela suspensão do seu contrato de trabalho na empresa de origem.

II. Na prática, as situações de suspensão do contrato de trabalho para viabilizar a deslocação temporária mas estável do trabalhador para outra empresa do grupo podem ser variadas e admitem enquadramentos diversos[891].

---

[891] Noutros contextos jurídicos, as deslocações temporárias dos trabalhadores no contexto dos grupos têm sido enquadradas por figuras diversas. No sistema germânico, desenvolveu-se, para este efeito, a figura da cedência de trabalho (*Leiharbeitsverhältnis*) e a doutrina distingue entre cedências curtas e cedências de longa duração, considerando que, no segundo caso, pode sobrevir um novo vínculo laboral com o empregador cessionário, coexistindo esse vínculo com o primeiro contrato – sobre esta figura, por exemplo, HENSSLER, *Der Arbeitsvertrag im Konzern cit.*, 52 ss., que acentua o facto de a deslocação do trabalhador para outra empresa do grupo ter que assentar ou numa cláusula contratual de mobilidade ou no acordo do trabalhador, não sendo de reconhecer uma unidade empresarial reportada ao grupo para facilitar tais deslocações, fora destas condições (*idem*, 168 ss.). Ainda sobre as transferências do trabalhador para outra empresa a título temporário e sobre a distinção entre as transferências de curta e de longa duração, WINDBICHLER, *Arbeitsrecht im Konzern cit.*, 95 ss., esta autora acentuando, sobretudo, a base necessariamente contratual da mobilidade do trabalhador entre as empresas do grupo, ou seja, o acordo do trabalhador como condição para essa mobilidade (*idem*, 583 ss.), podendo esse acordo decorrer de cláusula contratual ou ser obtido já durante a execução do contrato de trabalho (ainda neste sentido expressamente, MASCHMANN, *Arbordnung und Versetzung im Konzern cit.*, 26 s.); para mais desenvolvimentos sobre estas modalidades de deslocação inter-empresarial do trabalhador e distinguindo os casos em que essas deslocações implicam mudança do empregador e os casos em que são feitas em cumprimento ou na vigência do contrato, ainda C. WINDBICHLER, *Arbeitnehmermobilität im Konzern*, RdA, 1988, 2, 95-99. Já FABRICIUS, *Rechtsprobleme gespaltener Arbeitsverhältnisse... cit.*, 29 e 47 s., aplica às situações de mobilidade inter-empresarial do trabalhador a título temporário os conceitos de empregador principal e de empregador acessório (*Haupt-Arbeigeber* e *Neben-Arbeitgeber*), que desenvolve na sua concepção sobre as relações de trabalho em contexto de grupo, para explicar a repartição de deveres e poderes laborais entre as duas entidades empregadoras, que ocorre nestas situações de mobilidade. Por outro lado, autores como MARTENS, *Die Arbeitnehmerüberlassung im Konzern... cit.*, 2144 ss., salientam o facto de alguns trabalhadores não serem abrangidos pelas normas de tutela do trabalhador cedido, constantes da AÜG, uma vez que este diploma exclui expressamente do seu âmbito de aplicação algumas relações de cedência no contexto dos grupos societários (Art. 1, § 1.°, Abs 3 Ziff 2), o que deixa uma lacuna quanto à protecção do trabalhador cedido neste contexto, tanto no que se refere à tutela do seu posto de trabalho, como no que se reporta aos seus créditos laborais; também quanto ao alcance da tutela conferida pela AÜG e ainda especificamente sobre a repartição das funções do empregador, que pode ocorrer com as operações

de cedência inter-empresarial dos trabalhadores, *vd* T. RAMM, *Die Aufspaltung der Arbeitgeberfunktionen (Leiharbeit, mittelbares Arbeitsverhältnis, Arbeitnehmerüberlassung und Gesamthafenarbeitsverhältnis)*, ZfA, 1973, 263-295.

Também no seio do sistema italiano, a jurisprudência e a doutrina desenvolveram, para este efeito, a figura do destacamento (que tem, aliás, origem na figura do *distacco*, do âmbito do direito da função pública), também caracterizada pela índole ocasional e justificada por um interesse objectivo da empresa – sobre o ponto, com desenvolvimentos, CALABRÒ, *Lavoro, impresa di gruppo... cit.*, 36 ss., DE SIMONE, *Titolarità dei rapporti di lavoro... cit.*, 279 ss., *La gestione dei rapporti... cit.*, 88 s., e ainda *«Servo di due padroni». Note a margine di un caso di distacco presso una consociata estera*, RIDL, 1988, II, 398-412 (em anotação a uma decisão do tribunal de Turim), ou MELIADÒ, *Il rapporto di lavoro nei gruppi... cit.*, 131 ss., este último salientando o carácter *sui generis* da figura, porque não se deixa reconduzir a figuras civis como a cessão da posição contratual ou a cessão de créditos. Ainda sobre a figura do *comando* ou *distacco* no sistema jurídico italiano e realçando a aptidão desta figura para enquadrar a utilização alternativa do trabalhador em várias empresas do grupo, por exemplo, MAZZOTTA, *Rapporto di lavoro, società collegate... cit.*, 775, e ainda deste autor, *Diritto del lavoro cit.*, 245, ou BIAGI / TIRABOSCHI, *Istituzioni di Diritto del lavoro cit.*, 402 s. Actualmente, a figura é prevista no *d.lgs n. 276 de 2003* (art. 30.°), com as alterações introduzidas pelo *d.lgs n. 251 de 2004*, tendo sido acolhidos pela lei os requisitos de admissibilidade da figura anteriormente apurados pela jurisprudência. Uma construção alternativa à do destacamento, que era também sufragada em alguns autores italianos para as deslocações temporárias do trabalhador entre as empresas do grupo, aliás como para a prestação cumulativa de trabalho para mais do que uma empresa do grupo, passava pelo recurso à figura do contrato a favor de terceiro, que permitiria conceber estas deslocações do trabalhador como o resultado de um acordo por ele próprio celebrado com o empregador, no sentido de passar a efectuar a sua prestação para um terceiro – a este propósito, embora em sentido crítico, MAZZOTTA, *Rapporto di lavoro, società collegate... cit.*, 774 s., e ainda MELIADÒ, *Il rapporto di lavoro nei gruppi... cit.*, 130, este último sublinhando que a construção civilista desta figura é estranha à lógica do direito do trabalho e da própria relação de trabalho. Noutra perspectiva, mais comum entre os autores que sustentam a natureza unitária do vínculo laboral em contexto de grupo, as deslocações temporárias do trabalhador entre as empresas do grupo tendem a ser enquadradas como manifestação do poder directivo do empregador e mediante o recurso à figura da mudança do local de trabalho, nos termos do art. 13.°, parte final, do *Statuto dei lavoratori*, interpretado extensivamente e justificado pelo interesse do empregador originário ou pelo interesse do próprio grupo – neste sentido entre outros, VENEZIANI, *Gruppi di imprese... cit.* (*in* Lav.Dir.), 630 ss., e ainda deste autor, *Gruppi di imprese... cit.* (*in* P. ZANELLI (dir.), *Gruppi di imprese e nuove regole cit.*), 95 s., BELFIORE, *Impresa di grupo... cit.*, 36 ss., MELIADÒ, *Il rapporto di lavoro nell'impresa di gruppo... cit.*, 646 ss., NOGLER,

Gruppo di imprese... cit. 299, MAZZINI, *Riflessi del collegamento societário*, 473 ss., mas também MAZZOTTA, *Rapporto di lavoro, società collegate... cit.,* 785 ss. e *maxime* 794 ss. Já em Espanha, tem sido criticada a configuração da cedência temporária do trabalhador a outra empresa do grupo, quer ao abrigo da figura da mudança do local de trabalho (por se considerar esta figura limitada ao universo da própria empresa), quer ao abrigo da cedência de trabalhadores para outras empresas (porque esta cedência é genericamente proibida pelo art. 43.° do *Estatuto de los Trabajadores*) – quanto a estas críticas, *vd* CRUZ VILLALÓN, *Notas acerca del règimen... cit.,* 59 ss., que admite, contudo, que a deslocação temporária do trabalhador de uma para outra empresa do grupo possa decorrer de uma suspensão do contrato de trabalho por acordo entre o trabalhador e o seu empregador, ao qual se segue a celebração de um outro contrato de trabalho com o segundo empregador (*idem,* 64 ss.). Já autores como CAMPS RUIZ, *La problemática jurídico-laboral... cit.,* 73 ss., e ainda *Problemática jurídico-laboral... cit.,* 107 ss., ou MARTÍNEZ BARROSO, *Analisis jurídico-laboral de los grupos... cit.,* 934 ss., consideram que a proibição legal da cedência de trabalhadores não se aplica no contexto dos grupos, porque a cedência não corresponde neste contexto a uma actividade lucrativa ou especulativa; e autores como SANTIAGO REDONDO, *Consideraciones en torno a los grupos de empresas... cit.,* 465 ss. continuam a sustentar a aplicação analógica das normas do *Estatuto de los Trabajadores* sobre circulação de trabalhadores às deslocações dos trabalhadores no seio dos grupos, por considerarem que tal circulação evidencia a unidade do próprio grupo, que deve ser valorizada juridicamente. Para mais desenvolvimentos sobre os diversos enquadramentos propostos para as deslocações do trabalhador entre as empresas do grupo, pode ver-se C. MARTÍNEZ MORENO, *La circulación de trabajadores entre las empresas de un mismo grupo y los derechos de antigüedad,* Civitas (REDT), 1992, 51, 71-88 (*maxime,* 76 ss.), que acaba por concluir no sentido de um enquadramento jurídico diverso para estas situações, consoante os objectivos que prosseguem em concreto (81 ss.).

Por seu turno, em França, a deslocação do trabalhador para outra empresa no seio do grupo, com manutenção do seu contrato de trabalho, tem sido admitida, com base numa cláusula contratual de cedência ou no consentimento do trabalhador – sobre o ponto, por exemplo, VERDINKT, *L'éxecution des relations de travail... cit.,* 52 ss., ou DENKIEWICZ, *Contrat de travail et groupes de sociétés cit.,* 240, e especificamente sobre a exigência de consentimento do trabalhador e em comentário a um acórdão da *Cour de Cassation* exactamente neste sentido, A. MAZEAUD, *Contrat de travail. Transfert du contrat de travail. Refus. Licenciement. Cause réelle et sérieuse (non). Modification du contrat de travail. Groupe de sociétés. Mutation d'une société à l'autre. Dirigeant commun. Cour de Cassation (Chambre sociale) 5 mai 2004,* DS, 2004, 7/8, 793-794. Além disso, é comum a distinção entre transferências temporárias do trabalhador de curta duração e de longa duração, apenas se exigindo o acordo do trabalhador para as transferências de longa duração e cabendo ainda respeitar as regras especiais do destacamento internacional, no caso de o destacamento envolver uma empresa situada noutro país; estas deslocações, que a doutrina

No quadro do nosso sistema jurídico, são especialmente relevantes, para enquadrar esta categoria de situações, a figura da cedência ocasional de trabalhadores (arts. 322.° ss. do CT) e o regime do destacamento internacional de trabalhadores (arts. 7.° a 9.° do CT e arts. 11.° a 13.° da RCT), porque o âmbito privilegiado de aplicação destas figuras (ou, no caso do destacamento internacional de trabalhadores, um dos âmbitos de aplicação destacado pela lei) é o dos grupos societários e empresariais. Assim sendo, dedicaremos a nossa atenção especificamente a estas duas figuras, nas próximas páginas.

No entanto, a análise desta problemática não se esgota na apreciação destas figuras, mas exige ainda a apreciação de dois problemas: em primeiro lugar, cabe avaliar se as figuras da cedência ocasional e do destacamento internacional esgotam o leque possível de situações de mobilidade do trabalhador no seio dos grupos económicos, com suspensão do respectivo contrato de trabalho, ou se é de admitir o recurso a outras figuras com o mesmo objectivo; em segundo lugar, cabe apreciar uma situação que ocorre neste mesmo contexto e que suscita dúvidas de enquadramento – é a situação do trabalhador subordinado de uma empresa do grupo, que assuma um cargo social noutra empresa do mesmo grupo.

39. A cedência ocasional de trabalhadores como instrumento de mobilidade nos grupos societários e empresariais

I. Como já tivemos ocasião de referir, a cedência ocasional de trabalhadores constitui o instrumento normativo, por excelência, de enquadramento da deslocação do trabalhador para uma outra empresa do grupo a que pertence o respectivo empregador, durante a execução de um contrato de trabalho comum.

Admitida tardiamente no nosso sistema jurídico, por força da tradicional desconfiança do direito laboral em relação a fenómenos de mercan-

---

reconduz ao conceito amplo de *détachement* distinguem-se das deslocações em que não se pretende manter o vínculo inicial (*transferts*) – sobre estas distinções, G. LYON-CAEN, *La concentration du capital... cit.*, 290, e BOUBLI, *La détermination de l'employeur... cit.*, 27 ss., mas, sobretudo, M. DANTI-JUAN, *Le détachement d'un travailleur auprès d'une autre entreprise*, DS, 1985, 12, 834-841; e, especificamente sobre o destacamento internacional de trabalhadores, A. LYON-CAEN, *La mise à disposition internationale de salarié*, DS, 1981, 12, 747-753

tilização do trabalho e dos trabalhadores, a figura da cedência ocasional encontra-se actualmente prevista nos arts. 322.º a 329.º do CT[892], para a generalidade dos contratos de trabalho, e no art. 14.º da L. n.º 23/2004, de 22 de Junho, aplicável aos contratos de trabalho celebrados por pessoas colectivas públicas.

Já nos tendo referido a esta figura noutros pontos deste trabalho, limitamo-nos agora a recordar a sua configuração essencial e os traços gerais do seu regime, na perspectiva de avaliar a sua importância como instrumento de mobilidade dos trabalhadores em contexto de grupo e com o objectivo de facilitar a compreensão dos efeitos desta forma de mobilidade inter-empresarial na situação juslaboral dos trabalhadores cedidos[893].

II. O primeiro traço da figura da cedência ocasional que deve ser salientado, nesta perspectiva, é o do âmbito amplo de aplicação desta figura no contexto dos grupos. Como vimos no lugar próprio[894], a cedência ocasional é vocacionada para enquadrar não apenas as deslocações eventuais mas estáveis do trabalhador para outras empresas no contexto das relações de coligação societária (à excepção da relação de participação societária simples) e dos grupos de sociedades em sentido próprio (nos termos do art. 324.º b), primeira parte, do CT), como também as relações de colaboração entre empregadores que mantenham estruturas organizativas comuns, independentemente de terem ou não natureza societária (art. 324.º b), segunda parte, do CT). Em suma, o recurso à cedência ocasional é admissível no quadro dos grupos societários e no quadro dos grupos empresariais, para além de ser admissível no quadro de relações de cola-

---

[892] Como já referimos, o Código revogou o regime legal originário da cedência ocasional, que constava da primeira LTT (DL n.º 358/89, de 17 de Outubro, arts. 26.º a 30.º) – cfr. Diploma Preambular ao Código do Trabalho, art. 21.º n.º 1 n) – e que já apreciámos neste estudo (*supra*, § 10.º, ponto 19.1.III.).

[893] Deve esclarecer-se, desde já, que está fora do nosso alcance proceder aqui a um levantamento minucioso do regime jurídico da cedência ocasional e dos problemas por ele colocados – tema suficiente, por si só, para constituir objecto de uma monografia. O que se pretende é apenas realçar as virtualidades e a importância desta figura como uma (entre muitas) projecções laborais do fenómeno dos grupos societários e empresariais, que escolhemos como objecto do estudo. A incompletude das referências à figura da cedência ocasional, que se seguem, fica, pois, desde já, assumida.

[894] *Supra*, § 10.º, ponto 19.2.3.II.

boração entre pessoas colectivas públicas, no caso dos contratos de trabalho celebrados em ambiente público.

Desta primeira constatação, que já justificámos amplamente, retira-se, pois, que, enquanto instrumento típico de mobilidade dos trabalhadores nos grupos de empresas, a figura da cedência ocasional é uma figura de largo espectro[895].

III. O segundo traço da figura da cedência ocasional, que é importante salientar, tem a ver com a delimitação substancial desta figura, que decorre, actualmente, da noção de cedência ocasional, que consta do art. 322.º do CT[896], conjugada com outras normas do respectivo regime.

A noção legal de cedência ocasional, constante do art. 322.º do CT, permite identificar, como elementos essenciais da figura, o facto de se reconduzir a um acto de disponibilização de um trabalhador a uma outra entidade, a que inere a atribuição do poder laboral de direcção ao cessionário, mas mantendo-se o contrato de trabalho inicial. Ainda nos termos desta norma, o trabalhador cedido tem que pertencer ao quadro de pessoal do respectivo empregador (este requisito, parcialmente confirmado no art. 324.º a) do CT, só afasta a possibilidade de cedência de trabalhadores temporários[897]). Por fim, a cedência tem que revestir um carácter eventual (ou seja, não pode ser um acto regular, o que, evidentemente, não impede que o trabalhador seja cedido mais do que uma vez) e temporário (requisito que a lei concretiza, um pouco mais à frente, pelo menos para os casos de

---

[895] Também assinalando o largo espectro da figura de cedência ocasional, por força do conceito de grupo a que se reporta, ainda que com referência ao regime desta figura na LTT, COUTINHO DE ABREU, *Grupos de sociedades... cit.*, 138 s., ABEL FERREIRA, *Grupos de Empresas e Direito do Trabalho cit.*, 210, ou IRENE GOMES, *Grupos de sociedades... cit.*, 180, entre outros.

[896] Esta norma inova em relação ao regime anterior da cedência ocasional, que não contemplava qualquer definição legal da figura.

[897] Poder-se-ia suscitar a dúvida da extensão desta exclusão aos trabalhadores a termo, mas cremos que tal extensão não deve ocorrer, em termos gerais, uma vez que o regime legal dos mapas de quadros de pessoal (art. 454.º da RCT) estabelece que devem integrar aqueles quadros todos os trabalhadores do empregador – o que, obviamente, só exclui os trabalhadores temporários, cujo empregador é a empresa de trabalho temporário. Assim, a exigência de que o trabalhador cedido seja um trabalhador com contrato de trabalho por tempo indeterminado só se estende à cedência de origem legal e, ainda assim, não por força desta norma, mas do art. 324.º a) do CT.

cedência legal, através do estabelecimento do limite máximo de cinco anos para a duração da cedência – art. 324.° d) do CT)[898].

Desta delimitação essencial da figura da cedência ocasional decorre pois que, em caso algum, a lei a admite como um instrumento corrente de gestão dos empregadores, já que a cedência continua a ser perspectivada pela lei como uma figura de recurso eventual. Por outras palavras, esta figura mantém-se como uma excepção ao princípio geral de proibição da disponibilização dos trabalhadores para fora dos quadros da própria empresa, embora este princípio não seja hoje enunciado pela lei em moldes tão vigorosos como no âmbito do regime anterior[899].

IV. O terceiro aspecto da figura da cedência ocasional de trabalhadores que tem interesse salientar, tem a ver com as modalidades de cedência ocasional que a lei hoje contempla.

Com efeito, o Código do Trabalho admite claramente a regulamentação da matéria da cedência em instrumento de regulamentação colectiva do trabalho (art. 323.° do CT)[900], o que permite distinguir duas modalidades diferentes de cedência ocasional: a cedência ocasional de origem legal, que é, por determinação do próprio art. 323.°, disciplinada nos arts. 324.° ss. do CT; e a cedência ocasional convencional, regulada em instrumento de regulamentação colectiva do trabalho, e que o mesmo art. 323.° do CT parece excluir da sujeição às condições de licitude da figura da cedência e

---

[898] Para mais desenvolvimentos sobre estes elementos essenciais da figura da cedência ocasional, vd ROSÁRIO PALMA RAMALHO, *Direito do Trabalho cit.*, II, 686 ss.

[899] De facto, embora já não esteja à cabeça do regime da figura, este princípio geral de proibição de disponibilização dos trabalhadores continua a constar da lei, encontrando-se agora no art. 323.° do CT e em sede de garantias do trabalhador (art. 122.° g) do CT). A nova formulação do princípio é, contudo, menos vigorosa do que no regime anterior, porque é agora claramente estabelecida a possibilidade de regulamentação desta matéria em instrumento de regulamentação colectiva do trabalho.

[900] Esta remissão para instrumento de regulamentação colectiva do trabalho deve ser interpretada de acordo com a regra geral do art. 5.° do CT, que rege a relação entre a lei e os instrumentos de regulamentação colectiva do trabalho, enquanto fontes laborais: o regime legal disposto para a figura da cedência ocasional é, por força desta norma, de qualificar como um regime convénio-dispositivo, o que significa que pode ser afastado por instrumento de regulamentação colectiva do trabalho (excepto por regulamento de condições mínimas, por força da norma do art. 4.° n.° 2 do CT) mas não por contrato de trabalho.

dos restantes aspectos do seu regime jurídico, estabelecidos nos artigos seguintes[901].

É certo que, como já tivemos ocasião de salientar noutra sede[902], esta aparente exclusão da cedência ocasional convencional da sujeição ao regime legal estabelecido para as outras situações de cedência tem que ser interpretada *cum granu salis*, já que não pode, evidentemente, significar que as convenções colectivas de trabalho sejam livres para estabelecer um regime para a cedência ocasional que, por exemplo, afaste normas legais imperativas nesta matéria (por exemplo, a norma sancionatória que estabelece as consequências do recurso à cedência ilícita ou a norma que estabelece o direito de regresso do trabalhador à empresa de origem no termo da cedência – arts. 329.° e 325.° n.° 3 do CT, respectivamente), que contrarie princípios laborais fundamentais (por exemplo, o princípio da igualdade remuneratória e o princípio da igualdade de tratamento entre o trabalhador cedido e os trabalhadores da entidade cessionária – arts. 328.° e 327.° do CT, respectivamente), ou mesmo que desvirtue ou contorne os elementos essenciais da cedência, definidos no art. 322.° (por exemplo, estabelecendo uma cedência sem prazo ou uma cedência regular). Contudo, ressalvados estes aspectos essenciais, as convenções colectivas de trabalho têm hoje uma ampla margem para definir outras condições para a cedência ocasional, para dispensar ou modelar de forma diferente o acordo do trabalhador relativamente à cedência e para estabelecer um regime diferente em matéria de direitos e deveres das partes ou relativamente a outros aspectos do regime aplicável ao trabalhador cedido.

V. Recordados brevemente estes traços do regime jurídico da figura da cedência ocasional, estamos aptos a concluir sobre as virtualidades

---

[901] De facto, a redacção do art. 323.° do CT, ao circunscrever expressamente o regime subsequente aos casos de cedência ocasional que não tenham sido tratados nos instrumentos de regulamentação colectiva do trabalho, permite concluir que, relativamente à cedência ocasional convencional, há uma ampla liberdade de estabelecimento dos requisitos e do regime respectivos – neste sentido, expressamente, JÚLIO GOMES; *Direito do Trabalho cit.*, I, 842. Contudo, cremos que esta conclusão não deve ser aceite sem reservas, uma vez que não isenta o intérprete do dever de aquilatar da natureza imperativa ou meramente supletiva ou imperativa mínima das normas legais nesta matéria. A permissão normativa do art. 323.° do CT deve, pois, ser interpretada com cuidado. Para mais desenvolvimentos sobre este ponto, que não podemos aqui aprofundar, *vd* ROSÁRIO PALMA RAMALHO, *Direito do Trabalho cit.*, I, 689 ss.

[902] ROSÁRIO PALMA RAMALHO, *Direito do Trabalho cit.*, II, 689 ss.

desta figura como instrumento de mobilidade dos trabalhadores no seio dos grupos empresariais e societários.

Como decorre do exposto, a figura da cedência ocasional de trabalhadores tem grandes virtualidades na sua aplicação ao universo dos grupos societários e empresariais, para enquadrar situações de mobilidade transitória, mas, ainda assim, com alguma estabilidade, desde que a deslocação do trabalhador revista carácter ocasional. Através do recurso a esta figura podem prosseguir-se objectivos de gestão articulada do grupo e pode aumentar significativamente o nível de entrosamento das empresas que o compõem.

Se utilizada nos termos da lei (ou seja, na falta de previsão em instrumento de regulamentação colectiva do trabalho), a cedência passa pela celebração de um acordo escrito entre o empregador cedente e a empresa cessionária (nos termos do art. 325.° n.° 1 do CT), mas exige também o acordo do trabalhador (nos termos do art. 325.° n.° 2 do CT) – exigência esta que, mais não seja, decorre do princípio geral *pacta sunt servanda* (406.° n.° 1 do CC), uma vez que a cedência se traduz numa modificação do contrato de trabalho, e, nesta medida, carece do consentimento das respectivas partes[903]. Como excepção a esta regra geral, cabe apenas referir o regime da cedência ocasional de trabalhadores com contrato de trabalho com pessoas colectivas públicas, que dispensa a anuência dos trabalhadores nos casos especiais previstos no art. 14.° n.° 2 da L. n.° 23/2004, de 22 de Junho[904]. Contudo, como referimos no parágrafo anterior[905], é admissível que o consentimento do trabalhador seja prestado por antecipação,

---

[903] Na verdade, no caso de cedência ocasional com origem em convenção colectiva de trabalho, a razão porque se admite a dispensa do acordo do trabalhador ao negócio de cedência é apenas porque o próprio trabalhador é representado pela associação sindical que outorga a convenção. Assim, pode considerar-se que, de forma indirecta, o trabalhador continua a dar o seu assentimento à operação de cedência ocasional. Por este motivo nos parece também que, fora do âmbito da cedência convencional e na ausência de norma legal que expressamente o permita, não é admissível, no quadro da cedência ocasional disciplinada pelo Código do Trabalho, dispensar o acordo do trabalhador. Não acompanhamos, assim, a referência de IRENE GOMES, *Grupos de sociedades... cit.*, 182 ss., a esta possibilidade no caso dos trabalhadores que sejam quadros técnicos.

[904] Especificamente sobre este ponto do regime jurídico da cedência ocasional, na sua aplicação aos trabalhadores com contrato de trabalho com a Administração Pública, *vd* ROSÁRIO RAMALHO / MADEIRA DE BRITO, *Contrato de Trabalho na Administração Pública cit.*, 75 ss., e ainda ROSÁRIO PALMA RAMALHO, *Direito do Trabalho cit.*, II, 696 s.

[905] *Supra*, § 18.°, ponto 37.III.

designadamente em sede do seu contrato de trabalho, desde que a declaração dada no título contratual não seja vaga e, por consequência, não esclarecida.

As maiores virtualidades de aplicação desta figura no contexto dos grupos residem, todavia, na modalidade da cedência convencional, pela ampla possibilidade de modelação da figura em sede de instrumento de regulamentação colectiva do trabalho, que acima salientámos. Este é, na verdade, um domínio privilegiado de intervenção da negociação colectiva, *verbi gratia*, quando tal negociação colectiva seja conduzida ao nível do próprio grupo, formal ou informalmente[906].

VI. Reconhecidas as virtualidades da figura da cedência ocasional de trabalhadores, como instrumento de mobilidade no âmbito dos grupos societários ou empresariais, resta fazer uma breve referência aos efeitos desta forma de mobilidade na situação juslaboral do trabalhador cedido.

Estes efeitos constam dos arts. 325.° a 329.° do CT e são genericamente aplicáveis às duas modalidades de cedência ocasional acima referidas, excepto, quanto à cedência convencional, nas matérias em que o regime estabelecido na convenção colectiva de trabalho se afaste – e o faça legitimamente! – do regime legal. Na situação jurídica do trabalhador cedido cabe distinguir os efeitos da cedência nas relações entre o trabalhador e a entidade cessionária e nas relações entre o trabalhador e a entidade cedente.

No que toca às relações entre o trabalhador e a entidade cessionária, o princípio geral é o da integração do trabalhador na organização desta entidade, sendo-lhe, em consequência, aplicável o regime de trabalho vigente nesta empresa – é a regra geral que decorre do art. 327.° do Código do Trabalho. Esta regra tem algumas projecções em matérias mais específicas, como a retribuição e o direito a férias (art. 328.° do CT), mas é compatível com diversos modelos de acordo de cedência ocasional.

Por outro lado, do facto de o trabalhador passar a desenvolver a sua actividade para a entidade cessionária decorre a atribuição a esta entidade do poder de direcção sobre o trabalhador. Este efeito, expressamente pre-

---

[906] Debruçar-nos-emos oportunamente sobre o tópico da negociação colectiva de grupo, *infra*, §§ 31.° a 33.°.

visto no art. 322.° do CT, tem como fundamento último o facto de o poder directivo ser eminentemente um poder de adequação da prestação laboral às necessidades do respectivo credor, que é aqui a entidade cessionária.

No que toca às relações entre a entidade cedente e o trabalhador cedido, o princípio geral é o da manutenção do contrato de trabalho com o empregador cedente, aliás por expressa determinação do art. 322.° do CT. Na verdade, subjacente a este princípio geral, está tecnicamente uma situação de suspensão do contrato de trabalho, que retoma o seu cumprimento normal, uma vez finda a situação de cedência (ou porque decorreu o prazo para ela previsto ou porque, antes do decurso desse prazo, a entidade cessionária cessou a actividade ou se extinguiu), porque nesse momento o trabalhador regressa à empresa de origem, mantendo os direitos que aí detinha à data do início da cedência, nos termos do art. 325.° n.° 3 do CT.

Fica assim salvaguardado o estatuto que o trabalhador detinha antes do acto de cedência ocasional.

Observe-se, por fim, que, por força do alcance limitado que as situações de suspensão sempre têm no contrato de trabalho – e cuja razão de ser reside na complexidade da posição jurídica das partes no vínculo laboral, para a qual já chamámos oportunamente a atenção noutras sedes e também neste estudo[907] – mantêm-se durante o tempo de suspensão do contrato os direitos e deveres das partes que não pressuponham a efectividade da prestação principal (art. 331.° n.° 1 do CT)[908]. No caso da suspensão do contrato de trabalho com origem na cedência ocasional, é ainda este alcance limitado da suspensão que explica o facto de o poder disciplinar laboral se manter na esfera do empregador, não se deslocando para a entidade cessionária, ao contrário do que sucede com o poder directivo[909]; e é

---

[907] *Supra*, § 15.°, ponto 30.1.I

[908] Sobre o alcance necessariamente limitado das situações de suspensão do contrato de trabalho, independentemente da respectiva causa, por força da complexidade da posição debitória das partes no contrato, *vd* ROSÁRIO PALMA RAMALHO, *Sobre os acidentes de trabalho em situação de greve*, ROA, 1993, III, 521-574, republicado in *Estudos de Direito do Trabalho*, I, Coimbra, 2003, 339-389 (352 ss.), e, para uma apresentação mais sintética deste entendimento, ainda o nosso *Direito do Trabalho cit.*, II, 699 ss.

[909] Ainda assim, consideramos possível a delegação do exercício do poder disciplinar no cessionário no quadro da cedência ocasional, como suporte ao poder directivo, designadamente se tal for convencionado em sede de instrumento de regulamentação

também este alcance limitado da figura da suspensão do contrato de trabalho que justifica que a antiguidade do trabalhador continue a contar na empresa de origem durante todo o tempo de cedência, nos termos do art. 325.° n.° 3, *in fine,* do CT.

Conclui-se assim que o regime da cedência ocasional é também adequado do ponto de vista da tutela dos interesses e das garantias do trabalhador cedido.

40. A mobilidade do trabalhador nos grupos internacionais: o destacamento internacional de trabalhadores

I. Um segundo feixe de regras a ter em conta na apreciação das situações de mobilidade do trabalhador no seio dos grupos societários ou empresariais é o que respeita à tutela dos trabalhadores objecto de um destacamento internacional.

Como já tivemos ocasião de salientar noutros passos do estudo[910], o direito comunitário instituiu um conjunto de regras destinadas a assegurar um nível mínimo de condições de trabalho e, mais genericamente, a garantir a observância dos princípios de igualdade e não discriminação em relação aos trabalhadores que se encontrem a prestar a sua actividade no estrangeiro, seja ao abrigo de um vínculo de prestação de serviços que envolva a sua entidade empregadora e outra empresa, seja em cumprimento do seu próprio contrato de trabalho, seja no âmbito de um grupo de empresas de dimensão internacional ou ainda ao abrigo de uma relação de trabalho temporária (Dir. 96/71/CE, de 16 de Dezembro de 1996, art. 1.° n.° 3). Embora o âmbito de aplicação destas regras não esteja confinado aos grupos, uma vez que algumas destas situações de destacamento não pressupõem necessariamente a existência de um grupo empresarial, o facto de tais regras se aplicarem também a deslocações do trabalhador entre empresas de um mesmo grupo pertencentes a diferentes Estados demonstra a importância desta figura para disciplinar as situações de

---

colectiva do trabalho, ou seja, para a cedência convencional. Em qualquer caso, esta delegação terá sempre como limite a possibilidade de aplicação da sanção disciplinar mais grave do despedimento – é que, pondo termo ao contrato de trabalho, esta sanção só pode ser aplicada pelo empregador, que é a entidade cedente.

[910] *Supra,* § 10.°, ponto 18.4.

mobilidade inter-empresarial dos trabalhadores no âmbito dos grupos, quando essa mobilidade tenha dimensão internacional.

Como referimos em devido tempo, as regras comunitárias nesta matéria foram objecto da competente transposição para as legislações nacionais[911] e, no caso português, constam actualmente dos arts. 7.º a 9.º do CT, completados pelos arts. 11.º a 13.º da RCT. Já tendo apreciado *in se* a Dir. 96/71/CE[912], bem como o modo como foi transposta para o direito nacional pela L. n.º 9/2000, de 15 de Junho[913], e já tendo também apresentado o regime actual desta matéria, constante do Código do Trabalho e da Regulamentação[914], limitamo-nos agora a situar a matéria no quadro das diversas situações de mobilidade do trabalhador, que vimos tratando, e a apreciar o conteúdo das regras consagradas nesta matéria do ponto de vista da sua projecção na situação juslaboral do trabalhador destacado.

II. Para situar esta matéria no quadro das situações de mobilidade inter-empresarial é importante salientar, em primeiro lugar, que o destacamento internacional de trabalhadores não corresponde a mais um mecanismo de mobilidade dos trabalhadores (no caso, uma mobilidade de dimensão internacional), a adicionar a outros instrumentos de mobilidade, como a alteração do local de trabalho ou a cedência ocasional de trabalhadores, mas corresponde sim a um regime aplicável aos trabalhadores destacados internacionalmente – que são, para este efeito, os trabalhadores que desenvolvem a sua actividade num Estado Membro da União Europeia diferente do Estado onde está sedeado o seu empregador, ao abrigo de uma das situações previstas na lei. Por outras palavras, o enunciado das situações de destacamento internacional feito pela lei (no caso português, constante dos arts. 7.º e 9.º do CT, respectivamente para o destacamento em território nacional e para o destacamento no estrangeiro) não corresponde a uma nova forma de circulação dos trabalhadores, mas serve apenas o objectivo pragmático de estabelecer os pressupostos de aplicação do regime tutelar dos trabalhadores internacionalmente destacados.

---

[911] A este propósito, *vd* as referências feitas oportunamente quanto à transposição desta directiva para diversos sistemas europeus – cfr., *supra*, § 10.º, ponto 17.1.III a VI.
[912] *Supra*, § 10.º, ponto 18.4.
[913] *Supra*, § 10.º, ponto 19.1.V.
[914] *Supra*, § 10.º, ponto 19.2.2.

Salientamos esta perspectiva pragmática da lei na aproximação a esta matéria porque ela obriga a conjugar o regime do destacamento internacional com os instrumentos de mobilidade previstos nas legislações nacionais. Naturalmente, esta conjugação terá que ser feita de acordo com os parâmetros de cada ordenamento jurídico, pelo que o problema não se coloca do mesmo modo para os trabalhadores destacados em território nacional e para os trabalhadores de uma empresa sedeada em Portugal que sejam destacados para um outro Estado Membro.

No caso dos trabalhadores destacados em território nacional, a lei determina a aplicação imediata das normas de protecção previstas no art. 8.º do CT, desde que ocorra uma das situações de destacamento previstas no art. 11.º n.º 2 da RCT (i.e., destacamento em execução do contrato de trabalho e mantendo-se o trabalhador sob a autoridade e direcção do empregador, destacamento em execução de contrato de trabalho temporário ou destacamento para outra empresa do mesmo grupo[915]) e apenas com a ressalva de regimes mais favoráveis constantes da lei aplicável ao contrato de trabalho[916] ou previstos no próprio contrato. Nesta situação é,

---

[915] Já tendo salientado, em devido tempo, o carácter mais restritivo da lei nacional na delimitação das situações de destacamento que se reportam aos grupos de empresas, por assentar o critério delimitador do âmbito de incidência da norma do art. 11.º n.º 2 b) da RCT no conceito de coligação societária em sentido próprio e não no conceito mais amplo de grupos de empresas, utilizado pelo direito comunitário (art. 1.º n.º 3 b) da Dir. 96/71) e mantido na L. 9/2000, remete-se para o que então foi dito, reforçando apenas a possível contravenção do direito nacional em relação ao direito comunitário nesta matéria – *supra*, § 10.º, ponto 19.2.2.III.

[916] É óbvio que, subjacente a esta problemática, está a questão da determinação da lei aplicável ao contrato de trabalho, que tem a maior relevância neste contexto, por força da internacionalização das empresas e do trabalho subordinado. Não sendo, no entanto, possível aprofundar este problema, em sede do presente estudo, limitamo-nos a realçar o facto de ser uma questão prévia em relação ao problema que estamos a tratar. Sobre esta matéria, *vd.* por todos, a obra de referência de R. M. MOURA RAMOS, *Da Lei Aplicável ao Contrato de Trabalho Internacional,* Coimbra, 1990. E, para uma conjugação da problemática da determinação da lei aplicável ao contrato de trabalho internacional com o fenómeno dos grupos, podem ver-se A. JUNKER, *Internationales Arbeitsrecht im Konzern cit.,* ou C. W. HERGENRÖDER, *Internationales Arbeitsrecht im Konzern,* ZfA, 1999, 1, 1-47, e ainda M.-A. MOREAU, *Licenciement. Groupe de sociétés... cit.* 1110 ss., esta última autora, em comentário a dois acórdãos da *Cour de cassation* sobre um caso de mobilidade internacional do trabalhador (*Cour de cassation, Chambre sociale 18 mai 1999 – Sodexho c./ A. Toncourt,* e *Cour de cassation, Chambre sociale 18 mai 1999 – Ferwerda c./ Banque nationale de Paris*), realçando a independência do vínculo laboral de origem e do vínculo

pois, irrelevante a razão de ser ou a justificação do acto de destacamento, no âmbito do sistema normativo de origem do trabalhador, para a aplicação das regras de tutela do trabalhador destacado.

Já no caso dos trabalhadores de empresas com sede em território nacional, que sejam destacados para o estrangeiro ao abrigo de uma das situações previstas no art. 9.° do CT e desenvolvidas no art. 11.° da RCT[917] (i.e., os trabalhadores destacados para desenvolverem a sua actividade em estabelecimento do empregador situado no estrangeiro em cumprimento do seu próprio contrato de trabalho, em execução de um contrato de trabalho temporário, ou ainda por força de contrato de prestação de serviço celebrado entre o empregador e o beneficiário da actividade do trabalhador), há que conjugar o destacamento com os preceitos nacionais relativos à deslocação dos trabalhadores, nas situações em que ao contrato de trabalho seja aplicável a lei laboral nacional. Assim, consoante a hipótese de destacamento internacional em concreto, caberá articular a deslocação do trabalhador com os seguintes regimes laborais: no caso de destacamento do trabalhador para um estabelecimento do mesmo empregador, situado noutro Estado Membro, e em cumprimento do seu próprio contrato de trabalho, ou seja, mantendo-se sob a autoridade e direcção do seu empregador (é a hipótese prevista na al. a) do art. 3.° da Dir. 96/71/CE, e que o art. 9.° do CT também contempla, embora de forma menos clara), deve conjugar-se o destacamento com as gerais de tutela do local de tra-

---

laboral que titula o destacamento, designadamente para efeitos da causa de despedimento, que justifica, entre outras razões, no facto de a lei aplicável aos dois contratos poder ser diferente.

[917] Este ponto exige um esclarecimento complementar. Com efeito, embora o art. 11.° n.° 1 da RCT se reporte apenas expressamente à norma do art. 7.° do CT, que se aplica às situações de destacamento de trabalhadores em território nacional, e não às situações de destacamento de trabalhadores para o estrangeiro, contempladas no art. 9.° do CT, parece retirar-se do n.° 3 do mesmo art. 11.° da RCT que as situações de destacamento para o estrangeiro em estabelecimento da mesma empresa ou em execução de contrato entre o empregador e um utilizador estrangeiro estão também abrangidas por este regime, à excepção da deslocação fundada em contrato de utilização de trabalho temporário no estrangeiro, que se tem que conciliar com o regime especial do trabalho temporário. Em todo o caso, deve salientar-se a deficiente redacção da norma do art. 11.° da RCT, que dificulta a delimitação das situações previstas no art. 9.° do Código do Trabalho, o que só em parte é justificável pelo facto de estas situações não estarem contempladas nem pela directiva comunitária nem pela L. n.° 9/2000, de 15 de Junho, como assinalámos em devido tempo – *supra*, § 10.°, ponto 19.2.2.

balho, constantes dos arts. 122.º f) e 315.º e 316.º do CT; no caso de destacamento em execução de contrato de trabalho temporário (hipótese contemplada na al. c) do art. 3.º da Dir. 96/71/CE, e também prevista no art. 9.º do CT), cabe conjugar a deslocação do trabalhador com o regime legal do trabalho temporário, designadamente com as exigências especiais impostas às empresas de trabalho temporário que celebrem contratos para utilização de trabalhadores no estrangeiro (art. 10.º da LTT); por fim, no caso de destacamento em execução de contrato de prestação de serviço entre o empregador e o beneficiário da actividade do trabalhador, mas que não corresponda a uma situação de trabalho temporário (hipótese contemplada na al. b) do art. 3.º da Dir. 96/71/CE, e referida no art. 9.º do CT), caberá avaliar previamente se a deslocação do trabalhador é compatível com os requisitos e o regime da cedência ocasional de trabalhadores (arts. 322.º do CT), entre os quais se destaca o ambiente de grupo em que a cedência ocasional deve ocorrer, conforme salientámos oportunamente.

Uma vez feita esta conjugação, a qualificação da medida de destacamento no elenco das situações de mobilidade do trabalhador no contexto dos grupos não oferece dificuldades. Assim, o destacamento internacional pode corresponder a um caso de mobilidade do trabalhador em execução do seu contrato de trabalho (por exemplo, o trabalhador de uma empresa do grupo que se desloca para outra empresa do grupo, situada noutro Estado, mas em cumprimento do seu próprio contrato de trabalho e mantendo-se sob a autoridade do seu próprio empregador), e, neste sentido, é um dos casos de trabalhador estruturalmente móvel, considerado oportunamente; mas também pode corresponder a um caso de cedência ocasional (por exemplo, se a deslocação do trabalhador for para outra empresa do grupo a que pertence o seu empregador, sedeada num Estado Membro diferente), que envolve, nos termos gerais, a suspensão do contrato de trabalho pelo tempo que durar o destacamento, uma vez que o trabalhador passa a sujeitar-se ao poder de direcção do beneficiário da sua actividade – ou seja, é uma cedência ocasional com dimensão internacional[918].

---

[918] Poder-se-á questionar a recondução desta situação de destacamento a um caso de cedência ocasional, uma vez que o art. 9.º do CT não é explícito neste sentido. Contudo, tratando-se de trabalhadores de empresas portuguesas e sujeitando-se o contrato de trabalho à lei nacional, apenas poderão estar na situação de «destacados» os trabalhadores colocados em empresas estrangeiras ao abrigo de um regime nacional que o permita – é o regime da cedência ocasional.

III. Clarificado o sentido das normas legais em matéria de destacamento internacional de trabalhadores, resta referir que o regime de tutela do trabalhador destacado se baseia no direito do trabalhador a beneficiar das condições de trabalho previstas no Código do Trabalho nas matérias referidas no art. 8.º desse diploma, complementado pelo art. 12.º da RCT e ressalvados os regimes mais favoráveis constantes da lei aplicável ao contrato de trabalho ou acordados no próprio contrato – já tendo oportunamente indicado estas matérias, remete-se para esse ponto[919].

Quanto aos restantes efeitos do destacamento internacional no âmbito dos grupos, caberá distinguir entre a situação do trabalhador estruturalmente móvel e destacado internacionalmente e a situação do trabalhador destacado por efeito de cedência ocasional internacional. No primeiro caso, reconduzindo-se o destacamento a uma situação de mobilidade em execução do contrato de trabalho, produzem-se os efeitos normais desse contrato e ele cessa nos termos gerais, não se interrompendo a contagem da antiguidade durante o tempo do destacamento do trabalhador. No segundo caso, decorrendo da cedência a suspensão do contrato de trabalho com o empregador originário, tal suspensão determina uma repartição dos poderes laborais de direcção e disciplina entre a empresa de origem e a empresa de destino do trabalhador, enquanto durar o destacamento, e acarreta a suspensão dos deveres principais das partes e dos deveres acessórios integrantes das prestações principais, mas não afecta os restantes deveres das partes (nos termos gerais do art. 331.º n.º 1 do CT), assim como não afecta a contagem da antiguidade do trabalhador no âmbito do primeiro contrato – ou seja, o regime geral da cedência é globalmente aplicável a esta situação, com ressalva dos regimes mais favoráveis para os quais a lei remete, ao abrigo dos arts. 8.º e 9.º do Código do Trabalho

---

[919] *Supra*, § 10.º, ponto 19.2.2.II.

41. Outras situações de mobilidade com suspensão do contrato de trabalho no âmbito dos grupos

41.1. A suspensão do contrato de trabalho e a celebração de novo contrato de trabalho com outra empresa do grupo à margem da cedência ocasional de trabalhadores

I. Para além das figuras tipificadas na lei para o enquadramento de situações de mobilidade dos trabalhadores no âmbito de um grupo empresarial ou societário, coloca-se o problema de saber se a circulação dos trabalhadores entre as empresas do grupo na pendência dos respectivos contratos de trabalho pode ocorrer por outras vias e, designadamente, à margem do regime da cedência ocasional de trabalhadores que a lei dispôs para este efeito.

Numa primeira aproximação a este problema, poderíamos ser tentados a dar uma resposta negativa, com base no argumento de que, se o sistema juslaboral já concebeu a figura da cedência ocasional para enquadrar a circulação dos trabalhadores no contexto dos grupos de empresas e na pendência dos respectivos contratos de trabalho, é porque não considera adequado o recurso a outros mecanismos para prosseguir o mesmo objectivo; e no mesmo sentido, poderá invocar-se adicionalmente que o justo equilíbrio entre os interesses de gestão que justificam a cedência ocasional e os interesses do trabalhador, que o respectivo regime permite também acautelar, não seria, porventura, devidamente garantido por outra via.

Embora sejamos sensíveis a estes argumentos, julgamos, no entanto, que eles não são suficientes para negar a possibilidade de promover a circulação inter-empresarial dos trabalhadores em contexto de grupo, na pendência dos respectivos contratos de trabalho, com recurso a outras figuras, uma vez que estamos no domínio de um contrato de direito privado e, nessa medida, ao abrigo do princípio geral da liberdade contratual (art. 405.º do CC)[920-921]. Apenas será necessário assegurar que os interesses

---

[920] Também admitindo o recurso a outras formas de mobilidade dos trabalhadores no contexto dos grupos, com suspensão do contrato de trabalho inicial, para além da figura da cedência ocasional, CATARINA CARVALHO, *Da Mobilidade dos Trabalhadores... cit.*, 200 ss., dando o exemplo da suspensão do contrato de trabalho por acordo e da celebração de um contrato de trabalho em regime de comissão de serviço com outra empresa do grupo, e da suspensão do contrato de trabalho para assunção de um cargo social noutra empresa do grupo (*idem*, 205 ss.).

[921] Noutros contextos doutrinais, também tem sido admitido o recurso à suspensão

legítimos de tutela do trabalhador são devidamente acautelados também nestes casos.

II. A outra figura que é também apta para enquadrar juridicamente uma movimentação estável do trabalhador da sua empresa de origem para outra empresa do mesmo grupo, sem que tal acarrete o rompimento do vínculo laboral originário, é a figura da licença sem retribuição, prevista e disciplinada no art. 354.º n.º 1 e no art. 355.º do CT.

É certo que este tipo de licença é habitualmente utilizado para dar resposta a motivos de interesse pessoal do trabalhador, o que justifica, aliás, que a lei acentue expressamente o facto de a licença decorrer de um *pedido* do trabalhador (neste sentido dispõe o art. 354.º n.º 1 do CT). Contudo, não limitando a lei os motivos que podem estar na base do pedido do trabalhador e dependendo a concessão da licença do acordo do empregador[922], nada parece impedir o recurso a esta figura para enquadrar uma deslocação estável mas temporária do trabalhador para outra empresa do grupo, por acordo das partes e mantendo-se o contrato de trabalho com o primeiro empregador[923].

---

do contrato de trabalho inicial por acordo das partes seguida da celebração de um novo contrato de trabalho com outra empresa do mesmo grupo, para enquadrar situações de deslocação temporária do trabalhador entre as empresas do grupo – neste sentido, na doutrina espanhola, por exemplo, CAMPS RUIZ, *La problemática jurídico-laboral... cit.*, 79 ss., e ainda *Problemática jurídico-laboral... cit.*, 110 s., CRUZ VILLALÓN, *Notas acerca del régimen... cit.*, 64 s., ou MARTÍNEZ BARROSO, *Analisis jurídico-laboral de los grupos... cit.*, 934 ss.; na doutrina francesa, também no sentido da admissibilidade destas situações, BARTHÉLÉMY / COULON / EGAL / GUIGOU / HARDOUÍN / MELLO / PETITEAU / SEURAT, *Le droit des groupes de sociétés cit.*, 301; na doutrina austríaca, neste sentido, JABBORNEG, *Arbeitsvertragsrecht im Konzern cit.*, 14.

[922] Como decorre do exposto, a modalidade de licença sem retribuição que estamos a referir neste contexto é a licença sem retribuição em geral e não a licença sem retribuição para formação profissional do trabalhador, prevista nos n.ºs 2 e 3 do art. 354.º do CT. Esta segunda modalidade de licença sem retribuição corresponde a um direito do trabalhador, cujo gozo o empregador pode recusar apenas nas condições fixadas no art. 354.º n.º 3. Sobre a distinção entre estas modalidades de licença sem retribuição, vd ROSÁRIO PALMA RAMALHO, *Direito do Trabalho cit.*, II, 717 ss.

[923] Admitindo também o recurso à figura da licença de retribuição para enquadrar a mobilidade do trabalhador em contexto de grupo, embora com reporte ao regime anterior desta licença, constante do DL n.º 874/76, de 28 de Dezembro (LFFF), DIAS COIMBRA, *Grupo societário em relação de domínio... cit.*, 127, e ABEL FERREIRA, *Grupos de Empresas e Direito do Trabalho cit.*, 220 s.

A possibilidade de recurso à figura da licença sem retribuição para este efeito justifica-se ainda por um argumento de ordem prática. É que, como se sabe, é bastante frequente o recurso à licença sem retribuição para enquadrar deslocações temporárias mas estáveis do trabalhador para outras empresas, independentemente de qualquer contexto de grupo e mesmo fora da área de actividade que o trabalhador vinha desenvolvendo, permitindo-se, assim, ao trabalhador experimentar novas actividades ou equacionar um novo percurso profissional sem assumir à partida um grande risco, uma vez que o seu contrato de trabalho originário se mantém. Não se vislumbra, por isso, que o contexto grupal das empresas entre as quais o trabalhador se movimenta possa, por si só, constituir um óbice ao recurso a esta figura, para prosseguir objectivos relevantes para o grupo, desde que tais objectivos tenham também interesse para o trabalhador – o que é assegurado pela exigência do acordo das partes.

Por último, em relação ao argumento de que o recurso à figura da licença sem retribuição, para viabilizar a circulação inter-empresarial do trabalhador no contexto dos grupos, é desnecessário, tendo em conta que o nosso sistema jurídico já prevê a figura da cedência ocasional para o mesmo efeito, embora pensemos que tal argumento é incontornável – sendo óbvio que o recurso à licença sem retribuição tem muito mais relevo em sistemas juslaborais que não dispõem de um regime similar ao da cedência ocasional – não deixamos de salientar que coisa diferente do que reconhecer a pouca utilidade da figura é proibir o recurso a ela no contexto indicado, apenas com fundamento na existência da figura da cedência ocasional. É apenas esta proibição que julgamos não ser de aceitar.

III. Uma vez assente a possibilidade de recurso à figura da licença sem retribuição no contexto de um grupo societário ou empresarial, importa assegurar que a sua utilização neste contexto não é de molde a prejudicar os direitos e garantias do trabalhador envolvido. Nesta matéria, cabe distinguir as relações entre o trabalhador e o empregador originário e as relações entre o trabalhador e a empresa do grupo para a qual ele vai temporariamente desenvolver a sua actividade laboral.

O Código do Trabalho só se ocupa directamente dos efeitos desta licença no contrato de trabalho em vigor, determinando o art. 355.º que a licença tem efeitos suspensivos sobre o contrato de trabalho e remetendo expressamente para o art. 331.º para integrar o conteúdo de tal suspensão[924].

Assim, nos termos gerais, a licença sem retribuição envolve a suspensão dos direitos e deveres principais das partes e dos deveres acessórios integrantes das prestações principais, mas não dos deveres acessórios autónomos, como o dever de lealdade ou o dever de respeito do trabalhador (art. 331.º n.º 1 do CT), por força do alcance limitado da suspensão do contrato de trabalho[925]. Em consequência deste efeito suspensivo limitado, a violação culposa dos deveres acessórios independentes da prestação principal pode ocorrer durante a suspensão e constitui infracção disciplinar, nos termos gerais, cabendo ao empregador exercer o poder disciplinar correspondente durante o tempo de suspensão do contrato de trabalho.

Por outro lado, ainda nos termos gerais do regime da suspensão do contrato, o trabalhador mantém o direito ao lugar (art. 331.º e, mais explicitamente, art. 355.º n.º 2 do CT) e a contagem da antiguidade continua a correr, assim como eventuais prazos de caducidade do seu contrato de trabalho (art. 331.º n.os 2 e 3 do CT)[926].

Em suma, relativamente a este vínculo laboral ficam, pois, devidamente salvaguardados os interesses do trabalhador.

Já no que se refere ao enquadramento da actividade prestada pelo trabalhador no âmbito da nova empresa, entende-se que tal enquadramento exige a celebração de um novo contrato de trabalho entre o trabalhador e a outra empresa do grupo, sendo este novo contrato totalmente autónomo em relação ao outro vínculo de trabalho de que o trabalhador é titular e que se encontra suspenso.

É, obviamente, aqui que reside a grande diferença entre esta forma de mobilidade do trabalhador entre as empresas do grupo, e a mobilidade ao abrigo da cedência ocasional. É que, na cedência ocasional, é o próprio

---

[924] Para mais desenvolvimentos sobre este aspectos gerais do regime da suspensão do contrato de trabalho, que não nos podem aqui ocupar, *vd*, ainda com reporte ao regime legal anterior ao Código do Trabalho, constante do DL n.º 398/83, de 2 de Novembro (LSCT), por todos, JORGE LEITE, *Notas para uma teoria da suspensão do contrato de trabalho*, QL, 2003, 20, 121-138, e, já no âmbito do Código do Trabalho, por todos, o nosso *Direito do Trabalho cit.*, II, 698 ss.

[925] Ainda ROSÁRIO PALMA RAMALHO, *Sobre os acidentes de trabalho... cit.*, (*in Estudos de Direito do Trabalho*), 352 ss. e *Direito do Trabalho cit.*, II, 700 s.

[926] ROSÁRIO PALMA RAMALHO, *Direito do Trabalho cit.*, II, 701.

contrato de trabalho que constitui o suporte do acordo de cedência entre o empregador e a entidade cessionária e apenas há um empregador, que subsiste durante a suspensão do contrato de trabalho, por efeito da cedência, retomando a integralidade dos seus poderes laborais (*verbi gratia*, o poder de direcção) finda a cedência – por outras palavras, o contrato de trabalho e o acordo de cedência estão intimamente ligados. Já no caso da licença sem retribuição, aplicada no contexto indicado, a mobilidade do trabalhador só pode ser assegurada através da celebração de um contrato de trabalho com a entidade que vai passar a beneficiar da actividade do trabalhador – assim, neste caso, a mobilidade inter-empresarial do trabalhador é assegurada através da constituição de uma situação de pluriemprego, coexistindo o primeiro contrato de trabalho, em regime de suspensão, com um segundo contrato de trabalho em execução normal.

Correspondendo a situação de mobilidade descrita a um caso de pluriemprego, o que importa, pois, é respeitar os requisitos gerais de admissibilidade do pluriemprego, oportunamente indicados[927], com destaque para o respeito pelo dever de lealdade e de não concorrência relativamente ao primeiro empregador – o que facilmente se acautela com uma declaração de anuência deste em relação à situação de acumulação – mas, uma vez assegurados estes requisitos, os dois vínculos laborais são juridicamente independentes. Nesta situação, o trabalhador tem, por conseguinte, dois contratos de trabalho (um dos quais suspenso) e dois empregadores, ambos com os respectivos poderes laborais.

No que se refere ao termo desta situação, entende-se que os dois contratos devem cessar em moldes independentes, apesar da inserção de ambos os empregadores no mesmo grupo empresarial. Ainda assim, quando esteja em causa a cessação de um dos contratos por motivo imputável ao trabalhador, a inserção empresarial de ambos os empregadores pode determinar o relevo de condutas do trabalhador no âmbito do outro contrato, quando tais condutas sejam gravemente lesivas do interesse do grupo: é que, embora, por força da independência jurídica dos dois vínculos laborais, as condutas do trabalhador em cada uma das empresas tenham que ser qualificadas como condutas extra-laborais do trabalhador, para efeitos do outro contrato de trabalho, elas poderão relevar como justa causa para despedimento, de acordo com o critério geral do relevo dos

---

[927] *Supra*, § 13.°, ponto 26.6.II.

comportamentos pessoais do trabalhador no contrato de trabalho, i.e. se se reflectirem negativamente nos deveres laborais do trabalhador, provocando uma quebra grave da relação de confiança entre as partes. Já tendo desenvolvido este ponto a propósito do tema da comunicabilidade disciplinar em contexto de grupo[928], limitamo-nos a reforçar o facto de os argumentos então expendidos valerem também para a situação agora analisada.

41.2. A suspensão do contrato de trabalho para assunção de um cargo social noutra empresa do grupo

41.2.1. Aspectos gerais

I. Um último caso a considerar na categoria das situações de mobilidade dos trabalhadores no contexto dos grupos societários ou empresariais, que envolvem a suspensão do vínculo laboral originário, é o caso do trabalhador de uma empresa do grupo que é chamado a desempenhar um cargo social noutra empresa do mesmo grupo[929].

Muito frequentes na prática, designadamente no âmbito dos grupos societários de facto, porque correspondem a uma forma de mobilidade bastante expedita e, sobretudo, porque permitem exercer o controlo intersocietário de um modo particularmente eficaz[930], estas situações colocam o problema do destino do contrato de trabalho vigente na sociedade de origem.

---

[928] *Supra*, § 15.°, ponto 30.4.III.

[929] Especificamente sobre este problema, na nossa doutrina, RAÚL VENTURA, *Nota sobre o desempenho doutras funções por administrador de sociedade anónima (art. 398.°)*, in RAÚL VENTURA, *Novos Estudos sobre Sociedades Anónimas e Sociedades em Nome Colectivo. Comentário ao Código das Sociedades Comerciais*, Coimbra, 2003 (*reprint*), 187-196 (também publicado sob o título *Nota sobre a interpretação do artigo 398.° do Código das Sociedades Comerciais (Exercício de outras actividades por administrador de sociedade anónima)*, in Dir., 1993, III/IV, 247-266), bem como J. M. COUTINHO DE ABREU, *Administradores e Trabalhadores de Sociedades (Cúmulos e não)*, in *Temas Societários*, Colóquios do Instituto de Direito do Trabalho e das Empresas, n.° 2, Coimbra, 2006, 9-21 (18), e ainda deste autor *Governação das Sociedades Comerciais*, Coimbra, 2006, 64 ss. e, noutros contextos doutrinais, BOUBLI, *La détermination de l'employeur... cit.*, 37, ou DENKIEWICZ, *Contrat de travail et groupes de sociétés cit.*, 242 ss.

[930] Neste âmbito, é frequente, por exemplo, que um trabalhador dirigente da sociedade mãe de um grupo vertical seja designado administrador de uma sociedade filha, mas podem, na verdade, ocorrer as mais diversas combinações.

II. No nosso sistema jurídico, rege sobre esta matéria o art. 398.º do CSC, que traduz o princípio geral tradicional da incompatibilidade entre o exercício de funções de gestão ou administração societária e a execução de um contrato de trabalho ou de um contrato de prestação de serviço, seja na mesma sociedade seja em sociedades que estejam em relação de domínio ou de grupo com aquela sociedade[931].

Em desenvolvimento deste princípio, o art. 398.º do CSC consagra três regras essenciais: a primeira regra é a da proibição de acumulação das funções de administração com funções laborais ou de prestação de serviço na mesma sociedade ou noutras sociedades do grupo (art. 398.º n.º 1, primeira parte), enquanto se mantiverem aquelas funções de administração; a segunda regra reporta-se ao futuro e consiste na proibição imposta aos administradores de celebrarem quaisquer contratos destinados a enquadrar uma prestação de serviços ou de trabalho para a mesma sociedade ou para outras sociedades do mesmo grupo, após a cessação das funções de administração (art. 398.º n.º 1, parte final); a terceira e última regra refere-se ao caso em que o administrador designado para a sociedade tinha anteriormente um contrato de trabalho ou de prestação de serviço com essa mesma sociedade ou com uma das sociedades do respectivo grupo, e determina que tal contrato caduca ou se suspende consoante tenha sido celebrado há menos ou há mais de um ano, respectivamente (art. 398.º n.º 2)[932].

As regras constantes deste artigo exigem uma apreciação mais aprofundada, tanto quanto ao seu âmbito de incidência, como quanto ao seu

---

[931] Não cabe, naturalmente, no âmbito deste estudo, apreciar o problema da natureza jurídica do vínculo de administração societária, que constitui um dos motivos remotos deste princípio (sobre o tema, na nossa doutrina, vd, entre outros, MENEZES CORDEIRO, *Da Responsabilidade Civil dos Administradores... cit.*, 384 ss., e ainda *Manual de Direito das Sociedades cit.*, I, 855 ss.., L. BRITO CORREIA, *Os Administradores das Sociedades Anónimas,* Coimbra, 1993, 303 ss., PINTO FURTADO, *Curso de Direito das Sociedades cit.*, 339 ss., ou COUTINHO DE ABREU, *Administradores e Trabalhadores de Sociedades... cit.*, 11 ss., e ainda *Governação das Sociedades Comerciais cit.*, 73 s.), nem sequer é possível prestar aqui a atenção devida ao debate sobre a possível laboralidade (ou não) do vínculo de administração, a que inere um diferente entendimento do princípio de incompatibilidade referido em texto. Assume-se pois, desde já, o carácter incompleto das reflexões que a este respeito vamos fazer, que estão direccionadas para a resolução do problema concreto que temos em mãos – i.e., um problema de mobilidade de trabalhadores em contexto de grupos empresariais ou societários.

[932] Na parte em que determina a caducidade do contrato de trabalho celebrado há menos de um ano, esta norma foi julgada inconstitucional. Retomaremos este ponto um pouco mais à frente, quando apreciarmos especificamente esta regra.

conteúdo. Por outro lado, o princípio geral de incompatibilidade entre o exercício de funções de administração e o exercício de funções laborais ou de serviço, que subjaz globalmente a estas regras, carece de ser adaptado na aplicação destas regras ao contexto dos grupos.

III. No que se refere ao âmbito de incidência das regras do art. 398.º do CSC, devem considerar-se duas questões: a questão do âmbito das situações de incompatibilidade, tendo em conta as funções exercidas; e a questão do âmbito societário de incidência destas regras e da possibilidade de aplicação deste regime a outras situações.

Um primeiro problema a debater, com referência ao âmbito de incidência destas regras, é a questão do alcance das situações de incompatibilidade, tendo em conta as funções exercidas. Como decorre expressamente da letra do art. 398.º do CSC e é confirmado pela inserção sistemática desta norma no capítulo do Código das Sociedades Comerciais que regula a administração das sociedades anónimas, estas regras reportam-se à figura dos *administradores*, o que suscita a questão de saber se podem ou não estender-se aos titulares de outros órgãos sociais da sociedade.

A resposta a esta questão deve ser negativa. É que, se tivermos em conta que um dos fundamentos substanciais destas regras de incompatibilidade é a possibilidade de o administrador exercer a sua posição de poder na sociedade para beneficiar, no presente ou no futuro, o seu próprio estatuto como trabalhador subordinado[933], devemos concluir que tal possibilidade de influência apenas ocorre por força das funções de gestão inerentes ao cargo de administrador. Não faz pois sentido estender as restrições do art. 398.º do CSC a outros cargos sociais, a exercer na própria sociedade ou numa sociedade dominada ou pertencente ao mesmo grupo societário, que não correspondam ao exercício de funções de administração[934] – o que, obviamente não exclui que outras restrições possam advir de norma diferente, justificando-se noutros interesses[935].

---

[933] Indicando estas motivações da norma, COUTINHO DE ABREU, *Administradores e Trabalhadores de Sociedades... cit.*, 16.

[934] Mesmo relativamente a funções de administração não executiva, autores como COUTINHO DE ABREU, *Administradores e Trabalhadores de Sociedades... cit.*, 17, entendem que não faz sentido esta proibição legal, porque os motivos que estão na base da norma não valem neste caso.

[935] É o caso, por exemplo, das incompatibilidades dos membros do conselho fiscal, do fiscal único ou do revisor oficial de conta – são abrangidas, entre outras, por estas

IV. Quanto à questão do universo societário a que se aplicam as regras do art. 398.° do CSC, resulta expressamente da lei que estas regras se aplicam não apenas no universo de uma sociedade anónima singular, mas também no universo das situações de coligação societária. Neste sentido, as referências do art. 398.° n.° 1 do CSC à «...sociedade ou em sociedades que com esta estejam em relação de domínio ou de grupo...» não podem deixar de se reportar às relações societárias de domínio ou de grupo enunciadas pelo próprio Código das Sociedades Comerciais, nos arts. 482.° c) e d) e disciplinadas nos arts. 486.° e 488.° ss. do mesmo Código. Fica, assim, claro que um dos campos de aplicação deste regime é justamente o das coligações societárias entre sociedades anónimas, à excepção das relações de participação societária simples e recíproca – excepção esta que se justifica, naturalmente, pelo facto desta categoria de coligações societárias não determinar uma influência dominante nas sociedades participadas, que justifique este tipo de restrições.

Mas, uma vez assente o âmbito societário de aplicação directa destas regras, colocam-se dois problemas adicionais: o primeiro é o de saber se estas regras se podem aplicar para além do universo das sociedades anónimas, em sede do qual foram previstas, e aos grupos de direito ou de facto por elas constituídos; o segundo é o da possibilidade de extensão deste regime a entidades não societárias e aos grupos que elas constituam.

Por um lado, cabe verificar se esta proibição legal é extensível a outros tipos de sociedade comercial, designadamente às sociedades por quotas, cuja gerência pode caber a pessoas que não sejam sócias. Neste caso, o facto de a norma estar sistematicamente situada no âmbito do regime das sociedades anónimas tem levado alguns autores a considerar que ela não se aplica a outros tipos societários, e a admitir, com este fundamento, a acumulação da qualidade de trabalhador subordinado com a qualidade de gerente da sociedade[936] – o que, aplicado ao contexto dos

---

incompatibilidades, referidas no art. 414.°-A do CSC, as pessoas que prestem serviços para a sociedade fiscalizada ou para uma sociedade que esteja com esta em relação de domínio ou de grupo (art. 414.°-A n.° 1 e) do CSC), o que pode abranger os titulares de um contrato de trabalho. Neste caso, a razão da incompatibilidade parece ser a falta de independência do membro do conselho fiscal que esteja nesta situação – também neste sentido, por exemplo, OLAVO CUNHA, *Direito das Sociedades Comerciais cit.*, 676 s.

[936] Neste sentido, por exemplo, L. M. MONTEIRO, *in* ROMANO MARTINEZ / L. M. MONTEIRO / J. VASCONCELOS / MADEIRA DE BRITO / G. DRAY / GONÇALVES DA SILVA, *Código do Trabalho Anotado cit.*, 490 s., e JÚLIO GOMES, *Direito do Trabalho cit.*, I, 171.

grupos, determinaria, por exemplo, a admissibilidade da situação em que um trabalhador subordinado de uma sociedade por quotas assumisse funções de gerência numa outra sociedade por quotas do mesmo grupo. Por outro lado, uma vez recusada a extensão desta proibição legal a outros tipos de sociedade comercial, ela deveria também ser recusada, por maioria de razão, em relação a sociedades não comerciais e a empresas não societárias (por exemplo, em relação a empresas cooperativas ou a sociedades civis)[937] e aos grupos empresariais que tais entidades pudessem constituir.

A nosso ver, a questão não pode colocar-se em termos tão simples, porque deve também ser considerada sob um prisma laboral. Com efeito, do facto de o art. 398.º do CSC apenas reportar a regra de incompatibilidade entre as funções laborais e as funções de administração às sociedades anónimas não se retira que não haja, por sistema, essa incompatibilidade relativamente aos cargos sociais de gestão de outros tipos societários. Na verdade, tendo em conta que o elemento distintivo do contrato de trabalho é, como se sabe, a subordinação do trabalhador (i.e., a sua sujeição aos poderes laborais de direcção e disciplina), caberá sempre verificar em que moldes é que as funções de gestão de qualquer ente colectivo estão a ser exercidas em concreto. E, se vier a concluir-se que essas funções de gestão são exercidas em regime de autonomia, como é, aliás, a regra (nomeadamente ao abrigo de um contrato de mandato), então a possibilidade de acumulação de tais funções com um contrato de trabalho em execução é necessariamente prejudicada, por força da natureza do próprio contrato de trabalho e independentemente de qualquer estatuição normativa do foro societário, seja ela em que sentido for[938].

Mas, sendo este o caso, tendo o actual gestor ou gerente ascendido a essa posição quando antes era trabalhador subordinado, poderá, pelo menos, aventar-se a possibilidade de aplicação do regime da suspensão ou

---

[937] Nesta linha, o Ac. STJ de 7/03/2007, CJ (STJ), 2007, I, 276, admitiu a aplicação da norma a um administrador de uma Caixa de Crédito Agrícola.

[938] A jurisprudência tem debatido amplamente a questão da compatibilidade ou incompatibilidade das qualidades de trabalhador subordinado e de gerente, em especial no âmbito das sociedades por quotas. Não podendo aqui apresentar em detalhe esta jurisprudência, limitamo-nos a destacar a ideia geral, que tem sido no sentido de averiguar os moldes em que é exercida a gerência, no caso concreto, concluindo-se pela qualificação do vínculo negocial como um contrato de trabalho apenas nos casos em que se descortine a subordinação do trabalhador-gerente. Para um confronto da jurisprudência nesta matéria, vd o nosso *Direito do Trabalho cit.*, II, 58 ss., e notas.

da caducidade do seu contrato de trabalho, constante do art. 398.º n.º 2 do CSC, a estes trabalhadores, por analogia, uma vez que o regime constante desta norma acautela interesses laborais relevantes do trabalhador findo o exercício da gerência. É o que propomos[939].

41.2.2. O conteúdo das regras do art. 398.º do CSC; em especial a regra da caducidade e da suspensão do contrato de trabalho na sua aplicação ao contexto dos grupos

I. Esclarecidos os problemas relativos ao âmbito de incidência do art. 398.º do CSC e à possibilidade da sua extensão a outras situações, cabe agora analisar o conteúdo de cada uma das suas regras, na perspectiva da sua aplicação aos grupos societários em sentido próprio e às relações de domínio societário.

Se tivermos em conta o princípio geral que subjaz a este regime – i.e., um princípio de incompatibilidade entre as funções de administração e o exercício de funções laborais ou de prestação de serviço no mesmo ambiente societário – estas regras deixam-se explicar facilmente no contexto das sociedades singulares. Contudo, na sua aplicação ao contexto dos grupos societários, estas regras e o seu princípio fundamentante exigem algumas adaptações.

II. As regras do art. 398.º n.º 1 do CSC, que proíbem a acumulação das funções de administração com a celebração de contratos de trabalho ou de prestação de serviços, para terem efeito durante a vigência do vínculo de administração ou após a respectiva cessação, justificam-se como manifestação geral do dever de não concorrência dos administradores para com a sociedade ou no âmbito do grupo societário[940], utilizando os seus pode-

---

[939] Parece também inclinar-se em favor de uma aplicação analógica das regras do art. 398.º do CSC aos gerentes e directores, quando não exerçam as suas funções com subordinação e sim com autonomia, COUTINHO DE ABREU, *Administradores e Trabalhadores de Sociedades...* cit., 19; e ainda neste sentido, CATARINA CARVALHO, *Da Mobilidade dos Trabalhadores...* cit., 210.

[940] Aliás, na mesma linha, o n.º 3 do art. 398.º do CSC impõe aos administradores um dever de não concorrência fora do âmbito da própria sociedade, exigindo a autorização da assembleia geral para que possam exercer funções em sociedade concorrente ou ser designados por conta ou em representação dessa sociedade.

res em proveito próprio, bem como pela necessidade de evitar que, através da celebração de tais contratos, seja iludido o regime da cessação do vínculo de administração, precavendo-se, por antecipação, o administrador contra as consequências da aplicação de tal regime.

Sendo inequívoco que, no exercício das suas funções, os administradores têm amplas possibilidades de actuar em proveito próprio, as proibições de celebração de contratos de trabalho ou de prestação de serviço na pendência do vínculo de administração ou para terem efeitos após a cessação deste vínculo, que constam desta norma, não carecem de justificação adicional[941-942]. E, porque a possibilidade de utilização do poder de gestão em benefício próprio, enquanto trabalhador ou prestador de serviços, também existe em contexto de grupo[943], não oferece grandes dúvidas a aplicação das regras do art. 398.º n.º 1 do CSC *qua tale* no quadro das relações de domínio ou de grupo.

III. A regra do art. 398.º n.º 2 do CSC determina que o contrato de trabalho ou o contrato de prestação de serviços de que o administrador designado seja titular, na mesma sociedade ou em sociedade pertencente ao mesmo grupo, caduca ou suspende-se automaticamente com a assunção do cargo de administração, consoante esteja em vigor, respectivamente, há menos ou há mais de um ano. Esta regra tem sido também tradicionalmente justificada, no que ao contrato de trabalho diz respeito, pela incompatibilidade genética entre as funções de trabalhador subordinado e de administrador: é que, corporizando os administradores a vontade da sociedade, em cumprimento das determinações da assembleia geral, eles corporizam também a qualidade de empregador, o que é incompatível com a qualidade de trabalhador subordinado que lhes advém da titularidade do contrato de trabalho – *bref*, não pode a mesma pessoa acumular as quali-

---

[941] Neste sentido, RAÚL VENTURA, *Nota sobre o desempenho doutras funções... cit.*, 191 s., considerando adicionalmente que, mesmo que a lei não tivesse estabelecido expressamente esta proibição, estas práticas seriam nulas por contrariedade aos bons costumes.

[942] A este propósito, *vd* o Ac. STJ de 7/03/2007, CJ (STJ), 2007, I, 276, considerando nulo, por contrariedade à lei, o contrato de trabalho celebrado entre o administrador de uma empresa e a própria empresa, para o desempenho de funções como director executivo da mesma empresa e formalizado quando o trabalhador era ainda administrador.

[943] Assim, por exemplo, o administrador da sociedade dominante que celebra um contrato de trabalho com a sociedade dominada para ter efeitos no final do seu mandato.

dades de trabalhador subordinado e de empregador, porque não pode subordinar-se a si mesmo[944-945]. E, valendo esta regra no seio da mesma sociedade, a lei optou por estendê-la aos grupos societários, por considerar que nas relações de domínio ou de grupo há uma possibilidade de influência sobre as outras sociedades do grupo, que justifica aquela incompatibilidade.

Explicada a regra em termos gerais, alguns dos aspectos do seu conteúdo exigem uma reflexão suplementar. Estes aspectos prendem-se com a justificação das diferentes soluções propostas pela norma, de acordo com o tempo de vigência do contrato de trabalho, e com o alcance exacto da extensão da regra ao contexto dos grupos societários.

---

[944] Tem sido este o entendimento subscrito pela maioria da doutrina e pela jurisprudência – neste sentido, entre outros, e reportando-se especificamente ao problema dos administradores, RAÚL VENTURA, *Teoria da Relação Jurídica de Trabalho cit*, 113, MENEZES CORDEIRO, *Da Responsabilidade Civil dos Administradores... cit.*, 392 ss., e *Manual de Direito das Sociedades cit.*, I, 867 ss. (*maxime*, 875 s.), ROMANO MARTINEZ, *Direito do Trabalho cit.*, 322 ss., COUTINHO DE ABREU, *Administradores e Trabalhadores de Sociedades... cit.*, 14 s., e ROSÁRIO PALMA RAMALHO, *Direito do Trabalho cit.*, II, 53 e 60; e, na jurisprudência, no mesmo sentido, por exemplo o Ac. TC n.° 1018/96, de 9/10/1996, DR, II S., de 13/12/1996, e o Ac. TC n.° 259/2001, de 30/05/2001, DR, II S. de 2/11/2001, bem como o Ac. STJ de 22/10/1997, CJ (STJ), 1997, III, 270, o Ac. STJ de 7/03/2007, CJ (STJ), 2007, I, 276, e ainda o Ac. RC de 19/03/1998, CJ, 1998, II, 73.

[945] Por esta razão, não aderimos à tese, sustentada por alguns autores, em interpretação do art. 398.° n.° 1 do CSC, de que este artigo apenas veda a acumulação dos vínculos de trabalho subordinado e de administração na mesma pessoa (ou seja, a titularidade e a execução destes dois vínculos em simultâneo), mas não impede que as funções de administração societária sejam desempenhadas sob a moldura de um contrato de trabalho, porque a norma não teria como escopo proceder à qualificação jurídica do vínculo de administração – neste sentido, L. M. MONTEIRO, *in* ROMANO MARTINEZ / L. M. MONTEIRO / J. VASCONCELOS / MADEIRA DE BRITO / G. DRAY / GONÇALVES DA SILVA, *Código do Trabalho Anotado cit.*, 490 ss., e JÚLIO GOMES, *Direito do Trabalho cit.*, I, 170 s. Não podendo, obviamente, nesta sede desenvolver o problema da natureza jurídica do vínculo de administração societária, como já referimos, parece-nos, em todo o caso, que limitar o alcance da norma do art. 398.° do CSC à questão da acumulação de vínculos jurídicos (laboral e de administração) corresponde a uma interpretação forçada da mesma, que ignora a razão de ser do próprio comando normativo – ou seja, a ideia clássica da incompatibilidade genética entre um vínculo de trabalho (subordinado) e o exercício de funções de administração (que também envolvem a assunção do papel de empregador em representação do ente colectivo). Não acompanhamos, por isso, esta interpretação do preceito legal.

IV. Em primeiro lugar, deve atentar-se no facto de a lei ter previsto soluções diferentes consoante o contrato do trabalhador designado para a administração esteja em vigor há menos de um ano ou há mais de um ano: no primeiro caso, o contrato caduca, correspondendo esta solução a um caso de caducidade do vínculo laboral a adicionar às situações de caducidade enunciadas no art. 387.º b) do CT (trata-se, naturalmente, de caducidade por impossibilidade legal de continuação do vínculo); no segundo caso, o contrato suspende-se durante o tempo que durar o desempenho das funções de administração (o que determina a aplicação do regime do art. 331.º do CT, quanto ao âmbito da situação suspensiva), e retoma o seu curso normal após a cessação desse vínculo.

Com esta solução, a lei procura conciliar o interesse da sociedade em designar como administradores trabalhadores subordinados da empresa (por exemplo, escolhendo-os entre os seus quadros dirigentes) e a tutela geral dos trabalhadores em matéria de posto de trabalho, que é assegurada com o regresso do trabalhador a esse posto de trabalho, uma vez cessadas as funções de administração. Mas, para garantir que a tutela conferida pelo mecanismo da suspensão do contrato não é facilmente manipulável pelas partes, a lei exige um tempo mínimo de vigência do contrato de trabalho, antes da designação do trabalhador para as funções de administração, tempo este que assegura que a situação laboral era já, de facto, uma situação consolidada e, por isso, merecedora de tutela[946].

Deve, no entanto, ter-se em atenção que esta norma foi julgada inconstitucional pelo Tribunal Constitucional, na parte em que determina a caducidade do contrato de trabalho celebrado há mais de um ano, por razões procedimentais, ligadas ao facto de não terem sido ouvidas as organizações representativas dos trabalhadores no processo legislativo[947].

---

[946] Assim se evita que as partes façam sistematicamente anteceder a designação para funções de administração da celebração de um contrato de trabalho com a pessoa designada, para assegurar a estabilidade da situação do trabalhador na empresa findas as funções de administração, afastando assim a álea inerente a tais funções. Como observa RAÚL VENTURA, *Nota sobre o desempenho doutras funções... cit.*, 192 s., a exigência do prazo de um ano destina-se, sobretudo, a evitar a utilização fraudulenta da norma.

[947] O Tribunal Constitucional debruçou-se sobre este problema nos Acórdãos n.º 1018/96, de 9/10/1996, DR, II S., de 13/12/1996, e n.º 259/2001, de 30/05/2001, DR, II S. de 2/11/2001 – no primeiro caso, o Tribunal pronunciou-se pela inconstitucionalidade da parte da norma relativa à caducidade do contrato de trabalho, considerando que se tratava de uma nova causa de cessação do contrato de trabalho, o que exigiria a audição da orga-

Assim, a norma apenas está em vigor na parte em que determina a suspensão do contrato de trabalho anteriormente existente entre o trabalhador e a sociedade (ou outra sociedade do grupo) na qual assume um cargo de administração.

V. Em segundo lugar, merece uma reflexão mais aprofundada a extensão desta regra de incompatibilidade das funções de administração e das funções laborais às sociedades em relação de domínio ou de grupo, porque a diversidade de situações de grupo obriga a testar o fundamento da extensão da regra – i.e., a já referida possibilidade de influência recíproca dos entes societários.

Na verdade, cremos que a aplicação da regra da incompatibilidade de funções laborais e de administração em contexto de grupo é de fácil compreensão quando um trabalhador da sociedade dominada seja designado administrador da sociedade dominante, porque nestas funções ele tem o poder de influenciar a gestão da sociedade dominada em moldes que se podem reflectir nos vínculos laborais aí vigentes[948]. Contudo, já não procede a mesma justificação para o caso do trabalhador subordinado da sociedade dominante que seja designado administrador da sociedade dominada, porque, no exercício das suas funções de administração nesta sociedade, ele não tem poder para influenciar a gestão da sociedade dominante e, assim, indirectamente, para beneficiar a sua própria posição como trabalhador subordinado dessa sociedade.

Cremos ser por este motivo que autores como RAÚL VENTURA colocaram dúvidas à aplicabilidade do regime de suspensão ou de caducidade

---

nizações representativas dos trabalhadores no processo legislativo, o que não aconteceu; no segundo caso, o Tribunal não se pronunciou pela inconstitucionalidade da norma legal, no que se refere à medida da suspensão, por considerar que a instituição de tal medida pela lei correspondia apenas à confirmação do sentido uniforme da jurisprudência e da doutrina sobre a matéria, anteriormente. A questão da inconstitucionalidade formal deste preceito, no tocante à medida da caducidade, foi também tratada pelo Supremo Tribunal de Justiça – Ac. STJ de 22/10/1997, CJ (STJ), 1997, III, 270, e Ac. STJ de 7/03/2007, CJ (STJ), 2007, I, 276. Com referência a estas decisões, MENEZES CORDEIRO, *Manual de Direito das Sociedades cit.*, I, 876 e nota [2464], criticou o juízo de inconstitucionalidade com fundamento da natureza comercial (logo, não laboral) do preceito; é um entendimento que não subscrevemos, uma vez que está em causa a criação de uma nova forma de cessação do contrato de trabalho, o que faz deste comando uma norma de conteúdo materialmente laboral.

[948] Também neste sentido se pronunciou RAÚL VENTURA, *Nota sobre o desempenho doutras funções... cit.*, 194.

do contrato de trabalho, previsto no art. 398.° n.° 2 do CSC, ao trabalhador subordinado da sociedade dominante ou directora que seja designado administrador da sociedade dominada ou dirigida; o mesmo autor invocou ainda neste sentido o argumento acessório de que a norma do Código das Sociedades Comerciais teria, nesta parte, sido implicitamente derrogada pelo regime jurídico do contrato de trabalho em comissão de serviço (aprovado pelo DL n.° 404/91, de 16 de Outubro), que é posterior ao Código das Sociedades Comerciais, já que este regime permite o recurso ao contrato de trabalho em regime de comissão de serviço para o desempenho de «cargos de administração ou equivalentes» – seria assim, admissível, o desempenho de funções de administração societária em regime de trabalho subordinado em termos gerais, e, por conseguinte, também seria de admitir o desempenho de tais funções em moldes subordinados noutras sociedades do mesmo grupo[949]. Por outro lado, numa perspectiva mais ampla, porque não situam directamente este problema no contexto dos grupos, outros autores chegam a considerar que a admissibilidade do desempenho de cargos de administração em moldes de trabalho subordinado, ao abrigo do regime da comissão de serviço (actualmente previsto nos arts. 244.° ss. do CT) permitiu ultrapassar a tradicional incompatibilidade entre o exercício de funções de administração e o trabalho subordinado, que o art. 398.° do CSC ainda reflecte[950] – ora, aplicado ao contexto dos grupos societários, este raciocínio permitiria também a ultrapassagem daquela regra legal neste contexto grupal, por um argumento de maioria de razão.

A nosso ver, deve considerar-se separadamente o problema da incompatibilidade entre as funções de administração e a titularidade e execução de um contrato de trabalho, quando tal problema ocorre no âmbito de uma sociedade singular e quando surge num contexto de grupo, e, neste

---

[949] RAÚL VENTURA, *Nota sobre o desempenho doutras funções... cit.*, 195 s., no cotejo do art. 398.° do CSC com o regime jurídico originário da comissão de serviço.

[950] Foi o entendimento sustentado por L. M. MONTEIRO, *in* ROMANO MARTINEZ / L. M. MONTEIRO / J. VASCONCELOS / MADEIRA DE BRITO / G. DRAY / GONÇALVES DA SILVA, *Código do Trabalho Anotado cit.*, 490 ss., no contexto do regime actual do trabalho em comissão de serviço, que consta dos arts. 244.° ss. do CT – com base no art. 244.° do CT, o autor defende que, mesmo no seio da própria sociedade, a função de administração é compatível com um contrato de trabalho subordinado. Na mesma linha se situa JÚLIO GOMES, *Direito do Trabalho cit.*, I, 170 ss., que, todavia, rejeita o argumento da derrogação implícita do art. 398.° do CSC pelo regime do trabalho em comissão de serviço.

segundo caso, deve ainda distinguir-se se o trabalhador designado como administrador provém da sociedade dominante ou da sociedade dominada.

VI. No que se refere à acumulação do cargo de administração com a titularidade e a execução de um contrato de trabalho na mesma entidade societária, julgamos que não procede o entendimento no sentido da admissibilidade da figura do administrador-trabalhador subordinado, nem com fundamento nas referências do regime da comissão de serviço (art. 244.º do CT) aos «cargos de administração», nem com fundamento numa suposta derrogação implícita da norma do art. 398.º n.º 2 do CSC por aquele regime. Bem pelo contrário, sustentamos a necessidade de uma interpretação restritiva da referência do art. 244.º do CT a «cargos de administração ou equivalentes», no sentido de se reportar apenas a funções de administração que, por aplicação dos critérios gerais de determinação da subordinação jurídica, não sejam exercidas em regime de autonomia mas antes com subordinação[951] – o que não quer significar, designadamente, *cargos sociais de administração*, mas apenas, por exemplo, a função de administração de filiais ou de estabelecimentos da empresa ou a função de gerência de uma sociedade em moldes subordinados.

A posição que sustentamos assenta em três motivos essenciais: o primeiro decorre da essência do próprio contrato de trabalho; o segundo é um argumento teleológico, que decorre das dificuldades práticas de conjugar as funções do administrador-trabalhador subordinado com os princípios gerais da administração societária; o terceiro é um argumento técnico de sucessão da lei no tempo.

O sustentáculo fundamental da nossa posição é a essência profunda do contrato de trabalho. Retomando a ideia de que o elemento da subordinação jurídica é o elemento verdadeiramente delimitador do contrato de trabalho, o que acarreta a descaracterização como contrato de trabalho de um negócio que envolva uma actividade laborativa autónoma, e, por outro lado, tendo em conta que os órgãos sociais de direcção dos entes colectivos corporizam a vontade do ente colectivo e os seus titulares actuam com autonomia, limitando-se a prestar periodicamente contas da sua actuação e a responsabilizar-se por ela perante os restantes órgãos sociais, cremos

---

[951] Também advogando a interpretação restritiva do art. 244.º do CT, no sentido proposto, COUTINHO DE ABREU, *Administradores e Trabalhadores de Sociedades... cit.*, 15.

que o art. 244.º do CT não é de molde a afastar a tradicional incompatibilidade entre o exercício de cargos sociais de gerência e administração e a subordinação característica do contrato de trabalho, que o art. 398.º do CSC reflecte.

Por outro lado, a solução que preconizamos parece também impor-se por um argumento teleológico e de impraticabilidade da solução oposta. É que, se se admitisse que o cargo social de gerente ou de administrador de uma sociedade fosse desempenhado em regime de contrato de trabalho, teria que se aplicar globalmente o regime laboral a esta situação, em termos que colidem estruturalmente com o regime da administração societária. Assim, o regime aplicável à cessação do contrato seria o regime laboral da cessação da comissão de serviço e não o regime de destituição dos titulares dos órgãos sociais, o administrador seria em princípio irresponsável pelos resultados da sua gestão, e numa situação de colisão entre o interesse social e a vontade dos sócios, o dever de obediência do trabalhador-administrador poderia prevalecer em termos que preterissem o interesse social da sociedade – em suma, em qualquer destes casos, os interesses societários em geral e mesmo alguns princípios gerais do direito societário estariam comprometidos. Por outro lado, não se vislumbra também nesta situação como é que seriam exercidos os poderes laborais sobre o trabalhador-administrador, uma vez que, enquanto administrador, ele é justamente o titular destes poderes – ora, sendo certo que os poderes laborais constituem a essência do vínculo laboral, os parâmetros dogmáticos do contrato de trabalho poderiam pois entrar em colapso nesta construção[952].

Por último, sempre diremos que o argumento formal da derrogação implícita da regra do art. 398.º n.º 2 do CSC pelo regime da comissão de serviço, que foi aprovado posteriormente, perdeu validade, uma vez que, já depois do surgimento do Código do Trabalho, o próprio Código das Sociedades Comerciais foi profundamente alterado e a norma constante do art. 398.º n.º 2 subsistiu.

Em conclusão, parece-nos de continuar a sustentar a incompatibilidade de princípio entre o exercício de funções de administração pelo trabalhador subordinado de uma empresa e a execução do seu contrato de trabalho na mesma empresa, que é tradicional na nossa doutrina e juris-

---

[952] Também salientando a incompatibilidade da figura de administrador com a aplicação de muitos aspectos do regime laboral, para concluir no sentido que aqui sufragamos, COUTINHO DE ABREU, *Administradores e Trabalhadores de Sociedades... cit.*, 15.

prudência e que decorre do próprio código genético do contrato de trabalho. A essa incompatibilidade inere a suspensão do contrato de trabalho deste trabalhador, nos termos do art. 398.º n.º 2 do CSC.

VII. Centrando-nos agora na aplicação da regra do art. 398.º n.º 2 do CSC ao contexto específico dos grupos societários, entendemos que a situação do contrato de trabalho vigente no momento da designação do trabalhador para o cargo de administração deve, de facto, ser equacionada de modo diferente, consoante esteja em causa a designação de um trabalhador subordinado de uma sociedade dominada ou dirigida para a sociedade dominante do mesmo grupo, ou a designação de um trabalhador subordinado da sociedade dominante ou directora para funções de administração na sociedade dominada ou dependente.

Com efeito, em contexto grupal, o princípio da incompatibilidade entre o exercício de funções laborais numa empresa e o exercício de funções de administração noutra empresa do grupo não se deixa justificar pela impossibilidade de atribuir à mesma pessoa a qualidade de empregador (tendo em conta que o administrador representa a pessoa colectiva nessa qualidade) e a qualidade de trabalhador, ou, mais expressivamente, a detenção dos poderes laborais e o dever de obediência ou o estado de sujeição em relação a esses mesmos poderes, porque decorre da própria natureza do grupo que as entidades societárias que o compõem são pessoas jurídicas distintas e mantêm a sua autonomia – ora, sendo assim, as qualidades de administrador e de trabalhador subordinado manifestam-se perante entes jurídicos diferentes, o que afasta, pelo menos formalmente, aquela incompatibilidade.

Não se justificando, pois, no caso dos grupos, a proibição de acumulação de funções de administração e de funções laborais no código genético do contrato de trabalho, tal proibição apenas se pode explicar pelo poder de influência que, no âmbito dos grupos, uma sociedade pode ter na gestão da outra, em moldes que se podem vir a repercutir no estatuto laboral dos respectivos trabalhadores e, mais concretamente, na possibilidade de, no exercício das suas funções de administração numa sociedade, o trabalhador poder beneficiar-se a si próprio na outra sociedade.

Ora, é este fundamento material do regime legal que nos leva a tratar de forma diferente o caso de um trabalhador da sociedade dominada que exerce o cargo de administrador na sociedade dominante e a situação inversa, em que o trabalhador da sociedade dominante assume o cargo de administrador da sociedade dominada: no primeiro caso, verificando-se a possibilidade de, no exercício das suas funções de administração, o trabalhador actuar em proveito próprio, por força da posição dominante da sociedade que gere no seio do grupo, parece-nos que a aplicação da regra da suspensão do contrato de trabalho do trabalhador com a sociedade empregadora, que consta do art. 398.° n.° 2 do CSC, tem total justificação; já no segundo caso, não se verificando a possibilidade de influência do administrador nos negócios da outra sociedade, em razão da relação de forças existente no próprio grupo, não se vislumbra uma justificação material para a aplicação da regra do art. 398.° n.° 2 do CSC, pelo que se defende a interpretação restritiva da regra da suspensão do contrato de trabalho nestas situações[953].

É certo que esta aplicação diferenciada do regime do art. 398.° do CSC às duas situações em análise não encontra suporte na letra da lei, já que não é estabelecida qualquer distinção quanto à posição relativa das sociedades em confronto, para efeitos da aplicação das respectivas regras. Contudo, julgamos que este argumento literal não deve prevalecer sobre a necessidade de operar uma redução teleológica da norma, uma vez que apenas por esta via se logra evitar a sua aplicação a um conjunto de situações nas quais está ausente o fundamento da própria norma.

Assim, por um imperativo de redução teleológica da norma do art. 398.° n.° 2 do CSC, na sua aplicação às relações societárias de domínio e de grupo, advogamos a admissibilidade de acumulação, na mesma pessoa, de funções laborais na entidade dominante e de um cargo societário de administração na sociedade dominada[954].

---

[953] Também no sentido da interpretação restritiva do preceito, no caso referido, vd COUTINHO DE ABREU, *Administradores e Trabalhadores de Sociedades... cit.*, 18. Em sentido próximo do que sustentamos já se pronunciou em França a *Cour de cassation*, admitindo mesmo que o mandato social na sociedade dominada possa ser o objecto do contrato de trabalho do trabalhador subordinado da sociedade dominante – sobre o ponto, BOUBLI, *La détermination de l'employeur... cit.*, 37, e DENKIEWICZ, *Contrat de travail et groupes de sociétés cit.*, 242 s.

[954] É evidente que a solução proposta não impede as partes de optarem por suspender o contrato de trabalho do trabalhador da sociedade mãe quando ele assume funções de administração na sociedade filha – é, aliás, o que muitas vezes sucede quando o trabalhador é, por exemplo, designado como presidente do conselho de administração da outra sociedade. O que sustentamos é que tal suspensão não é obrigatória, já que ela não faz sentido quando, por exemplo, um trabalhador dirigente da empresa dominante assuma um

41.2.3. Síntese

I. Chegados a este ponto, estamos em posição de extrair algumas conclusões sobre a questão concreta da mobilidade dos trabalhadores no contexto de um grupo societário, quando esteja em causa a assunção de cargos sociais noutras sociedades do grupo.

A nosso ver, correspondendo tais cargos a cargos sociais de administração, a sua assunção é, pela natureza do próprio contrato de trabalho e por força da possibilidade de exercício da influência inter-societária em proveito próprio, incompatível com a posição de trabalhador subordinado, no caso de designação do trabalhador da sociedade dominada para a administração da sociedade dominante, pelo que são de aplicar a este caso as regras do art. 398.° n.os 1 e 2 do CSC.

A razão estrutural pela qual defendemos esta posição justifica ainda a possibilidade de extensão das regras do art. 398.° do CSC, por aplicação analógica, a outras situações de coligação societária, para além das que envolvam sociedades anónimas. Mas o mesmo motivo estrutural que está na base da proibição justifica que ela não se estenda aos cargos sociais que não envolvam a detenção de poderes susceptíveis de interferir com o estatuto laboral – por outras palavras, estas proibições legais não se aplicam aos cargos sociais não executivos.

Já no caso de designação do trabalhador da sociedade dominante para a administração da sociedade dominada, não se justifica, na nossa opinião, a aplicação da regra da incompatibilidade de funções, pelo que se preconiza a redução teleológica da regra do art. 398.° n.° 2 do CSC, admitindo-se a acumulação das funções e dos estatutos laboral e de administração nas duas sociedades do mesmo grupo de direito ou de facto, pela mesma pessoa.

II. Reportando-nos, por fim, ao âmbito da medida de suspensão do contrato de trabalho, prevista no art. 398.° n.° 2 do CSC, quando ela deva ter lugar, esclarece-se que tal suspensão é automática (no sentido em que

---

cargo de administração numa empresa subsidiária, que corresponde a uma actividade acessória da actividade que desenvolve na empresa principal, e que deve poder continuar a exercer com normalidade. É para estas situações que mais se justifica, na prática, a possibilidade de acumulação de funções de administração e de funções laborais em mais do que um ente societário do mesmo grupo.

não depende do acordo das partes) e tem os efeitos laborais gerais que decorrem do art. 331.º do CT. Em suma, é uma suspensão limitada, nos termos oportunamente expostos, e que é compatível, apesar de tudo, com uma certa comunicabilidade entre as situações jurídicas de administrador numa sociedade do grupo e de trabalhador subordinado de outra sociedade do mesmo grupo[955].

Já tendo desenvolvido este ponto, a propósito das outras situações de mobilidade que envolvem a suspensão do contrato de trabalho, remete-se para o que então foi dito.

---

[955] Esta comunicabilidade pode ter interesse nomeadamente para efeitos disciplinares no contrato de trabalho: assim, se, por exemplo, o trabalhador tiver sido destituído das funções de administrador por desrespeito grave pelo interesse da empresa, em moldes que se confundem com o interesse do grupo, tal comportamento pode ser relevante para efeitos do seu contrato de trabalho.

§ 20.º Mobilidade do trabalhador nos grupos societários e empresariais a título definitivo ou envolvendo a cessação do contrato de trabalho

42. Tipologia das situações de mobilidade a titulo definitivo ou envolvendo a cessação do contrato de trabalho

I. A terceira categoria de situações de mobilidade do trabalhador no âmbito dos grupos societários ou empresariais é aquela em que a passagem do trabalhador para outra empresa do grupo é feita a título definitivo, porque não se pretende que ele regresse à empresa de origem.

Na prática, a circulação inter-empresarial do trabalhador nesta categoria de situações tem sido feita através da transmissão da posição contratual do empregador para outra entidade do grupo ou mediante a cessação do contrato de trabalho que o trabalhador detinha com a primeira empresa do grupo seguida da celebração de um novo contrato de trabalho com a segunda empresa do grupo. São estas situações que vamos apreciar nas próximas páginas.

II. Já não consideraremos nesta rubrica uma outra situação, que também se reconduz, substancialmente, a um caso de mobilidade inter-empresarial do trabalhador a título definitivo, na medida em que o trabalhador passa a desenvolver a sua actividade para outro empregador, por efeito da mudança de titularidade da empresa ou do estabelecimento no todo ou em parte – ou seja, a mobilidade decorrente da transmissão da empresa, do estabelecimento ou da unidade do negócio (arts. 318.º ss. do CT). É que, configurando-se esta situação como uma alteração da própria empresa, ainda que acarretando uma transmissão dos contratos de trabalho dos respectivos trabalhadores, preferimos analisá-la não como um caso de mobilidade, mas a propósito das vicissitudes dos grupos empresariais, que trataremos na secção seguinte deste estudo[956].

---

[956] *Infra*, § 22.º e § 23.º, ponto 48.3.1.

43. A cessão da posição contratual do empregador no seio dos grupos societários ou empresariais

I. O primeiro caso a considerar, nesta categoria de situações, é aquele em que a passagem do trabalhador para outra empresa do grupo é feita com recurso à transmissão da posição contratual de empregador da primeira para a segunda empresa. Neste tipo de situação, o objectivo que se pretende é, como nos restantes casos de mobilidade inter-empresarial, operar a passagem do trabalhador para outra empresa – aqui a título definitivo – mas preservando a posição que o trabalhador detinha na empresa de origem, designadamente em termos de estatuto e antiguidade.

A doutrina ensaiou diversos enquadramentos jurídicos para este tipo de situação, entre as várias hipóteses de transmissão da posição contratual, com destaque para as figuras da cessão de créditos e da cessão da posição contratual do empregador.

II. A aplicação da figura da cessão de créditos (entre nós, prevista e regulada nos arts. 577.° ss. do CC)[957] à transferência definitiva do trabalhador para outra empresa do grupo assentaria na ideia de que, sendo o empregador o credor da prestação laboral, ele poderia transmitir esse crédito a um terceiro, o que teria como consequência o investimento do cessionário na posição de empregador para o futuro[958].

---

[957] Em geral e por todos, sobre a figura da cessão de créditos no nosso ordenamento jurídico, L. MENEZES LEITÃO, *Cessão de Créditos*, Coimbra, 2005, *maxime* 285 ss.

[958] O recurso à figura da cessão de créditos para enquadrar a situação em análise foi sustentado, sobretudo, por MAGNO, *Contributo alla teoria della sucessione... cit.,* 413 ss., e ainda *Prestazione di lavoro in favore di più persone... cit.,* 188 s. e 199, com base no argumento de que o crédito laboral não é insusceptível de cessão e que a relação de trabalho não é, por princípio, indexada ao empregador originário – entendimento que levou inclusivamente o autor a defender que o trabalhador apenas se poderia recusar à cessão se houvesse um pacto de exclusão da mesma. Esta posição foi, contudo, severamente criticada, no seio da própria doutrina italiana, por autores como MELIADÒ, *Il rapporto di lavoro nell'impresa di gruppo cit.,* 619, CASTELLI, *Rilevanza del collegamento tra imprese... cit.,* 603, ou MAZZOTTA, *Rapporto di lavoro, società collegate... cit.,* 762 ss. Entre nós, DIAS COIMBRA, *Grupo societário em relação de domínio... cit.,* 130, recusou a recondução das transferências do trabalhador entre empresas do grupo a uma aplicação da figura da cessão de créditos, dada a natureza pessoal da prestação laboral e ainda pelo facto de a cessão de créditos dispensar o acordo da outra parte, o que não considerou admissível no caso do trabalhador.

Esta aplicação laboral da figura da cessão de créditos afigura-se-nos, no entanto, totalmente inadequada, não só porque se trata de uma figura de escopo eminentemente patrimonial, mas também pelo facto de corresponder a um negócio jurídico oneroso e ainda, sobretudo, porque prescinde do acordo do devedor do crédito, que seria, neste caso, o trabalhador[959].
Por um lado, na transferência do trabalhador para outra empresa do grupo não está em causa apenas a cedência de um crédito, mas a alteração global da posição do trabalhador, que, além de envolver uma prestação *de facere* infungível, envolve também um complexo de situações activas e passivas, patrimoniais e pessoais, tanto da titularidade do trabalhador como da titularidade do empregador, que não se deixam reduzir a um crédito no sentido do art. 577.º n.º 1 do CC. Por outro lado, a cessão de créditos é um negócio necessariamente oneroso, característica esta que não tem que estar presente – aliás, quase nunca está – na cedência do trabalhador de uma para outra empresa do grupo. Por último – e este é o argumento decisivo – não é concebível que o trabalhador seja cedido sem a sua anuência e a título definitivo a outra empresa, não só porque tal cedência envolve uma modificação subjectiva do seu contrato de trabalho, que carece, nos termos gerais do princípio *pacta sunt servanda*, do acordo das duas partes (art. 406.º do CC), mas também porque, num contrato como o contrato de trabalho, a pessoa do empregador está longe de ser indiferente para o trabalhador.

Assim, a única figura que pode enquadrar este tipo de situação, em moldes adequados aos vários interesses em jogo, é a figura da cessão da posição contratual (art. 424.º do CC), aplicada à posição do empregador.

III. Em termos gerais, a figura da cessão da posição contratual corresponde a uma modificação subjectiva do negócio jurídico, através da qual se opera a transmissão da posição jurídica de um dos contraentes, com o consentimento do outro contraente e sem alteração do conteúdo do negócio (art. 424.º do CC)[960]. Como decorre do exposto, no caso da ces-

---

[959] Também endereçando estas críticas à aplicação da figura da cessão de créditos ao problema indicado, no contexto italiano, MELIADÒ, *Il rapporto di lavoro nell'impresa di gruppo cit.*, 619, ou MAZZOTTA, *Rapporto di lavoro, società collegate... cit.*, 762 ss.

[960] Entre outros, sobre esta conformação essencial da figura da cessão da posição contratual, para além da obra fundamental de MOTA PINTO, *Cessão da Posição Contratual cit.*, 157, 449 ss. e *passim*, A. MENEZES CORDEIRO, *Direito das Obrigações cit.*, II, 128, ALMEIDA COSTA, *Direito das Obrigações cit.*, 834 ss., GALVÃO TELLES, *Manual dos Contratos em Geral cit.*, 455, ou MENEZES LEITÃO, *Direito das Obrigações cit.*, II, 84.

são da posição contratual não há qualquer cessação do contrato, mas a sua continuação, *qua tale*, na esfera jurídica de um novo contraente.

Aplicada ao contrato de trabalho, a figura da cessão da posição contratual tem a vantagem de viabilizar a mudança do empregador, mas garantindo a continuidade do vínculo laboral na esfera do trabalhador, uma vez que o conteúdo do vínculo transmitido não se altera. Ora, como é sabido, esta garantia tem a maior importância num contrato como o contrato de trabalho, tendo em conta o seu carácter duradouro[961] e o facto de alguns dos mais significativos direitos do trabalhador serem de formação lenta e dependerem da duração do vínculo. Assim, uma vez operada a transmissão da posição do empregador no contrato de trabalho, por esta via, o trabalhador não só conserva na nova empresa o estatuto que detinha na empresa de origem, com os direitos e regalias inerentes (assim, por exemplo, não pode ser colocado numa categoria inferior ou ver diminuída a retribuição), como não vê interrompida a contagem da antiguidade, o que tem um relevo decisivo para diversos efeitos na pendência do contrato (como o direito a promoções automáticas ou a complementos remuneratórios por antiguidade, que sejam consagrados em instrumento de regulamentação colectiva do trabalho, ou ainda o direito de acesso a regimes mais favoráveis dependentes do tempo de serviço), mas tem também efeitos relevantes por ocasião da cessação do contrato (como é o caso da determinação do valor da indemnização por despedimento, mas também da formação dos direitos de pensão do trabalhador, mormente no caso de estar integrado num sistema profissional de segurança social).

Como decorre do exposto, na sua aplicação ao universo laboral, a figura da cessão da posição contratual não tem que se confinar aos grupos societários ou empresariais, podendo, de facto, aplicar-se à sucessão de quaisquer contratos de trabalho. Contudo, esta figura tem especiais virtualidades em ambiente de grupo, porque os laços estreitos entre as empresas do grupo facilitam a sua aplicação. Naturalmente, no âmbito dos grupos, esta figura pode ser aplicada tanto no universo das coligações societárias em sentido próprio, como no universo dos grupos de empresas em sentido amplo.

---

[961] Sobre o carácter duradouro do contrato de trabalho, *vd* ROSÁRIO PALMA RAMALHO, *Direito do Trabalho cit,* II, 79.

IV. Reconhecidas as virtualidades da figura da cessão da posição contratual, na sua aplicação aos grupos societários e empresariais, cabe ainda resolver o problema de conjugação desta figura com duas outras figuras, que lhe são próximas: a figura da cedência ocasional de trabalhadores nos grupos de empresas, que é especificamente vocacionada para enquadrar a mobilidade inter-empresarial dos trabalhadores no universo dos grupos empresariais e societários; e a figura da transmissão dos contratos de trabalho por efeito da transmissão da empresa, do estabelecimento ou da unidade de negócio do empregador.

O facto de a nossa lei prever actualmente a figura da cedência ocasional de trabalhadores (arts. 322.º do CT), como instrumento típico de mobilidade dos trabalhadores nos grupos de empresas, tem colocado a dúvida sobre a admissibilidade, em paralelo, da figura da cessão da posição contratual do empregador para prosseguir o mesmo objectivo – designadamente, pode expender-se o argumento de que o recurso à figura civil da cessão fazia sentido antes da instituição do regime da cedência ocasional, justamente para colmatar uma lacuna legal, mas deixou de ter sentido com a aprovação daquele regime, porque tal lacuna teria desaparecido.

A nosso ver, esta argumentação não colhe, quer por um motivo geral, quer por um motivo especificamente ligado à figura da cedência ocasional. Por um lado, como já referimos a propósito de outras formas de enquadrar a mobilidade inter-empresarial dos trabalhadores em contexto de grupo, o facto de a lei prever a cedência ocasional de trabalhadores como um instrumento laboral específico para enquadrar tal mobilidade não impede as partes de recorrerem a outros instrumentos jurídicos para esse efeito, ao abrigo do princípio geral da autonomia privada. Por outro lado, se atentarmos na figura da cedência ocasional de trabalhadores, observamos que esta figura não tem, de facto, o mesmo escopo que a figura da cessão da posição contratual, uma vez que se destina a enquadrar a mobilidade inter-empresarial de trabalhadores em deslocações temporárias para outra ou outras empresas do mesmo grupo; pelo contrário, a figura da cessão da posição contratual, aplicada neste contexto, destina-se a enquadrar mudanças definitivas da titularidade da posição jurídica de empregador, que não têm enquadramento num instituto laboral específico, mas podem corresponder a interesses legítimos das partes. Acresce que o regime da cessão da posição contratual assegura a manutenção do estatuto do trabalhador, pelo que a intangibilidade da sua posição no negócio transmissivo (que constitui também a salvaguarda mais importante do regime da cedência ocasional para o trabalhador) está garantida.

A figura da cessão deve, pois, ser admitida nesta aplicação laboral e tem um campo de intervenção diferente do da figura da cedência ocasiona[962-963].

Uma outra figura da qual a cessão da posição contratual do empregador se tem que distinguir é a figura da transmissão da empresa ou do estabelecimento, prevista nos arts. 318.° ss. do CT[964].

As afinidades entre as duas figuras resultam do facto de ambas envolverem a transmissão da posição contratual do empregador, embora na ces-

---

[962] No sentido da admissibilidade desta aplicação laboral da figura da cessão da posição contratual, se manifestaram, na doutrina nacional, autores como MOTA PINTO, *Cessão da Posição Contratual cit.*, 449 ss., BERNARDO XAVIER / FURTADO MARTINS, *Cessão da posição contratual laboral. Relevância dos grupos económicos. Regras de contagem da antiguidade*, RDES, 1994, 4, 369-427 (389 ss.), COUTINHO DE ABREU, *Grupos de sociedades... cit.*, 141, DIAS COIMBRA, *Grupo societário em relação de domínio... cit.*, 130 s.,, ROMANO MARTINEZ, *Cedência ocasional de trabalhadores... cit.*, 861 s. e *Direito do Trabalho cit.*, 769 s., CATARINA CARVALHO, *Da Mobilidade dos Trabalhadores... cit.*, 212 ss., IRENE GOMES, *Grupos de sociedades... cit.*, 186 s.; também tivemos ocasião de nos manifestar em favor desta aplicação laboral da figura no nosso *Direito do Trabalho cit.*, II, 684. Já numa posição mais restritiva em relação à aplicação desta figura no domínio laboral, JÚLIO GOMES, *O conflito... cit.*, 179 ss. Na jurisprudência, no sentido da admissibilidade de acordos de cessão da posição contratual de empregador, podem ver-se o Ac. STJ de 11/11/1995, CJ (STJ) 1995, III, 298, o Ac. RLx. de 15/01/1992, CJ, 1992, I, 190, e o Ac. RC de 23/11/1995, CJ, 1995, V, 86.

[963] Também no sentido da aplicação da figura da cessão da posição contratual ao contrato de trabalho, para enquadrar a transmissão da posição de empregador, com preservação do conteúdo do vínculo e, designadamente, da antiguidade do trabalhador, noutros contextos doutrinais, WINDBICHLER, *Arbeitnehmermobilität im Konzern... cit.*, 96, MASCHMANN, *Arbordnung und Versetzung im Konzern cit.*, 26 ss., VENEZIANI, *Gruppi di imprese... cit.* (*in* P. ZANELLI (dir.), *Gruppi di imprese e nuove regole cit.*), 98, MAZZINI, *Riflessi del collegamento societário... cit.*, 477 ss., MAZZOTTA, *Rapporto di lavoro, società collegate... cit.*, 765 ss., CRUZ VILLALÓN, *Notas acerca del règimen... cit.*, 65 s., ou MARTÍNEZ BARROSO, *Analisis jurídico-laboral de los grupos... cit.*, 934 ss.; já CASTELLI, *Rilevanza del collegamento tra imprese... cit.*, 604, ou CALABRÒ, *Lavoro, impresa di gruppo... cit.*, 50 ss., se mostram mais críticos em relação à aplicação laboral da figura da cessão da posição contratual.

[964] Desenvolveremos especificamente esta matéria na secção subsequente do estudo (*infra*, § 22.°), pelo que agora nos limitamos a conjugar a figura da transmissão do estabelecimento com a figura da cessão da posição contratual, aplicada ao contrato de trabalho.

são tal transmissão seja o *conteúdo* do próprio negócio de cessão, nos termos expressos do art. 424.º n.º 1 do CT, ao passo que, no caso previsto no art. 318.º do CT, a transmissão da posição do empregador corresponde a um *efeito* de um negócio de transmissão da sua empresa ou do seu estabelecimento[965].

Contudo, as duas figuras distinguem-se tanto pelo seu perfil como pelo seu regime e ainda pela sua qualificação. Assim, enquanto a cessão da posição contratual do empregador, efectuada ao abrigo do art. 424.º do CC, corresponde a um negócio individual (no sentido em que abrange apenas um contrato de trabalho e um trabalhador) e trilateral, porque envolve obrigatoriamente o empregador cedente, o empregador cessionário e o trabalhador cedido, a transmissão da empresa ou do estabelecimento é um negócio cujo objecto é a própria empresa ou estabelecimento, reflectindo-se indirectamente no conjunto dos trabalhadores desse estabelecimento ou dessa empresa, e é um negócio bilateral, porque é celebrado entre o transmitente e o transmissário do estabelecimento e não exige o consentimento dos trabalhadores abrangidos. Por outro lado, enquanto a cessão corresponde a uma transmissão negocial da posição do empregador, na transmissão da empresa ou do estabelecimento, a mudança da titularidade da posição do empregador ocorre *ex lege*[966], razão pela qual esta figura é habitualmente reconduzida pela doutrina a um caso de subrogação legal[967].

---

[965] Como se sabe, o negócio de transmissão da empresa ou do estabelecimento do empregador pode implicar a transmissão do direito de propriedade sobre aqueles bens – por exemplo, uma venda ou uma doação do estabelecimento ou da empresa – ou apenas a transmissão dos direitos de exploração dos bens (art. 318.º n.ᵒˢ 1 e 3 do CT). Em qualquer caso, a transmissão da posição de empregador é um efeito deste negócio.

[966] Realçando especificamente esta diferença entre as figuras da cessão da posição do empregador e da transmissão dessa posição como efeito da transmissão do estabelecimento, por exemplo, ROMANO MARTINEZ, *Cedência ocasional de trabalhadores... cit.*, 861 ss.

[967] Foi a qualificação mais difundida desta figura na nossa doutrina, ainda com reporte ao regime da transmissão da empresa ou do estabelecimento constante do art. 37.º da LCT – neste sentido, entre outros, MOTA PINTO, *Cessão da Posição Contratual cit.*, 84 e 90 ss., COUTINHO DE ABREU, *A empresa e o empregador... cit.*, 298, MENEZES CORDEIRO, *Manual de Direito do Trabalho cit.*, 774 s., ou BERNARDO XAVIER, *Curso de Direito do Trabalho cit.*, 311. Já no âmbito do Código do Trabalho, a mesma qualificação foi subscrita por CATARINA CARVALHO, *Algumas questões sobre a empresa... cit.*, 460, e por nós, *in Direito do Trabalho cit.*, II, 684. Na jurisprudência, neste mesmo sentido, pode ver-se o Ac. STJ de 22/09/2004, CJ (STJ), 2004, III, 254.

Em conclusão, as figuras da cessão da posição contratual de empregador e da transmissão do estabelecimento têm um escopo diferente e uma natureza também diversa e não conflituante. Ambas as figuras têm o seu espaço de aplicação no universo laboral.

V. Ultrapassadas as dúvidas quanto à admissibilidade da figura da cessão da posição contratual do empregador no âmbito dos grupos, resta tecer algumas observações sobre o regime jurídico desta figura, na sua aplicação laboral.

O aspecto mais importante a ter em conta, neste regime jurídico, é o da necessidade do acordo do trabalhador em relação ao negócio transmissivo. Exigido expressamente pelo art. 424.º n.º 1 do CC, e implicitamente decorrente do princípio geral do cumprimento dos contratos (art. 406.º n.º 1 do CC), que exige o consentimento de ambas as partes para operar uma modificação no negócio, o acordo do trabalhador é essencial para garantir a regularidade da cessão e, no caso concreto, para que o trabalhador possa comprovar que as condições da mesma não actuam em prejuízo do seu estatuto laboral. Contudo, na prática, esta exigência de assentimento do trabalhador em relação ao negócio de cessão da posição contratual do empregador coloca dois problemas, que o regime civil da cessão não resolve: o problema da possibilidade de prestação antecipada deste consentimento, que é aberta pelo art. 424.º n.º 2 do CC; e o problema da forma do consentimento, que não obedece a especiais exigências legais, nos termos do art. 425.º do CC, porque o negócio base da cessão (no caso, o contrato de trabalho) não se sujeita, ele próprio, a requisitos especiais de forma, nos termos do art. 102.º do CT. Por outro lado, é bem certo, como observam alguns autores[968], que o controlo sobre o modo como é prestado o consentimento do trabalhador ao acordo de cessão é imprescindível para assegurar que o recurso a esta figura se mantém dentro de parâmetros de licitude, uma vez que é por esta via que ela poderá ser mais facilmente utilizada com intuitos fraudulentos.

A possibilidade de o consentimento do trabalhador ser dado antecipadamente não deve ser posta em causa. Mas, neste caso, importa sublinhar – tal como salientámos em relação ao consentimento antecipado do traba-

---

[968] Por exemplo, CATARINA CARVALHO, *Da Mobilidade dos Trabalhadores...* cit., 217.

lhador relativamente à sua cedência ocasional[969] – que tal assentimento não deve ser vago mas deve identificar de um modo completo e esclarecido todos os elementos do negócio e, designadamente, a identidade do novo empregador[970]. Para este efeito, preconizamos, como exigência acrescida de forma à declaração de consentimento do trabalhador, que, quando seja dado por antecipação em relação ao acordo de cessão, esse consentimento revista necessariamente a forma escrita, ainda que o contrato de trabalho não tenha revestido essa forma. Estando cientes de que esta exigência especial de forma não encontra fundamento no regime geral da cessão da posição contratual (designadamente, no art. 425.º do CC) e contraria mesmo a regra geral em matéria de forma dos negócios jurídicos, segundo a qual as exigências de forma do negócio principal não se estendem ou, pelo menos, não são ultrapassadas por exigências superiores de forma nas estipulações negociais acessórias (art. 221.º n.º 2 do CC), pensamos que ela se justifica no princípio laboral específico em matéria de forma, segundo o qual sempre que esteja em causa a adopção de um regime potencialmente menos favorável para o trabalhador, as exigências de forma adensam-se, independentemente da forma que tenha revestido o próprio contrato de trabalho, para dar ao trabalhador um maior tempo de reflexão sobre o regime em causa[971-972].

---

[969] *Supra*, § 18.º, ponto 37.III. e § 19.º, ponto 39.V.

[970] Para ultrapassar estas dificuldades, CATARINA CARVALHO, *Da Mobilidade dos Trabalhadores... cit.*, 217, preconiza a aplicação do art. 18.º l) da LCCG a esta situação, inviabilizando assim a inclusão no contrato de trabalho de uma cláusula de cessão da posição contratual do empregador que não identifique o empregador cessionário.

[971] Este princípio especial em matéria de forma dos negócios laborais constitui uma projecção do princípio laboral geral da protecção do trabalhador e foi desenvolvido, na nossa doutrina laboral, por MENEZES CORDEIRO, *Manual de Direito do Trabalho cit.*, 587, em pensamento que acompanhamos inteiramente – sobre o ponto, com desenvolvimentos, vd ROSÁRIO PALMA RAMALHO, *Direito do Trabalho cit.*, I, 161 s.

[972] Numa linha justificativa diversa, mas conducente à mesma solução, poderá sustentar-se a exigência de forma escrita para a declaração de consentimento do trabalhador em relação ao acordo de cessão com base num argumento de aplicação analógica do regime da revogação do contrato de trabalho por acordo da partes, que também exige a forma escrita (art. 394.º n.º 1 do CT). Sendo certo que, no caso agora em análise o contrato de trabalho persiste, é certo também que ele cessa para uma das suas partes (o empregador), o que justificaria a maior exigência de forma.

Para além do problema do consentimento do trabalhador, cabe referir outros aspectos do regime da cessão da posição de empregador, que implica, como acima se referiu, que o segundo empregador sucede na posição do primeiro mas o conteúdo do vínculo laboral se mantém inalterado. Assim, o trabalhador conserva o seu estatuto no seio da nova empresa, com os efeitos inerentes do ponto de vista dos direitos e regalias que detinha anteriormente e da contagem da antiguidade, que não se interrompe[973]; e o novo empregador assume todos os direitos e deveres detidos pelo anterior empregador, que desaparece do vínculo – é o regime que decorre do art. 426.º do CC.

Ainda assim, no que se refere à oneração dos sucessivos empregadores com as responsabilidades decorrentes do contrato de trabalho, pode surgir uma dúvida de conjugação do regime da cessão com o regime de responsabilidade solidária das sociedades de um grupo pelos créditos laborais, estabelecido no art. 378.º do CT[974]. A questão que se coloca concretamente é a de saber se, uma vez operada a cessão da posição contratual de empregador no contexto de um grupo societário, o trabalhador ainda poderá reclamar da entidade empregadora anterior a satisfação dos créditos laborais, ao abrigo do art. 378.º do Código do Trabalho, tendo em conta que, por aplicação do regime civil da cessão, a garantia do cumprimento das obrigações transmitidas depende de convenção (art. 426.º n.º 2 do CC). No nosso entender, sendo o regime da responsabilidade solidária no contexto dos grupos societários fundado objectivamente na existência de uma relação de coligação societária e independente da posição de empregador das sociedades que integram o grupo, e tendo em conta que este regime é um regime especial, ele aplica-se independentemente do negócio de cessão e mesmo que neste negócio não tenha sido convencionada expressamente a continuação da responsabilidade do empregador

---

[973] Neste sentido, especificamente quanto à antiguidade, COUTINHO DE ABREU, *Grupos de sociedades... cit.*, 141, CATARINA CARVALHO, *Da Mobilidade dos Trabalhadores... cit.*, 229, IRENE GOMES, *Grupos de sociedades... cit.*, 186 s., VENEZIANI, *Gruppi di imprese... cit.* (*in* P. ZANELLI (dir.), *Gruppi di imprese e nuove regole cit.*), 98, MAZZINI, *Riflessi del collegamento societário... cit.*, 482, ou MARTÍNEZ MORENO, *La circulación de trabajadores... cit.*, 82 ss.

[974] Desenvolveremos especificamente esta matéria um pouco mais à frente – *infra*, § 25.º. Por ora, interessa apenas conjugá-la com a figura da cessão da posição contratual, aplicada ao contrato de trabalho.

cedente – por outras palavras, a norma especial do art. 378.º do CT prevalece sobre a disposição geral do art. 426.º n.º 2 do CC, sempre que a cessão ocorra no contexto de uma coligação societária em sentido próprio[975]. Nas outras situações, parece-nos que rege o art. 426.º n.º 2 do CT, em termos gerais, cabendo às partes, se assim o entenderem, convencionar um regime de responsabilidade pelo cumprimento das obrigações remuneratórias do empregador cedente no próprio acordo de cedência[976].

44. A cessação do contrato de trabalho com uma das empresas do grupo e a readmissão do trabalhador noutra empresa do grupo

I. A segunda forma de operar a circulação do trabalhador de uma para outra empresa do grupo, em moldes definitivos, é promovendo a cessação do contrato de trabalho com a empresa de origem e procedendo à celebração de um novo contrato de trabalho com outra empresa do mesmo grupo.

---

[975] É que, como veremos, o regime de responsabilidade solidária do art. 378.º do CT é exclusivo das relações de coligação societária em sentido próprio, não se estendendo, designadamente, aos grupos de empresas em sentido amplo. Desenvolveremos este ponto no contexto da apreciação deste regime de responsabilidade (*infra*, § 25.º).

[976] Em alternativa à solução que defendemos poderia considerar-se a extensão aos casos de cessão da posição jurídica de empregador em contexto de grupos de empresas (não societárias) da regra de responsabilidade solidária prevista no art. 378.º do CT, ou a extensão do regime de responsabilidade solidária entre o transmitente e o transmissário da empresa ou estabelecimento, previsto no art. 318.º n.º 2 do CT. As duas soluções parecem-nos, contudo, de rejeitar. Quanto à aplicação do art. 378.º à questão em análise, parece ser rejeitar porque se trata de uma norma excepcional, o que depõe contra a possibilidade da sua aplicação analógica. Quanto à aplicação do art. 318.º n.º 2, tal não se afigura adequado porque a razão de ser da partilha de responsabilidade entre o primeiro e o segundo empregador no caso da transmissão do estabelecimento é diversa do caso da cessão: assim, naquele caso, tal solução fundamenta-se no facto de os trabalhadores serem afectados pela transmissão da empresa ou do estabelecimento independentemente da sua vontade, uma vez que a transmissão opera *ex lege*, cabendo, por isso, ultrapassar os ónus que possam decorrer da transmissão para o seu próprio contrato; já no caso da cessão, o trabalhador não só está ciente do facto transmissivo, como o seu acordo é essencial para a respectiva realização – assim, ele poderá, querendo, acautelar os seus eventuais direitos de crédito sobre o empregador cedente no próprio acordo de cessão. No sentido que sufragamos, embora reportando-se ao regime anterior ao Código do Trabalho, CATARINA CARVALHO, *Da Mobilidade dos Trabalhadores... cit.*, 226 ss.

Trata-se de uma forma de circulação dos trabalhadores em contexto de grupo que é, na prática, relativamente comum[977].

Como se referiu oportunamente[978], a inserção grupal do empregador não constitui, por si só, motivo suficiente para considerar estas práticas ilícitas. De facto, nada obsta teoricamente a que um trabalhador que pertencia anteriormente a uma das empresas do grupo e cujo contrato de trabalho cessou, por qualquer motivo, celebre um contrato de trabalho com outra empresa do grupo[979].

Contudo, deve reconhecer-se que, com alguma frequência, esta sucessão de contratos de trabalho corresponde a uma actuação lesiva dos direitos ou das expectativas dos trabalhadores ou é feita com o objectivo de contornar restrições ou proibições legais e, não raramente, é mesmo conjugada com outros instrumentos de mobilidade que, sob uma nova moldura negocial ou com recurso a um novo empregador, permitem que o trabalhador se mantenha exactamente na mesma situação material, mas com prejuízo dos seus direitos – assim, o trabalhador que é convidado a trocar uma solução de despedimento colectivo e a correspondente indemnização por antiguidade, por uma cessação do contrato por mútuo acordo mas sem indemnização, seguida da recontratação pela outra empresa do grupo, ou ainda o trabalhador cujo contrato de trabalho a termo atingiu o tempo máximo de duração ou o limite legal de renovações e que vê o contrato caducado, para depois celebrar um outro contrato de trabalho a termo com outra empresa do grupo, *quiçá* integrando-se logo nesse contrato de trabalho uma cláusula de cedência ocasional do trabalhador para a primeira empresa. Em suma, as hipóteses de sucessão de contratos de trabalho com intuitos ilícitos ou de fraude à lei são as mais variadas.

II. Apesar de a sucessão de contratos de trabalho com diferentes empregadores no contexto do mesmo grupo societário ou empresarial não merecer uma condenação à partida – admitindo-se que possa corresponder

---

[977] Assinalando a utilização frequente desta forma de mobilidade no sistema italiano, MELIADÒ, *Il rapporto di lavoro nei gruppi... cit.*, 138 s.

[978] *Supra*, § 13.º, ponto 26.3.4.

[979] Neste sentido, por exemplo, CATARINA CARVALHO, *Da Mobilidade dos Trabalhadores... cit.*, 236 ss. Também admitindo que a mobilidade do trabalhador no âmbito do grupo possa ocorrer mediante a cessação do seu contrato de trabalho com a empresa de origem e a celebração de um novo contrato de trabalho com outra empresa do mesmo grupo, ABEL FERREIRA, *Grupos de Empresas e Direito do Trabalho cit.*, 221 s.

a interesses legítimos das partes – deve estar-se especialmente atento a estas situações, com vista a verificar se presidiu a esta sucessão de contratos um intuito fraudulento ou ilícito[980]. Em caso afirmativo, como referimos oportunamente, é de lançar mão da figura do levantamento da personalidade jurídica colectiva, para detectar o empregador real, que será aquele (ou aqueles) relativamente ao qual o trabalhador tenha um vínculo de subordinação, nos termos gerais.

Por outro lado, uma vez detectado o empregador e, designadamente, quando se conclua que o empregador real é ainda o empregador originário, entende-se que é de aplicar o princípio geral de tutela da antiguidade

---

[980] Por esta razão, alguns autores entendem que só deve ser considerada lícita a extinção de um contrato de trabalho seguida da celebração de um novo contrato de trabalho com outra empresa do mesmo grupo, se aquela extinção tiver resultado do acordo das partes – é um entendimento difundido, por exemplo, no seio da doutrina espanhola, por autores como CRUZ VILLALÓN, *Notas acerca del règimen... cit.*, 73 s., CAMPS RUIZ, *Problemática jurídico-laboral... cit.*, 110 s., ou MARTÍNEZ BARROSO, *Analisis jurídico-laboral de los grupos... cit.*, 934 ss., mas que, quanto a nós, não resolve os problemas, já que a existência de um acordo formal de cessação do contrato poderá não afastar, por si só, a situação de ilicitude ou de fraude. Já no contexto do sistema jurídico francês, alguma jurisprudência e doutrina tem aplicado a estas situações o regime da transmissão do estabelecimento, para assegurar a continuidade do vínculo laboral com a nova entidade empregadora, a preservação da antiguidade do trabalhador e a responsabilidade solidária dos dois empregadores pelos créditos laborais – neste sentido, VERDINKT, *L'éxécution des relations de travail... cit.*, 52 ss., ou BOUBLI, *La détermination de l'employeur... cit.*, 31 s., mas contra, por exemplo, VACARIE, *Groupes de sociétés... cit.*, 29 ss., e DESPAX, *Groupes de sociétés... cit.*, 601 s., que apenas aceita essa solução no caso de uma transmissão colectiva de contratos de trabalho mas não no caso da extinção de um vínculo laboral singular, seguida da celebração de um novo contrato de trabalho com outra empresa do grupo. Noutros sistemas, também não se têm levantado dificuldades à circulação inter-empresarial do trabalhador no seio do grupo, mediada pela cessação do contrato de trabalho com a primeira empresa e pela celebração de um novo contrato de trabalho com a segunda empresa – neste sentido, quanto ao sistema austríaco, JABBORNEG, *Arbeitsvertragsrecht im Konzern cit.*, 14, e, quanto ao sistema germânico, entre outros, WINDBICHLER, *Arbeitsrecht im Konzern cit.*, 95 ss. e 584 ss., e *Arbeitnehmermobilität im Konzern... cit.*, 96, MASCHMANN, *Arbordnung und Versetzung im Konzern cit.*, 26 ss., e SCHWERDTNER, *Das «einheitliche Arbeitsverhältnis» cit.*, 900 ss., este último em crítica a um acórdão do BAG, que admitiu a existência de uma relação de trabalho unitária, com mais do que uma empresa de grupo, justamente para assegurar a continuidade do vínculo laboral de um trabalhador cujo contrato tinha cessado na primeira empresa e que celebrou um segundo contrato de trabalho com outra empresa do grupo, da qual veio a ser despedido – para o autor, esta decisão do tribunal feriu o princípio geral de independência entre os vínculos laborais das empresas de um grupo.

do trabalhador, estabelecido no art. 122.° j) do CT, que proíbe ao empregador fazer cessar o contrato e readmitir o trabalhador com o propósito de o prejudicar em direitos e garantias decorrentes da antiguidade, considerando-se, não só com base neste artigo mas também com base na regra geral da nulidade dos negócios jurídicos contrários à lei (art. 294.° do CC), nula a cessação do contrato de trabalho com aquele empregador. Já nas situações em que se venha a concluir pela validade do segundo contrato de trabalho (porque, presentemente, o trabalhador se encontra juridicamente subordinado ao segundo empregador), a ilicitude na cessação do primeiro contrato de trabalho, pelo carácter fraudulento que revestiu, implica o reconhecimento de uma situação de contitularidade da posição de empregador, com a inerente partilha das responsabilidades laborais pelos dois empregadores, nos termos oportunamente expostos[981].

Em qualquer destes casos, o reconhecimento da continuidade do vínculo laboral para além do negócio de cessação do contrato determina que a antiguidade do trabalhador não se interrompeu, com todas as consequências laborais daí decorrentes[982].

Em suma, não se nos afigurando viável nem adequado proibir, à partida, a sucessão de contratos de trabalho entre empresas de um mesmo grupo, parece-nos, em todo o caso, que estas situações devem ser objecto de um controlo apertado.

---

[981] *Supra*, § 13.°, ponto 26.3.4.II., III. e IV. Também admitindo a constituição de uma situação de contitularidade da posição de empregador, neste tipo de situações, CATARINA CARVALHO, *Da Mobilidade dos Trabalhadores... cit.*, 245 s.

[982] Neste sentido, entre outros, COUTINHO DE ABREU, *Grupos de sociedades....cit.*, 142, e CATARINA CARVALHO, *Da Mobilidade dos Trabalhadores... cit.*, 239, que parecem, aliás, defender a solução de continuidade na contagem da antiguidade em todos os casos de cessação do contrato de trabalho com uma das empresas do grupo, seguida da contratação do trabalhador por outra empresa do mesmo grupo, com fundamento nas «...peculiares relações existentes entre as sociedades de um grupo...» (neste sentido, expressamente, COUTINHO DE ABREU, *Grupos de sociedades... cit.*, 142) e num argumento de analogia com o caso da cessão da posição contratual de empregador. São argumentos que apenas partilhamos quando a cessação do contrato de trabalho seguida da celebração de um outro contrato de trabalho com uma empresa do mesmo grupo corresponda a uma situação abusiva ou fraudulenta, mas não para todos os casos, pelos motivos indicados em texto. Já IRENE GOMES, *Grupos de sociedades... cit.*, 190, considera que, nestes casos, a antiguidade na empresa de origem apenas pode ser salvaguarda por acordo das partes nesse sentido.

SECÇÃO IV
A posição do trabalhador perante as vicissitudes societárias no seio do grupo

§ 21.º Aspectos gerais. Sequência

I. Na apreciação das incidências laborais do fenómeno dos grupos societários e empresariais, que fizemos até ao momento, tomámos o grupo como um pré-dado da nossa análise, no sentido em que presumimos a sua existência no momento da constituição dos vínculos laborais e demos como certa a sua estabilidade, enquanto realidade económica, ao longo da execução daqueles vínculos no seio das entidades jurídicas que o integram.

Sendo necessária para viabilizar a análise das incidências laborais deste fenómeno já efectuada, esta perspectiva do grupo societário ou empresarial como uma realidade pré-existente e estável é, contudo, uma ficção, uma vez que o grupo se caracteriza exactamente pela sua índole dinâmica, que está presente quer na constituição do grupo quer na modelação (e remodelação) interna do mesmo.

II. Como já referimos noutros pontos deste ensaio, uma das maiores dificuldades de apreender juridicamente os fenómenos de grupo decorre da fluidez que, muitas vezes, caracteriza a respectiva formação. É que, se em algumas situações as operações económicas, que estão na base do surgimento de um grupo societário ou empresarial, são enquadráveis juridicamente por figuras de contornos relativamente bem definidos (assim, por exemplo, um grupo societário que se constitui pela cisão de uma sociedade unitária em duas sociedades reciprocamente dependentes, ou mediante a criação de uma sociedade unipessoal detida integralmente pela sociedade constituinte) – e, portanto, o grupo surge de uma forma relativamente transparente, no sentido em que é facilmente identificável como tal do exterior, com base naquelas operações – outras situações há em que o grupo vai surgindo de uma forma progressiva e menos perceptível do exterior, limitando-se a ordem jurídica a constatar, a partir de certo momento, a sua existência (é o caso do grupo que se constitui por efeito de operações de aquisição progressiva do capital social de uma sociedade por outra sociedade, até se chegar a uma posição de domínio de facto da segunda sociedade sobre a primeira, e, no que toca aos grupos não societários, é o que se passa quando a configuração grupal decorre apenas de um intenso entrecruzamento da actividade económica das várias empresas, que pode ser titulada por consórcios ou por uniões pessoais, por exemplo). Dito de outro modo, os grupos societários e empresariais podem surgir por diversas vias e nem todas elas são fáceis de identificar a partir do exterior.

Por outro lado, à diversidade de modelos de constituição dos grupos societários ou empresariais corresponde um funcionamento interno não menos dinâmico desses mesmos grupos e das empresas que os integram. Assim, porventura mais facilmente em contexto de grupo do que noutros contextos se transfere determinada área de actividade de uma para outra empresa, assim como neste ambiente grupal é também mais fácil proceder a reestruturações internas, através da alienação de participações societárias de uma das sociedades ou da alienação directa de uma das unidades do grupo a terceiros, ou ainda através de intervenções económicas situadas ao nível de uma das empresas do grupo mas determinadas pelo interesse global do próprio grupo.

Em suma, os grupos societários e os grupos empresariais em sentido amplo são realidades de acentuado dinamismo, tanto no seu processo de formação como na sua modelação interna e ainda nas operações tendentes ao seu redimensionamento ou reestruturação. Este dinamismo intrínseco ao fenómeno grupal constitui, aliás, como já referimos neste trabalho, um dos maiores atractivos da figura do grupo, enquanto instrumento de intervenção económica.

III. Não cabe no âmbito do presente ensaio apreciar, *per se*, a dinâmica típica dos grupos, enquanto tais, até porque ela se situa para além dos vínculos laborais em curso no seio de cada empresa membro do grupo. De facto, tanto a constituição dos grupos como as suas vicissitudes correspondem, em primeiro lugar, a fenómenos económicos, e, como já vimos, os reflexos jurídicos destas operações económicas são equacionados em sede de direito societário (no caso de integrarem sociedades comerciais), em sede de direito da concorrência (quando esteja em causa a avaliação das consequências da formação de um grupo económico no funcionamento do mercado) e, inevitavelmente, em sede de direito fiscal (que avalia a constituição e o funcionamento dos grupos na perspectiva dos deveres tributários). Por esta razão, um estudo sobre as incidências laborais dos grupos societários e empresariais poderia nem sequer levar em consideração a própria constituição do grupo e as suas vicissitudes enquanto tal[983].

Não pensamos que esta seja a perspectiva cientificamente mais adequada, porque, embora, enquanto instância específica de intervenção económica, os grupos societários ou empresariais estejam para além dos vínculos laborais celebrados pelas entidades empregadoras que os integram, é certo que a forma como esses grupos se constituem e evoluem pode ter implicações naqueles vínculos. Por outro lado, sendo os grupos integrados por entidades jurídicas que, para efeitos laborais, assumem a posição de empregador, as vicissitudes económicas que estas entidades venham a sofrer enquanto tais, por força da sua inserção grupal, podem reflectir-se sobre os contratos de trabalho por elas celebrados, o que obriga à sua ponderação por critérios laborais.

É, pois, na perspectiva de avaliação das implicações das operações relativas à constituição e remodelação dos grupos e às vicissitudes económicas das empresas que os integram nos contratos de trabalho em vigor nessas empresas, que devem ser entendidas as reflexões que seguem.

IV. Procurando introduzir algum esforço classificatório na miríade de implicações laborais que podem decorrer da dinâmica económica específica dos grupos e das empresas que os compõem, isolámos dois grandes grupos de problemas: os problemas relativos às implicações das operações tendentes à constituição do grupo societário ou empresarial, bem como à sua modelação interna, nos contratos dos trabalhadores ao serviço das entidades empregadoras que passam a integrar o grupo; e os problemas decorrentes das vicissitudes económicas das empresas inseridas no grupo, na perspectiva de avaliar os reflexos dessas vicissitudes na situação juslaboral dos respectivos trabalhadores.

A primeira categoria de problemas a considerar ocorre tanto por ocasião do surgimento do grupo como nas operações tendentes à sua modela-

---

[983] Na verdade, alguns autores que tratam os reflexos laborais da fenomenologia dos grupos seguem esta orientação.

ção (ou remodelação) interna e prende-se com o alcance do regime da transmissão laboral da empresa ou do estabelecimento, previsto nos arts. 318.º ss. do CT. Tendo em conta os vários modos de constituição e de reestruturação interna do grupo, o problema que se coloca é o de saber se o regime da transmissão da empresa ou do estabelecimento se aplica a estas operações, em todos os casos ou, pelo menos, em algumas formas de constituição e de reestruturação do grupo.

Uma segunda categoria de problemas suscitados pela dinâmica da estrutura grupal tem a ver com as vicissitudes económicas que atinjam, em concreto, o empregador e a empresa membros do grupo e que se reflictam directamente nos contratos de trabalho. Nesta categoria de problemas, devem ser debatidas questões como a da cessação do contrato de trabalho por motivos económicos em contexto de grupo (seja por via do despedimento colectivo ou através do despedimento por extinção do posto de trabalho) e a do regime da redução ou da suspensão dos contratos de trabalho por motivo de crise empresarial, na perspectiva de avaliar se podem fundamentar este tipo de medidas apenas motivos económicos atinentes à empresa ou se também relevam para este efeito motivos atinentes ao grupo; ainda em matéria de despedimento, devem também ser ponderados alguns problemas processuais, que vão desde a escolha do procedimento de despedimento a adoptar (tendo em conta a dimensão da empresa ou a dimensão do grupo), até à legitimidade passiva na acção de impugnação do despedimento (cabendo decidir se essa acção pode não ser posta apenas contra o empregador); e, por fim, avultam neste domínio problemas como o do alcance espacial da medida de reocupação do trabalhador, em alternativa ao despedimento económico (concretamente, a questão de saber se pode relevar para este efeito o conjunto das empresas do grupo) e ainda problemas atinentes ao dever de reintegração do trabalhador, como a questão da determinação da dimensão da empresa para efeitos da oposição ao dever de reintegração.

Evidentemente, na aproximação a estes problemas deve ser tida em conta a configuração específica do vínculo laboral em contexto de grupo, uma vez que a resposta pode ser diferente consoante estejamos perante um contrato de trabalho comum ou perante um contrato de trabalho com pluralidade de empregadores, perante um trabalhador deslocado para outra empresa do grupo ou perante um caso de sucessão de contratos de trabalho entre várias empresas do grupo.

V. São estas duas categorias de problemas que ocuparão as nossas reflexões ao longo das próximas páginas.

Como decorre do exposto, optamos por não apreciar, desde já, as projecções colectivas de uma parte desta problemática, com destaque para os problemas suscitados pela intervenção das estruturas representativas dos trabalhadores nos processos de constituição e remodelação dos grupos societários e empresariais e nos processos de despedimento ou de suspensão ou redução dos contratos de trabalho em contexto de grupo. Uma vez que o nosso estudo contempla também a análise das incidências colectivas dos fenómenos de grupo, esse será o momento adequado para apreciarmos esta vertente do problema[984], pelo que aqui apenas lhe faremos uma referência incidental e remissiva.

Por outro lado, não consideramos também neste passo do estudo o problema da tutela dos créditos laborais do trabalhador em contexto de grupo, apesar de, com frequência, este problema estar associado a uma vicissitude económica do empregador. Neste caso, a opção fica a dever-se apenas ao facto de o Código do Trabalho dar uma especial atenção a esta matéria, tendo instituído para ela um regime específico, o que justifica o seu tratamento em secção autónoma[985].

---

[984] *Infra*, § 30.º, ponto 56.
[985] *Infra*, § 25.º.

§ 22.º **Implicações da constituição e da modelação do grupo societário ou empresarial nos contratos de trabalho vigentes**

45. **A constituição do grupo e os contratos de trabalho vigentes nas empresas que o integram**

45.1. **Princípio geral, conceito de transmissão de empresa, estabelecimento e unidade de negócio e constituição dos grupos societários ou empresariais**

I. O primeiro grupo de problemas laborais, que decorre da constituição de um grupo societário ou empresarial, tem a ver com o destino dos contratos de trabalho em vigor nas empresas ou nas sociedades que passam a integrar o grupo.

O princípio geral de independência da posição de empregador perante a inserção grupal da empresa, que oportunamente estabelecemos neste estudo[986], tem como corolário, na matéria que nos ocupa, a regra geral da intangibilidade dos vínculos laborais em execução no seio das empresas que integram o grupo, desde que a entidade empregadora não se altere por força daquela inserção grupal: sendo o contrato de trabalho celebrado entre trabalhador e empregador, a circunstância de este último estar inserido num grupo societário ou empresarial não é, por si só, apta a alterar a configuração do contrato nem sobre ele se repercute.

Contudo, como é bem sabido, a constituição de um grupo societário ou empresarial decorre, com frequência, de operações económicas que acarretam uma mudança na titularidade ou na exploração das empresas que o compõem – é o que sucede nos casos em que o grupo surge por força da cisão de duas sociedades, pela constituição de uma nova sociedade a

---

[986] *Supra,* § 13.º, ponto 27.III., § 14.º, III. e *passim.*

partir do desdobramento de uma sociedade unitária, na sequência de uma fusão, pela compra de uma nova empresa por uma empresa já existente ou ainda pela aquisição de participações no capital social de uma outra sociedade. Ora, sempre que a constituição do grupo envolva uma mudança na posição de empregador, coloca-se o problema da aplicabilidade do regime laboral da transmissão da empresa ou do estabelecimento, consagrado nos arts. 318.° ss. do CT.

II. Nos termos do art. 318.° n.° 1 do CT, sempre que, por qualquer título, seja transmitida a titularidade de uma empresa ou de um estabelecimento, no todo ou em parte que constitua uma unidade económica, a posição jurídica de empregador transmite-se automaticamente para o adquirente dessa empresa, desse estabelecimento ou dessa unidade de negócio; e à transmissão da titularidade da empresa, do estabelecimento ou da unidade de negócio equipara ainda a lei, para efeitos de aplicação deste regime, as operações de transmissão, cessão ou reversão da exploração dessas mesmas unidades, nos termos do art. 318.° n.° 3 do CT.

Como decorre da lei, esta transmissão da posição jurídica de empregador, por efeito da transmissão da empresa, do estabelecimento ou da unidade de negócio não carece do consentimento dos trabalhadores[987] – embora se discuta hoje a admissibilidade da oposição individual do trabalhador à transmissão do seu próprio contrato de trabalho como efeito da transmissão da própria unidade económica[988] –, implica a assunção automática pelo novo empregador do conjunto de direitos e deveres que incumbiam ao empregador originário (art. 318.° n.° 1 do CT) e tem como efeito acessório o estabelecimento de um regime transitório de responsabilidade soli-

---

[987] Por esta razão, como já referimos a propósito da distinção entre esta figura e a da cessão da posição contratual do empregador, a doutrina reconduz quase sempre a figura da transmissão da posição contratual do empregador, por efeito da transmissão da empresa ou do estabelecimento, a um caso de sub-rogação legal – *supra*, § 20.°, ponto 43.IV. e notas.

[988] Sobre este ponto, que foi também objecto da atenção da jurisprudência comunitária, como referimos oportunamente (*supra*, § 10.°, ponto 18.3.1.III.) *vd*, em especial, JÚLIO GOMES, *O conflito entre a jurisprudência nacional e a jurisprudência do TJ das CCEE... cit.*, 77 ss., *A jurisprudência recente... cit.*, 481 ss., e *Direito do Trabalho cit.*, I, 808 ss., F. LIBERAL FERNANDES, *Transmissão do estabelecimento e oposição do trabalhador... cit.*, 213 ss., JOANA SIMÃO, *A transmissão do estabelecimento... cit.*, 203 ss., CATARINA CARVALHO, *Admissibilidade de um acordo entre transmitente e transmissário... cit.*, 99 ss., e ROSÁRIO PALMA RAMALHO, *Direito do Trabalho cit.*, II, 677 s.

§ 22.° *A constituição do grupo e os contratos de trabalho vigentes* 555

dária do empregador originário e do novo empregador pelas obrigações laborais vencidas até à data da transmissão (art. 318.° n.° 2 do CT)[989].

Como é sabido, a figura da transmissão da posição de empregador nos contratos de trabalho, por efeito da transmissão da empresa ou do estabelecimento, é uma figura tradicional no nosso ordenamento jurídico[990], aliás como na maioria dos ordenamentos juslaborais[991], e concitou também a atenção do direito europeu, onde foi objecto de directivas comunitárias e de abundante jurisprudência[992]. Pensada como instrumento de tutela dos trabalhadores na vicissitude de transmissão da empresa ou do estabelecimento, esta figura prossegue esse desígnio protectivo através da consagração da intangibilidade dos contratos de trabalho em vigor na empresa, estabelecimento ou unidade de negócio transmitidos, que se mantêm obrigatoriamente na esfera do respectivo adquirente, e através da instituição de um regime de responsabilidade solidária entre o empregador transmitente e o empregador transmissário, que reforça as garantias dos

---

[989] Adicionalmente, a nossa lei estabelece também a responsabilidade solidária de ambos os empregadores em matéria contra-ordenacional (art. 318.° n.° 1 e art. 675.° n.° 1 do CT). Este ponto não tem, no entanto, especial relevância para o problema que agora nos ocupa.

[990] A figura era já prevista na primeira LCT, de 1937 (L. n.° 1952, de 10 de Março de 1937), no art. 20.°, e foi depois contemplada, na LCT de 1969, no art. 37.°, que se manteve em vigor até ao surgimento do Código do Trabalho – por todos, quanto ao regime desta figura, no âmbito da LCT de 1937, RAÚL VENTURA, *Lições de Direito do Trabalho*, in *Estudos em Homenagem ao Professor Doutor Raúl Ventura*, II, Coimbra, 2003, 551-668 (609 ss.). O Código do Trabalho alterou o regime do art. 37.° da LCT, adaptando-o ao tratamento desta matéria no direito comunitário e resolvendo algumas dúvidas que se vinham suscitando na sua aplicação prática.

[991] Sobre esta matéria, dispõem, no sistema jurídico germânico, o § 613a do BGB, no sistema austríaco, os §§ 1.° e 8.° da AÜG, no sistema francês, os arts. L. 1224-1 e L. 1224-2 do *Code du travail* (correspondentes aos arts. L.122-12 e L. 122-12-1 do *Code du travail* anterior), em Itália, o art. 2112.° do *Codice civile*, e a *legge 428/1990*, art. 47, modificada pelo *dlgs n. 18/2001*, em consonância com a directiva comunitária nesta matéria e, em Espanha, o art. 44.° do *Estatuto de los Trabajadores*.

[992] Actualmente, rege na matéria a Dir. 2001/23/CE, de 12 de Março de 2001, que revogou a Dir. 77/187/CEE, de 14 de Fevereiro de 1977, alterada pela Dir. 98/50/CE, de 29 de Junho, sendo ainda de realçar a importância dada a este tópico pelo Tribunal de Justiça. Já tendo apresentado o regime jurídico comunitário nesta matéria, também com referências à jurisprudência, em devido tempo, neste trabalho, para aí se remete – *supra*, § 10.°, ponto 18.3.1.

trabalhadores quanto ao cumprimento das obrigações laborais do empregador originário.

No Código do Trabalho e por força da intervenção comunitária nesta matéria, o regime protectivo dos trabalhadores por ocasião desta vicissitude da empresa foi reforçado por uma via substancial e por uma via procedimental.

Em termos substanciais, o regime de tutela dos trabalhadores nesta matéria foi reforçado por duas vias: de uma parte, através da sua extensão a operações que não envolvem um negócio de transmissão da titularidade da empresa ou do estabelecimento, mas apenas um negócio de transmissão estável da gestão daquelas unidades a outra entidade; de outra parte, com o alargamento às transmissões meramente parciais da empresa ou do estabelecimento, com base no critério da unidade económica ou unidade de negócio (art. 1.º n.º 1, a) e b) da Dir. 2001/23/CE, de 12 de Março de 2001, cujas regras foram transpostas para o direito nacional no art. 318.º n.os 1, 3 e 4 do CT).

Em termos procedimentais, o regime legal foi reforçado pelas exigências de consulta e participação dos representantes dos trabalhadores no processo tendente à transmissão da empresa, do estabelecimento ou da unidade de negócio (exigência constante do art. 7.º da Dir. 2001/23/CE, de 12 de Março de 2001, e que, no nosso sistema jurídico, foi traduzida nas regras constantes do art. 320.º do CT).

III. Ultrapassando o âmbito do nosso estudo a apreciação *in se* do regime juslaboral nacional em matéria de transmissão da empresa, estabelecimento ou unidade de negócio[993], limitamo-nos a avaliar as implicações deste regime nos grupos societários ou empresariais.

---

[993] Para um confronto da doutrina nacional sobre esta matéria, podem ver-se, entre outros, RAÚL VENTURA, *Lições de Direito do Trabalho... cit.*, 609 ss., MOTA PINTO, *Cessão da Posição Contratual cit.* 84 e 90 ss., P. FURTADO MARTINS, *Algumas observações sobre o regime da transmissão do estabelecimento no direito do trabalho português*, RDES, 1994, IX, 1/2/3, 357-366, JÚLIO GOMES, *O conflito entre a jurisprudência nacional e a jurisprudência do TJ das CCEE... cit.*, 77 ss., e *A jurisprudência recente... cit.*, 481 ss., LIBERAL FERNANDES, *Transmissão do estabelecimento e oposição... cit.*, 213 ss., JOANA SIMÃO, *A transmissão do estabelecimento... cit.* 203 ss., CATARINA CARVALHO, *Da Mobilidade dos Trabalhadores... cit.*, 163 ss., e *Admissibilidade de um acordo...cit.*, 99 ss., bem como, nas obras laborais gerais, MÁRIO PINTO / P. FURTADO MARTINS / A. NUNES DE CAR-

§ 22.° *A constituição do grupo e os contratos de trabalho vigentes* 557

Como facilmente se compreende, a partir das breves reflexões que acabamos de fazer, perante a constituição de um grupo, o regime da transmissão da empresa, do estabelecimento ou da unidade de negócio coloca duas questões essenciais: a primeira decorre da incidência alargada deste regime e consiste em saber se a constituição de um grupo societário ou empresarial, em todas ou pelo menos em algumas das formas que pode revestir, integra ou não o conceito de transmissão de empresa, estabelecimento ou unidade de negócio, para efeitos da sujeição ao regime laboral respectivo; a segunda questão só se coloca em caso de resposta afirmativa ao primeiro problema e consiste em saber como articular a intervenção dos representantes dos trabalhadores no processo de constituição dos grupos societários ou empresariais, em cumprimento das disposições legais que prevêem esta intervenção para o caso da transmissão da empresa, do estabelecimento ou da unidade de negócio.

VALHO, *Comentário às Leis do Trabalho,* I, Lisboa, 1994, 174 ss.; já no contexto do Código do Trabalho, sobre esta matéria, ROMANO MARTINEZ / L. M. MONTEIRO / J. VASCONCELOS / MADEIRA DE BRITO / G. DRAY / GONÇALVES DA SILVA, *Código do Trabalho Anotado cit.,* 601 ss. (anotação de JOANA VASCONCELOS), MENEZES LEITÃO, *Código do Trabalho Anotado cit.* 246 ss., e ainda *Direito do Trabalho cit.,* 394 ss., MONTEIRO FERNANDES, *Direito do Trabalho cit.,* 255 s., C. OLIVEIRA CARVALHO, *Algumas questões sobre a empresa... cit.,* 460 ss., ROMANO MARTINEZ, *Direito do Trabalho cit.,* 770 ss., JÚLIO GOMES, *Direito do Trabalho cit.,* I, 808 ss., ROSÁRIO PALMA RAMALHO, *Direito do Trabalho cit.,* II, 671 ss., e ROSÁRIO PALMA RAMALHO / MADEIRA DE BRITO, *Contrato de Trabalho na Administração Pública cit.,* 83 ss. Noutros contextos doutrinais, mas com incidência directa nas relações entre o instituto da transmissão da empresa ou do estabelecimento e o tema dos grupos, *vd* ainda, para o sistema germânico, BIRK, *Betriebsaufspaltung... cit.,* 28 ss., KONZEN, *Arbeitnehmerschutz im Konzern cit.,* 74 s., SCHAUB, *Arbeitsrechts- Handbuch cit.,* 1226 s., ou HENSSLER, *Der Arbeitsvertrag im Konzern cit.,* 144 ss., quanto ao sistema austríaco, JABBORNEGG, *Arbeitsvertragsrecht im Konzern cit.,* 118 ss., no panorama doutrinal italiano, U. CARABELLI, *Alcune riflessioni sulla tutela dei lavoratori nei trasferimenti d'azienda: la dimensione individuale,* RIDL, 1995, I, 41-79, BIAGI / TIRABOSCHI, *Istituzioni di diritto del lavoro cit.,* 406 ss., ou CESSARI, *Il «gruppo» ed il trasferimenti d'imprese cit.,* 191 ss., quanto à situação francesa, BARTHÉLÉMY / COULON / EGAL / GUIGOU / HARDOUIN / MELLO/ / PETITEAU / SEURAT, *Le droit des groupes de sociétés cit.,* 252 ss., ou G. LYON-CAEN, *La concentration du capital... cit.,* 295 ss., no sistema espanhol, CAMPS RUIZ, *Tratamiento laboral de los grupos... cit.,* 415 ss., e ainda *La Problemática Jurídico-Laboral de los Grupos... cit.,* 85 ss., FERNÁNDEZ LÓPEZ, *Fusiones y escisiones... cit.,* 125 ss., ou PEREZ ALONSO, *Algunas cuestiones laborales... cit.,* 73 ss., e quanto ao sistema inglês, DAVIES, *Arbeitsrechtliche Auswirkungen... cit.,* 17 ss. e 27 s.

Analisaremos detalhadamente o primeiro problema e deixaremos o segundo para o capítulo dedicado ao estudo das incidências laborais colectivas dos fenómenos de grupo, um pouco mais à frente[994].

IV. O primeiro problema enunciado prende-se com a necessidade de aferir o conceito de transmissão, para efeitos da incidência do regime dos arts. 318.° ss. do CT, perante os vários modos de constituição de um grupo societário ou empresarial.

É reconhecido que o conceito de transmissão, que subjaz ao regime do art. 318.° do CT, é um conceito especialmente amplo, por força da conjugação do critério da natureza do negócio jurídico transmissivo (que conduz à qualificação como transmissão para efeitos desta norma, não só dos negócios que envolvem a mudança da titularidade da empresa, estabelecimento ou unidade de negócio, mas também dos negócios relativos à transmissão, cessão ou reversão da exploração da empresa ou do estabelecimento, que não envolvem a alteração da respectiva titularidade) e do critério atinente à unidade objecto do negócio transmissivo (que permite a aplicação deste regime quer a operações de transmissão da empresa ou do estabelecimento, unitariamente considerados, quer a operações que incidem apenas numa parte da empresa ou do estabelecimento, desde que tal parcela se reconduza a uma unidade económica autónoma, conceito que é estabelecido no n.° 4 do art. 318.°). Este espectro largo do conceito de transmissão – que foi afinado progressivamente pela jurisprudência comunitária e hoje não suscita discussão[995] – permite, pois, concluir que o regime dos arts. 318.° ss. do CT se aplica ao universo de alterações estáveis, ainda que não definitivas, na gestão das empresas, estabelecimentos ou unidades de negócio[996].

---

[994] *Infra*, § 30.°, ponto 56.

[995] Sobre a amplitude do conceito de transmissão, para efeitos da sujeição ao regime comunitário, pode ver-se, por paradigmático, o Ac. TJ de 2/12/1999 (Proc. C- 234/98, *Allen u.a. v. Amalgamated Construction co.ltd*), comentado por GUTIÉRREZ-SOLAR CALVO, *Sucesión de empresa entre sociedades de un mismo grupo... cit.*, 687 ss.

[996] ROSÁRIO PALMA RAMALHO *Direito do Trabalho cit.*, II, 674. O sentido amplo do conceito de transmissão da empresa ou do estabelecimento, para efeitos deste regime, é também salientado no âmbito de outros ordenamentos jurídicos relativamente aos regimes congéneres, que também tiveram de se adaptar ao conceito comunitário – neste sentido, quanto ao sistema italiano, BIAGI / TIRABOSCHI, *Istituzioni di diritto del lavoro cit.*, 406 ss., e quanto ao sistema francês, G. LYON-CAEN, *La concentration du capital... cit.*, 296.

§ 22.º *A constituição do grupo e os contratos de trabalho vigentes* 559

Ora, aferindo este conceito amplo de transmissão perante a realidade dos grupos societários ou empresariais, verificamos que, com frequência, a formação destes grupos envolve um negócio de transmissão da propriedade ou dos direitos de exploração de uma empresa ou estabelecimento já existentes, no todo ou em parte que corresponde a uma unidade económica – na verdade, à excepção dos grupos de facto fundados em uniões pessoais entre os titulares de várias empresas e das relações de domínio societário que não decorram de participação maioritária de capital, quase sempre assim sucederá. E, em face deste quadro, é legítima a questão de saber se todas estas operações tendentes à constituição de um grupo societário ou empresarial se devem sujeitar ao regime dos arts. 318.º ss. do CT[997].

A resposta deve ser negativa, por absoluta inadequação e impossibilidade prática de sujeição de todas as formas de constituição de grupos societários ou empresariais a estas regras. Na verdade, apenas em alguns casos a constituição de um grupo envolve uma transmissão de empresa, estabelecimento ou unidade económica, no sentido do art. 318.º n.os 1 e 3 do CT, e se deve, por isso, sujeitar ao correspondente regime.

Esta afirmação exige, no entanto, uma interpretação criteriosa das normas do art. 318.º n.os 1 e 3 do CT, no que toca ao conceito de transmissão, que tenha em mente os objectivos de tutela laboral prosseguidos por este regime – i.e., uma interpretação que faça apelo à *ratio* do comando normativo.

Deve ficar claro que o que está em causa nestas normas não são as operações de mudança de titularidade ou de transmissão dos direitos de exploração das empresas, enquanto negócios do foro obrigacional ou comercial (i.e., a compra e venda de uma empresa, a transmissão de acções ou a cessão de quotas de uma sociedade, ou um contrato de concessão de exploração de uma empresa ou de um estabelecimento), mas sim o eventual efeito laboral que decorra dessas operações – ou seja, a transmissão da posição de empregador, que ocorrerá se a empresa envolvida tiver trabalhadores subordinados. Por outras palavras, o conteúdo essencial da norma do art. 318.º do CT é determinar a alteração do empregador por efeito da

---

[997] Colocando este mesmo problema, tendo em conta a diversidade de formas de constituição dos grupos societários e empresariais, CATARINA CARVALHO, *Da Mobilidade... cit.*, 172 ss.

transmissão da empresa ou do estabelecimento e, por essa via, assegurar a manutenção dos contratos de trabalho com o novo empregador.

Feita esta clarificação, pode mais facilmente contextualizar-se o regime dos arts. 318.º ss. do CT perante o fenómeno dos grupos. Neste contexto, diremos, que, quando a constituição de um grupo envolva sociedades ou empresas com trabalhadores subordinados ao seu serviço e passe por operações que determinem a modificação do empregador, ela deve sujeitar-se às regras dos arts. 318.º ss. do CT – é o caso, entre outras situações possíveis, de um grupo que se constitui pela cisão de uma sociedade em duas sociedades reciprocamente dependentes, ou através da criação de uma nova sociedade detida pela primeira sociedade, ou ainda mediante a fusão de várias sociedades em duas novas sociedades detidas por uma sociedade *holding*, todas elas «recebendo» uma parte dos trabalhadores das sociedades originárias – situações que, são, aliás, contempladas, pelo direito comunitário, para este efeito (art. 1.º n.º 1 a) da Dir. 2001/23/CE, de 12 de Março de 2001) e, no que diz respeito à cisão, ainda pelo direito nacional (art. 119.º p) do CSC[998])[999]. Pelo contrário, quando o grupo se constitua através de operações que não modificam a identidade do empregador nas várias empresas que passam a integrar o grupo, o regime dos arts. 318.º ss. do CT não tem aplicação, porque, não sendo alterada a entidade empregadora, os contratos de trabalho por ela celebrados mantêm-se na sua esfera e não têm por que se transmitir – por exemplo, uma coligação societária em que uma das sociedades compra acções de outra socie-

---

[998] Nos termos desta norma, relativa ao projecto de cisão de sociedades, entre os elementos que devem constar desse projecto, conta-se a «atribuição da posição contratual da sociedade ou sociedades intervenientes, decorrente dos contratos de trabalho celebrados com os seus trabalhadores, os quais não se extinguem por força da cisão». Deste modo, a lei equipara a cisão a uma transmissão da empresa ou do estabelecimento, nos termos do art. 318.º do CT, assegurando, com a preservação dos contratos, a manutenção dos inerentes direitos dos trabalhadores.

[999] No sentido da sujeição das situações de cisão e de fusão de sociedades ao conceito de transmissão da empresa ou do estabelecimento, também se pronunciaram, entre outros, COUTINHO DE ABREU, *Grupos de sociedades... cit.*, 142, e IRENE GOMES, *Grupos de sociedades... cit.*, 195; e, na doutrina estrangeira, no mesmo sentido, tanto quanto à fusão como quanto à cisão BIRK, *Arbeitsrechtliche Probleme... cit.*, 1128 s., PERA, *Trasformazioni, fusioni e incorporazioni... cit.*, 433, BELLINI, *Trasferimenti di azienda nella fusione... cit.*, 197 ss., BARTHÉLÉMY / COULON / EGAL / GUIGOU / HARDOUIN / MELLO / PETITEAU / SEURAT, *Le droit des groupes de sociétés cit.*, 252 s., ou FERNÁNDEZ LÓPEZ, *Fusiones y escisiones... cit.*, 127.

dade[1000], uma situação de domínio accionista de facto de uma sociedade sobre outra sociedade, e, bem assim, um grupo societário em sentido estrito que se constitua em qualquer das modalidades previstas na lei comercial[1001].

45.2. Os efeitos da constituição dos grupos societários ou empresariais nos contratos de trabalho em caso de sujeição ao regime da transmissão da empresa, do estabelecimento ou da unidade de negócio

I. Uma vez clarificado o âmbito de aplicação das regras dos arts. 318.° ss. do CT ao contexto da constituição dos grupos societários ou empresariais, cabe retirar destas regras as devidas consequências juslaborais, nos casos em que as operações de constituição do grupo se devam

---

[1000] Sobre esta possibilidade, mas em moldes diversos, vd CATARINA CARVALHO, Da Mobilidade... cit., 172 ss., e 181 ss., que parece inclinar-se no sentido de ver aqui um caso de transmissão parcial da empresa, embora, mais à frente, acabe por concluir que o art. 37.° da LCT (norma que equivalia, no período anterior ao surgimento do Código do Trabalho, ao actual art. 318.°) se pode aplicar apenas por analogia a esta situações, designadamente para efeitos da sujeição ao regime da responsabilidade solidária do transmitente e do transmissário do estabelecimento. No actual quadro legal e independentemente da questão da qualificação da situação como um caso de transmissão parcial – da qual discordamos, pelas razões indicadas em texto – já não se suscita a necessidade de aplicação analógica do regime da responsabilidade solidária pelos créditos, porque tal responsabilidade é prevista no art. 378.° do CT. Já no sentido que subscrevemos de não considerar incluída no conceito de transmissão do estabelecimento a aquisição de participações societárias, por exemplo, BARTHÉLÉMY / COULON / EGAL / GUIGOU / HARDOUIN / MELLO / PETITEAU / SEURAT, Le droit des groupes de sociétés cit., 252 s., ou CAMPS RUIZ, Tratamiento laboral de los grupos... cit., 418; com entendimento diverso, PEREZ ALONSO, Algunas cuestiones laborales... cit., 73, coloca a possibilidade de qualificar a transmissão de acções como um caso de transmissão da empresa, para efeitos de sujeição ao regime do art. 44.° do Estatuto de los Trabajadores, no caso de participações maioritárias de capital, uma vez que a maioria do capital assegura o controlo da empresa, reflectindo-se assim também nos contratos de trabalho vigentes no seu seio e envolvendo uma alteração do poder directivo – é um entendimento que não subscrevemos, porque confunde os planos juscomercial e juslaboral, nos termos que recusámos em texto.

[1001] De facto, enquanto no primeiro caso, é criada uma (ou mais do que uma) nova sociedade empregadora, em cuja esfera passarão a desenvolver-se todos ou uma parte dos contratos de trabalho surgidos nas sociedades de origem, no segundo caso, as mudanças ocorrem apenas ao nível das participações sociais, mas a entidade empregadora é a mesma.

sujeitar àquele regime: a primeira consequência refere-se ao destino dos contratos de trabalho em vigor na empresa de origem; a segunda reporta-se ao regime de responsabilidade solidária pelos créditos laborais vencidos à data da transmissão; a terceira refere-se à participação dos representantes dos trabalhadores no processo de transmissão.

II. No que toca ao destino dos contratos de trabalho em vigor na sociedade, empresa ou estabelecimento transmitidos, a assunção automática da qualidade de empregador pelo adquirente dos mesmos, com o negócio transmissivo, tem como efeito a manutenção daqueles contratos na esfera do novo empregador, que assume os inerentes direitos e obrigações (art. 318.º n.º 1 do CT, e ainda, especificamente no caso da cisão, art. 119.º p) do CSC[1002])[1003]. A sucessão do empregador transmissário nos direitos e obrigações laborais do transmitente é, de outra parte, garantida, pela sua sujeição automática ao instrumento de regulamentação colectiva do trabalho que vinculava o empregador transmitente, nos termos do art. 555.º do CT[1004].

Assim, se um grupo societário se constitui, por exemplo, a partir da cisão de uma sociedade unitária em duas sociedades, com participações

---

[1002] Confirmando este efeito transmissivo sobre os contratos de trabalho especificamente no caso da cisão de sociedades, COUTINHO DE ABREU, *Grupos de sociedades....cit.*, 142, e IRENE GOMES, *Grupos de sociedades... cit.*, 195; e, noutros contextos doutrinais, no mesmo sentido, tanto quanto à fusão como quanto à cisão, BIRK, *Arbeitsrechtliche Probleme... cit.*, 1128 s., PERA, *Trasformazioni, fusioni e incorporazioni... cit.*, 433, BELLINI, *Trasferimento di azienda nella fusione... cit.*, 197 ss.

[1003] Sobre este efeito transmissivo sobre os contratos de trabalho, por aplicação de regimes congéneres a este noutros ordenamentos, vd BIRK, *Betriebsaufspaltung... cit.*, 28 ss., JUNKER, *Internationales Arbeitsrecht... cit,*, 23 ss. (especificamente quanto à transmissão de empresas e estabelecimentos no âmbito dos grupos de dimensão internacional), ou HENSSLER, *Der Arbeitsvertrag im Konzern cit.*, 144 ss., no contexto germânico, CARABELLI, *Alcune riflessioni... cit.*, 44 ss., ou BIAGI / TIRABOSCHI, *Istituzioni di diritto del lavoro cit.*, 411 ss., quanto ao sistema italiano, G. LYON-CAEN, *La concentration du capital... cit.*, 296, no direito francês, FERNÁNDEZ LÓPEZ, *Fusiones y escisiones... cit.*, 136 s., e CAMPS RUIZ, *La Problemática Jurídico-Laboral de los Grupos... cit.*, 88, quanto ao sistema espanhol, e ainda DAVIES, *Arbeitsrechtliche Auswirkungen... cit.*, 30 ss., quanto ao regime inglês.

[1004] Assinalando também este efeito colectivo da transmissão, no direito germânico, ao abrigo do § 613 Abs. 1 S. 2-4 do BGB, BIRK, *Betriebsaufspaltung... cit.*, 28 ss., e, no direito italiano, BIAGI / TIRABOSCHI, *Istituzioni di diritto del lavoro cit.*, 412 s.

societárias recíprocas, passando, cada uma delas, a desenvolver uma das áreas de negócio que estava anteriormente integrada na sociedade de origem, transmitem-se automaticamente para as novas sociedades os contratos de trabalho dos trabalhadores que, na sociedade de origem, estavam afectos a cada uma daquelas áreas de negócio.

Tal como nos casos de transmissão de empresa ou estabelecimento que não ocorrem num contexto de grupo, pode, nesta situação, colocar-se o problema do direito de oposição do trabalhador à transmissão do seu próprio contrato de trabalho para a esfera do novo empregador, dentro do grupo, por efeito da transmissão da empresa ou estabelecimento, uma vez que, para o trabalhador, tal mudança se traduz numa alteração do contrato e lhe assiste, genericamente, a liberdade de escolha do seu parceiro negocial (art. 405.º do CC). E, sendo até mais fácil, em contexto de grupo, a constituição de novas unidades com objectivos ilícitos – designadamente com o objectivo de «esvaziar» a empresa ou o estabelecimento anteriores dos seus trabalhadores e de escapar, assim, às consequências de uma declaração de insolvência ou às indemnizações por despedimentos colectivos –, aquele direito de oposição pode ter uma justificação redobrada neste contexto grupal.

Cremos que o problema da oposição do trabalhador à transmissão do seu contrato de trabalho, por efeito da transmissão da empresa ou do estabelecimento, não se coloca de forma diferente no caso de a transmissão da empresa ou do estabelecimento ocorrerem no contexto da constituição de um grupo societário ou noutro contexto, pelo que tal problema deve ser resolvido de acordo com os critérios gerais que, quanto a nós, melhor compõem os vários interesses em jogo – do lado do trabalhador, releva o interesse na manutenção do vínculo laboral com o empregador originário, que se pode, eventualmente, sobrepor ao interesse geral de preservação da imutabilidade desse mesmo vínculo, embora com um novo empregador, e, do lado do empregador, está em causa o interesse em transmitir a empresa, o estabelecimento ou a unidade de negócio com o conjunto dos seus activos, que se filia, em última análise, no princípio constitucional da livre iniciativa económica (art. 80.º c) da CRP) e que não deve ser prejudicado pela oposição de um ou mais trabalhadores abrangidos pelo negócio transmissivo da empresa ou do estabelecimento.

Ponderando ambos os interesses, entendemos que, querendo, o trabalhador pode opor-se à transmissão do seu contrato de trabalho para o novo empregador, com fundamento na alteração substancial das condições contratuais, que, nos termos gerais do princípio do cumprimento pontual dos contratos (art. 406.º do CC), não lhe podem ser impostas unilateralmente e contra a sua vontade. Contudo, ao contrário do que sustentam alguns autores[1005], não retiramos da admissibilidade desta oposição singular do trabalhador à transmissão do seu próprio contrato um direito potestativo daquele trabalhador a manter o vínculo com o empregador originário, mas apenas o direito de resolução do contrato com justa causa, fundada na alteração substancial das condições de trabalho, nos termos gerais do art. 441.º n.º 3 b) do CT[1006].

O nosso entendimento funda-se num argumento de ordem legal, num argumento de maioria de razão, e num argumento teleológico. Em primeiro lugar, cremos que a lei não configura qualquer direito à manutenção da situação contratual anterior pelo trabalhador, mas, pelo contrário, prossegue o escopo de protecção dos trabalhadores na vicissitude da transmissão da empresa ou do estabelecimento exactamente pela via inversa – assim, tal direito não tem cabimento neste regime. Em segundo lugar, o reconhecimento de um direito do trabalhador à manutenção do contrato originário, no caso de não querer «acompanhar» a unidade de negócio transmitida, contraria soluções de resolução do contrato que a lei prevê para hipóteses bem menos gravosas, como sejam a mera mudança física do estabelecimento (neste caso, se o trabalhador não aceitar ser transferido, apenas poderá resolver o contrato de trabalho, nos termos do art. 315.º n.º 4 do CT) – esta solução é pois de recusar também por um argumento de maioria de razão. Em terceiro e último lugar, um «direito» do trabalhador à manutenção do vínculo com o primeiro empregador não concilia adequadamente os vários interesses em jogo, não só porque, no limite, pode inviabilizar o próprio negócio de transmissão da unidade eco-

---

[1005] Neste sentido, por exemplo, JÚLIO GOMES, *A jurisprudência recente... cit.*, 519, e ainda CATARINA CARVALHO, *Algumas questões... cit.*, 471 ss.

[1006] Obviamente, não é de excluir que o trabalhador se mantenha ao serviço do empregador originário, por acordo entre ambos, assim como o efeito transmissivo relativamente ao contrato de trabalho pode não ocorrer se o empregador tiver, entretanto, transferido o trabalhador para outro estabelecimento, ao abrigo do regime da mobilidade geográfica – hipótese que é prevista no art. 319.º n.º 1 do CT. Também no sentido de atribuir ao trabalhador que se opõe à transmissão apenas o direito de resolver o contrato, G. LYON--CAEN, *La concentration du capital... cit.*, 296, e DAVIES, *Arbeitsrechtliche Auswirkungen... cit.*, 27 s.

§ 22.° *A constituição do grupo e os contratos de trabalho vigentes* 565

nómica (para tanto bastando, por exemplo, que a maioria ou mesmo todos os trabalhadores da unidade a transmitir se recusem a acompanhar a unidade transmitida, o que altera o seu valor), mas também por força das restrições constitucionais e legais à cessação do contrato de trabalho por iniciativa do empregador, que dificultam o despedimento posterior destes trabalhadores – assim, porque esta solução pode frustrar os direitos do empregador na transmissão da sua empresa ou estabelecimento, sem justificação, impõe-se a sua recusa também por um motivo teleológico.

Poder-se-á criticar a solução que defendemos pelo facto de não proteger financeiramente o trabalhador, uma vez que a resolução do contrato ao abrigo do art. 441.° n.° 2 b) do CT não comporta o direito a indemnização, nos termos do art. 443.° n.° 1 do CT. Sendo esta a situação, na generalidade dos casos, parece-nos possível, ainda assim, que o trabalhador demonstre que teria prejuízos graves no caso de «acompanhar» a transmissão do estabelecimento, caso em que teria direito à compensação de tais prejuízos, nos termos gerais do art. 363.° do CT, ou por aplicação analógica do regime da mudança do local de trabalho em caso de transferência do estabelecimento, previsto no art. 315.° n.° 4 do CT[1007].

Por outro lado, reportando especificamente este problema ao contexto dos grupos societários, sempre diremos que, neste contexto, os riscos que eventualmente decorram do negócio transmissivo da empresa ou do estabelecimento para o trabalhador abrangido são menores do que os que se verificam quando a transmissão ocorra fora de um contexto grupal, uma vez que, em contexto de grupo, o trabalhador beneficia do regime especial de tutela dos créditos laborais, previsto no art. 378.° do CT, que não é aplicável noutras transmissões.

Por fim, deve ficar claro que a posição que sustentamos especificamente quanto a este ponto não significa que desvalorizemos o problema das transmissões dos estabelecimentos e das empresas para «testas de ferro», ou seja, em moldes fictícios, para escapar às dificuldades e aos

---

[1007] É este tipo de situações que alguns autores qualificam como despedimentos indirectos – nesta linha, DAVIES, *Arbeitsrechtliche Auswirkungen... cit.*, 27 s., considera que a demissão do trabalhador em resultado da sua oposição à transmissão do seu contrato com a transmissão do estabelecimento é despedimento indirecto (*constructive dismissal*), desde que o trabalhador demonstre que as condições de trabalho na nova empresa o prejudicam. Esta qualificação não impede o despedimento mas tem repercussões indemnizatórias.

encargos de um despedimento colectivo na empresa de origem, e visando «esvaziar» a primeira empresa de trabalhadores para, posteriormente, encerrar a segunda empresa – problema este que, em alguns sectores, tem justificado a defesa do direito do trabalhador a manter o seu contrato de trabalho na esfera do primeiro empregador, se assim o entender. Bem pelo contrário, este problema tem uma grande importância, designadamente no âmbito dos grupos económicos, justamente porque a dinâmica típica destes grupos facilita este tipo de operações. O que entendemos é que a resposta a este problema não passa pelo reconhecimento do direito de oposição do trabalhador à transmissão do seu contrato de trabalho, na sequência da transmissão da sua empresa ou do seu estabelecimento, devendo encontrar-se por outra via. Voltaremos, por isso, oportunamente a esta questão[1008].

III. A segunda consequência a retirar da sujeição das operações de constituição de um grupo societário ou empresarial, que envolvam a transmissão de uma empresa, estabelecimento ou unidade de negócio, ao regime dos arts. 318.° ss. do CT, tem a ver com a responsabilidade solidária do transmitente e do transmissário pelas obrigações laborais do transmitente, vencidas à data da transmissão[1009].

Esta responsabilidade mantém-se pelo prazo de um ano a contar do negócio transmissivo, nos termos do art. 318.° n.° 2 do CT, e deve ser actuada nos termos previstos no art. 319.° n.° 3 do CT. Assim, compete aos trabalhadores abrangidos pela transmissão reclamar aqueles créditos, no prazo de três meses sobre o aviso da operação de transmissão, junto do transmissário, para que opere aquele regime de solidariedade; não o fazendo, a responsabilidade pelo respectivo cumprimento incumbe, em exclusivo, ao transmissário do estabelecimento e novo empregador.

Não cabendo aqui desenvolver, *in se*, esta matéria[1010], sempre se dirá que, ocorrendo a transmissão no contexto da formação de um grupo socie-

---

[1008] *Infra*, § 23.°, ponto 48.3.

[1009] Realçando também o aspecto da responsabilidade solidária entre o transmitente e o transmissário da empresa, com referência ao sistema germânico, BIRK, *Betriebsaufspaltung... cit.*, 28 ss., e, no mesmo sentido, quanto ao sistema espanhol, FERNÁNDEZ LÓPEZ, *Fusiones y escisiones... cit.*, 136 s., ou *La Problemática Jurídico-Laboral de los Grupos... cit.*, 88 ss.

[1010] Para mais desenvolvimentos sobre este regime de tutela dos créditos laborais do trabalhador abrangido pelo negócio transmissivo, *vd* ROSÁRIO PALMA RAMALHO, *Direito do Trabalho cit.*, II, 681 ss.

tário, estas normas devem ser conciliadas com o regime especial de tutela dos créditos laborais dos trabalhadores de sociedades que tenham, entre si, uma relação de participações societárias recíprocas, uma relação de domínio ou uma relação de grupo em sentido estrito (art. 378.º do CT). Contudo, uma vez que vamos tratar em separado a matéria da tutela dos créditos laborais em contexto de grupo[1011], deixamos para esse momento o problema da conjugação destas duas normas.

IV. A terceira mas não menos importante consequência a retirar da sujeição das operações de constituição de um grupo societário ou empresarial às regras da transmissão da empresa, do estabelecimento ou da unidade de negócio, tem a ver com a intervenção dos trabalhadores no processo conducente à transmissão, que é prevista no art. 320.º do CT.

Como nos vamos ocupar *ex professo* das incidências laborais colectivas da fenomenologia dos grupos, remetemos para esse momento o desenvolvimento deste ponto[1012].

46. A modelação e a reestruturação do grupo e os contratos de trabalho vigentes nas empresas que o integram

I. Uma vez assente que o conceito amplo de transmissão, previsto no art. 318.º do CT, é aplicável às operações de constituição de um grupo societário ou empresarial, que envolvam a mudança de titularidade das empresas ou uma modificação estável da sua gestão em termos de alterar o empregador, teremos também que concluir que aquelas operações que, ao longo da vida do grupo e por força do dinamismo que, intrinsecamente, lhe assiste, também determinem a mudança da titularidade ou da gestão no seio das empresas que o compõem, com alteração do empregador, se devem sujeitar igualmente ao regime laboral da transmissão da empresa, do estabelecimento ou da unidade de negócio.

Assim, tanto em operações de reafectação de áreas de actividade dentro do grupo, de uma para outra empresa do mesmo (desde que tais áreas de actividade correspondam a uma unidade económica, nos termos do art.

[1011] *Infra,* § 25.º, ponto 53.III.
[1012] *Infra,* § 30.º, ponto 56.

318.º n.º 4 do CT), como em operações de redimensionamento do próprio grupo, que passem, por exemplo, pela alienação de uma ou mais unidades empresariais ou estabelecimentos a terceiros, no todo ou em parte que corresponda a uma unidade económica, é aplicável o regime dos arts. 318.º ss. do CT.

II. Nos termos deste regime e tendo em conta o princípio geral da independência dos vínculos laborais relativamente à inserção grupal dos respectivos empregadores, os trabalhadores cuja empresa, estabelecimento, ou área autónoma de actividade seja objecto de uma transmissão da titularidade ou da exploração – tanto no quadro do próprio grupo como para fora do âmbito do grupo – vêem o seu contrato de trabalho acompanhar o negócio transmissivo, nos termos gerais do art. 318.º n.º 1 do CT, a não ser que sejam transferidos para outro estabelecimento da mesma empresa, ao abrigo da previsão do art. 319.º n.º 1 do CT, ou que, tendo-se oposto individualmente à transmissão do seu contrato de trabalho, optem pela resolução do mesmo por justa causa, com fundamento na alteração substancial das condições de trabalho (ou seja, ao abrigo do art. 441.º n.º 3 b) do CT).

Em suma, em decorrência do entendimento que sustentámos acima sobre esta matéria, não se configura, apenas com fundamento na existência do grupo, um direito do trabalhador a permanecer na empresa de origem ou, no caso de alienação da sua empresa a um terceiro, o direito a transitar para outra empresa do grupo, em alternativa ao efeito transmissivo sobre o seu contrato. Obviamente, esta regra geral é compatível com qualquer uma destas soluções alternativas, desde que determinadas por acordo entre o trabalhador e o primitivo empregador.

Também nos termos do art. 318.º n.º 2 do CT, nos casos de modelação ou reestruturação do grupo é aplicável a regra da responsabilidade solidária entre empregador transmitente e empregador transmissário pelos créditos laborais, cabendo articular esta regra com o regime especial da responsabilidade solidária dos grupos societários, estabelecido no art. 378.º do CT.

Por fim, também por força da aplicação do regime da transmissão da empresa ou do estabelecimento, cabe garantir a participação dos representantes dos trabalhadores nestas operações de redimensionamento interno dos grupos, nos termos previstos no art. 320.º do CT e a que oportunamente nos referiremos. Quanto à participação dos trabalhadores nestes processos, cabe ainda ter em conta que, prevendo hoje a lei a instituição de comissões de trabalhadores de grupo (art. 461.º n.º 3 do CT), estas comissões devem também ser consultadas nestes processos[1013].

III. Por último, importa avaliar até que ponto as operações de reestruturação ou redimensionamento interno do grupo, que passem por transmissões de empresas, estabelecimentos ou unidades económicas, envolvendo a alteração do empregador, se repercutem na situação jurídica daqueles trabalhadores cujo contrato esteja, na prática ou *de jure*, indexado à existência do próprio grupo – referimo-nos, naturalmente, aos trabalhadores com contrato de trabalho com pluralidade de empregadores (tanto nas situações de pluralidade previstas no art. 92.º do CT, como nos casos, oportunamente indicados, de pluralidade atípica), bem como aos trabalhadores de uma das empresas do grupo que se encontrem cedidos a outra empresa do mesmo grupo, ao abrigo do regime da cedência ocasional, e ainda aos trabalhadores destacados internacionalmente para outra empresa do mesmo grupo.

No nosso entender, a questão que se coloca é a de saber se o efeito transmissivo dos contratos de trabalho, previsto no art. 318.º n.º 1 do CT, se aplica aos contratos destes trabalhadores, mas a resposta é diferente nos casos de pluralidade de empregadores e nos casos de cedência ocasional e de destacamento internacional.

Nos casos de cedência ocasional ou de destacamento internacional do trabalhador, cremos que só ocorre o efeito transmissivo do contrato de trabalho, previsto no art. 318.º n.º 1 do CT, quando a transmissão da empresa ou do estabelecimento se der na esfera jurídica do *empregador* real do trabalhador – que, como já vimos, não é a empresa utilizadora do trabalhador mas a empresa de origem, mesmo que o contrato se encontre suspenso. Assim, se for transmitida a empresa na qual o trabalhador está a prestar serviço ao abrigo de um acordo de cedência ocasional, ele não acompanha essa transmissão, devendo regressar à empresa de origem, designadamente porque, com a saída da empresa de acolhimento do âmbito do próprio grupo, desaparece também o fundamento material da própria cedência ocasional, nos termos do art. 324.º b) do CT.

[1013] Trataremos as questões relativas a estas comissões de trabalhadores com funções de coordenação no âmbito dos grupos, *infra*, 29.º, ponto 54.2.3.

Também nos casos de pluralidade de empregadores, típica e atípica, quando ocorra a transmissão da empresa ou do estabelecimento de um dos empregadores do trabalhador – designadamente para fora do âmbito do próprio grupo – cremos que o contrato também não segue obrigatoriamente aquela transmissão, dependendo aqui a solução da situação de pluralidade em concreto. Assim, no caso de subsistir mais do que um empregador, após o negócio transmissão de uma das empresas, o contrato deve subsistir em regime de pluralidade com os empregadores que permanecem no grupo; já no caso de o negócio transmissivo da empresa redundar na extinção da pluralidade de empregadores, o contrato de trabalho assume uma estrutura unitária, consolidando-se com o empregador representante dos demais junto do trabalhador, por aplicação do art. 92.º n.º 4 do CT.

§ 23.° Implicações laborais das vicissitudes económicas da empresa inserida num grupo societário ou empresarial

47. Sequência

I. A segunda categoria de problemas a tratar neste contexto tem a ver com a possibilidade de afectação dos contratos de trabalho pelas vicissitudes económicas que atinjam as empresas, por força da sua inserção grupal e, designadamente, em razão da dinâmica intrínseca ao funcionamento do grupo, que passa, com frequência, por operações de redimensionamento ou remodelação[1014]. Por outro lado, como é sabido, a reconhecida maleabilidade do grupo, enquanto agente económico, traduz-se, regularmente, em intervenções ao nível da gestão das empresas que o compõem – que, no caso português, têm mesmo cobertura legal directa, em alguns grupos societários em sentido próprio, no poder instrutório que assiste à sociedade dominante (art. 503.° do CSC) – e estas intervenções podem redundar em situações económicas menos favoráveis ou mesmo em situações de crise nas unidades intervencionadas, cuja justificação última é a prevalência do interesse geral do grupo sobre o interesse social de cada uma das unidades que o integram.

Naturalmente, estas intervenções repercutem-se nos vínculos laborais em vigor nessas empresas, constituindo um risco acrescido para os respectivos trabalhadores e, mais especificamente, para os seus postos de trabalho[1015]. São estas repercussões que nos propomos ponderar neste parágrafo do nosso estudo.

[1014] Trata-se de operações habituais, no âmbito dos processos de concentração empresarial sob a forma de grupos, como observa G. LYON-CAEN, *La concentration du capital... cit.*, 291.

[1015] Realçando estes riscos acrescidos do trabalhador no contexto de um grupo, justamente pelo facto de o destino do seu posto de trabalho passar também a depender de inte-

II. Os problemas que se podem suscitar neste contexto reportam-se essencialmente às providências previstas na lei laboral para fazer face às situações de crise empresarial, entre as quais se destacam as medidas da redução do tempo de trabalho e da suspensão dos contratos de trabalho, e, de outra parte, o despedimento colectivo, o despedimento por extinção do posto de trabalho e a declaração de insolvência das empresas (respectivamente, arts. 335.° ss., 397.° ss., 402.° ss. e 391.° do CT). Não cabendo, obviamente, no âmbito deste estudo analisar estas figuras *in se*, a nossa perspectiva é apenas proceder à respectiva contextualização no âmbito de um grupo societário ou empresarial, apreciando os problemas específicos que a aplicação dos respectivos regimes pode determinar neste âmbito particular.

A aplicação destas medidas ao universo dos grupos suscita três tipos de problemas: problemas relativos à fundamentação substancial do recurso a estas medidas no contexto dos grupos; problemas relativos a direitos dos trabalhadores contemplados no regime jurídico destas figuras, com vista a avaliar a necessidade de uma eventual reconfiguração de tais direitos no quadro de inserção grupal do empregador; e, por fim, no plano adjectivo, problemas de procedimento ou de aplicação prática destas medidas no contexto grupal.

Os problemas de fundamentação têm a ver essencialmente com a questão de saber se as medidas tendentes à suspensão dos contratos de trabalho, à redução do tempo de trabalho ou à cessação dos contratos por motivos económicos, nas empresas de um grupo, se podem justificar em interesses do próprio grupo. Por outro lado, cabe verificar se a inserção

---

resses de grupo, que ultrapassam a sua empresa e que as instâncias de representação dos trabalhadores também não podem controlar, já que estão pensadas para a dimensão empresarial, M. COEN, *Der Kündigungsschtuz im Konzern*, RdA, 1983, 6, 348-353 (348 s.) – este autor observa, aliás, que o regime de tutela dos trabalhadores no despedimento é, todo ele, pensado para a empresa singular, pelo que é genericamente desadequado à dimensão dos grupos (*op e loc cits.*); neste mesmo sentido, vd ainda PREIS, *Aktuelle Tendenzen im Kündigungsschutzrecht*, NZA, 1997, 20, 1073-1089 (1075), ou SCHAUB, *Arbeitsrechts-Handbuch cit.*, 122. Também no seio da doutrina francesa, autores como COUTURIER, *L'extinction des relations de travail dans les groupes... cit.*, 77, chamam a atenção para a necessidade de adaptação das normas gerais sobre o despedimento ao contexto dos grupos (nomeadamente em relação aos aspectos da motivação do despedimento, do dever de reclassificação do trabalhador e da intervenção das estruturas representativas dos trabalhadores no processo para despedimento), uma vez que aquelas regras foram concebidas para as empresas singulares.

grupal do empregador é de molde a introduzir especificidades em alguns direitos dos trabalhadores ligados a estas medidas, como sejam o direito à ocupação de outro posto de trabalho, em alternativa à cessação do contrato de trabalho, ou o direito à reintegração em caso de despedimento ilícito. Por fim, cabe apreciar alguns problemas de procedimento associados à aplicação destas medidas em contexto de grupo: estes problemas são mais diversificados, indo desde a questão dos critérios a adoptar para a determinação da dimensão da empresa, quando essa dimensão seja relevante para o nível de tutela associado a estas medidas, para a escolha do procedimento aplicável ou para a intervenção dos representantes dos trabalhadores nesse processo, até ao problema do nível de intervenção dos representantes dos trabalhadores no processo de aplicação destas medidas, e passando ainda por questões de legitimidade passiva na acção de impugnação do despedimento, quando a empresa esteja inserida num grupo.

Apreciaremos estes problemas pela ordem indicada, começando pelas questões substanciais e deixando para o fim as questões procedimentais. Relativamente às incidências de âmbito colectivo de alguns destes problemas, deixaremos o seu aprofundamento para o capítulo seguinte do estudo, de acordo com a sistematização adoptada.

III. Antes de iniciarmos a análise destes grupos de problemas, cabe reiterar um pressuposto axiológico fundamental, que foi viabilizado pelo percurso investigatório feito até aqui, e estabelecer uma prevenção metodológica.

O pressuposto axiológico da apreciação que vamos empreender tem a ver com o princípio geral, já anteriormente estabelecido e devidamente justificado, da independência dos vínculos laborais vigentes em cada empresa relativamente à inserção grupal do empregador[1016] – revestindo este princípio carácter geral, não há razões, à partida, para excluir a sua relevância na matéria relativa à suspensão ou à cessação dos contratos de trabalho por motivos económicos. Assim, aplicando o referido princípio geral à temática que agora nos ocupa, reafirma-se a ideia de que a suspensão e a cessação dos contratos de trabalho vigentes nas empresas inseridas num grupo se devem fundamentar em motivos atinentes a essas empresas, devem seguir os procedimentos adequados à dimensão dessas empresas e

---

[1016] *Supra*, § 13.º, ponto 27.III., e § 14.º.

é ainda no quadro dessas mesmas empresas que se devem efectivar os direitos do trabalhador inerentes à aplicação destes regimes. Reafirmada a incidência geral deste princípio, fica, pois, claro que o que se discute em contexto de grupo é apenas a questão de saber se tal princípio é compatível com algumas especificidades, nos pontos apontados, cuja justificação seria exactamente o ambiente grupal em que se situa o empregador.

O pressuposto metodológico da análise subsequente tem a ver com a situação laboral concreta dos trabalhadores afectados por estas medidas. Tal como referimos em relação ao ponto anterior, a resposta aos vários problemas que vamos colocar pode ser diversa para os trabalhadores comuns da empresa inserida no grupo e para os trabalhadores cuja contratação ou situação laboral em concreto esteja indexada à existência ou à dinâmica do próprio grupo. Assim, consideraremos em separado estas questões para os trabalhadores com um contrato de trabalho plural, bem como para os trabalhadores estruturalmente móveis dentro do grupo e ainda para os trabalhadores cedidos ou deslocados, a título provisório ou definitivo, no seio do grupo.

48. Os fundamentos da suspensão do contrato de trabalho e da redução do tempo de trabalho, dos despedimentos económicos e do encerramento da empresa em contexto de grupo

48.1. Regime geral

I. Como é sabido, perante uma situação de crise económica da empresa, com origem em motivos de mercado, estruturais ou tecnológicos, o empregador pode lançar mão das medidas de redução da actividade ou da suspensão dos contratos de trabalho, pode ainda promover a cessação de contratos de trabalho através do recurso às várias modalidades de despedimento com fundamento económico – i.e., o despedimento colectivo ou o despedimento por extinção do posto de trabalho – e, no limite, pode promover o encerramento definitivo da empresa, precedido ou não da declaração de insolvência. No sistema jurídico português, estas figuras encontram-se previstas, respectivamente, nos arts. 335.° ss., 397.° ss., 402.° ss., e 390.° n.° 2 e 391.° do CT, e a sua aplicação no contexto dos grupos suscita algumas especificidades.

§ 23.º *Implicações laborais das vicissitudes das empresas do grupo* 575

Apreciaremos, em primeiro lugar, os problemas colocados pelas medidas de *lay-off* e pelos despedimentos por motivos económicos, que permitem estabelecer uma regra geral. De seguida, consideraremos algumas situações especiais, no âmbito das quais analisaremos também as questões colocadas pelo encerramento definitivo das empresas em contexto de grupo.

II. No que toca às medidas de redução da actividade e de suspensão dos contratos de trabalho, bem como ao despedimento colectivo e ao despedimento por extinção do posto de trabalho, observa-se que, embora cada uma destas medidas se sujeite a requisitos específicos[1017], todas elas têm um fundamento económico comum, no sentido em que todas resultam de uma crise grave da empresa, com origem em motivos de mercado (como tal sendo considerada a redução da actividade da empresa, pela diminuição da procura de bens ou serviços ou pela impossibilidade superveniente da respectiva colocação), em motivos estruturais (sendo como tal qualificados o desequilíbrio económico-financeiro, a mudança de actividade, a reestruturação da organização produtiva ou a substituição de produtos dominantes) ou em motivos tecnológicos (que abrangem as alterações nas técnicas ou nos processos de fabrico, a automatização dos instrumentos de produção, de controlo ou de movimentação de cargas e a informatização

---

[1017] Assim, o recurso ao despedimento colectivo só é possível verificando-se os requisitos do art. 397.º do CT, i.e., se a cessação dos contratos de trabalhos operar simultaneamente ou dentro de um prazo máximo de três meses, se abranger, pelo menos, dois ou cinco trabalhadores, consoante a dimensão da empresa, e se se fundar na redução de pessoal ou no encerramento de uma ou mais secções da empresa por motivos de mercado, estruturais ou tecnológicos; por seu turno, o despedimento por extinção do posto de trabalho tem a mesma fundamentação económica, reportada embora a um posto de trabalho (art. 402.º do CT), mas depende ainda de um conjunto apertado de requisitos relativos ao próprio posto de trabalho a extinguir e à cessação do contrato inerente (art. 403.º); por fim, as medidas de redução do tempo de trabalho ou de suspensão do contrato de trabalho, a título temporário, só podem ser tomadas se os motivos económicos de mercado, estruturais ou tecnológicos, ou uma situação de catástrofe, que estejam na sua base, tiverem afectado gravemente a actividade normal da empresa e apenas quando tais medidas sejam indispensáveis para viabilizar a empresa e para manter os postos de trabalho (art. 335.º n.º 1 do CT). Para mais desenvolvimentos sobre os requisitos específicos de cada uma destas figuras no Código do Trabalho, *vd*, por todos, ROSÁRIO PALMA RAMALHO, *Direito do Trabalho cit.*, II, 701 ss., 866 ss. e 882 ss.

de serviços ou de meios de comunicação) – art. 335.º n.º 1, art. 397.º n.º 1, *in fine*, e n.º 2, e art. 402.º n.º 1 do CT, respectivamente[1018].

Tendo presente esta motivação económica essencial e comum a todas estas figuras, a questão que se pode colocar, quando a empresa está inserida num grupo e pretende recorrer a este tipo de medidas, é a de saber até que ponto podem relevar, como fundamento substancial destas medidas, motivos relativos ao grupo e não à própria empresa – assim, por exemplo, se, atendendo ao interesse do grupo, a sociedade mãe desse grupo dá instruções a uma sociedade dependente (ao abrigo do poder de direcção que lhe é conferido pelo art. 503.º do CSC) no sentido de deixar de desenvolver uma certa área de actividade, que transitará para uma outra sociedade filha ou deixará mesmo de ser prosseguida por qualquer unidade do grupo, é este interesse do grupo suficiente para justificar o recurso à medida do despedimento colectivo por encerramento da secção de pessoal que desenvolvia aquela actividade na sociedade subordinada? E, na mesma linha, se, por efeito de um projecto de informatização dos serviços de todas as unidades do grupo, levado a efeito ao nível central (por exemplo, porque é promovido pela sociedade *holding* do grupo), passar a haver excedentes de pessoal numa ou em várias empresas do mesmo, pode tal projecto ser invocado como um motivo tecnológico para efeitos da integração dos motivos económicos de despedimento colectivo ou de extinção dos postos de trabalho? E, na sequência da transferência de activos da sociedade subordinada para a sociedade directora (ao abrigo do art. 503.º n.º 4 do

---

[1018] A descrição das motivações de mercado, estruturais ou tecnológicas que constituem o fundamento económico comum a estas medidas é, hoje, feita na lei a propósito da figura do despedimento colectivo (art. 397.º n.º 2 do CT), mas aproveita naturalmente às duas outras medidas, no caso do despedimento por extinção do posto de trabalho por expressa remissão da lei (art. 402.º parte final do CT) e, no caso das providências de redução do tempo de trabalho e de suspensão do contrato de trabalho, por um argumento sistemático de interpretação. Como é sabido, estes motivos já eram referidos anteriormente tanto a propósito do despedimento colectivo (na LCCT, aprovada pelo DL n.º 64-A/89, de 27 de Fevereiro – art. 16.º, parte final), como a propósito do regime do *lay-off* (constante da LSCT, aprovada pelo DL n.º 398/83, de 2 de Novembro, art. 5.º n.º 1), mas apenas foram concretizados na lei com a introdução da figura da cessação do contrato de trabalho por extinção do posto de trabalho, em 1989 (art. 26.º da LCCT). No Código do Trabalho, optou-se por concretizar esta motivação económica comum a todas estas medidas propósito da figura do despedimento colectivo.

CSC), ainda não compensados nos termos do art. 502.° do CSC porque o contrato de subordinação ainda está em vigor, pode a sociedade subordinada invocar o desequilíbrio económico-financeiro que para ela decorreu daquela transferência para impor medidas de redução do tempo de trabalho ou mesmo de suspensão dos contratos de trabalho?

III. No nosso entender, o princípio da independência dos vínculos laborais no seio das empresas de grupo permite responder a estes problemas, na generalidade das situações.

Para nós, independentemente da dinâmica do próprio grupo e dos reflexos que essa dinâmica tenha na gestão de cada uma das unidades desse grupo, seja por força do poder instrutório que assiste à sociedade directora, nos grupos verticais em sentido próprio (art. 503.° do CSC), seja em virtude do domínio de facto de uma sociedade sobre outra, que se repercute nas decisões de gestão da sociedade dominada, deve ficar bem claro que o interesse do próprio grupo na reconversão interna de alguma ou algumas das suas empresas não constitui, por si só, motivo bastante para justificar o recurso às medidas de despedimento económico, nem às medidas de redução transitória da actividade do trabalhador ou de suspensão dos contratos de trabalho.

Bem pelo contrário, o fundamento económico dessas medidas (i.e., as razões de mercado, estruturais e tecnológicas que obrigatoriamente as motivam, nos termos da lei) tem que se situar ao nível da empresa que as pretende aplicar. Assim, nos exemplos dados, não é relevante para consubstanciar uma motivação para o despedimento colectivo numa das empresas do grupo a política geral do grupo no sentido da reafectação das áreas de actividade entre as várias empresas, mas tão somente o facto de, naquela empresa em concreto, haver um encerramento da secção que se dedicava àquela actividade ou uma redução do pessoal a ela afecto, por força da reorganização da empresa, ainda que tal reorganização decorra materialmente daquela política; do mesmo modo, o processo de informatização que corre ao nível do grupo só consubstancia um motivo tecnológico para a cessação de um contrato de trabalho numa das empresas desse grupo se e quando determinar, nessa mesma empresa, a extinção de um posto de trabalho específico, mas essa extinção tem que ser fundada nos motivos para tal previstos na lei e reportados ao universo do próprio empregador (i.e., os requisitos cumulativos do art. 407.° n.° 1 do CT); e, ainda nesta linha, as medidas transitórias de redução do tempo de trabalho ou de suspensão dos contratos de trabalho numa dada empresa do grupo têm que ser justificadas no desequilíbrio financeiro da própria empresa ou noutros motivos económicos fortes atinentes a essa mesma empresa, bem como na imprescindibilidade de tais medidas para viabilizar aquela empresa em concreto e os seus postos de trabalho, não sendo relevante para as fundamentar a necessidade de atender a interesses do grupo ou de outras empresas desse grupo.

Em suma, qualquer que seja a motivação económica ou de gestão de algumas medidas tomadas no seio das empresas de um grupo – que, pode, nos limites da lei comercial, ser uma motivação que ultrapassa a dimensão da própria empresa em favor de um interesse geral do grupo ou do interesse da sociedade dominante, como vimos em devido tempo[1019] – os reflexos dessas medidas nos contratos de trabalho em vigor nas empresas do grupo, nomeadamente as vicissitudes modificativas ou extintivas que delas possam decorrer para aqueles contratos, têm que encontrar o seu fundamento económico directo ao nível do próprio empregador. O princípio geral da independência dos vínculos laborais relativamente à inserção grupal do empregador tem aqui plena aplicação[1020].

[1019] *Supra,* § 6.°, ponto 13.4.2.VIII., parte final.

[1020] Contra o entendimento que sufragamos, noutros contextos doutrinais, alguns autores têm admitido que o interesse do grupo ou um motivo económico atinente ao grupo constitua fundamento para a aplicação de medidas de despedimento económico no seio das empresas que o compõem – neste sentido, com referência ao sistema germânico, KONZEN, *Arbeitsrechtliche Drittbeziehungen... cit.,* 306 s., admite como causa dos despedimentos económicos fundamentos relativos ao próprio grupo (*Konzerninternen Gründen*), designadamente no caso dos grupos qualificados que se caracterizam por uma relação particularmente intensa entre as empresas que o compõem. Em sentido diverso, MARTENS, *Das Arbeitsverhältnis im Konzern cit.,* 377 s., chama a atenção para o entendimento prevalecente na jurisprudência, que vai no sentido de situar o fundamento económico do despedimento ao nível da empresa e não ao nível do grupo, posição com que o autor concorda excepto quando esteja em causa o despedimento de trabalhadores móveis dentro do grupo (mas, neste caso, para o autor, deverá alargar-se também o âmbito do dever de reocupação alternativa ao despedimento ao universo das empresas onde o trabalhador presta a sua actividade); já noutra sede (MARTENS, *Grundlagen des Konzernarbeitsrechts cit.,* 455 ss.), este autor nega uma visão puramente individual ou empresarial do despedimento e dos seus fundamentos em empresas de grupo, nomeadamente no âmbito dos grupos verticais, considerando que o âmbito da tutela do trabalhador nestes grupos deveria também ser mais extenso. Também no sentido de negar o relevo de interesses do grupo para fundamentar o despedimento, KARAMARIAS, *Bundesdeutsches Individualarbeitsrecht... cit.,* 359 ss. (que apenas admite o relevo de um fundamento de grupo no caso de um trabalhador móvel no

IV. Estabelecida a regra geral, ficam, obviamente, por resolver as situações em que a cessação dos contratos de trabalho no seio das empresas de um grupo decorra, efectivamente, de uma vicissitude da empresa com origem numa decisão do grupo ou numa intervenção decisiva da empresa dominante desse grupo. São as situações, aliás frequentes na prática, em que, através de operações ou decisões juscomerciais tomadas no seio da empresa dominada ou com efeitos nessa empresa, mas por determinação da empresa dominante ou em concertação com ela, se prosseguem objectivos prejudicais aos trabalhadores e se procura iludir as normas de tutela laboral – é o caso, oportunamente referido, da transferência de um sector de actividade de uma empresa do grupo para outra empresa,

---

seio do mesmo), HENSSLER, *Der Arbeitsvertrag im Konzern cit.*, 124 ss. (que apenas admite o relevo de interesses do grupo para este efeito quando tais interesses sejam partilhados pela empresa que promove o despedimento) e WINDBICHLER, *Arbeitsrecht im Konzern cit.*, 137 e 252 ss., e *Arbeitsrecht und Konzernrecht cit.*, 149, esta última autora considerando que a valorização de interesses do grupo para este efeito exigiria uma fundamentação institucionalista dos vínculos laborais em contexto de grupo, que não é de perfilhar, porque o empregador é a empresa do grupo que celebra o contrato de trabalho. Também sobre esta questão na doutrina italiana, pode ver-se CALABRÒ, *Lavoro, Impresa di gruppo… cit.*, 109 ss., dando conta da tendência da jurisprudência no sentido de negar o relevo de um interesse do grupo para efeitos de fundamentar um despedimento por motivos económicos, por falta de personalidade jurídica do próprio grupo – posição que, aliás, a autora não acompanha porque, sendo a própria empresa uma entidade especial por estar inserida no grupo, o seu interesse, enquanto tal, pode ultrapassar as suas fronteiras e confundir-se com o interesse do grupo; já DE SIMONE, *La gestioni dei rapporti di lavoro… cit.*, 90 s., recorrendo ao seu conceito de *impresa di gruppo*, a partir do qual isola, no conjunto das empresas do grupo, aquelas que constituem uma unidade, para efeitos laborais, resolve o problema considerando que é relevante para fundamentar o despedimento económico não só um motivo empresarial, mas um motivo que seja comum a todas as empresas do grupo que beneficiaram da actividade do trabalhador, não fazendo assim sentido recorrer a uma fundamentação unitária do despedimento. No âmbito da doutrina francesa, autores como COUTURIER, *L'extinction des relations de travail dans les groupes…cit.*, 83 s., dão conta do entendimento prevalecente da jurisprudência nesta matéria, que parece ir no sentido de situar o fundamento do despedimento por motivos económicos no conjunto das empresas do grupo que integram o mesmo sector de actividade (é pois uma posição intermédia entre um fundamento puramente empresarial e um fundamento extensivo a todo o grupo) – o autor critica, aliás, este entendimento, pela imprecisão do conceito de «sector de actividade». Por fim, na doutrina espanhola, esta questão é escassamente tratada, mas ainda assim, autores como CRUZ VILLALÓN, *Notas acerca del régimen…cit.*, 66 ss., consideram que as causas económicas subjacentes a algumas situações de modificação ou de extinção dos vínculos laborais devem ter como referente a empresa e não o grupo.

ao abrigo do art. 318.º do CT, com o objectivo de «esvaziar» a primeira empresa de trabalhadores, seguida, na segunda empresa, do despedimento colectivo desses trabalhadores ou da cessação dos respectivos contratos de trabalho por encerramento dessa empresa, decidida pelos respectivos sócios ou superveniente à declaração de insolvência da mesma empresa; é também o caso em que, para evitar um despedimento colectivo no seio de uma empresa do grupo, a empresa dominante promove uma deliberação social de dissolução dessa empresa, para fazer caducar os contratos de trabalho dos respectivos trabalhadores, ainda que, depois, venha ela própria a desenvolver a actividade da empresa dissolvida ou crie uma outra empresa para o fazer; e é ainda o caso em que a sociedade mãe, ao abrigo do poder instrutório que lhe assiste nos termos da lei comercial (art. 503.º do CSC) emite instruções de tal modo desvantajosas para a empresa dependente ou exige a transmissão de activos financeiros desta empresa para outra sociedade do grupo em moldes tais que acabam por precipitar a insolvência da empresa dominada.

Por outro lado, importa verificar se o princípio geral da independência dos vínculos laborais relativamente à inserção grupal do empregador, que fundamentou a nossa posição quanto ao fundamento empresarial das medidas de redução de actividade, de suspensão e de cessação dos contratos de trabalho por motivos económicos, é operativo em relação a todas as categorias de trabalhadores. Com referência a este ponto, cremos que a solução proposta carece de ser repensada para algumas categorias especiais de trabalhadores dentro do grupo (os trabalhadores com contrato de trabalho com pluralidade de empregadores, os trabalhadores estruturalmente móveis dentro do grupo e os trabalhadores em situação de cedência ocasional ou de destacamento internacional), bem como nas situações de sucessão de contratos de trabalho entre empresas do grupo, relativamente às quais se deve ainda autonomizar a possibilidade de prossecução de objectivos ilícitos por essas operações.

São estes dois grupos de situações que vamos considerar nos pontos seguintes.

48.2. O fundamento da redução da actividade, da suspensão do contrato e dos despedimentos por motivo económico no caso dos trabalhadores indexados ao grupo

48.2.1. O caso dos trabalhadores com pluralidade de empregadores

I. No caso do contrato de trabalho com pluralidade de empregadores, celebrado ao abrigo do art. 92.º do CT, a lei nada refere sobre a aplicação das medidas de *lay-off*, nem, genericamente, sobre as causas de cessação do contrato de trabalho, limitando-se, como vimos oportunamente, a equacionar o problema do destino do contrato em caso de desaparecimento do contexto grupal que justificou a sua celebração (art. 92.º n.º 4 do CT)[1021].

Apesar de não serem previstas especificidades, é patente a dificuldade de aplicar os regimes de suspensão do contrato ou de redução do tempo de trabalho em razão de crise da empresa, bem como as medidas de despedimento colectivo e de despedimento por extinção do posto de trabalho a esta categoria de trabalhadores, justamente porque nem sempre se consegue descortinar a esfera empresarial em que os trabalhadores estão inseridos – esfera esta que, como acabamos de ver, é imprescindível para contextualizar a situação de crise que constitui o fundamento material destas medidas. Por outro lado, sendo o contrato destes trabalhadores, por força da sua própria natureza, indexado ao grupo e à sua particular dinâmica, não se lhe aplica o princípio geral da independência em relação ao contexto grupal do empregador.

II. Mau grado as dificuldades, cabe tomar posição.

Em primeiro lugar, parece-nos que carece de fundamento substancial a aplicação das medidas de redução do tempo de trabalho ou de suspensão do contrato, bem como das medidas do despedimento colectivo e do despedimento por extinção do posto de trabalho, quando estas medidas sejam fundadas numa situação de crise, por motivos de mercado, estruturais ou tecnológicos, atinente apenas a um dos empregadores, ainda que seja o empregador representante (nos termos do art. 92.º n.º 1 c) do CT), ou mesmo o empregador para o qual o trabalhador está, na prática, a desenvolver a sua actividade laboral.

[1021] *Supra,* § 12.º, ponto 24.4.2.III., parte final.

É que, tendo o contrato de trabalho carácter plural, os fundamentos substanciais de recurso a estas figuras terão que ser comuns a todos os empregadores do trabalhador[1022]. Assim, apenas uma situação de crise de mercado, estrutural ou tecnológica, que atinja a organização de todos os empregadores (que, note-se, são apenas aqueles que celebraram o contrato de trabalho plural com aquele trabalhador e não necessariamente todas as empresas do grupo) e que determine, em todos eles, a necessidade de extinguir o posto de trabalho daquele trabalhador, a necessidade de reduzir o pessoal ou de encerrar determinada secção, ou a imprescindibilidade das medidas de redução do tempo de trabalho ou de suspensão do contrato de trabalho, consoante a medida concretamente em questão, constituirá motivação substancial bastante para aplicar estas medidas a esta categoria de trabalhadores. Não sendo, em teoria, de excluir a possibilidade de concorrerem estes factores em relação a todos os empregadores, trata-se, naturalmente, de uma hipótese remota.

O problema real que esta categoria de trabalhadores pode suscitar, perante as vicissitudes do grupo societário ou empresarial, é, na verdade, outro. Tendo em conta que o contrato de trabalho com pluralidade de empregadores é, pela sua própria natureza, indexado à realidade do grupo – uma vez que só pode ser celebrado nesse contexto, como vimos em devido tempo – a questão que se coloca é a das consequências do desaparecimento do substrato grupal do contrato para a subsistência do mesmo[1023].

No entanto, tendo a lei resolvido este problema no sentido da conversão do vínculo laboral plural num contrato de trabalho comum, com o empregador representante dos demais (nos termos do art. 92.º n.º 4 do CT), a questão do eventual recurso à cessação do contrato de trabalho por outra via – que poderia ser a da cessação do contrato por extinção do posto de trabalho, mas também poderia ser a da caducidade, por impossibilidade

---

[1022] Neste mesmo sentido, no contexto do sistema germânico, WINDBICHLER, *Arbeitsrecht im Konzern cit.*, 139. Na mesma linha, considera DE SIMONE, *La gestioni dei rapporti di lavoro... cit.*, 90 s., como princípio geral na matéria, que o motivo do despedimento deve ser apreciado no quadro dos sujeitos do grupo que, efectivamente, beneficiam ou beneficiaram da prestação de trabalho.

[1023] Naturalmente, em conformidade com o que afirmámos em devido tempo, a questão não se coloca com a saída do grupo de um dos empregadores – uma vez que, neste caso, o contrato se mantém, com carácter plural, com os restantes – mas apenas no caso de o grupo de desagregar por completo.

jurídica de os empregadores continuarem a receber a prestação laboral (art. 387.º b) do CT), uma vez que desapareceu o fundamento legal do contrato – não chega a colocar-se[1024].

III. Os motivos que expendemos para tratar de modo diverso os trabalhadores titulares de um contrato de trabalho com pluralidade de empregadores, perante as vicissitudes das empresas com origem no grupo, são extensíveis, com as necessárias adaptações, aos outros trabalhadores estruturalmente móveis no seio do grupo, que desenvolvem a sua actividade de modo simultâneo, alternado ou sucessivo, para mais do que uma empresa do grupo e com subordinação em relação a todas elas, ainda que, formalmente, apenas tenham celebrado um contrato de trabalho com uma dessas empresas[1025].

Nestes casos, que oportunamente qualificámos como situações atípicas de pluralidade de empregadores[1026], há uma discrepância entre o empregador formal (que é a entidade outorgante do contrato de trabalho) e o empregador real (que, por aplicação do critério decisivo de qualificação do contrato, é o conjunto das empresas que detêm a posição de auto-

---

[1024] Ainda assim, o facto de a lei admitir que a regra da conversão do contrato de trabalho com pluralidade de empregadores em contrato de trabalho comum seja afastada por acordo das partes em contrário (art. 92.º n.º 4, *in fine*, do CT) pode colocar alguns problemas, tanto mais que não resulta claramente da lei o alcance desta convenção em contrário. Assim, se se admitir que tal convenção apenas pode ser no sentido de determinar a conversão do contrato num contrato de trabalho singular com um outro empregador que não o representante dos demais, não se chega a colocar o problema; contudo, se se admitir que as partes podem afastar o próprio efeito de conversão legal do contrato – o que não parece ser inviabilizado pelo texto da norma e resulta genericamente do princípio da liberdade contratual –, coloca-se o problema da cessação do contrato no caso de se desvanecer o contexto grupal que o fundamentou, nos termos explicitados em texto.

[1025] São as situações que equacionámos, *supra*, § 13.º, ponto 26.6. Não estamos, obviamente, a considerar aqui nem os trabalhadores estruturalmente móveis de uma das empresas do grupo, que se movimentam noutras empresas do mesmo grupo, no exercício da sua própria função e mantendo-se apenas sob a autoridade e direcção do seu próprio empregador, nem as situações de mobilidade estrutural baseadas na pluralidade de contratos de trabalho de trabalho – cfr., *supra*, § 18.º, ponto 35. Nestes dois casos, continua a aplicar-se o princípio da independência dos contratos de trabalho relativamente à inserção grupal do ou dos empregadores, pelo que as vicissitudes de cada empregador e de cada contrato de trabalho são independentes entre si.

[1026] *Supra*, § 13.º, ponto 26.6.

ridade no vínculo laboral ou em relação às quais o trabalhador está subordinado).

Perante esta discrepância e em nome do princípio geral da boa fé, na vertente da materialidade subjacente, entende-se que os efeitos das vicissitudes económicas da empresa na situação juslaboral destes trabalhadores devem ser tratados de acordo com a configuração substancial dessa mesma situação, i.e., tendo em conta o universo dos empregadores reais e não o universo do empregador formal, recorrendo, para tal, à técnica do levantamento da personalidade jurídica colectiva, se for necessário: assim, os motivos económicos de mercado, estruturais ou tecnológicos, que fundamentam a redução de pessoal, a extinção do posto de trabalho, a redução do tempo de trabalho ou a suspensão do contrato de trabalho desta categoria de trabalhadores têm que ser comuns a todos os seus empregadores, nos termos acima descritos para a situação de pluralidade de empregadores, contemplada no art. 92.° do CT; ou, verificando-se que o empregador real é apenas um, têm que ocorrer na esfera deste empregador.

48.2.2. O caso dos trabalhadores deslocados temporariamente para outra empresa do grupo

I. Uma segunda categoria de trabalhadores a tratar de modo especial, no que se refere aos efeitos das vicissitudes económicas das empresas inseridas num grupo nos respectivos contratos de trabalho, é a categoria dos trabalhadores deslocados entre as empresas do grupo.

No seio desta categoria, consideraremos, em primeiro lugar, os trabalhadores deslocados para outra empresa a título transitório, seja ao abrigo de um acordo de cedência ocasional de trabalhadores, seja no âmbito de um destacamento internacional, ou através do recurso a uma licença sem retribuição na primeira empresa, seguida da celebração de um contrato de trabalho com a segunda empresa.

II. No que se refere à posição dos trabalhadores cedidos ocasionalmente em contexto de grupo, perante as vicissitudes empresariais que afectem as respectivas empresas em resultado da dinâmica de grupo, o problema que se coloca é o da incidência dessas vicissitudes empresariais na empresa cessionária ou na empresa cedente.

§ 23.º Implicações laborais das vicissitudes das empresas do grupo

Tendo em conta que a cedência ocasional não interfere na qualidade de empregador – que continua a caber à entidade cedente, nos termos vistos oportunamente[1027] –, entende-se que as vicissitudes económicas que fundamentam quer os despedimentos por motivo económico, quer as medidas de *lay-off*, só podem atingir os trabalhadores cedidos quando ocorram na empresa de origem do trabalhador; se, porventura, tais medidas forem tomadas no seio da empresa de acolhimento, a única consequência que poderão eventualmente vir a ter sobre o trabalhador cedido será a de cessação antecipada do acordo de cedência (por exemplo, se for encerrada a secção da empresa cessionária onde o trabalhador está integrado), com o consequente regresso do trabalhador à sua empresa de origem – é a solução que decorre do regime da cedência ocasional, mais especificamente do art. 325.º n.º 3 do CT, cuja interpretação com recurso a um argumento *ad minus* se justifica para abranger este tipo de situações[1028].

Questão diversa é a de saber se um trabalhador cedido ocasionalmente a outra empresa do grupo pode ser afectado por uma medida de reestruturação económica que ocorra na sua empresa de origem, durante a sua ausência, e que redunde na cessação do seu contrato de trabalho[1029].
A nosso ver, a resposta terá que ser afirmativa, uma vez que o contrato de trabalho se mantém durante a cedência ocasional, embora suspenso, e, como decorre do regime geral da suspensão do contrato de trabalho, a situação de suspensão não obsta a que qualquer das partes faça cessar o contrato, nos termos gerais (art. 331.º n.º 3 do CT). Assim, verificados os fundamentos substanciais do despedimento por motivos económicos na empresa de origem, o contrato de trabalho deste trabalhador poderá cessar com esse fundamento.

[1027] *Supra*, § 13.º, ponto 26.2.
[1028] Com efeito, esta norma apenas prevê o regresso do trabalhador cedido à empresa de origem, antes do termo do acordo de cedência, em caso de extinção ou de cessação da actividade da entidade cessionária. Ora, se a lei prevê esta solução para o encerramento da empresa, a mesma solução será de admitir, no caso de encerramento da secção da empresa de acolhimento onde o trabalhador presta serviço.
[1029] Naturalmente, não consideramos neste contexto a possibilidade de aplicação a este trabalhador das medidas de redução do tempo de trabalho ou de suspensão do contrato de trabalho, por motivo de crise empresarial. Uma vez que o contrato deste trabalhador já está suspenso, por efeito do acordo de cedência ocasional, a aplicação das medidas de *lay off* não faz sentido.

Um problema adicional, que pode decorrer da cessação do contrato de trabalho na empresa de origem, é, obviamente, o problema do destino da própria cedência ocasional em curso. Quanto a nós, será lícito à empresa cessionária resolver o acordo de cedência ocasional, por desaparecimento superveniente dos pressupostos do mesmo – cessado o contrato de trabalho na empresa de origem do trabalhador, desaparece a base sobre a qual foi celebrado o negócio jurídico acessório desse mesmo contrato (i.e., o acordo de cedência ocasional), pelo que tal negócio pode ser resolvido por alteração das circunstâncias (art. 437.º n.º 1 do CC). Contudo, se o trabalhador continuar a desenvolver a sua actividade no seio da empresa cessionária, pode consubstanciar-se uma de duas situações: ou a empresa cessionária conhece a cessação do contrato daquele trabalhador na empresa de origem e, ao continuar a aceitar a sua prestação, manifesta tacitamente a sua vontade de celebrar um contrato de trabalho com aquele trabalhador (hipótese admissível, desde logo por força da regra de liberdade de forma na celebração do contrato de trabalho – art. 102.º do CT, conjugado com o art. 217.º n.º 1 do CC); ou a empresa cessionária ignora a cessação do contrato de trabalho na empresa cedente, e, neste caso, parece configurar-se um vínculo laboral de facto, ao qual será de aplicar o regime dos arts. 115.º ss. do CT.

III. Nos casos de destacamento internacional de trabalhadores, no âmbito de relações de participação societária, de domínio ou de grupo[1030], estes problemas colocam-se de forma diferente, consoante se trate do destacamento de trabalhador de uma empresa estabelecida noutro Estado para o território nacional (hipótese contemplada no art. 7.º do CT) ou do destacamento de trabalhador de empresa sedeada em Portugal para uma empresa situada no território de outro Estado (hipótese prevista no art. 9.º do CT), e consoante a base da própria operação de destacamento. Por outro lado, deve ter-se em conta que, no elenco das matérias relativamente às quais é garantida a aplicação da lei nacional, sem prejuízo de regimes mais favoráveis determinados pela lei aplicável, se encontra hoje a maté-

---

[1030] Quanto à aproximação geral a esta matéria, remete-se para o que foi dito oportunamente – *supra*, § 10.º, ponto 18.4. (quanto ao enquadramento comunitário) e ponto 19.2.2. (quanto ao regime do Código do Trabalho e da Regulamentação), bem como § 19.º, ponto 40 (quanto aos problemas da mobilidade dos trabalhadores no contexto de um destacamento internacional).

ria da segurança no emprego (art. 8.º a) do CT) – matéria esta com a qual se relacionam as várias causas de despedimento por iniciativa do empregador e por motivos económicos, ora em análise.

Como referimos, quando situámos a figura do destacamento no contexto da matéria da mobilidade internacional dos trabalhadores[1031], o destacamento não constitui, em si mesmo, uma nova forma de mobilidade dos trabalhadores entre as empresas de um mesmo grupo económico, situadas em Estados diferentes, mas sim um regime de tutela dos trabalhadores deslocados na execução dos respectivos contratos de trabalho no Estado de acolhimento, que apenas pressupõe a vigência de um contrato de trabalho com a empresa de origem durante o destacamento (art. 7.º n.º 1 do CT e art. 9.º do CT, respectivamente para o destacamento em território nacional e para o destacamento em território de outro país) e garante a esses trabalhadores a observância de condições mínimas de trabalho nos países onde estão destacados, independentemente da legislação laboral aplicável aos respectivos contratos de trabalho. Por isso, como vimos também oportunamente, o destacamento internacional pode ser feito no quadro da execução do contrato de trabalho e mantendo o trabalhador a sujeição à autoridade e direcção do próprio empregador (caso em que envolve, quando muito, uma alteração do local de trabalho), pode ocorrer no âmbito de um contrato de trabalho temporário, ou pode envolver a suspensão do contrato de trabalho do trabalhador na empresa de origem e a celebração de um novo contrato de trabalho com a empresa de destino ou ainda a celebração de um acordo de cedência ocasional.

Recordado o contexto geral da figura do destacamento, compreende-se que, quando o destacamento ocorra no contexto de um grupo internacional, os efeitos das vicissitudes económicas das empresas do grupo sobre a situação laboral do trabalhador dependam da fonte do próprio destacamento e sejam também diversos, consoante aquelas vicissitudes se verifiquem na empresa de origem ou na empresa de destino do trabalhador.

Assim, no caso de destacamento de um trabalhador de uma empresa sedeada em território nacional para uma empresa do mesmo grupo situada noutro Estado, em cumprimento do seu próprio contrato de trabalho, o trabalhador não será afectado por vicissitudes económicas ocorridas na

---

[1031] *Supra*, § 19.º, ponto 40.II e *passim*.

empresa de destino, mas pode, obviamente, ser abrangido por medidas de despedimento económico ou de *lay-off* que ocorram na empresa de origem, mesmo durante o tempo de destacamento, porque o seu contrato de trabalho está em execução normal.

Da mesma forma, se o trabalhador estiver destacado ao abrigo de uma cedência ocasional de trabalhadores de uma empresa situada em Portugal (e, portanto, sujeita à lei laboral nacional), também não será afectado pelas vicissitudes económicas que afectem a empresa de destino, porque esta não é o seu empregador, decorrendo, quando muito, da situação de crise dessa empresa a necessidade de pôr fim à cedência internacional, com o inerente regresso do trabalhador à empresa de origem. Em compensação, este trabalhador será afectado pelas vicissitudes da sua própria empresa, ainda que estas redundem na cessação do seu contrato de trabalho, e independentemente da respectiva suspensão, nos termos acima referidos para o trabalhador cedido ocasionalmente (ou seja, por aplicação do art. 331.º n.º 3 do CT).

Já no caso em que o destacamento internacional decorre de uma suspensão do contrato de trabalho celebrado em Portugal (por exemplo, com recurso a uma licença sem retribuição e à celebração de um contrato de trabalho com a empresa situada noutro Estado), o trabalhador poderá ser abrangido por um despedimento económico promovido nesse Estado, nos termos gerais, porque este contrato é juridicamente independente do contrato de trabalho que tem na empresa de origem. No entanto, a cessação daquele contrato não se repercute no contrato de trabalho que o trabalhador tem com a outra empresa do grupo situada em Portugal, ainda por força da independência dos dois vínculos contratuais.

Mais difíceis de enquadrar podem ser as situações de destacamento de trabalhadores de empresas estrangeiras em Portugal porque a fonte do destacamento é determinada pela lei do local da celebração do contrato de trabalho. Ainda assim, sempre diremos que, quando o destacamento do trabalhador para a empresa sedeada em território nacional seja feito ao abrigo de um mecanismo equivalente ao da cedência ocasional, que envolve a suspensão do contrato de trabalho de origem, ou de qualquer outro mecanismo que actue na pendência do contrato de trabalho (o que é pressuposto nas situações de destacamento, no termos gerais do art. 7.º n.º 1 do CT), as vicissitudes económicas que possam ocorrer na empresa de destino não se repercutem no vínculo laboral originário, podendo apenas, no limite, redundar na cessação antecipada do destacamento, com retorno do trabalhador à empresa de origem[1032].

IV. Por fim, cabe equacionar as situações em que o trabalhador está temporariamente deslocado para outra empresa do mesmo grupo, mas essa deslocação foi feita mediante a concessão de uma licença sem retribuição na primeira empresa e a celebração de um segundo contrato de trabalho com a outra empresa, na pendência daquela licença – é uma situação de mobilidade inter-empresarial frequente na prática, como tivemos ocasião de referir oportunamente[1033].

Coexistindo, nesta situação, dois contratos de trabalho com dois empregadores diferentes (o primeiro em situação de suspensão e o segundo em execução efectiva) e sendo esses contratos juridicamente independentes entre si, crê-se que não há motivo para afastar a aplicação do princípio geral da independência dos vínculos laborais em contexto de grupo neste caso. Assim, relativamente a cada um dos contratos, o trabalhador pode ser afectado pelas vicissitudes económicas da empresa respectiva, nos termos gerais, mas isso não se repercute no outro contrato.

48.2.3. O caso dos trabalhadores deslocados a título definitivo entre as empresas do grupo; em especial a sucessão de contratos de trabalho com intuitos fraudulentos

I. Como vimos, na apresentação das situações de mobilidade do trabalhador entre as empresas de um grupo, a título definitivo[1034], tal mobilidade pode ocorrer por efeito de um acordo de cessão da posição contratual do empregador[1035], ou mediante a cessação do contrato de trabalho

---

[1032] Neste contexto, destacamos, por exemplo, a previsão, no sistema francês, para o caso de destacamento do trabalhador no estrangeiro, do dever de reintegrar o trabalhador na empresa de origem, em caso de despedimento ocorrido na filial estrangeira (art. L. 1231-5 do *Code du travail*, correspondente, no Código anterior, ao L 122-14-8). Em especial sobre este ponto, embora reportando-se ainda ao Código do Trabalho anterior, BARTHÉLEMY / COULON / EGAL / GUIGOU / HARDOUIN / MELLO / PETITEAU / SEURAT, *Le droit des groupes de sociétés cit.*, 301 s.

[1033] *Supra*, § 19.°, ponto 41.1.
[1034] *Supra*, § 20.°.
[1035] *Supra*, § 20.°, ponto 43.

que o trabalhador tem com uma das empresas do grupo seguida da celebração de um novo contrato de trabalho com outra empresa do mesmo grupo[1036], para além de poder ter origem na transmissão da própria empresa ou estabelecimento – situação que apreciámos no parágrafo anterior. E, como também referimos a propósito daquelas situações de mobilidade, se a cessão da posição contratual do trabalhador não coloca, à partida, dificuldades, justamente porque salvaguarda a antiguidade e o estatuto que o trabalhador detinha na primeira empresa, com os direitos inerentes (nos termos do art. 424.º do CC), já a sucessão de contratos de trabalho com diferentes empresas do grupo pode dar azo a abusos, porque não salvaguarda a posição e os direitos que o trabalhador detinha no primeiro contrato – uma vez que este contrato cessa e é celebrado um novo contrato.

Perante este quadro, concluímos naquele ponto do nosso ensaio que, embora a sucessão de contratos com empresas do mesmo grupo fora dos casos de cessão da posição contratual não seja de rejeitar à partida, porque pode corresponder a interesses dignos de tutela, ela deve ser objecto de um controlo apertado, por forma a verificar se não é utilizada com o objectivo de prejudicar o trabalhador nos direitos que para ele decorriam do primeiro contrato. No caso de se constatar um objectivo ilícito nesta operação, considerámos que a cessação do primeiro contrato seria nula, por contrariedade à lei, nos termos gerais do art. 294.º do CC (sendo aqui violada a norma proibitiva do art. 122.º j) do CT, aplicada por analogia às empresas do mesmo grupo) e avançámos a solução da contitularidade sucessiva da posição jurídica de empregador pela primeira e pela segunda empresas, por força daquela nulidade e no caso de o trabalhador se manter também subordinado ao segundo empregador[1037].

II. Recordados os termos em que configurámos a sucessão de contratos de trabalho entre várias empresas do grupo, como forma de mobilidade definitiva dos trabalhadores em contexto grupal, cabe avaliar como é que estes trabalhadores podem ser afectados pelas vicissitudes económicas que atinjam a segunda empresa.

Como acima se referiu, não deve ser posta de parte a possibilidade de estes trabalhadores serem atingidos por vicissitudes económicas ocorridas

---

[1036] *Supra*, § 20.º, ponto 44.

[1037] Já tendo justificado oportunamente esta solução, remete-se para o que então foi dito – cfr., *supra*, § 20.º, ponto 44.II.

na sua empresa, que sejam totalmente alheias à sucessão dos seus contratos de trabalho (por exemplo, quando o trabalhador está já na segunda empresa, esta empresa tem que encerrar por força maior, na sequência de um incêndio que destruiu as suas instalações). Contudo, se, na sequência da cessação do contrato com a primeira empresa do grupo e da celebração de um novo contrato de trabalho com a segunda empresa, vier a ser invocado, no seio desta última empresa, um motivo económico para fundamentar um despedimento colectivo ou um despedimento por extinção do posto de trabalho que atinja aquele trabalhador, ou ainda se for promovida a cessação dos contratos de trabalho por encerramento da empresa ou do estabelecimento na sequência da declaração de insolvência da empresa (nos termos do art. 391.º n.º 1 do CT), parece confirmar-se o intuito de defraudar os direitos do trabalhador através da sucessão de contratos, para o qual alertámos em devido tempo – no caso, este intuito fraudulento evidencia-se no facto de a operação de sucessão permitir ao segundo empregador subtrair-se ao pagamento da indemnização por antiguidade que caberia no caso de o trabalhador ter permanecido na primeira empresa.

Nesta situação, compete ao trabalhador despedido, na acção de impugnação do despedimento, levantar também a questão do objectivo ilícito subjacente à sucessão dos contratos de trabalho e promover a declaração de nulidade da cessação do primeiro contrato. E, naturalmente, se ambas as empresas forem consideradas empregadores, na sequência da comprovação daquela ilicitude, nos termos que propusemos, ambas serão solidariamente responsáveis pelo cumprimento das obrigações resultantes do contrato de trabalho, nos termos do art. 92.º n.º 3 do CT – o que, diga-se, não abrange apenas o pagamento das indemnizações devidas ao trabalhador, no caso de ele não optar pela manutenção do vínculo laboral, mas outros deveres, como o dever de reintegração do trabalhador e o dever de ocupação efectiva desse trabalhador[1038-1039].

[1038] Na proposta de solução que deixamos, o problema mais delicado será o de provar a ligação entre as duas situações contratuais e o objectivo de prejudicar o trabalhador com a sucessão de contratos: é que, não basta, naturalmente, que à sucessão de contratos de trabalho se siga um facto extintivo do vínculo laboral na segunda empresa, para que se possa concluir, sem mais, pelo intuito fraudulento da operação, cabendo estabelecer o adequado nexo de causalidade entre os vários actos. Ainda assim, o intuito fraudulento dos dois empregadores pode comprovar-se se este tipo de operação for feita com um conjunto de trabalhadores, se os trabalhadores não chegarem a ser ocupados na segunda empresa, ou

48.3. A cessação dos contratos de trabalho em situação de ilicitude ou fraude à lei em contexto de grupo: em especial a transmissão da unidade de negócio, a declaração de insolvência do empregador e o encerramento definitivo da empresa com objectivos fraudulentos

I. Para encerrar este ponto, resta afrontar o difícil problema do recurso às medidas de cessação dos contratos de trabalho na sequência de operações do foro juscomercial, realizadas ao nível do grupo ou da empresa em questão, mas em concertação ou sob a orientação da sociedade dominante do grupo, e que, independentemente da sua formal licitude, tiveram como objectivo essencial frustrar os direitos dos trabalhadores abrangidos e iludir as normas de tutela laboral.

Estas situações surgem, com mais frequência, ligadas à transmissão da empresa, do estabelecimento ou da unidade de negócio, no seio do grupo, mas também podem estar associadas ao despedimento colectivo e à cessação dos contratos de trabalho por caducidade, com fundamento na extinção da empresa, por deliberação dos sócios ou precedida de declaração de insolvência da mesma.

II. Trataremos estas situações separadamente, porque embora elas coloquem o mesmo problema, a solução para esse problema pode ser encontrada por vias diferentes.

48.3.1. A transmissão ilícita da empresa, do estabelecimento ou da unidade de negócio em contexto de grupo

I. O primeiro problema a afrontar é o problema da transmissão da posição jurídica de empregador dentro do grupo, que decorra da transmissão da empresa, do estabelecimento ou da unidade de negócio, ao abrigo

---

se se verificar que a segunda empresa não chega a funcionar ou que o posto de trabalho do trabalhador não existe nessa empresa.

[1039] Na verdade, o problema de utilização ilícita do mecanismo de sucessão contratual entre empresas do mesmo grupo pode colocar-se também no caso da cessão da posição contratual do empregador, nos termos do art. 424.º do CC. Contudo, não só estes casos são menos frequentes como o trabalhador não é prejudicado nos direitos que lhe cabem por força da antiguidade, uma vez que é assegurada a continuidade do vínculo laboral.

do art. 318.º do CT, quando, após a operação de transmissão e já no âmbito da nova empresa, venha a ser alegada a crise económica desta empresa, para fundamentar a aplicação de medidas de despedimento por extinção do posto de trabalho, de despedimento colectivo ou, no limite, quando venha a ser promovida a declaração de insolvência da empresa ou seja decidido, por outra via, o seu encerramento definitivo.

O ponto de que devemos partir na apreciação deste problema, ainda que ocorra em contexto de grupo, é a reafirmação do princípio geral da independência dos contratos de trabalho no seio de cada empresa do grupo: no caso, tendo havido uma transmissão da posição do empregador e tendo a operação de transmissão sido acompanhada pelos próprios representantes dos trabalhadores (art. 320.º do CT), que tiveram assim oportunidade de avaliar os seus reflexos laborais[1040], e, por outro lado, não sendo de admitir que os trabalhadores mantenham o seu vínculo laboral com o empregador originário, por mero efeito da oposição à transmissão do seu contrato, nos termos oportunamente justificados[1041], os contratos de trabalho dos trabalhadores abrangidos estão definitivamente consolidados com o novo empregador (excepto, pelo prazo de um ano, para os efeitos da responsabilidade solidária do transmitente e do transmissário, quanto às obrigações vencidas até à data da transmissão, nos termos do art. 318.º n.º 2 do CT). Ora, esta consolidação dos vínculos laborais com o novo empregador implica que o desenvolvimento posterior do contrato, e, bem assim, as vicissitudes que este venha a sofrer se situem e devam ser resolvidas no universo deste novo (e único) empregador.

Neste quadro, a crise económica superveniente da segunda empresa e os reflexos que tal crise possa ter nos contratos dos trabalhadores abrangidos pela transmissão devem, quanto a nós, ser avaliados no contexto da segunda empresa e independentemente do prévio negócio de transmissão da mesma. Neste sentido estabelece, aliás, expressamente, o art. 4.º n.º 1 da Dir. 2001/23, de 12 de Março de 2001, relativa à tutela dos trabalhadores abrangidos pela transmissão de uma unidade económica, que a trans-

---

[1040] Desenvolveremos este ponto um pouco mais à frente – *infra*, § 30.º, ponto 56. Por agora, referimo-lo apenas para salientar a importância desta intervenção dos representantes dos trabalhadores no processo tendente à transmissão da empresa, justamente para prevenir os reflexos laborais negativos desta operação.

[1041] *Supra*, § 22.º, ponto 45.2.II.

ferência da unidade económica não pode, em si mesma, constituir fundamento para o despedimento nem no âmbito do empregador transmitente nem no âmbito do transmissário, mas que tal facto não obsta a posteriores despedimentos na empresa cessionária, fundados em motivos, económicos, técnicos ou de organização que impliquem uma alteração nos recursos humanos[1042].

Por outro lado, cabe referir que estes trabalhadores não estão, apesar de tudo, tão desprotegidos como os trabalhadores sujeitos a uma sucessão de contratos de trabalho, cuja situação analisámos no ponto anterior, na medida em que, no caso da transmissão da empresa ou do estabelecimento, é assegurada a continuidade do vínculo laboral anterior na esfera do empregador transmissário (art. 318.º n.º 1 do CT). Assim, se os contratos vierem a cessar na segunda empresa, por despedimento colectivo, por despedimento por extinção do posto de trabalho ou por encerramento definitivo da empresa ou do estabelecimento na sequência da declaração de insolvência da empresa, estes trabalhadores terão direito à indemnização por antiguidade, tendo em conta o tempo total de serviço para os dois empregadores (art. 401.º n.º 1, art. 404.º e art. 390.º n.º 5 do CT, respectivamente).

Por fim, deve ter-se em conta que, no caso de o grupo corresponder a uma das situações de coligação societária em sentido próprio, previstas no art. 378.º do CT, estes trabalhadores beneficiarão ainda do regime de responsabilidade solidária das várias sociedades do grupo em relação aos seus créditos laborais – o que, obviamente, abrange os direitos patrimoniais resultantes da cessação do contrato de trabalho.

Em suma, como decorre do exposto, quando após a transmissão da empresa ou do estabelecimento sobrevenha uma crise no seio da entidade transmissária, que se reflicta na situação dos trabalhadores abrangidos pela transmissão e possa, no limite, justificar a cessação dos respectivos contratos, por motivos económicos, estas vicissitudes contratuais devem ser tratadas no quadro da própria empresa, porque é ainda aplicável o princípio geral de independência dos vínculos laborais em vigor nas empresas de um grupo relativamente ao contexto do próprio grupo.

[1042] Sobre este ponto, BIAGI / TIRABOSCHI, *Istituzioni di diritto del lavoro cit.*, 411, BELLINI, *Trasferimento di azienda nella fusione... cit.*, 201, ou CARABELLI, *Alcune riflessioni... cit.*, 45 ss.

Todavia, os efeitos mais drásticos deste princípio são colmatados, a montante, pela intervenção dos representantes dos trabalhadores no processo tendente à transmissão da unidade económica (nos termos do art. 320.° do CT), e, a juzante, tanto pela regra da continuidade do vínculo laboral que inere à assunção automática da posição de empregador pelo adquirente da empresa ou do estabelecimento (art. 318.° n.° 1 do CT), como, adicionalmente, pelo regime de responsabilidade solidária pelos créditos laborais entre as empresas do grupo (art. 378.° do CT).

II. Apresentado o problema em termos gerais, resta avaliá-lo nas situações em que o recurso ao instituto da transmissão da empresa, do estabelecimento ou da unidade económica prossegue objectivos ilícitos – designadamente, quando o objectivo do negócio transmissivo seja esvaziar a primeira unidade empresarial de trabalhadores e, posteriormente, promover a cessação dos respectivos contratos de trabalho na segunda empresa, com recurso ao despedimento colectivo, a um conjunto de despedimentos por extinção do posto de trabalho ou até ao encerramento da empresa transmissária[1043].

Evidentemente que, nestes casos, os trabalhadores são também protegidos pelas regras acima referidas, quer no que respeita à continuidade do vínculo laboral (o que é importante para o cálculo da indemnização por cessação do contrato), quer no que se refere à intervenção dos seus representantes no processo de transmissão (que pode minorar os reflexos laborais nocivos do mesmo), quer no que respeita à responsabilidade solidária das empresas do grupo pelos créditos laborais (que reforça, na prática, a possibilidade de efectiva satisfação dos créditos)[1044] – arts. 318.° n.° 1, 320.° e 378.° do CT, respectivamente.

[1043] Como judiciosamente observa PICA, *Le droit du travail à l'épreuve de l'économie. À propos des licenciements collectifs pour motif économique dans les groupes de sociétés*, DS, 1994, 1, 26-29 (29), a propósito da transferência de um estabelecimento para o estrangeiro, no contexto de um grupo internacional, na prática é difícil de distinguir entre aquilo que é formalmente apresentado como uma operação de transmissão do estabelecimento, e a situação material que, pela dimensão internacional da transmissão, pode corresponder a um despedimento colectivo por motivo económico. Também chamando a atenção para as amplas possibilidades de utilização do instituto da transmissão total e parcial da empresa, em contexto de grupo, com objectivos fraudulentos, e fazendo seguir a essa transmissão o encerramento da unidade transmitida, com recurso a despedimentos colectivos, CATARINA CARVALHO, *Da Mobilidade... cit.*, 174 ss.

[1044] Cremos que é, de facto, esta última regra, instituída pelo Código do Trabalho, que

No entanto, coloca-se a questão de saber se, perante o objectivo substancialmente ilícito do negócio de transmissão do estabelecimento ou da empresa – que apenas visou subtrair aquele conjunto de trabalhadores à unidade transmitida, evitando, assim, as delongas, as incertezas e, sobretudo, os encargos financeiros de um despedimento colectivo no seio dessa unidade –, as normas de tutela acima referidas são suficientes, ou se faz sentido uma tutela reforçada nestes casos, designadamente garantindo a manutenção do posto de trabalho do trabalhador numa das duas empresas envolvidas. Do nosso ponto de vista, se vier a comprovar-se o objectivo fraudulento da operação de transmissão da empresa, do estabelecimento ou da unidade de negócio[1045], a protecção do trabalhador deve, efectivamente, ser reforçada, sob pena de tratarmos de modo igual uma situação de transmissão da empresa ou do estabelecimento que corresponde a objectivos legítimos (designadamente, objectivos económicos, filiados, em última análise, no direito constitucional da livre iniciativa económica – art. 80.° c) da CRP) e uma transmissão que teve como objectivo iludir as normas de tutela laboral.

Não passando, a nosso ver, esta protecção acrescida pelo já referido direito de oposição do trabalhador à transmissão, não só porque este direito não se afigura adequado aos interesses em jogo, como já tivemos oportunidade de salientar[1046], mas também porque, neste caso, tal direito de oposição nem sequer estaria em tempo de ser exercido, uma vez que o negócio de transmissão já se consumou, cremos que tal protecção deve ser alcançada atacando o vício do próprio negócio de transmissão – i.e., o fim ilícito que este negócio prossegue. Nesta óptica, podem os trabalhadores promover a invalidação do negócio de transmissão da empresa, com fundamento nos requisitos gerais da nulidade do negócio com fim contrário à

---

faz hoje a diferença, na medida em que, sendo possível aos trabalhadores prejudicados reclamar os seus créditos junto de outras empresas do grupo, estas operações de transmissão parcial da empresa para uma empresa fictícia, seguidas da declaração de insolvência desta empresa, deixam de ser tão atractivas.

[1045] Assim, se, por exemplo, se demonstrar que a empresa de acolhimento é uma empresa fantasma, ou um testa de ferro, ou que a secção correspondente à unidade económica transmitida nunca chegou a funcionar ou ainda que os trabalhadores não chegaram a ser ocupados na nova organização, fica comprovado que o único objectivo da transmissão foi subtrair os trabalhadores à primeira empresa para depois fazer cessar os respectivos contratos de trabalho.

[1046] *Supra*, neste parágrafo, ponto 45.2.II.

lei, constantes do art. 281.º do CC – ou seja, alegando que o negócio de transmissão teve como único fim prejudicar os trabalhadores nos seus direitos, designadamente no direito constitucional à segurança no emprego (art. 53.º da CRP), e que tal fim é comum ao transmitente e ao transmissário.

Nos termos gerais, a nulidade do negócio transmissivo da empresa ou do estabelecimento determina a destruição dos respectivos efeitos sobre os contratos de trabalho abrangidos pela transmissão (art. 289 n.º 1 do CC) E, assim sendo, o trabalhador mantém como empregador o empregador originário, pelo que tem direito a reocupar o seu posto de trabalho na empresa de origem.

É a solução que se propõe.

48.3.2. Os despedimentos económicos, a declaração de insolvência e a decisão de extinção da empresa com intuitos fraudulentos em contexto de grupo

I. A última situação a merecer um tratamento especial, na matéria que nos ocupa, tem a ver com o encerramento definitivo ou a extinção de uma empresa do grupo, que ocorra por determinação dos seus sócios ou na sequência da declaração judicial de insolvência do empregador. Como é sabido, nestes casos, os contratos de trabalho dos trabalhadores ao serviço do estabelecimento ou da empresa encerrados cessam por caducidade, nos termos conjugados dos arts. 387.º b) (por impossibilidade superveniente absoluta de o empregador continuar a receber a prestação) e 390.º n.ᵒˢ 2 e 3 do CT, e quando o encerramento da empresa seja precedido da declaração judicial de insolvência do empregador, nos termos do art. 391.º do CT.

Não cabendo no âmbito do nosso estudo apreciar, em geral, a cessação dos contratos de trabalho por caducidade, neste caso por impossibilidade de manutenção do vínculo atinente ao empregado[1047], limitamo-nos a analisá-la na óptica dos grupos de empresas, com vista a verificar, se, em contexto de grupo, se suscitam algumas especificidades.

[1047] Em geral e por todos sobre esta matéria, *vd* ROSÁRIO PALMA RAMALHO, *Direito do Trabalho* cit., II, 779 ss.

II. O ponto de partida desta análise é, de novo, o princípio geral da independência dos vínculos laborais nas diversas empresas do grupo, que se projecta, em matéria de cessação do contrato de trabalho, na contextualização dessa cessação ao nível de cada empresa, designadamente no que se refere aos fundamentos da cessação, que é a matéria que agora nos ocupa.

Ora, aplicando este princípio geral ao caso específico da cessação dos contratos de trabalho por caducidade, observa-se que o encerramento da empresa ou do estabelecimento (e, de forma mediata e eventual, a declaração de insolvência do empregador), que fundamentam, neste caso, a cessação dos contratos, se reportam necessariamente à entidade empregadora, pelo que parecem assim, à partida, alheios à inserção grupal dessa entidade. A ser assim, estamos, pois, perante um fundamento autónomo e suficiente para fazer cessar os contratos de trabalho dos trabalhadores daquela empresa ou daquele estabelecimento.

Sendo válida para algumas situações, esta conclusão nem sempre resiste a uma análise mais profunda que tenha em conta o contexto de grupo em que a empresa se integra, nomeadamente se se tratar de uma empresa dominada inserida num grupo vertical ou de subordinação.

Na verdade, é bem possível – e, na prática, ocorre com frequência – que a decisão de encerramento da empresa ou do estabelecimento seja tomada na sequência de uma transmissão dessa mesma empresa ou estabelecimento para outra empresa do grupo, cujo objectivo foi apenas esvaziar a primeira empresa de trabalhadores, para depois promover a extinção por caducidade dos respectivos contratos de trabalho na nova empresa; assim como também é frequente, na prática, que o encerramento da empresa decorra da declaração de insolvência do empregador, que pode até ser promovida pelos titulares da mesma, de novo na sequência de uma operação de transmissão da empresa com intuitos fraudulentos; e é ainda possível que o encerramento da empresa decorra de uma decisão dos sócios nesse sentido, na qual é determinante a vontade da sociedade mãe, ou que seja a consequência do cumprimento de instruções da sociedade mãe pela administração da sociedade filha, que tenham comprometido financeiramente a segunda sociedade de um modo irremediável. Por outras palavras, embora, por si só, o contexto de grupo não seja de molde a afastar a possibilidade de encerramento das empresas que o integram e a consequente caducidade dos contratos de trabalho dos trabalhadores ao seu serviço, por motivos atinentes à própria empresa, a verdade é que tal contexto grupal, designadamente no caso dos grupos verticais, obriga a verificar, com redobrado cuidado, as operações subjacentes à decisão de encerramento ou à declaração judicial de insolvência, para avaliar a sua verdadeira razão de ser.

III. Colocado o problema, cabe apresentar uma proposta de solução.

Em nosso entender, se vier a verificar-se que, na base do encerramento da empresa, *verbi gratia* se se tratar de uma empresa dominada, está uma decisão da empresa dominante do grupo, directamente ou em conluio com a empresa dominada, que teve como objectivo prejudicar os trabalhadores desta segunda empresa – por exemplo, porque foi precedida da transferência desses trabalhadores para a empresa dominada, e, na sequência dessa transferência, os titulares dessa empresa promoveram a respectiva declaração de insolvência, ou porque a própria empresa mãe resolveu passar a desenvolver a área de actividade onde se integram aqueles trabalhadores, mas, não os querendo aproveitar para esse efeito, promoveu uma deliberação de dissolução da sociedade dominada, ou ainda porque a empresa dominada ficou em situação material de insolvência na sequência do cumprimento de instruções da empresa dominante que se revelaram financeiramente desastrosas – a invocação da caducidade dos contratos de trabalho dos trabalhadores dessa empresa, em consequência do respectivo encerramento, é abusiva[1048].

É certo que, perante a situação descrita, os trabalhadores estão protegidos em termos financeiros, pela extensão do regime indemnizatório do despedimento colectivo à extinção dos contratos de trabalho por caducidade, nos termos do art. 390.º n.º 5 do CT. Contudo, a questão que se coloca é se esta tutela financeira é suficiente, no caso de o encerramento da empresa ter subjacente o intuito de os prejudicar. Ora, devendo a resposta ser negativa, sob pena de se tratar com a mesma severidade uma situação de encerramento da empresa por motivos objectivos e sem intuitos ilícitos e um encerramento cujo fundamento foi construído artificialmente com o objectivo de prejudicar os trabalhadores nos seus direitos,

---

[1048] Aplicando a figura do abuso do direito justamente a uma situação grupal em que é decidida a cessação da actividade de uma empresa do grupo, com a consequente cessação dos contratos dos respectivos trabalhadores, à qual sucedeu a transferência da mesma actividade para outra empresa do mesmo grupo, G. DE SIMONE, *I licenziamenti nei gruppi tra liberta d'impresa e abuso del diritto*, RIDL, 1991, II, 194-212.

parece-nos que podemos lançar mão de uma de duas soluções, consoante a cessação dos contratos de trabalho no âmbito da segunda empresa tenha ou não precedida de uma operação de transmissão.

Assim, no caso de, previamente à declaração de insolvência ou à decisão de encerramento da empresa, ter havido um negócio de transmissão da mesma, ao abrigo do art. 318.º do CT, pode este negócio ser atacado, com fundamento na ilicitude do seu fim (art. 281.º do CC). E, naturalmente, da declaração de nulidade deste negócio transmissivo decorre o direito de os respectivos trabalhadores voltarem à empresa de origem – é a extensão da solução que defendemos, no caso anterior, para os despedimentos com motivo económico na sequência da transmissão ilícita da empresa ou do estabelecimento.

Já no caso de o encerramento da empresa dominada de um grupo ter origem numa decisão imputável à empresa dominante ou tomada em concertação desta com ela, ainda que no exercício de prerrogativas comerciais – como o poder instrutório da sociedade mãe nos grupos societários, o direito de promover a dissolução da sociedade que assiste ao universo dos respectivos sócios ou ainda o direito de requerer a declaração judicial de insolvência –, uma vez que se utilizou uma permissão legal para prosseguir um objectivo ilícito (no caso, defraudar os direitos dos trabalhadores, designadamente o seu direito constitucional à segurança no emprego – art. 53.º da CRP), estamos perante um acto ou um negócio em fraude à lei, que é nulo, nos termos gerais, pelo que não justifica a cessação do contrato de trabalho. Neste caso, a cessação dos contratos deve ser tratada como um despedimento ilícito, com as inerentes consequências, não só em termos indemnizatórios mas garantindo o direito do trabalhador à reintegração; e, quanto a este último direito, tendo entretanto, sido extinta a empresa do trabalhador, parece-nos que o objectivo ilícito prosseguido ao nível do grupo é suficientemente grave para justificar a aplicação da técnica da desconsideração da personalidade colectiva, de modo a permitir que a reintegração do trabalhador se faça na sociedade mãe, apesar de esta não ter sido o seu empregador[1049].

[1049] Também subscrevendo este entendimento, embora sem recorrer à técnica da desconsideração da personalidade colectiva, mas invocando, em favor desta solução, o argumento da necessidade de preservação do princípio constitucional da segurança no emprego (art. 53.º da CRP), COUTINHO DE ABREU, *Grupos de sociedades... cit.*, 143 s., bem como IRENE GOMES, *Grupos de sociedades... cit.*, 195 s.

IV. Chegados a este ponto, resta dizer que a solução que acabamos de propor para o caso de invocação da caducidade dos contratos em fraude à lei é extensível aos despedimentos com motivação económica (designadamente, os despedimentos colectivos), que sejam promovidos no seio da empresa dominada em resultado de decisões tomadas pela empresa dominante ou em conluio com ela e cujo objectivo seja prejudicar os trabalhadores da empresa dominada – é o caso, acima referido, em que o grupo decide encerrar determinado sector de actividade prosseguido por uma das suas empresas, obrigando a sociedade dominada a promover os correspondentes despedimentos colectivos, para retomar logo depois essa mesma actividade noutra empresa, mas sem aqueles trabalhadores.

Perante este tipo de situações, entendemos que cabe avaliar em concreto as motivações do despedimento económico, quando ocorra numa sociedade dependente: se, perante esta avaliação, se vier a concluir que o despedimento teve na sua origem num motivo atinente à própria sociedade filha, o despedimento é lícito; já quando decorra de instruções desvantajosas da sociedade mãe e tiver o intuito de prejudicar os trabalhadores da sociedade filha, é um despedimento fraudulento[1050]. Em suma, nestes casos, parecem-nos também válidas as razões que, acima, nos levaram a considerar ultrapassado o princípio da independência dos vínculos laborais no seio das empresas do grupo, qualificando o despedimento como fraudulento e admitindo o direito do trabalhador à reintegração.

49. Os direitos do trabalhador associados à cessação do contrato de trabalho por motivos económicos em contexto de grupo

49.1. O direito do trabalhador à ocupação de outro posto de trabalho em alternativa ao despedimento

I. O segundo grupo de problemas colocados pela imposição de medidas de suspensão do contrato de trabalho ou de redução do tempo de tra-

---

[1050] É o entendimento perfilhado por COUTINHO DE ABREU, *Grupos de sociedades...* cit., 145 s., e por IRENE GOMES, *Grupos de sociedades... cit.*, 195 s. Esta solução depende, naturalmente, da prova do adequado nexo de causalidade entre a intervenção da sociedade mãe e o despedimento dos trabalhadores, uma vez que aquela intervenção tem que ser a causa dos despedimentos.

balho e, bem assim, pelas medidas de cessação do contrato com fundamento económico, em contexto de grupo, tem a ver com os direitos do trabalhador associados à implementação destas medidas ou à sua ilicitude.

Em concreto, podem exigir uma configuração especial, quando as empresas estão inseridas num grupo, o direito do trabalhador à ocupação de outro posto de trabalho em alternativa à cessação do contrato de trabalho e o direito à reintegração em caso de despedimento ilícito.

II. O problema do direito do trabalhador à ocupação de outro posto de trabalho, em alternativa à cessação do contrato de trabalho, coloca-se, no sistema português – como, aliás, noutros sistemas jurídicos[1051] – nas

---

[1051] Este problema tem sido particularmente debatido no seio da doutrina germânica, por força do carácter geral da previsão de um dever de ocupação do trabalhador em alternativa ao despedimento (*Weiterbeschäftigungsrecht*), que se pode efectivar não só no âmbito do mesmo estabelecimento (*Betrieb*), como no seio de outro estabelecimento do mesmo empregador (*Unternehmen*) – KSchG § 1, Abs. 2, S.1 b)). Equacionando este dever no contexto dos grupos, um sector da doutrina entende que não há lugar a uma extensão deste dever ao âmbito do *Konzern*, como regra geral (nesta linha, entre muitos outros, LIEB, *Arbeitsrecht* cit., 108), admitindo apenas alguns autores que haja lugar a essa extensão em situações excepcionais, como sejam o facto de o trabalhador prestar a sua actividade a mais do que uma empresa do grupo, ao abrigo de uma cláusula contratual de mobilidade inter-empresarial (*ein Konzernversetzungsklausel*), e ainda no caso de a comissão de trabalhadores se ter oposto ao despedimento, por não ter avalizado o respectivo fundamento económico, nos termos do § 1.º, Abs 2 S. 1 da KSchG – neste sentido, entre outros, KARAMARIAS, *Bundesdeutsches Individualarbeitsrecht...* cit., 358 s. e 361, HROMADKA / MASCHMANN, *Arbeitsrecht* cit., I, 412, ZÖLLNER / LORITZ, *Arbeitsrecht* cit., 299 ss., HENSSLER, *Der Arbeitsvertrag im Konzern* cit., 129 ss., WINDBICHLER, *Arbeitsrecht und Konzernrecht* cit., 149, e ainda *Arbeitsrecht im Konzern* cit., 155 s. e 259 ss., KONZEN, *Arbeitnehmerschutz im Konzern* cit., 74, MARTENS, *Das Arbeitsverhältnis im Konzern* cit., 377 s., ou PREIS, *Arbeitsrecht...* cit., 633 s., e ainda *Aktuelle Tendenzen...* cit., 1075 s., este último autor dando alguns exemplos de decisões do BAG que revelam a sensibilidade da jurisprudência à ponderação da elegibilidade de postos de trabalho alternativos noutras empresas do mesmo grupo, para este efeito, em quebra do dogma da empresa-unidade singular nesta matéria; já outros autores admitem mais facilmente o alargamento do dever de reocupação do trabalhador em alternativa ao despedimento económico, no contexto dos grupos, com fundamento na própria dinâmica do grupo – neste sentido, por exemplo, JUNKER, *Internationales Arbeitsrecht...* cit., 23 ss. (especificamente em relação aos grupos internacionais); finalmente, um outro sector da doutrina considera que o alargamento da tutela do trabalhador no despedimento à dimensão da empresa e do empregador (*Unternehmen*), que ultrapassa a dimensão tradicional do estabelecimento (*Betrieb*), permite alargar o dever de ocupação alternativa do trabalhador no âmbito do *Konzern* pelo menos a situações de despedimento económico ou com outro fundamento objectivo. Neste sentido, a propósito do despedimento colectivo, a lei estabelece, no processo para a efectivação da medida, uma fase de informações e negociação entre o empregador e os representantes dos trabalhadores, durante a qual se devem estudar alternativas ao despedimento, sendo uma dessas medidas a reconversão e reclassificação dos trabalhadores abrangi-

---

outros estabelecimentos do mesmo empregador – neste sentido, COEN, *Der Kündigungsschtuz im Konzern cit.*, 350 s. Também no seio da doutrina austríaca, a doutrina admite a extensão do dever de reocupação do trabalhador a outras empresas do grupo apenas quando o trabalhador tiver desenvolvido a sua actividade para mais do que uma empresa, em caso de relação de trabalho com pluralidade de empregadores ou em caso de cedência do trabalhador – neste sentido, por todos, JABBORNEGG, *Arbeitsvertragsrecht im Konzern cit.*, 128 s. Já no âmbito da doutrina italiana, alguns autores sustentam que, em caso de despedimento por motivos económicos, a inserção da empresa num grupo obriga à oferta de postos de trabalho alternativos no âmbito do próprio grupo, em especial naqueles grupos em que há um entrecruzamento intenso do pessoal, ou uma confusão da actividade ou das instalações – neste sentido, por exemplo, MELIADÒ, *Il rapporto di lavoro nei gruppi... cit.*, 165 e 167 ss., e ainda *Il rapporto di lavoro nell'impresa di gruppo cit.*, 640 ss. e 644, alegando adicionalmente que o facto de a outra empresa se dedicar a uma actividade diferente não constitui impedimento ao exercício do direito de Reocupação, porque ele se pode efectivar através da formação e inerente reclassificação do trabalhador, bem como CALABRÒ, *Lavoro, Impresa di gruppo... cit.*, 112 s., esta autora justificando a extensão do direito de reocupação a outras empresas do grupo como contraponto ao relevo do interesse do grupo para fundamentar o próprio despedimento; já DE SIMONE, *Titolarità dei rapporti di lavoro... cit.*, 256 e s., apenas admite a extensão do direito de reocupação do trabalhador a outras empresas do grupo em situações patológicas (*verbi gratia*, no caso dos pseudo-grupos) ou no caso de essa extensão abranger apenas a empresa dominante. No sistema francês, tanto a jurisprudência (numa orientação que começou, aliás, na jurisdição administrativa, mas se estendeu depois à jurisdição laboral), como a maioria dos autores tendem a admitir que, quando a cessação dos contratos de trabalho por motivos económicos esteja ligada aos processos de constituição ou de remodelação dos grupos económicos, devem ser procuradas medidas de reocupação alternativa dos trabalhadores não só na sua empresa mas no âmbito de outras empresas do grupo, designadamente as do mesmo sector de actividade ou nas quais seja possível receber e reafectar profissionalmente os trabalhadores – neste sentido, G. LYON-CAEN, *La concentration du capital... cit.*, 292, COUTURIER, *L'extinction des relations de travail dans les groupes... cit.*, 79 s., e, justamente em comentário a decisões jurisprudenciais neste sentido, ainda R. KESSOUS, *La recherche d'un reclassement dans le groupe, préalable au licenciement économique. Cour de Cassation, Chambre sociale 25 juin 1992*, DS, 1992, 9/10, 826-832 (829 ss.), Q. URBAN, *Le licenciement pour motif économique (Cour de cassation, Chambre sociale 25 juin 1992*, DS, 1993, 3, 271-281, e G. COUTURIER, *Licenciement. Groupe de sociétés. Reclassement. Clause prévoyant une possibilité d'affectation dans différentes sociétés. Cour de cassation (Chambre sociale), 5 octobre 1999*, DS, 1999, 12, 1112-1113.

dos (art. 420.° n.° 1 c) do CT); na mesma linha, mas com referência ao despedimento por extinção do posto de trabalho, uma das condições de licitude desta modalidade de despedimento é a impossibilidade de subsistência da relação de trabalho, que se tem por verificada apenas se, uma vez extinto o posto de trabalho, o empregador não dispuser de outro posto de trabalho compatível com a categoria do trabalhador (art. 403.° n.° 1 b) e n.° 3 do CT); por último, no que respeita ao despedimento do trabalhador por inadaptação, é também prevista, como um dos requisitos de aplicação desta medida, a inexistência de outro posto de trabalho disponível e compatível com a qualificação profissional do trabalhador (art. 407.° n.° 1 d) do CT). Em suma, sendo o despedimento uma medida de *ultima ratio*, por força do princípio constitucional da segurança no emprego (art. 53.° da CRP) e também materialmente, pelos efeitos gravosos que tem para a vida do trabalhador, a lei procura garantir, em relação a estes despedimentos por motivos objectivos[1052], que a decisão de despedimento não será proferida enquanto não estiverem esgotadas todas as vias alternativas de manter o contrato de trabalho, ainda que tais vias passem pela modificação do próprio contrato e, designadamente, pela mudança das funções do trabalhador.

O problema específico que estas disposições colocam, quando se suscite a sua aplicação em contexto de grupo, é, obviamente, o do âmbito do direito de reocupação do trabalhador. Colocado em termos interrogativos, este problema consiste em saber se, estando a empresa na qual ocorre o despedimento integrada num grupo e sendo até, porventura, o próprio grupo ou a respectiva empresa mãe responsáveis pelas vicissitudes empresariais que conduziram à aplicação da medida do despedimento, o direito de ocupação alternativa do trabalhador se pode apenas exercer no contexto da sua própria empresa ou pode também ser exercido no contexto das restantes empresas do grupo, sendo elegíveis, para este efeito, postos de trabalho nelas situados.

III. A nosso ver, a resposta de princípio a este problema deve ser no sentido de circunscrever os deveres do empregador de proporcionar um

---

[1052] Não devem suscitar-se dúvidas sobre o carácter objectivo do despedimento por inadaptação, uma vez que, apesar de o estado de inadaptação respeitar à pessoa do trabalhador, ele é motivado por alterações objectivas introduzidas no seu posto de trabalho e às quais ele não conseguiu adaptar-se. Para mais desenvolvimentos sobre este ponto, ROSÁRIO PALMA RAMALHO, *Direito do Trabalho cit.*, II, 894.

posto de trabalho alternativo ao trabalhador abrangido por uma medida de despedimento colectivo, de despedimento por extinção do posto de trabalho ou de despedimento por inadaptação ao seu próprio universo empresarial. Em favor deste entendimento de princípio depõem argumentos de natureza axiológica e de coerência sistemática, de índole dogmática e de ordem prática.

Por um lado, esta solução é a que melhor se coaduna com o princípio geral de independência dos vínculos laborais em relação à inserção grupal do empregador, que oportunamente fundámos no facto de o empregador não se alterar, por via de regra, quando a sua empresa se integra num grupo, e do qual retirámos a consequência de que a celebração do contrato de trabalho, a sua execução e também a sua cessação se mantêm solidamente ancorados ao nível da sua empresa – ora, assim sendo, o mesmo deve suceder com os direitos do trabalhador ligados à cessação do contrato, sob pena de incoerência geral do regime. Na verdade, reconhecer o alargamento do direito de reocupação alternativa do trabalhador a todas as empresas do grupo, como uma decorrência normal do contexto de grupo, equivaleria a situar a cessação dos contratos de trabalho ao nível do próprio grupo ou do conjunto das empresas que o compõem, quando é certo que o fundamento desses mesmos contratos e os motivos da respectiva cessação devem, como acima vimos, ser equacionados à dimensão da unidade empresarial e não à dimensão do grupo.

Por outro lado, e ainda em termos dogmáticos, não pode deixar de se observar que o alargamento do dever de reocupação alternativa do trabalhador ao universo de outras empresas do grupo significa impor o trabalhador a outra entidade jurídica, que ficaria assim obrigada a recebê-lo, ainda que seja totalmente alheia à cessação daquele contrato de trabalho – ora, uma tal imposição choca com o princípio da liberdade contratual, na vertente da liberdade de celebração, de um modo que se afigura dificilmente admissível[1053].

[1053] Note-se que este alargamento do direito do trabalhador à reocupação alternativa noutra empresa do grupo poderá, na prática, ser exercido contra uma empresa do grupo que não teve qualquer responsabilidade na crise da empresa que decreta a medida de despedimento, ainda que esta crise se deva à política geral do grupo, uma vez que esta política é veiculada pela sociedade dominante. Afigura-se assim excessivo impor a esta empresa a contratação, por esta via, de um novo trabalhador.

Por fim, a solução que sufragamos tem em seu favor um argumento de ordem prática, que é a extrema dificuldade de o empregador provar o preenchimento do requisito da inexistência de outro posto de trabalho compatível com a categoria ou com a qualificação do trabalhador (consoante a medida de despedimento em concreto), quando o universo do direito de reocupação seja o conjunto das empresas do grupo e não a sua própria empresa. Esta dificuldade de prova poderia, no limite, inviabilizar o recurso às medidas de despedimento económico em contexto de grupo, o que está fora de causa.

IV. Apresentada a solução geral para o problema, cabe referir os seus limites.

A nosso ver, esta solução não deve ser extensível aos casos em que o despedimento ocorra no seio da sociedade subordinada ou dominada e seja ilícito, mas esta ilicitude seja de imputar à sociedade dominante ou directora – são as situações consideradas na parte final do ponto anterior, em que a cessação do contrato é forçada directamente pela intervenção da sociedade dominante do grupo.

Nestes casos, se a sociedade mãe é responsável pela decisão de despedimento, o trabalhador deve poder exercer o seu direito de ocupação de um novo posto de trabalho, em alternativa ao despedimento, também nessa sociedade, embora não já nas restantes empresas do grupo[1054].

Por outro lado, a solução que acabamos de sustentar vale para a generalidade dos trabalhadores das empresas de grupo, mas exige uma aplicação particularmente criteriosa quando estejam em causa aqueles trabalhadores cujo vínculo laboral se encontra, formal ou informalmente, indexado à lógica e à dinâmica interna do próprio grupo.

Assim, no caso dos trabalhadores com pluralidade de empregadores, se tivermos em conta o critério empresarial que define os limites do exercício do direito de reocupação, torna-se evidente que este direito se pode efectivar em qualquer uma das empresas dos empregadores plurais às quais o contrato de trabalho está ligado, porque o âmbito empresarial de exercício normal deste direito coincide, neste caso, com o conjunto dessas empresas. E, obviamente, esta solução é de estender a todos os casos em que, independentemente da sua situação contratual, os trabalhadores pres-

---

[1054] No mesmo sentido, DE SIMONE, *Titolarità dei rapporti di lavoro... cit.*, 258.

§ 23.° Implicações laborais das vicissitudes das empresas do grupo 607

tem a sua actividade a mais do que uma empresa do mesmo grupo[1055], ou seja, aos casos de pluralidade atípica de empregadores, que decorrem da circunstância de o trabalhador estar materialmente subordinado a mais do que uma entidade patronal, ainda que só tenha celebrado formalmente o contrato de trabalho com uma dessas entidades – também nestes casos, o direito de reocupação, em alternativa ao despedimento, pode, pois, ser exercido no universo empresarial de qualquer um dos empregadores.

O mesmo critério substancial deve, quanto a nós, ser aplicado nas situações de discrepância ente o empregador formal e o empregador real, em que se venha a concluir pela subordinação do trabalhador apenas a um dos empregadores (excluindo-se, de todo em todo, o empregador formal[1056]), por aplicação da técnica da desconsideração da personalidade colectiva, nos termos oportunamente assinalados. Naturalmente, este trabalhador só poderá ser sujeito a medidas de despedimento económico no seio da empresa do empregador real, pelo que é ainda no seio desta mesma empresa que se deve efectivar ao seu direito à reocupação, em alternativa àquele despedimento.

Por último, cabe considerar as situações de cedência temporária e definitiva de trabalhadores entre empresas do grupo, para efeitos do exercício deste direito de reocupação. No que se refere à cedência temporária titulada por acordo de cedência ocasional, o direito de reocupação alternativa do trabalhador deve ser exercido no quadro da empresa cedente, uma vez que é apenas nesta empresa que o trabalhador pode ser sujeito a medidas de despedimento por motivo económico, como vimos no ponto anterior[1057]. No que respeita à cedência temporária viabilizada pela concessão

---

[1055] Neste sentido, quanto aos trabalhadores que prestam actividade a mais do que uma empresa do grupo, ao abrigo de uma cláusula contratual de mobilidade, PREIS, *Arbeitsrecht... cit.*, 633 s., e WIEDEMANN, *Die Unternehmensgruppe im Privatrecht... cit.*, 99 s., este último considerando que nestas situações o nexo de pertença do trabalhador se alarga da empresa ao grupo, pelo que o dever de reocupação do trabalhador em alternativa ao despedimento económico deve sofrer um alargamento correspondente.

[1056] Por exemplo, o trabalhador que é contratado por uma sociedade de recursos humanos pertencente a um grupo e que desenvolve a sua actividade para outra sociedade do grupo onde foi «colocado» pela primeira sociedade.

[1057] Nada obsta, obviamente, a que este trabalhador venha a ser reocupado na esfera da entidade cessionária, se esta nisso tiver interesse e com o acordo do próprio trabalhador e da entidade cedente; o que não nos parece configurar-se é um direito do trabalhador à reocupação alternativa ao despedimento, no universo da empresa cessionária.

de uma licença sem retribuição na primeira empresa e pela celebração de um novo contrato de trabalho na segunda empresa, correndo os dois contratos autonomamente, as respectivas vicissitudes são também independentes, como acima vimos, pelo que os correspondentes direitos de reocupação alternativa do trabalhador se devem exercer, também com autonomia, em cada uma das empresas. Por fim, no caso de deslocações definitivas do trabalhador entre várias empresas do grupo (seja ao abrigo de uma cessão da posição contratual do empregador, seja por força de uma transmissão da empresa ou do estabelecimento, seja mediante a sucessão de contratos de trabalho com diferentes empresas do mesmo grupo), embora se mantenha a regra de que o direito de reocupação do trabalhador se deve exercer no quadro do seu empregador (i.e., o cessionário, o titular da empresa ou estabelecimento transmitidos, ou o titular da posição de empregador no segundo contrato de trabalho, respectivamente), cabe avaliar se as operações de cedência correspondem, de facto, a objectivos lícitos, porque, se não for esse o caso, o direito de reocupação do trabalhador deve estender-se à esfera do primeiro empregador.

49.2. O direito do trabalhador à reintegração em caso de despedimento ilícito: âmbito e limites

I. Um outro direito associado à aplicação de medidas de despedimento económico, que pode exigir uma configuração especial em contexto de grupo, é o direito do trabalhador à reintegração em consequência de um despedimento ilícito – art. 438.° do CT.

Em contexto de grupo, o direito à reintegração coloca duas dificuldades: a primeira tem a ver com o universo de exercício deste direito, cabendo avaliar se tal universo coincide com a empresa que efectuou o despedimento ou se pode abranger outras empresas do grupo; a segunda tem a ver com a dimensão da empresa do grupo, tendo em conta a possibilidade de o empregador se opor à reintegração do trabalhador nas microempresas (art. 438.° n.° 1 do CT).

II. No que se refere ao universo empresarial em que deve ocorrer a reintegração do trabalhador ilicitamente despedido numa empresa integrada num grupo, o direito à reintegração do trabalhador deve exercer-se no contexto da própria empresa onde foi efectivado o despedimento, em consonância com o princípio geral da independência dos vínculos laborais relativamente à inserção grupal do empregador e por uma razão de coerência com o facto de a cessação do contrato correr também ao nível da empresa.

Esta regra geral comporta, contudo, algumas excepções.

Em primeiro lugar, esta regra não é de aplicar aos trabalhadores estruturalmente móveis, que prestem a sua actividade a mais do que uma empresa do grupo, nem em caso de pluralidade de empregadores – nestas situações, pelas mesmas razões que aduzimos relativamente a outros aspectos do regime da cessação do contrato, o direito à reintegração pode ser exercido em qualquer das empresas envolvidas. Da mesma forma, no caso de cedências irregulares do trabalhador, entre empresas do grupo, a título provisório ou definitivo, o direito à reintegração deve ser exercido no quadro da(s) empresa(s) do(s) empregadores reais.

Por outro lado, esta regra também não deve ter aplicação nas situações extremas, que referimos acima, em que a cessação dos contratos de trabalho tem origem directa em negócios ou em decisões tomadas ao nível do grupo (designadamente, no caso do grupo vertical, em decisões da sociedade mãe), que conduziram à vicissitude empresarial que deu origem ao despedimento ou mesmo ao encerramento da empresa, e à inerente caducidade dos contratos de trabalho dos respectivos trabalhadores – são os casos, analisados no ponto anterior, em que as vicissitudes empresariais estão directamente ligadas à prévia transmissão da empresa ou do estabelecimento com o intuito de prejudicar os trabalhadores ou decorrem da prática de actos pelo empregador, em cumprimento de instruções da sociedade mãe, que se revelem financeiramente desastrosos e precipitem a sua insolvência, e são ainda os casos em que a cessação do contrato por caducidade teve uma intervenção decisiva da sociedade mãe, que devem ser tratados como despedimentos ilícitos. Neste tipo de situações, o direito de reintegração do trabalhador ilicitamente despedido deve poder exercer-se também no seio da empresa mãe.

III. Problema diferente é o que decorre da possibilidade de recusa da reintegração do trabalhador ilicitamente despedido, com fundamento na dimensão reduzida da própria empresa – ou seja, ao abrigo do art. 438.º n.º 2 do CT.

A questão que se coloca aqui é a de saber se, ocorrendo o despedimento numa micro-empresa, que integra um grupo, e sendo esse despedimento ilícito, a empresa pode invocar a sua pequena dimensão para recusar a reintegração do trabalhador, ou se, pelo facto de se integrar no grupo, a dimensão que tenha, enquanto unidade individual, é de considerar irrelevante para este efeito.

A resposta não pode deixar de ser no sentido da irrelevância da integração grupal para este efeito, uma vez que, como vimos, a cessação do contrato se processa e fundamenta ao nível da unidade empresarial e não ao nível do grupo. Assim, se a empresa tiver um número de trabalhadores igual ou inferior a dez, pode ser recusada a reintegração do trabalhador, desde que se verifiquem os restantes requisitos legais.

Excepção a este entendimento, que decorre, uma vez mais, do princípio geral da independência dos vínculos laborais relativamente à inserção grupal do empregador, é, obviamente, o caso de se vir a provar que o grupo se constituiu com base em unidades empresariais de dimensão mínima, apenas para iludir as normas laborais de tutela dos trabalhadores, cujo âmbito de aplicação está condicionado por uma certa dimensão das empresas[1058]. Neste caso, o princípio geral da boa fé no exercício das posições jurídicas justificará a solução oposta.

Por outro lado, nos casos de despedimento ilícito em que o direito do trabalhador à reintegração se possa exercer no âmbito da sociedade mãe, nos termos referidos acima, naturalmente que a reduzida dimensão da sociedade filha que procedeu ao despedimento não é relevante para efeitos de excluir tal direito.

50. **Os procedimentos de aplicação das medidas de suspensão do contrato de trabalho, de redução do tempo de trabalho, de despedimento económico e de declaração de insolvência nas empresas em contexto de grupo**

I. Para concluir a apreciação desta matéria, resta aludir aos problemas procedimentais que a aplicação das medidas de *lay-off* e das várias modalidades de despedimento económico, bem como da declaração de insolvência coloca nas empresas inseridas num grupo: um primeiro problema

---

[1058] Esta possibilidade é remota, mas coloca-se também relativamente ao exercício dos direitos colectivos de representação dos trabalhadores, tanto em relação às vicissitudes das empresas, como em geral. Por isso, voltaremos um pouco mais tarde a esta questão.

tem a ver com os critérios a adoptar, com vista à determinação da dimensão da empresa, quando essa dimensão seja relevante para a escolha do procedimento aplicável ou mesmo para a escolha da providência de despedimento adequada; um segundo problema tem a ver com a intervenção dos representantes dos trabalhadores no processo de aplicação destas medidas, colocando-se, designadamente, a questão do nível adequado dessa representação, em contexto de grupo; por fim, coloca-se um problema da legitimidade passiva na acção de impugnação do despedimento e na acção de reclamação dos créditos laborais, quando a empresa esteja inserida num grupo.

II. O primeiro problema a resolver é o da dimensão da empresa onde se pretende aplicar as medidas de redução, de suspensão ou de cessação dos contratos de trabalho por motivos económicos, tendo em conta o contexto de grupo. Este problema coloca-se, por dois motivos: por um lado, porque, em alguns sistemas, o recurso a estas medidas (ou a uma parte delas) é condicionado pela dimensão da empresa – é o que acontece, no sistema português, com a medida do despedimento colectivo, que é delimitada objectivamente por um número mínimo de trabalhadores a abranger, que é de dois ou de cinco trabalhadores, consoante a empresa corresponda a uma micro ou pequena empresa, ou a uma média ou grande empresa, respectivamente (art. 397.° n.° 1 do CT); por outro lado, porque, em alguns sistemas, as medidas de tutela dos trabalhadores associadas à aplicação destas medidas ou a exigência de intervenção dos trabalhadores no processo conducente à sua aplicação são condicionadas, à partida, por uma dimensão mínima das empresas[1059].

Ora, podendo ser atribuída ao grupo a responsabilidade pelas vicissitudes económicas da empresa, que constituem o fundamento substancial

---

[1059] Assinalando esta limitação, na aplicação da KSchG no sistema germânico, que deixa totalmente de fora as empresas que tenham até cinco trabalhadores e parcialmente de fora as empresas com menos de dez trabalhadores, U. PREIS, *Aktuelle Tendenzen...cit.*, 1074, que coloca o problema da constitucionalidade desta limitação. Também no âmbito do sistema italiano, os autores realçam a menor tutela das pequenas empresas em matéria de despedimento – MELIADÒ, *Il rapporto di lavoro nell'impresa di gruppo cit.*, 642 ss.; mas ainda neste contexto, autores como DE SIMONE, *La gestioni dei rapporti di lavoro... cit.*, 91, e ainda *Società collegate... cit.*, 1064, consideram que a dimensão das empresas apenas é de valorizar nos pseudo-grupos, devendo então ter-se em conta o conjunto dos trabalhadores das várias empresas, mas não nos restantes casos.

das medidas de *lay-off* ou de despedimento por motivos económicos, que ela pretende adoptar, a questão que se coloca é a de saber se, na determinação da dimensão da empresa, para os dois efeitos indicados, deve ter-se em conta o número de trabalhadores da própria empresa ou o número total de trabalhadores das empresas do grupo.

Começando pelo segundo problema referido, a questão tem sido colocada, sobretudo, no seio dos ordenamentos jurídicos que dispensam a intervenção dos representantes dos trabalhadores nos processos tendentes à aplicação das medidas de despedimento por motivos económicos, quando estejam em causa pequenas empresas. Ora, sendo tal intervenção bastante exigente para os empregadores, na medida em que implica um processo de negociação, e, em alguns casos, a medida de despedimento exige mesmo um parecer favorável das comissões de trabalhadores[1060], a dispensa da mesma pode ter um grande alcance prático.

Reportando esta realidade ao contexto dos grupos, alguns autores chamam a atenção para a necessidade de evitar que, através do desdobramento artificial das empresas em pequenas unidades independentes, situadas abaixo do limiar legal de exigência de participação dos trabalhadores nestes processos, o grupo consiga subtrair-se à aplicação destas normas, que permitem aos trabalhadores controlar, até certo ponto, a implementação das medidas tendentes à cessação dos contratos de trabalho[1061]. Para ultrapassar o problema, é proposto então, como alternativa, que o número de trabalhadores a ter em conta no cálculo da dimensão da empresa seja o que corresponde ao conjunto dos trabalhadores das várias empresas do grupo e não apenas ao conjunto dos trabalhadores da empresa onde a medida vai ser aplicada.

No nosso sistema jurídico, este problema não tem expressão porque, embora a lei preveja a intervenção dos representantes dos trabalhadores (e, subsidiariamente, dos próprios trabalhadores, em comissão *ad hoc* criada

---

[1060] É o que sucede no sistema germânico, em que as comissões de trabalhadores têm o poder de avaliar o fundamento invocado para o despedimento económico – § 1 Abs 2 KSchG.

[1061] É, como se vê, um problema equivalente ao que colocámos no ponto imediatamente anterior, a propósito da oposição do empregador ao dever de reintegrar o trabalhador ilicitamente despedido.

§ 23.° *Implicações laborais das vicissitudes das empresas do grupo* 613

para o efeito) no processo tendente à transmissão da empresa, do estabelecimento ou da unidade de negócio (art. 320.° do CT), no procedimento de aplicação das medidas de redução do tempo de trabalho ou de suspensão do contrato de trabalho (arts. 336.° e 337.° do CT), nos processos para aplicação das medidas do despedimento colectivo e do despedimento por extinção do posto de trabalho (arts. 419.° e 420.° do CT, para o despedimento colectivo, e arts. 423.° e 424.° do CT, para o despedimento por extinção do posto de trabalho), e, por fim, no processo judicial de insolvência, em várias fases do mesmo (arts. 37.° n.° 7, 66.° n.° 3, 72.° n.° 6, 75.° n.° 3, 83.° n.° 1 e156.° n.° 1 do CIRE), tal intervenção não é condicionada por nenhum requisito atinente à dimensão da empresa[1062].

A única questão que se pode colocar no sistema jurídico nacional, com referência ao modo de cálculo da dimensão da empresa, em contexto de grupo, tem a ver com a adequação da medida do despedimento colectivo pela exigência legal de que este despedimento envolva um número mínimo de dois ou de cinco trabalhadores, que varia consoante a dimensão da empresa (art. 397.° n.° 1 do CT). Este problema deixa-se enunciar do seguinte modo: estando a empresa inserida num grupo, mas sendo uma micro-empresa ou uma pequena empresa, pode recorrer-se à figura do despedimento colectivo para abranger apenas dois trabalhadores ou a medida só é adequada quando se pretenda abranger cinco ou mais trabalhadores?

Apesar do contexto de grupo, pensamos que deve ser tida em conta para este caso a dimensão da empresa onde se pretende aplicar a medida de despedimento colectivo, e não o conjunto dos trabalhadores do grupo, para a determinação do número mínimo de trabalhadores a abranger por esta medida. É que, como referimos no ponto anterior, o despedimento colectivo que tenha lugar nas empresas de grupo continua, excepto para as

---

[1062] Na verdade, apenas no processo de despedimento disciplinar ou por justa causa, a dimensão da empresa é relevante para efeitos processuais, dispensando-se algumas formalidades no caso das micro-empresas, entre as quais se encontram as comunicações à comissão de trabalhadores – art. 418.° n.° 1 do CT. Contudo, não consideramos este caso, porque o despedimento por justa causa é sempre, por natureza, situado e motivado no plano da empresa e do empregador, uma vez que se funda num comportamento de quebra dos deveres do trabalhador para com o seu empregador. Como referimos oportunamente, a ligação deste comportamento do trabalhador com o grupo não existe, por via de regra, e, mesmo quando exista, só releva na medida em que se reflicta num dever do trabalhador no âmbito da sua empresa e do seu empregador – *supra*, § 15.°, ponto 30.4.III.

situações especiais que considerámos, a ser uma medida tomada ao nível de cada empresa e fundamentada em motivos atinentes a essa empresa; assim, a exigência legal relativa ao número mínimo de trabalhadores a abranger deve ser aferida também ao nível da própria empresa.

III. O segundo problema a considerar, no plano procedimental, tem a ver com o nível de intervenção dos representantes dos trabalhadores no processo de aplicação das medidas de *lay-off,* de despedimento por motivo económico e de declaração de insolvência nas empresas que estão inseridas num grupo – intervenção esta prevista, no nosso ordenamento, nos arts. 336.º e 337.º do CT, nos arts. 419.º e 420.º do CT, nos arts. 423.º e 424.º do CT, e nos arts. 37.º n.º 7, 66.º n.º 3, 72.º n.º 6, 75.º n.º 3, 83.º n.º 1 e156.º n.º 1 do CIRE, respectivamente, como acima referimos.

Esta questão tem sido colocada noutros ordenamentos jurídicos, pelo facto de serem previstas instâncias de representação colectiva dos trabalhadores específicas dos grupos, como as comissões de trabalhadores de grupo (entre nós, estas comissões são previstas no art. 461.º n.º 3 do CT). Sendo previstas estas instâncias ao nível do grupo, mas correndo os processos de implementação das providências de *lay-off* e de cessação do contrato de trabalho por motivos económicos ao nível de cada empresa, os autores suscitam a dúvida de saber se as entidades representativas dos trabalhadores mais preparadas para intervir naqueles procedimentos são as do nível empresarial ou as do nível do grupo, tanto mais que, se forem equacionadas medidas alternativas à cessação dos contratos de trabalho, que passem pela reocupação dos trabalhadores abrangidos, a intervenção de nível superior pode facilitar a negociação destas medidas ao nível de outras empresas do mesmo grupo.

Uma vez que nos vamos ocupar especificamente das projecções laborais colectivas dos fenómenos de grupo, limitamo-nos, por ora, a deixar exposto este problema, que apreciaremos a propósito daquelas projecções[1063].

IV. O terceiro problema de ordem processual, colocado pela aplicação das providências de cessação do contrato de trabalho por motivos económicos, quando a empresa esteja inserida num grupo, tem a ver com as situações de ilicitude do despedimento e, designadamente, com a questão

---

[1063] *Infra,* § 30.º, ponto 57.3.

§ 23.º *Implicações laborais das vicissitudes das empresas do grupo* 615

da legitimidade passiva na acção de impugnação do despedimento e na acção de reclamação dos créditos laborais.

Tendo estabelecido, como princípio geral, que o despedimento com motivos económicos se situa ao nível de cada empresa, ainda que a fundamentação mediata do mesmo ultrapasse a dimensão da entidade empregador (porque, por hipótese, a crise da empresa se fica a dever ao cumprimento de instruções desvantajosas emitidas pela sociedade mãe ou à transferência de activos financeiros para outra empresa do grupo por determinação da sociedade dominante), naturalmente que é também ao nível do próprio empregador que deve ser situada a eventual acção de impugnação do despedimento ilícito (bem como o correspondente procedimento cautelar de suspensão), nos termos gerais.

Esta regra vale para a generalidade dos trabalhadores das empresas integradas num grupo, mas não vale, naturalmente, para aqueles trabalhadores cujo contrato está estruturalmente indexado à estrutura grupal e que, por esse efeito, tenham mais do que um empregador[1064]. Assim, no caso dos trabalhadores com contrato de trabalho com pluralidade de empregadores, estas acções devem ser propostas contra todos os empregadores, tanto nas situações de pluralidade típica (i.e., as situações contempladas no art. 92.º do CT), como nos casos de pluralidade atípica oportunamente identificados, como é o caso do trabalhador estruturalmente móvel no seio do grupo, mas com um único contrato de trabalho[1065], e ainda o caso do

---

[1064] Não é, portanto, o caso dos trabalhadores cedidos ocasionalmente nem dos trabalhadores destacados internacionalmente (que, só podendo ser despedidos na sua empresa de origem, devem propor a correspondente acção de impugnação contra essa empresa), nem é o caso dos trabalhadores que passaram regularmente de uma empresa para outra dentro do mesmo grupo, ao abrigo de uma cessão da posição contratual ou mediante a cessação do primeiro contrato de trabalho e a celebração de um novo contrato com a segunda empresa, sem intuitos fraudulentos (casos em que devem propor a acção de impugnação contra a segunda empresa, porque esta passou a ser o seu único empregador).

[1065] Naturalmente, se a mobilidade estrutural do trabalhador decorrer da pluralidade de contratos de trabalho, a cessação de cada um deles é independente da situação dos demais, pelo que a acção de impugnação respectiva corre apenas contra aquele empregador em concreto; da mesma forma, o trabalhador deslocado temporariamente para outra empresa do mesmo grupo, mediante a celebração de um acordo de licença sem retribuição na primeira empresa e de um contrato de trabalho com a segunda empresa, tem dois contratos de trabalho que podem cessar autonomamente, pelo que as acções de impugnação do despedimento são também independentes, devendo ser propostas contra os respectivos empregadores.

trabalhador em situação de sucessão irregular de contratos de trabalho, relativamente ao qual também admitimos que ocorre uma situação substancial de pluralidade de empregadores; e o mesmo sucede nos casos de cessação do contrato de trabalho subsequente a uma transmissão do estabelecimento, da empresa ou da unidade económica feita com o objectivo de prejudicar os trabalhadores, porque a ilicitude desta transmissão e a inerente nulidade da mesma, destroem retroactivamente o efeito transmissivo sobre os vínculos laborais, pelo que a entidade transmitente continua a ser empregador – assim, as acções de impugnação do despedimento deverão, também neste caso, ser propostas contra ambas as entidades.

Por fim, deve referir-se que estas regras de legitimidade podem apresentar especificidades quando haja lugar à reclamação judicial de créditos laborais.

Nesta situação, que aprofundaremos no parágrafo seguinte em termos gerais, devem ter-se em conta os regimes de responsabilidade solidária dos empregadores plurais, dos empregadores transmitente e transmissário da empresa, do estabelecimento ou da unidade de negócio, e das sociedades coligadas (constantes, respectivamente, dos arts. 92.º n.º 3, 318.º n.º 2 e 378.º do CT), uma vez que estes regimes têm implicações na questão da legitimidade processual. Assim, embora a ideia geral a manter aqui seja a de que os créditos devem reclamados ao empregador ou empregadores (ocorrendo esta última hipótese nos casos de pluralidade de empregadores), os regimes dos arts. 318.º n.º 2 e do art. 378.º do CT constituem um desvio a esta regra, uma vez que o trabalhador pode accionar judicialmente entidades que não detêm a qualidade de empregador.

SECÇÃO V
A tutela dos créditos laborais nos grupos societários e empresariais

§ 24.º Aspectos gerais. Sequência

I. Para completar a análise das projecções do fenómeno dos grupos societários e empresariais na situação juslaboral individual cabe apreciar o problema da tutela dos créditos laborais em contexto de grupo.

Como é sabido, o regime dos créditos laborais apresenta algumas particularidades, que resultam da necessidade de protecção acrescida do trabalhador nesta matéria, tradicionalmente reconhecida pelos ordenamentos jurídicos. Estas particularidades reportam-se às garantias dos créditos laborais e às regras da prescrição: assim, para reforço da garantia geral de cumprimento dos créditos laborais do trabalhador, através do património do empregador, é comum o estabelecimento de privilégios creditórios mobiliários e imobiliários; de outra parte, tendo em conta a dificuldade prática de o trabalhador accionar o empregador para satisfação dos seus créditos na pendência do contrato de trabalho, dada a posição subordinada que nele ocupa, é tradicional o estabelecimento de regras especiais de prescrição dos créditos laborais, que passam, designadamente, pelo adiamento do início da contagem dos prazos de prescrição até ao final do contrato de trabalho.

No nosso sistema juslaboral, estas regras especiais constavam do art. 737.º n.º 1 d) do CC e da L. 17/86, de 14 de Junho (art. 12.º), com a redacção introduzida pela L. n.º 96/2001, de 20 de Agosto, quanto aos privilégios mobiliários e imobiliários incidentes sobre os créditos decorrentes do contrato de trabalho, bem como da sua violação ou cessação. Por seu turno, o art. 38.º da LCT dispunha uma regra especial de prescrição dos créditos, que previa o prazo geral de um ano para a prescrição destes créditos, mas contado a partir do dia seguinte ao da cessação do contrato de trabalho[1066]. Era ainda assegurado o pagamento dos créditos, em caso de insolvência do empregador ou de declaração da empresa em situação económica difícil, através do denominado Fundo de Garantia Salarial (DL n.º 219/99, de 15 de Junho, art. 2.º), instituído por exigência comunitária, em transposição da Dir. 80/987/CEE, do Conselho, de 20 de Outubro de 1980, alterada pela Dir. 2002/74/CE, do Parlamento Europeu e do Conselho, e relativa à protecção dos trabalhadores em caso de insolvência do empregador.

O Código do Trabalho veio dispor sobre esta matéria em moldes diferentes, não só do ponto de vista sistemático como do ponto de vista substancial. Assim, em termos sistemáticos, o Código reúne adequadamente as regras anteriormente dispersas sobre esta matéria no capítulo dedicado ao incumprimento do contrato de trabalho, aí contemplando, em conjunto, vários problemas relativos à garantia dos créditos laborais (arts. 377.º a 380.º), incluindo a regra da assunção do pagamento dos créditos em caso de insolvência do empregador ou da declaração da empresa em situação económica difícil pelo Fundo de Garantia Salarial (art. 380.º do CT, regulamentado pelos arts. 316.º a 326.º da RCT)[1067], e os problemas da prescrição e da prova destes créditos (art. 381.º)[1068]. Mas, mais importante do que o enquadramento sistemático da matéria, é o facto de o Código ter introduzido alterações e inovações no regime de garantias dos créditos: assim, o Código alterou o regime dos privilégios creditórios (art. 377.º,

---

[1066] Por todos, quanto ao sentido deste regime na LCT de 1969, Mário Pinto / Furtado Martins / Nunes de Carvalho, *Comentário às Leis do Trabalho* cit., I, 184 ss. A regra especial do art. 38.º da LCT tem, contudo, a sua origem na LCT de 1937, cujo art. 25.º previa já o adiamento do início da contagem do prazo de prescrição até à cessação do contrato de trabalho.

[1067] Para mais desenvolvimentos sobre o Fundo de Garantia Salarial, sobre as condições e os limites em que assegura o pagamento dos créditos laborais e sobre os efeitos de tal pagamento, vd Romano Martinez, *Garantia dos créditos laborais... cit.*, 230 ss., e Rosário Palma Ramalho, *Direito do Trabalho* cit., I, 579 s.

[1068] Para mais desenvolvimentos sobre a regra especial de prescrição dos créditos laborais, podem ver-se, entre outros, Monteiro Fernandes, *Direito do Trabalho* cit., 480, Júlio Gomes, *Direito do Trabalho* cit., I, 904 ss., Romano Martinez, *Direito do Trabalho* cit., 813 ss., Menezes Leitão, *Direito do Trabalho* cit., 445, e Rosário Palma Ramalho, *Direito do Trabalho* cit., I, 580 ss.

que incorpora o art. 12.º da L. 17/86, de 14 de Junho, e prevalece sobre a regra geral do art. 737.º do CC)[1069], e introduziu regras novas sobre a responsabilidade das sociedades em relação de participações recíprocas, de domínio ou de grupo pelos créditos laborais (art. 378.º) e sobre a responsabilidade dos sócios controladores e dos gerentes e administradores da sociedade por esses mesmos créditos, em caso de prática de actos ilícitos (art. 379.º)[1070].

II. Ultrapassa o âmbito do presente estudo a apreciação do regime dos créditos laborais e dos mecanismos de garantia respectivos, em termos gerais, mas é incontornável a análise do novo regime legal em matéria de responsabilidade solidária pelos créditos laborais nas situações de grupo (ou seja, o regime do art. 378.º), uma vez que se trata de uma das inovações do Código com maiores projecções no âmbito dos fenómenos de grupo.

Nesta apreciação cabe articular o referido regime com outros regimes de responsabilidade solidária previstos no Código do Trabalho, que possam também ter relevo em contexto de grupo (o regime de responsabilidade dos empregadores no contrato de trabalho com pluralidade de empregadores e o regime de responsabilidade solidária por ocasião da transmissão da empresa, do estabelecimento ou da unidade de negócio – respectivamente, arts. 92.º n.º 3 e 318.º n.º 2 do CT) e, bem assim, com o

---

[1069] Para mais desenvolvimentos sobre os problemas suscitados pelo regime dos privilégios creditórios, vd JÚLIO GOMES, *Direito do Trabalho cit.*, I, 899 ss., ROMANO MARTINEZ, *Garantia dos créditos laborais... cit.*, 225 ss., e ainda *Direito do Trabalho cit.*, 615 ss., JOANA VASCONCELOS, *Sobre a garantia dos créditos laborais... cit.*, 322 ss., bem como ROSÁRIO PALMA RAMALHO, *Direito do Trabalho cit.*, II, 578 ss.; e, embora com referência ao regime anterior ao Código, ainda sobre esta matéria, MENEZES CORDEIRO, *Manual de Direito do Trabalho cit.*, 733 ss., e ainda *Salários em atraso e privilégios creditórios*, ROA, 1998, 58, 645-672, BERNARDO XAVIER, *Curso...cit.*, 401 ss., J. LEAL AMADO, *A protecção do salário*, BFDUC (Suplemento), XXXIX, Coimbra, 1995, 39-56 e 137-260, ou L. M. LUCAS PIRES, *Os privilégios creditórios dos créditos laborais*, QL, 2002, 20, 164-202.

[1070] Especificamente sobre as regras do art. 379.º do CT, que são inspiradas nas regras do art. 83.º e dos arts. 78.º e 79.º do CSC, vd ROMANO MARTINEZ / L. M. MONTEIRO/ / J. VASCONCELOS / MADEIRA DE BRITO / G. DRAY / GONÇALVES DA SILVA, *Código do Trabalho Anotado cit.*, 697 ss. (anotação de JOANA VASCONCELOS), ROMANO MARTINEZ, *Garantia dos créditos laborais... cit.*, 271 ss., e *Direito do Trabalho cit.*, 619, JÚLIO GOMES, *Direito do Trabalho cit.*, I, 902 s., JOANA VASCONCELOS, *Sobre a garantia dos créditos laborais... cit.*, 337 ss., e ROSÁRIO PALMA RAMALHO, *Direito do Trabalho cit.*, II, 579.

regime jussocietário de responsabilidade no contexto dos grupos societários (art. 501.º do CSC), que foi a fonte inspiradora deste regime laboral. Através desta articulação, apreciaremos os vários problemas colocados pelas novas regras do art. 378.º do CT.

No que toca às restantes matérias, limitar-nos-emos a realçar as eventuais especificidades que a aplicação dos regimes do Código possa suscitar, em contexto de grupo. Estas especificidades observam-se, sobretudo, no regime da prescrição dos créditos laborais (art. 381.º) e na regra de assunção dos créditos pelo Fundo de Garantia Salarial, em situação de insolvência da empresa (art. 380.º).

A análise que segue cobre estes dois grupos de questões.

§ 25.º O regime de responsabilidade solidária pelos créditos laborais em contexto de grupo

51. Traços gerais

I. Nos termos do art. 378.º do CT, o empregador e as sociedades que com ele se encontrem numa relação de coligação societária, sob a forma de participações recíprocas, de domínio ou de grupo, no sentido dos arts. 481.º ss. do CSC, respondem solidariamente perante o trabalhador pelos montantes resultantes de créditos emergentes do contrato de trabalho, da sua violação ou cessação, vencidos há mais de três meses[1071]. Como acima referimos, esta norma não tinha paralelo no sistema laboral anterior ao Código do Trabalho, mas inspira-se no regime de responsabilidade solidária dos grupos de sociedades, imposto à sociedade directora ou dominante pelo art. 501.º do CSC[1072], que apreciámos oportunamente[1073].

O regime de responsabilidade constante do art. 378.º do CT tem, obviamente, como objectivo o reforço da tutela do trabalhador cuja empresa se insere num grupo, em matéria de créditos laborais. Este reforço é particularmente eficaz na medida em que, revestindo esta responsabilidade carácter solidário, como expressamente se retira da norma, o traba-

---

[1071] Especificamente sobre este regime de responsabilidade solidária, podem ver-se ROMANO MARTINEZ / L. M. MONTEIRO / J. VASCONCELOS / MADEIRA DE BRITO / G. DRAY / / GONÇALVES DA SILVA, *Código do Trabalho Anotado* cit., 691 ss. (anotação de JOANA VASCONCELOS), ROMANO MARTINEZ, *Garantia dos créditos laborais...* cit., 235 ss., e *Direito do Trabalho* cit., 619, JÚLIO GOMES, *Direito do Trabalho* cit., I, 899 ss., RITA GARCIA PEREIRA, *A garantia dos créditos laborais...* cit., 177 ss., JOANA VASCONCELOS, *Sobre a garantia dos créditos laborais...* cit., 329 ss., CATARINA CARVALHO, *Algumas questões sobre a empresa...cit.*, 453 ss., e ROSÁRIO PALMA RAMALHO, *Direito do Trabalho* cit., II, 579.

[1072] Reconhecendo expressamente esta inspiração jussocietária do regime do art. 378.º do CT, JOANA VASCONCELOS, *Sobre a garantia dos créditos laborais...* cit., 330.

[1073] *Supra*, § 6.º, ponto 13.4.2.IX.

lhador poderá, querendo, accionar directamente qualquer uma das outras entidades do grupo para aquele efeito, apesar de estas entidades não serem os seus empregadores e sem passar previamente pelo seu próprio empregador[1074].

Por esta via, a lei procura, de uma forma pragmática, compensar os riscos acrescidos que resultam para o trabalhador da inserção grupal do seu empregador e da inerente influência do grupo na gestão da sua empresa.

II. Apresentados os traços básicos do regime do art. 378.º do CT, cabe proceder à sua delimitação mais rigorosa.

Vamos proceder a esta delimitação de uma forma um pouco heterodoxa, através da distinção da figura relativamente a outros regimes de responsabilidade em contexto grupal. Estes regimes são, em primeiro lugar, o regime de responsabilidade solidária das sociedades de um grupo perante os credores, constante do art. 501.º do CSC, e depois, já no plano laboral, os regimes de responsabilidade solidária no contexto do contrato de trabalho com pluralidade de empregadores (art. 92.º n.º 3 do CT) e no contexto da transmissão do estabelecimento (art. 318.º n.º 2 do CT).

52. O regime laboral e o regime jussocietário de responsabilidade solidária em contexto de grupo

52.1. Delimitação geral dos dois regimes

I. Saudado como uma novidade, enquanto regime laboral específico de responsabilidade do empregador em contexto de grupo, o regime do art. 378.º do CT tem como paralelo – e, no caso, como fonte inspiradora – o regime especial de responsabilidade solidária dos grupos verticais de sociedades em relação aos credores da sociedade subordinada, que consta do art. 501.º do CSC. Como vimos oportunamente[1075], este regime é apli-

---

[1074] Também reconhecendo a grande importância prática do regime do art. 378.º do como mecanismo de reforço da tutela dos trabalhadores cuja empresa esteja inserida num grupo, ROMANO MARTINEZ, *Garantias dos créditos laborais* cit., 254 s., JÚLIO GOMES, *Direito do Trabalho* cit., I, 900, RITA GARCIA PEREIRA, *A garantia dos créditos laborais...* cit., 211, e JOANA VASCONCELOS, *Sobre a garantia dos créditos laborais...* cit., 329.

[1075] *Supra*, § 6.º, ponto 13.4.2.IX. (quanto aos grupos constituídos por contrato de subordinação) e § 6.º, ponto 13.4.4.V (quanto aos grupos constituídos por domínio total).

cável aos grupos societários em sentido estrito, constituídos por contrato de subordinação e, por indicação do art. 491.º do CSC, é também aplicável aos grupos constituídos por domínio inter-societário total, inicial ou superveniente. O objectivo deste regime é proteger os credores da sociedade subordinada ou dominada, através de uma extensão da responsabilidade desta sociedade à sociedade dominante, que se justifica como compensação pelo facto de esta sociedade poder intervir na gestão da sociedade dominada ou dirigida, ao abrigo do seu poder de direcção (art. 503.º do CSC), pondo assim em causa a autonomia da sociedade dependente enquanto ente jurídico societário[1076].

Antes do surgimento do regime do art. 378.º do CT, o regime de responsabilidade do art. 501.º do CSC aproveitava aos trabalhadores subordinados da sociedade dirigida ou totalmente dominada, na medida em que esses trabalhadores fossem também credores destas sociedades – assim, uma vez verificados os pressupostos de aplicação deste regime, podiam os trabalhadores, como outros credores da sociedade dominada ou dirigida, reclamar os créditos que detivessem contra o empregador junto da sociedade dominante ou directora. É, aliás, este o panorama que se observa ainda hoje nos ordenamentos jurídicos que regulam autonomamente a matéria dos grupos de sociedades no âmbito do direito societário: quando essa regulamentação contempla um regime especial em matéria de responsabilidade, para protecção dos credores das sociedades filhas, a doutrina juslaboral maioritária considera que tal tutela aproveita também aos trabalhadores subordinados destas sociedades, na sua qualidade de credores[1077].

[1076] *Supra*, § 6.º, ponto 13.4.2.IX. *in fine*.

[1077] Sobre este ponto, no sistema germânico, por exemplo, HENSSLER, *Der Arbeitsvertag im Konzern cit.*, 43 ss., 74 ss. e 98 ss., fundamentando a responsabilidade da sociedade mãe pelos créditos laborais da sociedade filha no princípio geral da lealdade e da confiança, ou seja, concebendo tal responsabilidade como uma projecção dos deveres gerais de assistência, e fazendo apelo, para este efeito, aos §§ 319 e 317 da AktG, no caso dos grupos verticais (já relativamente aos grupos paritários ou horizontais, este autor não admite, em princípio, as pretensões dos trabalhadores contra sociedades do grupo que não sejam o seu empregador – *idem*, 107); ainda nesta linha, por exemplo, KONZEN, *Arbeitsverhältnisse im Konzern... cit.*, 572 ss., considerando que, enquanto credor, o trabalhador pode socorrer-se dos mecanismos de tutela dos §§ 311 e 317 da AktG (no caso dos grupos de direito) e do § 302 da AktG (no caso dos grupos de facto), designadamente no caso de insolvência do empregador; na mesma linha, ainda SCHAUB / KOCH / LINCK, *Arbeitsrechts Handbuch cit.*, 235 e 737, consideram que a sociedade mãe deve assumir as dívidas labo-

Com o surgimento de um regime de responsabilidade em contexto de grupo, que reveste natureza especificamente laboral, passam, naturalmente, os trabalhadores a sujeitar-se a este regime, que, enquanto regime especial, prevalece sobre o regime geral do Código das Sociedades Comerciais na matéria[1078].

---

rais da sociedade filha quando esta se torne insolvente, bem como quando se aproprie da respectiva actividade económica ou do respectivo património. Já autores como MARTENS, *Das Arbeitsverhältnis im Konzern cit.*, 382 ss., são mais restritivos em relação à aplicação das regras de responsabilidade da sociedade mãe pelas dívidas da sociedade filha aos trabalhadores, tendo em conta que o contrato de trabalho é celebrado com a segunda sociedade, enquanto autores como PREIS, *Arbeitsrecht... cit.*, 330, WINDBICHLER, *Arbeitsrecht im Konzern cit.*, 205 s. e 594, ou WIEDEMANN, *Die Unternehmensgruppe...cit.*, 108 e 113 s., continuam a sustentar um princípio geral de limitação da responsabilidade pelos créditos laborais à sociedade empregadora, embora admitam que esse princípio possa ceder em algumas situações, como nos casos em que a inserção no grupo tenha causado a perda de identidade ou da autonomia patrimonial da sociedade filha. Ainda sobre o aproveitamento das regras do direito societário, que protegem os credores, pelo trabalhador, para obter a satisfação dos seus créditos laborais em contexto de grupo, podem ver-se, na doutrina italiana, MELIADÒ, *Il rapporto di lavoro nell'impresa di gruppo cit.*, 652 ss., MAZZOTTA, *Divide e impera... cit.*, 372 s., CALABRÒ, *Lavoro, Impresa di Gruppo... cit.*, 138 (esta autora admitindo, com base no art. 2362.° do CC, que a responsabilidade da sociedade dominante pelas dívidas da sociedade dominada se estenda às dívidas laborais, no caso de insolvência da sociedade dominada e ainda no caso de domínio societário total, directo ou indirecto, considerando, neste segundo caso, que a responsabilidade da sociedade dominante se pode efectivar recorrendo à técnica do levantamento da personalidade colectiva). Noutros contextos, o problema é debatido independentemente da existência de regras societárias sobre a matéria – assim, no sistema francês, autores como BARTHÉLÉMY / COULON / EGAL / GUIGOU / HARDOUIN / MELLO / PETITEAU / SEURAT, *Le droit des groupes de sociétés cit.*, 295 s., admitem a responsabilidade solidária de todas as sociedades do grupo pelos créditos laborais quando se comprove que o trabalhador prestou a sua actividade para mais do que uma sociedade no grupo, podendo, para esse efeito, o trabalhador accionar todas essas sociedades ou só uma delas pela totalidade dos créditos; no sistema espanhol, o problema é equacionado no âmbito dos grupos verticais por autores como PEREZ ALONSO, *Algunas cuestiones laborales... cit.*, 84 ss., CAMPS RUIZ, *Tratamiento laboral de los grupos... cit.*, 403 ss., CRUZ VILLALÓN, *Notas acerca del régimen... cit.*, 53 ss., ou MARTINEZ BARROSO, *Análisis jurídico-laboral de los grupos... cit.*, 926 ss., que dão conta da tendência restritiva da jurisprudência nesta matéria (no sentido de admitir a assunção da responsabilidade pelos créditos por parte da sociedade dominante apenas no caso de o grupo prosseguir um interesse fraudulento ou no caso de o trabalhador prestar a sua actividade indistintamente para mais do que uma empresa do grupo), mas alguns autores criticam esta tendência considerando que se devia instituir um regime geral de responsabilidade objectiva para estas situações (neste sentido, ainda CAMPS RUIZ, *Tratamiento laboral de los grupos... cit.*, 413).

[1078] Também no sentido da qualificação do regime do art. 378.° do CT como um

Já tendo, no lugar próprio, apreciado o regime jussocietário de responsabilidade constante do art. 501.º do CSC, debatendo e tomando posição sobre os diversos problemas que ele suscita[1079], cabe apenas, nesta fase do estudo, cotejar esse regime com o regime especial do art. 378.º do CT, para avaliar se e em que medida o Código do Trabalho se desviou do esquema de tutela gizado pelo Código das Sociedades Comerciais nesta matéria e para apreciar criticamente as soluções daí decorrentes.

Na verdade, o cotejo dos dois regimes torna patentes as diferenças entre eles, tanto no que se refere ao seu âmbito como no que respeita às condições de exigibilidade dos créditos.

II. Começando pelo âmbito de aplicação de ambos os regimes, encontramos dois pontos de diferença e um ponto de coincidência entre eles.

Por um lado, verifica-se que o regime do Código do Trabalho é mais abrangente do que o do Código das Sociedades Comerciais, uma vez que

---

regime especial em face do regime do art. 501.º do CSC se pronunciou ROMANO MARTINEZ, *Garantias dos créditos laborais cit.*, 256 s. Já equacionando a relação entre as normas do art. 378.º do CT e do art. 501.º do CSC de um modo diverso, autores como JOANA VASCONCELOS, em anotação a esta norma in ROMANO MARTINEZ / L. M. MONTEIRO / J. VASCONCELOS / MADEIRA DE BRITO / G. DRAY / GONÇALVES DA SILVA, *Código do Trabalho Anotado cit.*, 695, sustenta que o art. 501.º do CSC é que constitui uma norma especial em face do art. 378.º do CT, uma vez que se aplica a um tipo específico de situações de coligação societária, pelo que a norma do art. 501.º do CSC se pode continuar a aplicar aos trabalhadores de sociedades inseridas nesse tipo de grupos. Quanto a nós, a relação de generalidade e especialidade dos dois preceitos é de reportar ao tipo de credores abrangidos por um e por outro regimes (a generalidade dos credores das sociedades do grupo ou os credores que sejam também trabalhadores), sendo exactamente pelo facto de os credores-trabalhadores acumularem as duas posições que faz sentido terem um regime diferenciado, tanto do ponto de vista das situações de coligação abrangidas (mais amplas, porque se entendeu que este tipo de credores carece de maior protecção do que os restantes credores), como do ponto de vista das sociedades investidas no dever de satisfação dos créditos (não só a sociedade dominante mas qualquer uma das outras sociedade do grupo, o que também resulta num alargamento substancial do regime de tutela) e ainda do ponto de vista da moratória imposta à exigibilidade dos créditos (cujo prazo mais dilatado no caso do art. 378.º se justifica pelo vínculo laboral em curso). Em suma, pelos motivos expostos, parece-nos que existe de facto uma relação de generalidade-especialidade entre as duas normas, mas é o regime laboral que deve ser considerado especial, e a conveniência de tratar uniformemente os trabalhadores nesta matéria aconselha a que este regime se aplique a todas as situações em que se verifique a existência de créditos laborais. É o que se propõe.

[1079] *Supra*, § 6.º, ponto 13.4.2. IX.

se aplica não só às relações de grupo em sentido próprio, constituídas por domínio total ou por contrato de subordinação (aqui coincidindo com o campo de aplicação do regime jussocietário de responsabilidade, conforme decorre dos arts. 501.º e 491.º do CSC), mas também a outras relações de grupo em sentido estrito (i.e., aos grupos constituídos por contrato de grupo paritário, contemplados no art. 492.º do CSC), e ainda às relações societárias de domínio e às relações de participação societária recíproca (i.e., as situações de coligação societária previstas, respectivamente, nos arts. 486.º e 485.º do CSC). Assim, contrariamente ao que sucede no plano societário, no domínio laboral este regime de responsabilidade solidária só é afastado no caso das relações de participação societária simples; e este regime abrange, designadamente, as situações de participação societária recíproca mas minoritária e desacompanhada de presunções de influência dominante, ou seja, aquelas situações em que as participações recíprocas atingem o limiar mínimo de relevância dos 10% do capital da sociedade participada, de acordo com os critérios fixados pela própria lei societária (art. 485.º n.º 1 do CSC).

Por outro lado, o Código do Trabalho nada esclarece sobre a posição do empregador no seio do grupo ou da coligação societária, para efeitos da aplicação deste sistema de responsabilidade. Assim sendo e contrariamente ao que se passa no Código das Sociedades Comerciais (art. 501.º), o regime do Código do Trabalho não se configura apenas como um regime de responsabilidade da sociedade directora ou dominante pelas dívidas da sociedade dirigida ou dominada para com os trabalhadores desta, mas é antes um regime de responsabilidade solidária de *todas* as sociedades em situação de coligação (exceptuada a relação de simples participação) ou de grupo em sentido estrito pelos créditos laborais que possam existir relativamente a qualquer delas – pode assim suceder que o empregador seja a sociedade dominada e o trabalhador reclame os seus créditos junto da sociedade dominante, mas também pode ser empregador a sociedade dominante e os créditos serem reclamados junto da sociedade dominada, se essa for a opção do trabalhador.

Por fim, ainda com referência ao âmbito de aplicação dos dois regimes, observa-se que as normas coincidem quanto à circunscrição destes regimes de responsabilidade ao universo das coligações societárias em sentido próprio – sejam estas apenas os grupos de sociedades em sentido estrito, ou, mais amplamente, algumas situações de coligação societária. No caso do art. 501.º do CSC, esta circunscrição inere, naturalmente, ao âmbito jussocietário em que o próprio regime se situa, uma vez que estão sempre em causa sociedades comerciais e, no caso das coligações societárias, estão em causa, como vimos oportunamente[1080], relações entre sociedades anónimas, sociedades por quotas ou sociedades em comandita por acções, exigindo-se ainda que ambas as sociedades tenham sede efectiva em Portugal, excepto nos casos e para os efeitos contemplados na lei (art. 481.º do CSC). No caso do regime laboral de responsabilidade, a limitação ao universo das coligações societárias em sentido próprio (embora, como vimos acima, esse universo seja recortado de uma forma mais ampla, porque não se limita aos grupos de sociedades em sentido estrito) decorre do próprio art. 378.º do CT, já que esta norma remete expressamente para as situações de coligação societária previstas no art. 481.º ss. do CSC – o que, não sendo, neste caso, determinado pelo código genético da regulamentação, só pode corresponder a uma opção deliberada do legislador. Assim sendo, o regime do art. 378.º do CT configura-se como um regime de tutela exclusivo das sociedades comerciais anónimas, por quotas ou em comandita por acções, que tenham a sua sede em Portugal, e não como um regime de tutela dos trabalhadores no âmbito dos grupos de empresas, por opção legal.

III. No que se refere aos créditos abrangidos, ambos os regimes têm um âmbito alargado: assim, os créditos previstos no art. 501.º do CSC reportam-se ao conjunto das obrigações da sociedade subordinada perante terceiros, constituídas antes ou depois da celebração do contrato de subordinação (art. 501.º n.º 1); e o regime do art. 378.º do CT abrange todos os créditos, com tradução pecuniária, que resultem do contrato de trabalho, da sua violação ou cessação[1081-1082].

[1080] *Supra*, § 6.º, ponto 13.2.II.

[1081] Estão assim abrangidos por esta previsão legal, para além dos créditos salariais, outros créditos remuneratórios, como os créditos pelo não pagamento de horas de trabalho suplementar, de subsídios diversos, e ainda os que resultem de prejuízos causados ao trabalhador pelo incumprimento do seu contrato, ou por indemnização pela cessação do mesmo. Autores como JÚLIO GOMES, *Direito do Trabalho cit.*, I, 901, criticam a limitação da tutela conferida por esta norma aos créditos patrimoniais, considerando que ela deveria também abranger outras obrigações, como a da contagem da antiguidade do trabalhador correspondente ao trabalho prestado noutra empresa do grupo, o direito do trabalhador à ocupação de um posto de trabalho, em alternativa ao despedimento, ou ainda o direito à reintegração em caso de despedimento ilícito, a efectivar noutra empresa do grupo. Não

Em compensação, atente-se na diferença quanto às condições de exigibilidade dos créditos laborais visados pelo art. 378.° do CT e dos créditos previstos no art. 501.° do CSC: quanto aos segundos, podem ser exigi-

---

acompanhamos este entendimento, por força da inserção sistemática da norma e porque aquelas questões devem ser tratadas em moldes autónomos, como, aliás, já propusemos em devido tempo neste estudo.

[1082] É discutível se também correspondem a créditos laborais, no sentido desta norma, os créditos resultantes de deveres de segurança social, cuja satisfação caiba ao empregador ao abrigo de regimes profissionais de segurança social – assim, por exemplo, pensões de velhice e invalidez substitutivas ou complementares das pensões públicas. É um problema muito debatido nos ordenamentos jurídicos em que o peso relativo dos regimes profissionais de segurança social é significativo por reporte aos sistemas públicos de pensões, dividindo-se a doutrina entre os autores que admitem que a responsabilidade solidária da sociedade dominante do grupo pelos créditos laborais dos trabalhadores das sociedades filhas abrange os créditos previdenciais dos trabalhadores em todos os casos ou, pelo menos, que assim suceda em situações extremas, como a insolvência da sociedade dependente, e aqueles que defendem a solução contrária – a título de exemplo, sobre esta discussão nos sistemas germânico e austríaco, podem ver-se no sentido afirmativo, HENSSLER, *Die Betriebsaufspaltung... cit.*, 479 ss. (dando exemplos de jurisprudência neste sentido), e ainda deste autor, sobre o mesmo tema, *Der Arbeitsvertag im Konzern cit.*, 153 ss., JUNKER, *Internationales Arbeitsrecht... cit.*, 23 ss. (especificamente quanto ao caso dos grupos internacionais), SCHAUB / KOCH / LINCK, *Arbeitsrechts Handbuch cit.*, 235 e 737 (embora apenas no caso de a sociedade mãe se apropriar da actividade económica ou do património da sociedade filha), ou JABBORNEGG, *Arbeitsvertragsrecht im Konzern cit.*, 128 ss.; mas contra, WINDBICHLER, *Arbeitsrecht und Konzernrecht cit.*, 150, KONZEN, *Arbeitsverhältnisse im Konzern... cit.*, 575 ss. (embora este autor admita situações excepcionais em que a sociedade mãe deve assumir estes encargos sociais), ou WIEDEMANN, *Die Unternehmensgruppe... cit.*, 114 ss. No caso português, embora o problema não se coloque com a mesma premência, pela reduzida incidência dos regimes profissionais de segurança social, excepto em alguns sectores de actividade, ele também tem razão de ser, e exige uma interpretação cuidada da referência do art. 378.° a «créditos emergentes do contrato de trabalho, e da sua violação ou cessação». Sendo certo que o vínculo de segurança social não se confunde com o vínculo de trabalho, a verdade é que, nos regimes profissionais de segurança social, ambos os vínculos estão ligados no sentido em que o primeiro depende do segundo. Assim, entendemos que, a existirem, estes créditos devem ser considerados, para efeitos desta norma, como créditos emergentes do contrato de trabalho. Uma outra questão que se pode colocar é a de saber se o art. 378.° também abrange as contribuições do empregador para o sistema público de segurança social que não tenham sido pagas – a esta questão responde ROMANO MARTINEZ, *Garantia dos créditos laborais... cit.*, 246, em sentido negativo, considerando, a nosso ver, correctamente, que esta norma é uma norma relativa aos créditos laborais, pelo que não deve abranger as dívidas à segurança social. Este problema não se confunde, contudo, com a questão que acima suscitámos e que tem sido amplamente debatida noutros contextos doutrinais.

§ 25.° *O regime de responsabilidade pelos créditos em contexto de grupo* 629

dos à sociedade mãe decorridos 30 dias sobre a constituição da sociedade devedora em mora, nos termos do art. 804.° do CC (art. 501.° n.° 2 do CSC); quanto aos primeiros, o art. 378.° do CT apenas permite a sua exigência perante outra sociedade do grupo, que não a sociedade empregadora, decorridos três meses sobre o vencimento dos créditos. A maior dilação temporal no segundo caso parece dever-se à intenção do legislador laboral de evitar que se recorra a esta medida perante dificuldades financeiras meramente conjunturais ou passageiras do empregador.

Para lá destas diferenças, ambos os regimes configuram uma responsabilidade com carácter solidário[1083] e independente de culpa[1084], o que tem as seguintes implicações: uma vez decorridas as moratórias respectivas, basta ao trabalhador (ou a outro credor, no caso do art. 501.° do CSC) invocar a existência do grupo[1085] ao tempo em que o crédito se venceu[1086] para poder reclamar esse crédito directamente a outra ou outras sociedades

---

[1083] Já tendo discutido a questão da natureza solidária deste regime de responsabilidade, com reporte ao art. 501.° do CSC (*supra,* § 6.°, ponto 13.4.2.IX e notas), remete-se para que então foi dito, confirmando-se apenas que a congénere responsabilidade laboral tem a mesma natureza. Também salientando o carácter solidário da responsabilidade do art. 378.° do Código do Trabalho, ROMANO MARTINEZ, *Garantia dos créditos laborais... cit.*, 245 s. e 261 s., JÚLIO GOMES, *Direito do Trabalho cit.*, I, 900, RITA GARCIA PEREIRA, *A garantia dos créditos laborais... cit.*, 207, e JOANA VASCONCELOS, *Sobre a garantia dos créditos laborais... cit.*, 330.

[1084] Realçando este ponto, ainda JÚLIO GOMES, *Direito do Trabalho cit.*, I, 900, RITA GARCIA PEREIRA, *A garantia dos créditos laborais... cit.*, 207, e JOANA VASCONCELOS, *Sobre a garantia dos créditos laborais... cit.*, 330. Também neste sentido, observa ROMANO MARTINEZ, *Garantia dos créditos laborais... cit.*, 242, que basta ao trabalhador provar que a sociedade perante a qual reclama os créditos integra o grupo para que fiquem preenchidos os pressupostos de aplicação do regime do art. 378.° do CT.

[1085] Atente-se no facto de esta prova ser hoje facilitada pelo facto de o dever de informação do empregador ao trabalhador, quer por ocasião da celebração do contrato de trabalho, quer ao longo da sua execução, exigir a indicação das relações de coligação societária em que esteja eventualmente envolvido (art. 98.° n.° 1 a) e art. 101.° n.° 1 do CT).

[1086] Estabelecendo a lei uma moratória de três meses para a reclamação dos créditos, poderia suscitar-se a dúvida sobre se o momento em que se deve ter por verificada a existência do grupo é o momento do vencimento do crédito, da sua exigibilidade, ou mesmo da sua constituição. Autores como ROMANO MARTINEZ, *Garantia dos créditos laborais... cit.*, 243, consideram relevante para este efeito o momento do vencimento do crédito, solução que nos parece a mais adequada do ponto de vista laboral. Assim, como observa este autor, é irrelevante a alteração posterior da estrutura do grupo, para este efeito, podendo o trabalhador demandar uma sociedade que deixou de pertencer ao grupo já depois do vencimento do crédito.

desse grupo[1087] (ou, no caso do art. 501.º do CSC, apenas à sociedade mãe); à sociedade demandada – que se pode defender recorrendo aos meios de defesa próprios e ainda aos meios de defesa comuns ao grupo, nos termos do art. 514.º do CC[1088] – cabe satisfazer integralmente tal crédito, tendo este pagamento efeito liberatório, nos termos gerais do art. 512.º n.º 1 do CC, sem prejuízo de poder exercer posteriormente o seu direito de regresso perante a sociedade empregadora, nos termos gerais do art. 524.º do CC[1089].

Deve ainda realçar-se o facto de o sistema de responsabilidade do art. 378.º do CT aproveitar a qualquer trabalhador da sociedade membro do grupo e não apenas àqueles trabalhadores cujos contratos estão indexados ao próprio grupo – i.e., os trabalhadores estruturalmente móveis no seio do grupo, ou aqueles que tenham circulado entre mais do que uma empresa do grupo, no âmbito de um acordo de cedência ocasional, ou tenham, a qualquer título, prestado a sua actividade para mais do que uma empresa do grupo[1090]. Por outras palavras, este sistema de responsabilidade tem eficácia geral no âmbito dos grupos societários, porque se baseia na existência desses mesmos grupos, tendo prescindido de uma justificação adicional.

52.2. Em especial o âmbito de aplicação do regime do art. 378.º do CT: apreciação crítica

I. Feito o cotejo dos regimes laboral e jussocietário de responsabilidade solidária em contexto de grupo, cabe apreciar o alcance específico do

---

[1087] A lei nada refere sobre a possibilidade de o trabalhador accionar mais do que uma das outras sociedades do grupo, cabendo assim ao trabalhador optar pela solução que entender – também admitindo que o trabalhador accione mais do que uma sociedade do grupo, JÚLIO GOMES, *Direito do Trabalho cit.*, I, 900.

[1088] Como observa ROMANO MARTINEZ, *Garantias dos créditos laborais cit.*, 247, entre os meios de defesa da sociedade, podem ser invocados meios de defesa próprios (como a alegação de que a sociedade demandada não pertence ao grupo ou que tem a sua sede no estrangeiro) e meios de defesa comuns (designadamente, invocando-se a inexistência ou a prescrição do crédito).

[1089] Reconhecendo este direito de regresso, ROMANO MARTINEZ, *Garantias dos créditos laborais cit.*, 252 e nota [78], e JOANA VASCONCELOS, *Sobre a garantia dos créditos laborais... cit.*, 336.

[1090] Neste sentido, expressamente, JOANA VASCONCELOS, *Sobre a garantia dos créditos laborais... cit.*, 334. Como vimos um pouco atrás, noutros sistemas esta responsabilidade apenas é admitida em relação aos trabalhadores móveis dentro do grupo.

regime do art. 378.º do CT, uma vez que passou a ser este o regime aplicável aos créditos laborais. Esta apreciação deve ser feita, naturalmente, numa perspectiva axiológica, i.e., tendo em conta o objectivo de reforço da tutela dos trabalhadores nesta matéria que aquele regime se propôs atingir.

Tendo em mente este objectivo tutelar, entendemos que o regime do art. 378.º do CT tem o mérito de alargar a tutela conferida aos trabalhadores neste tipo de situações, uma vez que contempla mais modalidades de grupos do que o congénere regime de responsabilidade societária. Todavia, o modo como a lei laboral prosseguiu esse desígnio fica, por um lado, aquém das necessidades de tutela dos trabalhadores, ao passo que, por outro lado, vai para além do que seria materialmente adequado.

Este resultado final um pouco desequilibrado do regime do art. 378.º do CT retira-se da observação do mesmo em três planos, sempre em comparação com o regime do art. 501.º do CSC: o primeiro plano tem a ver com o âmbito de aplicação objectivo destes regimes; o segundo plano tem a ver com a determinação das entidades responsáveis nos dois regimes; e o terceiro e último plano tem a ver com a circunscrição de ambos os regimes ao universo das coligações societárias em sentido próprio. São estes aspectos que vamos considerar de imediato.

II. Por contraposição ao regime do art. 501.º do CSC, é evidente que o regime do art. 378.º do CT tem um âmbito objectivo mais alargado, uma vez que não é limitado aos grupos verticais em sentido próprio, mas se estende aos grupos paritários, às situações de domínio de facto e às relações de participação recíproca, como acima se referiu.

Assim sendo, parece que, contrariamente ao legislador societário, o legislador laboral valorizou a existência objectiva de um ambiente de grupo e não exclusivamente a realidade dos grupos jurídicos verticais, relativamente aos quais a lei societária reconhece e sanciona expressamente a intervenção inter-societária e a prevalência do interesse geral do grupo sobre o interesse de cada sociedade membro (através da outorga do poder instrutório à sociedade mãe e da previsão de instruções desvantajosas para a sociedade filha – art. 503.º do CSC). Assim, ao inverso do que sucede com o regime do art. 501.º do CSC, não é possível justificar o regime do art. 378.º do CT como um regime de compensação pela perda de autonomia dos entes jurídicos societários, quando em grupo e sujeitos ao poder de direcção da sociedade directora ou dominante.

No entanto, crê-se que esta maior extensão do âmbito de aplicação do regime laboral de responsabilidade em contexto de grupo é apenas parcialmente justificada, porque nem em todas as situações grupais a relação inter-societária aumenta os riscos do trabalhador, enquanto tal, por comparação com as situações em que tenha um empregador singular. Ora, naqueles casos em que, de facto, aqueles riscos não aumentam, deveria manter-se o princípio da independência dos vínculos laborais relativamente à inserção laboral do empregador, que vimos sustentando neste estudo, também em matéria de responsabilidade pelos créditos laborais, já que não se justifica axiologicamente um desvio a este princípio.

Desenvolvendo esta ideia, consideramos que se justifica a aplicação do regime laboral de responsabilidade solidária às situações de grupo em sentido próprio para as quais é previsto o regime congénere de responsabilidade inter-societária no art. 501.° do CSC – i.e., para os grupos societários verticais, que se constituam através da aquisição do domínio inter-societário total, inicial ou superveniente, ou mediante a celebração de um contrato de subordinação (arts. 488.° e 493.° do CSC, respectivamente) – porque neste tipo de grupos, o poder directivo da sociedade mãe se pode, efectivamente, reflectir nos vínculos laborais vigentes na sociedade filha empregadora, em termos de comprometer a capacidade de esta satisfazer eventuais créditos do trabalhador. Na mesma linha, justifica-se também, quanto a nós, a extensão deste regime, para além das situações previstas no Código das Sociedades Comerciais para este efeito, às relações de domínio societário contempladas no art. 486.° do CSC, porque, nestes casos, embora não haja um poder jurídico de direcção da sociedade dominante sobre a sociedade dominada, nem seja lícito à administração desta segunda sociedade desviar-se do seu próprio interesse social em nome do interesse do grupo, o domínio de facto da sociedade dominante sobre a sociedade dominada influencia materialmente a respectiva gestão e essa influência aumenta os riscos do trabalhador, nomeadamente no que se refere à possibilidade de satisfação dos créditos pelo seu empregador – por outras palavras, esta situação é materialmente idêntica à situação dos grupos verticais em sentido estrito, pelo que deve beneficiar da mesma tutela em matéria de créditos laborais. Por último, ainda nesta linha, pode justificar-se a extensão do regime de responsabilidade solidária do art. 378.° do CT aos grupos de sociedades constituídos por contrato de grupo paritário (art. 492.° do CSC), porque, embora nestes casos não haja um poder instrutório *de jure* de uma sociedade sobre as outras, como no caso dos gru-

§ 25.º O regime de responsabilidade pelos créditos em contexto de grupo   633

pos verticais em sentido estrito[1091], as sociedades do grupo sujeitam-se a uma direcção unitária comum (nos termos expressos do art. 492.º n.º 1 do CSC), e a influência de tal direcção unitária sobre a gestão das várias sociedades pode vir a repercutir-se negativamente sobre os contratos de trabalho em vigor no seu seio – assim, também neste caso, o abandono do princípio geral da independência dos vínculos laborais quanto aos créditos laborais tem uma justificação material.

Mas, exactamente pelas mesmas razões, a extensão da regra da responsabilidade solidária às relações de participação inter-societária recíproca mas não dominante não tem, quanto a nós, justificação.

Na prática, a aplicação do art. 378.º do CT a esta situação permite ao trabalhador de uma sociedade que seja participada em apenas 10% do seu capital por outra sociedade, de cujo capital participe também em 10%, sem que a essas participações corresponda qualquer presunção de influência dominante (ou seja, sem que as sociedades possam interferir mutua e decisivamente na gestão uma da outra), que, perante a mora na satisfação dos seus créditos laborais, accione directamente a sociedade participante, que não é o seu empregador, para obter a satisfação daqueles créditos. Ora, tendo em conta que esta sociedade não tem, por força da própria natureza desta modalidade de coligação societária, uma influência determinante na gestão da sociedade participada, esta solução afigura-se desproporcionada, não só em face do princípio societário geral da autonomia das pessoas jurídicas societárias, mas também, no plano laboral, por não se vislumbrar aqui fundamento material para o abandono do princípio geral da independência dos vínculos laborais em contexto de grupo[1092-1093].

[1091] Já tendo justificado o nosso entendimento no sentido da recusa do reconhecimento de um poder directivo em sentido jurídico neste tipo de grupos, remete-se para o que então ficou dito – *supra*, § 6.º, ponto 13.4.3.III. Naturalmente, para os autores que admitem a existência de um tal poder de direcção nos grupos paritários, a resposta ao problema laboral, que agora colocamos, fica reforçada no sentido que propomos.

[1092] Deve ter-se em conta que o Anteprojecto do Código do Trabalho não previa esta extensão do regime. Com efeito, o Anteprojecto contemplava a matéria da responsabilidade solidária pelos créditos laborais no art. 308.º, mas apenas estendia o regime da solidariedade aos grupos em sentido próprio e às relações de domínio – era, quanto a nós, a solução materialmente mais adequada, pelas razões expostas em texto. A solução actual foi introduzida em sede de concertação social, constando já da Proposta de Lei apresentada à Assembleia da República, sem que, aliás, se tivesse alterado a epígrafe da norma, que se

Do ponto de vista do direito positivo, a extensão do regime da responsabilidade solidária pela satisfação dos créditos laborais a esta categoria de coligações societárias não suscita dúvidas, apesar das críticas que lhe podem ser endereçadas. A previsão legal desta solução não isenta, contudo, o intérprete do dever de avaliar a sua adequação aos parâmetros axiológicos globalmente subjacentes a este regime, e, verificada a desadequação entre aquela solução e estes parâmetros, aconselha, no mínimo, a uma interpretação restritiva e a uma aplicação criteriosa do preceito em vigor. É o que se propõe.

III. Um outro aspecto do regime de responsabilidade solidária pelos créditos laborais, vertido no art. 378.° do CT, que obriga a uma reflexão crítica, tem a ver com a determinação das entidades responsáveis.

Como acima se referiu, enquanto o regime do art. 501.° do CSC é um regime de responsabilidade da sociedade mãe para com os credores da sociedade filha, o regime do art. 378.° do CT envolve todas as sociedades do grupo, uma vez que permite ao trabalhador cujos créditos entrem em mora reclamá-los ao seu empregador, à sociedade dominante do grupo ou a qualquer uma das outras sociedades do grupo – por outras palavras, é indiferente para a aplicação deste regime a posição relativa que as várias sociedades ocupam no grupo.

Esta solução poderia ser considerada excessiva, uma vez que pode ser chamada a satisfazer os créditos laborais uma sociedade do grupo que não tenha qualquer influência no empregador, por não ser a sociedade dominante, constituindo até, ela própria, uma sociedade dominada. Contudo, tal solução tem duas virtualidades: por um lado, ela permite ao trabalhador optar pela sociedade à qual reclama os seus créditos também em termos de maior facilidade de acesso, o que não é despiciendo, por exemplo, no caso de grupos geograficamente dispersos, como muitas vezes

---

mantém até hoje desadequada. Também salientando a discrepância entre a epígrafe e o texto da norma, pelo motivo assinalado, ROMANO MARTINEZ, *Garantia dos créditos laborais....cit.*, 239.

[1093] Contra o entendimento crítico que sustentamos relativamente ao alargamento do regime de responsabilidade solidária às relações de participação recíproca, e, bem pelo contrário, elogiando essa extensão, por exemplo, JÚLIO GOMES, *Direito do Trabalho cit.*, I, 901, e RITA GARCIA PEREIRA, *A garantia dos créditos laborais...cit.*, 195. Já no sentido crítico que subscrevemos, JOANA VASCONCELOS, *Sobre a garantia dos créditos laborais... cit.*, 331, ou CATARINA CARVALHO *Algumas questões sobre a empresa... cit.*, 453 s.

§ 25.º O regime de responsabilidade pelos créditos em contexto de grupo   635

sucede[1094]; por outro lado, ela evita situações de impasse na satisfação efectiva dos créditos, em casos de descapitalização da sociedade dominante através de uma judiciosa distribuição do seu capital por outras sociedades do grupo.

Perante o exposto, entendemos que a solução consagrada tem justificação material, até porque o direito de regresso da sociedade que vier a satisfazer o crédito sobre a sociedade empregadora ou sobre a sociedade mãe do grupo, pelas quantias pagas, permite compensar os resultados porventura excessivos desta solução.

IV. A última reflexão suscitada pelo regime do art. 378.º do CT – e que corresponde à crítica mais severa que ele nos merece – refere-se ao facto de este regime ter o mesmo âmbito material que o regime jussocietário dos grupos, não se alargando a grupos constituídos por entidades não societárias ou mesmo por sociedades civis, nem a grupos constituídos por sociedades comerciais que não correspondam aos requisitos do art. 481.º do CSC[1095].

Como acima referimos, no caso do regime de responsabilidade solidária do art. 501.º do CSC, a limitação da sua incidência ao universo das sociedades comerciais que obedeçam aos requisitos previstos no art. 481.º do mesmo diploma decorre do código genético do regime das coligações societárias, porque esse regime é, todo ele e bem ou mal, delimitado pela norma do art. 481.º do CSC. No entanto, este condicionamento genético não existe no domínio laboral, pelo que a limitação idêntica feita pelo Código do Trabalho não se imporia e decorreu de uma opção do legislador.

[1094] Uma outra situação em que este regime facilitaria as possibilidades de acesso à justiça, por parte do trabalhador, para reclamação dos seus créditos, seria o caso dos grupos internacionais em que a sociedade mãe fosse sedeada no estrangeiro – nestes casos, seria, obviamente, mais fácil ao trabalhador de uma sociedade dependente, situada em Portugal, accionar outra sociedade do mesmo grupo também sedeada no nosso país, do que propor uma acção contra a sociedade dominante. Contudo, não consideramos esta hipótese, porque o regime legal apenas abrange as coligações societárias cujos membros tenham a sua sede efectiva em Portugal, por força da remissão do art. 378.º do CT para o art. 481.º do CSC. As coligações societárias internacionais – para as quais a maior abertura do regime do art. 378.º do CT poderia, de facto, ter grande utilidade – não são, assim, cobertas pelo regime legal.

[1095] Confirmando que a remissão do art. 378.º do CT para o art. 481.º do CSC tem este alcance, ROMANO MARTINEZ, *Garantia dos créditos laborais... cit.*, 236 s. e 241.

É esta opção do legislador laboral que nos parece questionável, por um motivo axiológico. De facto, com tal limitação, o que o Código do Trabalho instituiu foi um regime de responsabilidade solidária pelos créditos laborais que é exclusivo dos grupos de sociedades em sentido próprio e cujas sociedades membros têm, além disso, que preencher os requisitos do art. 481.° do CSC, i.e., revestir a forma de sociedade anónima, por quotas ou em comandita por acções e ter, todas elas, a sua sede efectiva em território nacional[1096] – por outras palavras, o Código não criou um regime de tutela geral para os trabalhadores cujos empregadores estejam inseridos num contexto de grupo, mas sim um regime de tutela diferenciado para os trabalhadores de alguns tipos de grupos[1097]. Ora, sendo certo que as dificuldades acrescidas de satisfação dos créditos laborais pelo empregador, que podem decorrer da influência da empresa dominante do grupo sobre a gestão da sua empresa, são comuns aos grupos societários em sentido próprio e aos grupos de empresas não societárias ou a grupos de sociedades que não constituam uma coligação societária em sentido próprio, desde que se configure uma situação de domínio empresarial de facto não se considera adequada a limitação do regime de tutela às primeiras situações.

Por outro lado, ainda menos se compreende a extensão ao universo laboral da limitação territorial das coligações societárias (i.e., o requisito da sede efectiva em território nacional, comum a todas as sociedades do grupo), que também decorre da remissão expressa do art. 378.° para o art. 481.° do CSC, porque tal limitação tem como efeito, no plano laboral, a exclusão do âmbito de incidência do regime dos trabalhadores cujo empregador esteja inserido num grupo internacional. É que, tendo em conta a evolução sempre crescente dos fenómenos de circulação transfronteiriça de trabalhadores e, designadamente, o significado desses fenómenos no contexto dos grupos (que já tivemos ocasião de pôr em evidência, neste

---

[1096] Já tendo justificado, no lugar próprio, a interpretação da norma do CSC no sentido de que o requisito da territorialidade se estende a todos os membros do grupo societário e já tendo integrado o conceito de sede efectiva para este efeito, remete-se para o que então foi dito – *supra*, § 6.°, ponto 13.2.II. parte final.

[1097] Também criticando a solução, por se limitar às situações de coligação societária em sentido próprio, criando assim níveis de tutela diferenciados para várias categorias de trabalhadores, JÚLIO GOMES, *Direito do Trabalho cit.*, I, 902, e CATARINA CARVALHO, *Algumas questões sobre a empresa... cit.*, 453.

§ 25.º *O regime de responsabilidade pelos créditos em contexto de grupo* 637

ensaio, a propósito do tema da mobilidade dos trabalhadores no grupo), a exclusão destes trabalhadores do âmbito do regime do art. 378.º do CT é especialmente gravosa[1098].

É certo que, ao apoiar-se no conceito de coligação societária, para efeitos deste regime, o Código manteve uma linha de coerência com outros regimes laborais com incidência nos grupos, que também se socorrem deste conceito. Contudo, não só o paralelismo não é integral, porque nesses outros regimes se prevê a extensão do respectivo âmbito de aplicação a situações grupais não societárias (é o que sucede no caso da pluralidade de empregadores e no caso da cedência ocasional de trabalhadores), como, sobretudo, perante a identidade dos problemas com que se depara o trabalhador no contexto de um grupo de sociedades em sentido próprio e no contexto de um grupo de empresas, no que se refere à satisfação dos créditos laborais, a ancoragem do regime do art. 378.º do CT no conceito de coligação societária em sentido próprio não foi a melhor opção.

Feita a crítica, importa indagar sobre uma possível solução para o problema. A nosso ver, tal solução pode estar na aplicação analógica do regime do art. 378.º do CT a outros grupos de empresas, no seio das quais se comprove a existência de uma situação de domínio de facto de uma empresa sobre a outra.

[1098] Ainda assim, atente-se na proposta de ROMANO MARTINEZ, *Garantia dos créditos laborais... cit.*, 237, para atenuar os efeitos deste requisito de territorialidade. Para o autor, ainda que o grupo seja internacional, o trabalhador poderá, ao abrigo desta norma, accionar outras sociedades do grupo que tenham, elas próprias, a sua sede em Portugal. Por outro lado, este autor admite a possibilidade de reclamação junto da sociedade dominante com sede no estrangeiro dos créditos laborais que o trabalhador tenha sobre a sociedade dominada com sede em território nacional, a título excepcional e ao abrigo da previsão do art. 481.º n.º 2 c) do CSC (*idem*, 238). Quanto a nós, a segunda solução é um pouco forçada, uma vez que a responsabilidade a que se refere aquela norma é uma responsabilidade para com a sociedade dominada e não para com os credores desta sociedade; já a primeira solução parece colidir com a descaracterização do grupo como um grupo societário em sentido próprio, nos termos do Código das Sociedades Comerciais, porque o requisito da territorialidade se aplica a todas as sociedades do grupo – ora, não sendo, por este facto, possível aplicar a estes grupos o regime das coligações societárias, em termos gerais, porque uma das sociedades do grupo não preenche um dos requisitos gerais de sujeição a esse regime, vislumbra-se com dificuldade que lhes possa ser aplicado o regime do art. 378.º do CT, até porque esta norma remete expressamente para as situações qualificadas como coligações societárias pelo referido art. 481.º do CSC.

Segundo cremos, esta solução impõe-se por motivos axiológicos e encontra o seu fundamento na *ratio* do próprio regime, que é, como vimos, o reforço das garantias dos créditos laborais dos trabalhadores cujo empregador esteja inserido num grupo. De outra parte, com esta solução evita-se que o regime do art. 378.° do CT se mantenha como um regime de excepção, no sentido em que apenas protege os trabalhadores de determinados grupos societários – situação que é de evitar, uma vez que não tem, neste caso, qualquer justificação material[1099].

É a proposta que deixamos.

53. O regime do art. 378.° do CT e outros regimes laborais de responsabilidade solidária com reflexos em contexto de grupo

53.1. O regime do art. 378.° e o regime de responsabilidade solidária no contrato de trabalho com pluralidade de empregadores

I. Para completar a apreciação do regime de responsabilidade solidária pelos créditos laborais, em contexto de grupo, previsto no art. 378.° do CT, cabe ainda proceder à conjugação deste regime com dois outros regimes de responsabilidade por créditos laborais, que também podem ter incidências nos grupos: o regime de responsabilidade solidária associado à figura do contrato de trabalho com pluralidade de empregadores (art. 92.° n.° 3 do CT); e o regime de responsabilidade solidária associado à transmissão da empresa, do estabelecimento ou da unidade económica (art. 318.° n.° 2 do CT).

[1099] Note-se que, contrariamente ao que sucede no domínio societário, em que as sociedades optam livremente pela constituição de um grupo – e, nesse sentido, a sujeição ao respectivo regime jurídico é o produto da sua própria vontade – no plano laboral, o grupo é uma realidade que ultrapassa a dimensão dos vínculos laborais, mas que, quando exista, tem reflexos nesses vínculos aos quais o trabalhador não se pode subtrair. Neste contexto é, pois, no mínimo, discricionário que, perante uma mesma situação material, alguns trabalhadores sejam protegidos por uma estrutura de grupo, porque esta corresponde a certos requisitos formais e outros não o sejam porque aqueles requisitos formais não se encontram preenchidos, sendo óbvio que o preenchimento desses requisitos os ultrapassa completamente. A solução que propomos permite contornar este problema.

§ 25.° *O regime de responsabilidade pelos créditos em contexto de grupo* 639

Perante a previsão destes regimes, a par do regime do art. 378.° do CT, a questão que se coloca é, naturalmente, a dos respectivos âmbitos de aplicação.

II. Como vimos a propósito da figura do contrato de trabalho com pluralidade de empregadores[1100], é prevista a responsabilidade solidária dos vários empregadores perante o trabalhador pelo cumprimento das obrigações resultantes do contrato de trabalho celebrado de acordo com os requisitos da figura (art. 92.° n.° 3 do CT). Já tendo apreciado, *in se,* este regime de responsabilidade, estamos agora aptos a fazer a sua destrinça do regime do art. 378.° do CT. Esta destrinça apresenta algumas dificuldades, como vamos ver de imediato, porque os dois preceitos não foram equacionados em articulação.

A primeira e óbvia diferença entre os dois regimes decorre do facto de o regime do art. 92.° n.° 3 do CT ser um regime específico da figura da pluralidade de empregadores, enquanto o regime do art. 378.° é um regime geral de responsabilidade no contexto dos grupos societários: assim, ainda que a pluralidade de empregadores corresponda a uma situação de coligação societária em sentido próprio (é a primeira hipótese de pluralidade prevista no art. 92.° n.° 1 do CT), deveria recorrer-se, para a satisfação dos créditos laborais, ao regime especificamente previsto para esta figura, i.e., ao regime do art. 92.° n.° 3 do CT.

Todavia, uma análise mais atenta das duas normas revela que o âmbito de aplicação dos dois regimes não coincide integralmente, tanto no que se refere aos créditos abrangidos como no que se reporta às entidades responsáveis, e ainda no que respeita às situações de grupo abrangidas – ora, não havendo uma sobreposição total de ambos os regimes, a conclusão no sentido do afastamento do regime geral (do art. 378.° do CT) pelo regime especial (do art. 92.° n.° 3) pode revelar-se apressada.

No que se refere aos créditos abrangidos pelos dois regimes, enquanto o art. 378.° se refere aos créditos laborais, com tradução pecuniária, que emergem do contrato de trabalho, da sua violação ou cessação, o art. 92.° n.° 3 reporta-se ao «...conjunto das obrigações que decorrem do contrato de trabalho» – o que, obviamente, inclui obrigações não patrimoniais. Evidentemente, estando agora em causa obrigações patrimoniais e a

---

[1100] *Supra,* § 12.°, ponto 24.4.2.III.

respectiva garantia, será apenas no que se refere a estes créditos que as duas normas se podem sobrepor. Mas, justamente no que respeita a estes créditos, o âmbito de aplicação do art. 92.° n.° 3 parece ser menos amplo do que o do art. 378.°, uma vez que se refere apenas a obrigações decorrentes do contrato de trabalho e não também às que decorram da violação ou da cessação deste mesmo contrato – que, por sua vez, são incluídas nos créditos laborais identificados pelo art. 378.°.

Por outro lado, é patente a diferença dos regimes quanto às entidades sobre as quais impende o dever de satisfação dos créditos: enquanto o regime do art. 378.°, como acima verificámos, se impõe a *todas* as sociedades do grupo, sendo que apenas uma delas é o empregador, o regime do art. 92.° n.° 3 é ainda um regime de responsabilidade dos empregadores, pelo que se impõe a todos os que detêm essa qualidade no contrato[1101]. Ora, como vimos em devido tempo, ainda que seja celebrado no âmbito de um grupo societário, nada obsta a que o contrato de trabalho com pluralidade de empregadores seja celebrado apenas com algumas das sociedades desse grupo, caso em que, nos termos do art. 93.° n.° 3, apenas essas sociedades estão obrigadas à satisfação dos créditos[1102].

Por fim, reforçamos um traço diferenciador para o qual já chamámos atenção noutros pontos do estudo: ao contrário do que sucede com o regime do art. 378.°, o regime de responsabilidade do art. 92.° n.° 3 não é exclusivo das situações de coligação societária em sentido próprio, mas aplica-se também aos grupos de empresas em sentido amplo, desde que as empresas que os integram e que celebraram o contrato de trabalho detenham estruturas organizativas comuns (é a hipótese prevista no n.° 2 do art. 92.°).

[1101] Salientando este aspecto como traço distintivo fundamental dos dois regimes, ROMANO MARTINEZ, *Garantia dos créditos laborais... cit.*, 236 ss.

[1102] No lugar próprio discutimos uma outra questão, quanto ao âmbito de incidência deste regime, que se coloca pelo facto de o art. 93.° n.° 2 reportar esta responsabilidade aos «...empregadores *beneficiários da prestação de trabalho...*» (itálico nosso). Numa interpretação literal, esta referência permitiria interpretar a norma no sentido de restringir os sujeitos abrangidos pelo regime às entidades empregadoras para as quais o trabalhador, efectivamente, desenvolveu a sua actividade e que podem não coincidir com o conjunto de empregadores que outorgaram o contrato de trabalho. Já tendo rejeitado esta leitura do preceito, oportunamente, remete-se para o que então foi dito – *supra*, § 12.°, ponto 24.4.2.III.

III. Apresentadas as diferenças e os pontos de contacto entre ambos os regimes, cabe tomar posição sobre a questão da respectiva delimitação e conjugação.

A nosso ver, os regimes de responsabilidade solidária dos arts. 92.° n.° 3 e 378.° do CT não se excluem por força da relação norma geral/ /norma especial, que determinaria, de um modo simples, a sujeição às regras do art. 92.° n.° 3 sempre que estivesse em causa um contrato de trabalho com pluralidade de empregadores e ainda que esses empregadores mantivessem entre si uma relação de coligação societária. Pelo contrário, estes regimes devem conjugar-se, porque o seu âmbito de aplicação não se sobrepõe.

Assim, perante um contrato de trabalho com pluralidade de empregadores e perante a existência de créditos laborais, é, obviamente, de aplicar, o regime de responsabilidade solidária constante do art. 92.° n.° 3 do CT, enquanto regime especial de responsabilidade do conjunto de empregadores que caracteriza aquele vínculo laboral. E nesta aplicação, entendemos que a locução «obrigações decorrentes do contrato de trabalho», na parcela em que se reporte às obrigações patrimoniais do empregador, deve ser entendida no sentido de abranger também os créditos decorrentes da violação e da cessação do contrato de trabalho, não só porque estes créditos também têm origem no contrato (ou pelo menos, têm ligação com ele), mas também porque, a não ser assim, a tutela conferida aos trabalhadores por esta norma seria consideravelmente menor, sem que houvesse uma justificação objectiva para essa diferença. No entanto, tendo em conta que este regime de responsabilidade apenas abrange os empregadores, mas estes podem não coincidir com todas as sociedades do grupo, como acima recordámos, não se vislumbra qualquer razão para afastar a possibilidade de o trabalhador com pluralidade de empregadores, recorrer, em alternativa, ao art. 378.°, para reclamar junto de outra sociedade do grupo – que não seja um dos seus empregadores – os créditos laborais que tenha sobre os seus empregadores e que estejam em mora há mais de três meses[1103].

[1103] Assim, em termos práticos, se o trabalhador tiver celebrado o contrato de trabalho com as sociedades A e B, que são sociedades sob o domínio da sociedade mãe C, pode, em alternativa, reclamar junto das sociedades A ou B (ou ambas, em simultâneo), os seus créditos laborais, logo que se vençam (ao abrigo do art. 92.° n.° 3 do CT), ou reclamar estes mesmos créditos directamente à sociedade C, uma vez decorrida a moratória dos três meses (ao abrigo do art. 378.°) – esta possibilidade não é, obviamente, destituída de interesse prático, nomeadamente no caso de as sociedades empregadoras ficarem insolventes ou se, no

Em suma, porque o regime do art. 93.º n.º 2 é um regime de responsabilidade do empregador (que é, neste caso, um empregador plural) e o regime do art. 378.º é um regime de responsabilidade do grupo, os dois regimes podem coexistir, cabendo ao trabalhador escolher[1104] a entidade a quem vai reclamar os seus créditos.

IV. Estabelecido este princípio de conjugação dos regimes dos arts. 92.º n.º 3 e 378.º do CT, para as situações em que o contrato de trabalho com pluralidade de empregadores tiver sido celebrado no âmbito de uma coligação societária em sentido próprio, resta saber se tal princípio é extensível aos casos em que o contrato seja celebrado no contexto de um grupo de empresas, ao abrigo da previsão do art. 92.º n.º 3 do CT.

A resposta a este problema depende da interpretação que fizermos da norma do art. 378.º do CT, quanto ao respectivo âmbito de aplicação: se considerarmos, com apoio na letra do preceito, que este regime se aplica apenas às coligações societárias em sentido próprio, ele não pode, obviamente, aproveitar aos trabalhadores titulares de um contrato de trabalho com pluralidade de empregadores que estejam inseridos num grupo não societário, pelo que estes trabalhadores apenas podem recorrer ao art. 92.º n.º 3 para obterem o ressarcimento dos seus créditos junto dos respectivos empregadores; já se entendermos que o art. 378.º do CT se pode aplicar, por analogia, aos grupos não societários, então estes trabalhadores podem também lançar mão deste regime.

Tendo sustentado a possibilidade de aplicação analógica do art. 378.º exactamente neste sentido, no ponto anterior, defendemos, em conformidade, a segunda solução.

âmbito do grupo, for deliberada a sua extinção. Também admitindo esta possibilidade em relação às sociedades do grupo que não revestem a qualidade de empregador, JOANA VASCONCELOS, *Sobre a garantia dos créditos laborais... cit.*, 333.

[1104] Evidentemente, os dois regimes devem ser colocados em alternativa, não sendo possível ao trabalhador reclamar os créditos a diferentes entidades, recorrendo cumulativamente ao art. 92.º n.º 3 e ao art. 378.º do CT – neste caso, estaríamos, no limite, perante uma situação de enriquecimento sem causa.

53.2. O regime do art. 378.° e o regime de responsabilidade solidária previsto para a transmissão da empresa, do estabelecimento ou da unidade de negócio

I. O outro regime de responsabilidade solidária previsto pelo Código do Trabalho, que cabe distinguir do regime do art. 378.°, porque também pode ter incidência nos grupos, é o regime de responsabilidade associado à transmissão da empresa, do estabelecimento ou da unidade de negócio, que consta do art. 318.° n.° 2 do CT.

Como referimos aquando da apresentação da figura da transmissão de empresa, estabelecimento ou unidade de negócio, no contexto das vicissitudes dos grupos que podem afectar os vínculos laborais das empresas que os compõem[1105], embora esta figura não pressuponha a existência de um grupo empresarial, a verdade é que ela surge com frequência associada aos grupos, ou por ocasião da constituição dos mesmos (por exemplo, no caso de constituição do grupo por efeito da cisão de duas sociedades) ou por força de vicissitudes empresariais ocorridas em vida do grupo (por exemplo, entre muitas situações possíveis, no caso de transferência de um sector de actividade de uma das empresas do grupo para outra empresa do mesmo grupo, ou de transmissão de uma empresa do grupo para uma entidade terceira).

Ora, quando assim suceda, cabe compaginar o regime de responsabilidade, que o art. 318.° n.° 2 do CT associa à operação de transmissão e que reforça a garantia dos créditos laborais dos trabalhadores que acompanham a unidade económica transmitida, com o regime geral de responsabilidade solidária em contexto de grupo, constante do art. 378.° do CT.

II. A nosso ver e tal como no caso anterior, os dois regimes não se excluem mas devem conjugar-se porque o seu âmbito de incidência e o seu objectivo são diversos: assim, enquanto o regime do art. 378.° do CT pretende reforçar a garantia de satisfação dos créditos laborais do trabalhador, tendo em conta o contexto de grupo em que se insere o respectivo empregador, o regime do art. 318.° n.° 2 permite acautelar os riscos especiais que decorrem da operação de transmissão da unidade de negócio, pelo facto de o primeiro empregador «desaparecer» e o segundo empregador poder não assumir os créditos vencidos antes do negócio transmissivo.

[1105] *Supra*, § 22.°, ponto 45.2.III.

Perante esta diferença de objectivos, entende-se que, ocorrendo o negócio transmissivo no contexto de um grupo, o regime do art. 318.° n.° 2 do CT tem sempre aplicação, sendo solidariamente responsáveis o primeiro e o segundo empregadores, durante o ano subsequente à transmissão, pelos créditos laborais vencidos até esse momento, desde que tenham sido respeitados os requisitos formais de reclamação prévia de tais créditos, estabelecidos no art. 319.° n.° 3 do CT. Contudo, se o segundo empregador (i.e., o adquirente ou concessionário da unidade de negócio transmitida) estiver, ele próprio, inserido num grupo societário (ou mesmo num grupo empresarial, em consonância com a possibilidade de aplicação analógica do art. 378.° do CT a estes grupos, que vimos sustentando), as restantes empresas deste grupo também respondem por esses créditos, em moldes solidários e ao abrigo do art. 378.°, pelos seguintes motivos: em primeiro lugar, porque, com a assunção da posição de empregador, o adquirente da unidade de negócio assumiu automaticamente o dever de satisfação daqueles créditos, que se «comunicam» assim aos restantes membros do grupo, por força do art. 378.°; em segundo lugar, porque o art. 378.° não estabelece quaisquer limites quanto à fonte originária dos créditos ou ao momento da sua constituição, limitando-se a reportá-los ao contrato de trabalho, e este contrato se mantém *qua tale* na esfera do empregador transmissário, por força do regime do art. 318.° n.° 1 do CT.

Em suma, desde que o adquirente da unidade de negócio esteja inserido num grupo, o trabalhador pode escolher uma ou outra via para reclamar os seus créditos, desde que estejam reunidos os pressupostos respectivos.

Já na hipótese inversa, em que, por força da transmissão da unidade económica, seja o segundo empregador que está fora do grupo (por exemplo, no caso de ser alienada uma empresa do grupo para uma entidade terceira), nos parece que deixa de ser possível ao trabalhador invocar o art. 378.° do CT para exigir os créditos laborais que tinha sobre o primeiro empregador às restantes sociedades do grupo a que pertence a entidade transmitente, na medida em que o regime de solidariedade do art. 378.° do CT é concebido para a relação de grupo do empregador e, neste caso, o empregador não pertence ao grupo. Nesta situação, o trabalhador poderá lançar mão apenas do regime do art. 318.° n.° 2 do CT.

§ 26.º Outras especificidades do regime de tutela dos créditos laborais em contexto de grupo

I. Para encerrar este ponto, resta dar nota de outras especificidades do regime de tutela dos créditos laborais, que se podem suscitar quando o empregador esteja inserido num grupo societário ou empresarial.

Estas especificidades referem-se às regras sobre prescrição dos créditos laborais e à situação de insolvência do empregador (respectivamente, arts. 381.º e 380.º do CT). Deve, contudo, ficar claro que estas matérias extravasam o âmbito deste trabalho, pelo que as referências que lhes vamos fazer são estritamente limitadas ao objectivo de equacionar os problemas que a aplicação dos correspondentes regimes no contexto dos grupos pode suscitar.

II. O problema que colocam as regras de prescrição dos créditos laborais, quando o contrato de trabalho se insere num contexto de grupo é, obviamente, o do início da contagem do prazo de prescrição. Tendo em conta que a lei fixa o prazo de prescrição de um ano sobre o vencimento do crédito, mas que tal prazo apenas começa a contar a partir do dia seguinte ao da cessação do contrato de trabalho (art. 381.º n.º 1 do CT), a questão do início da contagem deste prazo pode suscitar problemas em relação aos trabalhadores que circulam entre as empresas do grupo.

Como vimos na secção desde ensaio dedicada aos problemas da mobilidade inter-empresarial dos trabalhadores no seio dos grupos, a circulação dos trabalhadores entre várias empresas do grupo pode ser feita a título transitório ou definitivo e pode envolver ou não a cessação do contrato de trabalho e a celebração de um novo contrato de trabalho com outra empresa do mesmo grupo, assim como pode passar pela prestação simultânea da actividade laboral a várias empresas do mesmo grupo, ao abrigo de um ou mais contratos de trabalho.

A questão da contagem do prazo de prescrição só se coloca em duas destas situações: a situação em que o trabalhador presta simultaneamente a sua actividade laboral para mais do que uma empresa do mesmo grupo, em execução de vários contratos de trabalho (i.e., o caso do trabalhador estruturalmente móvel no seio do grupo, com pluralidade de contratos de trabalho); e a situação de transferência definitiva do trabalhador de uma empresa do grupo para outra empresa do mesmo grupo, titulada pela sucessão de contratos de trabalho com as duas empresas.

No caso do trabalhador titular de vários contratos de trabalho com várias empresas do grupo, o problema que se coloca é o de saber se, cessando apenas um desses contratos mas mantendo-se o outro (ou outros) – o que pode suceder, porque a cessação de cada um dos contratos é independente dos demais –, se começa de imediato a contar o prazo de prescrição dos créditos laborais do trabalhador relativos ao contrato de trabalho que cessou, ou se tal prazo apenas se inicia quando cessar o último contrato. No caso do trabalhador que transita de uma para outra empresa do mesmo grupo, mediante a cessação do contrato de trabalho que tinha com a primeira empresa e a celebração de um novo contrato de trabalho com a segunda empresa, cabe também decidir se o prazo de prescrição dos créditos salariais que o trabalhador tinha em relação ao primeiro empregador pode ser contado apenas a partir da cessação do segundo contrato.

Apresentado o problema, cabe tomar posição.

Em favor da solução da contagem do prazo de prescrição dos créditos laborais a partir do momento em que cessa o contrato de trabalho com um dos empregadores do grupo depõe o princípio geral da independência dos vínculos laborais em relação ao contexto de grupo, que vimos sustentando, e também um argumento de segurança jurídica, que decorre do facto de a solução inversa determinar a persistência de uma situação de incerteza para o primeiro empregador por tempo indefinido. Já no sentido do adiamento da contagem do prazo para o momento da cessação do segundo contrato, depõe essencialmente o facto de o trabalhador permanecer no seio do grupo, embora com outro empregador, persistindo assim a situação de dependência ou de sujeição perante o empregador que o inibe de reclamar os seus créditos junto de uma entidade que está inserida no mesmo grupo[1106].

[1106] Neste sentido, por exemplo, MELIADÒ, *Il rapporto di lavoro nei gruppi... cit.*, 172

Ainda que reconheçamos o valor dos argumentos em favor da primeira solução – designadamente, o argumento da segurança jurídica – inclinamo-nos para a segunda solução, porque nos parece que é este entendimento que vai mais ao encontro do objectivo da regra especial de prescrição dos créditos laborais. Com efeito, se tivermos em conta que o objectivo essencial desta regra é ultrapassar a dificuldade efectiva que assiste ao trabalhador de accionar o empregador na pendência do contrato de trabalho, por força da posição subordinada que ocupa nesse contrato[1107], observamos que, tanto nos casos de pluralidade de contratos de trabalho com várias empresas do grupo como nos casos de sucessão de contratos de trabalho com várias empresas do grupo, a situação de dependência do trabalhador, que justificou aquela regra, se mantém até à cessação do último contrato. Acresce que durante todo este tempo, o trabalhador estará ainda mais inibido de accionar o seu próprio empregador, não enquanto tal, mas como membro do grupo a que pertence o empregador anterior, relativamente ao qual ele tenha créditos laborais (ou seja, recorrendo ao regime de responsabilidade solidária do art. 378.º do CT), justamente porque ainda está pendente o vínculo laboral com o segundo empregador.

Por estas razões, propendemos para a solução do adiamento dos prazos de prescrição para o momento da cessação do último contrato de trabalho com uma empresa do grupo, embora apenas nos dois casos indicados.

III. O último problema que se suscita na aplicação das regras sobre os créditos laborais ao contexto de grupo, tem a ver a com a situação de insolvência do empregador.

Como é sabido, nesta situação, a lei determina que os créditos que não possam ser pagos pelo empregador insolvente sejam pagos pelo Fundo de Garantia Salarial, ficando este Fundo subrogado nos direitos de crédito

---

ss. e ainda deste autor, *Il rapporto di lavoro nell'impresa di gruppo cit.*, 649 ss., e CALABRÒ, *Lavoro, Impresa di Gruppo... cit.*, 124 ss.

[1107] Em geral sobre esta *ratio* da norma, vd ROSÁRIO PALMA RAMALHO, *Direito do Trabalho cit,* II, 580 s. Sendo certo que esta regra de prescrição também aproveita aos créditos que o empregador tenha sobre o trabalhador e que, em relação ao empregador, não pode ter a mesma fundamentação, é reconhecido que a regra foi instituída para ultrapassar as dificuldades práticas do trabalhador em accionar o empregador na pendência do contrato, justificando-se a sua extensão aos créditos do empregador por uma razão de simetria.

do trabalhador e nas respectivas garantias na medida dos pagamentos que efectue por conta de tais créditos – é o regime que decorre do art. 380.º do CT e dos arts. 316.º ss. da RCT, *maxime*, do art. 322.º da RCT.

Em contexto de grupo, este regime coloca duas questões: a primeira questão reside em saber quando é que se considera que os créditos não podem ser pagos (requisito de reclamação dos mesmos ao Fundo de Garantia Salarial, estabelecido pelo art. 380.º do CT), no caso de o empregador insolvente estar inserido num grupo, tendo em conta que as restantes empresas desse grupo (ou sociedades do grupo, se interpretarmos o art. 378.º do CT no sentido mais restrito) são solidariamente responsáveis por tais créditos, nos termos do art. 378.º do CT; a segunda questão reside em saber como se articula o mecanismo da subrogação legal do Fundo de Garantia Salarial, previsto no art. 322.º da RCT, nos direitos de crédito do trabalhador em contexto de grupo.

Quanto à primeira questão parece-nos que a reclamação dos créditos directamente ao Fundo de Garantia Salarial, por parte do trabalhador cujo empregador, inserido num grupo, esteja em situação de insolvência, deve obedecer apenas aos requisitos para tal fixados na Regulamentação do Código do Trabalho e não pode ficar na dependência da reclamação prévia de tais créditos junto de outras empresas do grupo, ao abrigo do art. 378.º do CT.

O nosso entendimento encontra, desde logo, justificação na letra da lei (uma vez que o art. 380.º do CT apenas se refere à insolvência do *empregador*), mas alicerça-se, sobretudo, no facto de o direito de recurso ao Fundo de Garantia Salarial ser concebido como uma medida de urgência, que procura compensar, de forma rápida e, ainda assim, limitada, a situação de carência salarial do trabalhador – tal medida não se compadece, pois, com as delongas que decorreriam da necessidade de uma reclamação do crédito pelo trabalhador junto das outras empresas do grupo, ao abrigo do art. 378.º do CT. Na verdade, cremos que as duas vias de reclamação não se excluem mutuamente, podendo os trabalhadores recorrer ao Fundo de Garantia Salarial e, depois ou em simultâneo, reclamar os seus créditos junto de outra sociedade do grupo, uma vez que a responsabilidade solidária destas entidades se mantém em caso de insolvência do empregador e é independente da forma como o contrato de trabalho venha a cessar em resultado dessa insolvência.

§ 26.º *Outras especificidades do regime de tutela dos créditos laborais* 649

Quanto ao segundo problema, entendemos que a subrogação do Fundo de Garantia Salarial nos direitos de crédito do trabalhador contra o empregador insolvente e nas correspondentes garantias, quanto às quantias que lhe tenha adiantado (nos termos do art. 322.º da RCT), permite ao Fundo, no caso de o empregador insolvente se integrar num grupo, accionar as outras sociedades desse grupo para reintegração daquelas quantias. Por outras palavras, o Fundo de Garantia Salarial poderá reaver do trabalhador as quantias que lhe adiantou e que este venha a obter por reclamação dos créditos laborais junto de outras sociedade do grupo, ao abrigo do art. 378.º do CT, ou poderá, ele próprio, accionar directamente essas outras sociedades, recorrendo àquela norma, no exercício do seu direito de subrogação legal.

CAPÍTULO III
Incidências dos grupos empresariais e societários nas situações laborais colectivas

§ 27.º Sequência

I. Analisadas as incidências dos fenómenos de grupo no contrato de trabalho e nas situações juslaborais individuais do trabalhador e do empregador, cabe apreciar as projecções laborais colectivas destes fenómenos.

Tomando como ponto de partida para a análise desta matéria a divisão tradicional da área regulativa colectiva do direito do trabalho nos grandes temas da representação colectiva dos trabalhadores e dos empregadores, da negociação colectiva e dos conflitos colectivos[1108], apreciaremos sucessivamente os problemas que a estrutura grupal das empresas pode suscitar em cada uma destas áreas temáticas.

II. No que toca às repercussões do fenómeno dos grupos na matéria da representação colectiva dos trabalhadores e dos empregadores, cabe distinguir as questões institucionais dos problemas atinentes à actividade desenvolvida pelas estruturas de representação colectiva.

Assim, começaremos por estabelecer o quadro institucional das estruturas de representação colectiva em contexto de grupo, tanto no que se refere aos trabalhadores como no que se reporta aos empregadores. Especificamente em relação às estruturas de representação colectiva dos trabalhadores, procuraremos resolver o problema prévio da determinação da dimensão da empresa em contexto de grupo, uma vez que a dimensão

---

[1108] Por todos, sobre esta divisão temática da área regulativa colectiva do direito do trabalho, ROSÁRIO PALMA RAMALHO, *Direito do Trabalho cit.*, I, 32 s.

da empresa é, como se sabe, um elemento decisivo para efeitos da estruturação da representação colectiva dos trabalhadores, do conteúdo dessa representação e da extensão do regime de tutela dos trabalhadores representantes. De seguida, apreciaremos as estruturas de representação colectiva específicas do contexto grupal, como as estruturas sindicais de grupo, as comissões de trabalhadores de grupo e ainda as estruturas de representação colectiva do grupos de dimensão internacional (conselhos de empresa europeus e conselhos de trabalhadores), procurando ainda resolver os problemas da articulação destas estruturas com as estruturas representativas dos trabalhadores de nível empresarial, prévias ao próprio grupo ou com ele coexistentes.

No que se refere à actividade desenvolvida pelas estruturas de representação colectiva dos trabalhadores, devem distinguir-se os problemas suscitados por ocasião da constituição e da modelação do grupo e os problemas relativos à articulação da representação colectiva ao longo da vida do grupo.

A propósito da constituição e modelação dos grupos, consideraremos sucessivamente a intervenção dos trabalhadores nos processos de constituição e modelação interna dos grupos, que envolvam a transmissão de uma unidade de negócio, e a intervenção dos trabalhadores nos processos de constituição ou modelação dos grupos de dimensão comunitária. Na primeira categoria de situações, coloca-se o problema da extensão das exigências de informação e consulta dos trabalhadores previstas para a transmissão do estabelecimento ou da empresa a estas situações e o problema do conteúdo e exercício dessa participação em concreto; contudo, uma vez que, a propósito da matéria dos efeitos das vicissitudes do grupo na situação dos trabalhadores das empresas que o compõem, já respondemos à primeira questão[1109], limitamo-nos agora a sintetizar a posição que sustentámos, para concentrarmos a nossa análise no problema da articulação prática da participação dos trabalhadores nestes processos.

No que se refere à intervenção das estruturas de representação colectiva dos trabalhadores na vida dos grupos societários ou empresariais, apreciaremos a actividade que pode ser desenvolvida neste contexto pelas estruturas de representação sindical, pelas comissões de trabalhadores, pelos conselhos de empresa europeus e pelos conselhos de trabalhadores,

---

[1109] *Supra*, § 22.°, pontos 45.1. e 46.

§ 27.º *Incidências colectivas dos grupos. Sequência* 653

este últimos no âmbito da sociedade anónima europeia e da sociedade cooperativa europeia. Num último momento, debruçar-nos-emos sobre a representação colectiva dos trabalhadores por ocasião das vicissitudes das empresas que integram o grupo.

Um segundo grupo de problemas a apreciar nesta parte do ensaio prende-se com a negociação colectiva no seio dos grupos societários e empresariais.

Neste domínio, a questão essencial a resolver é, naturalmente, a questão da admissibilidade da negociação colectiva e da contratação colectiva ao nível do próprio grupo e do enquadramento jurídico desta negociação. A este problema central estão associadas outras questões, de índole procedimental e substancial. Assim, do ponto de vista procedimental, caberá resolver o problema da escolha dos parceiros negociais para efeitos da contratação colectiva ao nível do grupo. Já do ponto de vista substancial, os principais problemas reportam-se aos efeitos da contratação colectiva de grupo no seio das empresas que o compõem e perante os respectivos trabalhadores e à articulação dos instrumentos de regulamentação colectiva de grupo com outras categorias de instrumentos de regulamentação colectiva do trabalho. Por fim, cabe no âmbito desta análise uma referência breve à negociação colectiva nos grupos internacionais.

O terceiro e último grupo de problemas a debater refere-se à matéria dos conflitos colectivos de trabalho e tem a ver com a expressão máxima da conflitualidade laboral, i.e., com o direito de greve.

Nesta matéria, equacionaremos os problemas relativos às greves que ocorram em contexto de grupo, entre os quais se destacam a questão dos objectivos da greve (e, designadamente, o problema da admissibilidade de greves que prossiguem interesses do grupo e de greves de solidariedade para com trabalhadores de outra empresa do mesmo grupo), a questão da representação dos trabalhadores numa greve que ocorra em contexto grupal, e algumas questões relativas ao processamento da greve neste contexto (com destaque para o problema limites de actuação dos piquetes de greve e para o problema da substituição dos trabalhadores grevistas por trabalhadores de outra empresa do grupo).

III. Nas secções que seguem analisaremos sucessivamente os grupos de problemas enunciados. Contudo, esta análise exige uma dupla prevenção.

Por um lado, deve acentuar-se, tal como fizemos relativamente à apreciação das incidências dos fenómenos de grupo na situação juslaboral individual, que a nossa análise se destina apenas a evidenciar as eventuais especificidades do regime laboral colectivo na sua aplicação ao universo grupal. Assim sendo, dispensar-nos-emos de referir as matérias em que, no nosso entender, as regras laborais se aplicam sem problemas.

Por outro lado, recorda-se a dimensão dogmática e eminentemente nacional que atribuímos ao estudo, para reforçar o arrimo essencial da análise no sistema normativo português, embora sem esquecer a origem comunitária de muitas das regras nacionais relevantes nestas matérias. O reforço da componente nacional do estudo é especialmente importante neste contexto, dadas as diferentes tradições dos vários países quanto ao enquadramento da área regulativa colectiva do direito laboral, tradições estas que, obviamente, influenciam as soluções propostas para os problemas que se suscitam em contexto de grupo – por este motivo, as referências de direito comparado, que formos fazendo a propósito dos vários problemas suscitados, revestem um carácter meramente incidental. Por seu turno, a incidência dogmática do estudo determina que a validade das soluções que vamos propor para esses mesmos problemas deva ser aferida no quadro do sistema juslaboral nacional.

SECÇÃO I
A representação colectiva dos trabalhadores e dos empregadores no contexto dos grupos societários e empresariais

§ 28.º Aspectos gerais

I. Antes de procedermos à análise das questões que a matéria da representação colectiva dos trabalhadores e dos empregadores pode suscitar em contexto de grupo, distinguindo, de acordo com o critério de análise escolhido, entre os problemas institucionais e os problemas dinâmicos ou relativos à actividade desenvolvida por aquelas estruturas de representação, cabe proceder a duas observações gerais sobre esta matéria: a primeira observação é para realçar a diversidade dos sistemas jurídicos na aproximação a estes temas; a segunda é para salientar a importância das fontes comunitárias na regulamentação desta matéria.

II. Em primeiro lugar, deve ser realçada a perspectiva diversa dos vários sistemas jurídicos sobre as questões colocadas pela representação colectiva dos trabalhadores e dos empregadores (em especial no que se refere aos trabalhadores) no contexto dos grupos.

Colocando-nos apenas no quadro dos sistemas europeus, observamos que esta diferença de perspectiva decorre das tradições muito diversas de alguns desses sistemas quanto ao papel reconhecido às estruturas de representação colectiva dos trabalhadores, quer no que toca à sua constituição e modalidades (e, neste aspecto, designadamente no que se refere à distinção entre estruturas sindicais e comissões de trabalhadores), quer no que respeita às respectivas competências (que também apresentam algumas variações de país para país).

Não cabendo, de todo em todo, no âmbito do nosso estudo desenvolver estes modelos, apenas os referimos para acentuar a respectiva influência no modo de conceber a intervenção destas estruturas de representação dos trabalhadores quando a empresa não é unitária mas se insere numa realidade grupal. Perante este quadro, não admira que os países em que a intervenção das estruturas de representação colectiva dos trabalhadores é mais ampla e intensa e em que uma parte significativa dessa intervenção assenta em instituições de nível empresarial – como é o caso da Alemanha, com o papel proeminente das comissões de trabalhadores (*Betriebsräte*) e com o seu singular sistema de cogestão (*Mittbestimungsrecht*) – dediquem uma atenção particular a este tema, na óptica de avaliar as adaptações que o regime legal nesta matéria tem que sofrer em contexto de grupo[1110-1111].

Já em países com uma tradição de intervenção menos participativa das instituições de representação empresarial directa dos trabalhadores e que assentam o essencial da representação colectiva dos trabalhadores nas estruturas sindicais e na negociação colectiva protagonizada pelos sindicatos (como é o caso da maioria dos países da Europa e, nomeadamente, de Portugal), há uma menor preocupação com os problemas da representação institucional dos trabalhadores em contexto de grupo e com o tipo de

---

[1110] Sobre as projecções do fenómeno dos grupos no sistema germânico de cogestão, podem ver-se, em especial, WINDBICHLER, *Arbeitsrecht im Konzern cit.*, 267 ss., e ainda desta autora, *Ist das Gruppenprinzip in der Betriebsverfassung noch aktuell? cit.*, 268 ss., mas também K.-P. MARTENS, *Mitbestimmung, Konzernbildung und Gesellschaftereinfluß*, ZHR, 1974, 138, 179-226, W. F. BAYER, *Mitbestimmung und Konzern. Zur Regelung der Konzernfragen im Entwurf des Mitbetimmungsgesetz*, DB, 1975, 25, 1167-1175, K. DUDEN, *Zur Mitbestimmung im Konzernverhältnissen nach dem Mitbestimmungsgesetz*, ZHR, 1977, 141, 145-189, H. MEILICKE, *Mitbestimmung im Konzern*, BB, 1978, 8, 406-412, W. HÖLTERS, *Die unbewältigte Konzernproblematik des Mitbestimmunsgesetzes 1976*, RdA, 1979, 6, 335-340, B. RICHTER, *Konzernführung und Mitbestimmung*, DB, 1983, 39, 2072-2075, P. HANAU, *Fragen der Mitbestimmung und Betriebsverfassung im Konzern*, ZGR, 1984, 3, 468-494, e ainda ZÖLLNER / LORITZ, *Arbeitsrecht cit.*, 616; especificamente quanto ao exercício do direito de cogestão nos grupos de dimensão internacional, ainda JUNKER, *Internationales Arbeitsrecht im Konzern cit.*, 23 ss.

[1111] Mas, no contexto da doutrina germânica, alguns autores chamam exactamente a atenção para a grande especificidade do regime jurídico alemão em matéria de projecções colectivas do fenómeno dos grupos, relativamente à maioria dos outros sistemas, o que torna difícil a aplicação deste sistema no contexto dos grupos internacionais – por todos, neste sentido, M. GENTZ, *Das Arbeitrecht im internationalen Konzern*, NZA, 2000, 1, 3-5, e SÄCKER, *Arbeits- und Sozialrecht im multinationalem Unternehmensverbund... cit.*, 204, referindo-se especificamente ao sistema de cogestão.

intervenção que deve caber às estruturas de representação colectiva empresarial, neste mesmo contexto grupal[1112-1113].

Perante esta diversidade de modelos e soluções, confirma-se a justeza da circunscrição da nossa análise deste tema ao universo jurídico nacional. Não deixaremos, ainda assim, de proceder às referências de direito comparado que se justifiquem, mas tais referências devem, obviamente, ser contextualizadas perante o quadro normativo de origem. Fica assim feita a necessária prevenção.

III. A segunda observação geral, que deve anteceder a apresentação dos problemas relativos à representação colectiva de trabalhadores e empregadores em contexto de grupo, tem a ver com a profunda influência dos vários sistemas jurídicos – *y compris*, o sistema nacional – pela regulamentação comunitária nesta matéria.

Como já tivemos ocasião de assinalar noutro ponto do trabalho[1114], o direito comunitário tem-se ocupado da matéria da representação dos trabalhadores para diversos efeitos e em vários contextos, que podem ter implicações directas ou indirectas na temática dos grupos. Para além da ampla jurisprudência comunitária produzida nesta matéria, recordamos as várias directivas sobre a representação institucional dos trabalhadores em contexto de grupo (a Dir. 94/45/CE, de 22 de Setembro de 1994, sobre os conselhos de empresa europeus, a Dir. 2001/86/CE, de 8 de Outubro de 2001, sobre a representação dos trabalhadores na sociedade anónima europeia, a Dir. 2003/72/CE, de 22 de Julho de 2003, sobre a representação dos trabalhadores na sociedade cooperativa europeia, e ainda a Dir. 2002/14/CE, de 11 de Março de 2002, que estabelece um quadro geral relativo à informação e consulta dos trabalhadores na Comunidade Europeia); e recordamos ainda as várias directivas relativas à protecção dos trabalhadores

---

[1112] Neste sentido depõem os temas preferenciais tratados pela literatura da especialidade: como já tivemos ocasião de salientar (*supra*, § 10.º, ponto 17), apenas a doutrina alemã trata à exaustão os problemas colocados pela representação colectiva dos trabalhadores no contexto dos grupos, enquanto noutros sistemas são, sobretudo, privilegiados os problemas relativos às repercussões dos fenómenos grupais nos contratos de trabalho.

[1113] Para uma apreciação comparada dos sistemas de representação colectiva dos trabalhadores no âmbito dos grupos em vários países europeus, pode ver-se A. DIAS COIMBRA, *Os grupos societários no âmbito das relações colectivas de trabalho: a negociação de acordo de empresa*, RDES, 1992, 4, 379-415 (392 ss.).

[1114] *Supra*, § 10.º, pontos 18.2. e 18.3.

perante as vicissitudes económicas das empresas, que podem relevar indirectamente para o tema dos grupos, uma vez que tais vicissitudes podem ocorrer em contexto de grupo (a Dir. 2001/23/CE, de 12 de Março de 2001, relativa à protecção dos trabalhadores por ocasião da transmissão da empresa, do estabelecimento ou da unidade económica, a Dir. 98/59/CE, de 20 de Julho de 1998, relativa à protecção dos trabalhadores por ocasião do despedimento colectivo, e a Dir. 80/987/CEE, de 20 de Outubro de 1980, alterada pela Dir. 2002/74/CE, de 23 de Setembro de 2002, relativa à protecção dos trabalhadores perante a declaração de insolvência do empregador).

Já tendo apreciado estes regimes comunitários no lugar próprio, convém apenas não esquecer que eles constituem, nesta matéria, a fonte privilegiada das regras de direito nacional que vamos analisar. Estas regras devem, naturalmente, ser interpretadas em conformidade com as correspondentes regras comunitárias.

Por outro lado, deve ainda ter-se em conta que estes regimes resultam de compromissos entre os Estados Membros, que, naturalmente, são influenciados pelas suas específicas tradições. Destes compromissos resultaram soluções nem sempre fáceis de adaptar ao quadro normativo nacional[1115].

[1115] É o que sucede com as regras de representação colectiva dos trabalhadores nos grupos de dimensão europeia e, em especial, com o regime de envolvimento dos trabalhadores na sociedade anónima europeia e na sociedade cooperativa europeia, como veremos.

§ 29.º Quadro institucional da representação colectiva dos trabalhadores e dos empregadores em contexto de grupo

54. As estruturas representativas dos trabalhadores no seio dos grupos

54.1. A questão prévia da determinação da dimensão da empresa para efeitos da representação dos trabalhadores

I. Antes de apresentarmos o quadro das estruturas representativas dos trabalhadores no seio dos grupos societários ou empresariais, cabe apreciar uma questão prévia a toda a temática do regime de representação colectiva dos trabalhadores neste contexto: é a questão do modo de determinação da dimensão da empresa quando esteja inserida num ambiente grupal.

Esta questão tem sido suscitada por alguns sectores da doutrina, sobretudo nos sistemas jurídicos em que a instituição das comissões de trabalhadores é obrigatória, mas apenas quando a empresa atinja uma determinada dimensão[1116]. Aplicando esta regra ao contexto dos grupos, levanta-se um problema de inefectividade da representação colectiva dos trabalhadores naquelas situações em que os grupos adoptam um modelo organizativo assente em unidades empresariais de reduzida dimensão, conseguindo, por essa via, subtrair-se ao controlo das instâncias de representação de trabalhadores, uma vez que estas não chegam a constituir-se[1117].

Para ultrapassar estas limitações do regime protectivo, foram, em alguns sistemas, desenvolvidas soluções «substancialistas» para determi-

---

[1116] É o caso do sistema francês, onde a obrigatoriedade de instituição de uma comissão de trabalhadores apenas se verifica nas empresas com mais de 50 trabalhadores – art. L. 2322-1 do novo *Code du travail*, que corresponde no Código anterior, ao art. L. 4311.

[1117] Assinalando estas tendências no âmbito do sistema jurídico francês, GUYON, *Droit des affaires cit.*, 576.

nar a dimensão das empresas em contexto de grupo, com base na ideia de que, a partir do momento em que as empresas estejam inseridas num grupo, a dimensão mínima que a lei exige para a obrigatoriedade de constituição de comissões de trabalhadores deve ser reportada não a cada empresa ou empregador, individualmente considerados, mas ao conjunto das empresas e empregadores que constituem o grupo, ou, pelo menos, àquelas empresas do grupo que correspondam, no seu conjunto, a uma unidade para efeitos económicos e laborais: nesta linha, foi desenvolvido, no sistema francês, o conceito de unidade económica e social (*unité économique et sociale – UES*), que valoriza o grau de integração económica e de integração social das unidades do grupo (a partir do reconhecimento da direcção unitária, da similitude ou complementaridade das actividades das empresas do grupo, da integração dos patrimónios sociais ou de aspectos geográficos comuns às várias empresas, conjugados com a sujeição dos trabalhadores das empresas ao mesmo regime ou a uma única convenção colectiva de trabalho, com a rotação dos trabalhadores entre as várias empresas ou com a sua sujeição a ordens emanadas de várias empresas), para aferir a dimensão das empresas a esse conjunto[1118-1119]; e, em Espanha, a orientação jurisprudencial clássica no sentido do reconhecimento do

---

[1118] Entre muitos outros, sobre o conceito de *unité économique et sociale*, DE LESTANG, *La notion d'unité économique et sociale... cit.*, Sp. 5 – Sp. 22, BARTHÉLÉMY / COULON / EGAL / GUIGOU / HARDOUIN / DE MELLO / PETITEAU / SEURAT, *Le droit des groupes de sociétés cit.*, BLANC-JOUVAN, *L'unité économique et sociale...cit.*, 68 ss., J. SAVATIER, *Le dynamisme de l'unité économique et sociale pour l'organisation des rapports collectifs de travail*, DS, 2004, 11, 944-951, e ainda, nas obras laborais gerais, JAVILLIER, *Droit du travail cit.*, 95 s., LYON-CAEN / PÉLISSIER / SUPIOT, *Droit du travail cit.*, 594 ss., MAZEAUD, *Droit du travail cit.*, 64 ss., VERDIER / COEURET / SOURIAC, *Droit du travail cit.*, 101 s., RAY, *Droit du travail, droit vivant... cit.* 433 s. Já tendo tido oportunidade de apresentar este conceito noutro ponto deste trabalho – cfr., *supra*, § 10.° ponto 17.1.VI – remete-se para o que então foi dito. Este conceito, cuja valia geral é hoje reconhecida no direito francês, para efeitos da organização geral da representação colectiva dos trabalhadores em contexto do grupo e também para efeitos da negociação colectiva e da contratação colectiva neste mesmo contexto, é pois também importante para a resolução do problema prévio da dimensão da empresa – acentuando a valia geral deste conceito, para a compreensão do conjunto das incidências laborais colectivas do fenómeno dos grupos, por exemplo, SAVATIER, *Le dynamisme...cit.*, 948 ss.

[1119] Na aplicação do conceito de *unité économique et sociale* à matéria da instituição de representantes de trabalhadores em contexto de grupo, o *Code du travail* passou a estabelecer a obrigatoriedade de instituição de uma comissão de trabalhadores comum sempre

grupo como empregador, quando as empresas que o compõem apresentam um entrosamento económico e laboral significativo[1120], também tem sido aproveitada para efeitos colectivos, em matérias como a determinação dos sujeitos adstritos ao dever de informação que assiste aos representantes dos trabalhadores, em contexto de grupo, ou mesmo para justificar a instituição de órgãos de representação dos trabalhadores ao nível do grupo[1121].

Em suma, por uma ou por outra via, os vários sistemas jurídicos procuram garantir que as organizações grupais não se subtraiam ao dever de instituir as comissões de trabalhadores ou aos deveres de informação e de consulta dos representantes colectivos dos trabalhadores, através de uma fragmentação do grupo em pequenas unidades empresariais.

No sistema jurídico português esta questão não se coloca por dois motivos: por um lado, porque as comissões de trabalhadores não são, em nenhum caso, de constituição obrigatória; por outro lado, porque nem a instituição de comissões de trabalhadores, nem a designação de delegados sindicais nas empresas estão condicionadas pela exigência de uma dimensão mínima dessas mesmas empresas, tendo os trabalhadores o direito a constituir aquelas comissões e a exercer a actividade sindical em qualquer empresa (arts. 461.º n.º 1 e 496.º do CT, respectivamente).

Assim sendo, não se subscreve para o nosso sistema jurídico a solução do reporte da dimensão da empresa ao grupo, para estes efeitos, uma vez que esta solução é desnecessária.

II. Questão diversa – e, esta sim, com mais relevo no nosso sistema jurídico – é a questão da determinação da dimensão da empresa inserida num grupo para efeitos da composição da comissão de trabalhadores e

---

que seja judicialmente declarada a existência a de uma UES no âmbito do grupo e que o conjunto das unidades empresariais que a componham tenha mais de 50 trabalhadores – art. L. 2322-4.

[1120] É a denominada «teoria realista», de que já demos conta oportunamente – *supra*, § 10.º, ponto 17.V.

[1121] Sobre estes desenvolvimentos, ORMAETXEA, *La Representación Colectiva de los Trabajadores en los Grupos de Empresas. Modernas Fórmulas de Regulación*, Madrid, 2000, 142 ss., e CABERO MORAN, *Negociación colectiva y representación de los trabajadores en los grupos... cit.*, 374 ss.

ainda para efeitos do exercício dos direitos de representação colectiva dos trabalhadores, quer por essa comissão quer pelos delegados sindicais.

Como é sabido, no que se refere à composição da comissão de trabalhadores, é a dimensão da empresa que determina o número máximo de membros da comissão e das subcomissões de trabalhadores (arts. 464.º e 465.º do CT); por outro lado, para o exercício dos direitos de representação colectiva dos trabalhadores, que lhes são conferidos, os membros da comissão de trabalhadores gozam de um crédito de horas que depende também da dimensão da empresa, sendo reduzido para metade nas microempresas (art. 467.º do CT). Na mesma linha, o modo de exercício da actividade sindical nas empresas está condicionado em alguns aspectos, directa ou indirectamente, pela dimensão da empresa: assim, o número máximo de delegados sindicais por empresa depende da taxa de sindicalização, mas este número tem que se conjugar com a dimensão da empresa (art. 500.º do CT); o direito dos trabalhadores a disporem de instalações para o exercício da actividade sindical é exercido de modo diverso consoante a dimensão da empresa (art. 501.º do CT); o crédito de horas para o exercício de funções sindicais é atribuído apenas aos delegados sindicais (art. 504.º), pelo que é também indirectamente influenciado pela dimensão das empresas; e, por último, os direitos de informação e consulta dos delegados sindicais sobre as actividades da empresa e a respectiva situação económica, bem como sobre a situação e a evolução provável do emprego e das condições de trabalho na empresa, estão condicionados a uma dimensão mínima das empresas, não sendo exigível a prestação destas informações nas microempresas, nas pequenas empresas e nos estabelecimentos com menos de vinte trabalhadores (art. 503.º n.ºs 1, 2 e 6 do CT).

Comprovada a importância da dimensão das empresas nestes aspectos do exercício dos direitos de representação colectiva dos trabalhadores, poderia fazer sentido, em contexto de grupo, tomar como referente para a determinação dessa dimensão o grupo, em si mesmo considerado, e não cada uma das empresas que o integram, tanto mais que o regime legal nesta matéria é tendencialmente mais favorável aos trabalhadores e mais rigoroso para com os empregadores nas empresas de maior dimensão.

Não julgamos, contudo, que esta solução seja a mais adequada, subscrevendo antes a solução de continuar a atender à dimensão de cada empresa do grupo, para os efeitos indicados, tanto por motivos lógicos como por uma razão de operacionalidade prática. De uma parte, o regime da representação colectiva dos trabalhadores, quer no que se refere à actividade das comissões de trabalhadores, quer no que se reporta ao exercício da actividade sindical na empresa, está globalmente indexado à empresa, como entidade autónoma ou individual, pelo que a solução da valorização do grupo para aqueles efeitos quebraria a lógica deste regime. De outra parte, a solução de valorização do grupo, para estes efeitos, pode suscitar dificuldades práticas na articulação dos regimes de representação colectiva dos interesses dos trabalhadores, que convém evitar – na verdade, tal solução suscita dúvidas sobre o universo de actuação dos membros da comissão de trabalhadores e dos delegados sindicais e sobre o âmbito dos direitos e deveres de empregadores e de trabalhadores nesta matéria.

É certo que, estando a empresa inserida num grupo, a consciência da dimensão do próprio grupo pode ser da maior importância para o pleno exercício dos direitos de representação dos trabalhadores nesse mesmo contexto. No entanto, a via para avaliar aquela dimensão grupal e para responder aos problemas específicos que ela pode suscitar não passa, quanto a nós, por ficcionar para as empresas uma dimensão que elas não têm, mas antes por adaptar os mecanismos de intervenção das instâncias de representação dos trabalhadores existentes no plano empresarial ao ambiente de grupo e por prever instâncias específicas de intervenção colectiva dos trabalhadores ao nível do grupo. A nossa lei permite estas duas soluções, como veremos de imediato.

54.2. Modalidades de estruturas representativas dos trabalhadores em contexto de grupo

54.2.1. Aspectos gerais

I. Uma primeira via para assegurar a efectividade dos direitos de representação colectiva dos trabalhadores nas empresas inseridas num contexto grupal é permitir a organização institucional dos trabalhadores para efeitos do exercício daqueles direitos ao nível do próprio grupo.

As vantagens da representação institucional dos trabalhadores ao nível do grupo são evidentes: por um lado, porque se situam no plano do grupo, estas instituições têm uma perspectiva mais próxima, mais rigorosa e mais abrangente sobre a organização grupal no seu conjunto e, nesse sentido, estão em melhor posição para avaliar as repercussões da dinâmica do grupo na situação dos trabalhadores de cada uma das empresas que o compõem e cujos interesses representam; por outro lado, estas organizações podem exercer funções de coordenação em relação às estruturas de representação colectiva de nível empresarial; por fim, perante situações de crise ou mudanças estruturais de uma ou mais empresas do grupo, susceptíveis de se repercutirem nos contratos de trabalho dos respectivos trabalhadores, estas organizações desempenham um papel importante na procura de soluções alternativas ao despedimento, que não se situem no âmbito da empresa afectada mas envolvam outras empresas do grupo.

II. As vantagens deste tipo de organização justificam a atenção que o direito comunitário tem concedido a esta matéria, reconhecendo o direito à constituição dos conselhos de empresa europeus nos grupos de empresas de dimensão comunitária (Dir. 94/45/CE, de 22 de Setembro de 1994), determinando a constituição de um órgão de representação dos trabalhadores na sociedade anónima europeia e na sociedade cooperativa europeia, que, quando constituídas sob a forma de *holding*, correspondem, como vimos oportunamente, a um grupo empresarial (Dir. 2001/86/CE, de 8 de Outubro de 2001, e Dir. 2003/72/CE, de 22 de Julho de 2003, respectivamente) e prevendo um quadro geral relativo à informação e consulta dos trabalhadores na Comunidade Europeia, que é aplicável às empresas com mais de 50 trabalhadores ou que tenham estabelecimentos com mais de 20 trabalhadores, consoante a opção dos Estados Membros, independentemente da sua estrutura singular ou da sua configuração grupal (Dir. 2002/CE, de 11 de Março de 2002).

O conjunto destes instrumentos normativos, que apreciámos em devido tempo[1122], torna patente a orientação comunitária de fundo no sentido de incrementar a intervenção dos trabalhadores nas empresas, através de estruturas constituídas para esse efeito, ou da previsão de mecanismos de informação e consulta dos trabalhadores. É também evidente que esta orientação comunitária se estende aos grupos empresariais.

Na linha do direito comunitário, alguns países europeus prevêem expressamente ou discutem a admissibilidade de instituição de representa-

---

[1122] *Supra*, § 10.°, pontos 18.2.1., 18.2.2 e 18.2.3.

§ 29.° *As estruturas de representação colectiva nos grupos* 665

ção dos trabalhadores ao nível do grupo, para além da regulamentação da matéria dos conselhos de empresa europeus, imposta pelo direito comunitário. Assim sucede na Alemanha, com a previsão legal da instituição das comissões de trabalhadores de grupo (*Konzernbetriebsrat* – §§ 54.° ss. BetrVG, e § 51 MitbestG)[1123], por opção do conjunto das comissões de trabalhadores das várias empresas que o integram, sendo ainda discutida a admissibilidade da constituição de sindicatos de grupo (*Konzerngewerkschaft*)[1124]; o mesmo sucede em França, onde foram precocemente admitidos e regulados os *comités de groupe*, com funções informativas em relação ao grupo (arts. L. 2331-1, L. 2332-1, L. 2333-1, L. 2334-1 e L. 2335-1 du *Code du travail*[1125]), onde foi estabelecida a obrigatoriedade de constituição de comissões de trabalhadores comuns (*comités d'entreprise communs*) quando seja reconhecida a existência de uma *unité économique et sociale* (art. L. 2322-4 do *Code du travail*[1126])[1127], e onde é admitida a instituição de uma representação sindical ao nível do grupo, designadamente por via de um acordo colectivo, com base na proibição da imposição de

---

[1123] Sobre a figura das comissões de trabalhadores de grupo, no sistema jurídico germânico, podem ver-se, entre outros, WINDBICHLER, *Arbeitsrecht und Konzernrecht cit.*, 151, *Arbeitsrecht im Konzern cit.*, 451, 587 s., e *passim*, bem como P. HANAU, *Aktuelles zu Betrieb, Unternehmen und Konzern im Arbeitsrecht*, ZfA, 1990 2, 115-132 (127 ss.), (artigo que é, aliás, uma recensão à obra de WINDBICHLER, *Arbeitsrecht im Konzern*), KONZEN, *Arbeitnehmerschutz im Konzern cit.*, 87, BIRK, *Betriebsaufspaltung... cit.*, 41 ss. e 67 s., R. RICHARDI, *Konzern, Gemeinschaftsunternehmen und Konzernbetriebsrat*, DB, 1973, 29, 1452-1455, H. OETKER, *Konzernbetriebsrat und Unternehmensbegriff*, ZfA, 1986, 17, 177-196, HRODMAKA / MASCHMANN *Arbeitsrecht cit.*, II, 323, ZÖLLNER / LORITZ, *Arbeitsrecht cit.*, 525, e ainda, para uma apreciação mais desenvolvida, R. FUCHS, *Der Konzernbetriebsrat – Funktion und Kompetenz*, Frankfurt, 1974, *passim*, e F. WETZLING, *Der Konzernbetriebsrat. Geschichtliche Entwicklung und Kompetenz*, Köln, 1978, *passim*.

[1124] Especificamente sobre esta discussão, entre outros, WINDBICHLER, *Arbeitsrecht im Konzern cit.*, 472 s. e 478 ss., e HRODMAKA / MASCHMANN *Arbeitsrecht cit.*, II, 465. Para mais desenvolvimentos sobre o panorama legislativo e doutrinal germânico nesta matéria, *vd, supra*, § 10.°, ponto 17.1.III.

[1125] Estas disposições correspondem substancialmente aos artigos L. 439-1 a L. 439-5 do anterior *Code du travail*.

[1126] Esta disposição corresponde, no anterior *Code du travail*, ao art. L. 431-1.

[1127] Sobre os *comités de groupe*, entre muitos outros, BARTHÉLÉMY / COULON / EGAL / GUIGOU / HARDOUIN / MELLO / PETITEAU / SEURAT, *Le droit des groupes de sociétés cit.*, 11 e 245 ss., FAVENNEC-HÈRY, *La réprésentation collective dans les groupes de sociétés cit.*, 131 ss., LYON-CAEN / PÉLISSIER / SUPIOT, *Droit du travail cit.*, 600, 624 e 679, ou RAY, *Droit du travail, droit vivant cit.*, 433 s.

limites ao exercício da liberdade sindical a este nível (art. L. 2141-10 do *Code du travail*[1128])[1129], sendo ainda debatidas outras questões, como a da coordenação das estruturas de representação dos trabalhadores ao nível do grupo com as estruturas de representação de nível empresarial[1130] e a do destino destas estruturas quando seja constituído o grupo[1131].

Mas, mesmo nos países onde não há uma previsão legal específica da representação colectiva dos trabalhadores ao nível dos grupos, para além dos conselhos de empresa europeus, são debatidas na doutrina as questões relativas a esta representação – assim, por exemplo, um sector da doutrina espanhola admite a criação de comités de grupo por via convencional ou voluntária[1132], e alguns autores italianos também se debruçam sobre os problemas da representação colectiva e do sindicalismo no contexto grupal[1133].

III. Apresentado este panorama geral, estamos aptos a apreciar o regime jurídico português nesta matéria.

[1128] Esta disposição corresponde ao art. L. 412-21 do anterior *Code du travail*.

[1129] Sobre a representação sindical de grupo, *vd*, por exemplo, BARTHÉLÉMY / COULON / EGAL / GUIGOU / HARDOUIN / MELLO / PETITEAU / SEURAT, *Le droit des groupes de sociétés cit.*, 250 e 258 s., explicitando que esta representação pode ser feita através da instituição de delegados sindicais de grupo ou de associações sindicais de grupo. Ainda sobre este tema e relevando, em especial, a importância do seu tratamento jurisprudencial, B. GAURIAU, *La consécration jurisprudentielle de la réprésentation syndicale de groupe et de l'accord de groupe*, DS, 2003, 7/8, 732-740 (734 ss.), em comentário ao Acórdão Axa, da *Cour de Cassation* (Ch. soc., 30 avril 2003), que admitiu a instituição de uma representação sindical ao nível do grupo em acordo colectivo.

[1130] Sobre as questões relativas às relações entre as estruturas de representação colectiva dos trabalhadores ao nível da empresa e ao nível do grupo, BARTHÉLÉMY / COULON / EGAL / GUIGOU / HARDOUIN / MELLO / PETITEAU / SEURAT, *Le droit des groupes de sociétés cit.*, 245 ss., ou FAVENNEC-HÈRY, *La réprésentation colective dans les groupes de sociétés cit.*, 129 ss. e 139 ss.

[1131] Sobre as questões relativas ao destino das estruturas de representação colectiva dos trabalhadores preexistentes à constituição do grupo, BARTHÉLÉMY / COULON / EGAL / / GUIGOU / HARDOUIN / MELLO / PETITEAU / SEURAT, *Le droit des groupes de sociétés cit.*, 254.

[1132] MARTINEZ BARROSO, *Analisis jurídico-laboral... cit.*, 938, ou CAMPS RUIZ, *La Problemática Jurídico-Laboral... cit.*, 127 s. e, com maior desenvolvimento, ORMAETXEA, *La Representación Colectiva de los Trabajadores en los Grupos... cit.*, 152 e 155 ss.

[1133] Por exemplo, NOGLER, *Gruppi di imprese... cit.*, 311 ss. e 326 ss., TINTI, *Oltre la trasparenza... cit.*, 218, e ainda desta autora, *Gruppi di imprese e diritto del lavoro: profili collettivi*, DLRI, 1991, 2, 95-104, ou ZANELLI, *Introduzione. Gruppi di imprese... cit.*, 47 s.

Para este efeito, consideraremos separadamente as duas instituições de representação colectiva dos trabalhadores classicamente previstas na nossa lei – as associações sindicais e as comissões de trabalhadores – e ainda os conselhos de empresa europeus, enquanto instituição de representação específica dos grupos de dimensão comunitária, para além de fazermos uma breve referência aos conselhos de trabalhadores, previstos no contexto da sociedade anónima europeia e da sociedade cooperativa europeia.

54.2.2. Estruturas sindicais de grupo

I. No nosso sistema jurídico, não se encontra qualquer previsão legal relativa à constituição de estruturas de representação sindical ao nível dos grupos de empresas, nem é previsto o exercício de actividade sindical a este mesmo nível. Contudo, cremos que ambas as hipóteses são possíveis à face do nosso ordenamento.

II. A constituição de associações sindicais ao nível de um grupo societário ou empresarial tem, quanto a nós, base constitucional e base legal[1134].

Do ponto de vista constitucional, a admissibilidade de constituição de associações sindicais de grupo filia-se no princípio da liberdade sindical, e, mais concretamente, na vertente deste princípio que é a da liberdade de constituição de sindicatos a todos os níveis[1135] (art. 55.º n.º 1 e n.º 2 a) da CRP, e, reiterando este princípio constitucional, art. 475.º n.º 1 do CT[1136]). Ora, para efeitos da constituição de associações sindicais e da respectiva intervenção, o conjunto das empresas de um grupo pode constituir um «nível», porque há interesses sócio-profissionais relevantes dos trabalha-

---

[1134] Também admitindo, entre nós, a constituição de associações sindicais ao nível do grupo, DIAS COIMBRA, *Os grupos societários no âmbito das relações colectivas...cit.*, 410.

[1135] Por todos, sobre o princípio constitucional da liberdade sindical e sobre as suas valências, MÁRIO PINTO, *Direito do Trabalho*, Lisboa, 1996, 179 ss.

[1136] Como é sabido, o regime jurídico das associações sindicais constava anteriormente do DL n.º 215-B/75, de 30 de Abril (LS). A Lei Preambular ao Código do Trabalho revogou este diploma, com a entrada em vigor da RCT (art. 21.º n.º 2 a)), constando actualmente este regime dos arts. 475.º a 505.º do CT. Contudo, nas matérias que relevam para efeitos da nossa análise, não foram introduzidas modificações substanciais.

dores a este nível. Por outro lado, tendo os sindicatos a natureza de pessoas colectivas privadas e associativas[1137], a sua constituição, a qualquer nível, é também viabilizada pelo princípio geral da autonomia privada (art. 405.° do CC).

Numa palavra, se assim o entenderem, nada impede os trabalhadores de constituírem associações sindicais ao nível do grupo. Desde que constituídas regularmente, procedendo-se, nomeadamente, ao registo dos seus estatutos junto do ministério responsável pela área laboral (art. 483.° do CT), estas associações terão personalidade jurídica e podem exercer, ao nível do grupo, os direitos que a Constituição e a lei conferem às associações sindicais.

III. Uma outra categoria de problemas tem a ver com a delimitação da actividade sindical na empresa, quando essa empresa esteja inserida num grupo. Neste âmbito, coloca-se, em primeiro lugar, a questão da possibilidade de eleição de delegados sindicais ao nível do grupo e das condições de exercício da respectiva actividade; em segundo lugar, coloca-se a questão dos limites da actividade dos delegados sindicais de nível empresarial quando a empresa esteja inserida num grupo.

Uma vez admitida a instituição de associações sindicais ao nível do grupo, entende-se também que tais associações podem eleger delegados sindicais, nos termos dos respectivos estatutos, para exercerem a sua actividade sindical ao nível do grupo[1138]. Contudo, sendo estes delegados sindicais trabalhadores de uma empresa do grupo, parece-nos que o exercício da sua actividade sindical, ao abrigo do respectivo crédito de horas (ou seja, nos termos do art. 504.° do CT, conjugado com os arts. 454.° e 455.° do mesmo Código), terá que respeitar os limites desse mesmo crédito na sua própria empresa, uma vez que é sobre esta empresa que recaem as obrigações correspondentes; e, seguindo esta mesma lógica, o regime de protecção destes trabalhadores, enquanto delegados sindicais (arts. 456.° e 457.° do CT) é de reportar à dimensão e às fronteiras da sua empresa.

[1137] Por todos, quanto à natureza jurídica privada e associativa das associações sindicais, ROSÁRIO PALMA RAMALHO, *Direito do Trabalho* cit., I, 335.

[1138] Também preconizando esta possibilidade, IRENE GOMES, *Grupos de sociedades... cit.*, 199.

Questão diferente é a dos limites da acção sindical dos delegados sindicais comuns (como tal considerando os delegados sindicais eleitos para o exercício de actividade sindical na sua própria empresa) quando a empresa esteja inserida num grupo.

Como é sabido, em termos gerais, a lei reporta a actuação do delegado sindical ao universo da sua própria empresa (art. 496.º do CT), mas, tendo em conta a inserção grupal da empresa, coloca-se a possibilidade de esta acção ultrapassar o âmbito da empresa e se estender ao grupo, porventura através de uma reconfiguração do conceito de «empresa», referido pela lei, valorizando aqui a unidade empresarial como «empresa plurissocietária». No entanto, a nosso ver, esta hipótese não deve ser admitida, porque colide com o reporte global do regime dos arts. 496.º ss. do CT ao universo empresarial e ainda especificamente porque dificulta a aplicação do regime de tutela destes trabalhadores.

Ainda assim, nada impede, quanto a nós, que, ao abrigo dos seus poderes de auto-regulamentação, as associações sindicais com representação em diversas empresas do mesmo grupo, constituam comissões sindicais ou inter-sindicais de delegados, para exercerem funções de coordenação da actividade dos delegados sindicais de cada uma das empresas do grupo[1139]. De facto, embora a lei preveja estas comissões apenas no plano empresarial, designadamente, quando a empresa disponha de vários estabelecimentos (art. 498.º n.º 2 do CT)[1140], a solução que defendemos pode apoiar-se em dois argumentos: por um lado, justifica-se a aplicação analógica desta norma aos grupos, já que neles ocorrem as mesmas necessidades de coordenação da actuação dos delegados sindicais que constituem a *ratio* deste regime legal; por outro lado, esta solução encontra o seu fundamento último no princípio constitucional da liberdade sindical, que releva, neste caso, na vertente da autonomia das associações sindicais para organizarem internamente a sua gestão e a sua actividade como entenderem (art. 55.º n.º 1 e n.º 2 c) da CRP e art. 480.º do CT).

[1139] Ainda neste sentido, IRENE GOMES, *Grupos de sociedades... cit.*, 199.
[1140] Sobre estas comissões, *vd* ainda o nosso *Direito do Trabalho cit.*, I, 339.

54.2.3. Comissões de trabalhadores de grupo

I. Relativamente às comissões de trabalhadores, o art. 461.º n.º 3 do CT, em disposição inovadora em relação ao regime anterior na matéria[1141] mas que corresponde ao entendimento que alguma doutrina já sufragava no quadro legal anterior[1142], prevê expressamente a possibilidade de instituição de comissões de trabalhadores coordenadoras «...para articulação das actividades das comissões de trabalhadores constituídas nas empresas em relação de domínio ou de grupo...». Naturalmente, esta previsão evidencia a sensibilidade do legislador nacional à necessidade de prever uma instância de representação colectiva dos trabalhadores no contexto específico dos grupos de empresas.

Na determinação do âmbito de aplicação desta norma, salienta-se o facto de a lei não fazer apelo ao conceito de coligação societária ou de grupo societário em sentido próprio – como já vimos suceder em relação a outras incidências laborais da fenomenologia dos grupos – mas ao conceito mais amplo de «empresas em relação de domínio ou de grupo». Assim sendo, estas comissões coordenadoras podem também ser constituídas em grupos não societários, assim como em relações de domínio societário ou empresarial de facto.

Desde que regularmente constituídas, estas comissões de trabalhadores coordenadoras adquirem personalidade jurídica e podem exercer os

---

[1141] O regime anterior em matéria de comissões de trabalhadores constava, como é sabido, da L. n.º 46/79, de 12 de Setembro (LComT). A norma correspondente ao art. 461.º do CT era o art. 1.º da LComT, mas não tinha qualquer referência à matéria em análise.

[1142] Neste sentido, no contexto da LComT, COUTINHO DE ABREU, *Grupos de sociedades... cit.*, 147, sustentou que nada impedia a criação de comissões de trabalhadores ao nível do grupo, com funções de coordenação das comissões de trabalhadores comuns, por vontade dos próprios trabalhadores. Desta forma, poder-se-ia ultrapassar a falta de vocação das comissões de trabalhadores de nível empresarial para actuar ao nível do grupo; no mesmo sentido se manifestou IRENE GOMES, *Grupos de sociedades... cit.*, 198. Já ABEL FERREIRA, *Grupos de Empresas e Direito do Trabalho cit.*, 239 ss., e ainda *Grupos de empresas e relações laborais cit.*, 292, considerava a estrutura das comissões de trabalhadores coordenadoras insuficiente para assegurar uma intervenção eficaz dos trabalhadores ao nível do grupo e propunha a criação de uma nova estrutura de representação colectiva dos trabalhadores a este nível (o conselho de grupo), embora nada adiantasse sobre as suas competências. Também ENGRÁCIA ANTUNES, *Os Grupos de Sociedades... cit.*, 225 s., preconizou a adopção de novas estruturas de representação colectiva dos trabalhadores em contexto de grupo.

direitos que a Constituição e a lei lhes conferem, nos termos do art. 462.º do CT. Contudo, deve dizer-se que a lei não explicita o que entende por funções de coordenação para este efeito.

II. No que se refere ao estatuto dos membros destas comissões de trabalhadores coordenadoras, valem as observações acima feitas sobre o estatuto dos trabalhadores delegados sindicais, que tenham sido como tal designados por uma associação sindical de nível grupal.

Assim, pertencendo os trabalhadores membros das comissões coordenadoras forçosamente a uma das empresas do grupo, o crédito de horas a que têm direito para o exercício das funções de representação (arts. 454.º e 455.º do CT, conjugado com o art. 467.º do mesmo Código), bem como o regime de tutela de que beneficiam na qualidade de representantes dos trabalhadores (arts. 456.º e 457.º do CT), devem ser equacionados à escala da empresa do grupo a que pertencem, sob pena de inoperacionalidade da figura. Já tendo justificado o nosso entendimento sobre esta matéria em relação aos delegados sindicais, dispensamo-nos agora de mais desenvolvimentos.

54.2.4. **Em especial a representação dos trabalhadores nos grupos internacionais: o conselho de empresa europeu; a representação dos trabalhadores na sociedade anónima europeia e na sociedade cooperativa europeia**

I. Para além da possibilidade de instituição de associações sindicais e de comissões de trabalhadores ao nível do grupo, nos termos que acabámos de expor, devem ainda ser consideradas as instâncias de representação colectiva dos trabalhadores nos grupos de dimensão comunitária. Estas instâncias são, como oportunamente se referiu, os conselhos de empresa europeus (Dir. 94/45/CE, de 22 de Setembro de 1994), e o órgão de representação dos trabalhadores na sociedade anónima europeia e na sociedade cooperativa europeia, que aqui nos interessam na medida em que estas sociedades integrem ou correspondam a um grupo empresarial (Dir. 2001/86/CE, de 8 de Outubro de 2001, e Dir. 2003/72/CE, de 22 de Julho de 2003, respectivamente)[1143].

[1143] Especificamente sobre o sistema de envolvimento dos trabalhadores previsto nestas directivas, B. TEYSSIÈ, *La négociation collective transnationale d'entreprise ou de groupe,* DS, 2005, 11, 982-990.

II. A transposição da directiva comunitária sobre os conselhos de empresa europeus foi feita pela L. n.º 40/99, de 9 de Junho, mas a regulamentação desta matéria consta actualmente dos arts. 471.º a 474.º do CT e 365.º a 395.º da RCT.

Na sua aplicação aos grupos, os aspectos mais significativos deste regime jurídico não se alteraram relativamente ao regime da L. n.º 40/99, de 9 de Junho, e correspondem com fidelidade ao regime da directiva comunitária. Estes aspectos referem-se ao conceito de grupo de dimensão comunitária para este efeito, que é determinante para efeitos da fixação do âmbito de aplicação deste regime, e à instituição do órgão ou dos mecanismos de representação dos trabalhadores nestes grupos.

No que toca à delimitação da figura do grupo de dimensão comunitária, para este efeito, ele é definido com apelo à categoria de empresa e não à categoria de sociedade comercial (art. 471.º n.º 1 do CT), recorrendo-se ao conceito de «empresa que exerce o controlo» (art. 472.º n.º 2 e art. 473.º do CT). Este conceito é integrado com recurso ao critério do exercício de uma «influência dominante» de uma empresa sobre outra empresa, cuja determinação é facilitada pela indicação de várias presunções de influência dominante – a detenção da maioria do capital da outra empresa ou da maioria dos votos em assembleia geral, e ainda a possibilidade de designar a maioria dos membros dos órgãos de administração ou de fiscalização da outra empresa (art. 473.º do CT e arts. 366.º e 367.º da RCT). Em suma, trata-se, de um regime de recorte amplo quanto ao conceito de grupo.

Contudo, a incidência prática deste regime legal é muito limitada, por força das exigências relativas ao aspecto da «dimensão comunitária». É que, ainda em consonância com o regime da directiva comunitária, apenas é qualificado como grupo de dimensão comunitária, para este efeito, o grupo que empregue mais de 1000 trabalhadores nos Estados Membros e que tenha duas empresas em dois Estados Membros, cada uma das quais com pelo menos 150 trabalhadores (art. 472.º n.º 2 do CT). Todos os grupos internacionais de menor dimensão escapam pois ao alcance deste regime.

No que tange aos mecanismos previstos para assegurar a representação dos trabalhadores no âmbito dos grupos de dimensão comunitária, a lei prevê a instituição de um conselho de empresa europeu ou de um procedimento alternativo de informação e consulta dos trabalhadores ao nível do próprio grupo (art. 365.º n.º 3 da RCT).

Nos termos da lei e em conformidade com as disposições comunitárias, compete às empresas do grupo desencadear um processo negocial tendente à instituição de um acordo relativo aos direitos de informação e consulta dos trabalhadores, sendo regulados com minúcia os aspectos relativos à constituição do grupo especial de negociação daquele acordo, ao desenrolar das negociações (arts. 369.° a 372.° da RCT), ao conteúdo obrigatório do acordo (arts. 373.° a 375.° da RCT) e ainda alguns procedimentos administrativos associados a este processo (art. 376.° da RCT).

A lei estabelece ainda as situações em que o conselho de empresa europeu é instituído (art. 377.° da RCT) e o regime aplicável a esse conselho, embora a título supletivo (arts. 377.° ss. da RCT). Neste regime, avultam os direitos de informação e consulta do conselho sobre as questões relativas aos grupo, quer em termos ordinários, quer a título extraordinário, i.e., quando ocorram situações que possam afectar consideravelmente os interesses dos trabalhadores (arts. 380.° e 383.° da RCT).

Como decorre do exposto, os conselhos de empresa europeus têm uma possibilidade de intervenção nas empresas e nos grupos de dimensão europeia mais restrita do que a das estruturas de representação dos trabalhadores previstas ao nível nacional[1144].

III. Por fim, resta mencionar os mecanismos de envolvimento dos trabalhadores concebidos especificamente para as figuras da sociedade anónima europeia e da sociedade cooperativa europeia, em transposição das correspondentes directivas comunitárias, oportunamente apreciadas[1145] – a Dir. 2001/86/CE, de 8 de Outubro de 2001, relativa ao envolvimento dos trabalhadores na sociedade europeia, e a Dir. 2003/72/CE, de 22 de Julho de 2003, relativa ao envolvimento dos trabalhadores na sociedade cooperativa europeia.

Como referimos em devido tempo, estas directivas foram transpostas para o ordenamento jurídico nacional pelo DL n.° 215/2005, de 13 de

---

[1144] Estes mesmos limites de intervenção do conselho de empresa europeu relativamente às comissões de trabalhadores são assinalados noutros contextos doutrinais – neste sentido, contrapondo os conselhos de empresa europeus às *Betriebsrat* na Alemanha, HRODMAKA / MASCHMANN *Arbeitsrecht cit.*, II, 323 s.; e contrapondo esta estrutura de representação aos *comités d'entreprise* e aos *comités de groupe* no sistema jurídico francês, FAVENNEC-HÈRY, *La réprésentation colective dans les groupes de sociétés cit.*, 135 ss. e 145 ss., ou LYON-CAEN / PÉLISSIER / SUPIOT, *Droit du travail cit.*, 601.

[1145] *Supra,* § 10.°, ponto 18.2.2.

Dezembro (quanto à directiva relativa à sociedade europeia) e pela L. n.º 8/2008, de 18 de Fevereiro (quanto à directiva sobre a sociedade cooperativa europeia), num regime que é muito similar e de grande fidelidade ao regime comunitário de origem.

Este regime, que prevalece expressamente sobre o regime dos conselhos de empresa europeus (art. 3.º n.º 1 do DL n.º 215/2005, de 13 de Dezembro, e art. 3.º n.º 1 da L. n.º 8/2008, de 18 de Fevereiro), prevê, em traços largos, o envolvimento dos trabalhadores nestas sociedades (que podem integrar uma estrutura grupal, como vimos oportunamente), através de um conselho de trabalhadores, de um procedimento de informação e consulta ou de um regime de participação, definindo a lei o que entende por participação, informação e consulta dos trabalhadores para este efeito (art. 2.º e art. 4.º b), g) e h) do DL n.º 215/2005, de 13 de Dezembro, e art. 2.º e art. 4.º b), g) e h) da L. n.º 8/2008, de 18 de Fevereiro).

O objectivo global destes procedimentos é permitir que os trabalhadores possam influir nas decisões societárias (art. 4.º c) do DL n.º 215/2005, de 13 de Dezembro, e art. 4.º c) da L. n.º 8/2008, de 18 de Fevereiro), prevendo a lei que tal influência ocorra em dois momentos: por ocasião da própria constituição da sociedade anónima europeia ou da sociedade cooperativa europeia, através da instituição de um grupo especial de negociação para o efeito (art. 6.º do DL n.º 215/2005, de 13 de Dezembro, e art. 6.º da L. n.º 8/2008, de 18 de Fevereiro); e durante a vida destas sociedades, nos termos definidos por um acordo de envolvimento dos trabalhadores (art. 16.º do DL n.º 215/2005, de 13 de Dezembro, e art. 16.º da L. n.º 8/2008, de 18 de Fevereiro), ou, na falta deste acordo, através de um regime de informação e consulta a prestar ao conselho de trabalhadores (art. 20.º do DL n.º 215/2005, de 13 de Dezembro, e art. 20.º da L. n.º 8/2008, de 18 de Fevereiro). Este conselho de trabalhadores tem direitos de informação e consulta nas matérias relativas à actividade da sociedade (arts. 24.º e 25.º do DL n.º 215/2005, de 13 de Dezembro, e arts. 24.º e 25.º da L. n.º 8/2008, de 18 de Fevereiro), mas o envolvimento dos trabalhadores pode também abranger direitos de participação nos órgãos de administração da sociedade (art. 29.º do DL n.º 215/2005, de 13 de Dezembro, e art. 29.º da L. n.º 8/2008, de 18 de Fevereiro).

O conselho de trabalhadores é, pois, o órgão de representação dos trabalhadores específico deste tipo de sociedades, quando outro mecanismo de consulta, informação e participação dos trabalhadores não tenha sido instituído pelas partes. Comparando as competências deste conselho, quer com as competências do conselho de empresa europeu, quer com as competências das nossas comissões de trabalhadores, verifica-se que este conselho (ou o mecanismo alternativo que as partes instituam para o efeito) consubstancia um grau de envolvimento dos trabalhadores muito mais intenso na gestão da empresa do que aqueles outros conselhos e que não tem precedentes no regime jurídico nacional – inclusivamente, a previsão de uma participação efectiva dos trabalhadores nas decisões de gestão da empresa, embora em moldes facultativos, parece ir ao encontro de sistemas jurídicos que têm modelos de cogestão, o que não é o caso português.

Embora a importância prática das figuras da sociedade europeia e da sociedade cooperativa europeia seja reduzida, este ponto deve ser assinalado.

55. Quadro institucional da representação colectiva dos empregadores em contexto de grupo: referência breve

I. Apresentados os problemas relativos à representação institucional dos trabalhadores em contexto de grupo, cabe naturalmente uma referência às questões da representação dos empregadores nesse mesmo contexto.

Como é sabido, a representação institucional dos empregadores é relevante essencialmente para efeitos de negociação colectiva e para efeitos do exercício do direito de participação dos empregadores na elaboração da legislação laboral (arts. 510.° e 525.° do CT)[1146]. Em contexto de grupo, os problemas que se podem colocar em relação à representação colectiva dos empregadores têm a ver, por um lado, com a possibilidade de instituição de associações de empregadores de nível grupal, e, por outro lado, com as questões da negociação colectiva[1147].

II. A instituição de uma associação de empregadores ao nível do grupo não suscita dificuldades, apesar de não ser previsto na lei expressa-

---

[1146] A disciplina jurídica das associações patronais constava, até ao surgimento do Código do Trabalho, do DL n.° 215-C/75, de 30 de Abril (LAP). No Código do Trabalho, esta matéria está regulada nos arts. 506.° a 523.°.

[1147] Estes problemas têm também sido ponderados noutros contextos doutrinais. Assim, no sentido da admissibilidade da constituição de associações de empregadores ao nível do grupo (*Konzernarbeitnehmerverband*) se manifestou, no seio da doutrina germânica, WINDBICHLER, *Arbeitsrecht im Konzern cit.*, 478 ss.

mente este tipo de configuração[1148-1149]. É que, sendo estas associações pessoas colectivas privadas[1150], elas podem constituir-se a qualquer nível que seja adequado para a prossecução dos interesses que as animam, que mais não seja ao abrigo dos princípios gerais da autonomia privada e da liberdade de associação (art. 405.º do CC e art. 46.º da CRP, respectivamente). O nível do grupo é, evidentemente, um nível adequado para esse efeito.

III. No que se refere à competência das associações de empregadores em matéria de negociação e de contratação colectiva, deve, em primeiro lugar, ter-se em conta que tal competência não é exclusiva, uma vez que cada empregador pode, *per se*, outorgar uma convenção colectiva de trabalho (art. 3.º n.º 3 b) e c) do CT). Assim, a constituição de instâncias de representação colectiva para efeitos da elaboração de um instrumento de regulamentação colectiva do trabalho a que se pretenda conferir eficácia grupal não é indispensável.

Ainda assim, se for constituída uma associação de empregadores de âmbito grupal nos termos definidos na lei (nomeadamente, promovendo o registo dos estatutos da associação junto do ministério responsável pela área laboral, que constitui a condição de atribuição da personalidade jurídica, nos termos do art. 513.º do CT), tal associação tem, quanto a nós, legitimidade para exercer os correspondentes direitos de negociação e de contratação colectiva.

Por outro lado, independentemente da constituição de associações de empregadores a este nível, nada impede que os empregadores de um grupo outorguem em conjunto um mesmo instrumento de regulamentação colectiva do trabalho, para ter efeitos nas respectivas empresas – mas que ganha assim uma dimensão de grupo – ou que mandatem uma das sociedades do grupo (porventura, a sociedade mãe) para, em nome de todos, promover a negociação colectiva e outorgar a convenção colectiva de trabalho de grupo.

[1148] Como se sabe, à semelhança do que é previsto para as associações sindicais, a lei apenas prevê o agrupamento destas associações numa base regional (uniões) e nacional (confederações), ou a partir do critério do sector de actividade (federações) – art. 508.º do Código do Trabalho.

[1149] Também admitindo, entre nós, a constituição de associações patronais ao nível do grupo, DIAS COIMBRA, *Os grupos societários no âmbito das relações colectivas... cit.*, 410.

[1150] Sobre a natureza jurídica privada destas associações, *vd,* por todos, ROSÁRIO PALMA RAMALHO, *Direito do Trabalho cit.*, I, 349.

§ 30.º A actividade das estruturas representativas dos trabalhadores em contexto de grupo

56. A intervenção dos representantes dos trabalhadores nos processos de constituição e modelação dos grupos

I. O primeiro problema a debater no que se refere à representação colectiva dos trabalhadores nos processos de constituição e de modelação ou remodelação interna dos grupos societários ou empresariais tem a ver com a delimitação das situações em que tal participação pode ocorrer.

Estas situações são as seguintes: constituição ou modelação dos grupos societários ou empresariais, que envolva uma operação de transmissão de empresa, estabelecimento ou unidade económica, desde que tal operação determine uma mudança da posição do empregador nos contratos de trabalho em execução na empresa ou unidade transmitida; constituição ou modelação de grupos societários ou empresariais de dimensão comunitária.

II. Uma vez que estas situações correspondem a modelos distintos de participação colectiva dos trabalhadores, elas devem ser consideradas separadamente.

56.1. A intervenção dos representantes dos trabalhadores na constituição e modelação dos grupos que envolva a transmissão de uma unidade de negócio

I. A primeira categoria de problemas a considerar com referência às incidências dos fenómenos de grupo nas instituições e nos mecanismos de representação colectiva dos trabalhadores ocorre tanto por ocasião da constituição do grupo, como nas operações tendentes à sua modelação (ou remodelação) interna, e prende-se com o alcance de alguns institutos laborais de intervenção dos trabalhadores em operações económicas da empresa que tenham repercussões laborais.

No que toca especificamente à constituição dos grupos societários ou empresariais e tendo em conta a variedade de formas que pode revestir essa constituição, a questão que se coloca em concreto, no caso português, é a de saber se os procedimentos de consulta dos trabalhadores previstos para a transmissão da empresa ou do estabelecimento (arts. 318.° ss. do CT) e, no caso dos grupos de dimensão internacional, os procedimentos de informação dos conselhos de empresa europeus (art. 380.° da RCT), têm que ter lugar por ocasião da constituição do grupo, em todas ou, pelo menos, em algumas das formas que essa constituição pode revestir.

Já durante a vigência dos grupos societários ou empresariais, coloca-se o mesmo problema no caso de uma remodelação interna do grupo que passe, por exemplo, pela transferência de um estabelecimento ou de uma unidade de negócio de uma para outra empresa do grupo ou pela alienação de uma empresa, total ou parcialmente, a uma entidade terceira.

II. A propósito do estudo das incidências das vicissitudes empresariais ocorridas em contexto de grupo nos contratos de trabalho vigentes nas respectivas empresas, observámos que o conceito de transmissão de empresa, estabelecimento ou unidade económica, que decorre do direito comunitário (art. 1.° da Dir. 2001/23/CE, de 12 de Março de 2001) e que, no nosso sistema jurídico, está plasmado no art. 318.° n.ᵒˢ 1 e 2 do CT, é um conceito especialmente extenso, tanto pela amplitude do objecto da transmissão (que pode ser uma empresa, um estabelecimento ou uma unidade económica), como por força da natureza do negócio transmissivo (que pode corresponder quer a uma mudança de titularidade quer a uma mudança da exploração da unidade económica em questão). Contudo, como então concluímos, a *ratio* do regime tutelar dos arts. 318.° ss. do CT não tem a ver com a operação de transmissão considerada em si mesma (ou seja, como fenómeno económico, titulado por um negócio jurídico do foro obrigacional ou comercial), mas com o facto de tal negócio poder determinar uma alteração na posição jurídica do empregador, que é parte nos contratos de trabalho vigentes na empresa ou unidade económica transmitida[1151].

[1151] Já tendo, em devido tempo, justificado este entendimento, prescinde-se de maiores desenvolvimentos e remete-se para o que então foi dito – cfr., *supra*, § 22.°, ponto 45.1.

Aplicando o exposto à constituição ou modelação interna de um grupo societário ou empresarial, retoma-se assim a conclusão, oportunamente estabelecida e devidamente justificada, no sentido de que as operações tendentes à constituição ou à modelação interna do grupo só se sujeitam ao regime dos arts. 318.° do CT quando envolvam a transmissão total ou parcial de uma ou mais empresas (societárias ou não societárias) ou unidades de negócio, com trabalhadores subordinados ao seu serviço, por forma a determinar uma mudança na titularidade da posição jurídica de empregador nos vínculos laborais em execução nessa ou nessas empresas envolvidas – é o que sucede nas operações de constituição ou modelação do grupo que ocorrem através da cisão de uma sociedade em duas sociedades reciprocamente dependentes, através da criação de uma nova sociedade a partir de uma sociedade já existente e detida por esta sociedade, ou mediante a fusão de várias sociedades em duas novas sociedades detidas por uma sociedade *holding* entre as quais sejam distribuídos os trabalhadores das sociedades originárias (Dir. 2001/23/CE, de 12 de Março de 2001, art. 1.° n.° 1 a), e quanto à cisão, art. 119.° p) do CSC).

Já nos casos em que a constituição do grupo não envolva a modificação da identidade do empregador nas várias empresas que o compõem (como sucede nos casos de coligação societária em que uma das sociedades compra acções de outra sociedade, nas situações de domínio accionista de facto de uma sociedade sobre outra sociedade, e, bem assim, na constituição dos grupos societários em sentido estrito, com base no domínio societário total ou com base num contrato de subordinação ou num contrato de grupo paritário), não é aplicável o regime laboral da transmissão de empresa, estabelecimento ou unidade de negócio, porque os contratos de trabalho se mantêm na esfera do mesmo empregador

Por outro lado, parece não suscitar dúvidas a sujeição ao regime dos arts. 318.° do CT dos actos de transmissão de uma unidade económica, enquanto parte do processo de formação de um grupo de dimensão internacional: desde que tais actos envolvam uma empresa à qual seja aplicável a lei laboral nacional, eles sujeitam-se àquelas regras.

Fica assim, em definitivo, fixado o âmbito de aplicação do regime da transmissão da empresa, do estabelecimento ou da unidade económica, constante dos arts. 318.° ss. do CT, em contexto de grupo. Será, pois, apenas nestes casos que deverão ser exercidos os direitos de participação colectiva dos trabalhadores nos processos de constituição e de remodelação interna desses grupos.

III. Uma vez delimitado o âmbito de aplicação do regime dos arts. 318.º ss. do CT, vejamos então em que é que consistem e como é que se efectivam os direitos de participação colectiva dos trabalhadores nos processos de constituição ou de modelação interna dos grupos que se sujeitem àquele regime.

Em consonância com o direito comunitário (art. 7.º da Dir. 2001/23, de 12 de Março de 2001), a lei atribui aos trabalhadores dois direitos essenciais no processo de transmissão da empresa, do estabelecimento ou da unidade de negócio: o direito a serem informados por escrito da data e dos motivos da transmissão, com indicação das respectivas consequências jurídicas, económicas e sociais para os trabalhadores e das medidas previstas em relação a estes (art. 320.º n.º 1 e 2 do CT); e o direito a serem consultados previamente à operação de transmissão, com vista à obtenção de um acordo sobre as medidas a adoptar em relação aos trabalhadores abrangidos pela transmissão (art. 320.º n.º 3 do CT). Nos termos da lei, estes direitos são atribuídos, por via de regra, aos representantes dos trabalhadores das duas empresas envolvidas (comissões de trabalhadores, comissões sindicais e intersindicais e delegados sindicais, nos termos do art. 320.º n.º 4 do CT), e apenas subsidiariamente aos próprios trabalhadores abrangidos[1152].

O escopo deste regime legal é, obviamente, reforçar a tutela dos trabalhadores afectados pelo negócio de transmissão da unidade económica em questão, conferindo-lhes a possibilidade de conhecerem as respectivas motivações, mas, sobretudo, de avaliarem e negociarem as medidas que lhes vão ser aplicadas no seio da nova entidade empregadora (que, pode, naturalmente, passar, ela própria por uma reestruturação, que atinja os trabalhadores), quer, quanto aos trabalhadores que não acompanham a unidade económica transmitida, quanto às medidas que lhes possam ser aplicadas, nomeadamente ao abrigo da mobilidade geográfica prevista no art. 319.º n.º 1 do Código do Trabalho. Em suma, o objectivo desta norma é

[1152] Na verdade, só resulta expressamente da lei a atribuição aos próprios trabalhadores do direito à informação previsto no art. 320.º n.º 1 do CT, já que o direito à consulta e à negociação sobre as medidas a tomar em relação aos trabalhadores abrangidos é reportado apenas aos representantes dos trabalhadores (art. 320.º n.º 3). Julgamos, contudo, que esta norma se deve interpretar extensivamente, no sentido de reconhecer este segundo direito directamente aos trabalhadores abrangidos, na falta de instituições de representação. À semelhança de outras situações previstas na lei, poderão, neste caso, os trabalhadores constituir uma comissão *ad hoc* para os representar no exercício deste direito.

§ 30.º *A actividade das estruturas de representação colectiva dos trabalhadores*   681

viabilizar um certo controlo da operação de transmissão pelos trabalhadores que podem vir a ser por ela afectados.

A lei nada esclarece, contudo, quanto às consequências da falta de acordo sobre estas medidas ou da não prestação de informações sobre a operação transmissiva em curso, limitando-se a sancionar a violação destes deveres com uma contra-ordenação leve (art. 675.º n.º 2 do CT). Parece estar assim afastada a consequência drástica da invalidação do negócio transmissivo em caso de inobservância de um ou de ambos os deveres[1153], o que, de qualquer modo, se coaduna melhor com a fisionomia meramente consultiva da intervenção dos trabalhadores neste processo e, genericamente, com a necessidade de evitar que o direito constitucional de livre iniciativa económica – que constitui, afinal, o fundamento axiológico último das decisões de constituição de um grupo societário ou empresarial ou de remodelação interna desse grupo – seja inviabilizado na prática[1154].

Por fim, ainda em conformidade com a directiva comunitária nesta matéria, a lei estabelece algumas regras destinadas a assegurar a preservação das estruturas de representação dos trabalhadores da unidade económica transmitida, bem como a estender a tutela conferida aos representantes dos trabalhadores após a transmissão (art. 321.º do CT).

Assim, se, após a transmissão, a unidade económica transmitida mantiver a sua autonomia, mantêm-se as estruturas representativas dos trabalhadores que preexistiam à operação transmitida (art. 321.º n.º1). Já se a unidade económica transmitida se integrar na empresa do adquirente e nesta não houver comissão de trabalhadores, a comissão de trabalhadores da unidade económica transmitida (ou a subcomissão de trabalhadores, no caso de a transmissão ter incidido sobre um estabelecimento) mantém-se em funções durante dois meses ou até que seja eleita nova comissão de tra-

---

[1153] Foi o entendimento que já subscrevemos, em interpretação desta norma – ROSÁRIO PALMA RAMALHO, *Direito do Trabalho cit.*, II, 681.

[1154] Aliás, é tendo em mente esta mesma preocupação de assegurar a livre iniciativa económica na constituição dos grupos, que, em sistemas jurídicos que prevêem um grau de intervenção mais intenso e com carácter decisório das estruturas de representação dos trabalhadores na gestão das empresas – como é o caso da Alemanha – um sector da doutrina advogue uma interpretação restritiva das regras relativas à intervenção das comissões de trabalhadores nas operações que envolvam a transmissão de uma empresa ou de um estabelecimento, quando tal operação esteja inserida no contexto da formação ou remodelação de um grupo – neste sentido, SÄCKER, *Arbeitsrechtliche Probleme der Unternehmenskonzentration cit.*, 130 ss.

balhadores (art. 321.° n.° 2)[1155]. Em qualquer caso, o regime de protecção especial dos membros da comissão de trabalhadores preexistente continua a aplicar-se, no seio da nova empresa, até à data em que os respectivos mandatos terminariam (art. 321.° n.° 4).

IV. Confrontando este regime com o contexto da formação dos grupos societários ou empresariais, pode estabelecer-se, como princípio geral, que estas regras deverão ser observadas apenas no caso de o processo tendente à constituição do grupo ou à sua remodelação interna envolver uma alteração do empregador, nos termos oportunamente indicados[1156].

Na sua aplicação ao contexto específico da constituição e modelação dos grupos, estas regras suscitam ainda os seguintes problemas: o problema da determinação das estruturas de representação dos trabalhadores a informar e a consultar em cumprimento destes deveres; e o problema do alcance das medidas relativas aos trabalhadores afectados pela operação transmissiva.

V. No que toca à primeira questão, cabe distinguir se estamos perante uma operação transmissiva que se integre no processo de formação de um

---

[1155] A lei acaba por nada esclarecer sobre o destino da comissão de trabalhadores preexistente quando a unidade económica transmitida se incorpora na empresa do adquirente e esta tenha já uma comissão de trabalhadores. Neste caso, a melhor solução parece ser a do desaparecimento da comissão de trabalhadores da unidade transmitida, sem prejuízo da extensão do regime de tutela dos respectivos membros até à data em que os respectivos mandatos terminariam, nos termos do art. 312.° n.° 4 do CT.

[1156] No mesmo sentido, quanto ao direito francês, BARTHÉLÉMY / COULON / EGAL / / GUIGOU / HARDOUIN / MELLO / PETITEAU / SEURAT, *Le droit des groupes de sociétés cit.*, 245 ss., VERDIER / COEURET / SOURIAC, *Droit du travail cit.*, 252 s., subtraindo, designadamente, ao âmbito de aplicação das regras de protecção dos trabalhadores em caso de transmissão da empresa ou do estabelecimento as situações de simples aquisição de participações sociais. Mas já no sentido de um amplo dever de informação dos representantes por ocasião de todas estas operações, G. LYON-CAEN, *La concentration du capital... cit.*, 298 s. E, dando um exemplo de um acordo tendente à fusão dos estatutos colectivos, levado a efeito pelos *comités d'entreprise* e pelo *comité de groupe* de duas empresas, no âmbito de um processo de fusão empresarial, P. RAYMOND, *Fusion d'entreprises et fusion de status colletifs*, DS, 2006, 3, 303-307. Também no sentido da extensão dos deveres de informação e consulta dos trabalhadores previstos para a transmissão da empresa, ao caso de constituição de um grupo societário que passe por uma operação de fusão, se pronunciaram, na doutrina italiana, autores como BELLINI, *Trasferimento di azienda nella fusione... cit.*, 201, BIAGI / TIRABOSCHI, *Instituzioni... cit.*, 406 ss., ou PERA, *Trasformazioni, fusioni e incorporazioni... cit.*, 430 ss.

grupo empresarial ou societário (por exemplo, a constituição de um grupo através da cisão de uma sociedade unitária em duas novas sociedades) ou perante uma operação de remodelação interna de um grupo societário ou empresarial já constituído (por exemplo, a transmissão de uma das empresas do grupo para uma entidade terceira).

No primeiro caso, o direito de informação e consulta recai sobre as instituições de representação institucional dos trabalhadores (e, subsidiariamente, sobre os próprios trabalhadores) de cada empresa, referidas no art. 320.° n.° 4 do CT. Já no segundo caso, entendemos que os direitos de informação e de consulta se devem estender também às comissões de trabalhadores coordenadoras de grupo e às comissões sindicais de grupo, que se tenham eventualmente constituído na vigência do grupo, uma vez que estas comissões têm uma vocação especial para avaliar as consequências da operação transmissiva ao nível do grupo e, por isso mesmo, são elas que estão em melhor posição para negociar com os empregadores as medidas susceptíveis de minorar as consequências negativas da operação transmissiva para os trabalhadores abrangidos – assim, para esta situação, sustenta-se uma interpretação extensiva da norma do art. 320.° n.° 4 do CT.

VI. Na mesma linha, entende-se ainda, no que toca ao alcance das medidas objecto de negociação entre os representantes dos trabalhadores e os empregadores, que aquelas medidas podem e devem ser procuradas não apenas no âmbito da empresa, do estabelecimento ou da unidade de negócio transmitidos, mas também no âmbito de outras empresas do mesmo grupo, sempre que a operação de transmissão se integre num processo de remodelação ou redimensionamento interno de um grupo já constituído.

E, de novo, a negociação destas medidas pode ser protagonizada não só pelas estruturas de representação colectiva dos trabalhadores constituídas na empresa, mas também pelas estruturas de representação ao nível do grupo, que têm uma especial aptidão para essa negociação.

56.2. A representação dos trabalhadores na constituição e modelação de grupos internacionais de dimensão comunitária

I. No caso específico de constituição e modelação dos grupos internacionais de dimensão comunitária, caberá aplicar as regras específicas previstas para os conselhos de empresa europeus e, no caso da constituição de grupos envolvendo uma sociedade anónima europeia ou uma sociedade cooperativa europeia, sob a forma de *holding*, as regras previstas para esse efeito.

II. No que toca aos grupos internacionais de dimensão comunitária e aos conselhos de empresa europeus, uma vez que a constituição destes conselhos (ou do mecanismo de consulta e informação dos trabalhadores alternativo, que as partes tiverem instituído por acordo), é, por definição, posterior ao surgimento do próprio grupo, a sua intervenção apenas pode ter lugar a propósito de operações de remodelação interna do próprio grupo, no decurso da sua existência.

Neste contexto, o conselho de empresa europeu tem o direito a ser informado e consultado relativamente às questões que afectem o grupo, ou que se refiram a estabelecimentos ou empresas desse grupo situados em Estados Membros diferentes (art. 380.° da RCT). Em concretização deste direito, a lei impõe à administração da empresa controladora[1157] o dever de fornecer ao conselho de empresa europeu um relatório anual sobre a estrutura e a evolução do grupo e da respectiva actividade, incluindo informações sobre operações tendentes ao redimensionamento do grupo, a fusões ou à transmissão ou encerramento de algumas das suas unidades (art. 381.° da RCT). A administração tem ainda o dever de informar o conselho em situações excepcionais em que se preveja a adopção de medidas que possam afectar a situação dos trabalhadores, o que, obviamente, inclui situações de redimensionamento do próprio grupo (art. 383.° da RCT). A lei prevê também a realização de reuniões periódicas e extraordinárias entre a administração e o conselho de empresa europeu, para efeitos da consulta aos trabalhadores sobre aquelas medidas (art. 382.° e art. 383.° n.° 2 da RCT).

Como decorre do exposto, os conselhos de empresa europeus têm uma intervenção nos processos de modelação interna dos grupos de

---

[1157] São de duvidoso alcance as referências da lei à «administração», feitas a propósito desta matéria, quando aplicadas ao contexto dos grupos de dimensão comunitária. Se estes grupos comportarem uma sociedade *holding*, parece adequado reportar estas referências ao órgão de direcção ou de administração dessa *holding*, mas, não sendo esse o caso, a identificação da entidade sujeita a estes deveres no âmbito do grupo é mais difícil de fazer. Uma vez que a lei se socorre do conceito de empresa controladora, para determinar a existência de um grupo comunitário para este efeito (art. 366.° da RCT), parece-nos adequado reportar as obrigações de consulta e informação referidas em texto à direcção desta empresa controladora.

dimensão comunitária, ainda que em moldes meramente informativos e consultivos.

III. Por fim, cabe referir a intervenção dos trabalhadores na sociedade europeia e na sociedade cooperativa europeia, na medida em que estas sociedades correspondam a uma estrutura de grupo.

Também nestes casos, a lei estabelece o direito dos conselhos de trabalhadores destas sociedades a serem informados e consultados, por escrito, sobre a evolução e as perspectivas futuras da actividade do grupo, respectivas filiais e estabelecimentos, incluindo a previsão de operações de redimensionamento (art. 24.º n.º 2 do DL n.º 215/2005, de 13 de Dezembro, e art. 24.º n.º 2 da L. n.º 8/2008, de 18 de Fevereiro), sendo prevista a apresentação de um relatório anual que contemple estas matérias (art. 25.º n.º 2 do DL n.º 215/2005, de 13 de Dezembro, e art. 25.º n.º 2 da L. n.º 8/2008, de 18 de Fevereiro).

Além disso, a lei prevê o direito dos conselhos de trabalhadores à informação e consulta em situações excepcionais (art. 27.º do DL n.º 215/2005, de 13 de Dezembro, e art. 27.º da L. n.º 8/2008, de 18 de Fevereiro) e ainda a realização de reuniões sobre estas matérias (art. 26.º do DL n.º 215/2005, de 13 de Dezembro, e art. 26.º da L. n.º 8/2008, de 18 de Fevereiro).

57. A representação dos trabalhadores na vida dos grupos societários e empresariais

57.1. A actividade sindical na vida dos grupos

I. Para além das questões relativas à possibilidade de intervenção das instituições de representação dos trabalhadores por ocasião das operações tendentes à constituição ou à remodelação dos grupos, importa avaliar até que ponto o contexto grupal das empresas coloca problemas específicos em relação à actuação dessas instituições ao longo da vida dos grupos, no exercício das competências que a lei lhes atribui em defesa dos interesses sócio-profissionais dos trabalhadores que representam.

Neste contexto, cabe distinguir a actividade das duas instâncias clássicas de representação dos trabalhadores ao longo da vida dos grupos – as associações sindicais e as comissões de trabalhadores – e considerar especificamente a intervenção destas estruturas representativas perante algumas vicissitudes empresariais ou do grupo que afectam a posição jurídica dos trabalhadores.

II. Começando pelas associações sindicais, pode dizer-se que a sua actividade de representação dos interesses sócio-profissionais dos trabalhadores pode ser prosseguida sem dificuldades num contexto de inserção grupal dos empregadores.

Como é sabido, sem prejuízo de outros direitos atribuídos pela Constituição e pela lei, a actividade das associações sindicais espraia-se por cinco domínios essenciais: a participação na elaboração da legislação laboral (art. 56.º n.º 2 a) da CRP e arts. 477.º c) e 525.º do CT); o exercício do direito de contratação colectiva (art. 56.º n.º 3 da CRP e art. 477.º a) do CT); a convocação e gestão da greve (arts. 592.º n.º 1 e 593.º do CT); a participação nos processos de reestruturação da empresa (art. 56.º n.º 2 e) da CRP); e a intervenção em defesa de interesses dos seus associados, através do exercício da acção sindical (previsto no art. 503.º do CT, em termos gerais quanto aos direitos de informação e consulta dos delegados sindicais e, em disposições legais dispersas, quanto ao direito de intervenção e acompanhamento de procedimentos diversos instaurados contra os associados).

O exercício do direito de participação na elaboração da legislação do trabalho não sofre quaisquer alterações pelo contexto grupal das empresas, uma vez que não tem dimensão empresarial. Já quanto ao direito de contratação colectiva e à convocação e gestão das greves, a inserção grupal das empresas pode suscitar algumas especificidades – contudo, pela importância específica destas matérias, considerá-las-emos em separado, um pouco mais à frente[1158], tal como as questões relativas à intervenção nos processos de reestruturação empresarial[1159].

No que se refere ao direito de exercício da actividade sindical na empresa, através dos delegados sindicais e das comissões sindicais e intersindicais, deve reconhecer-se que tal exercício pode ser dificultado pela circunstância de a empresa estar integrada num grupo. Assim, por um lado, o direito dos delegados sindicais à informação pode ser esvaziado pela dimensão reduzida da sua unidade empresarial no contexto do grupo (art. 503.º n.º 6 do CT); e, por outro lado, este direito é, genericamente,

---

[1158] *Infra,* secções II e III deste capítulo.
[1159] *Infra,* ponto seguinte.

mais difícil de exercer porque a inserção grupal da empresa dificulta, por si só, a intervenção sindical em defesa dos interesses dos trabalhadores concretamente afectados por vicissitudes das empresas com origem no grupo.

Contudo, como oportunamente se referiu, compete às associações sindicais, no exercício da sua autonomia, ultrapassarem estas dificuldades através da criação de estruturas de representação com funções de coordenação ao nível do grupo.

57.2. A actividade das comissões de trabalhadores na vida nos grupos

I. Tendo como objectivo a defesa dos interesses dos trabalhadores e a intervenção democrática na vida da empresa (art. 54.º n.º 1 da CRP), as comissões de trabalhadores gozam, entre outros, do direito à participação na elaboração da legislação do trabalho (art. 54.º n.º 5 d) da CRP, art. 525.º do CT e art. 354.º n.º 1 d) da RCT), do direito a receber todas as informações necessárias ao exercício da sua actividade (art. 54.º n.º 5 a) da CRP e arts. 354.º n.º 1 a) e 356.º a 358.º da RCT), do direito a exercer o controlo de gestão nas empresas (art. 54.º n.º 5 b) da CRP e arts. 359.º a 361.º da RCT), do direito a participar nos processos de reestruturação das empresas (art. 54.º n.º 5 c) da CRP e art. 364.º da RCT) e, genericamente, do direito de intervenção em defesa de interesses laborais concretos dos trabalhadores da empresa.

O contexto de grupo em que se insere a empresa pode, por si mesmo, dificultar o exercício do direito das comissões de trabalhadores à informação (porque os elementos sobre os quais incide o direito à informação, constantes do art. 365.º da RCT, quando reportados à dimensão estritamente empresarial, podem não ser reveladores da situação real da empresa, no seu contexto grupal) e do direito ao controlo de gestão (porque muitas decisões de gestão ultrapassam a dimensão da própria empresa, num contexto de grupo). Da mesma forma, os direitos de intervenção das comissões de trabalhadores nos processos de reestruturação das empresas arriscam-se a não ser eficazmente exercidos num contexto de grupo, pela dificuldade de avaliar a situação real da empresa. Por fim, a intervenção das comissões de trabalhadores na defesa de interesses concretos dos trabalhadores pode ser dificultada pelas mesmas razões.

Em todo o caso, deve estabelecer-se, de um modo claro, como princípio regulador nesta matéria, que os direitos de informação das comissões de trabalhadores se estendem ao conjunto das matérias que possam relevar para a defesa dos interesses dos trabalhadores que elas representam. Ora, estando a empresa inserida num grupo, as actividades do grupo susceptíveis de terem repercussões na situação jurídica dos trabalhadores de cada uma das unidades empresariais que o compõem, integram aquele dever de informação[1160].

II. É o contexto descrito que torna especialmente útil a previsão legal da figura das comissões de trabalhadores com funções de coordenação no âmbito dos grupos – art. 461.º n.º 3 do CT.

Apesar de a lei não voltar a mencionar esta figura a propósito do desenvolvimento dos direitos das comissões de trabalhadores, nem esclarecer o que entende por funções de coordenação, para este efeito, crê-se que estas comissões de coordenação revestem o maior interesse para ultrapassar as dificuldades de exercício das competências das comissões de trabalhadores «comuns», em contexto de grupo.

No silêncio da lei sobre este ponto, caberá aos próprios trabalhadores integrar aquelas funções de coordenação, que, de qualquer modo, se circunscrevem ao conjunto de competências que a lei atribui genericamente às comissões de trabalhadores.

57.3. A representação colectiva dos trabalhadores por ocasião das vicissitudes das empresas que integram o grupo: os despedimentos económicos no âmbito do grupo e a declaração de insolvência de uma empresa do grupo

I. O último aspecto a referir quanto à representação institucional dos trabalhadores em empresas integradas num grupo tem a ver com a intervenção das estruturas de representação colectiva (*verbi gratia*, as comis-

---

[1160] Também neste sentido, no contexto do sistema jurídico italiano, CALABRÒ, *Lavoro, Impresa di Gruppo... cit.*, 159 s.; e, no mesmo contexto jurídico, TINTI, *Gruppi di imprese... cit.*, 98, chama a atenção para alguma jurisprudência, que tem admitido a responsabilidade passiva do grupo de empresas, ultrapassando a falta de personalidade jurídica do próprio grupo, pelo incumprimento dos deveres de informação aos representantes dos trabalhadores sobre a situação e a actividade económica do grupo.

sões de trabalhadores e as associações sindicais) por ocasião das vicissitudes dessas empresas que afectem os trabalhadores e que podem ter origem na própria dinâmica do grupo – pensamos em situações como a redução do tempo de trabalho e da suspensão do contrato de trabalho por motivo de crise da empresa, os despedimentos colectivos ou por extinção do posto de trabalho, a declaração de insolvência de uma das empresas do grupo ou a deliberação de encerramento dessa empresa, em nome do interesse do grupo[1161].

Já tivemos ocasião de analisar essas vicissitudes, na perspectiva de avaliar as suas implicações no contrato de trabalho dos trabalhadores afectados, tendo então proposto um conjunto de soluções, com vista a fazer prevalecer o interesse mais relevante em jogo. Por ora, cabe apenas salientar o importantíssimo papel que as instituições de representação dos trabalhadores (com destaque para as comissões de trabalhadores e, no caso de os trabalhadores afectados serem sindicalizados, também as respectivas associações sindicais) desempenham nos processos de implementação destas medidas.

II. A intervenção das estruturas de representação dos trabalhadores nestes processos desenvolve-se nas seguintes áreas: situações em que estas estruturas são chamadas a dar parecer previamente à aplicação de certas medidas pela empresa – assim, por exemplo, o parecer obrigatório das comissões de trabalhadores prévio à medida de encerramento do estabelecimento ou de linhas de produção, à dissolução da empresa ou ao requerimento de declaração de insolvência da mesma, ou ainda o parecer solicitado antes da aplicação de medidas que impliquem diminuição considerável do número de trabalhadores da empresa (art. 357.° n.° 1 h), i) e j) da RCT); situações em que estas estruturas têm o poder de negociar com os empregadores soluções alternativas à cessação do contrato, nos procedimentos para despedimento colectivo ou para despedimento por extinção do posto de trabalho (arts. 420.° e 424.° do CT, respectivamente), bem como nos procedimentos de implementação de medidas de redução do tempo de trabalho ou de suspensão do contrato de trabalho (art. 337.° do CT); intervenção destas estruturas, para salvaguarda dos direitos dos tra-

---

[1161] Já tendo apreciado a vicissitude da transmissão da empresa ou do estabelecimento, dispensamo-nos de a voltar a considerar neste momento.

balhadores, nos processos de insolvência (arts. 37.º n.º 7, 66.º n.º 3, 72.º n.º 6, 75.º n.º 3, 156.º n.º 1 e 83.º n.º 1 do CIRE)[1162].

Nestas intervenções, as estruturas de representação dos trabalhadores podem e devem equacionar a dimensão do grupo na negociação de medidas alternativas, tendo as comissões coordenadoras de trabalhadores uma especial aptidão para este efeito.

[1162] Para mais desenvolvimentos sobre a intervenção das comissões de trabalhadores no processo de declaração de insolvência, vd ROSÁRIO PALMA RAMALHO, *Aspectos laborais da insolvência cit.*, 148 ss., e ainda *Direito do Trabalho cit.*, II, 788 ss.

SECÇÃO II
A negociação colectiva no seio dos grupos

§ 31.º Admissibilidade da negociação e da contratação colectiva ao nível do grupo: posicionamento do problema e posição adoptada

I. Um segundo grupo de incidências laborais colectivas dos fenómenos de grupo é o que se prende com a negociação colectiva.

Como referimos oportunamente, a questão essencial a resolver neste domínio é a questão da admissibilidade da negociação colectiva e da contratação colectiva ao nível do próprio grupo. Associadas a esta questão central estão outras questões, que têm a ver com a determinação dos parceiros negociais, com os efeitos das convenções colectivas de trabalho de grupo nas empresas que o integram, e com a articulação entre as convenções colectivas de trabalho de grupo e outros instrumentos de regulamentação colectiva do trabalho em vigor nas empresas do grupo, tanto no que se refere ao respectivo âmbito de aplicação, como no que respeita aos respectivos conteúdos.

É a este conjunto de questões que procuraremos responder nas próximas páginas.

II. A celebração de convenções colectivas de trabalho ao nível do grupo societário ou empresarial tem como vantagem principal o facto de viabilizar a uniformização das condições de trabalho e a centralização da gestão de pessoal nas várias empresas do grupo, quando tal uniformização convenha aos interesses do grupo, para além de viabilizar a institucionalização da representação colectiva ao nível do grupo[1163].

[1163] Estas vantagens da contratação colectiva de grupo são assinaladas por autores como ABEL FERREIRA, *Grupos de Empresas e Direito do Trabalho* cit., 251, BARTHÉLÉMY/ / COULON / EGAL / GUIGOU / HARDOUIN / MELLO / PETITEAU / SEURAT, *Le droit des groupes*

§ 31.º A negociação colectiva nos grupos: posicionamento do problema

No plano comparado, alguns ordenamentos jurídicos admitem expressamente as convenções colectivas de grupo.

Exemplo paradigmático desta tendência é, como referimos oportunamente[1164], o sistema germânico, que admite indirectamente as convenções colectivas de trabalho e os acordos de empresa de âmbito grupal (*Konzern einheitliche Tarifverträge* e *Konzern Betriebsvereinbarungen*) ao abrigo do § 55 Abs. 4 BetrVG, devendo estas convenções ser celebradas, respectivamente, pelas associações sindicais e pelas comissões de trabalhadores, em consonância com a delimitação geral de competências destas duas instâncias de representação colectiva dos trabalhadores naquele sistema[1165].

Na mesma linha, deve ser referido o sistema francês, que formalizou legalmente a admissibilidade das convenções colectivas de grupo em 2004 (*Loi n. 2004/391, du 4 mai 2004*, que introduziu o art. L. 132-19-1 no *Code du travail* de 1973, matéria que é actualmente regulada nos arts. 2232-30 a 2232-34 do novo *Code du travail*) – embora anteriormente a doutrina já considerasse admissível este nível de negociação colectiva, ao abrigo da previsão geral do art. L. 132-3 do *Code du travail* de 1973[1166] e, designadamente, no âmbito das empresas do grupo que constituíssem uma *unité économique et sociale*, sob o impulso dos delegados sindicais comuns a essa unidade[1167], o que a jurisprudência veio, aliás, a admitir

---

de sociétés cit., 251, ou VACHET, *La négociation collective dans les groupes de societés cit.*, 108.

[1164] *Supra*, § 10.º, ponto 17.1.III.

[1165] Entre outros, sobre a admissibilidade de convenções colectivas de trabalho de grupo, WINDBICHLER, *Arbeitsrecht und Konzernrecht cit.*, 151, e, com mais desenvolvimentos, *Arbeitsrecht im Konzern cit.*, 435 ss. e 588 s, onde a autora aprecia as questões ligadas à concorrência destes instrumentos com os instrumentos normativos de âmbito empresarial, e à delimitação dos conteúdos destes diferentes tipos de instrumentos colectivos. Ainda sobre este ponto, HRODMAKA / MASCHMANN *Arbeitsrecht cit.*, II, 344, KONZEN, *Arbeitnehmerschutz im Konzern cit.*, 87, SCHAUB / KOCH / LINK, *Arbeitsrechts- Handbuch cit.*, 1916, ou M. BACHNER, *Die Rechtsetzungsmacht der Betriebsparteien durch Konzernbetriebsvereinbarung*, NZA, 1995, 6, 256-260.

[1166] Neste sentido, por todos, BARTHÉLÉMY / COULON / EGAL / GUIGOU / HARDOUIN / / MELLO / PETITEAU / SEURAT, *Le droit des groupes de sociétés cit.*, 257.

[1167] Neste sentido, por exemplo, SAVATIER, *Le dynamisme... cit.*, 948, e ainda deste autor, *Les groupes de sociétés... cit.*, 541 s., bem como VACHET, *La négociation collective dans les groupes de societés cit.*, 105 ss. Ainda sobre a negociação colectiva de grupo, no sistema jurídico francês, mas já no âmbito da lei de 2004, RAY, *Droit du travail, droit vivant cit.*, 433 ss., P.-H. ANTONMATTÉI, *La consécration législative de la convention et de l'accord de groupe: satisfaction et interrogations*, DS, 2004, 6, 601-605, e, sobretudo,

§ 31.º A negociação colectiva nos grupos: posicionamento do problema 693

expressamente[1168] – para além de prever a celebração dos acordos de participação dos trabalhadores nos resultados da empresa (*accords de participation*) ao nível do grupo (arts. L. 3323-1, L. 3324-2 e L. 3322-7 do *Code du travail*[1169])[1170]. A doutrina francesa discute ainda, neste contexto, os problemas da legitimidade negocial para a celebração das convenções colectivas de trabalho de grupo[1171], bem como a questão da articulação destas convenções com as convenções vigentes em cada empresa do grupo[1172], o problema do destino das convenções colectivas em vigor nas diversas empresas, aquando da constituição do grupo[1173], e as questões ligadas ao conteúdo deste tipo de convenções colectivas de trabalho[1174].

B. TEYSSIÈ, *Variations sur les conventions et accords collectifs de groupe*, DS, 2005, 6, 643-652.

[1168] Contribuiu decisivamente neste sentido um Acórdão da *Cour de cassation*, que ficou conhecido como *Arrêt Axa* (*Arrêt de la Cour de cassation, Ch. soc. du 30 avril 2003 – Fédèration des employés et cadres FO et a. contre Axa France assurances SA et a.*), que reconheceu, pela primeira vez, a possibilidade de celebração de acordos colectivos ao nível dos grupos societários – por todos, sobre esta jurisprudência e em anotação ao Acórdão referido, M. F. BIED-CHARRETON, *Conventions et accords collectifs*, Dr.ouv., 2003, 398-400, e ainda B. GAURIAU, *La consécration jurisprudentielle... cit.*, 732 ss.

[1169] Estas disposições correspondem aos arts. L. 442-5, L. 442-6 e L. 442-11 do Código anterior.

[1170] *Supra*, § 10.º, ponto 17.1.VI. Especificamente sobre os *accords de groupe de participation*, BARTHÉLÉMY / COULON / EGAL / GUIGOU / HARDOUIN / MELLO / PETITEAU / SEURAT, *Le droit des groupes de sociétés cit.*, 12, e VACHET, *La négociation collective dans les groupes de sociétés cit.*, 105.

[1171] Sobre as questões da legitimidade negocial para a celebração de convenções colectivas de trabalho de grupo, BARTHÉLÉMY / COULON / EGAL / GUIGOU / HARDOUIN / MELLO / PETITEAU / SEURAT, *Le droit des groupes de sociétés cit.*, 257 e 260 ss., ou VACHET, *La négociation collective dans les groupes de societés cit.*, 108 ss., e já no âmbito do regime instituído em 2004, ANTONMATTÉI, *La consécration législative... cit.*, 602 s., e TEYSSIÈ, *Variations sur les conventions et accords collectifs de groupe cit.*, 644 ss. e 649 ss., ambos apreciando o problema da legitimidade para promover a negociação colectiva de grupo, quer do lado patronal quer do lado sindical.

[1172] Sobre o problema da articulação entre as convenções colectivas de trabalho de grupos e os instrumentos de regulamentação colectiva do trabalho de âmbito profissional e empresarial, DESPAX, *Groupe de sociétés... cit.*, 602 ss., BARTHÉLÉMY / COULON / EGAL / GUIGOU / HARDOUIN / MELLO / PETITEAU / SEURAT, *Le droit des groupes de sociétés cit.*, 257 e 260 ss., VACHET, *La négociation collective dans les groupes de societés cit.*, 108 ss., ou TEYSSIÈ, *Variations sur les conventions et accords collectifs de groupe cit.*, 644 ss. e 649 ss.

[1173] Debatendo esta questão, G. LYON-CAEN, *La concentration du capital... cit.*, 297.

[1174] Sobre estas questões, TEYSSIÈ, *Variations sur les conventions et accords collectifs de groupe cit.*, 648 ss., e ANTONMATTÉI, *La consécration législative... cit.*, 604 s.

Além disso, mesmo nos sistemas que não prevêem legalmente a negociação colectiva ao nível do grupo, é assinalada a adopção de tal nível de negociação e a existência de convenções colectivas de trabalho de grupo, na prática, e são debatidos os problemas colocados por estas convenções – é o que sucede em Itália[1175] ou em Espanha[1176].

III. Como acima se referiu, o primeiro problema colocado pela negociação colectiva no âmbito dos grupos é o problema da admissibilidade deste nível de negociação.

A questão da admissibilidade da negociação colectiva ao nível do grupo coloca-se em razão da falta de personalidade jurídica do próprio grupo: por um lado, não tendo o grupo personalidade jurídica, ele não pode, evidentemente, protagonizar, *per se*, a negociação ou a contratação colectiva[1177]; por outro lado, mesmo nos grupos verticais, a independên-

---

[1175] Sobre a negociação colectiva de grupo em Itália, CALABRÒ, *Lavoro, Impresa di Gruppo... cit.*, 148 s., P. SANDULLI, *Arbeitsrechtliche Folgen...cit.*, 120, VENEZIANI, *Gruppi di imprese...cit.*, 643 ss., NOGLER, *Gruppi di imprese... cit.*, 318 ss. e 323 ss., TREU, *Gruppi di imprese... cit.*, 669 ss., TINTI, *Oltre la trasparenza... cit.*, 214 s., e ainda *Gruppi di imprese... cit.*, 100 ss., ou ZANELLI, *Introduzione. Gruppi di imprese... cit.*, 47 s.

[1176] Sobre a negociação colectiva de grupo em Espanha, *vd* BAYLOS / COLLADO, *Introducción... cit.*, 15 e 17 s., considerando que este tema mereceria um enquadramento legal diferenciado, e ainda MARTINEZ BARROSO, *Analisis jurídico-laboral... cit.*, 943 ss., CAMPS RUIZ, *La Problemática Jurídico-Laboral... cit.*, 117 ss., ORMAETXEA, *La Representación Colectiva de los Trabajadores en los Grupos... cit.*, 161 ss., ou CABERO MORAN, *Negociación colectiva y representación... cit.*, 379 s. Embora a negociação colectiva de grupo não seja prevista na lei, ela é considerada admissível, assim como é possível a negociação de várias convenções colectivas de trabalho paralelas para as diversas empresas do grupo – ainda CAMPS RUIZ, *La Problemática Jurídico-Laboral... cit.*, 117 s., que levanta, contudo, a este propósito, os problemas da legitimidade negocial e da concorrência de convenções colectivas de trabalho (*idem*, 117 e 120 s.). Já CRUZ VILLALÓN, *La negociación colectiva... cit.*, 273 ss. e 278 ss., assinala a escassa relevância prática das convenções colectivas de grupo no país, situação que considera dever-se à falta de previsão legal deste nível de negociação, mas também ao facto de os fenómenos de concentração empresarial na pluralidade serem, por natureza, refractários à regulamentação jurídica a qualquer nível, ao facto de as empresas do grupo se inserirem, com frequência, em sectores de actividade diferentes e ainda ao facto de os desígnios de flexibilidade laboral que alguns grupos prosseguem serem mais compatíveis com a diversidade dos regimes laborais aplicáveis nas várias empresas que integram o grupo, do que com uma regulamentação colectiva unitária.

[1177] Neste mesmo sentido, DIAS COIMBRA, *Os grupos societários no âmbito das relações colectivas... cit.*, 405 s. Também considerando que o grupo não pode, por si mesmo, celebrar convenções colectivas de trabalho de grupo, por falta de personalidade jurídica,

§ 31.° *A negociação colectiva nos grupos: posicionamento do problema* 695

cia jurídica das sociedades e dos empregadores que integram o grupo é incompatível com a aplicação automática de uma convenção colectiva de trabalho, celebrada pela sociedade dominante às demais empresas do grupo, funcionando assim como convenção colectiva de grupo[1178].

De outra parte, cabe avaliar até que ponto se justifica iniciar uma negociação colectiva ao nível do grupo, tanto mais que tal negociação pode continuar a fazer-se ao nível das empresas que integram o grupo ou dos sectores profissionais em que se desenvolve a respectiva actividade, pelas associações sindicais e pelos empregadores ou associações patronais comuns.

No nosso entender, a posição de princípio nesta matéria deve ser no sentido da admissibilidade da negociação colectiva e da celebração de convenções colectivas de trabalho ao nível do grupo, embora não protagonizada pelo próprio grupo, dada a falta de personalidade jurídica deste.

Tal posição encontra fundamento quer no princípio constitucional da autonomia colectiva (art. 56.° n.° 3 da CRP), quer, genericamente, no princípio da autonomia privada (art. 405.° do CC), uma vez que a autonomia colectiva é uma manifestação da autonomia privada, ainda que seja dotada de grande singularidade[1179]. Por outras palavras, correspondendo a com-

---

WINDBICHLER, *Arbeitsrecht im Konzern cit.*, 460 s., 478 ss., e 588 s., que, por isso, entende que essa competência deve ser deferida ao conjunto de empresas do grupo ou às respectivas associações de empregadores, que se podem agrupar para este efeito, aliás como os trabalhadores e as respectivas associações sindicais; ainda neste sentido, SÄCKER, *Arbeits- und Sozialrecht im multinationalem Unternehmensverbund... cit.*, 202. Mas contra, admitindo que o grupo possa ser o sujeito destes acordos colectivos, por considerar que a dinâmica dos grupos se manifesta de modo a ultrapassar os limites da personalidade jurídica colectiva, CALABRÒ, *Lavoro, Impresa di Gruppo... cit.*, 148 s.

[1178] No mesmo sentido, ainda DIAS COIMBRA, *Os grupos societários no âmbito das relações colectivas...cit.*, 406 s. Contudo, como bem refere este autor, nada obsta a que, uma vez celebrada uma convenção colectiva de trabalho pela empresa dominante, as outras empresas do grupo e as associações sindicais celebrem um acordo de adesão à convenção colectiva de trabalho já em vigor (nos termos actualmente consagrados no art. 563.° do CT), assegurando, por esta via, a uniformização do regime laboral nas várias empresas do grupo.

[1179] Quanto ao princípio da autonomia colectiva, *vd* ROSÁRIO PALMA RAMALHO, *Direito do Trabalho cit.*, I, 503 ss., e, para mais desenvolvimentos sobre este princípio, enquanto projecção da valoração axiológica fundamental do direito do trabalho, que é o princípio do colectivo, com indicação das especificidades que ele apresenta relativamente a outras manifestações do princípio da autonomia privada, ainda o nosso *Da Autonomia Dogmática... cit.*, 799 ss.

posição dos interesses laborais de empregadores e trabalhadores ao nível do grupo a um interesse digno de protecção jurídica, tal interesse deve poder ser prosseguido da forma que os respectivos titulares entendam ser a mais adequada.

Evidentemente, perante a extrema diversidade dos grupos societários e empresariais, quer quanto à sua estrutura interna, quer quanto ao grau de entrosamento das empresas que o integram, quer ainda quanto aos objectivos que prosseguem, apenas no âmbito de cada grupo se poderá decidir da conveniência ou não de promover a negociação colectiva de grupo.

§ 32.º A negociação colectiva de grupo no quadro do sistema jurídico nacional

58. O enquadramento jurídico da negociação colectiva de grupo: em especial a celebração de acordos colectivos de trabalho à dimensão do grupo e a negociação colectiva articulada em contexto de grupo

I. Uma vez estabelecida a posição de princípio no sentido da admissibilidade da negociação e da contratação colectiva ao nível do grupo societário ou empresarial, com base nos princípios da autonomia colectiva e da autonomia privada (art. 56.º n.º 3 da CRP e art. 405.º do CC), cabe proceder ao enquadramento desta modalidade de negociação colectiva pelo nosso sistema jurídico e resolver os problemas que ela coloca em concreto.

II. O primeiro ponto que cumpre assinalar é que o sistema jurídico nacional não prevê especificamente a realidade do grupo para efeitos de negociação e de contratação colectiva.

Como é sabido, no nosso ordenamento jurídico, a contratação colectiva é prevista a diversos níveis e combinando um critério vertical e um critério horizontal: em termos horizontais, é prevista a celebração de convenções colectivas de trabalho de acordo com os sectores de actividade e as áreas profissionais; em termos verticais, são previstas convenções colectivas de trabalho de nível nacional, regional, local e empresarial. A estes vários níveis correspondem três grandes modalidades de convenção colectiva de trabalho, que são delimitadas com base no critério da natureza dos sujeitos outorgantes: os contratos colectivos de trabalho, celebrados por associações sindicais e por associações de empregadores; os acordos colectivos de trabalho, celebrados por associações sindicais e por uma pluralidade de empregadores, para um conjunto de empresas; e os acordos de empresa, celebrados por uma ou mais associações sindicais com um só empregador e para uma só empresa ou estabelecimento (art. 2.º n.º 3 do CT). Por outro lado, importa também ter em conta que, diferentemente do que sucede noutros países, não há em Portugal uma regra de representatividade sindical mínima, que condicione a legitimidade das associações sindicais na negociação colectiva, e que vigora o princípio do pluralismo sindical (art. 475.º n.º 1 do CT). Em consequência, podem ser celebradas tantas convenções colectivas de trabalho quantas as partes entenderem, sendo o respectivo âmbito de aplicação determinado pelas regras da filiação sindical dos trabalhadores (arts. 552.º ss. do CT), conjugadas com as regras de concorrência entre os instrumentos de regulamentação colectiva do trabalho em vigor no mesmo universo empresarial (arts. 535.º ss.).

III. Recordadas as regras gerais nesta matéria, cabe aplicá-las à dimensão dos grupos societários e empresariais.

Não havendo uma modalidade específica de convenção colectiva de trabalho para a dimensão de grupo e sendo a matéria da negociação colectiva dominada pelo princípio do pluralismo sindical, a situação mais frequente em contexto de grupo será a da vigência simultânea de uma multiplicidade de instrumentos de regulamentação colectiva do trabalho nas diversas empresas que compõem o grupo, com áreas de incidência subjectiva diversa, consoante o tipo de instrumento de regulamentação colectiva do trabalho em concreto, a área de actividade da empresa e a área profissional do trabalhador e ainda o grau de representatividade das associações sindicais outorgantes. A este conjunto de convenções colectivas de trabalho ainda podem acrescer – e esta é a situação mais frequente na prática – regulamentos administrativos de extensão (art. 2.º n.º 4 e art. 573.º do CT), que alargam o âmbito subjectivo de aplicação das convenções colectivas de trabalho aos trabalhadores não filiados no sindicato outorgante das mesmas.

Em suma, no âmbito dos grupos, a aplicação das regras gerais de negociação e de contratação colectiva redundará, na maior parte dos casos, na multiplicidade de regimes convencionais colectivos diferenciados, aplicáveis nas várias empresas e às várias categorias de trabalhadores que existam em cada empresa. Esta multiplicidade de regimes traduz-se, obviamente, em maiores dificuldades de conseguir a uniformização das condições de trabalho e da gestão dos recursos humanos nas várias empresas do grupo e, independentemente desse objectivo, esta situação dificulta a adopção de mecanismos de mobilidade dos trabalhadores no seio do grupo, como a contratação do trabalhador com pluralidade de empregadores ou a regulamentação colectiva da cedência ocasional, por exemplo, bem como a organização das estruturas de representação colectiva dos trabalhadores ao nível do grupo.

IV. Perante este quadro, cabe avaliar se, das regras do Código do Trabalho nesta matéria, se podem, ainda assim, retirar instrumentos úteis para acautelar melhor os interesses específicos do grupo em matéria de negociação colectiva.

A nosso ver, dois recursos previstos na nossa lei podem, efectivamente, contribuir nesse sentido: o primeiro é o acordo colectivo de trabalho; o segundo é a contratação colectiva articulada.

Uma primeira forma de promover os interesses específicos do grupo através da contratação colectiva é a adopção da modalidade de convenção colectiva de trabalho mais adequada ao contexto grupal. No nosso sistema juslaboral, esta modalidade é o acordo colectivo de trabalho (art. 2.º n.º 3 b) do CT), uma vez que tal acordo permite estabelecer uma regulamentação colectiva uniforme para uma pluralidade de empresas[1180].

Neste caso, tendo em conta o universo grupal, nada impede que as associações sindicais e o conjunto de empregadores do grupo celebrem acordos colectivos de trabalho que definam como âmbito subjectivo de aplicação o conjunto das empresas do grupo; e, sendo esses acordos colectivos de trabalho aplicáveis aos trabalhadores filiados nas associações sindicais outorgantes dos mesmos, de acordo com o princípio da filiação (art. 552.º do CT), nada impede também que o âmbito de aplicação subjectiva desses mesmos acordos seja alargado aos trabalhadores não sindicalizados das empresas abrangidas, através de um regulamento administrativo de extensão (art. 2.º n.º 4 e art. 573.º do CT)[1181].

[1180] Também considerando o acordo colectivo de trabalho como a modalidade de convenção colectiva de trabalho mais adequada para prosseguir o objectivo de uniformização das condições de trabalho nas várias empresas do grupo, DIAS COIMBRA, *Os grupos societários no âmbito das relações colectivas... cit.*, 409 s., bem como ABEL FERREIRA, *Grupos de Empresas e Direito do Trabalho cit.*, 249 s., e ainda *Grupos de empresas e relações laborais cit.*, 292.

[1181] Devem, em todo o caso, ter-se em conta os limites substanciais da extensão administrativa das convenções colectivas de trabalho, já que apenas é possível essa extensão no âmbito do mesmo sector de actividade. Neste sentido, vd o Ac. STJ de 30/03/2006 (Proc. n.º 05S2653), www.stj.pt., reportando-se a uma extensão da convenção colectiva de traba-

Com a celebração de um acordo colectivo de trabalho, nos termos indicados, os trabalhadores das empresas do grupo, que sejam membros das associações sindicais outorgantes (e os demais trabalhadores, se for emitido um regulamento de extensão) passam a ser abrangidos pelo mesmo regime convencional colectivo.

V. Uma outra forma de prosseguir os interesses específicos do grupo, sem necessidade de uniformizar o regime convencional colectivo dos trabalhadores – uma vez que uma uniformização integral do estatuto dos trabalhadores pode não corresponder ao interesse do grupo e das respectivas empresas – é recorrer a uma nova forma de negociação e contratação colectiva que o Código do Trabalho introduziu: é a contratação colectiva articulada, prevista no art. 536.° n.° 2 do CT.

Introduzida na nossa lei de um modo relativamente discreto – uma vez que é prevista apenas indirectamente, a propósito das regras de concorrência entre instrumentos de regulamentação colectiva do trabalho negociais e não é objecto de mais desenvolvimentos em sede do Código – a contratação colectiva articulada corresponde a uma forma de contratação colectiva que passa pela celebração de convenções colectivas de trabalho de diferentes níveis, mas conjugadas entre si, através de cláusulas expressamente previstas para esse efeito.

O interesse do sistema de contratação colectiva articulada é permitir que os conteúdos negociais típicos destes instrumentos normativos sejam distribuídos pelas convenções colectivas dos vários níveis, que regulam assim matérias diversas – assim, por exemplo, as partes podem optar por tratar na convenção colectiva de trabalho mais abrangente (um contrato colectivo de trabalho ou um acordo colectivo de trabalho) as matérias de interesse mais geral (por exemplo, as matérias relativas à retribuição e às carreiras), e por deixar para as convenções colectivas de trabalho de nível empresarial (os acordos de empresa) as matérias que incidem especificamente sobre a respectiva área de actividade e que ganham em ser tratadas com maior especificidade (por exemplo, as matérias relativas ao tempo de trabalho, às condições de trabalho ou ao sistema de higiene e segurança na empresa).

---

lho a uma outra empresa e considerando que o requisito da inserção da entidade objecto da extensão no mesmo sector de actividade não é de afastar no caso de a segunda empresa exercer a sua actividade em conjugação e para benefício da empresa que outorgou a convenção colectiva de trabalho.

A grande diferença entre este sistema e o sistema comum de contratação colectiva tem a ver com a aplicação dos vários instrumentos de regulamentação colectiva do trabalho. Enquanto, no sistema comum de contratação colectiva, cada convenção colectiva se aplica em bloco e, em caso de dúvida sobre a convenção aplicável, cabe recorrer às regras de concorrência previstas na lei (arts. 535.º ss. do CT) para determinar o instrumento que deve ser aplicado em bloco e com exclusão dos demais, no sistema de contratação colectiva articulada, de acordo com as regras de articulação que venham a ser estabelecidas nas próprias convenções colectivas, todas as convenções se aplicam em simultâneo – ou melhor dizendo, em articulação – nas várias matérias que regulem e a universos diversos de trabalhadores. Nos termos da lei (art. 536.º n.º 2 e n.º 3 do CT), as regras de articulação de convenções colectivas preferem a outros critérios de resolução de conflitos de aplicação de convenções colectivas de trabalho, pelo que este sistema prevalece sobre quaisquer outras regras de concorrência.

Perante o exposto, e apesar da falta de desenvolvimento deste novo sistema de contratação colectiva pelo Código do Trabalho[1182], é fácil descortinar as suas virtualidades, se aplicado ao contexto de um grupo societário ou empresarial.

[1182] Como é sabido, esta modalidade de contratação colectiva não foi desenvolvida pelo Código do Trabalho, mas foi retomada a propósito do regime do contrato de trabalho na Administração Pública, previsto na L. n.º 23/2004, de 22 de Junho. Este diploma instituiu um sistema de contratação colectiva articulada, que se aplica àqueles contratos de trabalho (arts. 19.º a 21.º da L. n.º 23/2004) e que pretendeu ir de encontro às especificidades dos vínculos laborais na Administração Pública e, designadamente, à necessidade de controlar algumas matérias do conteúdo das convenções colectivas pelo Estado, ao mais alto nível – por exemplo, as matérias remuneratórias. De acordo com este sistema, a contratação colectiva é feita com recurso a convenções colectivas de vários níveis (contratos colectivos nacionais, contratos colectivos sectoriais, acordos colectivos sectoriais e acordos de pessoa colectiva pública (art. 19.º) e cabe à convenção colectiva de trabalho mais abrangente indicar as matérias que podem ser reguladas pelas convenções colectivas de trabalho de âmbito mais restrito (art. 20.º), aplicando-se assim todas as convenções em simultâneo, uma vez que regulam matérias diversas. Para mais desenvolvimentos sobre este sistema de negociação colectiva, que não podemos aqui, evidentemente, aprofundar, ROSÁRIO PALMA RAMALHO / MADEIRA DE BRITO, *Contrato de Trabalho na Administração Pública* cit., 97 ss., e ainda ROSÁRIO PALMA RAMALHO, *O contrato de trabalho na Reforma da Administração Pública: reflexões gerais sobre o regime jurídico instituído pela L. n.º 23/2004, de 22 de Junho*, QL, 2004, 24, 121-136 (134 s.).

Assim, em contexto de grupo, as partes podem aplicar o sistema de contratação colectiva articulada do seguinte modo: relativamente às matérias atinentes aos interesses do grupo (por exemplo, as matérias integrantes do conteúdo obrigacional da convenção colectiva, como as relativas às cláusulas de paz social e aos mecanismos de resolução pacífica de conflitos entre as partes e as que se referem à organização e intervenção das estruturas de representação colectiva dos trabalhadores ao nível do grupo, e, no conteúdo normativo da convenção, as regras sobre a circulação dos trabalhadores entre as empresas do grupo ou sobre a dimensão grupal dos direitos e deveres das partes), as partes podem considerar mais adequada uma regulamentação uniforme, para o que podem celebrar um contrato colectivo de trabalho ou um acordo colectivo de trabalho de âmbito grupal; relativamente às restantes matérias (e, designadamente, quando as empresas do grupo se integrem em sectores de actividade diferentes ou de grande especificidade), podem as partes considerar mais adequado que a regulamentação colectiva seja equacionada de forma independente em cada empresa e, em conformidade, optarem pela celebração de acordos de empresa, cujo âmbito de aplicação está circunscrito a cada empresa do grupo.

Em suma, com o modelo de contratação colectiva articulada pode assegurar-se a prossecução de interesses comuns do grupo, ao mesmo tempo que se mantém a independência geral das empresas que o compõem na disciplina dos vínculos laborais nelas vigentes. Mais do que uma uniformização das condições de trabalho (que é melhor conseguida com a solução do recurso ao acordo colectivo de trabalho, nos termos acima assinalados), consegue-se com o sistema de contratação colectiva articulada uma homogeneização do regime aplicável às matérias consideradas do interesse comum do grupo, mantendo-se uma regulamentação independente nas restantes matérias. Ora, como referem alguns autores, em termos gerais[1183], esta «homogeneização», situada a meio caminho entre a multiplicação de estatutos laborais e a total uniformização desses estatutos ao nível do grupo, pode coadunar-se melhor com a estrutura grupal.

VI. Perante o exposto, podemos concluir que, apesar de não contemplar uma modalidade de convenção colectiva de trabalho especificamente

---

[1183] Neste sentido, se pronunciou DIAS COIMBRA, *Os grupos societários no âmbito das relações colectivas... cit.*, 413, embora fora do contexto da figura da articulação de convenções colectivas de trabalho.

vocacionada para o âmbito dos grupos, o sistema juslaboral nacional dispõe de instrumentos negociais suficientemente elásticos para assegurar a uniformização do regime convencional colectivo dos trabalhadores das várias empresas que compõem o grupo ou, no mínimo, uma regulamentação colectiva articulada entre essas empresas. Cabe às partes escolher a alternativa negocial que mais lhes convenha e que depende, naturalmente, do grau de entrosamento das empresas do grupo e do grau de diversidade entre elas, no que toca às actividades que prosseguem.

Evidentemente, não optando os interessados por nenhuma das modalidades de contratação colectiva mais vocacionadas para a realidade grupal, nada impede também que, numa convenção colectiva de trabalho de qualquer nível, sejam incluídas cláusulas negociais relativas a matérias atinentes aos interesses do grupo – por exemplo, regras sobre a cedência ocasional dos trabalhadores ou sobre outras formas de mobilidade dos trabalhadores entre as empresas, sobre a transmissão de benefícios sociais quando o trabalhador transita entre várias empresas do mesmo grupo, ou sobre os deveres de informação aos trabalhadores e sobre o âmbito de actuação das suas instituições de representação colectiva com referência ao grupo[1184] – este tipo de previsões integra, obviamente, o âmbito da autonomia colectiva e, mais genericamente, corresponde ao princípio da liberdade negocial na vertente da liberdade de estipulação. Porém, o que sucede nestes casos é que o instrumento de regulamentação colectiva do trabalho em que sejam inseridas aquelas cláusulas se vai aplicar apenas aos respectivos outorgantes e aos trabalhadores filiados nas associações sindicais que o celebraram, pelo que a sua eficácia perante o universo do grupo pode ser reduzida.

59. Alguns problemas colocados pela negociação colectiva de grupo em especial

I. Admitida e enquadrada em termos gerais a negociação e contratação colectiva ao nível do grupo, cabe resolver alguns problemas práticos colocados por esta matéria.

[1184] Como observa IRENE GOMES, *Grupos de sociedades...cit.*, 200, a admissibilidade da negociação colectiva ao nível do grupo tenderá a alargar o conteúdo dos instrumentos de regulamentação colectiva do trabalho para além dos temas tradicionais atinentes à matéria das condições de trabalho.

Estes problemas reportam-se à legitimidade das partes na negociação colectiva, aos efeitos das convenções colectivas de trabalho de grupo nas empresas que o integram e ao destino das convenções colectivas de trabalho em vigor nessas empresas e anteriores à celebração da convenção de grupo. Para além destes problemas, cabe ainda abordar a questão da negociação colectiva nos grupos internacionais de sociedades.

II. Uma vez admitida a negociação colectiva ao nível do grupo, a primeira questão prática a resolver é a questão da legitimidade para promover essa negociação e para outorgar a convenção colectiva de trabalho que dela venha a resultar, quer ao nível patronal quer ao nível sindical.

Como sustentámos oportunamente, é admissível a constituição de associações sindicais e de associações de empregadores ao nível do grupo, com fundamento no princípio constitucional da autonomia colectiva e com base no princípio geral da autonomia privada. Sendo esse o caso, tais associações devem constituir-se nos termos legais para terem personalidade jurídica (i.e., registando os seus estatutos junto do ministério responsável pela área laboral – art. 483.° do CT) e, uma vez constituídas, poderão validamente outorgar convenções colectivas de trabalho ao nível do grupo.

Contudo, não sendo constituídas essas organizações, a questão que se coloca é a da legitimidade das associações sindicais comuns, das associações patronais comuns e ainda dos próprios empregadores (uma vez que, como é sabido, os empregadores podem, individualmente, outorgar convenções colectivas de trabalho) para celebrarem uma convenção colectiva de trabalho de âmbito de grupo.

Este problema, que tem sido suscitado noutros sistemas, não tem expressão no nosso ordenamento jurídico. Uma vez que a nossa lei não impõe requisitos de representatividade mínima das associações profissionais para outorgarem convenções colectivas de trabalho, a qualquer nível (é o que decorre da conjugação dos arts. 475.° n.° 1 e 477.° a) do CT, em relação às associações sindicais, e do art. 510.° n.° 1 a) do CT, quanto às associações de empregadores), as associações sindicais e patronais comuns e ainda cada empregador, individualmente considerado, podem, a nosso ver, outorgar convenções colectivas de trabalho ao nível do grupo, devendo aplicar-se as regras normais de representação para esse efeito, que constam do art. 540.° do CT.

III. O segundo problema colocado pela celebração de uma convenção colectiva de grupo é o dos efeitos dessa convenção no seio das empresas que integram o grupo e, designadamente, nos contratos de trabalho dos respectivos trabalhadores. Relativamente a este problema, entendemos que são de aplicar as regras gerais relativas ao âmbito de incidência subjectiva dos instrumentos de regulamentação colectiva do trabalho.

Assim, nos termos do art. 552.º do CT, a convenção colectiva de grupo obriga os empregadores que a subscrevem (ou no caso de se tratar de um contrato colectivo de trabalho, os empregadores membros da associação de empregadores que a subscreve) e os trabalhadores daquela empresa que sejam membros das associações sindicais que a outorgaram – é o princípio geral da filiação. Se, por hipótese, a convenção colectiva de trabalho de grupo, na forma de um contrato colectivo de trabalho, tiver sido outorgada por uma associação sindical ou por uma associação de empregadores à dimensão do grupo, constituídas por agrupamento de associações sindicais ou patronais comuns – hipótese que admitimos oportunamente – cremos que se justifica a aplicação analógica da regra do art. 552.º n.º 2 do CT, relativa às convenções colectivas de trabalho celebradas por uniões, federações e confederações, com base num argumento de identidade de razão: assim, a convenção colectiva será aplicável às associações sindicais e patronais membros das associações de grupo e aos trabalhadores das respectivas empresas, que sejam filiados naquelas associações sindicais, nos termos gerais da regra de representação sindical e patronal, que funciona aqui duplamente ou em cadeia[1185].

Como acima referimos, nada obsta também à emissão de um regulamento de extensão do âmbito subjectivo de uma convenção colectiva de trabalho de grupo, caso em que, nos termos dos art. 573.º e 575.º, ela será também aplicável aos empregadores e aos trabalhadores não inscritos nas associações outorgantes, e que pertençam ao mesmo sector de actividade.

IV. Um outro conjunto de problemas a apreciar, neste contexto, tem a ver com o destino das convenções colectivas de trabalho em vigor nas várias empresas do grupo e anteriores à celebração da convenção de grupo,

---

[1185] Sustentando a mesma solução no quadro do sistema jurídico francês, BARTHÉLEMY / COULON / EGAL / GUIGOU / HARDOUIN / MELLO / PETITEAU / SEURAT, *Le droit des groupes de sociétés cit.*, 260 ss.

e com a aplicação das regras de sucessão de instrumentos de regulamentação colectiva do trabalho durante a vigência dos grupos.

A primeira situação tem a ver com as convenções colectivas de trabalho em vigor aquando da constituição do próprio grupo. Não tendo o grupo personalidade jurídica, a vigência destas convenções não é afectada pela sua constituição, a não ser que essa constituição passe por operações de redimensionamento da empresa que celebrou a convenção colectiva de trabalho – ou porque esta empresa é objecto de transmissão ou porque o grupo se constitui a partir de operações com efeitos laborais similares ao da transmissão do estabelecimento ou da empresa, como a cisão ou a fusão de sociedades. Nestes casos, preexistindo uma convenção colectiva de trabalho à constituição do grupo, pensamos ser de aplicar o regime do art. 555.º do CT: assim, o instrumento de regulamentação colectiva do trabalho vigente nas empresas que passaram a integrar o grupo, por efeitos da operação de transmissão ou equivalente, vincula o respectivo adquirente até ao termo do respectivo prazo de vigência e, no mínimo, durante o prazo de doze meses a contar da data da operação transmissiva envolvida na constituição do grupo; mas, antes de decorrido esse prazo, podem as associações sindicais e o novo empregador outorgar uma convenção colectiva de trabalho substitutiva ou acordar na adesão a uma convenção colectiva de trabalho já vigente no âmbito do grupo, através da celebração de um acordo de adesão, nos termos do art. 563.º do CT.

Estas regras são aplicáveis, com as necessárias adaptações, às situações de redimensionamento do grupo, que passem pela saída de uma das suas unidades para fora do próprio grupo[1186].

Uma segunda situação a considerar tem a ver com as regras de sucessão de instrumentos de regulamentação colectiva do trabalho no âmbito do próprio grupo e ao longo da vida desse grupo.

Nestes casos, regem também as regras gerais sobre o âmbito temporal de vigência das convenções colectivas de trabalho (arts. 556.º ss. do CT, com a redacção introduzida pela L. n.º 9/2006, de 20 de Março), que estabelecem os prazos de vigência da convenção colectiva de trabalho (art. 556.º, 558.º e 559.º do CT), as condições de sobrevigência destes instru-

---

[1186] Equacionando estes problemas no direito francês, BARTHÉLÉMY / COULON / EGAL/ / GUIGOU / HARDOUIN / MELLO / PETITEAU / SEURAT, *Le droit des groupes de sociétés cit.*, 266 ss.; e, sobre o ponto, na doutrina italiana, BIAGI / TIRABOSCHI, *Istituzioni... cit.*, 412 s.

mentos (art. 557.º do CT) e os limites materiais impostos à alteração do respectivo conteúdo (art. 560.º). Não se suscitando aqui especificidades, abstemo-nos de maiores desenvolvimentos.

V. Um outro grupo de problemas, que tem sido objecto de ponderação noutros contextos doutrinais, tem a ver com a delimitação dos instrumentos de regulamentação colectiva do trabalho em vigor no contexto do grupo, do ponto de vista dos respectivos conteúdos, designadamente quando coexistam um instrumento de regulamentação colectiva do trabalho ao nível do grupo e instrumentos de regulamentação colectiva do trabalho de nível empresarial.

Este problema tem merecido mais atenção naqueles sistemas jurídicos que contemplam vários níveis de instrumentos de regulamentação colectiva do trabalho, tendo em conta não apenas o critério da sua incidência geográfica, mas o critério da natureza dos parceiros negociais e o critério dos conteúdos negociais – exemplo paradigmático deste tipo de sistema é o exemplo germânico, no seio do qual coexistem contratos colectivos de trabalho (*Tarifverträge*), celebrados pelas associações sindicais e que regulam um conjunto de matérias, com acordos de empresa (*Betriebsvereinbarungen*), celebrados pelas comissões de trabalhadores, ao nível da empresa e no âmbito do direito de cogestão, e que regulam outro conjunto de matérias (§ 77 Abs. 3 e 87 Abs. 1 BetrVG)[1187]. Evidentemente, neste quadro de legitimidade negocial concorrente e de repartição de conteúdos dos instrumentos de regulamentação colectiva do trabalho, a previsão de uma convenção colectiva de trabalho ao nível de grupo torna o sistema particularmente complexo.

Entre nós, todavia, este problema não tem expressão, por duas razões: em primeiro lugar, porque as associações sindicais têm o monopólio do direito de negociação e de contratação colectiva – assim, estão à partida, afastados os conflitos de competência e de legitimidade negocial com outras entidades; em segundo lugar, porque as convenções colectivas de trabalho de qualquer nível podem regular todas as matérias que correspondam a interesses laborais legítimos dos respectivos outorgantes e dos

---

[1187] Apreciando em especial o problema da conjugação dos acordos de empresa e dos contratos colectivos de trabalho, quando celebrados em contexto de grupo, tendo em conta os diferentes conteúdos de cada um deles, WINDBICHLER, *Arbeitsrecht und Konzern* cit., 451 ss.

trabalhadores e empregadores por eles representados. Assim, não se suscitam problemas de repartição dos conteúdos regulativos entre instrumentos de regulamentação colectiva do trabalho de nível empresarial e de nível grupal, cabendo resolver apenas os problemas de concorrência entre eles, por aplicação das regras gerais do concurso de instrumentos de regulamentação colectiva do trabalho.

Evidentemente, do ponto de vista do conteúdo, determinadas matérias correspondem mais à vocação típica de uma convenção colectiva de trabalho de grupo – é o caso das matérias relativas à representação colectiva dos trabalhadores neste contexto, ou à mobilidade dos trabalhadores entre as empresas do grupo. Mas, na verdade, cabe às partes definir o âmbito das matérias a negociar.

VI. Uma outra questão que tem sido debatida a propósito da negociação colectiva no contexto dos grupos é a de saber se, perante a existência de uma pluralidade de instrumentos de regulamentação colectiva do trabalho nas várias empresas do grupo, é legítimo aos trabalhadores de uma das empresas do grupo reclamarem a aplicação das condições de trabalho mais favoráveis, previstas numa convenção colectiva de trabalho aplicável noutra empresa do mesmo grupo, invocando o princípio da igualdade de tratamento[1188].

Já tendo, a propósito da matéria do estatuto jurídico dos trabalhadores das empresas inseridas num grupo[1189] apreciado o alcance do princípio da igualdade de tratamento e do princípio da igualdade remuneratória no contexto dos grupos e entre os trabalhadores de diferentes empresas do mesmo grupo, as conclusões a que então chegámos, em moldes gerais, afiguram-se agora aplicáveis ao problema da coexistência de diferentes instrumentos de regulamentação colectiva do trabalho nas várias empresas do

---

[1188] Colocando este problema, embora sem o resolver, por exemplo, IRENE GOMES, *Grupos de sociedades... cit.*, 290 s. Também equacionando este problema, no contexto do sistema jurídico francês, DESPAX, *Groupe de sociétés...cit.*, 604 s., que admite a aplicação de uma disposição convencional colectiva mais favorável constante da convenção colectiva de trabalho em vigor na empresa mãe a um trabalhador da empresa filha, quando as duas empresas desenvolvam a mesma actividade económica, e desde que a relação de grupo corresponda a uma verdadeira integração económica; já no caso de o grupo corresponder a uma integração meramente financeira, o autor não admite esta possibilidade, por entender que neste caso não se pode reconhecer a existência de uma única empresa.

[1189] *Supra*, § 15.°, ponto 30.3.

grupo que, porventura, configurem tratamentos diferentes (nomeadamente em matéria remuneratória) para trabalhadores que desempenhem uma função idêntica ou de igual valor.

Tendo em conta que a integração das empresas num grupo não é, por si só, apta a alterar a atribuição da qualidade de empregador, entendemos que, para a generalidade dos trabalhadores dessa empresa, o princípio da igualdade de tratamento se pode exercitar apenas dentro das fronteiras da própria empresa. Assim, a estrutura de grupo é compatível com uma pluralidade de instrumentos de regulamentação colectiva do trabalho que consagrem regimes diferentes para categorias idênticas de trabalhadores, sem quebra daquele princípio.

Já no que se refere aos trabalhadores cujo contrato de trabalho está indexado ao grupo – ou seja, àquelas situações, oportunamente apreciadas, em que o trabalhador tem um contrato de trabalho com pluralidade de empregadores ou, independentemente desse facto, quando seja um trabalhador móvel dentro do grupo – o princípio da igualdade de tratamento pode ser aplicado no contexto de todas as empresas do grupo às quais o trabalhador esteja ligado e, designadamente, apelando ao instrumento de regulamentação colectiva do trabalho mais favorável que vigore nesse universo empresarial.

Por outro lado, se, no âmbito do grupo, se tiver optado por uma regulamentação colectiva uniforme para o conjunto das empresas do grupo, o problema da igualdade de tratamento também pode ser colocado relativamente aos trabalhadores de outra empresa do mesmo grupo.

§ 33.º A negociação e a contratação colectiva no âmbito dos grupos internacionais

I. O último problema a analisar, com referência à negociação e à contratação colectiva de grupo, tem a ver com a dimensão internacional desta matéria.

O problema da negociação colectiva internacional coloca-se em relação a qualquer empresa multinacional, mas tem uma especial acuidade nos grupos societários ou empresariais de dimensão internacional, uma vez que estes grupos correspondem a uma forma de organização daquelas empresas muito frequente na prática.

No contexto de um grupo de dimensão internacional, a situação mais frequente será a da coexistência de diversas convenções colectivas de trabalho, vigentes nas empresas do grupo situadas em diferentes Estados e cuja aplicação aos trabalhadores depende, naturalmente, das regras de incidência subjectiva dos instrumentos de regulamentação colectiva do trabalho de cada Estado. Apenas no caso de o contrato de trabalho do trabalhador ter um perfil internacional (por exemplo, porque o trabalhador é objecto de um destacamento internacional), caberá conciliar aquelas regras de aplicação dos instrumentos de regulamentação colectiva do trabalho com a determinação da lei aplicável ao contrato de trabalho, nos termos gerais.

Ainda assim, não pode ser afastada a possibilidade de os empregadores e as instituições de representação colectiva dos trabalhadores estabelecerem uma negociação colectiva uniforme com dimensão internacional, que poderá abranger todo o grupo, ou um conjunto de empresas ou de áreas de actividade do grupo: nestes casos, estamos perante uma convenção colectiva de trabalho internacional.

II. Actualmente, o recurso às convenções colectivas de trabalho internacionais, à escala europeia, é objecto de um incentivo formal poderoso, através da consagração do princípio comunitário da promoção da negociação colectiva e do diálogo social ao nível europeu (arts. 138.° e 139.° do TCE)[1190].

Este princípio tem conduzido à crescente intervenção dos parceiros sociais europeus nos processos tendentes à aprovação de instrumentos normativos comunitários em matérias atinentes à denominada política social europeia, nomeadamente emitindo pareceres e recomendações sobre propostas normativas dos órgãos comunitários (art. 138.°); mas tem também uma dimensão especificamente destinada à promoção da contratação colectiva de nível internacional, se os parceiros sociais europeus assim o entenderem (art. 139.°).

Nesta segunda dimensão, poderão os parceiros sociais europeus celebrar acordos colectivos de dimensão comunitária, que podem vir a ser aplicados por uma de duas vias: quando incidam sobre as matérias integradas no art. 137.° do TCE (ou seja, globalmente, as matérias relativas à política social comunitária), os parceiros podem sujeitar o acordo ao Conselho, sob proposta da Comissão Europeia, podendo aquele determinar a sua aplicação, com base nas regras de deliberação aplicáveis, em concreto à matéria; nas outras matérias, estes acordos serão aplicáveis nos Estados Membros em consonância com os processos e práticas próprios dos parceiros sociais e dos Estados Membros envolvidos (art. 139.° n.° 2 do TCE).

III. Aplicando estas regras ao contexto dos grupos empresariais e societários, nada impede a celebração de um acordo colectivo de dimensão comunitária sobre as condições de trabalho num grupo internacional, nos termos indicados, embora a regulamentação comunitária desta matéria

---

[1190] Em especial, sobre esta matéria, *vd* A. DIAS COIMBRA, *A convenção colectiva de âmbito europeu: eficácia jurídica*, QL, 1994, 3, 144-153 (148 ss.), TEYSSIÈ, *La négociation collective transnationale... cit.*, 982 ss., F. GUARRIELLO, *Accordi di gruppo e strutture di rappresentanza europee,* DLRI, 1992, 1, 21-71. Também referenciando o apoio formal que os tratados comunitários dão hoje à negociação colectiva nos grupos internacionais, NOGLER, *Gruppo di impresa... cit.*, 323. E, por fim, para um enquadramento histórico desta temática no quadro europeu, antes da sua previsão directa nos Tratados, *vd* ainda J.-P. DUBOIS, *Multinational enterprises and collective bargaining at international level – the legal means for building trade union countervailing power*, CMLR, 1974, XI, 141-170.

§ 33.° *A negociação colectiva nos grupos internacionais* 713

pareça ser primacialmente orientada para a negociação colectiva determinada em função de sectores de actividade[1191] – o que nem sempre se adequa à composição dos grupos.

Em todo o caso, colocam-se diversos problemas à negociação colectiva a este nível. Entre estes problemas, devem destacar-se o da escolha dos parceiros negociais, tanto ao nível patronal como ao nível dos trabalhadores, e, obviamente, o problema da aplicabilidade destes instrumentos no plano interno.

No que se refere à escolha dos parceiros negociais, deve distinguir-se se o grupo corresponde a um grupo de empresas de dimensão comunitária, a uma sociedade anónima europeia ou a uma sociedade colectiva europeia, em formação de *holding*, já que, neste tipo de grupos, os trabalhadores têm uma representação institucional específica, como vimos oportunamente.

Contudo, deve ter-se em conta que o conselho de empresa europeu e os conselhos de trabalhadores previstos para este efeito não têm competência para realizar uma contratação colectiva em sentido próprio, pelo que apenas lhes será possível, eventualmente, contribuir, quer a título informal, quer no exercício dos seus direitos de consulta e informação, para a preparação da negociação colectiva transnacional[1192]. Por outras palavras, a existir, a convenção colectiva transnacional terá que ser outorgada por associações sindicais nacionais ou transnacionais[1193] e, do lado dos empregadores, por associações patronais ou por um conjunto de empregadores do grupo, que podem subscrever a convenção directamente

---

[1191] Neste sentido, TEYSSIÈ, *La négociation collective transnationale... cit.*, 982.

[1192] Indo mais longe, TEYSSIÈ, *La négociation collective transnationale... cit.*, 983 ss., considera que estas estruturas podem desempenhar não só um papel preparatório da negociação colectiva transnacional, no exercício das suas competências de informação e consulta, mas também um papel activo nessa negociação, enquanto parceiros negociais (*idem*, 986). Contudo, o próprio autor reconhece que o acordo colectivo eventualmente resultante desta negociação tem um efeito jurídico difícil de determinar (*ibidem*, 987). Quanto a nós, ainda que estes acordos sejam de admitir, como manifestações da autonomia privada, nos termos gerais, e admitindo-se, também nos termos gerais, que eles se impõem às partes, eles não poderão, em qualquer caso, reconduzir-se à categoria de convenção colectiva de trabalho em sentido próprio, por falta de competência específica das partes para outorgarem tais convenções.

[1193] Sobre estas organizações, ainda TEYSSIÈ, *La négociation collective transnationale... cit.*, 988.

ou mandatar, para esse efeito e expressamente, a administração da empresa dominante desse mesmo grupo.

No que respeita à eficácia destes instrumentos normativos no plano interno suscitam-se igualmente dificuldades.

Assim, a aplicação de uma convenção internacional nas empresas do grupo que se situem em Portugal depende de terem sido observados os requisitos formais de celebração de convenções colectivas de trabalho estabelecidos ao nível nacional, por expressa determinação do art. 139.º n.º 1, primeira parte, do TCE. No caso português, tal aplicação exige a prova da filiação das associações sindicais e patronais nas associações congéneres internacionais signatárias do acordo (sob pena de não poder operar a regra geral da filiação, estabelecida no art. 552.º n.º 2 do CT[1194]), depende do depósito da convenção colectiva junto do ministério responsável pela área laboral, nos termos do art. 549.º do CT (depósito este que, a nosso ver, pode ser promovido pelas associações sindicais e patronais nacionais)[1195] e depende ainda da publicação oficial da convenção colectiva, nos termos gerais (art. 581.º do CT).

Por outro lado, ainda que sejam preenchidos todos estes requisitos formais, a aplicação das convenções colectivas de trabalho internacionais a empresas e a trabalhadores sujeitos ao direito nacional depende ainda da ultrapassagem das várias regras de concorrência de instrumentos de regulamentação colectiva do trabalho, que, como é sabido, privilegiam os instrumentos colectivos de vocação mais especializada, designadamente o acordo de empresa (art. 536.º n.º 1 do CT).

Em suma, na prática, a verificação de todas estas condições afigura-se difícil, pelo que este tipo de convenções não terá, em princípio, eficácia no âmbito nacional, pelo menos no que toca à eficácia normativa.

IV. Por fim, coloca-se o problema de saber se, à margem destes dispositivos comunitários e, porventura, mesmo fora do espaço europeu,

---

[1194] Note-se que a filiação das associações sindicais em organizações sindicais internacionais constitui um direito daquelas associações, nos termos do art. 477.º f) do CT; e o mesmo direito assiste às associações de empregadores, relativamente às organizações patronais internacionais, nos termos do art. 510.º n.º 1 e) do CT.

[1195] Também admitindo esta solução quanto ao depósito destas convenções, embora para a hipótese de elas serem sufragadas por associações sindicais e patronais nacionais, ainda DIAS COIMBRA, *A convenção colectiva europeia cit.*, 153.

pode ser promovida, no âmbito dos grupos societários e empresariais uma convenção colectiva de dimensão internacional, com o objectivo de definir um conjunto de regimes aplicáveis nas empresas do grupo situadas em diferentes países.

Tendo em conta o princípio da autonomia colectiva, a resposta deve ser afirmativa e alguns autores chamam a atenção para a difusão prática destes instrumentos internacionais em alguns sectores[1196].

Contudo, não só se colocam aqui as mesmas dificuldades de legitimar os parceiros negociais, como a eficácia de tais instrumentos perante as empresas do grupo sedeadas em território nacional e os respectivos trabalhadores depende sempre da verificação das condições acima descritas, quanto à filiação das associações sindicais e patronais nacionais nas associações outorgantes da convenção, quanto ao depósito e publicação da mesma, e quanto às regras da filiação e da concorrência entre instrumentos de regulamentação colectiva.

Tal como no caso anterior, esta eficácia será difícil de obter, pelo menos no que toca à parcela normativa da convenção. Por outro lado, se, do ponto de vista obrigacional, estas convenções colectivas obrigam, naturalmente, as partes signatárias[1197], é, ainda assim, duvidoso que mesmo algumas cláusulas típicas do conteúdo obrigacional destes instrumentos (por exemplo, uma cláusula de paz social) consigam impor-se no plano nacional[1198].

[1196] Neste sentido, SÄCKER, *Arbeits- und Sozialrecht im multinationalem Unternehmensverbund... cit.*, 201, refere a difusão das práticas de negociação colectiva internacional em grupos situados nos sectores da indústria metalomecânica, têxtil e química; também TEYSSIÈ, *La négociation collective transnationale... cit.*, 987, dá conta destas práticas, inclusivamente em grupos de dimensão mundial; e, na mesma linha, GUARRIELLO, *Accordi di gruppo... cit.*, 34 e *passim*.

[1197] Neste sentido, quanto a alguns acordos transnacionais já subscritos ao nível de vários grupos económicos, GUARRIELLO, *Accordi di gruppo... cit.*, 35 e 63.

[1198] Também assinalando as dificuldades de reconhecimento, no plano interno, da eficácia das convenções colectivas de trabalho internacionais, tanto quanto ao conteúdo normativo como em relação ao conteúdo obrigacional, ERDMANN, *Arbeistsrechtliche Aspekte im internationalem Unternehmensverbund cit.*, 180 ss., SÄCKER, *Arbeits- und Sozialrecht im multinationalem Unternehmensverbund... cit.*, 202 s., ou NOGLER, *Gruppo di impresa... cit.*, 325 s.; e, mais genericamente, reconhecendo as dificuldades acrescidas de promover a negociação colectiva de grupo, quando o grupo tem dimensão internacional, ainda TINTI, *Oltre la trasparenza... cit.*, 214 s., ou TREU, *Gruppi di imprese... cit.*, 671.

Em suma, recorrendo a uma locução expressiva de TEYSSIÈ[1199], apesar de irem fazendo a sua aparição no panorama das relações transnacionais de trabalho, os acordos colectivos internacionais, do ponto de vista da sua eficácia enquanto instrumentos de regulamentação colectiva do trabalho, ainda se situam mais no plano do *gentleman's agreement* do que no plano do contrato.

[1199] *La négociation collective transnationale... cit.*, 990.

SECÇÃO III
Os conflitos colectivos no seio dos grupos

§ 34.º Aspectos gerais

I. O último grupo de incidências laborais colectivas do fenómeno dos grupos a considerar tem a ver com a matéria dos conflitos colectivos e, mais especificamente, com a manifestação máxima de conflitualidade laboral, que é a greve.

Como é sabido, o direito de greve é admitido na generalidade dos sistemas jurídicos, sendo mesmo em alguns deles reconhecido ao nível constitucional – é o caso de Portugal, que reconduz este direito à categoria de direito fundamental (art. 57.º da CRP). Contudo, a maioria dos sistemas não tem uma disciplina jurídica abrangente do direito de greve, limitando-se a estabelecer normas limitativas do exercício deste direito em algumas áreas ou a regular os aspectos relativos ao funcionamento dos serviços mínimos destinados a assegurar a compatibilidade da greve com a satisfação de necessidades sociais vitais.

O facto de o direito de greve não ser objecto de uma disciplina abrangente na maioria dos sistemas jurídicos não tem impedido a doutrina de equacionar os problemas colocados por este fenómeno, nomeadamente no contexto dos grupos. Neste contexto, têm sido debatidos, em especial, problemas como o da legitimidade para decretar uma greve de âmbito grupal, ou o da admissibilidade das denominadas greves de solidariedade em relação a trabalhadores e a interesses de outras empresas do grupo[1200].

[1200] Equacionando estes dois problemas, na doutrina nacional, IRENE GOMES, *Grupos de sociedades... cit.*, 201 ss.

II. Portugal é, como se sabe, uma excepção no panorama geral de abstenção normativa em relação ao fenómeno da greve, uma vez que aprovou um regime jurídico abrangente sobre o direito de greve precocemente[1201] e tal regime jurídico se manteve com uma notável estabilidade até ao surgimento do Código do Trabalho, que regula agora esta matéria nos arts. 591.° ss.[1202]. Uma vez que o nosso país dispõe de um quadro normativo geral sobre o direito de greve e o respectivo exercício, a análise das incidências dos fenómenos de grupo nessa matéria pode e deve ser feita directamente a partir desse quadro legal.

A nosso ver, quando a greve ocorra em contexto de grupo, ela pode suscitar três tipos de problemas: um problema de delimitação dos objectivos subjacentes ao conflito, que inclui a questão mais restrita da admissibilidade de greves de solidariedade numa empresa do grupo relativamente a interesses de outra empresa do mesmo grupo; um problema relativo à gestão do conflito colectivo pelas estruturas de representação dos trabalhadores, designadamente quando existam instâncias de representação dos trabalhadores à escala do grupo; e problemas relativos ao processamento da greve, entre os quais avultam a questão dos limites de actuação dos piquetes de greve e a questão da substituição dos grevistas.

São esses problemas que trataremos nas próximas páginas.

[1201] A primeira Lei da Greve data de 1974 (DL n.° 392/74, de 27 de Agosto), mas este diploma foi, logo em 1977, substituído pela L. n.° 65/77, de 26 de Agosto (LG), que esteve em vigor até ao surgimento do Código do Trabalho.

[1202] A LG apenas foi sujeita a uma alteração de fundo, introduzida pela L. n.° 30/92, de 20 de Outubro, e que, aliás, não se manteve em vigor, na sua totalidade, por ter sido posteriormente declarada inconstitucional, embora por razões procedimentais (Ac. TC n.° 868/96, de 16 de Outubro) – sobre estas alterações, pode ver-se, por todos, ROSÁRIO PALMA RAMALHO, *Lei da Greve Anotada*, Lisboa, 1994, *passim*. Por seu turno, na disciplina desta matéria, o Código do Trabalho manteve o essencial do regime da LG, retomando as alterações do regime dos serviços mínimos que tinham sido introduzidas pela L. n.° 30/92, de 20 de Outubro, e introduzindo uma nova norma sobre o dever de paz social (art. 606.°). As restantes alterações ao regime anterior são no sentido da clarificação técnica de algumas disposições ou de ordem semântica.

§ 35.º A greve no seio dos grupos: alguns problemas em especial

60. Os motivos e a dimensão da greve no contexto dos grupos societários e empresariais

I. O primeiro problema que pode suscitar a greve ocorrida no contexto de um grupo societário ou empresarial tem a ver com os motivos da paralisação.

Como é sabido, a greve é um direito dos trabalhadores que se destina à defesa dos seus interesses. No sistema jurídico nacional, cabe aos próprios trabalhadores definir os interesses a prosseguir através da greve e, por imperativo constitucional, a lei não pode limitar o âmbito desses interesses (art. 57.º n.º 2 da CRP). Contudo, porque nenhum direito subjectivo é ilimitado e porque o direito de greve é previsto pela própria Constituição como um direito fundamental dos trabalhadores subordinados, esta previsão constitucional sobre os objectivos da greve deve ser compatibilizada com a circunscrição natural do direito de greve à prossecução dos interesses que assistem aos trabalhadores nessa qualidade – ou seja, os interesses sócio-profissionais dos trabalhadores e os interesses conexos, directa ou indirectamente, com aqueles interesses sócio-profissionais[1203].

[1203] Não podendo desenvolver este ponto, aliás, controvertido na nossa doutrina, vd, sobre a matéria, B. Lobo Xavier, *Direito da Greve*, Lisboa, 1984, 100, e ainda deste autor, *A ilicitude dos objectivos da greve: a propósito do art. 59.º n.º 2 da Constituição*, RDE, 1979, 2, 267 ss., Gomes Canotilho / Vital Moreira, *Constituição da República Portuguesa Anotada*, 3ª ed., Coimbra, 1993, 311 ss., J. J. Abrantes, *Estudos de Direito do Trabalho*, 2ª ed., Lisboa, 1992, 75 s, A. Garcia Pereira, *Temas Laborais*, II, Lisboa, 1992, 14, ou A. Monteiro Fernandes, *Reflexões sobre a natureza do direito à greve*, in *Estudos sobre a Constituição*, II, Lisboa, 1978, 321-333 (331), bem como Rosário Palma Ramalho, *Lei da Greve Anotada cit.*, 16 ss.

II. Ocorrendo a greve num contexto de grupo, podem suscitar-se duas questões com referência aos objectivos da mesma. A primeira é a questão de saber se a greve pode ser desencadeada para defender um interesse dos trabalhadores atinente ao grupo e não especificamente à empresa na qual os trabalhadores estão inseridos – assim, por exemplo, uma greve motivada pelo incumprimento de uma convenção colectiva de trabalho de âmbito grupal por uma ou mais empresas de grupo, ou uma greve destinada a protestar contra uma medida de deslocalização das empresas do grupo ou contra uma medida de reconversão da área de actividade dessas empresas, ou mesmo uma greve contra o projecto de constituição do grupo ou contra um projecto tendente à respectiva remodelação interna. A segunda questão tem a ver com a admissibilidade de uma greve desencadeada numa das empresas do grupo, em solidariedade com os trabalhadores de outra empresa do mesmo grupo e com os respectivos interesses – por exemplo, uma greve de protesto contra o despedimento colectivo de trabalhadores de outra empresa do grupo.

A nosso ver, estas duas situações de greve devem ser consideradas lícitas, à face do nosso ordenamento jurídico. É que, sendo certo que a Constituição e os princípios gerais do direito (nomeadamente o princípio da boa fé, na manifestação do abuso do direito) não são compatíveis com a absoluta ilimitação do direito de greve, do ponto de vista dos objectivos que este direito pode prosseguir – que mais não seja, como acima referimos, porque, sendo este direito atribuído aos trabalhadores subordinados enquanto tais, está estruturalmente funcionalizado à qualidade de trabalhador subordinado (art. 334.º do CC) – também é certo que, no nosso sistema jurídico, e, designadamente, por força do art. 57.º n.º 2 da CRP, os objectivos que os trabalhadores podem prosseguir através da greve são amplos, sendo admissível uma ligação meramente indirecta aos seus interesses laborais e não cabendo, sobretudo, limitar tais objectivos às reivindicações laborais que o empregador dos trabalhadores grevistas possa directamente satisfazer[1204].

[1204] Com efeito, ao contrário do que pretendem alguns sectores (ilustrados por autores como BERNARDO XAVIER, *Direito da Greve cit.*, 31 e 141 s., e ROMANO MARTINEZ, *Direito do Trabalho cit.*, 1202, este último defendendo, contudo, expressamente a licitude da greve de solidariedade no contexto dos grupos – *idem*, 1202 e nota 1), em face da amplitude do preceito constitucional sobre os limites da greve e – repita-se – ainda que não se

§ 35.º A greve no seio dos grupos: alguns problemas em especial

Assim, devem considerar-se admissíveis e lícitas as greves que pretendam prosseguir, directa ou indirectamente, interesses laborais atinentes ao grupo, ou mesmo protestar contra a constituição ou remodelação do grupo[1205], bem como as greves de solidariedade para com trabalhadores de outras empresas do grupo[1206]. Neste como noutros casos, o direito de greve manifesta o princípio laboral de auto-tutela (no caso, na vertente da auto-tutela dos trabalhadores), que é, a nosso ver, uma das valorações axiológicas mais poderosas e certamente a mais singular do direito do trabalho[1207].

---

aceite, de todo em todo, a ilimitação do direito de greve, não se encontra no nosso sistema juslaboral qualquer fundamento para limitar o direito de greve pelo critério do destinatário da paralisação, considerando lícitas apenas as greves relativas a reivindicações que o próprio empregador possa satisfazer. Na verdade, ainda que não seja o destinatário directo das reivindicações dos trabalhadores que estão subjacentes ao conflito, o empregador pode exercer pressão com vista à sua satisfação, seja directamente, seja indirectamente, através das suas estruturas representativas. Assim, desde que tenham uma conexão mínima, directa ou indirecta, com interesses laborais, são de admitir as greves de solidariedade; e se assim é, em termos gerais, por maioria de razão o será em contexto de grupo, uma vez que este contexto atesta, por si só, a ligação entre os interesses dos trabalhadores das várias empresas que o compõem.

[1205] Em sentido diferente, autores como SÄCKER, *Arbeitsrechtliche Probleme der Unternehmenskonzentration cit.*, 133, consideram ilícita uma greve de protesto contra a constituição do grupo, porque tal constituição não corresponde a uma decisão laboral do empregador mas a uma decisão económica; e, em linha não muito diferente, autores como DAVIES, *Arbeitsrechtliche Auswirkungen...cit.,* 38, ou SANDULLI, *Arbeitsrechtliche fragen...cit.*, 119, condicionam a licitude de tal greve à incidência dos respectivos objectivos directamente nas condições de trabalho dos trabalhadores que, porventura, possam vir a sofrer alterações por força da operação de concentração. Já G. LYON-CAEN, *La concentration du capital...cit.*, 298, considera, em princípio, lícitas as greves contra reestruturações ou concentrações das empresas de um grupo, uma vez que tais operações podem ter efeitos na manutenção do emprego dos trabalhadores. Perante o nosso sistema jurídico e, designadamente, por força do art. 57.º n.º 2 da CRP, um entendimento excessivamente restritivo nesta matéria não será sustentável, uma vez que há uma conexão directa entre a decisão económica de constituir ou remodelar um grupo e os interesses dos trabalhadores das empresas envolvidas nessas operações.

[1206] No mesmo sentido, IRENE GOMES, *Grupos de sociedades...cit.*, 203 s., e, no contexto italiano, NOGLER, *Gruppo di impresa...cit.*, 320. Mais genericamente, CAMPS RUIZ, *La Problemática Jurídico-Laboral... cit.*, 125, considera admissível a greve protagonizada conjuntamente por trabalhadores de várias sociedades de um mesmo grupo.

[1207] Para mais desenvolvimentos sobre este princípio da auto-tutela, no sentido em que o concebemos, para efeitos da reconstrução dogmática do direito do trabalho, vd ROSÁRIO PALMA RAMALHO, *Da Autonomia Dogmática... cit.*, 991 ss.

III. Uma outra questão que se pode colocar, ainda relativamente à dimensão e aos limites das greve que ocorram em contexto de grupo, tem a ver com a possibilidade de consagração de cláusulas de paz social ou de mecanismos de resolução prévia dos conflitos colectivos nas convenções colectivas de trabalho em vigor no grupo.

Como é sabido, a possibilidade de estabelecimento de cláusulas de paz social nas convenções colectivas de trabalho foi expressamente consagrada pelo art. 606.º do CT. Em contexto de grupo, e nomeadamente no caso de tais cláusulas constarem de uma convenção colectiva de trabalho de âmbito grupal, o problema que se coloca é o do carácter vinculativo destas cláusulas para os trabalhadores de cada uma das empresas do grupo e para as associações sindicais com representação nessas empresas.

Pensamos que esta questão deve ser resolvida com recurso às regras gerais da representatividade sindical.

As cláusulas de paz social integram, como é sabido, o denominado conteúdo obrigacional das convenções colectivas de trabalho, i.e., a parcela do conteúdo destes instrumentos normativos que se destina a estabelecer os direitos e obrigações das partes outorgantes[1208]. Assim sendo, estas cláusulas impõem-se apenas às partes outorgantes, ou seja, no caso, à associação sindical ou às associações sindicais que tenham celebrado a convenção colectiva de trabalho de grupo, pelo que estas associações não poderão decretar greve com o objectivo de modificar a convenção colectiva de trabalho, a não ser nas condições previstas no art. 606.º n.º 2 do Código do Trabalho (ou seja, perante uma alteração anormal das circunstâncias em que foi celebrada a convenção ou com base no incumprimento da convenção pelo empregador).

[1208] A distinção entre o conteúdo obrigacional e o conteúdo normativo dos instrumentos de regulamentação colectiva do trabalho resultava com maior clareza da legislação anterior ao Código do Trabalho do que da actual norma do Código sobre esta matéria (art. 541.º), uma vez que aquela legislação (DL n.º 519-C1/79, de 29 de Dezembro – LRCT) distinguia expressamente entre estas duas parcelas do conteúdo destes instrumentos (art. 5.º). Embora a indicação das matérias que devem integrar o conteúdo dos instrumentos de regulamentação colectiva do trabalho não seja actualmente feita do mesmo modo, a distinção entre a parcela obrigacional e a parcela normativa daquele conteúdo continua a ser muito útil na prática, pela necessidade de diferenciar os direitos e obrigações que dimanam do instrumento colectivo para os respectivos outorgantes e os direitos e obrigações dos empregadores e dos trabalhadores aos quais aquele instrumento se vai aplicar.

Já outras associações sindicais e os próprios trabalhadores das empresas do grupo não estão vinculados a estas cláusulas de paz social, pelo que podem decidir do recurso à greve nos termos gerais, e, no caso dos trabalhadores, podem aderir a uma greve decretada por um sindicato que não outorgou a convenção colectiva da qual consta a referida cláusula.

61. A representação colectiva dos trabalhadores na greve que ocorra no âmbito de um grupo

I. O segundo problema que pode suscitar o exercício do direito de greve numa empresa integrada num grupo tem a ver com a gestão da greve pelas estruturas representativas dos trabalhadores.

Como é sabido, a greve corresponde a um direito colectivo dos trabalhadores, na medida em que prossegue interesses do conjunto dos trabalhadores e se exerce colectivamente. O exercício colectivo do direito de greve manifesta-se, em primeiro lugar, no facto de a greve ser o produto de uma decisão colectiva, tomada pelas associações sindicais ou em assembleia de trabalhadores (art. 592.º do CT), consoante os casos, e, em segundo lugar, no facto de a greve ser gerida pelos representantes dos trabalhadores, ou através da sua representação sindical ou, nas greves não sindicais, por intermédio de uma comissão de greve, designada para o efeito (art. 593.º do CT). São estes representantes dos trabalhadores que emitem o aviso prévio de greve (art. 595.º do CT), que dialogam com os empregadores com vista à resolução do conflito, e que têm competência para organizar piquetes de greve (art. 594.º do CT), para organizar os serviços mínimos (art. 598.º do CT) e, por último, para determinar a cessação da greve (art. 602.º do CT)[1209].

[1209] Como é sabido, o direito de greve tem também uma importantíssima dimensão individual, que se manifesta na adesão de cada trabalhador à decisão de greve tomada colectivamente. Esta adesão – que constitui uma condição de eficácia do próprio direito de greve – repercute-se no contrato de trabalho de cada trabalhador, determinando a respectiva suspensão, nos termos do art. 597.º do CT. Por outro lado, em caso de ilicitude da greve, tal ilicitude também se repercute no contrato de trabalho dos grevistas, determinando a sua sujeição ao regime das faltas injustificadas, nos termos do art. 604.º do CT. Para o ponto que nos interessa neste momento, releva, contudo, a dimensão colectiva do direito de greve.

II. Ocorrendo a greve numa empresa inserida num grupo, a questão que se coloca é a de saber se se alteram as estruturas representativas dos trabalhadores, para efeitos da decisão de greve e da gestão do conflito, cabendo ainda avaliar se o contexto grupal coloca problemas específicos em relação àquela mesma gestão.

Cremos que a resposta a esta questão deve ser negativa. Com efeito, ainda que respeite a interesses do grupo, a greve tem uma dimensão necessariamente empresarial, no sentido em que envolve os trabalhadores de uma ou mais empresas do grupo e os seus efeitos e limites ocorrem também ao nível de cada empresa e respeitam aos respectivos trabalhadores. Assim sendo, a gestão global do conflito deve manter-se no plano da própria empresa.

Assente o princípio geral nesta matéria, cabe ver como é que ele se concretiza nos vários aspectos ligados à actuação colectiva do direito de greve.

III. No que se refere à decisão de greve, o problema a debater é o de saber se, havendo associações sindicais ao nível do grupo, elas têm ou não competência para decretar a greve.

A resposta deve ser positiva, por dois motivos: por um lado, porque a lei não impõe quaisquer limites às associações sindicais no que se refere à competência para decretar a greve – nos termos do art. 592.° n.° 1 do CT, qualquer associação sindical, independentemente do seu grau de representatividade na empresa, pode decidir do recurso à greve; por outro lado, porque o reconhecimento do direito das associações sindicais de nível do grupo a decretarem greve é o corolário natural da admissibilidade da constituição dessas mesmas associações sindicais e do reconhecimento da capacidade destas associações para celebrarem convenções colectivas de trabalho de grupo – por outras palavras, não se reconhecer o direito de decretar a greve às mesmas associações enfraqueceria, sem justificação, o seu poder de representação dos trabalhadores do grupo.

Evidentemente, o reconhecimento da competência para decretar a greve às associações sindicais de grupo tem como consequência a atribuição às mesmas associações das responsabilidades inerentes à gestão do conflito. Assim, caberá a estas associações representar os trabalhadores durante o conflito (arts. 593.° e 602.° do CT), emitir o aviso prévio de greve (art. 595.° do CT), organizar os piquetes de greve (art. 594.°) e responsabilizar-se pela organização e pela prestação de serviços mínimos, quando a eles haja lugar (art. 598.° ss. do CT).

IV. Questão diferente é a de saber se as associações sindicais comuns (como tal querendo designar aquelas que não tenham sido constituídas para a dimensão do grupo) e, nas empresas do grupo em que a maioria dos trabalhadores não seja sindicalizada, os próprios trabalhadores podem decretar uma greve para prossecução de interesses atinentes ao grupo.

A resposta deve, de novo, ser positiva, uma vez que os interesses do grupo estão, directa ou indirectamente, conexos com os interesses dos trabalhadores das empresas que o integram e que a lei não condiciona a competência para a decretação da greve pela dimensão ou pela natureza da associação sindical que a decreta[1210].

Sendo esse o caso, cabe, obviamente, à associação sindical que decrete a greve proceder à respectiva gestão, e, no caso de uma greve não sindical, tal gestão compete à comissão de greve eleita pela assembleia de trabalhadores.

62. Algumas questões de processamento da greve em contexto de grupo: os piquetes de greve; a substituição dos trabalhadores grevistas

I. Por último, a greve que ocorra num contexto de grupo pode suscitar alguns problemas específicos ao longo da sua execução. Estes problemas podem surgir por ocasião da organização dos piquetes de greve (art. 594.° do CT) e a propósito da substituição dos trabalhadores grevistas (art. 596.° do CT).

Não cabendo no âmbito do nosso estudo qualquer teorização geral sobre o tema da greve, nem sequer sobre os aspectos do seu regime jurí-

---

[1210] Uma questão diferente é a de saber se a taxa de sindicalização dos trabalhadores, para efeitos da possibilidade de decretação de greves não sindicais, nos termos do art. 592.° n.° 2 do CT, quando em contexto de grupo, deve ser avaliada relativamente ao conjunto das empresas do grupo ou em relação a cada empresa. Esta questão foi suscitada por IRENE GOMES, *Grupos de sociedades... cit.*, 203, que, contudo, acaba por não lhe dar resposta. Quanto a nós, trata-se de um falso problema, porque a greve não sindical é, necessariamente, uma greve de dimensão empresarial, quanto ao modo como é decidida e decretada (ainda que os seus objectivos possam reportar-se ao grupo, nos termos que assinalámos no ponto anterior). Assim sendo, os requisitos de não sindicalização da maioria dos trabalhadores, que a lei impõe a estas greves, não podem deixar de se reportar à empresa (ou a cada uma das empresas do grupo) onde a greve seja decretada.

dico atinentes a estas matérias, limitamos a nossa análise a uma chamada de atenção sobre as eventuais especificidades que pode suscitar a aplicação daquele regime a uma greve que tenha lugar numa empresa inserida num grupo.

II. Relativamente aos piquetes de greve (art. 594.º do CT), a questão que se pode colocar é a de saber se, estando a greve em curso numa determinada empresa do grupo, podem integrar aqueles piquetes trabalhadores de outra empresa do grupo e, sobretudo, se, uma vez integrados no piquete, tais trabalhadores podem ter acesso às instalações da empresa em greve[1211].

Como é sabido, a lei nada refere quanto a este problema[1212] e a doutrina divide-se quanto à questão da composição dos piquetes e, sobretudo, quanto à questão do acesso dos membros dos piquetes às instalações da empresa, para aí desenvolverem a sua actividade de persuasão dos colegas no sentido da adesão à greve. A este propósito, alguns autores sustentam o direito de acesso às instalações, desde que a actividade dos piquetes seja exercida de modo pacífico[1213], enquanto outros remetem a questão para o regulamento da empresa, admitindo tal acesso quando o regulamento aceite a entrada nas instalações a terceiros e aos próprios trabalhadores, ainda que fora do horário de trabalho[1214].

Quanto a nós, a questão não está tanto na composição dos piquetes de greve (que podem integrar trabalhadores e terceiros, uma vez que a lei nada refere sobre a matéria), mas sim no acesso dos membros dos pique-

---

[1211] Esta questão está longe de ser académica, já que, com frequência, os piquetes de greve não integram apenas trabalhadores da empresa em greve, mas membros das associações sindicais que não são trabalhadores da empresa. Estando a empresa inserida num grupo, será ainda mais provável que o piquete de greve integre trabalhadores de outra empresa do mesmo grupo, que sejam, por exemplo, delegados sindicais.

[1212] Antes do Código do Trabalho, os piquetes de greve eram previstos no art. 4.º da LG. Não tendo o Código alterado a norma, as referências da doutrina aos problemas suscitados pelo regime legal desta matéria, ainda no contexto da LG, continuam actuais.

[1213] Neste sentido se manifestou A. MONTEIRO FERNANDES, *Direito de Greve – Notas e Comentários à Lei n.º 65/77, de 26 de Agosto*, Coimbra, 1982, 37 s. e alguma jurisprudência (neste sentido, por exemplo, o Ac. RC de 4/12/1979, CJ, 1979, 5, 1434), bem como os Pareceres da PGR n.º 123/76-B, de 3/03/1977 e n.º 48/78, de 29/06/1978, BMJ 265-57 e BMJ 283-123, respectivamente.

[1214] Foi o entendimento sustentado por MENEZES CORDEIRO, *Manual de Direito do Trabalho* cit., 393 s.

tes às instalações da empresa. A nosso ver, o problema do acesso dos membros do piquete de greve à empresa não se resolve com recurso ao regulamento empresarial, por um lado, porque este regulamento não se aplica a terceiros, justamente pela sua qualidade de terceiros, e, por outro lado, porque também não se aplica aos trabalhadores grevistas, já que os seus contratos de trabalho estão suspensos a partir do momento em que aderiram à greve (art. 597.º n.º 1 do CT). Este problema resolve-se sim, de uma forma simples, fazendo apelo ao direito de propriedade do empregador sobre as instalações[1215]: assim, relativamente aos membros do piquete de greve que não sejam trabalhadores da empresa, entendemos que não podem aceder às instalações da empresa porque, desde que não autorizado pelo respectivo proprietário, tal acesso configura invasão de propriedade; mas a mesma invasão de propriedade ocorre em relação aos trabalhadores da empresa em greve, que sejam membros do piquete, porque, com a suspensão dos respectivos contratos de trabalho em razão da adesão à greve, deixaram de ter um título válido de acesso às instalações. É pois lícito ao empregador vedar o acesso dos membros do piquete de greve às instalações da empresa, se assim o entender.

Esta solução geral pode, quanto a nós, aplicar-se sem restrições às greves que ocorram numa empresa inserida num grupo.

Neste contexto, os trabalhadores de outras empresas do grupo são, para este como para a generalidade dos outros efeitos decorrentes da greve, terceiros, pelo que a empresa pode vedar o seu acesso às instalações; e relativamente aos trabalhadores comuns à empresa em greve e a outra empresa do grupo (por exemplo, um trabalhador com contrato de trabalho com pluralidade de empregadores, ou um trabalhador com mais do que um contrato de trabalho com várias empresas do grupo), pode também ser vedado o acesso às instalações da empresa onde ocorre a greve, nos termos em que o seja para outros trabalhadores dessa empresa que também integrem o piquete de greve.

Cabe ainda referir que este entendimento é independente do facto de a greve ser atinente a um interesse do grupo ou a um interesse específico daquela empresa. O direito de propriedade do empregador sobre as suas instalações prevalece, naturalmente, nas duas situações.

[1215] Também invocando neste mesmo sentido o direito de propriedade do empregador sobre as instalações, BERNARDO XAVIER, *Direito da Greve cit.*, 182.

III. Relativamente à substituição dos trabalhadores grevistas, vigora, como se sabe, no nosso sistema jurídico, uma regra geral de proibição dessa substituição, que tem grande tradição e consta actualmente do art. 596.° do CT[1216].

Ocorrendo a greve em contexto de grupo, a questão que se coloca é a de saber se aquela proibição genérica se estende a trabalhadores de outras empresas do grupo e se é possível o recurso a outra empresa do grupo para desenvolver, de um modo que não corresponda à concreta actividade dos trabalhadores em greve, a actividade da empresa onde a greve está a decorrer. Em concreto, o que cabe avaliar é se, perante um aviso de greve, é lícito à empresa envolvida desviar uma encomenda que ia receber ou um cliente importante para outra empresa do mesmo grupo, que responderá àquela encomenda ou atenderá à necessidade daquele cliente; e suscita-se ainda a questão de saber se a empresa em greve pode substituir os trabalhadores em greve num determinado sector pela realização da mesma actividade em regime de *outsourcing* junto de outra empresa do grupo.

Numa primeira apreciação, poderia considerar-se que, não tendo o grupo personalidade jurídica e sendo as empresas ou os empregadores que o integram juridicamente independentes, uma greve que ocorra numa dessas empresas tem exactamente os mesmos limites quanto à substituição dos grevistas que qualquer outra greve numa empresa unitária. Assim, tal como nos casos de greves que ocorrem em empresas unitárias, não será possível ao empregador substituir os trabalhadores em greve por trabalhadores de outra empresa do grupo (porque juridicamente isso significaria uma admissão de novos trabalhadores para aquele posto de trabalho, o que é vedado pela lei – art. 596.° n.° 1 do CT); mas o empregador já poderá

[1216] Esta matéria era anteriormente prevista no art. 6.° da LG, mas o Código do Trabalho introduziu alterações naquele regime, que clarificam o âmbito da proibição de substituição dos trabalhadores grevistas, esclarecendo, designadamente, que a impossibilidade de substituição é de reportar à convocação de um trabalhador para desempenhar a tarefa concreta do trabalhador grevista, mas não impede que a empresa recorra à prestação de serviços externa para atingir os mesmos resultados. Por outro lado, a lei veio esclarecer que a proibição de substituição dos trabalhadores grevistas soçobra quando a greve ponha em causa a prestação dos serviços mínimos, embora apenas na medida necessária à satisfação desses serviços mínimos. Para uma justificação mais desenvolvida sobre as alterações que o Código do Trabalho introduziu neste preceito legal, vd ROMANO MARTINEZ / L. M. MONTEIRO / J. VASCONCELOS / MADEIRA DE BRITO / G. DRAY / GONÇALVES DA SILVA, *Código do Trabalho Anotado cit.*, 1037 s. (anotação de ROMANO MARTINEZ).

recorrer a outras empresas do grupo em regime de prestação de serviços e, dessa forma, minorar os prejuízos que decorram da greve (ao abrigo do art. 596.º n.º 2 do CT), porque essas empresas são entidades terceiras em relação ao conflito colectivo.

Cremos, no entanto, que o problema não pode ter uma resposta tão simples e que se deve distinguir as greves que respeitem a interesses específicos da empresa do grupo e as greves que respeitem a interesses do grupo.

Assim, se a greve respeitar a interesses específicos da empresa do grupo, parece-nos que deve ser considerado indiferente o contexto grupal, para efeitos da delimitação do dever de não substituição dos grevistas: assim, a empresa pode recorrer a outras empresas do grupo em regime de prestação de serviços, para, por essa via, minorar os prejuízos que decorram da greve (ao abrigo do art. 596.º n.º 2 do CT), exactamente na medida em que o possa fazer em relação a entidades estranhas ao grupo; mas não pode, naturalmente, substituir os trabalhadores em greve por trabalhadores de outra empresa do grupo, nem ao abrigo de uma nova admissão, nem, por hipótese, fazendo actuar um regime convencional de cedência ocasional de trabalhadores de outra empresa do grupo, para este efeito. Em suma, mesmo numa greve que nada tenha a ver com o grupo, o contexto grupal em que se insere a empresa obriga a uma aplicação especialmente criteriosa das regras de proibição de substituição dos grevistas.

Já se a greve respeitar a interesses do grupo, parece-nos que, para além de não ser admissível a substituição dos trabalhadores grevistas por trabalhadores não grevistas de outras empresas do grupo, devem ser impostos limites mais severos à possibilidade de, com recurso à prestação mútua de serviços, as várias empresas do grupo conseguirem minorar ou anular os prejuízos decorrentes da greve. Este entendimento sustenta-se num argumento axiológico, que é o facto de a regra do art. 596.º do CT legitimar, até certo ponto, os efeitos prejudiciais da greve para o empregador, na medida em que o impede de anular tais prejuízos com recurso a outro trabalhador. Ora, sendo assim, quando o âmbito da greve coincide com o próprio grupo, deve ser no âmbito desse mesmo grupo que devem ser equacionados os prejuízos decorrentes da paralisação, pelo que as empresas em greve apenas poderão minorar aqueles prejuízos recorrendo a entidades exteriores ao grupo e, ainda assim, apenas em regime de prestação de serviços.

É a interpretação que propomos para o referido preceito quando aplicado em contexto de grupo.

ÍNDICE DE JURISPRUDÊNCIA*

A) JURISPRUDÊNCIA NACIONAL

Tribunal Constitucional

Ac. TC n.º 868/96, de 16 de Outubro – lei da greve; inconstitucionalidade procedimental – 718

Ac. TC n.º 1018/96, de 9 de Outubro – art. 398.º n.º 2 do CSC; inconstitucionalidade orgânica, na parte relativa à caducidade do contrato de trabalho – 524

Ac. TC n.º 259/2001, de 30 de Maio – art. 398.º n.º 2 do CSC; inconstitucionalidade orgânica na parte relativa à caducidade do contrato de trabalho – 523

Ac. TC n.º 491/2002, de 26 de Novembro – artigo 490.º n.º 3 do CSC; constitucionalidade do regime legal das aquisições tendentes ao domínio total – 181

Ac. TC n.º 155/2004 – art. 14.º da L. n.º 23/2004, de 22 de Junho; constitucionalidade do regime especial da cedência ocasional de trabalhadores entre pessoas colectivas públicas e no âmbito do contrato de trabalho na Administração Pública – 306

Supremo Tribunal de Justiça

Ac. STJ de 28/11/1990 – grupo de empresas; empregador formal e empregador real – 319

Ac. STJ de 13/11/1991 – grupo de empresas; empregador formal e empregador real – 319

Ac. STJ de 2/12/1992 – grupo de empresas; empregador formal e empregador real – 319

Ac. STJ de 13/01/1993 – cessão da posição contratual em grupos de sociedades – 320

Ac. STJ de 11/11/1995 – cessão da posição contratual do empregador – 538

Ac STJ de 2/10/1997 – inconstitucionalidade do artigo 490.º n.º 3 CSC; violação dos princípios constitucionais da igualdade, da propriedade privada e da livre iniciativa económica – 181

Ac. STJ de 22/10/1997 – art. 398.º n.º 2 do CSC; inconstitucionalidade orgânica na parte relativa à caducidade do contrato de trabalho – 523, 525

---

* As remissões são feitas para as páginas, podendo reportar-se ao corpo do texto ou a nota de rodapé.

Ac. STJ de 18/11/1997 – cedência ocasional de trabalhadores; regime da retribuição do trabalhador cedido – 296

Ac. STJ de 3/05/2000 – qualificação da relação societária; relação entre duas sociedades comerciais em domínio parcial ou total; controlo económico intersocietário – 142

Ac. STJ de 10/04/2003 – artigo 490.° n.° 3 CSC; constitucionalidade das aquisições tendentes ao domínio total – 181

Ac. STJ de 22/09/2004 – transmissão do estabelecimento ou da empresa; qualificação; subrogação legal – 400, 539

Ac. STJ de 23/02/2005 – *jus variandi*; requisitos; interesse da empresa – 31

Ac. STJ de 3/05/2005 – artigo 490.° n.° 3 CSC; constitucionalidade das aquisições tendentes ao domínio total – 181

Ac. STJ de 4/05/2005 – empregador formal e empregador real; referência indirecta ao contexto de grupo – 319

Ac. STJ de 31/05/2005 – grupos de sociedades; responsabilidade da sociedade mãe perante os credores da sociedade filha – 161

Ac. STJ de 7/12/2005 – cedência ocasional de trabalhadores – 304, 320

Ac. STJ de 30/03/2006 – extensão administrativa de convenções colectivas de trabalho em grupos de sociedades – 320, 699

Ac. STJ de 18/05/2006 – empregador plural no domínio anterior ao Código do Trabalho; pluralidade de empregadores – 308, 309, 377

Ac. STJ de 2/05/2007 – cedência ocasional de trabalhadores – 304

Ac. STJ de 10/01/2007 – despedimento por extinção do posto de trabalho; despedimento em contexto de grupo; possibilidade de manutenção do posto de trabalho – 320

Ac. STJ de 7/03/2007 – funções de administração; trabalhador subordinado; art. 398.° do CSC; inconstitucionalidade orgânica do art. 398.° n.° 2 do CSC, na parte relativa à caducidade do contrato de trabalho – 520, 522, 523, 525

Tribunal da Relação de Lisboa

Ac. RLx. de 26/04/1990 – regime das sociedades coligadas; aplicabilidade às empresas públicas – 128

Ac. RLx. de 15/01/1992 – cessão da posição contratual do empregador; cessão em grupos de sociedades – 320, 538

Ac. RLx. de 16/01/1992 – contrato de consórcio; criação de um grupo de empresas – 73

Ac. RLx. de 20/11/1993 – cedência ocasional de trabalhadores; direitos do trabalhador em caso de recurso ilícito à cedência – 296

Ac. RLx. de 1/04/1998 – *jus variandi*; requisitos; interesse da empresa – 31

Ac. RLx. de 3/02/2000 – grupos de sociedades; aquisições tendentes ao domínio total – 180, 183

Ac. RLx. de 5/07/2000 – transferência de um trabalhador de uma sociedade para outra dentro do mesmo grupo; motivos; desconsideração da personalidade colectiva – 320, 372, 408

Ac. RLx. de 29/10/2002 – grupos de sociedades; aquisições tendentes ao domínio total; relatório do revisor oficial de contas – 178, 179

Ac. RLx. de 29/12/2002 – artigo 490.º n.º 3 CSC; aquisições tendentes ao domínio total; constitucionalidade – 181
Ac. RLx. de 26/11/2003 – prestação de trabalho em regime de comissão de serviço no seio de uma empresa participada pelo empregador – 320
Ac. RLx. de 16/12/2003 – usos; prática empresarial de um grupo; preservação dos direitos decorrentes da antiguidade; transferência do trabalhador entre as várias empresas – 320
Ac. RLx. de 29/09/2004 – conceito amplo de grupo; regime da cedência ocasional de trabalhadores – 304, 305
Ac. RLx. de 3/03/2005 – domínio societário de facto; tutela dos interesses dos credores da sociedade dominada; desconsideração da personalidade jurídica colectiva e abuso do direito – 148
Ac. RLx. de 21/09/2005 – pluralidade de empregadores – 308
Ac. RLx. de 27/06/2007 – cedência ocasional de trabalhadores – 304

Tribunal da Relação do Porto

Ac. RP de 24/05/1993 – *jus variandi*; requisitos; interesse da empresa – 31
Ac. RP de 3/07/1994 – transferência do trabalhador para outra sociedade; sócios e instalações idênticos – 320
Ac. da RP de 20/04/2004 – grupos de sociedades; aquisições tendentes ao domínio total; constitucionalidade do artigo 490.º n.º 3 CSC – 181
Ac. RP de 30/09/2004 – grupos de sociedades; aquisições tendentes ao domínio total; constitucionalidade do artigo 490.º n.º 3 CSC – 181
Ac. RP de 24/01/2005 – grupo de sociedades; determinação do empregador; desconsideração da personalidade jurídica da entidade contratante em caso de fraude à lei, com prejuízos para terceiros – 319, 372, 408
Ac. RP de 27/03/2006 – pluralidade de empregadores – 308, 310

Tribunal da Relação de Coimbra

Ac. RC de 4/12/1979 – greve; piquetes de greve – 726
Ac. RC de 19/03/1992 – *jus variandi*; requisitos; interesse da empresa – 31
Ac. RC de 6/01/1993 – *jus variandi*; requisitos; interesse da empresa – 31
Ac. RC de 23/11/1995 – cessão da posição contratual do empregador – 538
Ac. RC de 27/02/1997 – cedência ocasional de trabalhadores; funções do trabalhador cedido na empresa cessionária; direito à manutenção da categoria durante a cedência – 296
Ac. RC de 19/03/1998 – contrato de trabalho e funções de administração – 523
Ac. RC de 19/09/2006 – acumulação de funções de administrador na sociedade dominante e na sociedade dominada – 142
Ac. RC de 14/06/2007 – pluralidade de empregadores – 308, 310

Tribunal Central Administrativo

Ac. TCA-Sul de 12/04/2005 – regime especial de tributação pelo lucro consolidado – 203
Ac. TCA-Sul de 4/10/2005 – regime especial de tributação pelo lucro consolidado – 203

B) JURISPRUDÊNCIA EUROPEIA

Ac. TJ de 16/12/1992 (Processos apensos C-132/91, C-138/91 E C-139/91 – *Grigorios Katsikas v. Angelos Konstatinidis* e *Uwe Skreb e Günther Schroll v. PCO Stauereibebetried Paetz & CO. Nachfolger GMBH*) – transmissão da empresa ou do estabelecimento; direitos do trabalhador; oposição à transferência por parte do trabalhador – 284

Ac. TJ de 14/04/1994 (Proc. C-392/92 – *Christel Schmidt v. Spar- und Leihkasse der Frueheren Aemter Bordesholm, Kiel uind Cronshagen*) – transferência; critérios comunitários; identidade da entidade económica através da actividade prestada – 283

Ac. TJ de 11/03/1997 (Proc. C-13/95 – *Ayse Süzen v. Zehnacker Gebäudereinigung GmbH Krankenhausservice*) – transferência; critérios comunitários; identidade da entidade económica através da actividade prestada – 283

Ac. TJ de 10/02/1998 (Proc. n.º 334/86 – *Foreningen af Arbedjdsledere I Danmark v. Daddy's Dance Hall A/S*) – transmissão da empresa ou do estabelecimento; contrato de locação; conceito amplo de transmissão para efeitos da directiva; possibilidade da modificação da relação de trabalho acordada com o empregador; renúncia do trabalhador aos direitos relativos à transmissão do seu contrato – 284

Ac. TJ de 10/12/1998 (Processos apensos de *Francisco Hernández Vidal SA v. Prudencia Gómez Pérez, María Gómez Pérez e Contratas y Limpiezas SL* (Proc. C-127/96), de *Friedrich Santner v. Hoechst AG* (Proc. C-229/96), e de *Mercedes Gómez Montaña v. Claro Sol SA e Red Nacional de Ferrocarriles Españoles (Renfe)* – (Proc. C-74/97)) – transmissão da empresa ou do estabelecimento; critérios comunitários; identidade da entidade económica através da actividade prestada – 283

Ac. TJ de 17/12/1998 (Proc. C-250/97 – *Dansk Metalarbejderforbund, na qualidade de mandatária de John Lauge e o., v. Lønmodtagernes Garantifond*) – despedimento colectivo; tutela do trabalhador; conceito de despedimento colectivo e conceito de insolvência – 286

Ac. TJ de 2/12/1999 (Proc. C-234/98, *Allen u.a. v. Amalgamated Cosnruction co.ltd,*) – transmissão da empresa ou do estabelecimento; conceito de transmissão; regime comunitário de protecção dos direitos dos trabalhadores – 558

Ac. TJ de 16/12/1999 (Proc. C-198/98 – *G. Everson, T.J. Barrass v. Secretary of State for Trade and Industry, Bell Lines Ltd, em liquidação*) – protecção dos trabalhadores em caso de insolvência do empregador; instituição competente para o pagamento dos créditos dos trabalhadores – 287

Ac. do TJ de 29(03/2001 (Proc. C-62/99 – *Betriebsrat der bofrost* Josef H. Boquoi Deutschland West GmbH & Co. KG contra Bofrost* Josef H. Boquoi Deutschland West GmbH & Co. KG.*) – conselhos de empresa europeus; âmbito e modo de cumprimento do dever de informação a cargo da direcção central das empresas – 274

Ac. TJ de 18/10/2001 (Proc. C-441/99 -*Riksskatteverket v. Soghra Gharehveran*) – protecção dos trabalhadores em caso de insolvência do empregador; extensão do direito à tutela comunitária aos trabalhadores que tenham participação social na sociedade insolvente – 287

Ac. TJ de 12/12/2002 (Proc. C-442/00 – *Ángel Rodríguez Caballero v. Fondo de Garantía Salarial (Fogasa)*) – protecção dos trabalhadores em caso de insolvência do empregador; créditos laborais e salários de tramitação – 287

Ac. TJ de 11/09/2003 (Proc. C-201/01 – *Maria Walcher v. Bundesamt für Soziales und Behindertenwesen Steiermark*) – protecção dos trabalhadores em caso de insolvência do empregador; extensão do direito à tutela comunitária aos trabalhadores que tenham participação social na sociedade insolvente; impossibilidade de exercício de influência dominante – 287

Ac. TJ. de 18/09/2003 (Proc. C-125/01 – *Peter Pflücke v. Bundesanstalt für Arbeit*) – protecção dos trabalhadores em caso de insolvência do empregador; prazo de caducidade previsto no direito nacional para o pedido de indemnização – 287

Ac. TJ de 16/10/2003 (Proc. C-32/02 – *Comissão das Comunidades Europeias contra República Italiana*) – conceito do empregador para efeito do artigo 1.°, n.° 1, alínea a) da Directiva 98/59; amplitude do conceito – 285

Ac. TJ de 13/01/2004 (Proc. C-440/00 – *Gesamtbetriebsrat der Kühne & Nagel AG & Co. KG contra Kühne & Nagel AG & Co. KG*) – conselhos de empresa europeus; âmbito e modo de cumprimento do dever de informação a cargo da direcção central das empresas – 274

Ac. TJ de 4/03/2004 (Processos apensos C-19/01, C-50/01 e C-84/01 – *Istituto nazionale della previdenza sociale* (INPS) v. *Alberto Barsotti u.a.* (C-19/01), *Milena Castellani* (C-50/01), e *Anna Maria Venturi* (C-84/01)) – insolvência do empregador; possibilidade de limitação dos créditos laborais a ser satisfeitos pela instituição de garantia – 286

Ac. TJ de 15/07/2004 (Processo C-349/01 – *Betriebsrat der Firma ADS Anker GmbH contra ADS Anker GmbH*) – conselhos de empresa europeus; âmbito e modo de cumprimento do dever de informação a cargo da direcção central das empresas – 274

Ac. TJ de 12/10/2004 (Proc. C-55/02 – *Comissão das Comunidades Europeias contra República Portuguesa*) – despedimento colectivo; conceito de despedimento colectivo à luz da Dir. 98/59; imposição aos Estados Membros; cessação do contrato de trabalho não motivado ou querido pelo trabalhador; irrelevância de outra qualificação formal pela lei nacional – 285

Ac. TJ de 16/12/2004 (Proc. C-520/03, – *José Vicente Olaso Valero v. Fondo de Garantía Salarial (Fogasa)*) – protecção dos trabalhadores perante a insolvência do empregador; conceito de créditos laborais – 287

Ac. TJ de 27/01/2005 (Proc. C-188-03 – *Irmtraud Junk v. Wolfgang Kühnel*) – despedimento colectivo; procedimento de consulta dos representantes dos trabalhadores – 286

Ac. TJ de 7/09/2006 (Proc. C-187-05 a C-190-05 – *Georgios Agorastoudis e o.* (C-187/05), *Ioannis Pannou u.a.* (C-188/05), *Kostandinos Kotsabougioukis u.a.* (C-189/05), *Georgios Akritopoulos u.a.* (C-190/05) *contra Goodyear Hellas ABEE*)) – despedimentos colectivos; aplicação do regime comunitário à cessação dos contratos de trabalho resultantes da cessação definitiva do funcionamento de uma empresa ou de um estabelecimento, decidida pelo empregador – 285

Ac. TJ de 7/09/2006 (Proc. C-81/05 – *Anacleto Cordero Alonso v. Fondo de Garantía Salarial (Fogasa)*) – protecção dos trabalhadores perante a insolvência do empregador; conceito de créditos laborais – 287

ÍNDICE IDEOGRÁFICO*

abuso do direito – 105, 220, 328, 332, 373, 380, 407, 420, 599, 720
actividade laboral / actividade laborativa – 26
administração (funções de/ vínculo de) – 97, 129, 162
  – e contrato de trabalho – **517 ss.**, 521 ss.
  – deveres dos membros do órgão de... – 182
  – natureza do vínculo de... – 517, **523**
  – órgão de... – 132, 142, 147, 157, 164, 166, 173
  – responsabilidade dos membros do órgão de... – 169, 182, 186
Administração Pública (contrato de trabalho na...) – 284, 306, 309, 317, 347, 502, 701
agrupamento complementar de empresas / ACE – 75, 129, 202
agrupamento europeu de interesse económico / AEIE – 75, 119, 129, 202
antiguidade do trabalhador (e grupos) – 241, 255, 259, 262, 299, 309, 320, 335, 404, 409, 412, 454, 475, 482, 505, 510, 514, 534, 536, 542, 546, 590 ss., 594
assiduidade e pontualidade (deveres de) – 439
associações patronais (e grupos) – 236, **675 ss.**, 695, 704, 713
associações sindicais (e grupos) – 28, 666, **667 ss.**, 671, 685 ss., 689, 692, 695, 697, 704 ss.
auto-tutela laboral (princípio da) – 721

boa fé (princípio da) – 320, 325, 328, 332, 407, 420, 439, 445, 584, 610, 720

caducidade (do contrato de trabalho) – 55 ss., 159, 192, 311, 514, **521 ss.**, 582, 592, 597 ss., 609
cargo social (noutra empresa do grupo) – 474, 497, 511, **516 ss.**
cedência ocasional de trabalhadores (e grupos) – 21, 54, 60 ss., 293 ss., **303 ss.**, 363, 366 ss., 384, 404, 416, 429, 444, 472, 490 s., **497 ss.**, 511, 513, 537, 569, 585 ss., 607, 630, 729
cessão da exploração – 79, 93, 559

---

* As remissões são feitas para as páginas, podendo reportar-se ao corpo do texto ou a notas de rodapé, e são exemplificativas; os números a negro indicam as páginas onde a matéria é mais desenvolvida.

cessão da posição contratual no contrato de trabalho (e grupos) – 292, 320, 328, 329, 399, **402 ss.**, 411, 495, **534 ss.**, 589 s., 608, 615
cessão de créditos (e grupos) – 495, **534 s.**
cisão de sociedades / de empresas – 84, 252, 547, 553, 560, 562, 643, 679, 683
cogestão – 234 s., 240, 264, 276, 278, 330, 656, 675, 707
comissão de serviço (contrato de trabalho em regime de) – 47, 293, 320, 511, **526 ss.**
comissão de trabalhadores – 602, 613, 659 s., 681 s.
comissão de trabalhadores de grupo – 61, 235, **315 ss.**, **660 s.**
comissões sindicais – 669, 680, 683, 686
comunidades de bienes – 331, 368
concepção comunitário-pessoal do vínculo laboral – 18, 240, 325, 445
condutas extra-laborais do trabalhador (relevo das) – 458, 483, 515
conselho de empresa europeu – 57, 59, 61, 235 s., 248, 253, 260, 270, **272 ss.**, 301, **306 ss.**, 346, 355, 366, 652, 657, 664 ss., **671 ss.**
conselho de trabalhadores – 318, 332, 346 s., 351, 355, 652, 667, **674 ss.**, 713
consórcio (contrato de) – 73, 76, 78, 548
contrato de grupo paritário – 34, 73, 76, 78, 94 ss., 126, 129, 132 ss., **171 ss.**, 353, 378, 632, 679
– *vd* grupos horizontais
contrato de subordinação – 34, 37, 39, 73, 76, 78, 91, 94 ss., 126, 129, 131 ss., 151, **152 ss.**, 183, 191, 207, 314, 338, 353, 378, 441, 577, 623, 626 s., 632, 679
– *vd* grupos verticais
contrato de trabalho (delimitação geral)
– elemento de pessoalidade / elemento organizacional – 18, 23, 31, **333 ss.**, 372, 393, 406 s., 417, 425 s., **427 ss.**, 446 ss., 453
– elementos essenciais do... – 361 ss.
– reconstrução dogmática do... – 240, 325 s.
contrato de trabalho a termo / trabalho a termo – 20, 42 s., 47, 269, 294
– e grupos – 55, 311, 387, 404 s., **434 ss.**, 462, 467, 469 ss., 481, 544
contrato de trabalho em regime de comissão de serviço (*vd* comissão de serviço)
contrato de trabalho na Administração Pública / com pessoa colectiva pública – *vd* Administração Pública
contrato de trabalho temporário / trabalho temporário – 42, 47, 60, 255, 290, 293 ss., 364, 379, 396, **414 ss.**, 499
– e grupos – 360, 363, 416 s., **434 ss.**, 466 s., 481, 507 ss., 587
convenção de atribuição de lucros – 157, 186, 192
convenções colectivas – 57, 228, 236, 317, 489 s., 501
– articuladas – **316 ss.**, 332, **700 ss.**
– concorrência de – 692, 694, 698, 700 s., 708, 714 s.
– de grupo – 235 ss., 247, 252, 254, **691 ss.**, 704 ss.
– de grupo internacionais – 711, **712 ss.**
– ...e cláusulas de paz social – 721 ss.
crédito de horas – 57, 662, 668, 671

créditos laborais (e grupos) – 56, 61, 68, 230 s., 238, 259, 286, 289, 293, 301, **313 ss.**, 333, 345, 347, 354, 366, 370, 384 s., 410, 412, 422 s., 430, 450, 542, 567, 594 s., 615, **617 ss.**,
cumprimento pontual dos contratos / *pacta sunt servanda* – 334, 481, 502, 535, 564

delegado sindical / delegados sindicais – 57, **661 ss.**, 680, 686, 692, 726
desconsideração da personalidade colectiva – *vd* levantamento da personalidade colectiva
despedimento
 – *vd* despedimento colectivo, despedimento com justa causa, despedimento por extinção do posto de trabalho, despedimento por inadaptação
despedimento colectivo (e grupos) – 55, 244, 248, 270 s., **284 ss.**, 311, 462 ss., 544, 550, 566, 572, **574 ss.**, 581, **591 ss.**, 613, 658, 689, 720
despedimento com justa causa/disciplinar (e grupos) – 54 s., 412, 483, 515, 613
despedimento por extinção do posto de trabalho (e grupos) – 21, 55, 311, 320, 335, 462 s., 550, 572, **574 ss.**, 581 s., **591 ss.**, 689
despedimento por inadaptação – 55, 293, 462 s., 604 s.
desregulamentação laboral – 44
destacamento internacional de trabalhadores – 61, 242, 255, 271, **289 ss.**, 298 ss., **301 ss.**, 333, 345, 353, 472, 474, 491, 496 s., **505 ss.**, 569, 580, 586 ss., 711
deveres acessórios (no contrato de trabalho) – 325 s., 439 s., 445, 468, 510, 514
 – *vd* obediência, não concorrência, sigilo
deveres laborais (pós-eficácia dos) – 56, 469
direito bancário (e grupos) – 67, 125, 195, **203 ss.**, 216, 219, 338, 368 s.,
direito contabilístico (e grupos) – 67, 107, 125, **201 ss.**, 216, 219, 368
direito da concorrência (e grupos) – 35, 67, 74, 82, 85, 89, 100, 104, 107, **120 ss.**, 164, **195 ss.**, 216 ss., 338, 368, 549
direito de reocupação/ocupação alternativa do trabalhador (e grupos) – 55, 462 ss., 550, 573, 578, **601 ss.**, 614
direito dos seguros (e grupos) – 216, 219
direito fiscal / tributário (e grupos) – 35, 67, 100, 107, 125, 195, **201 ss.**, 216, 219, 249, 338, 341, 368, 549
direitos e garantias do trabalhador – 419, 466, 513, 546
 – inamovibilidade – 384, 472, 486 s.
 – invariabilidade da prestação – 384, 472, 486 s.
domínio (*vd* sociedades em relação de domínio)
domínio total (*vd* grupo por domínio total)
 – aquisição tendente ao domínio societário total – 78, 180, 353, 632

empregador / empregadores (e grupos)
 – deveres do… – **450 ss.**, 604
 – *vd* pluralidade de empregadores

empresa
- conceito de... **21 ss.**
- de dimensão comunitária – 272, 274
- de trabalho temporário – (*vd* contrato de trabalho temporário)
- dimensão da... – 55, 57, 81, 83, 335 s., 462, 550, 573, 575, 602, 608, **610 ss.**, 651, **659 ss.**
- interesse da empresa – 30 s., 56, 445 s., 458, 483, 532,
- microempresa / pequena empresa – 608, 662
- encerramento definitivo da empresa (e cessação do contrato de trabalho) – **574 ss.**, **592 ss.**, 597

extinção do posto de trabalho (*vd* despedimento por extinção do posto de trabalho)

favor laboratoris / tratamento mais favorável ao trabalhador (princípio do)– 455
flexibilização do direito do trabalho – **44 ss.**, 63, 86, 293, 471
forma no contrato de trabalho (requisitos de/liberdade de/forma escrita) – 309, 361, 379, 381, 410, 420, 422, 459, 541, 586
franchising/ franquia (contrato de) – 73 s., 76, 78, 93
fundo de garantia salarial – 618, 620, **647 ss.**
fusão de sociedades/de empresas – 81, 155 s., 560, 679, 706

greve (e grupos de empresas) – 57 s., 68, 232, 247, 653, **717 ss.**
- cláusulas de paz social – 722
- fundamentos da... – 252, **719 ss.**
- piquetes de... – 58, **725 ss.**
- representação dos trabalhadores durante a... – 686, **723 ss.**
- substituição dos grevistas – 728 ss.

grupos
- de dimensão comunitária – 275, **672**
- elementos essenciais dos – **87 ss.**
- interesse do... – 55 s., 76, 90 s., 103, 123, 145, 163. 165, 167, 174, 186, 191, s., 231, 240, 342, 348, 370, 457 s., 483, 515, 532, 572, 578 s., 632, 689, 700, 727

grupos societários (modalidades de)
- grupos de direito e grupos de facto / negociais e não negociais – **94 s.**, 103, 106, 109 ss., 133, 146 ss., 183, 185, 188 s., 194, 200, 444, 559, 623
- grupos de facto qualificados – 148
- grupos em sentido restrito / próprio – 73, 93, 109 s., 131, 133, 148, 150 s., 175, 184, 186, 188 s., 191 ss., 209, 243 ss., 348, 456, 633
- grupos por domínio total – **175 ss.**, 441
- grupos verticais e grupos horizontais / de subordinação e paritários – **96 s.**, 109, **152 ss.**, 154, **171 ss.**, 183, 192, 261, 454, 479, 484, 577, 599, 622 ss., 631 ss., 694

igualdade / não discriminação (e grupos)– 54, 237, 240, 267, 269, 335, 433, **450 ss.**, 501, 505, 708 s.
inadaptação (despedimento por) – *vd* despedimento por inadaptação
inamovibilidade – *vd* direitos e garantias do trabalhador
incorporação (teoria da) – 326
informação (deveres de informação do empregador) – 268, 274, 279 s., 301, **312 ss.**, 347, 353, 361, 366 s., 629, 661, 682, 688
insolvência do empregador (e grupos) – 56, 58 s., 192, 231, 270 ss., **286 ss.**, 433, 487, 563, 572, 574, 580, 591, **592 ss.**, **597 ss.**, **610 ss.**, 624, 645 ss., **688 ss.**
interesse da empresa – *vd* empresa
interesse social – 25, 38, 58, 76, 78, 91, 104, 106, 110 s., 113, 123, 146 s., 163, 167, 174, 186, 192, 194, 528, 571, 632
interesses de gestão – 50, 335, 348, 447, 511
– prevalência dos interesses de gestão (princípio da) – 350
interesses pessoais e familiares do trabalhador (tutela dos / prevalência sobre o contrato dos…) – 334 s.
invariabilidade da prestação (princípio da) – *vd* direitos e garantias do trabalhador, *jus variandi* e mobilidade funcional

joint venture – 74, 76, 78, 103
jus variandi – 31, 54, 487

lay-off – *vd* suspensão e redução do contrato de trabalho
lealdade (dever de) – 53 s., 231, 393 s., 433, 439, **440 ss.**, 457, 478, 483, 514 s.
– *vd* sigilo (dever de), não concorrência (dever de)
levantamento / desconsideração da personalidade colectiva – 104 ss., 148, 168, 184, 194, 220, 245, 262, 265, 319 s., 328, 340, 365, 372 ss., 403 ss., 409, 412, 416 ss., 423, 425, 431, 452, **465 ss.**, 545, 584, 600, 607, 624
liberdade de trabalho / limitações à liberdade de trabalho – 376, 422, 448, 460, 478, 480
– *vd* não concorrência (pacto de)
licença sem retribuição (e grupos) – **512 ss.**, 584, 588 s., 608
local de trabalho (e grupos)
– diluído – 489
– mudança do… – 292, 488, 490 s., 495 s., 565
– *vd* mobilidade geográfica, inamovibilidade

mobilidade funcional – 21, 30, 46, 83, 404, 473, 487
– *vd jus variandi*
mobilidade geográfica – 21, 30, 47, 83, 311, 473, 487, 564, 680

não concorrência (dever de...) – 231, 237, 422, 444 ss. **447 ss.**, 521
– pacto de... / cláusulas de... – 56, 259, 433, 447, **459 ss.**
negociação colectiva de grupo – *vd* convenções colectivas

obediência
– dever laboral de... – 53 s., 311, 362, 371, 433, 439, **440 ss.**, 468, 528
– dever de obediência às instruções da sociedade mãe – 166 s., 186
ocupação efectiva (dever de / direito à) – 591
outsourcing – 42, 728

pluralidade de empregadores – 53, 60 s., 265, 291, 301, **307 ss.**, 318 s., 329, 333, 345 s., 348, 356, 363, 366 s., **375 ss.**, 431, **465 ss.**, 479 s., **484 ss.**, 550, 569 s., 580, **581 ss.**, 609, 615 s., **638 ss.**
– pluralidade atípica de empregadores – 405 ss., 412, **418 ss.**, 423, 570
pluriemprego – 422, 448, 478 s., 515
poder de direcção / poder directivo
– laboral – 251, 362 ss., 383, 395 ss., 406, 440 ss., 456, 482, 491, 495, 503 s., 509, 515
– da sociedade mãe – 37 s., 91, 110 ss., 114, 117, 119, 134, 145, **162 ss.**, 174, 182, 185, 191 ss., 441 ss., 576, 623, 631 ss.
poder disciplinar – 19, 334 s., 362, 383, 397 s., 429, 439, **440 ss.**, **456 ss.**, 465, 482, 504, 514
poderes laborais (desdobramento dos) – 377, 396, 510
preferência (direito do trabalhador) – 55, 231, 311, 433, 459, **461 ss.**, 469 s.
presunção de influência dominante – **141 ss.**, 172, 197, 205 ss., 297, 307, 314, 346, 355, 626, 633, 672
presunção de laboralidade / presunção de contrato de trabalho – **408 ss.**, 417
protecção do trabalhador (princípio da) – 29, 49 s., 63, 264, 331 s., 337, 341, 350, 381, 494, 541, 596

relação societária de domínio – 39, 72 s., 131, 136, 143, 149, 205 ss., 301, 314 ss., 342, 353, 370, 377, 517, 519, 525, 567, 670
relação de participação societária simples / recíproca – 91, 96, **135 ss.**, 185, 189, 305, 312, 314, 338, 353 s., 378, 498, 519, 586, 626
relação de trabalho típica – 26, 28, 51
remuneração / retribuição
– privilégios creditórios da...– 617 ss.,
– princípio da igualdade remuneratória nos grupos – 335, 433, **450 ss.**, 482, 501, 708 s.
remuneração (teoria da) – 325
representação colectiva dos trabalhadores no grupo – 28, 52, 56 s., 61, 68, 86, 100, 116, 228, 232, 247, 252 ss., **280 ss.**, 387, 614, **655 ss.**, **659 ss.**
– protecção dos representantes dos trabalhadores – 652

– *vd* associações sindicais, comissões de trabalhadores, conselhos de empresa europeus, conselhos de trabalhadores
resolução do contrato pelo trabalhador – 564 s., 568
responsabilidade civil e contrato de trabalho (em contexto de grupo) – 239 s.
responsabilidade da sociedade mãe nos grupos societários – 102 s., 106, 134, 148, 149, 151, 167 ss., 182, 186, 187, 192, 194, 314, 329, 623 s., 626, 634
responsabilidade solidária pelos créditos laborais (*vd* créditos laborais)

segurança no emprego (princípio da) – 302, 587, 597, 600, 604
sigilo (dever de) – 231, 274, 279, 280, 444, 446 ss., 453
sociedade (anónima) europeia – 59, 61, 119, 248, 267, 270, **276 ss.**, 317, 346, 351, 355, 653, 657, 664, **671 ss.**, 685
sociedade cooperativa europeia – 59, 61, 119, 248, 267, 270, **276 ss.**, 317, 346, 351, 355, 653, 657, 664, **671 ss.**, 685
sociedades em relação de domínio – *vd* relação societária de domínio
sociedade *holding* – 34, 75, 78 s., 97, 119, 171, 277 s., 560, 576, 664, 679, 684, 713
sociedade unipessoal – 118 s., 129, 175, 177, 267, 547
sócios livres – 102, 105, 110, 153, **155 ss.**, 174, 178 ss., 186, 189, 191, 368
subordinação jurídica (e delimitação do contrato de trabalho) – 31, 230, 244, 251, 258, 319, 331, 361, 364, 391, 424, 427, 440, 442, 478, 527
– reconstrução dogmática da – 364, **394 ss.**, 425
suspensão do contrato de trabalho (e deslocação do trabalhador no grupo) – 457, 474, **493 ss.**, 509 s., **511 ss.**, **516 ss.**, 531 s.
suspensão e redução do contrato de trabalho por motivo de crise empresarial – 21, 47, 54, 550, 572 s, **574 ss.**, **581 ss.**, 610, 689

teorias contratualistas / institucionalistas – 325 s.
trabalhador típico e atípico (*vd* relação de trabalho típica)
trabalho a termo (*vd* contrato de)
trabalho temporário (*vd* contrato de)
transmissão do estabelecimento, empresa ou unidade de negócio – 21, 56, 227 s., 238, 246, 251, 254, 270 s., 275, **282 ss.**, 292, 335 s., 360, 399, **405 ss.**, 433, 533, 538 ss., 550, **553 ss.**, **561 ss.**, 570, 590, **592 ss.**, **677 ss.**
tratamento mais favorável ao trabalhador (princípio do) – *vd favor laboratoris*
trust – 75

unidade económica / unidade de negócio – **281 ss.**, 360, 399, **400 ss.**, 537, **553 ss.**, **592 ss.**, 616, 643, 658, 677 ss.
uniões pessoais (grupos constituídos por) – 119, 548, 559
unité économique et sociale – 254, 257 s., 260, 265, 331, 660, 665, 692

ÍNDICE BIBLIOGRÁFICO* **

AA/VV, *Tavola Rotonda «Gruppi di società, imprese collegate e rapporti di lavoro*, Riv.GL, 1979, I, 385-426

AA/VV, *Collegamento di società e rapporti di lavoro. Atti del Convegno organizzato della Sezione Ligure del Centro, tenutosi a Genova 28-29 Novembre 1986*, Milano, 1988

ABELLO, Luigi – *Della locazione*, II (*Locazione di opere*), Parte II, 2.° *reprint*, Napoli – Torino, 1910

ABRANTES, José João Nunes – *Estudos de Direito do Trabalho*, 2ª ed., Lisboa, 1992

ABRANTES, José João Nunes – *Direito do Trabalho. Ensaios*, Lisboa, 1995

ABREU, Jorge Manuel Coutinho de – *A Empresa e o Empregador em Direito do Trabalho*, Coimbra, 1982

ABREU, Jorge Manuel Coutinho de – *Grupos de sociedades e direito do trabalho*, BFDUC, 1990, LXVI, 124-149

ABREU, Jorge Manuel Coutinho de – *Da Empresarialidade (As Empresas no Direito)*, Coimbra, 1996

ABREU, Jorge Manuel Coutinho de – *Curso de Direito Comercial*, I, 6ª ed., Coimbra, 2006, e II, 2ª ed., Coimbra, 2007

ABREU, Jorge Manuel Coutinho de – *Administradores e Trabalhadores de Sociedades (Cúmulos e não), in Temas Societários*, Colóquios do Instituto de Direito do Trabalho e das Empresas, 2, Coimbra, 2006, 9-21

ABREU, Jorge Manuel Coutinho de – *Governação das Sociedades Comerciais*, Coimbra, 2006

---

* O índice bibliográfico inclui apenas as obras citadas em texto e não todas as obras consultadas.

** As obras são indicadas por ordem alfabética, com referência ao autor ou, na falta de autor, com referência aos títulos; na indicação de várias obras do mesmo autor é seguido o critério cronológico; em caso de indicação de mais de uma edição da mesma obra, a edição referida em primeiro lugar no índice bibliográfico é referida no texto sem indicação expressa de edição, sendo as referências a outras edições assinaladas; na indicação de publicações periódicas, são referidos sucessivamente o ano, o número e as páginas da publicação.

ABREU, Jorge Manuel Coutinho de – *Deveres de cuidado e de lealdade dos administradores e interesse social*, in Reformas do Código das Sociedades, Colóquios do Instituto de Direito do Trabalho e das Empresas, 3, Coimbra, 2007, 15-47

ABREU, Jorge Manuel Coutinho de / MARTINS, Alexandre Soveral – *Grupos de Sociedades. Aquisições Tendentes ao Domínio Total*, Coimbra, 2003

ADLERSTEIN, Wolfgang – *Neue Technologien – Neue Wege im Arbeitsrecht*, ArbuR, 1987, 3, 101-104

ALIPRANTIS, Nikitas – *L'entreprise en tant qu'ordre juridique*, in Le Droit collectif du travail – Études en hommage à Madame le Professeur Hélène Sinay, Frankfurt, 1994, 185-206

ALMEIDA, Fernando Jorge Coutinho de – *Os poderes da entidade patronal no direito português*, RDE, 1977, 301-334

ALMEIDA, Fernando Jorge Coutinho de – *Poder Empresarial: Fundamento, conteúdo e limites (Portugal)*, in AA/VV, Temas de Direito do Trabalho. Direito do Trabalho na Crise. Poder Empresarial. Greves Atípicas – IV Jornadas Luso-Hispano-Brasileiras de Direito do Trabalho, Coimbra, 1990, 311-332

ALONSO, Maria Antonia Perez – *Algunas cuestiones laborales sobre los grupos de empresas*, RTSS, 1992, 8, 69-90

ALONSO OLEA, Manuel – vd OLEA, Manuel Alonso

ALVES, Jorge de Jesus Ferreira – *Direito da Concorrência nas Comunidades Europeias*, 2ª ed., Coimbra, 1992

AMADO, João Leal – *A protecção do salário*, BFDUC (Suplemento), XXXIX, Coimbra, 1995, 39-56 e 137-260

ANGIELLO, Luigi – *Autonomia e subordinazione nella prestazione lavorativa*, Padova, 1974

ANTONMATTÉI, Pierre-Henri – *La consécration législative de la convention et de l'accord de groupe: satisfaction et interrogations*, DS, 2004, 6, 601-605

ANTUNES, José Engrácia – *Le Groupe de Sociétés. La crise du modèle classique de la Société Anonyme*, EUI Working Paper LAW No 92/94, Florence, 1992

ANTUNES, José Engrácia – *Liability of Corporate Groups. Autonomy and Control in Parent-Subsidiary Relationships in US, German and EU Law. An International and Comparative Perspective*, Deventer-Boston, 1994

ANTUNES, José Engrácia – *Os direitos dos sócios da sociedade-mãe na formação e direcção dos grupos societários*, Porto, 1994

ANTUNES, José Engrácia – *The law of Affiliated Companies in Portugal*, in P. BALZARINI / / G. CARCANO / G. MUCCIARELLI (dir.), I gruppi di Società, I, Milano, 1996, 355-388

ANTUNES, José Engrácia – *The Liability of Polycorporate Enterprises*, Connecticut Journal of International Law, 1999, 2, 197-231

ANTUNES, José Engrácia – *Participações Qualificadas e Domínio Conjunto. A propósito do Caso «António Champalimaud – Banco Santander»*, Porto, 2000

ANTUNES, José Engrácia – *Neue Wege im Konzernhaftungsrecht – Nochmals: Der «Almoco Cadiz» Fall, in* U. SCHNEIDER / P. HOMMELHOFF / K. SCHMIDT / W. TIMM / B. GRUNEWALD / T. DRIGALA (Hrsg.), *Festschrift für Marcus* LUTTER *zum 70. Geburstag. Deutsches und europäisches Gesellschaft-, Konzern- und Kapittalmarktrecht*, Köln, 2000, 995-1009

ANTUNES, José Engrácia – *O artigo 490.º do CSC e a Lei Fundamental.* «*Propriedade corporativa, propriedade privada, igualdade de tratamento, in Estudos em Comemoração dos Cinco Anos (1995-2000) da Faculdade de Direito da Universidade do Porto*, Coimbra, 2001, 147-276

ANTUNES, José Engrácia – *Os Grupos de Sociedades. Estrutura e Organização Jurídica da Empresa Plurissocietária*, 2ª ed., Coimbra, 2002

ANTUNES, José Engrácia – *O âmbito de aplicação do sistema das sociedades coligadas, in Estudos em Homenagem à Professora Doutora Isabel de Magalhães Collaço*, II, Coimbra, 2002, 95-116

ANTUNES, José Engrácia – *Os poderes nos grupos de sociedades – o papel dos accionistas e dos administradores na formação e na direcção da empresa de grupo, in Problemas de Direito das Sociedades*, Coimbra, 2002, 153-165

ANTUNES, José Engrácia – *O problema da responsabilidade nos grupos de sociedades, in* A. M. HERNANDEZ / I. VALERA (ed.), *Derecho de Grupos de Sociedades*. Academia de Ciências Políticas y Sociales, Caracas, 2005, 539-587

ANTUNES, José Engrácia – *Enterprise forms and Enterprise Liability: is there a paradox in modern corporation law*, RFDUP, 2005 (Ano II), 187-225

ANTUNES, José Engrácia – *«Law & Economics». Perspectives of Portuguese Corporation Law – System and Current Developments,* ECFR, 2005, II, 3, 323-377

ANTUNES, José Engrácia – *Estrutura e responsabilidade da empresa: o moderno paradoxo regulatório, in* A. SANTOS CUNHA (coord.), *O Direito da Empresa e das Obrigações e o Novo Código Civil Brasileiro*, S. Paulo, 2006, 18-64

APILLUELO MARTIN, Margarita – *vd* MARTIN, Margarita Apilluelo

ARAÚJO, Fernando – *Teoria Económica do Contrato*, Coimbra, 2007

ARDAU, Giorgio – *Corso di diritto del lavoro*, Milano, 1947

ARTMANN, *Arbeitsverhältnisse im Konzern*, DRdA, 2005, 6, 529-531

ASCENSÃO, José de Oliveira – *A empresa e a propriedade*, Brotéria, 1970, 591-607

ASCENSÃO, José de Oliveira – *Direito Comercial*, I – *Institutos gerais*, Lisboa, 1998/99, e IV – *Sociedades Comerciais. Parte Geral*, Lisboa, 2000

ASSANTI, Cecilia – *L'economia sommersa: i problemi giuridici del secondo mercato del lavoro*, Riv.GL, 1980, I, 179-211

ASSANTI, Cecilia – *Corso di diritto del lavoro*, 2ª ed., Padova, 1993

ASSIS, Rui – *O Poder de Direcção do Empregador*, Coimbra, 2005

AUBRY, C / RAU, C. – *Cours de droit civil français*, IV, 4ª ed., Paris, 1871

AVILÉS, Antonio Ojeda – *El final de un «principio» (la estabilidad en el empleo)*, in Estudios de Derecho del Trabajo en Memoria del Professor Gaspar BAYÓN-CHACÓN, Madrid, 1980, 467-485

BAAMONDE, María Emília Casas / DAL-RÉ, Fernando Valdés – *Diversidad y precariedad de la contratación laboral en España*, Rel.Lab., 1989, I, 240-258

BACHNER, Michael – *Die Rechtsetzungsmacht der Betriebsparteien durch Konzernbetriebsvereinbarung*, NZA, 1995, 6, 256-260

BAPTISTA, Albino Mendes – *Qualificação contratual e presunção de laboralidade*, in Estudos sobre o Código do Trabalho, Coimbra, 2004, 59-76

BARASSI, Lodovico – *Elementi di diritto del lavoro*, 7ª ed., Milano, 1957

BARROCAS, Manuel Pereira – *O Contrato de Franchising*, ROA, 1989, 49, 127-166

BARROS, Cássio Mesquita – *A insegurança do emprego: causas, instrumentos e políticas legislativas*, in A. MOREIRA (coord.), X Jornadas Luso-Hispano-Brasileiras de Direito do Trabalho – Anais, Coimbra, 1999, 49-68 (55 ss.)

BARROSO, Maria de los Reyes Martinez – *Análisis jurídico-laboral de los grupos de empresas*, Civitas, 1993, 62, 915-950

BARTHÉLÉMY, Jacques / COULON, Nicolas / EGAL, Jacques / GUIGOU, Hubert / HARDOUIN, Michel / DE MELLO, Xavier de / PETITEAU, Gérard / SEURAT, Patrick – *Le droit des groupes de sociétés*, Paris, 1991

BAUDRY-LACANTINERIE, G. / WAHL, Albert – *Traité théorique et pratique de droit civil – Du contrat de louage*, 3ª ed., II (Première Partie), Paris, 1907

BAUSCHKE, Hans-Joachim – *Auf dem Weg zu einem neuen Arbeitnehmerbegriff*, RdA, 1994, 4, 205-215

BAYER, Wilhelm F. – *Mitbestimmung und Konzern. Zur Regelung der Konzernfragen im Entwurf des Mitbetimmungsgesetz*, DB, 1975, 25, 1167-1175

BAYLOS, Antonio / COLLADO, Luis (ed.) – *Grupos de Empresas e Derecho del Trabajo*, Madrid, 1994

BAYLOS, Antonio / COLLADO, Luis – *Introducción. Grupos de empresas y derecho del Trabajo*, in A BAYLOS / L. COLLADO (ed.), Grupos de Empresas e Derecho del Trabalho, Madrid, 1994, 11-21

BELFIORE, Camillo – *Impresa di gruppo e rapporto di lavoro*, in AA/VV, Collegamento di società e rapporti di lavoro. Atti del Convegno organizzato della Sezione Ligura del Centro, tenutosi a Genova, 28-29 Novembre 1986, Milano, 1988, 25-42

BÉLIER, Gilles – *Le contrat de travail à durée indéterminée intermitent*, DS, 1987, 9/10, 696-701

BÉLIER, Gilles / BERTHONNEAU, L. – *Le droit du travail temporaire*, Paris, 1990

BELLINI, Maria Luísa – *Trasferimento di azienda nella fusione di società: comunicazione e consultazione sindacale*, DLav., 1997, I, 197-201

BENGOECHEA, Juan Antonio Sagardoy – *Flexibilität des Arbeitsrecht, in Flexibilisierung des Arbeitsrechts – eine europäische Herausforderung*, ZIAS, 1987, 354-370

BEPLER, Klaus – *Gleichbehandlung im Betrieb, Unternehmen und Konzern*, NZA, 2004, 18, 3-12

BÉRAUD, Jean-Marc – *Die Flexibilisierung im französischen Arbeitsrecht, in Flexibilisierung des Arbeitsrecht – eine europäische Herausforderung*, ZIAS, 1987, 258-275

BIAGI, Marco – *Le tendenze del diritto del lavoro nell'Ocidente – Presentazione*, Lav.Dir., 1987, 1, 97-107

BIAGI, Marco – *Il futuro del contratto individuale di lavoro in Italia*, Lav.Dir., 1992, 2, 325-346

BIAGI, Marco / TIRABOSCHI, Michele – *Istituzioni di Diritto del Lavoro*, 3ª ed., Milano, 2004

BIED-CHARRETON, M. F. – *Conventions et accords collectifs*, Dr.ouv., 2003, 398-400

BIEDMA, Rafael Senra – *Grupos de empresas y derecho del trabajo. Análisis introductoria de la tecnica jurídica de atribución de la condición de sujeto patronal, in* A BAYLOS/ / L. COLLADO (ed.), *Grupos de Empresas e Derecho del Trabajo*, Madrid, 1994, 161-203

BIN, Marino – *Gruppi di imprese e diritto commerciale, in* P. ZANELLI (dir.), *Gruppi di imprese e nuove regole (in ricordi di Gaetano Vardaro)*, Milano, 1991, 59-74

BIRK, Rolf – *Die Arbeitsrechtliche Leistungsmacht*, Köln-Berlin-Bonn-München, 1973

BIRK, Rolf – *Arbeitsrechtliche Probleme der Betriebsaufspaltung*, BB, 1976, 26, 1227-1232

BIRK, Rolf – *Betriebsaufspaltung und Änderung der Konzernorganisation*, ZGR, 1984, 1, 23-70

BIRK Rolf (Hrsg.) – *Arbeitsrechtliche Probleme der Unternehmenskonzentration*, Frankfurt am M., 1986

BIRK, Rolf – *Einführung, in Flexibilisierung des Arbeitsrechts – eine europäische Herausforderung*, ZIAS, 1987, 222-228

BIRK, Rolf – *Competitividade das empresas e flexibilização do direito do trabalho*, RDES, 1987, 3, 281-307

BIT – *Les nouvelles formes d'organisation du travail*, I e II, Genève, 1979

BLANC-JOUVAN, Guillaume – *L'unité économique et sociale et la notion d'entreprise*, DS, 2005, 68-79

BLANKE, Thomas – *Flexibilisierung und Deregulierung: Modernisierung ohne Alternative?, in* W. DÄUBLER / M. BOBKE / K. KEHRMANN (Hrsg.), *Arbeit und Recht, Fest. für A. GNADE,* Köln, 1992, 25-38

BLANPAIN, Roger / JAVILLIER, Jean-Claude – *Droit du travail communautaire,* 2ª ed., Paris, 1995

BOSCH, Von Gerhard – *Hat das Normalarbeitsverhältnis eine Zukunft?,* WSI-Mitt., 1986, 3, 163-176

BÖTTICHER, Eduard – *Arbeitsrecht: Bemerkungen zu einigen Grundprinzipien,* ZfA, 1978, 621-644

BOUBLI, Bernard – *À propos de la flexibilité de l'emploi: vers la fin du droit du travail?,* DS, 1985, 4, 239-240

BOUBLI, Bernard – *La détermination de l'employeur dans les groupes de sociétés, in* B. TEYSSIÉ (dir.), *Les groupes de sociétés et le droit du travail,* Paris, 1999, 23-39

BOULMIER, Daniel – *Destruction des emplois: une nécessaire responsabilisation des groupes par une substitution du groupe réel au groupe virtuel,* DS, 1998, 1, 44-53

BRANCA, Giuseppe – *La prestazione di lavoro in società collegate,* Milano, 1965

BROX, Hans / RÜTHERS, Bernd / HENSSLER, Martin – *Arbeitsrecht,* 16ª ed., Sttutgart – Berlin – Köln, 2004

BRUN, André – *Le lien d'entreprise,* JCP, 1962, I, 1719

BRUN, André / GALLAND, Henri – *Droit du travail,* I, 2ª ed., Paris, 1978

BUCHNER, Herbert – *Fürsorgetheorie und Entgelttheorie im Recht der Arbeitsbedingungen (Rezenzion über P. Schwerdtner),* RdA, 1970, 6/7, 214-215,

BYDLINSKI, Franz – *Arbeitsrechtskodifikation und allgemeines Zivilrecht,* Wien – New York, 1969

CABERO MORAN, Enrique – *vd* MORAN, Enrique Cabero

CALABRÒ, Emilia – *Lavoro, Impresa di Gruppo ed Effetività della Tutela,* Milano, 1991

CALVO, Beatriz Gutiérrez-Solar – *Sucesión de empresa entre sociedades de un mismo grupo empresarial: primacía de la forma jurídica sobre la realidad económica. Comentario a la STJCE de 2 de diciembre de 1999, Asunto C-234/98, Allen y otros frente a Amalgamated Construction co.ltd.,* AL, 2000, 8, 687-699

CAMANHO, P. / CUNHA, M. / PAIS, S. / VILARINHO, P. – *Trabalho temporário,* RDES, 1992, 1/3, 171-257

CÂMARA, Paulo – *O governo dos grupos bancários, in Estudos de Direito Bancário. Faculdade de Direito da Universidade de Lisboa,* Coimbra, 1999, 111-205

CAMPS RUIZ, Luís Miguel – *vd* RUIZ, Luís Miguel Camps

CANOTILHO, Joaquim Gomes / MOREIRA, Vital – *Constituição da República Portuguesa Anotada*, 3ª ed., Coimbra, 1993

CARABELLI, Umberto – *Impresa di gruppo e diritto del lavoro*, in P. ZANELLI (dir.), *Gruppi di imprese e nuove regole (in ricordi di Gaetano Vardaro)*, Milano, 1991

CARABELLI, Umberto – *Alcune riflessioni sulla tutela dei lavoratori nei trasferimenti d'azienda: la dimensione* individuale, RIDL, 1995, I, 41-79

CARINCI, Franco – *Rivoluzione tecnologica e diritto del lavoro: il rapporto individuale*, DLRI, 1985, 26, 203-241

CARINCI, Franco – *Tavola Rotonda*, in P. ZANELLI (dir.), *Gruppi di imprese e nuove regole (in ricordi di Gaetano Vardaro)*, Milano, 1991, 160-164

CARVALHO, António Nunes de – *Ainda sobre a crise do direito do trabalho*, in A. MOREIRA (coord.), *II Congresso Nacional de Direito do Trabalho. Memórias*, Coimbra, 1999, 49-79

CARVALHO, Catarina Nunes de Oliveira – *Da Mobilidade dos Trabalhadores no âmbito dos Grupos de Empresas Nacionais*, Porto, 2001

CARVALHO, Catarina Nunes de Oliveira – *Admissibilidade de um acordo entre transmitente e transmissário no sentido de excluir a transmissão de contratos de trabalho*, QL, 2003, 21, 99-103

CARVALHO, Catarina Nunes de Oliveira – *Algumas questões sobre a empresa e o Direito do Trabalho no novo Código do Trabalho*, in Centro de Estudos Judiciários (coord.), *A Reforma do Código do Trabalho*, Coimbra, 2004, 437-474

CARVALHO, Catarina Nunes de Oliveira – *Contrato de trabalho e pluralidade de empregadores*, QL, 2005, 26, 209-239

CARVALHO, Messias de / ALMEIDA, V. Nunes de – *Direito do Trabalho e Nulidade do Despedimento*, Coimbra, 1984

CARVALHO, Orlando de – *Critério e Estrutura do Estabelecimento Comercial, I – O Problema da Empresa como Objecto de Negócios*, Coimbra, 1967

CASAS BAAMONDE, Maria Emilia – *vd* BAAMONDE, Maria Emilia Casas

CASSÌ, Vincenzo – *La subordinazione del lavoratore nel diritto del lavoro*, 2ª ed., Milano, 1961

CASTELA, M. Jorge C. (Org.) – *Direito Europeu das Sociedades. Colectânea de Legislação*, Porto, 2005

CASTELLI, Cláudio – *Rilevanza del collegamento tra imprese nei rapporti di lavoro*, Lav. 80, 1981, 600-609

CASTRO, Carlos Osório de – *Sociedades anónimas em relação de participações recíprocas: alguns aspectos de regime legal*, RDES, 1989, 1/2, 109-141

CATALA, Nicole – *L'entreprise, in* G.H. CAMERLYNCK (dir.), *Traité de droit du travail*, IV, Paris, 1980

CESSARI, Aldo – *Il «gruppo» ed i trasferimenti d'imprese, in* A. CESSARI / R. DE LUCA TAMAJO, *Dal Garantismo al Controllo*, 2ª ed., Milano, 1987, 189-196

CESTER, C. / SUPPIEJ, Giuseppe – *Lavoro subordinato (contratto e rapporto)* NovissDI, IV (Apendice), 1983, 757-797

CHAMPAUD, Claude – *Le pouvoir de concentration de la société par actions*, Paris, 1962

COELHO, Francisco Manuel de Brito Pereira – *Grupos de sociedades. Anotação preliminar aos arts. 488.º a 508.º do Código das Sociedades Comerciais*, BFDUC, 1988 (LXIV), 297-353

COEN, Martin – *Der Kündigungsschtuz im Konzern*, RdA, 1983, 6, 348-353

COIMBRA, António Dias – *Grupo societário em relação de domínio total e cedência ocasional de trabalhadores. Atribuição de prestação salarial complementar*, RDES, 1990, 115-154

COIMBRA, António Dias – *Os grupos societários no âmbito das relações colectivas de trabalho: a negociação de acordo de empresa*, RDES, 1992, 4, 379-415

COIMBRA, António Dias – *A mobilidade do trabalhador no âmbito da cedência imprópria e o problema da inexistência de relação contratual laboral entre o trabalhador e o utilizador*, ROA, 1993, III, 815-839

COIMBRA, António Dias – *A convenção colectiva de âmbito europeu: eficácia jurídica*, QL, 1994, 3, 144-153

Comunicação da Comissão Europeia sobre as linhas estratégicas da harmonização do direito societário dos Estados Membros, 2003 (COM (2003) 284)

CORDEIRO, António da Rocha Menezes – *Da situação jurídica laboral: perspectivas dogmáticas do direito do trabalho*, ROA, 1982, 89-149

CORDEIRO, António da Rocha Menezes – *Da Boa Fé no Direito Civil*, II, Coimbra, 1984

CORDEIRO, António da Rocha Menezes – *Direito da Economia*, Lisboa, 1986

CORDEIRO, António da Rocha Menezes – *Concorrência laboral e justa causa de despedimento*, ROA, 1986, 487-526

CORDEIRO, António da Rocha Menezes – *Direito das Obrigações*, II, Lisboa, 1988

CORDEIRO, António da Rocha Menezes – *Do levantamento da personalidade colectiva*, DJ, 1989/90, 147-161

CORDEIRO, António da Rocha Menezes – *Manual de Direito do Trabalho*, Coimbra, 1991

CORDEIRO, António da Rocha Menezes – *Da Responsabilidade Civil dos Administradores das Sociedades Comerciais*, Coimbra, 1997

CORDEIRO, António da Rocha Menezes – *Da constitucionalidade das aquisições tendentes ao domínio total (artigo 490.º n.º 3 do Código das Sociedades Comerciais)*, BMJ 480 (1998), 5-30

CORDEIRO, António da Rocha Menezes – *Salários em atraso e privilégios creditórios,* ROA, 1998, 58, 645-672

CORDEIRO, António da Rocha Menezes – *O Levantamento da Personalidade Colectiva no Direito Civil e Comercial,* Coimbra, 2000

CORDEIRO, António da Rocha Menezes – *Direito Europeu das Sociedades,* Coimbra, 2005

CORDEIRO, António da Rocha Menezes – *Aquisições tendentes ao domínio total: constitucionalidade e efectivação da consignação em depósito (artigo 490.° n.° 3 e 4 do Código das Sociedades Comerciais),* Dir., 2005, 137, III, 449-463

CORDEIRO, António da Rocha Menezes – *Evolução do direito europeu das sociedades,* ROA, 2006, I, 87-118

CORDEIRO, António da Rocha Menezes – *Manual de Direito Bancário,* 3ª ed., Coimbra, 2006

CORDEIRO, António da Rocha Menezes – *A grande reforma das sociedades comerciais,* Dir., 2006, III, 445-453

CORDEIRO, António da Rocha Menezes – *Manual de Direito Comercial,* 2ª ed., Coimbra, 2007

CORDEIRO, António da Rocha Menezes – *Manual de Direito das Sociedades,* I (*Das Sociedades em Geral*), 2ª ed., Coimbra, 2007, e II (*Das Sociedades em Especial*), 2ª ed., Coimbra, 2007

CORDEIRO, António da Rocha Menezes – *Tratado de Direito Civil Português,* I (*Parte Geral*), Tomo III (*Pessoas*), 2ª ed., Coimbra, 2007

CORDEIRO, António José da Silva Robalo – *As coligações de empresas e os direitos português e comunitário da concorrência,* RDES, 1987, 1, 81-136

CORDEIRO, Pedro – *A Desconsideração da Personalidade Jurídica das Sociedades Comerciais,* Lisboa, 1989

CORDOVA, Efrén – *Las relaciones de trabajo atípicas (I y II),* Rel. Lab., 1986, I, 239-283

CORREIA, A. Ferrer – *Lições de Direito Comercial,* I (1973), II (1968) e III (1975), Lisboa (*reprint* 1994)

CORREIA, Luís Brito – *Direito do Trabalho,* I, Lisboa, 1980/81

CORREIA, Luís Brito – *Direito Comercial,* I, Lisboa, 1987 (*reprint* 1990)

CORREIA, Luís Brito – *Grupos de sociedades, in Novas Perspectivas de Direito Comercial,* Coimbra, 1988, 377-399

CORREIA, Luís Brito – *Os Administradores das Sociedades Anónimas,* Coimbra, 1993

COSSU, Bruno – *Verso il tramonto del diritto del lavoro?, in Prospettive del Diritto del lavoro per gli anni '80 – Atti del VII Congresso di Diritto del lavoro, Bari, 23-25 Aprile 1982,* Milano, 1983, 152-156

COSTA, Mário Júlio de Almeida – *Direito das Obrigações,* 11ª ed., Coimbra, 2008

COSTA, Ricardo – *A responsabilidade dos administradores e Business Judgment Rule*, in *Reformas do Código das Sociedades*, Colóquios do Instituto de Direito do Trabalho e das Empresas, 3, Coimbra, 2007, 49-86

COUTURIER, Gérard – *Droit du travail*, I, 3ª ed., Paris, 1996

COUTURIER, Gérard – *L'extinction des relations de travail dans les groupes de sociétés*, in B. TEYSSIÉ (dir.), *Les groupes de sociétés et le droit du travail*, Paris, 1999, 75-94

COUTURIER, Gérard – *Licenciement. Groupe de sociétés. Reclassement. Clause prévoyant une possibilité d'affectation dans différentes sociétés. Cour de cassation (Chambre sociale), 5 octobre 1999*, DS, 1999, 12, 1112-1113

COX, James D. / HAZEN, Thomas Lee – *Cox & Hazen on Corporations*, 2ª ed., I, II, III, New York, 2003

CRISTOFARO, Maria Luisa – *La disocupazione: modo cruciale del diritto del lavoro negli anni'80*, in *Prospettive del diritto del lavoro per gli anni'80 – Atti del VII Congresso di diritto del lavoro, Bari, 23-25 Aprile 1982*, Milano, 1983, 175-181

CUERVO, G. Diéguez – *Poder Empresarial: Fundamento, Contenido y limites (España)*, in AA/VV, *Temas de Direito do Trabalho. Direito do Trabalho na Crise. Poder Empresarial. Greves Atípicas – IV Jornadas Luso-Hispano-Brasileiras de Direito do Trabalho*, Coimbra, 1990, respectivamente, 333-344

CUNHA, Paulo Olavo – *Direito das Sociedades Comerciais*, 3ª ed., Coimbra, 2007

DAL-RÉ, Fernando Valdés – *Le tendenze del diritto del lavoro nell'Ocidente – Intervento*, Lav.Dir., 1987, 1, 149-161

DANTI-JUAN, Michel – *Le détachement d'un travailleur auprès d'une autre entreprise*, DS, 1985, 12, 834-841

D'ANTONA, Massimo – *Politiche di flessibilità e mutamenti del diritto del lavoro: Italia e Spagna*, in M. D'ANTONA (dir.), *Politiche di flessibilità e mutamenti del diritto del lavoro. Italia e Spagna*, Napoli, 1990, 9-25

D'ANTONA, Massimo – *Contrattazione collettiva e autonomia individuale nei rapporti di lavoro atipici*, DLRI, 1990, 529-565

DÄUBLER, Wolfgang – *Nuove tecnologie: un nuovo diritto del lavoro?*, DLRI, 1985, I, 65-83

DÄUBLER, Wolfgang – *Una riforma del diritto del lavoro tedesco? – prime osservazioni sul Beschäftigungsforderungsgesetz 26 Aprile 1985*, RIDL, 1985, 528-546

DÄUBLER, Wolfang – *Deregolazione e flessibilizzazione nel diritto del lavoro*, in M. PEDRAZZOLI (dir.), *Lavoro subordinato e dintorni – Comparazioni e prospettive*, Bologna, 1989, 171-182

DÄUBLER, Wolfang – *Individuum und Kollektiv im Arbeisrecht*, in *Mélanges Alexandre* BERENSTEIN – *Le Droit social à l'aube du XXI siècle*, Lausanne, 1989, 235--265

DÄUBLER, Wolfang – *Das Arbeitsrecht. Die gemeinsame Wahrung von Interessen im Betrieb*, I, 16ª ed., Hamburg, 2006

DÄUBLER, Wolfgang / FRIANT, Martine Le – *Un récent exemple de flexibilisation législative: la loi allemande pour la promotion de l'emploi du 26 avril 1985*, DS, 1986, 9/10, 715-720

DAUGAREILH, Isabelle – *Le contrat de travail à l'épreuve des mobilités*, DS, 1996, 2, 128-140

DAVIES, Paul L. – *Arbeitsrechtliche Auswirkungen der Unternehmenskonzentration*, in R. BIRK (Hrsg.), *Arbeitsrechtliche Probleme des Unternehmenskonzentration*, Frankfurt am M., 1986, 8-56

DAVIES, Paul L. – *Gower and Davies' Principles of Modern Company Law*, 7ª ed., London, 2003

DELOROZOY, Robert – *Le travail clandestin*, DS, 1981, 7/8, 580-596

DEMANTE, A. M. – *Cours analytique de Code civil*, 2ª ed., VII, Paris, 1887

DENIS, Pierre – *Droit du travail*, Bruxelles, 1992

DENKIEWICZ, Bruno – *Contrat de travail et groupes de sociétés*, in J. PÉLISSIER (dir.), *Droit de l'emploi*, Paris, 1998, 237-246

DESPAX, Michel – *Groupes de sociétés et contrat de travail*, DS, 1961, 12, 596-608

DESPAX, Michel – *L'évolution du lien de subordination*, DS, 1982, 1, 11-19

DOROY, Fabienne – *La vérité sur le faux travail indépendant*, DS, 1995, 7/8, 638-641

DRAY, Guilherme – *Trabalho temporário*, in ROMANO MARTINEZ (coord.), *Estudos do Instituto de Direito do Trabalho*, IV, Coimbra, 2003, 101-143

DUARTE, Maria Luísa – *Direito comunitário do trabalho – tópicos de identificação*, in ROMANO MARTINEZ (coord.), *Estudos do Instituto de Direito do Trabalho*, I, Coimbra, 2001, 153-188

DUARTE, Rui Pinto – *O controlo da identidade dos sócios das instituições de crédito e das sociedades financeiras*, Rev.Banca, 1993, 26, 73-86

DUARTE, Rui Pinto – *Constitucionalidade da aquisição potestativa de acções tendente ao domínio total. Anotação ao Acórdão do Tribunal Constitucional n.º 491/02*, JC, 2004, 43-49

DUARTE, Rui Pinto – *A sociedade (anónima) europeia – uma apresentação*, CDP, 2004, 6, 3-15

DUARTE, Rui Pinto – *Prefácio* à obra *Direito Europeu das Sociedades. Colectânea de Legislação* (org. por M. JORGE C. CASTELA), Porto, 2005, 11-24

DUBOIS, Jean-Pierre – *Multinational enterprises and collective bargaining at international level – the legal means for building trade union countervailing power*, CMLR, 1974, XI, 141-170

DUDEN, Konrad – *Zur Mitbestimmung im Konzernverhältnissen nach dem Mitbestimmungsgesetz*, ZHR, 1977, 141, 145-189

EINEM, Hans-Jörgen – *Abhängige Selbständigkeit – Handlungsbedarf für den Gesetzgeber?*, BB, 1994, 1, 60-64

EISENBERG, Melvin Aron – *Corporations and Other Business Organizations. Cases and Materials*, 8ª ed., New York, 2000

EMBID IRUJO, José Miguel – *vd* IRUJO, José Miguel Embid

EMMERICH, Volker / GANSFELD, Wolfgang – *Die Problematik der Gemeinschaftsunternehmen – BGHZ 62, 193*, JuS, 1975, 5, 294-299

EMMERICH, Volker / SONNENSCHEIN, Jürgen – *Konzernrecht*, 5ª ed., München, 1993

ERDMANN, Ernst-Gerhard – *Arbeitsrechtliche Aspekte im internationalem Unternehmensverbund*, in M. LUTTER (Hrsg.), *Recht und Steuer der internationalen Unternehmensverbindungen*, Dusselsorf, 1972, 176-190

FABRICIUS, Fritz – *Rechtsprobleme gespaltener Arbeitsverhältnisse im Konzern*, Luchterland, 1982

FAVENNEC-HÉRY, Françoise – *Le travail à temps partiel*, DS, 1994, 2, 165-175

FAVENNEC-HÉRY, Françoise – *La représentation collective dans les groupes de sociétés*, in B. TEYSSIÉ (dir.), *Les groupes de sociétés et le droit du travail*, Paris, 1999, 125-147

FENN, Herbert – *Fürsorgetheorie und Entgelttheorie im Recht der Arbeitsbedingungen (Rezenzion über P. Schwerdtner)*, ArbuR, 1971, 11, 321-327

FERNANDES, António de Lemos Monteiro – *Sobre o fundamento do poder disciplinar*, ESC, 1966, 18, 60-83

FERNANDES, António de Lemos Monteiro – *Reflexões sobre a natureza do direito à greve*, in Estudos sobre a Constituição, II, Lisboa, 1978, 321-333

FERNANDES, António de Lemos Monteiro – *Direito de Greve – Notas e Comentários à Lei n.º 65/77, de 26 de Agosto*, Coimbra, 1982

FERNANDES, António de Lemos Monteiro – *Direito do Trabalho*, 13ª ed., Coimbra, 2006

FERNANDES, Francisco Liberal – *Transmissão do estabelecimento e oposição do trabalhador à transferência do contrato: uma leitura do art. 37.º da LCT conforme ao direito comunitário*, QL, 1999, 14, 213-240

FERNÁNDEZ LÓPEZ, Maria Fernanda – *vd* LÓPEZ, Maria Fernanda Fernández

FERREIRA, Abel Casimiro Sequeira – *Grupos de Empresas e Direito do Trabalho*, Lisboa (inédito, copiogr., FDL), 1997

FERREIRA, Abel Casimiro Sequeira – *Grupos de empresas e relações laborais*, in A. MOREIRA (coord.), *I Congresso Nacional de Direito do Trabalho. Memórias*, Coimbra, 1998, 283-292

FIGUEIRA, Eliseu – *Disciplina jurídica dos grupos de sociedades – Breves notas sobre o papel e a função do grupo de empresas e sua disciplina jurídica*, CJ, 1990, IV, 35-59

FIRLEI, Klaus – *Hat das Arbeitsrecht überhaupt ein Zukunft?*, in F. BYDLINSKI / T. MAYER--MALY (Hrsg.), *Die Arbeit: ihre Ordnung – ihre Zukunft – ihr Sinn*, Wien, 1995, 69-109

FOUCAULD, Jean-Baptiste de – *Une citoyenneté pour les chômeurs*, DS, 1992, 7/8, 653-660

FRANÇA, Maria Augusta – *A Estrutura da Sociedade Anónima em Relação de Grupo*, Lisboa, 1990

FRANÇOIS, Antonio D'Harmant – *La delegificazione del diritto del lavoro: alcune riflessioni*, DLav., 1993, I, 165-199

FROTA, Mário – *Contrato de Trabalho*, I, Coimbra, 1978

FUCHS, Rainer – *Der Konzernbetriebsrat – Funktion und Kompetenz*, Frankfurt, 1974

FURTADO, Jorge Henrique Pinto – *Curso de Direito das Sociedades*, 5ª ed. (com a colaboração de Nelson ROCHA), Coimbra, 2004

GALANTINO, Luisa – *Diritto del lavoro*, 13ª ed., Torino, 2005

GALGANO, Francesco – *Unità e pluralità di imprese*, in AA/VV, *Collegamento di società e rapporti di lavoro. Atti del Convegno organizzato della Sezione Ligure del Centro, tenutosi a Genova, 28-29 Novembre 1986*, Milano, 1988

GAMILLSCHEG, Franz – *«Betrieb» und «Bargaining unit» – Versuch des Vergleichs zweier Grundbegriffe*, ZfA, 1975, 357-400

GAMILLSCHEG, Franz – *Betrieb und Unternehmen – Zwei Grundbegriffe des Arbeitsrechts*, ArbuR, 1989, 2, 33-37

GAMILLSCHEG, Franz – *Arbeitsrecht, I – Arbeitsvertrags- und Arbeitsschutzrect*, 8ª ed., München, 2000

GAST, Wolfgang – *Arbeitsrecht und Abhängigkeit*, BB, 1993, 1, 66-69

GAUL, Dieter – *Das Arbeitsrecht im Betrieb*, II, 8ª ed., Heidelberg, 1986

GAURIAU, Bernard – *La consécration jurisprudentielle de la représentation syndicale de groupe et de l'accord de groupe*, DS, 2003, 7/8, 732-740

GENTZ, Manfred – *Das Arbeitrecht im internationalen Konzern*, NZA, 2000, 1, 3-5

GHERA, Edoardo – *La flessibilità: variazioni sul tema*, Riv.GL, 1996, 2, 123-136

GHIDINI, Mario – *Diritto del lavoro*, 6ª ed., Padova, 1976

GIUGNI, Gino – *Il diritto del lavoro negli anni '80*, DLRI, 1982, 373-409

GIUGNI, Gino – *Giuridificazione e deregolazione nel diritto del lavoro italiano*, DLRI, 1986, 317-341

GIUGNI, Gino – *Una nuova frontera del diritto del lavoro*, in P. ZANELLI (dir.), *Gruppi di imprese e nuove regole (in ricordi di Gaetano Vardaro)*, Milano, 1991, 223-228

GOMES, Júlio Manuel Vieira – *O conflito entre a jurisprudência nacional e a jurisprudência do TJ das CCEE em matéria de transmissão do estabelecimento no direito do trabalho; o art. 37.º da LCT e a Directiva 77/187*, RDES, 1996, 77-194

GOMES, Júlio Manuel Vieira – *Algumas observações sobre o contrato de trabalho por tempo indeterminado para cedência temporária*, QL, 2001, 17, 41-86

GOMES, Júlio Manuel Vieira – *A jurisprudência recente em matéria de empresa, estabelecimento ou parte de estabelecimento – inflexão ou continuidade?*, in P. ROMANO MARTINEZ (coord.), *Estudos do Instituto de Direito do Trabalho*, I, Coimbra, 2001, 481-521

GOMES, Júlio Manuel Vieira – *Direito do Trabalho*, I (*Relações Individuais de Trabalho*), Coimbra, 2007

GOMES, Maria Irene – *Grupos de sociedades e algumas questões laborais*, QL, 1998, 12, 162-204

GRANDI, Mario – *Diritto del lavoro e società industriale*, Riv.DL, 1977, I, 3-23

GRANDI, Mario – *La mobilità interna*, in *Strumenti della flessibilità dell'organizzazione aziendale*, Milano, 1986, 251-294

GRANDI, Mario – *La subordinazione tra esperienza e sistema dei rapporti di lavoro*, in M. PEDRAZZOLI (dir.), *Lavoro subordinato e dintorni – comparazioni e prospettive*, Bologna, 1989, 77-91

GRECO, Aldo – *Il contratto di lavoro*, in F. VASSALLI (dir.), *Trattato di diritto del lavoro*, VII (Tomo III), Torino, 1939

GRESSAYE, Jean Brèthe de la – *Les transformations juridiques de l'entreprise patronale*, DS, 1939, 1, 2-6

GRILLBERGER, Konrad – *Hauptprobleme des Individualarbeitsrechts*, in F. BYDLINSKI / T. MAYER-MALY (Hrsg.), *Die Arbeit: ihre Ordnung – ihre Zukunft – ihr Sinn*, Wien, 1995, 35-39

GUAGLIONE, Luca – *L'individuazione della nozione di gruppo nella giurisprudenza lavoristica*, DLRI, 1991, 2, 105-115

GUARRIELLO, Fausta – *Accordi di gruppo e strutture di rappresentanza europee*, DLRI, 1992, 1, 21-71

GUINÉ, Orlando Dinis Vogler – *A responsabilização solidária nas relações de domínio qualificado – uma primeira noção sobre o seu critério e limites*, ROA, 2006, 295-325

GUYON, Yves – *Droit des Affaires*, 6ª ed., Paris, 1990

HANAU, Peter – *Fragen der Mitbestimmung und Betriebsverfassung im Konzern*, ZGR, 1984, 3, 468-494

HANAU, Peter – *Befristung und Abrufarbeit nach dem Beschäftigunsgforderungsgesetz 1985*, RdA, 1987, 1, 25-29

HANAU, Peter – *Aktuelles zu Betrieb, Unternehmen und Konzern im Arbeitsrecht*, ZfA, 1990 2, 115-132

HAX, Karl – *Betriebswirtschaftliche Deutung der Begriffe «Betrieb» und «Unternehmung»*, in K. BALLERSTEDT / E. FRIESENHAHN / O. V. NELL-BREUNING (Hrsg.), *Recht und Rechtsleben in der sozialen Demokratie, Festg. für Otto KUNZE zum 65. Geburtstag*, Berlin, 1969, 109-126

HENSSLER, Martin – *Der Arbeitsvertrag im Konzern*, Berlin, 1983

HENSSLER, Martin – *Die Betriebsaufspaltung – konzernrechtliche Durchgriffshaftung im Gleichordnungskonzern?*, ZGR, 2000, 3, 479-502

HERGENRÖDER, Curt Wolfgang – *Internationales Arbeitsrecht im Konzern*, ZfA, 1999, 1, 1-47

HERSCHEL, Wilhelm – *Vom Arbeitersschutz zum Arbeitsrecht, in Hundert Jahre Deutsches Rechtsleben, Fest. zum Hundertjährigen Bestehen des Deutschen Juristentages, 1860-1960*, I, Karlsruhe, 1960, 305-315

HERSCHEL, Wilhelm – *Zur Dogmatik des Arbeitsschutzrechts*, RdA, 1978, 2, 69-74

HERSCHEL, Wilhelm – *Haupt- und Nebenpflichten im Arbeitsverhältnis*, BB, 1978, 12, 569-572

HESSEL – *Zum Begriff des Betriebs*, RdA, 1951, 12, 450-452

HIJAS, Vicente Conde Martín de – *Autonomia individual: alternativa de desarrollo*, Rel.Lab., 1990, I, 355-381

HOFFMANN-BECKING (Hrsg.) – *Münchener Handbuch des Gesellschaftsrechts*, Band 4 – *Aktiengesellschaft*, 2ª ed., München, 1999

HÖLTERS, Wolfgang – *Die unbewältigte Konzernproblematik des Mitbestimmungsgesetzes 1976*, RdA, 1979, 6, 335-340

HOYNINGEN-HUENE, Gerrick von – *Der Konzern im Konzern*, ZGR, 1978, 2, 515-541

HRODMAKA, Wolfgang – *Arbeitsordnung und Arbeitsverfassung*, ZfA, 1979, 203-218

HRODMAKA, Wolfgang / MASCHMANN, Franck – *Arbeitsrecht, I (Individualrecht)*, 3ª ed., Berlin – Heidelberg, 2005, e II (*Kollektivarbeitsrecht und Arbeitsstreitigkeiten*), 3ª, ed., Berlin – Heidelberg, 2004

HUMMEL, Dieter – *Übermittlung von Arbeitnehmerdaten im Konzernverbund im Rahmen eines konzerneinheitlichen Datenverarbeitungssystems*, AuR, 2005, 6, 207-210

ICHINO, Andrea / ICHINO, Pietro – *A chi serve il diritto del lavoro?*, RIDL, 1994, I, 469-503

IRUJO, José Miguel Embid – *Introducción al Derecho de los Grupos de Sociedades*, Granada, 2003

JABORNEGG, Meter – *Arbeitsvertragsrecht im Konzern*, I e II, DRdA, 2002, 1, 3-14, e DRdA, 2002, 2, 118-130

JACOBI, Erwin – *Betrieb und Unternehmen als Rechtsbegriffe*, Leipzig, 1926

JACOBSEN, Per – *Aspects of Flexibility in Labour Law (Dänemark), in Flexibilisierung des Arbeitsrechts – eine europäische Herausforderung*, ZIAS, 1987, 250-257

JAMOULLE, Micheline – *Le contrat de travail*, I, Liège, 1982

JAVILLIER, Jean-Claude – *Droit du travail*, 3ª ed., Paris, 1990

JEAMMAUD, Antoine / FRIANT, Martine Le – *Contratto di lavoro, figure intermedie e lavoro autonomo nell'ordinamento francese*, in M. PEDRAZZOLI (dir.), *Lavoro subordinato e dintorni – comparazioni e prospettive*, Bologna, 1989, 255-273

JEAMMAUD Antoine / LYON-CAEN, Antoine – *Droit et direction du personnel*, DS, 1982, 1, 56-69

JOOST, Detlev – *Betrieb und Unternehmen als Grundbegriffe im Arbeitsrecht*, München, 1988

JUÁREZ PÉREZ, Pilar – vd PÉREZ, Pilar Juárez

JUNKER, Albo – *Internationales Arbeitsrecht im Konzern*, Tübingen, 1992

KAHN-FREUND, Otto – *Labour Relations. Heritage and Adjustment*, Oxford, 1970

KARAKATSANIS, Alexander – *Flexibilisierung des Arbeitsrechts in Griechenland, in Flexibilisierung des Arbeitsrechts – eine europäische Herausforderung*, ZIAS, 1987, 276-279

KARAMARIAS, Stylianos D. – *Bundesdeutschen Individualarbeitsrecht im Konzern*, RdA, 1983, 6, 353-364

KERN, Horst – *Cambiamenti nel lavoro e nell'organizzazione delle imprese, in Il futuro della società e del lavoro*, Milano, 1992, 63-72

KESSOUS, Roland – *La recherche d'un reclassement dans le groupe, préalable au licenciement économique. Cour de cassation, Chambre sociale 25 juin 1992*, DS, 1992, 9/10, 826-832

KIRCHNER, Christian – *Ökonomische Überlegung zum Konzernrecht*, ZGR, 1985, 2, 214-234

KOHTE, *Der Gemeinschaftsbetrieb im Spiegel des Gesellschafts- und Konzernrechts*, RdA, 1992, 5, 302-310

KONZEN, Horst – *Arbeitsrechtliche Drittbeziehungen – Gedanken über Grundlagen und Wirkungen der "gespaltenen Arbeitgeberstellung"*, ZfA, 1982, 3, 259-310

KONZEN, Horst – *Arbeitnehmerschutz im Konzern*, RdA, 1984, 2, 65-88

KONZEN, Horst – *Arbeitsverhältnisse im Konzern*, ZHR, 1987, 566-607

KOPPENSTEINER, Hans-Georg – *Kölner Kommentar zum Aktiengesetz, Band 6 – §§ 15-22 und §§ 291-328 AktG*, 3ª ed., Köln – Berlin – München, 2004

LALLANA, María del Carmen Ortiz – *Lineas de tendencias y problemas fundamentales del sector juridico-laboral en las sociedades industriales: el caso español*, Rev.Trab., 1986, II, 93-123

LEEDE, L. J. M. de – *Flexibilisierung des Arbeitsrechts (Niederlande), in Flexibilisierung des Arbeitsrechts – eine europäische Herausforderung*, ZIAS, 1987, 338-345

LEITÃO, Luís Manuel Teles de Menezes – *Código do Trabalho Anotado*, 2ª ed., Coimbra, 2004

LEITÃO, Luís Manuel Teles de Menezes – *Cessão de Créditos*, Coimbra, 2005

LEITÃO, Luís Manuel Teles de Menezes – *As repercussões da insolvência no contrato de trabalho, in Estudos em Memória do Professor Doutor José Dias Marques*, Coimbra, 2007, 871-884

LEITÃO, Luis Manuel Teles de Menezes – *Direito das Obrigações*, 5ª ed., II, Coimbra, 2007

LEITÃO, Luis Manuel Teles de Menezes – *Direito do Trabalho*, Coimbra, 2008

LEITE, Jorge – *Direito do trabalho na crise (relatório geral), in Temas de Direito do Trabalho. Direito do Trabalho na Crise. Poder Empresarial. Greves Atípicas – IV Jornadas Luso-Hispano-Brasileiras de Direito do Trabalho*, Coimbra, 1990, 21-49

LEITE, Jorge – *Direito do Trabalho*, II, Coimbra (FDC), 1992/93 (*reprint* 1999)

LEITE, Jorge – *Notas para uma teoria da suspensão do contrato de trabalho*, QL, 2003, 20, 121-138

LEITE, Jorge / AMADO, João Leal / REIS, João – *Conselhos de Empresa Europeus*, Lisboa, 1996

LESTANG, Roger de – *La notion d'unité économique et sociale d'entreprises juridiquement distinctes*, DS, 1979, 4, Sp. 5 – Sp. 22

LIEB, Manfred – *Arbeitsrecht*, 8ª ed., Heidelberg, 2003

Livro Branco sobre o Sistema Financeiro:1992. As Instituições de Crédito, I (*Relatório Principal*) e II (*Resumo e Conclusões*) Lisboa (ed. do Ministério das Finanças), 1991

Livro Branco das Relações Laborais, Lisboa (ed. do Ministério do Trabalho e da Solidariedade Social), 2007

Livro Verde da Comissão das Comunidades Europeias Modernizar o direito do trabalho para enfrentar os desafios do século XXI (COM, 2006, 708, de 22.11.2006)

LÓPEZ, Maria Fernanda Fernández – *Fusiones y escisiones: aspectos laborales, in* A. BAYLOS / L. COLLADO (ed.), *Grupos de Empresas y Derecho del Trabajo*, Madrid, 1994, 117-160

LOSCHAK, Danièle – *Le pouvoir hiérarchique dans l'entreprise privée et dans l'administration*, DS, 1982, 1, 22-40

LOUREIRO, José Pinto – *Tratado da Locação*, I, Coimbra, 1946

LÖWISCH, Manfred – *Arbeitsrecht*, 5ª ed., Dusseldorf, 2000

LUKES, R. – *Vom Arbeitnehmerschutz zum Verbraucherschutz*, RdA, 1969, 7/8, 220-223

LUTTER, Marcus – *Il gruppo di imprese (Konzern) nel diritto tedesco e nel futuro del diritto europeo*, Riv.soc., 1974, I, 1-24

LUTTER, Marcus – *Dieci anni di diritto tedesco dei gruppi: valutazione di un'esperienza*, Riv.soc., 1975, II, 1250-1311

LUTTER, Marcus – *Die zivilrechtliche Haftung in der Unternehmensgruppe*, ZGR, 1982, 2, 244-275.

LUTTER, Marcus – *Konzernrecht. Schutzrecht oder Organisationsrecht, in* K. REICHERT, u.a. (Hrsg.), *Liber Amicorum für R. VOLHARD*, Baden-Baden, 1996

LYON-CAEN, Antoine – *La mise à disposition internationale de salarié*, DS, 1981, 12, 747-753

LYON-CAEN, Antoine – *Le tendenze del diritto del lavoro nell'Ocidente – Intervento*, Lav.Dir., 1987, 1, 125-137

LYON-CAEN, Gérard – *La crise du droit du travail, in In Memoriam Sir Otto Kahn-Freund*, München, 1980, 517-523

LYON-CAEN, Gérard – *La concentration du capital et le droit du travail*, DS, 1983, 5, 287-303

LYON-CAEN, Gérard – *Concentration et institutions représentatives du personnel dans l'entreprise*, Rev.Soc., 1983, 21-29

LYON-CAEN, Gérard – *La bataille truquée de la flexibilité*, DS, 1985, 12, 801-810

LYON-CAEN, Gérard – *Arbeitsrecht und Unternehmenskonzentration*, in R. BIRK (Hrsg.), *Arbeitsrechtliche Problem der Unternehmenskonzentration*, Frankfurt am M., 1986, 57-98

LYON-CAEN, Gérard – *Grundlagen des Arbeitsrechts und Grundprinzipien im Arbeitsrecht*, RdA, 1989, 4/5, 228-233

LYON-CAEN, Gérard – *Le droit du travail. Une technique réversible*, Paris, 1995

LYON-CAEN, Gérard / LYON-CAEN, Antoine – *Droit social international et européen*, 7ª ed., Paris, 1991

LYON-CAEN, Gérard / PÉLISSIER, Jean / SUPIOT, Alain – *Droit du travail*, 19ª ed., Paris, 1998

MAGANO, Octavio Bueno – *Los grupos de empresas en el Derecho del Trabajo*, Civitas, 1981, 171-185

MAGAUD, Jacques – *L'éclatement juridique de la collectivité de travail*, DS, 1975, 12, 525-530

MAGNO, Pietro – *Contributo alla teoria della sucessione nel rapporto di lavoro*, DLav., 1970, I, 413-452

MAGNO, Pietro – *Prestazione di lavoro in favore di più persone e solidarietà nell'obbligo retributivo*, DLav., 1971, I, 187-194

MAGREZ, M. – *L'entreprise en droit social ou l'efflorescence d'une institution*, in Liber Amicorum Frédéric DUMON, Antwerpen, 1983, 581-586

MAGRINI, Sergio – *La sostituzione soggetiva nel rapporto di lavoro*, Milano, 1980

MAIA, Maria Manuela – *O conceito de retribuição e a garantia retributiva*, in A. J. MOREIRA (coord.), *II Congresso Nacional de Direito do Trabalho. Memórias*, Coimbra, 1999, 259-277

MALAGUGINI, Jacopo – *Le attuali tendenze del diritto del lavoro: flessibilità contrattata o liberalizzazione nei rapporti di lavoro?*, in Lav.'80, 1986, II, 685-696

MALAQUIAS, Pedro Ferreira – *As regras comunitárias de concorrência e a actividade bancária*, Rev. Banca, 198 6, 75-146

MARTENS, Klaus-Peter – *Das Konzernrecht nach dem Referentenentwurf eines GmbH--Gesetzes, (I) und (II)*, DB, 1970, 18, 813-818, e 19, 865-869

MARTENS, Klaus-Peter – *Mitbestimmung, Konzernbildung und Gesellschaftereinfluß*, ZHR, 1974, 138, 179-226

MARTENS, Klaus-Peter – *Das Arbeitsverhältnis im Konzern*, in F. GAMILLSCHEG / G. HUECK/

/ H. WIEDEMANN (Hrsg.), *Festschrift für 25 Jahre Bundesarbeitsgericht*, München, 1979, 367-392

MARTENS, Klaus-Peter – *Grundlagen des Konzernarbeitsrecht*, ZGR, 1984, 3, 417--459

MARTENS, Klaus-Peter – *Die Arbeitnehmerüberlassung im Konzern*, DB, 1985, 41, 2144--2150

MARTÍNEZ BARROSO, Maria de los Reyes – *vd* BARROSO, Maria de los Reyes Martínez

MARTINEZ, Juan M. Ramirez – *Curso de Derecho del Trabajo*, 8ª ed., Valencia, 1999

MARTÍNEZ MORENO, Carolina – *vd* MORENO, Carolina Martínez

MARTINEZ, Pedro Romano – *Cedência ocasional de trabalhadores: quadro jurídico*, ROA, 1999, III, 859-870

MARTINEZ, Pedro Romano – *Garantia dos créditos laborais. A responsabilidade solidária instituída pelo Código do Trabalho, nos arts. 378.º e 379.º* RDES, 2005, 2/3/4/, 195-281

MARTINEZ, Pedro Romano – *Direito do Trabalho*, 4ª ed., Coimbra, 2007

MARTINEZ, Pedro Romano / MONTEIRO, Luis Miguel / VASCONCELOS, Joana / BRITO, Pedro Madeira de / DRAY, Guilherme / SILVA, Luís Gonçalves da – *Código do Trabalho Anotado*, 6ª ed., Coimbra, 2008

MARTIN, Margarita Apilluelo – *Grupo de empresas e derecho del trabajo*, AL, 1996, 15, 335-352

MARTINI, Alexis – *La notion du contrat de travail – Étude jurisprudentielle, doctrinale et législative*, Paris, 1912

MARTINS, Ana Maria Guerra – *Curso de Direito Constitucional da União Europeia*, Coimbra, 2004

MARTINS, João Nuno Zenha – *A descentralização produtiva e os grupos de empresas ante os novos horizontes laborais*, QL, 2001, 18, 190-235

MARTINS, João Nuno Zenha – *Cedência de Trabalhador e Grupos de Empresas*, Coimbra, 2002

MARTINS, João Nuno Zenha – *Definição e condições gerais da cedência ocasional de trabalhadores no Código do Trabalho*, QL, 2005, 25, 77-110

MARTINS, Pedro Furtado – *Algumas observações sobre o regime da transmissão do estabelecimento no direito do trabalho português*, RDES, 1994, IX, 1/2/3, 357-366

MARTINS, Pedro Furtado – *A crise do contrato de trabalho*, RDES, 1997, 4, 335-368

MARTINS, Pedro Furtado – *Questões sobre trabalho temporário*, RDES, 1999, 1, 51-85

MARTINS, Pedro Furtado – *O pluriemprego no Direito do Trabalho*, in A. MOREIRA (coord.), *II Congresso Nacional de Direito do Trabalho. Memórias*, Coimbra, 1999, 191-210

MASCHMANN, Frank – *Abordnung und Versetzung im Konzern*, RdA, 1996, 1, 24-40

MATTAROLO, Maria Giovanna – *Gruppi di imprese e diritto del lavoro*, Riv.GL, 1990, I, 495-529

MAYER-MALY, Theo – *Treue- und Fürsorgepflicht in rechtstheoretischer und rechtsdogmatische Sicht*, in T. TOMANDL, (Hrsg.), *Treue- und Fürsorgepflicht im Arbeitsrecht*, Wien-Stuttgart, 1975, 71-90

MAYER MALY, Theo / MARHOLD, Franz – *Österreischisches Arbeitsrecht*, II (F. MARHOLD) – *Kollektives Arbeitsrecht*, Wien – New York, 1991

MAZEAUD, Antoine – *Droit du travail*, 3ª ed., Paris, 2002

MAZEAUD, Antoine – *Contrat de travail. Transfert du contrat de travail. Refus. Licenciement. Cause réelle et sérieuse (non). Modification du contrat de travail. Groupe de sociétés. Mutation d'une société à l'autre. Dirigeant commun. Cour de Cassation (Chambre sociale) 5 mai 2004*, DS, 2004, 7/8, 793-794

MAZZINI, Maria Teresa – *Riflessi del collegamento societario sulla continuità del rapporto di lavoro*, Riv.DL, 1979, XXXI, 456-521

MAZZONI, Giuliano – *Contiene il diritto del lavoro principi generali propri?*, in *Scritti giuridici in onore della CEDAM nel cinquantenario della sua fondazione*, Padova, 1953, 525-533

MAZZONI, Giuliano – *Costo del lavoro: un accordo neo-corporativo*, in V. PANUCCIO (coord. e dir.), *Studi in memoria di Domenico Napoletano*, Milano, 1986, 267-275

MAZZONI, Giuliano (dir.) – *Manuale di diritto del lavoro*, I, 6ª ed., Milano, 1988

MAZZOTTA, Oronzo – *Rapporto di lavoro, società collegate e statuto dei lavoratori*, RTDPC, 1973, XXVII, 751-804

MAZZOTTA, Oronzo – *Divide et impera: diritto del lavoro e gruppi di imprese*, Lav.Dir.,1988, 359-373

MAZZOTTA, Oronzo – *Gruppi di imprese e diritto del lavoro fra organizzazione e contratto*, in P. ZANELLI (dir.), *Gruppi di imprese e nuove regole (in ricordi di Gaetano Vardaro)*, Milano, 1991, 127-130

MAZZOTTA, Oronzo – *Diritto del lavoro. Il rapporto di lavoro*, in G. IUDICA / P. ZATTI (dir.), *Trattato di Diritto privato*, 2ª ed., Milano, 2005

MEHRHOFF, Friedricht – *Die Veränderung des Arbeitgeberbegriffs*, Berlin, 1984

MEILICKE, Heinz – *Mitbestimmung im Konzern*, BB, 1978, 8, 406-412

MELGAR, Alfredo Montoya – *Derecho del Trabajo*, 22ª ed., Madrid, 2001

MELIADÒ, Giuseppe – *Il rapporto di lavoro nell'impresa di gruppo*, Riv.GL, 1980, I, 607--656

MELIADÒ, Giuseppe – *I persistenti dilenami del lavoro nelle società collegate*, in AA/VV, *Collegamento di società e rapporti di lavoro. Atti del Convegno organizzato della Sezione Ligura del Centro, tenutosi a Genova, 28-29 Novembre 1986*, Milano, 1988, 57-68

MELIADÒ, Giuseppe – *Il rapporto di lavoro nei gruppi di società. Subordinazione e imprese a struttura complessa*, Milano, 1991

MELIADÒ, Giuseppe – *L'impresa di gruppo fra diritto commerciale e diritto del lavoro*, DLRI, 1991, 2, 73-80

MELSBACH, Erich – *Deutsches Arbeitsrecht – zu seiner Neuordnung*, Berlin-Leipzig, 1923

MENGEL, Horst – *Tarifautonomie und Tarifpolitik*, in D. BOEWER / B. GAUL (Hrsg.) *Fest. Dieter GAUL*, Berlin, 1992, 407-427

MENGONI, Luigi – *Contratto e rapporto di lavoro nella recente dottrina italiana*, Riv.soc., 1965, 674-688

MENGONI, Luigi – *L'influenza del diritto del lavoro sul diritto civile, diritto processuale civile, diritto amministrativo, diritto civile*, DLRI, 1990, 45, I, 5-23

MESQUITA, Manuel Henrique – *Os grupos de sociedades*, in AA/VV, *Colóquio «Os Quinze Anos de Vigência do Código das Sociedades Comerciais»*, Coimbra, 2003, 233-247

MINERVINI, Gustavo – *Intervento* in AA/VV, *Tavola Rotonda «Gruppi di società, imprese collegate e rapporti di lavoro*, Riv.GL, 1979, I, 385-426 (398-403)

MOLINA NAVARRETE, Cristobal – *vd* NAVARRETE, Cristobal Molina

MOLITOR, Erich – *Das Wesen des Arbeitsvertrages*, Leipzig, 1925

MOLITOR, Erich – *Arbeitnehmer und Betrieb – zugleich ein Beitrag zur einheitlichen Grundlegung des Arbeitsrechts*, Marburg, 1929

MONTOYA MELGAR, Alfredo – *vd* MELGAR, Alfredo Montoya

MORAIS, Luís – *O trabalho temporário*, in *Dois Estudos*, Lisboa, 1991

MORAIS, Luís Domingos Silva – *Empresas Comuns. Joint Ventures no Direito Comunitário da Concorrência*, Coimbra, 2006

MORAN, Enrique Cabero – *Negociación colectiva y representación de los trabajadores en los grupos de empresas nacionales y multinacionales*, AL, 1990, 32, 371-380

MOREAU, Marie-Ange – *Licenciement. Groupe de sociétés. Mise à disposition d'une filiale à l'étranger. Licenciement. Loi du lieu d'exécution du contrat. Obligations de la société mère*, DS, 1999, 12, 1110-1112

MORENO, Carolina Martínez – *La circulación de trabajadores entre las empresas de un mismo grupo y los derechos de antigüedad*, Civitas, 1992, 51, 71-88

MORSE, Geoffrey – *Charlesworth's Company Law*, 17ª ed., London, 2005

MOURA, José Barros – *Notas para uma Introdução ao Direito do Trabalho*, Lisboa, 1979/80

MÜCKENBERGER, Ulrich – *Deregulierendes Arbeitsrecht. Die Arbeitsrechtsinitiativen des Regierungskoaliation*, KJ, 1985, 18, 255-270

MÜCKENBERGER, Ulrich – *Regolamentazione statale e autoregolamentazione nel sis-tema dei rapporti di lavoro*, in *Il Futuro della società e del lavoro*, Milano, 1992, 11-40

NASCIMENTO, Amauri Mascaro – *Curso de Direito do Trabalho*, 20ª ed., S. Paulo, 2005

NASCIMENTO, Amauri Mascaro – *Iniciação ao Direito do Trabalho*, 3ª ed., S. Paulo, 2006

NAVARRETE, Cristobal Molina – *La regulación jurídico-laboral de los grupos de sociedades: problemas e soluciones*, Granada, 2000

NETO, Francisco dos Santos Amaral – *Os grupos de sociedades*, ROA, 1987, 589-613

NICOLINI, Giovanni – *Il lavoro temporaneo*, Padova, 1998

NICOLINI, Giovanni – *Manuale di diritto del lavoro*, 3ª ed., Milano, 2000

NIKISCH, Arthur – *Die Bedeutung der Treupflicht für das Arbeitsverhältnis*, DAR, 1938, 7/8, 182-186

NIPPERDEY / MOHNEN / NEUMANN, *Der Dienstvertrag*, Berlin, 1958

NOGLER, Luca – *Gruppi di imprese e diritto del lavoro*, Lav.Dir., 1992, 2, 291-337

OETKER, Hartmut – *Konzernbetriebsrat und Unternehmensbegriff*, ZfA, 1986, 17, 177-196

OLAVO, Carlos – *Supervisão com base consolidada*, Rev.Banca, 1995, 25-71

OLAVO, Fernando – *Direito Comercial*, I, 2ª ed. (*reprint*), Lisboa, 1974

OLEA, Manuel Alonso – *La abstencción normativa en las orígenes del Derecho del Trabajo moderno*, in *Estudios de Derecho del Trabajo en memoria del Professor Gaspar BAYON CHACÓN*, Madrid, 1980, 13-38

OLEA, Manuel Alonso / BAAMONDE, Maria Emilia Casas – *Derecho del Trabajo*, 19ª ed., Madrid, 2001

OLIVEIRA, Ana Perestrelo de – *A Responsabilidade Civil dos Administradores nas Sociedades em Relação de Grupo*, Coimbra, 2007

ORMAETXEA, Edurne Terradillos – *Avances recientes en la delimitación del concepto jurídico de grupos de empresas en el Derecho del Trabajo francês*, Rel.Lab., 1998, I, 1095-1107

ORMAETXEA, Edurne Terradillos – *Los "grupos de empresas" ante la jurisprudencia social española*, Valencia, 2000

ORMAETXEA, *La Representación Colectiva de los Trabajadores en los Grupos de Empresas. Modernas Fórmulas de Regulación*, Madrid, 2000

ORTEGA, Santiago González – *La difícil coyuntura del Derecho del Trabajo*, Rel.Lab., 1987, II, 257-279

PAIS, Sofia Oliveira – *O Controlo das Concentrações de Empresas no Direito Comunitário da Concorrência*, Coimbra, 1996

PAIS, Sofia Oliveira – *O Controlo das Concentrações de Empresas no Direito Português. Decreto-Lei n.º 371/93, de 29/10*, Porto, 1997

PALERMO, Antonio – *Lavoro a favore di terzi, interposizione e rapporti indiretti di lavoro*, DLav, 1967, I, 283-326

PAPALEONI, Marco – *Il rapporto di lavoro, in* G. MAZZONI (dir.), *Manuale di diritto del lavoro*, 6ª ed., I, Milano, 1988, 223-1029

PEDREIRA, Luíz de Pinho – *O direito do trabalho na crise (Brasil), in Temas de Direito do Trabalho. Direito do Trabalho na Crise. Poder Empresarial. Greves Atípicas – IV Jornadas Luso-Hispano-Brasileiras de Direito do Trabalho*, Coimbra, 1990, 51-79

PÉLISSIER, Jean – *La relation de travail atypique*, DS, 1985, 7, 531-539

PENNINGTON, Robert R. – *Company Law*, 8ª ed., London – Edinburgh, 2001

PERA, Giuseppe – *Intervento, in Prospettive del diritto del lavoro per gli anni '80 – Atti del VII Congresso Nazionale di Diritto del lavoro, Bari, 23-25 Aprile 1982*, Milano, 1983, 49-56

PERA, Giuseppe – *Trasformazioni, fusioni e incorporazioni nell settore creditizio:profili di diritto del lavoro*, RIDL, 1993, I, 430-448

PERA, Giuseppe – *Diritto del lavoro*, 6ª ed., Padova, 2000

PEREIRA, António Garcia – *Temas Laborais*, II, Lisboa, 1992

PEREIRA, Rita Garcia – *A garantia dos créditos laborais no Código do Trabalho: breve nótula sobre o art. 378.º (Responsabilidade solidária das sociedades em relação de domínio ou de grupo)*, QL, 2004, 24, 177-214

PEREZ ALONSO, Maria Antonia – *vd* ALONSO, Maria Antonia Perez

PÉREZ, José Luís Monereo – *Aspectos laborales de los grupos de empresas*, Civitas, 1985, 21, 83-119

PÉREZ, José Luís Monereo – *Las relaciones de trabajo en la fusión y escisión de sociedades (I) y (II)*, Rel.Lab., 1987, 175-194 e 195-217

PÉREZ, Pilar Juárez – *Las relaciones laborales en los grupos internacionales de sociedades*, Granada, 2000

PERREAU, C. – Prefácio à obra de A. MARTINI, *La notion du contrat de travail – Étude jurisprudentielle, doctrinale et législative*, Paris, 1912

PESSI, Roberto – *Il potere direttivo dell'imprenditore ed i suoi nuovi limiti dopo la legge 20 maggio 1970, n. 300*, Riv.DL, 1973, 28-105

PESSI, Roberto – *Riflessioni sul diritto del lavoro negli anni' 80, in Prospettive del Diritto del lavoro per gli anni' 80 – Atti del VII Congresso Nazionale di Diritto del lavoro, Bari, 23-25 Aprile 1982,* Milano, 1983, 59-78

PESSI, Roberto – *I rapporti di lavoro c.d. atipici tra autonomia e subordinazione nella prospettiva dell'integrazione europea*, RIDL, 1992, I, 133-151

PICA, Georges – *Le droit du travail à l'épreuve de l'économie. À propos des licenciements collectifs pour motif économique dans les groupes de sociétés*, DS, 1994, 1, 26-29

PIMENTEL, José Menères – *O artigo 490.° n.° 3 do Código das Sociedades Comerciais será inconstitucional? in Estudos em Homenagem a Cunha Rodrigues*, II, Coimbra, 2001, 515-526

PINHEIRO, Luís Lima – *Joint Venture. Contrato de Empreendimento Comum em Direito Internacional Privado*, Lisboa, 1998

PINTO, Carlos Alberto da Mota – *Cessão da Posição Contratual*, Coimbra, 1982

PINTO, José Augusto Rodrigues – *Curso de Direito Individual do Trabalho*, 5ª ed., S. Paulo, 2003

PINTO, Mário F. C. – *Die Flexibilisierung des Arbeitsrechts – eine europäische Herausforderung? (Portugal), in Flexibilisierung des Arbeitsrechts – eine europäische Herausforderung*, ZIAS, 1987, 346-353

PINTO, Mário F. C. – *Garantia de emprego e crise económica. Contributo ensaístico para um novo conceito*, DJ, 1987/88, III, 141-162

PINTO, Mário F. C. – *L'assouplissement du temps de travail*, DJ, 1992, VI, 125-148

PINTO, Mário F. C. – *Direito do Trabalho*, Lisboa, 1996

PINTO, Mário F. C. / MARTINS, Pedro Furtado / CARVALHO, António Nunes de – *Comentário às Leis do Trabalho*, I, Lisboa, 1994

PIRES, Luís Miguel Lucas – *Os privilégios creditórios dos créditos laborais*, QL, 2002, 20, 164-202

PISANI, Carlo – *Rapporto di lavoro e nouve tecnologie*, DLRI, 1988, 2, 293-340

PLA RODRÍGUEZ, Americo – *vd* RODRÍGUEZ, Americo Pla

PLANIOL, Marcel – *Traité élémentaire de droit civil*, 6ª ed., II, Paris, 1912

PLAZA, José Luís Tortuero – *A insegurança do emprego: causas, instrumentos e políticas legislativas, in* A. MOREIRA (coord.), *X Jornadas Luso-Hispano-Brasileiras de Direito do Trabalho – Anais*, Coimbra, 1999, 69-90

POTHOFF, Heinz – *Probleme des Arbeitsrecht*, Jena, 1912

PREIS, Ulrich – *Perspektiven der Arbeitsrechtswissenchaft*, RdA, 1955, 6, 333-343

PREIS, Ulrich – *Aktuelle Tendenzen im Kündigungsschutzrecht*, NZA, 1997, 20, 1073-1089

PREIS, Ulrich – *Arbeitsrecht. Praxis-Lehrbuch zum Individualarbeitsrecht*, Köln, 1999

PROSPERETTI, Ubaldo – *La posizione professionale del lavoratore subordinato*, Milano, 1958

PRUNES, L. Ferreira – *Poder Empresarial: Fundamento, conteúdo e limites (Brasil)*, todos in AA/VV, *Temas de Direito do Trabalho. Direito do Trabalho na Crise. Poder Empresarial. Greves Atípicas – IV Jornadas Luso-Hispano-Brasileiras de Direito do Trabalho*, Coimbra, 1990, 345-376

QUADROS, Fausto de – *Direito europeu das sociedades*, in AA/VV, *Estruturas Jurídicas das Empresas*, Lisboa, 1989, 151-181

RADBRUCH, Gustav – *Introducción a la Ciencia del Derecho* (trad. espanhola da 1ª ed.), Madrid, 1930

RAISER, Thomas / VEIL, Rüdiger – *Recht der Kapitalgesellschaften*, 4ª ed., München, 2006

RAMALHO, Maria do Rosário Palma – *Sobre os acidentes de trabalho em situação de greve*, ROA, 1993, III, 521-574; republicado in *Estudos de Direito do Trabalho*, I, Coimbra, 2003, 339-389

RAMALHO, Maria do Rosário Palma – *Do Fundamento do Poder Disciplinar Laboral*, Coimbra, 1993

RAMALHO, Maria do Rosário Palma – *Lei da Greve Anotada*, Lisboa, 1994

RAMALHO, Maria do Rosário Palma – *Igualdade de tratamento entre trabalhadores e trabalhadoras em matéria remuneratória: a aplicação da Directiva 75/117/CE em Portugal*, ROA, 1997, 159-181; republicado in *Estudos de Direito do Trabalho*, I, Coimbra, 2003, 227-246

RAMALHO, Maria do Rosário Palma – *Insegurança ou diminuição do emprego? A rigidez do sistema jurídico português em matéria de cessação do contrato de trabalho e de trabalho atípico*, in A. MOREIRA (coord.), *X Jornadas Luso-Hispano-Brasileiras de Direito do Trabalho – Anais*, Coimbra, 1999, 91-102; republicado in *Estudos do Direito do Trabalho*, I, Coimbra, 2003, 95-105

RAMALHO, Maria do Rosário Palma – *Da Autonomia Dogmática do Direito de Trabalho*, Coimbra, 2001

RAMALHO, Maria do Rosário Palma – *Ainda a crise do direito laboral: a erosão da relação de trabalho «típica» e o futuro do direito do trabalho*, in A. MOREIRA (coord.), *III Congresso de Direito do Trabalho. Memórias*, Coimbra, 2001, 253-266; republicado in *Estudos do Direito do Trabalho*, I, Coimbra, 2003, 107-121

RAMALHO, Maria do Rosário Palma – *Relação de trabalho e relação de emprego – contributos para a construção dogmática do contrato de trabalho*, in *Estudos em Homenagem ao Professor Doutor Inocêncio Galvão Telles*, I, Coimbra, 2002, 651-681; republicado in *Estudos de Direito do Trabalho*, I, Coimbra, 2003, 125-156

RAMALHO, Maria do Rosário Palma – *Estudos de Direito do Trabalho*, I, Coimbra, 2003

RAMALHO, Maria do Rosário Palma – *O novo Código do Trabalho. Reflexões sobre a Proposta de Lei relativa ao novo Código do Trabalho*, in *Estudos de Direito do Trabalho* I, Coimbra, 2003, 15-67

RAMALHO, Maria do Rosário Palma – *Garantir a Igualdade Remuneratória Entre Mulheres e Homens na União Europeia* (com tradução em língua inglesa, sob o título

Guaranteeing Equal Pay beetween Women and Men in the European Union, e em língua francesa, sob o título *Garantir l'égalité de rémunération entre femmes et hommes dans l'Union Européenne*), Lisboa, 2003

RAMALHO, Maria do Rosário Palma – *Igualdade de género e direito comunitário – breves notas*, Ex aequo, 2004, 10, 51-60

RAMALHO, Maria do Rosário Palma – *O contrato de trabalho na Reforma da Administração Pública: reflexões gerais sobre o regime jurídico instituído pela L. n.º 23/2004, de 22 de Junho*, QL, 2004, 24, 121-136

RAMALHO, Maria do Rosário Palma – *Direito do Trabalho, Parte I – Dogmática Geral*, Coimbra, 2005, e Parte II – *Situações Laborais Individuais*, Coimbra, 2006

RAMALHO, Maria do Rosário Palma – *Direito do Trabalho e Economia. Breve Apontamento, in Estudos Jurídicos e Económicos em Homenagem ao Professor Doutor António de Sousa Franco*, III, Coimbra, 2006, 33-46

RAMALHO, Maria do Rosário Palma – *Contrato de trabalho a termo no sistema juslaboral português – evolução geral e tratamento no Código do Trabalho, in Estudos em Honra de Ruy de Albuquerque*, II, Coimbra, 2006, 119-133

RAMALHO, Maria do Rosário Palma – *Aspectos laborais da insolvência. Notas breves sobre as implicações laborais do regime do Código da Insolvência e da Recuperação de Empresas, in Estudos em Memória do Professor Doutor José Dias Marques*, Coimbra, 2007, 687-705; Republicado *in* QL, 2005, 26, 145-163)

RAMALHO, Maria do Rosário Palma / BRITO, Pedro Madeira de – *Contrato de trabalho na Administração Pública. Anotação à Lei n.º 23/2004, de 22 de Junho*, 2ª ed., Coimbra, 2005

RAMIREZ MARTINEZ, Juan M. – *vd* MARTINEZ, Juan M. Ramirez

RAMM, Thilo – *Die Aufspaltung der Arbeitgeberfunktionen (Leiharbeit, mittelbares Arbeitsverhältnis, Arbeitnehmerüberlassung und Gesamthafenarbeitsverhältnis)*, ZfA, 1973, 263-295

RAMOS, Rui Manuel Moura – *Da Lei Aplicável ao Contrato de Trabalho Internacional*, Coimbra, 1990

RAULINE, Hélène – *Le travail illégal*, DS, 1994, 2, 123-126

RAY, Jean-Emmanuel – *Nouvelles technologies et nouvelles formes de subordination*, DS, 1992, 6, 525-537

RAY, Jean-Emmanuel – *Du Germinal à Internet. Une nécessaire évolution du critère du contrat de travail*, DS, 1995, 7/8, 634-637

RAY, Jean-Emmanuel – *Le droit du travail à l'épreuve du télétravail: le statut du télétravailleur*, DS, 1996, 2, 121-127

RAY, Jean-Emmanuel – *Droit du travail, droit vivant*, 14ª ed., Paris, 2006

RAY, Jean-Emmanuel – *Avant-propos. Pour des restructurations socialment responsables*, DS, 2006, 3, 249-259

RAYMOND, Philippe – *Fusion d'entreprises et fusion de status colletifs*, DS, 2006, 3, 303--307

REDENTI, Enrico – *Variazioni sul tema del verbo commandare*, RTDPC, 1959, 777-794

REDINHA, Maria Regina – *Empresas de trabalho temporário*, RDE, 1984/85, 137-171

REDINHA, Maria Regina – *Da cedência ocasional de trabalhadores*, QL, 1994, 1, 16-23

REDINHA, Maria Regina – *A Relação laboral Fragmentada. Estudo sobre o Trabalho Temporário*, Coimbra, 1995

REDINHA, Maria Regina – *Trabalho temporário: apontamento sobre a reforma do seu regime jurídico*, in P. ROMANO MARTINEZ (coord.), *Estudos dos Instituto de Direito do Trabalho*, I, Coimbra, 2001, 443-470

REDMOND, Mary – *Flexibility / Labour Law in Ireland*, in *Flexibilisierung des Arbeitsrechts – eine europäische Herausforderung*, ZIAS, 1987, 289-290

REDONDO, Koldo Santiago – *Consideraciones en torno a los grupos de empresas. En especial, las prácticas de circulación de trabajadores*, Rel.Lab., 1991, II, 454-471

REICHOLD, Hermann – *Arbeitsrecht*, 2ª ed., München, 2006

REIS, Célia Afonso – *Cedência de Trabalhadores*, Coimbra, 2000

REIS, Célia Afonso – *Notas sobre o trabalho temporário*, in ROMANO MARTINEZ (coord.), *Estudos do Instituto de Direito do Trabalho*, IV, Coimbra, 2003, 145-185

RIBEIRO, Ana Paula – *O Contrato de Franquia (Franchising) no Direito Interno e no Direito Internacional*, Lisboa, s.d.

RIBEIRO, José António Pinto / DUARTE, Rui Pinto – *Dos Agrupamentos Complementares de Empresas*, Cadernos de Ciência e Técnica Fiscal (118), Lisboa, 1980

RIBEIRO, Maria de Fátima – *O Contrato de Franquia (Franchising)*, DJ, 2005, XIX, 77-127

RIBEIRO, Maria de Fátima – *O Contrato de Franquia. Franchising. Noção, Natureza Jurídica e Aspectos Fundamentais de Regime*, Coimbra, 2001

RICHARDI, Reinhard – *Konzern, Gemeinschaftsunternehmen und Konzernbetriebsrat*, DB, 1973, 29, 1452-1455

RICHARDI, Reinhard – *Arbeitsrecht und Zivilrecht*, ZfA, 1974, 1, 3-27

RICHARDI, Reinhard – *Entwicklungstendenzen der Treue- und Fürsorgepflicht in Deutschland*, in T. TOMANDL (Hrsg.), *Treue- und Fürsorgepflicht im Arbeitsrecht*, Wien-Stuttgart, 1975, 41-70

RICHARDI, Reinhard – *Der Arbeitsvertrag im Zivilrechtssystem*, ZfA, 1988, 3, 221-225

RICHARDI, Reinhard – *J. von Staudingers Kommentar zum Bürgerlichen Gesetzbuch mit Einführungsgesetz und Nebengesetzen*, 13ª ed., II – *Recht der Schuldverhältnisse (§§ 611-615)*, Berlin, 1999

RICHTER, Bernd – *Konzernführung und Mitbestimmung*, DB, 1983, 39, 2072-2075

RING, Gerhard – *Arbeitsrecht*, Baden-Baden (s.d.)

RIPERT, Georges – *Aspects juridiques du capitalisme moderne*, 2ª ed., Paris, 1951

ROBERTI, Giovanni – *Il rapporto di lavoro e l'azienda*, DLav., 1940, I, 33-37

ROCCA, Giuseppe della – *Le trasformazioni nell'organizzazione dell'impresa e del lavoro, in Il futuro della società e del lavoro*, Milano, 1992, 41-59

ROCELLA / TREU – *Diritto del lavoro della Comunità Europea*, Padova, 1992

ROCHA, M. A. Coelho da – *Instituições de Direito Civil Portuguez*, 4ª ed., II, Coimbra, 1857

RODRÍGUEZ, Americo Pla – *Los grupos de empresas*, Civitas, 1981, 187-192

RODRIGUEZ-PIÑERO, Miguel – *Flexibilidad: un debate interesante o un debate interesado?*, Rel.Lab., 1987, I, 14-18

RODRIGUEZ-PIÑERO, Miguel – *Contratación temporal y nuevas formas de empleo*, Rel.Lab., 1989, I, 49-55

RODRIGUEZ-PIÑERO, Miguel – *La flessibilità e il diritto del lavoro spagnolo*, in M. D'ANTONA (Dir.), *Politiche di flessibilità e mutamenti del diritto del lavoro. Italia e Spagna*, Napoli, 1990, 205-227

RODRIGUEZ-PIÑERO, Miguel – *La huida del Derecho del Trabajo*, Rel.Lab., 1992, I, 85-92

ROMAGNOLI, Umberto – *Egualizanze e differenze nel diritto del lavoro*, DLRI, 1994, 3, 545-565

ROUDIL, Albert – *Le droit du travail au regard de l'informatisation*, DS, 1981, 4, 307-319

ROY, Thierry le – *Droit du travail ou droit du chômage?*, DS, 1980, 6, 299-301

RUDAN, Marina – *La giurisprudenza lavoristica sui gruppi di imprese*, in P. ZANELLI (dir.), *Gruppi di imprese e nuove regole (in ricordi di Gaetano Vardaro)*, Milano, 1991, 117-125

RUFFOLO, Ugo – *Introduzzione*, in AA/VV, *Tavola Rotonda «Gruppi di società, imprese collegate e rapporti di lavoro*, Riv.GL, 1979, I, 385-426 (385-398)

RUIZ, Luiz Miguel Camps – *La Problemática Jurídico-Laboral de los Grupos de Sociedades*, Madrid, 1986

RUIZ, Luiz Miguel Camps – *Tratamiento laboral de los grupos de sociedades I y II*, AL, 1990, XXXIV, 401-419, e AL, 1990, XXXV, 415-419

RUIZ, Luiz Miguel Camps – *Problemática jurídico-laboral del grupo de empresas: puntos críticos*, in A. BAYLOS / L. COLLADO (ed.), *Grupos de Empresas y Derecho del Trabajo*, Madrid, 1994, 87-116

RÜTHERS, Bernd – *Das Arbeitsrecht im Wandel der Industriegesellschaft*, in *Aktuelle Fragen des Arbeitsrechts*, Paderborn, 1972, 7-22

RÜTHERS, Bernd – *Funktionswandel im Arbeitsrecht*, ZfA, 1988, 3, 257-265

RÜTHERS, Bernd – *35 Jahre Arbeitsrecht in Deutschland*, RdA, 1995, 326-333

SÄCKER, Franz-Jürgen – *Arbeits – und Sozialrecht im multinationalem Unternehmensverbund*, in M. LUTTER (Hrsg.), *Recht und Steuer der internationalen Unternehmensverbindungen*, Dusseldorf, 1972, 191-205

SÄCKER, Franz-Jürgen – *Arbeitsrechtliche Probleme der Unternehmenskonzentration*, in R. BIRK (Hrsg.), *Arbeitsrechtliche Probleme der Unternehmenskonzentration*, Frankfurt am M., 1986, 127-148

SAINT-JEVIN, Pierre – *Existe-t-il un droit commun du contrat de travail?*, DS, 1981, 7/8, 514-518

SANDULLI, Pasquale – *Arbeitsrechtliche Folgen dess Unternehmenskonzentrazion*, in R. BIRK (Hrsg.), *Arbeitsrechtliche Probleme der Unternehmenskonzentrazion*, Frankfurt am M., 1986, 99-126

SANSEVERINO, Luisa Riva – *Diritto del lavoro*, 14ª ed., Padova, 1982

SANTIAGO REDONDO, Koldo – *vd* REDONDO, Koldo Santiago

SANTORO-PASSARELLI, Francesco – *Soggetività dell'impresa, in Scritti in Memoria di Alessandro GRAZIANI, V – Impresa e società*, Napoli, 1968, 1767-1773

SANTORO-PASSARELLI, Francesco – *Specialità del diritto del lavoro, in Studi in memoria di Tulio ASCARELLI*, IV, Milano, 1969, 1975-1994

SANTOS, Boaventura Sousa / REIS, José / MARQUES, Maria Manuel Leitão – *O Estado e as transformações recentes da relação salarial – a transição para um novo modelo de regulação da economia, in Temas de Direito do Trabalho. Direito do Trabalho na Crise. Poder Empresarial. Greves Atípicas – IV Jornadas Luso-Hispano-Brasileiras de Direito do Trabalho*, Coimbra, 1990, 139-179

SAVATIER, Jean – *Le groupe de sociétés et la notion d'entreprise en droit du travail, in Études de droit du travail offertes à André BRUN*, Paris, 1974, 527-546

SAVATIER, Jean – *Pouvoir patrimonial e direction des personnes*, DS, 1982, 1, 1-10

SAVATIER, Jean – *Le dynamisme de l'unité économique et sociale pour l'organisation des rapports collectifs de travail*, DS, 2004, 11, 944-951

SCAROINA, Elisa – *Societas delinquere potest. Il problema del gruppo di imprese*, Milano, 2006

SCHAUB, Günther / KOCH, Ulrich / LINCK, Rüdiger – *Arbeitsrecht-Handbuch. Systematische Darstellung und Nachschlagewerk für die Praxis*, 11ª ed., München, 2005

SCHILLING, Wolfgang – *Bemerkungen zum Europäischen Konzernrecht*, ZGR, 1978, 415-423

SCHMIDT, Karsten – *Handelsrecht*, 5ª ed., Köln-Berlin-Bonn-München, 1999

SCHMIDT, Karsten – *Gesellschaftsrecht*, 4ª ed., München, 2002

SCHRANK, Franz – *Arbeitsrecht. Ein Systematischer Grundriss*, 2ª ed., Wien, 2003

SCHWERDTNER, Peter – *Fürsorgetheorie und Entgelttheorie im Recht der Arbeitsbedingungen*, Heidelberg, 1970

SCHWERDTNER, Peter – *Gemeinschaft, Treue, Fürsorge – oder: die Himmelfahrt des Wortes*, ZRP, 1970, 3, 62-67

SCHWERDTNER, Peter – *Das "einheitliche Arbeitsverhältnis"*, ZIP, 1982, 8, 900-905

SCONAMIGLIO, Renato – *Intervento*, in AA/VV, *Tavola Rotonda «Gruppi di società, imprese collegate e rapporti di lavoro*, Riv.GL, 1979, I, 385-426 (404-408)

SCONAMIGLIO, Renato – *Diritto del lavoro*, 5ª ed., Napoli, 2000

SÉGUIN, Philippe – *L'adaptation du droit du travail*, DS, 1986, 12, 828-833

SENDIN, Paulo – *Lições de Direito Comercial e de Direito da Economia*, I, Lisboa, 1979/80

SENRA BIEDMA, Rafael – *vd* BIEDMA, Rafael Senra

SILVA, Fernando Castro – *Das relações inter-societárias (sociedades coligadas)*, Rev.Not. (Sep.), 1986, 489-538

SILVA, F. Emygdio da – *O Operariado Portuguez na Questão Social*, Coimbra, 1905

SILVA, João Calvão da – *Banca, Bolsa e Seguros. Direito Europeu e Seguros*, I (*Parte Geral*), Coimbra, 2005

SILVA, João Moreira da – *Direitos e Deveres dos Sujeitos da Relação Individual de Trabalho*, Coimbra, 1983

SIMÃO, Joana – *A transmissão do estabelecimento na jurisprudência do trabalho comunitária e nacional*, QL, 2002, 20, 203-220

SIMONE, Gisella de – *Tutela dei lavoratori e gruppi di imprese*, in AA/VV, *Collegamento di società e rapporti di lavoro. Atti del Convegno organizzato della Sezione Ligure del Centro, tenutosi a Genova 28-29 Novembre 1986*, Milano, 1988, 43-56

SIMONE, Gisella de – *«Servo di due padroni». Note a margine di un caso di distacco presso una consociata estera*, RIDL, 1988, II, 398-412

SIMONE, Gisella de – *Società collegate e tutela del posto di lavoro*, RIDL, 1988, II, 1062--1065

SIMONE, Gisella de – *La gestione dei rapporti di lavoro nelle imprese a struttura complessa*, DLRI, 1991, 2, 81-93

SIMONE, Gisella de – *La "forma gruppo" nel diritto del lavoro*, DLRI, 1991, I, 69-106

SIMONE, Gisella de – *I licenziamenti nei gruppi tra libertà d'impresa e abuso del diritto*, RIDL, 1991, II, 194-212

SIMONE, Gisella de – *Nuove regole per nuova imprese?* in P. ZANELLI dir.), *Gruppi di imprese e nuove regole (in ricordi de Gaetano Vardaro)*, Milano, 1991, 199-209

SIMONE, Gisella de – *Titolarità dei rapporti di lavoro e regole de trasparenza. Interposizione, impresa di gruppo, lavoro interinale*, Milano, 1995

SMURAGLIA, Carlo – *La persona del prestatore nel rapporto di lavoro*, Milano, 1967

SÖLLNER, Alfred – *Grundriβ des Arbeitsrecht*, 12ª ed., München, 1998

SUPIOT, Alain – *Groupe de sociétés et paradigme de l'entreprise*, Rev.Trimm.DCDE, 1985, 4, 621-644

SUPIOT, Alain (dir.) – *Au-delà de l'emploi. Transformations du travail et devenir du droit du travail en Europe – Rapport pour la Commission des Communautés europeénnes avec la collaboration de l'Université Carlos III de Madrid*, Paris, 1999

SUPIOT, Alain – *Transformations du travail et devenir du droit du travail en Europe. Conclusions du Rapport Supiot*, DS, 1999, 5, 431-437

SUPPIEJ, Giuseppe – *La struttura del rapporto di lavoro*, II, Padova, 1963

TAMAJO, Rafaelle De Luca – *Gruppi di imprese e rapporti di lavoro: Spunti preliminari*, Dir. RI, 1991, 2, 67-70

TAMAJO, Rafaelle De Luca – *Metamorfosi dell'impresa e nuova disciplina dell'interposizione*, RIDL, 2003, 2, Parte Prima, 167-188

TELLES, Inocêncio Galvão – *Contratos Civis (Projecto completo de um título do futuro Código Civil Português e respectiva Exposição de Motivos)*, BMJ, 1959, 83, 113-283

TELLES, Inocêncio Galvão – *Parecer n.º 45/VII à Câmara Corporativa – Regime do Contrato de Trabalho (Projecto de Proposta de L. n.º 517)*, in Pareceres da Câmara Corporativa (VII legislatura), 1961, II, Lisboa, 1962, 515-560

TELLES, Inocêncio Galvão – *Manual dos Contratos em Geral*, 4ª ed., Coimbra, 2002

TERRADILLOS ORMAETXEA – vd ORMAETXEA, Edurne Terradillos

TEUBNER, Günther – *O Direito como Sistema Autopoiético* (trad. port. de J. ENGRÁCIA ANTUNES), Lisboa, 1989

TEYSSIÉ, Bernard (dir.) – *Les groupes de sociétés et le droit du travail*, Paris, 1999

TEYSSIÉ, Bernard – *Sur le groupe de sociétés et le droit du travail*, in B. TEYSSIÉ (dir.), *Les groupes de sociétés et le droit du travail*, Paris, 1999, 5-10

TEYSSIÈ, Bernard – *Variations sur les conventions et accords collectifs de groupe*, DS, 2005, 6, 643-652

TEYSSIÈ, Bernard – *La négociation collective transnationale d'entreprise ou de groupe*, DS, 2005, 11, 982-990

THILL, André – *Flexibilisierung des Arbeitsrechts (Luxemburg)*, in *Flexibilisierung des Arbeitsrechts – eine europäische Herausforderung*, ZIAS, 1987, 315-328

THORNE, James (General editor) / PRENTICE, Dan (Consultant Editor) – *Butterworths Company Law Guide*, 4ª ed., London – Edinburgh, 2002

TINTI, Anna Rita – *Oltre la trasparenza: a propósito di gruppi e diritto sindacale*, in P. ZANELLI (dir.), Gruppi di imprese e nuove regole (in ricordi di Gaetano Vardaro), Milano, 1991, 213-219

TINTI, Anna Rita – *Gruppi di imprese e diritto del lavoro: profili colletivi*, DLRI, 1991, 2, 95-104

TOMANDL, Theodor – *Wesensmerkmale des Arbeitsvertrages in Rechthsvergleichender und Rechtspolitischer Sicht*, Wien – New York, 1971

TOMANDL, Theodor (Hrsg.) – *Treue- und Fürsorgepflicht im Arbeitsrecht*, Wien-Stuttgart, 1975

TOSI, Paolo – *Le nuove tendenze del diritto del lavoro nel terziario*, DLRI, 1991, 4, 613-632

TREU, Tiziano – *Gruppi di imprese e relazioni industriali. Tendenze europee*, DLRI, 1988, 641-672

TREU, Tiziano – *Labour flexibility in Europe*, ILR, 1992, 4/5, 497-512

TRIGO, Maria da Graça – *Grupos de Sociedades,* Dir., 1991, I, 41-114

TROPLONG, M. – *De l'échange et du louage*, in *Le droit civil expliqué. Commentaire des Titres VII et VIII du livre III du Code Napoléon*, 3ª ed., II, Paris, 1859

ULBER, Jürgen – *Arbeitszeitrecht im Wandel*, WSI-Mitt., 1987, 745-752

URBAN, Quentin – *Le licenciement pour motif économique (Cour de cassation, Chambre sociale 25 juin 1992*, DS, 1993, 3, 271-281

VACARIE, Isabelle – *Groupes de sociétés et relations individuelles de travail*, DS, 1975, 1, 23-32

VACARIE, Isabelle – *Groupes de sociétés. Cour de cassation (Ch.soc.), 25 février 1988*, Rev.Soc., 1988, 3, 546-555

VACHET, Gérard – *La négociation collective dans les groupes de sociétés*, in B. TEYSSIÉ (dir.), *Les groupes de sociétés et le droit du travail*, Paris, 1999, 105-123

VALVERDE, Antonio Martín / GUTIÉRREZ, Fermín Rodríguez-Sañudo / MURCIA, Joaquín García – *Derecho del Trabajo*, 4ª ed., Madrid, 1995

VANACHTER, Othmar – *Flexibility and Labour Law: the Belgian Case*, in *Flexibilisierung des Arbeitsrechts – eine europäische Herausforderung*, ZIAS, 1987, 229-238

VASCONCELOS, Joana – *Sobre a garantia dos créditos laborais no Código do Trabalho*, in A. MONTEIRO FERNANDES (coord.), *Estudos de Direito do Trabalho em Homenagem ao Professor Manuel Alonso Olea*, Coimbra, 2004, 321-341

VASCONCELOS, Joana – *Contrato de trabalho com pluralidade de empregadores*, RDES, 2005, 2/4, 283-299

VASCONCELOS, Luís Miguel Pestana de – *O Contrato de Franquia (Franchising)*, Coimbra, 2000

VASCONCELOS, Pedro Pais de – *Contratos Atípicos*, Coimbra, 1995

VASCONCELOS, Pedro Pais de – *A Participação Social nas Sociedades Comerciais*, 2ª ed., Coimbra, 2006

VENETO, Gaetano – *Nuova società industriale e strumenti di adeguamento del diritto del lavoro*, in *Prospettive del diritto del lavoro per gli anni'80 – Atti del VII Congresso di Diritto del lavoro, Bari, 23-25 Aprile 1982*, Milano, 1983, 168-175

VENEZIANI, Bruno – *Nuove tecnologie e contratto di lavoro: profili di diritto comparato*, DLRI, 1987, 1, 1-60

VENEZIANI, Bruno – *Gruppi di imprese e diritto del lavoro*, Lav.Dir., 1990, 609-647

VENEZIANI, Bruno – *Gruppi di imprese e diritto del lavoro*, in P. ZANELLI (dir.), *Gruppi di imprese e nuove regole (in ricordi di Gaetano Vardaro)*, Milano, 1991, 75-111

VENTURA, Raúl Jorge Rodrigues – *Teoria da Relação Jurídica de Trabalho. Estudo de Direito Privado*, I, Porto, 1944

VENTURA, Raúl Jorge Rodrigues – *Participações recíprocas de sociedades em sociedades*, SIv., 1978, 27, 359-420

VENTURA, Raúl Jorge Rodrigues – *Participações dominantes: alguns aspectos do domínio de sociedades por sociedades*, ROA, 1979, I, 5-62, e II, 241-291

VENTURA, Raúl Jorge Rodrigues – *Grupos de sociedades – Uma introdução comparativa a propósito de um Projecto Preliminar de Directiva da C.E.E.*, ROA, 1981 (Ano 41), I, 23-81, II, 305-362

VENTURA, Raúl Jorge Rodrigues – *Contrato de subordinação entre sociedades*, Rev. Banca, 1993, 25, 35-54; republicado sob o título *Contrato de subordinação*, in R. VENTURA, *Novos Estudos sobre Sociedades Anónimas e Sociedades em Nome Colectivo. Comentário ao Código das Sociedades Comerciais*, Coimbra, 2003 (*reprint*), 89-127

VENTURA, Raúl Jorge Rodrigues – *Nota sobre o desempenho doutras funções por administrador de sociedade anónima (art. 398.º)*, in R. VENTURA, *Novos Estudos sobre Sociedades Anónimas e Sociedades em Nome Colectivo. Comentário ao Código das Sociedades Comerciais*, Coimbra, 2003 (*reprint*), 187-196; também publicado sob o título *Nota sobre a interpretação do artigo 398.º do Código das Sociedades Comerciais (Exercício de outras actividades por administrador de sociedade anónima)*, in Dir., 1993, III/IV, 247-266

VENTURA, Raúl Jorge Rodrigues – *Lições de Direito do Trabalho, in Estudos em Homenagem ao Professor Doutor Raúl Ventura,* II, Coimbra, 2003, 551-668

VENTURA, Raúl Jorge Rodrigues – *Novos Estudos sobre Sociedades Anónimas e Sociedades em Nome Colectivo. Comentário ao Código das Sociedades Comerciais (reprint),* Coimbra, 2003

VERDIER, Jean-Maurice / COEURET, Alain / SOURIAC, Marie-Armelle – *Droit du travail,* 12ª ed., Paris, 2002

VERDINKT, Pierre-Yves – *L'éxécution des relations de travail dans les groupes de sociétés, in* B. TEYSSIÉ (dir.), *Les groupes de sociétés et le droit du travail,* Paris, 1999, 41-63

VERDINKT, Pierre-Yves – *Groupements d'employeurs et travail à temps partagé après la loi du 2 août 2005 en faveur des petites et moyennes entreprises,* DS, 2005, 12, 1133-1138.

VICENTE, Dário Moura – *Destacamento Internacional de Trabalhadores, in Direito Internacional Privado – Ensaios,* I, Coimbra, 2002, 85-106

VIGORITA, Luciano Spagnuolo – *Impresa, rapporto di lavoro, continuità,* Riv.dir.civ., 1969, I, 545-578

VILLALÓN, Jesús Cruz – *La negociación colectiva en los grupos de empresas, in* A. BAYLOS/ / L. COLLADO (ed.), *Grupos de Empresas y Derecho del Trabajo,* Madrid, 1994, 273-296

VILLALÓN, Jesús Cruz – *Notas acerca del régimen contractual laboral en los grupos de empresa,* TLab., 1996, 38, 31-73

WANK, Rolf – *Atypische Arbeitsverhältnisse,* RdA, 1992, 2, 103-113

WANK, Rolf – *Neuere Entwicklungen im Arbeitnehmerüberlassungsrecht,* RdA, 2003, 1, 1-11

WEINMANN, Heinz – *Der Konzern im Arbeitsrecht aus der Sicht der Praxis,* ZGR, 1984, 3, 460-464

WETZLING, Franz – *Der Konzernbetriebsrat. Geschichtliche Entwicklung und Kompetenz,* Köln, 1978

WEYER, Rudolf – *Die Zugehörigkeit eines Arbeitnehmers zu einem Konzern als Rechtsproblem des BetrAVG,* Köln, 1984

WIEDEMANN, Herbert – *Die Unternehmensgruppe im Privatrecht. Methodische und sachliche Probleme des deutschen Konzernrechts,* Tübingen, 1988

WILHELM, Jan – *Kapitalgesellschaftsrecht,* 2ª ed., Berlin, 2005

WINDBICHLER, Christine – *Arbeitnehmermobilität im Konzern,* RdA, 1988, 2, 95-99

WINDBICHLER, Christine – *Arbeitsrecht im Konzern,* München, 1989

WINDBICHLER, Christine – *Arbeitsrechtliche Vertragsgestaltung im Konzern*, Köln, 1990

WINDBICHLER, Christine – *Ist das Gruppenprinzip in der Betriebsverfassung noch aktuell?*, RdA, 1994, 5, 268-272

WINDBICHLER, Christine – *Unternehmerisches Zusammenwirken von Arbeigebern als arbeitsrechtliches Problem – Eine Skizze auch vor dem Hintergrund das EG – Richtlinie zum Europäischen Betriebsrat in Unternehmens gruppen*, ZfA, 1996, 1, 1-18

WINDBICHLER, Christine – *Arbeitsrecht und Konzernrecht*, RdA, 1999, 1/2, 146-152

WINDSCHEID, Bernhard / KIPP, Theodor – *Lehrbuch des Pandettenrechts, 9 Auflage unter vergleichender Darstellung des deutschen bürgerlicher Rechts*, II, Frankfurt, 1906 (*reprint* 1963)

WOLF, Ernst – *Das Arbeitsverhältnis. Personenrechtliches Gemeinschaftsverhältnis oder Schuldverhältnis?* Marburg, 1970

WOLF, Ernst – *«Treu und Glauben», «Treu» und «Fürsorge» im Arbeitsverhältnis*, DB, 1971, 39, 1863-1868

WOLF, Ernst – *Der Begriff Arbeitsrecht, in* F. GAMILLSCHEG (Hrsg.), *25 Jahre Bundesarbeitsgericht*, München, 1979, 709-726

WOLLENSCHLÄGER, Michael / POLLERT, Dirk / LÖCHER, Jens / SPIERER, Sven – *Arbeitsrecht*, 2ª ed., München, 2004

XAVIER, Bernardo da Gama Lobo – *A ilicitude dos objectivos da greve: a propósito do art. 59.º n.º 2 da Constituição*, RDE, 1979, 2, 267 ss.

XAVIER, Bernardo da Gama Lobo – *Direito da* Greve, Lisboa, 1984

XAVIER, Bernardo da Gama Lobo – *A crise e alguns institutos de direito do trabalho*, RDES, 1986, 4, 517-569

XAVIER, Bernardo da Gama Lobo – *O direito do trabalho na crise (Portugal), in Temas de Direito do Trabalho. Direito do Trabalho na Crise. Poder Empresarial. Greves Atípicas – IV Jornadas Luso-Hispano-Brasileiras de Direito do Trabalho*, Coimbra, 1990, 101-138

XAVIER, Bernardo da Gama Lobo – *Iniciação ao Direito do Trabalho*, Lisboa – S. Paulo, 1994

XAVIER, Bernardo da Gama Lobo – *Curso de Direito do Trabalho*, 3ª ed., I, Lisboa, 2004

XAVIER, Bernardo da Gama Lobo / MARTINS, Pedro Furtado – *Cessão da posição contratual laboral. Relevância dos grupos económicos. Regras de contagem da antiguidade*, RDES, 1994, 4, 369-427

ZACHERT, Ulrich – *Hintergrund und Perspektiven der "Gegenreform im Arbeitsrecht"*, KJ, 1984, 17, 187-201

ZACHERT, Ulrich – *Die Zerstörung des Normalarbeitsverhältnisses*, ArbuR, 1988, 5, 129-137

ZANELLI, Pietro (dir.) – *Gruppi di imprese e nuove regole (in ricordi di Gaetano Vardaro)*, Milano, 1991

ZANELLI, Pietro – *Introduzione. Gruppi di imprese fra vecchie e nuove regole*, in P. ZANELLI (dir.), *Gruppi di imprese e nuove regole (in ricordi di Gaetano Vardaro)*, Milano, 1991, 37-55

ZÖLLNER, Wolfgang – *Einführung in des Konzernrechts*, JuS, 1968, 7, 297-304

ZÖLLNER, Wolfgang – *Die vorvertragliche und die nachwirkende Treue- und Fürsorgepflicht im Arbeitsverhältnis*, in T. TOMANDL, (Hrsg.), *Treue- und Fürsorgepflicht im Arbeitsrecht*, Wien-Stuttgart, 1975, 91-106

ZÖLLNER, Wolfgang – *Betriebs- und unternehmensverfassungsrechtliche Fragen bei konzernrechtlichen Betriebsführungsverträgen*, ZfA, 1983, 1, 93-106

ZÖLLNER, Wolfgang – *Flexibilisierung des Arbeitsrechts*, ZfA, 1988, 3, 265-291

ZÖLLNER, Wolfgang – *Arbeitsrecht und Marktwirtschaft*, in F. BYDLINSKI / T. MAYER-MALY (Hrsg.), *Die Arbeit: ihre Ordnung – ihre Zukunft – ihr Sinn*, Wien, 1995, 51-67

ZÖLLNER, Wolfgang / LORITZ, Karl-Georg – *Arbeitsrecht. Ein Studienbuch*, 5ª ed., München, 1998

ÍNDICE GERAL

Abreviaturas 5
Plano geral da obra 11

INTRODUÇÃO

§ 1.º Delimitação do problema

1. A figura da empresa como referente comum ao direito do trabalho e ao direito comercial 15
2. A evolução do paradigma da empresa-sociedade comercial unitária e a resposta do direito do direito das sociedades comerciais 33
3. A evolução do paradigma da empresa industrial e a resposta do direito do trabalho 41
4. O problema: as incidências laborais dos fenómenos de coligação societária ou empresarial 51

§ 2.º Prevenções metodológicas e sequência do estudo

PARTE I
Delimitação Geral e Relevo Jurídico do Fenómeno dos Grupos Empresariais e Societários

CAPÍTULO I
Delimitação e Tipologia dos Grupos Societários

§ 3.º Os fenómenos de colaboração inter-societária; aproximação geral

5. As dificuldades de delimitação dos fenómenos de colaboração inter-societária ... 71
6. Traços essenciais e tipologia dos fenómenos de colaboração inter-societária ... 77

§ 4.º Os grupos societários e outros fenómenos de coligação societária

7. Desenvolvimento e relevo actual dos grupos societários 81
8. Conceito e tipologia dos grupos societários; distinção de outros fenómenos de coligação societária 87
   8.1. Elementos essenciais do conceito de grupo de sociedades 87
   8.2. Tipologia dos grupos societários 93

CAPÍTULO II
A Ordem Jurídica e os Grupos Empresariais e Societários

§ 5.º A recepção jurídica do fenómeno dos grupos societários e empresariais: breve panorama comparado; direito comunitário

9. Aspectos gerais. Sequência 99
10. A tendência de aproximação fragmentária ao fenómeno dos grupos societários na maioria dos sistemas jurídicos 102
11. As excepções: a regulamentação sistematizada do fenómeno dos grupos societários em alguns sistemas 107
12. A aproximação do direito comunitário ao fenómeno dos grupos societários e empresariais 115

§ 6.º O direito nacional e os grupos societários e empresariais

13. O regime comercial dos grupos societários; apreciação geral 125
    13.1. Sequência 125
    13.2. Delimitação geral das situações de coligação societária 127
    13.3. As sociedades em relação de simples participação, de participação recíproca e de domínio 135
       13.3.1. Relações societárias de simples participação e de participação recíproca 135
       13.3.2. Relações societárias de domínio 141
    13.4. As sociedades em relação de grupo 149
       13.4.1. Aspectos gerais 149
       13.4.2. Grupos constituídos por contrato de subordinação 152
       13.4.3. Grupos constituídos por contrato de grupo paritário 171
       13.4.4. Grupos constituídos por domínio total 175
    13.5. Síntese crítica 183
14. Breves referências ao fenómeno dos grupos noutras áreas do direito 195
    14.1. Referências ao fenómeno dos grupos no domínio do direito da concorrência 195
    14.2. Referências ao fenómeno dos grupos nos domínios fiscal e contabilístico 201
    14.3. Referências ao fenómeno dos grupos no domínio do direito bancário .. 203

§ 7.º **Síntese geral: a rebeldia do fenómeno dos grupos societários e empresariais à regulação jurídica e o carácter multifacetado deste fenómeno**

PARTE II
Incidências Laborais dos Grupos Empresariais e Societários

CAPÍTULO I
Dogmática Geral

§ 8.º **Sequência**

§ 9.º **Quadro das incidências laborais do fenómeno dos grupos**

15. O critério de classificação das incidências laborais do fenómeno dos grupos: justificação 227
16. Desenvolvimento: incidências do fenómeno dos grupos nas situações juslaborais individuais e nas situações juslaborais colectivas 230
    16.1. Incidências do fenómeno dos grupos nas situações juslaborais individuais   230
    16.2. Incidências do fenómeno dos grupos nas situações juslaborais colectivas   232

§ 10.º **A ordem juslaboral e o fenómeno dos grupos societários e empresariais**

17. Breve panorama comparado sobre o tratamento jurídico das projecções laborais do fenómeno dos grupos 233
    17.1. Apresentação geral 233
    17.2. Síntese crítica 262
18. O direito comunitário e o fenómeno dos grupos na perspectiva laboral 266
    18.1. Quadro geral 266
    18.2. As directivas e a jurisprudência comunitárias em matéria de representação dos trabalhadores nos grupos 272
        18.2.1. O regime comunitário dos conselhos de empresa europeus 272
        18.2.2. O regime comunitário de participação dos trabalhadores na sociedade europeia e na sociedade cooperativa europeia 276
        18.2.3. O quadro geral de representação colectiva dos trabalhadores no espaço europeu; repercussões nos grupos 280
    18.3. As directivas e a jurisprudência comunitárias sobre vicissitudes das empresas: repercussões no contexto dos grupos 281
        18.3.1. O regime comunitário de tutela dos trabalhadores em caso de transferência de empresa, estabelecimento ou unidade económica   281
        18.3.2. O regime comunitário de tutela dos trabalhadores em matéria de despedimento colectivo 284

18.3.3. O regime comunitário de tutela dos trabalhadores perante a insolvência do empregador 286
18.3.4. Síntese 288
18.4. O regime comunitário do destacamento internacional de trabalhadores . 289
19. Os grupos no sistema juslaboral nacional: enquadramento geral 290
    19.1. Situação anterior ao Código do Trabalho 290
    19.2. As projecções laborais dos grupos no Código do Trabalho: apresentação 300
        19.2.1. Aspectos gerais 300
        19.2.2. O destacamento internacional de trabalhadores 301
        19.2.3. A cedência ocasional de trabalhadores 303
        19.2.4. Os conselhos de empresa europeus 306
        19.2.5. O contrato de trabalho com pluralidade de empregadores 307
        19.2.6. O dever de informação do empregador em contexto de grupo . 312
        19.2.7. A responsabilidade solidária dos empregadores em contexto de grupo 313
        19.2.8. As comissões de trabalhadores com funções de coordenação no âmbito do grupo 315
        19.2.9. A convenção colectiva de trabalho articulada 316
    19.3. Alterações posteriores à entrada em vigor do Código do Trabalho 317
    19.4. Síntese 318

§ 11.º Pressupostos da apreciação dogmática das incidências laborais do fenómeno dos grupos

20. Sequência 323
21. As teses sobre o relevo juslaboral dos grupos de sociedades; posição adoptada 324
22. A delimitação do fenómeno dos grupos para efeitos laborais: grupo de sociedades ou grupo de empresas? 338

CAPÍTULO II
Incidências dos Grupos Empresariais e Societários na Situação Juslaboral Individual

SECÇÃO I
A determinação do empregador nos grupos societários e empresariais

§ 12.º O problema da determinação do empregador nos grupos societários e empresariais: propostas tradicionais de solução e respectiva apreciação crítica

23. As dificuldades de determinação do empregador no seio dos grupos 359
24. A resposta da ordem jurídica ao problema da determinação do empregador no âmbito dos grupos: apreciação crítica 364

24.1. Sequência 364
24.2. A solução do reconhecimento do grupo como empregador: refutação . . 365
24.3. A solução da manutenção do empregador singular complementada pelo instituto da desconsideração da personalidade colectiva : apreciação crítica 372
24.4. A solução do empregador plural: o reconhecimento da qualidade de empregador a um conjunto de empresas do grupo e o caso especial da pluralidade de empregadores 375
    24.4.1. Formulação geral 375
    24.4.2. A figura da pluralidade de empregadores e a determinação do empregador no contexto dos grupos empresariais 377

§ 13.º Posição adoptada

25. As premissas da reconstrução do problema da determinação do empregador em contexto de grupo 389
26. Modelos de contratação laboral em contexto de grupo e determinação do empregador 392
    26.1. Contratação do trabalhador por uma empresa do grupo e prestação da actividade laboral no seio dessa empresa: a irrelevância do contexto grupal para a determinação do empregador 392
    26.2. Contratação do trabalhador por uma empresa do grupo e prestação da actividade laboral para outra empresa do grupo a título provisório: a necessidade de reconstrução dogmática do critério qualificativo da subordinação jurídica para a determinação do empregador 394
    26.3. Contratação do trabalhador por uma empresa do grupo e mudança para outra empresa do grupo 399
        26.3.1. Enunciado das situações 399
        26.3.2. Determinação do empregador no caso de transmissão da empresa, do estabelecimento ou da unidade de negócio em contexto de grupo 400
        26.3.3. Determinação do empregador em caso de cessão da posição contratual entre empresas do mesmo grupo 402
        26.3.4. Mudança do trabalhador de uma para outra empresa do grupo, através da cessação do contrato de trabalho e da readmissão do trabalhador na segunda empresa: o recurso à técnica da desconsideração da personalidade jurídica para a determinação do empregador 403
        26.3.5. Mudança informal do trabalhador de uma para outra empresa do grupo e determinação do empregador 411
    26.4. Contratação ou gestão do vínculo laboral por uma única empresa do grupo e integração *ab initio* do trabalhador noutra empresa do grupo: as sociedades gestoras de recursos humanos e a determinação do empregador 413

26.5. Contratação do trabalhador por mais do que uma empresa do grupo para prestar a sua actividade simultânea ou sucessivamente a ambas as empresas: a figura da pluralidade de empregadores e a possibilidade da sua extensão em contexto de grupo 418
26.6. Contratação do trabalhador por uma empresa do grupo e prestação da actividade laboral em simultâneo para essa e para outra(s) empresa(s) do grupo 421
27. Síntese geral sobre o problema da determinação do empregador nos contratos de trabalho em contexto de grupo 424

SECÇÃO II
O estatuto jurídico dos trabalhadores
de uma sociedade ou empresa inserida num grupo

§ 14.º O princípio geral da independência dos vínculos laborais em contexto de grupo e a sua limitação pela componente organizacional do contrato de trabalho

§ 15.º Algumas situações em especial

28. Sequência 433
29. A formação do vínculo laboral em contexto de grupo; em especial as motivações do contrato de trabalho a termo e do contrato de trabalho temporário neste contexto 434
30. A posição jurídica das partes no vínculo laboral vigente numa empresa inserida num grupo 438
    30.1. Posicionamento do problema 438
    30.2. Os deveres do trabalhador no contrato de trabalho vigente numa empresa de um grupo: em especial, o dever de obediência e o dever de lealdade 440
    30.3. Os deveres do empregador e a estrutura grupal: em especial o dever remuneratório e o princípio da igualdade de tratamento 450
    30.4. Os poderes laborais em contexto de grupo: em especial a questão da comunicabilidade disciplinar no seio do grupo 455
31. A cessação do vínculo laboral em contexto de grupo: alguns efeitos acessórios 459

§ 16.º A situação jurídica do trabalhador com contrato de trabalho
com pluralidade de empregadores e nos casos de levantamento
da personalidade colectiva

SECÇÃO III
A mobilidade dos trabalhadores no seio do grupo

§ 17.º Quadro geral das situações de mobilidade dos trabalhadores
no seio dos grupos societários e empresariais

32. Sentido geral do termo mobilidade para efeitos deste ponto 471
33. As situações de mobilidade do trabalhador em contexto de grupo: classificação 473

§ 18.º A mobilidade estrutural: o trabalhador móvel no seio do grupo

34. Tipologia das situações de mobilidade estrutural 477
35. A «mobilidade» do trabalhador com pluralidade de contratos de trabalho com diferentes sociedades ou empresas do grupo 478
36. A mobilidade do trabalhador com contrato de trabalho com pluralidade de empregadores 484
37. A mobilidade do trabalhador no grupo, ao abrigo de uma cláusula negocial ou convencional de mobilidade 488

§ 19.º Mobilidade do trabalhador nos grupos societários
e empresariais com suspensão do contrato de trabalho

38. Tipologia das situações de mobilidade com suspensão do contrato de trabalho 493
39. A cedência ocasional de trabalhadores como instrumento de mobilidade nos grupos societários e empresariais 495
40. A mobilidade do trabalhador nos grupos internacionais: o destacamento internacional de trabalhadores 505
41. Outras situações de mobilidade com suspensão do contrato de trabalho no âmbito dos grupos 511
  41.1. A suspensão do contrato de trabalho e a celebração de novo contrato de trabalho com outra empresa do grupo à margem da cedência ocasional de trabalhadores 511
  41.2. A suspensão do contrato de trabalho para assunção de um cargo social noutra empresa do grupo 516
    41.2.1. Aspectos gerais 516
    41.2.2. O conteúdo das regras do art. 398.º do CSC; em especial a regra da caducidade e da suspensão do contrato de trabalho na sua aplicação ao contexto dos grupos 521
    41.2.3. Síntese 531

§ 20.º Mobilidade do trabalhador nos grupos societários e empresariais a título definitivo ou envolvendo a cessação do contrato de trabalho

42. Tipologia das situações de mobilidade a título definitivo ou envolvendo a cessação do contrato de trabalho 533
43. A cessão da posição contratual do empregador no seio dos grupos societários ou empresariais 534
44. A cessação do contrato de trabalho com uma das empresas do grupo e a readmissão do trabalhador noutra empresa do grupo 543

SECÇÃO IV
A posição do trabalhador perante as vicissitudes societárias no seio do grupo

§ 21.º Aspectos gerais. Sequência

§ 22.º Implicações da constituição e da modelação do grupo societário ou empresarial nos contratos de trabalho vigentes

45. A constituição do grupo e os contratos de trabalho vigentes nas empresas que o integram 553
    45.1. Princípio geral, conceito de transmissão de empresa, estabelecimento e unidade de negócio e constituição dos grupos societários ou empresariais   553
    45.2. Os efeitos da constituição dos grupos societários ou empresariais nos contratos de trabalho em caso de sujeição ao regime da transmissão da empresa, do estabelecimento ou da unidade de negócio 561
46. A modelação e a reestruturação do grupo e os contratos de trabalho vigentes nas empresas que o integram 567

§ 23.º Implicações laborais das vicissitudes económicas da empresa inserida num grupo societário ou empresarial

47. Sequência 571
48. Os fundamentos da suspensão do contrato de trabalho e da redução do tempo de trabalho, dos despedimentos económicos e do encerramento da empresa em contexto de grupo 574
    48.1. Regime geral 574
    48.2. O fundamento da redução da actividade, da suspensão do contrato e dos despedimentos por motivo económico no caso dos trabalhadores indexados ao grupo 581
        48.2.1. O caso dos trabalhadores com pluralidade de empregadores ... 581
        48.2.2. O caso dos trabalhadores deslocados temporariamente para outra empresa do grupo 584

48.2.3. O caso dos trabalhadores deslocados a título definitivo entre as empresas do grupo; em especial a sucessão de contratos de trabalho com intuitos fraudulentos 589
48.3. A cessação dos contratos de trabalho em situação de ilicitude ou fraude à lei em contexto de grupo: em especial a transmissão da unidade de negócio, a declaração de insolvência do empregador e o encerramento definitivo da empresa com objectivos fraudulentos 592
    48.3.1. A transmissão ilícita da empresa, do estabelecimento ou da unidade de negócio em contexto de grupo 592
    48.3.2. O despedimento colectivo, a declaração de insolvência e a decisão de extinção da empresa com intuitos fraudulentos em contexto de grupo 597
49. Os direitos do trabalhador associados à cessação do contrato de trabalho por motivos económicos em contexto de grupo 601
    49.1. O direito do trabalhador à ocupação de outro posto de trabalho em alternativa ao despedimento 601
    49.2. O direito do trabalhador à reintegração em caso de despedimento ilícito: âmbito e limites 608
50. Os procedimentos de aplicação das medidas de suspensão do contrato de trabalho, de redução do tempo de trabalho, de despedimento económico e de declaração de insolvência nas empresas em contexto de grupo 610

SECÇÃO V
A tutela dos créditos laborais nos grupos societários e empresariais

§ 24.º Aspectos gerais. Sequência

§ 25.º O regime de responsabilidade solidária pelos créditos laborais em contexto de grupo

51. Traços gerais 621
52. O regime laboral e o regime jussocietário de responsabilidade solidária em contexto de grupo 622
    52.1. Delimitação geral dos dois regimes 622
    52.2. Em especial, o âmbito de aplicação do regime do art. 378.º do CT: apreciação crítica 630
53. O regime do art. 378.º do CT e outros regimes laborais de responsabilidade solidária com reflexos em contexto de grupo 638
    53.1. O regime do art. 378.º e o regime de responsabilidade solidária no contrato de trabalho com pluralidade de empregadores 638
    53.2. O regime do art. 378.º e o regime de responsabilidade solidária previsto para a transmissão da empresa, do estabelecimento ou da unidade de negócio 643

§ 26.º **Outras especificidades do regime de tutela dos créditos laborais em contexto de grupo**

CAPÍTULO III
Incidências dos Grupos Empresariais e Societários nas Situações Laborais Colectivas

§ 27.º **Sequência**

SECÇÃO I
A representação colectiva dos trabalhadores e dos empregadores no contexto dos grupos societários e empresariais

§ 28.º **Aspectos gerais**

§ 29.º **Quadro institucional da representação colectiva dos trabalhadores e dos empregadores em contexto de grupo**

54. As estruturas representativas dos trabalhadores no seio dos grupos 659
    54.1. A questão prévia da determinação da dimensão da empresa para efeitos da representação dos trabalhadores 659
    54.2. Modalidades de estruturas representativas dos trabalhadores em contexto de grupo 663
        54.2.1. Enunciado geral 663
        54.2.2. Estruturas sindicais de grupo 667
        54.2.3. Comissões de trabalhadores de grupo 670
        54.2.4. Em especial, a representação dos trabalhadores nos grupos internacionais: o conselho de empresa europeu; a representação dos trabalhadores na sociedade anónima europeia e na sociedade cooperativa europeia 671
55. Quadro institucional da representação colectiva dos empregadores em contexto de grupo (referência breve) 675

§ 30.º **A actividade das estruturas representativas dos trabalhadores em contexto de grupo**

56. A intervenção dos representantes dos trabalhadores nos processos de constituição e modelação dos grupos 677
    56.1. A intervenção dos representantes dos trabalhadores na constituição e modelação dos grupos que envolva a transmissão de uma unidade de negócio ... 677
    56.2. A representação dos trabalhadores na constituição e na modelação de grupos internacionais de dimensão comunitária 683

57. A representação dos trabalhadores na vida dos grupos societários e empresariais	685
57.1. A actividade sindical na vida dos grupos	685
57.2. A actividade das comissões de trabalhadores na vida nos grupos	687
57.3. A representação colectiva dos trabalhadores por ocasião das vicissitudes das empresas que integram o grupo: os despedimentos económicos no âmbito do grupo e declaração de insolvência de uma empresa do grupo	688

SECÇÃO II
A negociação colectiva no seio dos grupos

§ 31.º Admissibilidade da negociação e da contratação colectiva
ao nível do grupo: posicionamento do problema e posição adoptada

§ 32.º A negociação colectiva de grupo no quadro
do sistema jurídico nacional

58. O enquadramento jurídico da negociação colectiva de grupo: em especial, a celebração de acordos colectivos de trabalho à dimensão do grupo e a negociação colectiva articulada em contexto de grupo	697
59. Alguns problemas colocados pela negociação colectiva de grupo em especial	703

§ 33.º A negociação e a contratação colectiva
no âmbito dos grupos internacionais

SECÇÃO III
Os conflitos colectivos no seio dos grupos

§ 34. Aspectos gerais

§ 35.º A greve no seio dos grupos: alguns problemas em especial

60. Os motivos e a dimensão da greve no contexto dos grupos societários e empresariais	719
61. A representação colectiva dos trabalhadores na greve que ocorra no âmbito de um grupo	723
62. Algumas questões de processamento da greve em contexto de grupo: os piquetes de greve; a substituição dos trabalhadores grevistas	725

Índice de Jurisprudência 731

Índice Ideográfico 737

Índice Bibliográfico 745

Índice geral 783